Musielak / Hau
Grundkurs BGB

Grundkurs BGB

Eine Darstellung zur Vermittlung von Grundlagenwissen
im bürgerlichen Recht mit Fällen und Fragen zur
Lern- und Verständniskontrolle sowie mit Übungsklausuren

von
Dr. iur. Hans-Joachim Musielak
em. Professor an der Universität Passau

und
Dr. iur. Wolfgang Hau
Professor an der Universität Passau, Richter am OLG München

15., neu bearbeitete Auflage

VERLAG C. H. BECK MÜNCHEN 2017

Zitiervorschlag: *Musielak/Hau* GK BGB Rn.

www.beck.de

ISBN 978 3 406 70920 3

© 2017 Verlag C. H. Beck oHG
Wilhelmstraße 9, 80801 München
Druck und Bindung: Druckerei C. H. Beck Nördlingen
Satz: Uhl + Massopust, Aalen
Umschlaggestaltung: Druckerei C. H. Beck Nördlingen

Gedruckt auf säurefreiem, alterungsbeständigem Papier
(hergestellt aus chlorfrei gebleichtem Zellstoff)

Vorwort

Anlass für die Neuauflage geben einige neue Vorschriften, zuletzt das Gesetz vom 28.4.2017 zur Reform des Bauvertragsrechts (BGBl. 2017 I 969), das zum 1.1.2018 auch wichtige Änderungen der kaufrechtlichen Mängelhaftung bringt. Zudem haben wir wieder viele lehrreiche neue Gerichtsentscheidungen und Literaturbeiträge eingearbeitet. Für wertvolle Hilfe bei den Korrekturarbeiten und den Registern danken wir Frau Katharina Koch. Unser besonderer Dank gilt diesmal Herrn Liu Zhiyang, der das Werk ins Chinesische übersetzt hat.

Fragen, Hinweise und Anregungen aus dem Kreis der Benutzer sind auch künftig stets willkommen (bitte an lehrstuhl-hau@uni-passau.de).

Passau, im Juli 2017

Hans-Joachim Musielak und *Wolfgang Hau*

Aus dem Vorwort zur 1. Auflage (1986)

Diese Schrift soll Grundlagenwissen im bürgerlichen Recht vermitteln. Dabei werden die didaktischen Vorteile genutzt, die viele juristische Fakultäten bewogen haben, für Studienanfänger einen Grundkurs BGB anzubieten, der meist noch mit einer Anfängerübung verbunden wird. Diese Vorteile bestehen vornehmlich darin, sachlich Zusammenhängendes über die äußeren Grenzen der einzelnen Bücher, in die das BGB gegliedert ist, darzustellen und die vermittelten Kenntnisse sogleich bei einer Fallbearbeitung anwenden und erproben zu können. Dementsprechend wird auch in der vorliegenden Schrift der Technik der Fallbearbeitung besondere Aufmerksamkeit geschenkt. Dies geschieht nicht nur in einer einführenden Darstellung dieser Technik und bei den Vorschlägen für die Lösung der Übungsklausuren, die bearbeitet werden sollen, sondern auch bei der Erörterung vieler Beispielsfälle im Text und bei den Lösungshinweisen für die Fälle und Fragen, die der Lern- und Verständniskontrolle, aber auch der Wiederholung dienen. Dass mit diesem Buch gearbeitet werden muss, damit es seinen Zweck erfüllen kann, sollte sich von selbst verstehen. Hinweise für diese Arbeit finden sich auf den folgenden Seiten.

Hans-Joachim Musielak

Inhaltsverzeichnis

	Rn.	Seite
Verzeichnis der abgekürzt zitierten Literatur		XV
Abkürzungsverzeichnis		XIX
Einige Hinweise für die Arbeit mit diesem Buch		XXIII

§ 1. Einführung in die juristische Arbeitsmethode

	Rn.	Seite
I. Die juristische Aufgabe	1	1
1. In der Berufstätigkeit	2	1
2. Im Studium	6	2
II. Die Lösung eines Falles als Beispiel juristischer Arbeitsweise	11	5
1. Beschränkung auf eine bestimmte Fragestellung	11	5
2. Aufgabentext	12	5
3. Die einzelnen Arbeitsschritte	13	6
4. Muster einer Falllösung	40	13

§ 2. Zum Begriff des Rechtsgeschäfts

	Rn.	Seite
I. Einleitender Überblick	42	17
1. Eintritt von Rechtsfolgen	42	17
2. Einseitige und mehrseitige Rechtsgeschäfte	46	18
II. Willenserklärung	50	19
1. Der äußere Tatbestand	51	19
2. Die Form	57	23
3. Der innere Tatbestand	67	26
4. Die Abgabe	84	30
5. Der Zugang	93	33
Fälle und Fragen		40

§ 3. Das Zustandekommen von Verträgen

	Rn.	Seite
I. Allgemeines	110	43
1. Zum Begriff des Vertrages	110	43
2. Vertragsarten	119	45
3. Vertragsfreiheit	128	48
II. Der Vertragsschluss	134	49
1. Auslegung der Erklärungen	134	49
2. Antrag	144	53
3. Annahme	158	57
4. Willensübereinstimmung	166	61
5. Besonderheiten im elektronischen Geschäftsverkehr	179	66
6. Exkurs: Vertragsschluss aufgrund sozialtypischen Verhaltens?	182	68
Fälle und Fragen		69

§ 4. Das Schuldverhältnis

	Rn.	Seite
I. Überblick	186	71
1. Zum Begriff	186	71
2. Gesetzliche Regelung	188	71
3. Entstehungsgründe	190	72
4. Arten	193	73
II. Inhalt des Schuldverhältnisses	198	75
1. Forderungsrecht und Leistungspflicht	198	75
2. Die geschuldete Leistung	205	77
a) Grenzen	205	77
b) Stückschuld und Gattungsschuld	209	78
c) Holschuld, Bringschuld, Schickschuld	215	79
d) Wahlschuld und Ersetzungsbefugnis	222	81
III. Erlöschen des Schuldverhältnisses	226	82
1. Einleitende Bemerkungen	226	82
2. Erfüllung	236	85
3. Hinterlegung und Selbsthilfeverkauf	257	92
4. Aufrechnung	259	93
5. Weitere Erlöschensgründe	276	97
a) Erlassvertrag	276	97
Einschub: Verpflichtungs- und Verfügungsgeschäft	277	98
b) Aufhebungsvertrag	288	102
c) Änderungsvertrag und Novation	289	102
d) Konfusion	290	102
e) Anfechtung	291	102
IV. Anhang: Besonderheiten bei Verbraucherverträgen	292	103
Fälle und Fragen		104

§ 5. Unwirksame und mangelhafte Willenserklärungen

	Rn.	Seite
I. Überblick	296	107
1. Wirksamkeitsvoraussetzungen für Willenserklärungen	296	107
2. Unwirksamkeit und Anfechtbarkeit	297	107
a) Nichtigkeit	297	107
b) Bestätigung eines nichtigen Rechtsgeschäfts	299	108
c) Teilnichtigkeit	300	108
d) Umdeutung	302	109
e) Schwebende Unwirksamkeit	304	110
f) Relative Unwirksamkeit	306	110
g) Anfechtbare Rechtsgeschäfte	307	110
II. Rechtsfähigkeit	312	113
III. Geschäftsfähigkeit	317	114
1. Allgemeines	317	114
2. Geschäftsunfähigkeit	319	114
3. Beschränkte Geschäftsfähigkeit	327	118
IV. Nichtigkeit von Willenserklärungen	358	129
1. Geheimer Vorbehalt	358	129
2. Scheingeschäft	359	130
3. Fehlende Ernstlichkeit	361	130
V. Anfechtung wegen Irrtums	364	131
1. Die gesetzliche Regelung	364	131

Inhaltsverzeichnis

	Rn.	Seite
2. Einzelheiten zum Inhalts- und Erklärungsirrtum	375	135
3. Eigenschaftsirrtum	388	142
4. Übermittlungsirrtum	402	147
5. Die Anfechtungserklärung und ihre Rechtsfolgen	408	150
VI. Anfechtung wegen Täuschung und Drohung	416	153
1. Arglistige Täuschung	416	153
a) Tatbestand	416	153
b) Person des Täuschenden	425	156
2. Widerrechtliche Drohung	428	157
3. Die Anfechtungserklärung und ihre Rechtsfolgen	436	159
VII. Anfechtung und Erfüllungsgeschäft	441	161
1. Übungsklausur	444	162
Fälle und Fragen		162

§ 6. Störungen im Schuldverhältnis

	Rn.	Seite
I. Überblick	445	167
II. Ausbleiben der möglichen Leistung	448	169
1. Grundlagen	448	169
2. Schadensersatz statt der Leistung	451	169
Einschub: Verschulden	464	175
3. Ersatz vergeblicher Aufwendungen	475	178
4. Schuldnerverzug	478	179
a) Voraussetzungen	478	179
aa) Möglichkeit der Leistung	479	179
bb) Durchsetzbarkeit der Forderung	486	182
cc) Fälligkeit der Forderung	488	183
dd) Mahnung durch den Gläubiger	491	184
ee) Vertretenmüssen der Verspätung	496	187
b) Rechtsfolgen	500	188
III. Unmöglichkeit der Leistung	509	191
1. Grundlagen	509	191
2. Voraussetzungen	511	192
a) Systematisierung	511	192
b) Objektive und subjektive Unmöglichkeit	514	193
c) Faktische und wirtschaftliche Unmöglichkeit	518	196
d) Unmöglichkeit bei höchstpersönlichen Leistungen	528	201
3. Rechtsfolgen	530	201
a) Überblick	530	201
b) Nichterfüllung wegen Teilunmöglichkeit	532	202
c) Anspruch auf das „stellvertretende commodum"	534	202
d) Nichterfüllung wegen anfänglicher Unmöglichkeit	542	205
IV. Schlechtleistung	547	208
Einschub: Kausalität und Schadenszurechnung	552	209
V. Verletzung sonstiger Verhaltenspflichten	563	213
1. Verhaltenspflichten im bestehenden Vertragsverhältnis	563	213
2. Verletzung vorvertraglicher Verhaltenspflichten – culpa in contrahendo	572	216
a) Grundlagen	572	216
b) Haftungsvoraussetzungen	575	217
aa) Gesetzliches Schuldverhältnis	577	218
bb) Verhaltenspflichten	581	219
cc) Sonstige Haftungsvoraussetzungen	586	223

	Rn.	Seite
c) Eigenhaftung Dritter	587	223
d) Rechtsfolgen	588	224
VI. Gläubigerverzug	590	225
1. Vorbemerkung	590	225
2. Voraussetzungen	591	225
a) Möglichkeit der Leistung	592	225
b) Angebot der Leistung durch den leistungsberechtigten Schuldner	594	227
c) Nichtannahme der Leistung durch den Gläubiger	604	229
3. Rechtsfolgen	606	229
VII. Besonderheiten bei Leistungsstörungen in synallagmatischen Verträgen	613	232
1. Überblick	613	232
2. Anspruch auf die Gegenleistung trotz Unmöglichkeit der Leistung	614	233
3. Rücktritt wegen nicht oder nicht vertragsgemäß erbrachter Leistung	633	240
4. Abhängigkeit von Leistung und Gegenleistung	648	245
5. Berechnung des Schadens durch den Gläubiger	655	247
6. Leistungsstörungen bei Dauer- und Ratenlieferungsverträgen	659	249
VIII. Fehlen oder Wegfall der Geschäftsgrundlage	663	251
1. Problembeschreibung	663	251
2. Ergänzende Vertragsauslegung	666	252
3. Lehre von der Geschäftsgrundlage	671	254
IX. Beendigung des Schuldverhältnisses	685	260
1. Überblick	685	260
2. Rücktritt	686	260
3. Kündigung	700	268
4. Widerruf	708	270
2. Übungsklausur	714	272
Fälle und Fragen		273

§ 7. Besitz und Eigentum

	Rn.	Seite
I. Einleitung	715	277
II. Arten des Besitzes	717	277
III. Erwerb und Verlust des Besitzes	728	281
1. Erwerb des unmittelbaren Besitzes	728	281
2. Erwerb des mittelbaren Besitzes	735	284
3. Besitzverlust	738	285
IV. Arten des Eigentums	740	286
V. Erwerb des Eigentums	743	287
1. Vorbemerkung	743	287
2. Rechtsgeschäftlicher Erwerb des Eigentums an beweglichen Sachen	745	287
a) Grundtatbestand	745	287
b) Die übrigen Erwerbstatbestände	751	290
c) Der Erwerb vom Nichtberechtigten	757	292
aa) Voraussetzungen	757	292
bb) Bösgläubigkeit des Erwerbers	761	293
cc) Kein gutgläubiger Erwerb bei abhanden gekommenen Sachen	767	295
3. Rechtsgeschäftlicher Erwerb des Eigentums an Grundstücken	772	296
a) Erwerbstatbestand	773	296
b) Erwerb vom Nichtberechtigten	778	298
Fälle und Fragen		299

Inhaltsverzeichnis

Rn. Seite

§ 8. Einzelne Vertragsschuldverhältnisse

I. Vorbemerkung 781 301

II. Kauf 782 301
   1. Wesen und Inhalt des Kaufvertrages 782 301
   2. Pflichten der Vertragspartner 786 302
   3. Gewährleistungsrecht im Überblick 790 304
     a) Grundlagen 790 304
     b) Sachmängelhaftung 793 305
     c) Rechtsmängelhaftung 812 312
   4. Einzelfragen des Gewährleistungsrechts 815 313
     a) Anspruch auf Nacherfüllung 815 313
     b) Rücktritt 829 318
     c) Minderung 832 320
     d) Schadensersatz 838 322
     e) Ersatz vergeblicher Aufwendungen 856 330
     f) Zusammenfassung 857 330
     g) Ausschluss der Rechte des Käufers und Verjährung 858 330
     h) Verhältnis der Rechte wegen eines Mangels zu anderen Rechten des Käufers 869 334
       aa) Anfechtung 870 335
       bb) Störung der Geschäftsgrundlage 873 336
       cc) Ansprüche wegen Verletzung von Verhaltenspflichten des Verkäufers 874 336
       dd) Ansprüche wegen unerlaubter Handlung 877 338
     i) Garantie 880 340
   5. Sonderformen des Kaufes 887 342
     a) Überblick 887 342
     b) Kauf unter Eigentumsvorbehalt 889 343
       aa) Rechtliche Ausgestaltung 889 343
          Einschub: Bedingung 891 344
       bb) Rechtsstellung des Vorbehaltskäufers 897 345
     c) Verbrauchsgüterkauf 901 347

III. Darlehensvertrag 918 356
   1. Überblick 918 356
   2. Pflichten beim Darlehensvertrag 919 356
   3. Sachdarlehensvertrag 923 357

IV. Mietvertrag 925 358
   1. Überblick 925 358
   2. Pflichten der Vertragsparteien 928 359
   3. Beendigung des Mietverhältnisses 935 362
     Einschub: Leasing 939 363

V. Dienstvertrag 942 364

VI. Werkvertrag 949 366
   1. Überblick 949 366
   2. Pflichten der Vertragsparteien 953 367
   3. Sach- und Rechtsmängel 962 370

VII. Auftrag 971 373

3. Übungsklausur 376

Fälle und Fragen 376

§ 9. Einzelne gesetzliche Schuldverhältnisse

	Rn.	Seite
I. Vorbemerkung	978	379
II. Geschäftsführung ohne Auftrag	979	379
1. Überblick	979	379
2. Voraussetzungen der berechtigten Geschäftsführung ohne Auftrag	984	381
3. Rechtsfolgen einer berechtigten Geschäftsführung ohne Auftrag	1000	385
4. Unberechtigte Geschäftsführung ohne Auftrag	1009	387
5. Unechte Geschäftsführung	1014	389
III. Ungerechtfertigte Bereicherung	1017	391
1. Überblick	1017	391
2. Leistungskondiktion	1018	391
3. Nichtleistungskondiktion	1037	399
4. Umfang des Bereicherungsanspruchs	1054	404
IV. Unerlaubte Handlungen	1075	411
1. Überblick	1075	411
2. § 823 I	1079	412
a) Handlung	1080	412
b) Geschützte Rechtsgüter und Rechte	1083	413
c) Vom Schutzbereich umfasster Schaden	1093	417
Einschub: Begriff des Schadens	1095	418
d) Rechtswidrigkeit	1122	427
e) Verschulden und Billigkeitshaftung	1136	431
3. § 823 II	1140	433
4. § 826	1145	434
5. Hinweise für die klausurmäßige Bearbeitung	1149	435

4. Übungsklausur

	Rn.	Seite
4. Übungsklausur	1151	437
Fälle und Fragen		437

§ 10. Dritte in Schuldverhältnissen

	Rn.	Seite
I. Überblick	1152	441
II. Stellvertretung	1153	441
1. Begriff und Voraussetzungen	1153	441
a) Abgabe oder Empfang einer Willenserklärung	1157	442
b) Handeln im fremden Namen	1162	444
c) Vertretungsmacht	1167	446
aa) Rechtsgrundlagen	1167	446
bb) Erteilung und Umfang einer Vollmacht	1168	447
cc) Konkludent erteilte Vollmacht und Duldungsvollmacht	1177	449
dd) Anscheinsvollmacht	1183	452
ee) Erlöschen der Vollmacht	1190	455
ff) Einschränkung der Vertretungsmacht durch § 181	1193	456
2. Wirkungen einer Vertretung	1202	458
3. Vertretung ohne Vertretungsmacht	1212	461
III. Erfüllungs- und Verrichtungsgehilfe	1218	463
1. Überblick	1218	463
2. Zurechnung nach § 278	1223	465
a) Erfüllungsgehilfen	1223	465
b) Handeln bei Erfüllung	1228	466
c) Verschulden	1233	468
d) Haftung für gesetzliche Vertreter	1236	469

Inhaltsverzeichnis XIII

	Rn.	Seite
3. Haftung nach § 831	1239	470
a) Grund und Voraussetzungen der Haftung	1239	470
b) Verrichtungsgehilfe	1240	470
c) Widerrechtliche Schädigung eines Dritten	1241	471
d) Handeln in Ausführung der Verrichtung	1243	471
e) Ausschluss einer Ersatzpflicht	1245	472
IV. Vertrag zugunsten Dritter	1249	473
1. Überblick	1249	473
2. Die Beteiligten und ihre Rechtsbeziehungen	1254	474
3. Rechtsstellung des Dritten	1261	476
V. Vertrag mit Schutzwirkungen für Dritte	1266	478
1. Begriff und Voraussetzungen	1266	478
2. Abgrenzung von der Drittschadensliquidation	1277	482
VI. Übergang von Rechten und Pflichten auf Dritte	1283	484
1. Überblick	1283	484
2. Forderungsabtretung	1284	484
a) Begriff und Voraussetzungen	1284	484
b) Wirkungen	1291	487
c) Schuldnerschutz	1295	488
d) Sonderformen	1306	492
3. Schuldübernahme	1311	493
a) Begriff und Zustandekommen	1311	493
b) Rechtsstellung der Beteiligten	1312	494
c) Abgrenzung zu anderen Rechtsinstituten	1316	495
aa) Schuldbeitritt	1316	495
bb) Vertragsübernahme	1319	496
VII. Anhang: Bürgschaft	1320	497
1. Bürgschaftsvertrag	1320	497
2. Bürgenverpflichtung und Hauptverbindlichkeit	1326	499
3. Rechte des Bürgen	1329	500
a) Einreden	1329	500
b) Rückgriff und Befreiungsanspruch	1334	501
4. Abgrenzung zu anderen Rechtsinstituten	1341	504

5. Übungsklausur ... 1343 505

Fälle und Fragen ... 505

Lösungshinweise ... 509

		Seite
I. Fälle und Fragen		509
Zu § 2		509
Zu § 3		510
Zu § 4		513
Zu § 5		516
Zu § 6		522
Zu § 7		530
Zu § 8		532
Zu § 9		539
Zu § 10		545
II. Übungsklausuren		551
Lösungsskizze zur 1. Übungsklausur		551
Lösungsskizze zur 2. Übungsklausur		557
Lösungsskizze zur 3. Übungsklausur		560

	Rn. Seite
Lösungsskizze zur 4. Übungsklausur	562
Lösungsskizze zur 5. Übungsklausur	564
Normenverzeichnis	567
Stichwortverzeichnis	575

Verzeichnis der abgekürzt zitierten Literatur

Balzer, P./Kröll, S./Scholl, B., Die Schuldrechtsklausur I, 4. Aufl. 2015
Kommentar zum Bürgerlichen Gesetzbuch, 3. Aufl. 2012 = Beck'scher Online Kommentar BGB (zit.: Bamberger/Roth/*Bearbeiter*)
Baur, J.F./Stürner, R., Lehrbuch des Sachenrechts, 18. Aufl. 2009 (zit.: *Baur/Stürner* SachenR)
Bitter, G./Röder, S., BGB Allgemeiner Teil, 3. Aufl. 2016
Boecken, W., BGB – Allgemeiner Teil, 2. Aufl. 2012
Boemke, B./Ulrici, B., BGB Allgemeiner Teil, 2. Aufl. 2014
Bork, R., Allgemeiner Teil des Bürgerlichen Gesetzbuchs, 4. Aufl. 2016 (zit.: *Bork* BGB AT)
Braun, J., Der Zivilrechtsfall, 5. Aufl. 2012
Brehm, W., Allgemeiner Teil des BGB, 6. Aufl. 2008
Brehm, W., Fälle und Lösungen zum Allgemeinen Teil des BGB, 3. Aufl. 2011
Brox, H./Walker, W.-D., Allgemeiner Teil des Bürgerlichen Gesetzbuchs, 40. Aufl. 2016 (zit.: *Brox/Walker* BGB AT)
Brox, H./Walker, W.-D., Allgemeines Schuldrecht, 41. Aufl. 2017 (zit.: *Brox/Walker* SchuldR AT)
Brox, H./Walker, W.-D., Besonderes Schuldrecht, 41. Aufl. 2017 (zit.: *Brox/Walker* SchuldR BT)
Bülow, P./Artz, M., Verbraucherprivatrecht, 5. Aufl. 2016
Deutsch, E./Ahrens, H., Deliktsrecht – Unerlaubte Handlungen, Schadensersatz, Schmerzensgeld, 6. Aufl. 2014 (zit.: *Deutsch/Ahrens* DeliktsR)
Diederichsen, U./Wagner, G./Thole, C., Die Zwischenprüfung im Bürgerlichen Recht, 4. Aufl. 2011
Eisenhardt, U., Einführung in das Bürgerliche Recht, 6. Aufl. 2010
Emmerich, V., Das Recht der Leistungsstörungen, 6. Aufl. 2005
Emmerich, V., BGB-Schuldrecht, Besonderer Teil, 14. Aufl. 2015
Erman, hrsg. v. *Westermann, H.P./ Grunewald, B./Maier-Reimer, G.*, Handkommentar zum Bürgerlichen Gesetzbuch, 14. Aufl. 2014 (zit.: Erman/*Bearbeiter*)
Esser, J./Weyers H. L., Schuldrecht. Zweiter Band: Besonderer Teil, Teilband 1: 8. Aufl. 1998, Teilband 2: 8. Aufl. 2000 (zit.: *Esser/Weyers* SchuldR II)
Faust, F., Bürgerliches Gesetzbuch – Allgemeiner Teil, 5. Aufl. 2016
Fezer, K., Klausurenkurs zum BGB Allgemeiner Teil, 9. Aufl. 2013
Fikentscher, W./Heinemann, A., Schuldrecht, 10. Aufl. 2006 (zit.: *Fikentscher/Heinemann* SchuldR)
Flume, W., Allgemeiner Teil des Bürgerlichen Rechts. Zweiter Band: Das Rechtsgeschäft, 4. Aufl. 1992 (zit.: *Flume* BGB AT)
Fritzsche, J., Fälle zum BGB Allgemeiner Teil, 6. Aufl. 2016
Fuchs, M./Pauker, W., Delikts- und Schadensersatzrecht, 9. Aufl. 2016
Gernhuber, J., Bürgerliches Recht, 3. Aufl. 1991
Grigoleit, H. C./Herresthal, C., BGB Allgemeiner Teil, 3. Aufl. 2015 (zit.: *Grigoleit/Herresthal* BGB AT)
Grunewald, B., Bürgerliches Recht. Ein systematisches Repetitorium, 9. Aufl. 2014
Gursky, K., Schuldrecht Besonderer Teil, 5. Aufl. 2005
Harke, J. D., Allgemeines Schuldrecht, 2010
Harke, J. D., Besonderes Schuldrecht, 2011
Hattenhauer, H., Grundbegriffe des Bürgerlichen Rechts, Historisch-dogmatische Einführung, 2. Aufl. 2000
Heinrich, C., Examensrepetitorium Zivilrecht, 2016
Huber, P./Faust, F., Schuldrechtsmodernisierung, 2002
Hübner, H., Allgemeiner Teil des Bürgerlichen Gesetzbuches, 2. Aufl. 1996 (zit.: *Hübner* BGB AT)
Jacoby, F./v. Hinden, M., Studienkommentar BGB, 15. Aufl. 2015 (zit.: Jacoby/v. Hinden)
Jauernig, O., Bürgerliches Gesetzbuch, 16. Aufl. 2015 (zit.: Jauernig/*Bearbeiter*)
juris Praxis-Kommentar BGB, 8. Aufl. 2017 (zit.: juris-PK BGB/*Bearbeiter*)
Klunzinger, E., Einführung in das Bürgerliche Recht, 16. Aufl. 2013
Köhler, H., BGB. Allgemeiner Teil, 40. Aufl. 2016 (zit.: *Köhler* BGB AT)
Köhler, H., Prüfe dein Wissen: BGB. Allgemeiner Teil, 27. Aufl. 2015

Köhler, H./Lorenz, S., Prüfe dein Wissen: Schuldrecht I. Allgemeiner Teil, 22. Aufl. 2014 (zit.: *Köhler/Lorenz* PdW SchuldR I)
Köhler, H./Lorenz, S., Schuldrecht II. Besonderer Teil, 19. Aufl. 2011 (zit.: *Köhler/Lorenz* PdW SchuldR II)
Koppensteiner, H./Kramer, E. A., Ungerechtfertigte Bereicherung, 2. Aufl. 1988
Kötz, H., Vertragsrecht, 2. Aufl. 2012
Kötz, H./Wagner, G., Deliktsrecht, 13. Aufl. 2016 (zit.: *Kötz/Wagner* DeliktsR)
Larenz, K., Lehrbuch des Schuldrechts, Band I: Allgemeiner Teil, 14. Aufl. 1987 (zit.: *Larenz* SchuldR I)
Larenz, K., Lehrbuch des Schuldrechts, Band II: Besonderer Teil, 1. Halbband, 13. Aufl. 1986 (zit.: *Larenz* SchuldR II 1)
Larenz, K./Canaris, C., Lehrbuch des Schuldrechts, Band II: Besonderer Teil, 2. Halbband, 13. Aufl. 1994 (zit.: *Larenz/Canaris* SchuldR II 2)
Leenen, D., BGB. Allgemeiner Teil: Rechtsgeschäftslehre, 2. Aufl. 2015
Leipold, D., BGB I: Einführung und Allgemeiner Teil, 8. Aufl. 2015 (zit.: *Leipold* BGB AT)
Lindacher, W. F./Hau, W., Fälle zum Allgemeinen Teil des BGB, 5. Aufl. 2010 (zit.: *Lindacher/Hau* Fälle BGB AT)
Loewenheim, U., Bereicherungsrecht, 3. Aufl. 2007 (zit.: *Loewenheim* BereicherungsR)
Lorenz, S./Riehm, T., Lehrbuch zum neuen Schuldrecht, 2002 (zit.: *Lorenz/Riehm* SchuldR)
Looschelders, D., Schuldrecht, Allgemeiner Teil, 14. Aufl. 2016 (zit.: *Looschelders* SchuldR AT)
Looschelders, D., Schuldrecht, Besonderer Teil, 12. Aufl. 2017 (zit.: *Looschelders* SchuldR BT)
Löwisch, M./Neumann, D., Allgemeiner Teil des BGB, 7. Aufl. 2004
Martinek, M./Omlor, S., Grundlagenfälle zum BGB für Anfänger, 3. Aufl. 2017
Medicus, D./Lorenz, S., Schuldrecht I, Allgemeiner Teil, 21. Aufl. 2015 (zit.: *Medicus/Lorenz* SchuldR I)
Medicus, D./Lorenz, S., Schuldrecht II, Besonderer Teil, 17. Aufl. 2014 (zit.: *Medicus/Lorenz* SchuldR II)
Medicus, D./Petersen, J., Allgemeiner Teil des BGB, 11. Aufl. 2016 (zit.: *Medicus/Petersen* BGB AT)
Medicus, D./Petersen, J., Bürgerliches Recht, 25. Aufl. 2015 (zit.: *Medicus/Petersen* BürgerlR)
Medicus, D./Petersen, J., Grundwissen zum Bürgerlichen Recht, 10. Aufl. 2014
Müller, K./Gruber, U. P., Sachenrecht, 2016
Münchener Kommentar zum Bürgerlichen Gesetzbuch, hrsg. v. *Säcker, F. J./Rixecker, R.*, 7. Aufl. 2016 f. (zit.: MüKoBGB/*Bearbeiter*)
Musielak, H./Hau, W., Examenskurs BGB, 3. Aufl. 2014 (zit.: *Musielak/Hau* EK BGB)
Musielak, H./Voit, W., Grundkurs ZPO, 13. Aufl. 2016 (zit.: *Musielak/Voit* GK ZPO)
Nomos Handkommentar zum BGB, hrsg. v. *Schulze, R.*, 9. Aufl. 2016 (zit.: HK-BGB/*Bearbeiter*)
NomosKommentar, Bürgerliches Gesetzbuch, hrsg. v. *Dauner-Lieb, B./Heidel, T./Ring, G.*, 3. Aufl. 2016 ff. (zit.: NK-BGB/*Bearbeiter*)
Olzen, D./Wank, R., Zivilrechtliche Klausurenlehre, 8. Aufl. 2015
Palandt, O., Bürgerliches Gesetzbuch, 76. Aufl. 2017 (zit.: Palandt/*Bearbeiter*)
Pawlowski, H., Allgemeiner Teil des BGB. Grundlehren des Bürgerlichen Rechts, 7. Aufl. 2003
Prütting, H., Sachenrecht, 36. Aufl. 2017
Prütting, H./Wegen, G./Weinreich, G., BGB Kommentar, 12. Aufl. 2017 (zit.: PWW/*Bearbeiter*)
Reinicke, D./Tiedtke, K., Kaufrecht, 8. Aufl. 2009 (zit.: *Reinicke/Tiedtke* KaufR)
Riehm, T., Examinatorium BGB Allgemeiner Teil, 2015
Rüthers, B./Fischer, C./Birk, A., Rechtstheorie, 9. Aufl. 2016 (zit.: *Rüthers/Fischer/Birk* Rechtstheorie)
Rüthers, B./Stadler, A., Allgemeiner Teil des BGB, 18. Aufl. 2014 (zit.: *Rüthers/Stadler* BGB AT)
Schack, H., BGB Allgemeiner Teil, 15. Aufl. 2016
Schapp, J./Schur, W., Einführung in das bürgerliche Recht, 4. Aufl. 2007
Schlechtriem, P./Schmidt-Kessel, M., Schuldrecht Allgemeiner Teil, 6. Aufl. 2005
Schmidt, E./Brüggemeier, G., Grundkurs Zivilrecht, 7. Aufl. 2006
Schwab, D./Löhnig, M., Einführung in das Zivilrecht, 20. Aufl. 2016
Schwab, D./Löhnig, M., Falltraining im Zivilrecht 1. Ein Übungsbuch für Anfänger, 6. Aufl. 2016
Soergel, T., Bürgerliches Gesetzbuch mit Einführungsgesetz und Nebengesetzen, 13. Aufl. 1999 ff. (zit.: Soergel/*Bearbeiter*)
v. Staudinger, A., Kommentar zum Bürgerlichen Gesetzbuch mit Einführungsgesetz und Nebengesetzen, 13. Aufl. 1993 ff., danach bandweise Neubearbeitungen (zit.: Staudinger/*Bearbeiter*)
v. Staudinger, A., Eckpfeiler des Zivilrechts, 5. Aufl. 2014 (Staudinger-Eckpfeiler/*Bearbeiter*)
Teichmann, A., Vertragliches Schuldrecht, 4. Aufl. 2008
Vieweg, K./Werner, A., Sachenrecht, 7. Aufl. 2015
Wandt, M., Gesetzliche Schuldverhältnisse, 8. Aufl. 2017

Weiler, F., Schuldrecht Allgemeiner Teil, 3. Aufl. 2016
Werner, O., Fälle für Anfänger im Bürgerlichen Recht, 12. Aufl. 2008
Wertenbruch, J., BGB Allgemeiner Teil, 2. Aufl. 2012
Westermann, H.-P., BGB-Sachenrecht, 12. Aufl. 2012
Wieling, H.J., Bereicherungsrecht, 4. Aufl. 2006
Wieling, H.J., Sachenrecht, 5. Aufl. 2007
Wilhelm, J., Sachenrecht, 5. Aufl. 2016 (zit.: *Wilhelm* SachenR)
Wolf, E./Neuner, J., Allgemeiner Teil des Bürgerlichen Rechts, 11. Aufl. 2016 (zit.: *Wolf/Neuner* BGB AT)
Wolf, E./Wellenhofer, M., Sachenrecht, 32. Aufl. 2017 (zit.: *Wolf/Wellenhofer* SachenR)

Abkürzungsverzeichnis

aA (AA)	andere Ansicht
abl.	ablehnend
ABl.	Amtsblatt der Europäischen Union
Abs.	Absatz
abw.	abweichend
AcP	Archiv für die civilistische Praxis (Zeitschrift)
aE	am Ende
aF	alte Fassung
ABGB	Allgemeines Bürgerliches Gesetzbuch (Österreich)
AG	Amtsgericht
AktG	Aktiengesetz
Amtl. Begr. BT-Drs. 14/6040	Begründung des Entwurfs eines Gesetzes zur Modernisierung des Schuldrechts (Fraktionsentwurf v. 14.5.2001; BT-Drs. 14/6040)
arg.	argumentum
Art.	Artikel
Aufl.	Auflage
BAG	Bundesarbeitsgericht
BayObLG	Bayerisches Oberstes Landesgericht
BB	Der Betriebs-Berater (Zeitschrift)
Bd.	Band
BeckRS	Beck-Rechtsprechung (Rechtsprechungssammlung in beck-online)
BeurkG	Beurkundungsgesetz
BGB	Bürgerliches Gesetzbuch
BGH	Bundesgerichtshof
BGHZ	Amtliche Sammlung der Entscheidungen des Bundesgerichtshofs in Zivilsachen
bspw.	beispielsweise
BT-Drs.	Bundestagsdrucksache
BVerfG	Bundesverfassungsgericht
BVerfGE	Amtliche Sammlung der Entscheidungen des Bundesverfassungsgerichts
DB	Der Betrieb (Zeitschrift)
dh	das heißt
DVD	Digital Video Disc
EGBGB	Einführungsgesetz zum Bürgerlichen Gesetzbuche
EK	Examenskurs
EuGH	Europäischer Gerichtshof
EUR	Euro
f. (ff.)	folgende(r)
FamRZ	Zeitschrift für das gesamte Familienrecht
Fn.	Fußnote
FS	Festschrift
GBO	Grundbuchordnung
gem.	gemäß
GG	Grundgesetz für die Bundesrepublik Deutschland
GK	Grundkurs
GmbH	Gesellschaft mit beschränkter Haftung
GmbHG	Gesetz betreffend die Gesellschaften mit beschränkter Haftung
grds.	grundsätzlich
GVG	Gerichtsverfassungsgesetz
HGB	Handelsgesetzbuch

HK	Handkommentar
hM (HM)	herrschende Meinung
hrsg.	herausgegeben
Hs.	Halbsatz
iErg	im Ergebnis
iHv	in Höhe von
iSd, iSv	im Sinne des, von
iVm	in Verbindung mit
JA	Juristische Arbeitsblätter (Zeitschrift)
jew.	jeweils
JR	Juristische Rundschau (Zeitschrift)
JURA	Juristische Ausbildung (Zeitschrift)
JuS	Juristische Schulung (Zeitschrift)
JW	Juristische Wochenschrift (Zeitschrift)
JZ	Juristenzeitung (Zeitschrift)
Kap.	Kapitel
KaufR	Kaufrecht
KG	Kommanditgesellschaft
l.	Liter
LAG	Landesarbeitsgericht
LG	Landgericht
Lkw	Lastkraftwagen
MDR	Monatsschrift für Deutsches Recht (Zeitschrift)
MüKo	Münchener Kommentar
Mot.	Motive
m(w)N	mit (weiteren) Nachweisen
mzustAnm	mit zustimmender Anmerkung
Nachw.	Nachweis(e)
NJOZ	Neue Juristische Online-Zeitschrift
NJW	Neue Juristische Wochenschrift (Zeitschrift)
NJW-RR	NJW-Rechtsprechungsreport (Zeitschrift)
NZA	Neue Zeitschrift für Arbeitsrecht
NZM	Neue Zeitschrift für Miet- und Wohnungsrecht
OLG	Oberlandesgericht
Pkw	Personenkraftwagen
ProdHaftG	Produkthaftungsgesetz
Rn.	Randnummer
RG	Reichsgericht
RGZ	Amtliche Sammlung der Entscheidungen des Reichsgerichts in Zivilsachen
Rspr.	Rechtsprechung
s.	siehe
S.	Seite, Satz (bei Rechtsnormen)
SachenR	Sachenrecht
SchuldR	Schuldrecht
SchuldRModG	Schuldrechtsmodernisierungsgesetz v. 26.11.2001 (BGBl. 2001 I 3138)
SMS	Short Message Service
sog.	so genannte(r)
Sp. (r./l.)	Spalte (rechts/links)
StGB	Strafgesetzbuch
str.	streitig
stRspr	ständige Rechtsprechung
StVG	Straßenverkehrsgesetz
StVO	Straßenverkehrsordnung
t	Tonne
unstr.	unstreitig
USB	Universal Serial Bus

Abkürzungsverzeichnis

UWG	Gesetz gegen den unlauteren Wettbewerb
v.	von/vom
Var.	Variante
VerbrKrG	Verbraucherkreditgesetz
VersR	Zeitschrift für Versicherungsrecht
vgl.	vergleiche
Vorbem.	Vorbemerkung
WM	Wertpapier-Mitteilungen (Zeitschrift)
zB	zum Beispiel
ZEV	Zeitschrift für Erbrecht und Vermögensnachfolge
ZfPW	Zeitschrift für die gesamte Privatrechtswissenschaft
ZGS	Zeitschrift für das gesamte Schuldrecht
ZIP	Zeitschrift für Wirtschaftsrecht
ZJS	Zeitschrift für das Juristische Studium (www.zjs-online.com)
ZPO	Zivilprozessordnung
zT	zum Teil
zust.	zustimmend
ZVG	Gesetz über die Zwangsversteigerung und die Zwangsverwaltung

Einige Hinweise für die Arbeit mit diesem Buch

1. Der Grundkurs richtet sich in erster Linie an diejenigen, die das Studium der Rechtswissenschaft beginnen. Entsprechend diesem **Adressatenkreis** werden keine Rechtskenntnisse vorausgesetzt, und die Ausführungen sollten aus sich heraus verständlich sein. Erschließt sich bei der ersten Lektüre gleichwohl das eine oder andere nicht, so lassen Sie sich davon bitte nicht entmutigen, sondern notieren Sie die Frage und setzen Sie die Lektüre fort. Nach dem ersten Durcharbeiten des Grundkurses dürften die offengebliebenen Fragen regelmäßig ohne Weiteres zu beantworten sein. Entsprechendes gilt für Begriffe, die im Text zunächst ohne nähere Erläuterung verwendet werden und womöglich Verständnisschwierigkeiten bereiten.

2. Die **Fälle und Fragen,** die ab § 2 jedem Paragraphen angefügt sind, dienen der Wiederholung der wichtigsten Punkte sowie der Verständnis- und Lernkontrolle. Dieser Zweck wird am besten erreicht, wenn Sie die Fälle und Fragen zunächst schriftlich beantworten und Ihre Antworten dann mit den Lösungshinweisen vergleichen, die sich am Schluss des Buches befinden. Diese Arbeitsweise erfordert eine gewisse Eingewöhnung und Selbstdisziplin, lohnt aber allemal und zahlt sich im weiteren Studium gewiss aus.

3. Das Gleiche gilt für die **Übungsklausuren,** die nur mithilfe des Gesetzestextes in der jeweils angegebenen Zeit schriftlich bearbeitet werden sollten. Lassen Sie sich nicht entmutigen, wenn die eigene Lösung bei den ersten Versuchen womöglich nur ansatzweise mit dem Lösungsvorschlag übereinstimmt. Entscheidend ist zunächst, dass Sie die Kernfragen des Falles erkennen und die Falllösungstechnik einüben.

4. Der **Gesetzestext** ist das unverzichtbare Handwerkszeug des Juristen,[1] und deshalb sollten Sie die im Text angegebenen Rechtsvorschriften immer genau nachlesen. Verlassen Sie sich weder beim Durcharbeiten des Grundkurses noch in der Klausur darauf, eine zitierte bzw. in Betracht kommende Vorschrift bereits zu kennen. Oft genug erschließt sich der exakte Regelungsgehalt einer Norm erst dann, wenn man diese im Hinblick auf eine bestimmte Fallfrage analysiert.

5. Es empfiehlt sich, nach dem Durcharbeiten einzelner Problembereiche zu versuchen, mit eigenen Worten schriftlich die **wichtigsten Punkte** wiederzugeben, um durch einen Vergleich mit den Ausführungen im Buch festzustellen, ob der erarbeitete Stoff richtig erfasst und verstanden worden ist.

6. Die Diskussion mit anderen Studenten über einzelne Fragen in selbst organisierten **Arbeitsgruppen** ist ein bewährtes Mittel, um die geistige Auseinandersetzung mit juristischen Problemen anzuregen, die mündliche Ausdrucksfähigkeit im Rechtsgespräch zu fördern und der eigenen selbstständigen Arbeit neue Impulse zu geben.

---

[1] Wenn hier und im Folgenden von „Jurist", „Rechtsanwalt", „Richter", „Student" etc. gesprochen wird, sind weibliche wie männliche Personen selbstverständlich gleichermaßen gemeint.

7. Nehmen Sie sich **Zeit** für die Arbeit mit diesem Grundkurs. Denken Sie über die Ausführungen nach, insbesondere auch über mitgeteilte Lösungsvorschläge, und versuchen Sie, Querverbindungen zu parallelen Fragen und angrenzenden Problemen herzustellen. Der Lerneffekt steigt erheblich, wenn der Grundkurs mehrmals durchgearbeitet wird. Bei der **Wiederholung** kann der Einstieg über eine Bearbeitung der Fälle und Fragen gewählt werden, um verbleibende Wissenslücken zu ermitteln und zu schließen.

8. Der **Aufbau dieses Grundkurs** weicht aus didaktischen Gründen häufig von der Systematik des Gesetzes bzw. herkömmlicher Lehrbücher ab. Um das Auffinden bestimmter Einzelfragen zu erleichtern, sind Normen- und Stichwortverzeichnisse beigefügt. Werden im Text Fragen nur angesprochen, ihre Erörterung aber mit dem Hinweis „dazu später" oder „Einzelheiten später" hinausgeschoben, so können Sie sich darauf verlassen, dass Sie die entsprechenden Ausführungen vorab nicht suchen und studieren müssen.

9. Der **engzeilig gedruckte Text** bringt ergänzende, manchmal auch erläuternde Gedanken. Daher ist er für das Verständnis nicht weniger wichtig als der normal gedruckte.

10. Ein Grundkurs kann und soll keinen Überblick über den gesamten Stoff bieten, sondern muss eine **thematische Auswahl** treffen. Im Vordergrund stehen die zentralen Rechtsinstitute der ersten drei Bücher des BGB. Dabei werden solche Fragen behandelt, die besonders geeignet erscheinen, das Verständnis der Leser für die Grundstrukturen des bürgerlichen Rechts und die Fähigkeit zur selbstständigen Einarbeitung in weitere Problemkreise zu fördern. Weil die Lektüre keine juristischen Vorkenntnisse voraussetzen soll, werden die in das BGB eingeflossenen europarechtlichen Vorgaben nur gelegentlich angesprochen.[2]

11. Da der Grundkurs das unverzichtbare Grundwissen vermitteln soll, kann er auch zur Wiederholung vor Beginn der Fortgeschrittenenübung im bürgerlichen Recht oder vor dem Staatsexamen dienen. Das gelingt am besten zusammen mit anderen Werken wie dem **Examenskurs BGB**, in dem prüfungsrelevante Einzelfragen eingehender und umfassender dargestellt werden.

---

[2] Einführend zur europäischen Privatrechtsangleichung etwa *Stürner* JURA 2017, 394.

§ 1. Einführung in die juristische Arbeitsmethode

I. Die juristische Aufgabe

Das Studium der Rechtswissenschaft soll die juristischen Methoden und Fachkenntnisse vermitteln sowie für die spätere Berufsausübung ausbilden. Welche Aufgaben stellen sich im juristischen Berufsleben?

1. In der Berufstätigkeit

Die wesentliche Aufgabe des Juristen besteht – ganz allgemein und vergröbert beschrieben – in der **rechtlichen Bewertung** von Geschehnissen im Leben der Menschen, kurz: **von Lebenssachverhalten.** Der zu beurteilende Lebenssachverhalt kann sich bereits in der Wirklichkeit ereignet haben; dann sind die daraus folgenden Rechtsfolgen festzustellen.

> **Beispiel:** Zwei Kraftfahrer, A und B, stoßen mit ihren Fahrzeugen an einer Straßenkreuzung zusammen. Beide Fahrzeuge werden dabei beschädigt. A meint, B müsse den am Auto des A entstandenen Schaden ersetzen und den Schaden an seinem eigenen Kraftfahrzeug selbst tragen. B behauptet das Gegenteil.

In einem solchen Fall kann jeder Beteiligte einen Rechtsanwalt aufsuchen, um sich juristischen Rat zu holen und um die Erfolgsaussichten eines möglichen Rechtsstreits einschätzen zu können. Der Rechtsanwalt wird hierbei beratend tätig und muss dazu den ihm vorgetragenen Lebenssachverhalt – den Verkehrsunfall – rechtlich prüfen. Gelingt eine außergerichtliche Einigung nicht und kommt es zu einem Zivilprozess, muss der zur Streitentscheidung berufene Richter den Lebenssachverhalt rechtlich würdigen. In der Praxis geht es dabei, anders als im rechtswissenschaftlichen Studium, auch darum, zu ermitteln, was sich tatsächlich zugetragen hat.

Der zu untersuchende Lebenssachverhalt kann aber auch erst in der Zukunft liegen.

> **Beispiel:** Ein Jurist wird um eine Stellungnahme zu der Frage gebeten, welche rechtlichen Folgerungen sich aus einem vom Ratsuchenden beabsichtigten Verhalten, zB aus dem Abschluss eines bestimmten Vertrages, ergeben, wobei es der Ratsuchende vom Ergebnis der rechtlichen Prüfung abhängig machen will, wie er sich verhält, ob er also den Vertrag schließt oder nicht.

Auch in einem solchen Fall hat der Jurist die bei Verwirklichung des Sachverhalts eintretenden Rechtsfolgen zu ermitteln. Die Arbeitsmethode ist dabei im Grundsatz die gleiche wie bei der rechtlichen Beurteilung bereits eingetretener Ereignisse. Allerdings kann die gestellte Aufgabe bei einer **Prüfung künftiger Vorgänge** umfassender ausfallen; denn es gilt nicht nur, etwas bereits Geschehenes zu ermitteln und rechtlich zu bewerten, sondern alle Eventualitäten zu bedenken. Zugleich geht es um die Klärung der Frage, welches Verhalten dem Ratsuchenden aus rechtlicher Sicht zu empfehlen ist. Solche Empfehlungen werden beispielsweise vom Juristen erwartet, wenn er an der Abfassung von Texten, wie Verträgen, Allgemeinen Geschäftsbedingungen, Testamenten, mitwirkt, also Aufgaben zu erfüllen hat, wie sie sich insbesondere für Rechtsanwälte, für Notare und für die in Rechtsabteilungen von Behörden, Verbänden und Wirtschaftsunternehmen tätigen Juristen ergeben. Also lässt sich die juristische Aufgabe im Beruf schematisch wie folgt beschreiben:

2. Im Studium

6 Entsprechend dieser im späteren Beruf zu leistenden Arbeit ist die Ausbildung in der Universität gestaltet. Folglich muss im Studium die rechtliche Bewertung von simulierten Lebenssachverhalten geübt werden. Diese Sachverhalte werden entweder frei erfunden oder tatsächlich geschehenen nachgebildet und als sog. **„Fall"** zur Bearbeitung gestellt. Während der Jurist in der Berufstätigkeit zunächst aus einer Vielzahl von Fakten die rechtlich erheblichen Tatsachen von den unerheblichen zu scheiden hat und sich auf diese Weise den zu beurteilenden Sachverhalt (etwa die genauen Umstände eines Verkehrsunfalls oder den Inhalt einer Vereinbarung) erst erarbeiten muss, bekommt der Student einen Fall, der in aller Regel bereits auf den letztlich relevanten Tatsachenstoff reduziert ist. Hieraus ergibt sich die wichtige Erkenntnis, dass der Bearbeiter des Falles jeder Einzelheit in der Fallerzählung besondere Aufmerksamkeit zu widmen hat, weil er davon ausgehen muss, dass der Aufgabensteller die Auswahl der mitgeteilten Tatsachen im Hinblick auf bestimmte vom Bearbeiter zu erkennende und zu behandelnde Rechtsfragen vorgenommen hat. Das Außerachtlassen bestimmter im Sachverhalt zu findender Angaben führt also meist zu Fehlern, weil textliche Ausschmückungen ohne rechtliche Relevanz in juristischen Fällen nicht oft vorkommen.[1] Welche Folgerungen sich hieraus für die Falllösungstechnik ergeben, wird noch darzustellen sein.

---

[1] Es gibt zwar auch den bewusst „geschwätzigen" Sachverhalt: Die entscheidenden Angaben sind in einem Wust von Nebensächlichkeiten verpackt, um zu überprüfen, ob der Bearbeiter juristisch Relevantes und Irrelevantes zu unterscheiden versteht. In Anfängerklausuren begegnet dieser Prüfungstyp aber nur selten.

I. Die juristische Aufgabe

Für die juristische Bewertung von Fällen sind **Rechtskenntnisse** erforderlich. Diese werden in der Ausbildung erworben und müssen im späteren Berufsleben ständig ergänzt und erweitert werden. Das zielt ab auf Verständnis, nicht etwa darauf, möglichst viele Rechtsvorschriften auswendig zu lernen. Wer sein Gedächtnis mit Normtexten belastet, tut etwas Überflüssiges, weil er den genauen Wortlaut – im Berufsleben wie in Studium und Prüfung – dem Gesetz selbst entnehmen kann. Selbst wer meint, dass er die exakte Fassung der einzelnen Vorschriften kennt, sollte dann, wenn es – wie meist – auf den genauen Wortlaut ankommt, seinem Gedächtnis misstrauen und im Gesetz nachlesen. Häufig wird er dabei feststellen, dass dort wichtige Details enthalten sind, die er gerade nicht mehr in Erinnerung hatte. 7

Das anzuwendende Gesetz muss der Jurist als unentbehrliches Werkzeug bei seiner Arbeit stets zur Hand haben.[2] Andererseits kann man jedoch in den meisten Fällen allein aufgrund des Gesetzeswortlautes keine rechtliche Entscheidung treffen. Vielmehr kommt es auf das **Verständnis** der anzuwendenden Rechtsvorschriften an.[3] Hierfür ist zunächst einmal wichtig, die im Gesetz verwendeten **Fachbegriffe** richtig zu verstehen; denn diese können durchaus einen anderen Sinn als in der Umgangssprache haben. 8

> **Beispiel:** Im juristischen Sprachgebrauch und somit auch in der Terminologie des BGB wird als Eigentümer bezeichnet, wem eine Sache[4] gehört. Besitzer ist derjenige, der die tatsächliche Gewalt über die Sache ausübt, der sie rein tatsächlich innehat. Im allgemeinen Sprachgebrauch wird hingegen von dem „Hausbesitzer" gesprochen, wenn man denjenigen meint, dem das Haus gehört. Der Jurist verwendet hierfür die Bezeichnung „Grundstückseigentümer",[5] während er von dem „Besitzer" spricht, wenn er denjenigen meint, der die tatsächliche Gewalt über das Haus ausübt, der in ihm wohnt, die Schlüssel besitzt und auf diese Weise andere fern halten kann. Der Mieter einer Sache (etwa eines Grundstücks oder Fahrzeugs) ist also nur „Besitzer", nicht Eigentümer. Wer eine ihm gehörende Sache selbst nutzt (etwa bewohnt), ist gleichzeitig Eigentümer und Besitzer.[6]

---

[2] Es empfiehlt sich, schon im ersten Semester eine alle wichtigen Gesetze umfassende Textsammlung zu beschaffen, wie zB Schönfelder, Deutsche Gesetze, oder Nomos Gesetze Zivilrecht. Die häufig bei Anfängern zu beobachtende Neigung, sich zunächst mit dem Text einzelner Gesetze in Form einer Taschenbuchausgabe zu begnügen, ist allenfalls eine Übergangslösung. Auf jeden Fall sollte man dieselbe Gesetzesausgabe, die man in der Prüfung verwenden will, auch schon für die Vorbereitung darauf nutzen.

[3] Einführend zu den Methoden der Gesetzesauslegung etwa *Würdinger* JuS 2016, 1.

[4] Selbst der scheinbar triviale Begriff „Sache" hat eine eigene juristische Bedeutung, definiert in § 90 BGB. Dass diese Definition sich nicht von selbst versteht, zeigt schon die abweichende Begriffsbildung in Österreich (§ 285 ABGB: „Alles, was von der Person unterschieden ist, und zum Gebrauche der Menschen dient, wird im rechtlichen Sinne eine Sache genannt."). Lesenswert zur interessanten Entwicklung des Sachbegriffs *Hattenhauer*, Grundbegriffe des Bürgerlichen Rechts, Historisch-dogmatische Einführung, 2. Aufl. 2000, § 3.

[5] Intuitiv mag es näher liegen, von einem „Hauseigentümer" zu sprechen. Sie werden in Ihrem weiteren Studium aber die Gründe kennenlernen, warum diese Bezeichnung nicht korrekt wäre. Hier soll nur darauf hingewiesen werden, dass die Eigentümerstellung nicht auf das Haus, sondern auf das Grundstück zu beziehen ist, auf dem das Haus steht und als dessen Bestandteil es gilt (§§ 93, 94 BGB).

[6] Auf die Begriffe „Eigentum" und „Besitz" wird später noch näher eingegangen werden. Hier genügen die getroffenen Festellungen.

9 Für die Rechtsanwendung kommt es auch darauf an, **Zusammenhänge** zwischen verschiedenen Vorschriften im Gesetz zu kennen und zu berücksichtigen.

Beispiel: Max verkauft seinen gebrauchten Pkw an Moritz, wobei vereinbart wird, dass Moritz den Kaufpreis am 1.4. vormittags zu Max bringt. Max wartet den ganzen Tag vergeblich auf Moritz. Er fragt, welche Rechtsfolgen sich aus dem „Wortbruch" des Moritz ergeben.

§ 286 I 1[7] bestimmt: „Leistet der Schuldner auf eine Mahnung des Gläubigers nicht, die nach dem Eintritt der Fälligkeit erfolgt, so kommt er durch die Mahnung in Verzug." Zu dieser Vorschrift tritt ergänzend Nr. 1 des § 286 II hinzu, die lautet: „Der Mahnung bedarf es nicht, wenn für die Leistung eine Zeit nach dem Kalender bestimmt ist." Hier ist eine Zeit nach dem Kalender bestimmt, nämlich der 1.4. Man könnte also aus der in § 286 I und II getroffenen Regelung ableiten, dass sich Moritz in Verzug befindet. Diese Feststellung kann wichtig sein, weil sich an den Verzug bestimmte Rechtsfolgen knüpfen, so zB ein Anspruch auf Zahlung von Verzugszinsen (§ 288 I 1) oder auch ein Anspruch auf Ersatz des durch den Verzug entstehenden Schadens (vgl. § 280 I iVm II). Wollte man nun allein aufgrund der ersten beiden Absätze des § 286 einen Verzug bejahen, so würde man einen Fehler begehen. Denn diese Vorschriften dürfen nicht isoliert betrachtet werden, sondern es muss auch § 286 IV beachtet werden, der anordnet: „Der Schuldner kommt nicht in Verzug, solange die Leistung infolge eines Umstandes unterbleibt, den er nicht zu vertreten hat." Was der Schuldner „zu vertreten hat", ist wiederum den §§ 276–278 zu entnehmen.[8] Insbesondere hat der Schuldner im Regelfall eigenen Vorsatz und eigene Fahrlässigkeit zu vertreten (§ 276 I 1). Erschien Moritz am Morgen des 1.4. nicht, weil er plötzlich erkrankte und deshalb ins Krankenhaus eingeliefert wurde, ohne einen anderen mit der Überbringung des Geldes beauftragen zu können, dann hat er nicht zu vertreten, dass die Leistung zum vereinbarten Termin unterblieb, und er kommt folglich nicht in Verzug.

10 Wie das angeführte Beispiel belegt, ist für die Anwendung eines Rechtssatzes mehr notwendig als die bloße Kenntnis seines Wortlauts. Häufig gibt es ohnehin nicht etwa eine einzige „richtige" Lösung einer Rechtsfrage, sondern es kann nur darum gehen, durch methodisch sauberes Arbeiten eine vertretbare – also für andere Juristen nachvollziehbare – Rechtsauffassung zu entwickeln.[9] Diese Feststellung soll hier genügen. Wie das Recht angewendet wird und welcher Methoden sich der Jurist dabei bedient, ist ein wesentlicher Gegenstand des juristischen Studiums; hierauf wird im Laufe der folgenden Ausführungen immer wieder einzugehen sein.

---

[7] Wenn hier oder im Folgenden Vorschriften ohne nähere Bezeichnung zitiert werden, so handelt es sich stets um solche des BGB. Innerhalb eines Paragraphenzitats werden die einzelnen Absätze mit römischen Zahlen benannt (also zB § 286 I; alternative Schreibweise: § 286 Abs. 1), einzelne Sätze hingegen mit arabischen Zahlen (also zB § 286 I 1; alternative Schreibweise: § 286 Abs. 1 S. 1).

[8] Ein doppeltes Paragraphenzeichen bezieht sich auf zwei oder mehr Paragraphen, zB §§ 276–278 oder §§ 280, 283, 275. Soll ein Paragraph und der unmittelbar darauf folgende zitiert werden, so wird dies meist mit einem „f." gekennzeichnet (zB §§ 104 f.). Hingegen verweist „ff." auf mehrere nachfolgende Vorschriften (zB §§ 249 ff.), wobei sich nur aus dem jeweiligen Zusammenhang ergibt, wie weit diese Verweisung reichen soll.

[9] Lesenswert dazu, was Rechtsauffassungen „vertretbar" erscheinen lässt, *Neupert* JuS 2016, 489.

II. Die Lösung eines Falles als Beispiel juristischer Arbeitsweise

1. Beschränkung auf eine bestimmte Fragestellung

In den vorstehenden Ausführungen ist dargelegt worden, dass es bei der juristischen Lösung eines Falles auf seine rechtliche Bewertung ankommt. Allerdings kann man einen Fall aus der Sicht der verschiedenen Rechtsgebiete (Privatrecht, Strafrecht, öffentliches Recht)[10] unterschiedlich bewerten. Wenn es beispielsweise darum geht, juristisch zu einem Verkehrsunfall Stellung zu nehmen, kann dies auf der Grundlage des Strafrechts geschehen und die Frage erörtert werden, ob und wie sich die Beteiligten strafbar gemacht haben. Die privatrechtliche Erörterung ist hingegen darauf gerichtet, ob wegen des durch den Unfall verursachten Schadens die Beteiligten Ansprüche gegeneinander oder gegen Dritte geltend machen können. Auch öffentlich-rechtliche (verwaltungsrechtliche) Probleme können sich stellen, etwa wenn zu entscheiden ist, ob sich ein Beteiligter durch sein Verhalten beim Unfall als ungeeignet zur Führung eines Kraftfahrzeugs gezeigt hat und deshalb die Verwaltungsbehörde ihm die Fahrerlaubnis entziehen muss. Welche Antwort im Einzelfall interessiert, ist dem Juristen in seiner Berufstätigkeit meist von vornherein klar. Im Universitätsstudium ergibt sich schon aus der Aufgabenstellung und nicht zuletzt auch aus der Art der Lehrveranstaltung, aus welcher rechtlichen Sicht eine Erörterung des Falles vorzunehmen ist. In diesem Grundkurs sind die Ausführungen ausschließlich dem bürgerlichen Recht gewidmet.

2. Aufgabentext

Folgender Fall soll behandelt werden:

> Der 17-jährige Max (M) erhält von seinen Eltern ein monatliches Taschengeld von 100 EUR. Die Eltern kontrollieren die Verwendung des Geldes nicht. M ist sehr sparsam und hat sich von diesem Taschengeld im Laufe der Zeit 300 EUR gespart. Als sein 18-jähriger Freund Fritz (F) einen Motorroller zum Preise von 600 EUR verkaufen will, erklärt ihm M, er wolle dieses Fahrzeug haben; den Kaufpreis werde er zur Hälfte aus seinen Ersparnissen sofort zahlen, den Rest werde er in zehn Monatsraten zu je 30 EUR begleichen. Dieses Geld könne er ohne Schwierigkeiten von seinem Taschengeld abzweigen. F stimmt zu und übergibt M den Motorroller. Als M nach Hause kommt, sagen ihm seine Eltern, sie seien keinesfalls mit der Anschaffung einverstanden. M solle

---

[10] Während das öffentliche Recht vor allem die Beziehungen von Staat und Bürger betrifft und in der Regel durch eine gewisse Über- und Unterordnung der Beteiligten gekennzeichnet wird, umfasst das Privatrecht die Rechtsbeziehungen Gleichgeordneter. Bei dieser Unterscheidung ist das Strafrecht zum öffentlichen Recht zu rechnen, wenngleich es gewöhnlich als dritte Rechtsmaterie selbstständig neben die beiden anderen gestellt wird. Kernbereich des Privatrechts ist das bürgerliche Recht (= Zivilrecht, von lat.: ius civile), das im Wesentlichen im BGB geregelt ist. Daneben gibt es Sonderprivatrechte, wie zB das Handelsrecht und das Wirtschaftsrecht. Zu Einzelheiten vgl. *Leipold* BGB AT § 1 Rn. 18 ff.

den Motorroller sofort zurückbringen. Als M dies tut, weigert sich F, den Motorroller zurückzunehmen, und beruft sich darauf, er habe den Motorroller an M verkauft und dieser müsse den vereinbarten Kaufpreis zahlen. Wie ist die Rechtslage?

3. Die einzelnen Arbeitsschritte

13 Häufig bereitet es Studienanfängern – und nicht nur ihnen – erhebliche Schwierigkeiten, erlerntes Wissen richtig bei der rechtlichen Beurteilung von Sachverhalten umzusetzen. Was der Könner routinemäßig anwendet, das muss der Anfänger erst lernen: die richtige Methode zur Lösung juristischer Fälle. Hierbei kann das folgende **Lösungsschema** behilflich sein, in dem einzelne Arbeitsschritte der Fallbearbeitung zusammengefasst sind:[11]

> 1. Schritt: Erfassung des Sachverhalts
> 2. Schritt: Konkretisierung der Fallfrage
> 3. Schritt: Sammlung erster Gedanken zur Lösung
> 4. Schritt: Aufsuchen der entscheidungserheblichen Rechtsvorschriften
> 5. Schritt: Anwendung der Rechtsvorschriften auf den Sachverhalt und Feststellung der Rechtsfolgen (Lösungsskizze)
> 6. Schritt: Ausformulierung der Falllösung

14 Der erste Arbeitsschritt muss stets die genaue **Erfassung des rechtlich zu beurteilenden Sachverhalts** sein. Denn eine richtige rechtliche Stellungnahme kann nur dann abgegeben werden, wenn der zu bewertende Tatsachenstoff zutreffend verstanden und in allen wesentlichen Einzelheiten erfasst ist. Mit dem sorgfältigen, sicherheitshalber wiederholten Lesen des Sachverhalts beginnt jede Fallbearbeitung. Hierbei ist jedem Detail in der Fallerzählung Aufmerksamkeit zu widmen, weil der mitgeteilte Sachverhalt in aller Regel auf die für die Bearbeitung erheblichen Tatsachen beschränkt ist. Erscheinen bestimmte Angaben überflüssig, so sollte das zur (erneuten) Prüfung Anlass geben, ob der eingeschlagene Lösungsweg richtig ist.

15 Die gedankliche Erfassung des Sachverhalts lässt sich häufig durch eine **graphische Darstellung** erleichtern, in der die beteiligten Personen und die Beziehungen, in denen sie zueinander stehen, zeichnerisch skizziert und mitgeteilte Daten festgehalten werden. Bei umfangreichen, verwickelten Sachverhalten sollte stets eine solche graphische Darstellung angefertigt werden. Aber auch bei einfachen Fallerzählungen können kleine Zeichnungen helfen, die Gedanken zu ordnen. Bei den dann folgenden, die Lösung des Falles vorbereitenden Arbeiten, insbesondere während des dritten und vierten Arbeitsschrittes, kann die graphische Darstellung durch die Angabe von Rechtsvorschriften, die für die Beziehungen der Beteiligten eine Rolle spielen, ergänzt werden.

---

[11] Vgl. auch *Czerny/Frieling* JuS 2012, 877.

II. Die Lösung eines Falles als Beispiel juristischer Arbeitsweise

Bestimmte Symbole können die rechtlichen Beziehungen der Beteiligten angeben. So lässt sich zeichnerisch ein Anspruch durch einen Pfeil zwischen dem Anspruchsteller und dem in Anspruch Genommenen wiedergeben. Andere rechtliche Beziehungen können durch eine Verbindungslinie beschrieben werden. Als Beispiel soll die folgende Skizze dienen, die sich auf den zu bearbeitenden Fall bezieht:[12]

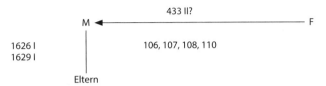

Als nächstes gilt es, die **Fallfrage zu konkretisieren**, denn die Bearbeitung kann erst sinnvoll beginnen, wenn geklärt ist, was die im Fall genannten Personen wollen. Häufig ist die vorgegebene Fallfrage bereits so konkret gefasst, dass eine weitere Präzisierung nicht mehr nötig wird. Lautet beispielsweise in dem oben mitgeteilten Aufgabentext die Fallfrage „Kann Fritz von Max den Kaufpreis fordern?", so ist klar, dass nur zu prüfen ist, ob ein Zahlungsanspruch des Fritz gegen Max besteht. Die Aufgabe kann aber auch ganz allgemein – wie in unserem Beispielsfall – lauten, die **Rechtslage zu beurteilen**. Eine solche allgemein gefasste Fallfrage muss der Bearbeiter zunächst näher aufschlüsseln, damit er sinnvolle Antworten geben kann und nicht zu irrelevanten Aspekten Stellung nimmt.

Die Präzisierung der Fallfrage geschieht aufgrund des mitgeteilten Sachverhalts. So wäre es verfehlt, wegen der allgemeinen Fragestellung sämtliche Rechtsbeziehungen, die zwischen den im Fall handelnden Personen bestehen, zu untersuchen. Im Beispielsfall interessiert das Rechtsverhältnis zwischen M und seinen Eltern nur insoweit, als es Einfluss auf die Rechtsbeziehungen zwischen M und F, insbesondere auf das Recht des F hat, von M Zahlung des vereinbarten Kaufpreises zu fordern.

Geht es bei dem Fall um Ansprüche, deren Berechtigung zu prüfen ist, so hat sich der Bearbeiter auch bei einer allgemeinen Aufgabenstellung die Frage vorzulegen, wer was von wem verlangt. Aufgrund dieser konkreten Frage sind die **beteiligten Personen einander in „Anspruchsverhältnisse" gegenüberzustellen** (wer von wem?), wobei regelmäßig Zweipersonenverhältnisse zu bilden sind. Eine solche Ordnung ist insbesondere wichtig, wenn mehrere Personen Ansprüche geltend machen.

> **Beispiel:** Der Fußgänger F betritt die Fahrbahn, ohne auf den Verkehr zu achten. Der Autofahrer A muss, um F nicht zu überfahren, eine Vollbremsung vornehmen. Es kommt deshalb zu einem Kettenauffahrunfall, in den A, B, C und D verwickelt werden. Will man sich in diesem Fall darüber klar werden, wer von wem etwas verlangen kann, so muss man in der gutachtlichen Stellungnahme nacheinander die Ansprüche des A gegen F, B, C und D, dann die Ansprüche des B gegen F, A, C und D und so fort prüfen.

---

[12] Die Zahlen bezeichnen die einschlägigen Vorschriften des BGB, die beim 3. und 4. Arbeitsschritt in die Skizze eingefügt werden. Zur Bedeutung dieser Vorschriften für die Falllösung → Rn. 40. Die Skizze ist unvollständig, weil sie lediglich den Zahlungsanspruch des F gegen M berücksichtigt (→ Rn. 40 aE).

20 Abgesehen davon, dass eine derartige Gliederung die Übersichtlichkeit der Darstellung erleichtert, erklärt sie sich auch daraus, dass der Jurist seine gutachtliche Stellungnahme auf den „Ernstfall", auf den möglichen Rechtsstreit, zu beziehen hat. Im Rechtsstreit stehen sich aber im Regelfall zwei Personen gegenüber, Kläger und Beklagter,[13] und der Richter hat in seinem Urteil darüber zu befinden, ob die vom Kläger behaupteten Rechte (zB der Anspruch des F auf Zahlung des Kaufpreises für den Motorroller) bestehen und ob der Beklagte deshalb zu einem bestimmten Verhalten (zB zur Zahlung einer Geldsumme) zu verurteilen ist. Die sich im Prozess ergebende „Zweierbeziehung" Kläger-Beklagter entspricht dem „Anspruchsverhältnis" Gläubiger-Schuldner in dem Rechtsgutachten, das der Fallbearbeiter anfertigen muss.

21 Der dritte Arbeitsschritt, die **Sammlung erster Gedanken zur Lösung** des Falles, wird sich häufig mit anderen Arbeitsschritten überschneiden. Denn bereits bei der Lektüre des Sachverhalts und bei der Konkretisierung der Fallfrage, aber auch beim Aufsuchen der entscheidungserheblichen Rechtsvorschriften werden dem Bearbeiter häufig erste Erwägungen in den Sinn kommen, die er auf einem Merkzettel festhalten sollte. Bei der weiteren Fallbearbeitung kann dann der Bearbeiter auf diese vorläufigen Reflexionen, die sich aus seiner Intuition ergeben, eingehen und ihre Richtigkeit überprüfen. Auch wenn sich dabei erweisen sollte, dass die ersten Erwägungen nicht zutreffen, können sich doch aus der gedanklichen Auseinandersetzung mit ihnen wichtige Hinweise für die Fallbearbeitung ergeben. Deshalb liegt in der spontanen gedanklichen Vorbeurteilung ein wichtiger Teil der Auseinandersetzung mit dem Fall. Die empfohlene Aufzeichnung der ersten Gedanken auf einem Merkzettel stellt sicher, dass der Bearbeiter die intuitiv angestellten Erwägungen nicht später in der „Hitze des Gefechts" wieder vergisst.

22 Mit dem **Aufsuchen der entscheidungserheblichen Rechtsvorschriften** beginnt die rechtliche Bewertung des Falles. Hierbei muss sich der Bearbeiter an der (erforderlichenfalls von ihm konkretisierten) Fallfrage orientieren. Denn diese begrenzt den Umfang der vorzunehmenden Untersuchung und gibt verbindlich vor, auf welche Antworten es ankommt. Die (konkretisierte) Fallfrage des hier zu bearbeitenden Sachverhalts geht zunächst dahin, ob F von M den vereinbarten Kaufpreis fordern kann. Es muss deshalb eine Rechtsvorschrift gesucht werden, die dieses Begehren stützt. Wenn diese Vorschrift gefunden ist, hat der Bearbeiter zu prüfen, ob der Tatbestand, von dessen Verwirklichung die Rechtsfolge abhängig gemacht ist, durch den mitgeteilten Sachverhalt erfüllt wird.

23 Auch bei der Suche nach den entscheidungserheblichen Vorschriften sollte der Bearbeiter schrittweise vorgehen. An der Spitze steht die **Anspruchsgrundlage**. Dies ist die Rechtsvorschrift, die den gestellten Anspruch[14] zu rechtfertigen vermag, wenn

---

[13] Zwar lässt die Zivilprozessordnung (ZPO) unter bestimmten Voraussetzungen zu, dass auf der Kläger- oder Beklagtenseite mehrere Personen stehen, jedoch handelt es sich dabei um eine Besonderheit, die hier vernachlässigt werden kann. Wer sich für Einzelheiten dazu interessiert, der sei auf *Musielak/Voit* GK ZPO Rn. 424 ff. verwiesen.

[14] Eine gesetzliche Definition (sog. Legaldefinition) des Begriffs „Anspruch" findet sich in § 194 I; danach ist ein Anspruch das Recht, von einem anderen ein Tun oder Unterlassen zu verlangen. Ein Kaufpreisanspruch ist folglich das Recht, von einem anderen, dem Käufer, Zahlung des Kaufpreises (= ein Tun) zu fordern.

II. Die Lösung eines Falles als Beispiel juristischer Arbeitsweise

ihre Voraussetzungen im konkreten Fall erfüllt werden. Zu dieser Rechtsvorschrift können andere hinzutreten, die für die Bejahung der einzelnen Merkmale der Anspruchsgrundlage bedeutsam sind. Wie dieses Ineinandergreifen verschiedener Rechtsvorschriften im Einzelnen aussieht, wird bei der Erörterung von Fällen in den folgenden Ausführungen noch häufig gezeigt werden. Beispielhaft soll hier der Ansatz für die Lösung des in → Rn. 12 geschilderten Falles beschrieben werden:

Die Anspruchsgrundlage für die Kaufpreisforderung des Verkäufers gegen den Käufer bildet § 433 II. Hiernach ist der Käufer verpflichtet, dem Verkäufer den vereinbarten Kaufpreis zu zahlen. Die Begriffe „Käufer" und „Verkäufer" und der Hinweis auf den „vereinbarten Kaufpreis" sowie der enge Zusammenhang mit Absatz 1, in dem die korrespondierenden Pflichten des Verkäufers von einem Kaufvertrag abhängig gemacht werden, zeigen, dass diese Vorschrift den Abschluss eines gültigen Kaufvertrages voraussetzt. Für die Frage der Gültigkeit des zwischen F und M geschlossenen Kaufvertrages ist die Minderjährigkeit des M von Bedeutung: § 106 bestimmt, dass ein Minderjähriger, der das siebente Lebensjahr vollendet hat, nach Maßgabe der folgenden Vorschriften in der Geschäftsfähigkeit, dh in seiner Fähigkeit, Rechtsgeschäfte wirksam vorzunehmen, beschränkt ist. Aus § 107 ergibt sich, dass ein Minderjähriger zu einer Willenserklärung, durch die er nicht lediglich einen rechtlichen Vorteil erlangt, der Einwilligung seines gesetzlichen Vertreters bedarf. Der Wortlaut des § 107 enthält eine Reihe von Begriffen, auf die der Bearbeiter bei der gutachtlichen Stellungnahme einzugehen hat. So ist die Feststellung, dass M minderjährig ist, näher zu begründen, wobei der Bearbeiter auf § 2 hinweisen wird, wonach die Volljährigkeit mit der Vollendung des 18. Lebensjahres eintritt (→ Rn. 40). Der Bearbeiter hat auch darzulegen, in welchem Zusammenhang der Begriff „Willenserklärung", von dem in § 107 die Rede ist, zum Vertrag steht, auf dessen Gültigkeit es für den Anspruch aus § 433 II ankommt. Da es hier zunächst nur darum geht, beispielhaft die Methode zu beschreiben, die beim Aufsuchen der rechtserheblichen Vorschriften anzuwenden ist, soll diesen Fragen noch nicht weiter nachgegangen werden. 24

Die vorstehenden Ausführungen beschreiben die **Methode der Rechtsanwendung.** Die dabei zu vollziehenden Schritte lassen sich noch genauer analysieren: 25

- Zunächst werden die einzelnen Voraussetzungen des Rechtssatzes festgestellt.
- Der zu behandelnde Rechtssatz ist hier § 433 II. Zu seinen Voraussetzungen gehört – wie ausgeführt – unter anderem ein gültiger Kaufvertrag zwischen M und F, aus dem sich der geforderte Kaufpreis ableitet. Über diese und auch alle anderen Voraussetzungen der Vorschrift muss sich der Rechtsanwender zunächst im Klaren sein.
- Dann wird geprüft, ob nach dem mitgeteilten Sachverhalt diese Voraussetzungen erfüllt werden, sodass die vom Rechtssatz angeordnete Rechtsfolge eintritt. Der Rechtsanwender muss hier also aufgrund des Sachverhalts entscheiden, ob das Zustandekommen eines gültigen Kaufvertrages zu bejahen ist. Dazu ist es erforderlich, den Sinn der in der anzuwendenden Rechtsnorm (in ihren Voraussetzungen) enthaltenen Begriffe zu ermitteln und auszulegen. Der Rechtsanwender muss wissen, was ein Vertrag ist und wie er wirksam zustande gebracht wird. In diesem Zusammenhang ist – wie ebenfalls bereits ausgeführt – auf die Frage der Minderjährigkeit des M einzugehen und es sind die sich daraus ergebenden Rechtsfolgen zu berücksichtigen.

- Schließlich ist das Ergebnis der durchgeführten Prüfung festzuhalten, also zu entscheiden, ob die einzelnen Voraussetzungen des anzuwendenden Rechtssatzes in dem zu bewertenden Sachverhalt erfüllt sind und deshalb die Rechtsfolge eintritt oder ob dies nicht der Fall ist.

26 Wird die oben abgebrochene Prüfung fortgesetzt, so wird sich ergeben, dass die Wirksamkeit des Kaufvertrages an der Minderjährigkeit des M scheitert und dass deshalb diese Voraussetzung des § 433 II nicht erfüllt wird, dass also ein Kaufpreisanspruch des F verneint werden muss (dazu Einzelheiten im Muster der Falllösung, → Rn. 40).

27 Bei der Rechtsanwendung muss also zwischen dem (Lebens-)Sachverhalt, dem Tatbestand (als Summe der Merkmale, von deren Verwirklichung eine bestimmte Rechtsfolge abhängt) und der Rechtsfolge selbst unterschieden werden. Ein **Rechtssatz** besteht regelmäßig aus **Tatbestand** und Anordnung der **Rechtsfolge**.

28 Ein Gesetz besteht aus vielen Sätzen, die nicht alle (vollständige) Rechtssätze in dem hier gemeinten Sinn sind. Manche sind unvollständig, treten ergänzend zu anderen und bilden erst zusammen mit diesen einen vollständigen Rechtssatz. So dienen manche dazu, einzelne Tatbestandsmerkmale einer anderen Rechtsvorschrift zu erläutern (= **erläuternde Rechtssätze bzw. Definitionsnormen** – Beispiel: § 90). Manche schränken den zu weit gefassten Tatbestand eines anderen Rechtssatzes ein (**einschränkende Rechtssätze** – Beispiel: § 935, der die Vorschriften über den gutgläubigen Erwerb des Eigentums an beweglichen Sachen von Nichtberechtigten einschränkt, → Rn. 767 ff.), andere wiederum verweisen auf vollständige Rechtssätze (**verweisende Rechtssätze** – Beispiel: § 480, der für den Tausch auf die entsprechende Anwendung der kaufrechtlichen Regelungen verweist). Hier sollen die dargestellten Besonderheiten zunächst vernachlässigt und nur vollständige Rechtssätze berücksichtigt werden.

29 Der Jurist prüft, ob der (konkrete) Lebenssachverhalt den Tatbestand der (von ihm aufgrund seiner Rechtskenntnisse ausgewählten, weil in Betracht zu ziehenden) Rechtsvorschrift verwirklicht, dh, ob alle in der Rechtsvorschrift genannten Voraussetzungen für den Eintritt der Rechtsfolge erfüllt werden. Bei einem positiven Ergebnis dieser Prüfung gelangt er zu dem Schluss, dass die in der Rechtsvorschrift genannte Rechtsfolge (im Beispielsfall: die Verpflichtung zur Zahlung des Kaufpreises) eingetreten ist. Diese Unterordnung eines (bestimmten) Sachverhalts unter den Tatbestand einer Rechtsnorm (= Rechtsvorschrift, Rechtssatz), also das Abgleichen des tatsächlichen Geschehens mit dem Gesetz, heißt **Subsumtion**.

30 Nun kann es durchaus (anders als in dem hier zur Bearbeitung gestellten Fall) vorkommen, dass die Voraussetzungen einer Anspruchsgrundlage erfüllt sind und deshalb das Bestehen eines entsprechenden Anspruchs (zunächst) angenommen wird, dass aber **Gegenrechte des Inanspruchgenommenen** eingreifen, die den Anspruch nachträglich wieder wegfallen lassen oder seine Durchsetzung hindern. Auch bezüglich solcher Gegenrechte wickelt sich die Rechtsanwendung in gleicher Weise ab wie bei der Prüfung von Anspruchsgrundlagen. Zunächst wird die Rechtsnorm gesucht, die zur Vernichtung des einmal entstandenen Anspruchs oder zur Verhinderung seiner Durchsetzung führen kann. Sodann ist zu klären, von welchen Voraussetzungen die Verwirklichung dieser Rechtsnorm abhängt und ob der zu prüfende Sachverhalt diese Voraussetzungen ausfüllt. Auch in diesem Zusammenhang ist der Sinn der verwendeten Rechtsbegriffe zu klären. Schließlich ist das Ergebnis der vorgenommenen

II. Die Lösung eines Falles als Beispiel juristischer Arbeitsweise

Subsumtion festzustellen und das Endergebnis aus dem Zusammenwirken zwischen Anspruchsgrundlage und Gegenrecht festzuhalten.

Der Käufer weist beispielsweise darauf hin, dass er den Kaufpreis bereits gezahlt hat und dass deshalb der zunächst entstandene Kaufpreisanspruch (§ 433 II) infolge Erfüllung (§ 362 I) erloschen ist. Oder: der Käufer beruft sich darauf, dass der Verkäufer seinen Pflichten aus dem Kaufvertrag, die Kaufsache zu übergeben und zu übereignen (§ 433 I) noch nicht nachgekommen ist und er deshalb auch noch nicht verpflichtet ist, den Kaufpreis zu zahlen. Denn wird nichts anderes vereinbart, muss der Käufer den Kaufpreis erst zahlen, wenn er die Kaufsache erhält (§ 320 I 1; Einzelheiten dazu später). 31

Die oben gemachten Ausführungen (→ Rn. 25–31) lassen sich schematisch in folgendem Schaubild darstellen: 32

I. Anspruchsgrundlage
- Feststellen ihrer einzelnen Voraussetzungen
- Klärung der verwendeten Begriffe
- Subsumtion des gegebenen Sachverhalts unter die einzelnen Voraussetzungen
- Feststellen des Ergebnisses der Subsumtion und damit der Frage nach dem Bestand des Anspruchs

II. Gegenrecht
- Feststellen seiner einzelnen Voraussetzungen
- Klärung der verwendeten Begriffe
- Subsumtion des gegebenen Sachverhalts unter die einzelnen Voraussetzungen
- Feststellen des Ergebnisses der Subsumtion und damit der Frage nach dem Bestand des Gegenrechtes

III. Feststellung des Gesamtergebnisses

Für das Aufsuchen der entscheidungserheblichen Vorschriften sind Rechtskenntnisse erforderlich. Meist stellt es – nicht nur für Studienanfänger – die schwierigste Aufgabe dar, den richtigen Einstieg in den Fall zu finden und die relevanten Rechtsvorschriften zu ermitteln. Bisweilen ergibt sich die begehrte Rechtsfolge aus **mehreren Anspruchsgrundlagen**. Der Bearbeiter hat dann alle ernstlich in Betracht kommenden Rechtsnormen, die den erhobenen Anspruch möglicherweise rechtfertigen, nacheinander zu prüfen, weil er ein umfassendes Rechtsgutachten anzufertigen hat, in dem alle rechtlich bedeutsamen Fragen behandelt werden müssen. Das Gleiche gilt für die in Betracht kommenden Gegenrechte. Für die Reihenfolge dieser Prüfung gibt es bestimmte Kunstregeln, auf die hier nicht eingegangen werden kann; nähere Hinweise finden sich in Schriften zur Klausurtechnik. 33

Die vorstehenden Ausführungen haben bereits ergeben, dass der fünfte Arbeitsschritt, die **Anwendung der Rechtsvorschriften** auf den Sachverhalt und die Feststellung der Rechtsfolgen, eng mit den vorhergehenden Arbeitsschritten verbunden ist. Das Aufsuchen der entscheidungserheblichen Rechtsvorschriften und ihre Anwendung auf den Sachverhalt lassen sich nur in der theoretischen Betrachtung voneinander abgrenzen; praktisch werden sie zu einer einheitlichen Arbeitsphase miteinander verwoben. Das Ergebnis der bisher durchgeführten Untersuchung ist dann in Stichworten zu skizzieren, wobei es von dem jeweiligen persönlichen Arbeitsstil abhängt, wie detailliert eine solche Skizze der Lösung ausgeführt wird. Durch ständiges Üben kann jeder den eigenen Stil und das richtige Maß finden. 34

35 Den letzten Arbeitsschritt bildet die **Ausformulierung der Falllösung.** Aufgrund der zuvor vollzogenen Arbeitsschritte steht das Gerippe der Lösung schon fest. Aufbaufragen sind also bereits vorher zu beantworten gewesen. Im letzten Arbeitsschritt kommt es darauf an, dass der Bearbeiter seine Gedanken zur Lösung präzise formuliert und ihnen so viel Raum gibt, wie dies zu einer überzeugenden Darstellung der entscheidungserheblichen Punkte erforderlich ist. Nebensächlichkeiten sind hierbei – wenn überhaupt – nur zu streifen; vielmehr gilt es, die eigentlichen Probleme des Falles in den Mittelpunkt der Erörterung zu stellen. Eine angemessene Schwerpunktbildung beweist, dass der Verfasser in der Lage ist, die sich stellenden Rechtsprobleme richtig zu beurteilen, und ist somit ein Ausweis für eine gelungene Fallbearbeitung. Bei der Darstellung der Lösung ist der sog. **Gutachtenstil** anzuwenden. Während bei dem sog. **Urteilsstil** das Ergebnis vorangestellt und sodann im Einzelnen näher begründet wird, zeichnet sich der im Studium gebräuchliche Gutachtenstil dadurch aus, dass an die Spitze der Ausführungen die zu erörternde Frage gestellt wird, während die Antwort auf diese Frage den Schluss bildet, nachdem alle für die Beantwortung der Frage rechtserheblichen Punkte erörtert worden sind.

36 Die **Sprache** ist für den Juristen das Mittel, um seine Gedanken zu äußern. Es ist offensichtlich, dass die Qualität des Gedankenträgers „Sprache" einen wesentlichen Anteil daran hat, ob es dem Bearbeiter gelingt, den Leser von der Richtigkeit seiner Lösung zu überzeugen.[15] Bildhaft lässt sich sagen, dass die Sprache die Verpackung der Gedanken darstellt und dass der Wert des Inhalts auch nach der Gediegenheit der sprachlichen Hülle beurteilt wird.

37 Häufig können Arbeiten, die sich durch einen flüssigen Stil und gute Formulierungen auszeichnen, auch in der rechtlichen Bewertung überzeugen, während umgekehrt sprachlich mangelhafte Ausführungen eher selten eine hinreichende Lösung des Falles enthalten. Wer stilistisch schlampt, tut dies tendenziell auch in der rechtlichen Beurteilung. Es ist Aufgabe des Verfassers eines juristischen Gutachtens, gut ausformulierte Gedanken lesbar zu Papier zu bringen. Selbstverständlich dürfen dabei die gängigen Abkürzungen (vgl. als Beispiel dazu das Abkürzungsverzeichnis) verwendet werden, nicht jedoch selbst erfundene, die lediglich dazu dienen sollen, Zeit zu sparen. Erst recht geht es nicht an, an die Stelle ausformulierter Sätze Zeichen zu setzen, beispielsweise durch „A → B" zum Ausdruck bringen zu wollen, dass ein Anspruch A gegen B erörtert werden soll. Solche Zeichnungen gehören nicht in den ausformulierten Text, sondern nur auf den Merkzettel (→ Rn. 21).

38 Eine Selbstverständlichkeit sollte die Beachtung der Regeln der Rechtschreibung, der Grammatik und der Zeichensetzung sein. Schließlich sollte sich der Bearbeiter auch darüber im Klaren sein, dass die äußere Gestaltung der Arbeit, ihr Aussehen, eine nicht zu unterschätzende Bedeutung für die Beurteilung hat.

39 Die vorstehenden Ausführungen zu den einzelnen von dem Bearbeiter eines juristischen Falles zu vollziehenden Arbeitsschritten dienen lediglich dem Zweck, dem Studienanfänger erste Hinweise für die vom Juristen zu praktizierende Arbeitstechnik zu geben. Später empfiehlt sich eine vertiefende Befassung mit diesem Fragenbereich.[16]

---

[15] Lesenswert etwa *Schnapp*, Stilfibel für Juristen, 2004; *Walter*, Kleine Stilkunde für Juristen, 2. Aufl. 2009.
[16] Verwiesen sei zB auf *Braun*, Der Zivilrechtsfall, 5. Aufl. 2012.

II. Die Lösung eines Falles als Beispiel juristischer Arbeitsweise

4. Muster einer Falllösung

Die nachfolgend kursiv gesetzte Lösung des Ausgangsfalls (→ Rn. 12) ist als Beispiel für den Aufbau und die Sprache eines juristischen Gutachtens gedacht, wie es zB bei einer Aufsichtsarbeit (Klausur) anzufertigen ist. Die Rechtsfragen werden nur so eingehend behandelt, wie dies für die Lösung des Falles geboten erscheint. Dies mag zu Verständnisschwierigkeiten bei dem noch am Anfang des Studiums stehenden Leser führen, die ihn jedoch nicht beunruhigen sollten: Es geht hier zunächst um darstellungstechnische Aspekte; auf die angesprochenen Rechtsfragen wird später noch einzugehen sein. Die engzeiligen Einfügungen stellen lediglich Erläuterungen dar und gehören nicht zur Lösung.

F kann von M nach § 433 II Zahlung des Kaufpreises in der vereinbarten Höhe und zu dem vereinbarten Zeitpunkt verlangen, wenn zwischen beiden ein wirksamer Kaufvertrag entsprechenden Inhalts zustande gekommen ist.

Die allgemeine Fallfrage nach der Rechtslage ist also dahingehend konkretisiert worden, ob ein Zahlungsanspruch des F besteht; das ist die Frage, die hier in erster Linie interessiert. Nur wenn diese Frage verneint werden sollte, kann es noch auf den Anspruch des M auf Rückzahlung der 300 EUR und auf dessen Verpflichtung ankommen, den Motorroller an F zurückzugeben.

Ausgangspunkt der Prüfung ist die Vorschrift, die das Begehren des F rechtfertigen könnte (Anspruchsgrundlage). Die konkrete Fallfrage (wer hat von wem was zu beanspruchen) wird auf diese Weise um ein viertes Element ergänzt, sodass zu Beginn der rechtlichen Bearbeitung einer Anspruchsklausur[17] stets die Frage zu stehen hat: Wer kann was von wem aufgrund welcher Rechtsvorschrift beanspruchen? oder kürzer: **Wer was von wem woraus? (4 W-Frage).**

Warum es nach § 433 II auf den Abschluss eines wirksamen Kaufvertrages ankommt, war bereits ausgeführt worden (→ Rn. 24).

M und F haben sich über den wesentlichen Inhalt des Kaufvertrages, also den Kaufgegenstand und den Kaufpreis, geeinigt.

Durch diese Feststellung wird darauf hingewiesen, dass ein Vertrag nur zustande kommt, wenn zwischen den Vertragsparteien Übereinstimmung über den Inhalt des Vertrages besteht. Warum dies so ist, wird später erklärt werden.

Der Vertrag kann aber nach §§ 106, 108 I iVm § 107 unwirksam sein, weil M als Minderjähriger (vgl. § 2) ohne Einwilligung der Eltern, die seine gesetzlichen Vertreter sind (vgl. § 1626 I, § 1629 I), den Vertrag geschlossen hat und weil die Eltern die Genehmigung des Vertrages ablehnen.

Ein Minderjähriger (also eine Person, die das 18. Lebensjahr noch nicht vollendet hat; vgl. § 2) über sieben Jahre ist nach § 106 in seiner Geschäftsfähigkeit beschränkt. Dies bedeutet, dass er grundsätzlich (zu den Ausnahmen später) keine wirksamen Verträge allein abschlie-

---

[17] Es gibt verschiedene Klausurtypen; die häufigste ist die Anspruchsklausur, bei der zu prüfen ist, ob die Beteiligten Ansprüche gegeneinander geltend machen können.

ßen kann. Vielmehr hängt die Wirksamkeit eines von ihm geschlossenen Vertrages von der Zustimmung des gesetzlichen Vertreters ab.[18]

Für die Frage, ob die Ausnahme von der Zustimmungsbedürftigkeit, die § 107 für lediglich rechtlich vorteilhafte Willenserklärungen vorsieht, hier zutrifft, kommt es darauf an, ob sich aus dem vom Minderjährigen geschlossenen Vertrag rechtliche Verpflichtungen für ihn ergeben. Ist dies zu bejahen, so bleibt es bei der Zustimmungsbedürftigkeit. Der wirtschaftliche Nutzen, den der Minderjährige aus dem Geschäft ziehen könnte, ist hierfür – wie bereits der Wortlaut der Vorschrift („rechtlicher Vorteil") verdeutlicht – unerheblich. M wird durch den Vertrag unter anderem zur Zahlung des Kaufpreises verpflichtet, und deshalb ist die Zustimmung der Eltern für die Gültigkeit des Vertrages erforderlich.

Etwas anderes würde jedoch gelten, wenn die als „Taschengeldparagraph" bezeichnete Ausnahmeregelung des § 110 eingreift. Danach ist ein Vertrag auch ohne Zustimmung des gesetzlichen Vertreters wirksam, wenn der Minderjährige die vertragsmäßige Leistung mit Mitteln bewirkt, die ihm zu diesem Zweck oder zur freien Verfügung von seinen Eltern überlassen worden sind. Im Sinne dieser Vorschrift ist eine Leistung aber erst dann bewirkt, wenn der Minderjährige den Anspruch des Vertragspartners vollständig erfüllt. Selbst wenn M bereits die ersten 300 EUR geleistet hätte, wäre der Tatbestand des § 110 nicht gegeben, weil nur die Hälfte des Kaufpreises gezahlt, mithin die vollständige Leistung noch nicht „bewirkt" wäre.

Die Wirksamkeit des Kaufvertrages hängt somit von der Genehmigung der Eltern des M ab (§ 108 I). Nach § 182 I kann die Genehmigung sowohl gegenüber dem Minderjährigen als auch gegenüber dem Vertragspartner erklärt werden. Da die Eltern ihrem Sohn die Genehmigung verweigerten, ist der Vertrag endgültig unwirksam.

Auf die Frage, ob sich an dieser Unwirksamkeit noch etwas dadurch ändern könnte, dass F die Eltern seinerseits auffordert, ihm mitzuteilen, ob sie den Vertrag genehmigten, sodass nach § 108 II die entsprechende Erklärung nur noch ihm gegenüber vorgenommen werden kann, ist hier nicht einzugehen, weil sich aus dem Sachverhalt ergibt, dass F eine solche Aufforderung nicht an die Eltern des M gerichtet hat.

Somit steht fest, dass F keine Ansprüche aus dem Kaufvertrag mit M herleiten, insbesondere nicht Zahlung des Kaufpreises fordern kann.

Für den beabsichtigten Zweck, ein Beispiel für die schriftliche Abfassung einer Fallbearbeitung zu geben, mögen die vorstehenden Ausführungen genügen. Es wird deshalb davon abgesehen, die Prüfung – wie dies bei einer vollständigen Falllösung erforderlich wäre – auch auf die Ansprüche des F auf Rückgabe des Motorrollers und des M auf Rückzahlung der 300 EUR zu erstrecken, zumal in diesem Zusammenhang einige zum Teil nicht ganz einfach zu verstehende Rechtsfragen angesprochen werden müssten. Es wird Gelegenheit sein, darauf später noch einzugehen.

41 Bisher konnte und sollte nur ein erster Einblick in die Technik juristischer Falllösung gegeben werden. Das für die Beherrschung dieser Technik notwendige Wissen muss

---

[18] Der Begriff „Zustimmung" ist ein Oberbegriff; die vorherige Zustimmung wird Einwilligung (vgl. § 183 S. 1) und die nachfolgende Zustimmung Genehmigung (vgl. § 184 I) genannt.

noch vervollständigt und vertieft werden. Es sollte jede Gelegenheit genutzt werden, Fälle zu lösen, weil damit die Sicherheit erworben wird, die den Könner auszeichnet. Eine Möglichkeit dazu bieten auch die Übungsklausuren, die in dieser Schrift enthalten sind. Sie sollten in der angegebenen Zeit nur mithilfe des Gesetzestextes bearbeitet werden. Dabei können nicht nur die Rechtskenntnisse, sondern auch die Beherrschung der Falllösungstechnik überprüft werden.

§ 2. Zum Begriff des Rechtsgeschäfts

I. Einleitender Überblick

1. Eintritt von Rechtsfolgen

In der einleitenden Beschreibung der juristischen Aufgabe ist davon gesprochen worden, dass der Jurist die Rechtsfolgen festzustellen hat, die sich ergeben, wenn die Tatsachen, die aus dem rechtlich zu bewertenden Lebenssachverhalt abzuleiten sind, unter die Voraussetzungen der in Betracht zu ziehenden Rechtsnorm subsumiert werden. Rechtsfolgen treten also ein, wenn durch den Lebenssachverhalt der Tatbestand des anzuwendenden Rechtssatzes verwirklicht wird (→ Rn. 27 ff.). 42

> **Beispiel:** S ist beim Einparken unachtsam und beschädigt deshalb das Auto des E. Durch dieses tatsächliche Geschehen (= Lebenssachverhalt) wird der Tatbestand des § 823 I verwirklicht. Denn S hat fahrlässig (vgl. § 276 II) das Eigentum eines anderen (= das Auto des E) widerrechtlich (= rechtswidrig = im Widerspruch zur Rechtsordnung stehend) verletzt. Aus dieser Tatbestandsverwirklichung ergibt sich als Rechtsfolge die Verpflichtung des S, dem E den durch die Beschädigung des Autos entstehenden Schaden zu ersetzen.

Rechtsfolgen können also unabhängig von dem Willen der beteiligten Personen entstehen. 43

> Im Beispielsfall wollte S sicher nicht die Rechtsfolge (= Verpflichtung zum Schadensersatz) auslösen – was aber letztlich unerheblich ist.

Rechtsfolgen können aber auch willentlich herbeigeführt werden.

> Wenn A dem B erklärt, er wolle dessen Mofa kaufen, dann will er die sich aus einem Kaufvertrag ergebenden Rechtsfolgen (vgl. § 433).

Der Rechtsakt, der eine gewollte Rechtsfolge hervorbringt, wird „Rechtsgeschäft" genannt. In den Motiven zum BGB, der Begründung des ersten Entwurfs eines Bürgerlichen Gesetzbuches für das Deutsche Reich,[1] findet sich in Bd. 1, S. 126 folgende Begriffsbeschreibung: „Rechtsgeschäft im Sinne des Entwurfs ist eine Pri- 44

---

[1] Sie sind veröffentlicht und in jeder Universitätsbibliothek erhältlich. Für den Studienanfänger ist zunächst nur wichtig zu wissen, dass es sie gibt. Als Fortgeschrittener wird er sie heranziehen, um sich Aufschluss über die Absichten des Gesetzgebers zu verschaffen. Das gleiche gilt für die Protokolle der Kommission für die zweite Lesung des Entwurfs des BGB. Eine lesenswerte knappe Übersicht zur Entstehungsgeschichte des BGB gibt etwa MüKoBGB/*Säcker* Einl. Rn. 9 ff.

vat-Willenserklärung, gerichtet auf die Hervorbringung eines rechtlichen Erfolges, der nach der Rechtsordnung deswegen eintritt, weil er gewollt ist." Diese Begriffsbeschreibung führt einen weiteren Begriff ein, nämlich den der „Willenserklärung".[2] Hier soll zunächst noch eine vorläufige, ergänzungsbedürftige Definition genügen, die später vervollständigt wird: Willenserklärung bedeutet die Kundgabe (= Erklärung) des (rechtlich bedeutsamen) Willens.

45 Der Begriff des **Rechtsgeschäfts** ist weiter als der der **Willenserklärung**, weil es für ihn auch auf den rechtlichen Erfolg ankommt. Hängt dieser rechtliche Erfolg einseitig vom Willen des Erklärenden ab, decken sich Rechtsgeschäft und Willenserklärung.[3] Vermag der Erklärende allein nicht zu erreichen, dass die gewollte Rechtsfolge eintritt, sondern ist hierfür zusätzlich die Mitwirkung anderer Personen oder ein tatsächliches Geschehen erforderlich, so ist die Willenserklärung zwar ein wichtiges, aber nicht das einzige Element des Rechtsgeschäfts.

> **Beispiele:**
>
> (1) Student S findet ein besseres Zimmer, mietet es zum nächsten Ersten und kündigt daraufhin zum selben Termin sein bisheriges Zimmer.
>
> (2) Als Mitglied eines Tennisvereins stimmt S in der Mitgliederversammlung einer Satzungsänderung zu.
>
> (3) S übereignet einen Tennisschläger an seinen Tennispartner T.
>
> Die von S gewünschte Beendigung des bisherigen Mietverhältnisses, der gewollte rechtliche Erfolg, tritt ein, wenn S einseitig dem Vermieter gegenüber schriftlich (§ 568 I) die Kündigung rechtzeitig erklärt (vgl. § 542 I iVm § 573c III, § 549 II Nr. 2). Dagegen kann das neue Mietverhältnis allein durch die Willenserklärung des S nicht begründet werden; vielmehr bedarf es hierfür des einverständlichen Zusammenwirkens von Mieter (S) und Vermieter im Rahmen eines Vertrages (§ 535). Für das Wirksamwerden der Satzungsänderung ist die Übereinstimmung mehrerer Personen erforderlich, nämlich der Mehrheit von drei Vierteln der in der Mitgliederversammlung abgegebenen Stimmen (§ 33 I 1). Und die Übereignung des Tennisschlägers erfordert zusätzlich zu dahingehenden Willenserklärungen von S und T (sog. Einigung) auch die tatsächliche Übergabe des Schlägers (§ 929 S. 1).

2. Einseitige und mehrseitige Rechtsgeschäfte

46 Je nachdem, ob für die Herbeiführung des rechtlichen Erfolges die Willenserklärung eines Einzelnen ausreicht oder ob dafür mehrere Willenserklärungen erforderlich sind, kann man zwischen **einseitigen und mehrseitigen Rechtsgeschäften** unterscheiden.

---

[2] Es geht im Bereich des Zivilrechts durchweg um private Willenserklärungen im Unterschied zur Willensäußerung auf dem Gebiet des öffentlichen Rechts; deshalb braucht dies hier nicht durch den Zusatz „Privat-Willenserklärung", wie dies in den Motiven geschehen ist, betont zu werden.
[3] Wer sich als Fortgeschrittener näher mit dem Verhältnis zwischen Rechtsgeschäft und Willenserklärung befassen will, sei verwiesen auf die Ausführungen von *Leenen*, BGB. Allgemeiner Teil: Rechtsgeschäftslehre, 2. Aufl. 2015, § 4 Rn. 101 ff.

II. Willenserklärung

Die Kündigung ist ein einseitiges Rechtsgeschäft, und zwar – da der entsprechende Wille dem anderen mitgeteilt werden muss, es also erst wirksam wird, wenn die Erklärung dem anderen zugeht – ein **empfangsbedürftiges Rechtsgeschäft**. Auch das Testament ist ein einseitiges Rechtsgeschäft; um den dadurch bezweckten rechtlichen Erfolg, die Regelung des Nachlasses, herbeizuführen, genügt eine eigenhändig geschriebene und unterschriebene Erklärung (vgl. § 2247 I). Das Testament ist folglich ein einseitiges, **nicht empfangsbedürftiges Rechtsgeschäft**. Was im Einzelnen aus der gegebenen oder fehlenden Empfangsbedürftigkeit folgt wird später erörtert (→ Rn. 85 ff.).

Das wichtigste mehrseitige – meist zweiseitige – Rechtsgeschäft ist der **Vertrag**. Der Vertragsschluss als solcher ist keine Willenserklärung, vielmehr erfordert er den Austausch von mindestens zwei empfangsbedürftigen Willenserklärungen (genannt Antrag und Annahme; dazu später).

Nach alledem lässt sich folgende Einteilung der Rechtsgeschäfte vornehmen:

Die Rechtsgeschäfte lassen sich auch noch nach anderen Gesichtspunkten ordnen und einteilen; dazu später.

II. Willenserklärung

Wir haben mit dem Begriff „Willenserklärung" ein **Grundelement,** einen Baustein, kennen gelernt, aus dem das Rechtsgeschäft geschaffen wird, und zwar in dem Sinn, dass ein einseitiges Rechtsgeschäft aus einem solchen Element besteht, während mehrseitige Rechtsgeschäfte sich aus mehreren dieser Elemente zusammensetzen. Auf der Grundlage der bisher gegebenen Begriffsbeschreibung – Willenserklärung als Kundgabe des rechtlich bedeutsamen Willens – sollen noch einige notwendige Präzisierungen und Ergänzungen zum Inhalt dieses Begriffs vorgenommen werden.

1. Der äußere Tatbestand

Bereits das Wort „Willens-Erklärung" verdeutlicht, dass zwischen dem äußeren (objektiven) Tatbestand, der Erklärung, der Kundgabe, und dem inneren (subjektiven) Tatbestand, dem Willen, zu unterscheiden ist. Der äußere Tatbestand der Willenserklärung besteht in einem **Verhalten, das sich aus der Sicht eines objektiven Betrachters als Äußerung eines auf die Herbeiführung einer bestimmten Rechtsfolge** gerichteten Willens darstellt (**Erklärungstatbestand**). Der „objektive Betrachter"[4] orientiert sich bei seiner Bewertung an der üblichen Bedeutung des Verhaltens (zB des gesprochenen Wortes), an Sitten und Gebräuchen, aber auch an den Besonderheiten des Einzelfalles, zB an Absprachen der Beteiligten. Es kommt also darauf an, ob ein bestimmtes Verhalten nach den äußeren Umständen, unter denen es vorgenommen wird, als Kundgabe eines rechtlich relevanten Willens aufzufassen ist. Die Entscheidung dieser Frage ist bei Zweifeln im Wege der Auslegung des jeweiligen Verhaltens zu treffen (→ Rn. 135 f.). Danach kann sogar dem Schweigen die Bedeutung einer bestimmten Erklärung zukommen (→ Rn. 138 ff.).

Beispiele:

(1) A ist Eigentümer eines Ringes. Er fragt B, ob dieser den Ring für 200 EUR kaufen wolle. B nickt.

(2) Auktionator A bietet in einer Versteigerung ein Bild für 1.000 EUR an. B hebt die Hand.

(3) An den Auktionen des A nimmt auch C teil, von dem A weiß, dass er so lange mitbieten will, wie er den Versteigerungskatalog für A sichtbar senkrecht in der rechten Hand hält.

In allen drei Fällen ist der Erklärungstatbestand einer Willenserklärung zu bejahen, und zwar aufgrund des vom Erklärenden gezeigten Verhaltens (Erklärung durch schlüssiges = **konkludentes Verhalten**). Im ersten Fall ist dies ganz offenkundig, denn nach allgemeinem Brauch bedeutet ein Nicken Zustimmung. Nach der bei Versteigerungen geltenden Übung ist in dem Aufheben der Hand die Abgabe eines Gebots zu sehen. Wir haben es hier mit einer Verkehrssitte, dh mit einer sozialtypischen Verhaltensweise zu tun, die von allen oder doch von bestimmten Kreisen im Geschäftsverkehr gewöhnlich geübt wird (→ Rn. 136). Schließlich ist aufgrund der (möglicherweise stillschweigend) getroffenen Absprache zwischen A und C das Halten des Katalogs als Abgabe eines Gebots aufzufassen.

52 Es muss sich um die **Äußerung eines auf eine Rechtsfolge gerichteten Willens** handeln. Im natürlichen Sinn des Begriffs ist jede Kundgabe eines Willens eine Willenserklärung. Wenn ich einem Freund mitteile, dass ich mich entschlossen habe, morgen nicht zum Training zu gehen, sondern zu Hause zu bleiben, so erkläre ich meinen entsprechenden Willen. Dennoch handelt es sich im rechtlichen Sinn nicht um eine Willenserklärung, da mein Entschluss, zu trainieren oder zu Hause zu bleiben, keine rechtlichen Konsequenzen hat und mich nicht bindet, also rechtlich irrelevant ist. Der juristische Begriff der Willenserklärung ist enger und **betrifft nur rechtlich erhebliche Willensäußerungen**.

---

[4] Mit der Bezugnahme auf die Figur des „objektiven Betrachters" wird die nicht nur in der Rechtswissenschaft verwendete Denkform des „Typus" praktiziert. Durch diese Denkform lassen sich in manchen Fällen Lebenserscheinungen und Sinnzusammenhänge anschaulicher und konkreter beschreiben als durch abstrakte Begriffe. Auf Einzelheiten kann und muss hier nicht eingegangen werden. Wer sich dafür interessiert, sei auf *Rüthers/Fischer/Birk* Rechtstheorie Rn. 930 ff. verwiesen. Hier genügt der Hinweis, dass der objektive Betrachter als Leitbild benutzt wird, um zum Ausdruck zu bringen, dass es für die Bewertung auf regelmäßige („normale") Denk- und Verhaltensweisen ankommt, nicht etwa auf eine davon womöglich abw. subjektive Einschätzung eines Beteiligten.

II. Willenserklärung

Auch für die Entscheidung der Frage, ob eine Willensbekundung im rechtlich unverbindlichen Bereich bleibt oder rechtliche Bedeutung erlangt, entscheiden objektive Gesichtspunkte mit und nicht allein die Auffassung des Erklärenden oder des Erklärungsempfängers.

53

> **Beispiel:** Verabredet sich A mit einem Bekannten zum Skilaufen und sagt ihm zu, ihn mit seinem Auto mitzunehmen, so wird damit nicht etwa ein Beförderungsvertrag geschlossen, der Rechtspflichten begründet, deren Nichterfüllung Schadensersatzpflichten auslösen kann (vgl. §§ 280, 281; dazu später). Vielmehr spricht A nur eine (rechtlich nicht bindende) gesellschaftliche Einladung aus. Diese Bewertung entspricht der allgemeinen Verkehrsanschauung, dh der üblichen und regelmäßigen Auffassung der beteiligten Kreise. Eine ähnliche „Gefälligkeit" kann aber aufgrund besonderer Umstände nach allgemeiner Verkehrsanschauung rechtliche Verbindlichkeit erlangen. So verhält es sich, wenn A weiß, dass B zu einem bestimmten Zeitpunkt in München sein muss, um sich dort als Bewerber um eine Stelle vorzustellen. Verspricht A bei dieser Sachlage, den B in seinem Auto mitzunehmen, dann geht er auch die rechtliche Verpflichtung ein, ihn in seinem Auto nach München zu befördern, wenn er – wie geplant – die Fahrt durchführt und keine zwingenden Gründe eintreten, die eine Mitnahme ausschließen. Außerdem ist A verpflichtet, den B rechtzeitig zu benachrichtigen, wenn er ihn nicht absprachegemäß nach München bringen kann. Die besondere Bedeutung, die für den B die Anwesenheit in München und demgemäß die Mitnahme hat, hebt die Zusage des A aus dem Bereich des Unverbindlichen heraus und verleiht ihr rechtliche Verbindlichkeit.

Das angeführte Beispiel zeigt, dass die **Abgrenzung unverbindlicher Gefälligkeiten des gesellschaftlichen Bereichs von Willenserklärungen,** durch die rechtliche Bindungen geschaffen werden, Schwierigkeiten bereiten kann.[5] Wesentliches Merkmal einer unverbindlichen Gefälligkeit ist ihre Unentgeltlichkeit. Deshalb ist es niemals als rechtlich unverbindlich zu werten, wenn für eine „Gefälligkeit" ein Entgelt gezahlt wird. Umgekehrt kann allerdings daraus, dass kein Entgelt vereinbart wurde, nicht ohne weiteres auf eine bloße Gefälligkeit geschlossen werden; denn das BGB kennt auch unentgeltliche Verträge (etwa den Auftrag, lies vorerst nur § 662).[6] In den somit allein relevanten Fällen ohne Entgeltabrede kann die Einordnung nicht allein nach subjektiven Merkmalen vorgenommen werden: Die Frage, ob rechtliche Bindungen gewollt sind, wird sich sehr oft nachträglich nicht mehr klären lassen, zumal sich die Beteiligten häufig zunächst keine Gedanken über die rechtliche Relevanz ihres Verhaltens machen und zu einem späteren Zeitpunkt geneigt sein werden, es jeweils in einer Weise zu interpretieren, die ihnen günstig ist. Deshalb müssen objektive Kriterien gefunden werden, um entscheiden zu können, ob eine Rechtsbindung und dementsprechend ein darauf gerichteter Wille der Beteiligten anzunehmen ist. Der *BGH*[7]

54

---

[5] Vgl. zu diesem Problemkreis auch *Paulus* JuS 2015, 496, dort dargestellt anhand der Einordnung einer Tischreservierung im Restaurant.

[6] Beachte *Lorenz/Eichhorn* JuS 2017, 6 (7).

[7] BGHZ 21, 102 = NJW 1956, 1313. Dieses Zitat bedeutet, dass die Entscheidung in der Sammlung „Entscheidungen des Bundesgerichtshofs in Zivilsachen", und zwar in Bd. 21 auf S. 102 ff., abgedruckt ist, und zudem auch in der Neuen Juristischen Wochenschrift, Jahrgang 1956, auf S. 1313 ff. Besorgen Sie sich bitte die Entscheidung in der Universitätsbibliothek. Sinnvoll erscheint es, die Entscheidung außerdem in einer juristischen Datenbank (wie juris.de oder beck-online.de) zu recherchieren.

hat in einer Grundsatzentscheidung[8] dargelegt, welche objektiven Merkmale insoweit maßgebend sein können. Er nennt die Art der Gefälligkeit, ihren Grund und Zweck, ihre wirtschaftliche und rechtliche Bedeutung insbesondere für den Empfänger, die Umstände, unter denen sie erwiesen wird, und die dabei bestehenden Interessenlagen der Beteiligten, den Wert einer anvertrauten Sache, die dem Leistenden erkennbare Gefahr, in die der Empfänger durch eine fehlerhafte Leistung geraten kann. Im Rahmen der vorzunehmenden Interessenbewertung muss aber auch berücksichtigt werden, welches Risiko der Erklärende eingeht, wenn er sich rechtlich bindet und deshalb für eine nicht gehaltene Zusage haften muss.

55 Alle diese Kriterien können allerdings nur Anhaltspunkte abgeben, um eine Entscheidung im Einzelfall zu treffen. Gelangt man auf dieser Grundlage zu dem Ergebnis, dass ein Verhalten nicht mehr dem Bereich der Gefälligkeit des täglichen Lebens und des gesellschaftlichen Verkehrs zuzurechnen ist, sondern ihm rechtliche Verbindlichkeit zuerkannt werden muss, so kann sich niemand darauf berufen, dass er lediglich eine Gefälligkeit ohne rechtliche Bindung erbringen wollte: „Ob ein Rechtsbindungswille vorhanden ist, ist nicht nach dem nicht in Erscheinung getretenen inneren Willen des Leistenden zu beurteilen, sondern danach, ob der Leistungsempfänger aus dem Handeln des Leistenden unter den gegebenen Umständen nach Treu und Glauben mit Rücksicht auf die Verkehrssitte auf einen solchen Willen schließen muss. Es kommt also darauf an, wie sich dem objektiven Beobachter das Handeln des Leistenden darstellt".[9]

56 In den oben (→ Rn. 53) genannten Beispielen der Einladung zur Mitfahrt im Auto macht es den entscheidenden Unterschied, welche Folgen sich aus der Nichteinhaltung der Zusage ergeben. Im Fall der geplanten Fahrt zum Skilaufen geht es lediglich um ein Freizeitvergnügen. Dagegen kommt der Einhaltung des verabredeten Vorstellungstermins erhebliche Bedeutung zu: Hier stehen erkennbar wirtschaftliche und rechtliche Interessen des Versprechensempfängers auf dem Spiel; dies nimmt der Angelegenheit den Charakter einer unverbindlichen Gefälligkeit und verleiht dem Versprechen der Mitnahme rechtliche Verbindlichkeit, zumal das Versprechen unter regelmäßigen Umständen einfach einzuhalten ist und deshalb vom Versprechenden kein unzumutbares Risiko eingegangen wird, wenn er sich rechtlich bindet.

Auch dann, wenn nach Lage der Dinge von einer rechtlichen Verbindlichkeit auszugehen ist, bleibt im Einzelfall zu klären, welche Art der Verpflichtung dadurch begründet werden soll.

Beispiel: Während einer Zugfahrt muss ein Reisender die Toilette aufsuchen. Auf seine Bitte hin erklärt sich sein Sitznachbar bereit, derweil auf das ersichtlich wertvolle Ge-

---

[8] Eine „Grundsatzentscheidung" zeichnet sich dadurch aus, dass der in ihr geäußerten Rechtsauffassung über den entschiedenen Fall hinaus allgemeine, richtungsweisende Bedeutung zukommt. Das Gericht legt damit seine auch in Zukunft maßgebende Rechtsansicht in einem bedeutsamen Punkt fest. Freilich binden nach deutschem Rechtsverständnis selbst Grundsatzentscheidungen der Obergerichte die sog. Unter- bzw. Instanzgerichte nicht etwa in der Weise, wie dies in den Staaten des Common Law gilt; Besonderheiten gelten insoweit allerdings für den EuGH und in bestimmten Fällen für das BVerfG.
[9] BGHZ 21, 102 (106) = NJW 1956, 1313; vgl. auch BGH NJW 1974, 1705 (1706); 1992, 498; 1996, 1889; 2012, 3366 Rn. 14; 2015, 2880 Rn. 8 f. = JuS 2016, 70 (*Mäsch*).

II. Willenserklärung

päck zu achten. Auch wenn man unterstellt, dass dies nicht nur als bloße Gefälligkeit, vielmehr als unentgeltlicher Verwahrungsvertrag zu deuten ist (lies §§ 688–690), wäre damit noch nicht gesagt, dass der hilfsbereite Mitreisende sich verpflichtet hat, im Falle eines drohenden Diebstahls nicht nur Alarm zu schlagen, sondern das fremde Gepäck sogar mit Gewalt zu verteidigen.

2. Die Form

Im Regelfall ist es gleichgültig, auf welche Weise eine Willenserklärung abgegeben wird, ob **mündlich, schriftlich oder in digitaler** Form (zB durch E-Mail), ob **ausdrücklich oder durch schlüssiges Verhalten** (→ Rn. 51). Im BGB gilt der **Grundsatz der Formfreiheit**. Es gibt aber auch Fälle, in denen das Gesetz die Beachtung einer bestimmten Form vorschreibt.

> **Beispiele:** Der Kaufvertrag über ein Grundstück bedarf nach § 311b I 1 der Beurkundung durch einen Notar. Nach § 518 I ist das Versprechen, jemand anderem etwas zu schenken, ebenfalls in notarieller Form abzugeben. Ein Testament muss im Regelfall entweder zur Niederschrift eines Notars errichtet oder eigenhändig vom Erblasser geschrieben und unterschrieben werden (§ 2231).

Neben den beiden genannten Formen der notariellen Beurkundung (§ 128, vgl. aber auch § 127a) und der Schriftform (§ 126) gibt es noch die elektronische Form (§ 126a; dazu Einzelheiten später), die Form der öffentlichen Beglaubigung (vgl. § 129) und die Textform (§ 126b; Einzelheiten ebenfalls später).

Der durch Gesetz angeordnete **Formzwang** erfüllt verschiedene Zwecke:

- So soll in manchen Fällen die vorgeschriebene Form sicherstellen, dass der Inhalt des Geschäfts genau festgehalten und beweisbar wird **(Beweisfunktion)**.
- Der Formzwang kann auch dazu dienen, den Erklärenden auf die rechtliche Bedeutung seines Verhaltens hinzuweisen und vor Übereilung zu warnen **(Warnfunktion)**.
- Die vorgeschriebene Beurkundung durch einen Notar gewährleistet, dass ein sachkundiger und neutraler Dritter mitwirkt, der die Beteiligten beraten und rechtlich belehren kann **(Beratungsfunktion)**.
- Schließlich kann auch der Formzwang geschaffen sein, um eine Kontrolle des Rechtsgeschäfts zum Schutz übergeordneter öffentlicher Interessen zu ermöglichen **(Kontrollfunktion)**.

Eine Formvorschrift kann gleichzeitig verschiedene dieser Zwecke erfüllen. So wird durch § 311b I 1, der die notarielle Beurkundung für Verträge über die Verpflichtung zum Erwerb oder zur Übertragung von Grundstückseigentum anordnet, sowohl der Beweis- als auch der Warn- und der Beratungsfunktion genügt. Die Ermittlung des Zwecks einer Formvorschrift geschieht keineswegs (nur) aus rechtstheoretischen Gründen, sondern hilft dabei, eine Lösung in Zweifelsfällen zu finden.[10]

---

[10] Beachte das bürgschaftsrechtliche Klausurbeispiel für Fortgeschrittene bei *Lindacher/Hau* Fälle BGB AT Nr. 8.

Beispiel: A und B schließen einen Vorvertrag über die Vermietung eines Hauses für die Dauer von fünf Jahren. Gleichzeitig vereinbaren sie, dass beide nach Ablauf dieser Zeit einen Kaufvertrag über dieses Grundstück schließen werden. Beide wollen jetzt wissen, ob ihre mündlich getroffenen Vereinbarungen gültig und verbindlich sind.

61 Der **Vorvertrag** ist ein Vertrag, durch den die Verpflichtung begründet wird, einen weiteren Vertrag, den sog. Hauptvertrag, zu schließen. Sinnvoll ist dieses Vorgehen, wenn die Parteien aus rechtlichen oder tatsächlichen Gründen noch am Abschluss des Hauptvertrages gehindert sind, aber bereits eine Bindung schaffen wollen. Der Vorvertrag ist gesetzlich nicht ausdrücklich geregelt. Seine Zulässigkeit ergibt sich aus dem Grundsatz der Vertragsfreiheit (Freiheit zur inhaltlichen Gestaltung von Verträgen, → Rn. 128). Ob im Einzelfall bereits ein Vorvertrag zustande gekommen ist oder lediglich Vertragsverhandlungen geführt worden sind, muss durch Auslegung der abgegebenen Erklärungen (→ Rn. 135) ermittelt werden. Ein gültiger Vorvertrag setzt regelmäßig voraus, dass der wesentliche Inhalt des Hauptvertrages zumindest im Wege der Auslegung aus dem Vorvertrag abgeleitet werden kann, weil nur dann der Inhalt der durch den Vorvertrag eingegangenen Verpflichtung genügend konkretisiert ist. Allerdings können sich die Vertragsparteien darauf beschränken, durch den Abschluss eines Vorvertrages zunächst nur einzelne Punkte verbindlich zu regeln und die Klärung offen gebliebener Fragen späteren Verhandlungen vorzubehalten, wobei sich dann aus dem Vorvertrag die Pflicht der Parteien ergibt, an dem Aushandeln der noch offenen Punkte des zu schließenden Vertrages mitzuwirken.[11]

62 § 311b I 1 soll – wie bemerkt – die Vertragschließenden auch vor einem übereilten Eingehen vertraglicher Bindungen schützen. Diese Warnfunktion erfordert es, bereits den eine solche Bindung schaffenden Vorvertrag dem Formzwang zu unterstellen. Die (nicht formgerecht) getroffene Verabredung über den Abschluss eines entsprechenden Kaufvertrages ist folglich nichtig (§ 125 S. 1). Wird dagegen mit der Formvorschrift nur bezweckt, den Inhalt des endgültigen Vertrages festzuhalten (Beweisfunktion), so genügt es, dass dieser formgemäß abgeschlossen wird. Demgemäß bedarf ein Mietvorvertrag, durch den die schuldrechtliche Verpflichtung zum Abschluss eines (formgültigen) Mietvertrages geschaffen wird, nicht der Schriftform, die § 550 für längerfristige Mietverträge über Wohnraummietverhältnisse (vgl. § 549 I) vorschreibt.

Im Beispielsfall wirft die Feststellung, dass ein Teil des von A und B Vereinbarten, nämlich der Kaufvorvertrag, formunwirksam ist (dazu sogleich), die Frage auf, welche Wirkungen sich daraus für den restlichen, für sich betrachtet wirksamen Teil ergeben. Dieser Frage, die gem. § 139 zu entscheiden ist, soll hier noch nicht nachgegangen werden (→ Rn. 300 f.).

63 Wird die **gesetzlich angeordnete Form nicht eingehalten,** ist das Rechtsgeschäft regelmäßig endgültig nichtig (§ 125 S. 1). Von diesem Grundsatz kennt das Gesetz aber Ausnahmen. So wird in manchen Fällen die Heilung des formnichtigen Geschäfts durch Erfüllung zugelassen (vgl. § 311b I 2, § 518 II, § 766 S. 3). Solche Heilungsre-

---

[11] BGH NJW 2006, 2843.

II. Willenserklärung

geln lassen sich nicht ohne weiteres auf Fälle übertragen, in denen gegen sonstige Formvorschriften verstoßen wurde.[12] Allerdings erkennt die Rechtsprechung noch weitere Ausnahmen zu § 125 S. 1 an, wenn eine aus der Nichtbeachtung der Formvorschrift resultierende Nichtigkeit des Geschäfts zu schlechthin untragbaren Ergebnissen führen würde. Die Berechtigung zu diesem Vorgehen wird aus dem das gesamte Recht beherrschenden Grundsatz von Treu und Glauben (§ 242) abgeleitet. Die Schwierigkeiten, die sich hierbei ergeben, sind nicht zu übersehen. Einerseits ordnet § 125 S. 1 die Nichtigkeit an, andererseits kann eine starre Anwendung dieser Regel zu grob ungerechten Ergebnissen führen, etwa wenn ein Rechtskundiger die Unkenntnis eines Unerfahrenen zum eigenen Vorteil ausnutzt und ihm vorspiegelt, es gebe keine Formvorschrift. Die sich in diesem Zusammenhang stellenden Probleme überfordern Studienanfänger, die Lösung soll Fortgeschrittenen vorbehalten werden (weiterführend *Musielak/Hau* EK BGB Rn. 40 ff.).

64 Ferner ist darauf hinzuweisen, dass auch durch Vereinbarung der Beteiligten ein Formzwang geschaffen werden kann (sog. **gewillkürte Form**; vgl. dazu § 125 S. 2 und § 127). Zu beachten ist, dass die Anforderungen dann aber geringer als bei einem gesetzlichen Formgebot sein können. So genügt im Falle der vertraglich vereinbarten Schriftform gem. § 127 II, abweichend von § 126 I, auch eine E-Mail.[13]

65 Gemäß § 126 III kann die schriftliche Form auch durch die **elektronische Form** ersetzt werden, wenn sich nicht aus dem Gesetz ein anderes ergibt. Dafür ist nach § 126a I erforderlich, dass der Aussteller der Erklärung dieser seinen Namen hinzufügt und das elektronische Dokument mit einer qualifizierten elektronischen Signatur nach Maßgabe des Signaturgesetzes[14] versieht. Handelt es sich um einen Vertrag, so müssen die Parteien jeweils ein gleich lautendes Dokument in dieser Weise elektronisch signieren (§ 126a II).[15]

66 Die Anforderungen an die **Textform** sind in § 126b S. 1 beschrieben.[16] Danach muss die Erklärung lesbar sein, die Person des Erklärenden nennen und auf einem dauerhaften Datenträger abgegeben sein. Was ein dauerhafter Datenträger ist, definiert S. 2; ausreichend ist, anders als für § 126a, beispielsweise eine E-Mail. Die Textform, die geringere Anforderungen an die Sicherheit vor Verfälschungen stellt als die Schriftform oder die elektronische Form, lässt das Gesetz genügen, wenn der Beweis- und Warnfunktion der Formvorschrift (→ Rn. 59) keine vorrangige Bedeutung beimisst (vgl. etwa § 650i II). Soweit für eine Erklärung die Textform vorgeschrieben wird, kann die Erklärung auch in Schriftform (§ 126) oder der Form der notariellen Beurkundung (vgl. § 126 IV) abgegeben werden, weil diese Formen strengere Anforderungen aufstellen und damit auch den Zwecken der Textform entsprechen.

---

[12] Vgl. BGH NJW 2017, 885, dort gegen eine Anwendung von § 518 II auf § 311b III.
[13] Vgl. LG München I JA 2016, 464 (*Stadler*). Beachte auch BGH NJW 2016, 3713 Rn. 26 f.
[14] Gesetz über Rahmenbedingungen für elektronische Signaturen (Signatur-Gesetz – SigG) (BGBl. 2001 I, 876).
[15] Zu Einzelheiten vgl. *Musielak/Hau* EK BGB Rn. 34.
[16] Näher dazu und zu der mit Wirkung v. 13.6.2014 erfolgten Neufassung der Vorschrift etwa *Beck* JURA 2014, 666 (672 f.).

3. Der innere Tatbestand

67 Regelmäßig ist der äußere Tatbestand einer Willenserklärung von einem entsprechenden Willen des Erklärenden getragen. Dieser Wille, der innere (subjektive) Tatbestand einer Willenserklärung, soll im Folgenden näher betrachtet werden. Zur Erleichterung des Verständnisses dienen die folgenden

Beispielsfälle:

(1) W unternimmt eine mehrtägige Wanderung und übernachtet in einer Jugendherberge. Am Abend unterhält er sich mit seinem Zimmernachbarn V. Über dem Gespräch schläft er ein, ohne dass dies V bemerkt. Als ihn V fragt, ob er bereit sei, dessen Armbanduhr für 50 EUR zu kaufen, antwortet W im Schlaf mit „Ja".

(2) L mietet eine Hochseejacht, um mit einigen Freunden mehrere Tage vor der Küste zu kreuzen. Am letzten Tag wird ein Abschiedsfest gefeiert. In feuchtfröhlicher Stimmung schießt L eine Rakete in den Himmel, die er an Bord gefunden hat. Er weiß nicht, dass das Raketensignal bedeutet, man wolle in den Hafen geschleppt werden. Aufgrund dieses Signals läuft S mit seinem Schlepper aus, um die Jacht in den Hafen zu bringen.

(3) Z will seinem Angestellten A wegen ständiger Reibereien kündigen und diktiert seiner Sekretärin B einen Kündigungsbrief. B, die es mit A gut meint, legt Z ein Schreiben zur Unterschrift vor, in dem A nur aus der Unternehmenszentrale in eine Filiale versetzt wird. Z unterschreibt in der Annahme, es handle sich um die Kündigung, ohne das Schreiben zu lesen.

68 In allen drei Fällen stellt sich die Frage, ob der Erklärende eine wirksame Willenserklärung abgegeben hat. Diesbezügliche Zweifel ergeben sich nicht etwa, weil es an dem äußeren Tatbestand, der Kundgabe einer Erklärung, fehlte, sondern deshalb, weil die Erklärenden eine Erklärung überhaupt nicht oder nicht mit diesem Inhalt abgeben wollten. Um solche Konstellationen angemessen zu bewerten, ist zu klären, wie der innere Tatbestand einer Willenserklärung beschaffen sein muss. Im Normalfall wird der Erklärende wissen, dass er handelt, dass er spricht, schreibt oder sich durch Gesten äußert. Er hat deshalb das Bewusstsein und den Willen zu handeln (**Handlungswille bzw. -bewusstsein**). Regelmäßig weiß er auch, dass seiner Bekundung rechtliche Erheblichkeit zukommt, dass er also am Rechtsverkehr teilnimmt. Er hat also das Bewusstsein und den Willen, eine rechtlich relevante Erklärung abzugeben (**Erklärungswille bzw. -bewusstsein**). Schließlich wird sein Wille auch darauf gerichtet sein, eine bestimmte Rechtsfolge herbeizuführen, zB einen bestimmten Vertrag zu schließen, zu kündigen oder ein Testament zu errichten, also ein Geschäft mit einem bestimmten Inhalt zu tätigen (**Geschäftswille**).

69 Die Terminologie ist nicht immer einheitlich. So wird der Geschäftswille auch als *Rechtsfolgewille* bezeichnet, um damit zum Ausdruck zu bringen, dass der Wille des Erklärenden auf eine bestimmte Rechtsfolge gerichtet ist, und der Wille, sich durch dieses bestimmte Rechtsgeschäft zu binden, als *Rechtsbindungswille*. Versteht man den Begriff des Rechtsbindungswillens in diesem Sinn, handelt es sich dabei um ein Element des Geschäftswillens (Rechtsfolgewillen). Wird jedoch unter den Begriff des Rechtsbindungswillens nur der Wille des Erklärenden gefasst, irgendeine rechtliche Bindung einzugehen, so muss er als Teil des Erklärungswillens angesehen werden. Angesichts dieser Unklarheiten sollte auf den Begriff des Rechtsbindungswillens überhaupt verzichtet werden.[17]

---

[17] Vgl. *Neuner* JuS 2007, 881 (885).

II. Willenserklärung

Der **Tatbestand einer (wirksamen) Willenserklärung** lässt sich danach in folgender Weise darstellen:

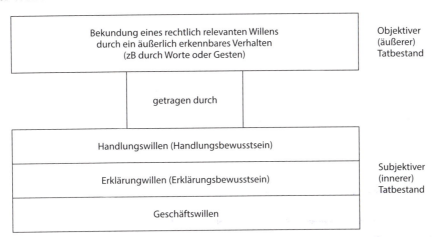

Im ersten Beispielsfall fehlt dem schlafenden W bereits der Handlungswille, folglich fehlen erst recht der Erklärungs- und der Geschäftswille. Im zweiten Fall weiß L zwar, dass er handelt, als er die Rakete abschießt, aber er erkennt nicht, dass er damit (irgend-)eine rechtlich erhebliche Erklärung abgibt, also sich am Rechtsverkehr beteiligt. Ihm fehlt mithin schon der Erklärungswille, und erst recht handelt er ohne Geschäftswillen. Im dritten Fall ist Z bekannt, dass er eine Erklärung abgibt (Handlungswille) und dass er mit dieser Erklärung auch am Rechtsverkehr teilnimmt, weil ihr rechtliche Bedeutung zukommt (Erklärungswille). Er täuscht sich aber über den Inhalt seiner Erklärung: Er will kündigen (= den Arbeitsvertrag auflösen) und nicht versetzen (= den Arbeitsvertrag nur inhaltlich ändern). Ihm fehlt folglich der Geschäftswille.

In allen drei Beispielsfällen vertraut der Erklärungsempfänger auf die Wirksamkeit der Erklärung. Dies geschieht auch im dritten Fall, wenn man davon ausgeht, dass A von der Kündigungsabsicht seines Chefs und von der Täuschungshandlung der B keine Kenntnis hat. Es ergibt sich deshalb in solchen Fällen ein Konflikt zwischen den Interessen des Erklärenden, der sich darauf berufen wird, dass er eine Erklärung zumindest dieses Inhalts nicht abgeben wollte, und den Interessen des Empfängers, der darauf verweisen kann, dass man dem äußeren Tatbestand der Erklärung den fehlenden Willen des Erklärenden nicht anzusehen vermag. Um zu einer gerechten Lösung dieses Interessenkonfliktes zu gelangen, muss man die Frage entscheiden, wer von beiden schutzwürdiger ist: Ist es angemessener, den Erklärenden an seiner (nicht gewollten) Erklärung festzuhalten oder das Vertrauen des Erklärungsempfängers zu enttäuschen? Es bietet sich eine differenzierende Entscheidung an:

Fehlt dem Erklärenden bereits der Handlungswille, spricht er also etwa im Schlaf (wie im ersten Beispielsfall W) oder in Hypnose oder wird er in einer Weise zum Handeln gebracht, dass er aufgrund der gegen ihn geübten absoluten Gewalt (= vis absoluta) nur noch als willenloses Werkzeug tätig wird (zB durch gewaltsames Führen der Hand zur Unterschrift eines Schuldanerkenntnisses), dann erscheint es nicht gerechtfertigt, ihn an der Erklärung festzuhalten.

74 Zur Begründung dieses Ergebnisses kann man sich auf die in § 105 II getroffene Regelung berufen: Eine Erklärung, die jemand im Zustand der Bewusstlosigkeit oder vorübergehenden Störung der Geistestätigkeit abgibt, ist nichtig; das Interesse des gutgläubigen Erklärungsempfängers wird nicht geschützt. Dieser Fall ist dem eines fehlenden Handlungswillens so ähnlich, dass es dem Gebot der Gerechtigkeit entspricht, beide Fälle gleich zu entscheiden (entsprechende Anwendung der im Gesetz ausdrücklich getroffenen Regelung auf den nicht geregelten Tatbestand = Analogie).[18]

75 Anders dagegen wird man zu entscheiden haben, wenn der Erklärende zwar durchaus weiß, dass er eine rechtlich erhebliche Erklärung abgibt, sich dabei aber über deren Inhalt irrt. In dem **Fall des fehlenden Geschäftswillens** kann der Erklärende eher die Folgen tragen, die sich aus seiner Erklärung ergeben, als der Erklärungsempfänger. Man kann ihm entgegenhalten, er hätte eben besser aufpassen müssen.

76 Auch diese Entscheidung lässt sich mit einer im BGB getroffenen Regelung begründen. Nach § 119 I kann derjenige, der bei Abgabe einer Willenserklärung über deren Inhalt im Irrtum war oder eine Erklärung dieses Inhalts überhaupt nicht abgeben wollte, die Erklärung anfechten, wenn anzunehmen ist, dass er bei Kenntnis der wahren Sachlage und bei verständiger Würdigung des Falles die Erklärung nicht abgegeben haben würde. Die gesetzliche Anordnung der Anfechtbarkeit setzt ersichtlich voraus, dass das Gesetz die Willenserklärung zunächst für wirksam erachtet. Hieraus lässt sich entnehmen, dass ein Irrtum über den Erklärungsinhalt der Wirksamkeit der Willenserklärung nicht entgegensteht. Zu beachten ist auch, dass bei einer Anfechtung der Anfechtende dem Erklärungsempfänger den Schaden ersetzen muss, den dieser dadurch erleidet, dass er auf die Gültigkeit der Erklärung vertraut (§ 122 I). Auf diese Weise wird ein gerechter Ausgleich zwischen dem Interesse des Erklärenden und dem Interesse des Erklärungsempfängers erreicht.

77 Es bleibt als problematischster und schon lange diskutierter Fall[19] das **Fehlen des Erklärungswillens:** Gute Gründe sprechen sowohl für als auch gegen die Wirksamkeit einer Willenserklärung, wenn nur ihr äußerer Tatbestand willentlich geschaffen wird, dem Erklärenden dabei aber das Bewusstsein fehlt, irgendwie rechtlich relevant zu handeln (wie im zweiten Beispielsfall der abgefeuerten Rakete). Für die Einordnung des Erklärungswillens als unverzichtbaren Bestandteil der Willenserklärung und damit für eine Unwirksamkeit einer ohne Erklärungswillen abgegebenen Willenserklärung spricht folgende Erwägung: Die Rechtsordnung gibt mit der Willenserklärung der Selbstbestimmung des Einzelnen Raum bei der Gestaltung von Rechtsverhältnissen. Diese Anerkennung der Selbstbestimmung und die mit dem Selbstbestimmungsrecht verbundene Verantwortung für den Inhalt der Erklärung verlangen dann aber auch das Bewusstsein, durch das eigene Verhalten Rechtsfolgen herbeizuführen. Ob derjenige, dem dieses Bewusstsein fehlt, einem auf die Wirksamkeit einer Erklärung Vertrauenden den Schaden zu ersetzen hat, der entsteht, weil dieses Vertrauen enttäuscht wird, ist eine völlig andere Frage und darf nicht mit dem Problem der Wirksamkeit der Erklärung vermengt werden.

---

[18] Zur Analogie Einzelheiten später (→ Rn. 1180 ff.).
[19] Es handelt sich um eine Frage, die bereits vor Inkrafttreten des BGB kontrovers erörtert wurde; näher zum Gang der Diskussion etwa *Eisenhardt* JZ 1986, 875 (877 f.).

II. Willenserklärung

Andererseits lässt sich durchaus die Auffassung vertreten, dass das Selbstbestimmungsrecht dort seine Grenzen finden muss, wo die anzuerkennenden Interessen anderer berührt werden. Weil dem Einzelnen die Möglichkeit eingeräumt wird, durch sein Verhalten gestaltend am Rechtsleben teilzunehmen, muss er sich auch an einer Erklärung festhalten lassen, die entgegen dem äußeren Schein von seinem inneren Willen nicht getragen wird. Die empfangsbedürftige Willenserklärung ist an einen anderen gerichtet, der sie so verstehen darf, wie es der Verkehrssitte (→ Rn. 136) und den äußeren Umständen des Einzelfalles entspricht. Der Einwand, man habe das nicht erklären wollen, was man objektiv erklärt habe, ändert nichts an der Wirksamkeit der Willenserklärung, sondern kann nur zur Anfechtung mit der damit verbundenen Verpflichtung führen, dem anderen den Schaden zu ersetzen, den er dadurch erlitten hat, dass er auf die Gültigkeit der Erklärung vertraute (vgl. § 122).

Die (offene) Erörterung dieses Rechtsproblems – und dies ist auch der Grund für die recht ausführliche Darstellung – soll zeigen, dass es hier (wie bei vielen anderen Rechtsfragen auch) nicht die „einzige richtige Lösung" gibt, die es zu finden gilt, sondern dass vielmehr die Aufgabe darin besteht, verschiedene einander widersprechende Gründe gegeneinander abzuwägen und sich mit ihnen auseinander zu setzen. In gleicher Weise, wie in diesem Fall die Interessen des Erklärenden, sein Recht auf Selbstbestimmung, und die Interessen des Erklärungsempfängers, sein zu schützendes Vertrauen, unterschiedlich bewertet werden können, lassen sich auch bei vielen anderen Rechtsfragen gegensätzliche Standpunkte einnehmen. Deshalb stehen sich häufig in der Rechtswissenschaft unterschiedliche Auffassungen und Theorien gegenüber, von denen der Student zumindest die wichtigsten kennen muss, um sich in seiner gutachtlichen Stellungnahme mit ihnen auseinander zu setzen.

In der Frage nach der Bedeutung des Erklärungswillens für die Wirksamkeit einer Willenserklärung lassen sich im Wesentlichen drei Ansichten unterscheiden, die man als subjektive, objektive und vermittelnde Theorie bezeichnen kann.

- Die **subjektive Theorie**, die früher ganz herrschend war und auch heute noch viele Anhänger hat, besteht darauf, dass das (subjektive) Bewusstsein des Erklärenden, mit seinem Verhalten irgendeine Rechtsfolge auszulösen, eine Gültigkeitsvoraussetzung bildet.
- Demgegenüber sieht die **objektive Theorie** allein auf den Erklärungstatbestand und bejaht eine wirksame Willenserklärung auch dann, wenn dem Erklärenden das Bewusstsein gefehlt hat, rechtlich relevant zu handeln. Der Erklärende kann sich nach der objektiven Theorie nur durch Anfechtung nach § 119 I von seiner Erklärung lösen, muss dann aber nach § 122 den Schaden ersetzen, den ein anderer dadurch erleidet, dass er auf die Gültigkeit der Erklärung vertraut (auf die Anfechtung und ihre Rechtsfolgen wird später eingegangen werden).
- Die **vermittelnde Ansicht**, die insbesondere im neueren Schrifttum überwiegend vertreten wird, will die Willenserklärung dem Erklärenden nur dann „zurechnen", wenn er zumindest hätte erkennen können, dass sein Verhalten von einem anderen als Willenserklärung aufzufassen ist. Es wird also danach gefragt, ob der Erklärende bei seinem Verhalten die im Verkehr gebotene Sorgfalt außer Acht gelassen hat. Nur wenn dies nicht der Fall ist, wird beim fehlenden Erklärungswillen die Wirksamkeit der Willenserklärung ausgeschlossen.[20]

---

[20] Dieser Auffassung hat sich auch der BGH angeschlossen; vgl. BGHZ 91, 324 ff. = NJW 1984, 2279; BGHZ 109, 171, (177) = NJW 1990, 454; BGH NJW 2002, 2325 (2327); 2014, 1242 (1243).

81 Es gibt gewichtige Gründe, die sich gegen die vermittelnde Ansicht anführen lassen.[21] Eine Auseinandersetzung damit kann jedoch dem Fortgeschrittenen vorbehalten bleiben.

82 In dem Beispielsfall der abgefeuerten Rakete würde also die subjektive Theorie eine gültige Willenserklärung verneinen, die objektive Theorie sie bejahen, während die vermittelnde Theorie dazu Stellung nehmen müsste, ob L hätte erkennen müssen, dass das Abfeuern einer Rakete ein rechtlich relevantes Signal darstellte. Bei dem Führer einer Hochseejacht kann man eine entsprechende Kenntnis erwarten, während eine „Erklärungsfahrlässigkeit" zu verneinen wäre, wenn ein mit den Gebräuchen der Seefahrt unvertrauter Gast an Bord die Rakete abgeschossen hätte. Der BGH hat zu Recht darauf hingewiesen, dass der Interessenkonflikt bei fehlendem Erklärungswillen nur dann zugunsten des Vertrauensschutzes entschieden werden könne, wenn auf Seiten des Handelnden ein Grund vorhanden sei, der eine Zurechnung seines Verhaltens als wirksame Willenserklärung rechtfertige. Als ein solcher Zurechnungsgrund sei es anzusehen, dass der sich in missverständlicher Weise Verhaltende bei Anwendung der im Verkehr erforderlichen Sorgfalt hätte erkennen und vermeiden können, dass die in seinem Verhalten liegende Äußerung nach Treu und Glauben und der Verkehrssitte (→ Rn. 136) als Willenserklärung aufgefasst werde. Hinzukommen muss noch, dass der Erklärungsempfänger sie auch so verstanden hat, weil er nur dann schutzwürdig ist.[22]

83 Allerdings werden im praktischen Ergebnis diese zunächst sehr krass wirkenden Unterschiede weitgehend aufgehoben. Denn die vermittelnde Theorie (wie auch die objektive) bejaht die Möglichkeit der Anfechtung nach § 119 I mit der Folge des § 122 I, wenn trotz fehlenden Erklärungswillens aufgrund einer Erklärungsfahrlässigkeit eine Willenserklärung angenommen wird. Die subjektive Theorie hält ebenfalls den Erklärenden in analoger Anwendung des § 122 für verpflichtet, den Schaden zu ersetzen, den der auf die Gültigkeit der Erklärung Vertrauende erleidet. Eine Schadensersatzpflicht entfällt nach § 122 II, wenn der Geschädigte das Fehlen des Erklärungswillens bei Beachtung der gebotenen Sorgfalt hätte erkennen können oder sogar erkannt hat.

4. Die Abgabe

84 Um die bezweckte Rechtsfolge im Falle einer empfangsbedürftigen Willenserklärung herbeiführen zu können, muss der Wille erkennbar für andere geäußert werden. Man spricht von der „Abgabe" der Willenserklärung. In aller Regel wird die Frage, ob eine Willenserklärung wirksam abgegeben worden ist, keine Schwierigkeiten bereiten. Wie ist aber der folgende Fall zu entscheiden?[23]

> **Beispiel:** A sammelt alte Bücher. Er erhält von einem anderen Sammler das schriftliche Angebot einer seltenen Erstausgabe. Da A das offerierte Buch schon lange sucht, schreibt er sofort auf einer Postkarte, dass er das Angebot annehme. Wegen des nicht

---

[21] Dazu *Musielak* AcP 211 (2011), 769.
[22] BGH NJW 1995, 953. Weiterführend für Fortgeschrittene: *Habersack* JuS 1996, 585 mwN.
[23] Weiteres Klausurbeispiel für Fortgeschrittene bei *Lindacher/Hau* Fälle BGB AT Nr. 9.

II. Willenserklärung

unerheblichen Preises kommen A dann jedoch Bedenken. Er beschließt, sich die Sache noch einmal zu überlegen und auch mit seiner Frau zu sprechen, und lässt die Karte auf dem Esstisch liegen. Als er abends nach Hause kommt, findet er die Karte nicht mehr. Es stellt sich heraus, dass sein Sohn die Karte entdeckt und in der Annahme, sie sollte zur Post gegeben werden, in den Briefkasten geworfen hatte. Hat A eine Willenserklärung „abgegeben"?

Für die Beantwortung dieser Frage ist bedeutsam, dass es sich hier um eine Willenserklärung handelt, die einer anderen Person gegenüber abzugeben ist (sog. **empfangsbedürftige Willenserklärung**, → Rn. 47). Bei derartigen Willenserklärungen kommt es darauf an, dass ein anderer von dem Inhalt der Willenserklärung Kenntnis erhält.

Beispiele: Kündigung, Vertragsantrag oder -annahme.

Im Gegensatz dazu ist der rechtliche Erfolg einer **nicht empfangsbedürftigen Willenserklärung** nicht davon abhängig, dass ein anderer von ihr erfährt und sich auf die dadurch geschaffene Rechtslage einstellt. In manchen Fällen ist es dem Erklärenden sogar unerwünscht, dass (zunächst) jemand von seiner Willensäußerung Kenntnis erlangt.

Beispiel: Bei einem Testament ist ein schutzwürdiges Interesse des Erblassers anzuerkennen, den Inhalt zu seinen Lebzeiten geheim zu halten. Dementsprechend ist es keine Wirksamkeitsvoraussetzung, dass es anderen Personen bekanntgegeben wird. Davon zu trennen ist die Einsicht, dass aus tatsächlichen Gründen ein Testament keine Wirkung entfalten kann, wenn es nach dem Tod des Erblassers unentdeckt bleibt.

Es ist also zu unterscheiden:

- Eine nicht empfangsbedürftige Willenserklärung ist abgegeben und wird damit wirksam, wenn sie formuliert ist (eine schriftliche also, wenn sie zu Papier gebracht ist).
- Eine empfangsbedürftige Willenserklärung ist dagegen erst abgegeben, wenn der Erklärende das seinerseits Erforderliche getan hat, damit die Erklärung den Adressaten erreichen kann. Die Willenserklärung muss mit Wissen und Willen des Erklärenden in einer Weise „auf den Weg gebracht werden", dass sie ohne sein weiteres Zutun unter normalen Umständen zum Empfänger gelangt.[24]

Dies bedeutet konkret, dass ein Brief frankiert in den Briefkasten eingeworfen oder einem Boten übergeben werden muss, damit dieser ihn zur Post befördert oder dem Adressaten überbringt. Eine elektronische Willenserklärung ist abgegeben, wenn der Erklärende die technischen Voraussetzungen bewusst schafft, damit sie den Adressaten erreichen kann, wenn er also zB bei einer E-Mail die Erklärung formuliert und den Sendebefehl erteilt hat.

In dem Beispielsfall hat A noch nicht alles getan, damit die Postkarte den Sammlerkollegen erreichen kann. Solange diese Karte noch auf dem Esstisch lag und von ihm nicht zur Post gegeben wurde, hatte er die darin verkörperte Willenserklärung noch

---

[24] BGH NJW 1979, 2032 (2033); BAG NZA 2011, 340 Rn. 25.

nicht abgegeben. Dass sein Sohn die Karte in der irrigen Annahme, sie solle abgeschickt werden, in den Briefkasten steckte, ändert nichts daran, dass die Erklärung nicht von A abgegeben wurde und es sich folglich nicht um dessen Willenserklärung handelte (sog. abhanden gekommene Willenserklärung).[25] Ein Kaufvertrag ist somit nicht geschlossen worden. Eine wiederum andere, hier nicht zu vertiefende beweisrechtliche Frage lautet, ob ein Richter im Streitfall der von A vorgetragenen Version der Ereignisse Glauben schenken wird.

89 Die hier vertretene Auffassung, dass eine **abhanden gekommene Willenserklärung nicht als wirksam** angesehen werden kann, ist jedoch keinesfalls unstrittig. Im Schrifttum findet die Meinung zunehmend Befürworter, dass eine Willenserklärung als wirksam abgegeben zu gelten habe, wenn der Erklärende das Inverkehrbringen zwar nicht zielgerichtet veranlasste, es jedoch zu vertreten habe, es also bei Anwendung der im Verkehr erforderlichen Sorgfalt hätte verhindern können.[26] Dieser Fall müsse gleich behandelt werden wie die Abgabe einer Willenserklärung ohne Erklärungswillen. Die angebliche Rechtsähnlichkeit mit dem Fall eines fehlenden Erklärungswillen besteht indes nicht. Es macht durchaus einen Unterschied, ob jemand eine Erklärung abgibt und nur sorgfaltswidrig nicht erkennt, dass er damit am Rechtsverkehr teilnimmt, oder ob eine verkörperte Willenserklärung ohne sein Zutun in den Rechtsverkehr gelangt. Es muss daran festgehalten werden, dass es eine Wirksamkeitsvoraussetzung für eine empfangsbedürftige Willenserklärung bildet, dass sie von dem Erklärenden mit dessen Willen und Wissen in einer Weise auf den Weg gebracht wird, dass sie ohne sein weiteres Zutun unter normalen Umständen den Empfänger erreicht. Ob derjenige, der schuldhaft einen Rechtsscheinstatbestand schafft, einem darauf gutgläubig Vertrauenden dessen Schaden zu ersetzen hat, ist eine völlig andere Frage (dazu später).

90 Eine weitere Frage, die ebenfalls die Abgabe einer Willenserklärung betrifft, soll aufgrund der folgenden Variante des Beispielsfalls erörtert werden:

Variante zum Ausgangsfall (→ Rn. 84): A bittet seinen Sohn S, die Postkarte in den Briefkasten einzuwerfen. Nachdem S mit der Karte weggegangen ist, kommen A plötzlich Bedenken. Er stürzt zum Fenster und ruft dem auf der Straße befindlichen S nach, er solle die Karte nicht zur Post geben. S versteht aber seinen Vater falsch und glaubt, dieser wolle ihn nur noch einmal an die Karte erinnern. Erst am Abend klärt sich dieses Missverständnis auf.

Im Gegensatz zum Ausgangsfall hat A mit der Beauftragung seines Sohnes, die Karte in den Briefkasten zu werfen, das seinerseits Erforderliche getan, damit der Adressat die Erklärung erhalten kann, denn er brauchte dafür nichts mehr zu unternehmen. In dem Zeitpunkt, in dem S die Karte an sich nahm, um sie zur Post zu geben, ist folglich die Willenserklärung des A abgegeben. Es bleibt aber die Frage, welchen Einfluss es auf die Wirksamkeit der Willenserklärung hat, dass es sich A anders überlegte und den Sohn anwies, die Karte nicht abzusenden.

---

[25] BGHZ 65, 13 (14 f.) = NJW 1975, 2101; BGH NJW 1979, 2032 (2033); *Brox/Walker* BGB AT Rn. 147; *Bork* BGB AT Rn. 615; *Köhler*, Prüfe dein Wissen: BGB. Allgemeiner Teil, 27. Aufl. 2015, Fall 44; *Leipold* BGB AT § 12 Rn. 8; *Grigoleit/Herresthal* BGB AT Rn. 10; *Jacoby/v. Hinden* § 130 Rn. 2; *Wolf/Neuner* BGB AT § 32 Rn. 16 f.
[26] *Klein-Blenkers* JURA 1993, 640 (642 f.); *Rüthers/Stadler* BGB AT § 17 Rn. 37; Palandt/*Ellenberger* § 130 Rn. 4; Bamberger/Roth/*Wendtland* § 130 Rn. 6.

II. Willenserklärung

Der Fall, dass der Erklärende **nach Abgabe** der Erklärung, aber vor Zugang beim Erklärungsempfänger seinen **Willen ändert** und nun nicht mehr möchte, dass seine Erklärung rechtliche Gültigkeit haben soll, ist im BGB nicht ausdrücklich geregelt. Geregelt ist aber die Frage, welche Folgen es hat, wenn der Erklärende nach Abgabe der Willenserklärung stirbt: Nach § 130 II bleibt dies ohne Einfluss auf die Wirksamkeit der Willenserklärung. Hieraus ist zu schließen, dass es für die Wirksamkeit der Willenserklärung nicht darauf ankommt, dass der Erklärende an dem einmal gefassten Willen festhält. Eine bloße Willensänderung des Erklärenden nach Abgabe der Willenserklärung berührt also ihre Gültigkeit nicht. **91**

Nach § 130 I 2 wird eine empfangsbedürftige Willenserklärung nicht wirksam, wenn dem anderen, dem gegenüber sie abzugeben ist, vor ihrem Zugang oder gleichzeitig ein Widerruf zugeht. A kann deshalb die Wirksamkeit seiner Erklärung und damit das Zustandekommen eines Kaufvertrages dadurch verhindern, dass er telefonisch oder per E-Mail (→ Rn. 97) die Bestellung dem Adressaten gegenüber widerruft, wobei er darauf achten muss, dass der Widerruf den Adressaten spätestens in dem Zeitpunkt erreicht, in dem die Post bei diesem eintrifft (→ Rn. 108). Die Frage, ob A in dem Fall, dass der rechtzeitige Widerruf misslingt, wegen des Missverständnisses zwischen ihm und seinem Sohn seine Erklärung anfechten kann, soll hier offengelassen werden, weil die damit zusammenhängenden Fragen erst später behandelt werden. **92**

5. Der Zugang

Eine empfangsbedürftige Willenserklärung – sowohl eine schriftliche als auch eine mündliche – wird in dem Zeitpunkt wirksam, in dem sie demjenigen „zugeht", dem gegenüber sie abzugeben ist. Dies wird in § 130 I 1 bestimmt, jedoch nur für den Fall, dass die Willenserklärung in Abwesenheit des Empfängers abgegeben wird. Für das Wirksamwerden der Erklärung an einen Anwesenden fehlt eine ausdrückliche gesetzliche Regelung. Grundsätzlich sind aber die Vorschriften über Erklärungen, die einem Abwesenden gegenüber abgegeben werden, entsprechend anzuwenden. In beiden Fällen kommt es daher auf den Zugang der Erklärung an. **93**

An Stelle der hier verwendeten Begriffe „schriftliche" und „mündliche" Erklärung kann auch von einer **verkörperten oder nicht verkörperten Willenserklärung** gesprochen werden. Unter verkörperten Willenserklärungen versteht man solche, die in einem Material fixiert sind, das vornehmlich auf optische Wahrnehmung abzielt;[27] sie sind abrufbar gespeichert.[28] Dies sind neben schriftlichen auch alle anderen, die in dauerhaften Zeichen niedergelegt werden. Bei elektronischen Willenserklärungen ist das Kriterium der Verkörperung erfüllt, wenn sie gespeichert auf einen Datenträger (etwa einer DVD oder einem USB-Speicherstick) übermittelt oder beim Empfänger als Datei gespeichert werden (Beispiel: E-Mail oder SMS).[29] Willenserklärungen, die mündlich oder konkludent abgegeben werden, sind hingegen nicht verkörpert. Wenn im Interesse sprachlicher Kürze im Folgenden nur von schriftlichen und **94**

---

[27] *Hübner* BGB AT Rn. 728.
[28] *Weiler* JuS 2005, 788 (790).
[29] MüKoBGB/*Einsele* § 130 Rn. 2.

mündlichen Erklärungen gesprochen wird, so gelten die darauf bezogenen Ausführungen stets für alle verkörperten bzw. nicht verkörperten Willenserklärungen.

95 Die schriftliche Erklärung geht zu, wenn sie mit Willen des Absenders, also zielgerichtet, nicht nur zufällig,[30] so in den Machtbereich des Empfängers gelangt ist, dass er unter normalen Umständen von ihr Kenntnis nehmen kann.[31] Dies ist der Fall, wenn ein Brief dem Adressaten ausgehändigt wird, aber auch dann, wenn der Brief in den Hausbriefkasten eingeworfen wird, und zwar zu einer Tageszeit, zu der noch mit einer Leerung des Briefkastens zu rechnen ist. Ob der Empfänger das Schreiben tatsächlich liest, ist dabei jeweils seine Sache; denn es ist eben nicht die Kenntnisnahme, sondern die Möglichkeit dazu entscheidend. Bereits auf diese Möglichkeit abzustellen rechtfertigt sich dadurch, dass der Erklärende in vielen Fällen keinen Einfluss auf die tatsächliche Kenntnisnahme nehmen kann; er kann nur dafür sorgen, dass die Willenserklärung in den Machtbereich des Empfängers gelangt.

> **Beispiel:** Mieter M will Geschäftsräume kündigen, die er von V gemietet hat. Nach dem Mietvertrag muss die Kündigung bis zum 31.3. erfolgen. An diesem Tage diktiert M das Kündigungsschreiben, lässt es aber versehentlich liegen und erinnert sich erst am späten Abend wieder daran. Er bringt deshalb das Kündigungsschreiben persönlich zum Büro des V und steckt den Brief um 23.00 Uhr in den Geschäftsbriefkasten. Ist die Kündigung rechtzeitig erfolgt?
>
> Diese Frage ist zu verneinen. Unter normalen Verhältnissen, von denen hier auszugehen ist, werden nach Büroschluss eingegangene Briefe erst am nächsten Morgen gelesen.[32] Die Möglichkeit der Kenntnisnahme ist dem V also nicht schon mit dem Einwurf des Briefes in seinen Briefkasten verschafft, sondern erst mit Beginn des Geschäftsbetriebs im Büro.
>
> Etwas anderes gilt freilich, wenn V doch noch vor 24.00 Uhr sein Büro aufsucht und den Brief dort vorfindet: Wird die Erklärung tatsächlich zur Kenntnis genommen, so kommt es nicht mehr darauf an, ob dies nach dem normalen Lauf der Dinge zu erwarten war oder nur auf einem – für den Erklärenden glücklichen – Zufall beruht.

96 Aufgrund entsprechender Erwägungen ist der Fall zu entscheiden, dass der Empfänger eines Einschreibbriefes nicht angetroffen wird und er deshalb vom Postboten einen Benachrichtigungsschein erhält.[33] Nicht schon im Zeitpunkt des Einwurfs des Benachrichtigungsscheins in den Hausbriefkasten, sondern regelmäßig erst in dem Zeitpunkt, in dem der Adressat den Brief abholt, gilt er als zugegangen.[34] Dies ist allerdings streitig. Nach anderer Ansicht soll der Brief bereits dann als zugegangen gelten, sobald er vom Adressaten unter normalen Umständen aufgrund der Be-

---

[30] BAG NZA 2011, 340 Rn. 25.
[31] Ausführliches Klausurbeispiel für Fortgeschrittene zu diesem examensrelevanten Problembereich bei *Lindacher/Hau* Fälle BGB AT Nr. 10.
[32] Vgl. BGH NJW 2008, 843 = JuS 2008, 651; krit. dazu *Leipold*, FS Medicus, 2009, 251.
[33] Dies geschieht nur bei dem sog. Übergabe-Einschreiben. Das Einwurf-Einschreiben, das mit der Tagespost in den Briefkasten des Empfängers geworfen wird, ist hinsichtlich seines Zugangs wie jeder andere Brief zu behandeln; vgl. *Reichert* NJW 2001, 2523.
[34] BGH NJW 1998, 976 (977); 2007, 1346 Rn. 34; OLG Brandenburg NJW 2005, 1585 (1586); *Franzen* JuS 1999, 429 (433); *Höland* JURA 1998, 352 (355).

II. Willenserklärung

nachrichtigung von der Post abgeholt werden konnte.³⁵ Holt der Adressat den Brief bei der Post nicht ab, so kommt es darauf an, ob in diesem Verhalten eine arglistige Zugangsvereitelung zu sehen ist. Ist dies zu bejahen, muss sich der Adressat nach Treu und Glauben (§ 242) so behandeln lassen, als sei die an ihn gerichtete Erklärung zugegangen.³⁶ Hierbei ist allerdings zu berücksichtigen, dass sich aus dem Benachrichtigungsschein nicht ergibt, wer Absender des Einschreibebriefes ist und welche Bedeutung dem Brief beizumessen ist.³⁷

Elektronische Willenserklärungen³⁸ gelten als zugegangen, wenn sie in einer Weise in den Machtbereich des Empfängers gelangt sind, dass dieser unter normalen Umständen von ihnen Kenntnis erlangen kann (vgl. § 312i I 2 für den elektronischen Geschäftsverkehr; → Rn. 179 ff.). Voraussetzung dafür, dass eine Willenserklärung per **E-Mail** wirksam zugeht, ist die Eröffnung des E-Mail-Weges durch den Adressaten. Dafür reicht es noch nicht aus, dass der Empfänger eine E-Mail-Adresse unterhält. Er muss vielmehr durch ihre Bekanntgabe, zB auf Briefbögen, Visitenkarten oder ähnlichen Schriftstücken, zu erkennen geben, dass er bereit ist, auf diesem Wege Willenserklärungen anderer entgegenzunehmen.³⁹ Der Zugang ist bei E-Mails zu bejahen, wenn sie zu einer Zeit abrufbereit in den elektronischen Briefkasten (Mailbox) des Empfängers gelangen, in der im Regelfall mit einer Kenntnisnahme zu rechnen ist. Dies ist bei E-Mails im Geschäftsverkehr die übliche Bürozeit.⁴⁰ Wiederum gilt eine Ausnahme, wenn der Empfänger außerhalb dieser Zeit tatsächlich Kenntnis nimmt. Gegen die Übertragung der für schriftliche Willenserklärungen geltenden Zugangsregeln auf elektronische Willenserklärungen werden allerdings Bedenken geäußert, wenn es sich bei dem Empfänger um eine **Privatperson** handelt: Wäre bereits mit dem Eintreffen in der Mailbox – analog zum Einwurf des Briefes in den Hausbriefkasten – vom Zugang auszugehen (→ Rn. 95), wäre eine Privatperson gehalten, ständig die Mailbox daraufhin zu kontrollieren, ob E-Mails eingegangen sind. Da man andererseits erwarten kann, dass eine solche Kontrolle normalerweise zumindest täglich vorgenommen wird, konnte bislang als Faustregel gelten, dass eine E-Mail spätestens 24 Stunden nach Eingang in der Mailbox als zugegangen gilt, wenn der Empfänger nicht ohnehin schon früher Kenntnis genommen hat.⁴¹ Angesichts

97

---

³⁵ *Wolf/Neuner* BGB AT § 33 Rn. 16. Zu den Besonderheiten des Zugangs bei Postschließfächern vgl. OLG Stuttgart NJW 2012, 2360 (2361 f.).

³⁶ BGH NJW 1998, 976 (977); 2007, 1346 Rn. 34.

³⁷ Hierauf verweist BGH NJW 1998, 976 (977), der grds. den Absender für verpflichtet hält, alles Erforderliche und Zumutbare zu tun, um zu erreichen, dass der Adressat die Erklärung erhält. Dazu gehöre im Regelfall, dass er nach Kenntnis von dem gescheiterten Zugang einen erneuten Versuch unternimmt, die Erklärung in den Machtbereich des Adressaten zu bringen.

³⁸ Eingehend dazu MüKoBGB/*Säcker* Einl. Rn. 183 ff.

³⁹ Palandt/*Ellenberger* § 126a Rn. 6; *Köhler* BGB AT § 6 Rn. 18. AA *Grigoleit/Herresthal* BGB AT Rn. 14 f. (ausreichend sei die Schaffung von Vorrichtungen für den Empfang elektronischer Erklärungen, jedoch mit Einschränkungen für den Zugang bei privaten Empfängern).

⁴⁰ AG Meldorf NJW 2011, 2890 (2892).

⁴¹ Ähnlich *Taupitz/Kritter* JuS 1999, 839 (842): im Zweifel am nächsten Tag; ebenso *Thalmair* NJW 2011, 14 (16); *Bork* BGB AT Rn. 628. Für einen Zugang noch am selben Tag, wenn die E-Mail spätestens bis zum Feierabend eintrifft, *Leipold* BGB AT § 12 Rn. 23; ebenso wohl *Nowack* MDR 2001, 841 (842).

der Verbreitung mobiler Kommunikationsmittel auch zum Privatgebrauch dürfte die maßgebliche Verkehrsanschauung früher oder später aber auch bei nicht-unternehmerischen Empfängern herabgesetzte Anforderungen an den Zugang stellen.

98 Ähnliche Erwägungen treffen auch auf den **Zugang eines Telefax** zu. Auch bei ihm ist zwischen Geschäftsleuten und Privatpersonen zu unterscheiden. Während ein Fax bei einem Geschäftsmann in dem Zeitpunkt zugeht, in dem das Empfangsgerät während der üblichen Geschäftszeit den Text der Willenserklärung ausdruckt und der Empfänger somit von ihr Kenntnis nehmen kann,[42] wird man mit der Kenntnisnahme bei Privatpersonen erst am Abend des Tages rechnen können, in dem der Text ausgedruckt worden ist. Eine Ausnahme gilt allerdings für Faxe, die am späten Abend eintreffen: Sie gehen erst am nächsten Tag zu.[43] Zur Frage nach den Rechtsfolgen von Zugangshindernissen, die aufgrund von Funktionsstörungen auftreten, → Rn. 105 ff.

99 Wenn für eine (empfangsbedürftige) Willenserklärung die **Einhaltung einer Form vorgeschrieben** ist (→ Rn. 57, 64), muss sie dem Empfänger in ebendieser Form zugehen.[44] Ist also beispielsweise die Willenserklärung in notarieller Form abzugeben, so wird sie erst wirksam, wenn der Erklärungsempfänger eine Ausfertigung der notariellen Urkunde erhält.[45] Die Forderung, dass die Willenserklärung dem Empfänger in der Form zuzugehen hat, die für ihre Abgabe gesetzlich vorgeschrieben ist, wird durch die Überlegung gerechtfertigt, dass ihm nur dadurch die sichere Kenntnis von der Einhaltung der vorgeschriebenen Form und damit von der Wirksamkeit der Willenserklärung vermittelt wird.

100 Eine schriftliche Willenserklärung geht dem Adressaten auch zu, wenn sie einem Empfangsboten ausgehändigt wird. **Empfangsbote** ist derjenige, der vom Adressaten der Willenserklärung ermächtigt worden ist, für ihn Erklärungen entsprechenden Inhalts entgegenzunehmen (davon zu unterscheiden ist der Fall des passiven Stellvertreters bzw. **Empfangsvertreters**, → Rn. 1161). Fehlt eine (ausdrücklich oder konkludent erteilte) Ermächtigung, so ist im Interesse der Erleichterung des Rechtsverkehrs auch derjenige als Empfangsbote anzusehen, der nach der Verkehrsanschauung die Stellung eines Empfangsboten einnimmt.[46] Dies sind zB erwachsene Familienmitglieder[47] und Mitarbeiter des Adressaten, die nach ihrer Funktion solche Erklärungen entgegenzunehmen haben (Anwaltsgehilfen, kaufmännische Angestellte, Sekretariatsmitarbeiter unter anderem). Ist nach diesen Kriterien eine Person nicht als

---

[42] BGH NJW 2004, 1320; vgl. auch BGH NJW 1994, 2097 (zum Zugang eines Telefax beim Gericht).
[43] *Taupitz/Kritter* JuS 1999, 839 (842).
[44] MüKoBGB/*Einsele* § 130 Rn. 33 mN.
[45] BGH NJW 1995, 2217. Dass eine Ausfertigung (= die mit einem Ausfertigungsvermerk versehene amtliche Abschrift der Urkunde, vgl. § 49 I BeurkG) und nicht die Urkunde selbst dem Empfänger zuzugehen hat, erklärt sich dadurch, dass die Urkunde im Regelfall beim Notar bleiben muss (§ 45 iVm § 47 BeurkG).
[46] BGH NJW 2002, 1565 (1566); BAG NJW 1993, 1093 (1094); *Wolf/Neuner* BGB AT § 33 Rn. 45; einschränkend *Köhler* BGB AT § 6 Rn. 16: Verkehrsanschauung nur widerlegbares Indiz für Empfangsermächtigung.
[47] Dies gilt auch, wenn man einem Familienmitglied, zB dem Ehegatten des Adressaten, die Willenserklärung außerhalb der Wohnung übergibt; BAG NJW 2011, 2604 = JuS 2012, 68 (*Faust*) = JA 2012, 67 (*Schwarze*).

II. Willenserklärung

Empfangsbote des Adressaten anzusehen, dann gilt sie als Bote des Erklärenden, den dieser zum „Transport" seiner Erklärung einsetzt (sog. **Erklärungsbote**), sodass Fehler bzw. eine Verzögerung bei der Übermittlung zulasten des Erklärenden gehen.

> **Variante zum Beispiel (→ Rn. 95):** M gibt am 31.3. mittags die Kündigung dem vierjährigen Sohn des V. Das Kind wirft den Brief weg. In diesem Fall ist die Erklärung nicht zugegangen, weil ein Vierjähriger weder ausdrücklich von seinem Vater zum Empfang von Erklärungen ermächtigt sein dürfte noch nach der Verkehrsanschauung als ermächtigt gilt. Das Kind ist deshalb Erklärungsbote des M und der Verlust des Kündigungsschreibens geht folglich zu dessen Lasten.

Bei einem Zugang mittels Empfangsboten muss zudem beachtet werden, dass nicht in jedem Fall die Willenserklärung bereits in dem Zeitpunkt zugeht, in dem der Empfangsbote sie erhält. Denn für den Zugang kommt es darauf an, dass der Empfänger von der Erklärung unter normalen Umständen Kenntnis nehmen und der Erklärende mit dieser Kenntnisnahme rechnen kann (→ Rn. 95ff.). Befindet sich der Empfangsbote zB außerhalb der Wohnung oder der Geschäftsräume des Adressaten der Erklärung, so kann mit der Kenntnisnahme durch den Adressaten erst nach Ablauf der Zeit gerechnet werden, die der Empfangsbote normalerweise benötigt, um die Erklärung dem Adressaten mitzuteilen.[48] Wenn sich der Empfangsbote jedoch in dem räumlichen Machtbereich des Adressaten aufhält (Beispiel: ein Brief wird der Sekretärin des Adressaten in den Geschäftsräumen während der Geschäftszeit übergeben), ist der Zugang der Erklärung schon mit deren Entgegennahme durch den Empfangsboten bewirkt, weil dann die Möglichkeit der Kenntnisnahme durch den Adressaten bereits in diesem Zeitpunkt gegeben ist.[49]

101

Die **mündliche Willenserklärung unter Anwesenden**, wozu nach § 147 I 2 auch die telefonische Übermittlung gehört, geht regelmäßig zu, wenn sie der Empfänger vernehmen kann. Allerdings muss er in der Lage sein, die Erklärung richtig zu erfassen. Versteht der Erklärungsempfänger wegen Taubheit oder Unkenntnis der Sprache die Erklärung nicht oder nicht richtig, so ist sie nicht zugegangen; das Risiko trägt insoweit der Erklärende (sog. **Vernehmungstheorie**). Die hM will jedoch im Interesse der Verkehrssicherheit von diesem Grundsatz eine Ausnahme zulassen, wenn für den Erklärenden kein begründeter Anlass besteht, daran zu zweifeln, dass der Empfänger seine Worte richtig vernommen hat.[50] Demnach ist eine mündliche Erklärung auch dann zugegangen, wenn sie der Empfänger aufgrund besonderer für den Erklärenden nicht erkennbarer Wahrnehmungshindernisse nicht oder nicht richtig und vollständig zur Kenntnis genommen hat. Diese Auffassung verdient Zustimmung, weil sie das Risiko des Zugangs angemessen verteilt.

102

> **Beispiele:**
> (1) V kündigt seinem ausländischen Geschäftsraummieter M mündlich (für die Geschäftsraummiete gilt § 568 I wegen § 578 II nicht). Weil M, wie V weiß, nur schlecht Deutsch spricht, versteht M nicht, nickt aber.

---

[48] Vgl. BGH NJW 1994, 2613 (2614).
[49] BGH NJW-RR 1989, 758 (759f.).
[50] BGH WM 1989, 650 (652f.); *Weiler* JuS 2005, 788 (791); *Leipold* BGB AT § 12 Rn. 28; *Bork* BGB AT Rn. 631, jew. mwN. AA *Wolf/Neuner* BGB AT § 33 Rn. 39.

(2) B bestellt bei C telefonisch 200 t Weizen. C ist, was B nicht weiß, schwerhörig, versteht „100 t" und sagt Lieferung zu.

Im ersten Fall musste V damit rechnen, dass M ihn nicht versteht. Er hätte sich also durch Rückfrage versichern müssen, dass seine Kündigung von M zutreffend zur Kenntnis genommen wurde. Die Kündigung ist also nicht zugegangen. Anders im zweiten Fall: Weil für B die Schwerhörigkeit nicht erkennbar war, wäre es Sache des C gewesen, die bestellte Menge noch einmal zu wiederholen, um ein Missverständnis auszuschließen. Die Vertragsofferte des B ist somit wirksam zugegangen und auch durch die Lieferungszusage angenommen worden (Einzelheiten zum Zustandekommen eines Vertrages später).

103 Auch **bei mündlichen** Erklärungen, die gegenüber Abwesenden abgegeben werden, können Boten tätig werden. Wird der Bote durch den Erklärenden, also als **Erklärungsbote** eingesetzt (Beispiel: G trägt seinem zehnjährigen Sohn auf, K zu sagen, dass er drei Kästen Bier geliefert haben möchte), so geht die Erklärung zu, sobald der Bote sie dem Adressaten übermittelt. Eine verspätete oder unterlassene Übermittlung durch den Boten geht folglich zulasten des Erklärenden. Wird die Erklärung einer Person im Machtbereich des Empfängers zugesprochen (Beispiel: G ruft bei K an, um das Bier zu bestellen, das Gespräch nimmt ein Mitarbeiter des K entgegen), so bedeutet die Entgegennahme der Erklärung durch den (Empfangs-)Boten bereits den Zugang, wenn sich der **Empfangsbote** im räumlichen Machtbereich des Adressaten aufhält, sonst nach Ablauf der Zeit, die der Empfangsbote für die Mitteilung an den Adressaten benötigt (→ Rn. 101).

104 Das **Risiko der rechtzeitigen und richtigen Weitergabe durch den Empfangsboten** an den Adressaten trägt in jedem Fall der Adressat (Abweichendes gilt wiederum im Fall des passiven Stellvertreters bzw. Empfangsvertreters, → Rn. 1161). Wegen dieses Risikos muss der Erklärende besondere Rücksicht auf die Eignung eines (nach der Verkehrsanschauung als ermächtigt geltenden) Empfangsboten zur Übermittlung nehmen (→ Rn. 100). Je komplizierter der Inhalt der weiterzugebenden Erklärung ist, desto größer werden die Anforderungen, die an die Eignung des Boten gestellt werden müssen. Im Beispiel (→ Rn. 103) ist für die Weitergabe der (einfachen) Bestellung der Mitarbeiter des K durchaus kompetent und nach seiner Stellung im Betrieb auch zur Annahme ermächtigt; dagegen wären dies das Bewachungs- oder Reinigungspersonal nicht, weil es offensichtlich nicht zu dessen Aufgaben gehört, Bestellungen anzunehmen, und deshalb nicht als dazu ermächtigt angesehen werden kann. So wäre ein Nachtwächter als Erklärungsbote des G anzusehen, sodass die Bestellung erst mit der Übermittlung an K oder an einen geeigneten Empfangsboten (Sekretärin) zuginge. Würde der Nachtwächter die Übermittlung vergessen, wirkte sich dies allein zulasten des Erklärenden aus.

105 Bei empfangsbedürftigen Willenserklärungen ist also das Risiko, dass sie den Empfänger auch tatsächlich erreichen, aufgeteilt. **Bis zum Zugang trägt das Risiko der Erklärende.** Geht die Erklärung auf dem Weg zum Empfänger verloren, wird der Zugang verzögert oder kommt die per E-Mail versandte Mitteilung nur verstümmelt und deshalb unverständlich an, so treffen die Nachteile ihn. Auch Unterbrechungen und Störungen im öffentlichen Netz, an denen eine Datenübermittlung scheitert, gehen zulasten des Absenders.[51]

---

[51] BGH NJW 1995, 665 (667).

II. Willenserklärung

Störungen im eigenen Machtbereich des Empfängers, die eine Kenntnisnahme der Willenserklärung verhindern, gehen dagegen zu dessen Lasten. Dies gilt auch für elektronische Willenserklärungen. Ist ein Fax im Speicher des Empfangsgerätes angekommen und damit der Zugang erfolgt, dann fällt es in den Risikobereich des Adressaten, wenn der Ausdruck durch eine Störung des eigenen Faxgeräts (zB infolge eines Papierstaus oder -mangels) verhindert wird.[52] Entsprechendes dürfte gelten, wenn eine E-Mail aufgrund eines technischen Versehens durch den Spam-Filter des Adressaten aussortiert wird und diesen deshalb nicht erreicht.[53] Stets wird man den Absender in solchen Fällen für verpflichtet halten, erneut eine Übermittlung seiner Nachricht vorzunehmen, wenn er erkennt, dass Störungen im Bereich des Empfängers eine Kenntnisnahme vereitelt haben.[54]

Der **Weg einer empfangsbedürftigen Willenserklärung** lässt sich grafisch in folgender Weise darstellen:

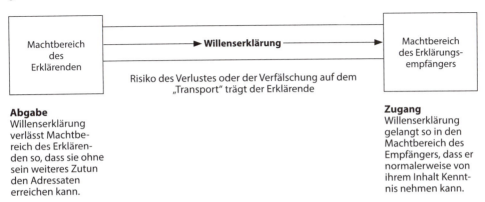

Geht dem Adressaten einer Willenserklärung vor oder gleichzeitig mit ihrem Zugang ein **Widerruf** zu, so wird die Willenserklärung nicht wirksam (§ 130 I 2). Ob ein Widerruf rechtzeitig erklärt wird, hängt ausschließlich vom Zeitpunkt seines Zugangs und des Zugangs der zu widerrufenden Willenserklärung ab. Erlangt der Adressat der Willenserklärung zunächst Kenntnis vom Widerruf und danach erst von der Willenserklärung, so soll der Widerruf dennoch wirkungslos, da verspätet sein, wenn er erst nach der Willenserklärung zugegangen war.

> **Beispiel:** K hat bei Großhändler G 500 Doppelzentner Weizen gekauft. Um den Vertrag erfüllen zu können, bestellt G den Weizen per Fax am 5.5. bei H. Als G am nächsten Tag erfährt, dass über das Vermögen des K das Insolvenzverfahren eröffnet worden ist, faxt er sofort an H, dass er vom Kauf des Weizens Abstand nehme.[55] H, der am 5.5. verreist war, findet am 6.5. beide Fernschreiben ungeöffnet auf seinem Schreibtisch vor. Zufällig liest er zunächst den Widerruf, dann die Bestellung. Das erste Fax ist am 5.5.

---

[52] *Taupitz/Kritter* JuS 1999, 839 (842); *Leipold* BGB AT § 12 Rn. 25.
[53] Vgl. aber den Fall OLG Düsseldorf MDR 2009, 974.
[54] Vgl. BGH NJW 1998, 976 (977).
[55] Ein Widerrufsrecht nach § 312d I kommt nicht in Betracht, weil G kein Verbraucher (vgl. § 13) ist und es sich deshalb nicht um einen Fernabsatzvertrag (vgl. § 312b) handelt; Einzelheiten dazu später.

in den Machtbereich des H gelangt, und er hätte unter normalen Umständen (wenn er nicht abwesend gewesen wäre) zu diesem Zeitpunkt Kenntnis von der Bestellung nehmen können. Damit ist ihm also die auf den Abschluss eines Kaufvertrages an ihn gerichtete Willenserklärung des G zugegangen (→ Rn. 98). Dagegen ging das zweite Fax erst am 6.5. zu; der Widerruf war somit verspätet und ändert nichts mehr an der Wirksamkeit der Bestellung.

109 Gegenüber diesem Ergebnis wird im Schrifttum mit beachtlichen Erwägungen eingewandt, dass es unbillig sei, allein aufgrund des Wortlauts des Gesetzes einen Widerruf als verspätet anzusehen, der zwar später als die Willenserklärung zugegangen sei, aber vom Adressaten gleichzeitig mit dieser zur Kenntnis genommen wurde; denn in einem solchen Fall könne von vornherein kein schutzwürdiges Vertrauen des Adressaten in den Bestand der fraglichen Willenserklärung entstehen.[56] Demgegenüber erachtet die hM einen solchen Widerruf als verspätet.[57] Verwiesen wird dabei zum einen auf den Gesetzeswortlaut, zum anderen darauf, dass die so zu erzielenden Ergebnisse nicht unbillig seien: Ausweislich § 130 I trage der Erklärungsempfänger das Risiko rechtzeitiger Kenntnisnahme, weil es nur darauf ankomme, dass er unter normalen Umständen Kenntnis nehmen konnte, nicht dass er dies auch tat; dann sei es folgerichtig, dem Adressaten den mit dem Zugang verbundenen Vorteil, die Unwiderruflichkeit der Erklärung (vgl. § 145), zu sichern.

Fälle und Fragen[58]

1. Was ist ein Rechtsgeschäft und welche Arten von Rechtsgeschäften kennen Sie?
2. Welcher Unterschied besteht zwischen Willenserklärung und Rechtsgeschäft?
3. Woraus setzt sich der Tatbestand einer (fehlerfreien) Willenserklärung zusammen?
4. Nach welchen Gesichtspunkten ist zu beurteilen, ob eine Erklärung eine rechtliche Bindung erzeugt?
5. In welcher Form ist eine Willenserklärung abzugeben?
6. Was bedeutet „empfangsbedürftige", was „nicht empfangsbedürftige Willenserklärung"? Nennen Sie Beispiele für beide!
7. In welchem Zeitpunkt wird eine nicht empfangsbedürftige Willenserklärung wirksam, wann eine empfangsbedürftige?
8. Beim Schlendern durch ein Winzerdorf betritt Tourist A ein Lokal, in dem gerade eine Versteigerung stattfindet, was A aber nicht bemerkt, der von einer gewöhnlichen Weinstube ausgeht. A setzt sich an einen Tisch und winkt seiner Frau, die ihm gefolgt ist, zu, um diese auf sich aufmerksam zu machen. Der Auktionator deutet das Verhalten des A, entsprechend der bei Weinversteigerungen gepflegten Übung, Gebote durch Handaufheben abzugeben, als Abgabe eines Gebotes und schlägt ihm, als niemand mehr höher bietet, das Fass Wein zu. A fällt aus allen Wolken, als ihm dies mitgeteilt wird. Ist ein Vertrag zustande gekommen?
9. Geschäftsführer A unterschreibt Geschäftspost, die ihm in einer Unterschriftenmappe vorgelegt worden ist. Da er es eilig hat, beschränkt er sich jeweils auf einen kurzen Blick auf das Schreiben, bevor er es unterschreibt. Versehentlich ist ein Bestellschreiben an

---

[56] *Hübner* BGB AT Rn. 737; *Lindacher/Hau* Fälle BGB AT Nr. 4; vgl. auch *Leipold* BGB AT § 13 Rn. 4.
[57] BGH NJW 1975, 382 (384) aE; MüKoBGB/*Eisele* § 130 Rn. 40 mwN. Dezidiert in diesem Sinne auch noch dieses Werk bis zur 12. Aufl. Rn. 85.
[58] Vgl. dazu Nr. 2 der Hinweise für die Arbeit mit diesem Buch.

II. Willenserklärung

Firma B in die Mappe geraten, das A zwar diktiert, dann aber durch eine Absage ersetzt hatte. In der Meinung, es handle sich um die Absage, unterschreibt A das Annahmeschreiben. A fragt, ob die Annahme verbindlich ist.

10. Einzelhändler A schreibt auf eine an den Großhändler B gerichtete Karte eine Bestellung über 20 Oberhemden verschiedener Größe und Farbe. Dann überlegt er sich die Sache anders und will die Karte in den Papierkorb werfen. Sie fällt aber daneben und wird dann von der Tochter des A gefunden, die glaubt, die Karte sei versehentlich vom Schreibtisch gefallen. Sie bringt die Karte zur Post. Als die Hemden geliefert werden, fragt A, ob sein Antrag wirksam geworden ist.

11. K ruft bei V an, um drei Fernsehgeräte verschiedener Marken zu bestellen. Zur Zeit des Anrufs ist bei V bereits Büroschluss. Das Gespräch wird von Pförtner P entgegengenommen, der die Bestellung sorgfältig aufnimmt, obwohl er dazu von V nicht betraut worden ist. P legt den von ihm geschriebenen Zettel mit der Bestellung des K auf den Schreibtisch der Sekretärin S des V. Dort findet S den Zettel, als sie am nächsten Tag um 8.00 Uhr ihren Dienst beginnt. Als V um 9.00 Uhr ins Büro kommt, übergibt ihm S die Bestellung des K. In welchem Zeitpunkt ist die Bestellung wirksam geworden?

12. A ruft Getränkehändler B an und bestellt bei diesem für eine Feier ein Fass Weißbier. Kommt ein Kaufvertrag über ein Fass Weißbier zustande, wenn der schwerhörige B „Weißwein" versteht und daraufhin erklärt, er werde „die bestellte Ware" termingerecht liefern? Kommt es für die Entscheidung darauf an, ob A von der Schwerhörigkeit des B weiß?

13. A schreibt B einen Brief, in dem er seine Briefmarkensammlung zum Preis von 10.000 EUR anbietet. Als der Brief abgesandt worden ist, erfährt A, dass er den Wert einiger Marken viel zu niedrig eingeschätzt hat; ihn reut deshalb das Angebot. Er ruft daraufhin B an, noch bevor dieser den Brief erhalten hat, und sagt ihm, dass das Angebot nicht gelten solle. B, der großen Wert auf den Erwerb der Sammlung legt, möchte wissen, ob er A nicht doch an dessen Antrag festhalten könnte.

14. Wie zuvor, aber mit folgender Sachverhaltsänderung: Im Zeitpunkt des Anrufs ist der Brief bereits bei B eingetroffen. Er konnte ihn aber noch nicht lesen und hat deshalb noch keine Kenntnis von dem Angebot, als A mit ihm telefoniert.

§ 3. Das Zustandekommen von Verträgen

I. Allgemeines

1. Zum Begriff des Vertrages

Wie bereits dargelegt, ist der Vertrag ein mehrseitiges Rechtsgeschäft (→ Rn. 46 ff.), sodass notwendigerweise mehrere Personen, meist zwei, beteiligt sein müssen. Der rechtliche Erfolg, der durch den Vertragsschluss bewirkt wird, ist das Begründen des vertraglichen Schuldverhältnisses: Der Erfolg tritt ein, *weil* ihn die Beteiligten, die Vertragspartner, wollen. Hängt aber der Rechtserfolg vom gemeinsamen Willen der Vertragsparteien ab, so kann es nicht zweifelhaft sein, dass ihr Wille übereinstimmen muss; die von ihnen abgegebenen Willenserklärungen müssen also korrespondieren.

> **Beispiel:** Max sagt zu Fritz: „Ich möchte Dein Fahrrad für 100 EUR kaufen." Fritz antwortet: „Einverstanden!" Die Willenserklärung des Max und die Willenserklärung des Fritz korrespondieren, und es kommt zwischen ihnen ein wirksamer Vertrag zustande (wenn die Wirksamkeit nicht aus anderen Gründen – beispielsweise wegen der Minderjährigkeit eines Beteiligten – verneint werden muss).
>
> Anders verhält es sich, wenn Max erklärt: „Ich möchte Dein Fahrrad für 100 EUR kaufen." Fritz antwortet: „Für 150 EUR kannst Du es haben." Hier besteht in einem wesentlichen Punkt, nämlich hinsichtlich der Höhe des Kaufpreises, keine Übereinstimmung. Ein Vertrag wird somit bei diesem Stand der Dinge nicht geschlossen.

Der **Vertrag** lässt sich folglich als die **von den Vertragspartnern einverständlich getroffene Regelung eines Rechtsverhältnisses** beschreiben: Die Vertragschließenden stimmen in der Herbeiführung eines von ihnen gemeinsam gewollten rechtlichen Erfolgs überein. Als „Vertrag" wird bisweilen der Vertragsschluss (also die Vornahme des Rechtsgeschäfts), bisweilen das dadurch zwischen den Beteiligten entstehende Schuldverhältnis bezeichnet. Was jeweils gemeint ist, ergibt sich meist ohne Weiteres aus dem Kontext, sollte also nicht für allzu große Verwirrung sorgen.

Auch bei einem **Beschluss,** durch den Personenvereinigungen (Verein, Gesellschaft) ihren Willen bilden, handelt es sich um ein mehrseitiges Rechtsgeschäft (→ Rn. 46 ff.). Im Unterschied zum Vertrag können durch ihn aber auch Personen gebunden werden, die ihm nicht zustimmten. Denn für Beschlüsse gilt im Allgemeinen nicht der Grundsatz der Willensübereinstimmung, sondern das Mehrheitsprinzip.

> **Beispiel:** Die Mitgliederversammlung eines Vereins bestellt mit der erforderlichen Mehrheit (vgl. § 32 I 3, § 40) einen Vorstand (vgl. § 27 I). Dieser Beschluss bindet grundsätzlich alle Vereinsmitglieder, also auch diejenigen, die trotz ordnungsgemäßer Ladung nicht teilgenommen oder sich dagegen ausgesprochen haben.

113 Die gegebene Beschreibung des Vertragsbegriffs findet sich nicht im BGB, sondern wird von ihm, insbesondere in §§ 145–157, vorausgesetzt. Diesen Vorschriften ist zu entnehmen, dass für das Zustandekommen des Vertrages die **Unterscheidung zwischen Antrag** (auch Angebot oder Offerte genannt) **und Annahme** des Antrags wichtig ist. Bei beiden handelt es sich um empfangsbedürftige Willenserklärungen, deren Wirksamkeit also davon abhängt, dass sie dem Adressaten zugehen (§ 130 I 1).

> In dem oben gebrachten Beispiel (→ Rn. 110) stellt die Erklärung des Max, er wolle das Fahrrad des Fritz kaufen, den Antrag und dessen Antwort, er sei damit einverstanden, die Annahme dieses Antrages dar. Betrachtet man den Inhalt beider Erklärungen rein formal, so lässt er sich wie folgt beschreiben: Max erklärt: „Ich, Max, richte an Dich, Fritz, den Antrag zum Abschluss eines Kaufvertrages über Dein Fahrrad Marke X zum Preise von 100 EUR." Fritz erwidert: „Ich, Fritz, nehme Deinen Antrag zum Abschluss des von Dir gewollten Kaufvertrages an." Wir wissen, dass niemand so gekünstelt spricht. Mit den wesentlich schlichteren Worten der beiden Vertragspartner werden aber Erklärungen dieses rechtlichen Inhalts ausgetauscht.

114 Da die abgegebenen Willenserklärungen miteinander korrespondieren müssen, ist es völlig klar, dass der Antrag nur so angenommen werden kann, wie er von dem anderen gemacht wurde. Erklärt der Empfänger des Antrages, er sei zwar grundsätzlich mit dem Zustandekommen des Vertrages einverstanden, wolle aber in einem Punkt eine Änderung, dann ist der Vertrag (noch) nicht geschlossen. Vielmehr muss erst der andere sein Einverständnis mit der gewollten Änderung erklären.

> Antwortet Fritz auf das Kaufangebot des Max, er wolle nicht zu 100 EUR, sondern zu 150 EUR verkaufen, so handelt es sich rechtlich um die Ablehnung des von Max gemachten Antrages, verbunden mit einem neuen Antrag des Fritz an Max (vgl. § 150 II). Es hängt jetzt von der Erwiderung des Max ab, ob ein Kaufvertrag zu 150 EUR zustande kommt.

115 Wie den bisherigen Ausführungen zu entnehmen ist, setzt ein wirksamer Vertragsschluss die **Einigung** der Vertragspartner **über alle regelungsbedürftigen Punkte** des betreffenden Rechtsgeschäfts voraus. Welche Punkte in diesem Sinn regelungsbedürftig sind, ergibt sich aus dem jeweiligen Vertragstyp und den dafür im Gesetz getroffenen Bestimmungen (dazu Einzelheiten später). Insbesondere über solche Punkte, die der individuellen Vereinbarung vorbehalten sind (beim Kaufvertrag ist dies auf jeden Fall der Kaufgegenstand), müssen sich die Vertragschließenden verständigen.

116 Das Zustandekommen eines Vertrages bei zwei Beteiligten lässt sich für den Regelfall im folgenden Schaubild darstellen:

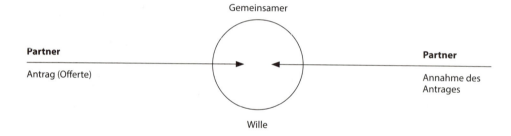

I. Allgemeines

Selbstverständlich gehen dem eigentlichen Vertragsschluss, wenn es sich nicht gerade um alltägliche Geschäfte wie dem Kauf im Supermarkt handelt, häufig noch Vertragsverhandlungen voraus, in denen die Partner zunächst den Inhalt des zu schließenden Vertrages besprechen und damit den Antrag gemeinsam festlegen (→ Rn. 134). Schließlich mündet dieses Aushandeln aber regelmäßig in die dargestellte Konstruktion des Vertragsschlusses. Denkbar ist aber auch, dass die beiden Partner einem Vertragsentwurf, den ein Dritter (beispielsweise ein Notar) ihnen vorlegt, akzeptieren. Dann erfolgen die den Vertragsschluss herbeiführenden Erklärungen gewissermaßen parallel, ohne dass man dabei einen Antrag und eine darauf bezogene Annahme unterscheiden könnte.

117

Bei Beteiligung mehrerer Partner verändert sich die Grundstruktur kaum:

118

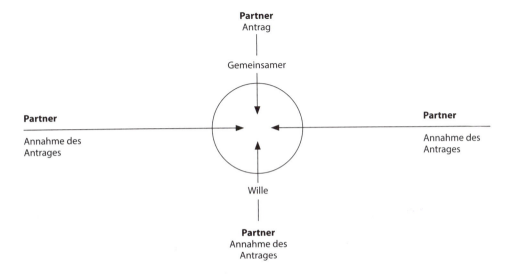

2. Vertragsarten

Die bisher gebrachten Beispiele betreffen durchweg schuldrechtliche Verträge. Diese zeichnen sich dadurch aus, dass Forderungsbeziehungen zwischen den Vertragspartnern geschaffen werden (vgl. § 241 I, der allerdings nicht nur für vertragliche Schuldverhältnisse gilt).¹ **Inhalt dieser Forderungsbeziehung ist es, dass eine Person, der Gläubiger, gegen eine andere Person, den Schuldner, einen Anspruch erhält**, dh das Recht, von ihm ein Tun oder ein Unterlassen zu verlangen (vgl. § 194 I). Durch einen Schuldvertrag kann aber nicht nur ein Vertragspartner, sondern es können auch beide einen Anspruch erwerben.

119

---

¹ Schuldverhältnisse (im Sinne von Forderungsbeziehungen) können statt durch Rechtsgeschäft auch durch ein tatsächliches Verhalten begründet werden, das einen bestimmten Tatbestand einer Rechtsnorm verwirklicht. Ein Beispiel haben wir bereits in der deliktischen Schädigung eines anderen kennen gelernt (→ Rn. 42). Darauf wird noch zurückzukommen sein.

Beispiele: Wenn Max und Fritz einen Kaufvertrag über das Fahrrad des Fritz schließen, so bekommt Max als Käufer das Recht, die Übergabe, dh die Einräumung der tatsächlichen Sachherrschaft, und die Übereignung des Fahrrads von Fritz zu verlangen (vgl. § 433 I 1). Im Gegenzug erwirbt Fritz als der Verkäufer das Recht, die Zahlung des Kaufpreises von Max zu fordern (vgl. § 433 II). Verspricht Fritz hingegen, dem Max das Fahrrad zu schenken, so wird durch den Schenkungsvertrag (zur Formbedürftigkeit vgl. § 518) zunächst nur eine einseitige Verpflichtung begründet, nämlich die des Fritz.

120 Diesen Unterschieden wird durch die **Einteilung in einseitig verpflichtende und zweiseitig verpflichtende Verträge** Rechnung getragen. Nun kann man noch bei den zweiseitig verpflichtenden Verträgen danach differenzieren, ob die Pflichten beider Vertragspartner gleichwertig sind oder ob einer die Hauptlast trägt.

Beispiel: Max benötigt ein besonders verlässliches Fahrrad, um damit im Urlaub eine Mehrtagestour zu unternehmen. Er fragt seinen Freund Fritz, ob dieser ihm sein Tourenrad zur Verfügung stellen würde. Fritz sagt dies zu. Zwischen den beiden Freunden kommt ein Leihvertrag iSv § 598 zustande. Bei diesem Vertrag gibt es zwar für beide Vertragspartner Pflichten, aber diese Pflichten treffen in der Hauptsache den Verleiher, hier also Fritz: Er ist verpflichtet, dem Entleiher den Gebrauch der Sache unentgeltlich zu gestatten (§ 598). Er haftet – wenn auch nur bei Vorsatz und grober Fahrlässigkeit (§ 599) – für den Schaden, der dadurch verursacht wird, dass er sein Versprechen nicht hält. Nach § 600 hat er bei arglistig verschwiegenen Mängeln den daraus entstehenden Schaden zu ersetzen. Dagegen sind die Pflichten des Entleihers recht eingeschränkt: Er hat die Erhaltungskosten zu tragen, er darf nur den vertragsmäßig vereinbarten Gebrauch von der Sache machen, und er ist zur Rückgabe nach Ablauf der für die Leihe bestimmten Zeit verpflichtet (vgl. §§ 601, 603, 604).

121 Zweiseitig verpflichtende Verträge, die wie die Leihe nur einer Partei die den eigentlichen Inhalt des Vertrages bestimmenden Pflichten (sog. Haupt[leistungs]pflichten) auferlegen, werden **unvollkommen zweiseitige Verträge** genannt. Die einseitig verpflichtenden und die unvollkommen zweiseitig verpflichtenden Verträge werden bisweilen unter dem Stichwort **unentgeltliche Verträge** zusammengefasst.[2]

122 Verträge, bei denen sich für beide Seiten in der rechtlichen Bedeutung gleichwertige und in Abhängigkeit zueinander stehende Pflichten ergeben, werden als **vollkommen zweiseitige oder gegenseitige Verträge (= synallagmatische Verträge)** bezeichnet. **Synallagma** ist die Bezeichnung für ein Rechtsverhältnis, in dessen Rahmen gegenseitige Leistungen ausgetauscht werden. Die Leistung eines jeden Vertragspartners steht dabei in Abhängigkeit zur Gegenleistung. Das „do ut des" (lat.: ich gebe, damit du gibst) stellt die Grundidee des gegenseitigen (synallagmatischen) Vertrages dar.

Hätten in dem obigen Beispielsfall Max und Fritz vereinbart, dass Max ein Entgelt für die Überlassung des Tourenrads zahlen soll, so handelte es sich um eine Miete iSv § 535 (Unterschied: Entgeltlichkeit der Miete, Unentgeltlichkeit der Leihe). Bei der Miete trifft mit der Verpflichtung zur Zahlung des vereinbarten Mietzinses (§ 535 II) auch den Mieter eine Hauptpflicht. Deshalb ist die Miete im Gegensatz zur Leihe ein synallagmatischer Vertrag.

---

[2] Vgl. zu solchen Rechtsgeschäften *Lorenz/Eichhorn* JuS 2017, 6.

I. Allgemeines

Die Unterscheidung zwischen unvollkommen zweiseitigen und gegenseitigen (synallagmatischen) Verträgen dient keinesfalls einem Selbstzweck, sondern hat erhebliche praktische Bedeutung. Vor Anwendung von Vorschriften des BGB über Verträge muss nämlich die Frage beantwortet werden, ob sie nur für gegenseitige Verträge oder auch für andere gelten. Namentlich §§ 320–326 sind gerade im Hinblick auf die Abhängigkeit der Leistungen beider Vertragspartner voneinander formuliert und können deshalb nur für gegenseitige Verträge Anwendung finden. Dagegen gelten §§ 145–157 für alle Verträge. **123**

Rechtsgeschäfte in Form von Verträgen gibt es aber nicht nur im schuldrechtlichen Bereich zur Begründung von Forderungsbeziehungen, sondern auch auf **anderen Gebieten des Bürgerlichen Rechts**, im Sachenrecht, im Familienrecht und im Erbrecht. Welchem Bereich ein Vertrag angehört, richtet sich nach seinem Gegenstand. **124**

Die im Bereich des **Sachenrechts** vorkommenden dinglichen Verträge betreffen die Begründung oder Änderung dinglicher Rechte, dh Rechte an Sachen (wie zB des Eigentums). So ist die zur Übertragung des Eigentums an einem Grundstück erforderliche Einigung (vgl. § 873 I) ein dinglicher Vertrag. Das Gleiche gilt für die Einigung zwischen Eigentümer und Erwerber über die Übertragung des Eigentums an einer beweglichen Sache (vgl. § 929 S. 1). Als Beispiele für **familienrechtliche Verträge** seien das Verlöbnis (§ 1297), die Eheschließung (§ 1310 I 1) oder güterrechtliche Eheverträge (§ 1408 I) angeführt.[3] **Erbrechtlich relevante Verträge** sind etwa der Erbvertrag (§§ 2274 ff.) oder der Erbverzicht (vgl. § 2346). **125**

Die Skizze soll den Überblick erleichtern: **126**

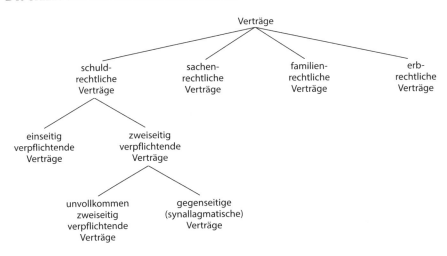

Die folgenden Ausführungen über das Zustandekommen von Verträgen gelten grundsätzlich für alle diese Arten, während gewisse Unterschiede insoweit bestehen, als die inhaltliche Gestaltungsfreiheit (dazu sogleich) im Bereich des Schuldrechts besonders weit reicht, in anderen Bereichen hingegen begrenzter ist. **127**

---

[3] Die Auffassung des Verlöbnisses als Vertrag entspricht der hM, ist aber nicht unstr. Näher dazu MüKoBGB/*Roth* § 1297 Rn. 4 ff.; *Strätz* JURA 1984, 449 (450 ff.).

3. Vertragsfreiheit

128 Der das BGB beherrschende Grundsatz der Vertragsfreiheit umfasst einmal das Recht, frei zu bestimmen, ob und mit wem ein Vertrag geschlossen werden soll **(Abschlussfreiheit)**, zum anderen das Recht, den Inhalt eines Vertrages frei zu gestalten **(Gestaltungsfreiheit)**. Um den Grundsatz der Vertragsfreiheit vor Missbrauch zu bewahren und höherrangige Interessen (zB solche, die sich aus den Prinzipien des Sozialstaates ergeben) zu schützen, müssen Einschränkungen vorgenommen werden:

- Die Abschlussfreiheit gilt nicht, wenn ein **Abschlusszwang (Kontrahierungszwang)** besteht. Ist zur Erfüllung lebensnotwendiger Bedürfnisse der Abschluss von Verträgen erforderlich, wie dies zB für die Versorgung mit Strom, Wasser und Gas zutrifft, so kann derjenige, der solche Leistungen anbietet, nach Maßgabe besonderer Vorschriften zum Vertragsschluss verpflichtet sein.
- Umgekehrt können der Vertragsfreiheit durch **Abschlussverbote** Grenzen gesetzt sein. So dürfen zB Jugendliche nicht mit bestimmten gefährlichen oder gesundheitsschädlichen Arbeiten betraut werden (vgl. §§ 22 ff. Jugendarbeitsschutzgesetz).
- Die Gestaltungsfreiheit wird durch **zwingendes Recht** und **gesetzliche Verbote** eingeschränkt. Während gesetzliche Verbote iSv § 134 bestimmte Rechtsgeschäfte unterbinden sollen, wird den Vertragsparteien durch das zwingende Recht aufgegeben, bei der Regelung eines Rechtsverhältnisses bestimmte gesetzliche Vorgaben zu beachten. Auch durch die guten Sitten wird die Gestaltungsfreiheit begrenzt, denn ein sittenwidriges Rechtsgeschäft ist nach § 138 nichtig (Einzelheiten dazu später).

129 Somit lassen sich der Grundsatz der Vertragsfreiheit und seine Grenzen wie folgt darstellen:

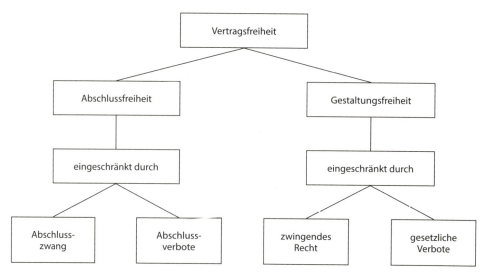

130 Auf Einzelheiten soll hier nicht eingegangen werden (vgl. dazu *Musielak/Hau* EK BGB Rn. 2 ff.). Nur erwähnt seien weitere Vorgaben, die sich als Einschränkungen der Vertragsfreiheit erweisen. So schreibt der Gesetzgeber bisweilen vor, dass bestimmte Regelungen nur ausdrücklich, also nicht etwa konkludent, geschlossen werden können (vgl. § 312a III 1). Zudem unterliegt der Vertragsinhalt einer strengeren Kontrolle, wenn er nicht von den Parteien ausgehandelt, sondern von einer der Parteien mittels ihrer **Allgemeinen Geschäftsbedingungen** festgelegt wurde (vgl. §§ 305 ff. und dazu *Musielak/Hau* EK BGB Rn. 74 ff.).

Keine Einschränkung der Vertragsfreiheit bedeutet es, dass das BGB bestimmte **Vertragstypen** ausgestaltet hat, derer sich die Parteien beim Abschluss ihrer Rechtsgeschäfte bedienen können. Das Gesetz gibt damit Hilfestellungen zu einer interessengemäßen Durchführung von Rechtsverhältnissen. Solche Vertragstypen sind im Bereich des Schuldrechts zB der Kauf (§§ 433 ff.), der Darlehensvertrag (§§ 488 ff.), die Schenkung (§§ 516 ff.), die Miete (§§ 535 ff.), die Pacht (§§ 581 ff.), die Leihe (§§ 598 ff.), der Dienstvertrag (§§ 611 ff.) oder der Werkvertrag (§§ 631 ff.). 131

Im Unterschied zu einem **Rechtsbegriff**, der einen streng abgegrenzten Inhalt aufweist, sind die Konturen eines **Typus** unscharf und sein Inhalt flexibel. Die im Gesetz geregelten Schuldverträge enthalten eine Reihe von Elementen, die nicht notwendigerweise alle oder mit dem vom Gesetz geregelten Inhalt von den Vertragsparteien aufgegriffen und ihren Rechtsbeziehungen zugrunde gelegt werden müssen. Es handelt sich folglich um Vertragstypen, bei denen es den Vertragspartnern im Allgemeinen frei steht, ob sie von der im Gesetz getroffenen Regelung des einzelnen Vertragstyps abweichen und ihren Verträgen einen eigenständigen Inhalt geben wollen. Die Vertragsparteien können deshalb auch Mischformen der im Gesetz geregelten Vertragstypen schaffen, so zB eine Verbindung von Kaufvertrag und Dienstvertrag herstellen, indem der Kaufpreis nicht in bar entrichtet wird, sondern durch Dienstleistungen des Käufers abzugelten ist. Solche Mischtypen von Verträgen sind in den heute herrschenden differenzierten Verhältnissen des Wirtschaftslebens immer häufiger anzutreffen (zu Einzelheiten vgl. *Musielak/Hau* EK BGB Rn. 226 ff.). Später wird noch gezeigt werden, dass sich im Wirtschaftsleben auch neue Vertragstypen herausbilden, die im Gesetz überhaupt nicht geregelt sind. 132

Wir treffen hier auf **dispositives (nachgiebiges) Recht,** das im Gegensatz zu **zwingendem Recht** steht. Welche Rechtsvorschriften in dem Sinne verbindlich sind, dass sie nicht durch die Vertragsparteien abgeändert und durch eigene Regelungen ersetzt werden können, lässt sich nicht allgemein, sondern immer nur im Hinblick auf den einzelnen Rechtssatz sagen. Im Vertragsrecht überwiegt bei weitem das dispositive Recht, freilich mit bemerkenswerten Einschränkungen, namentlich zum Schutz von Verbrauchern, Wohnraummietern, Versicherungs- und Arbeitnehmern. 133

II. Der Vertragsschluss

1. Auslegung der Erklärungen

Eine vertragliche Vereinbarung kommt – wie bereits bei Beschreibung des Begriffs „Vertrag" ausgeführt wurde – regelmäßig dadurch zustande, dass ein Partner dem anderen den Abschluss eines bestimmten Vertrages anträgt und der andere diesen Antrag annimmt (→ Rn. 113 ff., 144 ff.). Der Antrag muss dann den wesentlichen 134

Vertragsinhalt umschreiben, also so formuliert sein, dass er mit einem bloßen „Ja" akzeptiert werden kann. Im täglichen Leben sieht aber ein Vertragsschluss meist ganz anders aus.

> **Beispiel:** K sagt zu V: „Dein Auto wäre mir schon 2.000 EUR wert." V antwortet: „Das gebe ich auf keinen Fall unter 3.000 EUR ab." Darauf K: „2.800 EUR, wenn Du das Navi drin lässt." V erwidert: „2.900 EUR." Darauf entgegnet K: „Also gut, aber ich muss den Wagen bereits morgen bekommen." Die Antwort des V lautet: „In Ordnung, aber nur gegen Barzahlung." K verabschiedet sich mit den Worten: „Also ich erwarte Dich morgen um vier Uhr." Wer hat nun hier eine Vertragsofferte abgegeben und wer die Annahme erklärt? Ist hier überhaupt ein Vertrag zustande gekommen und gegebenenfalls mit welchem Inhalt?

135 In dem Beispielsfall geht es um den Abschluss eines Kaufvertrages über den Pkw des V. Dies ergibt sich aus den Erklärungen der Parteien, ohne dass es dafür erforderlich wäre, dass sie den Begriff „Kauf" benutzen. Der Sinn und die Bedeutung einer Willenserklärung, um die es sich sowohl bei der Offerte als auch bei ihrer Annahme handelt, sind nicht nur aufgrund ihres Wortlautes, sondern auch nach den äußeren Umständen und nach dem Sachzusammenhang, in denen sie abgegeben werden, zu verstehen (→ Rn. 51). Ist der Sinn einer Willenserklärung nicht eindeutig, so muss durch **Auslegung** ermittelt werden, wie sie zu verstehen ist.[4] Ziel der Auslegung ist die **Ermittlung des objektiven Erklärungswertes,** dh die Feststellung der objektiven Bedeutung einer mehrdeutigen und deshalb nach ihrem bloßen Wortlaut unklaren Willenserklärung. Eine in keinerlei Hinsicht auslegungsbedürftige Willenserklärung kann es selbst in der theoretischen Vorstellung nicht geben. Denn die Feststellung, eine Willenserklärung sei eindeutig in ihrem Sinn und eine (weitere) Auslegung deshalb überflüssig, stellt bereits das Ergebnis einer (häufig unbewusst vorgenommenen) Auslegung dar.

136 Maßgeblich kann **bei empfangsbedürftigen Willenserklärungen** (→ Rn. 47, 85) weder allein sein, was der Erklärende mitteilen wollte, noch wie der Empfänger der Erklärung sie tatsächlich verstanden hat. Vielmehr kommt es darauf an, welcher Sinn der Erklärung zukommt, und zwar nach den Verständnismöglichkeiten des Empfängers mit Rücksicht auf die konkreten Umstände des Einzelfalles (also etwa die zuvor geführten Verhandlungen, den Ort und die Zeit der Erklärung), auf die Verkehrssitte (also die den Verkehr tatsächlich beherrschende Übung[5]) und auf die Grundsätze von Treu und Glauben. Entscheidend ist somit, wie der Empfänger die Erklärung verstehen muss, wenn er alle diese Kriterien sorgfältig berücksichtigt (**Auslegung nach dem Empfängerhorizont, allerdings auf objektiver Grundlage**).[6] Für die Auslegung sind nur solche Umstände heranzuziehen, die dem Erklärungsempfänger bekannt oder für ihn erkennbar waren.[7]

---

[4] Vgl. dazu *Biehl* JuS 2010, 195.
[5] Näher zur Verkehrssitte als der gewissermaßen „bürgerlich-rechtlichen Schwester" der Handelsbräuche iSv § 346 HGB aus neuerer Zeit etwa *Hellwege* AcP 214 (2014), 853.
[6] Zur Auslegung eingehend *Wolf/Neuner* BGB AT § 35 Rn. 1 ff.; *Bork* BGB AT Rn. 494 ff.; *Brox/Walker* BGB AT Rn. 124 ff.
[7] BGH NJW 2006, 3777 Rn. 18 = JA 2007, 454 (*Stadler*); BGH NJW 2007, 2912 Rn. 10; NJW-RR 2007, 529 f. Rn. 18.

II. Der Vertragsschluss

Die **Rechtsgrundlagen** für die an objektiven Merkmalen orientierte Auslegung von Willenserklärungen sind **§§ 133 und 157.** Nach dem Wortlaut bezieht sich § 133 auf die Willenserklärung und § 157 auf den Vertrag. Demnach müsste ein Vertrag zunächst wirksam zustande gekommen sein, ehe § 157 herangezogen werden dürfte. Über den zu engen Wortlaut hinaus ist jedoch der Anwendungsbereich des § 157 auch auf die einzelne Willenserklärung und auf die Frage nach einem wirksamen Vertragsschluss zu erstrecken. 137

> Bei Beachtung dieser Grundsätze der Auslegung und bei Berücksichtigung der Vorschrift des § 150 II, wonach eine Annahme unter Erweiterungen, Einschränkungen oder sonstigen Änderungen als Ablehnung verbunden mit einem neuen Antrag gilt, ist es nunmehr nicht schwer, die im Beispielsfall (→ Rn. 134) von K und V abgegebenen Erklärungen rechtlich zu werten:
>
> Mit den Worten „In Ordnung, aber nur gegen Barzahlung" erfolgt die (endgültige) Offerte zum Abschluss eines Kaufvertrages, weil erst in diesem Stadium des Gesprächs mit der Forderung nach Barzahlung ein letzter (neuer) wesentlicher Punkt festgelegt wird. Vorher hatte jeder Partner in seiner Erwiderung jeweils zusätzliche Konditionen genannt, also das Angebot des anderen abgelehnt und einen neuen Antrag formuliert (§ 150 II). Die Erklärung des V umfasst nunmehr alle bereits ausgehandelten Punkte, sodass ihr objektiver Erklärungswert folgenden Inhalt hat: „Ich, V, biete Dir, K, den Abschluss eines Kaufvertrages über meinen Pkw einschließlich des Navigationsgeräts zum Preis von 2.900 EUR, zahlbar bar morgen bei Ablieferung des Wagens an." Die Antwort des K ist dann in ihrem objektiven Erklärungswert als Annahme dieser Offerte aufzufassen. Die Zeitangabe des K für die Übergabe des Wagens (vier Uhr, offenbar zu verstehen als sechzehn Uhr) drückt lediglich eine nicht verbindliche Erwartung aus, die selbst nicht Gegenstand des Vertrages wird. Denn es kann nicht angenommen werden, dass dem K dieser Zeitpunkt so wichtig ist, dass damit das Geschäft stehen oder fallen soll. Verbindlich ist als Liefertermin nur der morgige Tag, sodass V auch noch um 17 Uhr oder 18 Uhr rechtzeitig erfüllt. Ergibt jedoch die Auslegung (wofür hier nichts spricht), dass es dem K entscheidend gerade auf die Lieferung des Wagens um 16 Uhr ankommt und dass er diesen Zeitpunkt der Lieferung zu einer verbindlichen Vereinbarung im Vertrag machen will, so handelt es sich bei der Erwiderung des K nicht um die Annahme der Offerte des V, sondern wegen der dann als neue Erweiterung des Vertragsinhalts aufzufassenden Zeitangabe um die Ablehnung der Offerte und um einen neuen Antrag (§ 150 II!). Es stellt sich dann die Frage, wie das Schweigen des V auf diesen Antrag zu werten ist.

Das **Schweigen** einer Person hat für sich allein betrachtet keinen Erklärungswert. Jedoch kann es – wie jedes andere Verhalten auch – aufgrund von Besonderheiten des Einzelfalles einen Erklärungswert erhalten.[8] Insbesondere können die Beteiligten vereinbaren, dass das Schweigen einer Person einen bestimmten Sinn haben soll. Man spricht dann von einem **beredten Schweigen**. 138

> **Beispiel:** A sammelt alte Landkarten. Er vereinbart mit Händler B, dass dieser ihm von interessanten Angeboten seitens anderer Sammler Mitteilung machen und die Karten dann stets für ihn erwerben soll, wenn A nicht innerhalb einer Woche eine gegenteilige Weisung erteilt. In diesem Fall haben die Beteiligten einen Erklärungswert des Schweigens vereinbart: A muss ablehnen, wenn sein Schweigen von B nicht als Einverständnis gedeutet werden soll.

---

[8] Beachte zur Bedeutung von Schweigen im Rechtsverkehr die Grundfälle bei *Fischinger* JuS 2015, 294 und 394.

Zu beachten ist aber, dass niemand einen anderen einseitig in der Deutung dessen Schweigens festlegen kann. So kann B nicht ohne eine entsprechende Abrede C, einen anderen Kunden, dadurch zu einer Antwort zwingen, dass er ihm schreibt, er könne eine bestimmte (näher beschriebene) Karte zum Preis von 1.000 EUR erwerben; sollte ihm C nicht innerhalb von einer Woche mitteilen, dass er die Karte nicht haben wolle, so werde er sie für ihn kaufen. Antwortet in diesem Fall C nicht, dann bedeutet dieses Schweigen nicht etwa Zustimmung, wie dies B einseitig festlegen möchte. Zu einer derartigen Festlegung fehlt B die Rechtsmacht. Andererseits kommt dem Schweigen des C auch nicht die Bedeutung einer Ablehnung zu. Auch für eine derartige Interpretation fehlt die Grundlage. Vielmehr ist hier das Schweigen ohne jeden Erklärungswert.

139 In manchen Fällen bestimmt das Gesetz ausdrücklich, dass dem Schweigen ein bestimmter Erklärungswert zukommt (sog. **normiertes Schweigen**). Eine wichtige Regelung enthält § 362 I 1 HGB. Danach ist ein Kaufmann, dessen Gewerbebetrieb die Besorgung von Geschäften für einen anderen mit sich bringt, unter den in dieser Vorschrift noch zusätzlich genannten Voraussetzungen verpflichtet, auf einen Antrag über die Besorgung solcher Geschäfte zu antworten. Sein Schweigen gilt als Annahme des Antrags.

140 Der Ausnahmecharakter dieser Vorschrift darf nicht verkannt und es darf nicht versucht werden, die hier vorgenommene Wertung des Schweigens über den Wortlaut der Vorschrift hinaus auch auf andere Fälle auszudehnen. Dies wäre verfehlt. Vielmehr bietet sich ein Umkehrschluss an: Aus der ausdrücklichen Regelung lässt sich ableiten, dass das Schweigen sonst – auch im Geschäftsverkehr zwischen Kaufleuten – nicht ohne Weiteres einen Erklärungswert besitzt.

141 Einen weiteren Fall der gesetzlichen Deutung eines Schweigens enthält § 516 II 2. Eine Schenkung gilt auch ohne Erklärung des Beschenkten als angenommen, wenn der Beschenkte nicht innerhalb einer vom Zuwendenden bestimmten angemessenen Frist die Schenkung ablehnt. Hingegen wird in § 108 II 2 Hs. 2, § 177 II 2 Hs. 2 und § 415 II 2 Hs. 2 dem Schweigen jeweils negativer Inhalt beigemessen; denn in diesen Fällen gilt eine erforderliche Genehmigung als verweigert.

Wenn man in dem oben angeführten **Beispielsfall** (→ Rn. 134) aufgrund besonderer Umstände erst in der abschließenden Antwort des K die Vertragsofferte zu sehen hätte, so müsste versucht werden, den objektiven Erklärungswert des Schweigens des V zu ermitteln. Danach gelangte man aufgrund der konkreten Umstände nach Treu und Glauben sowie nach der Verkehrssitte zu dem Ergebnis, dass dieses Schweigen als Zustimmung zur Offerte zu werten wäre. Dieser Erklärungswert ergibt sich aufgrund der vorangegangenen Erörterungen des Vertragsinhalts zwischen den beiden Vertragschließenden. K konnte bei dieser Sachlage das Schweigen des V nur als Einverständnis mit der Vereinbarung eines genauen Lieferzeitpunkts verstehen, nach dem über alle anderen wichtigen Punkte, insbesondere über den Preis, Einigkeit bestand.

142 Der BGH hat in verschiedenen Entscheidungen[9] den Grundsatz aufgestellt, dass Schweigen als Zustimmung zu werten ist, wenn nach Treu und Glauben ein Widerspruch des Angebotsempfängers erforderlich gewesen wäre. Insbesondere wird ein

---

[9] BGH NJW 1995, 1281; 1996, 919 (920) mwN; vgl. auch OLG Koblenz NJW 2001, 1948 (1949).

II. Der Vertragsschluss

Schweigen auf ein endgültiges Angebot, das aufgrund einverständlicher und alle wichtigen Punkte betreffender Vorverhandlungen ergeht, in der Regel als stillschweigende Annahme aufzufassen sein, sofern nicht nach den Umständen des Einzelfalles etwas anderes gilt.

Die Bedeutung des Schweigens im Rechtsverkehr lässt sich im folgenden Schaubild darstellen: **143**

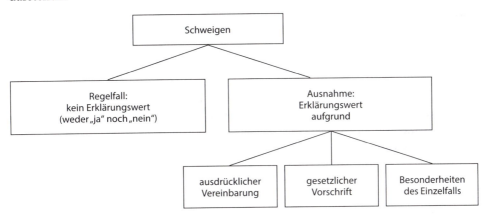

2. Antrag

Die Mittel der Auslegung, insbesondere auch die Verkehrssitte, entscheiden im Zweifelsfall darüber, ob in einem Verhalten bereits die Offerte zum Abschluss eines Vertrages oder lediglich die Einladung an andere zu erblicken ist, solche Offerten abzugeben, sog. **invitatio ad offerendum.** So ist die Ausstellung von Waren im Schaufenster eines Ladengeschäfts auch unter Angabe des Preises nicht bereits als bindender Antrag zum Abschluss eines Kaufvertrages aufzufassen, den ein Kunde lediglich annehmen müsste. Denn nicht selten werden Schaufenster in einer Weise dekoriert, dass ein erheblicher Aufwand erforderlich wäre, Waren aus dem Schaufenster zu entfernen und durch andere zu ersetzen. Dazu sind Ladeninhaber häufig nicht bereit. Demgemäß entspricht es der Verkehrssitte, Schaufensterauslagen lediglich als Einladung zur Abgabe von Offerten seitens potenzieller Kunden aufzufassen. Berücksichtigt man dies, gibt es keine Schwierigkeiten mit der Entscheidung im folgenden **144**

> **Beispiel:** Bei der Dekoration werden irrtümlich Preisschilder vertauscht, sodass ein wertvoller Brillantring mit einem Preis von 45 EUR ausgezeichnet ist. A entdeckt dies, betritt den Laden des L und erklärt diesem: „Ich kaufe den Ring für 45 EUR." Die Frage, ob tatsächlich ein Kaufvertrag über den Brillantring zum Preis von 45 EUR zustande kommt, ist nach den vorstehenden Ausführungen offensichtlich zu verneinen. A gibt lediglich eine Offerte zum Abschluss des Kaufvertrages ab, die L bei dem genannten Preis keinesfalls annehmen wird.

Eine bloße Einladung zur Abgabe von Offerten, eine invitatio ad offerendum, liegt auch in der Übersendung von Katalogen und Preislisten, in Zeitungsinseraten und in der Ankündigung von Theatervorstellungen oder ähnlichen Veranstaltungen. **145**

In allen diesen Fällen ist schon deshalb eine Vertragsofferte auszuschließen, weil sonst die erhebliche Gefahr für den Anbieter bestünde, größere vertragliche Pflichten einzugehen, als er zu erfüllen in der Lage wäre. Denn wäre zB der Katalog eines Versandhauses als Antrag zum Abschluss eines Kaufvertrages aufzufassen, könnten mehr Kunden dieses Angebot annehmen als Waren vorrätig sind. Das Versandhaus würde sich dann schadensersatzpflichtig machen, wenn es seine vertraglichen Pflichten nicht erfüllen könnte (dazu später). Zu solchen **unkontrollierbaren Haftungsrisiken** ist erkennbar kein Kaufmann bereit. Als bloße invitatio ad offerendum ist grundsätzlich auch das „Angebot" von Waren in einem Online-Shop zu werten.[10] Besonderheiten gelten hingegen für die Einordnung der Warenpräsentation in einem Selbstbedienungsladen.[11]

146 Das Angebot zum Abschluss eines Vertrages muss nicht an eine bestimmte Person, sondern kann auch an einen unbestimmten Personenkreis gerichtet werden (sog. offerta ad incertas personas). So wird nach hM[12] beispielsweise durch das Aufstellen eines **Warenautomaten** ein solches Vertragsangebot abgegeben, das auf den vorhandenen Warenvorrat beschränkt wird. Allerdings kann man in dem Aufstellen eines Warenautomaten auch lediglich eine Einladung zur Abgabe von Offerten sehen, sodass der Einwurf der Geldmünze durch den Kunden die Offerte darstellte und das Zustandekommen des Vertrages vom Funktionieren des Automaten abhinge.[13]

147 **Das Vertragsangebot ist für den Erklärenden verbindlich, sofern er die Gebundenheit nicht ausschließt (vgl. § 145).** Der Ausschluss kann durch Klauseln wie „freibleibend", „unverbindlich", „ohne Obligo" geschehen. Solche Zusätze können allerdings auch dahingehend verstanden werden, dass der Erklärende überhaupt noch keine Offerte abgeben will, sondern nur den anderen zur Abgabe eines Angebots auffordert.[14] Ferner kann eine solche Klausel auch den Sinn haben, dass sich der Erklärende den Widerruf seiner Offerte bis zum Zugang der Annahmeerklärung oder auch noch unmittelbar danach vorbehalten will. Welche Deutung im Einzelfall zutrifft, muss durch Auslegung ermittelt werden.[15]

148 **Der Antrag erlischt, wenn er dem Antragenden gegenüber abgelehnt wird (§ 146 Var. 1).** Überlegt sich der Adressat des Antrages die Sache anders und erklärt er nach zunächst ausgesprochener Ablehnung die Annahme, so handelt es sich bei der zweiten Erklärung um einen neuen Antrag zum Abschluss des Vertrages, sodass es nunmehr von demjenigen, der die erste (abgelehnte) Offerte gemacht hat, abhängt, ob er den neuen Antrag annimmt und damit den Vertrag zustande kommen lässt.

---

[10] Beachte hierzu etwa OLG Düsseldorf NJW-RR 2016, 1073 (1074 f.) sowie die Fortgeschrittenenklausur bei *Lindacher/Hau* Fälle BGB AT Nr. 6.

[11] Beachte die Fortgeschrittenenklausur bei *Lindacher/Hau* Fälle BGB AT Nr. 3. Lesenswert *Henke* JA 2017, 339, dort zur Relevanz des Hinweises „Berühren verpflichtet zum Kauf" im Selbstbedienungsladen.

[12] *Fritzsche* JA 2006, 674 (675); *Brox/Walker* BGB AT Rn. 167a.

[13] So *Köhler* BGB AT § 8 Rn. 10; *Wolf/Neuner* BGB AT § 37 Rn. 11.

[14] BGH NJW 1996, 919 f. Beachte zu alledem die Fortgeschrittenenklausur bei *Lindacher/Hau* Fälle BGB AT Nr. 11.

[15] Vgl. BGH NJW 2011, 2643, und NJW 2015, 1009, dort jew. zur Auslegung einer Klausel zum Recht des Anbieters, eine Internetauktion vorzeitig zu beenden.

II. Der Vertragsschluss

Der Antrag erlischt auch, wenn er nicht rechtzeitig angenommen wird (§ 146 Var. 2). Innerhalb welcher Frist der Antrag angenommen werden muss, bestimmen §§ 147–149. In erster Linie ist darauf zu sehen, ob der Antragende für die Annahme des Antrages eine Frist bestimmt hat. In diesem Fall kann die Annahme nur innerhalb dieser Frist erklärt werden (§ 148).

Die Annahme ist in gleicher Weise wie der Antrag (grundsätzlich) eine empfangsbedürftige Willenserklärung. Dies bedeutet, dass die Annahme dadurch vorgenommen wird, dass sie dem Antragenden gegenüber erklärt wird. Es ist also im Regelfall (zu den Ausnahmen → Rn. 159 ff.) erforderlich, dass die Annahmeerklärung dem Antragenden rechtzeitig zugeht.

Welche **Frist** der Antragende **für die Annahmeerklärung** setzen will, ist seinem Belieben überlassen. Denn es steht auch in seiner Entscheidung, ob er überhaupt eine Offerte abgeben will. Daher kann auch nicht etwa ein Gericht, das die gesetzte Frist als zu kurz empfindet, diese im Nachhinein verlängern, um das Zustandekommen eines Vertrages zu bejahen. Wie ist aber folgender Fall zu entscheiden?

> **Beispiel:** Antiquitätenhändler A bietet durch Schreiben vom 1.3. dem B ein bestimmtes Bild zum Preis von 10.000 EUR zum Kauf an. Er fügt hinzu, dass er spätestens bis zum 15.3. von B Nachricht erhalten müsste, ob dieser das Bild kaufe. Nach diesem Termin werde er das Bild zu einer Versteigerung geben. Das Schreiben des A trifft bei B am 3.3. ein. B antwortet durch Schreiben vom 5.3., er kaufe das Bild. Der am selben Tag zur Post gegebene Brief geht erst am 17.3. dem A zu. Da dem A inzwischen C, ein anderer Interessent, für das Bild 12.000 EUR geboten hat, ist dem A diese Verzögerung sehr lieb. Er verkauft das Bild dem C und teilt nach einigen Tagen dem B mit, das Bild sei leider inzwischen schon verkauft. B, der von C den wahren Sachverhalt erfahren hat, fragt, ob ein Vertrag zwischen ihm und A über das Bild zustande gekommen sei.

A hatte für die Annahme seines Antrages eine Frist bestimmt. Als die Annahme ihm gegenüber erklärt wurde (ihm zugegangen ist), war diese Frist bereits verstrichen. Folglich war die Annahme verspätet. Nach § 150 I gilt die **verspätete Annahme eines Antrages als neuer Antrag.** Auf der Grundlage dieser Vorschrift käme man somit zu dem Ergebnis, dass A frei entscheiden könnte, ob er das Bild B oder C verkauft. Der in § 150 I genannte Grundsatz wird aber durch die Vorschrift des § 149 eingeschränkt und modifiziert. Eine verspätet zugegangene Annahmeerklärung, die so früh abgeschickt worden ist, dass sie bei regelmäßiger Beförderung noch rechtzeitig hätte zugehen müssen, ist zwar auch eine „verspätete Annahme eines Antrags" iSv § 150 I. Kann aber der Antragende erkennen, dass es sich um eine **irreguläre Verzögerung der Beförderung** handelt, so hat er die Verspätung dem Annehmenden unverzüglich, dh ohne schuldhaftes Zögern (vgl. die Legaldefinition des § 121 I 1), nach dem Empfang der Erklärung anzuzeigen. Tut er dies nicht, so gilt nach § 149 S. 2 die Annahme als nicht verspätet. Folglich kommt dann ein Vertrag zustande.[16]

> In dem Beispielsfall hat A ohne Grund mehrere Tage verstreichen lassen, bis er den B benachrichtigte. Folglich ist hier ein Kaufvertrag über das Bild zwischen A und B zustande gekommen. A hat somit zwei Kaufverträge über dasselbe Bild abgeschlossen. Welche Rechtswirkungen sich aus einem solchen Doppelverkauf ergeben, soll später erörtert werden.

---

[16] Vgl. *Volp/Schimmel* JuS 2007, 899 (900).

153 Für den Fall, dass der Antragende für die Annahme des Antrages keine Frist gesetzt hat, bestimmt § 147, welche zeitlichen Bedingungen für den Antragenden bestehen. Der **einem Anwesenden gemachte Antrag** kann nur sofort angenommen werden (§ 147 I).

> Hat also A dem B in einem persönlichen Gespräch das Vertragsangebot gemacht, so muss sich B sofort entscheiden, wenn A ihm keine Überlegungsfrist einräumt (dann würde wiederum § 148 gelten).

154 Gleiches gilt auch bei einem **fernmündlich gemachten Antrag** „von Person zu Person", dh vom Antragenden zum Annehmenden. Ist am Telefon der Gesprächspartner des Antragenden eine andere Person, die nicht zum Abschluss des Vertrages mit Wirkung für denjenigen ermächtigt ist, für den der Antrag bestimmt ist, so handelt es sich – je nach Eignung und Ermächtigung – um einen Empfangs- oder Erklärungsboten. Dann gilt die Regelung des § 147 II über den Antrag unter Abwesenden (→ Rn. 103).

155 Die dem Fernsprecher in § 147 I gleichgestellte „sonstige technische Einrichtung" muss in gleicher Weise wie ein Telefon die unmittelbare Kommunikation von Person zu Person ermöglichen, wie dies beispielsweise bei einer Videokonferenz und bei sog. Online-Chats der Fall ist.[17] Dagegen ist ein normales Angebot auf einer Internetseite in der Regel nicht als eine unter Anwesenden abgegebene Willenserklärung zu behandeln, weil dabei die Möglichkeit zu einem unmittelbaren Dialog fehlt.[18]

156 Der **einem Abwesenden gemachte Antrag** kann nur bis zu dem Zeitpunkt angenommen werden, in dem der Antragende den Eingang der Antwort unter regelmäßigen Umständen erwarten darf (§ 147 II). Für die Dauer dieser Frist ist zu berücksichtigen, wie lange es bei normalen Verhältnissen dauert, bis der Antrag den anderen Teil erreicht und dessen Antwort beim Antragenden eingehen kann. Außerdem muss dem Adressaten der Offerte auch eine angemessene Überlegungsfrist zugebilligt werden. Kennt der Antragende besondere Umstände in der Sphäre des Adressaten, die eine Annahme verzögern, so zB dass sich der Adressat der Offerte im Urlaub befindet oder nur zu bestimmten Zeiten in das Büro oder nach Hause kommt, dann hat er auch dies zu beachten. Erst wenn er unter Berücksichtigung aller dieser Gesichtspunkte mit Recht davon ausgehen kann, dass eine Antwort nicht mehr zu erwarten ist, erlischt seine Bindung an den Antrag.

157 Die verschiedenen Alternativen zur Rechtzeitigkeit der Annahme sind im folgenden Schaubild zusammengefasst:

---

[17] Palandt/*Ellenberger* § 147 Rn. 5; *Wolf/Neuner* BGB AT § 37 Rn. 17.
[18] Bamberger/Roth/*Eckert* § 147 Rn. 6.

II. Der Vertragsschluss

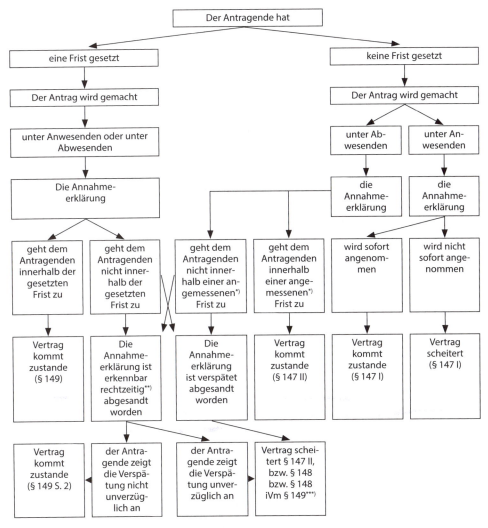

*) Vgl. → Rn. 156.
**) Vgl. → Rn. 152.
***) § 147 II, wenn keine Frist gesetzt wurde; § 148, wenn die Annahmeerklärung verspätet abgesandt wurde; §§ 148 iVm § 149, wenn der Antragende den verspäteten Zugang der rechtzeitig abgesandten Annahmeerklärung rechtzeitig angezeigt hat. Zu beachten ist, dass die verspätet zugegangene Annahmeerklärung als neue Offerte anzusehen ist (§ 150 I); wird sie vom Adressaten angenommen, kommt auf diese Weise ein Vertrag doch noch zustande.

3. Annahme

Wie bereits bemerkt, stellt die **Annahme des Antrags** regelmäßig eine **empfangsbedürftige Willenserklärung** dar, die mit dem Zugang beim Adressaten (= Antragenden) wirksam wird (§ 130 I). In gleicher Weise wie jede andere Willenserklärung ist auch sie auslegungsfähig (→ Rn. 134 ff.). Das Verhalten des die Annahme Erklärenden (seine mündlich oder schriftlich geäußerte Erklärung, seine Gesten

158

oder sein sonstiges Handeln) muss ergeben, dass er den an ihn gerichteten Antrag zum Abschluss eines Vertrages so annehmen will, wie er ihm unterbreitet worden ist, dh ohne Erweiterung, Einschränkung oder sonstige Änderung (vgl. § 150 II). Wünscht der Empfänger eines Vertragsangebots Änderungen, muss er dies in seiner Annahmeerklärung klar und unzweideutig zum Ausdruck bringen.[19] Tut er dies nicht, kommt der Vertrag entsprechend dem Angebot – also ohne die vom Annehmenden gewünschten Änderungen – zustande.[20]

> **Beispiel:** Einzelhändler Handel bestellt bei Großhändler Groß Textilien zum Preise von 5.000 EUR und fügt hinzu: „Ich gehe davon aus, dass mir Kosten für Fracht und Verpackung nicht entstehen." Groß übersendet die Waren zusammen mit einer Rechnung, in der neben dem Rechnungsbetrag von 5.000 EUR ausdrücklich 250 EUR für Fracht und Verpackung ausgewiesen sind. Handel nimmt die Waren in Empfang und lässt sie auspacken, um sie in seinem Geschäft zu verwenden. Später weigert er sich, die 250 EUR für Verpackung und Transport zu zahlen. Mit Recht?
>
> Die von Handel dem Groß unterbreitete Offerte zum Abschluss eines Kaufvertrages über die bestellten Textilien hat Groß nicht angenommen, da er sich mit Übernahme der Kosten für Transport und Verpackung nicht einverstanden erklärt hat. Die Übersendung der Waren mit dem in der Rechnung enthaltenen Hinweis auf die Transport- und Verpackungskosten stellt dementsprechend eine neue Offerte dar, die er an Handel richtete (§ 150 II). Damit hat er deutlich zum Ausdruck gebracht, dass er zu einer Leistung nur unter Berechnung der Transport- und Verpackungskosten bereit ist. Wenn bei dieser Sachlage Handel widerspruchslos die Waren entgegennimmt, so liegt darin eine stillschweigende Annahme des geänderten Antrages.[21] Folglich ist Handel zur Zahlung der Transport- und Verpackungskosten verpflichtet.

159 In Fällen, in denen nach der Verkehrssitte nicht zu erwarten ist, dass die Annahme der Vertragsofferte dem Antragenden gegenüber erklärt wird, oder der Antragende auf diese Erklärung verzichtet hat, kommt gem. § 151 ein Vertrag auch ohne diese Erklärung (nicht ohne Annahme des Antrags!) zustande. Ein typischer von dieser Regelung erfasster Fall ist die Bestellung von Hotelzimmern für einen kurzen Zeitraum.

> **Beispiel:** A bestellt am 11.5. durch Telefax im Hotel des B für die Zeit vom 12.–14.5. ein Doppelzimmer. Die Bestellung wird von B in seinem Computer registriert. Als A termingerecht im Hotel des B eintrifft, stellt sich heraus, dass das bestellte Zimmer irrtümlich anderweitig vergeben worden ist. A muss daraufhin in einem anderen Hotel ein Zimmer mieten, das insgesamt 50 EUR mehr kostet. Er fragt, ob er Ersatz dieser Mehrkosten von B verlangen kann.
>
> Die Entscheidung dieser Frage hängt davon ab, ob ein wirksamer Vertrag zwischen A und B zustande gekommen ist, weil sich dann B schadensersatzpflichtig macht, wenn

---

[19] BGH NJW 2014, 2100 = JuS 2014, 1118 (*Riehm*).
[20] Zur rechtlichen Konstruktion vgl. *Korch* NJW 2014, 3553, der selbst dafür plädiert, nicht auf § 242, sondern auf die Regeln über die Anfechtung und die culpa in contrahendo zurückzugreifen (dazu hier im Grundkurs noch später Näheres).
[21] BGH NJW 1995, 1671 (1672); vgl. auch BGH NJW 1998, 3196, mit dem Hinweis, dass es für das Zustandekommen eines Vertrages nicht erforderlich sei, sich den Willen des Erklärenden zu eigen zu machen, sondern dass es genüge, in Kenntnis dieses Willens den Vertrag zu schließen, ohne sich von dem Willen des anderen erkennbar zu distanzieren.

II. Der Vertragsschluss

er seine vertraglichen Verpflichtungen nicht erfüllt (Einzelheiten dazu später). In dem Bestellschreiben des A liegt eine Offerte zum Abschluss eines entsprechenden Vertrages. Durch die Registrierung der Bestellung im Computer hat B (schlüssig) erklärt, dass er diese Offerte annimmt. Dass er die Annahme dem A gegenüber nicht mitgeteilt hat, ändert nach § 151 nichts an dem Zustandekommen des Vertrages. Nach der Verkehrssitte muss die Bestellung eines Hotelzimmers für einen kürzeren Zeitraum nicht ausdrücklich bestätigt werden, insbesondere wenn es sich um eine kurzfristige Bestellung handelt. In solchen Fällen ist eine Mitteilung an den Gast nur üblich, wenn die Bestellung nicht in Ordnung geht.

160 Bei Rechtsgeschäften, die dem Erklärungsempfänger lediglich vorteilhaft sind, kann nach der Verkehrssitte davon ausgegangen werden, dass die Annahme einer entsprechenden Offerte nicht ausdrücklich dem Antragenden gegenüber erklärt werden muss.[22] Eine weitere Gruppe von Fällen, in denen nach § 151 die Vertragsofferte auch ohne Erklärung an den Antragenden angenommen und damit der Vertragsschluss vollzogen wird, bilden Bestellungen nach Katalogen oder Preisverzeichnissen. Wird zB bei einem Buchhändler nach einem von diesem übersandten Verzeichnis ein Buch bestellt, so erwartet der Besteller nicht zunächst eine schriftliche Bestätigung, sondern geht davon aus, dass ihm das Buch mit Rechnung zugeschickt wird, wenn es noch erhältlich ist.[23] Das gleiche gilt für eilige Bestellungen, bei denen in der Regel der Besteller auf eine nur Zeit kostende Mitteilung über das Zustandekommen des Vertrages verzichtet. Werden also Waren kurzfristig bestellt, kommt der entsprechende Vertrag bereits in dem Zeitpunkt zustande, in dem der Annehmende seinem Annahmewillen durch Verpackung der Ware oder Absendung Ausdruck gibt. Von einem stillschweigenden Verzicht des Antragenden auf die Übermittlung einer Annahmeerklärung kann regelmäßig ausgegangen werden, wenn der angebotene Kaufgegenstand gleichzeitig mit der Offerte zum Abschluss des Kaufvertrages mitgeschickt wird oder in der Übersendung des Gegenstandes eine entsprechende Offerte zu erblicken ist.

161 Zur Vermeidung eines Missverständnisses soll noch einmal betont werden, was sich bereits aus den vorstehenden Ausführungen ergibt: Durch § 151 wird nicht etwa auf die Annahme des Antrages verzichtet, weil durch eine (einseitige) Offerte, die nicht angenommen wird, niemals ein Vertrag zustande kommen kann; § 151 legt aber auch nicht etwa einem Schweigen den Erklärungswert bei, dass der Antrag angenommen werde. Vielmehr erfolgt die Annahme des Antrages in diesen Fällen durch ein Verhalten, das nach außen in Erscheinung tritt und den Annahmewillen erkennen lässt (sog. **Betätigung des Annahmewillens**).[24] In Betracht kommen hierfür Erfüllungshandlungen (Beispiele: Eintragung der Zimmerreservierung in das Bestellbuch des Hotels,[25] Verpackung und Versendung bestellter Ware) und Aneignungs- und Gebrauchshandlungen (Beispiel: Eintragung des Namens in unbestellt zugesandte Bücher, sofern nicht die Voraussetzungen des § 241a erfüllt sind; dazu sogleich). Die Bedeutung des § 151 liegt also darin, dass die Annahme der Offerte dem Antragen-

---

[22] BGH NJW 2004, 287 (288).
[23] Zur Anwendung von § 151 speziell im Online-Versandhandel beachte die Fortgeschrittenenklausur bei *Lindacher/Hau* Fälle BGB AT Nr. 6.
[24] HM, vgl. BGH NJW 1999, 2179; 2004, 287 (288); MüKoBGB/*Busche* § 151 Rn. 9 f. mN.
[25] OLG Düsseldorf MDR 1993, 26.

den gegenüber nicht erklärt zu werden braucht, dass sie also ausnahmsweise eine nicht empfangsbedürftige Willenserklärung darstellt.

162 Von der Regel, dass der Adressat durch die Ingebrauchnahme eines ihm übersandten Kaufgegenstandes die darin liegende Offerte konkludent annimmt und auf diese Weise einen Vertrag schließt, ist jedoch eine wichtige Ausnahme zu beachten. Werden einem Verbraucher (§ 13) von einem Unternehmer (§ 14) unbestellt Waren übersandt, so kommt durch Aneignungs- oder Gebrauchshandlung des Kunden kein Kaufvertrag zustande. Denn § 241a[26] schließt in diesem Fall Ansprüche des Unternehmers gegen den Verbraucher ausdrücklich aus. Der Verbraucher kann also die unbestellt zugesandte Ware nach seinem Belieben gebrauchen und verbrauchen, ohne dass dadurch ein Anspruch (auch nicht auf Herausgabe der Ware[27]) gegen ihn entsteht, es sei denn die Waren wurden irrtümlich geliefert und der Verbraucher konnte dies erkennen (vgl. § 241a II). Deshalb können Zueignungs- und Gebrauchshandlungen abweichend von § 151 nicht als konkludente Annahme einer in der Übersendung der Waren liegenden Offerte gedeutet werden, und folglich ist ein Vertragsschluss zu verneinen.[28] Allerdings bleibt es dem Verbraucher überlassen, die Offerte anzunehmen und einen Vertrag zu schließen. Davon ist auszugehen, wenn der Verbraucher Ansprüche geltend macht, die sich aus einem zustande gekommenen Vertrag ergeben.[29]

163 Die **Dauer der Gebundenheit an den Antrag in den Fällen des § 151** bestimmt Satz 2 dieser Vorschrift. Danach kann – wie sonst auch – der Antragende eine Annahmefrist setzen, bei deren Nichtbeachtung der Antrag nach § 146 erlischt. Sonst bestimmt sich die Frist nach dem aus den „Umständen" zu entnehmenden Willen des Antragenden. Dieser Wille ist dann allein maßgebend, sodass es nicht darauf ankommt, wann eine Antwort unter regelmäßigen Umständen zu erwarten ist. Die Vorschrift des § 147 II findet im Rahmen des § 151 keine Anwendung.[30] Zu berücksichtigen ist allerdings, dass regelmäßig nur eine relativ kurzfristige Bindung gewollt sein wird, weil niemand gern eine längere Ungewissheit darüber hinnehmen möchte, ob der Vertrag zustande kommt oder nicht.

164 Nach § 130 II bleibt es für die Wirksamkeit einer Vertragsofferte ohne Bedeutung, **wenn der Antragende nach Abgabe, aber vor Zugang seiner Willenserklärung stirbt oder geschäftsunfähig wird.** Daran knüpft § 153 an und bestimmt, dass in diesem Fall der Antrag auch wirksam angenommen werden kann. Die Annahme muss dann gegenüber dem Erben des Verstorbenen oder dem gesetzlichen Vertreter des Geschäftsunfähigen erklärt werden, es sei denn, es handelt sich um einen Fall

---

[26] Zu der mit Wirkung vom 13.6.2014 geänderten Fassung der Vorschrift vgl. *Beck* JURA 2014, 666 (674f.); *Köhler* JuS 2014, 865.
[27] MüKoBGB/*Finkenauer* § 241a Rn. 29f. mN; *Schwarz/Pohlmann* JURA 2001, 361. AA *Berger* JuS 2001, 649 (653f.). Zur Frage, ob Ansprüche des Unternehmers gegen Dritte bestehen, die unbestellte Ware vom Verbraucher erhalten haben oder die solche Waren beschädigten oder zerstörten, vgl. *Link* NJW 2003, 2811.
[28] *Schwarz* NJW 2001, 1449 (1451); *Löhnig* JA 2001, 33 (34); Palandt/*Grüneberg* § 241a Rn. 6f.
[29] AA *Wrase/Müller-Helle* NJW 2002, 2537.
[30] BGH NJW 1999, 2179 (2180).

II. Der Vertragsschluss

des § 151. § 153 macht ausdrücklich eine Ausnahme von der Möglichkeit, auch noch nach dem Tod oder der Geschäftsunfähigkeit des Antragenden den Vertrag zustande zu bringen, nämlich dann, wenn ein anderer Wille des Antragenden anzunehmen ist. Diese Annahme trifft insbesondere bei der Bestellung von Waren zum persönlichen Gebrauch des verstorbenen Bestellers zu.

Nicht ausdrücklich geregelt ist der Fall, dass der **Antragsempfänger nach Zugang, aber vor Annahme der Offerte stirbt oder geschäftsunfähig wird.** Die Frage, ob dann der Erbe oder der Betreuer des Geschäftsunfähigen (§§ 1896, 1902, 1903) die Offerte annehmen kann, muss aufgrund der Auslegung des Antrags beantwortet werden. Kommt es erkennbar für den Antragenden darauf an, gerade mit dem (eigentlichen) Adressaten der Erklärung einen Vertrag zu schließen, etwa wenn es sich um ein Kreditgeschäft handelt, so erlischt mit dem Tod oder der Geschäftsunfähigkeit des Adressaten die Offerte. Gleiche Erwägungen gelten, wenn Tod oder Geschäftsunfähigkeit des Adressaten bereits vor Zugang des Vertragsangebots eintreten.

165

4. Willensübereinstimmung

Aus der bisher gegebenen Beschreibung des Zustandekommens eines Vertrages durch Antrag und Annahme ergibt sich, dass mit dem Vertragsschluss die Einigung der Vertragspartner über den Inhalt des Vertrages herbeigeführt wird. Denn dieser Inhalt wird durch den Antrag festgelegt, der alle regelungsbedürftigen Punkte so umfassen muss, dass er mit einem bloßen Ja angenommen werden kann. Mit der Annahme wird das uneingeschränkte, vorbehaltslose Einverständnis des anderen Vertragschließenden mit diesem Inhalt erklärt. Die Parteien müssen durch ihre Absprache alle **wesentlichen Punkte des Vertrages (essentialia negotii)** geregelt haben, weil nur dann die gewollte vertragliche Gestaltung erreicht wird (→ Rn. 115). Wird ein solcher Punkt offen gelassen, zB im Kaufvertrag der Kaufgegenstand, so kann kein Vertrag zustande kommen, weil eine nicht zu schließende Lücke bleibt, die die gewünschte vertragliche Gestaltung unvollkommen und undurchführbar macht. Welche Punkte zu den essentialia negotii gehören, richtet sich nach dem jeweiligen Vertragstyp.

166

Hiervon ist der Fall zu unterscheiden, dass die Parteien vereinbaren, der offen gelassene Punkt solle durch einen Vertragspartner oder durch einen Dritten ausgefüllt werden. Im Gegensatz zu dem zuerst genannten Sachverhalt gibt es hier eine vertragliche Regelung für den betreffenden Punkt.

167

> **Beispiel:** A begibt sich in ein Seniorenheim und löst seine Wohnung auf. Einen wertvollen Barockschrank verkauft er an B. Da A den Marktwert des Schrankes nicht kennt, vereinbart er mit B, dass der Preis des Schrankes durch den Antiquitätenhändler H bestimmt werden soll. In diesem Fall wird bereits vor der Bestimmung des Preises durch H der Vertrag zwischen A und B geschlossen. Zur Bestimmung der Leistung durch eine Partei oder durch Dritte vgl. §§ 315–319.

Bisweilen hält auch das Gesetz Regelungen bereit, um eine insoweit lückenhafte Parteivereinbarung zu ergänzen (vgl. etwa §§ 612 II, 632 II zur Höhe der Vergütung bei einem Dienst- oder Werkvertrag).

168

169 Die durch Antrag und Annahme herbeigeführte Einigung der Parteien wird **Konsens** genannt; decken sich beide Erklärungen nicht, wird von **Dissens** gesprochen. Konsens kommt von lat. consentire = übereinstimmen, Dissens von lat. dissentire = verschiedener Meinung sein, widersprechen. Je nachdem, ob die Parteien wissen oder nicht wissen, dass zwischen ihnen keine Einigkeit besteht, kann man zwischen dem offenen und dem versteckten Dissens unterscheiden. Zunächst zum **offenen Dissens** ein

> **Beispiel:** V will K seinen gebrauchten Pkw verkaufen. Über den Kaufpreis ist man sich rasch einig. Als V erklärt, er wolle eine Haftung für Sachmängel ausschließen (vgl. § 444), meint K, dies sei ihm zu riskant, dann wolle er den Wagen nicht kaufen. Daraufhin antwortet V, K solle den Wagen ruhig mitnehmen, über die Frage der Sachmängelhaftung werde man sich sicher noch einigen können.

170 Bei der Frage, ob die fehlende Einigung über den Haftungsausschluss das Zustandekommen des Vertrages verhindert, ist die **Auslegungsregel des § 154 I** zu beachten. Danach ist der Vertrag „im Zweifel" nicht geschlossen, „solange nicht die Parteien sich über alle Punkte eines Vertrags geeinigt haben, über die nach der Erklärung auch nur einer Partei eine Vereinbarung getroffen werden soll". Die Wendung „im Zweifel" besagt, dass die Parteien durchaus etwas anderes vereinbaren können; ein entsprechender Wille kann sich auch schlüssig aus dem sonstigen Verhalten der Parteien ergeben. Beginnen die Parteien mit der Durchführung des Vertrages, so spricht dies dafür, dass sie den Vertrag trotz ihres Einigungsmangels als bestehend ansehen, sie also auf eine Regelung des zwischen ihnen offengebliebenen Punktes verzichten. Wenn aber Zweifel daran bestehen bleiben, was die Parteien wirklich gewollt haben, greift § 154 I ein.

171 **Bei den Auslegungsregeln ist zwischen formellen und materiellen zu unterscheiden.**

- Die **formellen Auslegungsregeln** betreffen Methode und Verfahren der Auslegung, die Frage also, wie auszulegen ist. Formelle Auslegungsregeln sind §§ 133 und 157, die bestimmen, welche Gesichtspunkte bei der Auslegung beachtet werden müssen (→ Rn. 136 f.).
- Dagegen beziehen sich **materielle Auslegungsregeln** auf das Ergebnis der Auslegung; sie schreiben – wie § 154 I – dem Rechtsanwender (Richter) vor, in welchem Sinn er ein unklares Verhalten (§ 154 I: „im Zweifel") zu deuten hat. Es ist also Voraussetzung für die Anwendung des § 154 I, dass Zweifel an dem wirklich Gewollten bestehen. Deshalb ist die Frage vorrangig, ob die Vertragsparteien trotz eines offen gelassenen Punktes die vertragliche Bindung wollten. Gelangt man bei dieser Frage – gegebenenfalls im Wege der Auslegung des sonstigen Verhaltens der Parteien – zu einem eindeutigen Ergebnis, so bleibt kein Raum für eine Auslegung nach § 154 I.

> Im Beispielsfall hat K zwar den Wagen bereits mitgenommen, aber er hat vorher klar zu erkennen gegeben, dass er sich auf einen Haftungsausschluss nicht einlassen wolle. Da auch nicht anzunehmen ist, dass V auf diesen Ausschluss verzichtet, geht der Wille beider Parteien in diesem von ihnen als wichtig und regelungsbedürftig angesehenen Punkt auseinander; dies spricht dagegen, einen Vertragsschluss zu unterstellen. Weil Zweifel an dem Willen beider Parteien angebracht sind, sich unabhängig von der Frage des Haftungsausschlusses vertraglich zu binden, ist ein Vertrag nach der Regel des § 154 I zu verneinen.

II. Der Vertragsschluss

Die Frage, ob trotz eines (offenen) Dissenses entgegen der Auslegungsregel des § 154 I ein Vertrag geschlossen worden ist, wird sich regelmäßig auf vertragliche Nebenpunkte beziehen, also Vertragsbestandteile, deren Vereinbarung zum Abschluss eines wirksamen Vertrags des betreffenden Typs nicht unverzichtbar sind (**accidentalia negotii**). Betrifft der Dissens dagegen **essentialia negotii,** so weist der Vertrag eine ausfüllungsbedürftige Lücke auf, ohne deren Schließung eine vertragliche Vereinbarung auch dann nicht zustande kommen kann, wenn dies die Parteien wünschen. § 154 I unterscheidet zwar nicht zwischen essentialia und accidentalia negotii, sodass – wie ausgeführt – auch die Nichteinigung über einen Nebenpunkt das Zustandekommen eines Vertrages hindern kann. Allerdings ergibt sich dadurch ein bedeutsamer Unterschied, dass durch das Offenlassen von essentialia in jedem Fall eine notwendigerweise zu schließende Lücke bleibt (→ Rn. 166), während bei accidentalia die Möglichkeit besteht, auf eine Regelung zu verzichten, weil der Vertrag auch ohne den offengebliebenen Punkt durchführbar ist.

172

Zur **Ausfüllung von Vertragslücken** können Vorschriften eingreifen, die im Gesetz für den entsprechenden Vertragstyp enthalten sind (→ Rn. 131) und die Anwendung finden, sofern die Parteien nichts anderes bestimmen. Solche Vorschriften können sogar wesentliche Vertragspunkte betreffen (vgl. zB §§ 612 II, 632 II). Ein Vertrag kann auch zustande kommen, wenn ein wesentlicher (regelungsbedürftiger) Punkt offenbleibt. Voraussetzung ist dafür, dass die Parteien trotz der vertraglichen Lücke eine Bindung wünschen und dass nachträglich die Lücke ausgefüllt werden kann.

173

> **Beispiel:**[31] V verkauft K sein mit einem neu errichteten Einfamilienhaus bebautes Grundstück. V hatte für das Haus, das er ursprünglich selbst bewohnen wollte, Möbel und Einbaugeräte erworben, die genau auf die Raumverhältnisse des Hauses zugeschnitten sind. V will das Grundstück nicht ohne diese Einrichtungsgegenstände verkaufen, K ist zur Übernahme bereit. Während der Kaufpreis für das Grundstück vereinbart wird, bleibt die Höhe des Entgeltes für die Einrichtungsgegenstände offen. Nachdem K das Haus bezogen und die Einrichtungsgegenstände auch benutzt hat, verlangt V von ihm 9.000 EUR, 90 % des von ihm selbst gezahlten Preises. K will nur 1.000 EUR zahlen.
>
> In diesem Fall kann ein Kaufvertrag über die Einrichtungsgegenstände geschlossen worden sein, obwohl der Kaufpreis nicht festgelegt worden ist (Offerte durch Überlassung der Möbel seitens des V, Annahme der Offerte durch Ingebrauchnahme seitens des K). Zu denken ist daran, dass in diesem Fall der Kaufpreis gem. § 316 durch V bestimmt werden soll (→ Rn. 167). Das Gericht, das den Fall zu entscheiden hatte, stellte jedoch fest, dass sich die Vertragsparteien darauf nicht verständigt hätten; dies wäre aber für das Bestimmungsrecht einer Partei erforderlich gewesen. Deshalb muss die fehlende Vereinbarung des Kaufpreises auf andere Weise ersetzt werden, denn die von den Parteien insoweit gelassene Lücke muss geschlossen werden, damit der Vertrag durchführbar wird. Das Gericht ist den Weg der sog. **ergänzenden Vertragsauslegung** gegangen, bei der es darauf ankommt zu ermitteln, was die Parteien gewollt hätten, wenn sie als vernünftige und redlich handelnde Vertragspartner entschieden hätten (zur ergänzenden Vertragsauslegung Einzelheiten später). Dies führt dazu, dass vom marktüblichen Preis für entsprechende Möbel auszugehen ist, weil Gründe für eine abweichende Preisgestaltung nicht erkennbar sind.

---

[31] Nach OLG Hamm NJW 1976, 1212.

174 **Eine Auslegungsregel** für den Fall, dass sich die Parteien über den Einigungsmangel nicht im Klaren sind, also **für den versteckten Dissens, enthält § 155**. Danach soll das zwischen den Parteien Vereinbarte gelten, sofern anzunehmen ist, dass der Vertrag auch ohne eine Vereinbarung des offen gelassenen Punktes geschlossen worden wäre.

> **Beispiele:**
>
> (1) Bei den Verkaufsgesprächen hinsichtlich des Wagens des V (→ Rn. 169) wird auch die Frage eines Haftungsausschlusses für Sachmängel ohne Ergebnis erörtert. Weil sie sehr eingehend über die ratenweise Entrichtung des Kaufpreises verhandeln, vergessen die Parteien, dass sie eine Vereinbarung über den Haftungsausschluss, den V will und K ablehnt, nicht getroffen haben, und sind der Meinung, ein Einverständnis in allen Punkten erzielt zu haben.
>
> (2) Der US-Amerikaner S und der Australier D verhandeln auf der Hannover-Messe über die Lieferung von zehn Werkbänken durch S nach Australien. Der Preis wird in „Dollar" angegeben, wobei S amerikanische Dollar und D australische Dollar meint. Das Missverständnis wird erst entdeckt, als die Ware geliefert wird und der Kaufpreis gezahlt werden soll.
>
> (3) In einem Fall, der einer berühmten Entscheidung des Reichsgerichts zugrunde lag, war eine bestimmte Menge „Haakjöringsköd" verkauft worden. Dabei gingen beide Parteien fälschlich davon aus, dass dieses norwegische Wort Walfischfleisch bedeute; in Wirklichkeit bedeutet es jedoch Haifischfleisch. Ist ein Vertrag zustande gekommen, und gegebenenfalls mit welchem Inhalt?[32]

175 Bisweilen glauben die Beteiligten, sie hätten sich über **alle Punkte geeinigt**, über die sie eine Vereinbarung treffen wollten, und vergessen dabei, dass ein Punkt offengeblieben ist. Dann gilt die **Auslegungsregel des § 155, wonach die Frage, ob ein Vertrag ohne den offengebliebenen Punkt zustande gekommen ist, nach dem hypothetischen Parteiwillen zu beantworten ist**: Hätten die Parteien die vertragliche Bindung auch gewollt, wenn sie die Lückenhaftigkeit ihrer Vereinbarungen im Zeitpunkt der Beendigung der Verhandlungen erkannt hätten? Um eine Antwort darauf zu finden, sind alle Umstände des Einzelfalles zu beachten. Gelangt man hierbei zu dem Ergebnis, dass die Parteien auch ohne eine Bestimmung über den offen gelassenen Punkt das Zustandekommen des Vertrages gewollt hätten, so ist davon auszugehen, dass der Vertrag gilt.

> Dies würde im ersten Beispielsfall – wenn man diese Voraussetzung hier bejahen könnte – bedeuten, dass ein Ausschluss der Haftung nicht vorgenommen wäre und es also bei der gesetzlichen Regelung bliebe. Lässt sich aber nicht klären, ob beide Parteien die Verbindlichkeit der Vereinbarung auch ohne Regelung des offen gelassenen Punktes wünschten, so ist die Unwirksamkeit der getroffenen Absprache zu bejahen; erst recht gilt dies, wenn sogar der Wille einer Partei festgestellt werden kann, dass nur eine vollständige Regelung Gültigkeit haben soll. Im Beispielsfall kann nicht angenommen werden, dass sich der Verkäufer auch ohne Haftungsausschluss gebunden hätte; vielmehr

---

[32] Nachgebildet dem Fall von RGZ 99, 147 – dieses Zitat bedeutet, dass sich das betreffende Urteil in der amtlichen Sammlung der Reichsgerichts-Entscheidungen, Bd. 99, S. 147 findet. Diese Entscheidungssammlung finden Sie in Universitätsbibliotheken sowie unter juris.de.

II. Der Vertragsschluss

spricht vieles dafür, dass er dann einen Vertrag abgelehnt hätte. Das Zustandekommen eines Kaufvertrages muss folglich verneint werden.

Aus den vorstehenden Ausführungen ergibt sich, dass es sich auch bei § 155 regelmäßig um einen **Dissens in einem Nebenpunkt** handeln wird. Denn wenn die Einigungslücke essentialia negotii betrifft, führt die fehlende Einigung dazu, dass der Vertrag lückenhaft und ohne Ergänzung nicht durchführbar ist. Die Parteien werden jedoch in aller Regel nicht den Willen haben, sich vor einer Einigung über alle wesentlichen Punkte vertraglich zu binden, wobei ein anderer Wille der Parteien auch nur dann zu beachten ist, wenn die ausfüllungsbedürftige Lücke noch nachträglich geschlossen werden kann. Insoweit besteht also kein Unterschied zu § 154 I (→ Rn. 172 f.). 176

Diese Erkenntnis ist für die Lösung des zweiten Beispielsfalles bedeutsam, wobei die Maßgeblichkeit deutschen Privatrechts unterstellt wird.[33] Hier betrifft der Einigungsmangel die Frage des Preises, bei einem Kaufvertrag also einen Hauptpunkt. Die Bezeichnung „Dollar" ist objektiv mehrdeutig. Bei mehrdeutigen Begriffen muss aufgrund aller Umstände des Einzelfalles versucht werden, einen objektiven Erklärungswert zu ermitteln. Hätten die Verkaufsgespräche nicht in Deutschland, sondern in den USA stattgefunden, und wäre der Käufer nicht ein Australier, sondern ein Deutscher, dann wäre es völlig eindeutig (aufgrund der Umstände des Falles), dass unter „Dollar" nur amerikanische Dollar zu verstehen sind. Schwieriger ist es, ein eindeutiges Ergebnis durch Auslegung zu ermitteln, wenn Käufer und Verkäufer wie im Beispielsfall aus Ländern stammen, in denen gleich bezeichnete Währungen mit unterschiedlichen Werten gelten. Denn dann ist nicht auszuschließen, dass jeder den Preis in der Währung seines Heimatlandes angibt. Es müssen also noch zusätzliche Hinweise gesucht und gefunden werden, um einen eindeutigen objektiven Erklärungswert feststellen zu können.

Die Bezeichnung „Dollar" kann sich sowohl auf die US-amerikanische als auch auf die australische Währung beziehen. Durch Auslegung lässt sich hier diese Mehrdeutigkeit nicht ausräumen. Der Dissens zwischen S und D verhindert, dass ein Kaufvertrag über die Werkbänke zustande kommt. Der Unterschied zu dem Möbelkauffall (→ Rn. 173) besteht darin, dass dort ein Vertrag von den Parteien gewollt war und deshalb die vertragliche Lücke geschlossen werden musste, während hier ein solcher Wille der Parteien nicht angenommen werden kann, weil der Abschluss des Vertrages gerade davon abhängt, dass ein von beiden Parteien akzeptierter Preis vereinbart wird. S würde sicher in diesem Fall wissen wollen, ob er den ihm durch den Dissens entstandenen Schaden (zB Transportkosten) alleine tragen müsste oder ob er zumindest für einen Teil Ersatz von D fordern könnte. Die Antwort auf diese Frage ist umstritten. Die dafür wesentlichen Gesichtspunkte werden später erörtert.

Der **dritte Beispielsfall** unterscheidet sich von den beiden anderen dadurch, dass hierbei keine Einigungslücke besteht, denn beide Parteien haben vertraglich alles geregelt, was sie regeln wollten und mussten. Die Besonderheit dieses Falles besteht vielmehr darin, dass nach dem objektiven Erklärungswert der Vertragsofferte und 177

---

[33] Außer Betracht bleibt hier also die mögliche Anwendbarkeit des UN-Kaufrechts oder eines ausländischen Rechts. Welches Recht auf einen Fall mit internationalen Bezügen anzuwenden ist, ist eine Frage des internationalen Einheitsrechts (etwa des UN-Kaufrechts) und, soweit solches nicht einschlägig ist, des Internationalen Privatrechts. Lesen Sie dazu vorerst nur Art. 3 EGBGB.

ihrer Annahme Haifischfleisch den Vertragsgegenstand bildet, beide Parteien aber Walfischfleisch meinten. In diesem Fall würde es auf eine Schulmeisterei hinauslaufen, wenn man sich über den Willen der Parteien hinwegsetzt und auf den objektiven Erklärungswert verweist. Die **falsche Bezeichnung** (falsa demonstratio) ändert nichts daran, dass die Parteien übereinstimmend nicht Haifischfleisch, sondern Walfischfleisch verkaufen und kaufen wollen. Es gibt deshalb keinen triftigen Grund, das gültige Zustandekommen eines Kaufvertrages über Walfischfleisch zu verneinen. In Fällen der falsa demonstratio ist die vom Erklärenden gemeinte Bedeutung maßgebend, wenn der Erklärungsempfänger sie im gleichen Sinn versteht. Es gilt dann die Rechtsregel: **falsa demonstratio non nocet** (lat.: die falsche Bezeichnung schadet nicht).

178 Anders ist es dagegen, wenn nur ein Beteiligter der objektiv eindeutigen Erklärung einen falschen Sinn beilegt. Hätte also in dem Beispielsfall nur der Käufer bei seinem Antrag geglaubt, Haakjöringsköd heiße Walfischfleisch, während der Verkäufer die Bezeichnung richtig aufgefasst und auch nicht erkannt hätte, dass der Käufer Walfischfleisch bestellen wollte, dann wäre ein Kaufvertrag über Haifischfleisch zustande gekommen. Diese Rechtsfolge ergibt sich dann aufgrund des objektiven Erklärungswerts der Vertragsofferte, die der Verkäufer entsprechend verstanden und angenommen hätte. In diesem Fall könnte der Käufer seine Willenserklärung nur wegen Irrtums anfechten (vgl. § 119 I – Einzelheiten dazu später). Der Unterschied in den Entscheidungen beider Fälle erklärt sich dadurch, dass niemand in seinem **Vertrauen auf die richtige Verwendung von Begriffen** und Bezeichnungen geschützt werden muss, wenn sie übereinstimmend in einem abweichenden Sinn gebraucht und verstanden werden, dass aber der Erklärende an dem objektiven Erklärungswert festzuhalten ist, wenn sich der Erklärungsempfänger auf den richtigen Gebrauch (dh entsprechend dem objektiven Erklärungswert) verlässt.

5. Besonderheiten im elektronischen Geschäftsverkehr

179 Wie bereits erwähnt, gelten die bislang dargestellten Regeln über Willenserklärungen und den Abschluss von Verträgen im Grundsatz auch dann, wenn der Antrag oder die Annahme oder auch beide als **elektronische Willenserklärungen** abgegeben werden (→ Rn. 88, 97). Ergänzend sind im elektronischen Geschäftsverkehr allerdings §§ 312i und 312j zu beachten.[34] Diese tragen europarechtlichen Vorgaben Rechnung, die sich aus der sog. E-Commerce-RL 2000/31/EG v. 8.6.2000[35] und der Verbraucherrechte-RL 2011/83/EU[36] ergeben.[37] Es geht dabei um Verträge

---

[34] Vgl. *Föhlisch/Stariradeff* NJW 2016, 353.
[35] RL 2000/31/EG des Europäischen Parlaments und des Rates über bestimmte rechtliche Aspekte der Dienste der Informationsgesellschaft, insbesondere des elektronischen Geschäftsverkehrs, im Binnenmarkt v. 8.6.2000, ABl. 2000 L 178, 1.
[36] RL 2011/83/EU des Europäischen Parlaments und des Rates über die Rechte der Verbraucher v. 25.10.2011, ABl. 2011 L 304, 64.
[37] Neufassung der zuvor in § 312g aF enthaltenen Regelung mit Wirkung vom 13.6.2014 durch Gesetz v. 20.9.2013 (BGBl. 2013 I 3642). Vgl. dazu BT-Drs. 17/12637, 58 sowie etwa *Förster* JA 2014, 721 (730).

II. Der Vertragsschluss

im elektronischen Geschäftsverkehr, definiert als Verträge über die Lieferung von Waren oder die Erbringung von Dienstleistungen, bei deren Abschluss ein Unternehmer sog. Telemedien einsetzt. Dieser Begriff verweist auf das Telemediengesetz, meint also nur elektronische Informations- und Kommunikationsdienste und ist daher enger als der Begriff des Fernkommunikationsmittels iSv § 312c II, der etwa auch den herkömmlichen Postweg einschließt. Während § 312j nur für den elektronischen Geschäftsverkehr zwischen Verbrauchern iSv § 13 und Unternehmern iSv § 14 gilt, hat § 312i einen weiteren persönlichen Anwendungsbereich, erfasst also auch den beiderseitigen Unternehmensverkehr, lässt insoweit aber Raum für abweichende Vereinbarungen (§ 312i II 2). Beide Vorschriften gelten nur eingeschränkt, wenn der in Rede stehende Vertrag ausschließlich durch individuelle Kommunikation geschlossen wird (§ 312i II 1, § 312j V 1). Davon ist etwa auszugehen, wenn Erklärungen mittels E-Mail zwischen den Verhandlungspartnern ausgetauscht werden, ohne dass auf weitere Medien (etwa eine Homepage) Bezug genommen wird.

§ 312i I 1 formuliert **allgemeine Pflichten des Unternehmers beim Vertragsschluss**, insbesondere dahingehend, dem Kunden bestimmte Informationen mitzuteilen und gewisse „Eingabehilfen" zu schaffen.[38] Verletzt der Unternehmer die ihm obliegenden Pflichten, kann er für einen dem Kunden dadurch entstehenden Schaden nach den Grundsätzen der c.i.c. haften (dazu Einzelheiten später). In Betracht kommt auch eine Irrtumsanfechtung, wenn die Verletzung von Informationspflichten zu einem Irrtum des Kunden führt (dazu ebenfalls später). In extremen Fällen kann die Unterlassung von Informationen sogar dazu führen, dass sich der Kunde überhaupt nicht bewusst ist, rechtsgeschäftliche Erklärungen abzugeben. In einem solchen Fall fehlt ihm das Erklärungsbewusstsein (→ Rn. 77 ff.).

180

Speziell im **Verbrauchergeschäft** erweitern die ersten drei Absätze von § 312j die schon gem. § 312i bestehenden Unternehmerpflichten. Für eine besondere Warnung des Verbrauchers vor übereilten kostenpflichtigen Geschäften, zugleich aber auch für den gebotenen Schutz vor „Vertragsfallen" im Internet, soll die sog. „Button-Lösung" gem. § 312j III 2 sorgen. Für den Fall, dass der Unternehmer seinen Pflichten nicht nachkommt, ordnet § 312j IV an, dass der Vertrag nicht zustande kommt. Dies bereitet Probleme, weil die Verbraucherrechte-Richtlinie nicht etwa die Unwirksamkeit des Vertrags verlangt, sondern nur, dass der Verbraucher „durch den Vertrag oder die Bestellung nicht gebunden" ist (Art. 8 II). Bei richtlinienkonformer Auslegung von § 312j IV sollte es dem Verbraucher daher freistehen, den Unternehmer auf Leistung in Anspruch zu nehmen, ohne dass sich dieser auf die Nichtigkeit berufen könnte.[39]

181

---

[38] Umstritten ist, unter welchen Voraussetzungen die Wissenserklärung gem. § 312i I 1 Nr. 3 zugleich als Annahmeerklärung zu werten ist. Dazu OLG Düsseldorf NJW-RR 2016, 1073 (1075f.).

[39] Näher juris-PK BGB/*Junker* § 312j Rn. 61 ff.; *Weiss* JuS 2013, 590 (593).

6. Exkurs: Vertragsschluss aufgrund sozialtypischen Verhaltens?

182 Im modernen Massenverkehr werden vielfach Leistungen zu allgemein geltenden, bisweilen in behördlich genehmigten Regelungen enthaltenen Bedingungen angeboten, wie etwa die Beförderung in öffentlichen Verkehrsmitteln, die Vermietung von Parkplätzen, die Lieferung von Elektrizität, Gas und Wasser. Es fragt sich, ob allein durch die Inanspruchnahme solcher Leistungen ein Vertrag zwischen Anbieter und Konsumenten zustande kommt. Auf den ersten Blick scheint die Lösung kaum Schwierigkeiten zu bereiten: In der Zurverfügungstellung der Leistung ist nach dem objektiven Erklärungswert ein Antrag auf Abschluss eines entsprechenden Vertrages zu erblicken, und in der Inanspruchnahme der Leistung liegt die schlüssige Annahme dieser Offerte, wobei vom Antragenden auf die Erklärung der Annahme ihm gegenüber verzichtet wird (§ 151). Wie ist aber zu entscheiden, wenn der Konsument trotz Entgegennahme der Leistung keinen Vertrag schließen will und dies auch ausdrücklich erklärt? Diese Frage hat sich in dem vom Bundesgerichtshof entschiedenen berühmten **Hamburger Parkplatzfall**[40] gestellt. Dem nachgebildet ist das folgende

> **Beispiel:** A war mit seinem Kraftfahrzeug auf den als gebührenpflichtig bezeichneten Parkplatz gefahren, der dem B von der Stadtgemeinde zur Bewachung gegen Entgelt zugewiesen worden war. A stellte sein Kfz ab und erklärte einem Parkwächter, er wünsche keine Bewachung und lehne eine Bezahlung ab, da er berechtigt sei, auf einem öffentlichen Platz zu parken. B verlangte von A das übliche Entgelt für die Bewachung, A verweigerte die Zahlung, und daraufhin verklagte B den A.

183 Der BGH hat die Verpflichtung des A zur Zahlung eines Entgelts für die Bewachung bejaht und seine Entscheidung wie folgt begründet: In manchen Erscheinungen „unserer modernen Gesellschaft" könne nicht mehr allein mit den Rechtsgrundsätzen über das Zustandekommen von Verträgen gearbeitet werden. Im Rahmen der Massenversorgung, insbesondere bei der Lieferung von Strom, Wasser und Gas sowie bei der Benutzung von öffentlichen Nahverkehrsmitteln, könne die Verpflichtung des Benutzers zur Leistung des üblichen Entgelts nicht allein mithilfe des Vertragsrechts begründet werden. An Stelle von Antrag und Annahme müssten das Zurverfügungstellen und das tatsächliche Inanspruchnehmen der Leistung treten, um eine Zahlungspflicht des Benutzers zu begründen. Wer während der Bewachungszeiten die besonders kenntlich gemachten Parkflächen zum Parken benutze, führe schon dadurch ein vertragliches Rechtsverhältnis herbei, das ihn zur Zahlung eines Entgelts entsprechend dem Parkgeldtarif verpflichte. Auf seine etwaige abweichende innere Einstellung – mag sie auch von dem parklustigen Kraftfahrer bei Beginn des Parkens dem Ordner gegenüber zum Ausdruck gebracht werden – könne es nicht ankommen.

184 Der BGH bejahte also (zumindest in dieser aus dem Jahre 1956 stammenden Entscheidung) das Zustandekommen eines Vertrages aufgrund eines „sozialtypischen Verhaltens"[41] auch in Fällen, in denen ein Vertragspartner erklärt, er wolle einen Ver-

---

[40] BGHZ 21, 319 = NJW 1956, 1475.
[41] Zu der dem zugrundeliegenden, von *Haupt* im Jahr 1941 begründeten Auffassung, vgl. MüKoBGB/*Kramer*, 5. Aufl. 2007, Einl. vor § 241 Rn. 63 ff.; *Wolf/Neuner* BGB AT § 37 Rn. 44 ff.

II. Der Vertragsschluss

trag nicht schließen. Bemerkenswert an dieser Entscheidung ist zum einen das Ergebnis: Warum soll A nicht nur Ersatz eines dem B entstandenen und darzulegenden Schadens, sondern auch ein Entgelt schulden? Aber auch diejenigen, die das Ergebnis für vertretbar erachten, stoßen sich an der Begründung des BGH, die darauf hinausläuft, die allgemeinen Regeln des Vertragsrechts zu ignorieren. Eine verbreitete Auffassung befürwortet heute eine Lösung auf vertraglicher Grundlage, indem sie die Inanspruchnahme der Leistung nach ihrem objektiven Erklärungswert als Vertragsannahme wertet: Demgegenüber sei die im Widerspruch dazu stehende ausdrückliche Erklärung unbeachtlich – **protestatio facto contraria non valet** (lat.: eine Verwahrung gegen das entgegengesetzte Verhalten gilt nicht).[42] Im Gegensatz dazu steht die Meinung, es sei mit dem Grundsatz der Vertragsfreiheit (→ Rn. 128) unvereinbar, die Erklärung, man wolle keinen Vertrag schließen, für unbeachtlich zu halten. Das Interesse desjenigen, der die Leistung zur Verfügung stelle, könnte auch mit Mitteln des Bereicherungsrechts und des Deliktsrechts angemessen geschützt werden, ohne dass deshalb der Weg vertraglicher Konstruktionen gegangen werden müsste.[43]

Auf diesen Meinungsstreit im Einzelnen einzugehen und sich mit den verschiedenen Argumenten auseinander zu setzen, ist im Rahmen eines Grundkurses nicht erforderlich. Es genügen die Kenntnis des Problems und einige Hinweise zu seiner Lösung. Mit der hM ist davon auszugehen, dass derjenige, der eine Leistung in Anspruch nimmt, die der Anbieter nur – wie allgemein und damit auch ihm bekannt ist – im Rahmen eines gültigen Vertragsverhältnisses erbringen will, durch konkludentes Verhalten einen Vertrag schließt.[44] Dieser Wertung kann auch nicht die entgegengesetzte Erklärung des Konsumenten widersprechen, weil tatsächliches Verhalten (Inanspruchnahme der Leistung) und Erklärung (keinen Vertrag schließen zu wollen) als Gesamtverhalten gewertet werden müssen und hierbei „unter dem Strich" als Ergebnis herauskommt, dass er durch die Inanspruchnahme der Leistung trotz seiner anders lautenden Erklärung die Vertragsofferte annimmt.[45]

185

Fälle und Fragen

1. Geben Sie bitte eine Beschreibung des Begriffs „Vertrag"!
2. A bietet B schriftlich eine bestimmte Münze zum Preis von 250 EUR an. B antwortet, er sei mit dem Angebot einverstanden, wolle aber nur 200 EUR zahlen. Auf das Schreiben des B reagiert A nicht mehr. Ist ein Vertrag zustande gekommen?
3. Worin besteht der Unterschied zwischen einseitig verpflichtenden und zweiseitig verpflichtenden Verträgen und wie lassen sich zweiseitig verpflichtende Verträge noch weiter unterteilen? Aus welchem Grund ist die Unterscheidung zwischen verschiedenen Arten von Verträgen bedeutsam?

---

[42] So etwa *Rüthers/Stadler* BGB AT § 19 Rn. 34; Soergel/*Hefermehl* vor § 116 Rn. 39; *Weth* JuS 1998, 795 (796 f.).
[43] *Köhler* BGB AT § 8 Rn. 29; MüKoBGB/*Kramer*, 5. Aufl. 2007, Einl. vor § 241 Rn. 66.
[44] So kommt bspw. durch das Einfüllen von Kraftstoff an einer Selbstbedienungstankstelle ein Kaufvertrag zwischen dem Mineralölunternehmen und dem Autofahrer zustande; vgl. BGH NJW 2011, 2871 = JuS 2011, 929 (*Faust*) = JA 2012, 465 (*Stadler*).
[45] Ganz in diesem Sinne hat der BGH (BGHZ 95, 393 [399] = NJW 1986, 177) erklärt, dass in der neueren Rspr. eine derartige Verwahrung für unbeachtlich angesehen werde; ebenso BGH NJW 2003, 3131; NJW-RR 2005, 639 (640).

4. Was bedeutet der Grundsatz der Vertragsfreiheit?
5. Nach welchen Gesichtspunkten sind empfangsbedürftige Willenserklärungen auszulegen?
6. Welchen Erklärungswert hat das Schweigen?
7. A annonciert in der Zeitung, dass er eine bestimmte Stereoanlage zum Preis von 200 EUR verkaufen wolle. Daraufhin schreibt ihm B: „Ich nehme hiermit ihr Vertragsangebot an und bitte um umgehende Übersendung der Anlage. Einen Verrechnungsscheck über 200 EUR füge ich bei." Ist ein Vertrag zwischen A und B zustande gekommen?
8. Muss sich der Antrag auf Abschluss eines Vertrages stets an eine bestimmte Person richten?
9. In welchem Zeitpunkt erlischt die Bindung an die Vertragsofferte?
10. Wie lässt sich der Inhalt der Annahme des Antrages zum Abschluss eines Vertrages beschreiben?
11. A nimmt aus der Buchhandlung des B mit dessen Einverständnis ein Buch zur Ansicht mit. A beginnt das Buch zu lesen, schreibt Bemerkungen an den Rand und legt es nach einer Weile verärgert weg, weil es ihm überhaupt nicht gefällt. B verlangt von A den Kaufpreis für das Buch. Mit Recht?
12. Kann der Antrag zum Abschluss eines Vertrages auch noch angenommen werden, wenn der Antragende nach Absendung und vor Zugang der Offerte stirbt? Wie ist zu entscheiden, wenn der Antragsadressat vor Zugang der Offerte stirbt?
13. V bietet K einen gebrauchten Pkw zum Kauf an. Über den Kaufpreis kann man sich nicht einigen. Daraufhin erklärt V: „Nehmen Sie ruhig einmal den Wagen mit nach Hause und fahren Sie ihn eine Weile. Wir werden uns über den Preis dann schon einig werden." Kommt ein Vertrag zustande, wenn K den Wagen daraufhin mitnimmt?
14. Welche Vertragspunkte betreffen die Regelungen der §§ 154 und 155?
15. D, ein Stammkunde des Einzelhändlers H, verwendet für deutschen Kornbranntwein stets die Bezeichnung „Wodka". Als er H anruft und ihn bittet, zwei Flaschen Wodka zu liefern, packt dieser zwei Flaschen deutschen Kornbranntwein ein und lässt sie dem D bringen. Ist hier ein Vertrag (worüber?) zustande gekommen?
16. A parkt seinen Pkw, ohne die Schilder zu bemerken, die darauf hinweisen, dass es sich um einen bewachten, gebührenpflichtigen Parkplatz handelt. Als er zu seinem Fahrzeug zurückkehrt, wird von ihm die Zahlung von 2 EUR verlangt. Mit Recht? Ändert sich etwas an der Entscheidung, wenn A zwar die Schilder bemerkt, aber dem Parkwächter ausdrücklich erklärt hätte, er wollte keine Bewachung und würde auch nichts bezahlen?

§ 4. Das Schuldverhältnis

I. Überblick

1. Zum Begriff

Bei der Darstellung der verschiedenen Arten von Verträgen wurde bereits ausgeführt, dass schuldrechtliche Verträge zwischen den Vertragspartnern **Forderungsbeziehungen** entstehen lassen, die einen **Anspruch** des einen – des Gläubigers – gegen den anderen – den Schuldner – zum Inhalt haben (→ Rn. 119). Erwähnt wurde auch schon, dass als Anspruch das Recht bezeichnet wird, von einem anderen, dem Schuldner, ein Tun oder ein Unterlassen zu fordern (§ 194; → Rn. 119).

Die Forderungsbeziehung zwischen Gläubiger und Schuldner wird im BGB als „Schuldverhältnis" bezeichnet (vgl. § 241 I). Aber nicht nur **in einem engeren Sinn** als Recht auf Leistung[1] wird der Begriff des Schuldverhältnisses im BGB verwendet, sondern auch noch **in einem weiteren Sinn**, der das gesamte Rechtsverhältnis umfasst, aus dem sich die einzelnen Forderungsbeziehungen zwischen den Beteiligten ergeben. In diesem weiteren Sinn ist der Begriff zB in § 241 II, in der Überschrift des zweiten Buches des BGB („Recht der Schuldverhältnisse") und auch in der Überschrift des zweiten Abschnitts dieses zweiten Buches („Gestaltung rechtsgeschäftlicher Schuldverhältnisse durch Allgemeine Geschäftsbedingungen") verwendet worden.

2. Gesetzliche Regelung

Im zweiten Buch des BGB, das §§ 241–853 umfasst, ist das „Recht der Schuldverhältnisse" enthalten. Das Verhältnis zwischen dem ersten Buch („Allgemeiner Teil") und dem zweiten Buch besteht darin, dass sich im ersten Buch allgemeine Regeln finden, die gleichsam „vor die Klammer gezogen" sind und grundsätzlich für alle anderen Bücher des BGB, also auch für das Schuldrecht gelten, während das zweite Buch spezielle Bestimmungen für Schuldverhältnisse – und zwar vertragliche sowie gesetzliche Schuldverhältnisse – zum Inhalt hat. Innerhalb des zweiten Buches ist wiederum ein **„Allgemeiner Teil" des Schuldrechts** vorangestellt (§§ 241–432), der in sieben Abschnitte gegliedert ist. Auf sie folgt der achte Abschnitt über „Einzelne Schuldverhältnisse" (§§ 433–853). Dementsprechend wird zwischen dem „Allgemeinen Teil"

---

[1] Die vom Schuldner zu erbringende Leistung kann in einem positiven Tun (zB Überlassen der gemieteten Sache) oder – wie § 241 I 2 ausdrücklich klarstellt – auch in einem Unterlassen (zB Unterlassen der Errichtung eines Gewerbebetriebes, der in Konkurrenz zu dem des Gläubigers tritt) bestehen.

und dem „**Besonderen Teil**" **des Schuldrechts** unterschieden. Es empfiehlt sich, sich den Aufbau und die Gliederung anhand der dem BGB vorangestellten Inhaltsübersicht zu veranschaulichen.

189 Auch außerhalb des zweiten Buches des BGB gibt es Schuldverhältnisse. Als Beispiele lassen sich die im Allgemeinen Teil bestimmte Haftung des Vertreters ohne Vertretungsmacht (vgl. § 179) und das im Sachenrecht vorkommende Schuldverhältnis zwischen dem Verlierer und Finder einer Sache (vgl. §§ 965 ff.) anführen. Auch für diese Schuldverhältnisse außerhalb des zweiten Buches gilt der Allgemeine Teil des Schuldrechts.

3. Entstehungsgründe

190 Ein Schuldverhältnis wird **entweder durch Rechtsgeschäft oder kraft Gesetzes** begründet. Der regelmäßige Entstehungsgrund für ein rechtsgeschäftliches Schuldverhältnis ist der Abschluss eines Vertrages. Ausnahmsweise lässt das Gesetz auch die Begründung durch einseitiges Rechtsgeschäft zu (vgl. § 311 I). Schuldrechtliche Beziehungen können darüber hinaus schon vor einem Vertragsschluss entstehen (§ 311 II; dazu Einzelheiten später).

> Als **Beispiel** für die Begründung eines Schuldverhältnisses durch einseitiges Rechtsgeschäft sei die Auslobung iSv § 657 genannt: Wer durch öffentliche Bekanntmachung eine Belohnung für die Vornahme einer Handlung aussetzt (zB Zeitungsinserat folgenden Inhalts: 100 EUR Belohnung für denjenigen, der meinen entlaufenen Hund zurückbringt), ist verpflichtet, die Belohnung demjenigen zu gewähren, der die Handlung vorgenommen hat, auch wenn dieser nicht mit Rücksicht auf die Auslobung gehandelt hat. Die rechtliche Verpflichtung des Auslobenden zu einer Leistung, zur Entrichtung der Belohnung, wird also durch ein einseitiges Rechtsgeschäft begründet, das nicht empfangsbedürftig ist: Denn nur aufgrund der rein tatsächlichen Vornahme der in der Auslobung genannten Handlung und nicht etwa aufgrund einer rechtsgeschäftlichen Mitwirkung eines anderen (mittels Willenserklärung) entsteht der Belohnungsanspruch gegen den Auslobenden. Die Belohnung kann daher auch verlangen, wer den Hund in Unkenntnis der Auslobung zurückgebracht hat und erst später von dieser erfährt.

191 Schuldverhältnisse werden auch **kraft Gesetzes**, und zwar durch Verwirklichung des gesetzlichen Tatbestandes begründet, der die Verpflichtung des Schuldners zu einer bestimmten Leistung ausspricht.

> **Beispiel:** Wer beim Einparken fahrlässig einen fremden Wagen beschädigt, verwirklicht den Tatbestand des § 823 I, und dadurch entsteht die Verpflichtung, den verursachten Schaden zu ersetzen. Auf diese Weise wird der Eigentümer des beschädigten Wagens zum Gläubiger einer gegen den Schädiger als Schuldner gerichteten Schadensersatzforderung.

192 Die praktisch wichtigsten gesetzlichen Schuldverhältnisse sind im zweiten Buch des BGB geregelt. Es handelt sich dabei um Tatbestände der unerlaubten Handlung (§§ 823 ff.), der Geschäftsführung ohne Auftrag (§§ 677 ff.) und der ungerechtfertigten Bereicherung (§§ 812 ff.); Einzelheiten zu diesen gesetzlichen Schuldverhältnissen später.

I. Überblick 73

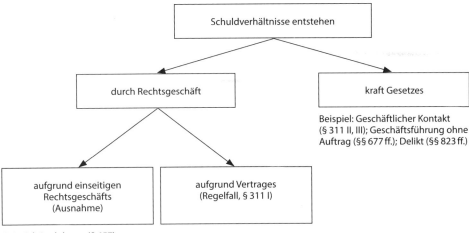

4. Arten

Innerhalb der Schuldverhältnisse lassen sich Unterscheidungen nach verschiedenen Gesichtspunkten treffen: **193**

- Die bereits oben (→ Rn. 190) vorgenommene Trennung zwischen rechtsgeschäftlichen und gesetzlichen Schuldverhältnissen berücksichtigt den Entstehungsgrund.
- Nach der Dauer der Leistungspflichten kann man zwischen **Dauerschuldverhältnissen** und **sonstigen ("einfachen") Schuldverhältnissen** unterscheiden. Im Gegensatz zu anderen ("einfachen") Schuldverhältnissen ist das Dauerschuldverhältnis auf einen längeren (befristeten oder unbefristeten) Zeitraum angelegt, während dessen die Vertragspartner einander Leistungen laufend zu gewähren haben.

Bei der **Miete** bleibt der Vermieter während der gesamten Dauer der Mietzeit zur Überlassung der vermieteten Sache verpflichtet. Der Mieter hat in aller Regel einen in der Höhe von der Dauer der Mietzeit abhängigen Mietzins zu entrichten. Ist der Mietzins durch laufende Geldleistungen zu erbringen, wie beispielsweise bei der Miete von Räumen, so entsteht die Verpflichtung zur Zahlung im Zeitablauf ständig neu. Im Gegensatz dazu erfüllen die Vertragsparteien eines gewöhnlichen Kaufvertrages ihre vertraglichen Leistungspflichten regelmäßig auf einmal. Wird zB ein Computer verkauft, so erfüllt der Verkäufer durch Übergabe und Übereignung der mangelfreien Kaufsache (vgl. § 433 I), der Käufer hingegen durch Zahlung des vereinbarten Kaufpreises und Abnahme (§ 433 II). Im Gegensatz zur Miete ist der Kaufvertrag also regelmäßig kein auf Dauer ausgerichtetes Schuldverhältnis. **194**

Allerdings gibt es auch kaufrechtliche Dauerschuldverhältnisse. Hierher gehört der sog. **Dauerlieferungs- oder Bezugsvertrag**, der auf unbestimmte oder zumindest auf längere Zeit abgeschlossen wird und bei dem die Leistungsmenge bei Vertragsschluss nicht feststeht, sondern sich nach dem Bedarf des Abnehmers richtet. **195**

Beispiel: Lieferung von Bier durch eine Brauerei an einen Gastwirt entsprechend dem Bedarf in der Gastwirtschaft (Bierlieferungsvertrag).

196 Der **Ratenlieferungsvertrag** im engeren Sinn bezieht sich dagegen vor allem auf eine von vornherein fest bestimmte Menge gleichartiger Güter, die in Teilmengen (Raten) geliefert werden soll.[2] Er wird regelmäßig nicht als Dauerschuldverhältnis angesehen, weil bei ihm das Zeitmoment meist keine Rolle spielt.

Beispiel: Verkauf von 30.000 l Heizöl, lieferbar in drei Raten von je 10.000 l zu bestimmten Zeitpunkten oder nach Abruf.

In § 510 wird der Begriff „Ratenlieferungsvertrag" in einem weiteren Sinn verwendet, der auch den Bezugsvertrag mit umfasst. § 510 I 1 Nr. 1 betrifft einen Kaufvertrag über eine Gesamtmenge, die in Teilleistungen zu erbringen und in Teilzahlungen zu vergüten ist (Beispiel: Erwerb eines mehrbändigen juristischen Kommentars, bei dem jeder Band nach Erscheinen geliefert und bezahlt wird). § 510 I 1 Nr. 2 erfasst Kaufverträge über regelmäßig zu liefernde Sachen in einer fest bestimmten Menge (Beispiel: Zeitschriftenabonnement). § 510 I 1 Nr. 3 ergänzt die in Nr. 1 und 2 getroffenen Regelungen und bezieht sich auf wiederkehrende Erwerbs- und Bezugsverpflichtungen, die regelmäßig innerhalb von Rahmenverträgen eingegangen werden, nach denen der Schuldner verpflichtet ist, zu bestimmten Konditionen Einzelverträge zu schließen (Beispiel: Verpflichtung zum Bezug von Büchern im Rahmen einer Mitgliedschaft in einer Buchgemeinschaft). Es handelt sich also um einen Bezugsvertrag, während § 510 I 1 Nr. 1 und 2 Ratenlieferungsverträge zum Gegenstand haben. Werden die in § 510 geregelten Verträge zwischen einem Verbraucher (§ 13) und einem Unternehmer (§ 14) geschlossen, so muss ein solcher Vertrag nach § 510 I 1 regelmäßig (Ausnahme § 510 I 2) schriftlich geschlossen und der Vertragsinhalt nach § 510 I 3 dem Verbraucher in Textform (→ Rn. 66) mitgeteilt werden. Zudem wird dem Verbraucher nach § 510 II ein Widerrufsrecht gem. § 355 eingeräumt (dazu später Näheres), sofern nicht die in § 510 III genannten Ausnahmen zutreffen.

197 Die Unterscheidung zwischen Dauerschuldverhältnissen und anderen ist insbesondere bedeutsam für die Rechtsfolgen, die sich beim vertragswidrigen Verhalten eines Partners ergeben. Bei Dauerschuldverhältnissen können sich hieraus nur Wirkungen für die Zukunft und nicht auch für die bereits in der Vergangenheit vertragsgerecht abgewickelten Teile ergeben; darauf wird später zurückzukommen sein.

---

[2] Im Schrifttum wird von manchen als Oberbegriff für Dauer- und Ratenlieferungsverträge die Bezeichnung Sukzessivlieferungsverträge verwendet. Da jedoch die Terminologie nicht einheitlich ist und vom Sukzessivlieferungsvertrag nicht nur in Bezug auf den Dauerlieferungsvertrag gesprochen wird, sondern diese Bezeichnung auch als Synonym für den Ratenlieferungsvertrag verwendet wird, sollte dieser Begriff gänzlich vermieden werden.

II. Inhalt des Schuldverhältnisses

1. Forderungsrecht und Leistungspflicht

Je nach Betrachtungsweise kann man entweder von dem Recht des Gläubigers, eine Leistung (Tun oder Unterlassen) zu fordern, oder von der Pflicht des Schuldners, eine Leistung zu erbringen, sprechen: **Forderungsrecht des Gläubigers** und **Leistungspflicht des Schuldners** bezeichnen dieselbe Erscheinung aus zwei verschiedenen Perspektiven. Was der Gläubiger zu fordern und der Schuldner zu leisten hat, richtet sich nach dem einzelnen Schuldverhältnis. 198

> **Beispiel:** Verkauft V dem K eine Soundanlage, ist V als Verkäufer verpflichtet, dem K die Anlage frei von Sach- und Rechtsmängeln (dazu Einzelheiten später) zu übergeben und das Eigentum daran zu verschaffen (§ 433 I). K als Käufer hat somit eine entsprechende Forderung. Er ist seinerseits verpflichtet, dem V den vereinbarten Kaufpreis zu zahlen und die gekaufte Sache abzunehmen (§ 433 II), und V ist insoweit Gläubiger, also Inhaber entsprechender Forderungen.

Kommt der Schuldner seiner sich aus dem Schuldverhältnis ergebenden Leistungspflicht nicht nach, so können sich aus diesem Verhalten weitere Ansprüche des Gläubigers gegen ihn ergeben. 199

> **Beispiel:** V hat dem K verbindlich die Lieferung der Soundanlage zum 1.3. zugesagt, weil K an diesem Tag eine Diskothek eröffnen und die Anlage dort verwenden will. Als V nicht rechtzeitig liefert, muss die Eröffnung der Diskothek um einige Tage hinausgeschoben werden. Dadurch entsteht dem K ein Verzugsschaden. Diesen muss V dem K nach § 280 I, II iVm § 286 ersetzen (Einzelheiten dazu später).

Die Verpflichtung zur Lieferung der Kaufsache ergibt sich unmittelbar aus dem Kaufvertrag, also aus der rechtsgeschäftlichen Vereinbarung selbst. Diese Pflicht ist also eine sog. **primäre Leistungspflicht.** Dagegen stellt sich die Pflicht zur Leistung von Schadensersatz als Folge der Verletzung der primären Leistungspflicht dar; man kann sie deshalb auch als **sekundäre Leistungspflicht** bezeichnen. Die sekundäre Leistungspflicht kann – wie im Beispielsfall – neben der primären bestehen, sodass der Schuldner beide (Pflicht zur Lieferung der Anlage und Pflicht zum Ersatz des Verzugsschadens) zu erfüllen hat. Die sekundäre Pflicht kann aber auch an die Stelle der primären treten. 200

> **Beispiel:** V liefert trotz Fristsetzung nicht, obwohl ihm K androht, die Anlage später nicht mehr abzunehmen. Um die Diskothek eröffnen zu können und nicht noch einen größeren Schaden durch die Verzögerung zu erleiden, kauft K eine andere Soundanlage und installiert sie in seinem Lokal. Daraufhin lehnt er die Lieferung durch V ab und verlangt von ihm Schadensersatz, unter anderem auch dafür, dass er einen höheren Preis für die zweite Anlage zahlen musste (vgl. § 280 I, III iVm § 281).

Die Unterscheidung zwischen primären und sekundären Leistungspflichten ist schon deshalb wichtig, weil ihre Voraussetzungen unterschiedlich sind. Nur wenn man fest- 201 gestellt hat, dass sich aus dem Schuldverhältnis eine bestimmte primäre Leistungspflicht ergibt, kann die Frage ihrer Verletzung und damit die Entstehung einer sekundären Leistungspflicht geprüft werden.

202 Kommt der Schuldner seiner Leistungspflicht nicht freiwillig nach, so kann ihn in aller Regel der Gläubiger dazu zwingen. Allerdings ist **Selbsthilfe** grundsätzlich verboten (Ausnahme: § 229) und der Gläubiger zur Durchsetzung seines Anspruchs auf den **Rechtsweg** verwiesen: Der Staat stellt seinen Bürgern mit den Gerichten Institutionen zur Verfügung, die dem Einzelnen bei der Durchsetzung seiner Rechtsansprüche helfen. Der Gläubiger kann den Schuldner verklagen und aus dem Urteil, das die Leistungspflicht des Schuldners ausspricht, gegen diesen vollstrecken. Da das gesamte Vermögen des Schuldners (von Ausnahmen abgesehen, die hier nicht interessieren) dem Zugriff in der Zwangsvollstreckung unterliegt, kann davon gesprochen werden, dass der Schuldner mit seinem Vermögen für seine Schuld „haftet".

203 Die Bezeichnung **„Haftung"** wird in der Rechtssprache jedoch nicht nur in dieser Bedeutung des Unterworfenseins des Schuldners mit seinem Vermögen unter den Vollstreckungszugriff des Gläubigers verstanden, sondern auch noch in einem anderen Sinn verwendet: Wenn von der Haftung des Aufsichtspflichtigen (vgl. § 832) oder von der Haftung des Tierhalters (vgl. § 833) die Rede ist, so wird dieser Begriff im Sinne von Einstehenmüssen für verursachte Schäden gebraucht.

204 Regelmäßig ist also mit der Schuld die Haftung verbunden. Es gibt jedoch auch Fälle, in denen von einer **Schuld ohne Haftung** gesprochen werden kann, weil der Schuldner zwar erfüllen kann, dies aber nicht muss.[3] Man spricht dann von einer **„natürlichen" Verbindlichkeit** bzw. **Naturalobligation**. Damit ist gemeint, dass die Forderung zwar nicht vom Gläubiger durchgesetzt, wohl aber vom Schuldner erfüllt werden kann, und mit der Erfüllung ein Rechtszustand eintritt, als habe der Schuldner einer ihm obliegenden (rechtlichen) Pflicht genügt. Genannt seien folgende Fälle:

- Ab Eintritt der **Verjährung** gem. § 214 I darf der Schuldner die Leistung verweigern. Beruft er sich auf die bereits erfolgte Verjährung des Anspruchs, so wäre auch eine gegen ihn erhobene Klage abzuweisen (die Hemmung der Verjährung durch Klageerhebung gem. §§ 204 I Nr. 1, 209 kommt zu spät, wenn die Verjährung schon eingetreten ist). Leistet der Schuldner hingegen an den Gläubiger, weil er die schon eingetretene Verjährung übersieht oder sich darauf nicht berufen möchte, so erfüllt er den nach wie vor bestehenden Anspruch (die Verjährung führt nicht zu dessen Erlöschen) und er kann das Geleistete nicht wieder zurückfordern (vgl. § 214 II 1), auch nicht kraft Bereicherungsrechts (klarstellend § 813 I 2).
- **Spiel- und Wettschulden** begründen überhaupt keine Verbindlichkeiten; aber auch hier kann das Geleistete nicht zurückgefordert werden (vgl. § 762 I). Die häufig gehörte Bemerkung, dass Spiel- und Wettschulden Ehrenschulden seien, ist somit zutreffend; sie sind es, weil es allein vom Ehrgefühl des Schuldners abhängt, ob er sie begleicht.

---

[3] Vgl. *Schulze* JuS 2011, 193.

2. Die geschuldete Leistung

a) Grenzen

Was die Parteien bei einem vertraglichen Schuldverhältnis[4] zum Gegenstand einer geschuldeten Leistung machen, ist als wesentlicher Aspekt der Vertragsfreiheit grundsätzlich ihnen überlassen. Nur ausnahmsweise schreibt das BGB vor, dass die Vereinbarung einer bestimmten Leistung bzw. eines Entgelts für eine solche unwirksam ist (vgl. § 311b II, § 312a IV, V). Die Parteien müssen sich allerdings an den Gesetzen und den guten Sitten orientieren und dürfen nicht verbotene oder sittenwidrige Leistungen vereinbaren (→ Rn. 128). 205

Welche Rechtsfolgen eintreten, wenn ein Rechtsgeschäft gegen ein **gesetzliches Verbot** verstößt, muss von Fall zu Fall aufgrund der Verbotsnorm entschieden werden. Soweit nicht das Verbotsgesetz selbst die Rechtsfolge anordnet, muss durch Auslegung des Verbotsgesetzes ermittelt werden, ob sich eine Nichtigkeit des verbotswidrigen Rechtsgeschäfts ergibt. § 134 stellt dies ausdrücklich klar, indem er die Nichtigkeitsfolge nur anordnet, „wenn sich nicht aus dem Gesetz ein anderes ergibt" (dazu *Musielak/Hau* EK BGB Rn. 13 ff.).[5] 206

Nach § 138 I ist ein Rechtsgeschäft, das gegen die **guten Sitten** verstößt, nichtig. Bei dieser Vorschrift handelt es sich um eine sog. **Generalklausel**, die für ihre Anwendung konkretisiert und ausgefüllt werden muss. Darüber, was den guten Sitten entspricht und was gegen sie verstößt, gehen die Meinungen im Laufe der Zeit, aber auch heute in unserer Gesellschaft auseinander. In vielen Fällen wird allerdings die Antwort auf die Frage, ob ein Rechtsgeschäft nach § 138 nichtig ist, keine Schwierigkeiten bereiten. 207

> **Beispiel:** Man denke etwa an eine vom Vermieter erzwungene Vereinbarung, wonach Kinder in der Mietwohnung nicht wohnen dürfen und die Geburt eines Kindes zur Auflösung des Mietverhältnisses führt.

In anderen Fällen fällt die Entscheidung häufig nicht so leicht. Die in Rechtsprechung und Schrifttum zur Erläuterung des Tatbestandes der Sittenwidrigkeit verwendeten Formeln helfen gerade in Zweifelsfällen nicht sehr viel weiter. Dies gilt auch für die häufig gebrauchte, bereits in den Motiven zum BGB[6] zu findende Verweisung auf das **„Anstandsgefühl aller billig und gerecht Denkenden"**. Eine gewisse Orientierungshilfe bieten Fallgruppen, in denen insbesondere von der höchstrichterlichen Rechtsprechung entschiedene Fälle zusammengefasst werden, für deren Entscheidung gleiche Kriterien maßgebend sind (→ Rn. 1145 f.). Aus diesen einzelnen Fallgruppen lassen sich verallgemeinerungsfähige Merkmale ableiten und 208

---

[4] Die folgende Betrachtung ist zunächst auf das vertragliche Schuldverhältnis beschränkt. Soweit sich für gesetzliche Schuldverhältnisse Besonderheiten ergeben, werden sie bei Darstellung dieser Schuldverhältnisse behandelt.
[5] *Wolf/Neuner* BGB AT § 45 Rn. 1 ff.
[6] Mot. II 727.

bei Erörterung des konkreten Falles verwenden.[7] Auf diese Fallgruppen kann hier im Einzelnen nicht eingegangen werden (näher *Musielak/Hau* EK BGB Rn. 18 ff.).

Beispiele: sittenwidrige Einschränkungen der wirtschaftlichen Bewegungsfreiheit des Schuldners (Verbot, mit anderen Lieferanten oder Banken Geschäfte abzuschließen), Zuwendungen von Schmiergeldern, missbräuchliche Ausnutzung einer Macht- oder Monopolstellung, Wucher (vgl. § 138 II),[8] Einschränkung der Entscheidungsfreiheit im sexuellen Bereich.[9]

Gegenbeispiel: Legt der Verkäufer bei einer Internetauktion das Mindestgebot mit 1 EUR fest, so rechtfertigt selbst ein grobes Missverhältnis zwischen dem Maximalgebot eines Bieters und dem Wert des Versteigerungsobjekts nicht ohne Weiteres den Schluss auf die für § 138 I relevante verwerfliche Gesinnung des Bieters (in casu: Ersteigern eines Pkw mit geschätztem Marktwert von 5.250 EUR für 555 EUR).[10]

b) Stückschuld und Gattungsschuld

209 Der Gegenstand einer Leistung kann entweder individuell bestimmt sein (sog. Spezies- bzw. Stückschuld) oder nur der Gattung nach (sog. Gattungsschuld).

Beispiele: V verkauft seinen gebrauchten Pkw an K. Es handelt sich hierbei um eine bestimmte Sache, mithin um eine sog. Spezies- oder Stückschuld.

Ein Einzelhändler bestellt beim Großhändler 10 Zentner Zucker. Hier ist die geschuldete Leistung nur nach Gattungsmerkmalen bestimmt; es wird eine bestimmte Menge „Zucker" schlechthin geschuldet. Deshalb geht es um eine Gattungsschuld.

210 Der Schuldner einer nur der Gattung nach bestimmten Sache ist nicht verpflichtet, einen bestimmten Gegenstand aus der Gattung zu liefern. Er hat vielmehr das Recht, aus der Gattung dasjenige auszuwählen, das er liefern will, und muss hierbei nur eine **Sache mittlerer Art und Güte** aussuchen (§ 243 I), soweit die Vertragsparteien keine andere Qualität vereinbart haben. Lässt also die von den Vertragsparteien vorgenommene Umschreibung der Gattung die Auswahl zwischen verschiedenen Qualitäten zu, so wird Durchschnittsware geschuldet.

211 Die **Abgrenzung zwischen Stückschuld und Gattungsschuld** ist im Zweifelsfall aufgrund der von den Vertragsparteien getroffenen Absprachen vorzunehmen. Hierbei ist zu berücksichtigen, dass die Parteien durch zusätzliche Merkmale die Gattung immer stärker einschränken können.

---

[7] Die Bildung von Fallgruppen wird häufig dazu benutzt, um durch einleuchtende Beispiele den Inhalt unbestimmter und konkretisierungsbedürftiger Rechtsbegriffe zu erläutern und zu verdeutlichen. Durch Herausarbeitung der für die einzelne Gruppe maßgebenden Kriterien sollen auf diese Weise verallgemeinerungsfähige Maßstäbe gewonnen werden.

[8] Vgl. dazu BGH NJW 2003, 1860.

[9] Zu diesen und anderen Fallgruppen eingehend MüKoBGB/*Armbrüster* § 138 Rn. 33 ff. mwN; vgl. auch *Musielak/Hau* EK BGB Rn. 20 ff.

[10] BGH NJW 2015, 548 (549) = JuS 2015, 355 (*Riehm*) = JA 2015, 229 (*Stadler*) = JURA 2015, 376 (*Dastis*). Beachte dazu auch *Oechsler* NJW 2015, 665.

II. Inhalt des Schuldverhältnisses

> **Beispiel:** Wein – Weißwein – Riesling – deutscher Riesling – Riesling von der Saar – Riesling von der Saar Qualitätsstufe Kabinett – Riesling-Kabinett aus Wiltingen an der Saar – Riesling-Kabinett vom Wiltinger Scharzhofberg – Riesling-Kabinett eines bestimmten Winzers vom Wiltinger Scharzhofberg – Riesling-Kabinett eines bestimmten Winzers vom Wiltinger Scharzhofberg Jahrgang 2012.

Einschränkende Merkmale lassen eine Schuld erst dann nicht mehr Gattungsschuld sein, sondern machen sie zur Stückschuld, wenn durch die Einschränkung erreicht wird, dass alle Stücke der Gattung geschuldet sind und der Schuldner folglich auch keine Auswahl aus einer Gattung treffen kann. **212**

> **Beispiel:** Verkauf der gesamten Jahresproduktion eines Unternehmens. Hier handelt es sich um eine Stückschuld, da sämtliche produzierten Sachen geschuldet sind. Anders dagegen ist zu entscheiden, wenn 80% der Jahresproduktion geliefert werden sollen (sog. beschränkte Gattungsschuld; dazu Einzelheiten später).

Auch bei der Gattungsschuld können Gegenstand der vom Schuldner (konkret) zu erbringenden Leistung letztlich nur individuell bestimmte Stücke sein, die der Schuldner auswählt, um sie dem Gläubiger zu leisten. Mit der Auswahl aus der Gattung wird ein Vorgang eingeleitet, den man etwas vereinfacht dahingehend deuten kann, dass sich die Gattungsschuld in eine Stückschuld wandelt, dass also die zunächst nach ihrem Gegenstand noch unbestimmte Gattungsschuld zu einer (bestimmten) Stückschuld wird. Diesen Vorgang nennt man **„Konkretisierung" oder „Konzentration" der Gattungsschuld**. Das Schuldverhältnis beschränkt sich dann gem. § 243 II auf die ausgewählten Gegenstände. Nur noch die ausgewählten Stücke werden geschuldet. Bedeutsam wird das für die Beurteilung der Rechtslage in dem Fall, dass die bereits ausgewählten Stücke untergehen (dazu später). **213**

Im Zucker-Beispiel (→ Rn. 209) machen nach der Konkretisierung nicht mehr irgendwelche nur mit Gattungsmerkmalen bezeichnete 10 Zentner Zucker, sondern konkrete, ganz bestimmte 10 Zentner die geschuldete Lieferung aus.

Für die Konkretisierung ist gem. § 243 II erforderlich, dass **der Schuldner das zur Leistung seinerseits Erforderliche getan hat.** Hierfür muss der Schuldner aus der Gattung zunächst eine Sache der geschuldeten Qualität, also vorbehaltlich einer anderen Vereinbarung eine solche von mittlerer Art und Güte, auswählen, um sie zum Gegenstand seiner Leistung zu machen (§ 243 I). Was auf Seiten des Schuldners noch erforderlich ist, damit eine Konkretisierung der Gattungsschuld eintritt, richtet sich nach der Art der Schuld, insbesondere danach, wo diese zu erfüllen ist. Darauf ist nunmehr einzugehen. **214**

c) Holschuld, Bringschuld, Schickschuld

Ist die geschuldete Sache vom Gläubiger beim Schuldner abzuholen, so handelt es sich um eine sog. **Holschuld**. Bei ihr liegen der Leistungs- und Erfolgsort beim Schuldner. **215**

Der **Leistungsort** (bisweilen auch **Erfüllungsort** genannt, so in § 447 I) ist derjenige Ort, an dem der Schuldner die Leistungshandlungen vorzunehmen hat. Leistungshandlungen sind diejenigen Handlungen, die auf Seiten des Schuldners erforderlich **216** sind, damit der mit dem Schuldverhältnis bezweckte Erfolg eintreten kann. Beim Kaufvertrag besteht der Erfolg der vom Verkäufer zu erbringenden Leistung in dem Erwerb des Besitzes und des Eigentums der Kaufsache durch den Käufer. Der Ort, an dem dieser Erfolg eintritt, ist der **Erfolgsort**.

217 Ausweislich § 269 I ist die **Holschuld der Regelfall:** Soweit die Vertragspartner nichts anderes bestimmen oder sich aus den Umständen, insbesondere aus der Natur des Schuldverhältnisses nichts anderes ergibt (Beispiel: Gegenstand der Leistung ist die Reparatur einer defekten Heizungsanlage, die selbstverständlich an Ort und Stelle vorzunehmen ist), muss die Leistung am Ort des Wohnsitzes oder der gewerblichen Niederlassung des Schuldners (vgl. § 269 II) erbracht werden. Besonderheiten gelten für Geldschulden (vgl. § 270); dazu später.

218 Hat der Schuldner es übernommen, die geschuldete Sache dem Gläubiger zu bringen, handelt es sich um eine **Bringschuld**. Bei ihr fallen der Leistungs- und der Erfolgsort mit dem Wohnsitz oder – wenn die Forderung im Gewerbebetrieb des Gläubigers entstanden ist – mit dem Ort der gewerblichen Niederlassung des Gläubigers zusammen.

219 Geht schließlich die vertragliche Abrede zwischen den Vertragsparteien dahin, dass der Schuldner die geschuldete Sache an den Gläubiger (zB mit der Bahn oder Post) versenden soll, so handelt es sich um eine sog. **Schickschuld**. Bei ihr liegt der Leistungsort beim Schuldner, der Erfolgsort beim Gläubiger.

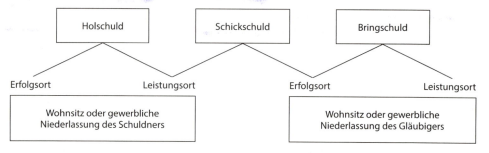

220 Entsprechend diesen verschiedenen Schuldtypen treffen den Schuldner unterschiedliche Pflichten:

- Bei der **Holschuld** hat der Schuldner das seinerseits Erforderliche getan, wenn er den zu leistenden Gegenstand aussondert, dh eine Sache der geschuldeten Qualität aus der Gattung auswählt (→ Rn. 210), und für den Gläubiger bereitstellt (man kann deshalb auch die Holschuld, wenn man auf die Verpflichtung des Schuldners sieht, als **Bereitstellungsschuld** bezeichnen[11]). Allerdings ist noch erforderlich, dass der Gläubiger über das Bereitstehen des geschuldeten Gegenstandes informiert wird, damit er ihn abholen kann. Deshalb ist der Schuldner zu einer entsprechenden Unterrichtung des Gläubigers verpflichtet, es sei denn, dass sich dies aufgrund der getroffenen Vereinbarungen (zB aufgrund eines genau festgelegten Termins für das Abholen) als überflüssig erweist. Ob darüber hinaus dem Gläubiger noch eine ausreichende Möglichkeit zur Abholung der Sache einge-

---

[11] So *Teichmann*, Vertragliches Schuldrecht, 4. Aufl. 2008, Rn. 8 Fn. 14.

II. Inhalt des Schuldverhältnisses

räumt werden muss, bevor die Konkretisierung eintritt,[12] erscheint zweifelhaft, denn § 243 II macht die Konkretisierung ausschließlich von Leistungshandlungen des Schuldners abhängig.

Im einleitenden **Zucker-Beispiel** (→ Rn. 209) muss der Großhändler den Zucker in Säcke oder andere in Betracht kommende Verpackungen abfüllen und diese für den Einzelhändler bereithalten, nachdem er ihn über die Bereitstellung der Ware unterrichtet hat.

- Bei der **Bringschuld** muss der Schuldner die Ware nicht nur aussondern, sondern sie dem Gläubiger an dessen Wohnort oder gewerblicher Niederlassung anbieten.
- Bei der **Schickschuld** muss der Schuldner die ausgesonderten Stücke ordnungsgemäß versenden.

Hat der Schuldner die beschriebenen Pflichten erfüllt und damit das zur Leistung der geschuldeten Sache seinerseits Erforderliche getan, so tritt im Falle einer Gattungsschuld – wie bereits ausgeführt (→ Rn. 213) – die Konkretisierung ein. Das Schuldverhältnis beschränkt sich dann auf die ausgewählten Gegenstände (§ 243 II). **221**

d) Wahlschuld und Ersetzungsbefugnis

Bei rechtsgeschäftlichen Schuldverhältnissen legen die Parteien regelmäßig durch ihre vertragliche Absprache den Gegenstand der Leistung fest. Die Parteien können jedoch auch vereinbaren, dass von verschiedenen Einzelleistungen nach Wahl des Schuldners oder des Gläubigers nur eine zu erbringen ist **(Wahlschuld)**.[13] **222**

> **Beispiel:** Vereinbarung einer Vollpension im Hotel mit der Absprache, dass der Gast mittags und abends das Menü nach der Karte unter verschiedenen Menüs wählen darf. Der Hotelier ist also nur verpflichtet, ein Menü zu servieren. Es bleibt aber zunächst offen, welches von den auf der Karte aufgeführten den Gegenstand der Leistung bilden soll; erst durch die Wahl des Gastes wird dies bestimmt.

Bei der Wahlschuld besteht also eine Forderung mit einem alternativen Inhalt. Die zunächst bestehende Ungewissheit, welchen Inhalt die Forderung des Gläubigers aufweist, wird durch die vom Wahlberechtigten vorzunehmende Entscheidung unter den verschiedenen in Betracht kommenden Einzelleistungen beendet. §§ 262–265 enthalten einige Regeln zur Wahlschuld, die aber wenig praxisgerecht gestaltet sind und deshalb meist durch abweichende Parteivereinbarungen ersetzt werden. **223**

Dagegen gibt die **Ersetzungsbefugnis (facultas alternativa)**, die sowohl dem Schuldner als auch dem Gläubiger zustehen kann, das Recht, an die Stelle der (allein) geschuldeten Leistung eine andere treten zu lassen.[14] **224**

> **Beispiel:** Die Vertragsparteien eines Grundstückskaufs vereinbaren, dass der Käufer berechtigt ist, den Kaufpreis iHv 100.000 EUR durch bestimmte, genau bezeichnete Wertpapiere zu begleichen. Geschuldet wird ein Geldbetrag iHv 100.000 EUR. Der Schuldner hat jedoch das Recht, anstelle dieses Betrages dem Gläubiger die Wertpapiere zu geben.

---

[12] So *Canaris* JuS 2007, 793 (795).
[13] Vgl. *Coester-Waltjen* JURA 2011, 100.
[14] Beachte zu den hier nicht zu vertiefenden Abgrenzungsfragen *Samhat* JuS 2016, 6; *Stamm* JZ 2015, 920.

225 Die Ersetzungsbefugnis ist im BGB nicht allgemein geregelt; es gibt jedoch eine Reihe von Fällen, in denen das Gesetz eine solche Position einräumt. So gestattet § 251 II dem Schuldner, den Gläubiger in Geld zu entschädigen, wenn die Herstellung des ursprünglichen Zustandes (vgl. § 249 I) nur mit unverhältnismäßigen Aufwendungen möglich ist. Einen Fall der Ersetzungsbefugnis des Gläubigers enthält § 249 II, der dem Geschädigten das Recht einräumt, statt der Herstellung den dafür erforderlichen Geldbetrag zu verlangen.

III. Erlöschen des Schuldverhältnisses

1. Einleitende Bemerkungen

226 In § 362 I heißt es: „Das Schuldverhältnis erlischt, wenn die geschuldete Leistung an den Gläubiger bewirkt wird." Der hier verwendete Begriff des Schuldverhältnisses ist **im engeren Sinn** zu verstehen (→ Rn. 187); die zwischen Gläubiger und Schuldner bestehende Forderungsbeziehung wird also dadurch zum Erlöschen gebracht, dass der Schuldner die geschuldete Leistung bewirkt, dh die gegen ihn gerichtete Forderung erfüllt. Was aber wird in diesem Fall mit dem Rechtsverhältnis, aus dem sich die einzelne Forderungsbeziehung ableitet, also aus dem Schuldverhältnis **im weiteren Sinn**? Dieses erlischt ebenfalls, wenn nach Erfüllung der sich aus ihm ergebenden Forderung keine Beziehungen mehr zwischen Gläubiger und Schuldner bestehen bleiben, aus denen sich Rechte und Pflichten ableiten. Dass dies so sein kann, aber nicht sein muss, zeigen die folgenden

> **Beispiele:**
>
> (1) R verspricht seinem Freund F, diesem bis zum nächsten Ersten 500 EUR zu „leihen".[15] R besorgt sich den Betrag am Bankautomat und übergibt die Geldscheine dem F. Dieser zahlt den Betrag später termingerecht zurück.
>
> (2) A ist in einer Kleinstadt der einzige Orthopäde. Er veräußert seine Praxis an B. Einen Monat später eröffnet A in derselben Stadt eine neue Praxis.
>
> (3) H, der Inhaber eines Elektromarktes, kauft 20 Staubsauger des Typs S 1 von Produzent P. Nach sechs Monaten stellt P die Produktion auf Staubsauger des Typs S 2 um. Die Herstellung der für S 1 bestimmten Staubsaugerbeutel wird nicht mehr fortgeführt. Da die für S 2 angebotenen Staubsaugerbeutel für S 1 nicht verwendbar sind und andere auf dem Markt befindliche Beutel darin nicht passen, werden die Staubsauger des Typs S1 unbrauchbar.

---

[15] Wiederum treffen wir auf einen Fall, in dem sich Umgangs- und Rechtssprache unterscheiden: Das „Verleihen von Geld" ist juristisch ein Darlehen, das im Rahmen eines Darlehensvertrages (vgl. §§ 488 ff.) gewährt wird. Um eine „Leihe" handelt es sich schon deshalb nicht, weil bei ihr gerade die empfangene Sache zurückgegeben werden müsste (vgl. § 604 I). Von Leihe (Bsp.: „Autoverleih") ist bisweilen auch dann fälschlich die Rede, wenn es um eine entgeltliche Gebrauchsüberlassung, also um ein Mietverhältnis iSv § 535 geht.

III. Erlöschen des Schuldverhältnisses

227 Im **ersten Beispielsfall** enden mit der Rückzahlung durch F die sich aus dem Darlehensvertrag ergebenden Rechtsbeziehungen: Durch die Rückzahlung der 500 EUR wird nicht nur der Rückerstattungsanspruch des Darlehensgebers (vgl. § 488 I 2), sondern zugleich das gesamte Schuldverhältnis im weiteren Sinne zum Erlöschen gebracht, weil der Vertragszweck erreicht ist und Rechte und Pflichten zwischen den Beteiligten nicht mehr bestehen bleiben. Anders hat es sich indes zuvor mit der Auszahlung der 500 EUR verhalten: Damit hat der Darlehensgeber nur seiner gem. § 488 I 1 aus dem Darlehensvertrag folgenden Verpflichtung genügt, also ein Schuldverhältnis im engeren Sinne zum Erlöschen gebracht; davon selbstverständlich noch unberührt geblieben ist hingegen die Rückerstattungspflicht des Darlehensnehmers und damit auch der Darlehensvertrag als Schuldverhältnis im weiteren Sinne.

228 Im **zweiten und dritten Beispielsfall** sind mit der Erfüllung der Leistungspflichten (also: Übertragung der Arztpraxis, Übereignung und Übergabe der Staubsauger, Zahlung der Kaufpreise) nicht alle zwischen den Vertragspartnern bestehenden Rechte und Pflichten zum Erlöschen gebracht. Vielmehr bleibt der Veräußerer im Fall des Praxisverkaufs verpflichtet, die Eröffnung einer neuen Praxis in derselben Stadt und den sich daraus ergebenden Wettbewerb zu unterlassen. Denn nicht nur die technische Einrichtung der Praxis bildet den Gegenstand des Vertrages, sondern auch die berechtigte Aussicht, die bisherigen Patienten zu behalten und sie weiterhin ärztlich betreuen zu können. Diese Aussicht darf der Veräußerer nicht durch Eröffnung einer konkurrierenden Praxis gefährden. Ein Konkurrenzverbot kann sich deshalb auch ohne ausdrückliche Absprache aus einer nachwirkenden Treuepflicht ergeben. Im dritten Beispielsfall hat der Händler ein berechtigtes Interesse daran, mit den zum Betrieb der Staubsauger erforderlichen Beutel versorgt zu werden, damit die vom Produzenten gekauften Staubsauger weiterhin verwendbar sind; auch insoweit ist eine entsprechende nachwirkende Pflicht zu bejahen.

229 Die beiden letzten Beispielsfälle zeigen also, dass es **neben den eigentlichen Leistungspflichten** noch **weitere Pflichten** gibt, die in den speziellen Fällen darauf gerichtet sind, dass der mit dem Vertrag bezweckte Erfolg nicht nachträglich durch das Verhalten des Schuldners vereitelt wird. Aus dem **Prinzip von Treu und Glauben (§ 242)** ist nämlich die Verpflichtung jedes Vertragspartners abzuleiten, sich so zu verhalten, dass der Vertragszweck erreicht werden kann und nicht nachträglich gefährdet oder beeinträchtigt wird.

230 Demgemäß hat der Schuldner den Gegenstand der von ihm zu erbringenden Leistung vor der Übergabe sorgfältig aufzubewahren, ihn vor Schäden zu schützen und bei Versendung sorgfältig zu verpacken. Bei Verträgen, bei denen es wie bei Arbeits- und Gesellschaftsverträgen im besonderen Maße auf eine vertrauensvolle und gedeihliche Zusammenarbeit ankommt, sind die Vertragsparteien zu einer besonderen Rücksicht in ihren gegenseitigen Beziehungen verpflichtet, die dem persönlichen Einschlag solcher Verträge Rechnung trägt. Ähnliches gilt etwa auch bei Miet- und Pachtverträgen.

231 Aber nicht nur solche die Hauptleistung vorbereitende, unterstützende und sichernde (Neben-)Pflichten obliegen dem Schuldner, sondern darüber hinaus auch sog. **Schutzpflichten**, namentlich die Verpflichtung, bei der Durchführung des Schuldverhältnisses den Gläubiger vor Schäden an dessen Rechtsgütern zu schützen und zu bewahren.

Beispiele: Der Verkäufer muss dafür Sorge tragen, dass der Käufer nicht durch Mängel in den Verkaufsräumen zu Schaden kommt; gleiche Verpflichtungen treffen den Vermieter von Räumen sowie etwa den Hotelier und den Gastwirt. Auch derartige **Schutzpflichten** können nach Erfüllung der geschuldeten Leistung bestehen bleiben; als Beispiel für eine derartige Nachwirkung sei die Pflicht des Arbeitnehmers genannt, nach Kündigung des Arbeitsverhältnisses hinsichtlich der Betriebs- und Geschäftsgeheimnisse Verschwiegenheit zu wahren.

232 Mit § 241 II wird auf diese neben den eigentlichen Leistungspflichten bestehenden Nebenpflichten hingewiesen. Der Wortlaut dieser Regelung, der nicht von „Gläubiger" und „Schuldner" spricht, sondern die Bezeichnungen **„jeder Teil"** und **„der andere Teil"** verwendet, lässt deutlich werden, dass die durch die Leistungspflichten vorgenommene Rollenverteilung zwischen Gläubiger und Schuldner nicht in gleicher Weise für die Nebenpflichten gilt. Denn **auch der Gläubiger einer Leistungspflicht muss Rücksicht auf die Rechte, Rechtsgüter und Interessen seines Vertragspartners nehmen.**

Beispiel: Ist der Verkäufer nach dem Vertrag verpflichtet, die Kaufsache zur Wohnung des Käufers zu bringen, muss dieser dafür sorgen, dass der Verkäufer bei Erfüllung seiner Bringschuld nicht infolge eines unsicheren Zustandes der von ihm zu betretenden Räume oder auf andere vermeidbare Weise einen Schaden erleidet.

233 Die Bezeichnung der neben die eigentlichen Leistungspflichten tretenden Pflichten der Vertragsparteien ist nicht einheitlich. So wird von „Verhaltenspflichten", „Sorgfaltspflichten" oder „Nebenpflichten" gesprochen. Sie können wiederum danach unterteilt werden, ob es bei ihnen um die Sicherung des Vertragszwecks – „leistungssichernde (oder leistungsbezogene) Nebenpflichten" – oder um den Schutz der Rechtsgüter des Gläubigers – „Schutzpflichten" – geht. Nach dem Inhalt der einzelnen Pflicht lässt sich auch von Aufklärungs-, Obhuts- und Mitwirkungspflichten sprechen, je nachdem, zu welchem Verhalten der Schuldner im Einzelnen verpflichtet ist. Im Interesse einer einheitlichen Terminologie wird im Folgenden der Begriff der **Verhaltenspflicht** stets verwendet, wenn die neben den Leistungspflichten den Vertragspartnern obliegenden (Neben-)Pflichten gemeint sind, wobei innerhalb dieser Pflichten wiederum zwischen den **„leistungssichernden (Neben-)Pflichten"** und den **„Schutzpflichten"** unterschieden wird.[16] Die schuldhafte Verletzung der Verhaltenspflichten macht schadensersatzpflichtig. Auf die damit zusammenhängenden Fragen wird später eingegangen werden.

234 Die verschiedenen Pflichtenkategorien lassen sich im folgenden Schaubild darstellen:

---

[16] Einzelheiten zu diesen Pflichtkategorien etwa bei *Fikentscher/Heinemann* SchuldR Rn. 35 ff.

III. Erlöschen des Schuldverhältnisses

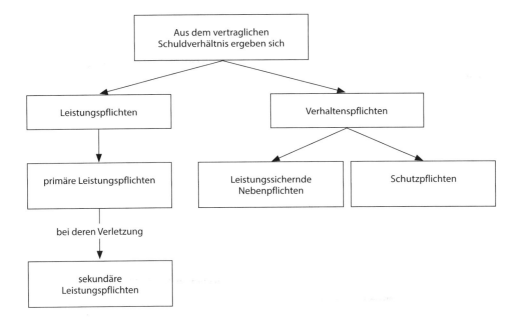

Aus den vorstehenden Ausführungen ergibt sich also, dass auch nach Erfüllung der Hauptpflichten und damit nach Erlöschen des Schuldverhältnisses im engeren Sinn Verhaltenspflichten bestehen bleiben können; solange dies der Fall ist, existiert das Schuldverhältnis im weiteren Sinn und erlischt erst, wenn diese Verhaltenspflichten – meist durch Zeitablauf – gegenstandslos geworden sind. **235**

2. Erfüllung

Wie bemerkt, erlischt das Schuldverhältnis (dh die Forderungsbeziehung zwischen Gläubiger und Schuldner), wenn die **geschuldete Leistung an den Gläubiger „bewirkt"** wird (§ 362 I). Besteht die geschuldete Leistung nur in der Vornahme bestimmter Handlungen, so ist mit der Vornahme dieser Handlungen die geschuldete Leistung „bewirkt". **236**

> **Beispiele:** A übernimmt es, während einer vierwöchigen Abwesenheit des B in dessen Garten „nach dem Rechten zu sehen", insbesondere die Blumen zu gießen und den Rasen zu mähen. Dafür zahlt ihm B 100 EUR. Es handelt sich dann um einen Dienstvertrag, den A durch die Ausführung der vereinbarten Tätigkeit erfüllt. Ein bestimmter Erfolg, etwa dass bei der Rückkehr des B der Garten besonders schön grünt und blüht, wird nicht geschuldet.
>
> Dagegen schuldet der Gärtner, der es vertraglich übernimmt, einen Garten anzulegen und für das Anwachsen der gepflanzten Bäume, Sträucher und Blumen zu sorgen, nicht nur die Vornahme der dafür erforderlichen Verrichtungen, sondern auch den Eintritt eines entsprechenden Erfolges. Deshalb ist die geschuldete Leistung erst bewirkt, wenn dieser Erfolg eingetreten ist. Hierbei handelt es sich um einen Werkvertrag, bei dem es um die Herstellung des versprochenen Werkes geht, die Unternehmerverpflichtung

also erfolgsbezogen ist (vgl. § 631 I). In dieser Erfolgsbezogenheit der zu erbringenden Leistung besteht der Unterschied zwischen Werk- und Dienstvertrag.

237 Diese Beispiele verdeutlichen, dass zwischen den **Leistungshandlungen** und dem **Leistungserfolg** unterschieden werden muss und dass immer dann, wenn der Eintritt eines bestimmten Erfolges geschuldet wird, die Leistung erst dann „bewirkt" ist, wenn dieser Leistungserfolg sich eingestellt hat. Zur Erläuterung dieser Unterscheidung dient folgendes

> **Beispiel:** Durch den Kaufvertrag wird der Verkäufer einer Sache verpflichtet, dem Käufer die Sache in einem mangelfreien Zustand zu übergeben und das Eigentum an der Sache zu verschaffen (§ 433 I). Erst wenn der Käufer Eigentümer der mangelfreien Kaufsache geworden ist, tritt also der Leistungserfolg ein und hat der Verkäufer seine entsprechende Vertragspflicht erfüllt.

238 Im juristischen Schrifttum wird darüber gestritten, ob für die Erfüllung tatsächliche Handlungen genügen oder ob hierfür noch ein Rechtsgeschäft, ein Erfüllungsvertrag, zwischen Gläubiger und Schuldner geschlossen werden muss. Relevant wird diese Frage insbesondere in Fällen, in denen der **Gläubiger minderjährig** ist und deshalb allein **keinen wirksamen Vertrag zu schließen** vermag (→ Rn. 327 ff.). Dazu folgendes

> **Beispiel:** Der 17-jährige J verkauft mit Einwilligung seiner Eltern seine DVD-Sammlung zum Preis von 500 EUR an A. Als sich zufällig beide auf der Straße treffen, zahlt A dem J den Kaufpreis. J begibt sich sodann in ein Lokal, gerät dort in schlechte Gesellschaft und verprasst das ganze Geld. Die Eltern des J fordern von A nochmalige Bezahlung der 500 EUR. Mit Recht?
>
> Die aus dem Kaufvertrag zwischen J und A entstandene Kaufpreisforderung erlischt, wenn die geschuldete Leistung an den Gläubiger bewirkt wird (§ 362 I). Hier ist J in der Tat Besitzer und Eigentümer der Geldscheine geworden (insbesondere konnte die Übertragung des Eigentums ohne Einwilligung seiner Eltern vollzogen werden, weil sie für J lediglich rechtlich vorteilhaft war, § 107; dazu später). Fraglich ist aber, ob das Bewirken der Leistung iSv § 362 I neben der Übertragung von Besitz und Eigentum an den Geldscheinen noch den Abschluss eines Erfüllungsvertrages erfordert.

239 Im Schrifttum werden zu dieser Frage folgende Theorien vertreten:[17]

- Die **Vertragstheorie** meint, dass neben dem tatsächlichen Bewirken der Leistung eine vertragliche Einigung zwischen Gläubiger und Schuldner erforderlich sei, die eine Absprache darüber zum Inhalt hätte, dass Zweck der Leistung die Erfüllung der darauf gerichteten Forderung sei. Diese selbstverständlich auch konkludent zu treffende Zweckvereinbarung sei ein Rechtsgeschäft, für dessen Gültigkeit alle dafür erforderlichen Voraussetzungen erfüllt werden müssten, also auch die der Geschäftsfähigkeit. Ein Minderjähriger kann nach dieser Theorie ohne Zustimmung seines gesetzlichen Vertreters nicht wirksam die Erfüllung einer Forderung herbeiführen, weil er durch das dafür erforderliche Rechtsgeschäft nicht lediglich einen rechtlichen Vorteil erlangt (§ 107), denn er verliert durch eine wirksame Erfüllung seine Forderung.

---

[17] Vgl. *Fikentscher/Heinemann* SchuldR Rn. 313 ff.; MüKoBGB/*Fetzer* § 362 Rn. 6 ff.

III. Erlöschen des Schuldverhältnisses

- Die **modifizierte (eingeschränkte) Vertragstheorie** verlangt nur in Fällen, in denen für die Herbeiführung des Leistungserfolges ein Rechtsgeschäft erforderlich ist, einen (zusätzlichen) Erfüllungsvertrag. Bei einem Kaufvertrag tritt der vom Käufer herbeizuführende Leistungserfolg im Falle der Barzahlung erst durch Übereignung des Geldes ein. Da die Übereignung ein Rechtsgeschäft darstellt (vgl. § 929 S. 1), ist nach der modifizierten Vertragstheorie ein zusätzlicher Vertrag erforderlich. Auch nach dieser Theorie wäre im Beispielsfall die Forderung des J nicht erloschen. Dagegen würde nach der modifizierten Vertragstheorie die tatsächliche Bewirkung der Leistung durch den zu einer Dienst- oder Werkleistung Verpflichteten ausreichen, weil hierfür nur reale, keine rechtsgeschäftlichen Leistungshandlungen notwendig sind, um die geschuldete Leistung zu erbringen (so etwa im Garten-Beispiel → Rn. 236).
- Die **Theorie der finalen Leistungsbewirkung** verlangt neben dem rein tatsächlichen Akt der Leistungserbringung eine Leistungszweckbestimmung durch den Leistenden, durch die er seine Leistung auf eine bestimmte Schuld bezieht. Die (einseitige) Leistungszweckbestimmung wird als geschäftsähnliche Handlung aufgefasst. **Geschäftsähnliche (genauer: rechtsgeschäftsähnliche) Handlungen** sind Willensäußerungen, an die das Gesetz Rechtsfolgen knüpft. Sie unterscheiden sich von Willenserklärungen dadurch, dass die Rechtsfolgen nicht gewollt sein müssen. Auf geschäftsähnliche Handlungen sind die Vorschriften über Willenserklärungen entsprechend anzuwenden.[18]
- Nach der herrschenden, auch vom BGH[19] vertretenen, **Theorie der realen Leistungsbewirkung** genügt für die Erfüllung, dass die Leistung real bewirkt wird. Es werden also von dieser Auffassung keine zusätzlichen (rechtsgeschäftlichen) Erklärungen oder Handlungen verlangt.

Allerdings schaffen die beiden letztgenannten Theorien einseitiger Leistungsbewirkung zum Schutz von geschäftsunfähigen oder beschränkt geschäftsfähigen Personen eine zusätzliche Voraussetzung: Die Person, an die die Leistung bewirkt wird, muss zur Annahme der Leistung befugt sein. Diese Befugnis, „**Empfangszuständigkeit**" genannt, steht zwar grundsätzlich jedem Gläubiger zu, aber ausnahmsweise ist der minderjährige Gläubiger nicht zur Annahme der Leistung befugt, und es fehlt ihm deshalb auch die Empfangszuständigkeit, weil er nicht ohne seinen gesetzlichen Vertreter die Forderung durch Annahme der geschuldeten Leistung zum Erlöschen bringen darf.

> Also bleibt die Forderung des J auch nach den Theorien der realen und der finalen Leistungsbewirkung trotz Zahlung der 500 EUR bestehen, und die Eltern können den Betrag noch einmal verlangen. Alle Theorien gelangen somit im Falle der Minderjährigkeit zu dem gleichen Ergebnis, nur die rechtlichen Begründungen unterscheiden sich. In einer Klausur, in der diese Frage eine Rolle spielt, genügt daher eine kurze Darstellung des Meinungsstreites und die Feststellung, dass eine Entscheidung dieses Streits in Fällen der Leistung an nicht geschäftsfähige Personen nicht geboten sei, weil das Ergebnis nach allen Auffassungen das gleiche ist.

---

[18] Vgl. dazu *Ulrici* NJW 2003, 2053.
[19] NJW 1991, 1294 (1295); 1992, 2698 (2699); 2007, 3488 Rn. 17.

241 Die geschuldete Leistung ist gem. § 362 I „**an den Gläubiger**" zu bewirken. Dies bedeutet, dass der Gläubiger das bekommen muss, was er nach der ihm zustehenden Forderung beanspruchen darf. Allerdings ist nicht gemeint, dass stets an den Gläubiger in Person zu leisten ist. Vielmehr gibt es geschuldete Leistungen, bei deren Erfüllung der Gläubiger der Natur der Sache nach überhaupt nicht unmittelbar beteiligt sein kann, so zB wenn Unterlassungen geschuldet sind. Sowohl auf Seiten des Gläubigers als auch auf Seiten des Schuldners können Gehilfen und Boten eingesetzt werden, um den Leistungserfolg herbeizuführen. Nehmen solche Personen die Leistung für den Gläubiger entgegen, ist Adressat der Leistung der Gläubiger. Dies unterscheidet solche Helfer von „Dritten", die nicht für den Gläubiger, sondern für sich selbst die Leistung empfangen. Da diese Personen nicht empfangszuständig sind, kann die Leistung an sie grundsätzlich nicht zum Erlöschen der Forderung des Gläubigers führen. Vielmehr ist dies nach § 362 II nur dann der Fall, wenn der Gläubiger vorher seine Zustimmung erteilt hat (§ 185 I) oder wenn später der Gläubiger die Leistung genehmigt oder wenn ein anderer der in § 185 II genannten Tatbestände verwirklicht wird.

242 In diesem Zusammenhang ist auf § 370 hinzuweisen. Danach gilt der Überbringer einer **Quittung** (dh eines schriftlichen Empfangsbekenntnisses des Gläubigers, vgl. § 368) als ermächtigt, die Leistung zu empfangen. Diese Regelung hat Bedeutung, wenn der Überbringer in Wirklichkeit nicht vom Gläubiger zum Inkasso ermächtigt worden ist. Durch die Vorlage der Quittung wird jedoch der Überbringer als empfangszuständig legitimiert, und der Schuldner wird frei, wenn er an den Überbringer der Quittung zahlt, es sei denn, dass er Umstände kennt, die der Annahme einer Ermächtigung durch den Gläubiger entgegenstehen. Wie der Überbringer die Quittung erlangt hat, ist gleichgültig. Auch wenn er sie dem Gläubiger entwendet hat, gilt nach hM § 370.

243 § 362 stellt zwar klar, *an wen*, nicht aber, *durch wen* zu leisten ist. Im Regelfall wird der **Schuldner leisten**. Wenn der Schuldner verpflichtet ist, „in Person" zu leisten, kann der Gläubiger darauf bestehen, dass der Schuldner selbst die gegen ihn gerichtete Forderung erfüllt. In anderen Fällen darf er die Leistung nur ablehnen, wenn der Schuldner der Erfüllung durch einen Dritten widerspricht (vgl. § 267).

> **Beispiel:** Zahlt der reiche Onkel die rückständige Miete seines Neffen, um diesem eine Freude zu machen, so erlischt in gleicher Weise die Mietforderung wie bei Zahlung durch den Neffen selbst.

244 Die **Verpflichtung zur persönlichen Leistung** kann sich aus dem Gesetz ergeben (vgl. zB für den Dienstvertrag § 613 S. 1) oder auf einer entsprechenden vertraglichen Vereinbarung beruhen.

> **Beispiel:** Ein berühmter Maler übernimmt es, ein Porträt zu malen; hier ist Inhalt des Vertrages, dass der Maler persönlich das Porträt fertigt.

245 Fraglich ist, ob die Erfüllungswirkung auch dann eintritt, wenn der Schuldner seine **Leistung nur unter Vorbehalt** erbringt. Die hM[20] unterscheidet danach, was durch

---

[20] Vgl. BGH NJW 2007, 1269 (1270); MüKoBGB/*Fetzer* § 362 Rn. 5, jew. mN.

III. Erlöschen des Schuldverhältnisses

den Vorbehalt bezweckt wird: Soll lediglich zum Ausdruck gebracht werden, dass durch die Leistung nicht der vom Gläubiger geltend gemachte Anspruch iSd § 212 I Nr. 1 anerkannt wird und dass die Möglichkeit offen bleiben soll, das Geleistete nach § 812 I 1 Var. 1 zurückzufordern, ohne dass der Rückforderung der Ausschlusstatbestand des § 814 entgegensteht (Einzelheiten dazu später), so verhindert der Vorbehalt nicht die Ordnungsmäßigkeit der Erfüllung. Dagegen bleibt die Schuldtilgung in der Schwebe und schließt deshalb die Erfüllung aus, wenn die Leistung mit der Bedingung verbunden wird, dass die Forderung besteht, und deshalb der Gläubiger verpflichtet sein soll, in einem späteren Rückforderungsstreit die Berechtigung seiner Forderung zu beweisen. Welche Alternative zutrifft, ist im Zweifelsfall durch Auslegung zu ermitteln; nicht zu klärende Zweifel gehen zulasten des Leistenden.

> **Beispiel:** K klagt gegen B auf Zahlung eines Betrages, den er als Schadensersatz fordert. B bestreitet die Berechtigung der Forderung. In erster Instanz wird B zur Zahlung verurteilt. Gegen dieses Urteil legt B Berufung ein. Um jedoch die Zwangsvollstreckung aus dem gegen ihn ergangenen Urteil zu vermeiden,[21] zahlt er die Klageforderung an K unter Vorbehalt und setzt den Rechtsstreit fort. In diesem Fall kann es nicht zweifelhaft sein, dass der Bestand der Forderung im Laufe des Rechtsstreits geklärt werden soll und dass B durch seine Leistung keinesfalls dem K den Beweis abnehmen will, dass diesem die streitige Forderung zusteht. Deshalb muss davon ausgegangen werden, dass B seine Leistung mit der stillschweigenden Bedingung verbindet, dass seine Zahlungsverpflichtung durch den Rechtsstreit endgültig geklärt wird. Erst wenn dies der Fall ist, treten die Bedingung und damit die Erfüllungswirkung ein.[22]

246 Hat ein Gläubiger gegen denselben Schuldner **mehrere Forderungen,** so kann sich die Frage stellen, welche von ihnen getilgt wird, wenn der Schuldner eine Leistung erbringt, die nicht zur Erfüllung aller Forderungen ausreicht.

> **Beispiel:** G hat gegen S eine Forderung aus Darlehen iHv 1.000 EUR, die durch eine Bürgschaft gesichert ist (vgl. § 765 I; Einzelheiten später). Außerdem schuldet S dem G 2.000 EUR aus einem Kaufvertrag. S überweist 500 EUR auf das Konto des G und schreibt auf den Überweisungsträger: „a conto Zahlung für Darlehen". G möchte dagegen lieber die Zahlung auf die Kaufpreisforderung verrechnen, weil die Darlehensforderung durch die Bürgschaft gesichert ist.

247 Nach § 366 I ist der Schuldner berechtigt, bei der Leistung zu bestimmen, welche von mehreren Schulden getilgt werden soll. Dieses **Bestimmungsrecht des Schuldners** ist durch eine empfangsbedürftige Willenserklärung auszuüben, die auch – wie sonst – konkludent abgegeben werden kann. Nur wenn der Schuldner eine derartige Erklärung unterlässt, regelt das Gesetz in § 366 II, wie die Anrechnung vorgenommen werden muss. § 366 schafft eine Vergünstigung für einen freiwillig leistenden Schuldner. Fehlt das Moment der Freiwilligkeit, zB bei einer durch Zwangsvollstreckung erzwungenen Leistung, gilt diese Vorschrift nicht.[23] § 366 wird durch § 367 I ergänzt, der das Bestimmungsrecht des Schuldners einschränkt (vgl. § 367 II).

---

[21] Einzelheiten dazu bei *Musielak/Voit* GK ZPO Rn. 1102 ff.
[22] MüKoBGB/*Fetzer* § 362 Rn. 28.
[23] BGH NJW 2008, 2842 Rn. 22.

248 Die in § 366 getroffene Regelung lässt sich gegen die von den Vertragstheorien (→ Rn. 239 f.) vertretene Auffassung anführen, dass ein Erfüllungsvertrag zur Herbeiführung der Erfüllungswirkung erforderlich sei; denn in den Fällen des § 366 I genügt eine einseitige Leistungsbestimmung des Schuldners, die sogar in den Fällen des Abs. 2 entbehrlich ist. Dies ist unvereinbar mit der Annahme eines Erfüllungsvertrages.

249 Ist für den **Gläubiger nicht erkennbar**, welcher von **mehreren** seiner **Schuldner** geleistet hat, so tritt die Erfüllung nicht ein; dies geschieht erst in dem Zeitpunkt, in dem er darüber informiert wird, welche Schuld getilgt werden soll. Eine derartige Ungewissheit kann beispielsweise entstehen, wenn dem Gläubiger Forderungen gegen eine **Vielzahl von Schuldnern** zustehen und ein Schuldner bei der Überweisung den Überweisungsträger unzulänglich ausfüllt, sodass eine Verbuchung der Zahlung dem Gläubiger nicht möglich ist.

> **Beispiel:** Mobilfunkdienst D hat Forderungen gegen die Schwestern S1 und S2. Deren Vater V überweist einen Geldbetrag, ohne anzugeben, ob die Zahlung auf die Schuld der S1 oder S2 geleistet wird. D verbucht den Betrag auf das Konto der S2 und verlangt von S1 Zahlung. Daraufhin erklärt V, die Zahlung sei zur Tilgung der Schuld der S1 erfolgt. Kann D weiterhin Zahlung von S1 fordern?
>
> D ist nicht berechtigt zu bestimmen, wessen Schuld getilgt werden soll. Dieses Recht ergibt sich insbesondere nicht aus § 366, weil diese Vorschrift nur anwendbar ist, wenn ein Schuldner aufgrund mehrerer Schuldverhältnisse zur Leistung verpflichtet ist, und nicht in diesem Fall, in dem verschiedene Schuldner Leistungen zu erbringen haben. Der Leistende muss deshalb die fehlende Angabe des Leistungsgrundes nachholen und der Gläubiger muss eine solche Bestimmung abwarten. Als V die erforderliche Information über die zu tilgende Schuld der D gab, trat die Erfüllung ein, und zwar zugunsten der S1.[24]

250 Der Schuldner kann die Forderung unter bestimmten Voraussetzungen auch durch **eine andere als die geschuldete Leistung** erfüllen. Dies ist einmal der Fall, wenn er von einer ihm zustehenden **Ersetzungsbefugnis** Gebrauch macht (→ Rn. 224). Der Schuldner kann aber auch ohne eine solche Ersetzungsbefugnis in der Absicht, seine Schuld zu tilgen, dem Gläubiger einen anderen als den geschuldeten Gegenstand anbieten; es hängt dann von dem Gläubiger ab, ob er sich auf dieses Angebot einlässt und ob er den angebotenen Gegenstand „an Erfüllungs statt" annimmt.

> **Beispiel:** S, der dem G aus Darlehen 1.000 EUR schuldet, befindet sich in wirtschaftlichen Schwierigkeiten und bietet deshalb G zur Tilgung seiner Schuld ein Ölgemälde an. G erklärt sich damit einverstanden.

251 Nimmt der Gläubiger eine andere als die geschuldete **Leistung an Erfüllungs statt** an, so erlischt das Schuldverhältnis in gleicher Weise, wie wenn die geschuldete Leistung bewirkt worden wäre (§ 364 I). Was geschieht aber, wenn ein an Erfüllungs statt angenommener Gegenstand einem Dritten gehört oder wenn er mangelhaft ist?

---

[24] LG Karlsruhe MDR 2002, 570 (mzustAnm *Braun*), dessen Entscheidung der Beispielsfall nachgebildet ist.

III. Erlöschen des Schuldverhältnisses

Kann dann der Gläubiger auf seinen ursprünglichen Anspruch gegen den Schuldner wieder zurückgreifen? Die Antwort gibt § 365, der auf die Haftung des Verkäufers verweist, die diesen bei Mängeln des Kaufgegenstandes trifft.

> Gehörte im Beispiel das von G an Erfüllungs statt angenommene Ölgemälde nicht dem S, sondern war es einem Dritten gestohlen worden (Rechtsmangel, vgl. § 435), oder weist es einen Sachmangel auf (vgl. § 434), so lebt die ursprüngliche Schuld nicht ohne Weiteres wieder auf, sondern G wird so gestellt, als habe er das Bild von S gekauft. Die sich dann ergebenden Rechte werden im Zusammenhang mit dem Kaufrecht dargestellt.

Nicht immer wird der Gläubiger damit einverstanden sein, eine andere als die geschuldete Leistung an Erfüllungs statt anzunehmen; er kann aber bereit sein, wegen seiner Forderung aus dem angebotenen Gegenstand die Befriedigung zu suchen. **252**

> In dem oben angeführten Beispielsfall erklärt G, er wolle zwar das Ölgemälde selbst nicht behalten, kenne aber mehrere Leute, die Bilder der angebotenen Art sammeln. Er wolle deshalb versuchen, durch einen Verkauf des Bildes den zur Abdeckung seiner Forderung gegen S erforderlichen Geldbetrag zu beschaffen.

Die Hingabe des anderen Gegenstandes geschieht dann nur **erfüllungshalber**. Die ursprüngliche Forderung bleibt bestehen, der Gläubiger verpflichtet sich aber, zunächst den Versuch zu unternehmen, sich aus dem ihm erfüllungshalber überlassenen Gegenstand zu befriedigen. Gelingt dies nicht, kann er wieder auf die (bestehen gebliebene) Forderung zurückgreifen, zu deren Tilgung ihm der andere Gegenstand erfüllungshalber überlassen worden ist. Ob eine andere als die geschuldete Leistung an Erfüllungs statt oder nur erfüllungshalber vom Gläubiger angenommen wird, muss aufgrund der zwischen den Parteien getroffenen Vereinbarungen ermittelt werden. § 364 II enthält für den Fall, dass der Schuldner zum Zwecke der Befriedigung des Gläubigers diesem gegenüber eine neue Verbindlichkeit übernimmt, eine Auslegungsregel, die für eine Leistung erfüllungshalber spricht. Unter diese Auslegungsregel fallen vor allem die Hingabe von Wechseln und Schecks, durch die neue Forderungen gegen den Schuldner begründet werden. Wie dies im Einzelnen geschieht, muss dem Wechsel- und dem Scheckrecht entnommen werden, auf das hier nicht einzugehen ist. **253**

Bislang wurde ohne Weiteres davon ausgegangen, dass ein Schuldner seine Geldschuld durch **Überweisung auf das Bankkonto** des Gläubigers erfüllen kann. In der Tat ist heute nach allgemeiner Gepflogenheit die Erfüllung einer Geldschuld durch Barzahlung weitgehend auf Geschäfte des täglichen Lebens beschränkt, während sonst der bargeldlose Zahlungsverkehr üblich ist. Dennoch muss der Frage nachgegangen werden, ob und wie der Schuldner durch Überweisung des Forderungsbetrages auf das Konto des Gläubigers die Forderung erfüllt: **254**

Wird eine Geldforderung bar beglichen, so tritt der für die Bewirkung der Leistung erforderliche Leistungserfolg mit Übertragung des Eigentums an den Geldwertzeichen (Scheine und/oder Münzen) auf den Gläubiger ein. Bei Überweisung des entsprechenden Betrages auf das Konto des Gläubigers erwirbt dieser naturgemäß nicht das Eigentum an Geldwertzeichen, sondern eine Forderung gegen das Kreditinstitut in Höhe des überwiesenen Betrages. Dies legt es nahe, dass die Forderung erlischt, **255** weil der Gläubiger damit einverstanden ist, anstelle der an sich geschuldeten Leistung (= Bargeld) eine andere Leistung (= Erwerb der Forderung gegen die Bank) anzunehmen. Nach dieser Sichtweise handelt es sich also um einen Fall der Annahme an Erfüllungs statt iSv § 364 I.[25]

256 Weil Buch- bzw. Giralgeld dem Bargeld weitestgehend gleichwertig ist, wird die Argumentation mit § 364 I zunehmend als entbehrlich bzw. lebensfremd empfunden: Ausgehend von dieser Sichtweise ist der „Zahlung" durch Überweisung auf das Konto des Gläubigers, wenn die Bank diesem den Betrag gutschreibt, die gleiche rechtliche Wirkung zuzuerkennen wie der Erfüllung durch Barzahlung.[26] Im praktischen Ergebnis besteht allerdings kein Widerspruch zum Rückgriff auf § 364 I, wenn man mit dem BGH zwar eine zwischen Gläubiger und Schuldner zumindest stillschweigend getroffene Vereinbarung darüber verlangt, dass die Forderung durch Zahlung von Buchgeld erfüllt werden kann, jedoch das Einverständnis des Gläubigers ohne Weiteres schon in der Bekanntgabe seines Girokontos auf Briefen oder Rechnungen sieht.[27]

3. Hinterlegung und Selbsthilfeverkauf

257 Es gibt Fälle, in denen der Schuldner daran interessiert ist, die gegen ihn gerichtete Forderung zu erfüllen, daran aber gehindert wird, weil der Gläubiger die angebotene Leistung nicht annimmt oder der Schuldner nicht genau weiß, wer sein Gläubiger ist. Richtet sich die Forderung auf Geld, Wertpapiere, sonstige Urkunden (zB einen Hypothekenbrief) oder Kostbarkeiten (vgl. § 372), so kann der Schuldner den Gegenstand nach Maßgabe der Hinterlegungsordnung bei einer dazu bestimmten öffentlichen Stelle hinterlegen. Erklärt der Schuldner der Hinterlegungsstelle, dass er auf das Recht zur Rücknahme verzichte (§ 376 II Nr. 1), dann hat die **Hinterlegung** die gleiche Wirkung wie die Leistung an den Gläubiger; der Erfüllungsanspruch erlischt (§ 378).[28] Die Hinterlegung ist in diesem Fall ein Ersatz (= Surrogat) für die Erfüllung, kurz ein „**Erfüllungssurrogat**".

258 Von welchen Voraussetzungen das Recht zur Hinterlegung abhängig ist, wird in § 372 im Einzelnen geregelt. Handelt es sich nicht um eine hinterlegungsfähige Sache, so kann der Schuldner in den in § 383 I genannten Fällen einen sog. **Selbsthilfeverkauf** vornehmen und den Erlös (also hinterlegungsfähiges Geld) hinterlegen. Der Selbsthilfeverkauf wird entweder durch öffentliche Versteigerung nach §§ 383, 384 oder – wenn die Sache einen Börsen- oder Marktpreis hat – durch freihändigen Verkauf nach § 385 vollzogen.

---

[25] So *Martens* JuS 2014, 200; *Fikentscher/Heinemann* SchuldR Rn. 261; Jauernig/*Stürner* §§ 364, 365 Rn. 4.
[26] So Palandt/*Grüneberg* § 362 Rn. 9 f. Näher zur Technik und zum Verfahrensablauf bargeldloser Zahlungen etwa *Köndgen* JuS 2011, 481; *Brechtel* WM 2016, 1057.
[27] BGH NJW 1986, 2428 (2429); 1999, 210 f. Folgerichtig lässt das Gericht deshalb auch die Frage offen, welche der beiden oben dargestellten Meinungen zutrifft.
[28] Näher *Regenfus* JA 2017, 81 (85 ff.).

III. Erlöschen des Schuldverhältnisses

4. Aufrechnung

Bisweilen schulden sich zwei Personen wechselseitig etwas: beide sind jeweils sowohl Schuldner als auch Gläubiger des anderen. Dann bietet sich eine Aufrechnung iSv §§ 387 ff. an; auch diese ist ein Erfüllungssurrogat (→ Rn. 257).

259

> **Beispiel:** Wenn A dem B aus Kaufvertrag 500 EUR schuldet, selbst aber von B 400 EUR aus einem diesem gewährten Darlehen zu bekommen hat, dann wäre es recht umständlich, dem B erst die 500 EUR zu zahlen, um anschließend wiederum 400 EUR von diesem zu erhalten. Einfacher ist es, die „Hin- und Herzahlerei" zu vermeiden und mittels Aufrechnung lediglich den überschießenden Betrag von 100 EUR auszugleichen.

Über die Erleichterung der Tilgung von Schulden hinaus bietet die Aufrechnung einem Gläubiger den weiteren Vorteil, dass er auf diesem Wege die Befriedigung gegenüber zahlungsunfähigen oder -unwilligen Schuldnern ohne Weiteres erreichen kann.

260

> Muss im Eingangsbeispiel der A befürchten, dass er von B den Darlehensbetrag nicht erhalten wird, so wird er erst recht nicht bereit sein, an diesen die gesamte 500 EUR zu zahlen, sondern den Weg der Aufrechnung gehen.

Die **Voraussetzungen** der Aufrechnung führt § 387 auf:

261

- Zwei Personen müssen einander etwas schulden, jeder muss also gleichzeitig Gläubiger und Schuldner des anderen sein (sog. **Gegenseitigkeit** oder Wechselseitigkeit der Forderungen). Die dem Aufrechnenden zustehende Forderung (*mit* der aufgerechnet wird) heißt **Gegen- oder Aktivforderung**; die dem Aufrechnungsgegner gegen den Aufrechnenden zustehende Forderung (*gegen* die aufgerechnet wird) nennt man **Haupt- oder Passivforderung**.

```
                    Gegenforderung
                    ───────────────→
A                   400,– (§ 488 I 2)           B
(Aufrechnender)     500,– (§ 433 II)            (Aufrechnungsgegner)
                    ←───────────────
                    Hauptforderung
```

- Die einander geschuldeten Leistungen müssen gleichartig sein, also beide entweder auf Geld (Hauptanwendungsfall) oder auf die gleiche Gattungsschuld (zB genormte Goldbarren) gerichtet sein (**Gleichartigkeit**).
- Der Aufrechnende muss die ihm gebührende Leistung fordern können (**Fälligkeit und Durchsetzbarkeit der Gegenforderung**).
- Der Aufrechnende muss die ihm obliegende Leistung bewirken können (**Erfüllbarkeit der Hauptforderung**).
- Außerdem darf **kein Aufrechnungsverbot** eingreifen.

Von dem Erfordernis der **Gegenseitigkeit** von Haupt- und Gegenforderung gibt es **zwei Ausnahmen:**

262

- Im Fall einer Abtretung der Forderung (vgl. § 398) kann nach § 406 – vorbehaltlich der in dieser Vorschrift genannten Einschränkungen – der Schuldner mit einer ihm gegenüber dem bisherigen Gläubiger (der die Forderung an einen anderen abgetreten hat) zustehenden Forderung auch dem neuen Gläubiger gegenüber aufrechnen (Einzelheiten später).

▪ Nach § 268 II kann ein **ablösungsberechtigter Dritter** mit einer ihm gegen den die Zwangsvollstreckung betreibenden Gläubiger zustehenden Forderung gegen die Forderung, wegen der die Zwangsvollstreckung betrieben wird, aufrechnen. § 268 betrifft den Fall, dass einem Dritten infolge einer gegen einen anderen durchgeführten Zwangsvollstreckung ein Rechts- oder Besitzverlust droht.

Beispiel: S schuldet dem G aus Darlehen 10.000 EUR. Da S nicht zahlt, erwirkt G ein Urteil gegen ihn und betreibt daraus die Zwangsvollstreckung. S ist Eigentümer eines Grundstücks, das er an D verpachtet hat. Wenn G dieses Grundstück zur Zwangsversteigerung bringt, besteht die Gefahr, dass der Ersteigerer das Pachtverhältnis mit D kündigt (vgl. § 57a ZVG). D droht infolge der von G betriebenen Zwangsvollstreckung also den Besitz an dem von ihm gepachteten Grundstück des S zu verlieren. In diesem Fall gibt ihm § 268 I ein Ablösungsrecht, das er nach § 268 II auch durch Aufrechnung einer eigenen Forderung, deren Schuldner G ist, gegen die Hauptforderung des G gegen S wahrnehmen kann. Rechnet D gegenüber G auf, so geht nach § 268 III 1 die Forderung des G gegen S auf ihn über und er kann versuchen, Erfüllung dieser Forderung von S zu erhalten.

263 Die erforderliche **Gleichartigkeit** der zur Aufrechnung gestellten Forderungen (Geld gegen Geld; gleiche Gattung gegen gleiche Gattung) setzt nicht voraus, dass die Forderungen gleich hoch sind; selbstverständlich gehen die Forderungen aber nur insoweit unter, als sie sich betragsmäßig decken (vgl. schon den einleitenden Beispielsfall, → Rn. 259, 261).

264 Die zur Aufrechnung gestellte **Gegenforderung muss fällig sowie durchsetzbar, dh erzwingbar und einredefrei, sein.** Fällig wird eine Forderung von dem Zeitpunkt an, von dem der Gläubiger die Leistung vom Schuldner verlangen kann. Nach § 271 I kann der Gläubiger die Leistung sofort verlangen, wenn sich nichts anderes aus einer Parteivereinbarung oder den Umständen des Einzelfalles ergibt. Nicht erzwingbar sind Naturalobligationen (→ Rn. 204), sodass mit ihnen nicht aufgerechnet werden kann. Schließlich kann eine Forderung, der eine Einrede entgegensteht, nicht zur Aufrechnung gestellt werden (§ 390).

265 In der Terminologie des BGB bedeutet „**Einrede**" ein gegen den Anspruch des Gläubigers gerichtetes Gegenrecht des Schuldners, aufgrund dessen er die Durchsetzung des Anspruchs gegen ihn zu verhindern vermag. Kann G von S die Zahlung einer bestimmten Geldsumme fordern, so ist seine Forderung einredebehaftet, wenn dem S ein Gegenrecht zusteht, kraft dessen er die Erfüllung der Forderung verweigern kann. Dies gilt zB im Fall der Verjährung (§ 214 I). Eine Einrede muss vom Schuldner grundsätzlich geltend gemacht werden, damit sie im Streitfall vom Gericht beachtet wird. Für § 390 genügt aber die Existenz der Einrede; der Schuldner muss sich nicht auf sie berufen.

266 Je nachdem, ob die Durchsetzung des Anspruchs auf Dauer oder nur zeitweilig durch das Gegenrecht ausgeschlossen wird, unterscheidet man zwischen **dauernden (peremptorischen) Einreden** und **aufschiebenden (dilatorischen) Einreden**. Die wichtigsten peremptorischen Einreden sind die Einrede der Verjährung (§ 214 I), die Einrede der Bereicherung (§ 821) und die Einrede der unerlaubten Handlung (§ 853). Dilatorische Einreden sind insbesondere die Einrede der Stundung (→ Rn. 489), die Einrede des nichterfüllten Vertrages (§ 320), die Einrede des Notbedarfs des

III. Erlöschen des Schuldverhältnisses

Schenkers (§ 519) sowie die dem Bürgen zustehenden Einreden der Anfechtbarkeit (§ 770 I), der Aufrechenbarkeit (§ 770 II) und der Vorausklage (§ 771).

> Ist im Eingangsbeispiel die Darlehensforderung (Gegenforderung) des A gegen B verjährt, so kann er damit nicht gegen die Kaufpreisforderung (Hauptforderung) des B aufrechnen. Eine Ausnahme gilt gem. § 215, wenn die verjährte Gegenforderung beim Eintritt der Aufrechnungslage – dh in dem Zeitpunkt, in dem sich beide Forderungen erstmals aufrechenbar gegenüberstanden (vgl. § 389) – noch nicht verjährt gewesen ist.

267 § 390 schließt die Aufrechnung nur aus, wenn die Gegenforderung einredebehaftet ist. Dagegen kann der Gläubiger einer einredefreien Forderung ohne Weiteres gegen eine **einredebehaftete Hauptforderung** die Aufrechnung erklären, weil es ihm unbenommen ist, die Einrede nicht geltend zu machen und sich so zu verhalten, als gebe es den Tatbestand der Einrede nicht.

> B kann also mit seiner Kaufpreisforderung (Gegenforderung) gegen die verjährte Darlehensforderung des A (Hauptforderung) aufrechnen.

268 Weil die Aufrechnung die gleiche Wirkung wie die Erfüllung hat, muss die **Hauptforderung erfüllbar** sein. Ist zB für eine verzinsliche Darlehensforderung ein Rückzahlungstermin vereinbart worden, darf der Schuldner vor diesem Termin die Darlehensschuld wegen des Interesses des Gläubigers an den Zinsen nicht tilgen; diese Forderung ist also vorher nicht erfüllbar (Umkehrschluss aus § 488 III 3) und somit auch nicht aufrechenbar.

269 Auch wenn alle Voraussetzungen für eine Aufrechnung (Gegenseitigkeit und Gleichartigkeit beider Forderungen, Fälligkeit und Durchsetzbarkeit der Gegenforderung, Erfüllbarkeit der Hauptforderung) gegeben sind, kann die Aufrechnung durch Gesetz oder durch vertragliche Vereinbarung ausgeschlossen sein. Sofern ein Aufrechnungsverbot in AGB ausgesprochen wird, ist **§ 309 Nr. 3** zu beachten. Ein gesetzliches **Aufrechnungsverbot** enthält § 393; danach kann gegen eine Forderung aus einer vorsätzlich begangenen unerlaubten Handlung nicht aufgerechnet werden.

> **Beispiel:** G gibt dem S auf dessen Bitten ein Darlehen iHv 1.000 EUR. Als S trotz mehrfacher Mahnungen das Darlehen nicht zurückzahlt, verprügelt ihn G. Dem S entstehen Kosten für seine ärztliche Behandlung. Als S seine Forderung auf Schadensersatz iHv 950 EUR gegen G geltend macht (vgl. § 823 I), erklärt dieser, er rechne mit seiner Darlehensforderung auf. Diese Aufrechnung ist nicht zulässig, weil ihr § 393 entgegensteht.

270 Dahinter steht der Rechtsgedanke, dass derjenige, der einen anderen vorsätzlich deliktisch schädigt, nicht davon profitieren soll, dass er mittels Aufrechnung – möglicherweise auch noch mit einer sonst nicht einbringlichen Forderung – seine eigene Schuld tilgen kann. Dem Gläubiger, der vorsätzlich geschädigt worden ist, steht es dagegen frei, seinerseits aufzurechnen. Im Beispielsfall ist der Darlehensschuldner also nicht gehindert, mit seiner aus unerlaubter Handlung stammenden Forderung aufzurechnen. Ob § 393 auch dann gilt, wenn beide Forderungen aus vorsätzlichen unerlaubten Handlungen hervorgegangen sind (zB durch eine Schlägerei, bei der beide Kontrahenten verletzt werden), ist streitig, aber angesichts des klaren Wortlauts und des Rechtsgedankens der Vorschrift zu bejahen.[29]

---

[29] BGH NJW 2009, 3508.

271 Nach § 394 S. 1 darf gegen eine **unpfändbare Forderung** nicht aufgerechnet werden. Die Unpfändbarkeit (geregelt in den §§ 850 ff. ZPO) ist vom Gesetzgeber angeordnet worden, um dem Vollstreckungsschuldner das zum Leben Notwendige zu belassen. Auch durch Aufrechnung soll dem Schuldner dieses Minimum nicht genommen werden.

> **Beispiel:** Handwerksmeister H leiht seinem Gesellen G für einen privaten Transport nach Feierabend einen Pritschenwagen. Der Wagen wird bei der Fahrt infolge eines fahrlässigen Verhaltens des G beschädigt. Daraufhin erklärt H, er werde im kommenden Monat dem G keinen Lohn zahlen, weil er mit seiner Schadensersatzforderung gegen den Lohnanspruch des G aufrechne. Dies erbost den G so sehr, dass er ein gerade von ihm fertig gestelltes Werkstück zerstört. Daraufhin erklärt H, dass G nunmehr eine weitere Woche keinen Lohn erhalten werde, weil er (H) auch noch mit seinem Schadensersatzanspruch wegen des zerstörten Werkstückes aufrechne.
>
> Eine Aufrechnung des H mit seiner Forderung auf Schadensersatz wegen der Beschädigung des Pritschenwagens (unter anderem nach § 823 I iVm § 249 II) kommt nur insoweit in Betracht, als der zu zahlende Lohn die Pfändungsgrenzen übersteigt (§ 394 S. 1 BGB iVm §§ 850, 850c ZPO). Nach dem Wortlaut des § 394 würde dies auch für die Schadensersatzforderung wegen der vorsätzlich vorgenommen Zerstörung des Werkstückes gelten, doch wird demjenigen, der vorsätzlich eine unerlaubte Handlung begeht, die Berufung auf diese Vorschrift verwehrt, wenn unpfändbare Forderung und Schadensersatzforderung im Rahmen desselben Lebensverhältnisses entstanden sind. Diese unter dem Gesichtspunkt von Treu und Glauben (§ 242) vorzunehmende Einschränkung trifft hier zu, sodass H insoweit ohne Rücksicht auf § 394 S. 1 aufrechnen kann. Aus sozialen Erwägungen wird man jedoch dem Schuldner so viel belassen müssen, wie er für seinen notwendigen Unterhalt und den seiner Familie benötigt.[30] Zur Orientierung kann § 850d ZPO dienen.[31]

272 Die Aufrechnung wird durch **empfangsbedürftige Willenserklärung des Aufrechnenden** vorgenommen (§ 388 S. 1); die Befugnis zur Aufrechnung ist ein sog. Gestaltungsrecht, das durch Erklärung der Aufrechnung ausgeübt wird.

273 Ein **Gestaltungsrecht** ist ein dem Einzelnen – nicht nur allen Beteiligten gemeinsam – zustehendes Recht, das unmittelbar auf ein bestehendes Rechtsverhältnis einwirkt und dieses ändert. Das Gestaltungsrecht wird grundsätzlich durch eine Willenserklärung geltend gemacht. Es gibt jedoch auch Fälle, in denen wegen der Wichtigkeit des Gestaltungsrechts eine gerichtliche Entscheidung erforderlich ist (zB Ehescheidung, § 1564 S. 1). Ist das Gestaltungsrecht untrennbar mit dem Hauptanspruch verbunden (wie der Rücktritt), so kann dieses Recht nicht einem anderen allein übertragen werden (unselbstständiges Gestaltungsrecht). Denkbar sind aber auch selbstständige Gestaltungsrechte, die isoliert übertragen werden können (zB Wiederkaufsrecht, vgl. § 456).

274 Soweit sich Haupt- und Gegenforderung decken, bewirkt die Aufrechnungserklärung, dass beide erlöschen, und zwar zurückbezogen auf den Zeitpunkt, in dem sie „zur Aufrechnung geeignet einander gegenübergetreten sind" (§ 389). Selbstver-

---

[30] BGH NJW 1993, 2105 (2106).
[31] Dazu *Musielak/Voit* GK ZPO Rn. 1191.

III. Erlöschen des Schuldverhältnisses

ständlich bleibt der Teil der Forderung, der nicht von der Gegenforderung abgedeckt wird, bestehen.

> Hat im Eingangsbeispiel A von B 400 EUR zu bekommen, der seinerseits eine Forderung von 500 EUR gegen A hat, und erklärt A die Aufrechnung, so erlöschen seine Forderung und die Forderung des B iHv 400 EUR; dagegen bleibt die Restforderung des B iHv 100 EUR bestehen.

Eine Aufrechnung kann nicht nur durch einseitige Erklärung (also Gestaltungsrechtsausübung), sondern auch durch eine vertragliche Vereinbarung, einen sog. **Aufrechnungsvertrag,** vorgenommen werden. Der Vorteil eines solchen Vertrages liegt darin, dass die verzichtbaren Voraussetzungen der (einseitigen) Aufrechnung nicht erfüllt zu sein brauchen. So müssen die Forderungen nicht gleichartig (→ Rn. 261, 263) und nicht fällig (→ Rn. 261, 264) sein. Auch können beliebig viele Personen einen Aufrechnungsvertrag schließen und eine Verrechnung von Forderungen vornehmen, ohne dass es dabei auf eine Gegenseitigkeit ankommt. **275**

> **Beispiel:** A schuldet B 500 EUR, B schuldet den gleichen Betrag dem C, der wiederum 600 EUR an A zu zahlen hat. In diesem Fall können A, B und C einen Aufrechnungsvertrag schließen, der bewirkt, dass die Forderungen bis auf den Restbetrag von 100 EUR getilgt werden, der noch zwischen A und C ausgeglichen werden muss.

5. Weitere Erlöschensgründe

a) Erlassvertrag

§ 397 I bestimmt, dass das Schuldverhältnis erlischt, wenn der Gläubiger dem Schuldner durch Vertrag die Schuld erlässt. Der Begriff des Schuldverhältnisses ist bei dieser Vorschrift im engeren Sinn zu verstehen; es erlischt also die Forderungsbeziehung zwischen Gläubiger und Schuldner. Voraussetzung dafür ist – wie ausdrücklich in der gesetzlichen Regelung klargestellt wird („durch Vertrag") – ein **Vertrag zwischen Gläubiger und Schuldner.** Ein einseitiger Verzicht des Gläubigers auf seine Forderung ist also ohne Einfluss auf deren Bestand und kann allenfalls als Offerte zum Abschluss eines Erlassvertrages gedeutet werden, die dann vom Schuldner angenommen werden muss, damit der Vertrag zustande kommt (→ Rn. 134). **276**

> **Beispiel:** G erklärt dem S: „Du bist ja ein armer Schlucker, deshalb brauchst du die 100 EUR, die du mir noch schuldest, nicht zu zahlen". S, der sich über die herablassende Art des G ärgert, erklärt spontan: „Meine Schulden bezahle ich." Später überlegt er sich die Sache anders und schreibt dem G einen Brief, in dem er ihm für den Erlass der Schuld dankt. G antwortet, dass S, nachdem er abgelehnt hat, seine Schulden begleichen müsse.
>
> Da ein einseitiger Verzicht auf eine Forderung im Schuldrecht nicht möglich ist, könnten sich Rechtswirkungen aus der Erklärung des G nur ergeben, wenn sie als Antrag zum Abschluss eines Erlassvertrages aufzufassen ist. Zu dieser Auslegung kann man auch dann gelangen, wenn G sich nicht über die rechtliche Notwendigkeit des Abschlusses eines Erlassvertrages im Klaren gewesen sein sollte, weil sein Wille eindeutig darauf gerichtet war, die Schuld des S zu erlassen. Die Erklärung des S stellt aber

nach ihrem eindeutigen objektiven Erklärungswert die Ablehnung dieses Antrages dar (§ 146). Das anschließende Dankschreiben ist deshalb als Offerte des S zum Abschluss eines Erlassvertrages aufzufassen, die von G abgelehnt wird. Es ist deshalb kein Erlassvertrag zustande gekommen, und S bleibt verpflichtet.

Einschub: Verpflichtungs- und Verfügungsgeschäft

277 Der Erlassvertrag unterscheidet sich in Inhalt und Rechtswirkungen erheblich von den Verträgen, die bisher behandelt worden sind: Durch Kauf-, Miet-, Darlehens- oder Dienstverträge begründen die Parteien Forderungsbeziehungen, nach denen eine Partei (der Gläubiger) von der anderen Partei (dem Schuldner) eine bestimmte Leistung fordern kann und der Schuldner zur Erbringung dieser Leistung verpflichtet ist (→ Rn. 198 ff.). Man nennt derartige Rechtsgeschäfte dementsprechend auch **„Verpflichtungsgeschäfte"**.

278 Dagegen wird durch den Erlassvertrag unmittelbar eine Rechtsänderung vorgenommen, nicht nur eine dahingehende Verpflichtung geschaffen; denn durch den Erlassvertrag wird die Forderung zum Erlöschen gebracht. **Rechtsgeschäfte, die ein Recht unmittelbar übertragen, ändern, belasten oder aufheben,** werden **„Verfügungsgeschäfte"** oder kurz „Verfügungen" genannt. Ebenso wie Verpflichtungen ausnahmsweise durch einseitiges Rechtsgeschäft begründet werden können (→ Rn. 190), gibt es auch einseitige Verfügungen. Das gilt beispielsweise für die Aufgabe des Eigentums an einer beweglichen Sache (§ 959).

279 Die meisten Verfügungsgeschäfte gehören dem **Sachenrecht** an; sie beziehen sich auf eine Rechtsänderung an einer Sache, und man nennt sie daher auch „dingliche Rechtsgeschäfte". Wichtige Beispiele sind die Übertragung des Eigentums an beweglichen Sachen (§§ 929 ff.) und an Grundstücken (§ 873 I, § 925), die Bestellung eines Grundpfandrechts (Hypothek, Grundschuld, Rentenschuld; vgl. § 873 I, §§ 1113 ff., §§ 1191 ff., §§ 1199 ff.) und die Pfandrechtsbestellung (vgl. §§ 1204 ff.). Dass es aber auch im **Schuldrecht** Verfügungsgeschäfte gibt, zeigt das Beispiel des Erlassvertrages; genannt seien zudem etwa die Abtretung (§§ 398 ff.) oder der Aufrechnungsvertrag (→ Rn. 275).

280 Eine Verfügung kann nur derjenige wirksam treffen, der dazu befugt ist. Dies ist in aller Regel der Inhaber des Rechts, über das verfügt wird. Ihm steht die **Verfügungsbefugnis** (oder Verfügungsmacht) zu. Da die von dem Verfügungsbefugten vorgenommene Verfügung unmittelbar die darauf gerichtete Rechtsänderung bewirkt, kann eine zweite gleiche Verfügung keine Wirksamkeit erlangen. Es gilt also der **Prioritätsgrundsatz,** der dazu führt, dass von den mehrfachen gleichen Verfügungen nur die erste wirksam ist.

> **Beispiel:** Wenn der Verkäufer dem Käufer die Kaufsache übereignet hat, kann er zwar dieselbe Kaufsache nochmals einem anderen verkaufen (freilich auf die Gefahr hin, sich schadensersatzpflichtig zu machen; dazu sogleich), nicht aber nochmals wirksam übereignen; denn er hat sein Eigentum bereits verloren und ihm steht deshalb die Verfügungsmacht nicht mehr zu.

III. Erlöschen des Schuldverhältnisses

Es gilt also: **eine Verfügung beschränkt das rechtliche Können, eine Verpflichtung nur das Dürfen**.[32] Ausnahmsweise kann jedoch auch die **Verfügung eines Nichtberechtigten** wirksam sein. Unter welchen Voraussetzungen dies in Betracht kommt, regelt § 185:

- Nach Abs. 1 ist die **Verfügung** eines Nichtberechtigten wirksam, wenn sie **mit Einwilligung** (dh mit vorheriger Zustimmung, vgl. § 183 S. 1) des Berechtigten vorgenommen wird.
- Nach Abs. 2 S. 1 Var. 1 wird eine zunächst unwirksame Verfügung des Nichtberechtigten mit rückwirkender Kraft wirksam, wenn der **Berechtigte die Verfügung genehmigt**, dh nachträglich seine Zustimmung erteilt (vgl. § 184 I).
- **Erwirbt der nichtberechtigt Verfügende** später den Gegenstand, über den er verfügt hat, so wird nach § 185 II 1 Var. 2 die Verfügung des Nichtberechtigten wirksam, und zwar von dem Zeitpunkt an, in dem er den Gegenstand erworben hat. Das Gesetz hält also den (früheren) Nichtberechtigten an seiner Verfügung fest, obwohl er zurzeit der Verfügung keine Verfügungsbefugnis besaß.
- Das Gleiche gilt nach § 185 II 1 Var. 3, wenn der **Nichtberechtigte von dem Berechtigten beerbt wird** und dieser für die Nachlassverbindlichkeiten unbeschränkt haftet (Einzelheiten zur Haftung des Erben sind hier nicht zu erörtern; näher etwa *Musielak/Hau* EK BGB Rn. 1078 ff.).

Beispiel: E gibt seinen Barockschrank dem Handwerker H zur Restaurierung. Als der Schrank fertig in der Werkstatt des H steht, sieht ihn dort K, ein Kunde des H, und bietet diesem für den Schrank einen hohen Preis. H weist darauf hin, dass der Schrank dem E gehöre, meint dann aber, er werde schon mit E einig werden und könne deshalb den Schrank dem K verkaufen und übereignen. K stimmt begeistert zu und lässt den Schrank sofort nach Hause bringen. Wie ist die Rechtslage?

Der Kauf als Verpflichtungsgeschäft ist wirksam zwischen H und K zustande gekommen. Dass der Kaufgegenstand dem H nicht gehört, ist ohne Einfluss auf die Wirksamkeit des Kaufvertrages. Wer eine fremde Sache verkauft, muss zusehen, wie er die sich daraus ergebenden Pflichten, insbesondere zur Übereignung des Kaufgegenstandes, erfüllen kann. Misslingt ihm dies, macht er sich schadensersatzpflichtig (Einzelheiten hierzu später). Dies ist das Risiko, das eingeht, wer eine fremde Sache verkauft. Dagegen fehlt dem H die erforderliche Befugnis, gem. § 929 S. 1 über das Eigentum an dem Schrank zu verfügen. Er handelt insoweit als Nichtberechtigter; seine Verfügung, die Übertragung des Eigentums an K, ist deshalb unwirksam. Sie kann nur wirksam werden, wenn einer der Tatbestände des § 185 II erfüllt wird. Genehmigt E die Übereignung durch H oder übereignet er den Schrank an H, so wird K Eigentümer des Schrankes, und zwar im Falle der Genehmigung rückwirkend in dem Zeitpunkt, in dem H (zunächst unwirksam) verfügte, im zweiten Fall im Zeitpunkt des Eigentumserwerbs durch H. Ist dagegen E nicht bereit, die Verfügung des H durch Genehmigung oder Übertragung des Eigentums auf diesen wirksam werden zu lassen, so muss K den Schrank an E wieder herausgeben (vgl. § 985) und hat (nur) Ansprüche wegen Nichterfüllung des Kaufvertrages gegen H.

Erwähnt sei, dass K auch dann Eigentum an dem Schrank erworben hätte, wenn er ohne grobe Fahrlässigkeit davon ausgegangen wäre, dass H Eigentümer des Schrankes sei. Ein solcher gutgläubiger Erwerb vom Nichtberechtigten nach §§ 929 S. 1, 932 I (auf

---

[32] *Brox/Walker* BGB AT Rn. 109.

den später einzugehen sein wird) kommt hier jedoch nicht in Betracht, weil H den K über die wahren Eigentumsverhältnisse informiert hatte (vgl. § 932 II). Ferner scheidet ein Erwerb nach Maßgabe von § 366 I HGB aus; denn K wusste von vornherein, dass H auch nicht von E dazu ermächtigt worden war, den Schrank zu übereignen.

282 Verfügungen werden regelmäßig vorgenommen, weil es dafür einen Grund gibt: Eine Sache wird übereignet, um damit der Verpflichtung zB aus einem Kauf- oder Schenkungsvertrag nachzukommen; oder: eine Forderung wird erlassen, um den Schuldner zu beschenken. Im natürlichen Sinn gehören das Verfügungsgeschäft und das ihm zugrundeliegende Verpflichtungsgeschäft zusammen, nicht jedoch im Rechtssinn: Verpflichtungsgeschäft und Verfügungsgeschäft sind rechtlich voneinander getrennt **(Trennungsprinzip)**. Das Verfügungsgeschäft ist grundsätzlich wirksam, ohne dass es dafür auf die Wirksamkeit des zugrundeliegenden Verpflichtungsgeschäfts ankommt; es ist also in seinem Bestand von der Wirksamkeit des Verpflichtungsgeschäfts „abstrahiert" **(Abstraktionsprinzip)**.[33]

> **Beispiel:** Ist die Kaufsache dem Käufer übereignet worden, hat er auch dann Eigentum erworben, wenn sich herausstellt, dass der dem zugrundeliegende Kaufvertrag beispielsweise wegen eines versteckten Dissens (→ Rn. 174) unwirksam ist. Allerdings kann der Verkäufer dann Rückübereignung verlangen, weil der Käufer das Eigentum ohne Rechtsgrund erlangt hat (dazu später).

283 Der Gesetzgeber hat das Abstraktionsprinzip in das BGB aufgenommen, um im Interesse des Rechtsverkehrs die durch die Verfügung vorgenommene Einwirkung auf das Recht nicht von der Wirksamkeit des Verpflichtungsgeschäftes abhängig zu machen. Wäre es anders, so wäre beispielsweise jede Übereignung mit der Unsicherheit belastet, dass sich ihre Unwirksamkeit aus dem zugrundeliegenden Verpflichtungsgeschäft ergeben könnte. Dies sollte vermieden werden. Es ist nicht zu verkennen, dass das Trennungsprinzip und das Abstraktionsprinzip zu einer Aufteilung und Verselbstständigung von Vorgängen führen, die im täglichen Leben häufig als Einheit angesehen werden (zB Barkauf im Einzelhandelsgeschäft). Diese Prinzipien und die sich hieraus ergebenden Rechtsfolgen sind dem juristischen Laien nur schwer zu erklären und bereiten dem Studienanfänger Schwierigkeiten. Hier soll zunächst einmal die Darstellung dieser Prinzipien genügen; auf sich hieraus ergebenden Folgen wird noch häufiger einzugehen sein.

284 Zu bemerken ist noch, dass es nicht ohne Rechtsfolgen bleibt, wenn das einer Verfügung zugrundeliegende Verpflichtungsgeschäft unwirksam ist. Denn besteht keine wirksame Verpflichtung zu der Verfügung, so ist die Verfügung ohne rechtlichen Grund vorgenommen worden und kann gem. § 812 I 1 wegen **ungerechtfertigter Bereicherung** in ihren Folgen rückgängig gemacht werden; Einzelheiten hierzu später.

285 Die hier vorgenommene Unterscheidung zwischen Verpflichtungs- und Verfügungsgeschäft ergänzt die oben (→ Rn. 49) vorgenommene Einteilung der Rechtsgeschäfte. Üblich ist es auch, zwischen **kausalen** und **abstrakten Geschäften** zu unterscheiden, wobei unter kausalen Geschäften solche verstanden werden, die den Rechts-

---

[33] Vgl. etwa *Bayerle* JuS 2009, 1079 sowie *Lieder/Berneith* JuS 2016, 673, dort auch zu Ausnahmen.

III. Erlöschen des Schuldverhältnisses

grund (die causa) für eine (durch sie selbst nicht vorgenommene) Veränderung der Rechtslage enthalten, während abstrakte Geschäfte vom Rechtsgrund losgelöst sind. Verpflichtungsgeschäfte sind meist kausale, Verfügungsgeschäfte meist abstrakte Rechtsgeschäfte. Das Verhältnis von Verpflichtungs- und Verfügungsgeschäft wird im folgenden Schaubild dargestellt.

Verpflichtungsgeschäft	**Trennungsprinzip** (Verpflichtungs- und Verfügungsgeschäft sind selbstständige Rechtsgeschäfte)	Verfügungsgeschäft
begründet Verpflichtung und schafft Rechtsgrund für Erfüllung der Verpflichtung	**Abstraktionsprinzip** (Wirksamkeit des Verfügungsgeschäfts ist unabhängig von der des Verpflichtungsgeschäfts)	bewirkt unmittelbare Veränderung des betroffenen Rechts (durch Übertragung, Aufhebung, Belastung oder Inhaltsänderung)
Beispiel: V verpflichtet sich in einem mit K geschlossenen Kaufvertrag, ihm einen bestimmten Ring zu übergeben und zu übereignen (vgl. § 433 I 1).		**Beispiel:** V überträgt Eigentum an dem verkauften Ring auf K (vgl. § 929 S. 1). Ist der Kaufvertrag unwirksam, ändert dies wegen des Abstraktionsprinzips nichts an dem Eigentumserwerb des K. Es fehlt dann aber der Rechtsgrund für die Übereignung, und V kann Rückübereignung fordern (§ 812 I 2 Var. 1).

286 Ein Erlassvertrag bedarf als Verfügungsgeschäft und als abstraktes Rechtsgeschäft eines Rechtsgrundes. Fehlt dieser Rechtsgrund, so ist zwar wegen des Abstraktionsprinzips der Erlass wirksam, kann aber aufgrund des Bereicherungsrechts rückgängig gemacht werden. Häufig wird dem Erlass einer Forderung als Kausalgeschäft eine Schenkung zugrunde liegen.

In dem oben gebrachten **Erlass-Beispiel** (→ Rn. 276) wäre also dann, wenn der Schuldner „zugestimmt" hätte, nicht nur ein Erlassvertrag, sondern zugleich auch eine Schenkung zustande gekommen.

287 Erkennt der Gläubiger durch Vertrag mit dem Schuldner an, dass eine Schuld nicht bestehe, so muss danach unterschieden werden, ob die Vertragsparteien mit ihrer Vereinbarung eine dennoch bestehende Schuld zum Erlöschen bringen wollen. Ist dies der Fall, so ist die Gleichstellung dieses sog. **negativen Schuldanerkenntnisses** mit einem Erlassvertrag gerechtfertigt, wie dies durch § 397 II bestimmt wird. Folglich handelt es sich um einen abstrakten Vertrag, für den es einen Rechtsgrund geben muss. Fehlt dieser Rechtsgrund, kann der Gläubiger einen bereicherungsrechtlichen Ausgleich verlangen (vgl. § 812 II). Gehen die Parteien hingegen fälschlich davon aus, dass eine Schuld zwischen ihnen nicht existiert und wollen sie lediglich diese Rechtslage feststellen, so ist ihr Wille nicht darauf gerichtet, eine entgegen ihren Erwartungen doch bestehende Schuld zum Erlöschen zu bringen. Dennoch bejaht die hM[34] auch in diesem Fall das Erlöschen der (unerkannt bestehenden) Forderung und will dem Gläubiger nur einen bereicherungsrechtlichen Anspruch einräumen, gerichtet auf Wiederbegründung

---

34 *Brox/Walker* SchuldR AT § 17 Rn. 2; Erman/*Wagner* § 397 Rn. 11.

der Forderung. Näher liegt es, die Nichtexistenz der Forderung als Geschäftsgrundlage für das Anerkenntnis anzusehen und die Konsequenzen des gemeinsamen Irrtums nach Maßgabe von § 313 zu beurteilen (zum Fehlen der Geschäftsgrundlage Einzelheiten später).

b) Aufhebungsvertrag

288 In dem Grundsatz der Vertragsfreiheit (→ Rn. 128) ist es eingeschlossen, dass die Parteien durch einen Aufhebungsvertrag das von ihnen begründete Schuldverhältnis beseitigen. Hierbei können die Vertragsparteien entweder Wirkungen nur für die Zukunft schaffen oder aber der Aufhebung auch Rückwirkung geben und sich gegenseitig so stellen, als wäre der aufgehobene Vertrag niemals geschlossen worden.

c) Änderungsvertrag und Novation

289 Wie § 311 I hervorhebt, können die Vertragspartner – wiederum kraft der Vertragsfreiheit – einzelne Teile des von ihnen geschlossenen Vertrages durch einen Änderungs- bzw. Anpassungsvertrag modifizieren, also zB die sich daraus ergebenden Pflichten herabsetzen oder erhöhen. Alternativ ist es den Vertragspartnern unbenommen, einen bestehenden Vertrag aufzuheben und durch einen neuen mit geändertem Inhalt zu ersetzen (Schuldersetzung bzw. Novation).

> **Beispiel:** A bittet B, ihm unentgeltlich für zwei Tage ein Kfz zur Verfügung zu stellen. Dies sagt B zu (Leihe, § 598). Kurze Zeit danach erklärt A dem B, er brauche den Wagen mindestens eine Woche. Hierfür will B aber ein Entgelt iHv 200 EUR haben. Damit ist A einverstanden.
>
> Denkbar ist zum einen die Deutung, dass die Parteien den bestehenden Vertrag geändert haben, indem sie zum einen die Laufzeit verlängert und zum anderen eine Hauptleistungspflicht des A begründet haben (Änderung des Leihvertrags in einen Mietvertrag). Zum anderen könnte man den Vorgang so deuten, dass der ursprüngliche Leihvertrag aufgehoben und an dessen Stelle ein neuer Mietvertrag gesetzt wurde (Novation). Im Zweifel erscheint ein bloßer (identitätswahrender) Änderungs- bzw. Anpassungsvertrag interessengerecht.

d) Konfusion

290 Fallen Forderung und Schuld in einer Person zusammen (Konfusion), so erlischt die Forderung, weil niemand sein eigener Schuldner sein kann.

> **Beispiel:** Onkel O gibt seinem Neffen N ein Darlehen von 5.000 EUR. Vor Rückzahlung des Darlehens stirbt O und wird von N beerbt. Mit dem Erbfall geht das gesamte Vermögen des Erblassers auf den Erben über (§ 1922 I). Somit erwirbt N als Erbe des O auch dessen Forderung gegen sich selbst. Dies bewirkt das Erlöschen der Forderung.

e) Anfechtung

291 Wenn eine Willenserklärung angefochten wird, die zur Begründung eines (rechtsgeschäftlichen) Schuldverhältnisses abgegeben worden ist, fällt mit Beseitigung der Willenserklärung auch der Schuldvertrag mit rückwirkender Kraft weg (vgl. § 142 I). So gesehen, stellt die Anfechtung einer Willenserklärung einen Erlöschensgrund für das Schuldverhältnis dar (Einzelheiten dazu später).

IV. Anhang: Besonderheiten bei Verbraucherverträgen

In Umsetzung der Verbraucherrechte-RL 2011/83/EU[35] wurden §§ 312 ff. neu gefasst:[36] Zusammengestellt sind hier nunmehr **allgemeine Regeln für Verbraucherverträge** (§§ 312, 312a) sowie **spezielle Regeln für besondere Vertriebsformen**, nämlich Verträge, die außerhalb von Geschäftsräumen oder im Fernabsatz zustande kommen (§§ 312b–312h). Außerdem hat der Gesetzgeber in §§ 312i, 312j Vorschriften über **Verträge im elektronischen Geschäftsverkehr** platziert, was aber systematisch nicht ganz stimmig ist, weil diese Regeln zum Teil auch für Geschäfte gelten, an denen kein Verbraucher beteiligt ist (vgl. dazu schon im Zusammenhang mit dem Vertragsschluss → Rn. 179). Bei alledem zu beachten ist § 312k, der abweichende Vorschriften bzw. Umgehungsversuche zulasten des Verbrauchers bzw. Kunden untersagt.

292

Der **Begriff des Verbrauchervertrags** wird in § 312 I etwas umständlich unter Bezugnahme auf § 310 III definiert. Erfasst sind daher nur Verträge zwischen Verbrauchern iSv § 13[37] und Unternehmern iSv § 14. Aus § 312 I ergibt sich zudem, dass der Verbrauchervertrag „eine entgeltliche Leistung des Unternehmers zum Gegenstand haben" muss; mithin obliegt die vertragscharakteristische Sachleistung dem Unternehmer, dem Verbraucher hingegen die Geldleistung. Probleme bereitet diese Einschränkung, die aus der Verbraucherrechte-Richtlinie jedenfalls nicht ohne Weiteres ableitbar ist, vor allem im Hinblick auf Bürgschaften, die Verbraucher zugunsten von Unternehmern eingehen.[38] In § 312 II–VI finden sich weitere, insgesamt wenig übersichtliche und teilweise in der Sache fragwürdige Einzelheiten zum sachlichen Anwendungsbereich der Vorschriften über Verbraucherverträge. § 312a schafft Vorgaben zum **Inhalt von Verbraucherverträgen**, nämlich allgemeine Offenbarungs- und Informationspflichten des Unternehmers (§ 312a I, II 1 iVm Art. 246 EGBGB) sowie Grenzen der Möglichkeit, den Verbraucher zur Zahlung eines Entgelts für bestimmte Leistungen zu verpflichten (§ 312a II 2, III–V).

293

Eingehend geregelt sind sodann zwei **besondere Vertriebsformen**.[39] Hier handelt es sich zum einen um Verträge, die außerhalb von Geschäftsräumen geschlossen werden. Der situative Anwendungsbereich des dafür einschlägigen § 312b ist deutlich weiter gefasst als im bisherigen Recht (§ 312 I aF), sodass der Gesetzgeber konsequenterweise darauf verzichtet, zusammenfassend den griffigen, aber schon bislang missverständlich engen Begriff des „Haustürgeschäfts" zu verwenden; stattdessen könnte

294

---

[35] RL 2011/83/EU des Europäischen Parlaments und des Rates über die Rechte der Verbraucher v. 25.10.2011, ABl. 2011 L 304, 64.
[36] Gesetz v. 20.9.2013 (BGBl. 2013 I 3642). Näher dazu und zum Folgenden *Beck* JURA 2014, 666; *Förster* JA 2014, 721 und 801; *Stürner* JURA 2015, 30; *Wendelstein/Zander* JURA 2014, 1191.
[37] Näher zum Begriff des Verbrauchers etwa *Beck* JURA 2014, 666 (668 ff.); *Bülow* WM 2014, 1; *Meier* JuS 2014, 777.
[38] Vgl. zum Diskussionsstand aus neuerer Zeit *Bülow/Artz*, Verbraucherprivatrecht, 5. Aufl. 2016, Rn. 86, 223 ff.; *Erman/Koch* § 312 Rn. 14 ff.; *v. Loewenich* WM 2015, 113.
[39] Dazu *Hilbig-Lugani* ZJS 2013, 441 und 545; *Raue* JURA 2015, 326; *Stürner* JURA 2015, 341.

man nunmehr von **Außergeschäftsraumverträgen** sprechen. Zum anderen geht es um **Fernabsatzverträge** iSv § 312c I, also Geschäfte, bei denen beide Seiten für die Verhandlungen und den Vertragsschluss ausschließlich Fernkommunikationsmittel verwendet haben.[40] Was man sich darunter vorzustellen hat, wird in § 312c II definiert; erfasst sind also nicht etwa nur neue elektronische Medien, sondern auch das Telefon und sogar der herkömmliche Briefverkehr. Eine Ausnahme greift allerdings dann, wenn „der Vertragsschluss nicht im Rahmen eines für den Fernabsatz organisierten Vertriebs- oder Dienstleistungssystems erfolgt". In der Sache geht es bei §§ 312b ff. um den Schutz des Verbrauchers vor Überrumpelung, sachwidriger Beeinflussung oder Informationsdefiziten. Abhilfe verspricht sich der Gesetzgeber bei Außergeschäftsraum- und Fernabsatzverträgen von umfangreichen **Informations- und Dokumentationspflichten** des Unternehmers (§§ 312d–312f, Art. 246a EGBGB)[41] und von einem **Widerrufsrecht** des Verbrauchers (§ 312g; näher dazu → Rn. 708 ff.), ferner von Formvorgaben (§ 312h).

295 Die umfangreichen Vorschriften zu Verbraucherverträgen in §§ 312 ff. dürfen nicht den Blick dafür verstellen, dass sich **sonstiges Verbraucherschutzrecht** in einer ganzen Reihe von Bestimmungen des BGB und darüber hinaus in weiteren Gesetzen findet. Erwähnt seien hier für das BGB nur die verschärfte Kontrolle vorformulierter Klauseln (vgl. § 310 III als Erweiterung von §§ 305 ff.; näher zum AGB-Recht *Musielak/Hau* EK BGB Rn. 74 ff.) und die Regeln über den Verbrauchsgüterkauf (§§ 474 ff.; → Rn. 901 ff.) sowie Verbraucherdarlehen und Finanzierungshilfen (§§ 491 ff.; → Rn. 918 ff.).

Fälle und Fragen

1. Erläutern Sie bitte den Begriff „Schuldverhältnis".
2. Wie entstehen Schuldverhältnisse?
3. Was ist ein Dauerlieferungsvertrag?
4. Erläutern Sie bitte die Begriffe „primäre Leistungspflicht" und „sekundäre Leistungspflicht".
5. Auf welche Weise lässt sich der Inhalt des Begriffs „gute Sitten" bestimmen?
6. Was ist eine Stückschuld, was eine Gattungsschuld?
7. Was bedeutet Konkretisierung bei der Gattungsschuld und welche Rechtsfolgen ergeben sich daraus?
8. Welche Pflichten treffen den Schuldner bei der Holschuld, bei der Bringschuld und bei der Schickschuld?
9. Wodurch unterscheidet sich die Wahlschuld von der Ersetzungsbefugnis?
10. In einem Schuldverhältnis bestehen regelmäßig neben den Leistungspflichten noch weitere Pflichten. Welche sind dies?
11. Dem 17-jährigen L gehört ein großes Mietshaus. Als er Geld braucht, begibt er sich zu dem im Haus wohnenden Mieter M und erklärt diesem, er sei gekommen, um die fällige Miete zu kassieren. M gibt ihm daraufhin die Monatsmiete für seine Wohnung iHv 250 EUR. L bringt das Geld mit Freunden durch. Muss M noch einmal zahlen?
12. Handwerksmeister E hat im Hause des R Arbeiten vorgenommen, für die er 1.200 EUR fordern kann. Da E den Betrag persönlich bei R kassieren will, schreibt er in seinem Büro eine Rechnung aus und quittiert sie bereits. Als er für kurze Zeit sein Büro verlässt, nimmt

---

[40] Dazu *Stürner* JURA 2015, 690.
[41] Dazu *Stürner* JURA 2015, 1045.

IV. Anhang: Besonderheiten bei Verbraucherverträgen

der zufällig den Raum betretende K die Rechnung an sich und begibt sich sofort zu R. Dort stellt er sich als Geselle des E vor und kassiert den Rechnungsbetrag. Muss R an E nochmals zahlen?

13. A muss R ein Darlehen iHv 1.000 EUR zurückzahlen. Da er kein Geld hat, bietet er R eine goldene Uhr an, die er von seinem Vater geerbt hat. R ist damit einverstanden. Erlischt die Forderung? Macht es einen Unterschied, wenn R erklärt, er selbst habe zwar kein Interesse an der Uhr, werde aber versuchen, sie zu Geld zu machen?
14. Würde die Schuld des A erlöschen, wenn er mit einem Wechsel zahlte?
15. Welchen Zwecken dienen Hinterlegung und Selbsthilfeverkauf und welche Rechtswirkungen ergeben sich daraus?
16. Von welchen Voraussetzungen hängt die Aufrechnung ab?
17. A hat beim Kartenspiel mit B 500 EUR verloren. Als ihn B zur Zahlung drängt, rechnet er mit einer fälligen Darlehensforderung in gleicher Höhe auf, die er gegen B hat. Zulässig? Könnte umgekehrt B aufrechnen?
18. Was verstehen Sie unter einer dilatorischen, was unter einer peremptorischen Einrede?
19. Was ist ein Aufrechnungsvertrag und welche Vorteile hat er gegenüber der (einseitigen) Aufrechnung?
20. Erläutern Sie bitte den Unterschied zwischen einem Verpflichtungs- und einem Verfügungsgeschäft!
21. Unter welchen Voraussetzungen wird die Verfügung eines Nichtberechtigten wirksam?
22. V verkauft K sein Kraftfahrzeug und übereignet es ihm. Der Kaufvertrag ist wegen Dissenses nichtig. Hat diese Nichtigkeit Einfluss auf die Wirksamkeit der Übereignung?
23. Was ist ein „negatives Schuldanerkenntnis"?
24. Was verstehen Sie unter Novation, was unter Konfusion?
25. Was ist ein „Fernabsatzvertrag"?

§ 5. Unwirksame und mangelhafte Willenserklärungen

I. Überblick

1. Wirksamkeitsvoraussetzungen für Willenserklärungen

Notwendige Voraussetzung, um am Rechtsverkehr teilzunehmen, ist die **Rechtsfähigkeit,** dh die Eigenschaft, Träger von Rechten und Pflichten sein zu können. Um aber eine wirksame Willenserklärung abzugeben, muss noch die (zumindest beschränkt gegebene) **Geschäftsfähigkeit** hinzutreten, dh die Fähigkeit, Rechtsgeschäfte selbstständig vornehmen zu können. Doch auch die von einem Geschäftsfähigen abgegebene Willenserklärung ist **nichtig,** wenn der Erklärende sich insgeheim vorbehält, das Erklärte nicht zu wollen und der Erklärungsgegner diesen Vorbehalt kennt (§ 116 S. 2), wenn die Erklärung mit Einverständnis des Erklärungsempfängers nur zum Schein abgegeben wird (§ 117 I) oder wenn ihr die Ernstlichkeit fehlt (§ 118). Eine Willenserklärung ist zwar wirksam, aber mangelhaft, wenn sich der Erklärende bei ihrer Abgabe irrte (§ 119), wenn sie falsch übermittelt wurde (§ 120) oder wenn der Erklärende zur Abgabe seiner Willenserklärung durch arglistige Täuschung oder widerrechtlich durch Drohung bestimmt worden ist (§ 123 I); ein solcher Mangel berechtigt zur **Anfechtung** und damit zur rückwirkenden Vernichtung der Willenserklärung (§ 142 I). Die genannten Gründe für eine Unwirksamkeit oder Anfechtbarkeit von Willenserklärungen sind im Folgenden näher zu behandeln. Zuvor soll erläutert werden, was die hier verwendeten Begriffe der Unwirksamkeit und Anfechtbarkeit bedeuten.

296

2. Unwirksamkeit und Anfechtbarkeit

a) Nichtigkeit

Der Begriff der Unwirksamkeit bezeichnet nach dem allgemeinen Sprachgebrauch das Fehlen von Wirkungen. Im Rechtssinn kann aber ein unwirksames Rechtsgeschäft durchaus Rechtswirkungen entfalten, zB zum Ersatz des Schadens verpflichten, den jemand erleidet, weil er auf die Wirksamkeit vertraut hat (vgl. § 122 I); nur treten nicht die Wirkungen ein, auf die das (unwirksame) Rechtsgeschäft gerichtet ist. Es gibt im Zivilrecht **verschiedene Arten der Unwirksamkeit**. Der stärkste Grad ist die **Nichtigkeit**, die sich unabhängig vom Willen der Beteiligten ergibt und grundsätzlich gegen jeden wirkt.[1]

297

Die Gründe, die zur Nichtigkeit führen, sind im Gesetz geregelt; sie beruhen auf unterschiedlichen Erwägungen. So ist beispielsweise die Nichtigkeit eines gesetzes-

298

---

[1] *Köhler* JuS 2010, 665.

oder sittenwidrigen Geschäftes (vgl. §§ 134, 138) Folge seines Inhalts (→ Rn. 205 ff.). Die Nichtigkeit der Willenserklärung eines Geschäftsunfähigen wird zu seinem Schutz angeordnet, weil ihm die notwendige Einsichtsfähigkeit in die Bedeutung des Rechtsgeschäfts fehlt (§ 105 I; → Rn. 319 ff.).

b) Bestätigung eines nichtigen Rechtsgeschäfts

299 Bestätigt derjenige ein nichtiges Rechtsgeschäft, der es vorgenommen hat, dh gibt er unmissverständlich zu erkennen, dass er das nichtige Rechtsgeschäft als gültig anerkennt, so gilt dies als eine erneute Vornahme des Rechtsgeschäfts (§ 141 I). Dies hat zur Folge, dass das bestätigte Rechtsgeschäft – vorausgesetzt, dass der Nichtigkeitsgrund nicht auch für die Bestätigung zutrifft – vom Zeitpunkt der Bestätigung an wirksam wird. Die Parteien eines nichtigen Vertrages können sich durch die Bestätigung so stellen, als wäre der Vertrag von Anfang an wirksam gewesen (vgl. § 141 II). Voraussetzung für die Bestätigung eines Vertrags ist allerdings, dass die Vertragsparteien den Grund der Nichtigkeit kennen oder zumindest Zweifel an deren Rechtsbeständigkeit des Vertrags haben und mit ihrem Verhalten bei objektiver Betrachtung erkennbar zum Ausdruck bringen, dass sie den Nichtigkeitsgrund bzw. die Zweifel mit ihrer erneuten Erklärung beseitigen wollen.[2]

c) Teilnichtigkeit

300 Bisweilen sind nur Teile eines Rechtsgeschäfts nichtig, so zB, wenn in einem umfangreichen Vertrag nur eine einzelne Regelung gegen ein gesetzliches Verbot verstößt und deshalb nichtig ist. Es stellt sich die Frage, ob dies die Nichtigkeit des gesamten Rechtsgeschäfts bewirkt, wenn der Rest für sich genommen als selbstständiges Rechtsgeschäft Bestand haben könnte. Für die Lösung ist in erster Linie der Parteiwille entscheidend. Haben die Parteien (bzw. hat bei einem einseitigen Rechtsgeschäft der es Vornehmende) für den Fall der Teilnichtigkeit weder ausdrücklich noch konkludent eine Regelung getroffen, so ist nach der **Auslegungsregel des § 139** von der Nichtigkeit des ganzen Rechtsgeschäfts auszugehen, „wenn nicht anzunehmen ist, dass es auch ohne den nichtigen Teil vorgenommen sein würde". Ob dies gewollt ist, richtet sich nach dem **mutmaßlichen (hypothetischen) Parteiwillen:** Es ist zu fragen, was die Beteiligten für den Fall der Teilnichtigkeit vereinbart hätten, wenn sie diese Möglichkeit bedacht hätten. Fehlen Anhaltspunkte für eine andere Entscheidung, so ist anzunehmen, dass die Parteien das objektiv Vernünftige gewollt hätten, dass sie also ihre Entscheidung in vernünftiger Abwägung der in Betracht zu ziehenden Umstände getroffen hätten.

301 Die Auslegungsregel des § 139 findet Anwendung, wenn es um „ein" Rechtsgeschäft geht, das aber mehrere Teilregelungen umfasst. Um ein solches **einheitliches Rechtsgeschäft** handelt es sich, wenn die Parteien verschiedene Teile, die auch aus mehreren Verträgen unterschiedlichen Typs (zB Grundstückskaufvertrag und Baubetreuungsvertrag) bestehen können, so zu einer Einheit zusammengefasst haben, dass sie gemeinsam eine sinnvolle Regelung bilden. Der Wille der Parteien kann – für sich betrachtet selbstständige – Geschäfte zu einer Einheit zusammenfassen (sog. **Ein-**

---

[2] BGH NJW 2012, 1570 = JuS 2012, 1027 (*Schwab*).

I. Überblick

heitlichkeitswille). Dies kann auch der Fall sein, wenn nur einer der Vertragspartner einen Einheitlichkeitswillen erkennen lässt und der andere dies hinnimmt.[3]

d) Umdeutung

Ein nichtiges Rechtsgeschäft kann den Anforderungen eines anderen (gültigen) Rechtsgeschäfts genügen. Es fragt sich dann, ob der gewollte Erfolg durch Umdeutung (Konversion) des nichtigen Rechtsgeschäfts in das andere erreicht werden kann (vgl. § 140).[4]

302

> **Beispiel:** A ist als Filialleiter im Unternehmen des U angestellt. Vertraglich ist vereinbart, dass das Arbeitsverhältnis jeweils nur zum Ende eines Jahres mit einer Kündigungsfrist von sechs Monaten gekündigt werden kann. Mitte Juni kommt es zwischen U und A zu Differenzen, die dazu führen, dass U dem A fristlos kündigt. Die Voraussetzungen für eine fristlose Kündigung (vgl. § 626 I) sind zwar nicht erfüllt, wohl aber die der ordentlichen Kündigung. Wenn U nichts mehr weiter unternommen hat, hängt die Entscheidung der Frage, ob er A auch im nächsten Jahr noch beschäftigen muss, davon ab, ob die fristlose Kündigung in eine ordentliche umgedeutet werden kann.

Die Umdeutung eines nichtigen Rechtsgeschäfts **hängt von folgenden Voraussetzungen ab:**

303

(1) Nichtigkeit eines Rechtsgeschäfts,
(2) Kongruenz des Ersatzgeschäfts sowie
(3) entsprechender Parteiwille.

Zu diesen Voraussetzungen ist zu bemerken:

- Das umzudeutende Rechtsgeschäft muss nichtig sein; ein gültiges oder auch nur heilbares Rechtsgeschäft kann nicht umgedeutet werden. Sind Teile eines Rechtsgeschäfts nichtig, so kommt eine Umdeutung nur in Betracht, wenn gem. § 139 Gesamtnichtigkeit anzunehmen ist.
- Kongruenz (Deckungsgleichheit) des nichtigen und des „anderen" Rechtsgeschäfts bedeutet, dass das Ersatzgeschäft in seinen rechtlichen Wirkungen nicht weiter reichen darf als das nichtige.[5] Dementsprechend kann zwar eine Anfechtung in eine Kündigung, nicht aber eine Kündigung in eine Anfechtung umgedeutet werden, weil die Anfechtung – anders als die Kündigung (→ Rn. 701) – nicht nur für die Zukunft wirkt, sondern nach § 142 I die Nichtigkeit des angefochtenen Rechtsgeschäfts auf den Zeitpunkt seiner Vornahme zurückbezieht.
- Schließlich kommt es für die Umdeutung darauf an, dass sie dem mutmaßlichen Parteiwillen entspricht. Für die Umdeutung ist also in gleicher Weise wie bei § 139 entscheidend, was objektiv als das Vernünftigste anzusehen ist, wenn Anhaltspunkte für eine abweichende Beurteilung fehlen (→ Rn. 300).

Ergibt im **Beispielsfall (→ Rn. 302)** die Bewertung aller bedeutsamen Punkte, dass U zumindest die ordentliche Kündigung gewollt hätte, sofern er die Nichtigkeit der fristlosen gekannt hätte, und ist dieser Wille auch dem A erkennbar geworden, so ist eine

---

[3] BGH NJW 1991, 917 mN.
[4] Einführend *Lieder/Berneith* JuS 2015, 1063.
[5] MüKoBGB/*Busche* § 140 Rn. 16 mwN auch zu abw. Auffassungen.

Umdeutung nach § 140 vorzunehmen, da eine Kongruenz zwischen fristloser und ordentlicher Kündigung (von dem zeitlichen Unterschied abgesehen) zu bejahen ist.[6]

e) Schwebende Unwirksamkeit

304 In manchen Fällen macht das Gesetz die Wirksamkeit eines Rechtsgeschäfts von der Zustimmung eines anderen abhängig. Fehlt die Zustimmung, muss dem Geschäft zwar die Wirksamkeit versagt werden, doch es wäre nicht durch den bezweckten Schutz des Zustimmungsberechtigten gefordert und würde zu weit führen, das Geschäft stets und ohne Weiteres für nichtig zu erklären. Das BGB wählt daher einen Mittelweg, indem es die Wirksamkeit oder Unwirksamkeit des Geschäfts noch in der Schwebe lässt (sog. schwebende Unwirksamkeit), bis der Zustimmungsberechtigte sich erklärt hat und das Geschäft entweder genehmigt oder aber die Genehmigung ablehnt und es damit endgültig unwirksam werden lässt.

Beispiele: Schwebend unwirksam sind die ohne Zustimmung des gesetzlichen Vertreters vorgenommenen (belastenden) Verträge beschränkt Geschäftsfähiger (§§ 107, 108) und die Verträge, die ein Vertreter ohne Vertretungsmacht schließt (§ 177).

305 Verbraucherverträge (→ Rn. 292 ff.) sind während der Dauer des Widerrufsrechts wirksam. Man kann wegen der durch das Widerrufsrecht des Verbrauchers bis zum Ablauf der Widerrufsfrist bestehenden Ungewissheit über den Bestand des Vertrags in Anlehnung an den Begriff der schwebenden Unwirksamkeit von einer „**schwebenden Wirksamkeit**" des Vertrages sprechen.

f) Relative Unwirksamkeit

306 Im Zivilrecht gibt es auch eine relative Unwirksamkeit. Hierunter versteht man, dass ein Rechtsgeschäft nur in Bezug auf bestimmte Personen unwirksam ist, im Verhältnis zu anderen dagegen wirksam. Die relative Unwirksamkeit kommt insbesondere in Fällen vor, in denen dem Inhaber eines Rechts die Verfügung über dieses Recht nur im Interesse bestimmter Personen verboten wird. Verfügt er dennoch, so ist diese Verfügung gegenüber diesen Personen unwirksam, sonst aber wirksam (vgl. §§ 135, 136). Praktische Bedeutung kommt nur den behördlichen Veräußerungsverboten iSd § 136 zu,[7] da es gesetzliche kaum gibt.

g) Anfechtbare Rechtsgeschäfte

307 Anfechtbare Rechtsgeschäfte sind **gültig, aber vernichtbar**, und zwar durch (einseitige) Erklärung des Anfechtungsberechtigten. Das Gesetz überlässt es auf diese Weise dem Anfechtungsberechtigten, ob er den Mangel fristgerecht geltend machen und damit das Rechtsgeschäft vernichten will.

308 Ist eine Willenserklärung durch **Irrtum**, durch **arglistige Täuschung** oder **widerrechtliche Drohung** beeinflusst worden, so kann sie derjenige, der sie abgegeben hat, unter bestimmten Voraussetzungen anfechten und damit nichtig werden lassen

---

[6] BAG NJW 2002, 2972. Klausur für Fortgeschrittene bei *Lindacher/Hau* Fälle BGB AT Nr. 6.
[7] Vgl. das Beispiel von *Köhler*, Prüfe dein Wissen: BGB. Allgemeiner Teil, 27. Aufl. 2015, Fall 78.

I. Überblick

(vgl. §§ 119, 120, 123). Es gibt auch noch andere Fälle der Anfechtung im Familienrecht, im Erbrecht und auch außerhalb des BGB, die teilweise abweichend geregelt sind und die hier und im Folgenden unberücksichtigt bleiben.

Die Anfechtung ist **durch empfangsbedürftige Willenserklärung** gegenüber einer bestimmten Person, dem sog. „Anfechtungsgegner" abzugeben (vgl. § 143). Mit der Anfechtung wird das anfechtbare Rechtsgeschäft von Anfang an nichtig (§ 142 I); die Anfechtung wirkt also auf den Zeitpunkt der Vornahme des anfechtbaren Rechtsgeschäfts zurück **(Wirkung ex tunc**; lat.: von damals an, dh rückwirkend**)**. Von diesem Grundsatz muss im Interesse bestimmter bereits durchgeführter Rechtsverhältnisse eine Ausnahme gemacht und die Anfechtungswirkungen auf die Zukunft beschränkt werden (Wirkung **ex nunc**; lat.: von jetzt an, dh mit Wirkung nur für die Zukunft). Hierzu zählen bereits in Vollzug gesetzte Arbeitsverträge und Gesellschaftsverträge, deren in der Vergangenheit liegende Rechtswirkungen im Interesse der Beteiligten nicht mehr rückgängig gemacht werden sollen. In welchen Fällen aus Billigkeits- oder auch Zweckmäßigkeitserwägungen eine Ausnahme von dem gesetzlich fundierten Grundsatz der rückwirkenden Beseitigung des Rechtsgeschäfts aufgrund einer Anfechtung zugelassen werden darf, muss sorgfältig geprüft werden; stets ist bei dieser Prüfung größte Zurückhaltung geboten, weil nur aus zwingenden Gründen von der gesetzlich vorgeschriebenen Wirkung einer Anfechtung abgewichen werden darf.[8]

309

Eine Anfechtung ist nach § 144 I ausgeschlossen, wenn das anfechtbare Rechtsgeschäft von dem Anfechtungsberechtigten bestätigt wird. Die **Bestätigung** ist eine einseitige, nicht empfangsbedürftige[9] und formfreie (§ 144 II) Willenserklärung, die in Kenntnis und dem Bewusstsein der Möglichkeit eines Anfechtungsrechts abgegeben wird. Wie jede (formlos gültige) Willenserklärung kann die Bestätigung auch durch schlüssiges Verhalten erfolgen (→ Rn. 57).[10] Jedoch sind an die Annahme einer Bestätigung durch schlüssiges Verhalten strenge Anforderungen zu stellen, da erfahrungsgemäß nicht ohne Weiteres auf bestehende Befugnisse oder Gestaltungsrechte verzichtet wird.[11] Wenn auch die Bestätigung keine empfangsbedürftige Willenserklärung darstellt, so muss doch dem Anfechtungsgegner das als Bestätigung wirkende Verhalten erkennbar sein, damit er in der Lage ist, einen Schluss auf den Bestätigungswillen zu ziehen.[12]

310

Die wesentlichen Punkte, auf die es bei der Frage nach der Wirksamkeit einer Willenserklärung ankommt, sind im folgenden Schaubild dargestellt.

311

---

[8] Zu Recht hat sich der BGH (NZM 2008, 886 [887] = JuS 2009, 178 [*Faust*] = JA 2009, 303 [*Stadler*]) für Ex-tunc-Wirkung der Anfechtung eines Mietvertrages wegen arglistiger Täuschung ausgesprochen. Vgl. zur Anfechtungswirkung auch MüKoBGB/*Busche* § 142 Rn. 14 ff.
[9] Str. vgl. MüKoBGB/*Busche* § 144 Rn. 4 mN.
[10] BGH NZM 2016, 582 Rn. 8 = JuS 2016, 739 (*Riehm*).
[11] BGH NJW-RR 1992, 779; BGH NZM 2016, 582 Rn. 8 = JuS 2016, 739 (*Riehm*).
[12] MüKoBGB/*Busche* § 144 Rn. 64.

§ 5. Unwirksame und mangelhafte Willenserklärungen

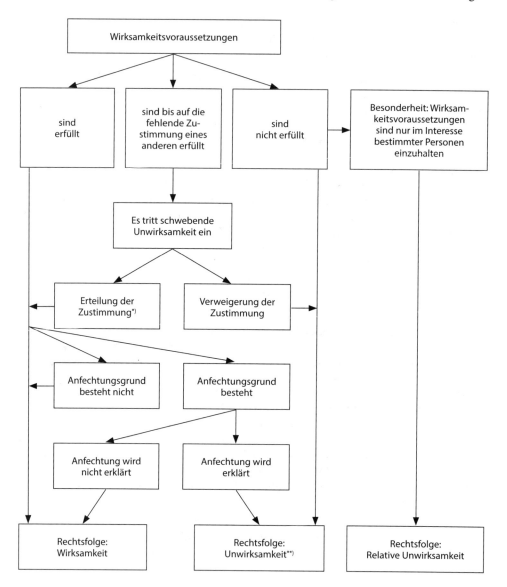

*) Es kann allerdings eine zustimmungsbedürftige Willenserklärung zugleich auch anfechtbar sein; dann hängt die Wirksamkeit davon ab, ob die Anfechtung erklärt wird.
**) Es ist zu klären, ob eine Umdeutung der nichtigen Willenserklärung in Betracht kommt. Bei Teilnichtigkeit ist die Frage zu entscheiden, welche Auswirkungen dies auf den anderen Teil des Rechtsgeschäfts hat.

II. Rechtsfähigkeit

Die **Fähigkeit, Träger von Rechten und Pflichten zu sein** (= Rechtsfähigkeit), besitzt jeder Mensch von seiner Geburt an (vgl. § 1). Das Kind im Mutterleib (der sog. Nasciturus) ist folglich noch nicht rechtsfähig. Es gibt im BGB aber auch Regelungen zugunsten des ungeborenen Kindes. So haben gem. § 844 II 2 auch Kinder, die zur Zeit einer deliktischen Schädigung „gezeugt, aber noch nicht geboren" waren, einen Anspruch nach dieser Vorschrift. Oder: wer zur Zeit des Erbfalls noch nicht lebte, aber bereits gezeugt war, gilt gem. § 1923 II als vor dem Erbfall geboren und ist damit erbfähig.

In § 1923 II wendet der Gesetzgeber einen gesetzestechnischen Kunstgriff an: Er setzt sich über die Tatsache, dass der Nasciturus noch nicht geboren ist, hinweg und behandelt diesen so, als sei er bereits geboren. Die Geburt wird also „fingiert". Die **Fiktion** stellt eine rechtliche Gleichbewertung verschiedener Tatbestände dar, die der Gesetzgeber in voller Kenntnis ihrer fehlenden Gleichheit vornimmt. Dadurch wird erreicht, dass eine gesetzliche Regelung, die eigentlich nur für einen bestimmten Tatbestand gilt (im Beispiel für alle bereits geborenen Menschen) auf einen weiteren Tatbestand (im Beispiel für die zur Zeit des Erbfalls bereits Gezeugten, aber noch nicht Geborenen) übertragen wird. Die Fiktion entspricht funktional also einer **Verweisung**: Die Vorschriften, die im Fall 1 gelten, sind auch im Fall 2 anzuwenden. Deutlich wird dies zB in § 119 II: Fingiert wird dort ein Irrtum über den Inhalt einer Erklärung, obwohl ein solcher Irrtum gerade nicht vorliegt. Ein Beispiel für eine gesetzliche Verweisung, die der Gesetzgeber auch durch eine Fiktion hätte regeln können, findet sich in § 90a.

Eine ähnliche Wirkung wie durch Fiktionen kann der Gesetzgeber auch durch **unwiderlegliche Vermutungen** erreichen.[13] Der Unterschied besteht darin, dass es im Falle einer unwiderleglichen Vermutung durchaus sein kann, dass das, was vermutet wird, sich tatsächlich ereignet hat (während es im Falle einer Fiktion gerade feststeht, dass das, was fingiert wird, in Wirklichkeit nicht besteht). Beispiele für eine unwiderlegliche Vermutungen finden sich in § 1566: Das Scheitern der Ehe wird unter den dort beschriebenen Voraussetzungen unwiderleglich vermutet, sodass der Richter nicht mehr zu klären hat, ob dies nun in der Tat der Fall ist oder nicht.

Rechtsfähigkeit besitzen nicht nur **alle natürlichen Personen,** also alle Menschen, sondern auch bestimmte von der Rechtsordnung als Träger von Rechten und Pflichten anerkannte Personenvereinigungen und Zweckvermögen, die sog. **juristischen Personen**. Juristische Personen gibt es sowohl im Bereich des öffentlichen Rechts als auch des Privatrechts. Allerdings können die **juristischen Personen des öffentlichen Rechts** (zB Bund, Länder, Gemeinden, Universitäten, Handwerkskammern, Industrie- und Handelskammern) auch auf dem Gebiet des Privatrechts tätig werden und dort Rechte erwerben und Pflichten übernehmen.

> **Beispiel:** Die Universitätsverwaltung kauft Büromaterial von einem Großhändler.

Die wichtigsten **juristischen Personen des Privatrechts** sind der eingetragene Verein (§§ 21 ff.), die Stiftung (§§ 80 ff.) sowie die Kapitalgesellschaften (namentlich die

---

[13] Näher etwa *Brehm*, Allgemeiner Teil des BGB, 6. Aufl. 2008, Rn. 41 ff.

Aktiengesellschaft, geregelt im Aktiengesetz, und die Gesellschaft mit beschränkter Haftung, geregelt im GmbH-Gesetz). Keine juristischen Personen, diesen aber in unterschiedlichem Maße angenähert, sind die **Personengesellschaften** (namentlich die Gesellschaft bürgerlichen Rechts iSv §§ 705 ff. sowie die Personenhandelsgesellschaften des HGB). Auf die Darstellung von Einzelheiten muss hier verzichtet werden.[14]

III. Geschäftsfähigkeit

1. Allgemeines

317 Die **Geschäftsfähigkeit iS der Fähigkeit, Rechtsgeschäfte wirksam vorzunehmen,** kann nur solchen Personen zugebilligt werden, von denen anzunehmen ist, dass sie das dafür erforderliche Einsichts- und Urteilsvermögen besitzen. Deshalb macht das BGB die Geschäftsfähigkeit von bestimmten Altersgrenzen und von der geistigen Gesundheit des Einzelnen abhängig. **Keine Geschäftsfähigkeit** besitzen Kinder, die noch nicht das 7. Lebensjahr vollendet haben (§ 104 Nr. 1). Personen, die zwar das 7., aber noch nicht das 18. Lebensjahr vollendet haben (§ 2), sind in ihrer Geschäftsfähigkeit nach Maßgabe von §§ 107–113 beschränkt (§ 106). **Voll geschäftsfähig** sind Personen, die das 18. Lebensjahr vollendet und damit ihre Volljährigkeit erreicht haben (§ 2), sofern sie nicht dauerhaft geisteskrank und deshalb geschäftsunfähig sind (§ 104 Nr. 2).

318 Das BGB besagt nicht positiv, wer die Geschäftsfähigkeit besitzt, sondern nur, wer sie nicht besitzt (vgl. §§ 104, 106). Diese negative Fassung des Gesetzes bewirkt, dass so lange von der (vollen) Geschäftsfähigkeit einer Person auszugehen ist, bis die Verwirklichung eines Tatbestandes feststeht, aus dem sich etwas anderes ergibt. Hieraus folgt, dass die Feststellung der wirksamen Vornahme eines Rechtsgeschäfts nicht etwa die Prüfung der Frage verlangt, ob die Beteiligten (unbeschränkt) geschäftsfähig sind, sondern dass umgekehrt auf die Geschäftsfähigkeit nur einzugehen ist, sofern Gründe für Zweifel bestehen.

2. Geschäftsunfähigkeit

319 Die Willenserklärung eines Geschäftsunfähigen ist nichtig (§ 105 I). Dem Geschäftsunfähigen gegenüber können auch keine (empfangsbedürftigen) Willenserklärungen wirksam abgegeben werden (§ 131 I). Der Geschäftsunfähige kann also grundsätzlich (zu der sich aufgrund des § 105a ergebenden Ausnahme später) nicht am Rechtsverkehr teilnehmen; für ihn muss vielmehr sein gesetzlicher Vertreter handeln. **Gesetzliche Vertreter eines Kindes** sind seine Eltern (§ 1629 I). Ist eine Willenserklärung gegenüber dem Kind abzugeben, genügt allerdings die Abgabe gegenüber einem Elternteil (§ 1629 I 2 Hs. 2). Ist für einen Minderjährigen die Vormundschaft angeordnet (§§ 1773, 1774), so ist der Vormund sein gesetzlicher Vertreter (§ 1793 S. 1).

---

[14] Eingehend *Wilhelm*, Kapitalgesellschaftsrecht, 3. Aufl. 2009.

III. Geschäftsfähigkeit

Gesetzlicher Vertreter ist auch der **Betreuer eines Volljährigen.** Der Betreuer wird vom Betreuungsgericht bestellt, wenn ein Volljähriger aufgrund einer psychischen Krankheit oder einer körperlichen, geistigen oder seelischen Behinderung seine Angelegenheiten ganz oder teilweise nicht besorgen kann (§ 1896 I). Grundsätzlich bleibt ein Betreuter voll geschäftsfähig, sofern er nicht geisteskrank und deshalb nach § 104 Nr. 2 geschäftsunfähig ist. Allerdings kann im Interesse des Betreuten vom Betreuungsgericht angeordnet werden, dass der Betreute zu einer Willenserklärung, die einen bestimmten Kreis von Rechtsgeschäften betrifft, der Einwilligung seines Betreuers bedarf, soweit dies zur Abwendung einer erheblichen Gefahr für die Person oder das Vermögen des Betreuten erforderlich ist (§ 1903 I 1). 320

Ein solcher **Einwilligungsvorbehalt** bewirkt, dass die vom Betreuten vorgenommenen Rechtsgeschäfte rechtlich den Rechtsgeschäften eines Minderjährigen gleich gestellt sind, die dieser ohne Einwilligung seines gesetzlichen Vertreters vorgenommen hat (§ 1903 I 2 iVm §§ 108 ff.; dazu Einzelheiten sogleich). Der Betreuer vertritt den Betreuten in dem Aufgabenkreis, für den er bestellt worden ist, gerichtlich und außergerichtlich (§ 1902). Da aber – wie ausgeführt – der Betreute selbst geschäftsfähig bleibt, sofern nicht ein Einwilligungsvorbehalt vom Betreuungsgericht angeordnet worden ist, ergibt sich insoweit eine Überschneidung von Befugnissen, die zu einander widersprechenden Geschäften führen können (vgl. dazu *Musielak/Hau* EK BGB Rn. 930). 321

Unerheblich für die Rechtsfolge der Nichtigkeit einer vom Geschäftsunfähigen abgegebenen Willenserklärung ist, ob der Erklärungsgegner die Geschäftsunfähigkeit kennt oder erkennen konnte. Der **gute Glaube wird nicht geschützt.** Zugunsten der Geschäftsunfähigen wird also der Schutz des Rechtsverkehrs und des in die Gültigkeit einer Willenserklärung gesetzten Vertrauens eingeschränkt. 322

> *Beispiel:* Der geisteskranke A begibt sich zum Autovermieter B und mietet dort unter Vorlage seines Führerscheins einen teuren Sportwagen. Weil gem. §§ 104 Nr. 2, 105 I kein Vertrag zustande gekommen ist, hat B keinen vertraglichen Anspruch auf Zahlung der Miete. Das gilt auch dann, wenn ihm die Geisteskrankheit des A bei der Überlassung des Fahrzeuges nicht erkennbar gewesen ist. In Betracht kommen allenfalls eine bereicherungsrechtliche Pflicht gem. § 812 I 1 Var. 1, § 818 II, III zum Wertersatz sowie eine Billigkeitshaftung, wenn ein Unzurechnungsfähiger einen anderen deliktisch (dh durch eine unerlaubte Handlung iSv §§ 823 ff.) schädigt; darauf wird erst bei Darstellung des Bereicherungs- und Deliktsrechts eingegangen werden.

Die sich aus § 104 Nr. 2 ergebende Geschäftsunfähigkeit ist auf Fälle beschränkt, in denen die **krankhafte Störung der Geistestätigkeit** nicht nur einen vorübergehenden Zustand bildet. Allerdings schließt ein solcher Dauerzustand nicht aus, dass zwischendurch Phasen geistiger Gesundheit eintreten. Wird eine Willenserklärung in einem solchen **lichten Augenblick (lucidum intervallum)** abgegeben, so ist sie wirksam, es sei denn, dass für den Erklärenden ein Einwilligungsvorbehalt gilt, der das betreffende Rechtsgeschäft erfasst (→ Rn. 320 f.). Eine nur **vorübergehende Geistesstörung** führt nicht zur Geschäftsunfähigkeit, jedoch ist eine in diesem Zustand abgegebene Willenserklärung nach § 105 II nichtig. Diese Vorschrift trifft insbesondere auf Fälle der Trunkenheit und des Drogenrausches zu. 323

> *Beispiel:* A begibt sich nach einer ausgedehnten Kneipentour im Zustande großer Trunkenheit zu einer Versteigerung und bietet durch Handaufheben mit. Ihm wird ein Bild für 45.000 EUR zugeschlagen. Muss A zahlen?

Ein Anspruch nach § 433 II auf Zahlung des Kaufpreises besteht gegen A nur, wenn er sich durch einen gültigen Kaufvertrag zu dieser Zahlung verpflichtet hat. Ein Vertrag wäre zustande gekommen, wenn das Gebot des A als wirksame Offerte zu werten wäre. Die Trunkenheit führt zu einer vorübergehenden Störung der Geistestätigkeit und damit zur Nichtigkeit der in diesem Zustand abgegebenen Willenserklärungen nach § 105 II, wenn ein Maß erreicht wird, das die freie Willensbestimmung ausschließt. Zwar ergibt sich diese Voraussetzung nicht aus dem Wortlaut des § 105 II, aber diese Vorschrift ist im Zusammenhang mit § 104 Nr. 2 zu sehen. Beide ergänzen sich dahingehend, dass § 104 Nr. 2 bei Dauerzuständen, § 105 II bei vorübergehenden Erscheinungen anzuwenden ist, wenn Störungen der Geistestätigkeit die freie Willensbestimmung ausschließen. Trunkenheit, Einnahme von Rauschgift oder Fieberdelirium können zur Bewusstlosigkeit iSv § 105 II führen. Denn darunter ist nicht etwa ein völliges Fehlen des Bewusstseins zu verstehen (dann wäre der Handlungswille und somit eine Willenserklärung schon tatbestandlich ausgeschlossen, → Rn. 68, 73), sondern ein Zustand, in dem der Inhalt einer Erklärung und ihre Bedeutung nicht mehr erkannt werden können. Treffender ist es deshalb, von „Bewusstseinslosigkeit" zu sprechen. In einer solchen Lage kann sich befinden, wer infolge hochgradiger Trunkenheit den Sinn und die Bedeutung seiner Handlungen nicht richtig einzuschätzen vermag. Ob A bereits diesen Zustand erreicht hatte, als er bei der Versteigerung mitbot, kann dahingestellt bleiben, weil er sich – wenn „Bewusstseinslosigkeit" zu verneinen ist – zumindest in einem Zustand vorübergehender Störung der Geistestätigkeit befand, der eine freie Willensbestimmung ausschloss.

324 Im Allgemeinen wird die krankhafte Störung der Geistestätigkeit iSv § 104 Nr. 2 die freie Willensbestimmung auf sämtlichen Gebieten aufheben; ausnahmsweise kann sie jedoch auch auf bestimmte Angelegenheiten beschränkt sein und nur dort wirksame Willenserklärungen ausschließen. Als Beispiel einer derartigen **partiellen Geschäftsunfähigkeit** sei der Querulantenwahn genannt, der eine Unfähigkeit zur Rechtsverfolgung und zur Prozessführung verursacht. Dagegen gibt es keine **abgestufte (relative) Geschäftsunfähigkeit** in dem Sinn, dass eine Person für einfache Geschäfte die Geschäftsfähigkeit besitzt, dagegen nicht bei schwierigen Entscheidungen.[15]

325 Eine Besonderheit gilt für **Geschäfte des täglichen Lebens**, die ein volljähriger Geschäftsunfähiger schließt. Nach dem im Jahre 2002 eingefügten § 105a gilt ein im Rahmen eines solchen Geschäfts geschlossener Vertrag in Ansehung von Leistung und Gegenleistung als wirksam, soweit beide Leistungen bewirkt sind und das Geschäft keine erhebliche Gefahr für die Person und das Vermögen des Geschäftsunfähigen bedeutet. Der Gesetzgeber will mit dieser Regelung die soziale Integration erwachsener geistig behinderter Menschen fördern.[16] Durch diese Vorschrift werden eine Reihe schwieriger dogmatischer Probleme aufgeworfen, deren Behandlung im Rahmen eines Grundkurses nicht möglich ist.[17] Hier können nur wenige Aspekte angesprochen werden:

- Der **sachliche Anwendungsbereich** der Vorschrift erfasst Verträge, deren Gegenstand ein Geschäft des täglichen Lebens bildet. Gemeint ist ein Geschäft, das

---

[15] BayObLG NJW 1989, 1678 (1679).
[16] Vgl. BT-Drs. 14/9266, 43; MüKoBGB/*Schmitt* § 105a Rn. 1 f.
[17] Vgl. dazu *Caspers* NJW 2002, 3425; *Heim* JuS 2003, 141.

III. Geschäftsfähigkeit

häufig abgeschlossen wird („Allerweltsgeschäfte"), auch wenn es nicht notwendigerweise jeden Tag vorkommen muss. Gedacht ist an den Kauf einfacher und zum alsbaldigen Verbrauch bestimmter Nahrungs- und Genussmittel, die Inanspruchnahme einfacher Leistungen von Handwerkern (zB von Friseuren, Schuhmachern), die Benutzung öffentlicher Verkehrsmittel, Kinobesuche und Ähnliches.[18] Hingegen kommt eine gewerbliche Tätigkeit eines Geschäftsunfähigen nicht in Betracht.[19]

- Das Geschäft muss **mit geringwertigen Mitteln bewirkt** werden können. Dabei soll nach den Gesetzesmaterialien nicht auf die Vermögensverhältnisse des Geschäftsunfähigen, sondern auf das durchschnittliche Preis- und Einkommensniveau abgestellt werden.[20]
- Das Geschäft darf **keine erhebliche Gefahr** für die Person oder das Vermögen des Geschäftsunfähigen begründen. Eine solche Gefahr kann sich für das Vermögen ergeben, wenn eine Vielzahl geringwertiger Geschäfte gleichzeitig geschlossen wird, die in der Summe zu einer erheblichen finanziellen Belastung führen. Eine Gefahr für die Person bedeutet es zB, wenn ein Alkoholkranker Spirituosen erwirbt.

Als **Rechtsfolge** ordnet § 105a **eine partielle Wirksamkeit** an, die sich auf Leistung und Gegenleistung bezieht. Soweit diese Leistungen bewirkt worden sind, dh ihr Austausch vollzogen wurde (→ Rn. 352), „gilt der ... geschlossene Vertrag in Ansehung von Leistung und, soweit vereinbart, Gegenleistung als wirksam". Es kommt also nicht etwa zur Heilung des nach § 105 I nichtigen Vertrages als ganzen, sondern es wird lediglich die Wirksamkeit der Leistungserbringung fingiert (zur Fiktion → Rn. 313).[21] Dadurch wird eine Rückforderung der erbrachten Leistungen aufgrund des Bereicherungsrechts ausgeschlossen. Da der Vertrag als solcher nichtig ist, können sich aus ihm auch keine weiteren Rechtsfolgen ableiten, etwa Schadensersatzansprüche gegen den Geschäftsunfähigen. Dagegen wird man **Folgeansprüche,** die sich als sekundäre Leistungspflichten aus der vom Vertragspartner des Geschäftsunfähigen erbrachten Leistung ableiten (→ Rn. 199 f.), dem Geschäftsunfähigen zubilligen müssen, weil sonst seine Rechtsposition unangemessen eingeschränkt wäre. Der Geschäftsunfähige kann also auch alle einem Käufer zustehenden Rechte wegen eines Mangels der Kaufsache (§ 437) gegen den Verkäufer geltend machen.[22] Des Weiteren erfasst die Wirksamkeitsfiktion auch die zur Erbringung von Leistung und Gegenleistung vorgenommenen Verfügungsgeschäfte (→ Rn. 277 ff.).[23]

326

---

[18] Palandt/*Ellenberger* § 105a Rn. 3; MüKoBGB/*Schmitt* § 105a Rn. 6.
[19] *Caspers* NJW 2002, 3425 (3426).
[20] BT-Drs. 14/9266, 43.
[21] *Caspers* NJW 2002, 3425 (3427).
[22] Sehr str. Für solche Ansprüche etwa *Caspers* NJW 2002, 3425 (3427); Palandt/*Ellenberger* § 105a Rn. 6. AA *Kohler* JZ 2004, 348 (349); Jauernig/*Mansel* § 105a Rn. 6; Bamberger/Roth/*Wendtland* § 105a Rn. 7.
[23] *Caspers* NJW 2002, 3425 (3427 f.). AA MüKoBGB/*Schmitt* § 105a Rn. 21 f.

3. Beschränkte Geschäftsfähigkeit

327 Beschränkte Geschäftsfähigkeit bedeutet, dass Minderjährige (vgl. § 2), die das siebente Lebensjahr vollendet haben (→ Rn. 317), gem. § 107 nur solche Geschäfte wirksam tätigen können, durch die sie lediglich einen rechtlichen Vorteil erlangen, während rechtlich nachteilige Geschäfte von ihnen alleine nicht wirksam geschlossen werden können, sondern der Zustimmung – Einwilligung oder Genehmigung – des gesetzlichen Vertreters bedürfen (vgl. §§ 107, 108 I). Eine entsprechende Unterscheidung findet sich in § 131 II auch hinsichtlich der Frage, ob eine Willenserklärung dem beschränkt Geschäftsfähigen zugehen kann.[24] Es kommt folglich darauf an, den Begriff des rechtlichen Vorteils näher zu erläutern und zu klären, welche Rechtsgeschäfte rechtlich vorteilhaft und deshalb zustimmungsfrei sind und welche nicht. Dazu folgende

> **Beispielsfälle:**
>
> (1) Der 19-jährige E ist in arger Geldverlegenheit und bietet seinem 17-jährigen Freund F eine geerbte Goldmünze, deren Wert 2.000 EUR beträgt, für 500 EUR an.
>
> (2) Onkel O will seinem 15-jährigen Neffen N ein mit einem Einfamilienhaus bebautes Grundstück schenken, ohne dass dies die Eltern des N erfahren sollen. Das Grundstück ist mit einer Hypothek belastet; außerdem sind Steuern und Abgaben für das Grundstück zu entrichten.
>
> (3) Der zwölfjährige A leiht seine Uhr, die ihm seine Eltern zur Kommunion geschenkt hatten, seinem gleichaltrigen Freund B. Dieser tauscht mit dem 13-jährigen C die Uhr gegen Sammelmarken. Als A zufällig die Uhr bei C entdeckt, verlangt er sie heraus. C weigert sich und erklärt, die Uhr gehöre jetzt ihm.

328 Durch ein Rechtsgeschäft, das seine Rechtsstellung **ausschließlich verbessert**, erlangt der Minderjährige **lediglich einen rechtlichen Vorteil**. Das ist nicht der Fall bei einem **synallagmatischen Geschäft**, weil dem Minderjährigen dadurch nicht nur Ansprüche erwachsen, sondern auch eigene Verpflichtungen auferlegt werden.

> Hieraus folgt für den **ersten Beispielsfall**, dass F die ihm angebotene Goldmünze ohne Zustimmung seiner Eltern nicht kaufen kann. Dass dieses Geschäft wirtschaftlich sehr vorteilhaft wäre, muss unberücksichtigt bleiben; denn im Gesetz wird ausdrücklich auf den rechtlichen, nicht auf den wirtschaftlichen Vorteil abgestellt.
>
> Deshalb scheint auch **im zweiten Beispielsfall** die Zustimmung des gesetzlichen Vertreters erforderlich zu sein, weil N als Eigentümer des ihm von O geschenkten Grundstücks zur Zahlung von Steuern und Abgaben verpflichtet ist. Andererseits darf nicht unberücksichtigt bleiben, dass durch den **Schenkungsvertrag** nur die einseitige Verpflichtung des Schuldners, also hier O, festgelegt wird, das Vermögen des Beschenkten unentgeltlich zu bereichern (vgl. § 516 I).

329 Der Schenkungsvertrag ist für den Beschenkten (nicht für den Schenker) somit geradezu das Schulbeispiel eines rechtlich vorteilhaften Geschäfts. Daran ändert auch nichts, dass der Beschenkte unter bestimmten Voraussetzungen zur **Rückgewähr**

---

[24] Eingehend hierzu *Lettl* WM 2013, 1245.

III. Geschäftsfähigkeit

des Geschenks verpflichtet sein kann, so bei Verarmung des Schenkers (vgl. § 528) oder bei Widerruf der Schenkung wegen groben Undanks (vgl. § 530). Denn diese Regeln gestalten die Schenkung nur aus, sind also gleichsam ihr immanente Bestandteile und schaffen keine selbstständigen Verpflichtungen für den Beschenkten, die sein sonstiges Vermögen beeinträchtigen. Etwas anderes gilt, wenn sich der Schenker den Rücktritt von der Schenkung vorbehält: Ein solches Rechtsgeschäft ist rechtlich nachteilig, weil der Minderjährige im Falle der Ausübung des Rücktrittsrechts zum Wertersatz oder Schadensersatz insbesondere wegen einer zwischenzeitlich eingetretenen Verschlechterung des zurückzugewährenden Gegenstands verpflichtet sein kann (näher zu den Rücktrittsfolgen später).[25]

Die Frage, ob die **Übereignung eines Grundstücks** an einen Minderjährigen wegen der damit verbundenen Pflicht zur Tragung öffentlicher Lasten als rechtlich nachteilig angesehen werden muss, ist mit der hM zu verneinen.[26] Wollte man anders entscheiden, müsste man folgerichtig auch jede Zuwendung von Vermögenswerten, die eine Verpflichtung zur Zahlung von Schenkungssteuer begründet, als zustimmungsbedürftig ansehen. Solche sinnwidrigen Ergebnisse lassen sich dadurch vermeiden, dass man die öffentlich-rechtlichen Belastungen nicht als Rechtsfolgen des Erwerbsaktes und damit als Inhalt des Verfügungsgeschäfts, sondern als eine inhaltliche Begrenzung des Eigentums ansieht. Mit den **öffentlichen Lasten** werden Pflichten auferlegt, die mit der Eigentümerstellung verbunden sind und notwendigerweise jeden treffen, der die Eigentümerposition übernimmt. Hierin zeigt sich eine gewisse Parallele zu der sich unter bestimmten Voraussetzungen ergebenden Rückgewährpflicht des Beschenkten, die ebenfalls nicht als selbstständige Pflicht aufgefasst wird. Nach anderer Auffassung ist im Rahmen des § 107 danach zu fragen, ob ein Rechtsnachteil lediglich eine Schmälerung des Erwerbs darstellt und dann unschädlich ist oder ob er die Gefahr einer Beeinträchtigung des sonstigen Vermögens des Minderjährigen in sich trägt.[27] Auch von diesem Standpunkt aus lassen die mit dem Eigentum verbundenen öffentlich-rechtlichen Verpflichtungen die Schenkung eines Grundstücks nicht zu einem rechtlich nachteiligen Geschäft werden, weil die das Vermögen des Minderjährigen treffenden Belastungen regelmäßig im Vergleich zu dem Vermögenszuwachs, der mit dem Erwerb des Grundstücks verbunden ist, nicht wesentlich ins Gewicht fallen. In diese Richtung geht auch die Argumentation des BGH,[28] der in Bezug auf die öffentlichen Lasten eines Grundstücks von einem typischerweise ganz unerheblichen Gefährdungspotential spricht, das nach dem Schutzzweck von § 107 außer Betracht bleiben könne.

330

---

[25] BGH NJW 2005, 1430 (1431 mN).
[26] BGH NJW 2005, 415 (418) = JuS 2005, 457 (*Emmerich*); BGH NJW 2005, 1430 (1431); *Rüthers/Stadler* BGB AT § 23 Rn. 13; *Grigoleit/Herresthal* BGB AT Rn. 568 f.
[27] Vgl. BayObLG NJW 1998, 3574 (3576); OLG Köln NJW-RR 1998, 363; *Köhler* JZ 1983, 225, der für die Zustimmungsbedürftigkeit eines Grundstückserwerbs durch Minderjährige deshalb bejaht, weil die vermögensmäßigen Auswirkungen, die mit einem solchen Erwerb verbunden sind, nach dem Schutzzweck des § 107 eine Kontrolle durch den gesetzlichen Vertreter erforderlich machten. Ähnlich *Wilhelm* NJW 2006, 2353.
[28] BGH NJW 2005, 415 (418). Krit. dagegen *Schmitt* NJW 2005, 1190; *Röthel/Krackhardt* JURA 2006, 161 (165 f.).

331 Mit der Übereignung eines Grundstücks können allerdings zusätzliche Verpflichtungen verbunden sein, die selbst keine zwingende Folge des Eigentums darstellen. So wird die schenkweise **Übereignung einer Eigentumswohnung** deshalb nicht als lediglich rechtlich vorteilhaft angesehen, weil mit dem Erwerb nicht nur ein Vermögensgegenstand dem Minderjährigen zufällt, sondern er Mitglied der Wohnungseigentümergemeinschaft wird, aus der sich kraft Gesetzes persönliche Verpflichtungen für ihn ergeben.[29]

332 Bisweilen wird die Auffassung vertreten, dass die Entscheidung, ob ein Rechtsgeschäft lediglich vorteilhaft ist, aufgrund einer **Gesamtbetrachtung sowohl des schuldrechtlichen als auch des dinglichen Vertrages** zu treffen sei:[30] Ergebe sich dann, dass ein Rechtserwerb mit der Begründung persönlicher Verpflichtungen für den Minderjährigen verbunden sei, könne er nicht als lediglich rechtlich vorteilhaft gewertet werden. Ob die These von der Gesamtbetrachtung der Übereignung als dingliches Rechtsgeschäft und der damit verbundenen schuldrechtlichen Verpflichtungen mit dem Abstraktions- und Trennungsprinzip (→ Rn. 282) vereinbar ist,[31] mag hier dahinstehen. Allemal vorzuziehen ist eine Orientierung am Schutzzweck des § 107.[32] Sind mit dem Erwerb des Grundstücks zugleich Verpflichtungen verbunden, bei denen sich nicht ohne Weiteres feststellen lässt, ob die Belastung in ihrer wirtschaftlichen Bedeutung und in ihrem Umfang durch die Vorteile aufgewogen werden, die sich durch den Grundstückserwerb ergeben, so müssen Abwägungen vorgenommen werden, die nach § 107 dem gesetzlichen Vertreter des Minderjährigen vorbehalten sind. Deshalb muss in einem solchen Fall nach dem Normzweck dieser Vorschrift die Zustimmungsbedürftigkeit des Rechtsgeschäfts bejaht werden. Die Schenkung eines Grundstücks kann dann folglich nicht als rechtlich vorteilhaft aufgefasst werden. Aufgrund dieser Erwägungen bedarf die **Übereignung eines vermieteten oder verpachteten Grundstücks** wegen der sich aus dem Miet- oder Pachtverhältnis ergebenden weitreichenden Pflichten für den Vermieter stets der Zustimmung des gesetzlichen Vertreters;[33] denn erwirbt der Minderjährige das Eigentum an dem Grundstück, so tritt er in die Rechte und Pflichten ein, die sich aus bestehenden Miet- und Pachtverhältnissen ergeben (vgl. §§ 566, 578, 581 II).[34]

333 Andererseits wird der rechtliche Vorteil, der in dem Erwerb des Eigentums an einem Grundstück liegt, nicht dadurch aufgehoben, dass das **Grundstück mit einer Hypothek belastet** ist. Eine Hypothek gibt dem Hypothekengläubiger gegenüber dem Eigentümer des Grundstücks nur das Recht, wegen der ihm zustehenden Forderung

---

[29] BGH NJW 2010, 3643 Rn. 13 = JZ 2011, 157 mzustAnm *Medicus*; ebenso zust. *Kölmel* FamRZ 2011, 206.
[30] OLG Hamm NJW-RR 2000, 1611; BayObLG ZEV 2004, 249 (250).
[31] Abl. *Röthel/Krackhardt* JURA 2006, 161 (163); *Müßig* JZ 2006, 150; vgl. auch *Kölmel* FamRZ 2011, 206.
[32] Vgl. dazu *Preuß* JuS 2006, 305 (306 f.).
[33] BGH NJW 2005, 1430 f.; BayObLG NJW 2003, 1129; OLG Oldenburg NJW-RR 1988, 839; KG NJOZ 2011, 539 (540); KG FamRZ 2011, 736 (737); Palandt/*Ellenberger* § 107 Rn. 4; Jauernig/*Mansel* § 107 Rn. 5. AA OLG Hamm NJW-RR 2014, 1350 Rn. 9 aE.
[34] Vgl. auch OLG Dresden NJW 2016, 1027: die Schenkung einer Photovoltaikanlage sei wegen der damit verbundenen Haftungsrisiken und vertraglichen Pflichten nicht lediglich rechtlich vorteilhaft.

III. Geschäftsfähigkeit

(zu deren Sicherung die Hypothek bestellt worden ist) Befriedigung aus dem Grundstück zu suchen (vgl. § 1113 I). Dies bedeutet, dass der Eigentümer nur die Zwangsvollstreckung in das Grundstück dulden muss (vgl. § 1147), nicht aber persönlich zur Zahlung verpflichtet wird, es sei denn, dass er aus einem anderen Rechtsgrund zugleich auch Schuldner der hypothekarisch gesicherten Forderung ist. Äußerstenfalls kann ein Minderjähriger bei einer Zwangsvollstreckung des Hypothekengläubigers gegen ihn das geschenkte Grundstück verlieren; sein persönliches Vermögen kann aber nicht angetastet werden, weil Haftungsobjekt allein das Grundstück ist. Deshalb betrachtet die hM bei der Schenkung eines durch Hypothek oder Grundschuld belasteten Grundstücks diese Belastung zu Recht lediglich als Minderung des Werts des unentgeltlich Zugewendeten und nicht als eine selbstständige Verpflichtung des Eigentümers.[35] Im zweiten Beispielsfall erhält der Neffe durch die Schenkung des Grundstücks trotz der darauf ruhenden öffentlichen Lasten und der Hypothek allein einen rechtlichen Vorteil, sodass das Geschäft nicht zustimmungsbedürftig ist.

Im dritten Beispielsfall geht es um eine **Leihe**, also einen **unvollkommen zweiseitigen Vertrag** (→ Rn. 121). Das Geschäft ist nicht nur für den Verleiher, sondern auch für den Entleiher mit rechtlichen Pflichten verbunden (→ Rn. 120) und deshalb für beide zustimmungsbedürftig. Das gleiche gilt im Beispielsfall für den Tauschvertrag „Uhr gegen Sammelmarken", bei dem es sich um einen gegenseitig verpflichtenden (synallagmatischen) Vertrag handelt, der beiden Vertragspartnern rechtliche Pflichten auferlegt (vgl. § 480), sodass es keine Zweifel an der Zustimmungsbedürftigkeit dieses Rechtsgeschäfts geben kann. Beide Verpflichtungsgeschäfte sind folglich schwebend unwirksam (vgl. § 108 I und → Rn. 339). 334

Zu prüfen ist weiter, ob im dritten Beispielsfall das **Verfügungsgeschäft**, die Übertragung des Eigentums an der Uhr, ohne Zustimmung wirksam ist. Klar erscheint, dass die Eltern von C nicht zustimmen müssen, denn für diesen erweist sich der Erwerb des Eigentums an der Uhr als lediglich rechtlich vorteilhaft iSv § 107. Womöglich müssen aber die Eltern des B zustimmen. Dies wäre sicher der Fall, wenn B Eigentümer der Uhr gewesen wäre; denn dann hätte er durch den Verlust seines Eigentums einen rechtlichen Nachteil erlitten. Die Uhr gehörte aber A, der sie dem B nur geliehen hatte. Eigentum kann auch von einem Nichteigentümer übertragen werden, wenn der Erwerber ohne grobe Fahrlässigkeit den Nichtberechtigten für den Eigentümer hält und die Sache nicht abhandengekommen ist (vgl. §§ 929, 932, 935; Einzelheiten dazu später). Die Voraussetzungen des gutgläubigen Erwerbs vom Nichtberechtigten sind hier erfüllt, wenn man davon ausgeht, dass C glaubte, die Uhr gehöre B. Durch die Verfügung als solche hat B keinen Vermögensnachteil erlitten, weil ja nicht er, sondern ein anderer (A) Eigentümer der Uhr war und er somit durch die Übereignung auch kein Eigentum verlieren konnte. Es handelt sich bei dieser Übereignung deshalb um ein **rechtlich neutrales Geschäft,** weil es für ihn weder rechtlich vorteilhaft noch rechtlich nachteilig ist. Dabei ist wie auch sonst nur auf die unmittelbaren Wirkungen des Rechtsgeschäfts – hier also auf die der Übereignung – zu sehen. Dass sich aus dem Verhalten des Minderjährigen weitere (nicht rechtsgeschäftliche) Folgen ergeben können, die für ihn nachteilig sind, etwa Schadensersatzansprüche gegen ihn, bleibt für die Frage nach dem Vor- oder Nachteil des betreffenden Geschäfts ohne Beachtung. 335

---

[35] BGH NJW 2005, 415 (417); *Preuß* JuS 2006, 305 (307), jew. mwN.

336 Nach dem Wortlaut des § 107, der auf einen „rechtlichen Vorteil" abstellt, müssten die neutralen Geschäfte zustimmungsbedürftig sein. § 107 ist aber entsprechend dem von ihm verfolgten Zweck, den Minderjährigen vor nachteiligen Folgen eines rechtsgeschäftlichen Handelns zu schützen, dahingehend auszulegen (genauer: teleologisch zu reduzieren; → Rn. 1169), dass **rechtlich neutrale Geschäfte zustimmungsfrei** bleiben.[36] Im dritten Beispielsfall hat C also auch ohne Zustimmung der Eltern des B Eigentum erworben. Er kann sich daher gegenüber dem auf § 985 gestützten Herausgabeverlangen des A auf sein Eigentum berufen. Dieses Ergebnis ist frappierend: Wäre die Rechtslage so, wie C glaubte, wäre also B Eigentümer der Uhr gewesen, hätte C kein Eigentum erwerben können, weil dann die Übereignung für B ein zustimmungsbedürftiges Rechtsgeschäft gewesen wäre. Hier hat also gerade deshalb die Übereignung für C Erfolg, weil B Nichtberechtigter war. Die hM[37] akzeptiert dieses Ergebnis mit der Erwägung, der Rechtsverkehr müsse (hier also in seinem guten Glauben) so weit geschützt werden, wie dies mit dem gebotenen Schutz der Minderjährigen vereinbar sei, während andere den Eigentumserwerb in solchen Fällen mit der Begründung verneinen, dass die Vorschriften über den gutgläubigen Erwerb vom Nichtberechtigten den Erwerber nur so stellen sollen, wie er stünde, wenn seine Vorstellungen richtig wären; dann hätte er aber kein Eigentum erworben.[38] Folgt man der hM, so kann A zumindest keinen Herausgabeanspruch als Eigentümer (§ 985) geltend machen. Ob er aus einem anderen Rechtsgrund die Uhr herausverlangen kann, soll hier unerörtert bleiben.[39]

337 Hier eine Übersicht der **wichtigsten Ergebnisse** zu der Frage, welche Rechtsgeschäfte ein Minderjähriger ohne Zustimmung seines gesetzlichen Vertreters tätigen kann.

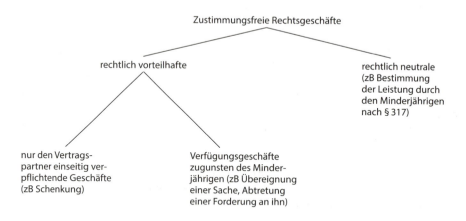

---

[36] Vgl. *Bellardita/Gregorio* JuS 2007, 444 (445).
[37] MüKoBGB/*Schmitt* § 107 Rn. 48; *Paefgen* JuS 1992, 192 (193); *Leipold* BGB AT § 11 Rn. 42, jew. mwN.
[38] *Medicus/Petersen* BGB AT Rn. 568; *Medicus/Petersen* BürgerlR Rn. 540, 542; *Braun* JURA 1993, 459. MüKoBGB/*Oechsler* § 932 Rn. 11 verneint den Charakter eines neutralen Rechtsgeschäfts.
[39] Vgl. den ausführlichen Übungsfall für Fortgeschrittene bei *Lindacher/Hau* Fälle BGB AT Nr. 2.

III. Geschäftsfähigkeit

Andere Geschäfte, die nicht ausschließlich rechtlich vorteilhaft oder zumindest rechtlich neutral für den Minderjährigen sind, bedürfen zu ihrer Wirksamkeit grundsätzlich der **Einwilligung** (dh vorherigen Zustimmung – vgl. § 183 S. 1) **des gesetzlichen Vertreters**. Die Einwilligung kann sowohl dem Minderjährigen als auch seinem Vertragspartner gegenüber erklärt werden (vgl. § 182 I) und ist bis zur Vornahme des Rechtsgeschäfts widerruflich (§ 183). Sie bedarf nach § 182 II keiner Form, auch wenn das vom Minderjährigen vorgenommene Geschäft formbedürftig ist.

338

> **Beispiel:** Formlose Einwilligung in den Abschluss eines Kaufvertrages über ein Grundstück, der notariell beurkundet werden muss (vgl. § 311b I 1).

Wird die **Einwilligung nicht erteilt**, so ist hinsichtlich der Rechtsfolgen zu unterscheiden:

339

- Einseitige Rechtsgeschäfte (→ Rn. 46) sind unwirksam (vgl. § 111 S. 1). Dahinter steht die Erwägung, dass es in solchen Fällen im Interesse des Geschäftspartners Rechtsunsicherheit zu vermeiden gilt. Demgemäß wird die Auffassung vertreten, dass ein einseitiges Rechtsgeschäft, mit dem der Geschäftspartner in Kenntnis der Minderjährigkeit einverstanden ist, § 108 unterfallen kann.[40]
- Verträge sind schwebend unwirksam (→ Rn. 304) und können durch Genehmigung (dh nachträgliche Zustimmung – vgl. § 184 I) wirksam werden (vgl. § 108 I). Wird die Genehmigung verweigert, wird das Geschäft endgültig unwirksam.

Während der Wortlaut von § 107 das Erfordernis der Einwilligung auf die vom Minderjährigen abgegebene Willenserklärung bezieht, macht § 108 die Wirksamkeit des Vertrages von der Genehmigung abhängig. Diese Unterscheidung erklärt sich dadurch, dass es nach der gesetzlichen Regelung darauf ankommt, ob die Willenserklärung den Bestandteil eines Vertrages oder eines einseitigen Rechtsgeschäfts bildet. Weil bei der Antwort nach der Wirksamkeit des vom Minderjährigen ohne Einwilligung vorgenommenen Rechtsgeschäfts zwischen Vertrag (§ 108) und einseitigem Rechtsgeschäft (§ 111) differenziert wird, muss als Bezugspunkt bei dieser Antwort auch das jeweilige Rechtsgeschäft gewählt werden.

340

Ebenso wie die Einwilligung kann auch die **Genehmigung grundsätzlich gegenüber dem Minderjährigen oder gegenüber seinem Vertragspartner** erklärt werden. Dieser aus § 182 I folgende Grundsatz wird jedoch für das Minderjährigenrecht in § 108 II modifiziert: Fordert der Vertragspartner des Minderjährigen dessen gesetzlichen Vertreter zur Erklärung über die Genehmigung auf, so kann sie nur ihm gegenüber abgegeben werden.

341

Die Zweiwochenfrist des § 108 II 2 kann zwar einseitig vom Auffordernden verlängert, nicht jedoch verkürzt werden, weil diese Frist dem gesetzlichen Vertreter des Minderjährigen ausreichend Zeit zur Überlegung geben soll. Für eine Fristverkürzung ist dementsprechend das Einverständnis des gesetzlichen Vertreters erforderlich. Während des **Schwebezustandes**, der **bis zur Genehmigung oder ihrer Verweigerung** besteht, kann der Vertragspartner des Minderjährigen seine Erklärung widerrufen (§ 109 I). Dieses **Widerrufsrecht** trägt dem Gedanken Rechnung, dass es unbillig wäre, den Vertragspartner an dem schwebend unwirksamen Geschäft so

342

---

[40] *Flume* BGB AT 200; Jauernig/*Jauernig* § 111 Rn. 4; Staudinger/*Knothe*, 2012, § 111 Rn. 9.

lange festzuhalten, bis der gesetzliche Vertreter über die Genehmigung entschieden hat. Dieses Recht kann allerdings nur demjenigen zugebilligt werden, der nicht wusste, dass er ein Geschäft mit einem Minderjährigen ohne Einwilligung dessen gesetzlichen Vertreters schloss (vgl. § 109 II). Zu dem Widerrufsrecht folgender

> **Beispielsfall:** Der 17-jährige A kauft ohne Wissen seiner Eltern eine Stereoanlage von B. Am nächsten Tag gesteht A dem B, dass er minderjährig sei und noch nicht mit seinen Eltern gesprochen habe. Daraufhin schreibt B an die Eltern einen Brief, in dem er sie um Mitteilung bittet, ob sie mit dem Kauf einverstanden seien. Als A seinen Eltern noch am selben Tag von dem Kauf berichtet, erwidern diese, A solle sich die Stereoanlage von B geben lassen, denn der Kauf sei günstig. Noch bevor der Brief des B bei den Eltern eintrifft, ruft dieser an und eröffnet ihnen, dass er sich die Sache anders überlegt habe und dass er sich nicht mehr an den Vertrag mit A gebunden halte. Können die Eltern auf die Einhaltung des Kaufvertrages bestehen?

343 Der zwischen A und B geschlossene Kaufvertrag ist wegen der Minderjährigkeit des A zunächst schwebend unwirksam gewesen. Ob B von der Minderjährigkeit des A wusste, ist insoweit unerheblich, weil zum Schutze des Minderjährigen der gute Glaube seines Vertragspartners an die Volljährigkeit keine Rolle spielt. Die Erklärungen der Eltern gegenüber dem A sind als Genehmigung anzusehen; dass sie den Begriff „Genehmigung" nicht gebrauchten, ist insoweit unerheblich, weil sich aus ihren Erklärungen zweifelsfrei ergeben hat, dass sie dem Kaufvertrag zustimmten. Im Übrigen kann auch die Genehmigung konkludent erteilt werden, etwa dadurch, dass der gesetzliche Vertreter dem Minderjährigen das Geld gibt, um den Kaufpreis zu bezahlen. Der schwebend unwirksame Vertrag wäre also durch Genehmigung gegenüber dem Minderjährigen endgültig wirksam geworden (vgl. § 108 I iVm § 182 I), wenn nicht § 108 II 1 eingreift. Durch die Aufforderung nach dieser Vorschrift wird eine vorher dem Minderjährigen gegenüber erklärte Genehmigung unwirksam, und der Vertrag kann nur noch gegenüber dem Vertragspartner genehmigt werden. Die Aufforderung an den gesetzlichen Vertreter, sich über die Genehmigung zu erklären, bewirkt also, dass der alte Schwebezustand wieder hergestellt wird, der vor Genehmigung gegenüber dem Minderjährigen bestanden hat.

344 Die **Aufforderung nach § 108 II** stellt keine Willenserklärung, sondern eine **geschäftsähnliche Handlung** dar, weil ihre Rechtsfolgen unabhängig vom Willen des Erklärenden kraft Gesetzes eintreten. Die Vorschriften über Willenserklärungen sind auf geschäftsähnliche Handlungen aber entsprechend anzuwenden (→ Rn. 239); das gilt auch für § 130 I 1, sodass die Aufforderung erst mit dem Zugang der Erklärung wirksam wird. Das Telefongespräch zwischen B und den Eltern des A wurde in einem Zeitpunkt geführt, in dem der Brief des B die Eltern noch nicht erreicht hatte, sich also der Vertrag noch in dem Zustand der Wirksamkeit aufgrund der gegenüber A erklärten Genehmigung befand. In diesem Zeitpunkt konnte B nicht nach § 109 I widerrufen, weil hierfür der Schwebezustand vorläufiger Unwirksamkeit erforderlich ist, wie sich aus der Fassung des Gesetzes deutlich ergibt („bis zur Genehmigung des Vertrags"). Andererseits hätte B aber widerrufen können, wenn dieser Schwebezustand nach Zugang seines Briefes wieder eingetreten wäre.

345 Es ist deshalb zu fragen, ob der erklärte Widerruf in dem Zeitpunkt Wirksamkeit erlangte, in dem durch Zugang der Aufforderung nach § 108 II der Vertrag wieder schwebend unwirksam wurde. Diese Frage muss verneint werden. Das **Widerrufs-**

III. Geschäftsfähigkeit

recht soll dem Vertragspartner des Minderjährigen die Lösung von einem schwebend unwirksamen und deshalb unsicheren Vertrag ermöglichen. Die Aufforderung nach § 108 II dient dazu, dem Vertragspartner Klarheit über die Einstellung des gesetzlichen Vertreters zu verschaffen; eine vorher dem Minderjährigen gegenüber erklärte Genehmigung wird unwirksam, weil es sich hierbei um einen Vorgang handelt, der sich aus der Sicht des Vertragspartners in einem für ihn nicht überschaubaren Bereich abspielt. Die Kombination beider Rechte – die Aufforderung nach § 108 II und die daran geknüpften Rechtswirkungen sowie das Widerrufsrecht nach § 109 I – kann aber nicht dazu benutzt werden, um sich von einem geschlossenen Vertrag wieder zu befreien. Deshalb wird man verlangen müssen, dass der Vertragspartner nach einer Aufforderung an den gesetzlichen Vertreter zur Erklärung über die Genehmigung zumindest eine gewisse Zeit abwarten muss, ehe er den Vertrag nach § 109 I widerruft, weil er sich sonst in einen treuwidrigen Widerspruch zu seinem vorherigen Verhalten setzt (Verbot des venire contra factum proprium; dazu sogleich).[41] Erst recht ist es unzulässig, gleichzeitig mit der Aufforderung nach § 108 II den Widerruf zu verbinden.[42] Deshalb kann B nicht verhindern, dass die Eltern des A nach Eingang des Briefes sofort, zB mündlich oder durch eine postwendende schriftliche Antwort, die Genehmigung erklären, um auf diese Weise den Vertrag endgültig wirksam werden zu lassen.

Das **Verbot des venire contra factum proprium** (= Verbot sich zum früheren Verhalten in Widerspruch zu setzen), auf das soeben hingewiesen wurde, leitet sich aus dem Grundsatz von Treu und Glauben ab (§ 242). Anknüpfungspunkt für dieses Verbot ist die sachliche Unvereinbarkeit eines früheren Verhaltens mit dem späteren. Jedoch genügt dies allein noch nicht, weil grundsätzlich der Einzelne das Recht in Anspruch nehmen kann, seine Meinung zu ändern und sein Verhalten zu korrigieren. Widersprüchliches Verhalten ist erst dann als rechtsmissbräuchlich zu werten, wenn entweder durch das frühere Verhalten für den anderen ein Vertrauenstatbestand geschaffen worden ist, auf den sich dieser mit Recht verlassen durfte, oder wenn andere besondere Umstände die Rechtsausübung als treuwidrig erscheinen lassen.[43] Als Beispiel für die erste Alternative sei der Fall genannt, dass sich jemand auf die Unwirksamkeit eines Vertrages beruft, den er vorher längere Zeit zu seinem Vorteil als rechtswirksam behandelt hat. In der zweiten Fallalternative, in der kein besonderer Vertrauenstatbestand begründet werden muss, ist die Treuwidrigkeit insbesondere dann zu bejahen, wenn sich zwischen den verschiedenen Verhaltensweisen ein unlösbarer Widerspruch ergibt. Zu dieser zweiten Alternative ist der hier erörterte Fall zu rechnen. Durch die Aufforderung nach § 108 II wird zum Ausdruck gebracht, dass dem Adressaten das Recht eingeräumt werde, sich innerhalb einer angemessenen Frist frei entscheiden zu können, ob der Vertrag zustande kommen soll. In einem unlösbaren Widerspruch dazu stünde ein nach § 109 I erklärter Widerruf, der dem gesetzlichen Vertreter jede Möglichkeit nimmt, die Genehmigung zu erklären.

346

Einen Sonderfall des Verbots widersprüchlichen Verhaltens stellt der Tatbestand der **Verwirkung** dar. Ein Recht wird verwirkt, wenn der Berechtigte es längere Zeit hindurch nicht geltend macht, obwohl er dazu in der Lage wäre, und der Verpflich-

347

---

41 MüKoBGB/*Schmitt* § 108 Rn. 28, § 109 Rn. 9; Bamberger/Roth/*Wendtland* § 109 Rn. 2.
42 Dies ist allerdings streitig. AA *Wilhelm* NJW 1992, 1666 mwN.
43 BGH NJW 1997, 3377 (3380 mN).

tete sich mit Rücksicht auf das gesamte Verhalten des Berechtigten darauf einrichten durfte und eingerichtet hat, dass dieser sein Recht auch in Zukunft nicht geltend machen werde.[44] Der BGH berücksichtigt besonders die Interessen des Verpflichteten: Eine Verwirkung komme nur in Betracht, wenn sich der Verpflichtete im Vertrauen auf das Verhalten des Berechtigten in seinen Maßnahmen so eingerichtet habe, dass ihm durch die verspätete Durchsetzung des Rechts ein unzumutbarer Nachteil entstünde.[45] Die Verwirkung ist der typische Fall der unzulässigen Rechtsausübung wegen widersprüchlichen Verhaltens.[46] Der Verstoß gegen Treu und Glauben liegt in der illoyalen Verspätung der Rechtsausübung.[47] Es genügt also nicht allein der Zeitablauf, sondern hinzukommen müssen noch weitere Umstände, die eine spätere Ausübung des Rechts treuwidrig erscheinen lassen. Aufgrund einer Interessenabwägung ist festzustellen, ob derjenige, der sich darauf verlassen hat, dass der Gläubiger sein Recht nicht mehr geltend machen werde, als schutzwürdig erscheint.

348 Die Vorschrift des § 108 II bezieht sich – wie aus dem Wortlaut folgt – nur auf einen ohne Einwilligung des gesetzlichen Vertreters geschlossenen Vertrag. Hat der gesetzliche Vertreter gegenüber dem Minderjährigen seine Einwilligung erteilt, so kann die Aufforderung des Vertragspartners an den gesetzlichen Vertreter, sich zu dem Vertrag zu erklären, richtigerweise nichts mehr an der Gültigkeit ändern.[48]

349 Für eine Reihe wichtiger Rechtsgeschäfte genügt nicht allein die Zustimmung der Eltern oder des Vormundes, vielmehr muss noch das **Familiengericht** seine Genehmigung erteilen (vgl. §§ 112, 1643, 1821, 1822). Das Erfordernis einer gerichtlichen Genehmigung schafft zum Schutz und im Interesse des Minderjährigen eine Kontrolle der den Eltern oder dem Vormund übertragenen Vermögenssorge. Dennoch können Eltern durch Rechtsgeschäfte, die sie im Rahmen ihrer gesetzlichen Vertretung für das minderjährige Kind schließen, für dieses Verbindlichkeiten begründen, die eine erhebliche Belastung auch nach Eintritt der Volljährigkeit bedeuten können. Um der Gefahr einer solchen Überschuldung des Kindes vorzubeugen, ist durch § 1629a eine Beschränkung der Haftung des Minderjährigen in das Gesetz aufgenommen worden (vgl. *Musielak/Hau* EK BGB Rn. 914).

350 Die dem Minderjährigen erteilte Einwilligung braucht sich nicht auf einzelne Rechtsgeschäfte bestimmten Inhalts zu beziehen, also keine spezielle Einwilligung zu sein, sondern kann auch für einen bestimmten abgrenzbaren Kreis von Geschäften erklärt werden (sog. generelle Einwilligung oder **Generaleinwilligung**). Es ist eine Frage der Auslegung, wie weit die Einwilligung reicht und welche Rechtsgeschäfte sie umfasst. Beispielsweise wird die Zustimmung des gesetzlichen Vertreters zum Kauf eines Kraftfahrzeuges regelmäßig auch den Abschluss der gesetzlich vorgeschrie-

---

[44] BGH NJW 1982, 1999; 2002, 669 (670); 2003, 824; 2007, 1273 Rn. 21, jew. mN.
[45] BGH NJW 2014, 1230 Rn. 13.
[46] MüKoBGB/*Schubert* § 242 Rn. 356 ff.
[47] BGH NJW 1984, 1684; 2007, 2183 (auch zu den Einschränkungen, die sich für eine Verwirkung des Anspruchs des Eigentümers auf Herausgabe eines im Grundbuch eingetragenen Grundstücks ergeben).
[48] MüKoBGB/*Schmitt* § 108 Rn. 23 f., mwN auch zur Gegenauffassung, die § 108 II auf den Fall einer dem Minderjährigen erteilten Einwilligung analog anwenden will.

III. Geschäftsfähigkeit

nen Haftpflichtversicherung umfassen. Andererseits kann in der Einwilligung zum Erwerb eines Führerscheins nicht etwa gleichzeitig auch die Erlaubnis zum Anmieten oder Kauf von Kraftfahrzeugen gesehen werden.

351 Die hM sieht in § 110 einen besonderen Fall einer Generaleinwilligung.[49] Bei den von § 110 erfassten Sachverhalten liegt die nach § 107 erforderliche Einwilligung zum Abschluss von Verträgen, die den Minderjährigen belasten, in der Überlassung von Geldern zu diesem Zweck. Der Hauptanwendungsfall ist die Zahlung von Taschengeld, mit dem der Minderjährige durch Abschluss von meist kleineren Bargeschäften seine Bedürfnisse befriedigen kann. Deshalb wird § 110 auch als „**Taschengeldparagraph**" bezeichnet, obwohl andere Sachverhalte ebenfalls unter diese Regelung fallen, so zB wenn ein Minderjähriger für eine Reise einen bestimmten Geldbetrag erhält und darin die Einwilligung zum Abschluss aller Verträge zu sehen ist, die zur Durchführung der Reise erforderlich sind.

352 Die von § 110 angeordnete Rechtsfolge, nämlich die Wirksamkeit des Vertrages, bezieht sich auf das Verpflichtungsgeschäft. Voraussetzung ist, dass die vertragsmäßige Leistung bewirkt werden muss. Das „**Bewirken der Leistung**" bedeutet, dass die darin liegende Verfügung, zB die Übereignung von Geld als Kaufpreis an den Verkäufer in Erfüllung eines vom Minderjährigen geschlossenen Kaufvertrages, wirksam zustande gekommen sein muss. Die dafür erforderliche Einwilligung des gesetzlichen Vertreters ergibt sich nicht unmittelbar aus § 110, sondern wird entsprechend § 107 konkludent durch Überlassen der Mittel erteilt.[50]

353 Wie weit die Einwilligung im Rahmen des § 110 reicht, ist – wie bereits bemerkt – durch Auslegung aufgrund aller bedeutsamen Umstände zu entscheiden.

> **Beispiel:** Der 16-jährige A erhält ein wöchentliches Taschengeld von 30 EUR. Er kauft davon in einer Lotterie ein Los und gewinnt 3.000 EUR. Ohne seinen Eltern etwas von diesem Gewinn zu sagen, kauft er sich davon ein Rennrad im Fachgeschäft des H. Als die Eltern des A von H die Rückzahlung des Kaufpreises gegen Rückgabe des Rads verlangen, beruft sich dieser auf § 110. Mit Recht?
>
> Diese Frage ist zu verneinen. Der Gewinn steht in seinem Wert in keinem Verhältnis zu dem Taschengeld, das A von seinen Eltern erhält. Es ist auszuschließen, dass die Eltern die Gewinnsumme ihrem Sohn zur freien Verfügung überlassen wollen. Der Kauf des Rennrads ist deshalb nicht von der § 110 zugrundeliegenden Generaleinwilligung umfasst, sodass der Vertrag zunächst schwebend unwirksam und nach konkludenter Ablehnung der Genehmigung durch die Eltern endgültig unwirksam ist. Man kann auch erwägen, die Anwendung des § 110 auf den von A geschlossenen Kaufvertrag deshalb zu verneinen, weil A den Lottogewinn nicht von seinen Eltern oder mit deren Zustimmung von einem Dritten zur freien Verfügung erhielt.[51] Diese am Wortlaut der Vorschrift orientierte Begründung schließt aus, dass die im Rahmen des § 110 erteilte Einwilligung der Eltern auch auf solche Gegenstände erstreckt werden kann, die der Minderjährige mit den ihm überlassenen Mitteln erwirbt (sog. Surrogate = Ersatz-

---

[49] So unter anderem *Wolf/Neuner* BGB AT § 34 Rn. 42; *Flume* BGB AT 199. AA *Leenen* FamRZ 2000, 863 (866 ff.). Beachte zum Streitstand hinsichtlich der dogmatischen Einordnung auch *Piras/Stieglmeier* JA 2014, 893.
[50] *Leenen* FamRZ 2000, 863; *Nierwetberg* JURA 1984, 121 (131).
[51] So *Leenen* FamRZ 2000, 863 (864).

gegenstände). Mit der hM[52] ist jedoch nach dem Sinn des § 110 die in der Überlassung der Geldmittel liegende Einwilligung grundsätzlich auch auf Surrogate anzuwenden; erst in einem zweiten Schritt ist sodann zu prüfen, ob der Wert des Surrogats in dem durch die Höhe des Taschengeldes gezogenen Rahmen bleibt und deshalb von dem Einverständnis des gesetzlichen Vertreters ausgegangen werden kann, dass der Minderjährige frei über das Surrogat verfügt. Bei einem Gewinn von 3.000 EUR ist dies auszuschließen, dagegen wird dies zB bei einem vom Taschengeld gekauften Buch im Regelfall zu bejahen sein, sodass der Minderjährige das Buch wirksam gegen ein anderes eintauschen kann.

354 Einschränkungen einer konkludent ausgesprochenen Einwilligung ergeben sich wegen des Schutzwecks der §§ 106 ff. nicht nur aufgrund finanzieller Erwägungen, sondern auch, wenn der Minderjährige Verträge schließt, die **Eingriffe** in seine **höchstpersönlichen Rechte und Rechtsgüter** zum Inhalt haben. Dann muss aufgrund einer wertenden Betrachtung des Einzelfalles entschieden werden, ob ein solches Rechtsgeschäft wirksam ohne Zustimmung des gesetzlichen Vertreters zustande kommen kann. Dies wird beispielsweise bei der Vornahme von Tätowierungen zu verneinen sein.[53]

355 Die durch Überlassung der Geldmittel konkludent ausgesprochene Einwilligung des gesetzlichen Vertreters bezieht sich – wie ausdrücklich in § 110 präzisiert wird („wenn der Minderjährige die vertragsmäßige Leistung mit Mitteln bewirkt") – nur auf solche Geschäfte, die der Minderjährige vollständig mit diesen Geldmitteln erfüllt. Es sollen also keine (unerfüllten) Verpflichtungen bestehen bleiben. **Ratengeschäfte** werden folglich erst dann nach § 110 wirksam, wenn auch die letzte Rate mit den überlassenen Mitteln beglichen worden ist; vorher ist das Geschäft schwebend unwirksam (→ Rn. 304).

356 Die in §§ 112 und 113 getroffenen Regelungen gehen über die Generaleinwilligung des § 110 hinaus, da der Minderjährige für den jeweilgen Bereich die volle Geschäftsfähigkeit erlangt. Anders als in den Fällen des § 110 kann also der gesetzliche Vertreter in diesem Bereich für den Minderjährigen keine Rechtsgeschäfte mehr tätigen. § 112 verlangt den **selbstständigen Betrieb eines Erwerbsgeschäfts,** dh einer erlaubten, auf Gewinnerzielung gerichteten Tätigkeit von gewisser Dauer. Unselbstständige Tätigkeiten werden von § 113 erfasst. Im Rahmen des § 113 kann der Minderjährige alle Rechtsgeschäfte selbstständig schließen, die die **Eingehung oder Aufhebung eines Dienst- oder Arbeitsverhältnisses** „der gestatteten Art" oder die Erfüllung der sich aus einem solchen Verhältnis ergebenden Verpflichtungen betreffen. Durch die Wendung der „gestatteten Art" wird eine wichtige Einschränkung vorgenommen. So kann der Minderjährige, dem der gesetzliche Vertreter eine Bürotätigkeit gestattet hat, zwar diese Stellung wirksam kündigen und eine neue gleicher Art antreten, aber nicht eine völlig andere Beschäftigung beginnen und zB im Zirkus arbeiten (vgl. auch § 113 IV). Die Ermächtigung nach § 113 umfasst auch gewisse Folgegeschäfte, etwa den Beitritt zu einer Gewerkschaft oder die Einrichtung eines Gehaltskontos.

357 Zusammenfassend zeigt sich, dass die Prüfung, ob ein Minderjähriger ein Geschäft wirksam geschlossen hat, folgende Schritte umfasst:

---

[52] MüKoBGB/*Schmitt* § 110 Rn. 33; Palandt/*Ellenberger* § 110 Rn. 2; jew. mwN.
[53] *Hauck* NJW 2012, 2398 f. AA AG München NJW 2012, 2452. Lesenswert zum gesetzlichen Sonnenstudio-Verbot für Minderjährige BVerfG NJW 2012, 1062.

(1) Ist das geschlossene Rechtsgeschäft zustimmungsbedürftig? Dies ist zu verneinen, wenn es sich um ein Rechtsgeschäft handelt, das

    a) lediglich rechtlich vorteilhaft oder zumindest rechtlich neutral ist (§ 107; → Rn. 336 f.) oder

    b) aus Mitteln erfüllt wird, die ihm dazu oder zur freien Verfügung vom gesetzlichen Vertreter oder mit dessen Zustimmung von einem Dritten überlassen worden sind (§ 110; → Rn. 351 ff.), oder

    c) im Rahmen des Erwerbsgeschäfts getätigt wird, zu dessen selbstständigen Betrieb der Minderjährige ermächtigt worden ist (§ 112; → Rn. 356), oder

    d) die Eingehung oder Aufhebung eines Dienst- oder Arbeitsverhältnisses oder die Erfüllung der sich aus einem solchen Verhältnis ergebenden Verpflichtungen betrifft, zu dessen Eingehung der Minderjährige ermächtigt worden ist (§ 113; → Rn. 356).

(2) Ist die erforderliche Zustimmung vor Abschluss des Rechtsgeschäfts (= Einwilligung) gegenüber dem Minderjährigen oder seinem Geschäftspartner (§ 182 I) erteilt worden? Ist dies zu bejahen, ist das Rechtsgeschäft wirksam zustande gekommen.

(3) Wurde die (erforderliche) Einwilligung nicht erteilt, ist zu fragen:

    a) Handelt es sich um ein einseitiges Rechtsgeschäft? Ist dies zu bejahen, ist das Rechtsgeschäft nichtig (§ 111 S. 1), es sei denn, der Geschäftspartner kannte das Erfordernis der Einwilligung (→ Rn. 339).

    b) Ist der Vertrag genehmigt worden? Die Genehmigung kann sowohl gegenüber dem Minderjährigen als auch gegenüber seinem Geschäftspartner erklärt werden, es sei denn, der Geschäftspartner hat den gesetzlichen Vertreter zur Erklärung über die Genehmigung aufgefordert (§ 108 II 1).

    c) Kann die Genehmigung noch erteilt werden? Dies ist zu verneinen, wenn die Zwei-Wochen-Frist des § 108 II 2 abgelaufen ist oder der Geschäftspartner seine Erklärung wirksam widerrufen hat (§ 109; → Rn. 342, → Rn. 345).

IV. Nichtigkeit von Willenserklärungen

1. Geheimer Vorbehalt

Der **geheime Vorbehalt (Mentalreservation)**, das Erklärte nicht zu wollen, ist ohne Einfluss auf die Wirksamkeit der Willenserklärung. Diese in § 116 S. 1 getroffene Bestimmung kann als Bestätigung der Ansicht aufgefasst werden, dass es für die Gültigkeit einer Willenserklärung nicht (allein) auf die subjektive Einstellung des Erklärenden ankommt, sondern dass hierbei Rücksicht auf das Vertrauen zu nehmen ist, das der rechtsgeschäftliche Verkehr in die Erklärung setzt (→ Rn. 78). Kennt dagegen der Erklärungsgegner den Vorbehalt, so verdient er keinen Schutz. Dementsprechend wird in § 116 S. 2 für diesen Fall dem Vorbehalt Wirkung zuerkannt und angeordnet, dass die Willenserklärung nichtig ist.

2. Scheingeschäft

359 Dass eine empfangsbedürftige Willenserklärung, die mit Einverständnis des Erklärungsempfängers nur zum Schein abgegeben wird, nichtig ist, kann nicht zweifelhaft sein: Wenn die **Beteiligten die Geltung der Erklärung einverständlich nicht wollen**, gibt es keinen Grund, diesen Willen zu korrigieren. Demgemäß sieht der Gesetzgeber in § 117 I die Nichtigkeit vor. Die Vorschrift betrifft Sachverhalte, die Ähnlichkeit mit den Fällen des § 116 S. 2 haben. Der Unterschied zwischen beiden Vorschriften besteht darin, dass bei § 116 S. 2 Kenntnis von der Mentalreservation genügt, während die Beteiligten bei § 117 I in der Bewertung des Geschäfts einig sein müssen.

360 Wird durch das Scheingeschäft lediglich ein anderes Geschäft verborgen, das die Parteien ernstlich wollen, so erstreckt sich die Nichtigkeit des Scheingeschäfts nicht auf das verdeckte (§ 117 II).

> **Beispiel:** A will B sein Grundstück verkaufen. Beide sind sich darüber einig, dass der Kaufpreis 200.000 EUR betragen soll. Um jedoch Steuern und Gebühren zu sparen, lassen sie im notariellen Vertrag (vgl. § 311b I 1) lediglich einen Kaufpreis von 100.000 EUR beurkunden (sog. Schwarzkauf).
>
> Der beurkundete Kaufpreis ist von den Parteien nicht gewollt, sodass ihre Vereinbarung nach § 117 I nichtig ist. Sie wollten damit die Vereinbarung eines Kaufpreises von 200.000 EUR verdecken. Diese Preisabsprache ist nicht nach § 117 nichtig. Zu berücksichtigen ist aber § 311b I 1: Weil der wirklich gewollte Kaufpreis nicht beurkundet worden ist, folgt die Nichtigkeit aus dem Formmangel (§ 125 S. 1). Dieser Mangel kann allerdings durch Auflassung (vgl. § 925 I) und Eintragung in das Grundbuch geheilt werden (§ 311b I 2), sodass dann doch die Vereinbarung des Kaufpreises von 200.000 EUR gilt.

3. Fehlende Ernstlichkeit

361 § 118 regelt den Fall der sog. **Scherzerklärung:** Der Erklärende will seine Willenserklärung nicht ernstlich und geht bei der Erklärung davon aus, dass der Mangel der Ernstlichkeit vom Erklärungsempfänger nicht verkannt werde. In diesem Fall ist die Willenserklärung nichtig. § 118 unterscheidet sich von § 116 dadurch, dass der Erklärende seinen Vorbehalt nicht verheimlichen will, von § 117 hingegen dadurch, dass über die Nichtgeltung kein Einverständnis mit dem Erklärungsempfänger hergestellt wird. Für die Rechtsfolge des § 118 ist die Erwartung des Erklärenden maßgebend, dass der Erklärungsempfänger die fehlende Ernstlichkeit erkennen

V. Anfechtung wegen Irrtums

werde; ob dies tatsächlich zutrifft, ist unerheblich.[54] Das Interesse des Empfängers wird dadurch berücksichtigt, dass ihm ein Anspruch auf Ersatz des Schadens zugebilligt wird, den er erleidet, weil er auf die Gültigkeit der Willenserklärung vertraut hat (§ 122 I). Dieser Anspruch setzt jedoch nach § 122 II voraus, dass der Mangel der Ernstlichkeit nicht infolge von Fahrlässigkeit verkannt wurde (zu § 122 → Rn. 411 ff.).

Erkennt der Erklärende, dass entgegen seiner (ursprünglichen) Erwartung der Empfänger seine Erklärung ernst nimmt, so ist er nach Treu und Glauben verpflichtet, auf die fehlende Ernstlichkeit zu verweisen. Unterlässt er dies, so handelt es sich um einen „**bösen Scherz**", auf den § 116 S. 1 mit der Folge anzuwenden ist, dass die Willenserklärung als gültig angesehen werden muss. Nur wenn der „böse Scherz" vom Gefoppten durchschaut wird, gilt § 116 S. 2. 362

Die Anwendungsfälle der §§ 116–118 lassen sich in der folgenden Darstellung veranschaulichen: 363

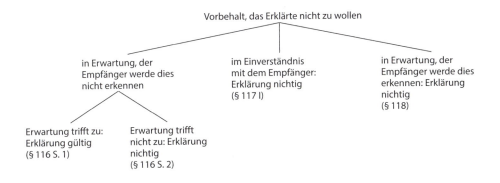

V. Anfechtung wegen Irrtums

1. Die gesetzliche Regelung

Fälle, in denen die Vorstellungen des Handelnden und die Wirklichkeit unbewusst divergieren, wurden bereits erwähnt bei der Erörterung der Rechtsfolgen, die sich beim Fehlen des Erklärungsbewusstseins und des Geschäftswillens ergeben (→ Rn. 75 ff.). Hierbei hat sich gezeigt, dass eine solche Divergenz nicht zur Unwirksamkeit der Erklärung führen muss. Anderseits ist damit noch nicht gesagt, dass der Erklärende, auch wenn die Wirksamkeit seiner durch Irrtum beeinflussten Erklärung zu bejahen ist, an seiner Erklärung festgehalten wird. Die Frage, ob sich der Erklärende unter Hinweis auf seinen Irrtum von seiner Erklärung lösen kann, wird anhand von § 119 und § 120 beantwortet. Hierbei gilt es, sowohl die Interessen des Erklärenden als auch die des Erklärungsempfängers zu berücksichtigen. Daher hat 364

---

54 BGH NJW 2000, 3127 (3128).

der Gesetzgeber die Anfechtung auf bestimmte Irrtumsfälle beschränkt und den Anfechtenden zum Ersatz des Schadens verpflichtet, den der Erklärungsgegner dadurch erleidet, dass er auf die Gültigkeit der Erklärung vertraut (§ 122).

365 Eine Besonderheit ergibt sich, wenn der Irrtum durch eine arglistige Täuschung hervorgerufen worden ist. Auf die dann nach § 123 mögliche Anfechtung und die damit zusammenhängenden Probleme wird gesondert eingegangen (→ Rn. 416 ff.). Auch im Erbrecht gibt es eine Irrtumsanfechtung, die besonderen Regeln folgt (Einzelheiten dazu bei *Musielak/Hau* EK BGB Rn. 1020 ff.).

366 Nicht jeder Irrtum gibt also das Recht zur Anfechtung. Hat sich jemand bei der Willensbildung oder Willenserklärung geirrt, so ist zunächst zu klären, ob das Gesetz diesen Irrtum als Grund für eine Anfechtung anerkennt. Ein Irrtum bei der Willensbildung, also die falsche Beurteilung von Fakten, die für die Bildung eines zu erklärenden Willens maßgebend sind, also ein bloßer **Irrtum im Beweggrund (Motivirrtum),** berechtigt grundsätzlich nicht zur Anfechtung.

> **Beispiel:** A wird von einem Freund zum Abendessen eingeladen und entschließt sich deshalb, einen Blumenstrauß als Gastgeschenk zu besorgen. Motiv für den dafür erforderlichen Kaufvertrag ist also die Einladung und der damit zusammenhängende Wunsch, Blumen mitzunehmen und zu schenken. Stellt A nach dem Kauf der Blumen fest, dass er sich im Datum geirrt hat und erst eine Woche später eingeladen ist, oder erkrankt plötzlich der Gastgeber und wird deshalb in letzter Minute das Abendessen abgesagt, so hat A zwar beim Blumenkauf dafür wesentliche Umstände falsch eingeschätzt, aber der seine Beweggründe betreffende Irrtum rechtfertigt keine Anfechtung.

367 Die Irrtumsfälle im Allgemeinen Teil sind abschließend in §§ 119, 120 geregelt. § 119 I benennt zwei Irrtumsfälle: **Den Inhaltsirrtum** (Var. 1: „Wer bei der Abgabe einer Willenserklärung über deren Inhalt im Irrtum war …") und den **Erklärungsirrtum** (Var. 2: „Wer … eine Erklärung dieses Inhalts überhaupt nicht abgeben wollte …").

368 Beim **Erklärungsirrtum** (auch „Irrung" genannt) wird etwas erklärt, was der Erklärende nicht erklären wollte, weil er sich verspricht oder verschreibt.

> **Beispiel:** V bietet K schriftlich sein Kfz zum Kauf an. Als Kaufpreis will er 7.000 EUR verlangen, lässt aber versehentlich beim Schreiben eine Null weg, sodass 700 EUR genannt werden.[55] K erklärt postwendend, dass er das Angebot annehme. Es handelt sich um einen Erklärungsirrtum, der den V zur Anfechtung nach § 119 I Var. 2 berechtigt.

369 Beim **Inhaltsirrtum** irrt der Erklärende über die Bedeutung seiner Erklärung, der er einen anderen Sinn beimisst, als ihr objektiv zukommt.

> **Beispiel:** A drückt sich gern gewählt aus und benutzt Fremdwörter, deren Sinn ihm nicht immer bekannt ist. Als er telefonisch im Restaurant eines Hotels für ein Abendessen einen Tisch bestellen will, erklärt er: „Ich komme morgen um 7.00 Uhr abends zu Ihnen und möchte bei Ihnen logieren" (er meint aber: „soupieren"). Ihm wird zugesagt, dass alles vorbereitet werde. Der Irrtum klärt sich auf, als A abends erscheint: Er kann wegen Inhaltsirrtums (§ 119 I Var. 1) anfechten.

---

[55] Beachte auch OLG Düsseldorf NJW-RR 2016, 1073 (1077), dort zum Eigenschaftsirrtum bei fehlerhafter Eingabe einer Preisliste in ein Computersystem.

V. Anfechtung wegen Irrtums

Der in § 119 II geregelte Eigenschaftsirrtum betrifft die falsche Einschätzung von Eigenschaften einer Person oder einer Sache durch den Erklärenden, wobei diese Eigenschaften im Verkehr als wesentlich angesehen werden müssen. 370

> **Beispiel:** K will sich eine Sammlung von Gemälden alter Meister anschaffen. Da er sich nicht auskennt, bittet er den A, den er für einen ausgewiesenen Kunstkenner hält, die dafür erforderlichen Käufe zu tätigen. Als sich herausstellt, dass A nicht über den notwendigen Sachverstand verfügt, will K die Zusammenarbeit beenden. Da K über eine wesentliche Eigenschaft des A irrte, ist er zur Anfechtung seiner zum Abschluss eines entsprechenden Vertrages abgegebenen Willenserklärung nach § 119 II berechtigt.

Der Übermittlungsirrtum (§ 120) hat der Sache nach große Ähnlichkeit mit dem Erklärungsirrtum. Wird die Erklärung vom Erklärungsboten falsch übermittelt, so stimmt die Erklärung wie beim Verschreiben oder Versprechen aufgrund einer „Panne" bei der Äußerung des Willens nicht mit dem Gewollten überein. 371

> **Beispiel:** A beauftragt seine Sekretärin S, für ein Essen in einem bestimmten Restaurant einen Tisch für sechs Personen zu bestellen, und zwar für den 18.8. um 20.00 Uhr. S versteht jedoch 10.8. und gibt die Bestellung zu diesem Datum auf. In diesem Fall ist eine Anfechtung des A wegen eines Übermittlungsirrtums möglich.

Nach der gesetzlichen Regelung müssen also bei einem Irrtumsfall folgende Fragen positiv beantwortet werden, wenn eine Anfechtung zulässig sein soll: 372

(1) Irrte der Erklärende?

Irrtum ist das **unbewusste Auseinanderfallen von Vorstellungen des Handelnden und der Wirklichkeit.** Es muss geprüft werden, was der Erklärende in Wirklichkeit erklärte und was er erklären wollte. Daher ist zunächst mit Mitteln der **Auslegung** (→ Rn. 134 ff.) festzustellen, wie der Adressat der Willenserklärung diese verstehen konnte. Erkennt der Erklärungsempfänger, dass sich der Erklärende geirrt hat, so gilt zumindest das Erklärte nicht. Weiß der Erklärungsempfänger, was der Erklärende gewollt hat, gilt das Gewollte.

> Ergibt sich in dem obigen Beispielsfall des Kfz-Verkaufs (→ Rn. 368) aus den Umständen, dass ein Kaufpreis von 700 EUR nicht in Betracht kommen kann, so hat die Verkaufsofferte des V keine Geltung. Weiß K zB aus der Vorkorrespondenz, dass V 7.000 EUR für den Wagen haben möchte, kann er trotz des Schreibfehlers die Verkaufsofferte nur so auffassen, wie sie gewollt ist. Das gleiche gilt in dem Beispielsfall der Tischreservierung (→ Rn. 369), wenn der Hotelier darüber informiert ist, dass der Gast nicht logieren, sondern soupieren will und nur beide Begriffe verwechselt: falsa demonstratio non nocet (→ Rn. 177).

(2) Berechtigt der Irrtum zur Anfechtung?

Handelt es sich um einen Fall eines Erklärungsirrtums, eines Inhaltsirrtums, eines Eigenschaftsirrtums oder eines Übermittlungsirrtums?

(3) Ist der Irrtum für die Erklärung ursächlich?

Die Anfechtung setzt voraus, dass anzunehmen ist, der Erklärende hätte „bei Kenntnis der Sachlage und bei verständiger Würdigung des Falles" seine Erklärung nicht abgegeben (§ 119 I). Diese Voraussetzung gilt für alle Anfechtungsfälle. Der Irrtum muss also aus der Sicht des Erklärenden erheblich sein (**subjektive Erheblichkeit**).

> **Beispiel:** Bestellt K nach Katalog ein Holzimprägnierungsmittel und verschreibt er sich bei der Artikelnummer, sodass er nicht das gewollte Fabrikat der Firma X, sondern das in Preis und Qualität völlig gleichwertige der Firma Y erhält, so kann er nicht anfechten; denn es ergeben sich für K aus dem Irrtum keinerlei nachteilige Wirkungen. Etwas anderes würde nur gelten, wenn ihm aus triftigen Gründen gerade an dem Fabrikat der Firma X gelegen wäre. Erwähnt sei, dass die Frage nach dem Bestehen eines Anfechtungsrechts selbst dann relevant bleiben kann, wenn der Käufer ein Verbraucher ist und ihm ein Widerrufsrecht nach § 356 zusteht (dazu später); das zeigt sich etwa, wenn er den Irrtum erst nach Ablauf der Widerrufsfrist (§ 355 II) entdeckt.

373 Die Frage der **Erheblichkeit des Irrtums** ist nicht allein nach den rein subjektiven Erwägungen des Anfechtenden zu entscheiden, sondern es kommt – wie im Gesetz ausdrücklich festgestellt wird – auf eine „**verständige Würdigung des Falles**" an. Der Irrende kann also nicht aus Eigensinn auf dem an sich Gewollten (im Beispiel: dem Fabrikat der Firma X) beharren. Maßgebend ist vielmehr, wie jemand „frei von Eigensinn, subjektiven Launen und törichten Anschauungen" als verständiger Mensch die Sachlage würdigt,[56] wobei insbesondere auch die persönlichen Verhältnisse des Irrenden zu berücksichtigen sind. Die Korrektur des Subjektiven durch ein objektives Kriterium zeigt auch das folgende, häufig angeführte

> **Beispiel:** A will ein bestimmtes Zimmer in einem ihm bekannten Hotel bestellen und verschreibt sich bei der Angabe der Zimmernummer, sodass nicht Zimmer Nr. 31, sondern Nr. 13 angegeben wird. Zwischen beiden Zimmern gibt es (außer der Zimmernummer) keine Unterschiede, doch A weigert sich aus Aberglauben, Zimmer Nr. 13 zu beziehen. Zwar ist ein Erklärungsirrtum zu bejahen, aber er ist nicht objektiv erheblich, weil die Nummer 13 keinen vernünftigen Menschen stört.

374 Führt der Irrtum dazu, dass der Erklärende im Vergleich zum Gewollten nicht schlechter gestellt wird, so fehlt ein ausreichender Grund für eine Anfechtung. Diese Überlegung wird häufig unter dem Stichwort „**Reurechtsausschluss**" diskutiert: Die Irrtumsanfechtung soll den Irrenden vor der Bindung an etwas Erklärtes, aber nicht Gewolltes bewahren, ihm aber nicht etwa die Möglichkeit eröffnen, sich aus einem Geschäft zurückzuziehen, das sich aus anderen Gründen später als ungünstig erwiesen hat.

> **Beispiel:** Hat V in seiner Verkaufsofferte irrtümlich nicht 7.000 EUR, sondern 8.000 EUR geschrieben und nimmt K dieses Angebot an, so steht dem V kein Anfechtungsrecht zu. Das wird erheblich, wenn nachträglich ein Dritter dem V sogar 9.000 EUR für den Wagen bieten würde.

Aus ähnlichen Erwägungen ist ein Anfechtungsrecht ausgeschlossen, wenn der Erklärungsempfänger den Irrenden so stellt, wie dieser stehen würde, wenn er das wirklich Gewollte erklärt hätte. Seine Bereitschaft, die Erklärung im wirklich gewoll-

---

[56] RGZ 62, 201 (206). Zu der hier verwendeten Denkform des Typus („verständiger Mensch") vgl. Rn. 51 Fn. 4.

ten Sinne gelten zu lassen und damit die Rechtsfolge des § 142 I abzuwenden, muss der Erklärungsempfänger dem Irrenden allerdings unverzüglich mitteilen (analog § 121 I).

> **Beispiel:** War für K nicht erkennbar, dass der angegebene Verkaufspreis von 700 EUR auf einem Irrtum beruhte, und will V deshalb seine Erklärung anfechten, so kann K dem V das Anfechtungsrecht dadurch nehmen, dass er sich bereit erklärt, die wirklich gewollten 7.000 EUR für den Wagen zu zahlen. Denn die Irrtumsanfechtung soll den Erklärenden (V) nicht besser stellen, als er stehen würde, wenn er sich nicht geirrt hätte; in diesem Fall könnte sich V nicht einseitig von dem Vertrag lösen.[57]

2. Einzelheiten zum Inhalts- und Erklärungsirrtum

Bei einem **Erklärungsirrtum iSv § 119 I Var. 2** misslingt aufgrund einer „technischen Panne" die Äußerung des Gewollten: Der Erklärende verspricht, verschreibt oder vergreift sich, und deshalb erhält die Erklärung einen anderen als den gewollten Inhalt. Geschieht die Verfälschung des Gewollten aufgrund eines Fehlers in der Software eines Computers, so ist dies ebenfalls als ein Irrtum in der Erklärungshandlung anzusehen.[58] Als **Inhaltsirrtum iSv § 119 I Var. 1** wird hingegen der Fall bezeichnet, dass sich der Erklärende über den Sinn und die Bedeutung seiner Erklärung irrt. Es deckt sich also die vom Erklärenden gemeinte Bedeutung seiner Willensäußerung nicht mit ihrem objektiven Inhalt, wobei dieser durch Auslegung zu ermitteln ist und darauf gesehen werden muss, wie die Erklärung aufgrund aller bedeutsamen Umstände vom Empfänger zu verstehen ist (→ Rn. 372). 375

Beim Inhaltsirrtum werden zur besseren Unterscheidung verschiedene Fallgruppen gebildet, von denen der „**Verlautbarungsirrtum**" gerade die typischen Fälle betrifft: Infolge der Fehleinschätzung von Fremdwörtern, Fachausdrücken oder Begriffen einer fremden Sprache irrt der Erklärende über den Sinn, der seinem Erklärungsmittel (dem Wort, dem Zeichen, der Geste) objektiv zukommt. 376

> **Beispiele:** A erklärt objektiv, dass er ein Hotelzimmer mieten will, möchte aber erklären, dass er zu Abend essen wolle (→ Rn. 369). Oder er bedient sich des juristischen Begriffs der Leihe in der falschen Vorstellung, dass damit die entgeltliche Gebrauchsüberlassung, also Miete iSv § 535, gemeint sei („Ich leihe Dir mein Auto").

Um einen Inhaltsirrtum handelt es sich auch beim sog. **Identitätsirrtum**. Sachverhalte dieser Fallgruppe zeichnen sich dadurch aus, dass die Erklärung Angaben enthält, die sich auf eine bestimmte Person oder einen bestimmten Gegenstand beziehen, dieser Bezug aber (nach dem objektiven Erklärungswert) vom Erklärungsempfänger anders zu verstehen ist, als der Erklärende meint. Man spricht dann von einem **error in persona** bzw. einem **error in objecto**. 377

---

[57] LG Berlin NJW-RR 2009, 132 (133); *Müller* JuS 2005, 18; *Wolf/Neuner* BGB AT § 41 Rn. 149 f. mN.
[58] Vgl. BGH NJW 2005, 976 (977) = JuS 2005, 560 *(Emmerich)*; *Cziupka* JuS 2009, 887 (888).

Beispiele:

(1) A will seine Wohnung tapezieren lassen und damit den ihm bekannten Malermeister Müller beauftragen. Als er dessen Telefonnummer heraussuchen will, übersieht er, dass im Telefonbuch zwei Malermeister Müller aufgeführt sind. A notiert sich die Telefonnummer des falschen Müller und gibt ihm telefonisch den Auftrag durch. Seine Erklärung kann objektiv (vom Empfängerhorizont her) nur dahingehend verstanden werden, dass er den Malermeister Müller, mit dem er telefoniert, die Arbeiten übertragen will; A will aber den anderen (ihm bekannten) Müller beauftragen. Es handelt sich um einen Identitätsirrtum in der Form des **error in persona**.[59]

(2) Antiquitätenhändler H hat in einer Vitrine verschiedene Gläser und Becher ausgestellt. Vor jedem Ausstellungsstück ist ein kleiner Zettel angebracht, auf dem sich eine Nummer befindet. Wenn sich ein Interessent nach Preis und Herkunft einer der ausgestellten Gegenstände erkundigt, sehen H oder seine Angestellten in einer Liste nach, in der die Angaben nach den Nummern der Gegenstände geordnet sind. K, ein Sammler alter Gläser, fragt H, was der Becher mit der Nr. 4 koste. H schaut in der Liste nach und antwortet: „650 EUR". K, der diesen Preis für äußerst günstig hält, erklärt sofort: „Ich nehme das Glas." H antwortet: „Gut, ich packe es Ihnen ein." Danach stellt sich heraus, dass ein Angestellter verschiedene Gläser falsch eingeordnet hat und auf dem Platz der Nr. 4 ein Glas steht, das ein Vielfaches mehr kostet. Die Erklärung des H bezog sich objektiv auf das Glas, das sich irrtümlicherweise auf dem Platz der Nr. 4 befand, H meinte aber – für K nicht ersichtlich – das Glas, das in seiner Liste als Nr. 4 geführt wird und unterliegt somit einem Identitätsirrtum in Form eines **error in objecto**.

378 Wenn man als **Rechtsfolgeirrtum**[60] den Fall auffasst, dass sich der Erklärende hinsichtlich der Rechtsfolgen irrt, die sich aus seiner Erklärung ergeben, so ist jeder Inhalts- und Erklärungsirrtum auch ein Rechtsfolgeirrtum, weil sich der Irrtum des Erklärenden auf die Rechtsfolgen erstreckt, die durch die anfechtbare Willenserklärung herbeigeführt werden. Andererseits kann sich jemand über Rechtsfolgen irren, die sich aus seiner Willenserklärung ergeben, ohne dass diese Erklärung selbst auf einem Irrtum beruht.

Beispiel: Privatmann V verkauft K seinen gebrauchten Pkw in der irrigen Meinung, nicht gewerbliche Verkäufer treffe keine Pflicht, die verkaufte Sache frei von Mängeln zu verschaffen (vgl. indes § 433 I 2).

In diesem Fall erklärt V das, was er erklären will, und irrt auch nicht über Sinn und Bedeutung seiner Erklärung (er will verkaufen und erklärt dies auch), sondern er befindet sich in einem Irrtum über die Rechtsfolgen, die das Gesetz mit der Erklärung verbindet, die also nicht selbst Gegenstand der Erklärung sind; denn über die Frage der Mängelhaftung hatte V überhaupt nicht gesprochen.

379 Weil die falsch eingeschätzten Rechtsfolgen kraft Gesetzes eintreten, also nicht vom Willen des Erklärenden abhängen, kann eine entsprechende Fehleinschätzung eine Anfechtung nicht rechtfertigen. Denn ein solcher Irrtum betrifft Umstände, die im Vorfeld der Willensäußerung liegen und nur für die Motivation des Erklärenden bedeutsam sein können. Deshalb handelt es sich um einen **unbeachtlichen Motiv-**

---

[59] Dieses Beispiel stammt von *Wolf/Neuner* BGB AT § 41 Rn. 46.
[60] Beachte zum Folgenden *Musielak* JuS 2014, 583 f.; näher *Musielak* JZ 2014, 64 ff.

V. Anfechtung wegen Irrtums

irrtum.[61] Bildet dagegen die Rechtsfolge, über die sich der Erklärende irrt, unmittelbar den Inhalt der Erklärung selbst, ist dies ein gewöhnlicher Inhaltsirrtum in der Form des Verlautbarungsirrtums. Es empfiehlt sich deshalb, diese Art eines gem. § 119 I beachtlichen Irrtums nicht als Rechtsfolgeirrtum zu bezeichnen.

> **Beispiele:**
>
> (1) A erklärt, er wolle B sein Auto verleihen und meint irrtümlich, die Leihe sei die entgeltliche Gebrauchsüberlassung. A verwendet also einen juristischen Begriff falsch (→ Rn. 375 f.).
>
> (2) A veräußert eine Gaststätte „nebst Zubehör" und geht dabei fälschlicherweise davon aus, dieser Begriff beziehe sich nur auf die fest eingebauten Gegenstände, nicht auf das sonstige Mobiliar (vgl. § 97).[62] Auch in diesem Fall verwendet der Erklärende einen rechtlichen Begriff falsch und gibt damit seiner Erklärung objektiv einen anderen Inhalt, als er subjektiv will.

Der BGH will dagegen die Zulässigkeit einer Anfechtung davon abhängig machen, ob **380** das vom Erklärenden gewollte Rechtsgeschäft wesentlich andere Rechtswirkungen erzeugt, als dies vom Erklärenden beabsichtigt ist.[63] Während im **ersten Beispielsfall** (Leihe statt Miete) davon ausgegangen werden kann, dass diese Voraussetzung zutrifft, erscheint dies im **zweiten Beispielsfall** (Verkauf mit Zubehör) durchaus zweifelhaft. Dies zeigt, dass das Kriterium der Wesentlichkeit kaum als sicheres Abgrenzungsmerkmal dienen kann.

Eine besondere Fallgruppe bilden **Irrtümer bei der Unterschrift einer Urkunde**, **381** deren Inhalt von den Vorstellungen des Unterzeichnenden abweicht. Auch hier muss zwischen verschiedenen Fallkonstellationen unterschieden werden:

- Die Vertragsparteien haben den Inhalt eines schriftlich zu schließenden Vertrages vorher mündlich ausgehandelt. **Erst bei dem Aufsetzen der Vertragsurkunde werden Fehler gemacht** (zB der vereinbarte Kaufpreis wird falsch angegeben; es werden bestimmte Absprachen über die Gewährleistung irrtümlich nicht in die Urkunde aufgenommen), die nicht bemerkt werden. In diesem Fall gilt das mündlich Vereinbarte, nicht das schriftlich Erklärte. Dieser Sachverhalt ähnelt stark den Falsa-demonstratio-Fällen; hier wie dort gebührt dem übereinstimmenden Willen der Parteien Vorrang (→ Rn. 177). Dies gilt auch, wenn ausdrücklich in die schriftliche Urkunde die Vereinbarung aufgenommen worden ist, dass mündliche Absprachen, die von dem Inhalt der Urkunde abweichen, unbeachtlich sein sollen. Denn die Parteien wollen hiermit gerade den ausgehandelten Vereinbarungen, von denen sie annehmen, dass sie in der Urkunde richtig wiedergegeben werden, Bestand und Geltung sichern. Es gilt auch dann das mündlich Vereinbarte und eine Anfechtung wegen Irrtums ist überflüssig, wenn vor der Unterschriftsleistung eine der Vertragsparteien den Irrtum bemerkt, ihn aber nicht offenbart, weil sie sich insgeheim vorbehält, später daraus Vorteile für sich

---

[61] So die hM; vgl. nur BGH NJW 2008, 2442 = JuS 2008, 1036 (*K. Schmidt*). Beachte aber auch *Musielak/Hau* EK BGB Rn. 1063, dort zu einer erbrechtlichen Konstellation.
[62] Beispiel von *Wolf/Neuner* BGB AT § 41 Rn. 88; vgl. dazu auch *Cziupka* JuS 2009, 887 (890).
[63] BGH NJW 2006, 3353 Rn. 19; 2008, 2442 Rn. 19.

zu ziehen. Dieser geheime Vorbehalt ist angesichts der mündlich getroffenen Abreden unbeachtlich (§ 116 S. 1).

- **Jemand unterschreibt (ungelesen) eine Urkunde, von deren Inhalt er sich unrichtige Vorstellungen macht.** Hierbei können sich unterschiedlich zu bewertende Fallkonstellationen ergeben:
  - Der Unterschreibende hat die Urkunde selbst verfasst, dabei jedoch Fehler gemacht, die den Inhalt der Urkunde verfälschen; dann handelt es sich um einen Erklärungsirrtum. Das Gleiche gilt, wenn verschiedene Urkunden miteinander verwechselt werden; denn dann wird die gewollte Erklärung wie im Fall eines Versprechens oder Verschreibens infolge einer technischen Panne verfälscht.
  - Geht der Unterschreibende davon aus, dass er mit seiner Unterzeichnung eine Erklärung bestimmten Inhalts abgibt, in Wirklichkeit aber die Urkunde einen anderen Inhalt aufweist (er glaubt, einen Mietvertrag zu unterschreiben, unterschreibt aber einen Kaufvertrag; er will einem Mitarbeiter kündigen und unterschreibt die Mitteilung über eine Versetzung, → Rn. 67 ff.), dann weichen das objektiv Erklärte und das subjektiv Gewollte voneinander ab, sodass er wegen Inhaltsirrtums anfechten kann. Allerdings ist eine Einschränkung zu machen: Erkennt der Erklärungsempfänger, welche Erklärung der Erklärende abgeben will (dass er also mieten, nicht kaufen will), so gilt die Erklärung in dem gemeinten Sinn (→ Rn. 372).
  - Wenn sich der Erklärende nicht bewusst ist, dass er eine rechtsgeschäftlich relevante Erklärung abgibt, hängt es von der Entscheidung des oben dargestellten Meinungsstreits ab, ob überhaupt eine gültige Willenserklärung anzunehmen ist (→ Rn. 77 ff.). Nur wenn man dies bejaht, stellt sich die Frage der Anfechtung, die dann konsequenterweise in gleicher Weise zugelassen werden muss wie beim Fehlen des Geschäftswillens.

- **Jemand unterschreibt ein Blankettformular,** das von einem anderen ausgefüllt werden soll, und bei der Ausfüllung wird die hinsichtlich des zu ergänzenden Textes getroffene Abrede missachtet.

  Beispiel: K kauft bei V Waren im Wert von 10.000 EUR. Zur Finanzierung des Kaufpreises soll ein Darlehensvertrag geschlossen werden. Deshalb unterzeichnet K ein Darlehensvertragsformular, das von V entsprechend der getroffenen Abrede ausgefüllt werden soll. Anstelle von 10.000 EUR (= Kaufpreis) schreibt V aber 15.000 EUR.

  Soweit es um das Verhältnis zwischen K und V geht, gilt ohne Weiteres die mündliche Absprache; auf die abredewidrig ausgefüllte Urkunde kann sich V gegenüber K nicht berufen. Anders dagegen ist zu entscheiden, soweit es um das Verhältnis zu einem Dritten geht. Handelt es sich bei der Erklärung des K, die V abredewidrig ergänzte, um einen Antrag auf Abschluss eines Darlehensvertrages mit einer Bank und nimmt die Bank diesen Antrag an, so kommt ein Darlehensvertrag über 15.000 EUR zustande. K kann seine Erklärung in diesem Fall nicht wegen Erklärungsirrtums anfechten; vielmehr gilt im Verhältnis zwischen ihm und der Bank die Erklärung mit ihrem abredewidrig ausgefüllten Inhalt. Zur Begründung dieses Ergebnisses kann auf den Rechtsgedanken verwiesen werden, der §§ 172 II, 173 zugrunde liegt (dazu später). In gleicher Weise wie nach diesen Vorschriften der gute Glaube an die durch die Vollmachtsurkunde belegte (in Wirklichkeit nicht bestehende) Vollmacht geschützt wird, kann ein Dritter darauf vertrauen, dass die ihm vorgelegte Urkunde richtig ist und nicht abrede-

V. Anfechtung wegen Irrtums

widrig ausgefüllt wurde. Derjenige, der durch Unterzeichnung einer Blanketturkunde die Möglichkeit eines Missbrauchs schafft, muss sich an dem von ihm gesetzten Rechtsschein festhalten lassen und kann nicht durch Anfechtung wegen Irrtums dem Vertrauen eines Dritten gleichsam die Grundlage entziehen.[64]

- Dass derjenige nicht anfechten kann, der eine **Urkunde unterschreibt, über deren Inhalt er sich keinerlei Vorstellung macht,** erscheint selbstverständlich. In einem solchen Fall gibt es kein Auseinanderfallen von Vorstellungen des Erklärenden und der Wirklichkeit, was das Wesen eines Irrtums ausmacht. Allerdings werden solche Fälle in der Praxis eher selten vorkommen.[65]

Wenn eine Erklärung aufgrund der Berechnung zB einer Menge oder eines Preises vorgenommen wird, beeinflussen Fehler in den Berechnungsunterlagen den Inhalt der Erklärung. Jedoch berechtigt ein solcher **Kalkulationsirrtum** nicht stets zur Anfechtung. Ist die Kalkulationsgrundlage für den Erklärungsgegner nicht erkennbar (sog. **verdeckter Kalkulationsirrtum**), so handelt es sich um einen **unbeachtlichen Motivirrtum**.[66]

382

> **Beispiel:** Händler H, Inhaber eines Textileinzelhandelsgeschäfts, pflegt seine Verkaufspreise in der Weise festzusetzen, dass er auf seine Einkaufspreise 100% aufschlägt. Bei der Ermittlung der Verkaufspreise eines größeren Postens neu eingetroffener Waren wird H wiederholt durch Rückfragen von Angestellten und Telefonate gestört. Deshalb berechnet er den Verkaufspreis von Damenpullovern, die im Einkauf 60 EUR kosten, falsch und zeichnet sie mit einem Verkaufspreis von 45 EUR aus. Der Irrtum wird entdeckt, als eine Kundin einen Pullover gekauft hat und mit ihm gerade den Laden verlassen will. H verlangt von ihr die Zahlung von weiteren 75 EUR (= doppelter Einkaufspreis abzüglich der bereits gezahlten 45 EUR). Als die Kundin sich weigert, diesen Betrag zu zahlen, fordert H sie auf, den Pullover zurückzugeben.
>
> Hierzu ist die Kundin nicht verpflichtet, denn H hat den Pullover zum Preis von 45 EUR angeboten, und dieses Angebot wurde von der Kundin angenommen. Somit ist ein wirksamer Kaufvertrag zustande gekommen (anders als in dem in → Rn. 144 behandelten Fall der vertauschten Preisschilder). H hat keine rechtliche Möglichkeit, seine Erklärung zum Abschluss des Kaufvertrages wegen Irrtums anzufechten: Weder handelt es sich um einen Erklärungs- noch um einen Inhaltsirrtum; denn H hat das Preisschild mit 45 EUR auszeichnen wollen und tat dies auch. Der Fehler entstand bereits bei der Willensbildung.

Gleich ist der Fall zu entscheiden, dass der Verkäufer den Preis aus einer veralteten Preisliste abliest, die er irrtümlich für aktuell hält. Zwar berechnet er in diesem Fall den Preis nicht selbst und entnimmt ihn als fertiges Ergebnis der Preisliste, aber der Irrtum betrifft auch dann einen der Preisermittlung zugrundeliegenden Umstand und erweist sich damit als Kalkulationsirrtum. Gibt es für den Erklärungsempfänger keinen Grund, an der Richtigkeit der Kalkulation zu zweifeln, so kann er davon ausgehen, dass die genannte Gesamtsumme richtig ist. Eine Pflicht, die Be-

383

---

[64] HM, vgl. BGHZ 40, 65 (67 ff.) = NJW 1963, 1971. AA *Wieling* JURA 2001, 578 (582).
[65] Beachte aber BGH NJW 2014, 1242.
[66] HM, vgl. BGH ZIP 1998, 1640 (1641); *Waas* JuS 2001, 14; *Wolf/Neuner* BGB AT § 41 Rn. 79.

rechnungsgrundlage zu überprüfen, besteht grundsätzlich nicht.[67] Dieser Fall ist wie ein verdeckter Kalkulationsirrtum zu behandeln, sodass die (fehlerhaft berechnete) Gesamtsumme gilt, ohne dass eine Anfechtung wegen Irrtums zuzulassen ist.[68] Bisweilen wird zugunsten der Beachtlichkeit eines internen Kalkulationsirrtums vorgebracht, es sei nicht einzusehen, dass ein Vertippen auf der Schreibmaschine (= beachtlicher Erklärungsirrtum, → Rn. 368) und ein Vertippen auf der Rechenmaschine (= unbeachtlicher Kalkulationsirrtum) unterschiedlich zu behandeln seien. Diese Argumentation hält einer genauen Überprüfung nicht stand: Das Vertippen auf der Schreibmaschine bewirkt einen Fehler in der Willensäußerung, das Vertippen auf der Rechenmaschine verfälscht dagegen schon die Willensbildung. Fehler bei der Willensbildung berechtigen gem. § 119 I aber eben nicht zur Anfechtung.

384 Wenn die Kalkulation Inhalt der Erklärung selbst ist (sog. **offener Kalkulationsirrtum**), sodass das fehlerfrei Gewollte erkennbar ist, dann lässt sich der Fehler im Wege der Auslegung korrigieren; eine Anfechtung wegen Irrtums kommt deshalb nicht in Betracht.[69]

Beispiele:

(1) V bietet K schriftlich sein Kfz zum Preis von 5.000 EUR und zusätzlich vier Winterreifen zum Preis von 200 EUR an; als Gesamtpreis wird (irrtümlich) ein Betrag von 5.020 EUR genannt. Hier ist für K klar erkennbar, dass die Gesamtsumme falsch berechnet ist und dass der angebotene Preis 5.200 EUR betragen soll. Nimmt K dieses Angebot an, kommt ein Kaufvertrag zu diesem Preise zustande.

(2) Das Gleiche gilt in dem vom Reichsgericht entschiedenen Rubelfall.[70] Im Jahre 1920 lieh der Kläger dem Beklagten, einem ehemaligen deutschen Kriegsgefangenen, der sich auf der Heimreise befand, in Moskau 30.000 Rubel. Die Parteien vereinbarten, dass der Beklagte 7.500 Mark zurückzahlen solle, wobei sie als allgemein gültigen Umrechnungskurs 25 Pfennig pro Rubel zugrunde legten. In Wirklichkeit betrug der Umrechnungskurs nur einen Pfennig pro Rubel. Da die Parteien vereinbart hatten, die zurückzuzahlende Summe nach dem gültigen Umrechnungskurs zu berechnen, ergab die Auslegung ihrer Vereinbarungen, dass der Beklagte 300 Mark schuldete.[71]

385 Eine Besonderheit ergibt sich in Fällen, in denen bei einem offenen Kalkulationsfehler feststeht, dass der andere Vertragspartner den korrigierten Preis nicht akzeptiert hätte.

Beispiel: Die Vertragsparteien verhandeln über den Preis einer Sache, wobei zunächst keine Einigung erzielt werden kann. Der Käufer akzeptiert schließlich einen Betrag als für ihn äußersten Preis, der vom Verkäufer erkennbar falsch berechnet

---

[67] *Kindl* WM 1999, 2198 (2204); *Singer* JZ 1999, 342 (344).
[68] Ebenso LG Bremen NJW 1992, 915; iErg zust. *Habersack* JuS 1992, 548 (550 f.), jedoch mit zT abw. Begründung.
[69] HM, vgl. Palandt/*Ellenberger* § 119 Rn. 19 ff., mwN. AA OLG München NJW-RR 1990, 1406: Analogie zu § 119 I Var. 1, II. Diff. *Pawlowski* JZ 1997, 741 (746 f.).
[70] Vgl. RGZ 105, 406 ff. Das RG vertritt allerdings die abzulehnende Auffassung, dass eine Anfechtung wegen Erklärungsirrtums zulässig sei.
[71] Ebenso *Kindl* WM 1999, 2198 (2204); *Köhler* BGB AT § 7 Rn. 25; *Wolf/Neuner* BGB AT § 41 Rn. 74 f.

V. Anfechtung wegen Irrtums

worden ist.[72] Geht man in einem solchen Fall davon aus, dass ein Vertrag zustande gekommen ist (was voraussetzt, dass ein Einigungsmangel hinsichtlich des Kaufpreises zu verneinen ist), kann es nur darum gehen, ob der Verkäufer an dem irrtümlich falsch berechneten Preis festzuhalten ist oder ob er sich von dem Vertrag wieder lösen kann. Eine nachträgliche Korrektur des genannten Preises auf der Grundlage seiner richtigen Berechnung kommt nicht in Betracht, weil feststeht, dass ein Vertrag zu einem solchen Preis nicht zustande gekommen wäre. Eine Anfechtung nach § 119 I wegen Inhalts- oder Erklärungsirrtums ist ausgeschlossen, weil der Verkäufer als Preis den Betrag nannte, den er wollte. Der Fehler ist vielmehr, wie bei einem verdeckten Kalkulationsirrtum, schon zuvor bei der Willensbildung geschehen. Allerdings kann das Festhalten des Vertragspartners daran, die Leistung zu dem falsch kalkulierten Preis zu erbringen, einen Verstoß gegen die aus § 241 II abzuleitende Pflicht zur Rücksichtnahme auf die Interessen des falsch Kalkulierenden bedeuten und diesem ein Leistungsverweigerungsrecht gegen Erfüllungs- und Schadensersatzansprüche geben.[73] Hierbei muss jedoch vermieden werden, dass die Rücksichtnahmepflicht dazu missbraucht wird, lediglich einen Vorwand zu suchen, um sich von einem später bereuten Angebot zu lösen. Es ist deshalb zu verlangen, dass die Erfüllung der Leistungspflicht für den falsch Kalkulierenden einen schwerwiegenden, ihm nicht zumutbaren Nachteil bedeuten würde; zu weit ginge es hingegen, die Pflicht zur Rücksichtnahme erst greifen zu lassen, wenn die wirtschaftliche Existenz durch die Leistung ernsthaft bedroht wäre.[74] Eine weitere Lösungsmöglichkeit wäre es, einen Schadensersatzanspruch daraus abzuleiten, dass der Käufer eine ihn treffende Aufklärungspflicht verletzt hat, weil er seinen Vertragspartner nicht auf den von ihm erkannten oder zumindest erkennbaren Fehler hingewiesen hat. Die sich insoweit stellenden Fragen sollen hier nicht weiter erörtert werden; darauf ist bei Darstellung des Rechtsinstituts der culpa in contrahendo zurückzukommen.

386 Lässt die Erklärung erkennen, dass sie auf einem Irrtum beruht, kann jedoch nicht festgestellt werden, wo dieser Irrtum liegt, so ist die Erklärung wegen ihrer inneren Widersprüchlichkeit (Perplexität) nichtig.

> **Beispiel:** Im Angebotsschreiben eines Gärtners an seinen Kunden heißt es: „Die in ihrem Garten gewünschten Arbeiten erfordern insgesamt 32 Arbeitsstunden. Auf der Grundlage eines Stundenlohnes von 24 EUR biete ich Ihnen die Arbeiten zum Preis von 480 EUR an."
>
> Die in diesem Schreiben genannten Kalkulationsgrundlagen (Arbeitslohn und Arbeitszeit) stehen in einem Widerspruch zu dem genannten Preis, und dieser Widerspruch lässt sich auch nicht durch Auslegung überwinden: Um zu dem Ergebnis 480 EUR zu gelangen, müsste es entweder 20 Stunden oder 15 EUR heißen; es könnte aber auch sein, dass es wirklich um 32 Stunden à 24 EUR geht, was dann aber 768 EUR ergäbe. Ist nicht ersichtlich, wo der Fehler liegt, ist das Vertragsangebot wegen Widersprüchlichkeit nichtig.[75]

---

[72] Vgl. dazu den Fall BGH NJW 2006, 3139 = JuS 2006, 1021 (*Emmerich*).
[73] Vgl. BGH NJW 2015, 1513 = JuS 2015, 644 (*Riehm*). Beachte auch OLG Düsseldorf NJW-RR 2016, 1073 (1077 f.).
[74] BGH NJW 2015, 1513 Rn. 15.
[75] Anders aber noch BGH NJW 1998, 3192 (3194) = JuS 1999, 79 (*Emmerich*), der meinte, der Erklärenden sei an seinem Angebot festzuhalten.

§ 5. Unwirksame und mangelhafte Willenserklärungen

387 Beurteilen beide Vertragspartner bei der Kalkulation einen bestimmten Sachverhalt falsch, der die Grundlage ihrer Berechnung bildet, und lässt sich dies nicht wie in dem oben dargestellten Rubelfall durch Auslegung der Erklärungen korrigieren, so muss versucht werden, eine Lösung mithilfe der Lehre von der **Geschäftsgrundlage** zu finden[76] (→ Rn. 663 ff.).

3. Eigenschaftsirrtum

388 Ein **Irrtum über die Eigenschaft** einer Person oder einer Sache kann bereits im Rahmen von **§ 119 I Var. 1** erheblich sein, wenn die Eigenschaft, über die der Erklärende irrt, zur genauen Kennzeichnung der Person oder der Sache in die Willenserklärung aufgenommen wird und er deshalb objektiv etwas anderes bezeichnet, als er sich vorstellt.

> **Beispiel:**[77] K möchte ein Kilo Rindfleisch kaufen, um davon eine Suppe zu kochen. Er betritt eine Fleischerei, übersieht dabei aber, dass es sich um den Laden eines Pferdefleischers handelt. Als K ein Kilo Suppenfleisch verlangt, erhält er Pferdefleisch. Da in aller Regel Fleisch einer bestimmten Tiergattung gekauft wird, ist die Eigenschaft des Fleisches, vom Pferd oder vom Rind zu stammen, Teil der auf den Abschluss eines entsprechenden Kaufvertrages gerichteten Willenserklärung. Nach dem objektiven Erklärungswert seiner Bestellung erklärt K: „Ich möchte ein Kilo Suppenfleisch vom Pferd." Denn die Erklärung kann in einer Pferdefleischerei nur in diesem Sinn verstanden werden. Da er aber glaubte, in einer normalen Fleischerei zu sein, gibt er nach seiner Meinung die Erklärung ab: „Ich möchte ein Kilo Suppenfleisch vom Rind." K befindet sich also in einem Inhaltsirrtum, der zu einer Anfechtung nach § 119 I Var. 1 berechtigt.

389 Andere Fälle eines auf Eigenschaften bezogenen Inhaltsirrtums ergeben sich zB, wenn Fremdwörter, Fachausdrücke oder sonstige Bezeichnungen, die bestimmte Eigenschaften betreffen, falsch verstanden und verwendet werden. Hierzu gehört auch der häufig angeführte Schulfall, dass jemand in der Meinung, Martini sei ein Weinbrand, in einer Gastwirtschaft einen Martini bestellt.

390 Nun könnte man daran denken, den Inhaltsirrtum auch auf solche Fälle auszudehnen, in denen der Erklärende (subjektiv) mit der von ihm bezeichneten Person oder Sache eine bestimmte Eigenschaft verbindet, ohne dass dies in seiner Erklärung zum Ausdruck kommt, und diese Eigenschaft in Wirklichkeit fehlt.

> **Beispiel:** In einem Einrichtungshaus, das sowohl antike Möbel als auch Stilmöbel führt (also antiken Möbeln nachgebildete), weist K, der glaubt, alle ausgestellten Möbel seien antik, auf einen neuen im Barockstil gebauten Schrank und erklärt: „Den kaufe ich!" Geht man davon aus, dass K (objektiv) erklärt habe, er kaufe den von ihm bezeichneten „neuen" Schrank, so unterscheiden sich das Erklärte und das Gewollte voneinander, da K einen alten Schrank kaufen wollte. Es handelt sich dann um einen Identitätsirrtum. Gegen eine solche Auslegung der Erklärung des K spricht jedoch, dass er den Schrank ausdrücklich bezeichnet hat, den er kaufen wollte („den" Schrank und nicht

---

[76] Vgl. BGH NJW-RR 1995, 1360.
[77] Nachgebildet einem Beispiel von *Brox/Walker* BGB AT Rn. 426.

V. Anfechtung wegen Irrtums

den „neuen" Schrank). Das Alter des Schrankes wurde nicht in die Erklärung aufgenommen und zu einer Eigenschaft gemacht, die den gewünschten Gegenstand individualisierte.

Hierin besteht ein entscheidender Unterschied zu dem obigen Beispielsfall des Suppenfleischkaufs. In diesem Fall erklärt der Kunde, er wolle Suppenfleisch kaufen, und da er diesen Wunsch in einer Pferdefleischerei äußert, kann diese Erklärung objektiv nur bedeuten, dass er Suppenfleisch vom Pferd will. Hätte er dagegen auf ein bestimmtes Stück gedeutet, das im Laden lag, und dazu erklärt, „davon wünsche ich ein Kilo", so hätte es sich ebenso wenig wie bei dem Schrankkauf um einen Identitätsirrtum gehandelt: Dann wäre der Erklärung nur der Sinn beizulegen, dass dieses (konkrete) Stück Fleisch (gleichgültig woher es stammt) gewünscht ist, und nicht: dieses Stück Fleisch vom Pferd.[78]

Wem diese Unterscheidung zu spitzfindig erscheint, muss berücksichtigen, dass es deshalb auf eine präzise Erfassung des Inhalts der abgegebenen Erklärung ankommt, weil jede ausdehnende Interpretation einer Erklärung mit dem Ziel, eine **Anfechtung nach § 119 I** zu ermöglichen, auch unausgesprochene Vorstellungen des Erklärenden zur Grundlage einer Anfechtung werden lässt. Damit werden aber die **Grenzen zum unbeachtlichen Motivirrtum** verwischt. Dies ist mit der hM abzulehnen. Es kann deshalb in Fällen, in denen sich der Erklärende über Eigenschaften einer Person oder einer Sache irrt, ohne dass (nach dem objektiven Erklärungswert) seine Erwartung über das Vorhandensein dieser Eigenschaft in der Erklärung selbst zum Ausdruck kommt, nur eine Anfechtung nach § 119 II in Betracht gezogen werden. Über das Verständnis und den Anwendungsbereich des § 119 II wird heftig gestritten. Der Grund für diese Meinungsverschiedenheiten besteht in erster Linie darin, dass der Wortlaut dieser Vorschrift – zumindest nach Meinung vieler – zu weit gefasst ist und eine Abgrenzung der relevanten Irrtumsfälle vom unbeachtlichen Motivirrtum sehr erschwert.[79] **391**

Beispiel: Onkel O will seinem Neffen N, der ein begeisterter Rallyefahrer ist, eine Freude machen und kauft bei Autohändler H einen neuen Mittelklassewagen, von dem O meint, N könne damit seinem Hobby nachgehen. Es handelt sich dabei um ein Fahrzeug, das zwar sportlich aussieht, aber wegen seiner mäßigen Motorleistung, seiner Straßenlage und seiner geringen Belastbarkeit für Rallyes völlig ungeeignet ist. Als N dies dem O mitteilt, will dieser den Kaufvertrag mit H anfechten. Ist er dazu berechtigt?

Zunächst ist zu klären, wie der Begriff **Eigenschaft iSv § 119 II** zu verstehen ist. Als Eigenschaft im Sinne dieser Vorschrift anzusehen sind alle **Merkmale, aus denen sich die natürliche Beschaffenheit ergibt,** bei einer Person zB das Alter, der Gesundheitszustand, das Geschlecht, ihre Fähigkeiten, bei einer Sache Form, Farbe, Geruch, Geschmack, Zusammensetzung uä; darunter fallen aber auch **tatsächliche und rechtliche Verhältnisse zur Umwelt,** die Bedeutung für den Wert und die Verwendbarkeit haben, wie die sich aus einem Bebauungsplan ergebende Zulässigkeit der **392**

---

[78] So auch *Brox/Walker* BGB AT Rn. 427.
[79] Eine eingehende Befassung mit diesem Meinungsstreit muss dem Fortgeschrittenen vorbehalten bleiben. Dazu *Flume* BGB AT 472 ff.; *Wolf/Neuner* BGB AT § 41 Rn. 50 ff.; MüKoBGB/*Armbrüster* § 119 Rn. 102 ff.

Bebauung eines Grundstücks, das dadurch die Eigenschaft eines Baugrundstückes erhält.

> **Beispiele** für Eigenschaften einer Person: Kreditwürdigkeit, Zahlungsfähigkeit, Zuverlässigkeit, Verschwiegenheit. Beispiele für Eigenschaften einer Sache: Alter, Echtheit (zB eines Kunstwerks), Ertragsfähigkeit eines Grundstücks, Farbbeständigkeit eines Stoffes.

393 Eigenschaften einer Sache sind also alle **wertbildenden Faktoren**. Dagegen ist die aus diesen wertbildenden Faktoren gezogene Schlussfolgerung, der Wert der Sache selbst, also ihr Preis, keine Eigenschaft.

> **Beispiel:** Kauft K im Ladengeschäft des V ein Oberhemd der Marke X zum Preise von 60 EUR und findet er das gleiche Hemd anschließend in einem Kaufhaus für 40 EUR, so kann er nicht mit dem Hinweis darauf anfechten, dass er den üblichen Preis für ein entsprechendes Hemd falsch eingeschätzt habe.

394 Für diese Auffassung ist letztlich eine praktische Erwägung maßgebend: Der Preis wird in aller Regel aufgrund aller wertbildenden Faktoren und unter Berücksichtigung der Marktlage von den Parteien ausgehandelt oder festgesetzt und akzeptiert. Das Risiko, dass hierbei eine falsche Bewertung vorgenommen wird, muss jeder Beteiligte selbst tragen. Es würde zu einer unerträglichen Unsicherheit im Geschäftsleben führen, wenn jemand ein Rechtsgeschäft aufgrund einer Fehleinschätzung des Preises anfechten könnte.

> Da Motorleistung, Straßenlage und Belastbarkeit eines Kfz als Eigenschaften aufzufassen sind, kommt es für die Entscheidung des Beispielsfalls (→ Rn. 391) darauf an, ob es sich dabei um solche Eigenschaften handelt, „die im Verkehr als wesentlich angesehen werden". Ist dies zu bejahen, könnte der Onkel den Kauf des Autos wirksam anfechten.

395 Wenngleich § 119 II verdeutlicht, dass Vorstellungen des Erklärenden über bestimmte Eigenschaften einer Person oder einer Sache für eine Anfechtung nicht ausreichen, wenn diese Eigenschaften nicht als verkehrswesentlich anzusehen sind, so ist doch mit dieser Präzisierung noch nicht viel gewonnen. Es kommt vielmehr darauf an, wie der Begriff der **Verkehrswesentlichkeit** in § 119 II aufzufassen ist. Wenn man lediglich auf die objektiv bestehende Verkehrsanschauung abstellt[80] und danach fragt, was im Allgemeinen als wesentliche Eigenschaft gilt, schafft eine solche Interpretation des Begriffs der Verkehrswesentlichkeit dieser Vorschrift einen weiten Anwendungsbereich und führt zur Berücksichtigung auch unausgesprochener Motive des Erklärenden.

> Die dem vom Onkel O gekauften Auto fehlenden Eigenschaften sind sicher auch nach allgemeiner Verkehrsanschauung „verkehrswesentlich", wenn man als Maßstab ein rallyetaugliches Kfz nimmt; hingegen sind sie es nicht, wenn man Anforderungen stellt, denen ein für den allgemeinen Straßenverkehr geeignetes Fahrzeug zu genügen hat. Es kommt also entscheidend darauf an, welche Art von Fahrzeug für die Beantwortung

---

[80] So *Köhler* BGB AT § 7 Rn. 21; Staudinger/*Singer*, 2012, § 119 Rn. 80 ff.; *Wolf/Neuner* BGB AT § 41 Rn. 64.

V. Anfechtung wegen Irrtums

der Frage nach der Verkehrswesentlichkeit der Eigenschaften maßgebend ist. Orientiert man sich dabei an den unausgesprochenen Wünschen und Vorstellungen des Erklärenden, dann kann O seine auf den Abschluss des Vertrages gerichtete Willenserklärung anfechten, da er ein rallyetaugliches Kfz zu erwerben wünschte. Das gleiche würde auch im Beispielsfall des gekauften Schranks im Barockstil gelten (→ Rn. 390), wenn feststünde, dass der Käufer nur eine echte Antiquität kaufen wollte.

Die **Rechtsprechung** versucht, den Begriff der verkehrswesentlichen Eigenschaft iSv § 119 II dadurch zu präzisieren, dass zwischen Eigenschaften unterschieden wird, die eine **unmittelbare Bedeutung für die Beurteilung der Person oder der Sache haben**, und solchen, die nur mittelbar darauf Einfluss ausüben. Von diesem Ansatz her hat bereits das RG ausgeführt: „Will man den Begriff der verkehrswesentlichen Sacheigenschaft in § 119 II nicht ins Ungewisse zerfließen lassen und damit die Anfechtbarkeit eines an sich gültig abgeschlossenen Rechtsgeschäfts unangemessen ausdehnen, so muss man daran festhalten, dass unter diesen Begriff nur solche tatsächlichen und rechtlichen Verhältnisse fallen, die den Gegenstand selbst kennzeichnen, nicht Umstände, die nur mittelbar einen Einfluss auf seine Bewertung auszuüben vermögen".[81]

396

Die Rechtsprechung ist jedoch nicht einheitlich; es finden sich in den höchstrichterlichen Entscheidungen auch **andere Kriterien.** Der BGH hatte den Fall zu entscheiden, dass der Käufer eines Baugrundstücks den Kaufvertrag anfechten wollte, weil die Höhenlage des Grundstücks von ihm gesundheitlich nicht vertragen wurde und er deshalb nicht in einem dort zu errichtenden Haus wohnen konnte. Das Gericht verneint die Verkehrswesentlichkeit dieser Eigenschaft, weil es sich dabei nicht um einen Faktor handle, der typischerweise mit einem Grundstück verbunden sei und seinen Wert bestimme. Untypische Eigenschaften würden nur dann verkehrswesentlich sein, wenn sie durch eine entsprechende Abrede der Parteien dazu gemacht wären.[82] In einer anderen Entscheidung[83] hat sich der BGH dafür ausgesprochen, als verkehrswesentlich nur solche Eigenschaften zu berücksichtigen, die vom Erklärenden erkennbar dem Vertrag zugrunde gelegt worden sind, ohne dass er sie geradezu zum Inhalt seiner Erklärung gemacht haben müsste.

397

Das Kriterium der Unmittelbarkeit mag in manchen Fällen eine Abgrenzung ermöglichen. Häufig hilft es jedoch nicht weiter.[84]

398

So lässt sich ausgehend von dieser Abgrenzungsformel der Fall des vom Onkel getätigten Autokaufs nicht entscheiden. Aber auch der eigenständige Wert des Merkmals der Typizität für eine Abgrenzung verkehrswesentlicher Eigenschaften muss bezweifelt werden. Für einen „normalen" Mittelklassewagen sind Eigenschaften, die ihn für eine Rallye geeignet sein lassen, nicht typisch, wohl aber für einen Sportwagen, der auch für solche Zwecke gebaut wird. Es kommt letztlich darauf an, was den Gegenstand des

---

[81] RGZ 149, 235 (238); ebenso oder doch ähnlich BGHZ 16, 54 (57) = NJW 1955, 340; BGH BB 1963, 285.
[82] BGH DB 1972, 479 (481).
[83] BGHZ 88, 240 (246) = NJW 1984, 230 (231); im gleichen Sinn auch BAG NJW 1992, 2173 (2174).
[84] *Wieling* JURA 2001, 578 (580) mwN hält den Begriff der Unmittelbarkeit für unbrauchbar.

Vertrages ausmacht: ein einfacher Mittelklassewagen oder ein sportliches Fahrzeug? Entscheidend ist dann aber die vertragliche Absprache.

399 Hält man es nicht für akzeptabel, durch eine weite Interpretation des Begriffs der Verkehrswesentlichkeit den Anwendungsbereich des § 119 II stark auszudehnen und damit auch einseitige Vorstellungen einer Vertragspartei in weitem Umfang für die Anfechtung wegen Eigenschaftsirrtums erheblich sein zu lassen, so bietet bei **Verträgen nur die von den Vertragsparteien getroffene Vereinbarung** – bei einseitigen Erklärungen ihr wesentlicher Inhalt – eine sichere Grundlage für die Beantwortung der Frage, was im Einzelfall als verkehrswesentliche Eigenschaft anzusehen ist. Diesen Weg geht die **Lehre vom geschäftlichen Eigenschaftsirrtum.**[85] Sie sieht den Grund für die Beachtlichkeit des Eigenschaftsirrtums in der Tatsache, dass der Gegenstand oder die Person nicht der durch das Rechtsgeschäft bestimmten Sollbeschaffenheit entspricht, und **gibt dem Begriff der „Verkehrswesentlichkeit" den Sinn einer „Geschäftswesentlichkeit".** Bei Entscheidung der Frage, was nach dem Rechtsgeschäft als wesentlich anzusehen ist, sind allerdings nicht nur die ausdrücklich getroffenen Vereinbarungen und die zu ihrer Auslegung bedeutsamen Umstände zu berücksichtigen, sondern es ist auch auf den Geschäftstyp zu sehen, dem zu entnehmen ist, auf welche Eigenschaft des Vertragsgegenstandes sich das Rechtsgeschäft bezieht. Auf diese Weise kommt auch dem vom BGH genannten Merkmal der Typizität einer Eigenschaft Bedeutung zu: **Das, was typischerweise an Eigenschaften nach dem Zweck des Geschäfts vorhanden ist, wird regelmäßig von den Vertragsparteien (stillschweigend) in ihre vertragliche Absprache mit einbezogen.**[86]

> Die Eignung des vom Onkel gekauften Autos für Rallyes ist nach den getroffenen vertraglichen Vereinbarungen nicht als wesentlich aufzufassen; er kann folglich nach der Lehre vom geschäftlichen Eigenschaftsirrtum nicht anfechten. Sein unausgesprochener Wunsch, ein solches Fahrzeug zu erwerben, bleibt unbeachtliche Motivation seines Verhaltens. Ebenso wäre im Schrankkauffall (→ Rn. 390) eine Anfechtung ausgeschlossen. Anders wäre nur zu entscheiden, wenn der Käufer den Barockschrank in einem Antiquitätengeschäft erworben hätte. Dann wäre zumindest aufgrund der Tatsache, dass in einem Antiquitätengeschäft in aller Regel nur antike Stücke verkauft werden, anzunehmen, dass die Parteien stillschweigend davon ausgegangen wären, der Schrank sei antik, also zumindest 100 Jahre alt. Diese Eigenschaft wäre dann verkehrswesentlich iSv § 119 II.

> Auf die Frage, ob eine Anfechtung nach § 119 II in diesem Fall dennoch ausscheiden müsste, weil die Vorschriften über die Haftung wegen Sachmängeln Vorrang haben

---

[85] Sie ist von *Flume* BGB AT 476 ff. begründet worden. Ihr haben sich ua angeschlossen: *Medicus/Petersen* BGB AT Rn. 770; *Medicus/Petersen* BürgerlR Rn. 139 ff. *Bork* BGB AT Rn. 846, stellt grds. auf konkret-objektive Kriterien ab und erklärt die Eigenschaften für maßgebend, auf die „im Rechtsverkehr bei Geschäften dieser Art unter den konkreten Umständen typischerweise entscheidender Wert gelegt wird", will aber daneben auch Eigenschaften berücksichtigen, die von den Parteien als für sie verkehrswesentlich festgelegt werden.

[86] Wenn eine Vertragspartei erkennbar für die andere eine bestimmte Eigenschaft zum Inhalt ihrer Erklärung macht (dies wollen *Brox/Walker* BGB AT Rn. 419 für eine Anfechtung wegen Eigenschaftsirrtums ausreichen lassen), dann dürfte regelmäßig diese Eigenschaft von der vertraglichen Vereinbarung umfasst werden, wenn der Vertragspartner nicht widerspricht.

V. Anfechtung wegen Irrtums

und eine Anfechtung nach § 119 II ausschließen, ist hier nicht einzugehen. Auf diese Konkurrenzfrage wird im Zusammenhang mit der Darstellung der Sachmängelhaftung zurückzukommen sein.

Die **wesentlichen Gesichtspunkte,** die in der Diskussion über den Begriff der verkehrswesentlichen Eigenschaft bedeutsam sind, lassen sich wie folgt **zusammenfassen:** Dass nicht allein die subjektive Sicht des Erklärenden für die Frage nach der Verkehrswesentlichkeit maßgebend sein kann, ist offensichtlich und deshalb unstreitig. Es kommt entscheidend darauf an, welche Bedeutung man objektiven Kriterien insoweit einräumen will. Beurteilt man die Verkehrswesentlichkeit unabhängig von den Vorstellungen und Vereinbarungen der Parteien des konkreten Geschäfts aus der Sicht der Verkehrskreise, denen Erklärender und Erklärungsempfänger angehören, so wird § 119 II ein recht weiter Anwendungsbereich eröffnet. Umgekehrt werden die Möglichkeiten einer Anfechtung nach dieser Vorschrift desto mehr begrenzt, je strenger man darauf sieht, ob Parteivereinbarungen oder zumindest erkennbar geäußerte Erwartungen eines Vertragspartners bestimmte Eigenschaften des Vertragsgegenstandes für wesentlich erklären. Ein Kompromiss zwischen beiden Standpunkten lässt sich zumindest im praktischen Ergebnis dadurch erzielen, dass man zwar die Verkehrswesentlichkeit im Sinne einer Geschäftswesentlichkeit auffasst und danach fragt, was als „verkehrswesentliche" Sollbeschaffenheit durch die Vertragsparteien festgelegt worden ist, dabei aber das als stillschweigend vereinbart ansieht, was bei Verträgen entsprechender Art von den Vertragsparteien üblicherweise an Eigenschaften vorausgesetzt zu werden pflegt. 400

Abschließend sei noch darauf hingewiesen, dass der **Begriff „Sache" in § 119 II** nicht in dem engen Sinn des § 90, also als „körperlicher Gegenstand", zu verstehen ist, sondern dass darunter auch Rechte und Vermögensgesamtheiten (zB eine Erbschaft) zu fassen sind. 401

4. Übermittlungsirrtum

Bereits oben (→ Rn. 371) war darauf hingewiesen worden, dass der in § 120 geregelte Fall der **fehlerhaften Übermittlung einer Erklärung durch einen Boten** große Ähnlichkeit mit dem Erklärungsirrtum (§ 119 I Var. 2) hat: In beiden Fällen wird irrtümlich dem Erklärungsempfänger etwas mitgeteilt, was der Erklärende nicht erklären will. Hier wie dort ist die Erklärung zwar wirksam, weil der Fehler im Verantwortungsbereich des Erklärenden entstanden ist und er insoweit dafür einzustehen hat; er kann sich aber jeweils durch Anfechtung von der Erklärung lösen. Aus dieser Beschreibung der rechtlichen Regelungen ergeben sich für die Anwendung des § 120 wichtige Erkenntnisse: 402

Es muss die **Willenserklärung des Anfechtenden** übermittelt werden. Für die Übermittlungsperson muss es sich also um eine fremde Willenserklärung handeln, die sie weitergibt. Deshalb kann § 120 keine Anwendung finden, wenn jemand in Vertretung eines anderen in dessen Namen eine Erklärung abgibt (vgl. § 164 I). Denn der Vertreter übermittelt nicht eine fremde Willenserklärung, sondern erklärt seinen Willen als Stellvertreter eines anderen. Irrt er sich hierbei, so muss der Vertretene nach § 119 anfechten; umfasst die Vollmacht die Ausübung des Anfechtungsrechts, 403 dann kann allerdings auch der Vertreter im Namen des Vertretenen die Anfechtung erklären (zur Vertretung Einzelheiten später).

404 Die Übermittlungsperson, die die Willenserklärung unrichtig übermittelt hat, muss **Erklärungsbote des Anfechtenden** sein, wenn eine Anfechtung nach § 120 in Betracht kommen soll. Hat ein Empfangsbote des Erklärungsempfängers (→ Rn. 103) die Willenserklärung dem Erklärungsempfänger falsch mitgeteilt, so kommt eine Anfechtung durch den Erklärenden schon deshalb nicht in Betracht, weil seine Willenserklärung richtig zugegangen ist.

> **Beispiel:** Handwerksmeister H schickt seinen Auszubildenden zu Großhändler G, um ein Ersatzteil mit der Typennummer 0.1 zu bestellen. Bei G nimmt dessen Sekretärin die Bestellung (richtig) entgegen. Sie notiert sich aber irrtümlich als Typennummer 1.0. Als G das Ersatzteil mit der Typennummer 1.0 liefert, lehnt H die Annahme ab, weil er es nicht bestellt habe.
>
> In diesem Fall war dem G der Antrag des H auf Abschluss eines Kaufvertrages über ein Ersatzteil mit der Typennummer 0.1 richtig zugegangen. Infolge des Fehlers der Sekretärin ist dieser Antrag aber nicht angenommen worden: Die als Annahme zu wertende Lieferung durch G bezieht sich auf ein anderes Ersatzteil. Ein Vertrag ist deshalb nicht zustande gekommen. Ob G nach Aufklärung des Irrtums den Antrag des H noch annehmen kann, hängt davon ab, ob die Annahmefrist bereits verstrichen ist (→ Rn. 149 ff.).
>
> Die Entscheidung würde allerdings anders ausfallen, wenn G noch einmal die Bestellung des H diesem gegenüber bestätigte, ohne dass sich dabei der Irrtum aufklärte (etwa mit den Worten: Ich nehme Ihre Bestellung an und werde sie umgehend ausführen). In diesem Fall wäre die auf ein Ersatzteil 0.1 bezogene Offerte des H durch G angenommen worden und ein entsprechender Vertrag damit zustande gekommen. G könnte dann aber seine Annahmeerklärung wegen Inhaltsirrtums anfechten (objektiv erklärte er, einen Vertrag über ein Ersatzteil 0.1 schließen zu wollen, subjektiv bezog er jedoch seine Erklärung auf ein Ersatzteil 1.0; → Rn. 377).

405 Die falsche Übermittlung durch den Erklärungsboten muss irrtümlich, also nicht bewusst erfolgt sein. Eine bewusste Falschübermittlung – in dem obigen Beispielsfall bestellt der Auszubildende, um seinem Chef „eins auszuwischen", das falsche Ersatzteil – ist kein Irrtumsfall, um den es bei § 120 geht. Die dem Boten aufgetragene Erklärung wird dann von ihm an den Adressaten nicht weitergegeben und kann folglich auch nicht zugehen. Ein Ausgleich eines durch die bewusste Falschübermittlung verursachten Schadens muss auf anderem Wege gesucht werden.[87]

406 Nach den bisherigen Ausführungen sollte es nunmehr nicht mehr schwer fallen, die oben (→ Rn. 90) offen gelassene Frage nach der Anfechtung zu entscheiden. Es ging hierbei um folgenden

> **Fall:** A bittet seinen Sohn, eine Postkarte, mit der er das Angebot seines Sammlerkollegen annimmt, in den Briefkasten zu werfen. Nachdem der Sohn mit der Karte weggegangen ist, kommen A plötzlich Bedenken. Er stürzt zum Fenster und ruft dem auf

---

[87] So die hM: *Brox/Walker* BGB AT Rn. 415; *Rüthers/Stadler* BGB AT § 25 Rn. 55. AA *Medicus/Petersen* BGB AT Rn. 748 mwN.

V. Anfechtung wegen Irrtums

der Straße befindlichen Sohn nach, er solle die Karte nicht zur Post bringen. Der Sohn versteht aber seinen Vater falsch und glaubt, dieser wolle ihn nur noch einmal an die Karte erinnern. Das Missverständnis klärt sich erst später auf. Kann in diesem Fall A nach § 120 iVm § 119 I anfechten?

Der Irrtum des Sohnes betrifft nicht den Inhalt der Erklärung, sondern den Auftrag, die Karte zu befördern. Es könnte deshalb allenfalls eine analoge Anwendung des § 120 erwogen werden. Dies ist aber abzulehnen, weil der hier behandelte Fall sich in wesentlichen Punkten von Sachverhalten unterscheidet, die unter die Vorschrift des § 120 zu fassen sind. In den Fällen des § 120 geht es darum, dass eine vom Erklärenden richtig abgegebene Willenserklärung von der „Transportperson" infolge eines Irrtums falsch überbracht wird. Bei dem hier zu entscheidenden Fall hat A seine Willenserklärung richtig abgegeben und die „Transportperson" sie auch richtig übermittelt. A hat sich nach Abgabe seiner Erklärung die Sache anders überlegt und darum bemüht, ihren Zugang zu verhindern. Wenn ihm dies misslingt, berechtigt ihn dies nicht zur Anfechtung, weil keiner der in §§ 119 und 120 abschließend genannten Irrtumsfälle gegeben ist. Insoweit muss also A das Risiko tragen. Die Sachlage ist nicht anders als sonst auch, wenn ein Erklärender nach Abgabe seiner Willenserklärung deren Wirksamkeit verhindern will, der deshalb von ihm abgegebene Widerruf (vgl. § 130 I 2) aber verspätet dem Erklärungsempfänger zugeht.

Die Irrtumsfälle der §§ 119, 120 407

(1) **Inhaltsirrtum** (§ 119 I Var. 1)

Der Erklärende gibt eine Erklärung ab, die er zwar abgeben will, deren Inhalt er aber einen anderen Sinn beimisst, als ihr objektiv zukommt, weil er Begriffe verwendet, die eine andere Bedeutung haben, als er glaubt (Verlautbarungsirrtum), oder weil er seine Erklärung auf eine Person oder Sache objektiv bezieht, die er subjektiv nicht bezeichnen will (Identitätsirrtum).

(2) **Erklärungsirrtum** (§ 119 I Var. 2)

Der Erklärende erklärt objektiv etwas, was er subjektiv nicht erklären will, weil er seine Erklärung infolge einer „technischen Panne" (zB infolge eines Verschreibens oder Versprechens) „verfälscht".

(3) **Irrtum über eine verkehrswesentliche Eigenschaft** (§ 119 II)

Der Erklärende setzt bei einer Person oder Sache, auf die sich seine Erklärung bezieht, eine verkehrswesentliche Eigenschaft voraus, die sie nicht aufweist, wobei sich die Verkehrswesentlichkeit aufgrund der Parteivereinbarungen oder zumindest aufgrund erkennbar geäußerter Erwartungen ergibt.

(4) **Übermittlungsirrtum** (§ 120)

Die Erklärung wird dem Erklärungsempfänger durch den Erklärungsboten versehentlich falsch übermittelt.

5. Die Anfechtungserklärung und ihre Rechtsfolgen

408 Das Anfechtungsrecht ist ein **Gestaltungsrecht**: Die Anfechtung erfolgt durch eine Willenserklärung (§ 143 I), die dem Anfechtungsgegner (vgl. dazu § 143 II–IV) zugehen muss (→ Rn. 309). Dem Inhalt der Anfechtungserklärung muss der Anfechtungsgegner entnehmen können, dass der Erklärende anfechten will. Hierfür ist nicht erforderlich, dass ausdrücklich und unter Verwendung des Begriffs „anfechten" eine Erklärung abgegeben wird.[88] Auch konkludente Erklärungen, etwa die Rückforderung des Geleisteten, können den zu stellenden Anforderungen genügen, wenn sich zweifelsfrei ergibt, dass der Erklärende das Rechtsgeschäft wegen eines Willensmangels nicht gelten lassen will.[89] Erforderlich ist aber, dass der Anfechtungsgegner zu erkennen vermag, auf welche tatsächliche Grundlage die Anfechtung gestützt werden soll (zB Anfechtung wegen eines Tippfehlers in der Offerte).[90] Die Anfechtung wegen Irrtums muss **unverzüglich, dh ohne schuldhaftes Zögern** (§ 121 I 1), ausgesprochen werden, sobald der Erklärende von dem Irrtum Kenntnis erlangt. Eine angemessene Zeit zur Überlegung und gegebenenfalls auch zur Einholung eines Rats ist ihm jedoch zuzubilligen.

409 Die Anfechtung bewirkt im Grundsatz, dass das angefochtene Rechtsgeschäft als **von Anfang an nichtig** anzusehen ist (vgl. § 142 I; → Rn. 309). Leistungen, die aufgrund des angefochtenen Rechtsgeschäfts erbracht sind, kann der Leistende nach den Vorschriften des Bereicherungsrechts zurückfordern (dazu Einzelheiten später).

410 Bei der Irrtumsanfechtung muss also zwischen ihrer formellen Seite (dh ihrer ordnungsgemäßen Erklärung) und der materiellen (ihrer Begründetheit) unterschieden werden. Folgende Fragen sind zu prüfen:

---

(1) **Anfechtungserklärung**

- Hat der Anfechtende eine Erklärung abgegeben, der (gegebenenfalls im Wege der Auslegung) zweifelsfrei zu entnehmen ist, dass er das angefochtene Rechtsgeschäft nicht gelten lassen will?
- Ist der Grund der Anfechtung zumindest für den Anfechtungsgegner erkennbar?
- Ist die Erklärung fristgerecht (vgl. § 121) dem (richtigen) Anfechtungsgegner (vgl. § 143) zugegangen?

(2) **Grund der Anfechtung**

Auf welche Rechtsgrundlage ist die Anfechtung zu stützen?
- Kommt eine Anfechtung wegen Inhaltsirrtums, Erklärungsirrtums, Eigenschaftsirrtums oder Übermittlungsirrtums in Betracht?
- Sind die Voraussetzungen dafür erfüllt?

---

[88] Statt vieler: OLG Oldenburg NJW-RR 2007, 268.
[89] Dies ist zB nicht der Fall, wenn eine Forderung geltend gemacht wird, die gerade die Gültigkeit des Rechtsgeschäfts voraussetzt; vgl. BGH NJW 1991, 1673 (1674).
[90] Str.; vgl. die Darstellung der verschiedenen Ansichten bei MüKoBGB/*Busche* § 143 Rn. 7 ff.

V. Anfechtung wegen Irrtums

Durch seine später angefochtene Erklärung hat der Anfechtende veranlasst, dass der Erklärungsgegner auf die Gültigkeit dieser Erklärung vertrauen durfte. Es ist deshalb nur gerecht, **dass § 122 den wegen Irrtums Anfechtenden verpflichtet, den Vertrauensschaden (sog. „negatives Interesse") zu ersetzen,** zumal der Mangel, der zur Anfechtung führt, allein in der Person des Anfechtenden, in seinem Irrtum, begründet ist.[91] Der Anfechtende hat also den anderen so zu stellen, wie dieser wirtschaftlich stehen würde, wenn er nicht auf die Gültigkeit der Erklärung vertraut hätte (§ 249 I), oder anders ausgedrückt: wie er stehen würde, wenn er niemals von dem angefochtenen Rechtsgeschäft gehört hätte.

411

> **Beispiele:** Der Vertragspartner des Anfechtenden hat die nach dem Vertrag zu liefernden Waren auf seine Kosten zum Anfechtenden transportiert; diese Transportkosten sind ihm nach § 122 I zu ersetzen. Der Vertragspartner des Anfechtenden hat, um die ihm nach dem Vertrag zu liefernden Waren unterbringen zu können, Lagerräume angemietet; die von ihm zu zahlende Miete ist sein Vertrauensschaden.

Hatte der Vertragspartner des Anfechtenden aufgrund des Vertrages, der durch die Anfechtung nichtig geworden ist, bereits Leistungen erbracht, so stellen auch sie einen „Vertrauensschaden" dar, der nach § 122 I dadurch wieder gutzumachen ist, dass ihm diese Leistungen oder – wenn sie nicht mehr vorhanden sind – ihr Wert zurückgewährt werden. **Neben dem Rückforderungsanspruch nach § 812 (→ Rn. 409) steht also auch ein solcher nach § 122 I.** Dies ist in Fällen wichtig, in denen die Leistungen ersatzlos beim Anfechtenden weggefallen sind (zB die gelieferten Waren sind bei einem Brand vernichtet worden) und er deshalb nicht mehr bereichert ist; nach dem Bereicherungsrecht kann in diesem Fall der Leistende nichts mehr fordern (vgl. § 818 III), wohl aber nach § 122 I Wertersatz.

412

§ 122 I begrenzt den Umfang des zu ersetzenden Schadens und bestimmt, dass die Ersatzpflicht „nicht über den Betrag des Interesses" hinausgeht, das der andere „an der Gültigkeit der Erklärung hat".[92] Diese **Begrenzung auf das Erfüllungsinteresse (sog. „positives Interesse")** hat zB Bedeutung in Fällen, in denen der Anfechtungsgegner im Vertrauen auf die Gültigkeit der angefochtenen Erklärung den Abschluss eines anderen Geschäfts unterlässt, das ihm einen höheren Gewinn einträge als das infolge der Anfechtung unwirksame.

413

> **Beispiel:** Großhändler G kauft von Landwirt L 100 Doppelzentner Kartoffeln à 10 EUR. Nach Abschluss dieses Vertrages bietet dem G ein anderer Erzeuger (B) gleiche Kartoffeln zum Preise von 8 EUR pro Doppelzentner an. Dieses Angebot lehnt G im Hinblick auf den Vertrag mit L ab. Danach ficht L wirksam sein Verkaufsangebot wegen Irrtums an. Den Unterschiedsbetrag zwischen dem mit G vereinbarten Kaufpreis und dem von B angebotenen kann G nicht geltend machen: Zwar handelt es sich insoweit um einen Vertrauensschaden, dieser übersteigt aber das Erfüllungsinteresse, weil bei Gültigkeit des Vertrages mit L ein Kaufpreis von 10 EUR pro Doppelzentner zu zahlen gewesen wäre.

---

[91] Zu den Einzelheiten vgl. *Prütting/Fischer* JURA 2016, 511.
[92] Näher *Willems* JuS 2015, 586.

414 Beim Ersatz des Erfüllungsinteresses ist also der Ersatzberechtigte so zu stellen, als wäre das betreffende Rechtsgeschäft ordnungsgemäß erfüllt worden. Dies kann – wie das obige Beispiel gezeigt hat – weniger sein als der Vertrauensschaden, aber auch mehr, wenn das Geschäft, auf dessen Gültigkeit der Ersatzberechtigte vertraute, ihm einen Gewinn brachte. In einem solchen Fall kann jedoch der nach § 122 I Ersatzberechtigte den Gewinn nicht ersetzt verlangen, weil er so zu stellen ist, wie er stehen würde, wenn er von dem ungültigen Rechtsgeschäft nichts gehört hätte; denn dann hätte er auch keinen Gewinn gemacht. Dies bedeutet aber andererseits nicht, dass der Ersatzberechtigte niemals im Rahmen des § 122 I den Ersatz eines Gewinns fordern kann: Ist der Gewinn als eine Position im Rahmen eines Vertrauensschadens anzuerkennen und ergibt sich keine Begrenzung durch die Beschränkung auf das Erfüllungsinteresse, so ist ihm der entsprechende Betrag zu ersetzen.

> **Beispiel:** Nachdem Großhändler G einen Vertrag mit A über die Lieferung von 100 Doppelzentner Kartoffeln à 8 EUR geschlossen hat, bietet ihm B gleiche Kartoffeln zum Preise von 9 EUR pro Doppelzentner an. G lehnt dieses Angebot im Hinblick auf den mit A zustande gekommenen Vertrag ab. Als A daraufhin wirksam sein Vertragsangebot wegen Irrtums anficht, muss G, um seiner Verpflichtung aus einem Weiterverkauf an K zum Preise von 12 EUR pro Doppelzentner erfüllen zu können, von C Kartoffeln kaufen, die er nur zu einem Preis von 10 EUR pro Doppelzentner erhalten kann. Deshalb beträgt sein Gewinn aus dem Geschäft mit K nur 200 EUR, nicht 300 EUR wie bei Annahme des Angebots von B. Der Vertrauensschaden des G hinsichtlich des entgangenen Gewinns (vgl. § 252) beträgt also 100 EUR: Denn hätte G nicht auf die Gültigkeit des Vertrages mit A vertraut, hätte er das Geschäft mit B abgeschlossen und aus dem Weiterverkauf an K einen um 100 EUR höheren Gewinn erzielt als aufgrund des erforderlich gewordenen Deckungskaufes bei C. Die in § 122 I aE vorgesehene Deckelung des zu ersetzenden Vertrauensschadens durch das Erfüllungsinteresse hinsichtlich des angefochtenen Geschäfts spielt hier keine Rolle; denn das Erfüllungsinteresse beläuft sich sogar auf 400 EUR, die G als Gewinn erzielt hätte, wenn A den Kaufvertrag erfüllt hätte.

415 Der Ersatzanspruch des Anfechtungsgegners entfällt unter den Voraussetzungen des § 122 II. Auch wenn er den **Irrtum selbst veranlasst** hat, soll ihm kein Anspruch auf Ersatz zustehen. Der BGH[93] will bei einer schuldlosen Mitverursachung des Ersatzberechtigten dessen Anspruch in entsprechender Anwendung des § 254 I mindern. Das Gericht meint, da die in § 122 I geregelte Schadensersatzpflicht des Anfechtenden unabhängig von dessen Verschulden eintrete und auf dem reinen Veranlassungsprinzip beruhe, erscheine es nicht gerechtfertigt, auf der anderen Seite die nicht mit einem Verschulden verbundene Verursachung des Irrtums durch den Geschädigten als für dessen Schadensersatzanspruch unerheblich anzusehen. Ob dieser Auffassung des BGH zu folgen ist, wird im Schrifttum kontrovers beurteilt.[94]

---

[93] BGH NJW 1969, 1380.
[94] Vgl. zum Streitstand MüKoBGB/*Armbrüster* § 122 Rn. 23.

VI. Anfechtung wegen Täuschung und Drohung

1. Arglistige Täuschung

a) Tatbestand

Nach § 123 I kann eine Willenserklärung angefochten werden, zu deren Abgabe der Erklärende durch arglistige Täuschung bestimmt worden ist. Auf den durch diese Regelung gewährten Schutz der rechtsgeschäftlichen Entschließungsfreiheit kann im Voraus nicht verzichtet werden; eine entsprechende Vereinbarung ist unwirksam.[95]
Eine arglistige Täuschung setzt die Verwirklichung folgender Tatbestandsmerkmale voraus:

- Täuschung,
- Abgabe einer Willenserklärung,
- Kausalität zwischen Täuschung und Willenserklärung,
- Arglist.

416

Als **Täuschung** ist ein Verhalten anzusehen, das bei einem anderen einen Irrtum erregt oder aufrechterhält. Hierbei ist es völlig gleichgültig, um welche Art von Irrtum es sich handelt: Dieser kann sich auf Eigenschaften einer Person oder Sache beziehen;[96] aber auch ein reiner Motivirrtum ist insoweit relevant.

417

> **Beispiel:** Es wird jemand zum Abschluss eines Kaufvertrages bestimmt, indem ihm vorgespiegelt wird, er könne mit der gekauften Ware einen hohen Gewinn erzielen.

Die Täuschungshandlung kann in einem positiven Tun, aber auch in einem Unterlassen (also im Verschweigen von Tatsachen) bestehen, wenn den Täuschenden eine **Aufklärungspflicht** trifft. Ob dies der Fall ist, richtet sich – soweit gesetzliche Vorschriften nicht bestehen (vgl. zB §§ 312d, 312e, 312i, 675a) – nach allen bedeutsamen Umständen des Einzelfalles, wobei insbesondere auch die Verkehrsauffassung zu berücksichtigen ist (welche Mitteilungen werden bei entsprechenden Geschäften üblicherweise erwartet und gegeben?).[97] Der umfangreichen Rechtsprechung zu der Frage nach einer Rechtspflicht zur Aufklärung lässt sich entnehmen, dass ein Vertragspartner bei Umsatzgeschäften, insbesondere Kaufverträgen, nicht verpflichtet ist, ungefragt den Kontrahenten über alle Umstände zu informieren, die für dessen Entschluss wesentlich sind, den Vertrag zu schließen.[98] Muss sich aber ein Vertragspartner auf die besondere Fachkunde des anderen verlassen oder ist er auf dessen Angaben angewiesen, weil er selbst nicht die Möglichkeit oder Fähigkeit besitzt,

418

---

[95] BGH NJW 2012, 296 Rn. 27 f.
[96] Vgl. etwa BGH NJW 2014, 3296 Rn. 10: Täuschung über die Nutzbarkeit eines gekauften Hausgrundstücks für Wohnzwecke.
[97] BGH NJW-RR 1990, 78 (79 mwN).
[98] *Büchler* JuS 2009, 976. Vgl. aus neuerer Zeit etwa BGH NJW 2015, 1669: einen Gebrauchtwagenhändler treffe keine Pflicht, ungefragt darüber zu informieren, dass er den Pkw nicht untersucht hat.

wesentliche Punkte auf anderem Wege zu klären, so folgt aus dem Grundsatz von Treu und Glauben die Pflicht für den anderen, die nur ihm bekannten Tatsachen zu offenbaren, sofern sie für die Entscheidung, den Vertrag zu schließen, ersichtlich von Bedeutung sind.

Beispiel: Kfz-Händler H bietet einen Pkw an, der – wie er weiß – einen Auffahrunfall hatte; dabei waren ein Kotflügel und die vordere Stoßstange beschädigt worden. Nach Auswechslung dieser Teile sind Schäden am Fahrzeug nicht zurückgeblieben. K interessiert sich für das Fahrzeug. Bei den Kaufverhandlungen fragt er zwar nach Motorleistung und Fahreigenschaften, nicht aber, ob das Fahrzeug bei einem Unfall beschädigt worden ist. H spricht darüber ebenfalls nicht. Nachdem K das Fahrzeug gekauft hat, erfährt er von dem Unfall. Kann er wegen arglistiger Täuschung anfechten?

Nach der Rechtsprechung ist der Verkäufer eines gebrauchten Pkw verpflichtet, dem Käufer grundsätzlich ungefragt mitzuteilen, dass ihm Mängel des Fahrzeuges oder ein früherer Unfall bekannt sind. Diese Offenbarungspflicht gilt allerdings nicht uneingeschränkt. Auf bloße Bagatellschäden, die nur ganz geringfügige äußere (Lack-)Schäden verursacht haben, sodass bei vernünftiger Betrachtungsweise der Kaufentschluss davon nicht beeinflusst werden kann, braucht nicht aufmerksam gemacht zu werden. Dies gilt aber nicht für Blechschäden, auch wenn nach ihrer Reparatur keine Folgen zurückgeblieben sind und sich der Reparaturaufwand nur auf einen relativ geringen Geldbetrag beläuft.[99] Da ein Kfz, das einen Unfall erlitten hatte, allein wegen dieser Tatsache am Markt stets einen niedrigeren Preis als ein unfallfreies Fahrzeug erzielt, ist eine Offenbarungspflicht geboten. Danach ist H verpflichtet gewesen, auf den Unfall hinzuweisen. Er hat also durch Verschweigen dieser Tatsachen den K getäuscht, sodass eine Anfechtung nach § 123 I möglich ist, wenn auch die übrigen Voraussetzungen erfüllt sind.

419 Eine Pflicht zur Offenbarung von Tatsachen besteht erst recht, wenn danach gefragt wird. Allerdings muss diese Frage zulässig sein. Auf **unzulässige Fragen** können auch wahrheitswidrige Antworten gegeben werden, ohne dass sich der Antwortende dadurch dem Vorwurf der Täuschung aussetzt.

Beispiel: Stellt der Arbeitgeber bei Einstellungsgesprächen die Frage nach der politischen Überzeugung des Bewerbers, nach seiner Parteizugehörigkeit oder nach seinem Wahlverhalten, erkundigt er sich, ob die Ehe des Bewerbers harmonisch verläuft oder ob er in einer nichtehelichen Gemeinschaft lebt, dann braucht der Gefragte darauf regelmäßig nicht wahrheitsgemäß zu antworten. Entsprechendes gilt für Fragen nach Vorstrafen, die nach dem Bundeszentralregistergesetz nicht zu offenbaren sind. Die Abwehr unzulässiger Fragen durch wahrheitswidrige Antworten ist rechtmäßig und kann nicht als (widerrechtliche) Täuschung aufgefasst werden. Zwar ging der Gesetzgeber davon aus, dass jede arglistige Täuschung widerrechtlich ist, sodass er – anders als bei der Drohung – das Merkmal der Widerrechtlichkeit nicht zu einer ausdrücklichen Voraussetzung erhoben hat, aber die vorstehenden Beispiele zeigen, dass es auch vorsätzliche Irreführungen geben kann, die zur Abwehr rechtswidriger Fragen durch Notwehr gerechtfertigt werden (§ 227).[100]

---

[99] BGH NJW 1982, 1386; 2008, 53 Rn. 20; OLG Karlsruhe NJW-RR 1992, 1144 mwN.
[100] Str.; vgl. MüKoBGB/*Armbrüster* § 123 Rn. 18; Bamberger/Roth/*Wendtland* § 123 Rn. 15 f., jew. mwN.

VI. Anfechtung wegen Täuschung und Drohung

Der durch die Täuschungshandlung hervorgerufene oder aufrecht erhaltene Irrtum muss ursächlich für die (anzufechtende) Willenserklärung sein. Die **Ursächlichkeit (= Kausalität)** ist zu bejahen, wenn die Täuschung nicht weggedacht werden kann, ohne dass die Willenserklärung entfiele. Die Täuschung muss also eine **condicio sine qua non** (wörtlich: Bedingung, ohne die nicht) für die Abgabe der Willenserklärung darstellen. Die Ursächlichkeit ist zu verneinen, wenn der Erklärende auch ohne Rücksicht auf die Täuschungshandlung zur Abgabe der Willenserklärung entschlossen gewesen ist oder sogar den wahren Sachverhalt kennt. Kausalität ist hingegen gegeben, wenn der Entschluss zum Abschluss des Vertrages neben anderen Beweggründen durch die Täuschung mit bestimmt wird.[101] Gleiches gilt, wenn die Täuschung auf die Beschleunigung des Vertragsschlusses maßgebenden Einfluss gehabt hat, wenn also beispielsweise aufgrund der wahrheitswidrigen Angabe, das Geschäft sei für den Getäuschten besonders vorteilhaft, dieser nicht mehr weiterverhandelt, sondern abschließt.

420

Arglist bedeutet bei § 123 I nicht, dass es sich bei der Täuschung um ein besonders zu missbilligendes Verhalten handeln muss, sondern lediglich, dass eine Täuschung vorsätzlich begangen wird. **Vorsatz bedeutet Wissen und Wollen des (rechtswidrigen) Erfolges:** Der Handelnde muss die Folgen seines Verhaltens voraussehen und ihren Eintritt zumindest billigen. Dazu genügt, dass der Handelnde nur mit der Möglichkeit des Eintritts der Folgen rechnet, es aber dennoch darauf ankommen lässt; er handelt dann mit **bedingtem Vorsatz (= „dolus eventualis";** → Rn. 472). Der BGH hat festgestellt, dass ein arglistiges Verhalten zu bejahen sei, wenn der Verkäufer einen Fehler der Kaufsache kennt oder ihn zumindest für möglich hält und gleichzeitig weiß oder doch damit rechnet und billigend in Kauf nimmt, dass der Vertragspartner den Fehler nicht kennt und bei Offenbarung den Vertrag nicht oder nicht mit dem vereinbarten Inhalt geschlossen hätte.[102] Behauptet etwa ein Kfz-Händler ohne entsprechende Untersuchungen, also gleichsam „ins Blaue hinein", ein Fahrzeug sei mangelfrei, obwohl er mit Mängeln rechnet, so handelt er bedingt vorsätzlich; dies genügt für die Anwendung des § 123 I.[103]

421

Bei einem **Unternehmen mit arbeitsteiliger Organisation** kann es vorkommen, dass der mit den Vertragsverhandlungen befasste Mitarbeiter keine Kenntnis von der zu offenbarenden Tatsache hat, während ein anderer Mitarbeiter über diese Kenntnis verfügt.

422

> **Beispiel:** K kauft in der Niederlassung X des Unternehmens U einen gebrauchten Pkw. Die Verkaufsverhandlungen werden vom Angestellten A geführt, der davon ausgeht, dass der Pkw unfallfrei sei. Das Fahrzeug war von der Niederlassung Y desselben Unternehmens überführt worden. Dort ist bekannt, dass es sich um einen Unfallwagen handelt. Kann K wegen arglistiger Täuschung anfechten, wenn er den wahren Sachverhalt erfährt?

---

[101] BGH NJW 1991, 1673 (1674).
[102] BGH JZ 2004, 40 (41) mAnm *Martinek*; NJW 2013, 8182 Rn. 12; BGH NJW 2015, 1669 (1670) = JuS 2016, 65 (*Gutzeit*) = JA 2016, 228 (*Looschelders*); ebenso etwa OLG Rostock NJW-RR 2016, 1523 (1524). Vgl. auch *Rösler* AcP 207 (2007), 564 (573).
[103] BGH NJW 2006, 2839 (2840) = JZ 2007, 98 mAnm *Faust*.

423 Bei Sachverhalten wie dem des Beispielsfalls stellt sich die Frage, ob das Wissen, das aufgrund der arbeitsteiligen Organisationsform nur einzelne Personen haben, anderen in demselben Unternehmen ebenfalls tätigen zuzurechnen ist, sodass sich der mit den Vertragsverhandlungen befasste Mitarbeiter nicht auf sein Nichtwissen berufen kann. Würde man diese Frage verneinen, würde sich durch eine starke Arbeitsteilung und die damit verbundene Wissensaufspaltung eine Bevorzugung größerer Unternehmen gegenüber kleineren und Privatpersonen ergeben. Die hM verlangt zu Recht insoweit eine Gleichstellung, um eine Privilegierung von Unternehmen mit arbeitsteiliger Organisation zu verhindern. Dies bedeutet, dass die **Pflicht zur Weiterleitung von solchen Informationen** zu bejahen ist, die „speicherwürdig" sind.[104] Unternehmen mit arbeitsteiliger Organisationsform sind verpflichtet, dafür zu sorgen, dass bei den Mitarbeitern, die mit Dritten in einen rechtsgeschäftlichen Kontakt treten, die dafür wesentlichen Informationen verfügbar sind.

In dem Beispielsfall ist also das Wissen, dass es sich um einen Unfallwagen handelt, dem Angestellten A in gleicher Weise zuzurechnen, als wären die Verhandlungen in der Niederlassung Y geführt worden, in der diese Tatsache bekannt ist. Folglich ist Arglist zu bejahen und eine Anfechtung wegen arglistiger Täuschung erfolgreich.

424 Unerheblich ist, aus welchen **Motiven** der Täuschende handelt. Er muss dies nicht in der Absicht tun, sich zu bereichern oder den Getäuschten zu schädigen.[105] Es ist daher auch als „arglistige Täuschung" anzusehen, wenn jemand seinen Kontrahenten irreführt, um ihm zu nützen, und nicht, um ihm zu schaden. Die hM weist mit Recht darauf hin, dass die Willensfreiheit des Getäuschten geschützt werden soll und ihm die Entscheidung überlassen bleiben muss, was für ihn das Beste ist (str.).

Beispiel: Kfz-Händler H bietet mehrere gebrauchte Kfz an, darunter auch einen Luxuswagen zum Preise von 85.000 EUR. Der arbeitslose A, der 90.000 EUR im Lotto gewonnen hat, interessiert sich für dieses Fahrzeug. Da H der Meinung ist, A solle sein Geld besser anlegen, empfiehlt er (mit wahrheitsgemäßen Angaben) den Kauf eines Mittelklassewagens und rät vom Kauf des Luxusfahrzugs mit der wahrheitswidrigen Behauptung ab, es gäbe verschiedene Anzeichen, die auf einen Motorschaden hindeuten. Daraufhin entschließt sich A zum Kauf des Mittelklassewagens. Ihm steht in diesem Fall ein Anfechtungsrecht nach § 123 I zu.

b) Person des Täuschenden

425 Bei einer **nicht empfangsbedürftigen Willenserklärung** ist es für ihre Anfechtung gleichgültig, wer die Täuschung verübt hat. Wird also jemand zB zu einer Auslobung (→ Rn. 190) durch wahrheitswidrige Angaben veranlasst, kann er seine Willenserklärung stets anfechten. Anders dagegen ist wegen § 123 II die Rechtslage bei **empfangsbedürftigen Willenserklärungen**: Nur wenn der Erklärungsempfänger die Täuschung vorgenommen hat, kann der Getäuschte in jedem Fall anfechten; hat hingegen eine andere Person getäuscht, kommt es darauf an, ob diese andere Person im Verhältnis zum Erklärungsempfänger als „Dritter" anzusehen ist. Ist dies zu

---

[104] BGH NJW 1990, 975 (976); 1996, 1339 (1340f.); OLG Schleswig ZGS 2006, 75; vgl. zum Meinungsstand MüKoBGB/*Schubert* § 166 Rn. 43ff. mwN.
[105] *Rösler* AcP 207 (2007), 564 (572f.).

VI. Anfechtung wegen Täuschung und Drohung

verneinen, kann angefochten werden, als habe der Erklärungsempfänger selbst getäuscht. Sonst steht dem Erklärenden nach § 123 I 1 nur dann ein Anfechtungsrecht zu, wenn der Erklärungsempfänger die Täuschung des Dritten kannte oder kennen musste, dh fahrlässig nicht kannte (vgl. § 122 II).

Bei der Auslegung des Begriffs „**Dritter**" iSv § 123 II wird eine restriktive Tendenz verfolgt und eine solche Person nicht als Dritter angesehen, die auf Seiten des Erklärungsempfängers steht und deren Verhalten sich der Erklärungsempfänger zurechnen lassen muss.[106] Hierzu gehören neben dem Vertreter des Erklärungsempfängers (vgl. § 164; Einzelheiten dazu später) auch Verhandlungsführer und Verhandlungsgehilfen sowie für ihn tätig werdende Personen seines Vertrauens.[107] **426**

Erwirbt aus der Erklärung ein anderer als der Erklärungsempfänger unmittelbar ein Recht, dann ist die Erklärung ihm gegenüber anfechtbar, wenn er die Täuschung kannte oder kennen musste (§ 123 II 2). Hauptanwendungsfall ist der Vertrag zugunsten Dritter (vgl. § 328 I; Einzelheiten dazu später). **427**

> **Beispiel:** Bei einer ärztlichen Untersuchung des M stellt sich heraus, dass dieser einen lebensbedrohenden Herzfehler hat. Als M und seine Ehefrau diese Diagnose erfahren, kommen sie überein, dass M zugunsten der F eine hohe Lebensversicherung abschließt, um sie finanziell abzusichern. Bei den Verhandlungen mit der Versicherung gibt M an, er sei völlig gesund. Dabei legt er zum Nachweis seines Gesundheitszustands ein Attest des Arztes A vor, in dem dieser auf Bitten der Eheleute aus Mitleid mit ihnen die Krankheit verschwiegen hat.
>
> Die Täuschung des M ist ursächlich für den Abschluss des Vertrages durch die Versicherungsgesellschaft. Diese Täuschung kannte F, die durch den Versicherungsvertrag das Recht erworben hat, im Versicherungsfall Auszahlung der Versicherungssumme an sich zu fordern (vgl. auch § 330 S. 1). Wird von der Versicherungsgesellschaft der wahre Sachverhalt entdeckt, kann sie ihre auf den Abschluss des Vertrages gerichtete Willenserklärung nach § 123 II 2 gegenüber F anfechten.

2. Widerrechtliche Drohung

Zur Anfechtung nach § 123 I ist auch berechtigt, wer zur Abgabe einer Willenserklärung widerrechtlich durch Drohung bestimmt worden ist. Dieser Tatbestand besteht also aus folgenden Merkmalen: **428**

- Drohung
- Abgabe einer Willenserklärung
- Kausalität zwischen Drohung und Abgabe der Willenserklärung
- Widerrechtlichkeit der Drohung.

Die **Drohung** wird üblicherweise als das Inaussichtstellen eines künftigen Übels beschrieben, auf dessen Verwirklichung der Drohende Einfluss zu haben vorgibt. Die durch die Drohung herbeigeführte **Zwangslage** muss aber Raum für den Handlungs- **429**

---

[106] BGH NJW 2014, 3296 Rn. 18: der Mitverkäufer eines Grundstücks ist nicht Dritter.
[107] BGH NJW 1978, 2144 f.; NJW-RR 1992, 1005 (1006); OLG Schleswig NJOZ 2008, 3269 (3272); *Löhnig* JA 2001, 353 (354 f.); *Martens* JuS 2005, 887 (888).

willen des Erklärenden lassen, weil anderenfalls überhaupt keine wirksame Willenserklärung abgegeben wird (→ Rn. 73), die angefochten werden müsste. § 123 I betrifft also nicht den Fall eines unwiderstehlichen körperlichen Zwangs durch absolute Gewalt (= „vis absoluta"), bei dem der Wille völlig ausgeschaltet ist, sondern nur den Fall der **„vis compulsiva"**, durch die eine Zwangslage entsteht, bei der der Erklärende die Alternative hat, die von ihm verlangte Handlung vorzunehmen oder sie zu unterlassen.

430 Zwischen der Drohung und der (anzufechtenden) Willenserklärung muss – in gleicher Weise wie bei der Anfechtung wegen arglistiger Täuschung (→ Rn. 420) – ein **Ursachenzusammenhang** bestehen. Ist dies zu bejahen, so ist es unerheblich, ob die Drohung nur wegen der besonderen Ängstlichkeit oder Leichtgläubigkeit des Bedrohten geeignet war, diesen Zweck zu erreichen.

431 Keine Zweifel an der **Widerrechtlichkeit** der durch Drohung erreichten Willensbeeinflussung bestehen, wenn das **angedrohte Verhalten selbst rechtswidrig** ist (es wird zB eine Körperverletzung oder eine Sachbeschädigung angedroht). Dies gilt auch dann, wenn der Drohende einen Anspruch auf Vornahme der gewollten Handlung hat: Der Gläubiger droht seinem Schuldner Schläge an, wenn er nicht in Erfüllung eines mit ihm geschlossenen Vertrages eine Sache übereignet.

432 Widerrechtlich erscheint eine Drohung auch dann, wenn zwar das angedrohte Mittel rechtmäßig ist, aber der damit **verfolgte Zweck rechtswidrig.**

> **Beispiel:** Der Gläubiger droht seinem Schuldner mit Vollstreckungsmaßnahmen wegen einer fälligen Schuld, wenn er nicht einem seiner Angestellten, der dem Gläubiger missliebig ist, unter Angabe falscher Gründe fristlos kündigt. Allerdings ist die Kündigung dann schon deshalb unwirksam, weil ihre Voraussetzungen nicht erfüllt sind. Auch im Übrigen wird in solchen Fällen häufig eine Nichtigkeit des erzwungenen Rechtsgeschäfts schon wegen Verstoßes gegen ein gesetzliches Verbot (§ 134) oder gegen die guten Sitten (§ 138 I) zu bejahen sein.

433 Schließlich ist Widerrechtlichkeit zu bejahen, wenn zwar sowohl das angedrohte Mittel als auch der damit verfolgte Zweck rechtmäßig sind, aber die **Zweck-Mittel-Relation,** die Verknüpfung zwischen beiden, nach den Grundsätzen von Treu und Glauben als unangemessen anzusehen ist und deshalb widerrechtlich erscheint.

> **Beispiel:** Der Gläubiger droht seinem Schuldner mit Strafanzeige wegen Unfallflucht, von der er zufälligerweise erfahren hat, wenn der Schuldner nicht fällige Schulden begleicht. Zwar ist die Strafanzeige als solche nicht zu beanstanden und auch das Verlangen des Gläubigers nach Bezahlung fälliger Schulden erscheint zulässig, aber die Verknüpfung zwischen beiden ist unangemessen und deshalb rechtswidrig.
>
> Etwas anderes gilt, wenn die Tat, wegen der die Strafanzeige angedroht wird, mit der geltend gemachten Forderung in einem engeren Zusammenhang steht. Wenn also der Arbeitgeber einem Angestellten mit Strafanzeige wegen Diebstahls droht, wenn dieser nicht den durch den Diebstahl angerichteten Schaden wieder gutmacht, dann ist dies nicht zu beanstanden.

434 Zu berücksichtigen ist, dass die redliche **Verfolgung von Rechten** selbst dann einen erlaubten Zweck darstellen kann, wenn sich sodann herausstellt, dass das verfolgte

VI. Anfechtung wegen Täuschung und Drohung

Recht in Wirklichkeit nicht besteht. Für die Rechtmäßigkeit des Zwecks kommt es nur darauf an, dass der Drohende im guten Glauben an den Bestand des Rechts handelt. Wer sich bei zweifelhafter Rechtslage auf einen objektiv vertretbaren Rechtsstandpunkt stellt, handelt nicht rechtswidrig, wenn er damit den Gegner zum Einlenken und zur Abgabe einer entsprechenden Willenserklärung veranlassen will.[108]

Der Täter muss sich bewusst sein, dass sein Verhalten geeignet ist, den Bedrohten zur Abgabe der gewünschten Willenserklärung zu bestimmen, und dies auch wollen. Dagegen ist nicht erforderlich, dass er sich der Rechtswidrigkeit seines Verhaltens bewusst ist (str.), denn die Anfechtung dient dem Schutz des Bedrohten, und es geht nicht darum, dem Drohenden einen Vorwurf zu machen, zumal andernfalls der mit einem weiten Gewissen Ausgestattete begünstigt würde. **435**

3. Die Anfechtungserklärung und ihre Rechtsfolgen

Auf Inhalt und Rechtsfolgen einer Anfechtungserklärung ist bereits in Bezug auf die Irrtumsanfechtung hingewiesen worden (→ Rn. 408 ff.). Entsprechendes gilt für die Anfechtung nach § 123. Dies betrifft auch die durch die Anfechtung herbeigeführte rückwirkende Nichtigkeit des angefochtenen Rechtsgeschäfts. Allerdings ist die aus Billigkeits- und Zweckmäßigkeitserwägungen zugelassene Ausnahme von der **Ex-tunc-Wirkung** (→ Rn. 309) für in Vollzug gesetzte Dauerschuldverhältnisse wie Arbeitsverträge und Mietverträge im Rahmen der Anfechtungstatbestände des § 123 nicht zu rechtfertigen.[109] So hat der BGH sich dafür ausgesprochen, dass eine auf Abschluss eines Mietvertrages gerichtete Willenserklärung auch nach Überlassung der Mietsache wegen arglistiger Täuschung mit Ex-tunc-Wirkung angefochten werden kann.[110] Für die Anfechtung nach § 123 gilt eine **Anfechtungsfrist** von einem Jahr (§ 124 I), deren Beginn § 124 II regelt. Ein weiterer Unterschied zur Irrtumsanfechtung besteht darin, dass bei einer Anfechtung nach § 123 der Anfechtende nicht zum **Ersatz eines Vertrauensschadens** des Erklärungsempfängers verpflichtet ist. **436**

Im Schrifttum wird allerdings die Auffassung vertreten, dass in Fällen, in denen die Drohung durch einen Dritten ausgesprochen wurde, dem gutgläubigen Erklärungsempfänger in analoger Anwendung des § 122 I der Vertrauensschaden zu ersetzen sei (die Einschränkung des § 123 II gilt nicht für die widerrechtliche Drohung). Dem kann nicht gefolgt werden, weil sich die Tatbestände des § 119 und des § 123 dadurch unterscheiden, dass bei der arglistigen Täuschung und widerrechtlichen Drohung die Willensfreiheit des Erklärenden eingeschränkt ist und er deshalb – anders als bei einem (ihm letztlich doch zuzurechnenden) Irrtum – nicht zum Ersatz des Vertrauensschadens verpflichtet werden kann. **437**

Ist eine **Willenserklärung unwirksam,** so fragt sich, ob sie dennoch **angefochten** werden kann. Die Bedeutung dieser Frage zeigt das folgende **438**

---

[108] BGH NJW 2005, 2766 (2768).
[109] Dies wird allerdings von der hM für Gesellschaftsverträge anders gesehen und aufgrund der Lehre von der fehlerhaften Gesellschaft eine rückwirkende Anfechtung nicht zugelassen; vgl. Faust JuS 2009, 178 mN.
[110] BGH NJW 2009, 1266 (1267 f.) = JuS 2009, 178.

Beispiel: K täuscht den 17-jährigen J über den Wert eines diesem gehörenden Ölgemäldes und veranlasst ihn, das Bild zu einem unangemessen niedrigen Preis zu verkaufen und zu übergeben. K veräußert das Gemälde weiter an D, der von der Täuschung des K Kenntnis hat, aber ebenso wie dieser von der Volljährigkeit des J ausgeht. Als die Eltern des J von dem Geschäft erfahren, erklären sie gegenüber K, dass sie mit der Veräußerung des Bildes nicht einverstanden seien und verlangen von D Herausgabe des Bildes.

Die von J im Rahmen des Verkaufs und der Übereignung des Bildes abgegebenen Willenserklärungen waren zunächst nach §§ 107, 108 schwebend unwirksam, und wurden durch die Verweigerung der Genehmigung durch die Eltern endgültig unwirksam. D kann jedoch die Herausgabe des Bildes verweigern, wenn er Eigentum daran erworben hat. Es kommt ein gutgläubiger Erwerb des Eigentums gem. §§ 929 S. 1, 932 I durch D in Betracht (Einzelheiten dazu später). D hielt K für den Eigentümer des Gemäldes, da er von der Minderjährigkeit des J nichts wusste und deshalb von einer wirksamen Übereignung an K ausging. Lässt man dies für einen gutgläubigen Erwerb gem. § 932 genügen, ist D Eigentümer des Bildes geworden. Könnte die zur Übereignung abgegebene Willenserklärung trotz ihrer Unwirksamkeit wegen arglistiger Täuschung angefochten werden, so würde D nach § 142 II so gestellt werden, als habe er die Unwirksamkeit der Übereignung gekannt, weil er von der arglistigen Täuschung des K und damit von der Anfechtbarkeit Kenntnis hatte.

439 Nun kann man sich auf den Standpunkt stellen, dass derjenige, der einen möglichen Unwirksamkeitsgrund kennt, nicht als gutgläubig iSd § 932 angesehen werden kann. Bei einem solchen weiten Verständnis des Begriffs der Gutgläubigkeit, der sämtliche in Betracht zu ziehende Gründe der Nichtberechtigung des Veräußerers umfasst,[111] käme es nicht darauf an, ob die Nichtigkeit einer Willenserklärung ihrer Anfechtung entgegensteht. Wenn man jedoch die Frage nach der Gutgläubigkeit des Erwerbers ausschließlich auf die Eigentümerstellung des Veräußerers bezieht, wie dies der Wortlaut des § 932 II nahe legt und wohl auch der hM entspricht,[112] so muss entschieden werden, ob die Anfechtung nichtiger Willenserklärungen zuzulassen ist. Die hM[113] bejaht dies und folgt damit der von *Kipp* begründeten Lehre von der **Doppelwirkung im Recht.**[114] Dieser Auffassung ist zuzustimmen, denn dem Einwand, dass ein Rechtsgeschäft, das nichtig ist, nicht noch einmal durch Anfechtung „nichtiger" gemacht werden kann, ist die Erwägung entgegenzusetzen, dass es um unterschiedliche Rechtswirkungen geht, die – wie der Beispielsfall zeigt – ein solches Vorgehen rechtfertigen.[115] Außerdem kann sich auch ein Grund für die Anfechtung einer nichtigen Willenserklärung dadurch ergeben, dass zB in einem Rechtsstreit der Beweis der Nichtigkeit wegen Sittenwidrigkeit gem. § 138 I nur schwer zu führen ist, während der einer erfolgreichen Anfechtung wegen Irrtums leichter erbracht werden kann.

---

[111] *Medicus/Petersen* BGB AT Rn. 727.
[112] Vgl. *Brox/Walker* BGB AT Rn. 443; NK-BGB/*Feuerborn* § 142 Rn. 5.
[113] BGH NJW 2010, 610 Rn. 18; NZM 2016, 646 Rn. 22 f.; *Schreiber* AcP 211 (2011), 35 (41 ff.); *Herbert* JZ 2011, 503; *Würdinger* JuS 2011, 769; MüKoBGB/*Busche* § 142 Rn. 12; Erman/*Arnold* § 142 Rn. 10; Bamberger/Roth/*Wendtland* § 142 Rn. 4; Palandt/*Ellenberger* Überblick vor § 104 Rn. 35; *Brox/Walker* BGB AT Rn. 443.
[114] *Kipp*, FS Martitz, 1911, 211.
[115] Vgl. den Übungsfall für Fortgeschrittene bei *Lindacher/Hau* Fälle BGB AT Nr. 5.

VII. Anfechtung und Erfüllungsgeschäft

Im Schrifttum wird die Anfechtung nichtiger Willenserklärungen noch mit einer weiteren **440** Erwägung gerechtfertigt: Demjenigen, der zunächst wirksam seine Willenserklärung wegen Irrtums angefochten hat und erst danach von der arglistigen Täuschung erfährt, soll die Möglichkeit eingeräumt werden, sich durch Anfechtung wegen arglistiger Täuschung einer Schadensersatzhaftung nach § 122 zu entziehen.[116] Jedoch dürfte in solchen Fällen eine Schadensersatzpflicht regelmäßig ohnehin durch § 122 II ausgeschlossen sein.[117]

VII. Anfechtung und Erfüllungsgeschäft

Bereits oben (→ Rn. 282) ist darauf hingewiesen worden, dass das Erfüllungsgeschäft **441** und das ihm zugrundeliegende Verpflichtungsgeschäft voneinander zu trennen sind (**Trennungsprinzip**) und dass die Wirksamkeit des Erfüllungsgeschäfts grundsätzlich von der Gültigkeit des Verpflichtungsgeschäfts unabhängig ist (**Abstraktionsprinzip**). Hieraus folgt, dass die Anfechtung und die dadurch bewirkte Nichtigkeit des Verpflichtungsgeschäfts nicht ohne Weiteres auch die Nichtigkeit des Erfüllungsgeschäfts herbeiführt.

> **Beispiel:** V verkauft ein Kfz an K und übereignet es in Erfüllung des Kaufvertrages. Danach ficht K wirksam den Kaufvertrag wegen Irrtums an. Die Gültigkeit der Übereignung wird durch die Anfechtung nicht berührt. Vielmehr bleibt K Eigentümer des Kfz, ist aber schuldrechtlich verpflichtet, das Auto dem V zurückzuübereignen, weil der Rechtsgrund für seinen Eigentumserwerb (also der Kaufvertrag) durch die Anfechtung weggefallen ist. V hat daher einen Anspruch auf Rückübereignung wegen ungerechtfertigter Bereicherung (dazu Einzelheiten später) und aufgrund von § 122 I (→ Rn. 412).

Jedoch ist jeweils zu prüfen, ob der gleiche Grund, der zur Anfechtung des Verpflich- **442** tungsgeschäfts berechtigt, sich auch bei dem Erfüllungsgeschäft ausgewirkt hat, sodass es ebenfalls angefochten werden kann.[118] Eine derartige **Fehleridentität** wird in den Fällen des § 123 I häufig zu bejahen sein.

> **Beispiel:** Hat A den B durch Täuschung oder Drohung zum Abschluss eines Kaufvertrages und zur Übereignung der Kaufsache bestimmt, kann B auch das Erfüllungsgeschäft anfechten mit der Folge, dass er rückwirkend wieder Eigentümer des Gegenstandes wird.

Bei einer Anfechtung nach § 119 wird jeweils sorgfältig darauf zu achten sein, ob **443** der Irrtum auch die Willenserklärung beeinflusste, die der Irrende zur Erfüllung des Verpflichtungsgeschäfts abgegeben hat. Zwar wird der Irrtum auch bei der Erfüllung eine gewisse Rolle spielen, weil dabei (irrtümlich) davon ausgegangen wird, das Verpflichtungsgeschäft sei unanfechtbar zustande gekommen, und weil der Irrende bei Kenntnis seines Irrtums regelmäßig von einer Erfüllung Abstand nehmen wird; dies allein kann aber nicht schon zu einer Anfechtung des Erfüllungsgeschäfts berechtigen, denn insoweit handelt es sich um einen (unbeachtlichen) Motivirrtum. Gleichwohl wird im Schrifttum insbesondere im Hinblick auf die Irrtumsfälle des § 119 II

---

[116] Bamberger/Roth/*Wendtland* § 142 Rn. 4.
[117] *Klinck* ZJS 2008, 102 (109).
[118] Näher zu solchen Fällen *Lieder/Berneith* JuS 2016, 673 (676 ff.).

häufiger auch die Anfechtung des Erfüllungsgeschäfts für zulässig gehalten, insbesondere wenn das Verpflichtungs- und Erfüllungsgeschäft zeitlich zusammenfallen. Jedoch verlangt das Trennungsprinzip eine zurückhaltende Behandlung auch dieser Fälle: Stets muss die Frage der Anfechtung getrennt für jedes Rechtsgeschäft erörtert und entschieden werden.[119]

1. Übungsklausur[120]

444 Rechtsanwalt R benötigt einen besonders konstruierten Aktenordner, der von der Büromaterial herstellenden Firma Leitz unter der Bezeichnung Typ 1080 angeboten wird. R pflegt seinen Bürobedarf durch Bestellung bei dem Schreibwarenhändler A. Huber zu decken. Deshalb diktiert er einen Brief folgenden Inhalts:

„Lieber Herr Huber, ich benötige einen Leitz Typ 1080 und bitte um rasche Lieferung. Mit freundlichen Grüßen. Rechtsanwalt R".

Den Brief schreibt die Sekretärin S, die noch nicht lange bei R beschäftigt ist und deshalb die Anschrift des Schreibwarenhändlers Huber nicht auswendig kennt. Sie sucht diese Adresse aus dem Telefonbuch heraus und gerät dabei versehentlich in eine falsche Zeile, sodass sie die Anschrift des Fotohändlers A. Huber in den Brief einfügt. Bei der Unterzeichnung des Schreibens bemerkt R diesen Fehler nicht.

Der Zufall will es, dass es einen Dia-Projektor eines Herstellers ebenfalls mit dem Namen Leitz gibt, der die Typenbezeichnung 1080 trägt. Fotohändler Huber nimmt deshalb an, R wolle diesen Projektor bei ihm bestellen. Er besorgt sich sofort bei einem Großhändler ein solches Gerät und bringt es persönlich zu R. Dort klärt sich das Missverständnis auf. R weigert sich, den Projektor abzunehmen. Huber besteht auf Zahlung des Ladenpreises für den Projektor.

1. Mit Recht?
2. Wie wäre die Rechtslage, wenn R diktiert hätte: „Lieber Herr Huber, ich benötige wieder einmal von Ihnen etwas, nämlich einen Leitz Typ 1080. Für rasche Lieferung wäre ich Ihnen wie immer sehr dankbar. Mit freundlichem Gruß. Ihr R."

Bearbeitungszeit: Nicht mehr als 120 Minuten

Fälle und Fragen

1. Erläutern Sie bitte den Begriff der Nichtigkeit!
2. Kann ein nichtiges Rechtsgeschäft von den Beteiligten wirksam gemacht werden?
3. G verpachtet sein Grundstück für die Dauer von fünf Jahren in einem schriftlich abgeschlossenen Vertrag an B. Gleichzeitig verpflichtet sich G in diesem Vertrag, nach Ablauf der Pachtzeit B das Grundstück zu einem Preis zu verkaufen, der von einem Sachverständigen festgesetzt werden soll. Ist die vertragliche Vereinbarung gültig?
4. Was verstehen Sie unter der „Umdeutung" eines (nichtigen) Rechtsgeschäfts?
5. Erläutern Sie bitte die Begriffe der schwebenden und der relativen Unwirksamkeit!

---

[119] Vgl. wiederum *Lindacher/Hau* Fälle BGB AT Nr. 5.
[120] Vgl. dazu Nr. 3 der „Hinweise für die Arbeit mit diesem Buch".

VII. Anfechtung und Erfüllungsgeschäft

6. Was ist unter „Rechtsfähigkeit" zu verstehen?
7. Was ist eine Fiktion?
8. Was ist eine juristische Person?
9. a) A leidet an einer Geisteskrankheit, bei der sich Störungen der Geistestätigkeit mit normalen Phasen abwechseln. In einem lichten Augenblick mietet A von C eine Wohnung. Als die Geisteskrankheit des A entdeckt wird, bestellt das Betreuungsgericht einen Betreuer und ordnet außerdem einen Einwilligungsvorbehalt an. Der Betreuer B will den Mietvertrag mit C nicht anerkennen. Mit Recht?
   b) Ändert sich die Entscheidung, wenn A im Zustand der Geisteskrankheit handelte?
10. Nachdem F erhebliche Mengen Rauschgift zu sich genommen hat und er dadurch nachhaltig in seiner Wahrnehmungs- und Kritikfähigkeit gestört ist, bestellt er telefonisch beim Blumenhändler B einige teure Blumengestecke, die am nächsten Tag geliefert werden sollen. Als B die Gestecke anliefert, kann sich F an nichts mehr erinnern. B verlangt Bezahlung. Mit Recht?
11. Was bedeutet „beschränkte Geschäftsfähigkeit" und wodurch unterscheidet sie sich von der Geschäftsunfähigkeit?
12. Der exzentrische R bietet auf der Straße Passanten Goldmünzen, deren Wert 200 EUR beträgt, zum Preise von 10 EUR an, um die Reaktion auf derartige Angebote zu testen. Der 16-jährige J erwirbt eine Goldmünze mit Geld, das er nicht zur freien Verfügung erhalten hat. Wie ist die Rechtslage?
13. Tante E will ihrer minderjährigen Nichte F ein Grundstück schenken, ohne dass dies die Eltern der F erfahren sollen. Das 200.000 EUR werte Grundstück ist mit einer Hypothek iHv 20.000 EUR belastet. Bestehen rechtliche Bedenken gegen das Vorhaben von Tante E?
14. Kann ein Minderjähriger ohne Zustimmung seines gesetzlichen Vertreters ein für ihn rechtlich neutrales Geschäft wirksam vornehmen?
15. J erhält zu seinem 17. Geburtstag von seinen Eltern 150 EUR, damit er sich davon einen DVD-Player kaufen kann. Er erwirbt ein solches Gerät von H zum Preis von 149 EUR und bezahlt sofort. Einige Tage danach erfährt H, dass J minderjährig ist. Er bittet daraufhin schriftlich die Eltern, ihm mitzuteilen, ob sie mit dem Kauf einverstanden wären. Die Eltern antworten nicht. Wie ist die Rechtslage?
16. Der minderjährige J kauft sich von seinem Taschengeld ein Los der Dombau-Lotterie und gewinnt den Hauptpreis, ein Auto. Er verkauft das Auto an seinen 19-jährigen Freund für 5.000 EUR und erwirbt für dieses Geld eine Briefmarkensammlung. Sind die von J geschlossenen Verträge wirksam?
17. Am 1. April erzählt L dem S, beim Bäcker B gäbe es aus Anlass eines Geschäftsjubiläums Kuchen und Torten zu den Preisen von 1910. Daraufhin begibt sich S zum Geschäft des B und erklärt, er wolle eine große Buttercremetorte zu dem Preis haben, der dafür im Jahre 1910 verlangt wurde. B, der erkennt, dass S in den April geschickt worden ist, macht den Scherz mit und sagt zu S, er solle sich schon einmal für heute Nachmittag Freunde einladen, er – B – werde ihm die Buttercremetorte ins Haus zum Preis von 1 EUR liefern. Als die Torte nicht gebracht wird, ruft S bei B an. Dieser erklärt, alles sei ein Aprilscherz gewesen. S besteht aber dennoch auf Lieferung der Torte, für die er nur 1 EUR zahlen möchte. Mit Recht?
18. V bietet schriftlich seinen Pkw dem K an. Als Kaufpreis will er 8.000 EUR angeben, vertippt sich aber und schreibt 7.000 EUR. Da er in Eile ist, liest er das Schreiben nur flüchtig durch und gibt es zur Post. K nimmt das Angebot an. Der Schreibfehler stellt sich heraus, als der Kaufpreis bezahlt werden soll. K, der besonderen Wert auf das Fahrzeug legt, erklärt sich bereit, 8.000 EUR zu zahlen. Dennoch will V, der inzwischen ein noch günstigeres Angebot für sein Kfz erhalten hat, seine Erklärung anfechten. Ist dies zulässig?
19. H veräußert Computer nebst Zubehör über eine Website im Internet. Er legt für das Notebook der Firma F, Typ X, einen Verkaufspreis von 1.200 EUR fest. Mittels einer von H verwendeten Software wird dieser Preis anschließend automatisch in die Produktdatenbank

seiner Internetseite übertragen. Als Ergebnis dieses Vorgangs enthält die Datenbank jedoch nicht den als Kaufpreis eingegebenen Betrag von 1.200 EUR, sondern in Folge eines Softwarefehlers einen Preis von 200 EUR. K bestellt ein Notebook des genannten Typs zu dem auf der Internetseite des H angegebenen Verkaufspreis von 200 EUR. H bestätigt K mittels einer automatisch verfassten E-Mail den Eingang seiner Bestellung zu diesem Preis. Das Notebook wird mit Rechnung und Lieferschein des H zum Verkaufspreis von 200 EUR an K geliefert. Erst danach entdeckt H den Fehler und schreibt an K, dass er den Kaufvertrag anfechte, weil in Folge eines Systemfehlers ein falscher Kaufpreis angegeben worden sei. Er verlangt Herausgabe des Notebooks. K weigert sich. Mit Recht?

20. Was ist ein Identitätsirrtum und welche Rechtsfolgen ergeben sich aus ihm?
21. S verkauft P einen gebrauchten Lkw unter Ausschluss der Haftung für Sachmängel. Die zwischen den Parteien getroffenen Vereinbarungen werden in einem von S aufgesetzten Schriftstück festgehalten, in dem ausdrücklich erklärt wird, dass nur die schriftlich niedergelegten Vereinbarungen Geltung haben sollen. S vergisst, die Vereinbarung über den Haftungsausschluss in die Urkunde aufzunehmen. Das Versehen wird zwar von P beim Durchlesen bemerkt, er weist S darauf aber nicht hin, weil es ihm nur recht ist, wenn die entsprechende Absprache im schriftlichen Text fehlt. Als nach einiger Zeit Mängel am Fahrzeug auftreten, will P daraus Rechte für sich herleiten. Gegenüber dem Hinweis von S, man habe doch die Gewährleistung ausgeschlossen, beruft sich P auf den von beiden unterschriebenen Vertragstext. S erwägt eine Anfechtung wegen Irrtums. Ist dies möglich?
22. V und K verhandeln über den Verkauf von Aktien. Um den Kurs festzustellen, schauen sie in den Wirtschaftsteil einer Tageszeitung und legen den dort genannten Kurs der Berechnung des Kaufpreises zugrunde. Einige Tage nach Abschluss des Vertrages stellt V fest, dass sie irrtümlich in eine 14 Tage alte Zeitung gesehen hatten und dass im Zeitpunkt des Kaufs der Kurs der Aktien um 20% gestiegen war. Daraufhin verlangt V von K eine entsprechende Nachzahlung. K beruft sich darauf, dass er die Aktien zu dem höheren Preis nicht gekauft hätte. Wie ist die Rechtslage?
23. A aus München hält sich einige Tage in Köln auf. Um die Kölner Sitten und Gebräuche kennen zu lernen, begibt er sich in ein typisch kölnisches Lokal. Dort findet er auf der Speisekarte einen „halven Hahn" zum Preise von 3,50 EUR. Erfreut über das – wie er meint – äußerst preiswerte Angebot, bestellt er einen „halben Hahn" beim Kellner. Dieser antwortet: „Ich bringe ihnen sofort 'nen halven Hahn" und serviert ihm ein Käsebrötchen. Als A darauf aufmerksam macht, dass er doch keine „Käsesemmel" bestellt habe, sondern einen „halben Hahn", erklärt ihm der Kellner, ein „halver Hahn" sei in Köln ein Brötchen mit Holländer Käse. Wie ist die Rechtslage?
24. H stellt A als Lagerverwalter ein, ohne zu wissen, dass dieser wiederholt wegen Diebstahls und Unterschlagung vorbestraft ist. Da es sich um eine Vertrauensstellung handelt, will H den A nicht mehr weiter beschäftigen, als er von dessen Vorstrafen erfährt. Kann sich H von dem Vertrag lösen?
25. E ist Alleinerbe des R. Er findet im Nachlass einen Becher aus Kristall, der mit einem Glasschnitt verziert ist. Er bietet den Becher dem Antiquitätenhändler A zum Kauf an. Dieser untersucht den Becher und ist davon überzeugt, dass es sich dabei um eine im 19. Jahrhundert hergestellte Kopie eines alten Glases handelt. Nachdem er E das Ergebnis seiner Feststellung mitgeteilt hat, bietet er ihm 200 EUR. E ist einverstanden. Nach einigen Tagen erfährt E von einem Freund des R, dass der Becher etwa um 1670 in Südböhmen hergestellt worden ist und dass sein Wert mindestens 3.000 EUR beträgt. Daraufhin verlangt E von A Rückgabe des Bechers. Mit Recht?
26. Einzelhändler A bestellt auf einer Postkarte bei der Firma Müller in X-Stadt Waren für sein Geschäft. Bei Löscharbeiten, die wegen eines Brandes im Bahnpostamt erforderlich werden, wird die Karte des A durchnässt, sodass die Anschrift nicht mehr genau gelesen werden kann. Bei der Sortierung der Postsendungen glaubt man, die Karte sei an die Firma Müller in Y-Stadt gerichtet. Der Zufall will es, dass auch die Firma Müller in Y-Stadt

VII. Anfechtung und Erfüllungsgeschäft

mit gleichen Waren handelt und die Bestellung des A ausführt. Der von der Firma Müller in Y-Stadt verlangte Preis liegt jedoch erheblich über dem der Firma Müller in X-Stadt. Deshalb will A die Bestellung nicht gelten lassen. Welche rechtlichen Möglichkeiten hat er?

27. Erläutern Sie bitte die Begriffe des Vertrauensschadens und des Erfüllungsinteresses! Welcher Unterschied besteht zwischen beiden? Kann der Vertrauensschaden auch in einem entgangenen Gewinn bestehen?

28. Gebrauchtwagenhändler K bietet einen Pkw zum Kauf an, der – wie er weiß – in einen Auffahrunfall verwickelt worden ist. Allerdings ist dabei nur ein geringfügiger Schaden (Reparaturkosten 200 EUR) entstanden, der ohne bleibende Folgen repariert werden konnte. S interessiert sich für das Fahrzeug und fragt bei den Verkaufsverhandlungen nicht danach, ob der Wagen einen Unfall gehabt hat. Auch K spricht darüber nicht. Nachdem S das Fahrzeug einige Wochen gefahren hat, erfährt er zufällig von dem Unfallschaden und ficht daraufhin den Kaufvertrag an. Mit Recht? Wie wäre zu entscheiden, wenn zwar K von dem Unfall nichts wusste, aber ohne jede Erkundigung beim früheren Eigentümer und Untersuchung des Fahrzeugs auf eine entsprechende Frage des S behauptet hätte, das Kfz sei unfallfrei?

29. Wie ist zu entscheiden, wenn in dem vorstehenden Fall die Verkaufsverhandlungen von einem Angestellten des K geführt worden sind, der ausdrücklich angewiesen ist, stets auf Unfälle der zum Verkauf stehenden Fahrzeuge hinzuweisen und Interessenten umfassend und richtig zu informieren?

30. K interessiert sich für einen gebrauchten Pkw, der in der Filiale Kleinstadt des H angeboten wird. Die Verhandlungen führt der Angestellte A. K fragt, ob das Fahrzeug unfallfrei sei. Da A aufgrund der ihm zur Verfügung stehenden Unterlagen davon ausgeht, dass dies der Fall sei, bejaht er die Frage. Daraufhin kauft K das Fahrzeug. Kurze Zeit danach wird festgestellt, dass der Pkw einen Unfall gehabt hatte. Dies war in der Filiale Großstadt des H, von der das Fahrzeug angekauft worden war, bekannt, jedoch war versäumt worden, eine entsprechende Notiz in die Verkaufsunterlagen aufzunehmen. Kann K wegen arglistiger Täuschung anfechten?

31. G und K streiten über die Erfüllung eines Vertrages. Der jähzornige G zieht plötzlich ein Messer, setzt es an die Kehle des K und verlangt von diesem, er solle schriftlich alle Ansprüche aus einem Vertrag mit D an G abtreten. Der völlig verängstigte K tut dies. Kann er seine Erklärung anfechten?

32. Welche Rechtsfolgen ergeben sich für das Erfüllungsgeschäft, wenn eine Partei des zugrundeliegenden Verpflichtungsgeschäfts durch Irrtum oder Täuschung zu ihrer Willenserklärung bestimmt worden ist und sie deshalb anficht?

§ 6. Störungen im Schuldverhältnis

I. Überblick

Inhalt eines jeden Schuldverhältnisses – gleichgültig, ob es auf rechtsgeschäftlicher oder gesetzlicher Grundlage entstanden ist – bildet die Pflicht des Schuldners, die geschuldete Leistung zu erbringen und damit den darauf gerichteten Anspruch des Gläubigers zu erfüllen (→ Rn. 198 ff.). Wird diese Pflicht entweder überhaupt nicht, nicht rechtzeitig oder nicht in gehöriger Weise erfüllt, so ist das Schuldverhältnis – die Forderungsbeziehung zwischen Gläubiger und Schuldner (→ Rn. 187) – gestört. Insoweit lassen sich das **Ausbleiben bzw. die Verzögerung der möglichen Leistung** (→ Rn. 448 ff.), die **Unmöglichkeit der Leistung** (→ Rn. 509 ff.) sowie die **Schlechterbringung der Leistung** unterscheiden (→ Rn. 547 ff.). Besonderheiten sind dabei jeweils bei **synallagmatischen Verträgen** zu beachten, bei denen es zu klären gilt, inwieweit sich die Störung der einen Pflicht auf den Fortbestand der Gegenleistungspflicht auswirkt (→ Rn. 613 ff.). Zu einer Störung des Schuldverhältnisses kommt es auch, wenn der Schuldner zwar keine Leistungs-, aber eine sonstige **Verhaltenspflicht** verletzt (→ Rn. 563 ff.). **445**

Die Komplexität der damit angesprochenen Kernfragen des **Leistungsstörungsrechts** mag die folgende Skizze veranschaulichen: **446**

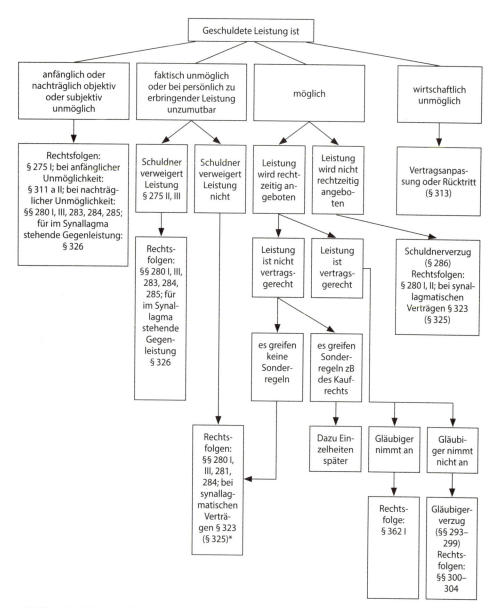

*) Wird eine Schutzpflicht verletzt, ergeben sich Rechtsfolgen aus §§ 280 I, 282, 324.

447 Das Leistungsstörungsrecht befasst sich also vor allem mit den Regeln, die bei einer (Leistungs- oder Verhaltens-)Pflichtverletzung des Schuldners eingreifen. Einzubeziehen sind allerdings auch weitere Fragen: Was soll gelten, wenn der Gläubiger die ihm ordnungsgemäß angebotene Leistung nicht annimmt (sog. **Gläubiger- bzw. Annahmeverzug**; → Rn. 590 ff.) oder wenn sich die Rahmenbedingungen des Vertrags nachträglich verschieben bzw. von den Parteien von vornherein unzutreffend eingeschätzt wurden (**Wegfall bzw. Fehlen der Geschäftsgrundlage**; → Rn. 663 ff.)?

II. Ausbleiben der möglichen Leistung

1. Grundlagen

Das Schuldverhältnis schafft eine Forderungsbeziehung zwischen Gläubiger und Schuldner, die das Recht des Gläubigers zum Inhalt hat, von dem Schuldner eine Leistung – beispielsweise die Übergabe und Übereignung der Kaufsache (§ 433 I 1) – zu fordern (→ Rn. 186). Kommt der Schuldner dem nicht nach, obwohl die Leistungserbringung möglich wäre (zum Ausschluss der Leistungspflicht infolge Unmöglichkeit gem. § 275 I → Rn. 511), so kann der Gläubiger seinen **Primär- bzw. Erfüllungsanspruch** gerichtlich durchsetzen, also auf Übergabe und Übereignung der Kaufsache klagen und ein auf diese Weise erstrittenes Urteil nötigenfalls zwangsweise durchsetzen lassen.

448

Regelmäßig erscheint es für den Gläubiger indes sinnvoller, nicht etwa den Erfüllungsanspruch in natura durchzusetzen, sondern diesen in einen Sekundäranspruch – einen **Anspruch auf Schadensersatz in Geld statt der Leistung** – umzuwandeln. Die Möglichkeit dazu eröffnen ihm §§ 280 I, III, 281. Danach muss der Gläubiger dem Schuldner regelmäßig Gelegenheit geben, die geschuldete und noch ausstehende Leistung zu erbringen, bevor er auf die Leistung in natura verzichtet und stattdessen Schadensersatz fordert (vgl. § 281 I 1). Das Gleiche gilt, wenn der Schuldner anstelle des Schadensersatzes gem. § 284 **Ersatz für vergebliche Aufwendungen** verlangt. Das Erfordernis einer Fristsetzung betont den Vorrang des Erfüllungsanspruchs. Der Gesetzgeber sieht hierin ein grundlegendes Strukturelement des durch das SchuldRModG reformierten Leistungsstörungsrechts.[1] Ergibt sich die Leistungspflicht des Schuldners aus einem **synallagmatischen Vertrag**, wonach der Gläubiger ebenfalls eine (Gegen-)Leistung zu erbringen hat, kann er sich nach erfolglosem Ablauf der dem Schuldner zur Erbringung der Leistung gesetzten Nachfrist auch durch Rücktritt von dem Vertrag lösen (§ 323 I) und damit seine Gegenleistungspflicht entfallen lassen (→ Rn. 633 ff.).

449

Im Folgenden werden zunächst die Voraussetzungen einer auf **Schadensersatz statt der Leistung** bzw. auf **Ersatz vergeblicher Aufwendungen** gerichteten Haftung des Schuldners erläutert. Sodann werden die weiteren Besonderheiten behandelt, die sich ergeben, wenn der Schuldner mit seiner Leistung in **Verzug** gerät (→ Rn. 478 ff.).

450

2. Schadensersatz statt der Leistung

Erbringt der Schuldner die ihm obliegende fällige und durchsetzbare[2] Leistung nicht und **verletzt** er damit **schuldhaft** die sich aus dem **Schuldverhältnis** für ihn ergebende **Pflicht** (→ Rn. 200),[3] so können sich aus diesem Verhalten unterschiedliche

451

---

[1] Amtl. Begr. BT-Drs. 14/6040, 92 f.
[2] Vgl. *Graf Wolffskeel v. Reichenberg* NJW 2015, 2833.
[3] Näher zur Systematik des Gesetzes etwa *Benicke/Hellwig* NJW 2014, 1697 f.

Rechtsfolgen ergeben. In Fällen, in denen dem Gläubiger durch die Nichterfüllung ein **Schaden** entsteht, wird der Gläubiger den Ersatz dieses Schadens von dem nichtleistenden Schuldner fordern. Die Anspruchsgrundlage dafür findet sich in **§ 280 I**. Der Schadensersatzanspruch des Gläubigers ist in Fällen der Nichterfüllung darauf gerichtet, den Gläubiger vermögensmäßig so zu stellen, als hätte der Schuldner die ihm obliegende Leistung in gehöriger Weise erbracht. Das Gesetz bezeichnet eine dahingehende Forderung als Anspruch auf **Schadensersatz statt der Leistung**. Wie bereits durch diese Bezeichnung zum Ausdruck kommt und durch § 281 IV verdeutlicht wird, tritt der auf Geld gerichtete Schadensersatzanspruch an die Stelle der geschuldeten Leistung. Gemäß § 280 III ist ein solcher Anspruch nur begründet, wenn neben den aus § 280 I folgenden auch die in § 281, § 282 oder § 283 vorgesehenen Voraussetzungen erfüllt sind.

452 Erörtert wird hier zunächst nur der Anspruch des Gläubigers auf **Schadensersatz statt der Leistung gem. §§ 280 I, III, 281**. Dieser hängt – zusätzlich zu § 280 I – davon ab, dass eine vom Gläubiger dem Schuldner zur Erbringung der Leistung gesetzte angemessene Frist erfolglos abgelaufen ist (§ 281 I 1), sofern die Fristsetzung nicht entbehrlich ist (§ 281 II).[4] Ein Anspruch auf Schadensersatz statt der Leistung ist gem. § 281 I 3 ausgeschlossen, wenn die Pflichtverletzung unerheblich ist. Diese Voraussetzung wird ausführlich bei Behandlung der parallelen Regelung in § 323 V 2 erörtert (→ Rn. 636 ff.).

453 Durch das **Setzen einer angemessenen Frist** soll dem Schuldner noch einmal Gelegenheit gegeben werden, die ausstehende Leistung zu erbringen. Dementsprechend muss die Frist so bemessen sein, dass der Schuldner in der Lage ist, in ihr zu leisten. Allerdings können von ihm durchaus große Anstrengungen und schnelles Handeln erwartet werden, weil er seine Leistungspflicht kannte und ihr bisher nicht entsprochen hat. Etwas anderes gilt allerdings für den Fall, dass sich der Gläubiger seinerseits in Verzug befindet (zu diesem sog. Gläubiger- bzw. Annahmeverzug → Rn. 590 ff.). Dann wird sich die dem Schuldner zu setzende Frist regelmäßig verlängern, weil nicht zu erwarten ist, dass sich der Schuldner während eines Gläubigerverzugs ständig leistungsbereit hält.[5] Wird eine zu kurze Frist gesetzt, ist diese nicht etwa unwirksam, sondern es wird eine angemessene Frist in Lauf gesetzt.[6] Der Gläubiger muss keinen bestimmten Zeitraum angeben, innerhalb dessen der Schuldner seine Leistung zu erbringen hat. Vielmehr ist es hinreichend (aber auch erforderlich), dem Schuldner zu erkennen zu geben, dass der Gläubiger die Leistung innerhalb eines angemessenen Zeitraums erwartet und dass er sie danach ablehnen wird.[7] Durch Formulierungen wie „in angemessener Zeit", „umgehend" oder „so schnell wie möglich" wird diese Voraussetzung erfüllt.[8] Nur in Fällen, in denen eine Fristsetzung sinnlos erscheint oder aufgrund der Interessenlage nicht angemessen ist, muss gem. § 281 II

---

[4] Vgl. *Ackermann* JuS 2012, 865; *Odemer* JURA 2016, 842.
[5] BGH NJW 2007, 2761 Rn. 9.
[6] BGH NJW 2016, 3654 Rn. 31 = JuS 2017, 67 (*Schwab*); vgl. dazu *Höpfner* NJW 2016, 3633; Amtl. Begr. BT-Drs. 14/6040, 138 (r. Sp.); *Koch* NJW 2010, 1636 (1637).
[7] BGH NJW 2010, 2200 Rn. 16; 2015, 2564 Rn. 11; 2016, 3654f. Rn. 25 = JuS 2017, 67 (*Schwab*).
[8] BGH NJW 2009, 3153 Rn. 7ff.; 2016, 3654f. Rn. 25, 27f. = JuS 2017, 67 (*Schwab*); *Dubovitskaja* JZ 2012, 328.

II. Ausbleiben der möglichen Leistung

keine Frist gesetzt werden (→ Rn. 457). Bereits mit der Fristsetzung kann der Gläubiger die Erklärung verbinden, dass er nach fruchtlosem Ablauf der Nachfrist Schadensersatz statt der Leistung fordern wird.[9]

Der Fristablauf als solches hat auf den **Fortbestand des Erfüllungsanspruchs** gegen den Schuldner zunächst keinen Einfluss, sondern begründet für den Gläubiger nur die Option, Schadensersatz statt der Leistung zu verlangen und gegebenenfalls auch zurückzutreten (dazu später).[10] Der Erfüllungsanspruch entfällt erst, wenn der Gläubiger den Anspruch auf Schadensersatz statt der Leistung tatsächlich geltend macht (vgl. § 281 IV) oder zurücktritt (dazu später). Hat der Gläubiger Schadensersatz verlangt, so verliert er diesen Anspruch nicht dadurch, dass er den Schuldner erneut zur Leistung auffordert.[11]

454

In der **Zeit nach Ablauf der dem Schuldner gesetzten Nachfrist und vor Ausübung des Wahlrechts durch den Gläubiger** tritt ein Schwebezustand ein, der für beide Beteiligte Unsicherheiten erzeugt. Der Schuldner weiß nicht, welchen Anspruch der Gläubiger geltend machen wird und ob er noch irgendwelche möglicherweise für ihn kostspieligen Leistungsanstrengungen unternehmen soll. Der Gläubiger hingegen weiß nicht, ob er die Leistung des Schuldners erwarten kann oder ob er anderweitig disponieren und sich zB die ausstehende Leistung von einem anderen Lieferanten beschaffen muss. Während jedoch der Gläubiger über die Möglichkeit verfügt, sich dadurch Gewissheit zu verschaffen, dass er entweder den Schuldner auffordert, verbindlich zu erklären, ob er leisten werde, oder dass er seinen sekundären Leistungsanspruch geltend macht und zB Schadensersatz fordert, ist die Lage für den Schuldner wesentlich prekärer; denn er geht ein hohes Frustrationsrisiko ein, wenn er weiterhin Erfüllungsanstrengungen unternimmt, obwohl er damit rechnen muss, dass der Gläubiger die ihm angebotene Leistung ablehnt. Um nach Möglichkeit die ordnungsgemäße Abwicklung des Schuldverhältnisses zu sichern, muss nach einer Regelung gesucht werden, die in angemessener Weise den Interessen der Beteiligten gerecht wird. Dies lässt sich am besten dadurch erreichen, dass der Schuldner dem Gläubiger die geschuldete Leistung anbietet und der Gläubiger daraufhin verbindlich erklärt, ob er die vom Schuldner angebotene Leistung annehmen werde. Ein bloßes Leistungsangebot des Schuldners nimmt dem Gläubiger jedoch nicht das Recht, die verspätet angebotene Leistung zurückzuweisen und sekundäre Leistungsansprüche zu verfolgen.[12] Das Gebot von Treu und Glauben gibt dem Gläubiger allerdings auf,

455

---

[9] MüKoBGB/*Ernst* § 281 Rn. 100; *Wieser* NJW 2003, 2432 (2433); *Derleder/Zänker* NJW 2004, 2777 (2782 f.), die jedoch einschränkend annehmen, dass die mit der Fristsetzung verbundene Schadensersatzforderung nur wirksam bleibt, wenn der Schuldner während des Laufs der Frist keinerlei Erfüllungsanstrengungen unternimmt; ebenso Jauernig/*Stadler* § 281 Rn. 15.
[10] Die Ausübung eines Rücktrittsrechts ergibt für den Gläubiger nur dann einen Sinn, wenn er selbst aus dem Schuldverhältnis verpflichtet ist und sich durch den Rücktritt dieser Pflicht entledigen will. Diese Rechtslage gibt es insbesondere bei synallagmatischen Verträgen. Deshalb wird auf das Rücktrittsrecht im Rahmen der Darstellung der Leistungsstörungen bei synallagmatischen Verträgen eingegangen (→ Rn. 686 ff.).
[11] BGH NJW 2006, 1198 f. (zur gleichen Frage in Bezug auf § 323); zust. *Althammer* NJW 2006, 1179.
[12] *Finn* ZGS 2004, 32 (35 ff.); *Hanau* NJW 2007, 2806 (2809); PWW/*Schmidt-Kessel* § 281 Rn. 24.

dem Schuldner innerhalb einer angemessenen Frist mitzuteilen, ob er die Leistung annehmen werde.[13] Antwortet der Gläubiger dem Schuldner nicht, so verliert er das Recht, die Leistung des Schuldners abzulehnen und Rechte wegen der Nichtleistung geltend zu machen.[14] Lehnt der Gläubiger die Annahme der Leistung ab, so ist er verpflichtet, den Schuldner innerhalb einer angemessenen Zeit zu informieren, welche Rechte er wegen der Nichtleistung verfolgen will.

456 Geht es nicht um die Erbringung einer aktiven Leistung des Schuldners, sondern um ein sonstiges pflichtgemäßes Verhalten, etwa die Beachtung einer vertraglichen **Unterlassenspflicht** (zB die Befolgung eines Wettbewerbsverbotes), so kommt eine Fristsetzung durch den Gläubiger nicht in Betracht. Andererseits ist auch in diesem Fall der Grundsatz zu beachten, dass dem Schuldner zunächst Gelegenheit gegeben werden muss, sich pflichtgemäß zu verhalten, bevor Schadensersatz von ihm verlangt werden kann. Deshalb tritt in solchen Fällen an die Stelle einer Fristsetzung eine **Abmahnung** (§ 281 III).

457 In folgenden Fällen ist eine Fristsetzung bzw. Abmahnung entbehrlich:

- Der Schuldner verweigert ernsthaft und endgültig die Leistung (§ 281 II Var. 1).

    Beispiel: V verkauft K seinen Pkw. Nach Vertragsschluss kommt es zu einem Streit darüber, ob die Winterreifen mitverkauft sind. Daraufhin schreibt V dem K, dass er sich nicht mehr an den Vertrag gebunden halte und dem K das Kraftfahrzeug auf keinen Fall überlassen werde. Dabei bleibt V, obwohl K versucht, ihn umzustimmen. Bei dieser Sachlage wäre eine Leistungsaufforderung eine leere Formalie, da V als Schuldner bereits klargestellt hat, dass er nicht leisten werde. Durch dieses Verhalten hat er eine Fristsetzung überflüssig werden lassen.[15]

    § 281 II Var. 1 gilt nur, wenn der Schuldner eindeutig zum Ausdruck bringt, dass er seine Vertragspflichten nicht erfüllen werde. Allein im Bestreiten einer entsprechenden Verpflichtung, zB des Mangels einer Kaufsache als Voraussetzung für den Anspruch des Gläubigers, kann regelmäßig noch keine endgültige Leistungsverweigerung gesehen werden, sofern nicht auszuschließen ist, dass sich der Schuldner noch einsichtig zeigen werde.[16] Nach den Umständen des Einzelfalls richtet es sich, ob und in welcher Weise der Gläubiger gehalten ist, zu versuchen, den Schuldner umzustimmen.

- Es bestehen besondere Umstände, die unter Abwägung der beiderseitigen Interessen die sofortige Geltendmachung des Schadensersatzanspruches rechtfertigen (§ 281 II Var. 2). Es handelt sich hier vor allem um Fälle, in denen der Gläubiger zur Abwehr größerer Schäden sofortige Maßnahmen, insbesondere eine Ersatzbeschaffung für den nicht gelieferten Gegenstand, vornehmen muss und

---

[13] *Derleder/Hoolmans* NJW 2004, 2787 (2789). Zu weit dürfte es gehen, vom Gläubiger zu verlangen, dass er seine Erklärung unverzüglich abgibt, weil ihm Zeit für Überlegungen und Dispositionen gelassen werden muss. So aber MüKoBGB/*Ernst* § 281 Rn. 89 f., der dem Gläubiger nur dann eine kurze Überlegungsfrist einräumen will, wenn das Angebot der Schuldners kurzfristig nach Ablauf der Nachfrist erfolgt.
[14] *Finn* ZGS 2004, 32 (37); *Hanau* NJW 2007, 2806 (2809).
[15] BGH NJW 2008, 1658 Rn. 21.
[16] BGH NJW 2011, 2872 Rn. 14; 2013, 1074 Rn. 22 = JZ 2013, 419 mAnm *Gsell* = JuS 2013, 931 (*Schwab*); OLG Düsseldorf NJW 2014, 1115 (1116).

II. Ausbleiben der möglichen Leistung

deshalb dem Schuldner billigerweise keine weitere Frist zur Leistungserbringung eingeräumt werden kann.

Beispiele: Die amtliche Begründung[17] verweist hierfür auf „Just-in-time"-Verträge, bei denen der Lieferant zu einem bestimmten Zeitpunkt liefern muss, damit die Produktion seines Abnehmers ordnungsgemäß betrieben werden kann. Ferner entfällt das Fristsetzungserfordernis, wenn der Schuldner den Gläubiger arglistig täuscht und ihm zB einen Mangel der Kaufsache in Täuschungsabsicht verschweigt; denn dann ist in der Regel davon auszugehen, dass die für eine Nacherfüllung erforderliche Vertrauensgrundlage nicht mehr vorhanden ist.[18] Entsprechendes gilt, wenn das Verhalten des Schuldners Anlass zu begründeten Zweifeln gibt, dass er in der Lage sein wird, die Leistung vertragsgerecht zu erbringen.[19]

Ein Schadensersatzanspruch wegen der Pflichtverletzung, die der Schuldner durch die Nichterfüllung begeht, ist davon abhängig, dass der **Schuldner die Pflichtverletzung zu vertreten hat.** Die negative Formulierung des § 280 I 2 („... die Pflichtverletzung nicht zu vertreten hat") ist hinsichtlich des insoweit zu führenden Beweises mit Bedacht gewählt: Im Regelfall wird von einem Vertretenmüssen ausgegangen, und im Streitfall muss der Schuldner beweisen, dass er die Pflichtverletzung *nicht* zu vertreten hat. **458**

Das Merkmal des Vertretenmüssens wird durch **§§ 276–278** konkretisiert. Diese Vorschriften regeln den **Haftungsmaßstab,** beantworten also die Frage, was der Schuldner zu vertreten hat, dh für was er einstehen muss. Grundsätzlich hat der Schuldner **Vorsatz und Fahrlässigkeit** zu vertreten, wenn eine strengere oder mildere Haftung weder spezialgesetzlich bestimmt noch aus dem sonstigen Inhalt des Schuldverhältnisses oder der Natur der Schuld zu entnehmen ist (§ 276 I 1).[20] **459**

Beispiele: Eine strengere Haftung erlegt § 701 dem Gastwirt auf, der unabhängig von einem Verschulden für die eingebrachten Sachen des Gastes haftet.[21] Eine mildere Haftung bestimmen hingegen etwa § 346 III 1 Nr. 3 für den Rückgewährschuldner im Fall eines gesetzlichen Rücktrittsrechts (→ Rn. 692), § 690 für den unentgeltlichen Verwahrer und § 708 für den Gesellschafter: Diese müssen nur für die Sorgfalt einstehen, welche sie in eigenen Angelegenheiten anzuwenden pflegen, und haften somit regelmäßig nicht für einfache Fahrlässigkeit (vgl. § 277).[22]

---

[17] Amtl. Begr. BT-Drs. 14/6040, 140 (r. Sp.).
[18] BGH NJW 2007, 835 Rn. 12 ff. = JA 2007, 646 (*Looschelders*); BGH NJW 2007, 1534 Rn. 14 ff.; BGH NJW 2008, 1371 Rn. 19 ff. = JA 2008, 301 (*Looschelders*); BGH NJW 2010, 1805 (zur parallelen Frage beim Rücktritt, der allerdings auszuschließen ist, wenn dem arglistigen Schuldner eine Frist gesetzt wird und er innerhalb der Frist dem Verlangen des Gläubigers nachkommt).
[19] BGH NJW-RR 2008, 1052. In dem vom BGH entschiedenen Fall hatte der Schuldner in einer ungewöhnlichen Häufigkeit gegen anerkannte Regeln der Technik verstoßen und dadurch erhebliche Mängel verursacht.
[20] Lesenswert zur Rechtfertigung einer gesetzlichen Haftungsverschärfung BGH NJW 2015, 544, dort zur verschuldensunabhängigen Haftung von Futtermittelverkäufern bei Kontaminationsverdacht.
[21] Zu weiteren Fällen einer Haftungsverschärfung durch Gesetz vgl. Bamberger/Roth/*Lorenz* § 276 Rn. 35.
[22] Zu weiteren Haftungsprivilegierungen vgl. *Walker* JuS 2015, 865.

460 Ein strengerer oder milderer Haftungsmaßstab als in § 276 I 1 für den Regelfall vorgesehen kann sich insbesondere auch aus dem Inhalt des jeweiligen Schuldverhältnisses ergeben. Beispielhaft wird in dieser Vorschrift die Übernahme einer Garantie oder eines Beschaffungsrisikos genannt. Die **Übernahme einer Garantie** bedeutet, dass der Schuldner verspricht, verschuldensunabhängig für den Eintritt oder den Nichteintritt eines bestimmten Erfolges einstehen zu wollen. Die Garantie erlangt insbesondere im Kaufrecht Bedeutung, und zwar in Fällen, in denen der Verkäufer das Vorhandensein einer bestimmten Eigenschaft der Kaufsache garantiert (→ Rn. 880 ff.). Die **Übernahme eines Beschaffungsrisikos** geschieht regelmäßig bei einem marktbezogenen Gattungskauf, bei dem der Verkäufer verspricht, eine am Markt erhältliche Gattungssache zu liefern (vgl. § 243 I). Bei einer derartigen Übernahme des Beschaffungsrisikos sichert der Verkäufer stillschweigend zu, für seine Leistungsfähigkeit so lange einzustehen, wie eine Beschaffung der den Vertragsgegenstand bildenden Gattungssachen am Markt noch möglich ist.[23]

461 Das vom Schuldner übernommene **Beschaffungsrisiko** gibt ihm allerdings nur auf, **typische Leistungshindernisse** zu überwinden. Handelt es sich um Leistungshindernisse, die weder durch Einsatz finanzieller Mittel noch durch geeignete geschäftliche Maßnahmen beseitigt werden können, sondern wird die Unfähigkeit zur Leistung durch Gründe verursacht, die ein Gattungsschuldner nicht zu beeinflussen vermag (wie zB Krankheit oder unverschuldete Freiheitsentziehung), so muss er für seine Leistungsfähigkeit nicht einstehen.[24] Das gleiche gilt, wenn die Beschaffung der Gattungssache nur zu Konditionen möglich ist, die für den Schuldner unzumutbar erscheinen, weil er ein Opfer bringen müsste, das unverhältnismäßig hoch ausfällt und deshalb nicht von ihm erwartet werden kann. Es handelt sich dann um einen Fall der wirtschaftlichen Unmöglichkeit, der nach den Regeln des § 313 wegen Störung der Geschäftsgrundlage zu lösen ist (→ Rn. 663 ff.). Dies bedeutet indes nicht, dass der Schuldner nicht auch erhebliche finanzielle Opfer zur Überwindung von Leistungshindernissen erbringen müsste (→ Rn. 673).

> **Beispiel:** Nachdem Großhändler G dem K 100 Doppelzentner Zucker verkauft hat, brennt das Lagerhaus des G mit allen Warenbeständen ab. G kann sich nicht darauf berufen, dass er bei Abschluss des Vertrages davon ausgegangen sei, den Zucker aus seinen Beständen zu entnehmen. Er muss sich vielmehr anderweitig mit Zucker eindecken, um seiner Verpflichtung aus dem Kaufvertrag mit K nachzukommen. Dies gilt auch, wenn der Zuckerpreis zwischenzeitlich so gestiegen ist, dass G bei dem Geschäft mit K einen Verlust erleidet. Nur wenn der Zuckerpreis aufgrund unvorhersehbarer Entwicklungen eine Höhe erreichen sollte, die in keinem Verhältnis mehr zu den Marktpreisen steht, die im Zeitpunkt des Vertragsschlusses gegolten haben, wäre zu prüfen, ob dem G ein Rücktrittsrecht wegen Wegfalls der Geschäftsgrundlage einzuräumen ist (vgl. § 313 III).

462 Anders stellt sich die Rechtslage bei einem **produktionsbezogenen Gattungskauf** dar, bei dem der Schuldner nicht Händler, sondern Produzent der verkauften Gattungssache ist. Demnach wird ein Landwirt, der Kartoffeln an einen Großhändler verkauft, nach § 275 I von seiner Leistungspflicht frei, wenn seine gesamte Ernte

---

[23] *Huber* AcP 210 (2010), 319 (331 ff.).
[24] Palandt/*Grüneberg* § 276 Rn. 32.

II. Ausbleiben der möglichen Leistung

vernichtet wird; denn das Versprechen, Kartoffeln zu liefern, bezieht sich regelmäßig nur auf seine eigene Ernte und umfasst nicht die Pflicht des Erzeugers, sich am Markt mit Ware eindecken zu müssen, wenn er aus seiner eigenen Produktion nicht leisten kann.[25] Auch im Zucker-Beispielsfall hätte der Großhändler die Lieferung des verkauften Zuckers auf seine im Lagerhaus vorhandenen Bestände beschränken können; es würde sich dann um einen sog. **Vorratskauf (Vorratsschuld)** handeln. Dies hätte allerdings eine entsprechende Vereinbarung vorausgesetzt, die auch stillschweigend getroffen werden kann (wie im Beispielsfall des Kartoffelkaufs). Im Übrigen ist mit Mitteln der Vertragsauslegung festzustellen, welche Grenzen für das Leistungsversprechen des Schuldners gelten.[26] Produktionsbezogene Gattungskäufe und Vorratskäufe begründen somit eine **beschränkte Gattungsschuld**.

Für seine **finanzielle Leistungsfähigkeit** hat der Schuldner ohne Weiteres einzustehen:[27] Wer Geld schuldet, trägt dafür das entsprechende Beschaffungsrisiko. Im Zivilrecht gilt folglich der **Grundsatz „Geld hat man zu haben"**. Der Schuldner kann sich also regelmäßig nicht entlasten, indem er sich auf unvorhersehbare Ereignisse beruft, die seine finanzielle Leistungsfähigkeit ausschließen. 463

Einschub: Verschulden

Wenn § 276 I bestimmt, dass der Schuldner Vorsatz und Fahrlässigkeit zu vertreten hat, sofern kein anderer Haftungsmaßstab gilt, so begründet dies seine **Verantwortlichkeit für eigenes Verschulden**. Mit dem Begriff des Verschuldens wird ein wichtiges Element des Zivilrechts angesprochen. Hierzu sollen einige erläuternde Hinweise gegeben werden: 464

Der Vorwurf des Verschuldens beruht auf der Feststellung, dass **der Schuldner hätte anders handeln müssen und können**. Der Schuldner muss anders handeln, soweit ihn eine dahingehende Pflicht trifft. Diese Pflicht kann eine allgemeine sein, die jedem oder doch einer unbestimmten Zahl von Menschen auferlegt ist (zB das Leben, die Gesundheit und das Eigentum anderer nicht zu verletzen); sie kann jedoch auch individuell gestaltet sein und für den Schuldner aus einer Sonderbindung, die er eingegangen ist, erwachsen (zB die vertraglich übernommene Pflicht, eine bestimmte Leistung rechtzeitig zu erbringen). Ein Schuldvorwurf kann dem Schuldner nur gemacht werden, wenn er auch anders, nämlich entsprechend der ihm obliegenden Pflicht, handeln konnte, dies jedoch wissentlich und willentlich (= vorsätzlich) oder doch entgegen der im Verkehr gebotenen Sorgfalt (= fahrlässig; vgl. § 276 II) nicht getan hat. **Vorsatz und Fahrlässigkeit sind also die beiden Formen der Schuld.** 465

Was unter **Vorsatz** zu verstehen ist, wird im BGB nicht näher erläutert. Nach hM ist darunter das **Wissen und Wollen** der nach dem gesetzlichen Tatbestand maßgeblichen Umstände zu verstehen. Wenn also der Verkäufer einer Speziessache in Kenntnis der sich aus dem Kaufvertrag ergebenden Pflicht den Kaufgegenstand 466

---

[25] *Huber* AcP 210 (2010), 319 (332).
[26] *v. Westphalen* ZGS 2002, 154 (154 f.); *Reischl* JuS 2003, 453 (454 f.).
[27] BGH NJW 1982, 1585 (1587); *Looschelders* SchuldR AT Rn. 424. Einschränkend MüKo-BGB/*Ernst* § 275 Rn. 13 mwN.

einem anderen übergibt und übereignet, macht er sich damit vorsätzlich die Erfüllung seiner Vertragspflicht unmöglich. Die Kenntnis der anderweitigen Vertragspflicht ist erforderlich, weil nach der hM zum Vorsatz auch das **Bewusstsein der Pflichtwidrigkeit** des Verhaltens gehört (sog. **Vorsatztheorie**). Der Schuldner muss also wissen, dass er entgegen einer ihn treffenden gesetzlichen oder vertraglichen Pflicht handelt.

467 Der Begriff der **Fahrlässigkeit** ist im Gesetz definiert und wird in § 276 II als das Außerachtlassen der im Verkehr erforderlichen Sorgfalt bezeichnet. Mit der Bezugnahme auf die „erforderliche" Sorgfalt wird einmal jedem „üblichen" Schlendrian eine Absage erteilt. Es kommt nicht darauf an, was üblich, sondern was erforderlich ist. Zugleich wird damit verdeutlicht, dass nicht auf die individuellen Fähigkeiten des einzelnen abzustellen ist. **Vielmehr ist der Fahrlässigkeitsmaßstab des Zivilrechts objektiviert und typisiert.** Es ist entscheidend, welche Fähigkeiten ein gewissenhafter Vertreter der Gruppe besitzt, zu der derjenige gehört, dessen Verhalten beurteilt werden soll. Die zu fordernde Sorgfalt wird an dem Verhalten gemessen, das von einem gedachten, über normale Eigenschaften verfügenden Gruppenvertreter erwartet werden kann. Es wird also danach gefragt, wie sich ein „normaler" Kaufmann, Kraftfahrer, Arzt oder Handwerker in einer Situation der zu entscheidenden Art verhalten hätte.

468 Bei der Entscheidung, welche **Sorgfaltsanforderungen** zu stellen sind, kann man sich auch an Regelwerken orientieren und zB auf Unfallverhütungsvorschriften, DIN-Normen oder Sportregeln zurückgreifen. Im Einzelfall kann jedoch einem Verantwortlichen eine über die technischen Regeln hinausgehende Sorgfaltspflicht auferlegt werden. Andererseits kann jedoch die Verletzung einer Verkehrssicherungspflicht ausnahmsweise dann keinen Schuldvorwurf begründen, wenn der Verantwortliche außer Stande ist, den Pflichtverstoß zu erkennen.

> **Beispiele:** Der BGH hat von dem Veranstalter eines Eishockey-Bundesligaspiels Sicherungsmaßnahmen für die Zuschauer verlangt, die weiter gehen, als dies von den einschlägigen Normen vorgegeben wird.[28] Andererseits hat der BGH das Verschulden eines Skiliftbetreibers verneint, der scharfkantige Liftstützen entgegen einer ihn treffenden Verkehrssicherungspflicht nicht ausreichend gegen Verletzungen von Skiläufern sicherte, weil er diese Pflicht nicht erkennen konnte.[29]

469 Ob zur besseren Erfassung solcher Unterschiede innerhalb der Sorgfaltsanforderungen zwischen einer **äußeren Sorgfalt**, die ein sachgemäßes Verhalten beschreibt, und einer **inneren Sorgfalt**, die auf das subjektive Erkennen der Sorgfaltsanforderungen und die subjektive Vermeidbarkeit ihrer Verletzung abstellt, unterschieden werden muss, ist umstritten.[30]

470 Bei der gruppenbezogenen Festlegung des objektiven Fahrlässigkeitsmaßstabs kann auch das **Lebensalter** betrachtet werden, indem man die zu stellenden Anforderungen an den Standards misst, die für jugendliche oder im hohen Alter stehende Personen gelten. Allerdings können sich solche Personen dem Vorwurf aussetzen, dass sie

---

[28] BGH NJW 1984, 801 (802).
[29] BGH NJW 1985, 620 (621); vgl. auch BGH NJW 1995, 2631 (2632).
[30] Vgl. *Raab* JuS 2002, 1041 (1047 f.); *Kötz/Wagner* DeliktsR Rn. 120 f.

II. Ausbleiben der möglichen Leistung

eine Tätigkeit übernommen haben, der sie nicht gewachsen sind (sog. **Übernahmeverschulden**). So gelten für Kraftfahrer aller Altersgruppen die gleichen Maßstäbe. Gelangt man bei dieser an dem Gruppenstandard orientierten Prüfung zu dem Ergebnis, dass der Schuldner nicht die erforderliche Sorgfalt beobachtet hat, so ist seine Fahrlässigkeit zu bejahen.

471 Rechtfertigen lässt sich diese Auffassung, die individuelle Fähigkeit des Einzelnen weitgehend vernachlässigt, mit der Erwägung, dass sich jeder darauf verlassen können muss, der andere werde dem **üblichen Qualifikationsstandard** genügen. Es gilt also der Grundsatz: Wer sich als Kaufmann, Arzt, Handwerker etc. am Rechtsverkehr beteiligt, muss den jeweiligen „gewöhnlichen" Anforderungen genügen. Wollte man anders entscheiden, würde dies zu unhaltbaren Ergebnissen führen; man müsste dann zB hinnehmen, dass ein Kraftfahrer sein Verschulden an einem von ihm verursachten Unfall mit seiner geringen Fahrpraxis ausschließen könnte. Andererseits wird jedoch (gleichsam zulasten des Verantwortlichen) eine Korrektur hinsichtlich **subjektiver Qualifikation** dergestalt vorgenommen, dass erhöhte Fähigkeiten (zB Spezialkenntnisse) des Betreffenden beachtet werden, an denen er sich messen lassen muss.

472 In manchen Fällen (vgl. zB §§ 300 I, 521, 599, 680) hat der Schuldner neben Vorsatz nur **grobe Fahrlässigkeit** zu vertreten. Als grobe Fahrlässigkeit (culpa lata) wird ein objektiv schwerer und subjektiv nicht entschuldbarer Verstoß gegen die Anforderungen der im Verkehr erforderlichen Sorgfalt angesehen; diese Sorgfalt muss in ungewöhnlich hohem Maße verletzt, also dasjenige unbeachtet geblieben sein, was jedem unter den gegebenen Umständen hätte einleuchten müssen.[31] Von einer „**bewussten Fahrlässigkeit**" spricht man, wenn der Täter mit der Möglichkeit einer Pflichtverletzung rechnet, aber in sorgfaltswidriger Weise darauf vertraut, dass sie sich vermeiden lässt (Formel: es wird schon gut gehen). Dagegen handelt der Täter mit **bedingtem Vorsatz** (dolus eventualis), wenn er die Pflichtverletzung billigend in Kauf nimmt (Formel: na wenn schon). „Vorsatz" im Sinne des Gesetzes ist auch der bedingte Vorsatz.

473 Die Haftung für Fahrlässigkeit, nicht jedoch für Vorsatz (§ 276 III), kann vertraglich ausgeschlossen werden. Einschränkungen ergeben sich allerdings für Vereinbarungen in AGB hinsichtlich eines Ausschlusses der Haftung für grobe Fahrlässigkeit (vgl. § 309 Nr. 7). Ein **vertraglicher Haftungsausschluss** kann auch stillschweigend getroffen werden.[32] Insbesondere bei der unentgeltlichen und uneigennützigen Beförderung von Personen können die Beteiligten stillschweigend eine Haftungsbeschränkung vereinbaren. Die Rechtsprechung geht dabei von der Regel aus, dass eine solche Haftungsbeschränkung auf Vorsatz und grobe Fahrlässigkeit anzunehmen ist, wenn das Verhalten der Beteiligten den Schluss zulässt, dass sie bei einer Erörterung der Haftungsprobleme vor Beginn der Fahrt einer solchen Haftungsbeschränkung redlicherweise zugestimmt hätten. Allerdings setzt dies voraus, dass sich der Verletzte der Möglichkeit einer Gefährdung durch den für den Unfall ursächlichen

---

[31] BGH NJW 1988, 1265 (1266); 1994, 2022 (2023).
[32] Zu typischen Auslegungsproblemen vgl. BGH NJW-RR 2017, 272, dort zu Schädigungen bei Gefälligkeiten zwischen Nachbarn und insbesondere zur Relevanz einer Haftpflichtversicherung des Schädigers. Beachte auch *Lorenz/Eichhorn* JuS 2017, 6 (9).

Umstand bewusst war.³³ Auch ist es anerkannt, dass der Teilnehmer an sportlichen Wettbewerben mit erheblichem Gefährdungspotential Verletzungen in Kauf nimmt, die auch bei einem sportgerechten Verhalten auftreten können; insoweit ergibt sich eine Haftungsfreistellung.³⁴

474 Der Vorwurf eines Verschuldens hängt davon ab, ob die betreffende Person **verschuldensfähig** ist. § 276 I 2 verweist insoweit auf §§ 827 und 828. Diese Vorschriften, die sich in erster Linie auf das Deliktsrecht beziehen, werden durch diese Verweisung für rechtsgeschäftliche Schuldverhältnisse anwendbar. Danach sind verschuldensunfähig alle Personen vor Vollendung des siebten Lebensjahres (§ 828 I) und diejenigen, die sich im Zustand der Bewusstlosigkeit oder in einem die freie Willensbestimmung ausschließenden Zustand krankhafter Störung der Geistestätigkeit befinden (§ 827 S. 1, vgl. aber auch S. 2). Bei Personen zwischen dem siebten und 18. Lebensjahr kommt es auf ihre Einsichtsfähigkeit an (vgl. § 828 III), wobei für Kinder zwischen sieben und zehn Jahren die Besonderheit gilt, dass sie für den Schaden, der bei einem Unfall mit einem Kraftfahrzeug, einer Schienenbahn oder einer Schwebebahn herbeigeführt wird, nur bei Vorsatz einstehen müssen (§ 828 II). Schließlich kann das Verschulden durch einen **Entschuldigungsgrund** ausgeschlossen sein (→ Rn. 1136).

3. Ersatz vergeblicher Aufwendungen

475 Anstelle des Schadensersatzes statt der Leistung kann der Gläubiger unter den in § 284 genannten Voraussetzungen **Ersatz für seine vergeblichen Aufwendungen** fordern. Es handelt sich um Kosten, die dem Gläubiger infolge von Maßnahmen entstanden sind, die er in Erwartung der Leistung getroffen hat,³⁵ die er schließlich nicht erhielt.

> **Beispiel:** Der Gläubiger hat einen Lagerraum angemietet, um die vom Schuldner zu liefernden Waren dort unterzubringen, oder er hat ein zu verzinsendes Darlehen aufgenommen, um den Kaufpreis zahlen zu können. Wenn sodann der Schuldner die ihm obliegende Leistung nicht erbringt, sodass ein Lagerraum nicht gebraucht und kein Kaufpreis fällig wird, hat er gem. § 284 den vom Gläubiger zu zahlenden Miet- oder Darlehenszins zu ersetzen.

476 § 284 stellt eine selbstständige **Anspruchsgrundlage** dar.³⁶ Der Anspruch hängt davon ab, dass alle Voraussetzungen für einen Anspruch auf Schadensersatz statt der Leistung (→ Rn. 451) erfüllt sind;³⁷ dies folgt daraus, dass der Anspruch auf Ersatz vergeblicher Aufwendungen nur „anstelle" des Anspruchs auf Schadensersatz statt der Leistung gegeben ist.

---

[33] OLG Frankfurt a. M. NJW 2006, 1004 (1005); OLG Hamm NJW-RR 2007, 1517 (1518).
[34] BGH NJW 2003, 2018 (2019).
[35] Vgl. *Reim* NJW 2003, 3662 (3664), dort auch zu der Frage, ob ein Gläubiger die von ihm in Erwartung der Leistung erbrachte eigene Arbeitsleistung nach § 284 ersetzt verlangen kann. Dazu auch *Tröger* ZGS 2005, 462 (465 f.); *Schenk* ZGS 2008, 54 (57).
[36] *Reim* NJW 2003, 3662 (3663); *Jacoby/v. Hinden* § 284 Rn. 1.
[37] *Tröger* ZGS 2005, 462 (463).

II. Ausbleiben der möglichen Leistung

Als Aufwendungen werden **freiwillige Vermögensopfer** bezeichnet (→ Rn. 974). In den Fällen des § 284 werden sie vom Gläubiger im Hinblick auf das Schuldverhältnis erbracht und dienen regelmäßig dessen Interessen.[38] Aufwendungen, die vor einer wirksamen Begründung des Schuldverhältnisses erbracht wurden, sind nach § 284 nicht erstattungsfähig, weil erst dann auf den Erhalt der Leistung vertraut werden kann, wenn das Schuldverhältnis zustande gekommen ist.[39] Für den Anspruch nach § 284 kommt es zudem darauf an, ob der **Gläubiger diese Aufwendungen „billigerweise" machen durfte**. Mit dieser Einschränkung ist bezweckt, den Schuldner vom Ersatz solcher Aufwendungen freizustellen, die ein vernünftig denkender und handelnder Vertragspartner unterlassen hätte, wie zB Aufwendungen, die in keinem Verhältnis zum Wert des Vertragsgegenstandes stehen oder die in einem Zeitpunkt getätigt werden, in dem es bereits konkrete Hinweise dafür gibt, dass die geschuldete Leistung nicht erbracht werden wird.[40] Zudem ist ein Anspruch nach § 284 ausgeschlossen, wenn der Zweck der Aufwendungen auch ohne Pflichtverletzung des Schuldners nicht erreicht worden wäre. Als Beispiel wird der Fall genannt, dass jemand für unverkäufliche Kunstwerke ein Ladenlokal anmietet.[41] Streitig ist, ob § 284 einen dem Gläubiger entgangenen Vorteil erfasst, den er durch ein Alternativgeschäft erworben hätte, auf das er im Vertrauen auf den Erhalt der Leistung des Schuldners verzichtet hat. Die hM[42] lehnt dies unter Hinweis auf die Gesetzesbegründung[43] ab.

477

4. Schuldnerverzug

a) Voraussetzungen

Der Schuldner gerät mit der von ihm geschuldeten Leistung in Verzug, wenn er nicht rechtzeitig leistet, obwohl die Leistung möglich ist und er nicht durch einen Umstand, den er nicht zu vertreten hat, an der Leistung gehindert wird (vgl. § 286). Im Einzelnen hängt der **Eintritt des Schuldnerverzuges** von folgenden Voraussetzungen ab:

478

- Möglichkeit der Leistung
- Durchsetzbarkeit der Forderung
- Fälligkeit der Forderung
- Mahnung durch den Gläubiger, soweit sie nicht entbehrlich ist
- Vertretenmüssen der Verspätung.

aa) Möglichkeit der Leistung

Verzug und Unmöglichkeit schließen einander begrifflich aus. Denn der Anspruch auf Leistung ist nach § 275 I ausgeschlossen, soweit diese für den Schuldner oder für jedermann unmöglich ist (→ Rn. 511). Der Schuldner kann folglich nur

479

---

[38] *Reim* NJW 2003, 3662 (3663); Bamberger/Roth/*Lorenz* § 284 Rn. 11.
[39] Bamberger/Roth/*Lorenz* § 284 Rn. 15.
[40] *Jacoby/v. Hinden* § 284 Rn. 3. AA *Reim* NJW 2003, 3662 (3665).
[41] Amtl. Begr. BT-Drs. 14/6040, 144 (r. Sp.).
[42] Vgl. *Schenk* ZGS 2008, 54 (57 f.) mwN.
[43] Amtl. Begr. BT-Drs. 14/6040, 144 (l. Sp.).

dann in Verzug mit einer Leistung kommen, wenn sie von ihm (noch) erbracht werden kann. Ist der Anspruch auf Leistung wegen dauernder objektiver oder subjektiver Unmöglichkeit ausgeschlossen, so bestimmen sich die Rechtsfolgen nach den die Unmöglichkeit regelnden Vorschriften (§§ 275, 280, 283–285, 311a und 326). Entsprechendes gilt, wenn sich der Schuldner mit Erfolg auf ein Leistungsverweigerungsrecht nach § 275 II oder III beruft.

480 Ist die geschuldete **Leistung nur vorübergehend unmöglich** und kann sie später erbracht werden, so ist die Frage, ob die vorübergehende der dauernden Unmöglichkeit gleichzustellen oder ob Verzug anzunehmen ist, danach zu entscheiden, ob der Vertragszweck durch Erbringung der Leistung nach Behebung des vorübergehenden Hindernisses noch erreicht werden kann und ob dem Gläubiger ein Warten auf die Leistung zuzumuten ist.[44] Für die Frage der Zumutbarkeit ist bedeutsam, ob sich absehen lässt, wie rasch das Leistungshindernis behoben werden kann. Ist ein Interesse des Gläubigers an der Leistung nach Wegfall des Leistungshindernisses zu bejahen und ist ihm auch zuzumuten, den Wegfall des Leistungshindernisses abzuwarten, so sind nur die Vorschriften über den Verzug anzuwenden.

481 Zur Erläuterung des sich bei einer vorübergehenden Unmöglichkeit ergebenden Abgrenzungsproblems dient das folgende

> **Beispiel:** Textilgroßhändler G vereinbart mit Fabrikant F, dass dieser ihm Anfang November 500 Damen-Sommerkleider verschiedener Modelle liefert. Ende Oktober teilt F mit, dass er leider den vereinbarten Liefertermin nicht einhalten könne, weil infolge einer Unvorsichtigkeit seines Lagerarbeiters die für die Herstellung benötigten Stoffe verdorben seien und er erst neue ordern müsse. Er hoffe aber, die Lieferung bis Ende Januar nachholen zu können. Darauf erwidert G, Ende Januar sei zu spät, zumal noch nicht einmal feststehe, ob dieser Termin auch eingehalten werden könne. Bekanntlich würde im Textilgroßhandel das Sommergeschäft bis etwa Mitte Januar im Wesentlichen abgewickelt sein und G müsse jetzt wissen, ob und wann er an seine Kunden liefern könne. Aus diesen Gründen lehne er die Lieferung zu einem späteren Zeitpunkt ab und verlange Schadensersatz.
>
> Das Recht zum Rücktritt kann sich aus §§ 326 V, 323 ergeben. Den Schadensersatz kann G nach §§ 280 I, III, 283, 325 fordern, wenn die dafür zu erfüllenden Voraussetzungen gegeben sind (→ Rn. 530 ff., 686 ff.). Es handelt sich hier um einen Fall vorübergehender Unmöglichkeit, weil feststeht, dass F in einiger Zeit in der Lage sein wird, die bestellten Kleider herzustellen und zu liefern. Ob dies Ende Januar möglich sein wird, lässt sich nicht mit Gewissheit voraussehen; F „hofft" dies. Die sich in einem solchen Fall ergebende Rechtslage ist im Gesetz nicht ausdrücklich geregelt. Die vorübergehende Unmöglichkeit ist der dauernden gleichzustellen, wenn der Schwebezustand dazu führt, dass der Vertragszweck gefährdet wird, und wenn dem Gläubiger deshalb ein weiteres Abwarten nicht zugemutet werden kann. Im Handel mit saisonalen Artikeln steht nur eine relativ kurze Zeit für den Warenumschlag zur Verfügung und ein Großhändler muss seinen Kunden genaue Liefertermine nennen können. Daher führt die Verzögerung der Lieferung und die Ungewissheit des genauen Liefertermins dazu,

---

[44] BGH NJW 2007, 3777 Rn. 24; 2014, 3365 Rn. 23 mAnm *Ott* = JuS 2015, 266 (*Riehm*); Staudinger/*Caspers*, 2014, § 275 Rn. 53; Palandt/*Grüneberg* § 275 Rn. 11. Zu anderen Lösungsvorschlägen für die Behandlung der vorübergehenden Unmöglichkeit vgl. *Schulze/Ebers* JuS 2004, 265 (267 f.); *Arnold* JZ 2002, 866 (868 ff.).

II. Ausbleiben der möglichen Leistung

dass der Zweck des Vertrages (nämlich Waren zur Weiterveräußerung zu erwerben) nicht mehr erreicht werden kann, wenn die Kleider von F später geliefert werden. Die vertragliche Leistung ist folglich nicht mehr im Zeitpunkt des Wegfalls des Leistungshindernisses nachholbar, weil dann G die Ware nicht mehr, zumindest nicht zu gleichen Vertragsbedingungen, insbesondere zum gleichen Preis, abzusetzen vermag. Ein Festhalten am Vertrag ist ihm deshalb nicht zuzumuten. Dabei ist hier insbesondere bedeutsam, dass sich nicht mit Sicherheit angeben lässt, wann das Leistungshindernis behoben sein wird. Daher ist die vorübergehende Unmöglichkeit wie eine dauernde zu werten. Im Falle einer Unmöglichkeit braucht der Schuldner nach § 275 I nicht zu leisten, weil der Anspruch auf Leistung ausgeschlossen ist. Deshalb kann G nach § 326 V iVm § 323 vom Vertrag zurücktreten. Der Rücktritt schließt nicht sein Recht aus, von F Ersatz seines wegen der Nichtlieferung entstandenen Schadens zu fordern (§ 325). Da F die ihm aus dem Vertrag obliegende Pflicht zur Lieferung nicht erfüllt, begeht er eine Pflichtverletzung, die er auch zu vertreten hat, weil er sich das Verschulden seines Lagerarbeiters zurechnen lassen muss (§ 278 S. 1). G kann deshalb gem. §§ 280 I, III, 283 S. 1 Schadensersatz statt der Leistung verlangen. F muss also den Schaden ausgleichen, der durch seine Pflichtverletzung dem G entstand, ihn also vermögensmäßig so stellen, wie er bei einer ordnungsgemäßen Vertragserfüllung stehen würde.

Würde es sich abweichend vom Ausgangsfall nicht um saisonale Waren handeln und müsste man deshalb sowohl von einem Leistungsinteresse des Käufers nach Wegfall des Leistungshindernisses als auch von der Zumutbarkeit ausgehen, auf die Leistung zu warten, so könnte sich nach den dann anzuwendenden Verzugsregeln allerdings auch ein Anspruch des Käufers auf Schadensersatz (vgl. §§ 280 I, II, 286) und ein Recht auf Rücktritt vom Vertrag (vgl. § 323 I) ergeben. Zu den Rechtsfolgen des Verzugs Einzelheiten später.

482 Im Beispielsfall handelt es sich um eine erst nachträglich eintretende, vorübergehende Unmöglichkeit. Besteht hingegen der Zustand **vorübergehender Unmöglichkeit bereits im Zeitpunkt des Vertragsschlusses,** tritt § 311a II an die Stelle von §§ 280 I, III, 283 S. 1. Stets kommt es aber darauf an, ob der Schuldner das Leistungshindernis zu vertreten hat.

483 Dass mit einer Leistung, die im Zeitpunkt der Fälligkeit nicht erbracht wurde, später der Vertragszweck nicht mehr zu erfüllen ist, dass also die Leistung nicht nachgeholt werden kann und sie deshalb unmöglich wird, ist beim sog. absoluten **Fixgeschäft** offensichtlich. Das **absolute (uneigentliche) Fixgeschäft** ist dadurch gekennzeichnet, dass bei ihm nach dem Inhalt und Zweck des Vertrages nur zu einem genau bestimmten Zeitpunkt, später nicht mehr geleistet werden kann.[45]

Beispiele: Soll ein Fotograf Bilder von einer Trauung aufnehmen, ein Musiker bei einer Veranstaltung zum Tanz spielen, ein Taxi einen Reisenden zu einem bestimmten Zug bringen, so kann die Leistung jeweils nur zu dem genau bestimmten Zeitpunkt bewirkt werden; später ist dies unmöglich.

484 Vom sog. absoluten Fixgeschäft ist das **relative (einfache) Fixgeschäft** zu unterscheiden. Dabei wird zwar von den Vertragsparteien der Zeitpunkt für die Leistung festbestimmt (zB „am 1.6.") und aus einer solchen Zeitbestimmung sowie aus den sonstigen

---

[45] BGH NJW 2009, 2743 f. Rn. 12. Näher zu dieser Rechtsfigur *Dubovitskaya* AcP 215 (2015), 581.

Umständen ergibt sich, dass die zeitliche Festlegung für den Gläubiger einen so wesentlichen Teil der vertraglichen Absprache darstellt, dass damit das Geschäft „stehen und fallen" soll; die Leistung ist aber – anders als beim absoluten Fixgeschäft – doch noch zu einem späteren Zeitpunkt nachholbar. Im **Unterschied zum absoluten Fixgeschäft,** bei dem die Unpünktlichkeit wegen des damit stets verbundenen Wegfalls des Interesses des Gläubigers an der Leistung zum Erlöschen der Leistungspflicht des Schuldners führt, kann der Gläubiger bei einem relativen Fixgeschäft die Interessenlage prüfen und darüber entscheiden, ob die Leistungspflicht des Schuldners bestehen bleiben soll. Dementsprechend gibt das Gesetz dem Gläubiger bei einem relativen Fixgeschäft das Recht, ohne vorherige Fristsetzung von einem synallagmatischen Vertrag zurückzutreten (§ 323 I, II Nr. 2). Als charakteristisches Merkmal des relativen Fixgeschäfts nennt § 323 II Nr. 2, dass „der Gläubiger im Vertrag den Fortbestand seines Leistungsinteresses an die Rechtzeitigkeit der Leistung gebunden hat". Es ist also erforderlich, dass sich aus der vertraglichen Vereinbarung auch für den Schuldner die Bedeutung der Leistungszeit mit hinreichender Deutlichkeit ergibt.

> **Beispiel:** A, der am 20.7. eine aus zwingenden Gründen terminlich nicht zu verschiebende Urlaubsreise nach Italien antreten möchte, will für diesen Zweck ein neues Auto erwerben. Er begibt sich zu Autohändler H und erklärt diesem, dass er einen bestimmten Wagentyp als Neuwagen kaufen möchte, dass das Fahrzeug wegen seiner Urlaubspläne aber in jedem Fall spätestens am 19.7. geliefert werden müsste. Dies verspricht H. Anfang Juli kommt es zu einem Brand im Herstellerwerk, der dazu führt, dass sich alle Liefertermine um drei Wochen verschieben. Dies teilt H dem A mit und sagt ihm Lieferung des Wagens zum 10.8. verbindlich zu. A fragt, ob er sich vom Vertrag lösen könnte.
>
> Zwar ist die Leistung nicht unmöglich, wenn sie nicht zum vereinbarten Termin erbracht wird, aber der 19.7. war für A als Liefertermin so wichtig, dass er erkennbar den Fortbestand seines Leistungsinteresses an die Einhaltung dieses Termins gebunden hat. Es handelt sich somit um ein relatives Fixgeschäft, sodass A bei Nichteinhaltung des Termins zum Rücktritt berechtigt ist (§ 323 I, II Nr. 2). Unerheblich ist, dass H die Verzögerung nicht verschuldet hat; denn das Rücktrittsrecht ergibt sich aufgrund der entsprechenden vertraglichen Vereinbarung ohne Weiteres, wenn die Leistung nicht zum vereinbarten Termin erbracht wird. Da bereits Anfang Juli feststeht, dass zum vereinbarten Termin nicht geliefert werden wird, kann A auch schon zu diesem Zeitpunkt den Rücktritt erklären (§ 323 IV).

485 Auch in dem obigen Beispielsfall des Kaufvertrages zwischen dem Großhändler und dem Fabrikanten über Sommerkleider (→ Rn. 481) könnte erwogen werden, ein relatives Fixgeschäft anzunehmen. Jedoch reicht allein die Tatsache, dass es sich um einen saisonalen Artikel handelt, für diese Annahme nicht aus. Vielmehr müssten noch weitere Anhaltspunkte dafür zu finden sein, die sich jedoch hier nicht aus dem Sachverhalt ergeben. Deshalb ist oben von einem gewöhnlichen Geschäft ausgegangen worden.

bb) Durchsetzbarkeit der Forderung

486 Der Schuldner kann nur mit einer durchsetzbaren Forderung in Verzug geraten. Eine **Naturalobligation** (→ Rn. 204) ist gegen den Willen des Schuldners nicht durchsetzbar, und er kann folglich damit auch nicht in Verzug geraten.

II. Ausbleiben der möglichen Leistung

Eine Forderung ist nicht durchsetzbar, wenn ihr eine Einrede entgegensteht (→ Rn. 265 f.). Solange sich der Schuldner auf eine Einrede berufen kann, kommt er nicht in Verzug.[46] Denn die Einrede gibt ihm das Recht, die Leistung zu verweigern, und er macht von diesem Recht Gebrauch, wenn er die Leistung trotz der Mahnung des Gläubigers nicht erbringt. Über die **Wirkung von Einreden auf den Verzug** wird allerdings gestritten. So wird auch die Auffassung vertreten, dass nicht bereits das Bestehen einer Einrede (so die hM[47]), sondern erst die Berufung des Schuldners darauf den Verzugseintritt ausschließe. Diese Auffassung berücksichtigt indes nicht, dass bereits das Bestehen der Einrede ohne Rücksicht auf ihre Ausübung Rechtsfolgen eintreten lässt; bestätigt wird dies zB in § 390 S. 1, wonach die Aufrechnung mit einer einredebehafteten Forderung ausgeschlossen ist, ohne dass sich der Schuldner auf die Einrede berufen müsste (→ Rn. 265). Auf Einzelheiten dieses Meinungsstreits ist hier nicht einzugehen. Besonderheiten, die insbesondere für das Zurückbehaltungsrecht nach § 273 gelten, werden später behandelt (→ Rn. 651 ff.). **487**

cc) Fälligkeit der Forderung

Fällig wird eine Leistung in dem Zeitpunkt, in dem der Schuldner verpflichtet ist, sie zu erbringen, der Gläubiger folglich das Recht hat, sie zu fordern. Die **Fälligkeit** unterscheidet sich von der **Erfüllbarkeit** dadurch, dass eine nur erfüllbare, aber nicht fällige Leistung vom Schuldner zwar erbracht werden kann, aber nicht erbracht werden muss (→ Rn. 268). Eine fällige Leistung ist dagegen stets auch erfüllbar. In erster Linie bestimmt sich der Zeitpunkt der Fälligkeit nach der **Parteivereinbarung**. Haben die Parteien eine entsprechende Vereinbarung nicht getroffen und ergibt sich die Leistungszeit auch nicht aus den Umständen des Einzelfalls, so kann der Gläubiger, sofern keine Sonderregeln eingreifen, die Leistung sofort verlangen, der Schuldner sie sofort bewirken (§ 271 I). Dabei bedeutet „sofort" allerdings nicht „auf der Stelle", sondern innerhalb einer angemessenen Zeitspanne, deren Umfang sich nach objektiven, an der Verkehrsanschauung orientierenden Kriterien bemisst.[48] Insoweit besteht also ein Unterschied zu dem nach subjektiven Kriterien zu beurteilenden Begriff der Unverzüglichkeit (vgl. § 121 I 1). **Gesetzliche Sonderregeln zur Leistungszeit** finden sich zB für die Miete in §§ 556b I, 579, für die Leihe in § 604, für den Darlehensvertrag in § 488 II und III, für den Dienstvertrag in § 614 und für den Werkvertrag in § 641. **488**

Das Hinausschieben der Fälligkeit wird als **Stundung** bezeichnet. Meist beruht diese auf einer (nachträglichen) Vereinbarung der Parteien; es gibt jedoch auch gesetzliche Regelungen (vgl. zB §§ 1382, 2331a). Haben die Parteien vertraglich vereinbart, dass der Gläubiger seine Forderung nach Eintritt der Fälligkeit nicht geltend machen werde (sog. pactum de non petendo), so erhält der Schuldner lediglich eine Einrede, auf die er sich berufen muss, wenn er sich gegen den Gläubiger, der abredewidrig die Leistung fordert, zur Wehr setzen will. Die Einrede verhindert aber, dass der Schuldner in Verzug gerät (→ Rn. 486). **489**

---

[46] *Derleder/Karabulut* JuS 2014, 102.
[47] BGH NJW 1991, 1048 (1049); NJW-RR 2003, 1318 f.
[48] OLG München NJW-RR 1992, 818 (820).

490 Probleme bereiten marktstarke Nachfrager, die sich gegenüber Lieferanten oder Werkunternehmern unangemessen großzügige **Zahlungs-, Überprüfungs- oder Annahmefristen** ausbedingen, um ihre Zahlungspflichten hinauszuzögern. Diesem Missstand sollen § 271a, § 286 V sowie § 308 Nr. 1a und 1b entgegenwirken, die in Umsetzung der Zahlungsverzugs-RL 2011/7/EU[49] durch das Gesetz zur Bekämpfung von Zahlungsverzug im Geschäftsverkehr neu eingefügt wurden.[50]

dd) Mahnung durch den Gläubiger

491 Eine Mahnung ist die vom Gläubiger an den Schuldner gerichtete (empfangsbedürftige) **Aufforderung, die geschuldete Leistung zu erbringen.** Sie ist an keine Form gebunden und braucht auch nicht die Begriffe „Mahnung" oder „mahnen" zu enthalten. Vielmehr muss sich aus ihr für den Schuldner nur klar und eindeutig ergeben, dass der Gläubiger die geschuldete Leistung verlangt und dass die Nichtbeachtung dieser Aufforderung rechtliche Folgen haben kann; auf die Folgen selbst, die sich aus dem Verzug ergeben, braucht dabei nicht ausdrücklich hingewiesen zu werden (→ Rn. 493).[51] Setzt der Gläubiger für die Leistungserbringung eine Frist, wie dies § 281 I 1 für den Anspruch auf Schadensersatz statt der Leistung vorsieht, so kann darin zugleich eine verzugsbegründende Mahnung liegen. Erforderlich dafür ist jedoch eine Formulierung der Leistungsaufforderung, die erkennen lässt, dass der Gläubiger eine sofortige Leistungserbringung fordert und die Frist nur Bedeutung für die nach ihrem Ablauf entstehenden sekundären Leistungspflichten des Schuldners haben soll.[52] Stets muss die in der Mahnung enthaltene Aufforderung zur Leistung **bestimmt und eindeutig** sein. Unzureichend sind daher Formulierungen wie „ich wäre dankbar, wenn ich bald mit der Leistung rechnen dürfte" oder „ich sehe Ihrer baldigen Leistung entgegen". Eine zu weiche oder zu höfliche Fassung schadet also dem Gläubiger. Nennt dieser bei seiner Mahnung einen höheren Betrag, als er vom Schuldner beanspruchen kann, so hat dies keinen Einfluss auf die Wirksamkeit der Mahnung, wenn sich aus der Aufforderung durch Auslegung ergibt, dass die Erfüllung der geschuldeten Leistung verlangt wird. Macht der Gläubiger jedoch deutlich, dass er auf der Bezahlung des von ihm geforderten höheren Betrages besteht und eine geringere Leistung nicht akzeptieren will, so ist die Mahnung unwirksam.[53]

492 Ihrer Rechtsnatur nach erweist sich die Mahnung als **(rechts)geschäftsähnliche Handlung** (→ Rn. 239). Da die Vorschriften über Willenserklärungen entsprechend anzuwenden sind, kann ein Geschäftsunfähiger nicht mahnen (§ 105 I analog). Eine Ausnahme wird man jedoch zugunsten des Geschäftsunfähigen im Rahmen des § 105a zulassen müssen, um seine Rechtsposition entsprechend dem Normzweck nicht unangemessen einzuschränken (→ Rn. 326). Ein beschränkt Geschäftsfähiger kann wirksam mahnen, da ihm die Mahnung nur rechtliche Vorteile bringt (§ 107 analog). Die Mahnung wird mit dem Zugang beim Schuldner wirksam (§ 130 ana-

---

[49] RL 2011/7/EU des Europäischen Parlaments und des Rates zur Bekämpfung von Zahlungsverzug im Geschäftsverkehr v. 16.2.2011, ABl. 2011 L 48, 1.
[50] BGBl. 2014 I 1218; dazu *Verse* ZIP 2014, 1809.
[51] BGH NJW 1998, 2132 (2133).
[52] *Wilhelm* JZ 2004, 1055 (1058); *Derleder/Hoolmans* NJW 2004, 2787 (2788); Bamberger/Roth/*Lorenz* § 286 Rn. 25.
[53] *Lorenz* ZGS 2011, 111 (113).

II. Ausbleiben der möglichen Leistung

log). Mahnungen, die gegenüber Geschäftsunfähigen oder beschränkt Geschäftsfähigen abgegeben werden sollen, müssen deren gesetzlichen Vertretern zugehen (§ 131 analog). Der Mahnung steht die Erhebung der Leistungsklage und die Zustellung eines Mahnbescheides im Mahnverfahren (vgl. §§ 688 ff. ZPO[54]) gleich (§ 286 I 2).

Die Mahnung kann nicht **vor Fälligkeit der Leistung** vorgenommen werden; dies stellt schon der Wortlaut des § 286 I 1 klar. Eine gleichwohl vor Fälligkeit zugegangene Mahnung ist unwirksam und muss nach Eintritt der Fälligkeit wiederholt werden. Allerdings kann die Mahnung mit der die Fälligkeit begründenden Handlung verbunden werden. So kann in dem Übersenden einer Rechnung der die Fälligkeit begründende Vorgang liegen und die Mahnung durch eine in der Rechnung enthaltene Zahlungsaufforderung ausgesprochen werden.[55] Der BGH hat jedoch einschränkend darauf hingewiesen, dass die erstmalige Zusendung einer Rechnung mit Angabe eines Zahlungszieles im Rechtsverkehr üblicherweise nicht als Mahnung verstanden werde. Dies gelte umso mehr im Hinblick auf § 286 III, der gegenüber Verbrauchern (§ 13) eine zusätzliche Belehrung verlange.[56] Regelmäßig wird man in der an einen Verbraucher gerichteten Rechnung, die zugleich eine Zahlungsaufforderung enthält, deshalb nur dann eine Mahnung sehen können, wenn eine Belehrung über die rechtlichen Folgen der Nichteinhaltung des Zahlungszieles hinzugefügt wird. **493**

Abweichend von dem Grundsatz, dass der Verzug eine Mahnung voraussetzt, kommt der **Schuldner einer Entgeltforderung** nach § 286 III spätestens in Verzug, wenn er nicht innerhalb von 30 Tagen nach Fälligkeit und Zugang einer Rechnung oder einer gleichwertigen Zahlungsaufstellung leistet. Bei dieser Regelung ist Folgendes zu beachten: **494**

- Durch den Begriff **Entgeltforderung** soll zum Ausdruck gebracht werden, dass § 286 III nur Geldforderungen erfasst, die als Gegenleistung für eine Leistung geschuldet werden, wie dies für die Vergütung von Dienstleistungen oder für Kaufpreisforderungen zutrifft.[57] Für andere Forderungen (zB auf Schadensersatz) gilt die Regelung nicht.[58]
- Die **30-Tage-Frist** beginnt erst mit der Fälligkeit zu laufen. Geht die Rechnung oder Zahlungsaufstellung dem Schuldner bereits vor Fälligkeit zu, ist dies anders als eine verfrühte Mahnung nicht etwa ohne Wirkung, ändert aber nichts daran, dass die 30-Tage-Frist erst ab dem Zeitpunkt der Fälligkeit beginnt.[59] Will der Gläubiger diese Frist nicht abwarten, so muss er vorher mahnen, was ihm unbenommen bleibt.
- Auf einer **Rechnung** wird dem Schuldner mitgeteilt, was der Gläubiger von ihm verlangt. Die **gleichwertige Zahlungsaufstellung** iSv § 286 III muss in gleicher

---

[54] Dazu *Musielak/Voit* GK ZPO Rn. 1091 ff.
[55] BGH NJW 2006, 3271 Rn. 10 = JuS 2007, 79 *(Emmerich)*.
[56] BGH NJW 2008, 51 Rn. 11 mkritAnm *Gsell* = JuS 2008, 273 *(Faust)* = JA 2008, 228 *(Looschelders)*.
[57] BGH ZGS 2010, 326 Rn. 22, dort zum Parallelproblem bei § 288 II; OLG Karlsruhe ZGS 2005, 279 (280); MüKoBGB/*Ernst* § 286 Rn. 76 ff.; *Schermaier* NJW 2004, 2501.
[58] Vgl. *Schimmel/Buhlmann* MDR 2002, 609 (612); Jauernig/*Stadler* § 286 Rn. 32.
[59] Palandt/*Grüneberg* § 286 Rn. 30 mwN.

Weise wie eine Rechnung deutlich machen, welche Forderung der Gläubiger erhebt. Ergibt sich aus der Zahlungsaufstellung eindeutig, dass der Gläubiger die geschuldete Leistung verlangt und dass die Nichtbeachtung dieser Forderung rechtliche Folgen haben kann, so ist diese „Zahlungsaufstellung" als Mahnung anzusehen (→ Rn. 491) und § 286 III hat keine Bedeutung für den Eintritt des Verzuges (→ Rn. 493). Im Unterschied zur Mahnung enthält eine „Zahlungsaufstellung" also lediglich die Mitteilung, was der Gläubiger vom Schuldner als Leistung beansprucht, hat mithin die Funktion einer Rechnung.[60] Sowohl die Rechnung als auch die Zahlungsaufstellung sind wie die Mahnung (→ Rn. 492) als geschäftsähnliche Handlungen anzusehen.

- Ist der **Schuldner Verbraucher** iSv § 13, gelten die dargestellten Regeln nur, wenn auf sie in der Rechnung oder Zahlungsaufstellung besonders hingewiesen worden ist.

495 In den in § 286 II 2 genannten Fällen ist der **Eintritt des Verzuges ohne Mahnung möglich**. Im Einzelnen handelt es sich um folgende Sachverhalte:

- Für die Leistung ist eine **Zeit nach dem Kalender bestimmt** (§ 286 II Nr. 1).

  Es ist zB vereinbart, dass die Leistung „am 1.10." oder „Ende Juli" oder „10 Tage nach Vertragsschluss" zu erbringen ist. In diesen Fällen kommt der Schuldner ohne Weiteres mit Ablauf des genannten Termins in Verzug (also am 2.10. oder am 1.8. oder am 11. Tag nach Vertragsschluss). Der Gläubiger kann einseitig einen solchen Termin jedoch nicht festlegen, vielmehr bedarf es hierfür regelmäßig einer vertraglichen Vereinbarung, wenn die Leistungszeit nicht durch Gesetz oder durch Urteil bestimmt wird.[61] Dagegen handelt es sich nicht um eine Bestimmung nach dem Kalender, wenn die Vertragsparteien vereinbaren, dass die Leistung eine Woche nach Abruf oder 10 Tage nach Rechnungserhalt zu erbringen sei. Diese Fälle werden jedoch durch § 286 II Nr. 2 erfasst.

- Der **Leistung geht ein Ereignis voraus** und es ist eine angemessene Zeit für die Leistung in der Weise bestimmt, dass sie sich von dem Ereignis an nach dem Kalender berechnen lässt (§ 286 II Nr. 2).

  Ein solches Ereignis, das zum Ausgangspunkt einer kalendermäßigen Berechnung gewählt wird, kann zB eine Kündigung, die Lieferung oder die Rechnungserteilung sein. Allerdings kann der Gläubiger auch in diesem Fall nicht einseitig eine solche Berechnung festlegen, sondern es ist hierfür eine vertragliche Vereinbarung oder eine Bestimmung durch Gesetz oder Urteil erforderlich.

- **Der Schuldner verweigert grundlos ernsthaft und endgültig seine Leistung** (§ 286 II Nr. 3; → Rn. 457).

  Auch in diesem Fall bildet die Fälligkeit der Leistung eine Voraussetzung für den Eintritt des Verzuges. Zwar ist eine grundlose endgültige Weigerung des Schuldners, eine noch nicht fällige Verpflichtung aus einem Vertragsverhältnis zu erfüllen, eine Vertragsverletzung, die einen Gläubiger berechtigen kann, schon vor Fälligkeit der Leistung vom Vertrag zurückzutreten oder Schadensersatz wegen Nichterfüllung zu verlangen, jedoch

---

[60] Amtl. Begr. BT-Drs. 14/6040, 147 (l. Sp.), dort allerdings zu dem im Gesetzentwurf zunächst verwendeten Begriff der Forderungsaufstellung.
[61] BGH NJW 2008, 51 Rn. 7 mN.

II. Ausbleiben der möglichen Leistung

führt die Weigerung nicht dazu, dass die Leistung des Schuldners unabhängig von anderen Faktoren fällig wird.[62]

- Der **sofortige Eintritt des Verzuges ist aus besonderen Gründen unter Abwägung der beiderseitigen Interessen gerechtfertigt** (§ 286 II Nr. 4). Erfasst werden namentlich folgende Fälle:
  - Der Schuldner verpflichtet sich, die Leistung bis zu einem bestimmten Zeitpunkt oder besonders rasch zu erbringen, weil dies für den Gläubiger zur Abwendung erheblicher Nachteile besonders wichtig ist.

    Beispiel: In einem Hotel fällt gegen Ende Februar die Zentralheizung einschließlich der Warmwasserbereitung wegen eines Defekts aus. Dem herbeigerufenen Heizungsbauer erklärt der Hotelier, dass die Heizung sofort repariert werden müsste, weil sonst seine Gäste bei der zurzeit herrschenden Kälte abreisen würden. Der Handwerker erwidert, die Reparatur werde nur einige Stunden in Anspruch nehmen. Dennoch lässt er sich mit der Reparatur viel Zeit. Erst am Nachmittag des folgenden Tages wird der Defekt behoben. In der Zwischenzeit sind die meisten Gäste abgereist. Die Mahnung hat den Zweck, dem Schuldner klarzumachen, dass das Ausbleiben seiner Leistung rechtliche Konsequenzen haben werde, und ihn deshalb zur sofortigen Leistung zu veranlassen. Wenn aber bereits beim Vertragsschluss feststeht, dass nur eine rasche Erbringung der Leistung Schäden abwenden kann und der Schuldner gerade im Hinblick darauf verspricht, innerhalb einer bestimmten Frist zu erfüllen, so ist der mit der Mahnung verfolgte Zweck bereits durch den Vertragsschluss selbst erreicht.[63]

  - Der Schuldner hält den Gläubiger dadurch von einer Mahnung ab, dass er die zunächst versäumte Leistung innerhalb eines bestimmten Zeitraums zusagt (sog. Selbstmahnung).

    Beispiel: Der Schuldner teilt dem Gläubiger mit, es habe sich zwar eine Verzögerung bei der Herstellung der bestellten Waren ergeben, er werde aber bestimmt innerhalb der nächsten 14 Tage liefern. In einem solchen Fall ist davon auszugehen, dass der Schuldner (stillschweigend) auf eine Mahnung verzichtet; zumindest muss er sich so behandeln lassen, als habe er einen solchen Verzicht erklärt, weil er treuwidrig handeln würde, wenn er trotz seiner definitiven Leistungszusage noch eine Mahnung vom Gläubiger verlangte.

ee) Vertretenmüssen der Verspätung

Der Eintritt des Verzuges ist nach § 286 IV davon abhängig, dass die Verspätung der Leistung auf einen Umstand zurückzuführen ist, den der Schuldner zu vertreten hat. Das Vertretenmüssen bezieht sich auf den Zeitpunkt, in dem die übrigen Voraussetzungen für den Verzug erfüllt werden. Treten zwischen Fälligkeit der Leistung und Eintritt des Verzuges noch besondere Umstände ein, die es ausschließen, dass der Schuldner die verspätete Leistung zu vertreten hat, so gerät er nicht in Verzug.[64] Die negative Fassung des § 286 IV („der Schuldner kommt nicht in Verzug…") ist vom

---

[62] BGH NJW-RR 2008, 210 Rn. 11 mN.
[63] Vgl. BGH NJW 1963, 1823 (1824).
[64] *Lorenz* NJW 2005, 1889 (1891).

Gesetzgeber gewählt worden, um klarzustellen, dass im Streitfall der Schuldner beweisen muss, dass er die Leistungsverzögerung nicht zu vertreten hat.

497 Der Schuldner hat es zu vertreten, wenn er die Verzögerung selbst vorsätzlich oder fahrlässig (→ Rn. 464 ff.) herbeiführt (§ 276) oder dies vorsätzlich oder fahrlässig sein gesetzlicher Vertreter oder Erfüllungsgehilfe tut (§ 278). Ferner hat der Schuldner auch eine unverschuldete Verzögerung bei Übernahme einer Garantie oder eines Beschaffungsrisikos zu vertreten (→ Rn. 460). Allerdings ist hier die Einschränkung zu machen, dass der Schuldner nicht in Verzug gerät, wenn die Verzögerung der Leistung nichts mit dem Beschaffungsrisiko zu tun hat (→ Rn. 461).

498 In jedem Fall hat der Schuldner für seine **finanzielle Leistungsfähigkeit** einzustehen. Ist der Schuldner zahlungsunfähig, hat er dies zu vertreten, einerlei welcher Grund hierfür maßgebend ist (→ Rn. 463).

499 Praxisrelevante Probleme des Vertretenmüssens ergeben sich im Zusammenhang mit **juristischen Fehleinschätzungen** des Schuldners. Dazu folgender

> **Fall:** K bestellt bei Versandhandel V ein Geschenk für die Hochzeit eines Freundes. Nachdem die Ware dem G geliefert worden ist, zerschlagen sich die Heiratspläne. Die Frist für den Widerruf (→ Rn. 711) ist bereits abgelaufen. G erkundigt sich bei dem ihm bekannten Jurastudenten J, ob er die Ware bezahlen müsse. J erklärt daraufhin, K solle wegen des Irrtums anfechten und die Ware zur Verfügung stellen, dann brauche er den Kaufpreis nicht zu entrichten. Dies schreibt K der Firma V. Diese besteht indes auf Durchführung des Vertrages und fordert den K zur sofortigen Zahlung des Kaufpreises auf. Befindet sich K im Verzug?
>
> Der Rechtsrat des J war unzutreffend; denn die unrichtige Beurteilung der Ehepläne stellt für K einen unbeachtlichen Motivirrtum dar, der nicht zur Anfechtung berechtigt (→ Rn. 366). Da die übrigen Voraussetzungen des Verzuges offensichtlich hier erfüllt sind, ergibt sich die Frage, ob die verfehlte Einschätzung der Rechtslage durch K dazu führt, dass er die Verspätung der Zahlung nicht zu vertreten hat. Dies wäre zu bejahen, wenn der Rechtsirrtum des K unverschuldet wäre. Denn für einen unverschuldeten Rechtsirrtum hat der Schuldner nicht einzustehen, ihn also iSv § 286 IV nicht zu vertreten. Die Entscheidung des Beispielsfalles hängt folglich davon ab, ob K die im Verkehr erforderliche Sorgfalt außer Acht gelassen hat (§ 276 II), als er dem Rechtsrat des J vertraute. Dies ist zu bejahen: Vom Schuldner ist zu verlangen, dass er sich in Rechtsfragen einen sachverständigen Rat einholt; auf die Auskunft eines Jurastudenten, dessen Rechtskenntnisse der K nicht genau beurteilen kann, darf er sich nicht ohne Weiteres verlassen. Stets sind strenge Anforderungen zu stellen, wenn es um die Frage geht, ob ein Rechtsirrtum als entschuldigt angesehen werden kann.[65]

b) Rechtsfolgen

500 Der Verzug hat keinen Einfluss auf die Verpflichtung des Schuldners zur Erbringung einer weiterhin möglichen Leistung. Der Schuldner wird jedoch zusätzlich verpflichtet, dem Gläubiger den durch den Verzug entstehenden Schaden zu ersetzen (§ 280 I, II). Neben die primäre Leistungspflicht tritt also die sekundäre Pflicht zur Leistung von **Schadensersatz** (→ Rn. 200): Der Gläubiger ist so zu stellen, wie er ver-

---

[65] Vgl. BAG MDR 1993, 629; BGH NJW 1994, 2754 (2755).

II. Ausbleiben der möglichen Leistung

mögensmäßig stehen würde, wenn der Schuldner rechtzeitig seine Leistung erbracht hätte. Da die Herstellung dieses Zustands in Natur (§ 249 I) in aller Regel nicht möglich sein wird, ist der Gläubiger in Geld zu entschädigen (§ 251 I). Der Gläubiger kann insbesondere die Kosten der Anmietung eines Ersatzgegenstandes, den er anstelle des nicht gelieferten benutzen musste, verlangen.

> **Beispiel:** Das gekaufte Kfz wird nicht termingerecht geliefert; der Gläubiger muss deshalb ein Ersatzfahrzeug mieten.

Ferner kann der Gläubiger als Verzögerungsschaden auch eine Entschädigung für **501** entgangene Gebrauchsvorteile hinsichtlich der geschuldeten, aber nicht fristgerecht gelieferten Sache verlangen (→ Rn. 1106) sowie nach § 252 Ersatz seines **entgangenen Gewinns**.

> **Beispiel:** Wegen der verspäteten Fertigstellung kann der Gläubiger die gekaufte Wohnung nicht für sich und seine Familie nutzen, sondern muss sich weiter mit der bisherigen, deutlich kleineren Wohnung behelfen (entgangener Gebrauchsvorteil),[66] bzw. er kann die als Anlageobjekt gekaufte Wohnung nicht weitervermieten (entgangener Gewinn).

Einen Verzögerungsschaden stellen auch die **Kosten** dar, die der Gläubiger **zur Ver-** **502** **folgung seiner Rechte** gegen den in Verzug geratenen Schuldner aufwendet, zB Kosten einer weiteren Mahnung oder für einen Rechtsanwalt, den er mit der Rechtsverfolgung beauftragt. Hierbei ist jedoch darauf zu achten, dass der Verzug bei Entstehung der Kosten bereits eingetreten sein muss. Deshalb kann der Gläubiger nicht Ersatz der Kosten der Mahnung verlangen, durch die der Verzug erst herbeigeführt wird; beauftragt der Gläubiger damit einen Rechtsanwalt, so muss er die Kosten insoweit selbst tragen.

Wird **Geld geschuldet**, kann der **Gläubiger** nach § 288 I in jedem Fall (also ohne **503** Nachweis eines konkreten Schadens) die **Verzinsung der Geldschuld** in Höhe von fünf Prozentpunkten[67] und nach § 288 II[68] in Höhe von neun Prozentpunkten jeweils über dem Basiszinssatz (vgl. § 247) für das Jahr fordern. Hat jedoch der Gläubiger durch den Verzug des Schuldners einen höheren Schaden, etwa weil er deshalb einen Bankkredit in Anspruch nehmen musste, für den er 12% Zinsen zu zahlen hat, so hat der Schuldner diese höheren Zinsen nach § 280 I, II iVm § 286 zu ersetzen (§ 288 IV). Im Zuge der Umsetzung der Zahlungsverzugs-RL 2011/7/EU[69] wurde § 288 durch das Gesetz zur Bekämpfung von Zahlungsverzug im Geschäftsverkehr um zwei neue Absätze ergänzt:[70] Außerhalb des Verbrauchergeschäfts sieht § 288 V eine zusätzliche **Entschädigungspauschale** vor,[71] und § 288 VI begrenzt die Möglichkeit, den An-

---

[66] Dazu BGH NJW 2014, 1374 = JuS 2014, 938 (*Schwab*).
[67] Zum Unterschied zwischen Prozentpunkten und Prozenten vgl. *Hartmann* NJW 2004, 1358; *Führ* JuS 2005, 1095.
[68] Vgl. dazu BGH NJW 2010, 1872.
[69] RL 2011/7/EU des Europäischen Parlaments und des Rates zur Bekämpfung von Zahlungsverzug im Geschäftsverkehr v. 16.2.2011, ABl. 2011 L 48, 1.
[70] BGBl. 2014 I 1218; dazu *Verse* ZIP 2014, 1809.
[71] Dazu *Dornis* ZIP 2014, 2427 und JURA 2015, 887.

spruch auf Verzugszinsen zum Nachteil des Gläubigers mittels Parteivereinbarung zu modifizieren.

504 Nach §§ 280 I, III, 281 I 1 kann der Gläubiger auch **Schadensersatz statt der Leistung** verlangen, wenn er dem Schuldner eine angemessene Frist zur Leistung gesetzt hat und die Frist erfolglos abgelaufen ist (→ Rn. 453 ff., dort auch zu Fällen, in denen eine Fristsetzung entbehrlich ist). Liegt in der Fristsetzung eine Mahnung iSd § 286 (→ Rn. 491), so kann der Gläubiger den Ersatz eines Verzögerungsschadens auch dann fordern, wenn der Schuldner noch innerhalb der gesetzten Frist leistet.

505 Tätigt der Gläubiger einen sog. **Deckungskauf**, beschafft er sich also wegen der ausgebliebenen Leistung des Schuldners den Leistungsgegenstand von einem anderen Lieferanten, so stellt sich die Frage, ob und auf welcher Rechtsgrundlage der Gläubiger vom Schuldner Mehrkosten ersetzt verlangen kann, die ihm dadurch entstanden sind. Dies ist streitig.[72] So wird die Auffassung vertreten, dass es sich bei den Kosten eines Deckungskaufs um einen Verzögerungsschaden handelt, der nach §§ 280 I, II, 286 zu ersetzen sei.[73] Die hM spricht sich indes dafür aus, die Mehrkosten eines Deckungsgeschäfts als einen Schaden statt der Leistung anzusehen und nur unter den Voraussetzungen der §§ 280 I, III, 281 zu ersetzen.[74] Dies bedeutet insbesondere, dass der Gläubiger vom Schuldner Ersatz der Kosten des Deckungskaufs nicht neben dem Erfüllungsanspruch geltend machen kann.

506 Während des Verzuges treffen den Schuldner **Haftungsverschärfungen:** In Fällen, in denen er sonst nur für grobe Fahrlässigkeit oder für die in eigenen Angelegenheiten geübte Sorgfalt einzustehen hat, haftet er auch für **leichte Fahrlässigkeit** (§ 287 S. 1). So haben beispielsweise der Schenker (§ 521), der Verleiher (§ 599) und der Finder (§ 968) normalerweise außer Vorsatz nur grobe Fahrlässigkeit zu vertreten; nur für die auch in eigenen Angelegenheiten geübte Sorgfalt haben unter anderem der aufgrund eines gesetzlichen Rücktrittsrechts Berechtigte wegen der Verschlechterung der von ihm zurückzugewährenden Sache (§ 346 III 1 Nr. 3; → Rn. 692), der unentgeltliche Verwahrer (§ 690) und der Gesellschafter einer BGB-Gesellschaft (§ 708) einzustehen. In allen diesen Fällen verschärft sich beim Schuldnerverzug diese Haftung.

507 Der Schuldner haftet auch für **Zufall,** es sei denn, dass der Schaden gleichermaßen bei rechtzeitiger Leistung eingetreten sein würde (§ 287 S. 2). Die Zufallshaftung bezieht sich nur auf den geschuldeten Leistungsgegenstand, für dessen Verschlechterung oder Untergang der Schuldner verschuldensunabhängig einzustehen hat. Bei Verletzung von Verhaltenspflichten (→ Rn. 229 ff.) durch den Schuldner bleibt es dagegen bei einer verschuldensabhängigen Haftung.[75]

> **Beispiel:** Max und Moritz sind Nachbarn und wohnen in aneinandergrenzenden Reihenhäusern. Da sich Max eine neue Stereoanlage zugelegt hat, verkauft er seine alte an Moritz zu einem sehr günstigen Preis. Beide vereinbaren, dass Max am folgenden Sonntag die Stereoanlage bringt und dem Moritz beim Aufbau hilft. Da jedoch Max am

---

[72] Näher zum Streitstand *Hellgardt* JuS 2016, 1057.
[73] *Lorenz*, FS Leenen, 2012, 147 (153); *Klöhn* JZ 2010, 46 (47).
[74] BGH NJW 2013, 2959 Rn. 27 = JuS 2014, 167 (*Schwab*); MüKoBGB/*Ernst* § 286 Rn. 121; Bamberger/Roth/*Lorenz* § 286 Rn. 69, jew. mwN.
[75] Bamberger/Roth/*Lorenz* § 287 Rn. 4; MüKoBGB/*Ernst* § 287 Rn. 3.

Samstagabend sehr ausgiebig feiert, hält er den vereinbarten Termin nicht ein. In der Nacht zum Montag wird die Stereoanlage durch ein Feuer zerstört, das ein in das Haus des Max einschlagender Blitz ausgelöst hat.

Die Voraussetzungen eines Schadensersatzanspruchs nach § 280 I, nämlich eine Pflichtverletzung des Schuldners, durch den ein Schaden des Gläubigers entstanden ist, sind hier erfüllt. Die Pflichtverletzung besteht darin, dass Max die von ihm vertraglich übernommene Pflicht, die Stereoanlage Moritz zu übergeben und zu übereignen (§ 433 I 1), nicht erfüllen kann. Max wird zwar von seiner Leistungspflicht gem. § 275 I frei, muss aber den Schaden ersetzen, der Moritz entsteht, weil er die Stereoanlage zu dem sehr günstigen Preis, den er mit Max vereinbarte, nicht erhält (§ 280 I, III, 283 S. 1). Insbesondere muss Max wegen § 287 S. 2 die Pflichtverletzung vertreten, denn er befand sich im Zeitpunkt des Schadensfalles im Verzug (Entbehrlichkeit der Mahnung nach § 286 II Nr. 1) und der in § 287 S. 2 verwendete Begriff „Zufall" umfasst auch die sog. höhere Gewalt, also ein Ereignis, das selbst durch äußerste, billigerweise zu erwartende Sorgfalt nicht verhindert werden kann.[76] Nur wenn feststünde, dass der Schaden auch bei rechtzeitiger Leistung aufgetreten wäre, etwa weil der durch den Blitzschlag verursachte Brand das angrenzende Haus des Moritz ebenfalls erfasst und die dort befindliche Stereoanlage vernichtet hätte, entfällt nach § 287 S. 2 Hs. 2 die Verpflichtung des Max zur Leistung von Schadensersatz.

Bei synallagmatischen Verträgen steht dem Gläubiger unter den Voraussetzungen des § 323 ein **Recht zum Rücktritt** zu, wenn eine fällige Leistung nicht rechtzeitig erbracht wird (→ Rn. 686 ff.). Zwar ist dafür nicht erforderlich, dass sich der Schuldner im Verzug befindet,[77] doch dies wird ohnehin regelmäßig der Fall sein. **508**

III. Unmöglichkeit der Leistung

1. Grundlagen

Wie bereits dargelegt, schafft das Schuldverhältnis eine Forderungsbeziehung zwischen Gläubiger und Schuldner, die das Recht des Gläubigers zum Inhalt hat, von dem Schuldner eine Leistung zu fordern (→ Rn. 186). Allerdings gibt es Sonderfälle: **509**

- Ist die **Leistungserbringung unmöglich**, so ist der Anspruch auf Leistung ausgeschlossen (§ 275 I).
- Ist die Leistung zwar **möglich**, aber ist dafür ein **Aufwand** erforderlich, „der unter Beachtung des Inhalts des Schuldverhältnisses und der Gebote von Treu und Glauben in einem groben Missverhältnis zu dem Leistungsinteresse des Gläubigers steht", so darf der Schuldner die Leistung verweigern (§ 275 II).
- Bei **Leistungen, die vom Schuldner persönlich zu erbringen sind** (zB bei Arbeits-, Dienst- und Geschäftsbesorgungsverträgen), ist ihm unter den in § 275 III genannten Voraussetzungen ebenfalls ein Leistungsverweigerungsrecht eingeräumt (→ Rn. 528).

---

[76] Palandt/*Grüneberg* § 287 Rn. 3; *Knütel* NJW 1993, 900; vgl. auch BAG NJW 2003, 2849 (2850).
[77] MüKoBGB/*Ernst* § 323 Rn. 2, 46.

510 Die **Befreiung von der primären Leistungspflicht** in den Fällen von § 275 I–III lässt offen, ob den Schuldner womöglich eine **sekundäre Leistungspflicht** trifft und er den Schaden zu ersetzen hat, der dem Gläubiger infolge der Nichtleistung entsteht. Diese Frage beantwortet § 275 IV durch Verweisung auf §§ 280, 283 und 311a II, also auf Vorschriften, die Schadensersatzansprüche vorsehen. Daneben können dem Gläubiger andere Rechte zustehen, die sich aus §§ 284, 285 und 326 ergeben und auf die ebenfalls in § 275 IV verwiesen wird. Bevor auf die verschiedenen Rechte des Gläubigers eingegangen wird, sind die einzelnen Konstellationen des § 275 I–III näher zu betrachten.

2. Voraussetzungen

a) Systematisierung

511 Nach § 275 I ist der Anspruch auf Leistung bei Unmöglichkeit ausgeschlossen, wobei es nicht darauf ankommt, ob nur dem Schuldner oder jedermann die Erbringung der Leistung unmöglich ist. Der Fall der subjektiven Unmöglichkeit wird folglich dem der objektiven gleichgestellt. Darüber hinaus wird auch nicht zwischen der anfänglichen und der nachträglichen Unmöglichkeit unterschieden. Die verschiedenen **Arten der Unmöglichkeit** sollen im Folgenden kurz erläutert werden:

- Von der **objektiven Unmöglichkeit** spricht man, wenn niemand die Leistung erbringen kann.

  Beispiel: Der verkaufte Pkw brennt vor der Übergabe aus.

- Bei der **subjektiven Unmöglichkeit (sog. Unvermögen)** ist nur der Schuldner außerstande, die geschuldete Leistung zu erbringen; ein anderer wäre jedoch dazu in der Lage.

  Beispiel: Der verkaufte Wagen wird vor Übergabe von einem Unbekannten gestohlen. Dies ist als subjektive Unmöglichkeit zu werten, weil die Erfüllung der sich aus dem Kaufvertrag für den Verkäufer ergebenden Pflichten (vgl. § 433 I) objektiv durchaus möglich bleibt. Der Verkäufer kann, da er durch den Diebstahl Eigentum nicht verliert, dem Käufer das Eigentum auch an der entwendeten Sache übertragen (Einzelheiten dazu später), und der Dieb könnte – wenn er wollte – die Sache dem Käufer übergeben.

- Die **anfängliche (ursprüngliche) Unmöglichkeit** besteht bereits im Zeitpunkt der Begründung des Schuldverhältnisses.

  Beispiel: V verkauft seinen Pkw an K, ohne zu wissen, dass der Wagen in der vorigen Nacht ausgebrannt oder gestohlen worden ist.

- Die **nachträgliche Unmöglichkeit** ergibt sich erst nach Begründung des Schuldverhältnisses.

  Beispiel: Der verkaufte Pkw brennt erst nach Abschluss des Kaufvertrages aus oder wird zu dieser Zeit gestohlen.

III. Unmöglichkeit der Leistung 193

Nun kann man innerhalb der Unmöglichkeit noch nach dem Grund unterscheiden 512
und weitere **Untergruppen** bilden:

- **Naturgesetzliche (bzw. physische) Unmöglichkeit:** die Leistung kann aus natürlichen Gründen nicht erbracht werden.

  Beispiel: Der verkaufte Pkw ist ausgebrannt. Ein weiteres Beispiel naturgesetzlicher Unmöglichkeit bildet der Fall, dass jemand verspricht, mithilfe eines Horoskops oder des Kartenlegens die Zukunft zu deuten.[78]

- **Juristische Unmöglichkeit:** aus rechtlichen Gründen darf nicht geleistet werden.

  Beispiel: Die Veräußerung des verkauften Gegenstandes wird gesetzlich verboten. Häufig wird der entsprechende Vertrag dann aber nach § 134 nichtig sein (→ Rn. 206).

In diesem Zusammenhang sind noch weitere Untergruppen zu nennen, die herkömmlich zwar als Fälle der Unmöglichkeit diskutiert werden, aber keine Unmöglichkeit in dem engen Sinne von § 275 I auslösen, sondern anhand von § 275 II bzw. III oder § 313 zu beurteilen sind (dazu später):

- **Faktische (bzw. praktische) Unmöglichkeit:** die Erbringung der Leistung ist zwar nicht schlechthin ausgeschlossen, erfordert aber Maßnahmen, die außerhalb jeder Vernunft liegen.

  Beispiel: V verkauft K eine Maschine, die mit dem Schiff über das Meer transportiert wird. Das Schiff geht unter. Es wäre zwar technisch möglich, das Schiff zu heben, aber die dabei entstehenden Kosten wären so hoch, dass kein vernünftiger Mensch auf diesen Gedanken käme. Der Übergang dieser Fallgruppe zur nächsten ist fließend (→ Rn. 518 ff.).

- **Wirtschaftliche Unmöglichkeit:** der Schuldner vermag die Leistung nur unter unverhältnismäßig hohen Opfern zu erbringen, die ihm nicht zugemutet werden können.

- **Sittliche (psychische) Unmöglichkeit:** dem Schuldner kann aus anderen als wirtschaftlichen Gründen die Erbringung der Leistung nicht zugemutet werden.

  Beispiel: Das Kind einer Schauspielerin ist lebensbedrohend erkrankt. Sie ist zwar in der Lage, entsprechend einem von ihr geschlossenen Vertrag aufzutreten, jedoch kann dies nicht von ihr verlangt werden.

Weiter kann danach unterschieden werden, ob die **Unmöglichkeit endgültig oder** 513
nur vorübergehend ist und ob sie die **gesamte Leistung oder nur Teile** davon betrifft. Auf die hieraus folgenden Rechtsfolgen wird noch einzugehen sein.

b) Objektive und subjektive Unmöglichkeit

In Fällen einer naturgesetzlichen und juristischen Unmöglichkeit ist die Erbringung 514
der Leistung für jedermann unmöglich; es handelt sich folglich um eine von § 275 I
erfasste (objektive) Unmöglichkeit. In solchen Fällen kann es nicht zweifelhaft sein,
dass die geschuldete Leistung weder vom Schuldner noch von einem anderen er-

---

[78] BGH NJW 2011, 756 Rn. 10.

bracht werden kann. Dagegen ist die Frage, ob eine subjektive Unmöglichkeit des Schuldners (und damit ein Wegfall des Erfüllungsanspruchs gem. § 275 I) zu bejahen ist, nicht immer so einfach zu beantworten. **Subjektive Unmöglichkeit** wird grundsätzlich verneint, wenn der Schuldner durch Beschaffung des geschuldeten Gegenstandes seine Leistungsfähigkeit herstellen kann.

> **Beispiel:** V hat seinen Pkw bereits an K verkauft, dann aber, noch vor Erfüllung dieses Vertrags, zu einem höheren Preis an X verkauft und übereignet.[79] Der Anspruch des K gegen V auf Schadensersatz in Geld statt der Leistung (also auf die Differenz zwischen dem von ihm mit V vereinbarten Kaufpreis und dem Marktwert des Pkw) folgt aus §§ 280 I, III, 281. Von Unvermögen des V (und damit Anwendbarkeit von §§ 275 I, IV, 280 I, III, 283) wäre nur dann auszugehen, wenn V nachweist, dass X zu keinem Preis bereit ist, den Pkw an V wieder zurückzuverkaufen, damit dieser seiner Verpflichtung gegenüber K nachkommen kann (→ Rn. 539).

515 Vom Schuldner kann erwartet werden, dass er **zumutbare Anstrengungen** unternimmt, um ein bestehendes Leistungshindernis zu beheben; solange noch eine berechtigte Aussicht besteht, dass dies dem Schuldner gelingt, muss ein Fall von (subjektiver) Unmöglichkeit iSv § 275 I ausgeschlossen werden.[80] Allerdings kann die Entscheidung, welche Anstrengungen der Schuldner zu unternehmen hat und wann er sich auf eine subjektive Unmöglichkeit berufen darf, Schwierigkeiten bereiten. Dies zeigt das folgende

> **Beispiel:** Fabrikant F stellt in einer limitierten Auflage 100 Uhren mit der Bezeichnung „Edel" her. Uhrenhändler H erhält ein Exemplar. Er bietet es seinem Kunden K an. Dieser nimmt das Angebot an. Als die Uhr dem K übergeben werden soll, ist sie im Geschäft des H nicht mehr auffindbar. Sie wurde offensichtlich gestohlen. Wie es dazu kam, lässt sich nicht mehr aufklären.
>
> Es handelt sich nicht um einen Fall objektiver Unmöglichkeit, da es die verkaufte Uhr (aller Wahrscheinlichkeit nach) noch gibt und H im Falle des Auffindens der Uhr seine Vertragspflichten aus dem Kaufvertrag mit K erfüllen könnte. Zu entscheiden ist, ob von einer subjektiven Unmöglichkeit auszugehen ist, sodass der Anspruch des K auf Leistung nach § 275 I ausgeschlossen werden muss. Dies hängt davon ab, ob ein Stückkauf (nur die einzelne Uhr, die H dem K angeboten hat, bildet den Gegenstand des Kaufvertrages) oder ein Gattungskauf (eine beliebige Uhr aus der limitierten Auflage wird geschuldet) geschlossen wurde.[81] Bei einem Stückkauf ist die Lösung einfach: Da die geschuldete Kaufsache, die dem K von H angebotene Uhr, nicht mehr aufgefunden werden kann, ist H die Leistung subjektiv unmöglich. Bei einem Gattungskauf kann

---

[79] Beachte zu einem solchen Doppelverkauf BGH NJW 2015, 548, dort in der Sonderkonstellation, dass der Verkäufer vorzeitig und unberechtigt eine Internetauktion abbricht, um die Sache anderweitig zu veräußern. Näher hierzu *Riehm* JuS 2015, 355 (356 f.), dort auch zur zutreffenden Bestimmung der Anspruchsgrundlage (der BGH zitiert unzutreffend § 437 Nr. 3).

[80] *Zimmer* NJW 2002, 1 (3); *Looschelders* JuS 2010, 849 (850).

[81] In einer Klausur müsste eine Entscheidung getroffen werden, wobei vieles dafür spricht, dass es sich nicht um einen Gattungskauf handelt, sondern um einen Stückkauf bzw. um einen Vorratskauf, der sich auf die einzige bei H vorhandene Uhr beschränkt. Hier soll die Entscheidung offen bleiben, weil es darum geht, verschiedene Fallkonstellationen im Hinblick auf die Unmöglichkeitsregeln zu erörtern.

III. Unmöglichkeit der Leistung

dagegen keine subjektive Unmöglichkeit angenommen werden, wenn sich H ein weiteres Exemplar vom Fabrikanten F oder ggf. von einem anderen Uhrenhändler beschaffen kann, um seiner Vertragspflicht gegenüber K zu genügen. Wenn auf diese Weise allerdings kein Exemplar der verkauften Uhr mehr zu bekommen ist, dann hängt die Lösung davon ab, welche Anstrengungen H zu unternehmen hat, um leistungsfähig zu werden. Zu denken ist daran, dass dann H an die Erwerber der Uhr herantreten muss, um ein Exemplar zu kaufen, wobei er auch einen erheblich höheren Preis bieten muss, als er selbst aufgrund des Kaufvertrages mit K erhält. Denn bei einer Gattungsschuld ist der Schuldner zur Beschaffung der Sache verpflichtet und hat deshalb nach § 276 I 1 seine Leistungsunfähigkeit zu vertreten (Einzelheiten dazu später). Kann K nicht von einem Kollegen die Adresse des Käufers einer Uhr erfahren, so stellt sich die Frage, ob er womöglich zu zusätzlichen Nachforschungen verpflichtet ist. Verneint man dies, kommt es weiter darauf an, ob für diese (negative) Entscheidung der Aufwand für solche Nachforschungen entscheidend ist, und deshalb von einem Fall faktischer Unmöglichkeit ausgegangen werden muss, der nach § 275 II zu einem Leistungsverweigerungsrecht des H führt, oder ob man sich auf den Standpunkt stellen kann, H sei die Beschaffung einer Uhr der Marke „Edel" unmöglich und deshalb sei der Anspruch des K auf Leistung nach § 275 I ausgeschlossen. Die dargestellte Abgrenzungsfrage lässt sich noch dadurch erweitern, dass man annimmt, ein Erwerber der Uhr Marke „Edel" sei bereit, die Uhr zu verkaufen, verlange aber das Dreifache des von ihm gezahlten Preises. Durch diese weitere Alternative wird dann noch erforderlich, die faktische von der wirtschaftlichen Unmöglichkeit abzugrenzen und zu entscheiden, ob in diesem Fall § 275 II 1 oder § 313 zur Lösung heranzuziehen ist (dazu sogleich).

516 Bei der Darstellung der verschiedenen Fälle der Unmöglichkeit (→ Rn. 511 ff.) war als Beispiel für die faktische Unmöglichkeit der Fall genannt, dass eine verkaufte Maschine beim Transport zum Gläubiger mit dem Transportschiff untergeht und auf dem Meeresgrund liegt. Nun lässt sich fragen, warum in einem solchen Fall von einer (subjektiven) Unmöglichkeit iSd § 275 I ausgegangen werden kann. Dieser Frage kommt praktische Bedeutung zu, weil der Schuldner bei der faktischen Unmöglichkeit des § 275 II anders als bei der Unmöglichkeit nach Abs. 1 sein Leistungsverweigerungsrecht einredeweise geltend machen muss. Nach der von der hM[82] vorgenommenen Abgrenzung besteht bei der subjektiven Unmöglichkeit ein Leistungshindernis, das der Schuldner selbst bei **größten Anstrengungen** nicht zu überwinden vermag, während von einem anderen die Leistung erbracht werden kann.

Beispiele:

(1) A verpflichtet sich vertraglich, während einer längeren Reise des H dessen Haus zu hüten und den Garten zu pflegen. Infolge einer plötzlich auftretenden Erkrankung ist er jedoch außer Stande, den Auftrag auszuführen.

(2) V verkauft dem K seinen Pkw. Nach Vertragsschluss wird das Fahrzeug von einem Unbekannten gestohlen. Die von V nach dem Kaufvertrag geschuldete Übergabe (vgl. § 433 I 1) ist ihm unmöglich.

In beiden Fällen kann die geschuldete Leistung jedoch von einem anderen vertragsgerecht erbracht werden. Dies gilt auch für den unbekannten Dieb, der – wie bereits festgestellt (→ Rn. 511) – durchaus in der Lage ist, den Pkw dem Käufer zu übergeben.

---

[82] *Schulze/Ebers* JuS 2004, 265; *Looschelders* SchuldR AT Rn. 426; *Brox/Walker* SchuldR AT § 22 Rn. 7.

517 Handelt es sich dagegen um ein **für den Schuldner behebbares Leistungshindernis,** wie in dem Fall der Maschine auf dem Meeresgrund, deren Hebung technisch durchaus möglich ist, so kommt nur die Anwendung des § 275 II in Betracht, in dessen Rahmen dann entschieden werden muss, ob der erforderliche Aufwand zur Behebung des Leistungshindernisses ein solches Ausmaß erreicht hat, dass unter Berücksichtigung des Leistungsinteresses des Gläubigers vom Schuldner die Leistung billigerweise nicht erwartet werden kann. Ist dies der Fall, ist die Leistung dem Schuldner faktisch unmöglich (dazu sogleich).

517a Somit ist **zu § 275 I zusammenfassend festzuhalten:** Die Vorschrift ist eng auszulegen und erfasst nur Fälle, in denen die Leistung objektiv unmöglich ist oder in denen feststeht, dass der Schuldner auch nicht unter größtmöglichen Anstrengungen und Opfern zur Leistung im Stande ist. Zweifel gehen insoweit zulasten des Schuldners, von dem man erwarten kann, dass er überzeugend darlegt, warum er seine Leistungsversprechen nicht hält.

c) Faktische und wirtschaftliche Unmöglichkeit

518 Die Entscheidung über die faktische Unmöglichkeit ist anhand von § 275 II 1 vorzunehmen, wonach dem Schuldner ein Recht zur Leistungsverweigerung, also – wie bereits ausgeführt – eine Einrede[83] (→ Rn. 265 f.) zusteht. Bei dieser Regelung wird auf das **Leistungsinteresse des Gläubigers** gesehen und danach gefragt, ob der **Aufwand, der zur Erbringung der Leistung erforderlich wird,** in einem groben Missverhältnis zu diesem Interesse steht. In der amtlichen Begründung[84] wird darauf hingewiesen, dass dieses Missverhältnis ein besonders krasses, nach Treu und Glauben untragbares Ausmaß erreichen muss. Das oben genannte Beispiel der auf dem Meeresgrund liegenden Maschine veranschaulicht dieses Missverhältnis. Zwar ist die Behebung des Leistungshindernisses theoretisch möglich, aber kein vernünftiger Gläubiger kann ernsthaft erwarten, dass dieser Aufwand betrieben wird, nur damit sein Anspruch erfüllt wird.

519 In § 275 II 1 hat der Gesetzgeber bewusst darauf verzichtet, ausdrücklich auch das Interesse des Schuldners an einer Leistungsbefreiung als maßgebliches Kriterium zu nennen. Dadurch soll zum Ausdruck gebracht werden, dass durch diese Vorschrift die Fälle einer **wirtschaftlichen Unmöglichkeit** nicht geregelt werden sollen; vielmehr sollen diese Fälle nach den **Grundsätzen des Wegfalls der Geschäftsgrundlage** gem. § 313 (→ Rn. 663 ff.) gelöst werden.[85] Nach den Vorstellungen des Gesetzgebers ist der vom Schuldner zu fordernde Aufwand zur Vermeidung einer faktischen Unmöglichkeit allein an dem Leistungsinteresse des Gläubigers zu messen, während bei der wirtschaftlichen Unmöglichkeit auf das Verhältnis abzustellen ist, das zwischen diesem Aufwand und den Interessen des Schuldners, vor allem zu der von ihm

---

[83] AA *Freitag* NJW 2014, 113 (114 f.), der in der Berufung auf § 275 II und III die Ausübung eines Gestaltungsrechts sieht. Dies ändert jedoch nichts daran, dass sich der Schuldner auf die Unzumutbarkeit der Leistung berufen muss.
[84] Amtl. Begr. BT-Drs. 14/6040, 130 (r. Sp.).
[85] Anders allerdings BGH NJW 2013, 1074 Rn. 28 = JZ 2013, 419 mAnm *Gsell* = JuS 2013, 931 (*Schwab*).

III. Unmöglichkeit der Leistung

zu beanspruchenden Gegenleistung besteht.[86] Auf diese Weise lässt sich jedoch das Abgrenzungsproblem nicht lösen. Denn wählt man als Bezugspunkt den Aufwand, der zur Erbringung der Leistung erforderlich wird (→ Rn. 518), so müssen notwendigerweise stets auch die finanziellen und sonstigen Interessen des Schuldners berücksichtigt werden; sie können deshalb nicht bei der Entscheidung über eine faktische Unmöglichkeit übergangen werden.[87]

Die Abgrenzung zwischen der faktischen und der wirtschaftlichen Unmöglichkeit gelingt allerdings verhältnismäßig sicher, wenn man in **§ 275 II** eine eng auszulegende, **nur in extremen Fällen anwendbare Sondernorm** sieht und nur dann von Unverhältnismäßigkeit des Aufwands zum Leistungsinteresse des Gläubigers ausgeht, wenn schlechthin nicht mehr tragbare Größenordnungen erreicht werden. So wird die Vorschrift von der hM[88] verstanden, die sich auf entsprechende Ausführungen in der amtlichen Begründung[89] berufen kann. Unterhalb dieser Grenze soll § 313 angewendet werden. Dadurch wird für § 313 ein weiter Anwendungsbereich geschaffen. Im Streitfall muss der Richter entscheiden, welche Opfer der Schuldner erbringen muss. Dass die dabei anzuwendenden Kriterien (→ Rn. 671 ff.) keinesfalls eine sichere Beurteilungsgrundlage schaffen können, liegt auf der Hand. Abgesehen von dieser durchaus kritisch zu sehenden Konsequenz, spricht der Rechtsgedanke, der § 275 II zugrunde liegt, gegen die Beschränkung dieser Vorschrift auf extreme Ausnahmefälle. Dem Schuldner ein Einrederecht einzuräumen, macht nur dann einen Sinn, wenn es um Fälle geht, in denen sich ein vernünftiger Mensch vor die Alternative gestellt sieht, sich auf das Leistungshindernis zu berufen oder überobligationsmäßige Anstrengungen zur Erbringung der vereinbarten Leistung zu unternehmen, weil er zB einen besonderen Wert auf gute Geschäftsverbindungen zum Gläubiger legt oder weil sich dies im Hinblick auf die vom Gläubiger zu erbringende Gegenleistung lohnt. In Extremfällen besteht diese Alternative nicht. Auch die in § 275 II 2 getroffene Regelung, nach der die Gründe für das Leistungshindernis berücksichtigt werden sollen, um die Anstrengungen zu bestimmen, die dem Schuldner zugemutet werden können, erscheint nur dann nachvollziehbar, wenn der Anwendungsbereich des § 275 II über die Extremfälle hinaus reicht.[90]

520

Diese Erwägungen sprechen gegen die hM und dafür, nach einem **anderen Lösungsansatz** zu suchen. Dabei empfiehlt sich eine Orientierung am Wortlaut des Gesetzes: Bei der Bestimmung der Opfergrenze, die für den Aufwand des Schuldners gelten soll, sind erstens der Inhalt des Schuldverhältnisses und zweitens die Gebote von Treu und Glauben zu beachten; drittens kommt es darauf an, ob der Schuldner das Leistungshindernis zu vertreten hat. Es muss also geklärt werden, welche Bedeutung diesen drei Kriterien zukommt.

521

---

[86] Amtl. Begr. BT-Drs. 14/6040, 130 (l. Sp.).
[87] BGH NJW 2005, 3284: beiderseitige Parteiinteressen sind zu berücksichtigen.
[88] So *Looschelders* JuS 2010, 849 (850); *Brox/Walker* SchuldR AT § 22 Rn. 19; Bamberger/Roth/*Lorenz* § 275 Rn. 52; Palandt/*Grüneberg* § 275 Rn. 27.
[89] Amtl. Begr. BT-Drs. 14/6040, 129 f.
[90] *Schwarze* JURA 2002, 73 (76 f.); *Musielak* JA 2011, 801 (806 f.).

522 Indem das Gesetz ausdrücklich den vom Schuldner zu leistenden Aufwand in Beziehung zum **Inhalt des Schuldverhältnisses** setzt, wird verdeutlicht, dass auch der **Leistungspflicht des Schuldners** neben dem **Leistungsinteresse des Gläubigers** Gewicht beizumessen ist. Denn bei einem Schuldverhältnis lassen sich die Interessen des Schuldners nicht einfach ausblenden, und es wäre deshalb zu kurz gegriffen, wenn man das Gläubigerinteresse zum einzigen Bezugspunkt wählen wollte. Das Maß der vom Schuldner zu fordernden Anstrengungen wird wesentlich von der geschuldeten Leistung bestimmt. Hat sich beispielsweise der Schuldner vertraglich verpflichtet, das Tafelsilber der Titanic aus dem Meer zu bergen,[91] so sind von ihm selbstverständlich wesentlich weitergehende Anstrengungen zu fordern als von einem Schuldner, der eine Maschine verkauft, die auf dem Transport im Meer versinkt. Dies ist schon deshalb gerechtfertigt, weil auch bei Bemessung der Gegenleistung solche Unterschiede berücksichtigt werden. Ebenso macht es einen Unterschied, ob der Schuldner lediglich die Bereitstellung einer individuell bestimmten Sache schuldet oder auch ihren Transport, weil im zweiten Fall das Transportrisiko vom Schuldner zu tragen ist. Verspricht der Schuldner Waren zu liefern, die er sich sodann erst am Markt beschaffen will, so übernimmt er damit das Risiko einer Preissteigerung und kann deshalb nicht mit Erfolg die Leistung verweigern, wenn ihm durch Anstieg der Preise ein erheblicher Verlust entsteht. Auf diese Weise kommt man im Rahmen des § 275 II dazu, die sich aus dem jeweiligen Schuldverhältnis für die an ihm Beteiligten ergebenden Pflichten und Risiken gegeneinander abzuwägen und die Frage nach dem Aufwand, der billigerweise vom Schuldner zur Beseitigung des Leistungshindernisses erwartet werden kann, unter Beachtung dieser Gesichtspunkte zu entscheiden.[92]

523 Der im Gesetz enthaltene Hinweis auf das Gebot von **Treu und Glauben** ist keinesfalls überflüssig,[93] sondern setzt eine wichtige Grenze für das Leistungsinteresse des Gläubigers: Es ist zu fragen, was ein redlich denkender und handelnder Gläubiger aufgrund der Rechtsposition, die ihm durch das Schuldverhältnis zugestanden wird, vom Schuldner fordern kann, um das Hindernis zu beseitigen, das der Leistungserbringung entgegensteht. Im Grundsatz hat der Schuldner auch bei erheblichen Leistungserschwerungen die ihm obliegende Leistung zu erbringen, und der Gläubiger ist nicht verpflichtet, mit Rücksicht auf Leistungserschwerungen auf eine Erfüllung seines Anspruchs zu verzichten. Erst wenn die Leistungserschwerung einen Grad erreicht, der die Durchsetzung des Leistungsinteresses zu einer nicht mehr zumutbaren Belastung des Schuldners werden lässt, kann von dem Gläubiger redlicherweise erwartet werden, dass er nicht auf der Durchsetzung seiner Interessen besteht.

---

[91] Beispiel von NK-BGB/*Dauner-Lieb* § 275 Rn. 42.
[92] Im gleichen Sinn *Wilhelm* DB 2004, 1599 (1603 f.). Auch *Canaris* JZ 2004, 214 (218), betont die Bedeutung der vertragstypischen Risikostruktur im Rahmen des § 275 II; ebenso *U. Huber*, FS Schlechtriem, 2003, 521 (546, 561 f.). Staudinger/*Caspers*, 2014, § 275 Rn. 87, misst ebenfalls dem Parteiwillen maßgebende Bedeutung zu und will gegebenenfalls im Wege einer ergänzenden Vertragsauslegung den Umfang der zu tragenden Risiken ermitteln. *Löhnig* ZGS 2005, 459 (461), verweist auf die Parteiabrede, der Anhaltspunkte für das Ausmaß der Leistungsbemühungen des Schuldners zu entnehmen sind. *Looschelders* JuS 2010, 849 (852), verweist als Bezugsgröße auf den Aufwand des Schuldners, den er ohne das Leistungshindernis zu erbringen hätte.
[93] So aber MüKoBGB/*Ernst* § 275 Rn. 89.

III. Unmöglichkeit der Leistung

§ 275 II 2 zeigt, dass die Berufung auf eine faktische Unmöglichkeit dem **Schuldner** 524
auch dann freisteht, wenn er **das Leistungshindernis zu vertreten** hat, dh wenn ihm
die Umstände zuzurechnen sind, die dieses Hindernis verursacht haben. Nur wird
man in diesem Fall größere Anstrengungen von ihm verlangen können als bei einer
„Schuldlosigkeit". Dementsprechend wird hinsichtlich des zu leistenden Aufwandes eine Abstufung vorgenommen, die dazu führt, dass der „Schuldlose" zumindest
nicht verpflichtet ist, in seinen Anstrengungen bis zur Grenze des Machbaren zu gehen. Denn mehr als das Machbare kann auch von dem Schuldner nicht gefordert
werden, der das Leistungshindernis zu vertreten hat. Damit soll allerdings nicht gesagt sein, dass bei einem Vertretenmüssen des Hindernisses stets das Machbare geschuldet wird; vielmehr hängt auch dann die Entscheidung vom Einzelfall ab.

Die vorstehenden Erläuterungen können nur recht allgemein knapp gehaltene Hin- 525
weise geben. Es handelt sich stets um eine Wertungsfrage, die unter **Berücksichtigung aller Umstände des Einzelfalles** vor allem unter Beachtung der aus dem
Schuldverhältnis abzuleitenden Parteiinteressen zu beantworten ist, wenn entschieden werden soll, ob einem Schuldner die Einrede des § 275 II zusteht. Die Entscheidung wird vor allem in Grenzfällen erhebliche Schwierigkeiten bereiten. Dies muss
als eine Folge der gesetzlichen Regelung hingenommen werden.[94]

Wie die Abgrenzung zwischen der faktischen und der wirtschaftlichen Unmöglich- 526
keit auf der Grundlage der hier vertretenen Auffassung vorzunehmen ist, zeigt das
folgende

> **Beispiel:** V will den Segelsport aufgeben und verkauft deshalb sein Segelboot für
> 10.000 EUR dem K. Es handelt sich dabei um einen sehr günstigen Preis. Deshalb kann
> K das Boot sofort zum Preis von 20.000 EUR weiterverkaufen. In der Nacht vor der ver-
> einbarten Übergabe des Bootes von V an K wird das ordnungsgemäß befestigte Boot
> durch einen plötzlich auftretenden Orkan aus der Verankerung gerissen, auf die Mitte
> des Sees getrieben und dort versenkt. Die Bergung des Bootes durch ein Spezialunter-
> nehmen würde 15.000 EUR kosten. Kann V die Leistung nach § 275 II verweigern?
>
> Ausgehend von der hM, die diese Vorschrift nur in Extremfällen anwenden will, wäre
> die gestellte Frage zu verneinen. Nach der hier vertretenen Auffassung muss zunächst
> auf das den Anspruch des K begründende Schuldverhältnis gesehen und es müssen
> die sich daraus ergebenden Pflichten berücksichtigt werden. Nach § 433 I ist V als Ver-
> käufer verpflichtet, das Segelboot dem K frei von Sach- und Rechtsmängeln zu über-
> geben und zu übereignen. Als Äquivalent schuldet K den Kaufpreis (§ 433 II). Deshalb
> könnte man erwägen, zumindest in Fällen, in denen bei einem Stückkauf die Leis-
> tungserschwerung vom Verkäufer nicht zu vertreten ist, den Aufwand des Verkäufers
> für die Beseitigung des Leistungshindernisses durch die Höhe des Kaufpreises zu be-
> grenzen.[95] Da hier der erforderliche Aufwand zur Hebung des Segelbootes und damit
> zur Beseitigung des Leistungshindernisses 15.000 EUR beträgt, also den Kaufpreis um
> 50 % übersteigt, würde nach diesem Vorschlag V die Einrede nach § 275 II mit Erfolg
> geltend machen können. Gegen eine solche Lösung spricht aber, dass bei ihr das Leis-

---

[94] Wer sich vertiefend mit den durch § 275 II geschaffenen Problemen und der dazu vorgetragenen Kritik beschäftigen will, sei verwiesen auf *Picker* JZ 2003, 1035; *Canaris* JZ 2004, 214;
Wilhelm DB 2004, 1599 (1603 f.).
[95] So *Huber*, FS Schlechtriem, 2003, 521 (545 f., 548); *Ackermann* JZ 2002, 378 (383 f.). Abl.
Canaris JZ 2004, 214 (218 f., 222).

tungsinteresse des Gläubigers überhaupt nicht beachtet wird. Denn das Leistungsinteresse des Gläubigers fällt stets höher aus, wenn der Wert der Kaufsache für den Gläubiger den Kaufpreis übersteigt.

Andererseits vermag auch der Vorschlag nicht zu überzeugen, allein auf das Leistungsinteresse des Gläubigers abzustellen und einen bestimmten Prozentsatz zugrunde zu legen, der bei nicht zu vertretenden Leistungshindernissen 110% dieses Interesses betragen soll.[96] Auf diese Weise würde man nämlich mögliche Spekulationsgewinne dem Verkäufer in Rechnung stellen können. Außerdem spricht gegen feste Prozentsätze zur Bemessung des zu fordernden Aufwandes, dass es sich dabei um „gegriffene" Schätzgrößen handelt.[97] Eine Orientierung am Marktwert der Kaufsache wäre schließlich nur in Betracht zu ziehen, wenn der Verkäufer das Leistungshindernis zu vertreten hätte, weil dieser Wert regelmäßig auch der Berechnung eines Schadensersatzanspruchs des Käufers zugrunde zu legen wäre, den dieser in einem solchen Fall geltend machen könnte.

527 Aus den vorstehenden Erwägungen folgt, dass die **Vermögensinteressen der am Schuldverhältnis Beteiligten nur zusätzliche Orientierungshilfen** bieten können, jedoch nicht geeignet sind, als allein maßgebende Entscheidungskriterien zu dienen. Vorzuziehen ist es vielmehr, auf das **Leistungsversprechen des Schuldners** und die dadurch begründete Leistungserwartung des Gläubigers zu blicken und von daher die nach dem Schuldverhältnis angelegte **Risikoverteilung** zu ermitteln.[98] Wenn V als Verkäufer die Pflicht zur Übergabe und Übereignung der Kaufsache übernommen hat, dann hat er damit versprochen, einen entsprechenden Leistungserfolg unter normalen und vorhersehbaren Bedingungen herbeizuführen und die dafür erforderlichen Anstrengungen zu unternehmen. Dies schließt durchaus Vermögensopfer ein, die den von ihm zu erwartenden Kaufpreis übersteigen wie beispielsweise immer einzukalkulierende Erhöhungen der Marktpreise. Jedoch würde es zu weit gehen, sein Leistungsversprechen auch auf die Behebung solcher Leistungshindernisse zu erstrecken, die als Folge einer nicht vorhersehbaren Naturkatastrophe oder anderer nicht zu erwartender Ereignisse eintreten, wenn hierfür erhebliche und kostspielige Anstrengungen erforderlich sind. Die Leistungserwartung eines redlichen Gläubigers kann nicht weiter reichen.

Dass K im Beispielsfall einen Gewinn von 10.000 EUR durch den Weiterverkauf des Bootes erzielen kann, bleibt deshalb ohne Einfluss auf die von V nach dem Kaufvertrag geschuldeten Anstrengungen zur Leistungserbringung. Folglich gelangt man in dem Beispielsfall zu dem Ergebnis, dass bei Beachtung des Inhalts des Schuldverhältnisses und der Gebote von Treu und Glauben der zur Behebung des Leistungshindernisses erforderliche Aufwand in einem groben Missverhältnis zum Leistungsinteresse des Gläubigers steht und deshalb V die Einrede nach § 275 II geltend machen kann.

Auch die hM dürfte bei Annahme einer wirtschaftlichen Unmöglichkeit und damit bei Anwendung des § 313 zu einem Ergebnis gelangen, das in seinen praktischen Folgen einer faktischen Unmöglichkeit nach § 275 II gleichkommt. Der Untergang des Bootes

---

[96] *Huber/Faust* Schuldrechtsmodernisierung Kap. 2 Rn. 67 f., allerdings nur als Vorschlag für die höchstrichterliche Rechtsprechung gemeint.
[97] Abl. auch MüKoBGB/*Ernst* § 275 Rn. 90; Staudinger/*Caspers*, 2014, § 275 Rn. 101.
[98] Vgl. dazu auch *Musielak* JA 2011, 801 (808 f.).

III. Unmöglichkeit der Leistung

infolge eines nicht vorhersehbaren Naturereignisses führte zu Umständen, die eine unveränderte Durchführung des Vertrages für den Schuldner unzumutbar erscheinen lassen (→ Rn. 672 f.). Da eine Vertragsanpassung hier nicht möglich ist, müsste auf der Grundlage des § 313 III V das Recht zum Rücktritt vom Vertrag zugebilligt werden. Nach erfolgtem Rücktritt wäre V von seiner Leistungspflicht frei und stünde damit ebenso wie bei einer Leistungsverweigerung nach § 275 II.

d) Unmöglichkeit bzw. Unzumutbarkeit bei höchstpersönlichen Leistungen

§ 275 III bezieht sich auf eine **Leistung, die der Schuldner persönlich zu erbringen hat**, also auf eine höchstpersönliche Leistungspflicht, die kein Dritter wirksam erfüllen kann. Eine solche Pflicht kann sich aus dem Gesetz (zB § 613 S. 1), aus einer entsprechenden vertraglichen Absprache oder aus dem Inhalt eines Schuldverhältnisses ergeben (zB Behandlung durch den Chefarzt, Anfertigung eines Porträts durch einen bestimmten Künstler). In solchen Fällen sollen nach der gesetzlichen Regelung Erwägungen der Zumutbarkeit für den Schuldner eine entscheidende Rolle spielen. Im Beispielsfall des schwer erkrankten Kindes der Schauspielerin (→ Rn. 512) führt § 275 III dazu, dass die primäre Leistungspflicht der Schauspielerin aufgrund einer von ihr zu erhebenden **Einrede** entfällt. Auch durch Gewissensgründe, die sich aufgrund religiöser oder weltanschaulicher Motive ergeben, kann ein Leistungsverweigerungsrecht nach § 275 III gerechtfertigt werden, wobei allerdings vom Schuldner zu verlangen ist, dass er bei Eingehen der Verpflichtung vorhersehbare Konflikte vermeidet.[99]

528

Im Hinblick auf den systematischen Zusammenhang mit der in Abs. 2 getroffenen Regelung ist auch die Vorschrift des Abs. 3 eng auszulegen und zu verlangen, dass die Erbringung der Leistung für den Schuldner im hohen Maße belastend wäre.[100]

529

3. Rechtsfolgen

a) Überblick

Was die **Schadensersatzhaftung** des Schuldners einer unmöglichen Leistung angeht, verweist § 275 IV auf §§ 280, 283 sowie § 311a. Die letztgenannte Vorschrift gilt nur für den Fall der anfänglichen, also bereits bei Vertragsschluss bestehenden Unmöglichkeit (→ Rn. 542 ff.). Wird der Schuldner hingegen wegen einer **nachträglich eintretenden Unmöglichkeit** gem. § 275 I–III von seiner Leistungspflicht frei und verlangt der Gläubiger deshalb **Schadensersatz statt der Leistung**, so ergibt sich die Anspruchsgrundlage aus **§§ 280 I, III, 283**. Die Besonderheit von § 283 besteht darin, dass ein Anspruch auf Schadensersatz statt der Leistung nicht von dem erfolglosen Ablauf einer Frist abhängig ist, die in anderen Fällen regelmäßig dem Schuldner zur Erbringung seiner Leistung zu setzen ist (§ 280 III iVm § 281 I), und die bei Un-

530

---

[99] *Looschelders* SchuldR AT Rn. 442; *Musielak* JA 2011, 801 (803). AA *Canaris* JZ 2001, 499 (501): Anwendung des § 313. Vgl. auch BAG NJW 2011, 3319 Rn. 28 f.
[100] MüKoBGB/*Ernst* § 275 Rn. 117. Zu weitgehend *Brox/Walker* SchuldR AT § 22 Rn. 22 (Beschränkung auf Extremfälle); krit. dazu auch *Looschelders* JuS 2010, 849 (854).

möglichkeit der Leistung sinnlos wäre. Im Übrigen gelten für die Schadensersatzhaftung aber dieselben Regeln wie gem. §§ 280 I, III, 281 (→ Rn. 451 ff.).

531 Weil § 275 IV auch auf § 284 verweist, kann der Gläubiger einer Leistung, die sich als unmöglich erweist, anstelle des Schadensersatzes statt der Leistung auch **Ersatz für vergebliche Aufwendungen** fordern (→ Rn. 475 ff.). Besonderheiten, die für synallagmatische Verträge in den Fällen des § 275 gelten, namentlich die **Befreiung des Gläubigers von der Gegenleistungspflicht** und das **Rücktrittsrecht**, sind in § 326 geregelt (→ Rn. 614 ff.).

b) Nichterfüllung wegen Teilunmöglichkeit

532 Wird die geschuldete Leistung nur zum Teil unmöglich, so wird der Anspruch auf Leistung nur bezüglich des unmöglichen Teils ausgeschlossen und bleibt im Übrigen existent. Eine Teilunmöglichkeit setzt voraus, dass die **geschuldete Leistung teilbar** ist und der verbleibende Rest nach dem Inhalt und Zweck des Vertrages noch eine „Teil-Leistung" ergibt, dh dass die noch mögliche Leistung nach ihrem Gegenstand nicht etwas völlig anderes darstellt als die geschuldete.[101]

> **Beispiele:** Kauft jemand ein gerahmtes Gemälde und wird das Bild zerstört, während der Rahmen heil bleibt, so ist im Regelfall volle Unmöglichkeit anzunehmen, weil der Rahmen nur gemeinsam mit dem Bild den Leistungsgegenstand bildet. Anders ist es hingegen, wenn es dem Käufer erklärtermaßen um den handgefertigten Rahmen ging und das Bild ein wertloser Druck ist. Und von einer solchen bloßen Teilunmöglichkeit ist auch dann auszugehen, wenn fünf Maschinen eines bestimmten Typs zum Zwecke der gesonderten Weiterveräußerung gekauft und zwei davon zerstört werden; denn dann ergibt der verbleibende Rest durchaus eine sinnvolle Teilleistung.

533 Bei einer bloßen Teilunmöglichkeit der Leistung kann der Gläubiger Schadensersatz nach §§ 280 I, III, 283 fordern, wenn der Schuldner die Gründe zu vertreten hat, die zur Teilunmöglichkeit führten. Dieser Schadensersatzanspruch beschränkt sich grundsätzlich auf den unmöglichen Teil, weil – wie ausgeführt – hinsichtlich des Restes der primäre Leistungsanspruch bestehen bleibt (sog. **kleiner Schadensersatz**). Allerdings darf der Gläubiger gem. §§ 283 S. 2, 281 I 2 unter Ablehnung des noch möglichen Teils Schadensersatz statt der ganzen Leistung verlangen, wenn er an der Teilleistung kein Interesse hat (sog. **großer Schadensersatz**). Der Interessenwegfall ist zu bejahen, wenn das Leistungsinteresse des Gläubigers durch die mögliche Teilleistung und durch den Schadensersatz, den er für den unmöglichen Rest erhält, nicht abgedeckt werden kann (Beispiel → Rn. 617). Eine solche Konstellation wird jedoch wohl nur selten vorkommen, weil regelmäßig eine Teilunmöglichkeit auszuschließen ist, wenn das Interesse des Gläubigers die Erbringung der gesamten Leistung erforderlich macht, wie dies in § 281 I 2 vorausgesetzt wird.

c) Anspruch auf das „stellvertretende commodum"

534 Wenn der Schuldner infolge des Umstandes, der ihn nach § 275 I–III von seiner Leistungspflicht befreit, für den geschuldeten Gegenstand einen Ersatz oder Ersatzanspruch erhält, kann der Gläubiger als Ausgleich für den Verlust seines Erfüllungsan-

---

[101] *Heiderhoff/Skamel* JZ 2006, 383 (385 f.).

III. Unmöglichkeit der Leistung

spruchs Herausgabe des vom Schuldner als Ersatz Empfangenen oder Abtretung des Ersatzanspruchs verlangen. Dieser Ersatz oder Ersatzanspruch, der dem Gläubiger nach § 285 I zusteht, wird als **stellvertretendes commodum** (lat.: Vorteil) bezeichnet.

> **Beispiel:** V verkauft dem K ein Ölgemälde und vereinbart, dass das Gemälde, das sich in der Wohnung des V befindet, in einigen Tagen übergeben werden soll. Durch eine Gasexplosion wird das Bild zerstört. V unterhält eine Hausratsversicherung.
>
> Durch den Kaufvertrag hat K einen Anspruch gegen V auf Übergabe und Übereignung des Gemäldes erworben (§ 433 I 1). Da das Bild durch die Gasexplosion vernichtet worden ist, erlischt der Leistungsanspruch des K nach § 275 I endgültig. Gemäß § 285 I kann K verlangen, dass ihm V ersatzweise den Anspruch gegen seinen Hausratsversicherer wegen des zerstörten Bildes abtritt. Steht V gegen den Verursacher der Gasexplosion ein Schadensersatzanspruch zu, so gilt das gleiche für diesen Anspruch. Hat V bereits die Versicherungsleistung oder den Schadensersatz erhalten, kann K diesen Betrag herausverlangen.

Folgt die Pflicht des Schuldners zur Erbringung der Leistung – wie im Beispielsfall – aus einem synallagmatischen Vertrag (zum Begriff → Rn. 122), so ergeben sich Besonderheiten, auf die im Zusammenhang mit anderen Leistungsstörungen bei diesen Verträgen eingegangen werden soll (→ Rn. 613 ff.). Hier sei nur darauf hingewiesen, dass der Gläubiger zur Gegenleistung nach Maßgabe des § 326 III verpflichtet bleibt, wenn er den Anspruch auf das stellvertretende commodum geltend macht. **535**

Bei § 285 I handelt es sich um eine selbstständige Anspruchsgrundlage, deren Verwirklichung von folgenden **Voraussetzungen** abhängt: **536**

- Bestehen eines Schuldverhältnisses, das die Verpflichtung des Schuldners zur Leistung eines Gegenstandes begründet;
- Freiwerden des Schuldners von seiner Leistungspflicht gem. § 275 I–III;
- Erlangung eines Ersatzes oder Ersatzanspruchs durch den Schuldner;
- Kausalzusammenhang zwischen dem Umstand, der zur Unmöglichkeit der Leistung führt, und der Erlangung des stellvertretenden commodum;
- Identität von geschuldetem und ersetztem Gegenstand.

Zu diesen Voraussetzungen ist auf Folgendes hinzuweisen: **537**

- § 285 ist sowohl auf alle vertraglichen als auch auf gesetzliche Schuldverhältnisse anwendbar.
- Ob der Begriff „Gegenstand", auf den sich die Verpflichtung des Schuldners zur Leistung bezieht, nur Sachen und Rechte umfasst oder ob er auch auf Handlungen und Unterlassungen auszudehnen ist, bildet den Gegenstand eines Meinungsstreits, der vornehmlich in Bezug auf die geschuldete Leistung aus Dienst- und Werkverträgen geführt wird. Versteht man als Gegenstand jedes Objekt, auf das die Forderung des Gläubigers gerichtet ist,[102] so erscheint es folgerichtig, § 285 auch auf Dienst- und Werkverträge anzuwenden,[103] zumal in dieser Vorschrift ausdrücklich auf § 275 III verwiesen wird, der eine persönliche Leistungs-

---

[102] So *Löwisch* NJW 2003, 2049 (2050).
[103] *Löwisch* NJW 2003, 2049 (2050); PWW/*Schmidt-Kessel* § 285 Rn. 2; Erman/*Westermann* § 285 Rn. 2; Bamberger/Roth/*Lorenz* § 285 Rn. 6.

pflicht betrifft. Die hM, die dies ablehnt, will allenfalls eine Ausnahme aufgrund einer ergänzenden Vertragsauslegung zulassen.[104]

- Da in den Fällen des § 275 II und III der Ausschluss der Leistungspflicht von einer entsprechenden **Einrede des Schuldners** abhängt (→ Rn. 516), setzt der Anspruch nach § 285 I diese Einrede voraus.[105]
- Von § 285 werden auch die **Fälle anfänglicher Unmöglichkeit** erfasst: Selbst wenn der Schuldner bereits bei Entstehung des Schuldverhältnisses von seiner Leistungspflicht befreit ist und somit nie ein Gegenstand geschuldet war, ist nach dem Normzweck das als Ersatz Erlangte an den Gläubiger herauszugeben.[106]

538 Das Erfordernis der Kausalität bejaht die hM auch dann, wenn nur ein wirtschaftlicher Zusammenhang besteht, wie dies im **Fall eines Doppelverkaufs** zutrifft. Die Herausgabepflicht nach § 285 I gilt also nicht nur für das **commodum ex re** (dh für den Ersatz, den der Schuldner anstelle der zerstörten oder ihm abhanden gekommenen Sache erlangt), sondern auch für das **commodum ex negotiatione cum re** (dh für das Entgelt, das der Schuldner durch Rechtsgeschäft erzielt hat, also für den Veräußerungserlös).

Beispiel: Nachdem V dem K das Ölgemälde verkauft hat, bietet ihm D die doppelte Summe des mit K vereinbarten Kaufpreises. V kann nicht widerstehen und übereignet D das Bild. Wird in diesem Fall der Anspruch auf Leistung des K nach § 275 I ausgeschlossen, weil etwa der Aufenthaltsort des D unbekannt ist und von einem Fall der (subjektiven) Unmöglichkeit ausgegangen werden muss (→ Rn. 516), so kann K den von D gezahlten Kaufpreis nach § 285 I von V beanspruchen. Dieser Anspruch ist wesentlich günstiger für ihn, als wenn er einen Schadensersatzanspruch nach §§ 280 I, III, 283 gegen V wegen der vorsätzlichen Verletzung seiner Leistungspflicht geltend machte; denn als Schadensersatz könnte nur der Marktwert des Bildes gefordert werden, nicht aber der höhere Preis, den D wegen seines besonderen Interesses an dem Gemälde zahlte.

Bei strikter Beachtung des Kausalitätserfordernisses wäre allerdings ein Anspruch nach § 285 I ausgeschlossen, weil der Umstand, der zur Unmöglichkeit führte, in der Übereignung des Gemäldes an D zu sehen ist, während D den Kaufpreis in Erfüllung des mit V geschlossenen Kaufvertrages gezahlt hat. Die wirtschaftliche Kausalität als ausreichende Voraussetzung und damit die Erstreckung der Herausgabepflicht nach § 285 I auch auf das commodum ex negotiatione cum re lassen sich aber damit begründen, dass dem Schuldner kein Gewinn belassen werden soll, den er mit der dem Gläubiger gebührenden Sache erzielte. Nach dem Normzweck des § 285 I ist der Schuldner verpflichtet, auch alles das an den Gläubiger abzuführen, was er infolge des Umstandes erhält, auf dem (gegebenenfalls in wirtschaftlicher Sicht) die Unmöglichkeit der Leistung beruht; dabei muss es unerheblich sein, ob dieser Ersatz mehr wert ist als die Sache selbst.[107]

---

[104] *Looschelders* SchuldR AT Rn. 659; MüKoBGB/*Emmerich* § 285 Rn. 5 f.; Palandt/*Grüneberg* § 285 Rn. 5.
[105] Amtl. Begr. BT-Drs. 14/6040, 144 f.
[106] *Medicus/Lorenz* SchuldR I Rn. 425 gehen von einem Redaktionsversehen des Gesetzgebers aus und wollen die Vorschrift lesen: „… für den geschuldeten oder versprochenen Gegenstand …".
[107] MüKoBGB/*Emmerich* § 285 Rn. 23, 30.

III. Unmöglichkeit der Leistung

Allerdings hat es der Schuldner in den Fällen des § 275 II und III, in denen der Ausschluss seiner Leistungspflicht von seiner Einrede abhängt, in der Hand, dem Gläubiger den Anspruch aus § 285 I dadurch zu nehmen, dass er die Einrede unterlässt.

539

> Ist in dem Beispielsfall der Aufenthaltsort des D bekannt, dieser zur Rückgabe des Gemäldes an V aber nur zu Konditionen bereit, die außerhalb jeder Vernunft liegen (Fall der faktischen Unmöglichkeit, für die § 275 II gilt, vgl. → Rn. 518 ff.; für ein Gegenbeispiel vgl. → Rn. 514), so kann zwar V die Leistung verweigern, muss dies jedoch nicht tun. Wenn er sich darauf beschränkt, auf Mahnungen und Fristsetzungen des K nicht zu reagieren, kann dieser Schadensersatz nach § 280 I, III iVm § 281 I 1 fordern. Die Höhe des Schadensersatzes richtet sich aber – wie bereits ausgeführt – nach dem Marktwert des Bildes. Ein darüber liegender Betrag, den D zahlte, kann deshalb K von V nicht verlangen. Erst recht könnte K im Falle einer wirtschaftlichen Unmöglichkeit (D verlangte als Preis für den Rückkauf einen unzumutbar hohen Preis) nicht den von V erlösten Kaufpreis beanspruchen, weil die wirtschaftliche Unmöglichkeit nicht unter § 275 II fällt (→ Rn. 519) und deshalb § 285 I nicht anwendbar ist.

Nach dem Zweck des § 285 ist die erforderliche **Identität von geschuldetem und ersetztem Gegenstand** im Sinne einer Wechselbeziehung zwischen beiden nur dann zu bejahen, wenn der Ersatz gerade für den Gegenstand erlangt wurde, der nach dem Schuldverhältnis dem Gläubiger gebührte.[108]

540

> **Beispiel:** Wird die vermietete Sache zerstört, kann der Mieter nicht die vom Vermieter erlangte Versicherungssumme fordern, denn ihm gebührt nach dem Mietverhältnis nur der Gebrauch der Mietsache während der Mietzeit (§ 535 I 1), nicht hingegen das Eigentum daran, für das die Versicherungssumme gezahlt wird.[109]

Ein Anspruch auf Herausgabe des Ersatzes nach § 285 I kann mit einem Anspruch auf Schadensersatz statt der Leistung konkurrieren. In diesem Fall mindert sich der Anspruch auf Schadensersatz um den Wert des nach § 285 I erlangten Ersatzes oder Ersatzanspruchs (§ 285 II).

541

> **Beispiel:** V verkauft K seinen Pkw und vereinbart, ihm das Fahrzeug am folgenden Tage zu dessen Wohnung zu bringen. Auf der Fahrt zu K verursacht V schuldhaft einen Verkehrsunfall, bei dem das Fahrzeug zerstört wird. K kann dann nach §§ 280 I, III, 283 Schadensersatz von V fordern und sich außerdem den Anspruch des V aus einer Vollkaskoversicherung des Pkw an sich abtreten lassen, muss sich dann aber auf seinen Schadensersatzanspruch das anrechnen lassen, was er vom Versicherer erhält.

d) Nichterfüllung wegen anfänglicher Unmöglichkeit

Entgegen dem früheren Recht, wonach ein auf objektiv unmögliche Leistung gerichteter Vertrag nichtig war, stellt § 311a I seit der Schuldrechtsmodernisierung klar, dass es der Wirksamkeit eines Vertrages nicht entgegensteht, wenn der Schuldner nach § 275 I–III nicht zu leisten braucht und das **Leistungshindernis schon bei Vertragsschluss** bestand. Aus § 311a I ergibt sich, dass in den Fällen, in

542

---

[108] Vgl. BGH NJW 2006, 2323 (2324 f.), dort noch zu § 281 aF, der Vorgängernorm des § 285.
[109] *Looschelders* SchuldR AT Rn. 663.

denen nach § 275 I die (primäre) Leistungspflicht des Schuldners ausgeschlossen ist, ein Schuldverhältnis zustande kommt, das nur sekundäre Leistungspflichten enthält (nämlich nach § 285 bzw. § 311a II).

543 § 311a I bezieht sich nur auf die anfängliche Unmöglichkeit und das anfängliche Unvermögen und regelt lediglich die Frage nach der Wirksamkeit eines Vertrages trotz dieser Unmöglichkeit der nach dem Vertrag zu erbringenden Leistung. Selbstverständlich kann ein solcher Vertrag aus anderen Gründen nichtig sein, etwa wegen eines Verstoßes gegen ein gesetzliches Verbot oder die guten Sitten (→ Rn. 207 f.). In den Fällen des § 311a kann sich auch die Frage ergeben, ob die Unwirksamkeit des Vertrages dadurch herbeigeführt werden kann, dass die Anfechtung nach § 119 II mit der Begründung erklärt wird, das die anfängliche Unmöglichkeit ergebende Leistungshindernis sei unbekannt gewesen und stelle eine verkehrswesentliche Eigenschaft iSv § 119 II dar. Von einer solchen **Anfechtungsmöglichkeit** wird jedoch nur derjenige Gebrauch machen wollen, für den die Wirksamkeit des Vertrages deshalb rechtlich nachteilig ist, weil sich daraus Ansprüche gegen ihn ergeben, die er zu vermeiden sucht. Ob in einem solchen Fall dem Anfechtenden stets deshalb ein rechtsmissbräuchliches Verhalten vorzuwerfen wäre, weil er sich den gegen ihn gerichteten Ansprüchen durch Anfechtung entziehen würde, wie dies in der Begründung des SchuldRModG angenommen wird,[110] erscheint indes fraglich. Auf jeden Fall ist der Anfechtende durch die Pflicht zum Ersatz des Vertrauensschadens nach § 122 I belastet. Dies kann allerdings für den Schuldner günstiger sein, weil der Anspruch nach § 311a II auf das Erfüllungsinteresse gerichtet ist (→ Rn. 413 f.).[111]

544 § 311a II ist eine selbstständige, §§ 280, 283 verdrängende Anspruchsgrundlage. In den Fällen des § 311a I kann der Gläubiger gem. § 311a II 1 nach seiner Wahl entweder **Schadensersatz statt der Leistung**, und zwar gegebenenfalls einschließlich etwaiger Folgeschäden,[112] oder **Ersatz seiner vergeblichen Aufwendungen** gem. § 284 fordern. Nur wenn der Schuldner das Leistungshindernis nicht kannte und er seine Unkenntnis auch nicht zu vertreten hat, entfällt die Ersatzpflicht (§ 311a II 2). Wann der Schuldner seine Unkenntnis zu vertreten hat, ergibt sich aus §§ 276–278. Regelmäßig wird es darauf ankommen, ob er bei Beachtung der im Verkehr gebotenen Sorgfalt das Leistungshindernis hätte kennen können. § 311a II beruht folglich auf der Erwägung, dass der Schuldner ein Leistungsversprechen gegeben hat, obwohl er wusste oder wissen konnte, dass er es wegen des Leistungshindernisses nicht zu erfüllen vermochte.[113] Da sich auch die anfängliche Unmöglichkeit auf einen Teil der Leistung beschränken kann, ist § 281 I 2 und 3, V entsprechend anwendbar (§ 311a II 3).

---

[110] Amtl. Begr. BT-Drs. 14/6040, 165 (l. Sp.); ebenso *Canaris* JZ 2001, 499 (506). Vgl. dazu auch MüKoBGB/*Armbrüster* § 119 Rn. 38. *Kohler* JURA 2006, 241 (247), ist der Auffassung, dass eine Anfechtung nach § 119 II in den von § 311a erfassten Fällen überhaupt nicht in Betracht kommen kann, insbesondere deshalb, weil es sich um einen beiderseitigen Motivirrtum handele, der nicht gem. § 119 II, sondern gem. § 313 zu lösen sei.
[111] *Reischl* JuS 2003, 250 (256).
[112] Klarstellend BGH NJW 2014, 3365 Rn. 27 mAnm *Ott* = JuS 2015, 266 (*Riehm*).
[113] Amtl. Begr. BT-Drs. 14/6040, 165 (r. Sp.).

III. Unmöglichkeit der Leistung

Die **Weite des Haftungsrahmens** wird ganz wesentlich durch die Anforderungen bestimmt, die man an den Schuldner hinsichtlich seiner **Erkundigungs- und Nachforschungspflichten** stellt. Beruht seine Unkenntnis vom Leistungshindernis auf einem Verstoß gegen ihm obliegende Informationspflichten, so haftet er. Selbstverständlich kann der Schuldner auch versprechen, stets für seine Leistungsfähigkeit einzustehen, und damit eine Garantiehaftung übernehmen, die ihn auch für nicht erkennbare Leistungshindernisse haften lässt (→ Rn. 460). Eine solche **Garantiehaftung** kann stillschweigend ausbedungen werden; allerdings müssen sich dafür entsprechende Hinweise in den vertraglichen Absprachen finden lassen.[114] Nicht zu vereinbaren mit der in § 311a II 2 getroffenen Regelung ist die Auffassung, dass der Schuldner für eine anfängliche subjektive Unmöglichkeit stets einzustehen habe, weil er seine eigene Leistungsfähigkeit kennen müsse.[115] Zwar kann ihn ein Schuldvorwurf treffen, wenn er begründete Zweifel an seiner Leistungsfähigkeit hat und sich nicht vergewissert, ob er die von ihm zu übernehmende Verpflichtung auch zu erfüllen vermag; es geht jedoch zu weit, stets eine stillschweigend übernomme Garantie eigener Leistungsfähigkeit zu unterstellen.[116] Die dem früheren Recht entsprechende Garantiehaftung in Fällen der anfänglichen Unmöglichkeit hat der Gesetzgeber bei Schaffung des § 311a aufgegeben.[117]

545

Nicht gefolgt werden kann der im Schrifttum vertretenen Meinung, die Rechtsfolgen für den Fall, dass der Schuldner seine Unkenntnis vom Leistungshindernis nicht zu vertreten habe, seien ungeregelt geblieben und die deshalb bestehende Lücke sei durch **eine entsprechende Anwendung des § 122** zu schließen.[118] Zwar wird in der amtlichen Begründung als „gangbarer Lösungsansatz" bezeichnet, dass der Gläubiger im Falle einer nicht vom Schuldner zu vertretenden Unkenntnis in entsprechender Anwendung des § 122 den Ersatz seines Vertrauensschadens (→ Rn. 411 ff.) fordern kann;[119] dabei handelt es sich jedoch lediglich um eine unverbindlich gebliebene Meinung der Gesetzesverfasser, die im Gesetz keinen Niederschlag gefunden hat. Die Verpflichtung zum Ersatz eines Vertrauensschadens bei unverschuldeter Unkenntnis eines Leistungshindernisses läuft auf eine Garantiehaftung für die Leistungsfähigkeit des Schuldners hinaus, für die – wie ausgeführt – eine vertragliche Vereinbarung erforderlich ist. Die hM lehnt deshalb zu Recht die analoge Anwendung von § 122 in diesen Fällen ab.[120]

546

---

[114] BGH NJW 2007, 3777 Rn. 39; *Kohler* JURA 2006, 241 (246); Palandt/*Grüneberg* § 311a Rn. 9.
[115] So aber *Sutschet* NJW 2005, 1404 (1405 f.).
[116] BGH NJW 2007, 3777 Rn. 36 f.
[117] OLG Karlsruhe NJW 2005, 989 (990); Palandt/*Grüneberg* § 311a Rn. 9.
[118] So HK-BGB/*Schulze* § 311a Rn. 9.
[119] BT-Drs. 14/6040, 166.
[120] *Reischl* JuS 2003, 250 (256 f.); *Kohler* JURA 2006, 241 (247 f.); Bamberger/Roth/*Gehrlein* § 311a Rn. 12.

IV. Schlechtleistung

547 Eine weitere Kategorie des Leistungsstörungsrechts ist die Schlechterfüllung: Die geschuldete Leistung bleibt zwar nicht aus, wird weder verzögert noch unmöglich, aber in einer Weise erbracht, dass der Schuldner hinter dem geschuldeten Soll zurückbleibt. Erbringt der Schuldner die ihm obliegende **Leistung nicht in der geschuldeten Qualität,** so verletzt er seine Leistungspflicht (zum Begriff → Rn. 198 ff.).

> **Beispiele:** Der verkaufte Fernsehapparat weist einen technischen Defekt auf, der zu Bildstörungen führt. Die vermieteten Lagerräume sind feucht und können deshalb zur Einlagerung von Waren nicht benutzt werden. Die Reparatur einer Uhr wird mangelhaft ausgeführt, sodass sie ständig nachgeht. A übernimmt es, den Hund des B während dessen Urlaub zu verwahren, ermöglicht aber durch leichtfertiges Verhalten, dass der Hund erkrankt.

548 Die **Rechtsfolgen** der in diesen Fällen durch die Schlechterfüllung begangenen Pflichtverletzung des Schuldners sind grundsätzlich die gleichen, wie sie bei einer Pflichtverletzung durch Ausbleiben der Erfüllung eintreten, sodass auf ihre Darstellung verwiesen werden kann (→ Rn. 448 ff.). Sowohl ein Anspruch auf Schadensersatz statt der Leistung als auch das Recht zum Rücktritt ist ausgeschlossen, wenn die vom Schuldner begangene Pflichtverletzung unerheblich ist (§ 281 I 3, § 323 V 2). Allerdings muss beachtet werden, dass **spezielle Regelungen für die Schlechterfüllung bei einzelnen vertraglichen Schuldverhältnissen** gelten, so zB beim Kauf (vgl. § 437), bei der Miete (vgl. §§ 536 ff.) und beim Werkvertrag (vgl. § 634). Auf diese Besonderheiten wird bei Darstellung der einzelnen vertraglichen Schuldverhältnisse eingegangen.

549 Durch die schlechte Erfüllung seiner Leistungspflicht kann der Schuldner dem Gläubiger einen Schaden an dessen Rechtsgütern zufügen, der über das Interesse des Gläubigers an einer ordnungsgemäßen Leistung hinausgeht (sog. **Mangelfolgeschaden oder Begleitschaden**).

> **Beispiele:** Es wird eine undichte Gasflasche geliefert, die beim Käufer explodiert und einen Schaden in der Werkstatt anrichtet. Das vom Verkäufer gelieferte Tier ist krank und infiziert andere Tiere des Käufers. Durch einen Behandlungsfehler des Arztes wird die Gesundheit des Patienten geschädigt.

550 Als **Mangelschaden** wird dagegen derjenige Schaden aufgefasst, der unmittelbar durch die mangelhafte Leistung verursacht wird,[121] also im Minderwert des Leistungsgegenstandes besteht. Der Unterscheidung zwischen einem Mangelschaden und einem **Mangelfolgeschaden,** der regelmäßig an anderen Rechtsgütern des Gläubigers verursacht wird, kommt insoweit Bedeutung zu, als der Ersatz dieser Schäden auf unterschiedliche Rechtsgrundlagen zu stützen sein kann. Da der Ersatz des Mangelschadens unter den Begriff des Schadensersatzes statt der Leistung fällt, bilden §§ 280 I, III, 281 oder §§ 280 I, III, 283 die Rechtsgrundlage für diesen Anspruch

---

[121] Vgl. BGH NJW 1980, 1950 (1951).

IV. Schlechtleistung

(→ Rn. 879).¹²² Dagegen ist ein Mangelfolgeschaden allein auf der Grundlage des § 280 I zu ersetzen; denn ein solcher Anspruch wird nicht statt, sondern neben dem Anspruch auf Erfüllung geltend gemacht. Zur Unterscheidung vom Schadensersatz statt der Leistung, der einen Erfüllungsanspruch ausschließt, wird insoweit von einem einfachen Schadensersatz¹²³ oder – treffender – vom **Schadensersatz neben der Leistung** gesprochen.¹²⁴

Anders als bei Mangelschäden kann bei Mangelfolgeschäden die Frage Schwierigkeiten bereiten, ob der dem Gläubiger entstandene Schaden auf die Pflichtverletzung des Schuldners zurückzuführen ist, ob also die Pflichtverletzung für den Schaden ursächlich bzw. kausal ist. Dies ist eine Voraussetzung für einen Schadensersatzanspruch nach § 280 I („... Ersatz des hierdurch entstehenden Schadens ..."). Dass der Schuldner nur einen Schaden zu ersetzen hat, der sich auf die von ihm zu vertretende Pflichtverletzung zurückführen lässt, erscheint an sich selbstverständlich; besteht nämlich kein Ursachenzusammenhang zwischen dem Pflichtverstoß des Schuldners und dem Schaden des Gläubigers, so kann es auch keine Pflicht zum Ersatz dieses Schadens für den Schuldner geben. Dies ist ein Grundsatz, der über § 280 I hinausreicht und allgemein im Schadensersatzrecht gilt. Deutlich hervorgehoben wird er etwa in § 823 I: „zum Ersatz des daraus entstehenden Schadens verpflichtet". 551

Einschub: Kausalität und Schadenszurechnung¹²⁵

Die Frage, welche **Anforderungen an die Ursächlichkeit (Kausalität)** zu stellen sind, weist somit allgemeine Bedeutung auf. Dieser Frage soll im Folgenden nachgegangen werden, wobei auch erläutert wird, welche zusätzlichen Einschränkungen die Schadensersatzpflicht des Schuldners begrenzen. 552

Im naturwissenschaftlichen Sinn ist für ein Ereignis (dh für den Eintritt einer tatsächlichen Veränderung) jedes Verhalten kausal, das nicht hinweg gedacht werden kann, ohne dass das Ereignis entfällt. Nach dieser **Theorie der condicio sine qua non**¹²⁶ beruht jedes Ereignis auf unzähligen Ursachen: Rutscht jemand auf der Straße auf einer Bananenschale aus, so ist nicht nur das Wegwerfen dieser Bananenschale kausal für den Unfall, sondern bereits die Geburt des Unfallopfers und des die Bananenschale wegwerfenden Passanten, der Import und der Verkauf von Bananen, die Planung und der Bau der Straße, auf der sich der Unfall ereignet hat, und vieles andere mehr. Dass eine solche Betrachtung, die im Ausgangspunkt von der Gleichwertigkeit der verschiedenen Ursachen ausgeht (deswegen „**Äquivalenztheorie**" genannt), nur zu groben Ausfilterungen der für eine Schadensersatzverpflichtung nicht in Betracht kommenden Verhaltensweisen geeignet ist, liegt auf der Hand. Für eine Abgrenzung des Verantwortungsbereichs des Haftpflichtigen und für eine Zurech- 553

---

¹²² *Fikentscher/Heinemann* SchuldR Rn. 500; *Brox/Walker* SchuldR AT § 24 Rn. 22 ff.
¹²³ Amtl. Begr. BT-Drs. 14/6040, 135 (l. Sp.).
¹²⁴ Vgl. statt vieler: *Hirsch* JuS 2014, 97.
¹²⁵ Näher zum Folgenden *Musielak* JA 2013, 241.
¹²⁶ Wörtlich übersetzt: Bedingung, ohne die nicht (ergänze: das Ereignis eintritt).

nung von Schäden müssen andere Kriterien gefunden werden, die eine feinere Differenzierung zulassen.

554 Die sog. **Adäquanztheorie** versucht eine Einschränkung und Präzisierung der dem Ersatzpflichtigen zuzurechnenden Schadensfolgen zu erreichen, indem sie nur dann einen Ursachenzusammenhang zwischen einem Verhalten und einem Ereignis bejaht, wenn die **Herbeiführung des Ereignisses gerade durch das Verhalten nicht außerhalb jeder Wahrscheinlichkeit liegt.** Unwahrscheinliche Kausalverläufe sollen also außer Betracht bleiben und nicht zu einer Haftung führen. Auf der Grundlage der Adäquanztheorie haben Rechtsprechung und Rechtslehre verschiedene Standardformulierungen entwickelt, mit denen sie einen adäquaten Ursachenzusammenhang beschreiben. So wird davon gesprochen, dass die Möglichkeit des Eintritts eines Schadens nicht so weit entfernt sein dürfe, dass sie nach der Auffassung des Lebens vernünftigerweise nicht in Betracht gezogen werden könne, oder es wird verlangt, dass das Ereignis allgemein geeignet sein müsse, einen Erfolg wie den eingetretenen herbeizuführen.[127] Adäquat kausal ist danach ein Verhalten, das im Allgemeinen und nicht nur unter besonders eigenartigen, unwahrscheinlichen und nach dem gewöhnlichen Verlauf der Dinge außer Betracht zu lassenden Umständen geeignet ist, einen Erfolg der eingetretenen Art herbeizuführen.[128]

555 Für die von der Adäquanztheorie vorzunehmende Folgenzurechnung ist eine wertende Beurteilung des Einzelfalles entscheidend, die jedoch vorausschauend aus der Sicht vor Eintritt des Erfolges zu vollziehen ist und nicht etwa danach, wie sich der Geschehensverlauf in Wirklichkeit gestaltet hat. Die Beurteilung ist also vom Standpunkt des Verursachers, allerdings nicht aus seiner subjektiven Anschauung heraus, sondern auf einer objektiven Grundlage durchzuführen. Maßgebend soll ein „**objektiver Beobachter**" sein, wobei die Meinungen darüber auseinander gehen, welches Wissen diesem Beobachter unterstellt werden darf. Die Rechtsprechung geht hierbei sehr weit und stellt auf einen „optimalen Beobachter" ab, der über das gesamte Wissen der Menschheit verfügt und insbesondere alle Eigenheiten des Einzelfalls kennt,[129] während eine Auffassung im Schrifttum die Grenzen der Adäquanz enger zieht und nur das Wissen eines „erfahrenen Beobachters" für entscheidend erklärt, der die dem Ersatzpflichtigen bekannten und einem solchen Beobachter erkennbaren Umstände, nicht auch ganz entfernte Möglichkeiten berücksichtigen soll.[130] Zu welchen unterschiedlichen Ergebnissen beide Auffassungen gelangen, zeigt der folgende

> **Beispielsfall:** B lässt sich von einem Arzt behandeln. Dieser wendet ein gebräuchliches Medikament an, das B wegen einer sehr selten auftretenden, ihm selbst nicht bekannten körperlichen Veranlagung nicht verträgt. B trägt Schäden davon, die ohne seine besondere Veranlagung nicht eingetreten wären.
>
> Stellt man im Hinblick auf die Arzthaftung auf das Wissen des optimalen Beobachters ab, so muss auch die besondere körperliche Veranlagung des B berücksichtigt

---

[127] So RGZ 104, 141 (142 f.); 158, 34 (38). Ähnlich auch BGHZ 57, 137 (141) = NJW 1972, 36 = JuS 1972, 215.
[128] BGH NJW 2002, 2232 (2233) mwN (stRspr).
[129] BGHZ 3, 261 (266 f.) = BeckRS 1951, 31400385.
[130] *Larenz* SchuldR I § 27 IIIb 1 (S. 439 f.); *Medicus/Lorenz* SchuldR I Rn. 681.

IV. Schlechtleistung

werden, sodass der Eintritt von Schäden der festgestellten Art nicht außerhalb jeder Wahrscheinlichkeit liegt. Bei dieser Betrachtungsweise wäre also die adäquate Kausalität zu bejahen.[131] Anders wäre zu entscheiden, wenn die Beurteilung lediglich vom Standpunkt eines „erfahrenen Beobachters" vorgenommen würde. Dieser konnte die entfernte Möglichkeit eines Schadenseintritts infolge der selten auftretenden körperlichen Disposition des B nicht voraussehen. Ein adäquater Ursachenzusammenhang wäre folglich zu verneinen.

Dieser Meinungsstreit wirkt sich auch aus, wenn es um die Frage geht, ob die Adäquanztheorie nur hinsichtlich der haftungsausfüllenden oder auch hinsichtlich der haftungsbegründenden Kausalität anzuwenden ist. Als **haftungsbegründende Kausalität** bezeichnet man den Ursachenzusammenhang zwischen einem menschlichen Verhalten und dem dadurch bewirkten Verletzungserfolg (Verletzung eines Rechtsgutes des Geschädigten, Verstoß gegen eine den Schädiger treffende Pflicht), während die **haftungsausfüllende Kausalität** die Ursächlichkeit dieser Verletzung für den eingetretenen Schaden betrifft. 556

Beispiel: Wenn A mit seinem Auto den B anfährt, dann ist sein Verhalten ursächlich für die Verletzung von Rechtsgütern (Körper, Gesundheit) des B (= haftungsbegründende Kausalität). Versäumt B wegen seines Unfalls einen wichtigen Termin und entgeht ihm deshalb ein gewinnbringendes Geschäft, dann sind dieser Verdienstausfall wie auch der übrige Schaden (zB Arztkosten) auf die Körperverletzung zurückzuführen (= haftungsausfüllende Kausalität).

Es wird die Auffassung vertreten, für die haftungsbegründende Kausalität genüge die Anwendung der Äquivalenztheorie, weil sich Haftungsbeschränkungen aus den übrigen Voraussetzungen für die Haftung ergäben, insbesondere aus dem Erfordernis der Rechtswidrigkeit und des Verschuldens eines haftungsbegründenden Verhaltens. Dagegen solle bei der haftungsausfüllenden Kausalität, da insoweit derartige Korrektive, insbesondere das Verschuldenserfordernis, nicht bestünden, die Adäquanztheorie Anwendung finden.[132] Eine solche Differenzierung dürfte allerdings nur dann sinnvoll sein, wenn man die Adäquanztheorie einschränkt und nicht in dem weiten Umfang vertritt, bei dem mithilfe der Figur des „optimalen Beobachters" fast gleiche Ergebnisse erzielt werden wie auf der Grundlage der Äquivalenztheorie. 557

Aber selbst mithilfe einer eingeschränkten Adäquanz gelingt es nicht, die dem Schädiger zuzurechnenden und von ihm zu ersetzenden Schadensfolgen angemessen zu begrenzen. Deshalb wird als (weiterer) Zurechnungsgesichtspunkt der **Schutzzweck der haftungsbegründenden Norm** – auch kurz Normzweck genannt – herangezogen. Hierbei wird von der Erwägung ausgegangen, dass jede vertragliche oder gesetzliche Pflicht bestimmte Interessen schützen soll und dass der Schuldner nur 558

---

[131] Allerdings wird diese Betrachtungsweise nicht immer konsequent angewendet. So hat der BGH (NJW 1976, 1143 [1144]) verneint, dass eine Adäquanz aus der Sicht des „optimalen Beobachters" bestehe, wenn wörtliche und tätliche Beleidigungen eine Gehirnblutung bei dem Gekränkten auslösten. Ähnlich auch OLG Karlsruhe NJW-RR 1992, 1120: keine adäquate Kausalität einer Hundebeißerei für den Herzinfarkt des Eigentümers eines der beteiligten Tiere.
[132] Vgl. BGH NJW 1993, 2234 mwN; aus dem Urteil ergibt sich eine deutliche Tendenz zu dieser Auffassung, wenn auch letztlich die Entscheidung offen gelassen wird.

für solche Schäden einzustehen hat, die den geschützten Interessen zugefügt werden. Diese Einschränkung der Verpflichtung zum Ersatz eines Schadens durch den Normzweck gilt sowohl für das Vertragsrecht als auch für das Deliktsrecht.[133]

Beispielsfälle:

(1) V verkauft dem K Holz. Dieses wird mit der Eisenbahn transportiert. Der Güterwagen, auf dem das Holz verladen ist, wird zur Feststellung des Gewichts der Ladung von der Bahn gewogen. Da die Waage falsch eingestellt ist, wird in dem Frachtbrief ein zu niedriges Gewicht vermerkt. V berechnet den Kaufpreis nach diesem niedrigen Gewicht. Als der Fehler entdeckt wird, verlangt V von der Bahn Schadensersatz.[134]

(2) F lässt Anhalter A auf der Ladefläche seines Lkw mitfahren, obwohl § 21 II 1 StVO die Beförderung von Personen auf der Ladefläche verbietet. Infolge des Fahrtwindes erkältet sich A stark und muss ärztliche Hilfe in Anspruch nehmen. Für die dadurch entstehenden Kosten verlangt er von F Ersatz.[135]

In beiden Fällen ist eine Schadensersatzpflicht abzulehnen, weil die verletzte Pflicht nicht dazu dienen soll, Schäden der entstandenen Art zu verhindern, also diese Schäden nicht in den Schutzbereich der verletzten Norm fallen. Im ersten Beispielsfall ist die Bahn verpflichtet, das genaue Gewicht der Ladung zu ermitteln, damit angemessene Frachtkosten dem Vertragspartner berechnet werden. Die Ermittlung des Gewichts soll aber nicht dem Vertragspartner die Grundlage für andere Vermögensdispositionen, insbesondere nicht für die Berechnung des Kaufpreises, liefern. Verlässt sich der Versender darauf, dass die im Frachtbrief vermerkte Gewichtsangabe richtig ist, so ist dies seine Sache; erleidet er dadurch einen Schaden, so fällt dieser Schaden aus dem durch die Vertragspflicht geschützten Bereich heraus.

Gleiches gilt für den zweiten Beispielsfall. Die in § 21 II StVO getroffene Regelung soll verhindern, dass Personen bei der Beförderung von der Ladefläche eines Lkw stürzen. Ein Schaden, der durch einen solchen Sturz entsteht, liegt im Schutzbereich dieser Vorschrift, dagegen nicht ein Schaden infolge einer Erkältung, weil die Vorschrift nicht vor Erkältungskrankheiten schützen soll.

559 Es muss jeweils durch **Auslegung** ermittelt werden, wie weit der Schutzbereich der anspruchsbegründenden Norm reicht und ob die entstandenen Schäden von dem Schutzzweck umfasst werden. Diese Prüfung ist stets sowohl bei der Verletzung von Vertragspflichten als auch im Deliktsrecht vorzunehmen (dazu später).

560 Die Frage, ob es noch sinnvoll ist, neben der Schutzzwecklehre die Adäquanztheorie anzuwenden, wird unterschiedlich beantwortet. Im Schrifttum findet sich die Auffassung, dass die von der Adäquanztheorie versuchte Begrenzung der Haftung mithilfe von Wahrscheinlichkeitserwägungen ungeeignet sei, das von ihr verfolgte Ziel zu erreichen, und dass es für eine angemessene Haftungsbeschränkung ausreiche, allein auf den Schutzzweck der anspruchsbegründenden Norm abzustellen. Überwiegend werden jedoch **Adäquanztheorie und Schutzzwecklehre nebeneinander** gestellt.[136]

---

[133] BGHZ 116, 209 (212) = NJW 1992, 555; BGH NJW 2016, 3715 Rn. 14 = JuS 2017, 261 (*Mäsch*), jeweils mwN.
[134] Vgl. zu diesem Fall etwa *Lange* JZ 1976, 198 (202 Fn. 65).
[135] Beispiel von *Medicus/Lorenz* SchuldR I Rn. 683.
[136] Vgl. MüKoBGB/*Oetker* § 249 Rn. 125 f. mwN.

Häufig wird anstelle vom „Schutzzweck" vom **„Rechtswidrigkeitszusammenhang"** 561
gesprochen, der darin besteht, dass es sich um Schäden handelt, die von der verletzten Norm verhindert werden sollen, und deshalb eine entsprechende Gefährdung von ihr verboten, dh für rechtswidrig erklärt wird. Fasst man den Rechtswidrigkeitszusammenhang in diesem Sinn auf, deckt sich dieser Zusammenhang mit dem Normzweck und zwischen beiden Betrachtungsweisen besteht kein Unterschied.

Damit soll die Betrachtung der Kausalität und der Schadenzurechnung abgeschlossen werden. Im Bereich der Kausalität gibt es noch eine Reihe von Problemen, deren Erörterung jedoch dem Fortgeschrittenen vorbehalten werden soll (vgl. *Musielak/Hau* EK BGB Rn. 419 ff.). 562

V. Verletzung sonstiger Verhaltenspflichten

1. Verhaltenspflichten im bestehenden Vertragsverhältnis

Im Mittelpunkt der bisherigen Ausführungen zu den Störungen im Schuldverhältnis 563
standen die verschiedenen Arten der Verletzung von Hauptleistungspflichten. Allerdings kommt eine Haftung gem. § 280 I keineswegs nur in solchen Fällen in Betracht. Vielmehr kann sich der Schuldner auch dadurch schadensersatzpflichtig machen, dass er eine ihm nach dem Vertrag obliegende sonstige Verhaltenspflicht verletzt. Je nach dem **Inhalt der Verhaltenspflichten** kann es sich dabei um leistungssichernde Nebenpflichten oder um Schutzpflichten handeln (zu diesen Begriffen → Rn. 229 ff.).

- **Leistungssichernde Nebenpflichten**[137] sind darauf gerichtet, eine vertragsgerechte Durchführung des Schuldverhältnisses und das Erreichen des mit dem Vertrag verfolgten Zwecks zu sichern. Um welche Pflicht es sich im Einzelfall handelt, ist aufgrund des einzelnen Schuldverhältnisses zu entscheiden.

  Beispiele: Der fachkundige Verkäufer ist verpflichtet, den Käufer über die richtige Behandlung des gelieferten Gegenstandes und die sich daraus ergebenden Gefahren zu unterrichten, soweit dies zur Abwendung von Schäden erforderlich ist (zB Informationen über die Verwendungsmöglichkeiten von Lacken oder Klebemitteln oder über die Bedienung einer technisch komplizierten und gefährlichen Maschine). Aus Verträgen können sich Verschwiegenheitspflichten (zB die Verpflichtung einer Bank, die ihr von einem Kunden bei Kreditverhandlungen mitgeteilten Tatsachen geheim zu halten) und Konkurrenzverbote ergeben (zB das Verbot, bei Veräußerung eines Gewerbebetriebes oder einer Praxis dem Erwerber nicht durch Eröffnung eines gleichen Unternehmens Konkurrenz zu machen; → Rn. 228).

- **Schutzpflichten**[138] geben den am Schuldverhältnis Beteiligten auf, sich bei Durchführung des Schuldverhältnisses so zu verhalten, dass die Rechtsgüter der anderen Beteiligten nicht verletzt werden. Der genaue Inhalt dieser Pflichten

---

[137] Vgl. dazu MüKoBGB/*Bachmann* § 241 Rn. 85 ff.
[138] Vgl. MüKoBGB/*Bachmann* § 241 Rn. 46 ff., 103 ff.; *Reischl* JuS 2003, 40 (45 ff.).

muss ebenfalls aufgrund der Besonderheiten des einzelnen Schuldverhältnisses konkretisiert werden. Dabei kommt es nicht darauf an, welcher Partei die Hauptleistungspflicht obliegt.

Beispiele: Ein Handwerksmeister, der bei Erbringung seiner vertraglich vereinbarten Leistung die Wohnung des Vertragspartners betritt, hat darauf zu achten, dass er bei seiner Arbeit nicht die dort befindlichen Möbel beschädigt. Ein Käufer, der sich den Kaufgegenstand nach Hause liefern lässt, muss dafür Sorge tragen, dass der Verkäufer nicht infolge eines verkehrswidrigen Zustands der von ihm zu betretenden Räume oder auf andere vermeidbare Weise zu Schaden kommt.

564 Ein Vertragspartner, der schuldhaft eine leistungssichernde Nebenpflicht oder eine Schutzpflicht verletzt, muss nach § 280 I den dadurch verursachten Schaden ersetzen. Diese Pflicht zum Ersatz des Schadens besteht unabhängig von dem Anspruch des Gläubigers auf die vom Schuldner zu erbringende Leistung. Man kann deshalb auch von einem **Schadensersatz neben der Leistung** sprechen, um so die Unterscheidung zum Schadensersatz statt der Leistung zu betonen (→ Rn. 550).[139]

565 Die Verletzung von Verhaltenspflichten kann jedoch auch die Frage aufwerfen, welche Auswirkungen sich hieraus auf die Pflicht des Schuldners zur Erbringung der Leistung ergeben: Wenn die Verletzung der Verhaltenspflicht dazu führt, dass der Schuldner die ihm obliegende Leistung nicht vertragsgerecht erbringt (eine Möglichkeit, die insbesondere bei leistungssichernden Nebenpflichten vorkommt), kann der Gläubiger **Schadensersatz statt der Leistung** unter den Voraussetzungen von **§§ 280 I, III, 281** fordern.

Beispiel: K erwirbt von V eine Waschmaschine. Die mitgelieferte Betriebsanleitung ist selbst für einen Fachmann völlig unverständlich. Auch V ist nicht in der Lage, die Bedienung der Waschmaschine in ausreichender Weise zu erläutern. In diesem Fall ist die von V geschuldete Leistung nicht als vertragsgerecht anzusehen, weil dazu nicht nur eine an sich einwandfrei funktionierende Waschmaschine gehört, sondern auch ausreichende Informationen über ihren Gebrauch. V erbringt also die ihm obliegende Leistung nicht „wie geschuldet" iSv § 281 I. Zu beachten ist jedoch, dass bei einem Schadensersatzanspruch, der statt der Leistung geltend gemacht wird, regelmäßig zuvor dem Schuldner durch Setzung einer Nachfrist die Gelegenheit zu geben ist, die geschuldete Leistung ordnungsgemäß zu erbringen. Man wird deshalb auch in dem Beispielsfall K für verpflichtet zu halten haben, zunächst V eine Frist zur Leistung zu setzen, dh eine verständliche Betriebsanleitung zu übergeben oder in anderer Weise für die erforderlichen Informationen zu sorgen.

566 Auch wenn durch die **Verletzung einer Schutzpflicht** die Erfüllung der Hauptleistungspflicht im Regelfall nicht infrage gestellt wird, kann es vorkommen, dass dem Gläubiger aufgrund der vom Schuldner begangenen Pflichtverletzung die Abwicklung des Vertrages und die Entgegennahme der Leistung nicht mehr zuzumuten ist. In einem solchen Fall kann der Gläubiger gem. **§§ 280 I, III, 282** Schadensersatz statt der Leistung vom Schuldner verlangen.

---

[139] Vgl. *Hirsch* JURA 2003, 289 (290, 292).

V. Verletzung sonstiger Verhaltenspflichten

Beispiel: Malermeister M übernimmt es vertraglich, mehrere Räume im Haus des H zu tapezieren. M verhält sich bei diesen Arbeiten äußerst unvorsichtig und beschädigt trotz wiederholter Ermahnungen des H fortlaufend dessen Einrichtungsgegenstände.[140] Ersatz der Sachschäden kann H nach § 280 I von M fordern. Die sich hier ebenfalls stellende Frage, ob H verpflichtet ist, M weiter zu beschäftigen oder ob er einen anderen Maler mit den Arbeiten beauftragen und Ersatz des ihm dadurch entstandenen Schadens von M fordern kann (etwa weil er einen höheren Werklohn zahlen muss), regelt § 282.

§ 282 gibt dem Gläubiger das Recht, unter den Voraussetzungen des § 280 I Schadensersatz statt der Leistung zu verlangen. Beide Vorschriften sind zusammen als **Anspruchsgrundlage** zu nennen; insoweit gilt das Gleiche wie bei § 281 und § 283 (→ Rn. 530 ff.). Aus § 280 I ergibt sich, dass der Schuldner die Pflichtverletzung zu vertreten haben muss. § 282 ist zu entnehmen, dass die **Verletzung einer Pflicht nach § 241 II**, dh einer Schutzpflicht (→ Rn. 231 ff.), wesentlich und erheblich sein muss, weil sie nur dann die Unzumutbarkeit für den Gläubiger ergibt, den Vertrag durchzuführen und den Schuldner die Leistung erbringen zu lassen. Bei der Frage nach der Zumutbarkeit ist eine Abwägung der Interessen beider Vertragspartner erforderlich.

567

Im Regelfall wird eine einzelne Pflichtverletzung den Gläubiger noch nicht berechtigen, von der Durchführung des Vertrages abzusehen. Nur wenn der Schuldner trotz einer entsprechenden **Abmahnung** weiterhin die ihm obliegenden Schutzpflichten nicht beachtet, wird man den Gläubiger für berechtigt halten können, Schadensersatz statt der Leistung zu beanspruchen. Insoweit ergibt sich eine Parallele zum Erfordernis der Fristsetzung nach § 281 I. Nur wenn die Pflichtverletzung so gravierend ist, dass dem Gläubiger ein Festhalten an dem Vertrag allein deshalb nicht zugemutet werden kann, entfällt die Notwendigkeit einer Abmahnung.

568

Diese Rechtslage würde sich ergeben, wenn es in dem oben (→ Rn. 566) angeführten Beispielsfall zu einem Streit zwischen H und M wegen der Beschädigung der Einrichtungsgegenstände des H käme, in dessen Folge M den H beschimpfte oder gar körperlich misshandelte.

§ 282 betrifft nur – wie ausgeführt – die Verletzung von Schutzpflichten, während die **Verletzung von leistungssichernden Nebenpflichten** unter § 281 fällt; denn die dort vorgesehene Fristsetzung zur Leistung oder Nacherfüllung ist nur sinnvoll, wenn der Schuldner durch sein Verhalten den Leistungserfolg noch nachträglich herzustellen vermag. Es gibt indes Fälle, in denen eine Abgrenzung Schwierigkeiten bereitet, weil die verletzte Pflicht sowohl die Erreichung des Vertragszwecks als auch die Integrität der Rechtsgüter des Gläubigers sichern soll.

569

Beispiel: V verkauft K einen Elektrogrill und übergibt ihm bei Lieferung eine unrichtige Betriebsanleitung. Die Betriebsanleitung dient einmal dem Zweck, das Gerät sachgemäß zu nutzen und sichert somit die Erreichung des Vertragszwecks. Zugleich schützt eine sachgemäße Benutzung des Grills vor Schäden beim Gebrauch, die an den Rechtsgütern des K eintreten können, wenn zum Beispiel aufgrund einer falschen Bedienung ein Brand ausbricht. Deshalb kommt hier der richtigen Betriebsanleitung auch Bedeutung für die Unversehrtheit der Rechtsgüter des Vertragspartners zu.

---

[140] Beispiel aus Amtl. Begr. BT-Drs. 14/6040, 141.

570 Entsprechend dem Grundgedanken des modernisierten Leistungsstörungsrechts, dem Schuldner zunächst noch einmal Gelegenheit zu geben, einen vertragsmäßigen Zustand herzustellen, bevor Schadensersatz gefordert werden kann, wird man in Fällen, in denen eine **Beseitigung der Pflichtverletzung durch den Schuldner erfolgversprechend erscheint,** von dem Gläubiger stets verlangen, dem Schuldner eine Frist zu setzen, damit er die ihm obliegende Pflicht erfüllt. Dies spricht dafür, bei Verstößen gegen Nebenpflichten, die zugleich die Rechtsgüter des Vertragspartners schützen und die Erreichung des Vertragszwecks sichern, nach § 281 vorzugehen und nur dann auf eine Fristsetzung zu verzichten, wenn dies aussichtslos ist.[141] Zum gleichen Ergebnis gelangte man auch bei Anwendung des § 282, wenn die Unzumutbarkeit der Entgegennahme der Leistung erst bejaht wird, wenn der Schuldner zuvor abgemahnt wurde (→ Rn. 568).

Im Beispielsfall des Elektrogrills wird folglich K dem V eine Frist setzen, damit dieser seiner Informationspflicht nachkommen und eine ordnungsgemäße Betriebsanleitung übergeben kann.

571 Allerdings gibt es auch Fälle, in denen die Verletzung einer leistungssichernden Nebenpflicht den Leistungserfolg endgültig vereitelt und daran zusätzliche Leistungsversuche des Schuldners nichts mehr ändern können.

Beispiel: Ein bekannter Fernsehmoderator lässt von einem Ghostwriter eine Autobiografie anfertigen. Da er größten Wert darauf legt, selbst als Autor in Erscheinung zu treten, verpflichtet sich der Ghostwriter zur Verschwiegenheit über seine Mitwirkung. Dennoch plaudert dieser in einer Talk-Show aus, dass er die Biografie verfasst hat.[142]

In diesem Fall besteht der Leistungserfolg nicht nur im Verfassen des Buchs, sondern auch in der Geheimhaltung der wahren Autorenschaft. Es erscheint deshalb durchaus erwägenswert, die Verschwiegenheitspflicht als Hauptleistungspflicht anzusehen. Aber auch, wenn man die Verschwiegenheit als bloßen Inhalt einer leistungssichernden Nebenpflicht wertet, kann der Leistungserfolg nicht mehr erzielt werden und eine Fristsetzung zur Nacherfüllung erscheint sinnlos. Deshalb wird hier eine Fristsetzung aufgrund der besonderen Umstände entbehrlich (§ 281 II Var. 2).[143]

2. Verletzung vorvertraglicher Verhaltenspflichten – culpa in contrahendo

a) Grundlagen

572 Bislang ging es um Verhaltenspflichten, die sich aus einem Vertrag ergeben und im Laufe der Vertragsabwicklung verletzt werden. In Betracht kommt allerdings auch eine Haftung für vorvertragliche Verhaltenspflichten. Diese sog. **culpa in contra-**

---

[141] Ähnlich NK-BGB/*Dauner-Lieb* § 281 Rn. 4 (für Anwendung des § 281, wenn eine Nacherfüllung auch nur theoretisch in Betracht kommt).
[142] Beispiel von *Knoche/Höller* ZGS 2003, 26 (28).
[143] Nicht geboten ist deshalb in diesem Fall eine analoge Anwendung des § 282; aA *Knoche/Höller* ZGS 2003, 26 (29 ff.).

V. Verletzung sonstiger Verhaltenspflichten

hendo (c. i. c.) stellt ein wichtiges Rechtsinstitut des deutschen Zivilrechts dar. Die von *Rudolf von Jhering* begründete Lehre ist im Laufe der Zeit von der Rechtslehre und Rechtsprechung weiterentwickelt und vom Gesetzgeber im Rahmen der Schuldrechtsmodernisierung in § 311 II verankert worden.[144]

Die c. i. c. beruht auf dem Gedanken, dass bereits die tatsächliche Anbahnung von Vertragsbeziehungen und der sie vorbereitende geschäftliche Kontakt zwischen den Beteiligten Sorgfalts- und Rücksichtspflichten schaffen, die gegenüber dem Normalfall erhöht sind und deren schuldhafte Verletzung schadensersatzpflichtig machen kann. Die Rechtfertigung für derartige Verhaltenspflichten, die einem zwischen den Beteiligten bestehenden Schuldverhältnis zuzuordnen sind (§ 311 II), lässt sich auf den allgemeinen Grundsatz zurückführen, dass der Geschädigte dem Schädiger berechtigtes Vertrauen entgegenbrachte, das dieser enttäuscht hat. Als Grund für die Haftung ist also die **Schaffung eines Vertrauenstatbestandes im rechtsgeschäftlichen Bereich** anzusehen. Letztlich erweist sich die c. i. c. als eine **Vorverlagerung der vertragsrechtlichen Haftungsregeln,** die nicht zuletzt deshalb geboten erscheint, weil das eher schwach ausgeprägte deutsche Deliktsrecht (insbesondere die strengen Voraussetzungen einer Haftung für reine Vermögensschäden und für das Fehlverhalten Dritter) in solchen Fällen keine angemessene Haftung sicherzustellen vermag.

573

Die Haftung nach den Grundsätzen der c. i. c. muss entsprechend der Rechtsgedanken, die in §§ 104 ff. zum Ausdruck kommen, zum Schutz nicht voll Geschäftsfähiger eingeschränkt werden. Geschäftsunfähige haften daher wegen c. i. c. überhaupt nicht, in der Geschäftsfähigkeit beschränkte Personen haften nur, wenn der Vertrag, auf den die Vertragsverhandlungen und der diese vorbereitende geschäftliche Kontakt gerichtet sind, für sie bindend wäre oder wenn der gesetzliche Vertreter mit der Aufnahme des geschäftlichen Kontakts einverstanden gewesen ist.[145] Umgekehrt können Geschäftsunfähige und beschränkt Geschäftsfähige aber durchaus selbst Ansprüche aus c. i. c. erwerben.[146]

574

b) Haftungsvoraussetzungen

Die Haftung für c. i. c. ist gem. § 280 I iVm § 311 II von der Erfüllung folgender Voraussetzungen abhängig:

575

- Entstehung eines gesetzlichen Schuldverhältnisses
  - durch Aufnahme von Vertragsverhandlungen oder
  - durch Anbahnung eines Vertrages und die dabei dem anderen eingeräumte Möglichkeit zur Einwirkung auf eigene Rechte, Rechtsgüter und Interessen oder
  - durch ähnliche geschäftliche Kontakte;
- Verletzung einer sich daraus ergebenden Schutzpflicht iSv § 241 II durch den Haftpflichtigen;

---

[144] Zur Rechtsentwicklung: MüKoBGB/*Emmerich* § 311 Rn. 35 ff. Einführend etwa *Lorenz* JuS 2015, 398.
[145] *Staudinger/Steinkötter* JuS 2012, 97 (101) stützen dieses Ergebnis auf eine Analogie zu § 179 III 2.
[146] BGH NJW 1973, 1790 (1791).

- dadurch Verursachung eines Schadens, der durch die verletzte Pflicht (auch) abgewendet werden soll;
- Verschulden des Haftpflichtigen oder Dritter, deren sich der Haftpflichtige im Rahmen des geschäftlichen Kontakts bedient.

576 Im Einzelnen ist zu diesen Haftungsvoraussetzungen zu bemerken:

aa) Gesetzliches Schuldverhältnis

577 Die Voraussetzungen für das Entstehen eines vorvertraglichen Schuldverhältnisses der c. i. c. werden in § 311 II beschrieben. In Nr. 1 dieser Vorschrift wird mit der „Aufnahme von Vertragsverhandlungen" als Entstehungsgrund das klassische Beispiel eines Vertrauenstatbestandes im rechtsgeschäftlichen Bereich genannt, der diesem Rechtsinstitut auch seinen Namen gegeben hat. Nr. 2 und 3 verdeutlichen, dass nicht erst durch den Beginn von Vertragsverhandlungen, sondern bereits durch jeden sie vorbereitenden Kontakt ein gesetzliches Schuldverhältnis zwischen den Beteiligten entstehen kann, wobei die generalklauselartige Wendung „ähnliche geschäftliche Kontakte" (Nr. 3) einen relativ weiten Rahmen schafft, zugleich aber auch zum Ausdruck bringt, dass lediglich soziale Kontakte nicht genügen.

578 Betritt jemand ein Kaufhaus, so wird dadurch auch dann ein geschäftlicher Kontakt hergestellt, wenn dies ohne konkreten Kaufentschluss geschieht. Nur in Fällen, in denen von vornherein feststeht, dass es zu keinem Vertragsschluss kommen wird, etwa weil sich ein Passant nur wegen des schlechten Wetters im Eingangsbereich eines Kaufhauses aufhält, ist der erforderliche geschäftliche Kontakt zu verneinen. Insbesondere führen Begegnungen auf gesellschaftlicher Ebene mangels eines geschäftlichen Kontakts nicht zu einem gesetzlichen Schuldverhältnis.

> **Beispiel:** Landwirt L lädt eine ihm bekannte Familie, die in der Stadt lebt, ein, um ihr seinen landwirtschaftlichen Betrieb zu zeigen. Dabei kommt es infolge der Unvorsichtigkeit eines bei L Beschäftigten zu einem Unfall, bei dem ein Gast verletzt wird. In diesem Fall ist eine Haftung wegen c. i. c. auszuschließen. Ein Schadensersatzanspruch kann sich nur aus dem Deliktsrecht ergeben.

579 Dagegen stellt ein Unternehmer (§ 14), der einem Verbraucher (§ 13) ohne vorherige Bestellung Sachen liefert oder sonstige Leistungen erbringt (vgl. § 241a) einen geschäftlichen Kontakt her, der ihm Verhaltenspflichten auferlegt und ihn haften lassen kann, wenn der Verbraucher zB durch die zugesandte Sache geschädigt wird. Auch in dem Fall der abhanden gekommenen Willenserklärung (→ Rn. 89) entsteht ein geschäftlicher Kontakt zwischen dem Erklärenden und dem Empfänger, sodass eine Haftung des Erklärenden in Betracht kommt, wenn er fahrlässig das Abhandenkommen seiner Willenserklärung ermöglicht hat.[147]

580 Das Schuldverhältnis der c. i. c. endet entweder mit dem Zustandekommen des Vertrages oder mit dem Abbruch des geschäftlichen Kontaktes. Der geschäftliche Kontakt kann jedoch auch noch fortdauern, wenn feststeht, dass es nicht zu einem Vertragsschluss kommen wird.

---

[147] BGH NJW-RR 2006, 847 Rn. 29; Jauernig/*Mansel* § 130 Rn. 1.

V. Verletzung sonstiger Verhaltenspflichten

Beispiel: K will im Kaufhaus des V ein Hemd kaufen. Da er nichts Passendes findet, gibt er seinen Kaufentschluss auf. Auf dem Rückweg zum Ausgang rutscht er über einen auf dem Boden liegenden Obstrest aus und verletzt sich.

Es handelt sich um einen Fall der Anbahnung eines Vertrages iSv § 311 II Nr. 2. V hat sein Kaufhaus allen potenziellen Kunden geöffnet, damit sie mit ihm in einen geschäftlichen Kontakt mit dem Ziel eines Vertragsschlusses treten können. Betreten potenzielle Kunden das Kaufhaus, räumen sie damit dem V die Möglichkeit ein, auf ihre Rechte, Rechtsgüter und Interessen einzuwirken. Dies lässt Schutz- und Obhutspflichten des V entstehen (Einzelheiten dazu sogleich), die solange fortdauern, wie die Einwirkungsmöglichkeiten bestehen bleiben, hier also bis zum Verlassen des Kaufhauses.

bb) Verhaltenspflichten

Das gesetzliche Schuldverhältnis der c.i.c. begründet **keine primären Leistungspflichten, sondern nur Verhaltenspflichten, und zwar Schutzpflichten** (→ Rn. 231 ff.), die jedem an ihm Beteiligten aufgeben, besondere Rücksicht auf die Rechte, Rechtsgüter und Interessen des anderen zu nehmen (§ 241 II). Die ausdrückliche Erwähnung der „Interessen" neben Rechten und Rechtsgütern sowohl in § 311 II Nr. 2 als auch in § 241 II verdeutlicht, dass auch Vermögensinteressen sowie andere Interessen (wie zB die Entscheidungsfreiheit) geschützt sind.[148] Die den Beteiligten am gesetzlichen Schuldverhältnis der c.i.c. obliegenden Schutzpflichten werden inhaltlich durch die Besonderheiten des Einzelfalls bestimmt. Dies wird in § 241 II durch die Wendung „nach seinem Inhalt" zum Ausdruck gebracht. Eine Beschreibung der in Betracht kommenden Verhaltenspflichten muss sich auf die beispielhafte Aufzählung einzelner Fallgruppen beschränken, um einen allgemeinen Überblick über den Anwendungsbereich der c.i.c. zu geben.

581

1. Fallgruppe: Schutz- und Fürsorgepflichten für Leben, Gesundheit und Eigentum

582

Diese Pflichten sind dahingehend zu konkretisieren, dass es jedem an einem geschäftlichen Kontakt Beteiligten obliegt, sich im Rahmen des Zumutbaren so zu verhalten, dass andere Beteiligte keine Personen- oder Sachschäden erleiden. So sind Räume, die der potenzielle Vertragspartner betritt, in einem verkehrssicheren Zustand zu halten, damit dieser nicht zu Schaden kommt.

Beispiele: Die Verletzung einer Kundin durch eine umfallende Linoleumrolle,[149] der in einem Kaufhaus verursachte Unfall durch eine auf dem Boden liegende Bananenschale,[150] der Sturz eines Kindes in einem Supermarkt über ein auf dem Boden liegendes Gemüseblatt,[151] die Beschädigung eines Kraftfahrzeuges bei einer Probefahrt durch den Kaufinteressenten.[152]

---

[148] Amtl. Begr. BT-Drs. 14/6040, 126 (l. Sp.), 163.
[149] RGZ 78, 239 ff.
[150] BGH NJW 1962, 31 ff. = JuS 1962, 116.
[151] BGHZ 66, 51 ff. = NJW 1976, 712 = JuS 1976, 465.
[152] BGH NJW 1968, 1472 ff.

583 **2. Fallgruppe:** Informations-, Hinweis- und Aufklärungspflichten

Grundsätzlich besteht bei Vertragsverhandlungen die Pflicht, den anderen über solche Umstände aufzuklären, die den von ihm verfolgten Vertragszweck vereiteln und für seinen Entschluss, den Vertrag zu schließen, von wesentlicher Bedeutung sind, wenn eine solche Unterrichtung nach der Verkehrsauffassung erwartet werden durfte.[153] Die Grenzen derartiger Aufklärungspflichten, die zu den Schutzpflichten des § 241 II zählen,[154] müssen aufgrund der besonderen Umstände des Einzelfalles unter Berücksichtigung des Grundsatzes von Treu und Glauben ermittelt werden.[155] Dabei ist davon auszugehen, dass jeder, der einen Vertrag schließt, sich selbst ausreichend informieren muss und sich beispielsweise über die Marktverhältnisse, über die zu beachtenden rechtlichen Bestimmungen und die finanziellen Belastungen, die sich für ihn aus dem Vertrag ergeben, zu unterrichten hat. Deshalb kann eine solche Pflicht nicht so weit gehen, den anderen über sämtliche Risiken und Konsequenzen aufzuklären, die mit dem Vertragsschluss verbunden sind. Bedeutsam ist allerdings, ob eine Vertragspartei gegenüber der anderen über einen nicht auszugleichenden Wissensvorsprung verfügt. Insbesondere der technisch, wirtschaftlich oder geschäftlich Unerfahrene wird darauf vertrauen dürfen, dass der andere, der die erforderlichen Sachkenntnisse besitzt, ihm insoweit über bedeutsame Umstände Mitteilung macht. Intensität einer Gefährdung des Vertragszwecks sowie Art und Umfang eines möglichen Schadens sind bedeutsame Anhaltspunkte für die Entscheidung der sich hier stellenden Fragen.

> **Beispiele:** Pflicht zum Hinweis auf Umstände, die der Gültigkeit des Vertrages entgegenstehen und die dem anderen offenbar nicht bekannt sind, zB die Form- oder Genehmigungsbedürftigkeit des Vertrages. Hierher gehört auch die Pflicht zum Hinweis auf Umstände, die geeignet sind, den Vertragszweck zu vereiteln, oder der Erfüllung der geschuldeten Leistung entgegenstehen. So ist zB der Inhaber eines Betriebes bei Verhandlungen über den Verkauf dieses Betriebes verpflichtet, den Interessenten darauf hinzuweisen, dass er bestimmte für die Produktion unerlässliche Rohstoffe aufgrund bevorstehender Exportbeschränkungen nicht erhalten wird oder dass unersetzbare Zulieferer die Vertragsbeziehungen mit dem Unternehmen nicht fortsetzen werden. Ferner kann ein Juwelier, der Kundenschmuck zur Anbahnung eines Werk- oder Kaufvertrages entgegennimmt, verpflichtet sein, über das Fehlen einer Versicherung gegen das Risiko des Verlustes durch Diebstahl und Raub aufzuklären, wenn eine solche Versicherung branchenüblich ist.[156]

584 Da jedoch unrichtige oder unterlassene Informationen auch Ansprüche wegen Sachmängel begründen oder das Recht geben können, den Vertrag nach § 123 wegen Täuschung anzufechten (→ Rn. 416 ff.), ergeben sich hinsichtlich der Haftung aus c. i. c. **Abgrenzungsfragen:**

---

[153] BGH NJW 2006, 3139 Rn. 18; 2008, 3699. Allgemein zum Inhalt und zur Durchsetzung vorvertraglicher Informationspflichten *Dassbach* JA 2015, 325.
[154] NK-BGB/*Krebs* § 311 Rn. 72; Palandt/*Grüneberg* § 241 Rn. 7; *Lorenz/Riehm* SchuldR Rn. 381. AA *Zimmer* NJW 2002, 1 (7).
[155] So nimmt der BGH (NJW 2001, 1065 [1067]) zB eine Pflicht zur Offenbarung von Schmiergeldzahlungen an, die ein Vertragspartner dem Angestellten des anderen zahlte, der für diesen die Vertragsverhandlungen führte.
[156] BGH NJW-RR 2016, 859.

V. Verletzung sonstiger Verhaltenspflichten

- Hat der Verkäufer **unrichtige Angaben über Eigenschaften der Kaufsache** gemacht, sodass die (Ist-)Beschaffenheit der Kaufsache negativ von der vertraglich bestimmten (Soll-)Beschaffenheit abweicht, so ist ein Ausgleich für den dadurch dem Käufer entstandenen Schaden aufgrund der Vorschriften über die Mängelhaftung beim Kauf (§§ 434, 437 ff.) zu suchen. Ansprüche aus c. i. c. kommen insoweit nicht in Betracht.[157] Gehören die falschen Informationen dagegen nicht zu der Beschaffenheitsvereinbarung iSd § 434 I, dann ist über eine Haftung (nur) nach den Regeln der c. i. c. zu entscheiden (→ Rn. 874).

- Eine **Anfechtung wegen arglistiger Täuschung** setzt voraus, dass der Täuschende vorsätzlich gehandelt hat (→ Rn. 421), und kann nur innerhalb der Jahresfrist des § 124 vorgenommen werden. Über einen Anspruch aus c. i. c. kann jedoch bereits wegen fahrlässiger Irreführung Wiederherstellung des Zustands, der ohne Täuschung bestehen würde (§ 249 I), also in erster Linie Befreiung von der Vertragspflicht, verlangt werden und dies während eines Zeitraums von drei Jahren (vgl. § 195). Da der Anspruch auf Befreiung von der Vertragspflicht praktisch zum gleichen Ergebnis wie eine Anfechtung nach § 123 führt, ist streitig, ob beide Rechte nebeneinander geltend gemacht werden können oder ob die Anfechtung nach § 123 als spezialgesetzliche Regelung vorgeht. Der BGH[158] lässt grundsätzlich eine Konkurrenz zu. Zur Begründung hat das Gericht auf die Unterschiede verwiesen, die zwischen beiden Rechtsinstituten bestehen und die darin zu sehen seien, dass die Anfechtung die freie Selbstbestimmung auf rechtsgeschäftlichem Gebiet gegen unerlaubte Mittel der Willensbeeinflussung, und zwar unabhängig vom Eintritt eines Schadens, schütze, während das Rückgängigmachen nach c. i. c.-Grundsätzen auf der Tatbestandsseite den Eintritt eines Schadens verlange.[159] Hieraus folgert das Gericht, dass ein Rückgängigmachen eines Vertrages nach den Regeln der c. i. c. einen durch die schuldhafte Sorgfaltspflichtverletzung verursachten Vermögensschaden voraussetze. An dieser Begründung kann jedoch nach der Regelung der c. i. c. durch das SchuldRModG nicht mehr festgehalten werden, weil § 311 II Nr. 2 auch die Entscheidungsfreiheit schützt (→ Rn. 581). Wird durch die Täuschung der Getäuschte veranlasst, einen Vertrag zu schließen, den er ohne die Täuschung nicht oder zumindest nicht mit dem vereinbarten Inhalt geschlossen hätte, dann ist seine Entscheidungsfreiheit verletzt und die vom Täuschenden auf der Grundlage des § 280 I iVm § 249 I geschuldete Naturalrestitution muss zur Wiederherstellung der Entscheidungsfreiheit führen, was regelmäßig die Aufhebung des Vertrages bedeutet.[160] Die Entstehung eines Vermögensschadens bildet hierfür keine Voraussetzung.[161] Dennoch ist es abzulehnen, Ansprüche wegen c. i. c. bei vorsätzlicher Täuschung durch § 123 I Var. 1 auszuschließen. Zum einen sprechen die Unterschiede zwischen einer Anfechtung und den Ansprüchen aus c. i. c. dagegen, und zum anderen würde dies den vorsätzlich Täuschenden begünstigen, was wohl kaum als angemessen angesehen werden kann.[162]

---

[157] *Brox/Walker* SchuldR AT § 25 Rn. 18; NK-BGB/*Krebs* § 311 Rn. 78 ff.
[158] NJW 2002, 2774 (2775 mwN).
[159] BGH NJW 1998, 302 (304).
[160] *Weiler* ZGS 2002, 249 (250).
[161] *Weiler* ZGS 2002, 249 (250).
[162] Deshalb spricht sich die hM für eine Konkurrenz beider Regelungen aus; vgl. *Schwab* JuS 2002, 773 (774 f.); MüKoBGB/*Armbrüster* § 123 Rn. 90; Palandt/*Ellenberger* § 123 Rn. 27.

585 **3. Fallgruppe:** Abbruch von Vertragsverhandlungen

Die hM hält denjenigen, der zunächst beim anderen zurechenbar die feste Erwartung weckt, ein Vertrag werde zustande kommen, und dann grundlos die Vertragsverhandlungen abbricht, für verpflichtet, die Schäden zu ersetzen, die der andere dadurch erleidet, dass er im Vertrauen auf das Zustandekommen des Vertrages bestimmte Maßnahmen trifft (zB Verträge kündigt) oder Aufwendungen tätigt.[163] Indes ist ein solches Vertrauen auf das Zustandekommen des Vertrages nur dann gerechtfertigt, wenn alle wesentlichen Punkte des zu schließenden Vertrages bereits feststehen und nicht mehr verhandelt werden müssen, weil sonst stets eine Nichteinigung und damit das Scheitern der Vertragsverhandlungen einkalkuliert werden muss.[164]

> **Beispiele:** Ein Arbeitgeber vermittelt einem Bewerber den Eindruck, er werde ihn mit Sicherheit anstellen und veranlasst ihn dadurch, seinen bisherigen Arbeitsplatz aufzugeben.[165] Oder: Der Inhaber einer Lizenz begründet durch die Art seiner Verhandlung bei seinem Verhandlungspartner die berechtigte Erwartung, es werde zum Abschluss eines Lizenzvertrages kommen, und veranlasst diesen dadurch zu erheblichen Aufwendungen.[166]

Im Schrifttum finden sich auch andere Lösungsvorschläge, um in derartigen Fällen zu vertretbaren Ergebnissen zu gelangen. So wird vorgeschlagen, das Verhalten der Beteiligten daraufhin zu überprüfen, ob nicht schon vertragliche Bindungen durch einen **Vorvertrag** (→ Rn. 61) entstanden sind, der möglicherweise aufschiebend bedingt durch die Beseitigung der bestehenden Hindernisse geschlossen worden ist. Wenn aber aufgrund der konkreten Umstände festzustellen sei, dass sich ein Partner noch nicht (vorvertraglich) binden wollte, sei eine Schadensersatzpflicht (auch aufgrund c. i. c.) abzulehnen.[167] Eine andere Ansicht will in Fällen dieser Art § 122 analog anwenden und auf dieser Grundlage eine **verschuldensunabhängige Vertrauenshaftung** bejahen.[168] Eine Auseinandersetzung mit diesen Vorschlägen ist hier nicht möglich.[169]

Eine wichtige Einschränkung bei der Haftung für Schäden, die infolge des Abbruchs von Vertragsverhandlungen entstanden sind, ergibt sich aufgrund von **Formvorschriften**, denen Warnfunktion zukommt (→ Rn. 59). Denn eine c. i. c.-Schadensersatzpflicht darf nicht dazu führen, dass entgegen dem Zweck der Formvorschrift ein indirekter Zwang zum Vertragsschluss auf den Vertragspartner ausgeübt wird. Der BGH[170] verlangt deshalb für einen Schadensersatz in diesen Fällen, dass der Abbruch der Vertragsverhandlungen einen besonders schwerwiegenden Verstoß gegen die Verpflichtung zu

---

[163] BGH NJW-RR 2001, 381 (382); LG Hamburg NJW-RR 2013, 1423 (1424), jew. mwN. Vgl. auch BGH JZ 1991, 199 (201); danach soll es nicht darauf ankommen, ob die sichere Erwartung eines Vertragsschlusses schuldhaft herbeigeführt wurde. Auch *Kaiser* JZ 1997, 448 (449), verlangt, dass das Vertrauen auf das Zustandekommen des Vertrags pflichtwidrig geweckt werde, weil anderenfalls die Abschlussfreiheit (→ Rn. 128) jedem gestatte, auch grundlos vom Vertragsschluss Abstand zu nehmen. Diff. *Bodewig* JURA 2001, 1.
[164] OLG Düsseldorf NJW-RR 1988, 988; OLG Brandenburg NJOZ 2010, 825 (826).
[165] BAG DB 1974, 2060.
[166] BGH NJW 1975, 1774.
[167] *Medicus/Lorenz* SchuldR I Rn. 534.
[168] *Larenz* SchuldR I § 9 I (S. 107 f.).
[169] Vgl. dazu *Schwab* JuS 2002, 773 (776 f.).
[170] BGH NJW 1996, 1884 (1885); vgl. auch OLG Saarbrücken MDR 1998, 589.

V. Verletzung sonstiger Verhaltenspflichten

redlichem Verhalten bei den Vertragsverhandlungen bedeuten muss, der regelmäßig Vorsatz erfordere.[171]

cc) Sonstige Haftungsvoraussetzungen

Sowohl zwischen dem Verhalten des Haftpflichtigen und der Verletzung der Verhaltenspflicht als auch zwischen der Pflichtverletzung und dem eingetretenen Schaden muss jeweils ein **Ursachenzusammenhang im Sinne der Adäquanztheorie** bestehen (→ Rn. 554). Zudem wird die Haftung für c.i.c. durch die Schutzzwecklehre begrenzt:[172] Zu ersetzen ist nur ein Schaden, der durch die Beachtung der verletzten Verhaltenspflicht abgewendet werden soll (→ Rn. 558 f.). Schließlich ist Haftungsvoraussetzung, dass der Haftpflichtige **schuldhaft gehandelt hat,** dh die Verhaltenspflicht vorsätzlich oder fahrlässig verletzt hat (→ Rn. 464 ff.), oder dass sich eine Person schuldhaft verhielt, deren sich der Haftpflichtige bei den Vertragsverhandlungen oder bei dem sie vorbereitenden geschäftlichen Kontakt bediente (§ 278).

586

c) Eigenhaftung Dritter

Ausnahmsweise kann sich eine **Eigenhaftung des Vertreters oder sonstiger Verhandlungsgehilfen** ergeben, die an die Stelle oder neben die Haftung desjenigen tritt, der Vertragspartner des Geschädigten geworden ist oder werden sollte (§ 311 III). Eine solche Eigenhaftung ist zu bejahen, wenn der Vertreter oder der Verhandlungsgehilfe in besonderem Maße Vertrauen für sich in Anspruch nimmt und dadurch die Vertragsverhandlungen oder den Vertragsschluss erheblich beeinflusst (§ 311 III 2). Eine Person, auf die diese Beschreibung zutrifft, wird als „Sachwalter" bezeichnet und deshalb spricht man auch bei der Haftung Dritter im Rahmen der c.i.c. von der „**Sachwalterhaftung**".[173] Es handelt sich dabei um Fälle, in denen Sachverständige oder andere „Auskunftspersonen",[174] dh Personen, die angeblich oder tatsächlich über Informationen verfügen, denen eine erhebliche Bedeutung für die geschäftliche Entscheidung des Geschädigten zukommt, durch ihre Äußerungen zum Vertragsabschluss deshalb besonders beitragen, weil sich der Geschädigte auf ihre Objektivität und Neutralität verlässt. Ein solches dem Sachwalter persönlich geschenktes Vertrauen kann zB in dessen besonderer Sachkunde für den Vertragsgegenstand begründet sein oder durch den Eindruck besonderer persönlicher Zuverlässigkeit erweckt werden.[175] Auch in Fällen, in denen ein am Vertragsschluss beteiligter Dritter ein **eigenes unmittelbares wirtschaftliches Interesse verfolgt,** bejaht die hM eine Eigenhaftung des Dritten nach § 311 III.[176] Insoweit ist allerdings – wie auch sonst bei anderen Fällen einer Eigenhaftung Dritter – erhebliche Zurückhaltung geboten. Es ist stets der Ausnahmecharakter einer Eigenhaftung eines Dritten zu be-

587

---

[171] So auch *Emmerich,* Das Recht der Leistungsstörungen, 6. Aufl. 2005, § 7 Rn. 71. Gegen die unterschiedliche Behandlung von formfreien und formgebundenen Verträgen etwa *Schwab* JuS 2002, 773 (777).
[172] BGH NJW 1992, 555 (556).
[173] Vgl. BGH NJW 1997, 1233; NJW-RR 2011, 462.
[174] Amtl. Begr. BT-Drs. 14/6040, 163.
[175] BGH NJW 1990, 506; NJW-RR 2006, 993 Rn. 15; *Radke/Mand* JURA 2000, 243 (245).
[176] BGH NJW-RR 2002, 1309 (1310); 2006, 993 Rn. 15; NJW 2007, 1362 Rn. 9; *Emmerich* JuS 2003, 402; *Schwab* JuS 2002, 872 f. AA *Lorenz/Riehm* SchuldR Rn. 376.

rücksichtigen.[177] Dabei bleibt es trotz der gesetzlichen Regelung in § 311 III, die im Wesentlichen nur eine gesetzliche Grundlage für die bisherige Rechtsprechung zur Sachwalterhaftung schafft.[178] Deshalb kann ein lediglich mittelbares wirtschaftliches Interesse nicht genügen, das sich für den Dritten deshalb ergibt, weil der Vertrag für ihn wirtschaftliche Vorteile bringt; vielmehr ist zu verlangen, dass der Dritte eine enge Beziehung zum Vertragsgegenstand hat, die ihn gleichsam in eigener Sache tätig werden lässt.[179] In der bisherigen Rechtsprechung, die auch weiterhin zu beachten ist, wird zB die Eigenhaftung eines Kfz-Händlers angenommen, der den Kauf eines Gebrauchtwagens vermittelt.[180]

d) Rechtsfolgen

588 Der Geschädigte kann Ersatz seines Schadens verlangen: Der Haftpflichtige ist verpflichtet, den Zustand herzustellen, der bestehen würde, wenn er nicht schuldhaft die ihm obliegende Verhaltenspflicht verletzt hätte (§ 249 I). Grundlage hierfür ist § 280 I (auf § 282 kommt es nicht an). Der Anspruch kann insbesondere – wie bereits oben (→ Rn. 584) dargelegt – auf **Befreiung von der vertraglichen Bindung** gehen, wenn der Haftpflichtige durch sein Verhalten den Geschädigten zum Abschluss des Vertrages veranlasst hat. Dieser sog. **Freistellungsanspruch** kann auch einredeweise dem Erfüllungsbegehren des Haftpflichtigen entgegengesetzt werden; insoweit wird der Geschädigte im praktischen Ergebnis – worauf ebenfalls bereits hingewiesen wurde – so gestellt wie bei einer Anfechtung seiner Willenserklärung. Der Geschädigte kann aber auch am Vertrag festhalten und Ersatz der Vermögenseinbuße fordern, die durch die Pflichtverletzung des anderen verursacht wurde.

> **Beispiel:** Aufgrund der falschen Angaben des Verkäufers ist ein zu hoher Kaufpreis ausgehandelt worden; der Käufer kann dann eine dem wirklichen Wert des Kaufgegenstandes angemessene Herabsetzung des Kaufpreises fordern.[181]

589 Ist infolge der Pflichtverletzung des anderen Teils ein bestimmter Vertrag nicht wirksam zustande gekommen, so kann der Geschädigte **Ersatz seines Erfüllungsinteresses** fordern, dh verlangen, so gestellt zu werden, als wäre der Vertrag wirksam geworden, wenn feststeht, dass der Geschädigte diesen Vertrag geschlossen hätte.[182] Ergibt sich die Unwirksamkeit des Vertrages, weil Formvorschriften nicht eingehalten worden sind, auf die der Haftpflichtige schuldhaft den Geschädigten nicht hingewiesen hat, kann allerdings nicht Erfüllung des unwirksamen Vertrages verlangt werden; denn dies widerspräche dem Zweck der Formvorschriften (→ Rn. 585 aE).

---

[177] BGH MDR 1992, 939.
[178] *Canaris* JZ 2001, 499 (519 ff.); *Lorenz/Riehm* SchuldR Rn. 376.
[179] BGH NJW-RR 2006, 109 Rn. 25; 2006, 993 Rn. 15; *Emmerich* JuS 2003, 402; *Brox/Walker* SchuldR AT § 5 Rn. 12.
[180] Vgl. BGHZ 63, 382 (384 ff.) = NJW 1975, 642 = JuS 1975, 462; BGHZ 79, 281 (283 ff.) = NJW 1981, 922.
[181] BGH NJW 2006, 3139 Rn. 21 f.; *Mertens* ZGS 2004, 67 (69 ff.); *Theisen* NJW 2006, 3102.
[182] BGH NJW 1998, 2900; 2001, 2875; 2006, 3139 Rn. 23, mit dem Hinweis, dass der Geschädigte im Streitfall zu beweisen habe, dass bei erfolgter Aufklärung ein für ihn günstiger Vertrag zustande gekommen wäre; vgl. auch *Lorenz* NJW 1999, 1001; *Stoll* JZ 1999, 95.

Der BGH[183] hat in einem derartigen Fall den Geschädigten vielmehr für berechtigt erklärt, eine Entschädigung in Geld zu verlangen, damit er sich einen gleichwertigen anderen Gegenstand (im konkreten Fall ein anderes Grundstück) beschaffen könne.

VI. Gläubigerverzug

1. Vorbemerkung

Kann der Schuldner seine Leistung deshalb nicht erbringen, weil es der Gläubiger an der dafür erforderlichen Mitwirkung fehlen lässt, insbesondere weil er die ihm ordnungsgemäß angebotene Leistung nicht annimmt, so schließt ein solches Verhalten den Schuldnerverzug aus, denn der Schuldner hat dann die Verzögerung der Leistung nicht zu vertreten.[184] Da aber andererseits der Schuldner zur Leistung solange verpflichtet bleibt, wie sie möglich ist, erscheint es nur gerecht, zugunsten des Schuldners an ein derartiges Verhalten des Gläubigers – **Gläubigerverzug oder Annahmeverzug** genannt – weitere Rechtsfolgen zu knüpfen. Auf diese wird später eingegangen; zunächst sollen die Voraussetzungen des Gläubigerverzuges im Einzelnen dargestellt werden.

590

2. Voraussetzungen

Nach § 293 kommt der Gläubiger in Verzug, „wenn er die ihm angebotene Leistung nicht annimmt". Folglich setzt der Gläubigerverzug voraus, dass die Leistung überhaupt möglich ist; denn nur eine mögliche Leistung kann angeboten werden. Aber es genügt nicht, dass der Schuldner die (mögliche) Leistung dem Gläubiger anbietet, vielmehr muss er dazu auch berechtigt sein. Somit tritt Gläubigerverzug bei Erfüllung folgender Voraussetzungen ein:

591

- Möglichkeit der Leistung
- Leistungsberechtigung des Schuldners
- Angebot der Leistung
- Nichtannahme der Leistung durch den Gläubiger.

a) Möglichkeit der Leistung

Die Feststellung, dass sich Verzug und Unmöglichkeit begrifflich ausschließen (→ Rn. 479), gilt also auch für den Gläubigerverzug: Bei dauernder (objektiver oder subjektiver) Unmöglichkeit der Leistung sind die Vorschriften anzuwenden, die den Fall der Nichterfüllung bei unmöglicher Leistungserbringung regeln. Auch wenn der Schuldner nur vorübergehend zur Leistung außerstande ist und die Leistung später

592

---

[183] NJW 1965, 812 (814). Für eine Beschränkung des Schadensersatzanspruchs in diesen Fällen auf den Ersatz des Vertrauensschadens *Kaiser* JZ 1997, 448 (453).
[184] BGH NJW 2008, 2761 Rn. 7.

nachholbar ist, kommt der Gläubiger nicht in Verzug, solange die Unmöglichkeit besteht (vgl. § 297). Die **Abgrenzung des Annahmeverzugs von der Unmöglichkeit** kann Schwierigkeiten in Fällen bereiten, in denen der Schuldner seine Leistung ohne die Mitwirkung des Gläubigers nicht zu erbringen vermag und der Gläubiger nicht mitwirken will oder kann.

> **Beispiele:**
>
> (1) A meldet sich in der Fahrschule des F zum Fahrunterricht an. Zum verabredeten Zeitpunkt erscheint A aber nicht zum Unterricht.
>
> (2) A bittet den Abschleppunternehmer U telefonisch, ihn von A-Dorf nach B-Stadt abzuschleppen, weil er mit seinem Kfz liegen geblieben wäre. Als U in A-Dorf erscheint, findet er weder A noch dessen Fahrzeug vor.

593 Unmöglichkeit ist nicht schon deshalb anzunehmen, weil es das Verhalten des Gläubigers verhindert, dass der Schuldner seine Leistung erbringen kann. Denn bei einer solchen Abgrenzung der Unmöglichkeit müssten die Fälle des Gläubigerverzugs nach den Unmöglichkeitsregeln entschieden werden und die Vorschriften über den Gläubigerverzug wären überflüssig. Die Abgrenzung zwischen Gläubigerverzug und Unmöglichkeit ist vielmehr danach vorzunehmen, ob **die Leistung trotz der zurzeit fehlenden Mitwirkung des Gläubigers nachholbar bleibt** (dann: Fall des Gläubigerverzuges) oder ob sie später nicht mehr erbracht werden kann (dann: Unmöglichkeit).[185] Daher ist es als Fall der Unmöglichkeit anzusehen, wenn der Gläubiger dauernd zur Mitwirkung außerstande ist und deshalb der Schuldner auch dauernd nicht leisten kann.

> Ist der Fahrschüler A im ersten Beispielsfall bei einem Unfall so schwer verletzt worden, dass er dauernd außerstande ist, ein Kraftfahrzeug zu führen, so kann der Fahrunterricht nicht mehr nachgeholt werden, sondern die Leistung des Schuldners (F) ist unmöglich geworden. F wird dann nach § 275 I von seiner Leistungspflicht frei. Anders ist dagegen zu entscheiden, wenn A nur deshalb nicht zur Fahrstunde erschien, weil er erkrankte, und er durchaus nach seiner Genesung in der Lage ist, den Fahrunterricht zu nehmen. Dann ist die Leistung nachholbar und somit der Fall des Gläubigerverzugs (bei dem es nicht auf ein Verschulden ankommt) gegeben.
>
> Hat im zweiten Beispielsfall U den A nur deshalb nicht in A-Dorf angetroffen, weil in der Zwischenzeit der Defekt am Fahrzeug des A behoben worden ist und dieser danach selbst nach B-Stadt fuhr, so kann man auch in diesem Fall die Unmöglichkeit der Leistung des Schuldners bejahen (vgl. auch *Musielak/Hau* EK BGB Rn. 136). Denn Vertragszweck war das Abschleppen eines defekten Fahrzeugs, und dieser Zweck kann später nicht mehr erreicht werden. Die Möglichkeit, dass sich A mit seinem (fahrbereiten) Fahrzeug nach A-Dorf begeben könnte, um sich von U abschleppen zu lassen, ändert daran nichts. Der Vertragszweck kann auf diese Weise ebenso wenig erreicht werden wie beim absoluten Fixgeschäft die spätere Erbringung der Leistung; insoweit besteht eine Parallele zwischen diesem Fall und dem absoluten Fixgeschäft, bei dem die Leistungsverzögerung zur Unmöglichkeit führt (→ Rn. 483).

---

[185] Vgl. – auch zu anderen Auffassungen – MüKoBGB/*Ernst* § 293 Rn. 8 ff.

VI. Gläubigerverzug

b) Angebot der Leistung durch den leistungsberechtigten Schuldner

Der Gläubiger kann nur in Verzug geraten, wenn er eine Leistung nicht annimmt, die ihm so angeboten wird, „wie sie zu bewirken ist" (§ 294). Daher muss die Leistung 594

- zur rechten Zeit,
- am rechten Ort,
- in der richtigen Menge und Beschaffenheit angeboten werden.

Dass die **Leistung zur rechten Zeit angeboten** werden muss, heißt zunächst, dass der Schuldner berechtigt sein muss, die Leistung (bereits) in dem Zeitpunkt zu erbringen, in dem er sie anbietet. Ist eine Leistungszeit nicht bestimmt, kann der Schuldner grundsätzlich nach § 271 I die Leistung sofort bewirken. Auch wenn eine Leistungszeit bestimmt wurde, kann der Schuldner nach der Auslegungsregel des § 271 II „im Zweifel" schon vorher leisten. Dies gilt aber nicht, wenn sich aus dem Gesetz, aus dem Rechtsgeschäft oder aus den Umständen des Einzelfalles etwas anderes ergibt. 595

> **Beispiel:** Das Interesse des Gläubigers, ein vom Schuldner zu verzinsendes Darlehen nicht sofort zurückzuerhalten, ist offensichtlich. Dementsprechend darf der Schuldner nicht ohne Weiteres das empfangene Darlehen zurückzahlen (vgl. § 488 III). Bietet es der Schuldner dennoch an, kommt der Gläubiger nicht in Verzug, wenn er die Annahme ablehnt.

In vielen Fällen kann der Schuldner den genauen **Zeitpunkt für das Angebot der Leistung** frei wählen. Da andererseits dem Gläubiger keine dauernde Annahmebereitschaft zugemutet werden kann, kommt er nach § 299 durch eine **vorübergehende Annahmeverhinderung** nicht in Verzug, wenn die Leistungszeit nicht bestimmt ist oder wenn der Schuldner vor der bestimmten Zeit leisten darf, sofern ihm die Leistung nicht angemessene Zeit vorher angekündigt worden ist. 596

> **Beispiel:** Handwerksmeister M soll die defekte Heizung im Haus des H reparieren. M hat zugesagt, „im Laufe der Woche" zu kommen. Erscheint M unangemeldet bei H und trifft dort niemanden an, so kommt H dadurch nicht in Verzug. Vielmehr muss M den Beginn der Arbeiten so rechtzeitig ankündigen, dass sich H darauf einstellen kann.

Die in § 299 getroffene Regelung ist Ausdruck des Grundsatzes, dass beim Angebot der Leistung der Grundsatz von **Treu und Glauben** besondere Beachtung verdient. Dieser Grundsatz führt dazu, dass ein Annahmeverzug auch nach vorheriger Ankündigung der Leistung nicht eintritt, wenn der Schuldner die Leistung zu einem unzumutbaren Zeitpunkt anbietet, etwa im geschäftlichen Bereich außerhalb der üblichen Geschäftszeiten, also am späten Abend oder am Wochenende. 597

Die Leistung muss **am rechten Ort**, also dort angeboten werden, wo sie zu erbringen ist, mithin am Leistungsort (→ Rn. 216). Der Leistungsort wird entweder anhand der Parteivereinbarung oder anhand spezieller gesetzlicher Vorschriften bestimmt (zB §§ 697, 811 I, 1194); fehlen beide und ergibt sich auch nicht aus den Umständen des Einzelfalles, insbesondere aus der Natur des Schuldverhältnisses, wo der Leistungsort liegt, so greifen §§ 269, 270 ein. Bei der **Bringschuld** (→ Rn. 218) hat der Schuldner den Leistungsgegenstand zum Gläubiger zu transportieren und an dessen Wohnsitz oder gewerblichen Niederlassung anzubieten. Bei der **Schickschuld** (→ Rn. 219), bei der es der Schuldner übernommen hat, den Leistungsgegenstand an den Gläubiger 598 abzusenden, muss dieser Gegenstand beim Gläubiger eintreffen, wenn er durch Ablehnung der Annahme in Verzug kommen soll; treten Verzögerungen auf dem Transport ein, so können sie keinen Annahmeverzug begründen. Bei der **Holschuld** (Regelfall, vgl. § 269; → Rn. 217) genügt ein wörtliches Angebot der Leistung durch den Schuldner, um den Gläubiger in Verzug zu setzen (vgl. § 295 S. 1 Var. 2).

599 Die Leistung muss **vollständig, in der richtigen Menge und Beschaffenheit** angeboten sein. Bietet der Schuldner nur einen Teil der geschuldeten Leistung an (zB von fünf gekauften Maschinen nur drei, von hundert zu liefernden Zentnern Kartoffeln nur fünfzig), so kann der Gläubiger dieses Angebot zurückweisen (vgl. § 266). Dieses Recht steht ihm nur dann nicht zu, wenn der ausstehende Rest im Verhältnis zur geschuldeten Gesamtmenge so geringfügig ist, dass der Gläubiger treuwidrig handeln würde, wenn er die Leistung ablehnte (zB von hundert Zentnern Kartoffeln werden neunundneunzig angeboten). Bietet der Schuldner eine mangelhafte Leistung an, kann der Gläubiger diese zurückweisen. Insbesondere ist bei einer Gattungsschuld vorbehaltlich abweichender Vereinbarungen eine Sache von mittlerer Art und Güte zu leisten (§ 243 I).

> **Beispiel:** Einzelhändler H hat beim Großhändler G zwei Zentner Äpfel der Sorte Boskop, Handelsklasse A, bestellt. Als die Äpfel geliefert werden, stellt H fest, dass ein erheblicher Teil angefault ist. Da die Ware nicht von (mittlerer) Art und Güte der Handelsklasse A ist, kommt H durch die Ablehnung der Annahme nicht in Verzug.

600 Der Gläubiger kann die Leistung auch dann ablehnen, ohne in Verzug zu geraten, wenn der Schuldner sie nur unter dem **Vorbehalt einer Rückforderung** anbietet. Denn in einem solchen Fall wird die Leistung vom Schuldner nicht so angeboten, „wie sie zu bewirken ist" (§ 294).[186]

601 Handelt es sich nicht um eine Holschuld (hierbei genügt gem. § 295 – wie ausgeführt – ein wörtliches Angebot), muss der Schuldner die Leistung dem Gläubiger **„tatsächlich" anbieten** (§ 294). Dies hat in einer Weise zu geschehen, dass der Gläubiger nur noch zuzugreifen braucht. Hält der Schuldner den geschuldeten Gegenstand lediglich bereit, ohne ihn dem Gläubiger tatsächlich anzubieten, so wird dadurch kein Verzug ausgelöst. Allerdings ist nicht in allen Fällen, in denen der Schuldner dem Gläubiger die Leistung (tatsächlich) anzubieten hat, erforderlich, dass der Gläubiger von dem tatsächlichen Angebot der Leistung auch Kenntnis erhält. Erscheint beispielsweise der Schuldner zur vereinbarten Zeit beim Gläubiger, um in dessen Haus Reparaturarbeiten auszuführen, und ist im Haus niemand anwesend, so wird der Gläubiger durch den vergeblichen Versuch des Schuldners, seine Leistung zu erbringen, in Verzug gesetzt.

602 § 295 nennt zwei Fälle, in denen ein **wörtliches Angebot ausreicht:**

- bei Erklärung des Gläubigers, die Leistung nicht annehmen zu wollen,
- und bei der Notwendigkeit von Mitwirkungshandlungen des Gläubigers.

603 Im ersten Fall hat der Gläubiger durch sein Verhalten das tatsächliche Angebot der Leistung überflüssig gemacht. Es genügt, dass der Gläubiger durch das wörtliche An-

---

[186] BGH NJW 2012, 1717 Rn. 7.

VI. Gläubigerverzug

gebot noch einmal auf die Leistungsbereitschaft des Schuldners hingewiesen wird. Dem gleichen Zweck dient das wörtliche Angebot im zweiten Fall: Da der Leistungserfolg nur im Zusammenwirken mit dem Gläubiger herbeigeführt werden kann, genügt es, dass dieser durch das wörtliche Angebot von der Leistungsbereitschaft des Schuldners erfährt, um die Mitwirkungshandlung vornehmen zu können. Steht der Zeitpunkt für diese Mitwirkungshandlung fest, braucht der Gläubiger auch nicht eigens unterrichtet zu werden; folgerichtig ist gem. § 296 **jedes Angebot überflüssig**, wenn der Gläubiger die rechtzeitige Vornahme der terminlich feststehenden Mitwirkungshandlung unterlässt. Das wörtliche Angebot ist eine (rechts)geschäftsähnliche Handlung (→ Rn. 239). Da es dazu dient, den Gläubiger von der Leistungsbereitschaft des Schuldners in Kenntnis zu setzen, muss es in entsprechender Anwendung des § 130 zugehen (→ Rn. 93 ff.).

c) Nichtannahme der Leistung durch den Gläubiger

Der Verzug des Gläubigers wird dadurch ausgelöst, dass er die ihm ordnungsgemäß angebotene Leistung nicht entgegennimmt oder die von ihm vorzunehmende Mitwirkungshandlung nicht ausführt (zB bei einer Holschuld den Leistungsgegenstand nicht beim Schuldner abholt). Auf den Grund, weshalb er dies unterlässt, kommt es nicht an. Im Gegensatz zum Schuldnerverzug **setzt der Gläubigerverzug kein Verschulden voraus;** das erscheint angemessen, weil das Gesetz nicht vorsieht, dass sich der Gläubiger alleine wegen seines Verzuges schadensersatzpflichtig macht.

604

In Fällen, in denen der Schuldner nur gegen eine **Leistung des Gläubigers** zu leisten verpflichtet ist, kommt der Gläubiger auch in Verzug, wenn er zwar die angebotene Leistung annehmen will, die von ihm geschuldete Gegenleistung aber nicht anbietet (§ 298). Dabei kann ein wörtliches Angebot des Schuldners ausreichen, wenn der Gläubiger klar und eindeutig erklärt, er werde die ihm obliegende Leistung nicht Zug um Zug erbringen (→ Rn. 602).[187]

605

> **Beispiel:** K bestellt beim Weinhändler H 20 Flaschen eines bestimmten Weines und bittet, den Wein zu ihm zu bringen. Als H zur vereinbarten Zeit mit dem Wein bei K erscheint, erklärt dieser, er wolle den Kaufpreis überweisen. H will jedoch den Wein nur gegen sofortige Barzahlung übergeben. Als sich dazu K außerstande erklärt, nimmt H den Wein wieder mit.
>
> Da der Schuldner eines gegenseitigen Vertrages nur Zug um Zug zur Leistung verpflichtet ist, wenn eine Vorleistungspflicht nicht vereinbart wird (§ 320), kommt K nach § 298 in Gläubigerverzug, weil er seine Gegenleistung, den geschuldeten Kaufpreis, dem H nicht angeboten hat.

3. Rechtsfolgen

Da der Gläubiger grundsätzlich nicht die Annahme der Leistung des Schuldners und die darauf gerichtete Mitwirkungshandlungen „schuldet", macht er sich durch den Gläubigerverzug nicht nach § 280 I schadensersatzpflichtig. Allerdings kann der

606

---

[187] BGH NJW 1997, 581.

Gläubiger gleichzeitig aufgrund spezieller Regelungen zur Abnahme der Leistung verpflichtet sein.

> **Beispiel:** Der Käufer schuldet nach § 433 II die Abnahme der gekauften Sache. Kommt er dem nicht nach, so kann er als Schuldner dieser Verpflichtung in Schuldnerverzug geraten.

607 Der Verzug des Gläubigers ändert nichts an der Pflicht des Schuldners, die **geschuldete Leistung** zu erbringen. Nur im Sonderfall des Annahmeverzuges des Dienstberechtigten wird aufgrund § 615 der Dienstverpflichtete von der Nachleistung der Dienste freigestellt, obwohl er seinen Anspruch auf Vergütung behält. Für die Erfüllung der in allen anderen Fällen bestehenbleibenden Leistungspflicht des Schuldners ergeben sich aber infolge des Gläubigerverzuges gewisse Erleichterungen. So wird der Schuldner während des Verzugs des Gläubigers **von der Haftung für leichte Fahrlässigkeit freigestellt** (§ 300 I). Geht also der Leistungsgegenstand aufgrund leichter Fahrlässigkeit des Schuldners unter, wird er nach § 275 I von seiner Leistungspflicht frei und braucht auch keinen Schadensersatz zu leisten, da er leichte Fahrlässigkeit nicht zu vertreten hat (§ 280 I 2). Ebenso wenig kann der Gläubiger Schadensersatz für eine vom Schuldner leicht fahrlässig herbeigeführte Beschädigung des Leistungsgegenstandes fordern. Andererseits behält der Schuldner trotz der Unmöglichkeit seiner Leistung bei einem gegenseitigen (synallagmatischen) Vertrag nach § 326 II 1 Var. 2 seinen Anspruch auf die Gegenleistung.

> **Beispiel:** V hat M für 14 Tage einen Pkw vermietet. Es wird vereinbart, dass der Pkw zur Wohnung des M gebracht wird. Als V zum vereinbarten Zeitpunkt zur Wohnung des M kommt, trifft er dort niemand an. Deshalb kann er den vermieteten Pkw nicht übergeben. Auf der Rückfahrt kommt es infolge leichter Fahrlässigkeit des V zu einem Verkehrsunfall, bei dem das Fahrzeug einen Totalschaden erleidet. In diesem Fall wird V nach § 275 I von seiner Pflicht zur Leistung frei und behält nach § 326 II 1 Var. 2 seinen Anspruch auf Zahlung des Mietzinses.

608 Gemäß § 300 II geht bei **Gattungsschulden** die Gefahr mit dem Zeitpunkt auf den Gläubiger über, in dem er dadurch in Verzug kommt, dass er die angebotene Sache nicht annimmt. Um diese Vorschrift richtig verstehen zu können, muss zunächst geklärt werden, was unter dem **Begriff „Gefahr"** zu verstehen ist. Mit „Gefahr" wird im Zivilrecht das Risiko eines zufälligen, dh weder vom Schuldner noch vom Gläubiger zu vertretenden Untergang eines Gegenstandes bezeichnet. Wer bei einem Schuldverhältnis die „Gefahr" trägt, muss also die Folgen hinnehmen, die entstehen, wenn die geschuldete Leistung nicht erbracht wird. Bei gegenseitigen (synallagmatischen) Verträgen schulden beide Vertragspartner eine Leistung, sodass zwischen der Gefahr für die Leistung und der Gefahr für die Gegenleistung unterschieden werden muss. Die gesetzliche Regelung über die Unmöglichkeit und ihre Folgen führt dazu, dass die Gefahr für die Leistung, also die sog. **Leistungsgefahr**, vom Gläubiger getragen werden muss. Denn geht der geschuldete Leistungsgegenstand zufällig unter, so wird der Schuldner nach § 275 I von seiner Leistungspflicht frei und schuldet auch keinen Schadensersatz nach § 280 I, weil er die in der Nichtleistung liegende Pflichtverletzung nicht zu vertreten hat (§ 280 I 2), es sei denn, dass er sich im Schuldnerverzug befindet, bei dem er nach § 287 S. 2 auch für Zufall haften muss (→ Rn. 506). Dass bei einem zufälligen Untergang des Leistungsgegenstandes regelmäßig auch

VI. Gläubigerverzug

der Gläubiger die Gegenleistung nicht zu erbringen braucht, also die sog. **Gegenleistungsgefahr (auch Preis- oder Vergütungsgefahr genannt)** dem Schuldner zufällt, soll hier nur angedeutet werden (vgl. § 326 I 1); darauf wird später noch zurückzukommen sein.

§ 300 II betrifft die Leistungsgefahr. Bei dieser Regelung ist zu berücksichtigen, dass der Schuldner bei der Gattungsschuld – anders als bei der Stückschuld – regelmäßig das Beschaffungsrisiko übernimmt (→ Rn. 460) und sich deshalb nicht auf eine Leistungsbefreiung nach § 275 I oder II berufen kann, solange er sich die Gattungssache am Markt beschaffen kann. Weil sich aber mit der **Konkretisierung** die Gattungsschuld zu einer Stückschuld umwandelt (→ Rn. 213 f.), geht die Leistungsgefahr in diesem Zeitpunkt bereits nach § 275 I – wie ausgeführt – auf den Gläubiger über. § 300 II hat deshalb nur Bedeutung für die Zeit vor der Konkretisierung. Da jedoch der Schuldner einer solchen Sache regelmäßig das seinerseits Erforderliche getan hat, wenn er sie dem Gläubiger tatsächlich anbietet, und damit die Konkretisierung der Schuld bewirkt wird (vgl. § 243 II; → Rn. 213 f., 220), beschränkt sich der Anwendungsbereich des § 300 II auf die Fälle, in denen der Schuldner seine Leistung anbietet, ohne dass dadurch die Konkretisierung eintritt. Dies ist zB der Fall, wenn der Gläubiger die Annahme bereits im Voraus verweigert und deshalb nach § 295 durch ein wörtliches Angebot in Verzug gesetzt werden kann. Handelt es sich um eine Bring- oder Schickschuld, hat der Schuldner durch die Auswahl der zu leistenden Gegenstände noch nicht das seinerseits Erforderliche getan (→ Rn. 220), sodass nach § 243 II iVm § 275 I die Gefahr noch nicht auf den Gläubiger übergegangen ist. Den Gefahrübergang bewirkt in diesem Fall aber § 300 II, wenn der Gläubiger die ihm angebotene Leistung verweigert; folglich wird der Schuldner nach § 275 I frei, wenn der Leistungsgegenstand infolge eines von ihm nicht zu vertretenden Umstandes untergeht. Nach hM soll die Leistungsgefahr allerdings nur dann gem. § 300 II auf den Gläubiger übergehen, wenn der Leistungsgegenstand genügend eingegrenzt ist. Dies bedeutet, dass in Fällen, in denen der Gläubiger aufgrund eines wörtlichen Angebots der Leistung in Verzug kommt, der Schuldner den zu leistenden Gegenstand ausgesondert haben muss. Die Aussonderung kann dem Angebot der Leistung jedoch nachfolgen.

609

Eine Geldschuld hat der Schuldner im Zweifel auf seine Gefahr dem Gläubiger an dessen Wohnsitz zu übermitteln (§ 270 I). **Geldschulden** sind also vorbehaltlich abweichender Vereinbarungen Schickschulden, wobei die Besonderheit gilt, dass der Schuldner die Gefahr des Verlustes während der Übermittlung zu tragen hat (**sog. „qualifizierte Schickschuld"**). Auch wenn man die Geldschuld nicht als Gattungsschuld, sondern als eine Wertbeschaffungsschuld anzusehen hat, bei der dem Gläubiger vom Schuldner ein bestimmtes Wertquantum beschafft werden muss,[188] ist § 300 II zumindest entsprechend anzuwenden. Hieraus folgt, dass der Gläubiger während des Annahmeverzuges die Gefahr trägt: Der Schuldner muss nicht mehr zahlen, wenn das Geld durch Zufall oder leichte Fahrlässigkeit (§ 300 I) des Schuldners oder seiner Hilfspersonen (§ 278) verloren geht.

610

---

[188] Vgl. MüKoBGB/*Grundmann* § 245 Rn. 82 ff.

Beispiel: S hat sich von G 1.000 EUR als Darlehen geben lassen. Es wird vereinbart, dass S das Geld am 1.6. vormittags dem G in dessen Wohnung bar zurückgibt. Als S zum verabredeten Zeitpunkt zur Wohnung des G kommt, öffnet dort niemand. Als sich S daraufhin mit dem Geld auf den Heimweg macht, wird er auf dem Fußgängerüberweg von einem Motorradfahrer angefahren. Wegen seiner Verletzungen wird er ins Krankenhaus gebracht. Dort muss er feststellen, dass das Geld verschwunden ist. Es lässt sich nicht mehr klären, ob es beim Unfall verloren ging oder gestohlen wurde. In diesem Fall wird S wegen des Annahmeverzugs des G (§ 293) von seiner Pflicht zur Rückzahlung (§ 488 I 2) nach § 300 II frei.

611 § 270 betrifft **nur die Transportgefahr,** also das Risiko des Verlustes im Überweisungsverkehr (insbesondere: Nicht- oder Fehlausführung der Überweisung), hingegen **nicht die Verzögerungsgefahr,** also das Risiko, dass eine rechtzeitig abgesandte Geldsendung verspätet beim Gläubiger eintrifft; diese Gefahr hat der Gläubiger zu tragen. Ein Verschulden der Transportperson, das zu einer Verzögerung führt, ist nicht dem Schuldner zuzurechnen; § 278 gilt nicht (Ausnahme bei Transport durch eigene Leute).

612 Gemäß § 304 kann der Schuldner beim Gläubigerverzug **Ersatz der Mehraufwendungen** verlangen, die er für das erfolglose Angebot sowie für die Aufbewahrung und Erhaltung des geschuldeten Gegenstandes machen musste. Als derartige Mehraufwendungen kommen Fahrtkosten, Portokosten, Kosten für Lagerung des geschuldeten Gegenstandes uä in Betracht. Nicht verlangen kann der Schuldner hingegen einen ihm wegen des Gläubigerverzuges entgangenen Gewinn (zB Miete, die er für den Raum erhalten hätte, in dem er den geschuldeten Gegenstand aufbewahrt). Ist jedoch der Gläubiger gleichzeitig Schuldner, weil er zur Abnahme des Gegenstandes verpflichtet ist (→ Rn. 606), so kann der entgangene Gewinn unter dem Gesichtspunkt des Verzögerungsschadens (§ 280 I, II iVm §§ 286, 252) geltend gemacht werden. Weitere Rechtsfolgen des Gläubigerverzuges sind in §§ 301–303 geregelt.

VII. Besonderheiten bei Leistungsstörungen in synallagmatischen Verträgen

1. Überblick

613 §§ 320–326 enthalten Vorschriften, die nur für **gegenseitige (synallagmatische) Verträge** gelten (→ Rn. 122 f.). Eine besondere Regelung dieser Verträge ist erforderlich, weil sich bei ihnen Leistung und Gegenleistung gegenüberstehen und deshalb nicht nur die Rechtsfolgen für die gestörte Leistung, sondern auch für die Gegenleistung berücksichtigt werden müssen. Das Gesetz sieht folgende Einzelregelungen vor:

- **§ 320** bringt den engen Zusammenhang zwischen Leistung und Gegenleistung dadurch zum Ausdruck, dass vorbehaltlich einer ausnahmsweise bestehenden Vorleistungspflicht der Austausch der Leistungen nur Zug um Zug zu erfolgen hat und dass deshalb jeder Vertragspartner die ihm **obliegende Leistung bis zur Bewirkung der Gegenleistung verweigern** kann.

VII. Besonderheiten bei Leistungsstörungen in synallagmatischen Verträgen

- Besteht für einen der Vertragspartner eine Vorleistungspflicht, räumt ihm **§ 321** ein **Leistungsverweigerungsrecht** ein, wenn nach Abschluss des Vertrages erkennbar wird, dass sein Anspruch auf die Gegenleistung durch mangelnde Leistungsfähigkeit des anderen Teils gefährdet wird. Damit wird wiederum die gegenseitige Abhängigkeit von Leistung und Gegenleistung betont.[189]
- Erbringt der Schuldner die ihm nach dem Vertrage obliegende Leistung nicht rechtzeitig oder entspricht die erbrachte Leistung nicht den nach dem Vertrag zu stellenden Anforderungen, so steht dem Gläubiger unter den Voraussetzungen des **§ 323 ein Rücktrittsrecht** zu.
- Verletzt der Schuldner nicht die Leistungspflicht, sondern eine Schutzpflicht, so gewährt **§ 324** dem Gläubiger in dem Fall, dass ihm ein Festhalten am Vertrag nicht zugemutet werden kann, ebenfalls ein **Rücktrittsrecht.**
- Entfällt die Leistungspflicht des Schuldners nach § 275, so ordnet § 326 I an, dass grundsätzlich auch die **Pflicht zur Erbringung der Gegenleistung erlischt** (Ausnahmen: Absätze 2 und 3). Nach Absatz 5 ist der Gläubiger auch zum Rücktritt berechtigt.
- **§ 325** bestimmt, dass sich **Rücktritt und Schadensersatz** nicht wechselseitig ausschließen.

2. Anspruch auf die Gegenleistung trotz Unmöglichkeit der Leistung

Ist dem Schuldner die Erbringung der Leistung (objektiv oder subjektiv) unmöglich und schließt § 275 I deshalb den Anspruch des Gläubigers auf die Leistung aus, so entspricht es der synallagmatischen Verknüpfung von Leistung und Gegenleistung, dass grundsätzlich auch der **Gläubiger von seiner Pflicht zur Erbringung der Gegenleistung freigestellt** wird. Gleiches muss gelten, wenn der Schuldner das ihm durch § 275 II 1 oder § 275 III eingeräumte Recht zur Leistungsverweigerung ausübt.[190] Für diese Fälle bestimmt § 326 I 1 die für die Gegenleistung eintretende Rechtsfolge. Für das Freiwerden des Schuldners von seiner (primären) Leistungspflicht kommt es grundsätzlich nicht darauf an, ob der Schuldner das Leistungshindernis zu vertreten hat. Eine Ausnahme gilt nur nach § 275 II 2 für die Bestimmung des Maßes zumutbarer Anstrengungen zur Behebung des Leistungshindernisses. Dagegen ist es für den Anspruch auf die Gegenleistung nach § 326 II bedeutsam, ob der Gläubiger für den Umstand, der zur Freistellung des Schuldners von seiner Leistungspflicht nach § 275 I–III führte, allein oder überwiegend verantwortlich ist (→ Rn. 627 f.).

614

In Fällen, in denen das Leistungshindernis, das die Unmöglichkeit bewirkte, weder vom Schuldner noch vom Gläubiger zu vertreten ist, erlöschen also alle Leistungspflichten aus dem gegenseitigen Vertrag. Diese Rechtsfolge weist somit die **Leistungsgefahr** dem Gläubiger und die **Gegenleistungsgefahr** (Preis- oder Vergütungsgefahr) dem Schuldner zu. Es war bereits darauf hingewiesen worden (→ Rn. 608), dass mit „Gefahr" im Zivilrecht das Risiko des Eintritts eines zufälligen (dh weder vom Schuldner noch vom Gläubiger zu vertretenden) Nachteils bezeichnet wird,

615

---

[189] MüKoBGB/*Emmerich* § 321 Rn. 2.
[190] *Zimmer* NJW 2002, 1 (4).

sodass also „Leistungsgefahr" das Risiko des zufälligen Untergangs des geschuldeten Leistungsgegenstandes meint. Dieses Risiko fällt dem Gläubiger zu, weil er bei einem **zufälligen Untergang des Leistungsgegenstandes** regelmäßig (zur Ausnahme beim Schuldnerverzug → Rn. 507) leer ausgeht. Da nach § 326 I bei einem Freiwerden des Schuldners von seiner Leistungspflicht auch sein Anspruch auf die Gegenleistung entfällt, trägt er die Gegenleistungsgefahr.[191]

> **Beispiel:** Der von V dem K verkaufte Pkw brennt vor Übergabe ohne Verschulden des V aus. Nach § 275 I erlischt der Erfüllungsanspruch des K (→ Rn. 511), nach § 326 I der Kaufpreisanspruch des V. Die Leistungsgefahr trägt also der Gläubiger der Leistung (K), die Preisgefahr der Schuldner der Leistung (V).

616 Verlangt der Gläubiger das **stellvertretende commodum** nach § 285, so bleibt er zur Gegenleistung verpflichtet; diese mindert sich jedoch nach Maßgabe des § 441 III insoweit, als der Wert des Ersatzes oder des Ersatzanspruchs hinter dem Wert der geschuldeten Leistung zurückbleibt (§ 326 III). § 326 III darf nicht dahingehend missverstanden werden, dass erst eine in dieser Vorschrift ausgesprochene Verweisung den Weg zu § 285 bei einer im Gegenseitigkeitsverhältnis stehenden Leistung eröffnete. Vielmehr gilt § 285 für solche Leistung unmittelbar. Nur die Frage, wie sich das stellvertretende commodum zur Gegenleistung verhält, wird durch § 326 III entschieden.

617 Wird die **Leistung nur teilweise unmöglich** (→ Rn. 532 f.), so wird der Schuldner auch nur hinsichtlich des unmöglich gewordenen Teils frei (§ 275 I: „soweit"), im Übrigen bleibt er zur Leistung verpflichtet. Dementsprechend wird auch der Gläubiger nur teilweise von der Gegenleistung frei. Zur Berechnung des in diesem Fall als Gegenleistung Geschuldeten verweist § 326 I 1 Hs. 2 auf die Berechnung, die nach § 441 III bei der Minderung des Kaufpreises wegen Mängeln der Kaufsache vorzunehmen ist (→ Rn. 832). Hat der Gläubiger an der Teilerfüllung des Vertrages kein Interesse, kann er vom ganzen Vertrag zurücktreten (§ 323 V 1 iVm § 326 V). Bei Entscheidung der Frage, ob von einem **Interessenwegfall** auszugehen ist, muss auf die individuellen Verhältnisse des Gläubigers abgestellt werden. Auf ihrer Grundlage ist nach objektiven Kriterien zu entscheiden, ob man den Gläubiger für verpflichtet halten kann, die geminderte Leistung durch eine entsprechend geminderte Gegenleistung zu erkaufen. Dabei ist darauf zu sehen, ob der mit dem Vertrag verfolgte Zweck auf diese Weise erreicht werden kann. Muss dies verneint werden, ist ein Interessenwegfall zu bejahen.

> **Beispiel:** N, der ein Feinschmecker-Restaurant betreibt, will die Galerieräume neu möblieren. Antiquitätenhändler A bietet ihm zwölf sehr gut erhaltene Stühle zum Kauf an, die aus England stammen und in der Regency-Periode gefertigt wurden. N kauft die Stühle. Auf dem Transport werden fünf von ihnen infolge eines von A nicht verschuldeten Unfalls zerstört. N lehnt es ab, die restlichen Stühle abzunehmen, und erklärt, er könne damit nichts anfangen, weil er für die Bestuhlung eines kleinen separaten Raumes seines Restaurants mindestens 12 Stühle benötige. Die Hinzufügung von Stühlen anderer Art würde den Gesamteindruck erheblich stören und sei mit der übrigen eleganten Ausstattung seines Restaurants nicht vereinbar.

---

[191] Vgl. *Coester-Waltjen* JURA 2007, 110.

VII. Besonderheiten bei Leistungsstörungen in synallagmatischen Verträgen

In diesem Fall ist der Zweck des Vertrages, nämlich Möbel zu erwerben, die für die Einrichtung des Lokals verwendbar sind, nicht zu erreichen. Deshalb ist es bereits fraglich, ob es sich in diesem Fall überhaupt um eine Teilunmöglichkeit handelt oder eher bereits um die Unmöglichkeit der gesamten Leistung (→ Rn. 532). Da dies jedoch zweifelhaft sein könnte, ist dem N zu raten, vorsorglich den Rücktritt vom Vertrag zu erklären, weil auf jeden Fall sein Interesse an der Lieferung der sieben restlichen Stühle weggefallen ist. Dabei ist unerheblich, ob A diesen Zweck kannte oder auch nur kennen konnte. Entscheidend ist allein, ob die Teilleistung für sich betrachtet nach dem mit dem Vertrag vom Gläubiger verfolgten Zweck noch einen Wert für ihn besitzt.[192] Mit der Rücktrittserklärung des N erlöschen die noch nicht erfüllten Leistungspflichten der Parteien (→ Rn. 686), und folglich ist N weder zur Abnahme der restlichen Stühle noch zu ihrer Bezahlung verpflichtet.

Nicht einschlägig ist hier § 266, wonach ein Schuldner nicht berechtigt ist, Teilleistungen zu erbringen, und folglich der Gläubiger auch die Annahme solcher Teilleistungen ablehnen darf, sofern die Vertragsparteien nichts Abweichendes vereinbart haben. Es wäre verfehlt, etwa argumentieren zu wollen, es komme überhaupt nicht darauf an, ob eine Leistung teilbar ist und ob der Gläubiger an der Teilleistung ein Interesse habe, denn weise der Gläubiger eine Teilleistung gem. § 266 zurück, so handele es sich um eine vollständige Nichtleistung.[193] Der Denkfehler in dieser Argumentation liegt darin, unberücksichtigt zu lassen, dass der Schuldner von seiner Pflicht zur Leistung insoweit frei wird, wie ihm die Leistung unmöglich ist (§ 275 I), und dass deshalb bei einer teilbaren Leistung der noch mögliche Teil dann die geschuldete Leistung darstellt und es sich bei ihrem Angebot keineswegs um eine Teilleistung iSd § 266 handelt.[194]

Hat der Schuldner die Leistung nicht vertragsgerecht erbracht und steht deshalb dem Gläubiger ein Anspruch auf Nacherfüllung zu, so stellt sich die Frage, welchen Einfluss die **Unmöglichkeit der Nacherfüllung** auf die Gegenleistung hat. Man könnte erwägen, auch in diesem Fall von einer Teilleistung auszugehen und eine Lösung auf der Grundlage des § 326 I 1 Hs. 2 zu suchen. Indes wird durch § 326 I 2 klargestellt, dass es sich nicht um einen Fall der Teilunmöglichkeit handelt. Vielmehr gibt § 326 V iVm § 323 dem Gläubiger das Recht, bei einer irreparablen Schlechtleistung vom Vertrag zurückzutreten. **618**

Hat der Gläubiger die nach § 326 nicht geschuldete **Gegenleistung bereits erbracht**, kann er das Geleistete nach §§ 346–348 zurückfordern (§ 326 IV). **619**

> **Beispiel:** H und K haben einen Vertrag geschlossen, nach dem sie das Ölgemälde „Morgenröte" des H gegen das Ölgemälde „Sonnenuntergang" des K tauschen. K hat sein Bild H bereits übergeben. In Abwesenheit des H wird in dessen gut gesichertes Haus eingebrochen und das Bild „Morgenröte" gestohlen.
>
> In diesem Fall ist H die ihm nach dem Vertrag mit K obliegende Leistung unmöglich geworden, sodass er von seiner Leistungspflicht nach § 275 I frei wird. Er kann dann allerdings auch nicht die Gegenleistung des K behalten (§ 326 I 1 Hs. 1), sondern muss sie nach § 326 IV iVm § 346 I zurückgeben.

---

[192] MüKoBGB/*Ernst* § 323 Rn. 205.
[193] So aber LG Rottweil NJW 2003, 3139.
[194] *Lorenz* NJW 2003, 3097.

620 Von der in § 326 I getroffenen Regelung gibt es wichtige Ausnahmen, in denen nicht der Schuldner, sondern **der Gläubiger die Gegenleistungsgefahr trägt,** er also weiterhin zur Erbringung der Gegenleistung verpflichtet bleibt, obwohl er die von ihm zu beanspruchende Leistung nicht erhält. Befindet sich der Gläubiger im **Annahmeverzug,** dh hat er die ihm ordnungsgemäß durch den Schuldner angebotene Leistung nicht angenommen (→ Rn. 590 ff.), behält der Schuldner gem. § 326 II 1 Var. 2 nach einer (von ihm nicht zu vertretenden) Unmöglichkeit seiner Leistung den Anspruch auf die Gegenleistung. Dieselbe Rechtsfolge wird für einzelne Schuldverhältnisse durch spezielle Regelungen angeordnet, so für den Annahmeverzug des Käufers in § 446 S. 3 (dazu sogleich), für den Annahmeverzug des Dienstberechtigten in § 615 und für den Annahmeverzug des Bestellers beim Werkvertrag in § 644 I 2.

621 Ist eine verkaufte Sache dem Käufer bereits übergeben worden, geht nach § 446 S. 1 die Gefahr des zufälligen Untergangs auf ihn über. Dies hat zur Folge, dass der Schuldner, auch wenn er infolge des Untergangs der Sache nicht mehr zur Erfüllung der ihm nach § 433 I 1 obliegenden Pflicht zur Übereignung der Kaufsache im Stande ist, den Anspruch auf die Gegenleistung behält.

> **Beispiel:** V hat K einen Pkw verkauft und übergeben, wobei vereinbart worden ist, dass das Eigentum an dem Fahrzeug erst nach Zahlung des Kaufpreises übergehen soll (Eigentumsvorbehalt; dazu Einzelheiten später). Das Fahrzeug brennt danach ohne Verschulden des K aus.

622 Dass § 446 S. 1 nur die Fälle der Übergabe der verkauften Sache vor Übereignung betrifft, folgt daraus, dass der Schuldner nach Übereignung die ihn gem. § 433 I 1 treffenden Pflichten bereits vollständig erfüllt hat, sodass sich die Frage der Unmöglichkeit nicht mehr stellen kann. Im Übrigen gilt der Grundsatz, dass jeder Eigentümer die Gefahr des zufälligen Untergangs oder eines sonstigen Schadens an der ihm gehörenden Sache zu tragen hat (casum sentit dominus, dh frei übersetzt: den Zufall hat der Eigentümer zu tragen). § 446 S. 1 umfasst auch den Fall des unwiederbringlichen Verlustes durch Diebstahl, sodass sich an der Lösung des Beispielsfalles nichts ändert, wenn der Pkw nicht ausbrennt, sondern von einem Unbekannten gestohlen wird.

623 Gemäß § 446 S. 3 muss sich der **im Annahmeverzug befindliche Käufer** hinsichtlich der Gefahrtragung so behandeln lassen, als sei ihm die Kaufsache bereits übergeben worden. Dies bedeutet, dass in diesem Fall der Käufer zur Zahlung des Kaufpreises verpflichtet bleibt, wenn die Kaufsache durch Zufall untergeht oder verschlechtert wird, und dass dann der Verkäufer von seiner Leistungspflicht frei wird.

> **Beispiel:** V und K haben vereinbart, dass V den von ihm verkauften Pkw am 1.3. in der Zeit von 10.00–11.00 Uhr zur Wohnung des K bringt. V erscheint mit dem Wagen pünktlich, jedoch ist bei K niemand zu Hause. V wartet bis 12.00 Uhr und tritt dann den Heimweg an. Unterwegs kommt es zu einem von V nicht verschuldeten Unfall, bei dem das Fahrzeug erheblich beschädigt wird. Nach § 446 S. 3 trägt K während des Annahmeverzuges sowohl die Leistungs- als auch die Gegenleistungsgefahr. Folglich ist er zur Zahlung des vollen Kaufpreises verpflichtet, während V das Fahrzeug nur im beschädigten Zustand zu übergeben und zu übereignen hat, ohne dass K deshalb Ansprüche geltend machen könnte.

VII. Besonderheiten bei Leistungsstörungen in synallagmatischen Verträgen

Bei einem sog. **Versendungskauf** versendet der Verkäufer auf Verlangen des Käufers, dh aufgrund einer entsprechenden vertraglichen Vereinbarung,[195] die verkaufte Sache an einen anderen Ort als den Erfüllungsort. Dann geht die Gegenleistungsgefahr auf den Käufer über, „sobald der Verkäufer die Sache dem Spediteur, dem Frachtführer oder der sonst zur Ausführung der Versendung bestimmten Person oder Anstalt ausgeliefert hat" (§ 447 I). Der **Begriff des Erfüllungsortes** in § 447 I ist identisch mit dem „Leistungsort", also dem Ort, an dem der Schuldner die Leistungshandlung vorzunehmen hat (→ Rn. 216). Da bei der Bringschuld der Leistungsort der Wohnsitz oder der Gewerbebetrieb des Käufers ist (→ Rn. 218), gilt § 447 I nicht, wenn in diesem Fall die Kaufsache auf dem Transport zum Käufer beschädigt oder zerstört wird. Handelt es sich dagegen um einen Versendungskauf, bei dem der Leistungsort der Wohnsitz oder der Gewerbebetrieb des Verkäufers ist (wie bei der Schickschuld, deren Hauptanwendungsfall der Versendungskauf bildet; → Rn. 219), so behält der Verkäufer seinen Anspruch auf Zahlung des Kaufpreises, wenn bei dem vom Käufer verlangten Transport die Kaufsache durch Zufall untergeht oder verschlechtert wird. Nach hM soll § 447 nicht eingreifen, wenn der Verkäufer die Kaufsache von einem anderen Ort als dem Erfüllungsort (zB von einem auswärtigen Auslieferungslager) versendet, es sei denn, dass der Käufer damit einverstanden ist,[196] wofür dann auch eine stillschweigende Erklärung ausreichend sein soll.[197]

624

Die Gegenleistungs- bzw. Preisgefahr geht nach § 447 I auch dann auf den Käufer über, wenn sich der Verkäufer für den vom Käufer verlangten Transport eigener Leute bedient (hM).[198] In einem solchen Fall ist allerdings zu prüfen, ob nicht eine Bringschuld anzunehmen ist. Ist dies zu verneinen und haben die den Transport durchführenden Leute des Verkäufers die Zerstörung oder Beschädigung der Kaufsache nicht verschuldet (sonst wird dem Verkäufer das Verschulden seiner Leute nach § 278 zugerechnet[199]), hat der Käufer den Kaufpreis zu zahlen, da ihn nach § 447 I die Preisgefahr trifft.

625

Beispiel: Kfz-Händler H verkauft dem K einen Pkw. Das Fahrzeug soll nach Einbau eines Radios am 1.6. von K bei H abgeholt werden. Da K verhindert ist, bittet er telefonisch den H, das Kfz zu seiner Wohnung zu bringen. H beauftragt seinen Angestellten A, mit dem Kfz zu K zu fahren. Auf dieser Fahrt kommt es infolge des Verschuldens eines nicht identifizierten Verkehrsteilnehmers zu einem Unfall, bei dem das an K verkaufte Fahrzeug einen Totalschaden erleidet. Nach § 433 II bleibt K zur Zahlung des Kaufpreises verpflichtet, weil die Voraussetzungen des § 447 I erfüllt sind und die Gefahr des zufälligen Untergangs im Augenblick des Antritts der Fahrt auf ihn (K) über-

---

[195] Vgl. *Wertenbruch* JuS 2003, 625 (626 f.).
[196] *Brox/Walker* SchuldR BT § 3 Rn. 24; Palandt/*Weidenkaff* § 447 Rn. 13. AA *Wertenbruch* JuS 2003, 625 (627), der § 447 auch in diesem Fall anwenden will.
[197] Vgl. BGH NJW 1991, 915.
[198] *Coester-Waltjen* JURA 2007, 110 (113); Bamberger/Roth/*Faust* § 447 Rn. 9; MüKoBGB/ *Westermann* § 447 Rn. 16 f. AA *Wertenbruch* JuS 2003, 625 (628 f.); Jauernig/*Berger* § 447 Rn. 12.
[199] Den Verkäufer trifft die vertragliche Nebenpflicht, die Kaufsache vor Schäden zu schützen (→ Rn. 250). Eine Verletzung dieser Pflicht auf dem Transport durch eigene Leute hat der Verkäufer nach § 278 zu vertreten und deshalb nach § 280 I Schadensersatz zu leisten.

gegangen ist. Dem steht auch nicht entgegen, dass der Transport in derselben Stadt durchgeführt wurde. Denn der Begriff „Ort" iSv § 447 I ist nicht im politischen Sinn zu verstehen; vielmehr wird immer dann „nach einem anderen Orte" versendet, wenn der Transport von dem Leistungsort (Erfüllungsort) zu einer anderen Adresse vorgenommen wird. Das **„Platzgeschäft"** (auch „Platzkauf" genannt), bei dem in ein und derselben Ortschaft im geographischen oder politischen Sinn die Ware versendet wird, fällt also unter § 447 I.[200]

626 Zu beachten ist, dass § 447 für den **Verbrauchsgüterkauf** nur nach Maßgabe von § 475 II gilt (→ Rn. 905).

627 § 326 II 1 Var. 1 bestimmt, dass der Schuldner seinen Anspruch auf die Gegenleistung behält, wenn für den Umstand, aufgrund dessen der Schuldner nach § 275 I–III nicht zu leisten braucht, **der Gläubiger allein oder weit überwiegend verantwortlich ist.** Für diese Regelung kommt es also auf die Klärung der Frage an, für was der Gläubiger die „Verantwortung" trägt. Nach früherem Recht wurde darauf abgestellt, ob der Gläubiger den Umstand, der zur Unmöglichkeit der vom Schuldner zu erbringenden Leistung führte „zu vertreten" habe. Was der Gläubiger zu vertreten hat, war im früheren Recht ebenso wenig bestimmt, wie jetzt der Verantwortungsbereich des Gläubigers definiert wird. Aus den Gesetzesmaterialien zur Schuldrechtsmodernisierung ergibt sich nicht, dass durch die Änderung der Begriffe (statt „vertreten müssen" nunmehr „verantwortlich") eine inhaltliche Korrektur des früheren Rechts bezweckt wird. Vielmehr wird ausdrücklich festgestellt, dass § 326 II die bisherige Regelung lediglich mit „leichten Umformulierungen" übernehmen soll.[201] Durch die Betonung der alleinigen oder weit überwiegenden Verantwortlichkeit des Gläubigers wird zum Ausdruck gebracht, dass dadurch nicht zugleich auch das Problem einer von beiden Vertragspartnern zu vertretenden Unmöglichkeit geregelt werden soll.[202]

628 Ist folglich davon auszugehen, dass inhaltliche Änderungen durch § 326 II 1 gegenüber dem früheren Recht nicht vorgenommen werden, sind bei Abgrenzung der dem Gläubiger anzulastenden Umstände weiterhin dieselben Grundsätze anzuwenden, wie sie für den Schuldner durch §§ 276 und 278 festgelegt werden. Dies bedeutet, dass (nur) eine **schuldhafte Verletzung der dem Gläubiger nach dem Vertrag zufallenden Pflichten und Obliegenheiten** zuzurechnen ist. Dabei steht entsprechend § 278 auch das Verhalten der Personen, die der Gläubiger bei Erfüllung seiner Pflichten und Obliegenheiten handeln lässt, seinem eigenen Verhalten gleich.

629 Als **Obliegenheit** wird ein Gebot bezeichnet, dessen Befolgung nicht erzwungen werden kann, sondern im eigenen Interesse des dadurch Belasteten liegt, weil ihm sonst Rechtsnachteile (zB der Verlust einer vorteilhaften Rechtsposition) drohen. So wird zB durch § 254 II 1 einem Geschädigten aufgegeben, den Schädiger auf die Gefahr eines ungewöhnlich hohen Schadens aufmerksam zu machen, den Schaden abzuwenden und ihn zu mindern. Verstößt der Geschädigte gegen diese Gebote, so

---

[200] *Wertenbruch* JuS 2003, 625 (628).
[201] Amtl. Begr. BT-Drs. 14/6040, 189. Zur Frage nach den Rechtsfolgen, die im Falle der vom Schuldner und vom Gläubiger gemeinsam zu vertretenden Unmöglichkeit eintreten, vgl. *Rauscher* ZGS 2002, 333; *Gruber* JuS 2002, 1066; *Emmerich*, Das Recht der Leistungsstörungen, 6. Aufl. 2005, § 14 Rn. 1.
[202] *Canaris* JZ 2001, 499 (511).

VII. Besonderheiten bei Leistungsstörungen in synallagmatischen Verträgen   239

mindert sich sein Schadensersatzanspruch im Umfang seines Mitverschuldens. Der Geschädigte ist also nicht verpflichtet, vor dem Schaden zu warnen, ihn abzuwenden oder zu mindern, es liegt aber in seinem eigenen Interesse, dies zu tun, weil er sonst die sich daraus ergebenden Nachteile zu tragen hat; es handelt sich also dabei um Obliegenheiten.

> **Beispiel:** Wer körperlich verletzt ist, muss sich nicht etwa zwingend in ärztliche Behandlung begeben, den Anordnungen des Arztes folgen und solche ärztlichen Maßnahmen dulden, die zur Heilung oder Besserung seines Gesundheitszustandes erforderlich sind. Handelt der Geschädigte diesen Obliegenheiten indes zuwider, so ist dies gem. § 254 II 1 bei der Berechnung des zu ersetzenden Schadens zu berücksichtigen.

Im Rahmen von § 326 II 1 Var. 1 kommt es auf solche Obliegenheiten des Gläubigers an, deren Beachtung für die vertragsgerechte Erbringung der Leistung durch den Schuldner wesentlich ist. Welche dies sind, ist aufgrund der besonderen Umstände des Einzelfalls, insbesondere nach den vertraglichen Absprachen, zu entscheiden. Allgemein wird man feststellen können, dass den Gläubiger die Obliegenheit trifft, durch sein Verhalten die Leistung des Schuldners nicht unmöglich zu machen. 630

> **Beispiele:**
>
> (1) H beauftragt Handwerksmeister M, das Dach seines Hauses zu reparieren. Danach entschließt sich H, das Haus abzureißen und durch einen Neubau ersetzen zu lassen. Kündigt deshalb H den Werkvertrag mit M, wozu er nach § 649 S. 1 bis zur Vollendung des Werks jederzeit berechtigt ist, so ist er verpflichtet, dem M die vereinbarte Vergütung zu bezahlen, die sich allerdings um dasjenige mindert, was M infolge der Aufhebung des Vertrages erspart oder anderweitig erwirbt oder zu erwerben böswillig unterlässt (vgl. § 649 S. 2). Kündigt H in diesem Fall nicht, so hat er die Unmöglichkeit der M obliegenden Leistung zu vertreten, sodass sich ein gleiches Ergebnis aus § 326 II 1 Var. 1 ergibt.
>
> (2) Die Konzertagentur K schließt mit Sänger S einen Vertrag, wonach S für mehrere Konzerte in verschiedenen Städten eine Gage von insgesamt 30.000 EUR erhalten soll. Nach zwei Veranstaltungen bricht die Konzertagentur die Tournee ab, weil das Publikumsinteresse geringer als erwartet ist und wesentlich weniger Eintrittskarten verkauft werden konnten, als vorher kalkuliert wurde. Auch in diesem Fall verletzt K schuldhaft die Obliegenheit, die vorgesehenen Konzerte zu veranstalten und dadurch die Erbringung der von S geschuldeten Leistung zu ermöglichen, und ist deshalb nach § 326 II 1 Var. 1 zur Zahlung der vereinbarten Gage verpflichtet.

§ 326 II 1 Var. 1 ist insbesondere auch dann anzuwenden, wenn der Käufer einer Sache vor Übergabe den Kaufgegenstand zerstört oder wenn eine Mietsache infolge eines Verschuldens des Mieters unbrauchbar gemacht wird. 631

> **Beispiel:** Das gemietete Kfz brennt bei einem vom Mieter verschuldeten Unfall aus; der Mieter ist – unabhängig von der Frage eines Schadensersatzes für den Pkw – zur Entrichtung des vereinbarten Mietzinses verpflichtet.

Nach § 326 II 2 muss sich der Schuldner auf die vom Gläubiger zu erbringende Gegenleistung das anrechnen lassen, was er infolge der Befreiung von der Leistung erspart oder durch anderweitige Verwendung seiner Arbeitskraft erwirbt oder zu 632 erwerben böswillig unterlässt. Denn der Schuldner soll durch § 326 II nicht besser gestellt werden als bei ordnungsgemäßer Durchführung des Vertrages. Deshalb hat sich der Schuldner solche Kosten anrechnen zu lassen, die er bei Durchführung des Vertrages hätte aufwenden müssen – wie Transportkosten, Reisekosten, Verpackungskosten, Arbeitslöhne uä – und die er infolge der Unmöglichkeit seiner Leistung erspart hat. Über den Wortlaut der Vorschrift hinaus werden auch alle sonstigen Vorteile in Anrechnung gebracht, die der Schuldner aus dem ursprünglich geschuldeten Gegenstand zieht und sonst nicht gezogen hätte.

Beispiel: Anrechnung des Kaufpreises bei Veräußerung des zerstörten Kfz als Schrott durch den Schuldner.

3. Rücktritt wegen nicht oder nicht vertragsgemäß erbrachter Leistung

633 Das dem Gläubiger **durch § 323 I eingeräumte Rücktrittsrecht** wegen nicht oder nicht vertragsgemäß erbrachter Leistung betrifft nur die Fälle, in denen die dem Schuldner obliegende Leistung zwar möglich und fällig ist, aber gleichwohl nicht oder nicht in vertragskonformer Weise erbracht wird. § 323 korrespondiert mit der in § 281 getroffenen Regelung (die ebenfalls nicht bei Unmöglichkeit der Leistungserbringung eingreift, arg.: § 283). Allerdings bestimmt § 326 V für die Fälle des § 275 I–III eine entsprechende Anwendung des § 323. Weiterhin ist zu berücksichtigen, dass das Rücktrittsrecht wegen Nicht- oder Schlechterfüllung von Schutzpflichten nicht in § 323, sondern § 324 geregelt wird.

634 Als **Voraussetzungen für das Rücktrittsrecht** des Gläubigers nach § 323 sind zu nennen:

- nicht rechtzeitige Erbringung einer nach einem gegenseitigen Vertrag geschuldeten (möglichen) Leistung oder Schlechterfüllung einer solchen Leistung;
- erfolgloser Ablauf einer vom Gläubiger zur Leistung oder Nacherfüllung gesetzten angemessenen Frist, sofern die Fristsetzung nicht nach § 323 II entbehrlich ist.

635 Zu diesen Voraussetzungen ist Folgendes zu bemerken: Leistet der Schuldner bei Fälligkeit nicht oder nicht vertragsgemäß, so muss ihm der Gläubiger grundsätzlich eine **angemessene Frist zur Leistung setzen.**[203] Ist diese Frist erfolglos abgelaufen, kann der Gläubiger nach § 323 I vom Vertrag zurücktreten, ohne dass es darauf ankommt, aus welchem Grunde der Schuldner die ihm mögliche Leistung nicht erbringt (Ausnahme: § 323 VI; dazu später). Insbesondere müssen nicht die Voraussetzungen des Verzugs erfüllt sein. Der Grund für die Nichtleistung ist grundsätzlich nur für den Anspruch auf Schadensersatz nach § 281 I iVm § 280 I bedeutsam, weil dieser Anspruch davon abhängt, dass der Schuldner die in der Nichterfüllung liegende Pflichtverletzung zu vertreten hat (§ 280 I 2; → Rn. 458 ff.). Ein solcher Schadensersatzanspruch kann auch nach erfolgtem Rücktritt geltend gemacht werden (§ 325).

---

[203] BGH NJW 2009, 2532 Rn. 12; 2010, 1448 Rn. 10; 2011, 2278 Rn. 13. Näher zum Grundsatz und den Ausnahmen etwa *Odemer* JURA 2016, 842.

VII. Besonderheiten bei Leistungsstörungen in synallagmatischen Verträgen

Grundsätzlich darf der Gläubiger nach erfolglosem Ablauf einer Frist zur Nacherfüllung vom Vertrag zurücktreten, ohne dass es auf die Schwere der in der Schlechterfüllung liegenden Vertragsverletzung ankommt. Eine Ausnahme sieht § 323 V 2 vor, wenn die **Pflichtverletzung unerheblich** ist.[204]

636

> **Beispiel:** K kauft von dem Vertragshändler V einen fabrikneuen Pkw einer bestimmten Marke. In der Werbung für dieses Fahrzeug wird als durchschnittlicher Kraftstoffverbrauch 6 l auf 100 km angegeben. K muss jedoch feststellen, dass der Verbrauch 6,2 l beträgt.
>
> Bei dieser negativen Abweichung der Soll-Beschaffenheit des Fahrzeugs von seiner Ist-Beschaffenheit handelt es sich um einen Sachmangel (vgl. § 434 I 3; → Rn. 793, 805). Für diesen Fall verweist § 437 Nr. 2 auf § 323. Grundsätzlich steht dem K somit ein Rücktrittsrecht unter den dort genannten Voraussetzungen zu. Jedoch ist die Abweichung so gering, dass deshalb ein Rücktritt vom Vertrag ausgeschlossen werden muss.[205]

§ 323 V 2 liegt eine Interessenbewertung zugrunde (ebenso wie der parallelen Regelung zum Schadensersatz in § 281 I 3): Während dem Gläubiger bei einer nicht oder nicht vertragsgemäß erbrachten Leistung grundsätzlich ein Rücktrittsrecht eingeräumt wird und damit dessen Interesse an einer Rückabwicklung des Vertrages entsprochen wird, soll dies bei einer geringfügigen Pflichtverletzung nicht gelten. In einem solchen Fall wird dem Interesse des Schuldners am Fortbestand des Vertrages der Vorrang eingeräumt, um ihm die Belastungen einer Vertragsaufhebung zu ersparen. Für die Beurteilung, ob ein Mangel als geringfügig eingestuft werden muss, ist der Zeitpunkt der Rücktrittserklärung maßgebend.[206]

637

Zu fragen ist, ob bei der vorzunehmenden Interessenabwägung allein auf das Defizit der vom Schuldner erbrachten Leistung, also auf das **objektive Ausmaß der Leistungsstörung,** abzustellen ist, oder ob auch andere Gesichtspunkte maßgebend sein können. Die hM im Schrifttum spricht sich für die erste Alternative aus und entscheidet über die Erheblichkeit der Pflichtverletzung nach dem Aufwand, der erforderlich ist, um einen Mangel zu beseitigen, und nach der Beeinträchtigung, die sich für den Gläubiger aus einem nicht behebbaren Mangel ergibt.[207] Auch der BGH erklärt in erster Linie die für die Mängelbeseitigung aufzuwendenden Kosten für maßgebend.[208] So hat er sich dafür ausgesprochen, die Grenze für die Unerheblichkeit einer Pflichtverletzung bei 5% des Kaufpreises zu ziehen.[209] Der BGH will zudem aber auch dem **Verhalten des Schuldners** Bedeutung beimessen: Insbesondere wenn dieser arglistig gehandelt hat, sei dem Interesse des Gläubigers an der Rückabwicklung selbst bei einer unerheblichen Pflichtverletzung der Vorrang

638

---

[204] BGH NJW 2011, 3708 Rn. 9 weist darauf hin, dass es für die Frage, ob die in der Lieferung einer mangelhaften Sache liegende Pflichtverletzung unerheblich ist, auf den Zeitpunkt der Rücktrittserklärung ankommt; dazu *Höpfner* NJW 2011, 3693 (3695 f.).
[205] Vgl. BGH NJW 2007, 2111; LG Ravensberg NJW 2007, 2127.
[206] BGH NJW 2009, 508 Rn. 17 mAnm Bruns = JuS 2009, 373 (*Faust*); vgl. auch BGH NJW 2011, 2872 (2874 Rn. 19).
[207] Bamberger/Roth/*Lorenz* § 281 Rn. 69.
[208] BGH NJW 2011, 2872 Rn. 21.
[209] BGH NJW 2014, 3229 mAnm Peters = JuS 2015, 68 (*Riehm*).

einzuräumen.²¹⁰ Das Schrifttum lehnt diese Auffassung des BGH überwiegend ab, wobei insbesondere darauf hingewiesen wird, dass ein Vertragspartner, der arglistig den Abschluss eines Vertrages herbeiführt, eine vorvertragliche Pflicht verletzt hat, die von § 323 nicht erfasst werde.²¹¹ Auch wird darauf verwiesen, dass ausreichende Sanktionsmöglichkeiten außerhalb des § 323 bestehen, um die Interessen des Gläubigers gegenüber einem arglistigen Verhalten des Schuldners zu schützen (Anfechtung nach § 123 I Var. 1; Ansprüche wegen c. i. c.).²¹² Der BGH setzt sich über diese Bedenken hinweg und will offensichtlich ein arglistiges Verhalten sanktionieren. Demgemäß wird dem arglistig getäuschten Gläubiger auch gestattet, gem. §§ 280 I, III, 281 Schadensersatz statt der Leistung zu fordern, ohne dass dem Schuldner zuvor eine Nachfrist gesetzt werden müsste (→ Rn. 457). Zudem sei der Käufer berechtigt, den Kaufpreis ohne die sonst erforderliche Fristsetzung zur Beseitigung des Mangels zu mindern, wenn der Verkäufer den Mangel arglistig bei Abschluss des Kaufvertrages verschwiegen hat (dazu Einzelheiten später).²¹³

639 Ist die vom Gläubiger gesetzte **Frist erfolglos abgelaufen,** kann der Gläubiger vom Vertrag zurücktreten, hat aber auch das Recht, weiterhin Erfüllung zu fordern; denn solange der Rücktritt nicht erklärt und damit das Vertragsverhältnis in ein Rückgewährschuldverhältnis umgewandelt worden ist (→ Rn. 686, 688), bleibt der Anspruch des Gläubigers auf die Leistung unverändert bestehen und ist auch der Schuldner zur Leistung berechtigt (→ Rn. 454). Der in diesem Zeitraum entstehende Schwebezustand kann für beide Vertragsparteien zu Risiken führen, die sich aus der Ungewissheit über die weitere Abwicklung des Vertragsverhältnisses ergeben (→ Rn. 455).

640 Der **Zweck der Fristsetzung** besteht darin, dem Schuldner Gelegenheit zu geben, die ausstehende Leistung doch noch zu erbringen oder ihre Vertragswidrigkeit zu beheben. Da ein Rücktritt nach § 323 I voraussetzt, dass der Schuldner eine fällige Leistung nicht oder nicht vertragsgemäß erbringt, darf die Nachfrist erst gesetzt werden, wenn die Leistung fällig ist; sonst ist die Nachfristsetzung unbeachtlich.²¹⁴ Ergeben sich jedoch bereits vor Fälligkeit der Leistung ernsthafte Zweifel an der Leistungsfähigkeit oder -willigkeit des Schuldners, so hat der Gläubiger ein schützenswertes Interesse daran, Klarheit über die Erfüllung des Vertrages zu erlangen. Deshalb kann er dem Schuldner bereits vor Fälligkeit eine angemessene Frist zur Erklärung der Leistungsbereitschaft und zum Nachweis einer fristgerechten Erfüllung des Vertrages setzen, wenn die rechtzeitige Erfüllung durch Hindernisse ernsthaft infrage gestellt ist, die im Verantwortungsbereich des Schuldners liegen, und wenn dem Gläubiger ein weiteres Zuwarten nicht zuzumuten ist. Nach fruchtlosem Ablauf dieser Frist kann er vom Vertrag zurücktreten.²¹⁵

---

[210] BGH NJW 2006, 1960 Rn. 11 ff.; WM 2006, 1076 Rn. 12 ff.; ebenso HK-BGB/*Schulze* § 323 Rn. 14; NK-BGB/*Dauner-Lieb/Dubovitskaya* § 323 Rn. 39 mN zum Meinungsstand.
[211] *Tiedtke* JZ 2008, 395 (403); Bamberger/Roth/*Lorenz* § 281 Rn. 69; MüKoBGB/*Ernst* § 281 Rn. 152.
[212] Nach aA soll § 324 in einer erweiternden Auslegung dieser Vorschrift angewendet werden; vgl. dazu S. Lorenz NJW 2006, 1925 (1927).
[213] BGH NJW 2008, 1371 = JuS 2008, 557 (*Faust*) = JA 2008, 301 (*Looschelders*).
[214] BGH NJW 2012, 3714 Rn. 16 mAnm *Gutzeit* = JuS 2012, 940 (*Faust*).
[215] BGH NJW 2012, 3714 Rn. 18 mN.

VII. Besonderheiten bei Leistungsstörungen in synallagmatischen Verträgen

Steht bereits im Zeitpunkt der Schlechtleistung fest, dass eine Nacherfüllung unmöglich ist, oder zeigt sich dies danach, so handelt es sich um einen Fall der Unmöglichkeit einer vertragsgerechten Leistungserbringung. Dies greift § 326 V auf, wonach der Rücktritt ohne Fristsetzung zulässig ist.[216] Ebenso ist in den Fällen des § 323 II davon auszugehen, dass der Gläubiger trotz der Fristsetzung keine vertragsgerechte Leistung erhalten wird oder der Leistungszweck für ihn nicht mehr erreicht werden kann. Deshalb **entfällt die Notwendigkeit einer Fristsetzung**. Zu § 323 II ist Folgendes zu bemerken: **641**

- Die in **Nr. 1** getroffene Regelung über die Entbehrlichkeit einer Fristsetzung stimmt mit der schadensersatzrechtlichen Parallelvorschrift in § 281 II überein. Verweigert der Schuldner ernsthaft und endgültig seine Leistung, kann er nicht erwarten, dass ihm noch eine Frist zur Leistungserbringung eingeräumt wird (→ Rn. 457).
- Der Fall der **Nr. 2**, der in § 281 II keine ausdrückliche Entsprechung findet, betrifft das sog. **relative Fixgeschäft** (→ Rn. 484). Streitig ist, ob der Gläubiger abweichend von seinem Recht, ohne Setzung einer Nachfrist zurückzutreten, wenn der Schuldner nicht rechtzeitig leistet, zunächst dem Schuldner eine Frist zur Nacherfüllung setzen muss, wenn er einen Anspruch auf Schadensersatz statt der Leistung geltend machen will. Der Gleichlauf von Rücktritt und Schadensersatz spricht dafür, auf das relative Fixgeschäft § 281 II Var. 2 anzuwenden und eine Nachfristsetzung für entbehrlich zu halten.[217]
- **Nr. 3**, die ursprünglich als Auffangtatbestand konzipiert war, ist durch das Gesetz zur Umsetzung der Verbraucherrechte-RL 2011/83/EU[218] dahingehend geändert worden, dass diese Vorschrift nunmehr nur noch Fälle einer qualitativen Schlechtleistung erfasst.[219] Hingegen ist im Falle der Nichtleistung oder der Leistungsverzögerung ein sofortiger Rücktritt gem. § 323 II Nr. 3 nicht mehr möglich.[220]

Kommt nach der Art der Pflichtverletzung eine Fristsetzung nicht in Betracht, soll nach § 323 III in gleicher Weise wie nach § 281 III (→ Rn. 456) an deren Stelle eine **Abmahnung** treten. **642**

Steht bereits vor Fälligkeit fest, dass der Schuldner seine Leistung nicht oder nicht vertragsgemäß erbringen wird, so kann dem Gläubiger nicht zugemutet werden, erst den Fälligkeitszeitpunkt abzuwarten, bevor er vom Vertrag zurücktritt. Bei diesen **Fällen des sog. „vorweggenommenen Vertragsbruchs"** gibt § 323 IV dem Gläubiger das Recht zum Rücktritt bereits vor Eintritt der Fälligkeit. Regelmäßig wird es sich hierbei um die ernsthafte Erfüllungsverweigerung des Schuldners handeln, bei der davon auszugehen ist, dass er an seiner Weigerung festhalten und sich nicht umstimmen lassen wird. Allein die Erklärung des Schuldners, er werde zum Fälligkeits- **643**

---

[216] BGH NJW 2013, 1074 Rn. 27 = JZ 2013, 419 mAnm *Gsell* = JuS 2013, 931 (*Schwab*).
[217] So *Jaensch* NJW 2003, 3613 (3614f.). AA MüKoBGB/*Ernst* § 281 Rn. 62; *Weiss* NJW 2015, 3393 (3396).
[218] RL 2011/83/EU des Europäischen Parlaments und des Rates über die Rechte der Verbraucher v. 25.10.2011, ABl. 2011 L 304, 64.
[219] Gesetz v. 20.9.2013 (BGBl. 2013 I 3642).
[220] Näher zur problematischen Neuregelung des § 323 II *Bassler/Büchler* AcP 214 (2014), 888; *Riehm* NJW 2014, 2065; *Weiss* NJW 2014, 1212.

zeitpunkt nicht leisten können, begründet aber noch keine ernsthafte und endgültige Leistungsverweigerung iSd § 323 II Nr. 1 BGB.[221]

644 Allerdings ergibt sich in diesen Fällen eine Schwierigkeit dadurch, dass der Schadensersatzanspruch statt der Leistung, den der Gläubiger auch im Falle des Rücktritts grundsätzlich geltend machen kann (§ 325), nach § 281 I 1 von der Fälligkeit der Leistung abhängig ist. Es wäre unbillig, dem Gläubiger deshalb einen Schadensersatzanspruch zu verweigern oder ihn für verpflichtet zu halten, die Fälligkeit der Leistung trotz Erfüllungsverweigerung abzuwarten. Eine Lösung besteht darin, dass man aus dem Rechtsgedanken, der § 281 II und § 323 IV zugrunde liegt, die Befugnis des Gläubigers ableitet, in Fällen, in denen der Gläubiger vor Fälligkeit der Leistung nach § 323 IV zurücktreten kann, auch vor Fälligkeit Schadensersatz statt der Leistung zu fordern.[222] Dass insoweit eine ausdrückliche Regelung im Gesetz fehlt, dürfte auf ein Redaktionsversehen des Gesetzgebers zurückzuführen sein.[223]

645 Hat der Schuldner einer teilbaren Leistung (→ Rn. 532) nur einen Teil vertragsgerecht erbracht, während die vertragsgerechte Erfüllung des Restes noch aussteht, so stellt sich die Frage, ob das Recht des Gläubigers zum Rücktritt auf diesen Rest beschränkt ist. § 323 V 1 verneint dies und gibt dem Gläubiger das Recht zum Rücktritt vom gesamten Vertrag, wenn er an der Teilleistung kein Interesse hat. Für die Frage, wann von einem solchen Interessenwegfall ausgegangen werden kann, gelten die gleichen Erwägungen wie bei der parallelen Frage bei der Unmöglichkeit von Teilleistungen aufgrund des § 326 I 2 Hs. 2 (→ Rn. 617). Wird eine teilbare Leistung geschuldet, der eine vom Gläubiger zu erbringende nicht teilbare Leistung gegenübersteht, kommt ein Teilrücktritt nicht in Betracht, weil der Gläubiger seine unteilbare Leistung nicht auf einen Teil beschränken kann, dem die Teilleistung des Schuldners entspricht.[224]

646 Wie bereits oben ausgeführt (→ Rn. 635), kommt es grundsätzlich nicht darauf an, aus welchem Grund der Schuldner die ihm obliegende (mögliche) Leistung nicht vertragsgemäß erbringt. Nur wenn der Gläubiger den Grund allein oder überwiegend zu verantworten hat, kann ihm kein Rücktrittsrecht zugebilligt werden.[225] Diese an sich selbstverständliche Rechtsfolge wird in § 323 VI Var. 1 klargestellt. Erweitert wird der Ausschluss eines Rücktrittsrechts auch auf den Fall, dass der vom Schuldner nicht zu vertretende Umstand, aus dem sich das Rücktrittsrecht ableiten würde, zu einem Zeitpunkt eintritt, zu welchem der Gläubiger im Verzug der Annahme ist (§ 323 VI Var. 2). Eine Parallele zu beiden Alternativen findet sich für den Fall der Unmöglichkeit in § 326 II 1. Die insoweit geltenden Voraussetzungen sind identisch, sodass auf die entsprechenden Erläuterungen zu § 326 II verwiesen werden kann (→ Rn. 620 ff.).

647 Verletzt der Schuldner keine Leistungspflicht, sondern eine Schutzpflicht (§ 241 II), so ist nicht § 323, sondern § 324 anzuwenden. Diese Regelung entspricht § 282 für

---

[221] BGH NJW 2012, 3714 Rn. 22 = JuS 2012, 940 (*Faust*).
[222] Staudinger/*Schwarze* § 281 Rn. B 118; *Jaensch* NJW 2003, 3613 (für analoge Anwendung des § 323 IV); MüKoBGB/*Ernst* § 281 Rn. 65 (für analoge Anwendung des § 281 I, II).
[223] Vgl. dazu *Jaensch* NJW 2003, 3613 (3614).
[224] BGH NJW 2010, 146 Rn. 17.
[225] Klarstellend zum Rücktrittsrecht, wenn Käufer und Verkäufer die Unmöglichkeit gleichermaßen zu vertreten haben, BGH JA 2015, 868 (*Looschelders*).

VII. Besonderheiten bei Leistungsstörungen in synallagmatischen Verträgen   245

den Anspruch auf Schadensersatz statt der Leistung, sodass insbesondere für die Frage, wann dem Gläubiger ein Festhalten am Vertrag wegen der Pflichtverletzung nicht mehr zuzumuten ist, für beide Vorschriften gleiche Erwägungen gelten (→ Rn. 563 ff.). Bei einem Verstoß gegen leistungssichernde Nebenpflichten (→ Rn. 229 f.) ist hingegen § 323 einschlägig.[226]

4. Abhängigkeit von Leistung und Gegenleistung

Das Charakteristikum synallagmatischer Vertragsbeziehungen besteht im Gegenseitigkeitsverhältnis der (Haupt-)Leistungspflichten beider Vertragsparteien. Jeder Vertragspartner kann erwarten, dass die Leistungen Zug um Zug ausgetauscht werden, sofern nicht einer von ihnen vorleistungspflichtig ist. Folglich gibt § 320 jeder Partei eines gegenseitigen Vertrages das Recht, die eigene Leistung bis zur Bewirkung der Gegenleistung zu verweigern. Das ist die sog. **Einrede des nichterfüllten Vertrages** (vgl. allgemein zu Einreden → Rn. 265 f.). § 320 BGB soll dem Gläubiger, der am Vertrag festhalten will, zum einen den Anspruch auf die Gegenleistung sichern und zum anderen Druck auf den Schuldner ausüben, um ihn zu vollständig vertragsgemäßer Leistung anzuhalten.[227]   648

> **Beispiel:** K hat von V einen fabrikneuen Pkw gekauft. Das von V angebotene Fahrzeug weist einen behebbaren Mangel auf, der aber so geringfügig ist, dass K weder Schadensersatz statt der Leistung fordern noch vom Vertrag zurücktreten könnte (vgl. § 281 I 3 und § 323 V 2). Gleichwohl ist K grundsätzlich dazu berechtigt, bis zur Beseitigung des Mangels gem. § 320 I die Zahlung des Kaufpreises zu verweigern (und gem. § 273 I die Abnahme der gekauften Sache; dazu sogleich), soweit dies nicht wegen besonderer Umständen mit § 242 unvereinbar wäre.[228]

Allerdings gibt es nicht wenige synallagmatische Verträge, bei denen eine **Vorleistungspflicht einer Partei** besteht, sodass § 320 nicht eingreift. Eine solche Vorleistungspflicht kann sich einmal aus dem Gesetz ergeben (Beispiele: §§ 556b I, 579 für den Mieter; § 614 für den Dienstverpflichteten; § 641 für den Werkunternehmer) oder aufgrund vertraglicher Absprachen. Der Vorleistungsverpflichtete wird regelmäßig nur bereit sein, seine Leistung zu erbringen, wenn er erwarten kann, dass er auch die dafür geschuldete Gegenleistung erhält. Wird nach Abschluss des Vertrages erkennbar, dass der Anspruch auf Gegenleistung durch mangelnde Leistungsfähigkeit des Vertragspartners gefährdet wird, so entspricht es der Billigkeit, den Vorleistungsverpflichteten nicht an dieser Pflicht festzuhalten. **§ 321** gibt ihm deshalb das Recht zur Leistungsverweigerung (sog. **Unsicherheitseinrede**). Nach Auffassung des BGH[229] besteht ein solches Leistungsverweigerungsrecht auch bei einem vorübergehenden Leistungshindernis, das bereits im Zeitpunkt des Vertragsschlusses bestanden hat, jedoch dem Vorleistungsverpflichteten nicht bekannt war.[230]   649

---

[226] *Zimmer* NJW 2002, 1 (6); Jauernig/*Stadler* § 324 Rn. 3.
[227] BGH NJW 2017, 1100 = JuS 2017, 463 (*Riehm*).
[228] BGH NJW 2017, 1100 = JuS 2017, 463 (*Riehm*).
[229] NJW 2010, 1272 Rn. 18.
[230] Krit. *Kaiser* NJW 2010, 1254.

650 Wenn dem Schuldner das Recht der Leistungsverweigerung aufgrund der Einrede des nichterfüllten Vertrages gem. § 320 zusteht, kann er nicht in **Verzug** geraten; denn nach hM ist allein das Bestehen des Einrederechts ausreichend (str. → Rn. 487). Das Gleiche gilt für die Unsicherheitseinrede des § 321.[231] Streitig ist, ob der Gläubiger das Gegenrecht aus § 320 bereits dadurch ausräumt und den Schuldner in Verzug setzt, dass er zu der von ihm geschuldeten Gegenleistung im Stande und bereit ist, oder ob noch hinzukommen muss, dass der Gläubiger seine Gegenleistung tatsächlich anbietet. Der zweiten Auffassung[232] ist der Vorzug zu geben, weil die Leistungsbereitschaft als innere Einstellung für den Schuldner nicht erkennbar ist und deshalb vom Gläubiger ein Angebot der Leistung zu verlangen ist. Allerdings kommt dem Meinungsstreit kaum praktische Bedeutung zu, weil auf der Grundlage der einschränkenden Auffassung der Gläubiger im Streitfall seine Leistungsbereitschaft zu beweisen hat und dies am besten durch ein Angebot der Leistung tun kann.

651 Funktionsverwandt mit der Einrede des nichterfüllten Vertrages ist das dem Schuldner nach **§ 273** zustehende **Zurückbehaltungsrecht:** Danach ist der Schuldner, der „aus demselben rechtlichen Verhältnis, auf dem seine Verpflichtung beruht, einen fälligen Anspruch gegen den Gläubiger" hat, berechtigt, die geschuldete Leistung zu verweigern, bis die ihm gebührende Leistung bewirkt wird. Die Ähnlichkeit beider Rechte besteht darin, dass der Schuldner durch die Einrede den Gläubiger veranlassen kann, die von ihm geschuldete Leistung ebenfalls zu erbringen, wenn er die Forderung gegen den Schuldner durchsetzen will. Allerdings kann die Ausübung des Zurückbehaltungsrechts durch **Sicherheitsleistung** (vgl. §§ 232 ff.) abgewendet werden (§ 273 III). Denn § 273 bezweckt nur, den Schuldner wegen des ihm gegen den Gläubiger zustehenden Anspruchs zu sichern, während der Zweck des § 320 darin besteht, Druck auf den Gläubiger auszuüben, seine Leistung ebenfalls zu erbringen; dementsprechend ist bei § 320 eine Sicherheitsleistung ausgeschlossen (vgl. § 320 I 3). Es bestehen noch einige weitere Unterschiede zwischen § 273 und § 320. So bedeutet die Formulierung „aus demselben rechtlichen Verhältnis" in § 273 I keinesfalls, dass sich beide Ansprüche aus einem einheitlichen Rechtsverhältnis oder sogar aus einem gegenseitigen Vertrag ergeben müssen. Vielmehr findet das Zurückbehaltungsrecht des § 273 auf die im Gegenseitigkeitsverhältnis stehenden Ansprüche eines synallagmatischen Vertrages keine Anwendung, weil insoweit § 320 vorgeht. Der Begriff desselben rechtlichen Verhältnisses iSv § 273 I wird weit ausgelegt: maßgeblich ist, ob ein innerlich zusammengehörendes einheitliches Lebensverhältnis existiert. Die sog. **Konnexität** (Verknüpfung) beider Ansprüche ist zu bejahen, wenn zwischen ihnen ein derartiger natürlicher wirtschaftlicher Zusammenhang besteht, dass es treuwidrig wäre, wenn der eine Anspruch ohne Rücksicht auf den anderen geltend gemacht und durchgesetzt werden könnte.

652 Das Zurückbehaltungsrecht des § 273 I hängt von folgenden **Voraussetzungen** ab:

- **Gegenseitigkeit der Ansprüche,** dh jede der beiden beteiligten Personen muss einen Anspruch gegen den anderen haben, also zugleich Schuldner und Gläubiger sein.

---

[231] BGH NJW 2010, 1272 Rn. 22 f.
[232] BGHZ 116, 244 (249) = NJW 1992, 556; MüKoBGB/*Ernst* § 286 Rn. 24; jew. mwN auch zur Gegenauffassung.

VII. Besonderheiten bei Leistungsstörungen in synallagmatischen Verträgen   247

- Der **Anspruch des Schuldners muss durchsetzbar** (→ Rn. 486 f.) **und fällig** (→ Rn. 488) **sein;** ist er bereits verjährt, wird dadurch ein Zurückbehaltungsrecht nicht ausgeschlossen, wenn der Anspruch des Gläubigers in einem Zeitpunkt entstand, als die Verjährung noch nicht eingetreten war (§ 198).
- Die in Rede stehenden **Ansprüche müssen konnex** sein. Hierbei handelt es sich um die Voraussetzung, deren Verwirklichung am schwersten zu beurteilen ist.[233]

Der entscheidende Unterschied zwischen dem Zurückbehaltungsrecht und der Einrede des nichterfüllten Vertrages besteht darin, dass es bei § 273 um selbstständige Ansprüche geht, die erst durch die Berufung auf das Zurückbehaltungsrecht voneinander abhängig gemacht werden. Deshalb kann – anders als bei § 320 (→ Rn. 650) – die dem Schuldner zustehende rechtliche Möglichkeit, auf das Zurückbehaltungsrecht des § 273 zurückzugreifen, allein noch nicht verhindern, dass er in **Verzug** mit der von ihm geschuldeten Leistung gerät. Erst wenn er sich auf das Zurückbehaltungsrecht beruft, ist ein gleiches Verhältnis zwischen den konnexen Ansprüchen hergestellt, wie es aufgrund der Abhängigkeit der Ansprüche beim gegenseitigen Vertrag bereits von vornherein besteht.[234]   653

Der bereits in Verzug geratene Schuldner kann nach hM den Verzug nicht dadurch beenden, dass er das Zurückbehaltungsrecht geltend macht, sondern er muss noch die von ihm geschuldete Leistung (Zug um Zug gegen die Leistung des Gläubigers) anbieten. Hier besteht also ein Unterschied zu dem Schuldner, der sich vor Eintritt des Verzuges auf sein Zurückbehaltungsrecht beruft und dadurch verhindert, dass er in Verzug gerät. Streitig ist, ob die Ausübung eines bereits vorher bestehenden Zurückbehaltungsrechts nach Verzugseintritt (verbunden mit dem Angebot der eigenen Leistung) die Verzugsfolgen rückwirkend oder nur für die Zukunft entfallen lässt.[235]   654

5. Berechnung des Schadens durch den Gläubiger

Kann der Gläubiger Schadensersatz statt der Leistung nach § 280 I, III iVm § 281, § 282 oder § 283 beanspruchen, muss im Falle eines synallagmatischen Vertrags bei Berechnung seines Schadens berücksichtigt werden, dass auch er zur Erbringung einer Leistung verpflichtet ist. Besteht die **Gegenleistung in Geld,** so mindert sich der Schadensersatzanspruch des Gläubigers um den Betrag, den er selbst schuldet.   655

> **Beispiel:** K kauft von V dessen Pkw (Wert 7.000 EUR) für 5.000 EUR. Infolge eines von V nach Vertragsschluss schuldhaft verursachten Unfalls wird das Fahrzeug zerstört. Fordert K in diesem Fall nach §§ 280 I, III, 283 Schadensersatz statt der Leistung, so ist der (noch nicht gezahlte) Kaufpreis in Abzug zu bringen, sodass K 2.000 EUR verlangen kann, sofern kein weiterer Schaden hinzukommt (zB wenn K das Fahrzeug bereits mit einem den Wert übersteigenden Gewinn weiterverkauft hat).

---

[233] Vgl. die Übersicht bei MüKoBGB/*Krüger* § 273 Rn. 13 ff.
[234] *Derleder/Karabulut* JuS 2014, 102.
[235] Für eine Beschränkung auf die Zukunft *Medicus/Lorenz* SchuldR I Rn. 463; für Rückwirkungen, wenn Zurückbehaltungsrecht bereits bei Eintritt des Verzuges bestand MüKoBGB/*Krüger* § 273 Rn. 93.

656 Hat dagegen der Gläubiger eine **andere Leistung als Geld** zu erbringen, so bieten sich für die Berechnung seines Schadens zwei Wege an:

- Er behält die nach dem Vertrag von ihm geschuldete Leistung und berechnet seinen Schaden nach der Wertdifferenz zwischen Leistung und Gegenleistung. Dies ist die Lösung aufgrund der sog. **Differenzberechnung:**

  Beispiel: D und F vereinbaren, dass D deutsche Briefmarken gegen französische Briefmarken des F tauscht. Die deutschen Marken werden infolge eines Umstandes zerstört, den D zu vertreten hat. Haben die vernichteten Marken einen Marktwert von 1.000 EUR und die Marken des F nur einen Marktwert von 950 EUR, so kann F von D die Zahlung von 50 EUR als Schadensersatz fordern.

- Der Gläubiger kann aber auch die von ihm geschuldete Leistung erbringen und seinen Schaden nach dem Wert der Leistung berechnen, zu der nach dem Vertrag der Schuldner verpflichtet ist. Dies ist die Lösung aufgrund der sog. **Surrogations- oder Austauschberechnung:**

  Beispiel: F sammelt im Wesentlichen nur deutsche Briefmarken und ist an seinen französischen nicht sonderlich interessiert. Er übergibt deshalb in Erfüllung seiner vertraglichen Pflicht die französischen Marken dem D und verlangt als Schadensersatz 1.000 EUR.

657 Es bleibt dem Gläubiger überlassen, die **Wahl zwischen der Surrogations- und der Differenzberechnung** zu treffen, also entweder seine Leistung zu erbringen und Schadensersatz nach dem Wert der Gegenleistung zu berechnen oder lediglich die Differenz der Werte beider Leistungen als Schadensersatz geltend zu machen. Dieses Recht steht ihm auch dann noch zu, wenn er selbst bereits seine Leistung erbracht hat. Dies erreicht der Gläubiger dadurch, dass er nach § 326 V iVm § 323 I vom Vertrag zurücktritt. In diesem Fall wandelt sich das Schuldverhältnis in ein Rückgewährschuldverhältnis mit der Folge, dass die noch bestehenden Erfüllungsansprüche erlöschen und bereits erbrachte Leistungen zurückzugewähren sind (→ Rn. 686). Der Gläubiger erhält also die von ihm erbrachte Leistung zurück und ermittelt seinen Schaden auf der Grundlage der Differenzberechnung; die Surrogationsberechnung ist dann ausgeschlossen.[236] Streitig ist, ob der Gläubiger an den von ihm erklärten Rücktritt gebunden ist oder ob er sich von seiner Rücktrittserklärung lösen kann, um entsprechend der Surrogationsberechnung vorgehen zu können. Mit der hM ist eine **Bindung an die Rücktrittserklärung** zu bejahen, weil mit ihr ein Gestaltungsrecht ausgeübt wird und die sich daraus ergebende Rechtsfolge nicht mehr einseitig rückgängig gemacht werden kann.[237]

658 Hat der Schuldner die rücktrittsbegründende Pflichtverletzung zu vertreten, kann der Gläubiger zurücktreten und zudem gem. §§ 280 ff., 311a II Schadensersatz statt

---

[236] BGH NJW 2008, 911 mAnm *Gsell* = JZ 2008, 469 mAnm *Faust*; *Gsell* JZ 2004, 643 (644 f.); *Füssenich* JA 2004, 403 (404); *Herresthal* JuS 2007, 798 (799).
[237] Bamberger/Roth/*Schmidt* § 325 Rn. 14; MüKoBGB/*Ernst* § 323 Rn. 188, § 325 Rn. 23; MüKoBGB/*Gaier* § 349 Rn. 3; Jauernig/*Stadler* § 349 Rn. 1; Erman/*Röthel* § 349 Rn. 2. AA *Gsell* JZ 2004, 643 (648 f.); *Derleder* NJW 2003, 998 (1000 f.).

VII. Besonderheiten bei Leistungsstörungen in synallagmatischen Verträgen 249

der Leistung verlangen (§ 325). Der Gläubiger ist dann so zu stellen, wie er stünde, wenn der Vertrag ordnungsgemäß erfüllt worden wäre. Dies bedeutet, dass er bei Lieferung einer mangelhaften Sache auch den Ersatz eines Nutzungsausfallschadens fordern kann, der dadurch entstanden ist, dass er die mangelhafte Sache nicht nutzen konnte.[238] Ebenso kann der Gläubiger trotz des Rücktritts die Mehrkosten eines von ihm getätigten Deckungsgeschäfts oder den entgangenen Gewinn ersetzt verlangen, den er aus der geschuldeten Sache gezogen hätte.[239] Das Gleiche gilt für Schadensersatzansprüche, die Dritte gegen den Gläubiger geltend machen, weil dieser übernommene Verpflichtungen in Folge der Rückabwicklung des mit dem Schuldner geschlossenen Vertrages nicht zu erfüllen vermag. Eine Ersatzpflicht des Schuldners besteht auch nach §§ 280 I, II, 286 hinsichtlich eines vor dem Rücktritt entstandenen Verzögerungsschadens.[240] Schadensersatzforderungen des Gläubigers mindern sich um Gegenansprüche des Schuldners aus §§ 346 f.[241]

6. Leistungsstörungen bei Dauer- und Ratenlieferungsverträgen

Die Besonderheiten bei Dauer- und Ratenlieferungsverträgen (zum Begriff → Rn. 195 f.) beeinflussen auch die Rechte des Gläubigers, die ihm bei Leistungsstörungen zustehen. Da beim **Dauerlieferungsvertrag (Bezugsvertrag)**, der auf unbestimmte oder zumindest auf längere Zeit abgeschlossen wird und bei dem die Leistungsmenge bei Vertragsschluss nicht feststeht, sondern sich nach dem Bedarf des Abnehmers richtet, der einzelnen Lieferung eine weitgehende Unabhängigkeit von den bereits bewirkten und noch nachfolgenden Lieferungen zukommt, kann eine Leistungsstörung, die eine einzelne Lieferung betrifft, regelmäßig dem Gläubiger nur Rechte hinsichtlich dieser Lieferung geben. Dies gilt für die Haftung wegen Mängeln der Kaufsache (dazu Einzelheiten später) in gleicher Weise wie für die Rechte wegen Unmöglichkeit oder Verzugs. 659

> **Beispiel:** A, der ein Ausflugslokal betreibt, hat mit dem Konditor K vereinbart, dass dieser jeweils am Samstagvormittag Kuchen und Torten in einer bestimmten Menge liefert, die an die am Wochenende zahlreich erscheinenden Kaffeegäste verkauft werden sollen. An einem Samstag unterbleibt die Lieferung, weil infolge eines Betriebsausflugs verschiedene Mitarbeiter der Konditorei nicht rechtzeitig am Samstagmorgen zur Arbeit erscheinen und K die wenigen hergestellten Backwaren im eigenen Café verkauft.
>
> Die nach dem Dauerlieferungsvertrag von K geschuldete Lieferung muss rechtzeitig erbracht werden, um den Vertragszweck zu erfüllen. Am Sonntagmorgen hätte A zumindest noch Teile der Lieferung brauchen können, um den Bedarf am Sonntagnachmittag in seinem Lokal zu decken; spätestens ab Sonntag nach der Kaffeezeit wurde die Leistung insgesamt unmöglich, weil A die Backwaren für die Kaffeegäste des Wochenendes benötigte (→ Rn. 483). A kann folglich Rechte hinsichtlich der ausgebliebenen Lieferung aus §§ 280 I, III, 283 geltend machen, also Schadensersatz statt der Leistung

---

[238] BGH NJW 2008, 911 m. Anm. *Gsell*.
[239] Amtl. Begr. BT-Drs. 14/6040, 93 (r. Sp.).
[240] Vgl. *Herresthal* JuS 2007, 798; MüKoBGB/*Ernst* § 325 Rn. 2; PWW/*Stürner* § 325 Rn. 6.
[241] Jauernig/*Stadler* § 325 Rn. 3.

fordern.²⁴² Weitergehende Rechte, die die in Zukunft zu erbringenden Lieferungen betreffen, stehen A grundsätzlich nicht zu. Nur wenn aufgrund des Verhaltens des K die Vertrauensgrundlage für die Fortsetzung des Vertrages beseitigt sein sollte (dies ist allerdings nicht anzunehmen, wenn es sich bei der Nichtlieferung um eine einmalige Panne gehandelt hat), könnte A den Vertrag mit K unter den Voraussetzungen des § 314 kündigen (→ Rn. 705).

660 Beim Dauerlieferungsvertrag – zumindest dann, wenn bereits durch die Erbringung einzelner Lieferungen mit seiner Durchführung begonnen worden ist – können **Rechte aus §§ 280 ff. hinsichtlich des gesamten Vertrages** nicht geltend gemacht werden. Denn einer Rückabwicklung des Vertragsverhältnisses hinsichtlich der bereits in der Vergangenheit erfüllten Leistungspflichten steht die Selbstständigkeit der einzelnen Teillieferungen entgegen. Wird durch das Verhalten eines Vertragspartners jedoch die **Vertrauensgrundlage zerstört,** sodass dem anderen eine Fortsetzung der Vertragsbeziehungen nicht zumutbar erscheint, kann er neben dem ihm dann gem. § 314 zustehenden Kündigungsrecht auch Schadensersatz nach §§ 280 I, III, 281 fordern (§ 314 IV).²⁴³ Verletzt wird hierbei die Vertragspflicht zu einer loyalen, Vertrauen schaffenden Durchführung des Vertrages, die bei Dauerschuldverhältnissen besonders ausgeprägt ist. Eine Kündigung ist jedoch regelmäßig erst nach erfolglosem Ablauf einer zur Abhilfe bestimmten Frist oder nach erfolgloser Abmahnung zulässig (§ 314 II; → Rn. 705 f.).

661 Bei einem **Ratenlieferungsvertrag** muss bei Leistungsstörungen ebenfalls berücksichtigt werden, ob und in welchem Umfang der Vertrag bereits ordnungsgemäß abgewickelt worden ist. Im Regelfall werden Rechte aus §§ 280 ff. nicht auch die bereits geleisteten Teilmengen und die auf sie entfallenden Gegenleistungen erfassen. Etwas anderes gilt nur, wenn sich aus dem Vertragszweck und dem Vertragsinhalt eine derartige Abhängigkeit der einzelnen Raten voneinander ergibt, dass die Teillieferung ohne die noch ausstehenden Raten vom Käufer nicht oder nur mit einem Nachteil zu verwerten ist; in diesem Fall kann der Gläubiger Rechte bezüglich des gesamten Vertrages geltend machen.

662 Auch bei einem Ratenlieferungsvertrag kann durch das Verhalten eines Vertragspartners die Fortsetzung des Vertrages für den anderen unzumutbar werden. Die Lösung von dem Vertrag wird allerdings dann anders als beim Dauerlieferungsvertrag nicht durch Kündigung, sondern durch **Rücktritt** vollzogen. Grundsätzlich ist hierfür nach § 323 I eine vorherige Fristsetzung mit Ablehnungsandrohung erforderlich, sofern es sich nicht um einen Fall des Abs. 2 handelt.

---

[242] Wollte man in diesem Fall nicht – wie hier – Unmöglichkeit, sondern Verzug annehmen, dann könnte A über § 280 I, II, 286 gleiche Rechte geltend machen, wobei eine Mahnung wegen der hier bestehenden „besonderen Gründe" nach § 286 II Nr. 4 entbehrlich wäre (ebenso schon nach § 286 II Nr. 1).
[243] Palandt/*Grüneberg* § 314 Rn. 11.

VIII. Fehlen oder Wegfall der Geschäftsgrundlage

1. Problembeschreibung

Nicht selten lassen sich Vertragschließende bei ihrem Entschluss, eine vertragliche Bindung einzugehen, und bei der inhaltlichen Gestaltung ihrer Vereinbarungen von einer Einschätzung bestimmter Umstände oder künftiger Entwicklungen leiten, die sich später als falsch erweist. Hat die Fehleinschätzung ihren Grund in einem Irrtum über eine verkehrswesentliche Eigenschaft iSv § 119 II, so kann sich der Irrende einseitig durch **Anfechtung** vom Vertrag lösen, bleibt allerdings zum Ersatz des Vertrauensschadens nach § 122 I verpflichtet (→ Rn. 411 ff.). 663

Soweit eine Anfechtung nicht in Betracht kommt, kann man sich auf den Standpunkt stellen, jeder müsse eben für den Fall Vorsorge treffen, dass seine Erwartungen nicht zutreffen, etwa durch die Aufnahme einer Bedingung, dh den Bestand des Vertrages vom Eintritt oder Nichteintritt eines künftigen Ereignisses abhängig machen, das man für wichtig hält (vgl. § 158; → Rn. 891 ff.); sonst müsse die Regel **pacta sunt servanda** (lat.: Verträge müssen eingehalten werden) unverändert gelten. Andererseits kann nicht unberücksichtigt bleiben, dass die Parteien vielleicht gerade deshalb keine vertragliche Regelung bestimmter Fragen treffen, weil sie nicht den geringsten Anlass haben, an der Richtigkeit ihrer Annahme zu zweifeln. Hätten sie entsprechende Zweifel gehabt, so hätten sie den Vertrag nicht oder doch mit einem anderen Inhalt geschlossen. Die hier zu erörternden Fälle unterscheiden sich von dem grundsätzlich unbeachtlichen einseitigen Motivirrtum (→ Rn. 366) dadurch, dass die sich **als falsch erweisenden Vorstellungen beiden Vertragspartnern gemeinsam sind** oder dass doch zumindest eine Vertragspartei die Bedeutung der (sich später als falsch erweisenden) Beweggründe der anderen erkannt und nicht beanstandet hat. Erwägungen des Vertrauensschutzes, die für die Unbeachtlichkeit des einseitigen Motivirrtums maßgebend sind, können deshalb hierbei nicht den Ausschlag geben. Zur näheren Erläuterung der in diesem Zusammenhang auftretenden Fragen die folgenden 664

> **Beispiele:**
>
> (1) Fabrikant F verkauft dem K Altmetall, das ungeordnet auf einem Lagerplatz aufgehäuft ist. Die Parteien schätzen die Menge auf 40 Eisenbahnwaggons und setzen danach den Gesamtpreis fest. Beim Abtransport stellt sich heraus, dass es sich um eine doppelt so große Menge, also um 80 Waggons, handelt. F verlangt den doppelten Preis, K will nur den vereinbarten zahlen.
>
> (2) A wohnt in Köln in einer Straße, durch die der Karnevalszug geleitet werden soll. Er vermietet ein Fenster seiner Wohnung für den Nachmittag des Rosenmontags an B, damit dieser den Zug betrachten kann. Infolge eines Wasserrohrbruchs muss eine Straße gesperrt und deshalb der Zug umgeleitet werden, sodass er nicht am Haus des A vorbeikommt. A verlangt dennoch den vereinbarten Mietpreis; B weigert sich, weil er den Zug aus dem gemieteten Fenster nicht sehen konnte.
>
> (3) Bauunternehmer U verpflichtet sich gegenüber H, auf dessen Grundstück ein Eigenheim zum Festpreis zu bauen. Als die Baugrube ausgehoben wird, stellt man fest, dass sich auf dem Baugrundstück unterirdische Wasserläufe befinden, die vorher nicht

erkennbar waren. Deshalb müssen zusätzliche Arbeiten größeren Umfangs ausgeführt werden, sodass sich die Baukosten auf das Doppelte des Festpreises belaufen. H verlangt die Erstellung des Bauwerks zum vereinbarten Festpreis.

(4) V vermietet langfristig Kühlräume an M und verpflichtet sich, die Energiekosten zu tragen. Nach einiger Zeit steigen die Energiekosten so erheblich an, dass sie mehr ausmachen als der vereinbarte Mietpreis. V verlangt eine höhere Miete, die M nicht zahlen will.

665 Über die Lösung derartiger Fälle wird im rechtswissenschaftlichen Schrifttum eingehend und kontrovers diskutiert. Die wesentlichen Gesichtspunkte sollen im Folgenden dargestellt werden.[244]

2. Ergänzende Vertragsauslegung

666 Zunächst ist stets zu versuchen, den zwischen den Parteien streitigen Punkt auf der Grundlage ihrer **vertraglichen Vereinbarungen** zu entscheiden. Hierbei ist selbstverständlich nicht bei dem bloßen Wortlaut des Vertrages stehen zu bleiben, sondern das von den Parteien Gewollte durch Auslegung zu ermitteln. Auch ein angeblich eindeutiger Wortlaut schafft für die Auslegung keine Grenze, zumal die Feststellung, etwas sei eindeutig erklärt worden, selbst stets das Ergebnis einer Auslegung bildet (→ Rn. 135).[245] Im Wege der Auslegung ist oben (→ Rn. 384) der Rubelfall des Reichsgerichts entschieden worden. Die Auslegung des Vertrages kann auch über die von den Parteien ausdrücklich getroffene Regelung hinausführen und von ihr gelassene Lücken ausfüllen. Diese sog. **ergänzende Vertragsauslegung** dient dem Ziel, eine lückenhafte Vertragsregelung durchführbar zu machen. Hierbei ist allerdings zu berücksichtigen, dass bestimmte von den Vertragsparteien nicht geregelte Punkte durch Anwendung des dispositiven Rechts zu entscheiden sind.[246] Nur dort, wo es dispositives Recht nicht gibt oder wo es auf die spezielle Regelung der Parteien nicht passt, insbesondere weil ihr zu entnehmen ist, dass die Parteien die dispositiven Vorschriften nicht wollen, ergibt sich die Notwendigkeit einer ergänzenden Vertragsauslegung.

667 **Dispositives Recht** bedeutet, dass dieses Recht zur Disposition der Beteiligten gestellt ist, dass es also nachgiebig ist und hinter abweichende Regelungen der Beteiligten zurücktritt (→ Rn. 133). Dem gegenüber steht das **zwingende Recht**, das nicht von den Beteiligten abgeändert werden kann. Soweit nicht ausdrücklich der Geltungsanspruch des geschriebenen Rechts festgelegt ist, muss durch Auslegung insbesondere nach dem Zweck einer Vorschrift ermittelt werden, ob sie zum zwingenden Recht gehört oder nicht. Als Folge des Prinzips der Vertragsfreiheit enthält das Vertragsrecht des BGB überwiegend nachgiebiges Recht.

---

[244] Wer sich vertieft mit diesem (für den Fortgeschrittenen) wichtigen Fragenkomplex befassen will, sei etwa verwiesen auf *Looschelders* SchuldR AT Rn. 742 ff.; MüKoBGB/*Finkenauer* § 313 Rn. 1 ff., jew. mwN.
[245] BGH NJW 2002, 1260 (1261).
[246] BGH NJW 2012, 844 Rn. 24.

VIII. Fehlen oder Wegfall der Geschäftsgrundlage

Eine **ausfüllungsbedürftige Lücke**, die also die Voraussetzung für eine ergänzende Auslegung bildet,[247] besteht, „wenn die Parteien einen Punkt übersehen oder wenn sie ihn bewusst offen gelassen haben, weil sie ihn im Zeitpunkt des Vertragsschlusses für nicht regelungsbedürftig gehalten haben, und wenn sich diese Annahme nachträglich als unzutreffend herausstellt".[248] Dabei ist es grundsätzlich gleichgültig, ob die Frage, die unbeantwortet geblieben ist, sich bereits zum Zeitpunkt des Vertragsschlusses stellte oder ob sie sich erst später ergibt.[249]

668

Auch für die ergänzende Vertragsauslegung lässt sich **§ 157 als Rechtsgrundlage** heranziehen. Es sind also insbesondere die **Grundsätze von Treu und Glauben** zu berücksichtigen, und es ist zu fragen, welche Regelung einer loyalen Vertragsdurchführung am besten gerecht wird. Bei der Konkretisierung des Gebots von Treu und Glauben spielt die **Verkehrssitte** (→ Rn. 136) eine besondere Rolle. Der Richter, der im Streitfall die ergänzende Vertragsauslegung vorzunehmen hat, darf seine Auffassung von einer interessengerechten Vertragsregelung den Parteien aber nicht aufdrängen, sondern hat lediglich die von den Parteien zugrunde gelegten Wertungen folgerichtig zu Ende zu denken, wobei er davon ausgehen muss, dass die Parteien als redliche, das Gebot von Treu und Glauben beachtende Vertragspartner handeln. Keinesfalls darf im Wege ergänzender Vertragsauslegung ein Ergebnis gefunden werden, das dem erkennbaren Willen der Vertragsparteien widerspricht.[250] Vielmehr ist darauf abzustellen, was die Parteien bei einer angemessenen Abwägung ihrer Interessen nach Treu und Glauben als redliche Vertragspartner vereinbart hätten, wenn sie den von ihnen nicht geregelten Fall bedacht hätten.[251]

669

In den oben (→ Rn. 664) gebrachten Beispielsfällen weisen die Verträge Lücken auf. Im Schrottfall fehlt eine Regelung für den Fall, dass die geschätzte Menge erheblich von der wirklichen abweicht. Im Karnevalsfall haben die Parteien keine Bestimmung für den Fall getroffen, dass der Zug nicht an dem Haus vorbeikommt. Im Baufall ist nicht bedacht worden, dass unvorhersehbare Umstände kostenintensive Arbeiten in wesentlichem Umfange nötig sein lassen könnten. Im Kühlraumfall schließlich ist eine erhebliche Veränderung der Energiepreise nicht berücksichtigt worden. Den Karnevalsfall könnte man mithilfe des Rechtsgedankens lösen, der § 536 I („vertragsgemäße[r] Gebrauch") zugrunde liegt, und danach die Pflicht zur Mietzinszahlung verneinen.[252] In den anderen Fällen müsste versucht werden, auf der Grundlage des geschlossenen Vertrages den angemessenen Preis zu ermitteln oder – im Kühlraumfall – ein (außerordentliches) Kündigungsrecht des Vermieters gem. § 314 I festzustellen. Würde die ergänzende Vertragsauslegung zu keinem Ergebnis führen, könnte man eine Anfechtung nach § 119 II erwägen. Dies hätte aber den Nachteil, dass der Anfechtende zum Ersatz des Vertrauensschadens verpflichtet wäre, abgesehen davon, dass der Irrtum nicht in allen problematischen Fällen eine verkehrswesentliche Eigenschaft betrifft.

670

---

[247] BGH NJW 2002, 2310; 2012, 844 Rn. 24; NJW-RR 2006, 699.
[248] BGH NJW 2002, 2310. Der Begriff der Vertragslücke wird allerdings nicht einheitlich verstanden; zu den unterschiedlichen Auffassungen vgl. MüKoBGB/*Busche* § 157 Rn. 38 ff.
[249] BGH NJW-RR 1995, 1360; 2013, 494 Rn. 9.
[250] BGH NJW 1995, 1212 (1213); 2009, 1482 Rn. 24; *Lettl* JuS 2000, 248 f.
[251] BGH NJW 2002, 2310 (2311); NJW-RR 2013, 494 Rn. 12.
[252] *Medicus/Petersen* BürgerlR Rn. 160; dagegen *Larenz* SchuldR I § 21 II (S. 327 f.).

3. Lehre von der Geschäftsgrundlage

671 In Fällen, in denen eine ergänzende Vertragsauslegung zu keinem tragfähigen Ergebnis führt, insbesondere weil sich ein hypothetischer Parteiwille nicht ermitteln lässt, ist zu prüfen, ob mithilfe der Lehre von der Geschäftsgrundlage eine Lösung gefunden werden kann. Diese Lehre ist wesentlich durch die Rechtsprechung des Reichsgerichts gefördert worden, die sich mit den Folgen des ersten Weltkrieges, insbesondere mit der Inflation, auseinander setzen musste. Durch die rapide Geldentwertung wurden Renten- und Preisvereinbarungen (man denke nur an langfristige Festpreise) hinfällig, sodass eine Anpassung an die veränderten Umstände erforderlich wurde. Da der Gesetzgeber zunächst untätig blieb, mussten die Gerichte nach Lösungen suchen, die sie schließlich auf der Grundlage des § 242 mit dem Rechtsinstitut der Geschäftsgrundlage fanden. Seit dieser Zeit hat die Lehre von der Geschäftsgrundlage einen festen Platz in unserem Rechtssystem und ist seit dem SchuldRModG in § 313 gesetzlich verankert.

672 In § 313 I wird die **Anpassung eines Vertrages** an veränderte Umstände von folgenden **Voraussetzungen** abhängig gemacht:

- Es müssen sich nach Vertragsschluss Umstände schwerwiegend verändert haben.
- Diese Umstände dürfen nicht Inhalt des Vertrages geworden sein, wohl aber müssen sie seine Grundlage bilden.[253]
- Die Parteien hätten, wenn sie die Änderung vorausgesehen hätten, den Vertrag nicht oder mit einem anderen Inhalt geschlossen.
- Schließlich muss das Festhalten am unveränderten Vertrag für den einen Teil unter Berücksichtigung aller Umstände des Einzelfalles, insbesondere der vertraglichen oder gesetzlichen Risikoverteilung, unzumutbar sein.

673 Aufgrund dieser Regelung müssen verschiedene Fragen entschieden werden:

(1) Bilden die veränderten Umstände die Grundlage des Vertrages?

Insoweit ist eine Abgrenzung gegenüber einseitig gebliebenen Motiven einerseits und dem Vertragsinhalt andererseits vorzunehmen. Einseitige Erwartungen einer Partei, die für ihre Willensbildung maßgebend gewesen sind (Motive), können grundsätzlich nicht zur Grundlage des Vertrages gerechnet werden, weil dafür erforderlich ist, dass sie vom gemeinschaftlichen Willen beider Parteien umfasst werden.[254] Die einseitig gebliebene Vorstellung einer Partei kann jedoch dann die Geschäftsgrundlage bilden, wenn es für die andere erkennbar gewesen ist, welche Bedeutung die subjektive Einstellung des Vertragspartners für das Zustandekommen und die Durchführung des Vertrages hat und diese Vorstellung der einen Vertragspartei von der anderen unwidersprochen hingenommen worden ist.[255] Zur Geschäftsgrundlage gehört nicht der eigentliche Vertragsinhalt. Enthält der Vertrag Regeln für das Fehlen, den Wegfall oder die Veränderung bestimmter Umstände, etwa diesbezügliche Bedingungen bzw. Anpassungs- oder Lösungsrechte, so sind

---

[253] Vgl. BGH NJW 2012, 3287 Rn. 21.
[254] BGH NJW-RR 1989, 753; WM 2001, 523 (524).
[255] Vgl. BGH NJW 2010, 1663 Rn. 17.

VIII. Fehlen oder Wegfall der Geschäftsgrundlage

diese Regeln anzuwenden und nicht eine Anpassung des Vertrages nach § 313 I vorzunehmen.[256]

(2) Welche Folgerungen hätten die Parteien für das Zustandekommen und den Inhalt ihres Vertrages gezogen, wenn sie die Veränderung der Geschäftsgrundlage berücksichtigt hätten?

Bei Beantwortung dieser Frage muss die Interessenlage jedes Vertragspartners gesondert betrachtet werden. Denn regelmäßig werden die Auswirkungen der Veränderung für die Vertragsparteien unterschiedlich ausfallen und eine von ihnen durchaus an der unveränderten Durchführung des Vertrages interessiert sein. So wird in dem oben (→ Rn. 664) genannten Bau-Beispiel nur der Bauunternehmer einen neuen Preis wünschen, während der Bauherr an dem vereinbarten Preis gerne festhalten würde. Lässt sich feststellen, dass die benachteiligte Partei so sehr an dem Abschluss des Vertrages interessiert war, dass sie auch bei Kenntnis der Veränderungen den Vertrag mit demselben Inhalt geschlossen hätte, dann kommt eine Anpassung nach § 313 I nicht in Betracht.

(3) Sind die Nachteile aufgrund der veränderten Umstände für eine Partei so gewichtig, dass für sie die unveränderte Durchführung des Vertrages unzumutbar erscheint?

Grundsätzlich müssen geschlossene Verträge eingehalten werden. Nur wenn dies aufgrund der veränderten Umstände zu untragbaren, mit Recht und Gerechtigkeit schlechthin nicht zu vereinbarenden und damit der betroffenen Vertragspartei unzumutbaren Folgen führte, kann von einem Festhalten an der vertraglichen Vereinbarung abgesehen werden.[257] Hierbei ist darauf zu sehen, ob sich durch die Veränderung der Geschäftsgrundlage gerade ein Risiko verwirklicht, das nach dem Inhalt des Vertrages derjenige zu tragen hat, der sich auf den Wegfall der Geschäftsgrundlage beruft. In diesem Fall kann nicht mit der Lehre von der Geschäftsgrundlage die im Vertrag geregelte Risikoverteilung nachträglich verändert werden.[258] Wer beispielsweise als Verkäufer einer Gattungssache das Beschaffungsrisiko und damit auch das Risiko einer Steigerung der Marktpreise übernimmt, kann regelmäßig dieses Risiko später nicht auf den Vertragspartner abwälzen, wenn sich die Marktpreise nach Vertragsschluss erheblich erhöhen und ihm dadurch bei unveränderter Durchführung des Vertrages ein Verlust entsteht. Nur ausnahmsweise kann etwas anderes gelten, wenn aufgrund außergewöhnlicher Umstände die Gattungssache lediglich zu Konditionen zu erhalten ist, die ein unverhältnismäßig großes, dem Schuldner nicht zumutbares Opfer verlangt.

---

[256] BGH NJW 1983, 2034 (2036); *Riesenhuber/Domröse* JuS 2006, 208 (210); *Hirsch* JURA 2007, 81 (86).
[257] BGH NJW-RR 1993, 880 (881) mwN; *Hirsch* JURA 2007, 81 (86) (nur in Extremfällen). Der BGH (NJW 2011, 986 Rn. 27) weist zu Recht darauf hin, dass sich eine Partei nicht auf den Wegfall der Geschäftsgrundlage berufen kann, wenn ihr die eingetretene Veränderung oder Fehlerhaftigkeit der Vorstellungen allein oder in stärkerem Maße als der Gegenpartei zuzurechnen ist.
[258] BGH MDR 1992, 1029 (1030); *Adolphsen/Mutz* JuS 2011, 431 (434).

674 Haben die Vertragsparteien bei Abschluss ihres Vertrages Veränderungen der Geschäftsgrundlage für möglich gehalten, so kommt es darauf an, ob sie das darin liegende Risiko bewusst in Kauf genommen haben. Ist dies zu bejahen, kommt eine Anpassung des Vertrages nicht in Betracht.[259] Anders kann jedoch zu entscheiden sein, wenn die Vertragsparteien davon ausgegangen sind, dass die **vorhersehbare Entwicklung** nicht eintreten werde. Die Frage, ob in dieser mangelnden Vorsorge ein fahrlässiges Handeln liegt, dessen Folgen hingenommen werden müssen, erlangt Bedeutung bei Beurteilung der Zumutbarkeit, an dem Vertrag unverändert festzuhalten.

675 § 313 II ergänzt die in Abs. 1 getroffene Regelung. Während Abs. 1 nur den späteren Wegfall der Geschäftsgrundlage betrifft, geht es bei Abs. 2 um den Fall, dass die Vertragspartner die Geschäftsgrundlage bei Vertragsschluss falsch beurteilen, also einem **gemeinsamen Motivirrtum** unterlegen sind.[260] Gleichzustellen ist der Fall, dass zwar nur ein Vertragspartner von falschen Vorstellungen ausgeht, der andere dies jedoch erkennt und unwidersprochen lässt, sodass dieses Schweigen als sein Einverständnis mit der Aufnahme dieser Vorstellungen in die gemeinsame Vertragsgrundlage zu verstehen ist.[261] Allerdings hängt es nicht selten von der Betrachtungsweise ab, ob man von einer nachträglichen Veränderung ausgeht oder meint, es handele sich um eine falsche Einschätzung der Geschäftsgrundlage durch die Parteien. Im Kühlraumfall (→ Rn. 664) haben sich die Energiepreise nachträglich geändert und damit auch Umstände, die zur Grundlage des Vertrages geworden sind; andererseits sind die Vertragsparteien beim Vertragsschluss von der falschen Vorstellung ausgegangen, dass eine wesentliche Änderung der Energiepreise nicht eintreten werde.

676 Stets muss bei Beantwortung der Frage, ob falsche Vorstellungen einer Partei oder beider als Geschäftsgrundlage aufzufassen sind, Zurückhaltung geübt werden, weil **enttäuschte Erwartungen grundsätzlich nicht dazu führen können, Bindungen an den Vertrag aufzuheben.** Das in Abs. 1 genannte Merkmal, dass beide Parteien den Vertrag nicht oder mit einem anderen Inhalt geschlossen hätten, wenn sie die Veränderungen vorausgesehen hätten, muss sinngemäß auch auf die Fälle des Abs. 2 übertragen werden. Dies bedeutet, dass danach zu fragen ist, ob sich der eine Vertragspartner billigerweise darauf hätte einlassen müssen, durch eine vertragliche Regelung den Erwartungen des anderen Rechnung zu tragen. Regelmäßig wird man dies verneinen müssen, wenn es um Erwartungen hinsichtlich der Verwertbarkeit des Leistungsgegenstandes für die vom Erwerber gewünschten Zwecke geht.

> **Beispiel:** Kauft jemand ein Hochzeitsgeschenk, so kann er nicht wegen Wegfalls der Geschäftsgrundlage vom Vertrag zurücktreten, wenn sich später überraschend herausstellt, dass die Eheschließung scheitert.

677 Eine **Orientierungshilfe** bei der Frage, ob eine Störung der Geschäftsgrundlage besteht, bietet die **Bildung von Fallgruppen.** So kann zwischen folgenden typischen Sachverhalten unterschieden werden:

---

[259] BGHZ 112, 259 (261) = NJW 1991, 830; *Hirsch* JURA 2007, 81 (86).
[260] BGH NJW 2002, 292 (294); 2005, 2069 (2071).
[261] Palandt/*Grüneberg* § 313 Rn. 9, 38; Erman/*Böttcher* § 313 Rn. 30.

VIII. Fehlen oder Wegfall der Geschäftsgrundlage

- **Fälle einer Äquivalenzstörung,** in denen bei synallagmatischen Verträgen wie im Kühlraumfall das Verhältnis von Leistung und Gegenleistung in einem erheblichen Umfang gestört worden ist;
- **Fälle einer übermäßigen Leistungserschwerung,** in denen wie im Baufall aufgrund des Fehlens oder des Wegfalls der Geschäftsgrundlage die geschuldete Leistung so erschwert wurde, dass ihre Erbringung (zumindest zu den im Vertrag vereinbarten Konditionen) unzumutbar erscheint;
- **Fälle einer Zweckvereitelung,** in denen wie im Karnevalsfall der mit dem Vertrag verfolgte Zweck durch das Fehlen und den Wegfall der Geschäftsgrundlage vereitelt wird;
- **Fälle eines beiderseitigen Motivirrtums,** in denen die Parteien wie im Schrottfall gemeinsam bei der Festlegung des Vertragsinhalts wesentliche Faktoren unrichtig beurteilen und zB den für die Preiskalkulation maßgebenden Sachverhalt falsch werten.

Wird festgestellt, dass die in § 313 I oder II genannten Voraussetzungen erfüllt sind und dass deshalb eine Korrektur der vertraglichen Pflichten wegen der veränderten Geschäftsgrundlage geboten ist, so muss entschieden werden, welche **Rechtsfolgen** aus dem Fehlen oder dem Wegfall der Geschäftsgrundlage zu ziehen sind. In erster Linie ist nach § 313 I zu versuchen, die vertraglichen Vereinbarungen der veränderten Geschäftsgrundlage anzupassen. Welchen Inhalt der auf **Anpassung des Vertrages** gerichtete Anspruch aufweist, erscheint jedoch keinesfalls eindeutig. Der Wortlaut des Gesetzes spricht dafür, dass dieser Anspruch auf den Abschluss eines neuen Vertrages mit dem anzupassenden Inhalt, genauer: auf die Abgabe einer entsprechenden Willenserklärung des Vertragspartners gerichtet ist.[262] In der Amtlichen Begründung des SchuldRModG wird darauf hingewiesen, dass die Parteien zunächst über die Anpassung des Vertrages verhandeln sollten. Eine Auseinandersetzung mit den sich insoweit stellenden prozessrechtlichen Fragen ist im Rahmen dieses Grundkurses ebenso wenig möglich wie eine vertiefte Erörterung der sich auf der Rechtsfolgenseite des § 313 ergebenden Problematik.[263] Hier genügt der Hinweis, dass sich aus § 313 ein schuldrechtlicher Anspruch ableitet, gerichtet auf Mitwirkung an der inhaltlichen Änderung des geschlossenen Vertrages. Daraus folgt, dass die Anpassung des Vertrages an die veränderten Umstände nicht automatisch geschieht, sondern dass jeder der Vertragschließenden[264] bei Erfüllung der in § 313 genannten Voraussetzungen von seinem Vertragspartner die Anpassung des Vertrages fordern kann und muss, wenn er die unveränderte Durchführung des Vertrages verhindern will.

678

Können sich die Parteien nicht über den Inhalt des zu ändernden Vertrages einigen und muss deshalb eine **richterliche Entscheidung** herbeigeführt werden, so sind die zu wertenden Gesichtspunkte nach Möglichkeit der vertraglichen Absprache zu entnehmen und ähnliche Erwägungen anzustellen wie bei der ergänzenden Vertragsauslegung (→ Rn. 669). Es ist zu fragen, was die Parteien bei Kenntnis der wahren Sachlage als redlich handelnde Vertragspartner vereinbart hätten. Wenn die Anpas-

679

---

[262] So *Schmidt-Kessel/Baldus* NJW 2002, 2076; *Dauner-Lieb/Dötsch* NJW 2003, 921 (922).
[263] Vgl. *Wolf/Neuner* BGB AT § 42 Rn. 32 ff.; *Thole* JZ 2014, 443; MüKoBGB/*Finkenauer* § 313 Rn. 81 ff.
[264] Vgl. *Schmidt-Kessel/Baldus* NJW 2002, 2076, die darlegen, dass ein Anpassungsbegehren der nicht benachteiligten Partei durchaus sinnvoll sein kann.

sung des Vertrages aus tatsächlichen oder rechtlichen Gründen (zB wegen eines gesetzlichen Verbotes) nicht möglich ist oder nicht zu interessengerechten Lösungen führt, tritt anstelle eines Anspruchs auf Vertragsanpassung das **Recht zum Rücktritt vom Vertrag**,[265] das bei Dauerschuldverhältnissen (→ Rn. 193) durch das Recht zur Kündigung aus wichtigem Grund (§ 314; → Rn. 705) ersetzt wird (§ 313 III). Ausnahmsweise kann die Weigerung einer Vertragspartei, dem berechtigten Verlangen der anderen Partei auf Anpassung des Vertrages zu entsprechen, dazu führen, dass dieser ein weiteres Festhalten am unveränderten Vertrag unzumutbar wird und sie daher zum sofortigen Rücktritt berechtigt ist.[266]

680 Nach § 275 II 1 kann der Schuldner die Leistung verweigern, soweit diese einen Aufwand erfordert, der unter Beachtung des Inhalts des Schuldverhältnisses und der Gebote von Treu und Glauben in einem groben Missverhältnis zu dem Leistungsinteresse des Gläubigers steht. Diese für die Leistungspflicht des Schuldners genannte Grenze kann auch in Fällen einer Störung der Geschäftsgrundlage überschritten werden, sodass eine **Abgrenzung des Anwendungsbereichs von § 275 II gegenüber § 313** erforderlich wird. Dabei ist davon auszugehen, dass eine Anpassung des Vertrages auf der Grundlage des § 313 nicht in Betracht zu ziehen ist, wenn der Schuldner berechtigt ist, die Leistung nach § 275 II 1 zu verweigern. Soweit also § 275 reicht, ist § 313 nicht anzuwenden.[267] Damit scheint eine einfache Lösung der Abgrenzungsfrage zwischen § 275 und § 313 gefunden zu sein. In Fällen sog. **wirtschaftlicher Unmöglichkeit**, von der man spricht, wenn der Schuldner die Leistung nur unter unverhältnismäßig hohen Opfern zu erbringen vermag, die nicht zugemutet werden können, soll jedoch § 275 II 1 nicht angewendet werden, sondern eine Lösung mithilfe der Regeln gesucht werden, die bei einer Störung der Geschäftsgrundlage gelten.[268] Da indes die Abgrenzung der wirtschaftlichen Unmöglichkeit, auf die nach Meinung des Gesetzgebers § 275 II 1 nicht anzuwenden ist, von den Fällen, die von dieser Vorschrift erfasst werden, erhebliche Schwierigkeiten bereitet, erweist sich die zunächst gelöste Abgrenzungsfrage keinesfalls als beantwortet (→ Rn. 518 ff.).

681 Weil sich die für die Anpassung der Geschäftsgrundlage geeigneten Fälle zugleich für eine ergänzende Vertragsauslegung anbieten, muss ein Lösungsschema entwickelt werden, das beide Rechtsinstitute in eine Ordnung zueinander bringt. Dabei ist von dem **Grundsatz** auszugehen, dass die **ergänzende Vertragsauslegung Vorrang** hat.[269] Eine ergänzende Vertragsauslegung kommt nur in Betracht, wenn eine Lücke in der vertraglichen Vereinbarung festzustellen ist (→ Rn. 666 ff.). Nun lässt nicht jede ungeregelt gebliebene Frage eine Lücke im Vertrag entstehen. Vielmehr muss das Fehlen einer Regelung im Widerspruch zu dem von den Parteien mit dem Vertrag verfolgten Zweck stehen, es sich also um eine „planwidrige Unvollständig-

---

[265] *Riesenhuber/Domröse* JuS 2006, 208 (212).
[266] BGH NJW 2012, 373 Rn. 14 = JZ 2012, 418 mAnm *Teichmann*.
[267] *Schulze/Ebers* JuS 2004, 265 (266). Dies ist allerdings str.; nach aA sollen sich beide Vorschriften in ihrem Anwendungsbereich überschneiden können und es dann dem Schuldner gestattet sein, zwischen § 275 II und § 313 zu wählen, so *Schwarze* JURA 2002, 73 (78): MüKoBGB/*Ernst* § 275 Rn. 23; *Huber/Faust* Schuldrechtsmodernisierung Kap. 2 Rn. 79.
[268] Amtl. Begr. BT-Drs. 14/6040, 130 (l. Sp.).
[269] BGHZ 81, 135 (143) = NJW 1981, 2241; BGH WM 2000, 915 f.; NJW-RR 2004, 229 (231); 2006, 699.

VIII. Fehlen oder Wegfall der Geschäftsgrundlage

keit" handeln.²⁷⁰ Weist der Vertrag eine solche Lücke nicht auf oder kann eine Lücke nicht mit Mitteln der ergänzenden Vertragsauslegung geschlossen werden, weil dem Vertrag keine konkreten Anhaltspunkte für eine den Interessen der Vertragsparteien gerecht werdende Lösung entnommen werden kann (→ Rn. 669), ist die Entscheidung mithilfe des § 313 zu suchen.²⁷¹

682 Für die Abgrenzung beider Rechtsinstitute ist also bedeutsam, wie weit man sich von den vertraglichen Absprachen und den ihnen zugrundeliegenden Absichten entfernt; je mehr dies geschieht, um so weniger kommt eine ergänzende Vertragsauslegung in Betracht. Wie bereits bemerkt (→ Rn. 372), hat auch die Auslegung Vorrang vor der Anfechtung. In Fällen, in denen sich beide Parteien in einem Irrtum über eine verkehrswesentliche Eigenschaft befinden, gehen die Meinungen in der Frage auseinander, ob die Lösung aufgrund der bei einer Störung der Geschäftsgrundlage anzuwendenden Regeln zu finden ist oder ob die Anfechtung nach § 119 II Vorrang hat. Die Anwendung der Lehre von der Geschäftsgrundlage wird wohl überwiegend mit der Begründung bejaht, die sich bei einer Anfechtung aus § 122 I ergebenden Rechtsfolgen führten zu dem unbilligen Ergebnis, dass der benachteiligt sei, der zuerst anfechte. Die Gegenmeinung widerspricht mit dem erwägenswerten Hinweis, dass stets nur der anfechten werde, für den die Lösung vom Vertrag vorteilhaft sei; dieser möge dann auch den Vertrauensschaden des anderen ersetzen.²⁷²

683 Die in § 593 für **Landpachtverträge** getroffene Regelung, die unter den in dieser Vorschrift genannten Voraussetzungen einen Anspruch auf Vertragsänderung gewährt, beruht auf Erwägungen der Lehre von der Geschäftsgrundlage. Ein weiterer gesetzlich geregelter Sonderfall einer fehlenden Geschäftsgrundlage findet sich in § 779, der den **Vergleich** betrifft.²⁷³ Als Vergleich wird in dieser Vorschrift ein Vertrag bezeichnet, „durch den der Streit oder die Ungewissheit der Parteien über ein Rechtsverhältnis im Wege gegenseitigen Nachgebens beseitigt wird". Der Vergleich ist unwirksam, „wenn der nach dem Inhalte des Vertrags als feststehend zugrunde gelegte Sachverhalt" (= Geschäftsgrundlage) „der Wirklichkeit nicht entspricht und der Streit oder die Ungewissheit bei Kenntnis der Sachlage nicht entstanden sein würde". § 779 greift nur einen besonderen Unwirksamkeitsgrund heraus; andere (zB §§ 134, 138) kommen selbstverständlich ebenfalls in Betracht. Ebenso ist die Anwendung der Lehre von der Geschäftsgrundlage²⁷⁴ oder eine Anfechtung nach § 119 möglich, soweit es nicht um einen Punkt geht, der den Gegenstand des durch den Vergleich zu beendigenden Streites oder der durch ihn auszuräumenden Ungewissheit bildet.

684 Die vorstehenden Ausführungen über Möglichkeiten und Wege, vertragliche Lücken zu schließen, lassen sich wie folgt zusammenfassen: Wird festgestellt, dass von den Parteien (bewusst oder unbewusst) ein zu regelnder Punkt im Vertrag offen gelassen wurde, sodass eine Lücke (= planwidrige Unvollständigkeit) entstanden ist, stellt sich die

---

270 Vgl. *Larenz* VersR (Sonderbeilage) 1983, 156 (160).
271 Vgl. *Lettl* JuS 2001, 248 (249).
272 *Medicus/Petersen* BürgerlR Rn. 162.
273 Vgl. dazu BGH NJW 2012, 2099 Rn. 31 ff.
274 BGH NJW-RR 1994, 434 (435).

1. Frage: Ist die Lücke durch Anwendung dispositiven Rechts zu schließen (→ Rn. 666)? Muss diese Frage verneint werden, so ergibt sich die

2. Frage: Kann im Wege der ergänzenden Vertragsauslegung die Lücke geschlossen werden? Dies ist der Fall, wenn sich auf der Grundlage der vertraglichen Vereinbarung entscheiden lässt, wie die Parteien als redliche und faire Vertragspartner den offen gelassenen Punkt geregelt hätten, wenn sie dies bei Vertragsschluss gewollt hätten. Lässt sich dies nicht entscheiden, muss Stellung genommen werden zur

3. Frage: Ist eine Lösung mithilfe der in § 313 getroffenen Regelung zu erreichen?

- Hierfür kommt es darauf an, ob die zur Grundlage des Vertrags gewordenen Umstände sich schwerwiegend veränderten oder ob sich wesentliche Vorstellungen der Parteien, die eine Grundlage des Vertrages bilden, als falsch herausgestellt haben.
- Ist dies zu bejahen, so ist zu prüfen, ob ein unverändertes Festhalten an den vertraglichen Absprachen für die betroffene Partei unzumutbar ist.
- Muss diese Frage bejaht werden, so kommt es darauf an, ob eine Anpassung des Vertrages möglich ist. Kommt eine im Verhandlungswege zu suchende Einigung der Vertragsparteien nicht zustande, muss eine Entscheidung des Gerichts herbeigeführt werden.
- Nur wenn eine Vertragsanpassung nicht zu einer interessengerechten Lösung führt oder sie aus tatsächlichen oder rechtlichen Gründen ausgeschlossen werden muss, kann die betroffene Partei vom Vertrag zurücktreten oder bei Dauerschuldverhältnissen kündigen (§ 313 III).

IX. Beendigung des Schuldverhältnisses

1. Überblick

685 Während die Gründe für das Erlöschen des Schuldverhältnisses im engeren Sinne bereits oben behandelt wurden (→ Rn. 226 ff.), geht es im Folgenden um die Beendigung des Schuldverhältnisses im weiteren Sinne durch die **Ausübung besonderer Gestaltungsrechte** (→ Rn. 273), nämlich Rücktritt, Kündigung und Widerruf.

2. Rücktritt

686 Durch den Rücktritt wird ein Vertrag rückgängig gemacht, und zwar in der Weise, dass die bereits erbrachten Leistungen zurückzugewähren sind (vgl. § 346 I) und eventuell noch bestehende Erfüllungsansprüche erlöschen (was das Gesetz nicht eigens ausspricht, sondern als selbstverständlich voraussetzt). Es soll also die vor dem Vertragsschluss bestehende Rechtslage wiederhergestellt werden. Der Rücktritt, der durch Erklärung gegenüber dem anderen Teil zu erfolgen hat (§ 349), beseitigt nicht etwa den Vertrag, sondern gestaltet das Vertragsverhältnis in ein **Rückgewährschuldverhältnis** um. Die Berechtigung zum Rücktritt ist ein Gestaltungsrecht, das durch die Rücktrittserklärung ausgeübt wird.

IX. Beendigung des Schuldverhältnisses

Ein Vertragspartner kann vom Vertrag zurücktreten, wenn er sich den Rücktritt eigens vertraglich vorbehalten hat (**vertragliches Rücktrittsrecht**) oder wenn ihm das Gesetz ein Rücktrittsrecht gewährt. Ein solches **gesetzliches Rücktrittsrecht** steht etwa zu: **687**

- einem Vertragspartner gem. § 313 III bei Störung der Geschäftsgrundlage, sofern die Anpassung des Vertrages nicht möglich oder zumutbar ist;
- dem Gläubiger gem. §§ 323, 324 bei einer Pflichtverletzung des Schuldners;
- dem Gläubiger gem. § 326 V bei einem Ausschluss der Leistungspflicht des Schuldners nach § 275 I–III;
- dem Käufer gem. § 437 Nr. 2 wegen eines Mangels der Kaufsache;
- dem Unternehmer gem. § 503 I bei Teilzahlungsgeschäften wegen Zahlungsverzuges des Verbrauchers;
- dem Besteller gem. § 634 Nr. 3 wegen eines Mangels des Werkes.

Die **Rechtsfolgen,** die sich für die Vertragsparteien bei Ausübung des Rücktrittsrechts ergeben, sind in §§ 346 ff. geregelt. Wie bereits bemerkt, wird durch den Rücktritt das Schuldverhältnis in ein Rückgewährschuldverhältnis umgestaltet; dementsprechend entsteht die in § 346 I beschriebene Pflicht der Vertragsparteien, die empfangenen **Leistungen zurückzugewähren** und die gezogenen Nutzungen herauszugeben. **688**

Zu den **Nutzungen** zählen die Früchte einer Sache oder eines Rechts sowie die Gebrauchsvorteile (vgl. § 100 und Rn. 695). Dies bedeutet, dass der Käufer, der wegen eines Mangels des gekauften Pkw vom Kaufvertrag nach § 437 Nr. 2 iVm § 323 zurücktritt, dem Verkäufer Wertersatz für die Vorteile zu leisten hat, die er durch die Benutzung des Pkw zog.[275] Die Rechtsgrundlage dafür bildet jedoch nicht allein § 346 I, sondern zu dieser Vorschrift, die eine Herausgabepflicht bei Nutzungen der herauszugebenden Sache schafft, tritt ergänzend § 346 II 1 Nr. 1, weil die Vermögensvorteile, die mit der Nutzung des Pkw verbunden sind, in Natur nicht herausgegeben werden können. Nur wenn Nutzungen noch in Natur vorhanden sind (zB das Kalb, das die zurückzugebende Kuh geboren hat; vgl. §§ 99 I, 100; → Rn. 695) ergibt sich die Herausgabepflicht allein aus § 346 I. Wertminderungen, die nicht infolge einer Benutzung des Pkw, sondern aufgrund anderer Faktoren zB durch Zeitablauf oder Fallen der Marktpreise eintreten, muss dagegen der Käufer nicht ersetzen. **689**

Das Recht zum Rücktritt bleibt auch dann bestehen, wenn der Rücktrittsberechtigte eine wesentliche Verschlechterung, den Untergang oder die anderweitige Unmöglichkeit der Herausgabe des empfangenen Gegenstandes verschuldet hat. In einem solchen Fall hat der Rücktrittsberechtigte Wertersatz nach Maßgabe des § 346 II und III zu leisten.[276] Für die Verpflichtung zur **Leistung von Wertersatz** gilt Folgendes:[277] **690**

- Ist die **Rückgewähr oder Herausgabe nach der Natur des Erlangten ausgeschlossen,** wie dies beispielsweise bei der Inanspruchnahme von Diensten der Fall ist, so ist nach § 346 II 1 Nr. 1 der Wert zu ersetzen. Hierbei ist zu berück-

---

[275] BGH NJW 2010, 148 Rn. 14 f.
[276] Zur Frage, inwieweit daneben § 285 anwendbar sein kann, vgl. *Lorenz* NJW 2015, 1725 (1726 f.).
[277] Vgl. dazu *Faust* JuS 2009, 481 (484 ff.).

sichtigen, dass bei Dauerschuldverhältnissen (→ Rn. 193) regelmäßig an die Stelle des Rücktritts die Kündigung tritt (→ Rn. 700), bei der es keine Rückgewähransprüche nach §§ 346, 347 gibt. Dies schränkt den Anwendungsbereich des § 346 II 1 Nr. 1 ein.

■ Wurde der **empfangene Gegenstand verbraucht, veräußert, belastet, verarbeitet oder umgestaltet,** so tritt an die Stelle der sonst geschuldeten Rückgewähr die Pflicht zum Wertersatz (§ 346 II 1 Nr. 2). In Fällen der Verarbeitung und Umgestaltung ist jedoch die Einschränkung zu beachten, die sich aus § 346 III 1 Nr. 1 ergibt. Die Wertersatzpflicht des § 346 II 1 Nr. 2 bezieht sich auf Fälle, in denen der empfangene Gegenstand seiner Bestimmung gemäß verwendet worden ist. Einbußen, die bei einer nicht bestimmungsgemäßen Verwendung verursacht worden sind, werden dagegen von § 346 II 1 Nr. 3 erfasst.[278] – Streitig ist, ob die Wertersatzpflicht bei Veräußerung oder Belastung der zurückzugewährenden Sache voraussetzt, dass der Rückgabeverpflichtete nicht in der Lage ist, die Veräußerung oder die Belastung rückgängig zu machen. Dies wird mit der Begründung bejaht, den Grund für die Wertersatzpflicht bilde der Umstand, dass die Sache nicht mehr im ursprünglichen Zustand zurückgegeben werden könne. Deshalb trete an die Stelle der primär geschuldeten Rückgabe erst dann die Wertersatzpflicht, wenn die Rückgabe unmöglich ist (§ 275 I) oder der Schuldner sich auf sein Leistungsverweigerungsrecht nach § 275 II erfolgreich beruft (Einzelheiten dazu → Rn. 518 ff.). Solange dies nicht der Fall ist, könne der Rückgabeberechtigte die Rückgewähr der Sache – gegebenenfalls nach Beseitigung der Belastung durch den Schuldner – fordern.[279] Eine Gegenauffassung will die Veräußerung oder Belastung unabhängig von der Möglichkeit ihrer Beseitigung als Voraussetzung für eine Wertersatzpflicht ausreichen lassen und dem Schuldner lediglich das Recht einräumen, sich durch die Wiederbeschaffung oder Beseitigung der Belastung von der Ersatzpflicht durch Rückgabe der Sache zu befreien.[280]

■ Wie bereits bemerkt, muss Wertersatz geleistet werden, wenn die **zurückzugewährende Sache untergegangen** ist (§ 346 II 1 Nr. 3). Der Begriff des Untergangs ist nach dem Zweck der Regelung weit auszulegen, umfasst also jede Art der Unmöglichkeit, die empfangene Leistung zurückzugeben.[281] § 346 II 1 Nr. 3 unterscheidet nicht danach, ob der Untergang von dem Rückgabeverpflichteten verschuldet wurde. Jedoch entfällt die Pflicht zum Wertersatz, wenn die in § 346 III 1 Nr. 2 und 3 genannten Voraussetzungen erfüllt werden (→ Rn. 692).

■ Wertersatz ist nach § 346 II 1 Nr. 3 auch bei **Verschlechterung der zurückzugewährenden Sache** zu leisten. Dieser Wertersatz soll die Verschlechterung ausgleichen („soweit") und ändert nichts an der Herausgabepflicht, die erst bei völliger Zerstörung, also beim Untergang der Sache entfällt.[282] Eine Verschlechterung, die durch die **bestimmungsgemäße Ingebrauchnahme** der Sache eintritt, bleibt allerdings außer Betracht (§ 346 II 1 Nr. 3 Hs. 2), verpflichtet also nicht zum Wertersatz. Es handelt sich dabei ausschließlich um eine Verschlechterung, die

---

[278] *Faust* JuS 2009, 481 (484).
[279] BGH NJW 2009, 63 Rn. 16 ff.; *Schwab* JuS 2002, 630 (631 f.).
[280] *Lorenz* NJW 2005, 1889 (1892 f.); *Fest* ZGS 2009, 78.
[281] MüKoBGB/*Gaier* § 346 Rn. 43.
[282] MüKoBGB/*Gaier* § 346 Rn. 46.

IX. Beendigung des Schuldverhältnisses

allein durch den Akt der bestimmungsgemäßen Ingebrauchnahme entsteht. Erwirbt zB der Käufer einen fabrikneuen Pkw und tritt er vom Kaufvertrag zurück, so handelt es sich bei der Werteinbuße aufgrund der Zulassung um eine Verschlechterung durch die bestimmungsgemäße Ingebrauchnahme des Autos, für die der Käufer nicht einzustehen hat. Gleich zu behandeln ist der Fall der Werteinbuße, der durch den bestimmungsgemäßen Gebrauch eintritt. Denn der Rückgewährschuldner ist zur Herausgabe gezogener Nutzungen verpflichtet und ersetzt dadurch die Werteinbuße, die durch die Benutzung des zurückzugebenden Gegenstandes verursacht wird. Begründen lässt sich dieses Ergebnis dadurch, dass man eine Wertminderung in Folge des Gebrauchs nicht als Verschlechterung iSd § 346 II 1 Nr. 3 Hs. 2 auffasst.[283] Führt jedoch der bestimmungsgemäße Gebrauch zum Untergang der Sache (das Kfz erleidet bei seiner Benutzung einen Totalschaden) oder tritt als Folge des Gebrauchs der Verbrauch der Sache ein (Lebensmittel werden verzehrt), so hat der Rückgewährschuldner – vorbehaltlich der Ausnahme des § 346 III 1 Nr. 3 – dafür Wertersatz zu leisten. Nur eine Wertminderung im Rahmen eines bestimmungsgemäßen Gebrauchs der Sache geht nach der gesetzlichen Regelung zulasten des Gläubigers, nicht dagegen der vollständige Verlust.[284]

Bei der **Berechnung des Wertersatzes**, den der Rückgewährschuldner zu leisten hat, ist die im Vertrag bestimmte Gegenleistung „zugrunde zu legen" (§ 346 II 2). Nach Auffassung des BGH[285] muss dies auch für den Fall gelten, dass der Wert der Leistung, für die Wertersatz geschuldet wird, höher ist als der Wert der Gegenleistung und es sich zB um einen sog. Schnäppchen-Preis handelt. Allerdings muss berücksichtigt werden, dass die zurückzugewährende Sache Mängel aufweist, die bei der Bemessung der Gegenleistung nicht beachtet wurden. **691**

Beispiel: Der Kaufpreis der zurückzugewährenden Sache beträgt 1.000 EUR und entspricht dem Wert der Sache im mangelfreien Zustand. Der Mangel, den die Sache aufweist, mindert ihren Wert um 400 EUR. Muss der Rückgewährschuldner für den Untergang der Sache Wertersatz leisten, so hat er 600 EUR zu zahlen, wie die nach § 441 III vorzunehmenden Berechnung ergibt (→ Rn. 835).[286] Muss Wertersatz für eine Verschlechterung der Sache geleistet werden, so kommt es nicht darauf an, welchen Wert die zurückzugebende Sache aufweist, sondern nur um welchen Betrag die Verschlechterung den ursprünglichen (durch die Gegenleistung bestimmten) Wert senkt.

Die in § 346 II vorgesehene **Pflicht zum Wertersatz entfällt**, wenn die Voraussetzungen des Abs. 3 S. 1 dieser Vorschrift erfüllt werden. Im Einzelnen handelt es sich um folgende Fälle: **692**

- **Nr. 1 bezieht sich auf die in § 346 II 1 Nr. 2 getroffene Regelung,** wonach der Schuldner Wertersatz zu leisten hat, wenn er den empfangenen Gegenstand verarbeitet oder umgestaltet hat. Zeigt sich erst dabei ein vorher verborgener Mangel, so soll der Käufer der verarbeiteten oder umgestalteten Sache sein Rück-

---

[283] MüKoBGB/*Gaier* § 346 Rn. 41 mN.
[284] *Reischl* JuS 2003, 667 (670); *Perkams* JURA 2003, 150 f. AA *Kaiser* JZ 2001, 1057 (1061 f.).
[285] NJW 2009, 1068 Rn. 16 mAnm *Witt* = JuS 2009, 271 (*Faust*); vgl. auch *Fest* ZGS 2009, 126.
[286] Vgl. *Faust* JuS 2009, 481 (487); MüKoBGB/*Gaier* § 346 Rn. 45, dort auch zu anderen Vorschlägen einer Berechnung.

trittsrecht, das ihm nach dem Kaufrecht zusteht (Einzelheiten später), in gleicher Weise geltend machen können wie vor der Verarbeitung oder Umgestaltung und nicht durch die Pflicht zum Wertersatz belastet sein.

- **Nr. 2** stellt den Rückgabeverpflichteten von einem Wertersatz frei, wenn die **Verschlechterung oder der Untergang der empfangenen Sache** durch einen Umstand verursacht worden ist, den der **Gläubiger zu vertreten** hat. Das Gleiche gilt, wenn der Schaden, der durch die Verschlechterung oder den Untergang des empfangenen Gegenstandes entstanden ist, beim Gläubiger ebenfalls entstanden wäre.

Beispiele:

(1) V verkauft K einen Fernsehapparat. K behält sich den Rücktritt vom Vertrag innerhalb einer Frist von 14 Tagen vor. Da der Empfang des Gerätes nicht einwandfrei ist, versucht V den Defekt selbst zu beheben. Dabei beschädigt er das Gerät erheblich. Wenn K in diesem Fall den Rücktritt erklärt, hat er lediglich das Gerät in dem beschädigten Zustand V zurückzugeben und ist wegen § 346 III 1 Nr. 2 nicht zum Wertersatz verpflichtet, weil V selbst die Verschlechterung zu vertreten hat (vgl. § 276). Das Gleiche gilt, wenn der Defekt des Gerätes zu seiner Beschädigung oder Zerstörung führt, weil der Defekt als Mangel der Kaufsache vom Verkäufer zu vertreten ist (Einzelheiten dazu später).

(2) V und K sind Nachbarn in demselben Mietshaus. Bei einem Brand des Hauses werden ihre Wohnungen zerstört. Dabei verbrennt auch der in der Wohnung des K befindliche Fernsehapparat, den K von V gekauft hat. Ohne den Verkauf hätte sich das Gerät in der Wohnung des V befunden und wäre dort ebenfalls verbrannt. Hätte V den Fernseher nicht K übergeben, wäre somit der gleiche Schaden eingetreten. Deshalb braucht K wegen § 346 III 1 Nr. 2 keinen Wertersatz zu leisten, wenn er ein ihm vorbehaltenes Rücktrittsrecht ausübt.[287]

- **Nr. 3 betrifft nur gesetzliche Rücktrittsrechte.** Derjenige, dem ein **gesetzliches Rücktrittsrecht** zusteht (zB dem Käufer wegen eines Mangels der Kaufsache), rechnet – anders als bei vertraglichen Rücktrittsrechten – nicht von vornherein damit, die Sache wieder zurückgeben zu müssen. Behandelt er die Sache mit derselben Sorgfalt, die er in seinen eigenen Angelegenheiten anzuwenden pflegt, dann erscheint es gerechtfertigt, ihn nicht zum Wertersatz zu verpflichten, wenn er die Sache beschädigt oder zerstört. Diese Regelung bedeutet im Grundsatz eine Beschränkung der Wertersatzpflicht auf Fälle grober Fahrlässigkeit (vgl. § 277; zu Einzelheiten zu den verschiedenen Fahrlässigkeitsmaßstäben vgl. → Rn. 467 ff.).[288]
- Im Schrifttum wird überwiegend vertreten, dass die Haftungsprivilegierung des § 346 III 1 Nr. 3 nicht mehr gerechtfertigt sei, sobald der **Rücktrittsberechtigte**

---

[287] MüKoBGB/*Gaier* § 346 Rn. 52, mit dem Hinweis, dass Wertersatz vom Rückgewährschuldner zu leisten ist, wenn der Gläubiger ohne den Leistungsaustausch Versicherungs- oder Schadensersatzansprüche erworben hätte.

[288] Nach Auffassung des OLG Karlsruhe NJW 2008, 925 (927), soll die Haftungsprivilegierung nicht für Beschädigungen der zurückzugebenden Sache gelten, die im Rahmen einer Teilnahme am Straßenverkehr verursacht wurden, weil die insoweit zu beachtenden Regeln die Zulassung eines individuellen Sorgfaltsmaßstabs ausschlössen.

IX. Beendigung des Schuldverhältnisses

Kenntnis von dem Mangel erlangt und deshalb weiß, dass er die Sache an seinen Vertragspartner wieder herauszugeben hat, sobald er wegen des Mangels zurücktritt. In diesem Fall habe er die zurückzugewährende Sache mit der gleichen Sorgfalt zu behandeln wie eine fremde.[289] Dem wird entgegengehalten, der Rücktrittsberechtigte sei häufig darauf angewiesen, nach Entdeckung des Mangels und vor Ausübung seines Rücktrittsrechts die Sache weiterhin zu benutzen und es müsste dann auch weiterhin der im Gesetz genannte mildere Haftungsmaßstab gelten, zumal der Rücktrittsgegner die Ursache für den Rücktritt gesetzt habe.[290] Der Gesetzgeber habe insoweit bewusst die Privilegierung des Rücktrittsberechtigten nicht bis zur Kenntniserlangung vom Rücktrittsgrund begrenzt, und diese Entscheidung müsse beachtet werden.[291] – Die besseren Argumente sprechen indes für eine Begrenzung der Haftungsprivilegierung auf den Zeitpunkt der Kenntniserlangung vom Rücktrittsgrund. Den Gesetzesmaterialien kann keine eindeutige Meinungsäußerung entnommen werden. Entscheidend muss deshalb die Interessenlage der Beteiligten sein. Kennt der Rücktrittsberechtigte den sein gesetzliches Rücktrittsrecht begründenden Mangel, so befindet er sich in einer gleichen Lage wie derjenige, der sich den Rücktritt vertraglich vorbehalten hat. Wie dieser hat er mit der verkehrsüblichen Sorgfalt die Sache zu behandeln, weil er dann nicht davon ausgehen kann, dass er die Sache auf Dauer behalten wird. Diese Sorgfaltspflicht ergibt sich sowohl bei dem vertraglichen als auch bei dem gesetzlichen Rücktrittsrecht aus dem Schuldverhältnis als leistungssichernde Nebenpflicht (→ Rn. 233 f.). Verletzt der Schuldner diese Pflicht schuldhaft, wobei jeder Grad von Fahrlässigkeit für einen Verschuldensvorwurf ausreicht, weil die Haftungsprivilegierung des § 346 III 1 Nr. 3 insoweit nicht eingreift, so wird er dem Gläubiger gegenüber schadensersatzpflichtig nach § 280 I iVm § 346 IV (→ Rn. 694). Allerdings wird man bei einem gesetzlichen Rücktrittsrecht verlangen müssen, dass der Rücktrittsberechtigte positive Kenntnis vom Rücktrittsgrund erlangt hat, wobei die Kenntnis aller Tatsachen genügt, aus denen sich das Rücktrittsrecht ableitet. Die Schlussfolgerung, dass ihm deshalb das Gesetz ein Rücktrittsrecht gewährt, muss er jedoch nicht ziehen.[292] Ob dieses Ergebnis mittels teleologischer Reduktion (→ Rn. 1169) des § 346 III 1 Nr. 3 zu gewinnen ist[293] oder ob die Haftungsprivilegierung dieser Vorschrift auf Fälle einer Verletzung leistungssichernder Nebenpflichten überhaupt nicht anzuwenden ist,[294] kann unentschieden bleiben.

- Hat der Rücktrittsberechtigte, zB der Käufer, der wegen eines Sachmangels zurücktritt, den Untergang der zurückzugewährenden Sache nicht zu vertreten, so treffen die Folgen des Untergangs allein den Vertragspartner: § 346 III 1 Nr. 3

---

[289] *Forst* ZGS 2011, 107 (109); *Looschelders* SchuldR AT Rn. 827; MüKoBGB/*Gaier* § 346 Rn. 57; HK-BGB/*Schulze* § 346 Rn. 16; Jauernig/*Stadler* § 346 Rn. 8a.
[290] *Reischl* JuS 2003, 667 (672); Bamberger/Roth/*Schmidt* § 346 Rn. 53; Palandt/*Grüneberg* § 346 Rn. 13b.
[291] *Brox/Walker* SchuldR AT § 18 Rn. 27; *Schneider* ZGS 2007, 57.
[292] Zu weit würde es gehen, das Kennenmüssen der das Rücktrittsrecht begründenden Tatsachen, also ihre fahrlässige Unkenntnis, genügen zu lassen, so aber *Derleder* NJW 2005, 2481 (2484); MüKoBGB/*Gaier* § 346 Rn. 57. Wie hier dagegen *Hager*, FS Musielak, 2004, 195 (203).
[293] So etwa *Looschelders* SchuldR AT Rn. 827.
[294] So MüKoBGB/*Gaier* § 346 Rn. 57; Bamberger/Roth/*Schmidt* § 346 Rn. 53.

führt dazu, dass die Gefahr des zufälligen Untergangs vom Rücktrittsberechtigten auf seinen Vertragspartner (im Beispiel: den Verkäufer) „zurückspringt". Im Schrifttum wird entgegen der hM vertreten, dass eine solche gravierende Konsequenz nicht gerechtfertigt sei, wenn der Vertragspartner den Grund für den Rücktritt nicht zu vertreten hat; dann sei § 346 III 1 Nr. 3 im Wege einer teleologischen Reduktion (→ Rn. 1169) einzuschränken und nicht anzuwenden.[295] Im Beispielsfall des Kaufs trifft diese Voraussetzung bei einem Rücktritt wegen eines Sachmangels nicht zu, den der Verkäufer zu vertreten hat, wohl aber dann, wenn der Rücktritt aus einem anderen Grunde erfolgt, beispielsweise gem. § 313 III wegen Störung der Geschäftsgrundlage.

693 Entfällt die Wertersatzpflicht nach § 346 III 1, so ist der Schuldner verpflichtet, alles dem Gläubiger herauszugeben, was sich noch in seinem Vermögen aufgrund der von ihm empfangenen Leistung befindet. Bei der dies anordnenden Vorschrift des § 346 III 2 handelt es sich um eine sog. Rechtsfolgenverweisung auf die §§ 812 ff.[296] Bei einer **Rechtsfolgenverweisung** wird auf die Rechtsfolgen anderer Vorschriften (hier auf das Bereicherungsrecht) Bezug genommen, ohne dass es darauf ankommt, ob der Tatbestand der in Bezug genommenen Vorschriften verwirklicht ist. Nur die in §§ 812 ff. bestimmte Herausgabepflicht, die durch § 818 ergänzt und modifiziert wird (dazu Einzelheiten später), trifft den Schuldner. Im Gegensatz dazu steht die **Rechtsgrundverweisung,** bei der die Rechtsfolge der Vorschrift, auf die verwiesen wird, nur dann eintritt, wenn ihr Tatbestand in allen Merkmalen verwirklicht wird. Es muss also nicht nur der Tatbestand der verweisenden Norm, sondern auch noch der Tatbestand der Bezugsnorm erfüllt sein.

694 Kommt der Schuldner seiner Rückgewährpflicht nicht nach, kann der Gläubiger unter den Voraussetzungen der §§ 280, 281 statt der Rückgabe der empfangenen Leistung **Schadensersatz** fordern (§ 346 IV). Gerät der Schuldner mit der zurückzugewährenden Leistung in Verzug (§ 286), dann hat er den Verspätungsschaden des Gläubigers nach § 280 I, II zu ersetzen. Eine Schadensersatzpflicht nach § 280 I kann sich auch ergeben, wenn bei einem vertraglich vereinbarten Rücktrittsrecht eine Partei gegen die dann bestehende Pflicht verstößt, mit dem Leistungsgegenstand sorgfältig umzugehen, weil sie mit der Rückgewähr dieses Gegenstandes zu rechnen hat. Eine entsprechende Verpflichtung ergibt sich bei einem **gesetzlichen Rücktrittsrecht** erst von dem Zeitpunkt an, in dem der Rücktrittsberechtigte weiß, dass die Voraussetzungen für einen Rücktritt erfüllt sind. Bis zu diesem Zeitpunkt kann der Rückgabeschuldner davon ausgehen, dass er die Sache endgültig behalten wird. Es gibt deshalb keinen Grund für ihn, Sorgfaltspflichten zu beachten, deren Verletzung ihn schadensersatzpflichtig werden lassen. Fraglich kann jedoch sein, ob solche Sorgfaltspflichten bereits vor der Rücktrittserklärung oder erst mit ihr entstehen. Aus den gleichen Gründen, aus denen befürwortet worden ist, bei Erlangung positiver Kenntnis der einen Mangel und damit ein Rücktrittsrecht begründenden Tatsachen von der in § 346 III 1 Nr. 3 vorgesehenen Sorgfalt in eigenen Angelegenheiten zur Verantwortlichkeit für jeden Grad der Fahrlässigkeit zu

---

[295] *Lorenz* NJW 2015, 1725; MüKoBGB/*Gaier* § 346 Rn. 54 mwN auch zur hM.
[296] Dazu BGH NJW 2015, 1748 = JuS 2016, 351 (*Riehm*), dort zur Frage, ob der Fahrzeugkäufer einen Anspruch gegen den Kaskoversicherer an den Verkäufer abtreten muss.

IX. Beendigung des Schuldverhältnisses

wechseln (→ Rn. 692), muss im Rahmen des § 346 IV eine solche Kenntnis ebenfalls maßgebend sein.[297] Aber auch hier muss daran festgehalten werden, dass erst die positive Kenntnis und nicht schon die fahrlässige Unkenntnis[298] dieser Tatsachen dem Rücktrittsberechtigten die Sorgfaltspflicht auferlegt, deren Verletzung ihn schadensersatzpflichtig werden lässt.

Der Schuldner ist nicht nur zur Herausgabe gezogener Nutzungen nach § 346 I verpflichtet, sondern nach § 347 I 1 auch zur Vergütung von entgegen den Regeln einer ordnungsgemäßen Wirtschaft **nicht gezogenen Nutzungen**, die er hätte ziehen können. Handelt es sich um einen Fall des gesetzlichen Rücktritts, so beurteilt sich die Frage, ob Nutzungen hätten gezogen werden können, nach derjenigen Sorgfalt, die der Schuldner in eigenen Angelegenheiten zu beachten pflegt (§ 347 I 2). Der Begriff der Nutzungen wird in § 100 erläutert. Erfasst sind Früchte und Gebrauchsvorteile. Der Begriff der Früchte wird in § 99 definiert, wobei zwischen Sachfrüchten (zB Tier- und Bodenprodukte wie Milch, Wolle, Getreide), Rechtsfrüchten (Erträge eines Rechts wie zB die Jagdbeute bei einem Jagdrecht, die Dividende bei einer Aktie und die Zinsen bei einer verzinslichen Forderung) und Erträgen zu unterscheiden ist (zB der Mietzins oder der Pachtzins bei Vermietung oder Verpachtung eines Grundstücks oder die Lizenzgebühr für die Überlassung eines Patentrechts).[299]

695

In den Fällen, in denen der Schuldner einen empfangenen Gegenstand nach § 346 I zurückgewährt oder Wertersatz nach § 346 II leistet oder die Wertersatzpflicht nach § 346 III 1 Nr. 1 oder 2 ausgeschlossen ist, hat er nach § 347 II einen Anspruch auf Ersatz der **notwendigen Verwendungen.** Notwendige Verwendungen sind Ausgaben, die erforderlich sind, um den Untergang oder die Verschlechterung der Sache zu verhindern und die der gewöhnlichen Nutzungsfähigkeit der Sache dienen.[300] Dazu gehören die Kosten für die Reparatur eines Kraftfahrzeuges, um es fahrtüchtig zu machen, sowie Kosten für die Fütterung und die ärztliche Betreuung eines Tieres. **Andere Aufwendungen** geben dem Schuldner nur dann einen Anspruch auf Ersatz seiner Kosten, soweit der Gläubiger dadurch bereichert wird (§ 347 II 2).

696

Der Begriff der **Aufwendung** wird im Gesetz nicht definiert, wohl aber in anderen Vorschriften des BGB verwendet (zB in § 670). Als Aufwendungen begreift die hM **freiwillige Vermögensopfer**, wobei das Kriterium der Freiwilligkeit die Aufwendung vom Schaden unterscheidet, der unfreiwillig erlitten wird. Nach § 347 II 2 muss also der Gläubiger alle freiwilligen Vermögensopfer des Schuldners ersetzen, soweit sie zu seiner Bereicherung führen. Eine solche Bereicherung ist allerdings nur vorstellbar, wenn die Aufwendungen auf die Sache gemacht werden, die der Gläubiger zurückerhält. In der Terminologie des BGB sind aber

697

---

[297] Wie hier *Schwab* JuS 2002, 630 (636); *Looschelders* SchuldR AT Rn. 840. Für Schadensersatzansprüche erst nach dem Zeitpunkt der Rücktrittserklärung *Reischl* JuS 2003, 667 (673); *Perkams* JURA 2003, 152; *Rheinländer* ZGS 2004, 178 (181); *Brox/Walker* SchuldR AT § 18 Rn. 19, 27.
[298] So *Meyer* JURA 2011, 244 (249); MüKoBGB/*Gaier* § 346 Rn. 61 ff.; Jauernig/*Stadler* § 346 Rn. 8a. Für grobe Fahrlässigkeit *Kamanabrou* NJW 2003, 30 (31 f.). Palandt/*Grüneberg* § 346 Rn. 18 will zwar ein Kennenmüssen des Rücktrittsgrundes genügen lassen, jedoch bis zur Rücktrittserklärung den Rückgabeschuldner nur für die Sorgfalt in eigenen Angelegenheiten haften lassen.
[299] Vgl. Palandt/*Ellenberger* § 99 Rn. 2 ff.; Bamberger/Roth/*Fritzsche* § 99 Rn. 2 ff.
[300] *Wilhelm* SachenR Rn. 1316.

Aufwendungen auf die Sache „Verwendungen".[301] Daraus wird abgeleitet, dass der Gläubiger notwendige Verwendungen stets, andere Verwendungen dagegen nur ersetzen muss, wenn der Wert der an ihn zurückgegebenen Sache dadurch erhöht worden ist. Müsste jedoch der Gläubiger jede Werterhöhung ausgleichen, so könnte dies zu grob unbilligen Ergebnissen führen. Nimmt beispielsweise der Schuldner an dem zurückzugewährenden Pkw kostspielige Veränderungen vor, die zu einer Werterhöhung führen, dann muss sie der Gläubiger nach dem Wortlaut des Gesetzes ersetzen, ohne dass es darauf ankommt, ob für ihn diese Werterhöhungen Vorteile bringen. Es erscheint deshalb angemessen, bei der Frage nach der Bereicherung des Gläubigers nicht allein einen objektiven Wertmaßstab anzulegen, sondern auch zu berücksichtigen, ob der Gläubiger dadurch einen realen Vermögensvorteil erwirbt.[302]

698 Die mit dem Rücktritt entstehenden Verpflichtungen der Parteien sind **Zug um Zug** zu erfüllen (§ 348 S. 1). Der Rückgewährschuldner kann folglich die Rückgabe der vom Gläubiger erhaltenen Sache oder den von ihm zu leistenden Wertersatz oder Schadensersatz davon abhängig machen, dass der andere die ihm obliegenden Pflichten erfüllt, also die seinerseits erhaltene und von ihm zurückzugewährende Leistung erbringt oder die dem Rückgewährschuldner gebührenden Aufwendungen ersetzt (§ 320 I iVm § 348 S. 2).

699 Die vertragliche Vereinbarung eines Rücktrittsrechts schafft für den Vertragspartner des Berechtigten einen Zustand der Unsicherheit, der in der Praxis meist durch eine **Fristbestimmung** zeitlich begrenzt wird. Ist dies nicht geschehen, so kann der andere dem Berechtigten für die Ausübung des Rücktrittsrechts eine angemessene Frist setzen, nach deren Ablauf das Rücktrittsrecht erlischt (§ 350).

3. Kündigung

700 Dauerschuldverhältnisse (→ Rn. 193) können auf bestimmte Zeit eingegangen werden und enden dann ohne Weiteres, wenn der vereinbarte Endtermin erreicht wird.

> **Beispiel:** Ein Student mietet ein Zimmer für das Sommersemester (bis 30.9.).

701 Auch wenn die Vertragsdauer nicht zeitlich begrenzt ist, muss eine Beendigung möglich sein; dies geschieht durch Kündigung, die regelmäßig nicht durch einen Grund gerechtfertigt werden muss, sondern dem Kündigenden überlassen ist. Das **Kündigungsrecht als Gestaltungsrecht** (→ Rn. 273) wird durch eine empfangsbedürftige Willenserklärung ausgeübt. Die Kündigung **wirkt lediglich für die Zukunft** und beendet das Dauerschuldverhältnis; sie verlangt keine Rückabwicklung für die in der Vergangenheit vorgenommenen Leistungen. Hierin besteht ein wichtiger Unterschied zum Rücktritt. Allerdings können in der Vergangenheit noch nicht erfüllte Leistungspflichten (zB zur Zahlung rückständiger Mieten) und Rückgabeverpflichtungen (vgl. § 546 I) sowie Verhaltenspflichten weiterhin bestehen bleiben (zB die unter bestimmten Voraussetzungen fortwirkende Pflicht zur Verschwiegenheit nach beendetem Arbeitsverhältnis).

---

[301] Vgl. MüKoBGB/*Krüger* § 256 Rn. 4 mN.
[302] *Reischl* JuS 2003, 667 (668); *Lorenz/Riehm* SchuldR Rn. 437; MüKoBGB/*Gaier* § 347 Rn. 22; vgl. dazu auch *Musielak/Hau* EK BGB Rn. 335 ff.

IX. Beendigung des Schuldverhältnisses

Im BGB finden sich eine Reihe von Kündigungsregelungen für Dauerschuldverhältnisse, so für den Darlehensvertrag (§§ 489 f.), den Mietvertrag (§§ 542–544, §§ 561, 563a II, §§ 568, 569, 573–574b, §§ 575a–576b, §§ 577a, 580, 580a), die Pacht (§ 581 II, §§ 584, 584a), die Landpacht (§§ 594a ff.), die Leihe (§ 605), den Sachdarlehensvertrag (§ 608), den Dienstvertrag (§ 620 II, §§ 621–624, §§ 626–629) und die Gesellschaft (§§ 723–725). Daneben sieht das BGB die Kündigung auch bei einzelnen Schuldverhältnissen vor, die keine Dauerschuldverhältnisse sind. So steht beim Werkvertrag dem Besteller nach §§ 649, 650 und dem Unternehmer nach § 643 ein Kündigungsrecht zu. Der Reisevertrag kann wegen eines Mangels, der die Reise beeinträchtigt, unter den in § 651e genannten Voraussetzungen gekündigt werden. Ferner hat der Beauftragte das Recht, den Auftrag zu kündigen (vgl. § 671). **702**

Bei der **ordentlichen Kündigung** muss eine Zeitspanne zwischen dem Ausspruch der Kündigung und der Beendigung des Schuldverhältnisses liegen, die es der anderen Vertragspartei (dem Kündigungsgegner) ermöglicht, sich auf die Beendigung einzustellen. Solche Kündigungsfristen können im Gesetz (vgl. §§ 489, 490 II, § 584) oder im Vertrag bestimmt sein. Aus sozialen Erwägungen gibt es Einschränkungen des Kündigungsrechts, zB für die Miete von Wohnraum und für Arbeitsverhältnisse. **703**

Neben dem ordentlichen steht ein **außerordentliches Kündigungsrecht**, das eine Beendigung des Schuldverhältnisses aus wichtigem Grund ermöglicht. In den meisten Fällen ist die außerordentliche Kündigung fristlos. **704**

> **Beispiele:** Vermögensverschlechterung beim Darlehensnehmer (§ 490 II), Nichtgewährung des Gebrauchs der gemieteten Sache (§ 543 I, II 1 Nr. 1), gesundheitsgefährdender Zustand von Wohnräumen (§ 569 I), vertragswidriger Gebrauch einer gemieteten (§ 543 I, II 1 Nr. 2) oder geliehenen Sache (§ 605 Nr. 2), vorsätzliche oder grob fahrlässige Verletzung einer dem Gesellschafter nach dem Gesellschaftsvertrag obliegenden wesentlichen Verpflichtung (§ 723 I 2, 3).

Ein **außerordentliches Kündigungsrecht aus wichtigem Grund** wird den Vertragsparteien bei einem Dauerschuldverhältnis (→ Rn. 193) durch **§ 314** eingeräumt. Das Gesetz geht von einem „wichtigen Grund" für die Kündigung aus, „wenn dem kündigenden Teil unter Berücksichtigung aller Umstände des Einzelfalles und unter Abwägung der beiderseitigen Interessen die Fortsetzung des Vertragsverhältnisses bis zur vereinbarten Beendigung oder bis zum Ablauf einer Kündigungsfrist nicht zugemutet werden kann" (§ 314 I 2). Besteht der wichtige Grund in der Verletzung einer Vertragspflicht, so soll dem Gegner vor einer Kündigung durch **Setzung einer Frist zur Abhilfe oder durch Abmahnung** die Möglichkeit eingeräumt werden, den Vertrag ordnungsgemäß zu erfüllen. Erst wenn dies erfolglos geblieben ist, wird die Kündigung zulässig (§ 314 II 1). Nur ausnahmsweise kann nach Maßgabe von § 314 II 2 und 3 von einer Fristsetzung oder Abmahnung abgesehen werden. **705**

Der Kündigungsberechtigte soll sich nicht die Kündigungsmöglichkeit nach § 314 aufsparen können, sondern innerhalb einer angemessenen Frist über die Auflösung des Vertrages entscheiden, wenn dafür ein wichtiger Grund besteht (§ 314 III). Dahinter steht die Erwägung, dass die Fortsetzung des Vertragsverhältnisses trotz eines angeblichen Kündigungsgrundes gegen die Unzumutbarkeit spricht, an dem Vertrag festzuhalten. § 314 IV stellt klar, dass zusätzlich zur Kündigung noch ein Anspruch auf Schadensersatz geltend gemacht werden kann. **706**

707 Soweit bei Dauerschuldverhältnissen **spezielle Regeln** eine Kündigung aus wichtigem Grund abschließend regeln, gehen sie der Vorschrift des § 314 vor. Aber auch dann ist vor einer Kündigung grundsätzlich zunächst durch Setzung einer Frist zur Abhilfe oder durch Abmahnung der Versuch zu unternehmen, einen vertragsgerechten Zustand herzustellen.[303] Deshalb muss bei der Abmahnung deutlich gemacht werden, dass die weitere vertragliche Zusammenarbeit auf dem Spiel steht und bei weiteren Vertragswidrigkeiten mit rechtlichen Konsequenzen zu rechnen ist. Die bloße Rüge des vertragswidrigen Verhaltens genügt nicht.[304] Insoweit kommt in § 314 II ein allgemeiner Grundsatz für Fälle einer fristlosen Kündigung aus wichtigem Grund zum Ausdruck. Ist bei einem Dauerschuldverhältnis die Geschäftsgrundlage gestört (dazu → Rn. 663 ff.), so ist § 313 III zu beachten.

4. Widerruf

708 Ist ein Vertrag wirksam geschlossen worden, sind die Vertragsparteien regelmäßig daran gebunden und müssen die getroffenen Vereinbarungen einhalten: pacta sunt servanda (Verträge müssen eingehalten werden). Besonderheiten gelten unter bestimmten Voraussetzungen bei sog. **Verbraucherverträgen** (→ Rn. 292 ff.), wenn dem Verbraucher (§ 13) ein gesetzliches Widerrufsrecht eingeräumt wird, das es ihm gestattet, seine Bindung an den mit einem Unternehmer (§ 14) geschlossenen Vertrag durch eine einseitige Erklärung wieder zu beseitigen.[305] Ein solches Widerrufsrecht eröffnet § 312g bei außerhalb von Geschäftsräumen geschlossenen Verträgen (vgl. § 312b I und → Rn. 294) sowie bei Fernabsatzverträgen (zum Begriff vgl. § 312c; zu Ausnahmen für beide Vertragsarten vgl. § 312g II, III), zudem § 485 bei Teilzeit-Wohnrechte- und ähnlichen Verträgen (iSv §§ 481–481b), §§ 495, 506 I 1 bei Verbraucherdarlehensverträgen sowie Finanzierungshilfen (dazu Musielak/Hau EK BGB Rn. 206 ff.) und § 510 II bei Ratenlieferungsverträgen (→ Rn. 196). Über solche Regelungen hinaus, können Widerrufsrechte auch vertraglich eingeräumt werden (vgl. die dahingehende Klarstellung im Einleitungssatz in § 312g II).

709 Während Widerrufsrechte also in verschiedenen Regelungszusammenhängen vorgesehen sind, sind die Vorschriften über die **Ausübung und Rechtsfolgen des Widerrufs** in §§ 355 ff. zusammengestellt; diese Vorschriften wurden in Umsetzung der Verbraucherrechte-RL 2011/83/EU[306] neu gefasst.[307] Den Schutz des Verbrauchers vor nachteiligen abweichenden Vereinbarungen und Umgehungsversuchen sichert § 361 II.

---

[303] BGH MDR 2004, 737 (738).
[304] BGH NJW 2012, 53 f. Rn. 17 f.
[305] Aufschlussreich zur rechtsökonomischen Sinnhaftigkeit solcher Widerrufsrechte *Eidenmüller* AcP 210 (2010), 67.
[306] RL 2011/83/EU des Europäischen Parlaments und des Rates über die Rechte der Verbraucher v. 25.10.2011, ABl. 2011 L 304, 64.
[307] Gesetz v. 20.9.2013 (BGBl. 2013 I 3642). Näher speziell zu den neuen Regeln über Widerrufsrechte *Förster* JA 2014, 721 (728 ff.) und 801 ff.; *Hilbig-Lugani* ZJS 2013, 441 und 545; *Mätzig* JURA 2015, 233; *Schärtl* JuS 2014, 577; *Schwab* JZ 2015, 644; *Stürner* JURA 2016, 26 und 374.

IX. Beendigung des Schuldverhältnisses

Das Widerrufsrecht als **Gestaltungsrecht** ist gem. § 355 I 2 durch Erklärung des Verbrauchers gegenüber dem Unternehmer auszuüben. Die Wahrung einer besonderen Form ist nicht vorgeschrieben, dem Verbraucher allerdings schon mit Rücksicht auf seine Beweislast anzuraten. Der Verbraucher muss weder den Terminus „Widerruf" gebrauchen noch eine Begründung beifügen, sondern nur seine Abstandnahme vom Vertrag eindeutig zum Ausdruck bringen (§ 355 I 3 und 4); dabei ist auf den objektivierten Empfängerhorizont abzustellen (§§ 133, 157). Streitig ist, ob in der kommentarlosen Rücksendung einer Ware die konkludente Erklärung des Widerrufs gesehen werden kann.[308] Nach allgemeinen Regeln ist das Widerrufsrecht grundsätzlich bedingungsfeindlich. — 710

Gemäß § 355 II beträgt die **Widerrufsfrist** 14 Tage, und zwar beginnend mit dem Vertragsschluss. Zur Fristwahrung genügt die rechtzeitige Absendung (§ 355 I 5). Die Frist läuft nur, wenn der Unternehmer den Verbraucher ordnungsgemäß über das Widerrufsrecht belehrt hat (vgl. für Außergeschäftsraum- und Fernabsatzverträge § 356 III 1 BGB iVm Art. 246a § 1 II 1 Nr. 1 EGBGB). Zu diesem Zweck kann sich der Unternehmer gem. Art. 246a § 1 II 2 EGBGB des in Anlage 1 vorgesehenen Musters bedienen, muss dies aber nicht. Fehlt es an einer **ordnungsgemäßen Belehrung**, so läuft die Widerrufsfrist nicht etwa unbegrenzt; vielmehr erlischt das Widerrufsrecht nach einer gesetzlich festgelegten Zeit (vgl., wiederum für Außergeschäftsraum- und Fernabsatzverträge, § 356 III 2: spätestens 12 Monate und 14 Tage nach Vertragsschluss). Holt der Unternehmer innerhalb dieser Frist die Belehrung noch nach, so löst auch dies die vierzehntägige Widerrufsfrist aus. Die Beweislast für den Beginn der Widerrufsfrist trägt der Unternehmer (§ 361 III). — 711

Das Widerrufsrecht ist gem. dem sog. **Konzept schwebender Wirksamkeit** ausgestaltet: Der Vertrag ist zunächst wirksam; wird indes das Widerrufsrecht ordnungsgemäß ausgeübt, sind beide Parteien nicht mehr an ihre Willenserklärungen gebunden (§ 355 I 1). Das Widerrufsrecht besteht richtigerweise aber auch bei einem (womöglich) nichtigen Vertrag; denn dem Verbraucher ist es zu ermöglichen, sich von dem geschlossenen Vertrag auf einfache Weise durch Ausübung des Widerrufsrechts zu lösen, ohne mit dem Unternehmer in eine rechtliche Auseinandersetzung über die Nichtigkeit des Vertrages eintreten zu müssen (vgl. → Rn. 439, dort zum Parallelproblem der Anfechtbarkeit nichtiger Willenserklärungen).[309] — 712

Wurden bereits Leistungen ausgetauscht, richten sich die **Rückgewährpflichten** nach § 355 III sowie – je nach Art des Widerrufsrechts – nach §§ 357–357c. In verschiedenen Fällen bestimmt das Gesetz eine Höchstfrist für die Rückgewähr. So sind die empfangenen Leistungen bei Außergeschäftsraum- und Fernabsatzverträgen gem. § 357 I spätestens nach 14 Tagen zurückzugewähren. Der Lauf dieser Frist beginnt für den Unternehmer mit dem Zugang und für den Verbraucher mit der Abgabe der Widerrufserklärung (§ 355 III 2), wobei der Verbraucher die Frist durch die rechtzeitige Absendung der Ware wahrt (§ 355 III 3). Bei einem Verbrauchsgüterkauf (→ Rn. 901) kann der Unternehmer die Rückzahlung des Kaufpreises verweigern, bis er die Waren zurückerhalten oder der Verbraucher den Nachweis erbracht — 713

---

308 Dafür *Hoffmann/Schneider* NJW 2015, 2529 mN auch zur Gegenauffassung.
309 BGH NJW 2010, 610 Rn. 15 ff. mAnm *Möller*; *Skamel* ZGS 2010, 106. AA *Ludwig* ZGS 2010, 490.

hat, dass er die Waren abgesandt hat, es sei denn, dass der Unternehmer angeboten hat, die Waren abzuholen (§ 357 IV). Sofern nicht der Unternehmer die **Kosten der Rücksendung** der Waren übernimmt (§ 357 VI 2), hat sie der Verbraucher zu tragen, wenn er darüber unterrichtet worden war (§ 357 VI 1; Ausnahme: § 357 VI 3). Eine Pflicht zum **Wertersatz** trifft den Verbraucher nur nach Maßgabe von § 357 VII–IX, wobei § 361 I den Verbraucher vor dem weitergehenden Rückgriff auf die allgemeinen Haftungsregeln bewahrt.[310]

2. Übungsklausur

714 Herr K aus Passau sucht für die Hochzeit seines Neffen N ein repräsentatives Geschenk und findet im Online-Sortiment des Regensburger Weinhändlers W einen Wein, der nach Alter, Herkunft und Geschmack zu N passt: einen „1993er Trierer Herrenberg trocken". Auf eine Email-Anfrage des K hin ruft W den K an und erklärt, dass er nur noch einen Restbestand von zwölf Flaschen dieses Weins habe, weil er diesen mangels Nachfrage aus seinem Sortiment nehme; die noch vorhandenen Flaschen bietet W dem K für insgesamt 240 EUR an. K sagt sofort zu, zumal er recherchiert hat, dass derselbe Wein bei anderen Händlern üblicherweise ca. 30 EUR pro Flasche kostet. Wie sich bei dem Telefonat herausstellt, muss W am 10.7. ohnehin mit dem Pkw von Regensburg über Passau nach Wien fahren, sodass man sich darauf verständigt, dass W den Wein an diesem Tag gegen Mittag dem K bringen und dieser den Kaufpreis sodann binnen 14 Tagen überweisen soll.

Fallvariante 1: Am 10.7. vergisst W, den für K bestimmten Wein mitzunehmen, was er erst abends in Wien bemerkt. Er ruft seine Mutter, Frau M, an und bittet sie, den Wein am nächsten Tag dem K zu bringen, was M auch zusagt. Auf dem Hinweg erleidet M am Steuer ihres Pkw einen unvorhersehbaren Schwächeanfall; dies führt zu einem Unfall, bei dem elf der Flaschen zu Bruch gehen. Welche Ansprüche bestehen im Verhältnis zwischen W und K?

Fallvariante 2: W bemerkt am 10.7. schon morgens auf seinem Weg nach Wien, dass er vergessen hat, den für K bestimmten Wein mitzunehmen. Telefonisch bittet er seine Mutter, Frau M, den Wein unverzüglich nach Passau zu bringen, und M schafft es tatsächlich, noch am 10.7. um 12:30 Uhr bei K einzutreffen. K verweigert indes die Entgegennahme des Weins: zum einen sei M zu spät, und zum anderen benötige er den Wein nicht mehr, weil N die Hochzeit abgesagt habe. M macht sich daraufhin mit dem Wein wieder auf die Rückfahrt. Unterwegs erleidet sie einen leichten Schwächeanfall, setzt aber trotzdem die Fahrt fort in der Hoffnung, dass schon alles gut gehen werde. Kurz darauf bricht M am Steuer zusammen; dies führt zu einem Unfall, bei dem alle zwölf Flaschen zu Bruch gehen. Welche Ansprüche bestehen im Verhältnis zwischen W und K?

Bearbeiterhinweis: Vorschriften über Fernabsatzverträge, namentlich Widerrufsrechte, sind nicht zu erörtern. Die Bearbeitungszeit beträgt 90 Minuten.

---

[310] Näher zur Haftung des Verbrauchers, insbes. wenn er nicht oder fehlerhaft über sein Widerrufsrecht belehrt worden war, *Singbartl/Zintl* NJW 2016, 1848.

IX. Beendigung des Schuldverhältnisses

Fälle und Fragen

1. Landwirt G verkauft an H 100 Zentner Kartoffeln. Es wird vereinbart, dass H die Kartoffeln am nächsten Tag mit einem Lastwagen vom Hof des G abholen soll. In der Nacht bricht auf dem Hof des G ein Feuer aus und die gesamte Kartoffelernte wird vernichtet. G erklärt H, er könne nun nicht liefern. H meint, die vertragliche Vereinbarung müsse eingehalten werden, G solle sich die Kartoffeln anderweitig besorgen, um seine Vertragspflicht zu erfüllen. Ist dies richtig?
2. Fabrikant F stellt Baumwollstoffe her. Er verkauft 10 Ballen an den Großhändler G. Die Stoffe sollen am 10.3. von G vom Auslieferungslager des F abgeholt werden. Am Abend des 9.3. bereitet der Lagerverwalter des F die Lieferung vor, indem er 10 Ballen der bestellten Ware vom Lager nimmt, sie einpackt, einen Lieferschein ausstellt und zu der Ware legt, die in einem für die Auslieferung von Waren vorgesehenen Raum gelagert wird. In der Nacht wird in das Lager von Unbekannten eingebrochen, die unter anderem auch die für G bestimmten Stoffballen stehlen. Als G am nächsten Morgen die Waren abholen will, wird ihm erklärt, dass eine Lieferung leider nicht mehr möglich sei, weil über die gesamten Vorräte der bestellten Art bereits anderweitig disponiert und aus zwingenden technischen Gründen die Produktion dieses Stoffes eingestellt worden sei. G müsse sich eben bei einem anderen Lieferanten eindecken. Wie ist die Rechtslage?
3. Was ist ein „schuldhaftes" Verhalten?
4. Was ist unter „Vorsatz", was unter „Fahrlässigkeit" zu verstehen, und wodurch unterscheidet sich bedingter Vorsatz von bewusster Fahrlässigkeit?
5. Kommt es bei Beurteilung eines Verhaltens als fahrlässig auf die individuellen Fähigkeiten des Verantwortlichen an?
6. Was ist ein absolutes, was ein relatives Fixgeschäft und welche Rechtsfolgen treten bei ihnen ein, wenn der für die Leistung vereinbarte Zeitpunkt nicht eingehalten wird?
7. Was ist eine „Mahnung" iSv § 286 und welchen Anforderungen muss sie genügen?
8. Kann ein beschränkt Geschäftsfähiger gemahnt werden, kann er selbst mahnen?
9. Welche Rechte hat der Gläubiger beim Verzug des Schuldners?
10. V verkauft K einen gebrauchten Pkw. Einen Tag vor der Übergabe des Fahrzeuges kommt es zu einem von V verschuldeten Brand, bei dem der K verkaufte Pkw zerstört wird. K verlangt von V Zahlung von 500 EUR, die er mehr aufwenden muss, als er als Kaufpreis mit V vereinbart hat, um sich einen gleichwertigen Pkw am Markt zu besorgen. Außerdem fordert er 50 EUR als Monatsmiete für eine Garage, die er für die Unterbringung des gekauften Pkw angemietet hat und die nunmehr mindestens einen Monat leer stehen wird, bis er ein passendes Fahrzeug gefunden hat. Bestehen diese Forderungen zu Recht?
11. K kauft von dem Antiquitätenhändler A ein altes Ölgemälde. Es wird vereinbart, dass K das Gemälde am folgenden Tag abholt. Kurze Zeit nach dem Verkauf des Bildes an K bietet ein anderer Interessent für das Bild einen Betrag, der doppelt so hoch ist wie der mit K vereinbarte Kaufpreis. A kann nicht widerstehen und verkauft dieses Bild zum zweiten Mal. Der zweite Käufer, der A unbekannt ist und dessen Adresse er auch nicht erfragt, nimmt das Bild sofort mit. Als K am nächsten Tag das von ihm gekaufte Gemälde haben will, erklärt ihm A, dass er es ihm leider nicht geben könne. Ein Schaden sei ihm nicht entstanden, weil er nicht den Kaufpreis zahlen müsse, der dem Wert des Bildes entspräche. Durch einen Zufall erfährt K, dass A zum doppelten Preis verkauft hat und verlangt die Differenz zwischen dem mit ihm vereinbarten Kaufpreis, und dem vom zweiten Käufer gezahlten Betrag. Mit Recht?
12. A ist Eigentümer eines Segelbootes, das im Hafen eines 50 Kilometer von seinem Wohnort entfernten Sees liegt. Er bietet das Boot B zum Kauf an. Beide fahren zum Liegeplatz des Bootes und besichtigen es dort. B erklärt, er wolle sich den Kauf überlegen und werde am nächsten Tag Bescheid sagen. Am folgenden Tag teilt B dem A mit, dass er das Boot kaufen wolle. Daraufhin begibt sich A zu B und schließt mit diesem einen Kaufvertrag über das Segelboot. Das Boot wurde jedoch in der vergangenen Nacht durch ein Unwetter zerstört,

was beide nicht wissen. Als die Zerstörung des Bootes festgestellt wird, verlangt B von A Schadensersatz iHv 5.000 EUR mit der Begründung, der Kaufpreis liege um diesen Betrag unter dem Marktwert des Segelbootes. Ist die Forderung des B begründet?

13. A will am 1.10. eine Diskothek eröffnen und trifft dafür alle erforderlichen Vorbereitungen. Insbesondere bestellt er beim Händler H eine Stereoanlage bestimmten Typs, die von H in der Woche vor der Eröffnung der Diskothek geliefert und installiert werden soll. Auf dem Transport vom Herstellerwerk zu H wird die für A bestimmte Stereoanlage beschädigt und unbrauchbar. H ist deshalb außerstande, vor Mitte Oktober eine Anlage zu liefern. A fragt, ob er sich bei einem anderen Händler eine Anlage besorgen könnte oder ob er an den Vertrag mit H gebunden sei. Geben Sie bitte Auskunft!

14. Was bedeutet Kausalität nach der Äquivalenztheorie, was nach der Adäquanztheorie?

15. Welches Ziel wird mit der Adäquanztheorie verfolgt und welchen anderen Lösungsvorschlag gibt es, um dieses Ziel besser zu erreichen?

16. Handwerksmeister E erhält von H den Auftrag, eine Fernsehantenne auf dem Dach zu montieren. Die Gehilfen des E beschädigen bei den Montagearbeiten das Dach so, dass es in der folgenden Nacht durchregnet und auf dem Dachboden befindliche Möbelstücke Schäden davontragen. Welche Ansprüche stehen H gegen E zu?

17. G ist ein fanatischer Nichtraucher. Er beauftragt den Handwerker L, in seinem Hause Arbeiten auszuführen. L ist Kettenraucher und raucht bei der Arbeit ständig, obwohl G sich dies wiederholt verbittet. Als er zusätzlich feststellen muss, dass L durch achtlos abgelegte Zigaretten Brandflecke auf verschiedenen Möbeln verursacht hat, kündigt er ihm fristlos und verlangt Schadensersatz für höhere Kosten, die ihm durch die Beauftragung eines anderen Handwerkers entstehen. Mit Recht?

18. K begibt sich in das Kaufhaus des R, um sich die Auslagen anzusehen, weil sie ein Geschenk für eine Freundin sucht. Bestimmte Vorstellungen, was sie schenken will, hat sie nicht. K stürzt über einen am Boden liegenden Obstrest, den offenbar ein Kunde weggeworfen hat. Bei dem Sturz verletzt sich K erheblich und muss ärztliche Hilfe in Anspruch nehmen. Kann K von R Ersatz der ihr dadurch entstandenen Kosten fordern? Ändert sich an der Entscheidung etwas, wenn feststeht, dass sich K ohne jede Kaufabsicht im Kaufhaus nur aufgehalten hatte, um die Zeit bis zur Abfahrt eines Zuges dort zu verbringen?

19. Rechtsanwalt K, der Eigentümer eines Baugrundstücks ist, parzelliert dieses und errichtet darauf Einfamilienhäuser. Er schließt mit Interessenten privatschriftliche Kaufanwärterverträge, in denen sich diese zu einer ratenweisen Bezahlung des Kaufpreises nach dem Baufortschritt verpflichten. Auch der Facharbeiter F schließt einen solchen Vertrag und verpflichtet sich darin, ein Haus zum Preis von 200.000 EUR zu erwerben. Als das Haus fertig gestellt ist, verlangt K von F unter Hinweis auf erhebliche Preissteigerungen 280.000 EUR. Als sich F weigert, mehr als 200.000 EUR zu zahlen, beruft sich K auf die Unwirksamkeit des Vertrages wegen Formnichtigkeit und erklärt, er wolle nunmehr nichts mehr mit F zu tun haben. Die bisher von F geleisteten Zahlungen will K zurückgeben. F verlangt dagegen Abschluss eines notariellen Vertrages entsprechend dem Kaufanwärtervertrag. Wie ist die Rechtslage?

20. H bietet in einer Zeitungsanzeige sein Haus in München zum Verkauf an. K aus Köln tritt daraufhin mit H in Verbindung und vereinbart mit diesem einen Besichtigungstermin. Nach der Besichtigung des Hauses erklärt K, er wolle das Haus kaufen, müsse aber zunächst einmal mit seiner Bank in Köln über die Finanzierung des Kaufpreises sprechen. H und K vereinbaren, dass K eine Woche später nach München kommen solle, um den Kaufvertrag zu schließen, über dessen Inhalt Einvernehmen besteht. Als K vereinbarungsgemäß in München eintrifft, empfängt ihn H dort mit der überraschenden Mitteilung, er habe sich die Sache anders überlegt und werde das Haus nicht verkaufen. Daraufhin verlangt K Ersatz der durch die Fahrt von Köln nach München entstandenen Kosten. Mit Recht?

21. Wann kommt der Gläubiger in Verzug?

IX. Beendigung des Schuldverhältnisses

22. Händler H vereinbart mit Landwirt L, dass dieser ihm 5 Zentner Salatgurken liefert, und zwar sollen die Gurken von Ländler zum Geschäft des H gebracht werden. Als L telefonisch die Lieferung ankündigt, kommt es wegen einer anderen Lieferung zu einem Streit, in dessen Verlauf H erklärt, L brauche überhaupt nicht mehr mit seinen Gurken zu kommen. Er wolle mit ihm nichts mehr zu tun haben und werde die Gurken nicht annehmen. Die von L in einem verschlossenen Raum bereitgestellten Gurken werden nachts von Unbekannten gestohlen. L verlangt von H den vereinbarten Kaufpreis. Mit Recht?
23. Da G die ihm aufgrund eines Kaufvertrages von S vertragsgerecht angebotenen Waren nicht annimmt, muss S zur Lagerung der Waren Räume mieten. Die deshalb von ihm zu zahlende Miete verlangt er als Schadensersatz von G. Mit Recht?
24. Wer trägt beim Kaufvertrag die Leistungsgefahr, wer die Preisgefahr?
25. In welchen Fällen trifft abweichend von § 326 I bei einem zufälligen Untergang einer verkauften Sache vor ihrer Übergabe an den Käufer diesen die Gegenleistungsgefahr?
26. V verkauft K zwei Lkw zum Gesamtpreis von 50.000 EUR. Beide Lkw haben einen gleichen Wert. Eines der beiden Fahrzeuge brennt vor Übergabe ohne Verschulden des V aus. Wie ist die Rechtslage? Wie ist zu entscheiden, wenn K bereits den Kaufpreis in voller Höhe an V gezahlt hat?
27. V hat K seinen Pkw verkauft und sich das Eigentum bis zur vollständigen Zahlung des Kaufpreises vorbehalten. K nimmt das Fahrzeug mit. Danach wird es ohne Verschulden des K zerstört. Hat V dennoch Anspruch auf Zahlung des Kaufpreises?
28. Was ist eine Obliegenheit?
29. Wann ist der Gläubiger für den Umstand, aufgrund dessen der Schuldner nach § 275 I–III nicht zu leisten braucht „verantwortlich" iSd § 326 II?
30. A, der ein Hotel garni betreibt, bestellt bei H 40 Kaffeegedecke, bestehend aus Kaffeekännchen, Teller, Tasse und Untertasse, um sie in seinem Betrieb zu verwenden. H liefert zunächst zehn Gedecke und sagt umgehende Lieferung des Restes zu. Nach zwei Wochen setzt A dem H eine Frist von zehn Tagen für die Restlieferung und weist darauf hin, dass er nach fruchtlosem Ablauf der Frist die Leistung insgesamt, also auch hinsichtlich der bereits gelieferten Gedecke, ablehnen werde, weil er nur einheitliches Geschirr in seinem Hotel verwenden wolle und 10 Gedecke nicht gebrauchen könne. Vor Ablauf der Frist wird bei A von Unbekannten eingebrochen. Aus einem gut gesicherten Lagerraum werden unter anderem die in einer Kiste verpackten zehn Gedecke, die H geliefert hatte, gestohlen. Nachdem die von A gesetzte Frist ergebnislos verstrichen ist, tritt er vom Vertrag zurück. Wie ist die Rechtslage?
31. Kommt der Schuldner in Verzug, wenn ihm die Einrede des nichterfüllten Vertrages (§ 320) zusteht oder er sich auf ein Zurückbehaltungsrecht nach § 273 berufen kann?
32. R und H vereinbaren den Tausch ihrer Motorräder. Das Motorrad von R wird bei einem von ihm verschuldeten Unfall zerstört. Daraufhin verlangt H von R die Zahlung von 500 EUR, weil dessen Motorrad diesen Betrag mehr wert gewesen war als seines. Mit Recht?
33. Welchem Ziel dient die ergänzende Vertragsauslegung und auf welche Weise wird dieses Ziel erreicht?
34. Was ist unter „dispositivem Recht" zu verstehen?
35. Welche Rechtsfolgen ergeben sich bei einer Störung der Geschäftsgrundlage?
36. G errichtet in Kleindorf 100 Einfamilienhäuser. Die Häuser werden mit Fernwärme und Warmwasser durch ein von G errichtetes und betriebenes Fernheizwerk versorgt. Gegenüber Erwerbern der Häuser verpflichtet sich G, die Fernwärme und das Warmwasser zu gleichen Preisen zu liefern wie die Stadtwerke von Kleindorf. Nach zwei Jahren verlangt G von K, der ein Haus erworben hat, einen höheren Preis für die Fernwärme, als die Stadtwerke von ihren Kunden fordern. Er begründet dieses Verlangen damit, dass sein Fernheizwerk mit Erdöl, nicht mit Gas (wie das der Stadtwerke) betrieben werde. Die Erdölpreise seien aber in letzter Zeit wesentlich stärker gestiegen als die Gaspreise. Müsste er

die Preise der Stadtwerke einhalten, würde er jährlich bei den 100 Häusern einen Verlust von 30.000 EUR hinnehmen. Dazu sei er nicht verpflichtet. K beruft sich auf die vertragliche Vereinbarung. Wie ist die Rechtslage?

37. a) A kauft von B einen Fernsehapparat und behält sich den Rücktritt vor. Als der Apparat von einem Unbekannten bei einer kurzen Abwesenheit des A aus dessen verschlossener Wohnung gestohlen wird, erklärt dieser den Rücktritt. Kann er dies und welche Rechtsfolgen ergeben sich?

b) Wie ist die Rechtslage, wenn A den Rücktritt erklärt, weil der Fernsehapparat einen nichtbehebbaren Mangels aufweist?

38. Was verstehen Sie unter Nutzungen, was unter Aufwendungen, was unter Verwendungen?

39. Erläutern Sie bitte den Unterschied zwischen einer Rechtsgrundverweisung und einer Rechtsfolgenverweisung!

40. Gastwirt H hat sich gegenüber der Brauerei M vertraglich verpflichtet, für die Dauer von fünf Jahren sein Bier nur von ihr zu beziehen. Bereits nach wenigen Monaten ergeben sich Lieferungsschwierigkeiten, die dazu führen, dass H mehrfach kein Bier vom Fass ausschenken kann. Da er befürchtet, dass er deshalb Stammkunden verlieren wird, fragt er, ob er sich von dem Vertrag lösen kann.

41. Was ist das Widerrufsrecht bei Verbraucherverträgen, wie ist es auszuüben und welche Rechtsfolgen ergeben sich?

§ 7. Besitz und Eigentum

I. Einleitung

Es ist bereits darauf hingewiesen worden, dass die Begriffe „Eigentum" und „Besitz" in der Umgangssprache abweichend vom juristischen Sprachgebrauch verwendet werden und dass häufig von „Besitz" die Rede ist, wenn es rechtlich um Eigentum geht (→ Rn. 8). Bei der Rechtsanwendung kommt es indes entscheidend darauf an, solche Begriffe richtig zu gebrauchen. Im Rechtssinne wird mit **Besitz** die tatsächliche Herrschaft über eine Sache bezeichnet; Besitzer ist demnach die Person, die die tatsächliche Gewalt über eine Sache ausübt. Dementsprechend bestimmt § 854 I, dass der Besitz durch die Erlangung der tatsächlichen Gewalt über die Sache erworben wird. Dagegen bezeichnet **Eigentum** – zumindest im Zivilrecht[1] – ein Recht, das die umfassende und unmittelbare rechtliche Herrschaft über eine Sache zum Inhalt hat; mithin kann der Eigentümer einer Sache mit ihr nach Belieben verfahren und andere von jeder Einwirkung ausschließen, sofern nicht das Gesetz oder Rechte Dritter entgegenstehen (§ 903 S. 1).

Im Folgenden werden die sich in Bezug auf das Eigentum und den Besitz ergebenden Fragen erläutert, mit denen sich Studenten bereits im Rahmen eines Grundkurses vertraut machen sollten, also die wesentlichen Kategorien sowie die Regeln über den Erwerb und Verlust von Besitz bzw. Eigentum.[2]

II. Arten des Besitzes

Wenn oben der **Besitz als tatsächliche Herrschaft über eine Sache** beschrieben wird, dann wird dadurch zugleich inzidenter festgestellt, dass es nicht auf das **Recht zum Besitz** ankommt. Folglich kann auch ein Dieb durch den Diebstahl einer Sache zu ihrem Besitzer werden. Dennoch macht es einen Unterschied, mit welcher subjektiven Einstellung die tatsächliche Herrschaft über eine Sache ausgeübt wird: Wer eine Sache als ihm gehörend besitzt, ist ihr **Eigenbesitzer** (§ 872). Wer hingegen beispielsweise als Mieter, Entleiher oder Finder die tatsächliche Gewalt über eine Sache ausübt, tut dies mit der subjektiven Einstellung, dass die Sache einem anderen gehört und dass er sein Recht zum Besitz von dem anderen ableitet. Diese subjektive Einstellung macht ihn zum **Fremdbesitzer**.

---

[1] Hingegen zählt im öffentlichen Recht, das sich an der Eigentumsgarantie des Art. 14 GG orientiert, grds. jede vermögenswerte Rechtsposition zum Eigentum.
[2] Beachte auch die knappe Einführung in das Sachenrecht bei *Loose* JA 2016, 808. Ausgespart bleiben im Grundkurs namentlich Einzelfragen des Schutzes von Besitz und Eigentum. Dazu *Musielak/Hau* EK BGB Rn. 488 ff., 650 ff.

718 Betrachtet man das Verhältnis zwischen dem Mieter als Fremdbesitzer und dem Vermieter als Eigenbesitzer, so zeigt sich, dass auch der Vermieter mittels des Mieters eine Art tatsächlicher Gewalt über die vermietete Sache ausübt. Dies drückt sich darin aus, dass der Mieter den Vermieter als den Berechtigten anerkennt und sich ihm gegenüber verantwortlich fühlt, und zwar in dem Bewusstsein, dass er die Sache nur auf Zeit besitzt und zu ihrer Rückgabe verpflichtet ist. Diese besitzrechtliche Position des Vermieters erkennt das Gesetz ausdrücklich in § 868 an und nennt sie „**mittelbarer Besitz**".[3] Unmittelbarer und mittelbarer Besitzer sind durch ein **Besitzmittlungsverhältnis (Besitzkonstitut)** verbunden, das typischerweise folgende Merkmale aufweist:

- Unmittelbarer Fremdbesitz einer Person, dh Wille des unmittelbaren Besitzers, den Besitz abhängig vom mittelbaren Besitzer auszuüben (= Besitzmittlungswille);
- Ableitung des Besitzrechts vom mittelbaren Besitzer, dh es wird kraft Gestattung oder im Interesse des mittelbaren Besitzers eingeräumt;
- zeitliche Begrenzung der Stellung des unmittelbaren Besitzers;
- Rückgabeanspruch des mittelbaren Besitzers gegen den unmittelbaren.

719 Was hier exemplarisch an einem Mietverhältnis dargestellt wird, gilt auch in anderen Fällen, in denen die Beschreibung über die Verteilung der tatsächlichen Gewalt in entsprechender Weise zutrifft und deshalb die Merkmale eines Besitzmittlungsverhältnisses erfüllt werden. Der **mittelbare Besitz kann auch mehrfach gestuft** sein.

> **Beispiel:** E, der Eigentümer eines Kfz, vermietet es an Z. Z leiht das Fahrzeug seinem Freund D.
>
> D ist unmittelbarer Besitzer und mittelt Z den Besitz, der dadurch zum mittelbaren Besitzer der ersten Stufe wird. Z wiederum mittelt den Besitz E und macht ihn zum mittelbaren Besitzer der zweiten Stufe. Die Unterscheidung zwischen dem mittelbaren und dem unmittelbaren Besitz lässt sich mit der Differenzierung zwischen Eigen- und Fremdbesitz kombinieren: D ist unmittelbarer Fremdbesitzer, Z mittelbarer Fremdbesitzer erster Stufe und E mittelbarer Eigenbesitzer zweiter Stufe.

720 Eine weitere Unterscheidung in den Besitzverhältnissen lässt sich danach vornehmen, ob jemand die tatsächliche Gewalt allein oder gemeinsam mit anderen ausübt. Die mit dieser Unterscheidung korrespondierenden Arten des Besitzes werden als **Allein- und Mitbesitz** bezeichnet. Beim Mitbesitz ist sodann noch darauf zu sehen, ob der einzelne Mitbesitzer unabhängig von den anderen Mitbesitzern auf die Sache zugreifen kann (dann **schlichter oder einfacher Mitbesitz**) oder nur gemeinsam mit ihnen (dann **gesteigerter oder gesamthänderischer Mitbesitz**).[4]

> **Beispiele:**
>
> (1) Mehrere Mieter benutzen gemeinsam einen Fahrradschuppen. Da jeder von ihnen unabhängig von den anderen den Raum betreten und ihn zur Unterstellung seines Fahrrades nutzen kann, liegt hinsichtlich dieses Raumes schlichter Mitbesitz der Mieter vor.

---

[3] Näher zur Besitzmittlung etwa *Szerkus* JURA 2017, 251.
[4] *Wilhelm* SachenR Rn. 487 will den Begriff gesamthänderischer Mitbesitz nur dem Besitz einer Gesamthand vorbehalten.

II. Arten des Besitzes

(2) Ein Tresor ist durch zwei Schlösser gesichert. Von einem Schloss hat A einen Schlüssel, von dem anderen B. Der Tresor und sein Inhalt stehen im gesteigerten Mitbesitz beider, da sie nur gemeinsam die tatsächliche Gewalt darüber ausüben können.

Im Gegensatz zum Mitbesitz bedeutet **Teilbesitz**, dass eine Person einen Teil einer Sache allein besitzt. Als Beispiele nennt § 865 abgesonderte Wohnräume oder andere Räume. Wohnen mehrere Mietparteien in einem Haus, so hat jeder Mieter an der von ihm gemieteten Wohnung Teilbesitz. Am Teilbesitz wird deutlich, dass es sich beim Besitz nicht um ein Recht handeln kann, denn an nicht trennbaren Bestandteilen einer Sache, wie dies bei Räumen eines Hauses der Fall ist, können keine eigenständigen Rechte begründet werden (§ 93).

721

Wie bereits bemerkt, lassen sich die verschiedenen Besitzkonstellationen durchaus miteinander kombinieren. Demgemäß hat an den Räumen einer von einem Ehepaar angemieteten und bewohnten Wohnung in einem Mehrparteienhaus jeder Ehepartner schlichten unmittelbaren Mitbesitz, und zwar in Form des Teilbesitzes (im Verhältnis zu den übrigen Mietparteien des Hauses) und als Fremdbesitzer (im Verhältnis zum Vermieter). Oder: Wird ein Zimmer einer angemieteten Wohnung untervermietet, so ist der Untermieter unmittelbarer (Teil-)Besitzer seines Zimmers und der Hauptmieter unmittelbarer Besitzer der übrigen Räume. Hinsichtlich des untervermieteten Zimmers mittelt der Untermieter dem Hauptmieter den Besitz und macht ihn zum mittelbaren Besitzer erster Stufe, während der Hauptmieter dem Vermieter seinerseits den Besitz mittelt, sodass dieser mittelbarer Besitzer zweiter Stufe ist, und zwar entweder Eigenbesitzer oder Fremdbesitzer, je nachdem ob ihm das Hausgrundstück gehört, auf dem sich die vermietete Wohnung befindet.

722

Die Feststellung, dass der unmittelbare Besitz die tatsächliche Herrschaft über eine Sache bedeutet, bedarf der Ergänzung und Präzisierung: Übt jemand in einer abhängigen, weisungsgebundenen Stellung die tatsächliche Gewalt über eine Sache für einen anderen aus, wie dies zB der Chauffeur hinsichtlich des von ihm gefahrenen Dienstwagens tut, so würde es den gebräuchlichen Vorstellungen widersprechen, ihn als Besitzer anzusehen. Vielmehr ist unmittelbarer Besitzer in solchen Fällen nur der Weisungsberechtigte, der als „**Besitzherr**" bezeichnet wird, während man den anderen „**Besitzdiener**" nennt. Das charakteristische Merkmal der Besitzdienerschaft ist die **Weisungsgebundenheit**, die sich idR aus einem nach außen erkennbaren sozialen Abhängigkeitsverhältnis herleitet.[5] Das Gesetz beschreibt dieses Merkmal in § 855 mit der Wendung „in dessen Haushalt oder Erwerbsgeschäft oder in einem ähnlichen Verhältnis…, vermöge dessen er den sich auf die Sache beziehenden Weisungen des anderen Folge zu leisten hat". Diese Weisungsgebundenheit muss sich nicht notwendigerweise aus einem privatrechtlichen oder öffentlich-rechtlichen Rechtsverhältnis ergeben. Vielmehr genügt ein tatsächliches Weisungsverhältnis, wie es auch bei einem bloßen Gefälligkeitsverhältnis (→ Rn. 54 ff.) oder bei einem nichtigen Arbeitsvertrag besteht.[6]

723

Die Weisungsunterworfenheit des Besitzdieners ist auch das maßgebende **Unterscheidungsmerkmal zum Besitzmittlungsverhältnis.** Ein Besitzmittler braucht sich nicht konkreten Weisungen des mittelbaren Besitzers zu unterwerfen, sondern es genügt, dass er sich im Rah-

724

---

[5] BGH NJW 2014, 1524 Rn. 10 = JuS 2014, 840 (*K. Schmidt*).
[6] OLG Stuttgart MDR 2009, 857; MüKoBGB/*Joost* § 855 Rn. 7.

men des Besitzmittlungsverhältnisses hält. Miete ich ein Auto, so habe ich mich bei dem Gebrauch des Autos zwar an die rechtlichen Abmachungen im Mietvertrag zu halten, zB das Auto nur im Inland zu nutzen oder es nach Ablauf der Mietzeit an einem bestimmten Ort vollbetankt abzuliefern. Weitergehende Anordnungen des Vermieters muss ich aber nicht entgegennehmen. Anders der Besitzdiener: Der Chauffeur muss jede Weisung beachten, die ihm hinsichtlich der Benutzung seines Dienstwagens erteilt wird.

725 In § 855 wird davon gesprochen, dass der Besitzdiener die tatsächliche Gewalt über eine Sache für einen anderen ausübt. Damit werden zwei Fragen aufgeworfen: Muss der Besitzdiener mit einer entsprechenden subjektiven Einstellung handeln? Und muss sein Verhältnis zum Besitzherrn, seine soziale Abhängigkeit, nach außen erkennbar sein? Beide Fragen sind streitig. Die hM verzichtet auf einen **Besitzdienerwillen** und lässt es genügen, dass der Besitzdiener im Rahmen seiner Weisungsgebundenheit handelt.[7] Notwendig ist jedoch, dass sich die Weisungsgebundenheit im Rahmen eines Unterordnungsverhältnisses ergibt, nach dem der Besitzdiener Weisungen jederzeit zu befolgen hat und der Besitzherr jederzeit selbst über die Sache bestimmen kann.[8] Eine Gegenauffassung verlangt zwar unter Hinweis darauf, dass es einen Besitz ohne Besitzwillen nicht geben könne, einen entsprechenden Willen des Besitzdieners, geht jedoch davon aus, dass der Besitzdiener konkludent seinen Besitzdienerwillen erklärt, solange er innerhalb des Funktionsbereichs seines Weisungsverhältnisses tätig ist.[9] Die praktische Bedeutung dieser Meinungsverschiedenheit fällt somit recht gering aus, weil nach beiden Auffassungen ein Handeln des Besitzdieners im Rahmen seiner Weisungsgebundenheit für ausreichend gehalten wird. Erklärt der Besitzdiener ausdrücklich, die tatsächliche Gewalt nicht mehr für den Besitzherrn ausüben zu wollen, was nach der Gegenauffassung die Besitzdienerschaft beendet, so dürfte er sich auch regelmäßig nicht mehr im Rahmen seiner Weisungsgebundenheit halten und damit nach hM ebenfalls nicht mehr als Besitzdiener anzusehen sein. Bei der Antwort auf die zweite Frage nach der äußerlichen **Erkennbarkeit des Abhängigkeitsverhältnisses** zwischen Besitzherrn und Besitzdiener ist der Meinung zu folgen, die eine solche Erkennbarkeit verlangt,[10] denn dafür streitet die Publizitätsfunktion des Besitzes (dazu sogleich).

726 Rechte an Sachen wirken absolut (also gegen jedermann) und müssen im Rechtsverkehr möglichst offenkundig sein. Deshalb gilt im Sachenrecht das **Prinzip der Offenkundigkeit (Publizitätsprinzip)**.[11] Weil der Besitz einer beweglichen Sache auf die Berechtigung an ihr hinweist (vgl. § 1006 I 1) und im Grundsatz für die Übereignung einer beweglichen Sache ihre Übergabe erforderlich ist, um den Rechtsübergang äußerlich sichtbar werden zu lassen, ist grundsätzlich zu verlangen, dass Besitzverhältnisse erkennbar sind. Bei Erörterung der Übereignung und des Eigen-

---

[7] BGH NJW 1953, 419 (420); *Wilhelm* SachenR Rn. 481.
[8] OLG Frankfurt a. M. NJOZ 2013, 262 (263).
[9] MüKoBGB/*Joost* § 855 Rn. 13; *Wieling*, Sachenrecht, 5. Aufl. 2007, § 4 IV 1a (S. 54 f.).
[10] BGH NJW 1958, 1286 (1287); BGH NJW 2014, 1524 (1525) Rn. 10 = JuS 2014, 840 (*K. Schmidt*); Bamberger/Roth/*Fritzsche* § 855 Rn. 13; Palandt/*Herrler* § 855 Rn. 2; *Prütting*, Sachenrecht, 36. Aufl. 2017, Rn. 66; Wolf/*Wellenhofer* SachenR § 4 Rn. 33. AA etwa MüKoBGB/*Joost* § 855 Rn. 10; *Baur/Stürner* SachenR § 7 Rn. 67.
[11] Vgl. dazu *Wilhelm* SachenR Rn. 33 ff.

III. Erwerb und Verlust des Besitzes

tumserwerbs an beweglichen Sachen kraft guten Glaubens wird auf die Funktion des Besitzes als Rechtsscheinträger noch näher einzugehen sein.

Die Regel, dass der Besitz identisch ist mit der tatsächlichen Gewalt über die Sache, gilt uneingeschränkt nur für den unmittelbaren Besitz. Beim mittelbaren Besitz wird diese Regel zwar nicht aufgehoben, wohl aber modifiziert, weil es um eine durch den unmittelbaren Besitzer vermittelte Sachherrschaft geht. Im Fall des **Erbenbesitzes** iSv § 857 ist die Regel hingegen durchbrochen; denn der Erbe rückt mit dem Erbfall in die Besitzposition des Erblassers ein, ohne dass es darauf ankommt, ob er dies will oder ob er überhaupt Kenntnis von dem Besitzübergang erlangt (dazu *Musielak/Hau* EK BGB Rn. 485). 727

III. Erwerb und Verlust des Besitzes

1. Erwerb des unmittelbaren Besitzes

Wenn § 854 I bestimmt, dass der Besitz einer Sache durch die Erlangung der tatsächlichen Gewalt über die Sache erworben wird, so betrifft dies nur den unmittelbaren Besitz (zum Erwerb des mittelbaren Besitzes später). Das Gesetz verlangt für den Besitzerwerb die Begründung tatsächlicher Gewalt, was die Frage aufwirft, welche Anforderungen daran zu stellen sind. Der Begriff „**tatsächliche Gewalt**" bezeichnet bereits nach der Umgangssprache eine Machtbeziehung zu der Sache. Der Jurist präzisiert diesen Begriff, indem er die Möglichkeit verlangt, auf die Sache unmittelbar einzuwirken und andere von einer solchen Einwirkung auszuschließen.[12] Eine solche Möglichkeit erfordert ein **enges räumliches Verhältnis zwischen Besitzer und Sache**.[13] Wenn § 856 II feststellt, dass eine ihrer Natur nach vorübergehende Verhinderung in der Ausübung der Gewalt den Besitz nicht beendet, so zeigt dies, dass die Machtbeziehung des Besitzers zur Sache bei der Begründung des Besitzes stärker ausgeprägt sein muss als bei seiner Aufrechterhaltung. 728

> **Beispiele:** Äcker und Wälder außerhalb von Orten, der Holzstapel im Wald und das geparkte Fahrzeug auf einem öffentlichen Parkplatz bleiben im Besitz desjenigen, der einmal an ihnen eine tatsächliche Gewalt begründet hat, auch wenn er diese Gewalt nicht ständig auszuüben vermag.

In vielen Fällen bereitet die Entscheidung, wer die tatsächliche Gewalt über eine Sache ausübt, keine Schwierigkeiten. Dies gilt in Fällen, in denen die Zuordnung offensichtlich ist, so bei beweglichen Sachen, die sich in einer Wohnung befinden oder die man in seinen Taschen trägt, bei Häusern und Gärten, die eingezäunt sind. Daraus ist jedoch nicht zu schließen, dass stets erkennbar sein müsste, in wessen tatsächlichem Machtbereich die Sache steht.[14] Denn es gibt viele Fälle, in denen sich 729

---

[12] Statt mancher: HK-BGB/*Schulte-Nölte* § 854 Rn. 4.
[13] MüKoBGB/*Joost* § 854 Rn. 5; Staudinger/*Gutzeit*, 2012, § 854 Rn. 9.
[14] So aber die überwiegende Auffassung, vgl. BGH NJW 1965, 1712 (1713); Palandt/*Herrler* § 854 Rn. 3; einschränkend PWW/*Prütting* § 854 Rn. 12: allgemeine Erkennbarkeit ohne Bezug auf eine bestimmte Person genügt.

nicht ohne Weiteres feststellen lässt, wer der Besitzer einer Sache ist. Man denke nur an das auf der Straße abgestellte Fahrzeug.[15] Auch in diesem Punkt ist zwischen der Begründung des Besitzes und der Erlangung der tatsächlichen Gewalt zu differenzieren: Während die Herstellung einer Herrschaftsbeziehung zu einer Sache einen Vorgang darstellt, der äußerlich in Erscheinung treten, also für einen Dritten erkennbar sein muss, erscheint die Fortdauer dieser Herrschaftsbeziehung nicht von ihrer Erkennbarkeit abhängig. Zusammenfassend lässt sich somit festhalten: Die Erlangung der tatsächlichen Gewalt iSv § 854 I erfordert die **erkennbare Herstellung einer räumlichen Beziehung zu einer Sache, die eine unmittelbare physische Einwirkung auf die Sache ermöglicht.**

730   Ersichtlich lassen sich die Besitzverhältnisse anhand dieser Begriffsbeschreibung keinesfalls stets trennscharf bestimmen. Dies gilt zB in den immer wieder als Schulbeispiele angeführten Fällen, dass jemand auf einer Parkbank sitzt, dass der Gast im Restaurant das ihm zur Verfügung gestellte Besteck benutzt oder dass jemand in einem Zugabteil die ihm von einem anderen Fahrgast aus Gefälligkeit überlassene Zeitung liest – und doch in allen diesen Fällen nicht zum Besitzer dieser Sachen wird. Es liegt nahe, bei solchen Sachverhalten auf die **Verkehrsanschauung** zu verweisen, die im Einzelfall aufgrund aller Umstände darüber befinden müsse, in wessen tatsächlicher Herrschaftsgewalt sich eine Sache befinde.[16] Die Verkehrsanschauung kann sicherlich in manchen Fällen helfen, wie dies für die genannten Beispiele zutreffen dürfte. Dass sie in zweifelhaften Fällen stets sichere Kriterien liefern kann, darf jedoch nicht erwartet werden.[17] So wird zB unterschiedlich beurteilt, ob der Spaziergänger, der sich auf eine Parkbank setzt, damit zum Besitzer wird.[18]

731   Die Erlangung der tatsächlichen Gewalt in der beschriebenen Weise reicht zur Begründung des Besitzes allein noch nicht aus; vielmehr muss nach hM[19] noch ein darauf gerichteter Wille hinzukommen, der sog. **Besitzbegründungswille**. Dieser Wille ist kein rechtsgeschäftlicher, sondern ein natürlicher Wille, den auch Geschäftsunfähige haben können, wenn sie nur in der Lage sind, im natürlichen Sinn einen Willen zu bilden.[20] Der Besitzbegründungswille muss auch nicht darauf gerichtet sein, die tatsächliche Gewalt über eine bestimmte Sache zu ergreifen; vielmehr genügt ein genereller Beherrschungswille, der in irgendeiner Weise erkennbar wird.

732   Dieser allgemeine Besitzbegründungswille umfasst regelmäßig alle Sachen, die in einen **abgegrenzten Herrschafts- oder Organisationsbereich** eingefügt werden. Als ein solcher Bereich sind Geschäfts- und Wohnräume, ein Kfz oder ein Briefkasten anzusehen. Werden in meiner Abwesenheit vom Postboten Briefe in meinen Briefkasten geworfen, so werde ich ihr Besitzer, denn ich erlange die tatsächliche Gewalt über die Briefe und mein genereller Besitzbegründungswille bezieht sich auf alle Sachen, die sich in meinem Briefkasten befinden. Verliert ein Gast unbemerkt in

---

[15] MüKoBGB/*Joost* § 854 Rn. 13.
[16] BGH NJW 1987, 2812 (2813). Beachte auch die Beispiele bei *Ebert* NJW 2016, 3206 (3208).
[17] MüKoBGB/*Joost* § 854 Rn. 4 spricht von einer gefährlichen Leerformel.
[18] Überwiegend wird dies verneint, so Bamberger/Roth/*Fritzsche* § 854 Rn. 23; Staudinger/*Gutzeit*, 2012, § 854 Rn. 10.
[19] BGH NJW 1958, 1286; 1987, 2812 (2813); HK-BGB/*Schulte-Nölte* § 854 Rn. 7; MüKoBGB/*Joost* § 854 Rn. 8 ff. mwN.
[20] OLG Düsseldorf FamRZ 1999, 652 (653): erforderlich ist die psychische und physische Reife zur Ausübung der tatsächlichen Sachherrschaft.

III. Erwerb und Verlust des Besitzes 283

meiner Wohnung seine Geldbörse, werde ich aufgrund gleicher Erwägungen ihr Besitzer. Das Gleiche gilt, wenn ein Kunde in einem Supermarkt eine Sache verliert.[21] Dies zeigt der vom BGH entschiedene

Metro-Fall:[22] In einem Selbstbedienungs-Großmarkt findet ein Kunde unter einem Regal einen 500-Euro-Schein und händigt ihn dem Betriebsleiter aus. Der Verlierer meldet sich nicht. Da nach § 973 der Finder Eigentum an der Fundsache erwirbt und nur besitzlose Sachen gefunden werden können (dazu *Musielak/Hau* EK BGB Rn. 603 ff.), kommt es darauf an, ob der Kunde den Geldschein finden konnte, dh, ob dieser im Zeitpunkt seiner Entdeckung durch den Kunden besitzlos gewesen ist. Der BGH hat dies zu Recht verneint, weil alle Sachen im Supermarkt der Herrschaftsmacht seines Inhabers unterliegen, soweit sie nicht im Besitz anderer stehen, und sich sein Besitzbegründungswille zumindest auf die Sachen bezieht, die von Kunden verloren werden, um sie nicht dem Zugriff jedes Beliebigen auszusetzen. Der BGH lässt es ausdrücklich offen, ob sich der Besitzbegründungswille auch auf unerwünschte Sachen erstrecke. Da der allgemeine Besitzbegründungswille nach außen erkennbar hervortreten muss,[23] kann man nicht auf die subjektive Einstellung des Einzelnen abstellen, wenn entschieden werden soll, welche Sachen als erwünscht zu gelten haben und vom Besitzbegründungswillen erfasst werden. Vielmehr sind nur solche Sachen auszuscheiden, die ganz offensichtlich nicht in Besitz genommen werden sollen (wie zB Abfall oder das auf einem Grundstück unerlaubt abgestellte Schrottauto).

Der **originäre Erwerb des unmittelbaren Besitzes nach § 854 I** kann sich in zwei Formen vollziehen: Zum einen kann die Besitznahme durch einen einseitigen Erwerbsakt geschehen, wie beispielsweise beim Fund oder beim Diebstahl. Zum anderen kann der Besitzerwerb durch Geben seitens des bisherigen Besitzers und Nehmen seitens des neuen erfolgen. Die zweite Form unterscheidet sich von der ersten lediglich dadurch, dass der Vorbesitzer mit der Besitzergreifung des neuen Besitzers einverstanden ist. Dieser Fall darf nicht mit dem **Besitzerwerb gem. § 854 II verwechselt** werden: Während für den Besitzerwerb nach § 854 I die erkennbare Herstellung einer räumlichen Beziehung zu einer Sache erforderlich ist, die eine unmittelbare physische Einwirkung auf die Sache ermöglicht (→ Rn. 729), genügt für § 854 II, dass der Erwerber in der Lage ist, die Gewalt über die Sache auszuüben. Der Gesetzgeber schafft damit eine Erleichterung für den Rechtsverkehr. Dies zeigt sich am folgenden

733

Beispiel: E ist Eigentümer einen Stapel Holzes, das im Wald liegt. Er will dieses Holz dem K verkaufen und übereignen. Für die Übereignung ist die Übergabe gem. § 929 S. 1 notwendig, also die Verschaffung des Besitzes (→ Rn. 745). Soll dies nach § 854 I vorgenommen werden, so ist es erforderlich, dass sich zumindest K in den Wald begibt, damit die nach dieser Vorschrift erforderliche Herrschaftsbeziehung zu seinen Gunsten hergestellt wird. Dies wäre recht umständlich, wenn man sich etwa vorstellt, dass der Wald entfernt liegt oder verschneit ist. Solche Mühen erspart § 854 II den Beteiligten: Danach muss sich der bisherige Besitzer mit dem Erwerber nur über den Erwerb

---

[21] AA *Wilhelm* SachenR Rn. 465 ff., der eine persönliche Herrschaft über Sachen ausschließt, die sich in Räumen befinden, zu denen eine unbestimmte Zahl von Personen Zutritt hat, wie dies für Supermärkte zutrifft.
[22] BGH NJW 1987, 2812 (2813).
[23] MüKoBGB/*Joost* § 854 Rn. 10 mN.

des Besitzes einigen. Allerdings tritt die weitere Voraussetzung hinzu, dass der Erwerber in der Lage sein muss, die Gewalt über die Sache auszuüben. Dies bedeutet, dass es ihm ohne Weiteres möglich sein muss, auf die Sache zuzugreifen. Es darf also kein tatsächliches Hindernis der Besitzergreifung entgegenstehen. Bei einem frei zugänglichen Holzstapel ist diese Voraussetzung erfüllt.

734 Gestritten wird über die **Rechtsnatur der Einigung iSd § 854 II:** Während die hM in der Einigung ein Rechtsgeschäft sieht,[24] meinen andere, es entspreche der Grundauffassung vom unmittelbaren Besitz als einer tatsächlichen Sachherrschaft eher, die Einigung nur als tatsächliches Einverständnis des Erwerbers mit der Besitzergreifung aufzufassen.[25] Der Schluss vom Rechtscharakter des Besitzes auf den der Einigung erscheint jedoch keinesfalls zwingend: Sieht man in der Einigung iSv § 854 II das tatsächliche Einverständnis des Vorbesitzers mit dem Erwerb des Besitzes durch den anderen, so unterscheiden sich die Tatbestände beider Absätze des § 854 bei der Besitzeinräumung durch den Vorbesitzer lediglich in der unmittelbaren Zugriffsmöglichkeit auf die Sache, die der neue Besitzer im Rahmen des § 854 I haben muss, bei Abs. 2 dagegen nicht. Eine solche allein auf den Begriff der tatsächlichen Gewalt bezogene Differenzierung ließe sich kaum überzeugend rechtfertigen. Dagegen kann die Regelung des § 854 II durchaus eine eigenständige Bedeutung beanspruchen, wenn als ihr wesentliches Unterscheidungsmerkmal die rechtsgeschäftliche Absprache über den Erwerb des Besitzes durch den neuen Besitzer begriffen wird. Die praktische Bedeutung des Meinungsstreites ist nicht unerheblich: Die Auffassung der hM führt dazu, dass die Regeln über das Rechtsgeschäft zu beachten sind; so wären die Vorschriften über die Geschäftsfähigkeit und die Stellvertretung anzuwenden und auch eine Anfechtung der abgegebenen Erklärungen käme in Betracht.

2. Erwerb des mittelbaren Besitzes

735 Der Erwerb des mittelbaren Besitzes kann auf zweierlei Weise geschehen: entweder durch die **Begründung eines neuen Besitzmittlungsverhältnisses** oder gem. § 870 bei Bestehen eines Besitzmittlungsverhältnisses durch **Abtretung des Herausgabeanspruchs** vom bisherigen an den neuen mittelbaren Besitzer.

736 Ein Besitzmittlungsverhältnis kann bereits vereinbart werden, bevor der unmittelbare Besitzer den Besitz erlangt hat; man spricht dann von einem **antizipierten Besitzkonstitut**.

> **Beispiel:** Die B-Bank gibt dem A zur Anschaffung einer Maschine ein Darlehen und lässt sich zur Sicherheit das Eigentum an dieser Maschine von A übertragen. Danach erwirbt A die Maschine. Die Sicherungsabrede als Besitzmittlungsverhältnis wird bereits vereinbart, als A noch nicht Besitz und Eigentum an der Maschine erworben hat. Nachdem dies geschehen ist, geht das Eigentum gem. §§ 929 S. 1, 930 (→ Rn. 745, 752) auf die Bank über.

---

[24] BGH NJW 1955, 866; 1958, 1723; DB 1973, 913 (914); OLG Karlsruhe NJW-RR 1999, 1318; *Wilhelm* SachenR Rn. 442; *Wolf/Wellenhofer* SachenR § 4 Rn. 10; Bamberger/Roth/*Fritzsche* § 854 Rn. 43; HK-BGB/*Schulte-Nölte* § 854 Rn. 13.

[25] MüKoBGB/*Joost* § 854 Rn. 32 mwN.

III. Erwerb und Verlust des Besitzes

Die **Abtretung des Herausgabeanspruchs** zur Übertragung des mittelbaren Besitzes gem. § 870 wird gem. §§ 398 ff. vollzogen, setzt also einen wirksamen Herausgabeanspruch voraus. Der Herausgabeanspruch ergibt sich aus dem Besitzmittlungsverhältnis; wenn kein wirksames Besitzmittlungsverhältnis besteht, kommt auch die Abtretung eines gesetzlichen Herausgabeanspruchs (etwa nach § 985 oder § 1007) in Betracht. Nach hM soll eine Unterrichtung des unmittelbaren Besitzers über die Abtretung nicht erforderlich sein.[26] Das ist zweifelhaft: Wenngleich § 870 den Übergang des mittelbaren Besitzes allein von der Abtretung des Herausgabeanspruchs abhängig macht und die Wirksamkeit einer Abtretung von der Kenntnis des Schuldners unabhängig ist (→ Rn. 1284), ergibt sich doch aus dem Verhältnis zwischen unmittelbarem und mittelbarem Besitzer, dass der unmittelbare Besitzer wissen muss, wem er den Besitz mittelt.[27]

737

3. Besitzverlust

Der Besitz – und zwar sowohl der unmittelbare als auch der mittelbare – geht verloren, wenn eine seiner Voraussetzungen nicht mehr erfüllt ist. Dies wird durch **§ 856 I** für den unmittelbaren Besitz ausdrücklich bestätigt, der die beiden Möglichkeiten eines Besitzverlustes nennt:

738

- Die Beendigung des unmittelbaren Besitzes durch **Aufgabe der tatsächlichen Gewalt durch den Besitzer selbst.**

  Diese Alternative bildet also das Gegenstück zum originären Besitzerwerb gem. § 854 I. Daher erscheint es folgerichtig, in gleicher Weise wie für originären Besitzerwerb auch für die freiwillige Besitzaufgabe eine subjektive Einstellung zu verlangen, also einen **Besitzaufgabewillen**, der ebenfalls nicht rechtsgeschäftlicher, sondern rein tatsächlicher Natur ist (→ Rn. 731)[28] Allerdings entscheidet über die freiwillige Beendigung des unmittelbaren Besitzes nicht allein der Wille des Besitzers, sondern es muss noch der äußerlich erkennbare Verlust der tatsächlichen Gewalt hinzukommen. So endet der Besitz an Sachen in einer Wohnung nicht dadurch, dass der Wohnungsinhaber sie nicht mehr besitzen will, wenn sie nach wie vor am bisherigen Ort bleiben.[29]

- Die Beendigung des unmittelbaren Besitzes durch **Verlust der tatsächlichen Gewalt in anderer Weise**.

  Ist bei der freiwilligen Besitzaufgabe naturgemäß ein entsprechender Wille des Besitzers erforderlich, so geht in allen anderen Fällen der unmittelbare Besitz mit dem Verlust der Sachherrschaft verloren, es sei denn, es handelt sich lediglich um eine vorübergehende Verhinderung (§ 856 II). Dies zeigt, dass für den Tatbestand des Besitzverlustes letztlich die subjektive Einstellung des Besitzers unerheblich ist und es dafür entscheidend auf die Möglichkeit der Ausübung der tatsächlichen Gewalt ankommt. Jedoch knüpft das Gesetz in anderen Vorschriften an die Unfreiwilligkeit des Besitzverlustes rechtliche Folgen, so

---

[26] *Baur/Stürner* SachenR § 7 Rn. 54; MüKoBGB/*Joost* § 870 Rn. 3 mN.
[27] So auch Bamberger/Roth/*Fritzsche* § 870 Rn. 5.
[28] Staudinger-Eckpfeiler/*Klinck* Besitz Rn. 21 (Besitzaufgabe ist ein Realakt, der keinen rechtsgeschäftlichen Willen erfordert).
[29] AA Staudinger-Eckpfeiler/*Klinck* Besitz Rn. 24.

für den Besitzschutz in §§ 858 ff. (vgl. dazu *Musielak/Hau* EK BGB Rn. 488 ff.) und für den gutgläubigen Eigentumserwerb (vgl. § 935; → Rn. 767 ff.).

739 Wie bereits bemerkt, geht auch der **mittelbare Besitz verloren**, wenn seine Voraussetzungen nicht mehr erfüllt werden, also wenn entweder

- der unmittelbare Besitzer seinen Besitz verliert oder
- der Herausgabeanspruch des mittelbaren Besitzers gegen den unmittelbaren erlischt oder
- der unmittelbare Besitzer nicht mehr für den mittelbaren besitzen will, mithin seinen Besitzmittlungswillen aufgibt.

Das Besitzmittlungsverhältnis und damit der mittelbare Besitz bleiben bestehen, wenn der Besitzmittler nur seinen unmittelbaren Besitz aufgibt, jedoch mittelbaren Besitz behält und auch weiterhin den Besitz mitteln will (Beispiel: verleiht der Mieter eines Pkw diesen seinem Freund, so entsteht gestufter mittelbarer Besitz; → Rn. 719).[30] Die Aufgabe des Besitzmittlungswillens muss nach außen in Erscheinung treten. Eine lediglich intern bleibende Willensänderung beendet den mittelbaren Besitz nicht (Beispiel: der Mieter einer Sache beschließt, die Sache nicht mehr zurückzugeben und sie als ihm gehörend zu behandeln, ohne dass dies für einen Dritten erkennbar ist).[31] Die Erkennbarkeit der Willensänderung setzt nicht voraus, dass sie auch der mittelbare Besitzer zur Kenntnis nehmen kann; es reicht vielmehr aus, dass sie für andere zu erkennen ist.

IV. Arten des Eigentums

740 Steht das Eigentum einer einzelnen Person zu, so spricht man von **Alleineigentum**. Bei einer Mehrheit von Eigentümern handelt es sich um **Miteigentum**, das entweder in der Form des Bruchteilseigentums oder in der Form des Gesamthandseigentums vorkommt. Beim **Bruchteilseigentum** wird jedem Miteigentümer ein rechnerischer Bruchteil am Eigentum zuerkannt;[32] Bruchteilseigentum lässt sich folglich als Mitberechtigung mehrerer Eigentümer einer ungeteilten Sache zu ideellen Bruchteilen definieren.[33]

> **Beispiel:** A und B erwerben gemeinschaftlich ein Hausgrundstück. Sie werden Miteigentümer zu je ein halb, sofern sie keine andere Aufteilung vereinbaren.

741 Das **Bruchteilseigentum** ist in §§ 1008 ff. geregelt. Da es sich bei dem Miteigentum nach Bruchteilen um eine Bruchteilsgemeinschaft handelt, treten ergänzend zu den sachenrechtlichen Vorschriften die schuldrechtlichen der §§ 741 ff. hinzu, in denen unter anderem das Recht auf den Gebrauch der gemeinschaftlichen Sache (§ 743 II), ihre Verwaltung (§§ 744 ff.), die Verfügung über den (ideellen) Anteil (§ 747) und die

---

[30] MüKoBGB/*Joost* § 868 Rn. 25, 28.
[31] *Wolf/Wellenhofer* SachenR § 4 Rn. 29.
[32] *Wolf/Wellenhofer* SachenR § 2 Rn. 7.
[33] MüKoBGB/*K. Schmidt* § 1008 Rn. 1.

V. Erwerb des Eigentums

Aufhebung der Gemeinschaft (§§ 749 ff.) geregelt werden. Der Erwerb eines Miteigentumsanteils richtet sich nach den Vorschriften, die für die Übereignung beweglicher Sachen oder Grundstücke gelten (dazu Einzelheiten später).

Gesamthandseigentum gibt es nur im Rahmen einer Gesamthandsgemeinschaft, die im BGB in der Form der Gesellschaft bürgerlichen Rechts (§§ 705 ff.), der ehelichen Gütergemeinschaft (§ 1416) und der Miterbengemeinschaft (§ 2032) vorkommt. Der einzelne Gesamthänder kann nicht über die Sache insgesamt oder über einen einzelnen Anteil verfügen, denn das Gesamthandseigentum steht den Gesamthändern nur gemeinschaftlich zu. Die insoweit geltenden Vorschriften sind den Regelungen über die einzelne Gesamthandsgemeinschaft zu entnehmen. 742

V. Erwerb des Eigentums

1. Vorbemerkung

Eigentum kann nicht nur auf rechtsgeschäftlichem Wege, sondern auch kraft Gesetzes erworben werden (und ferner, was hier nicht näher erläutert wird, kraft eines Hoheitsakts). Mit dem Tod einer Person geht deren Vermögen mit allen Rechten und Pflichten auf den Erben über (§§ 1922 I, 1942 I), also auch das dem Erblasser zustehende Eigentum. Weitere Fälle eines nicht rechtsgeschäftlichen Eigentumserwerbs bilden die Verbindung einer beweglichen Sache mit einem Grundstück in der Weise, dass die bewegliche Sache wesentlicher Bestandteil des Grundstücks (vgl. §§ 93, 94) wird (§ 946), ferner die Verbindung beweglicher Sachen miteinander (§ 947), die Vermischung und Vermengung beweglicher Sachen (§ 948) und die Herstellung einer neuen beweglichen Sache durch Verarbeitung (§ 950). Daneben gibt es weitere nicht rechtsgeschäftliche Erwerbstatbestände wie die Ersitzung (§§ 937 ff.), den Eigentumserwerb an Erzeugnissen und Bestandteilen (§§ 953 ff.), die Aneignung herrenloser beweglicher Sachen (§§ 958 f.) und den Eigentumserwerb des Finders (§§ 973, 974). 743

Auf die gesetzlichen Erwerbstatbestände kann im Rahmen dieses Grundkurses nicht eingegangen werden (Einzelheiten dazu bei *Musielak/Hau* EK BGB Rn. 576 ff.). Näher darzustellen sind nur die Regelungen zum rechtsgeschäftlichen Eigentumserwerb. Da diese unterschiedlich gestaltet sind, je nachdem, ob das Eigentum an beweglichen Sachen oder an Grundstücken übertragen werden soll, wird auch im Folgenden hiernach unterschieden. 744

2. Rechtsgeschäftlicher Erwerb des Eigentums an beweglichen Sachen

a) Grundtatbestand

Den Grundtatbestand der rechtsgeschäftlichen Übertragung des Eigentums an beweglichen Sachen bildet § 929 S. 1. Danach setzt sich die Übereignung aus zwei Elementen zusammen: aus einem rechtsgeschäftlichen in Form der Einigung und aus 745 einem tatsächlichen in Form der Übergabe, dh der Übertragung des Besitzes. Der Übergabe muss das Einverständnis über den Wechsel im Eigenbesitz zugrundeliegen.[34] Die **Einigung** ist unverzichtbares Element jeder rechtsgeschäftlichen Eigentumsübertragung, während die **Übergabe** durch andere Tatbestände, sog. Übergabesurrogate, ersetzt werden kann (dazu sogleich). Die Einigung ist nach hM ein Vertrag; für sie gelten alle Vorschriften des Allgemeinen Teils über Willenserklärungen und Verträge.[35] Mit der Einigung erklärt der Veräußerer, das Eigentum an einer bestimmten beweglichen Sache solle auf den Erwerber übergehen, und der Erwerber erklärt, er wolle das Eigentum an dieser Sache erwerben.

746 Im Rechtsverkehr pflegt man die Einigung meist überhaupt nicht in Worte zu kleiden, sondern stillschweigend vorzunehmen. Insbesondere bei den Geschäften des täglichen Lebens werden die Übereignung und das ihr zugrundeliegende schuldrechtliche Verpflichtungsgeschäft so miteinander verbunden, dass eine Trennung nur in der theoretischen Betrachtung möglich ist. Aber dennoch besteht nach unserer Rechtsordnung diese Trennung zwischen Verpflichtungs- und Verfügungsgeschäft (**Trennungsprinzip**; → Rn. 282 f.), und die Gültigkeit des Verpflichtungsgeschäfts ist grundsätzlich ohne Einfluss auf die Gültigkeit des Erfüllungsgeschäfts (**Abstraktionsprinzip**; → Rn. 282 f.).

747 Die Übergabe dient dem Zweck, den Übereignungsvorgang offen zu legen und auch Dritten erkennbar zu machen (Publizitätsprinzip). Sie wird dadurch vollzogen, dass der bisherige Eigentümer seinen Besitz restlos aufgibt und der Erwerber auf Veranlassung des Eigentümers Besitz erhält.[36] Der veräußernde Eigentümer muss den Besitz in jeder Form verlieren: Behält er auch nur den mittelbaren Besitz, so ist die Übergabe noch nicht vorgenommen; eine Übereignung ist dann nur nach §§ 929 S. 1, 930 möglich (dazu sogleich). Für die Übergabe genügt es jedoch, dass der Erwerber mittelbaren Besitz bekommt.

Beispiel: A hat seinen Traktor B vermietet. Er veräußert den Traktor an C und vereinbart mit diesem, dass C alles weitere mit B verabreden soll. Außerdem setzt er B von der Veräußerung und der mit C getroffenen Vereinbarung in Kenntnis. Daraufhin schließen B und C einen neuen Mietvertrag über den Traktor. Da nunmehr B nicht mehr A, sondern C den Besitz mittelt, sind alle Anforderungen, die an eine Übergabe zu stellen sind, erfüllt: A hat seinen Besitz restlos aufgegeben und C hat auf Veranlassung des A (mittelbaren) Besitz erworben. Ein anderer Weg wäre die Abtretung des Herausgabeanspruchs aus dem Mietvertrag zwischen A und B gewesen (§§ 929 S. 1, 931; dazu sogleich).

748 Stets können sowohl auf Seiten des (veräußernden) Eigentümers als auch des Erwerbers Besitzdiener oder Besitzmittler tätig werden.[37]

Beispiele:

(1) V übergibt den an K verkauften Pkw dadurch, dass er diesen durch seinen Angestellten A zu K bringen lässt. Am Wohnort des K nimmt dessen Fahrer F das Fahrzeug in Empfang (A und F sind Besitzdiener, sodass der unmittelbare Besitz jeweils ihren Arbeitgebern zukommt).

---

[34] BGH NJW 2014, 2790 Rn. 8 = JuS 2015, 73 (*K. Schmidt*).
[35] Klarstellend etwa BGH NJW 2016, 1887 Rn. 9.
[36] OLG München NJW 2013, 3525 (3526).
[37] BGH NJW 2016, 1887 Rn. 21; vgl. dazu *Wilhelm* SachenR Rn. 896 f.

V. Erwerb des Eigentums

(2) Nachdem V einen Mietvertrag über einen Pkw bestimmten Typs mit M abgeschlossen hat, erwirbt er von H ein solches Fahrzeug und weist diesen an, das Kfz an M auszuliefern. Kommt H dieser Weisung nach, ist die Übergabe zwischen H und V vollzogen (M mittelt dann V den Besitz).

Wenngleich dies bei unbefangener Gesetzeslektüre zunächst überraschen mag, kann eine Übergabe iSv § 929 S. 1 auch vollzogen werden, obwohl der Veräußerer keinen Besitz an der Sache hat: Denn die tatsächliche Gewalt über die Sache kann auch dadurch ausgeübt werden, dass sich der **unmittelbare Besitzer den Weisungen des Veräußerers unterwirft.** 749

Beispiel: Ein Sohn (S) will seiner Mutter (M) zum Geburtstag einen Fernsehapparat schenken. Er begibt sich deshalb in das Geschäft des Handel (H), sucht einen Apparat aus, bezahlt ihn und bittet H, den Apparat am nächsten Tag der M zu liefern. So geschieht es. Am Geburtstag ruft S die M an, gratuliert ihr und erklärt, dass er ihr den Fernsehapparat schenke. M bedankt sich.

In diesem Fall geht das Eigentum von H auf S und von S auf M über, und zwar jeweils nach § 929 S. 1. H und S sowie S und M einigen sich (konkludent) über den Eigentumsübergang. Dass H das Eigentum auf S und nicht auf M übertragen will, ergibt sich schon daraus, dass S der Vertragspartner des H ist und demzufolge aufgrund des zwischen beiden geschlossenen Kaufvertrages S einen Anspruch auf Übergabe und Übereignung der Kaufsache hat (§ 433 I). Diesen Anspruch will H durch Lieferung des Apparates gemäß der Weisung des S erfüllen. Die nach § 929 S. 1 erforderliche Übergabe geschieht dadurch, dass sich H der Weisung des S hinsichtlich der Lieferung an M unterwirft und auf diese Weise S die tatsächliche Gewalt über den Fernsehapparat verschafft. Damit sind die Voraussetzungen des § 929 S. 1 erfüllt und S wird Eigentümer. Er einigt sich seinerseits mit M über den Eigentumsübergang an sie, nachdem er ihr den unmittelbaren Besitz an dem Apparat verschafft hat (vgl. § 929 S. 2; → Rn. 751).

Nun ist es für den Eigentumserwerb des S und der M noch nicht einmal erforderlich, dass H unmittelbaren Besitz an dem Fernsehapparat hat, um das Eigentum daran dem Sohn zu verschaffen. Wenn beispielsweise H in seinem Geschäft nur ein Vorführgerät aufgestellt hat und deshalb Großhändler G telefonisch um Lieferung des Geräts an M bittet, vollzieht sich der Eigentumsübergang in gleicher Weise wie zuvor, nur mit der Variante, dass G dem H Eigentum verschafft, dieser S und S schließlich der M. H übt die tatsächliche Gewalt über die Sache dadurch aus, dass er eine Weisung hinsichtlich der Sache an G richtet und dieser die Weisung befolgt. Das gleiche gilt im Verhältnis zwischen H und S. Jeder erwirbt den Besitz und damit das Eigentum nach § 929 S. 1 dadurch, dass die danach erforderliche Übergabe entsprechend dem „Geheiß" des Erwerbers vollzogen wird; deshalb wird dieser Erwerb auch als **Geheißerwerb** bezeichnet.[38]

Bildlich lässt sich der Vollzug des Eigentumsübergangs in dem Beispielsfall durch folgendes Schaubild darstellen: 750

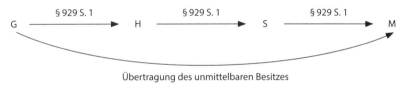

---

[38] Vgl. *Wilhelm* SachenR Rn. 893 ff.

b) Die übrigen Erwerbstatbestände

751 Ist der Erwerber bereits im Besitz der zu übereignenden Sache, so genügt nach **§ 929 S. 2** die bloße Einigung über den Eigentumsübergang (sog. **Übergabe „kurzer Hand"** = lat. brevi manu traditio).

Beispiel: E hat B ein Buch geliehen. Das Buch gefällt B so gut, dass er E bittet, ihm das Buch zu verkaufen. E ist einverstanden. Die zur Erfüllung des Kaufvertrages vorzunehmende Übereignung wird dann durch bloße Einigung über den Eigentumsübergang zwischen den beiden vollzogen.

752 Nach **§ 930** kann die Übergabe der Sache dadurch ersetzt werden, dass der Eigentümer und der Erwerber ein Besitzmittlungsverhältnis, auch **Besitzkonstitut** genannt (→ Rn. 718), vereinbaren, aufgrund dessen der Erwerber den mittelbaren Besitz erlangt. Von dieser Möglichkeit wird insbesondere Gebrauch gemacht, wenn der Veräußerer nach Übertragung des Eigentums die Sache noch weiter besitzen will.

Beispiel: E, der ein Bauunternehmen betreibt, verkauft einen gebrauchten Baukran an B. Da beide Wert darauf legen, das Geschäft sofort abzuwickeln, E den Kran aber noch einige Tage auf einer Baustelle benötigt, wird vereinbart, dass das Eigentum am Kran sofort auf B übergeht, dass der Kran indes noch eine Woche von E ausgeliehen wird. Die Leihe (§§ 598 ff.) als ein Besitzmittlungsverhältnis iSv § 868 ersetzt also gem. § 930 die Übergabe nach § 929 S. 1.

753 Die durch § 930 geschaffene Möglichkeit dient einer Vereinfachung der Übereignung; gäbe es sie nicht, müsste der Eigentümer zunächst den unmittelbaren Besitz dem Erwerber übertragen, um ihn dann anschließend von diesem zurückzuerhalten. Auch **§ 931,** der es gestattet, dass anstelle der Übergabe der zu übereignenden Sache die **Abtretung des Herausgabeanspruchs** tritt, der dem Eigentümer der Sache zusteht, vereinfacht die Übereignung in Fällen, in denen der Eigentümer nicht unmittelbarer Besitzer ist.

Beispiel: Der von E zu veräußernde Baukran ist D vermietet worden. Will jetzt E dem B in Erfüllung des mit diesem geschlossenen Kaufvertrages den Kran übereignen, so kann dies dadurch geschehen, dass er sich von D den Baukran zurückgeben lässt, um ihn dann B unmittelbar zu übergeben, oder dass er D anweist, den Kran an B herauszugeben, und dieser der Weisung nachkommt, oder dass nach entsprechender Mitteilung seitens des E der D mit B einen neuen Mietvertrag schließt; dies sind alles Fälle einer Übergabe iSv § 929 S. 1 (→ Rn. 747). E kann aber auch seinen Herausgabeanspruch, der ihm aufgrund des Mietvertrages gegenüber D zusteht (vgl. § 546 I), an B abtreten. Aufgrund der Einigung und der Abtretung des Herausgabeanspruchs wird dann B nach § 929 S. 1 iVm § 931 Eigentümer des Kranes.

754 In diesem Zusammenhang ist darauf hinzuweisen, dass das **korrekte Zitat der Vorschriften**, nach denen die rechtsgeschäftliche Übereignung beweglicher Sachen vorgenommen wird, stets § 929 S. 1 nennen muss, weil die dort geregelte Einigung auch in allen Fällen, in denen gem. § 930 oder § 931 die Übergabe durch Surrogate ersetzt wird, Voraussetzung für den Eigentumsübergang ist (Beispiel: „X hat gem. §§ 929 S. 1, 930 Eigentum erworben").

V. Erwerb des Eigentums

Einigung und Übergabe oder die sie ersetzenden Tatbestände müssen nicht notwendigerweise zeitlich zusammenfallen. Da jedoch für die Übereignung beide Akte vollzogen sein müssen, ergibt sich die Frage, welche Rechtsfolgen es hat, wenn einer der Partner nach erfolgter Einigung nicht mehr an dieser festhalten will. Die hM[39] verneint dann eine **Bindung an die Einigung** (Rückschluss aus § 873 II, wonach bei Grundstücksübereignungen unter bestimmten Voraussetzungen eine Bindung eintritt → Rn. 777), lässt also einen **Widerruf** zu, der jedoch erklärt werden und dem anderen zugehen muss.

755

> **Beispiele:** Kfz-Händler V verkauft K ein gebrauchtes Kraftfahrzeug. Nachdem K den Kaufpreis entrichtet hat, wird vereinbart, dass das Fahrzeug in zwei Tagen von K bei V abgeholt werden soll. Am nächsten Tag telefonieren beide miteinander und bekommen wegen einer anderen Angelegenheit Streit. Daraufhin erklärt V: „Nun bekommen Sie den Wagen nicht mehr". Da V vergisst, eine bereits zuvor erteilte Weisung zurückzunehmen, übergibt am nächsten Tag ein Angestellter das Fahrzeug an K, als dieser kommt, um das Fahrzeug zu holen. In diesem Fall ist K nicht Eigentümer des Wagens geworden, da in der Erklärung des V, K solle nunmehr den Wagen nicht mehr bekommen, ein Widerruf der Einigung liegt. Etwas anderes würde gelten, wenn V verärgert das Telefongespräch abgebrochen und sich nur insgeheim vorgenommen hätte, das Fahrzeug zu behalten. Es mag überraschen, dass sich ein Partner einseitig von der Einigung, die einen Vertrag darstellt (→ Rn. 745), lossagen kann. Dies erklärt sich dadurch, dass ihr jedes schuldrechtliche Moment fehlt. Darin unterscheidet sie sich von dem (schuldrechtlichen) Kaufvertrag, der eine grundsätzlich nicht mehr einseitig aufhebbare Verpflichtung begründet und von dem Sinneswandel des V unberührt bliebe. Die Pflicht zur Übereignung besteht folglich weiterhin, und es treten die Rechtsfolgen einer Pflichtverletzung ein, zB das Recht des K, vom Vertrag zurückzutreten (§ 323) und Schadensersatz zu fordern (§§ 280 I, III, 281, 325), wenn V den Pkw nicht übereignet.
>
> Stirbt einer der Beteiligten nach Einigung, aber noch vor Übergabe, oder wird er in diesem Zeitraum geschäftsunfähig, so hat das auf die Wirksamkeit der Einigung keinen Einfluss (§§ 130 II, 153). Allerdings können beim Tod die Erben, bei Verlust der Geschäftsfähigkeit der gesetzliche Vertreter (Betreuer, → Rn. 320 ff.), bis zur Übergabe die Einigung widerrufen und dadurch den Eigentumsübergang verhindern.

Die verschiedenen Tatbestände eines rechtsgeschäftlichen Erwerbs des Eigentums an einer beweglichen Sache sind im folgenden Schaubild zusammengefasst.

756

---

[39] BGH NJW 1978, 696 (697) = JuS 1978, 565 f.; *Wilhelm* SachenR Rn. 873.

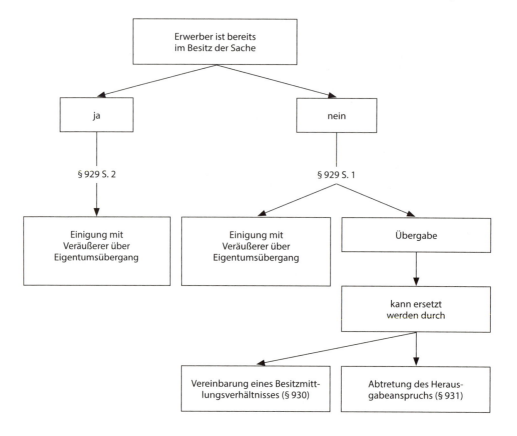

c) Der Erwerb vom Nichtberechtigten

aa) Voraussetzungen

757 Ist derjenige, der die Übereignung vornimmt, nicht Eigentümer (oder dessen Vertreter) und deshalb **Nichtberechtigter**, so kann gleichwohl von diesem Eigentum erworben werden, wenn einer der in § 185 genannten Gründe verwirklicht ist (→ Rn. 281). Treffen diese Gründe nicht zu, kommt ein sog. **gutgläubiger bzw. redlicher Erwerb gem. §§ 932 ff.** in Betracht.[40] Diese Vorschriften betreffen nur die rechtsgeschäftliche Übertragung des Eigentums und setzen einen Erwerbstatbestand nach §§ 929–931 voraus.

758 Die Gutglaubensvorschriften der §§ 932 ff. beziehen sich jeweils auf einen bestimmten Erwerbstatbestand iSv §§ 929–931, und zwar

(1) § 932 I 1 auf die Übereignung nach § 929 S. 1,
(2) § 932 I 2 auf § 929 S. 2,
(3) § 933 auf §§ 929 S. 1, 930,
(4) § 934 auf §§ 929 S. 1, 931.

---

[40] Einführend *Kindler/Paulus* JuS 2013, 393 und 490.

V. Erwerb des Eigentums

Die in §§ 932 ff. getroffenen Regelungen ersetzen also nur das fehlende Eigentum des Veräußerers. Im Übrigen müssen aber alle Voraussetzungen des Erwerbstatbestandes erfüllt sein, insbesondere eine Einigung iSv § 929 S. 1 zwischen dem Erwerber und dem (nichtberechtigten) Veräußerer vollzogen werden, wobei der Erwerb im Rahmen eines Verkehrsgeschäftes vorgenommen werden muss. Als solches gilt ein Rechtsgeschäft, das innerhalb des allgemeinen Handelsverkehrs und zwischen rechtlich und wirtschaftlich verschiedenen Personen geschlossen wird (Gegenbeispiel: Übereignung von einer Gesellschaft auf den Alleingesellschafter).[41] Schon mangels einer Einigung kann beispielsweise der Erbe nicht gutgläubig Eigentum erwerben, wenn er im Nachlass eine Sache findet, von der er fälschlich glaubt, dass sie im Eigentum des Erblassers stand.

Zu beachten ist, dass §§ 932 ff. demjenigen nicht helfen können, der nur an die **Verfügungsbefugnis** glaubt. 759

> **Beispiel:** Der Erwerber weiß, dass der Veräußerer nicht Eigentümer ist, hält ihn aber aufgrund einer (in Wirklichkeit nicht erteilten) Einwilligung des Eigentümers für verfügungsbefugt iSv § 185 I. Ein gutgläubiger Erwerb kommt dann nur ausnahmsweise nach Maßgabe von § 366 HGB in Betracht.

Ebenso wenig erwirbt Eigentum, wer den Veräußerer fälschlich für geschäftsfähig ansieht: Der **gute Glaube an die Geschäftsfähigkeit** wird überhaupt nicht geschützt. 760

bb) Bösgläubigkeit des Erwerbers

Spricht man von einem gutgläubigen Erwerb, so legt diese Formulierung die Annahme nahe, der gute Glaube des Erwerbers schaffe hierfür eine unabdingbare Voraussetzung. Dies ist jedoch nicht richtig. Vielmehr bildet der fehlende gute Glaube des Erwerbers, also seine **Bösgläubigkeit**, eine den Erwerb **hindernde Tatsache**;[42] dies ergibt sich aus der negativen Fassung von § 932 II 1 Hs. 2 („es sei denn"). Zu beweisen ist im Streitfall also nicht etwa der gute Glaube des Erwerbers, sondern dessen Bösgläubigkeit. Dieser Unterschied ist von ausschlaggebender Bedeutung für die Beweislastregelung: Lässt sich in einem Rechtsstreit nicht feststellen, ob der Erwerber gut- oder bösgläubig gewesen ist, so hat der Richter aufgrund der dann anzuwendenden Beweislastnorm von Gutgläubigkeit auszugehen.[43] 761

Aus diesen Feststellungen ergibt sich zugleich auch ein Hinweis auf die **Behandlung der Gut- oder Bösgläubigkeit in einer Klausur**: Der Bearbeiter hat nur dann Anlass, auf die Frage der Bösgläubigkeit des Erwerbers einzugehen, wenn es hierfür im Sachverhalt eindeutige Anhaltspunkte gibt. Ansonsten ist von Gutgläubigkeit auszugehen, ohne dass diese besonders darzulegen wäre. 762

Welche **Anforderungen** das Gesetz **an das Fehlen eines guten Glaubens** stellt, ist § 932 II zu entnehmen. Danach schaden dem Erwerber sowohl positive Kenntnis als auch grob fahrlässige Unkenntnis vom mangelnden Eigentum des Veräußerers. Als grobe Fahrlässigkeit wird ein objektiv schwerer und subjektiv nicht entschul- 763

---

[41] Näher *Kindler/Paulus* JuS 2013, 393 (395).
[42] Dazu *Musielak/Voit* GK ZPO Rn. 728.
[43] *Musielak/Voit* GK ZPO Rn. 856.

barer Verstoß gegen die Anforderungen der im Verkehr erforderlichen Sorgfalt angesehen. Diese Sorgfalt muss in einem ungewöhnlich hohen Maße verletzt werden, mithin unbeachtet bleiben, was im gegebenen Fall jedem hätte einleuchten müssen (→ Rn. 472). Bezogen auf den gutgläubigen Eigentumserwerb stellt sich die Frage, ob der Erwerber in der jeweiligen Situation auf die durch den Besitz der zu erwerbenden Sache geschaffene Legitimation des Veräußerers vertrauen darf oder ob von ihm erwartet werden muss, dass er zusätzliche Erkundigungen über die Eigentumsverhältnisse anstellt, deren Unterlassen ihm den Vorwurf grob fahrlässigen Verhaltens eintragen kann.

764 Dass der **durch den Besitz des Veräußerers geschaffene Rechtsschein**[44] häufig allein nicht als ausreichend angesehen werden kann, zeigt sich am Beispiel des Gebrauchtwagenhandels. Es erscheint im heutigen Rechtsverkehr als Selbstverständlichkeit, dass sich der Erwerber eines gebrauchten Pkw den Kraftfahrzeugbrief (genauer: die sog. Zulassungsbescheinigung Teil II) vorlegen lässt, der den Veräußerer als Eigentümer des Kfz ausweisen muss. Sind der Veräußerer und der in den Papieren verzeichnete Eigentümer nicht identisch, so ergibt sich für den Erwerber eine Verdachtssituation, die ihn zu Nachforschungen veranlassen muss.[45] Auch in anderen Fällen kann sich für den Erwerber die Notwendigkeit ergeben, Nachforschungen anzustellen. Die hM hält dies für erforderlich, wenn sich bei dem Erwerbsvorgang Auffälligkeiten ergeben, die bei Beachtung der gebotenen Sorgfalt Zweifel an der Berechtigung des Veräußerers erzeugen müssen.[46] Insoweit hat sich in der Rechtsprechung eine umfangreiche Kasuistik entwickelt. Dabei sind zum Teil die Anforderungen überspannt worden. So hat der BGH eine „Erkundigungspflicht"[47] desjenigen bejaht, der im kaufmännischen Verkehr vom Verarbeiter Waren bezieht, die dieser aus Rohstoffen fertigt; denn der BGH meint, der Erwerber müsse mit einem verlängerten Eigentumsvorbehalt des Rohstofflieferanten rechnen.[48] Es kann nicht in Abrede gestellt werden, dass im heutigen Wirtschaftsleben Eigentumsvorbehalte häufig vorkommen und deshalb jeder Erwerber von Waren mit der Möglichkeit rechnen muss, dass nicht der Veräußerer, sondern ein Dritter Eigentümer ist. Dies allein reicht aber noch nicht aus, jedem Erwerber Erkundigungen darüber abzuverlangen, ob die Waren unter Eigentumsvorbehalt geliefert worden sind.[49] Nur wenn zusätzliche Verdachtsmomente hinzukommen, etwa dem Erwerber finanzielle Schwierigkeiten des Veräußerers bekannt sind, können Nachforschungen erwartet werden.[50] Streitig ist, ob sich der Erwerber, der gebotene

---

[44] Wenn man, wie üblich, vom Besitz als Rechtsscheinsträger spricht, so handelt es sich um eine im Interesse der sprachlichen Kürze hingenommene Ungenauigkeit. Denn der Besitz als statischer Zustand, also das bloße Innehaben der tatsächlichen Gewalt allein, kann keinen Schein der Berechtigung schaffen. Hinzukommen muss vielmehr noch das Vermögen, die tatsächliche Gewalt auch auszuüben, also die Macht, dem Erwerber den Besitz zu verschaffen. Da jedoch der gutgläubige Erwerb wegen des ihm zugrunde liegenden Erwerbstatbestandes die Einräumung des Besitzes voraussetzt, geht die Rechtsverschaffungsmacht des Veräußerers in den Gesamttatbestand des gutgläubigen Erwerbs auf.

[45] BGH NJW 1991, 1415 (1417); 2013, 1946 Rn. 13 = JuS 2014, 265 (*Schwab*), jew. mN. Zur Frage der Bösgläubigkeit beim Kfz-Erwerb vgl. auch BGH NJW 2005, 1365; 2006, 3488 Rn. 15 ff. = JuS 2007, 286 (*K. Schmidt*); NJW 2014, 1524 Rn. 17 ff. = JuS 2014, 840 (*K. Schmidt*); *Wietfeld* JURA 2014, 1039 (1040 ff.).

[46] *Bartels* AcP 205 (2005), 687 (689); MüKoBGB/*Oechsler* § 932 Rn. 48 ff.

[47] Richtigerweise handelt es sich nicht etwa um eine durchsetzbare Pflicht, sondern um eine Obliegenheit des Erwerbers; vgl. *Bartels* AcP 205 (2005), 687 (689 f.).

[48] BGH NJW 1980, 2245 (2246); 1983, 1114 (1116).

[49] Abl. auch Bamberger/Roth/*Kindl* § 932 Rn. 16; MüKoBGB/*Oechsler* § 932 Rn. 58 f.

[50] In diesem Sinn auch BGH NJW 1966, 1159 (1160).

V. Erwerb des Eigentums

Nachforschungen unterlässt, mit Erfolg darauf berufen kann, dass selbst diese Nachforschungen die fehlende Berechtigung des Veräußerers nicht ergeben hätten.[51]

Der Erwerber ist bösgläubig, wenn er weiß, dass der Veräußerer seinerseits aufgrund einer nichtigen Übereignung erworben hat. **765**

> **Beispiel:** C erwirbt eine Maschine von B, die dieser wiederum von A erworben hat. Wegen § 932 wird C nicht Eigentümer, wenn er sich darüber im Klaren ist, dass die Übereignung von A an B gem. § 138 nichtig war.

Problematischer erscheint, was gelten soll, wenn der Erwerber den Vorerwerb seines Veräußerers fälschlich nicht für nichtig, sondern nur für anfechtbar hält. **766**

> Wie im Beispiel zuvor, allerdings geht C davon aus, dass die Übereignung von A an B zwar wirksam sei, aber von A gem. § 123 angefochten werden könnte. Wer die Kenntnis sämtlicher Gründe einer Nichtberechtigung für die Bösgläubigkeit des Erwerbers ausreichen lassen will, wird die Gutgläubigkeit des Erwerbers in einem solchen Fall ohne Weiteres verneinen.[52] Dagegen spricht jedoch, dass § 932 II den guten Glauben des Erwerbers ausdrücklich auf das Eigentum des Veräußerers bezieht. Steht A indes tatsächlich ein Recht zur Anfechtung der Übereignung an B zu (was trotz Nichtigkeit der Fall sein kann; → Rn. 439) und übt er dieses aus, so wird C, weil er den Anfechtungsgrund kannte, gem. § 142 II so gestellt, als wenn er die Nichtigkeit der Übereignung von A an B gekannt hätte.[53] Bei Anwendung des § 142 II ist zu beachten, dass der dort genannte Fahrlässigkeitsmaßstab in Bezug auf die Bösgläubigkeit durch § 932 II modifiziert wird und deshalb nur grob fahrlässige Unkenntnis des Anfechtungsgrundes die Bösgläubigkeit des Erwerbers begründet.[54]

cc) Kein gutgläubiger Erwerb bei abhanden gekommenen Sachen

Ein gutgläubiger Erwerb aufgrund von §§ 932–934 ist ausgeschlossen, wenn die Sache dem Eigentümer gestohlen worden, verloren gegangen oder sonst abhanden gekommen war (§ 935 I 1). Nur wenn es sich bei der übereigneten Sache um Geld oder Inhaberpapiere (zB Inhaberschuldverschreibungen, vgl. §§ 793 ff., oder Inhaberaktien, vgl. § 10 I AktG) handelt oder wenn die Sache im Wege einer öffentlichen Versteigerung (vgl. § 383 III) veräußert worden ist, gilt diese Einschränkung nicht (§ 935 II). **767**

Umstritten ist, unter welchen Voraussetzungen Gold- und Silbermünzen als Geld iSv § 935 II anzusehen sind.[55] Der BGH hat sich dafür ausgesprochen, dass nicht allein die staatliche Anerkennung einer Münze als offizielles Zahlungsmittel ausreiche, sondern dass darüber hinaus erforderlich sei, dass die Münze zum Umlauf im öffentlichen Zahlungsverkehr bestimmt und geeignet ist. Deshalb seien sog. Sammlermünzen (zB Krügerrand) trotz ihrer offiziellen Anerkennung als Zahlungsmittel weder zum Umlauf im öffentlichen Zahlungsverkehr bestimmt **768**

---

[51] Verneint von der hM, vgl. Bamberger/Roth/*Kindl* § 932 Rn. 20 mwN. AA *Bartels* AcP 205 (2005), 687 (695 ff.); Jauernig/*Berger* § 932 Rn. 15.
[52] So *Medicus/Petersen* BGB AT Rn. 729.
[53] Beachte die Fortgeschrittenenklausur hierzu bei *Lindacher/Hau* Fälle BGB AT Nr. 5.
[54] *Wilhelm* SachenR Rn. 935.
[55] BGH NJW 2013, 2888 Rn. 6 = JuS 2014, 169 (*K. Schmidt*) mwN zu den vertretenen Meinungen.

noch hierzu geeignet, und zwar nicht zuletzt deshalb, weil ihr wirtschaftlicher Wert den als Zahlungsmittel ausgewiesenen Wert regelmäßig erheblich übersteigt, sodass kein vernünftig Denkender die Sammlermünze als Zahlungsmittel verwendet.[56]

769 Das **Abhandenkommen** ist ein Oberbegriff, der die Begriffe „gestohlen worden" und „verloren gegangen" mit umfasst, wobei zwei Merkmale wesentlich sind:

- Der unmittelbare Besitz muss verloren gegangen und
- der Verlust muss unfreiwillig (dh ohne Willen des Eigentümers) geschehen sein.

770 Hat der Eigentümer den unmittelbaren Besitz **freiwillig** auf einen anderen übertragen, zB seine Sache verliehen oder vermietet, und veräußert der unmittelbare Besitzer die Sache an einen gutgläubigen Dritten, so kann der Eigentümer sein Eigentum verlieren; denn der unfreiwillige Verlust des mittelbaren Besitzes macht die Sache nicht zu einer abhanden gekommenen iSd § 935 I, wie sich aus S. 2 dieser Vorschrift ergibt. Der Wille, auf den es für den Besitzverlust ankommt, hat rein tatsächlichen, nicht rechtsgeschäftlichen Charakter. Es ist hierfür nur die Fähigkeit erforderlich, einen Willen zu bilden und seine Bedeutung zu erkennen (→ Rn. 738). Im Regelfall wird ein Geschäftsunfähiger die erforderliche Einsichtsfähigkeit nicht besitzen, wohl aber ein beschränkt Geschäftsfähiger.[57]

771 Besitzen mehrere Miteigentümer die Sache gemeinsam (→ Rn. 720, 740), müssen alle Miteigentümer mit der Besitzaufgabe einverstanden sein. Fehlt dieses Einverständnis bei einem der Mitbesitzer, kommt die Sache abhanden, auch wenn die anderen Mitbesitzer ihren Mitbesitz freiwillig aufgeben. Etwas anderes gilt allerdings, wenn nur ein Mitbesitzer Eigentümer ist: Dann kommt es allein darauf an, ob der mitbesitzende Eigentümer freiwillig seinen Mitbesitz aufgibt. Die Freiwilligkeit der Besitzaufgabe des Eigentümers genügt also. Das fehlende Einverständnis der anderen Mitbesitzer hindert den gutgläubigen Erwerb nicht.[58]

3. Rechtsgeschäftlicher Erwerb des Eigentums an Grundstücken

772 Der Begriff des Grundstücks wird im Gesetz nicht definiert, sondern von ihm vorausgesetzt. Nach allgemeiner Meinung wird als Grundstück im Rechtssinne ein räumlich abgegrenzter und vermessener Teil der Erdoberfläche angesehen, der auf einem besonderen Grundbuchblatt[59] eingetragen ist.[60]

a) Erwerbstatbestand

773 Zur rechtsgeschäftlichen Übertragung des Eigentums an einem Grundstück sind nach § 873 I die Einigung des Eigentümers mit dem Erwerber und die Eintragung der Rechtsänderung in das Grundbuch erforderlich. In gleicher Weise wie beim rechts-

---

[56] BGH NJW 2013, 2888 Rn. 11 ff.
[57] Beachte auch hierzu die Fortgeschrittenenklausur bei *Lindacher/Hau* Fälle BGB AT Nr. 5.
[58] BGH NJW 2014, 1524 Rn. 17 ff. = JuS 2014, 840 (*K. Schmidt*); *Wietfeld* JURA 2014, 1039.
[59] Wird das Grundbuch als automatisierte Datei geführt (vgl. § 126 GBO), tritt an die Stelle des Grundbuchblatts ein für die Eintragung bestimmter Datenspeicher.
[60] Vgl. MüKoBGB/*Kohler* Vor § 873 Rn. 3.

V. Erwerb des Eigentums

geschäftlichen Erwerb des Eigentums an beweglichen Sachen muss also auch für den Eigentumserwerb an Grundstücken ein **Doppeltatbestand** verwirklicht werden: **die Einigung als Willensmoment und die Eintragung in das Grundbuch als Verlautbarungsmoment** (die ihre Parallele in der Besitzübertragung bei beweglichen Sachen findet).[61]

§ 873 gilt nicht nur für die Übertragung des Eigentums an einem Grundstück, sondern auch für andere Verfügungen über Liegenschaftsrechte, zB für die Bestellung einer Hypothek (vgl. §§ 1113 ff.), einer Grundschuld (vgl. §§ 1191 ff.) oder eines Nießbrauchs (vgl. §§ 1030 ff.). 774

Bei der **Einigung iSv § 873** handelt es sich um einen dinglichen Vertrag. Bezieht sie sich auf die Übertragung des Eigentums an einem Grundstück, so wird sie als **Auflassung** bezeichnet, für die § 925 eine Sonderregelung trifft. Danach muss die Auflassung bei gleichzeitiger Anwesenheit beider Teile vor einer zuständigen Stelle erklärt werden. Zuständig sind grundsätzlich die Notare; eine Auflassung kann ferner aber auch in einem gerichtlichen Vergleich oder in einem rechtskräftig bestätigten Insolvenzplan formwirksam erklärt werden (§ 925 I 3). Das Erfordernis gleichzeitiger Anwesenheit beider Teile schließt eine sukzessive Beurkundung der abzugebenden Willenserklärungen aus. Jedoch ist keine persönliche Anwesenheit vorgeschrieben, sodass eine Vertretung ohne Weiteres möglich ist. 775

> **Beispiel:** V und K sind sich über den Kauf eines dem V gehörenden Grundstücks einig. Sie vereinbaren für die Beurkundung des Kaufvertrages (vgl. § 311b I 1) und der Auflassung (§§ 873, 925) einen Termin bei Notar N. Kurze Zeit vor dem Termin teilt K telefonisch mit, dass er wegen eines Staus auf der Autobahn nicht rechtzeitig kommen könne. Daraufhin gibt B, der Bürovorsteher des N, die erforderlichen Erklärungen für K als Vertreter ohne Vertretungsmacht ab. Als K einige Zeit später bei N erscheint, genehmigt er die von B abgegebenen Erklärungen. Damit ist auch dem Formerfordernis des § 925 genügt.[62]

Die **Auflassung ist bedingungs- und befristungsfeindlich** (§ 925 II). Die Sicherung des Veräußerers kann also nicht wie bei beweglichen Sachen durch einen Eigentumsvorbehalt vorgenommen werden. Jedoch kann vereinbart werden, dass der Vollzug der Grundbucheintragung hinausgeschoben wird. So kann zB der Notar angewiesen werden, die Eintragung des Erwerbers als Eigentümer in das Grundbuch erst zu beantragen, wenn die Zahlung des Kaufpreises nachgewiesen worden ist. Zur weiteren Möglichkeit einer Sicherung durch Eintragung einer Vormerkung vgl. *Musielak/Hau* EK BGB Rn. 549 ff. 776

Mit Beurkundung der Auflassung tritt gem. § 873 II eine **Bindung** an sie ein: Der Veräußerer oder der Erwerber kann die von ihm abgegebene Erklärung nicht mehr einseitig widerrufen. Allerdings können beide gemeinsam jederzeit bis zur Umschreibung des Eigentums im Grundbuch die Auflassung aufheben, und zwar formlos.[63] Die 777

---

[61] Die Eintragung in das Grundbuch ist verfahrensrechtlich in der GBO geregelt; vgl. dazu *Musielak/Hau* EK BGB Rn. 538 f.
[62] MüKoBGB/*Kanzleiter* § 925 Rn. 18.
[63] *Wilhelm* SachenR Rn. 829. Einschränkend BGH NJW 1982, 1639 (1640): Die Form des § 925 sei zu beachten, wenn bereits ein Antrag auf Eintragung im Grundbuch gestellt worden ist.

Bindung an die Auflassung beschränkt allerdings nicht die Verfügungsbefugnis des Veräußerers: Dieser kann weiterhin wirksam als Berechtigter über das Grundstück verfügen, es belasten oder veräußern.[64] Die Gefahr widersprechender Verfügungen ist für den Erwerber erst beseitigt, wenn der Antrag auf Eigentumsumschreibung beim Grundbuchamt durch ihn[65] gestellt worden ist. Denn nach § 17 GBO gilt das Prioritätsprinzip, sodass zunächst der Antrag zugunsten des Erwerbers erledigt werden muss, bevor ein späterer Antrag berücksichtigt werden darf. Auch schadet dem Erwerber wegen des ihm durch § 878 gewährten Schutzes von diesem Zeitpunkt an nicht mehr ein Wegfall der Verfügungsbefugnis des Veräußerers (beispielsweise durch Eröffnung des Insolvenzverfahrens über dessen Vermögen).

b) Erwerb vom Nichtberechtigten

778 Wie bei der Übereignung beweglicher Sachen kann auch das Eigentum an einem Grundstück durch Rechtsgeschäft[66] gutgläubig von einem Nichtberechtigten erworben werden. Hierfür ist zunächst die Verwirklichung des beschriebenen Erwerbstatbestandes gem. § 873 I erforderlich. Der einzige Unterschied besteht darin, dass an die Stelle der Berechtigung des Veräußerers die Gutgläubigkeit des Erwerbers tritt, die darin besteht, dass er auf die Richtigkeit des Grundbuchs, das den Veräußerer als Berechtigten ausweist, vertraut und vertrauen kann. Im Einzelnen kommt es auf die Erfüllung folgender **Voraussetzungen** an:

- Einigung über den Eigentumsübergang des Veräußerers und des Erwerbers (§ 873 I iVm § 925);
- Eintragung des Veräußerers als Eigentümer im Grundbuch;
- keine Bösgläubigkeit des Erwerbers.

779 Der **öffentliche Glaube des Grundbuchs** bewirkt, dass derjenige als Eigentümer gilt, der als solcher eingetragen ist, auch wenn er es in Wirklichkeit nicht ist. Nur wenn der Erwerber die Unrichtigkeit der Grundbucheintragung kennt oder wenn ein Widerspruch gegen die Richtigkeit eingetragen ist (vgl. dazu *Musielak/Hau* EK BGB Rn. 546), wird ein Erwerb des Eigentums am Grundstück vom Nichtberechtigten ausgeschlossen (§ 892). Anders als beim gutgläubigen Erwerb des Eigentums an beweglichen Sachen macht also nur positive Kenntnis von der Unrichtigkeit den Erwerber bösgläubig; hingegen hindert grob fahrlässige Unkenntnis dessen gutgläubigen Erwerb nicht. Diese Differenzierung wird durch den stärkeren Rechtsschein des Grundbuchs gegenüber dem Besitz gerechtfertigt.

780 Die Grundlage für den gutgläubigen Erwerb bildet die Eintragung im Grundbuch. Auch wenn der Erwerber das Grundbuch nicht eingesehen hat oder wenn er noch nicht einmal Kenntnis von der Eintragung hat, wird er in seinem „guten Glauben" geschützt.[67] Handelt für den Erwerber ein gesetzlicher oder rechtsgeschäftlicher Vertreter, so kommt es allein auf dessen Kenntnis an (§ 166 I), es sei denn, der Vertreter handelt weisungsgebunden (§ 166 II → Rn. 1207). Die **Redlichkeit des Erwerbers**,

---

[64] Bamberger/Roth/*Grün* § 925 Rn. 38.
[65] Ein Antrag des Veräußerers genügt nicht, weil er von ihm zurückgenommen werden kann.
[66] Vgl. BGH NJW 2007, 3204 Rn. 22 = JuS 2008, 276 (*K. Schmid*) = JA 2008, 229 (*Chr. Wolf*).
[67] BGH NJW 1980, 2413 (2414); *Baur/Stürner* SachenR § 23 Rn. 32.

V. Erwerb des Eigentums

also seine fehlende Kenntnis von der Nichtberechtigung des Veräußerers, muss grundsätzlich noch im **Zeitpunkt** der Vollendung des Rechtserwerbs vorhanden sein. Von diesem Erfordernis macht jedoch § 892 II eine Ausnahme: Ist zum Erwerb des Rechts die Eintragung erforderlich, so ist für die Kenntnis des Erwerbers die Zeit der Stellung des Antrags auf Eintragung gem. § 13 GBO maßgebend. Der Grund für diese Regelung besteht darin, dass der Erwerber auf die Dauer des Eintragungsverfahrens keinen Einfluss hat. Nur wenn die Einigung erst nach der Antragstellung vollzogen wird, ist die Zeit der Einigung entscheidend.

Fälle und Fragen

1. Was ist Eigenbesitz, was Fremdbesitz?
2. Was verstehen Sie unter einem Besitzkonstitut?
3. Wie sind die Besitzverhältnisse, wenn Max sein Fahrrad dem Moritz leiht?
4. In einem Mehrfamilienhaus befindet sich ein Fahrradkeller, zu dem jeder Mieter einer Wohnung einen Schlüssel hat, um seine Fahrräder unterstellen zu können. Haben die Mieter Besitz an dem Raum?
5. Wodurch unterscheidet sich ein Besitzdiener von einem Besitzmittler?
6. Kommt es darauf an, ob der Besitzdiener für den Besitzherrn besitzen will?
7. Wie wird unmittelbarer Besitz, wie mittelbarer Besitz begründet und verloren?
8. Der vierjährige F spielt mit einem Ball auf der Straße. Dabei fällt der Ball in den Garten des G. F läuft nach Hause, um seiner Mutter von dem Verlust des Balles zu berichten. Wer ist Besitzer des Balles, wenn G von dem ganzen Vorgang nichts bemerkt hat?
9. F will in der Herren-Boutique des B eine Krawatte kaufen. Er nimmt eine Krawatte vom Ständer und begibt sich mit ihr auf die Straße, um ihre Farbe bei Tageslicht zu prüfen. Wer ist Besitzer der Krawatte?
10. Welche Arten des Eigentums kennen Sie?
11. Beschreiben Sie bitte den rechtsgeschäftlichen Erwerb des Eigentums an beweglichen Sachen!
12. Was bedeutet Übergabe iSd § 929 S. 1 und welchem Zweck dient sie?
13. Handwerksmeister E schickt seinen Gesellen G zum Eisenwarenhändler H, um 5 kg Nägel zu erwerben. H übergibt G die Nägel. Wie wird Eigentum an den Nägeln erworben?
14. Ist es rechtlich möglich, dass jemand Eigentum an einer beweglichen Sache überträgt, die er nicht im Besitz hat?
15 E, der einzige Erbe des A, findet in dessen Nachlass ein wertvolles Buch. Da er annimmt, dass das Buch dem A gehört hat, er es aber nicht behalten will, veräußert er es an B, der E für den Eigentümer des Buches hält. In Wirklichkeit hatte sich A das Buch von C geliehen. Wer ist der Eigentümer des Buches?
16. Beschreiben Sie bitte die Voraussetzungen, die erfüllt werden müssen, damit Eigentum gutgläubig von einem Nichtberechtigten erworben werden kann!
17. Wie wird das Eigentum an einem Grundstück übertragen?

§ 8. Einzelne Vertragsschuldverhältnisse

I. Vorbemerkung

Schuldverhältnisse können – wie bereits ausgeführt (→ Rn. 190 ff.) – durch Rechtsgeschäft oder aufgrund der Verwirklichung eines gesetzlichen Tatbestandes begründet werden. Im Allgemeinen ist für die Schaffung eines Schuldverhältnisses durch Rechtsgeschäft ein Vertrag erforderlich (→ Rn. 190). Im Gesetz sind die wichtigsten Vertragsschuldverhältnisse geregelt. Das Gesetz bietet jedoch nur **„Regelungsmuster"** an,[1] die die Vertragspartner zumindest im Grundsatz nicht binden. Vielmehr können sie bei der Gestaltung ihres Vertrages von den im Gesetz getroffenen Bestimmungen abweichen sowie andere (ungeregelte) Verträge schließen (zu Grundsatz und Grenzen der Vertragsfreiheit vgl. → Rn. 128 ff.). Ausnahmsweise enthält das Gesetz allerdings **zwingende Vorschriften**, die meist dem Schutz des schwächeren Partners dienen sollen. Von den gesetzlich geregelten Verträgen können in der folgenden Darstellung nur einige – gleichsam beispielhaft – näher erläutert werden, wobei sich Umfang und Tiefe an der Relevanz der verschiedenen Vertragstypen im Studium orientieren. Recht eingehend wird der für das praktische Leben und das Studium gleichermaßen wichtige Kauf behandelt, dagegen beschränkt sich die Erläuterung des Darlehens, der Miete, des Dienstvertrages, des Werkvertrages und des Auftrags auf die wichtigsten Grundzüge. 781

II. Kauf

1. Wesen und Inhalt des Kaufvertrages

Durch den Kaufvertrag werden schuldrechtliche Pflichten begründet (vgl. § 433); es handelt sich dabei also um ein **schuldrechtliches Verpflichtungsgeschäft** (→ Rn. 119, 277) und – da die aufgrund dieses Vertrages zu erbringenden Leistungen in einem Gegenseitigkeitsverhältnis stehen – um einen synallagmatischen Vertrag (→ Rn. 122). Für das Zustandekommen eines Kaufvertrages gelten die allgemeinen Regeln (→ Rn. 110 ff.). Die Vertragsparteien müssen sich zumindest über den Kaufgegenstand und regelmäßig auch über den Kaufpreis einig sein, damit ein wirksamer Vertrag zustande kommt (→ Rn. 166 f., 173 f.).[2] 782

Gegenstand eines Kaufvertrages iSv § 433 können Sachen sein (vgl. § 90, aber auch § 90a S. 3), zudem Rechte und „sonstige Gegenstände" (§ 453 I). Letzteres meint alle 783

---

[1] *Larenz* SchuldR II 1 § 38 (S. 4).
[2] BGH WM 2006, 1348 Rn. 21.

verkehrsfähigen Güter, die weder ein Recht noch eine Sache darstellen, man denke beispielsweise an Elektrizität, gewerbliche Unternehmen, freiberufliche Praxen oder Software. Ein Kaufvertrag kann auch über ein (gegenwärtiges) Vermögen in der Form des § 311b III geschlossen werden. § 453 I bestimmt, dass auf einen Kauf von Rechten und sonstigen Gegenständen die Vorschriften über den Kauf von Sachen entsprechend anzuwenden sind. Dies bedeutet, dass diese Vorschriften den Besonderheiten anzupassen sind, die sich im Einzelfall ergeben. Außerdem werden die Vertragsparteien häufig von der gesetzlichen Regelung abweichende Vereinbarungen treffen, um für diese Fälle eine sachgerechte Vertragsgestaltung zu erreichen.

784 Wird der Kaufgegenstand von den Vertragsparteien durch individuelle Merkmale konkret bestimmt (zB ein bestimmtes Gebrauchtfahrzeug), so handelt es sich um einen **Stückkauf** (auch Spezieskauf genannt). Dagegen ist bei einem **Gattungskauf** (= Genuskauf) der Kaufgegenstand nur der Gattung nach bezeichnet (zB ein fabrikneues Fahrzeug einer bestimmten Marke und Ausstattung; → Rn. 209 ff.).

785 Wie bereits bemerkt, müssen sich die Vertragsparteien über den **Kaufpreis** einig sein. Dabei genügt es, dass die Regeln vereinbart werden, nach denen der Kaufpreis bestimmt wird. So können die Parteien die Bestimmung des Kaufpreises einem Vertragsschließenden oder einem Dritten überlassen (→ Rn. 167 und §§ 315 ff.). Neben dem in Geld festgesetzten Kaufpreis können auch Leistungen bedungen werden, die nicht vertretbare Sachen (vgl. § 91) zum Gegenstand haben. Bildet jedoch den „Kaufpreis" nur eine Sache oder ein Recht, so handelt es sich nicht um einen Kauf, sondern um einen **Tausch,** auf den aber die Vorschriften über den Kauf entsprechende Anwendung finden (§ 480). In Fällen, in denen der „Kaufpreis" in einer Dienstleistung besteht (Beispiel: A verspricht B eine Uhr. Als Entgelt verpflichtet sich B, für A einen Monat lang Einkäufe zu erledigen), handelt es sich um einen sog. **typengemischten Vertrag** (vgl. dazu *Musielak/Hau* EK BGB Rn. 226 ff.).

2. Pflichten der Vertragspartner

786 Den Verkäufer trifft bei einem Sachkauf die Pflicht, die Sache dem Käufer zu übergeben und ihm das Eigentum an ihr zu verschaffen (§ 433 I 1). Die Pflicht des Verkäufers erstreckt sich, wie § 433 I 2 ausdrücklich bestimmt, auch darauf, dem Käufer die Sache frei von Sachmängeln (§ 434) und Rechtsmängeln (§ 435) zu verschaffen.

- Die **Pflicht zur Eigentumsverschaffung** erfüllt der Verkäufer dadurch, dass er den Käufer zum Eigentümer der gekauften Sache macht. Es werden also nicht nur die zur Erreichung dieses Erfolges erforderlichen Handlungen, sondern der Erfolg des Rechtsübergangs selbst geschuldet (→ Rn. 237). Wie dieser Erfolg herbeigeführt wird, richtet sich nach den sachenrechtlichen Vorschriften über den Eigentumsübergang (→ Rn. 745 ff.).
- Die **Pflicht zur Übergabe** der Kaufsache wird durch Einräumung des unmittelbaren Besitzes erfüllt. Der unmittelbare Besitz wird regelmäßig durch die Erlangung der tatsächlichen Gewalt über die Sache erworben (vgl. § 854 I). Die Pflicht zur Übergabe kann beim Kauf vertraglich modifiziert werden, so beispielsweise wenn an die Stelle der Übergabe an den Käufer die Abtretung des Anspruches auf Herausgabe gegenüber einem Dritten, der sich im Besitz der Sache befindet, ge-

setzt wird (→ Rn. 753) oder wenn der Verkäufer auf Geheiß des Käufers die Sache einem Dritten liefert.

Beispiel: Adam lässt seiner Freundin Eva zum Geburtstag durch das Blumengeschäft Flora einen Blumenstrauß schicken, den er telefonisch bestellt hat.

Beim **Rechtskauf** ist der Verkäufer verpflichtet, dem Käufer das Recht zu verschaffen und, wenn das Recht zum Besitz einer Sache berechtigt, die Sache frei von Sach- und Rechtsmängeln zu übergeben (§ 453 III). Auch hierbei kommt es darauf an, den Käufer zum Inhaber des Rechts zu machen. Wie dies geschieht, richtet sich nach der Art des zu übertragenden Rechts. Wird zB eine Forderung verkauft, so ist die durch den Rechtskauf begründete Verpflichtung durch Abtretung der Forderung zu erfüllen (vgl. § 398). Es ist also beim Forderungskauf – wie bei jedem anderen Kauf auch – rechtlich zwischen dem Kaufvertrag (als Verpflichtungsgeschäft) und dem Abtretungsvertrag (als Verfügungsgeschäft) zu unterscheiden, selbst wenn beide Verträge äußerlich in einer einzigen Vereinbarung zusammengefasst sind (→ Rn. 282 ff.). Der Forderungskauf spielt insbesondere im Rahmen eines Factoringvertrages (dazu *Musielak/Hau* EK BGB Rn. 765) eine besondere Rolle. 787

Die Rechtsverschaffungspflicht des Verkäufers wird ergänzt durch die sich aus § 433 I 2 iVm § 435 S. 1 ergebende Verpflichtung, dem Käufer den verkauften Gegenstand frei von Rechtsmängeln, dh frei von Rechten zu verschaffen, die von Dritten gegen den Käufer geltend gemacht werden können (→ Rn. 812). Der Verkäufer einer Sache ist also verpflichtet, dem Käufer **lastenfreies Eigentum** zu übertragen. Diese Pflicht des Verkäufers bezieht sich nicht nur auf dingliche Rechte, wie Pfandrechte, Hypotheken, Grundschulden und Nießbrauch, sondern auch auf obligatorische Rechte, die Dritten gegen den Käufer zustehen, wie dies bei Miet- und Pachtverhältnissen nach §§ 566 I, 578 I, 578a I, 581 II, 593b möglich ist. Auch im Grundbuch eingetragene, in Wirklichkeit aber nicht bestehende Rechte hat der Verkäufer eines Grundstücks auf seine Kosten löschen zu lassen (§ 435 S. 2). 788

Nach § 433 II ist der Käufer verpflichtet, dem Verkäufer den vereinbarten Kaufpreis zu zahlen und die gekaufte Sache abzunehmen. Das Äquivalent für die Übergabe und Übereignung der Kaufsache durch den Verkäufer bildet regelmäßig die Zahlung des Kaufpreises, nicht etwa die Pflicht des Käufers, die Kaufsache abzunehmen. Deshalb handelt es sich nur bei der **Zahlungspflicht** um eine im Synallagma stehende Hauptleistungspflicht, während die **Abnahmepflicht** regelmäßig nur eine Nebenpflicht darstellt. Diese Feststellung hat jedoch kaum praktische Bedeutung, da es für die Folgen einer Pflichtverletzung nicht darauf ankommt, ob (synallagmatische) Hauptleistungs- oder Nebenleistungspflichten betroffen sind (→ Rn. 445, 563 ff.). Erfüllt der Käufer seine Abnahmepflicht nicht vertragsgerecht, so kann er in seiner Eigenschaft als Gläubiger der Forderung auf Übereignung und Übergabe in Annahmeverzug und als Schuldner der Abnahme in Schuldnerverzug geraten. Ebenso kann der Verkäufer wegen Verletzung der Abnahmepflicht durch den Käufer von diesem Schadensersatz nach § 280 I oder nach §§ 280 I, III, 281 fordern, wenn die Voraussetzungen dieser Vorschriften erfüllt werden. Schließlich kann der Verkäufer in diesem Fall auch nach § 323 I vom Vertrag zurücktreten.[3] 789

---

[3] *Reinicke/Tiedtke* KaufR Rn. 174; Bamberger/Roth/*Faust* § 433 Rn. 59, 61.

3. Gewährleistungsrecht im Überblick

a) Grundlagen

790 Der Verkäufer ist nicht nur verpflichtet, dem Käufer die Kaufsache zu übergeben und zu übereignen, sondern auch frei von Sach- und Rechtsmängeln zu verschaffen. Dies wird ausdrücklich in § 433 I 2 bestimmt. Liefert der Verkäufer eine mangelhafte Sache, so verletzt er eine ihm obliegende Vertragspflicht. Es liegt deshalb nahe, die sich dann ergebenden rechtlichen Folgen dem allgemeinen Leistungsstörungsrecht zu entnehmen. Dies ist auch die Konzeption des Gesetzes; denn in § 437, in dem die Rechte des Käufers bei Mängeln der Kaufsache zusammengefasst sind, wird auf die einschlägigen Vorschriften des Leistungsstörungsrechts verwiesen. Nur im Hinblick auf die Besonderheiten des Kaufrechts werden die einzelnen Regelungen modifiziert. So wird dem Käufer abweichend vom **allgemeinen Leistungsstörungsrecht** das Recht zugestanden, einseitig den Kaufpreis zu mindern, dh ihn herabzusetzen (§§ 437 Nr. 2, 441).

791 Kein Unterschied zum allgemeinen Leistungsstörungsrecht besteht indes in dem auch im Kaufrecht verfolgten Bestreben des Gesetzgebers, nach Möglichkeit den Bestand und die ordnungsmäßige Durchführung des Schuldverhältnisses zu sichern und deshalb dem Schuldner bei einer Pflichtverletzung eine zweite Chance zur Pflichterfüllung einzuräumen. Deshalb muss der Käufer regelmäßig Nacherfüllung gem. § 439 verlangen, und erst bei einem Fehlschlag oder der Unmöglichkeit der Nacherfüllung stehen ihm die weiteren in § 437 genannten Rechte zu. Dieser **Vorrang des Nacherfüllungsanspruchs** gegenüber den übrigen Rechten des Käufers bei Mängeln der Kaufsache erschließt sich nicht ohne Weiteres aus dem Wortlaut des § 437, zeigt sich aber, wenn man die einzelnen Voraussetzungen dieser Rechte genauer betrachtet.[4]

792 Im Einzelnen ergibt sich:

- Ein **Rücktritt vom Vertrag** setzt nach § 323 I iVm § 437 Nr. 2 im Regelfall voraus, dass der Gläubiger dem Schuldner zuvor eine angemessene Frist zur Leistung oder Nacherfüllung gesetzt hat (→ Rn. 453). Ausnahmen ergeben sich nur in den in § 323 II genannten Fällen (→ Rn. 641), und zwar bei Verweigerung der Nacherfüllung durch den Schuldner, bei ihrem Fehlschlag oder einer für den Gläubiger bestehenden Unzumutbarkeit (§ 440), schließlich naturgemäß bei einer Unmöglichkeit der Nacherfüllung (§ 326 V).
- Entsprechendes gilt für die **Minderung,** die das Gesetz nur bei Erfüllung der Voraussetzungen des Rücktritts zulässt (§ 441 I 1: „Statt zurückzutreten, kann der Käufer ... mindern").
- Ein Anspruch auf **Schadensersatz statt der Leistung** setzt ebenfalls regelmäßig voraus, dass der Gläubiger zuvor dem Schuldner eine angemessene Frist zur Leistung oder Nacherfüllung gesetzt hat (§§ 437 Nr. 3, 280 I, III, 281 I). Auch insoweit gelten die gleichen Ausnahmen wie für den Rücktritt, und zwar nach § 281 II (→ Rn. 457), nach § 440 und bei Unmöglichkeit der Nacherfüllung, wie zB im Fall des § 311a II.

---

[4] Beachte hierzu auch *Zurth* JA 2014, 494.

II. Kauf

- Ein Anspruch auf **Ersatz vergeblicher Aufwendungen** nach § 284 iVm § 437 Nr. 3 kann nur anstelle des Anspruchs auf Schadensersatz statt der Leistung gefordert werden, also bei Erfüllung der gleichen Voraussetzungen.

b) Sachmängelhaftung

Auf eine Kurzformel gebracht, versteht man unter einem Sachmangel die **negative (also dem Käufer ungünstige) Abweichung der Ist-Beschaffenheit von der Soll-Beschaffenheit.** Diese Formel setzt das BGB voraus, wenn es im Einzelnen festlegt, was als Soll-Beschaffenheit zu begreifen ist. Nach der in § 434 gegebenen Beschreibung ist ein Sachmangel zu bejahen, wenn die Kaufsache im Zeitpunkt des Gefahrübergangs

- nicht die vertraglich vereinbarte Beschaffenheit aufweist (Abs. 1 S. 1) oder
- sich nicht für die nach dem Vertrag vorausgesetzte Verwendung eignet (Abs. 1 S. 2 Nr. 1) oder
- sich nicht für die gewöhnliche Verwendung eignet oder keine Beschaffenheit aufweist, die bei Sachen der gleichen Art üblich ist und die der Käufer nach der Art der Sache erwarten kann (Abs. 1 S. 2 Nr. 2).

Insbesondere darf der Käufer eine Beschaffenheit erwarten, die in Werbeaussagen[5] oder anderen öffentlichen Äußerungen angegeben worden ist, wobei diese Äußerungen auch vom Hersteller oder seinen Gehilfen stammen können (§ 434 I 3, vgl. auch die in dieser Vorschrift enthaltenen Einschränkungen). Der Begriff des Herstellers ist identisch mit dem des Produkthaftungsgesetzes (vgl. dort § 4).

Ein Sachmangel ist ferner gegeben, wenn

- die vereinbarte Montage der Kaufsache unsachgemäß durch den Verkäufer oder dessen Erfüllungsgehilfen (§ 278) durchgeführt worden ist (Abs. 2 S. 1) oder
- die Montage aufgrund einer mangelhaften Montageanleitung unsachgemäß vorgenommen worden ist (Abs. 2 S. 2) oder
- der Verkäufer eine andere Sache als nach dem Vertrag geschuldet liefert (Abs. 3 Var. 1) oder
- der Verkäufer eine zu geringe Menge als geschuldet liefert (Abs. 3 Var. 2).

Wie sich aus der in § 434 gegebenen Begriffsbeschreibung ergibt, legt Abs. 1 dieser Vorschrift **eine dreistufige Rangordnung** fest:

(1) In erster Linie kommt es auf die **Übereinstimmung** der Kaufsache mit der von den Parteien **vereinbarten Beschaffenheit** an. Weicht die Beschaffenheit der Kaufsache negativ von der vereinbarten Soll-Beschaffenheit ab, so weist die Kaufsache einen Mangel auf. Zu beachten ist, dass die Erheblichkeit einer Abweichung keine Rolle spielt, also selbst geringfügige Abweichungen zu einem Sachmangel führen.[6]

(2) Haben die Vertragsparteien keine Vereinbarung über die Beschaffenheit der Kaufsache getroffen, so ist auf der nächsten Stufe die **Eignung der Sache für die nach dem Vertrag vorausgesetzte Verwendung** maßgeblich. Insoweit ergibt sich eine erhebliche inhaltliche Nähe zu der Bestimmung in S. 1. Die ausdrückliche Bezug-

---

[5] Vgl. *Kasper* ZGS 2007, 172.
[6] BGH NJW-RR 2009, 777 (778).

nahme auf den Vertrag verdeutlicht, dass einseitige Vorstellungen des Käufers über die Verwendungsmöglichkeiten der Kaufsache für die Soll-Beschaffenheit nicht ausschlaggebend sein können. Vielmehr kommt es darauf an, dass sich die **Vorstellungen beider Parteien treffen**. Ob man eine vertragliche Vereinbarung fordert (und damit weitgehend den Unterschied zwischen S. 1 und S. 2 Nr. 1 aufhebt),[7] oder ob man Vorstellungen der Vertragsparteien im Vorfeld des Vertrages nach Art einer Geschäftsgrundlage (→ Rn. 673) genügen lässt,[8] ist letztlich nur bei formbedürftigen Verträgen entscheidend, weil vertraglich getroffene Absprachen dann vom Formzwang erfasst werden.[9] Auf keinen Fall darf aus der in S. 2 Nr. 1 getroffenen Regelung abgeleitet werden, dass es ausgeschlossen wäre, die Verwendungsmöglichkeit der Kaufsache stillschweigend zum Bestandteil ihrer vertraglich festgelegten Soll-Beschaffenheit im Sinne des S. 1 werden zu lassen (→ Rn. 799).[10]

(3) Ist keine vertragliche Verwendung von den Parteien vorausgesetzt, so beurteilt sich die Mangelfreiheit auf der dritten Stufe danach, **ob sich die Sache für die gewöhnliche Verwendung eignet und eine Beschaffenheit aufweist, die bei Sachen der gleichen Art üblich sind und die der Käufer nach der Art der Sache erwarten kann.** Welche Beschaffenheit der Käufer regelmäßig erwarten darf, wird zusätzlich in S. 3 genannt. Da Vereinbarungen über die Beschaffenheit und den Verwendungszweck der Kaufsache vor allem bei Geschäften des täglichen Lebens selten getroffen werden, kommt der 3. Alternative als Auffangtatbestand eine besondere Bedeutung zu.

Umstritten ist das Verhältnis, in dem die Merkmale der üblichen Beschaffenheit und der vom Käufer nach Art der Sache zu erwartenden Beschaffenheit zueinander stehen: Es kommt darauf an, ob beide Merkmale kumulativ oder alternativ anzuwenden sind. Verlangt man für eine Mangelfreiheit der Sache, dass sie sowohl die übliche als auch die zu erwartende Beschaffenheit aufweist,[11] so kann die vom Verkäufer geschuldete Qualität über dem üblichen Standard liegen, wenn entsprechende Erwartungen des Käufers gerechtfertigt sind. Bei einem alternativen Verhältnis beider Merkmale ist dagegen die Mangelfreiheit schon dann zu bejahen, wenn die übliche Qualität erreicht ist.[12] Die Erwartung des Käufers ist nur insoweit von Bedeutung, wie sie sich auf eine Qualität bezieht, die hinter der üblichen zurückbleibt.[13] Im Normalfall werden sich in der Qualitätsbeschreibung durch beide Merkmale aber kaum Unterschiede ergeben; denn was der Käufer erwarten darf, richtet sich regelmäßig nach der üblichen Beschaffenheit gleichartiger Sachen.[14] Als Maßstab gilt der Erwartungshorizont eines Durchschnittskäufers.[15] Bedeutung kommt der Erwartung des Käufers insbesondere bei gebrauchten Sachen zu, weil sich für diese durch den Vergleich mit anderen Sachen

---

[7] *Reinicke/Tiedtke* KaufR Rn. 323.
[8] PWW/*Schmidt* § 434 Rn. 36. Der Gesetzgeber hat diese Frage offen gelassen (Amtl. Begr. BT-Drs. 14/6040, 213 [r. Sp.]).
[9] Bamberger/Roth/*Faust* § 434 Rn. 50.
[10] Vgl. BGH NJW 2008, 511 Rn. 15 ff. zur parallelen Frage bei § 633 II.
[11] Erman/*Grunewald* § 434 Rn. 22.
[12] *Reinicke/Tiedtke* KaufR Rn. 329.
[13] *Faust* JuS 2007, 684 (685).
[14] BGH NJW 2007, 1351 Rn. 21 = JuS 2007, 684 *(Faust)*.
[15] Amtl. Begr. BT-Drs. 14/6040, 214 (l. Sp.).

II. Kauf

nur schwer Qualitätsstandards finden lassen. Deshalb bilden die Verkehrsanschauung und die Besonderheiten des Einzelfalles die bestimmenden Faktoren. So kann der Käufer eines Gebrauchtwagens mangels einer Beschaffenheitsvereinbarung einen Zustand des Fahrzeugs erwarten, der sich nach dem Alter, dem Kaufpreis und dem für ihn erkennbaren Pflegezustand richtet.[16]

Neben die in Abs. 1 enthaltenen Beschreibungen treten **die in Abs. 2 und 3 genannten Kriterien**. Mängel nach Abs. 1, Abs. 2 und Abs. 3 können sich addieren und auch unterschiedliche Rechtsfolgen auslösen. 797

Für die Frage, ob ein Sachmangel anzunehmen ist, ist also ein Vergleich zwischen der vom Verkäufer übergebenen Sache und der Beschaffenheit vorzunehmen, wie sie nach § 434 sein soll. Dabei wird die Soll-Beschaffenheit in erster Linie – wie ausgeführt – durch die von den Parteien getroffenen Vereinbarungen bestimmt. Durch die Feststellung, dass die Beschaffenheitsvereinbarung der Parteien den entscheidenden Maßstab für die Bewertung der Sache bildet, werden zwei Fragen aufgeworfen: 798

- Wann ist von einer „Vereinbarung" auszugehen?
- Was ist die „Beschaffenheit" einer Sache?

Vereinbart iSv § 434 I 1 ist alles, was die Parteien vertraglich festgelegt haben. Dazu kann es ausdrücklich, aber auch konkludent kommen, wenn die Auslegung ergibt, dass eine Angabe im Kaufvertrag nicht nur die Kaufsache beschreiben, sondern einen bestimmten Zustand als geschuldet festschreiben soll.[17] Beschreibt der Verkäufer bei Vertragsschluss die verkaufte Sache in einer bestimmten Weise, so werden regelmäßig diese Erklärungen Inhalt des Vertrages und damit zur **Beschaffenheitsvereinbarung**.[18] Gleiches gilt, wenn der Verkäufer Muster oder Proben vor oder bei Vertragsschluss vorlegt, um dadurch die Beschaffenheit der Kaufsache aufzuzeigen. Ebenso können durch Werbeaussagen beim Käufer erkennbar für den Verkäufer geweckte Erwartungen in Bezug auf bestimmte Eigenschaften der Sache dann zu einer Beschaffenheitsvereinbarung werden, wenn sie der Verkäufer unwidersprochen hinnimmt. Einschränkungen gelten jedoch bei Rechtsgeschäften, die für ihre Gültigkeit einer notariellen Beurkundung bedürfen: Laut BGH kann eine Beschreibung von Eigenschaften eines Grundstücks oder Gebäudes durch den Verkäufer vor Vertragsschluss in aller Regel nicht zu einer Beschaffenheitsvereinbarung führen, wenn sie keinen Niederschlag in dem notariellen Kaufvertrag gem. § 311b I gefunden hat.[19] Erwirbt der Käufer eine Sache für einen bestimmten Zweck, den der Verkäufer kennt, kann durchaus eine stillschweigend getroffene Vereinbarung anzunehmen sein, dass die Sache sich auch für den gewollten Zweck eignet.[20] Soweit es sich allerdings um Fälle handelt, in denen nach § 434 auch ohne eine entsprechende Beschaffenheitsvereinbarung von einem Sachmangel auszugehen ist, wie dies bei einer fehlenden 799

---

[16] BGH NJW 2008, 53 Rn. 19.
[17] Vgl. etwa BGH NJW 2015, 1669 (1670) = JuS 2016, 65 (*Gutzeit*) = JA 2016, 228 (*Looschelders*), dort zur Bedeutung der Aussage „TÜV neu" in einem Gebrauchtwagenkaufvertrag. Beachte auch BGH NJW 2016, 3015, dort zur Relevanz der Angabe des Erstzulassungsdatums bzw. der Modellreihe eines Fahrzeugs.
[18] BGH NJW 2013, 1074 Rn. 16 = JZ 2013, 419 mAnm *Gsell* = JuS 2013, 931 (*Schwab*).
[19] BGH NJW 2016, 1815 Rn. 15 = JuS 2016, 841 (*Gutzeit*); NJW 2017, 150 (151).
[20] Vgl. *Reischl* JuS 2003, 865 (866).

Eignung zur vorausgesetzten oder gewöhnlichen Verwendung der Sache der Fall ist, können Zweifel, ob die Parteien darüber hinaus vertraglich die Beschaffenheit der Kaufsache bestimmten, offen bleiben.

800 Wichtig kann jedoch die Frage nach einer vertraglichen Vereinbarung und ihrem Inhalt werden, wenn zu entscheiden ist, ob der Verkäufer für bestimmte Eigenschaften der Kaufsache garantiert, also verspricht, verschuldensunabhängig für das Vorhandensein der Eigenschaften einstehen zu wollen (→ Rn. 460, 880 ff.). Denn dann hat er das Fehlen der Eigenschaft zu vertreten und regelmäßig einen dadurch verursachten Schaden des Käufers zu ersetzen. Wegen dieser Rechtsfolge ist allerdings Zurückhaltung bei der Annahme einer Verkäufergarantie geboten. Für eine stillschweigend übernommene Garantie müssen sich eindeutige Hinweise in den vertraglichen Vereinbarungen der Parteien finden lassen.

801 Als **Beschaffenheit** einer Sache sind zunächst ihre **natürlichen Eigenschaften** anzusehen, also etwa das Material, aus dem sie hergestellt ist (Metall, Holz), der Zustand, in dem sie sich befindet (neu, gebraucht, stark abgenutzt), ihre Widerstandsfähigkeit gegen Umwelteinflüsse (nicht rostend, farbbeständig bei Sonneneinstrahlung, elastisch, wasserabweisend uä.). Auch die Farbe ist eine Eigenschaft, deren Fehlen einen Sachmangel begründen kann.[21] Zur Beschaffenheit einer Sache sind zudem ihre **Beziehungen zur Umwelt** zu rechnen, die nach der Verkehrsanschauung für ihre Brauchbarkeit oder ihren Wert bedeutsam sind. Deshalb kann das Ansehen, das eine Sache in der Öffentlichkeit genießt, ein Beschaffenheitsmerkmal darstellen. Dies gilt zB für Waren, die zum Wiederverkauf bestimmt sind, wenn aufgrund konkreter Tatsachen der begründete Verdacht eines Mangels besteht, der ihre Wiederverkäuflichkeit einschränkt oder sogar ausschließt (Beispiel: Verdacht, dass zum Wiederverkauf bestimmtes Fleisch gesundheitsschädigend sein könnte).[22] Aus dem Begriff „Beschaffenheit" folgt, dass dabei nur solche Umweltbeziehungen als Beschaffenheitsmerkmale angesehen werden können, die in der Sache selbst ihren Grund haben und von ihr ausgehen. Sie müssen also in irgendeiner Weise mit den physischen Eigenschaften der Kaufsache zusammenhängen,[23] wie dies zB für die Lage eines Grundstücks oder seine Unbebaubarkeit aufgrund öffentlich-rechtlicher Baubeschränkungen zutrifft (→ Rn. 813). Der BGH bejaht dies auch für die Herstellergarantie bei einem Kfz.[24]

802 Die hier vorgenommene Einschränkung des Beschaffenheitsbegriffs ist allerdings umstritten. So wird auch die Auffassung vertreten, dass es den Parteien freisteht, durch ihre Vereinbarung tatsächliche, wirtschaftliche, soziale und rechtliche Umstände außerhalb der Sache zur Beschaffenheit einer Sache zu machen.[25] Zu dem Meinungsstreit vgl. auch *Musielak/Hau* EK BGB Rn. 94 ff.

---

[21] BGH NJW-RR 2009, 777 (geringfügige, kaum erkennbare Farbabweichung bei Dachziegeln als Sachmangel); OLG Köln NJW 2006, 781 (Farbabweichung als Sachmangel eines Neufahrzeugs).
[22] BGH NJW-RR 2005, 1218 (1220); OLG Karlsruhe NJW-RR 2009, 134 mwN.
[23] *Grigoleit/Herresthal* JZ 2003, 118 (122 ff.); *Reischl* JuS 2003, 1076 (1079); Bamberger/Roth/*Faust* § 434 Rn. 22 f.; MüKoBGB/*Westermann* § 434 Rn. 9; Staudinger/*Matusche-Beckmann*, 2004, § 434 Rn. 45; Erman/*Grunewald* § 434 Rn. 3 f.
[24] BGH NJW 2016, 2874 = JuS 2016, 1122 (*Gutzeit*).
[25] So *Reinicke/Tiedtke* KaufR Rn. 305 ff.; PWW/*Schmidt* § 434 Rn. 12 ff.; offen gelassen von BGH NJW 2016, 2874 Rn. 13 = JuS 2016, 1122 (*Gutzeit*).

II. Kauf 309

Sind die **wertbildenden Faktoren** als Beschaffenheitsmerkmale aufzufassen, so gilt 803
dies nicht für die daraus zu ziehende Schlussfolgerung, also den Wert der Sache
selbst. Die Ansicht, dass der Wert nicht als Eigenschaft zur Beschaffenheit der Sache
zu zählen ist, wird dadurch gerechtfertigt, dass sonst der Käufer das Risiko einer falschen Bewertung mithilfe der Gewährleistungsvorschriften auf den Vertragspartner
abwälzen könnte (vgl. zur parallelen Frage bei § 119 II → Rn. 393).

Als **maßgeblichen Zeitpunkt**, in dem die vereinbarte Beschaffenheit vorhanden sein 804
muss, nennt § 434 I 1 den **Gefahrübergang** (zum Begriff → Rn. 608). Die Gefahr geht
beim Kauf gem. § 446 S. 1 grundsätzlich mit der Übergabe der verkauften Sache auf
den Käufer über. Beim Versendungskauf erfolgt der Gefahrübergang aber schon mit
Auslieferung an die Transportperson (§ 447 I; → Rn. 624). Tritt die Abweichung von
der Beschaffenheitsvereinbarung erst nach Kaufabschluss, jedoch vor Gefahrübergang ein, so hat der Verkäufer dafür einzustehen. Fällt ein im Zeitpunkt des Gefahrüberganges vorhandener Mangel später weg, bleibt dennoch die Haftung des Verkäufers weiterhin bestehen.[26] Wird die Kaufsache in einem Zeitpunkt mangelhaft,
in dem sich der Käufer im Annahmeverzug befindet, haftet der Verkäufer für diesen
Mangel nicht mehr, weil es nach § 446 S. 3 der Übergabe und damit dem Gefahrübergang gleichsteht, wenn der Käufer in Verzug der Annahme gerät. Für Mängel, die der
Verkäufer der Kaufsache nach Gefahrübergang zufügt, haftet er nach den Vorschriften des allgemeinen Leistungsstörungsrechts oder des Deliktsrechts, nicht nach den
speziellen Vorschriften des Kaufrechts.[27]

> **Beispiel:** Nachdem das gekaufte Kraftfahrzeug dem Käufer übergeben worden ist,
> wünscht der Käufer, dass vom Verkäufer auf der Grundlage des Kaufvertrages ein anderes Autoradio eingebaut wird. Der Verkäufer holt deshalb das Kraftfahrzeug beim Käufer ab, um den Austausch der Radios vorzunehmen. Als der Verkäufer den Pkw dem
> Käufer wieder zurückbringen will, kommt es auf dieser Fahrt zu einem vom Verkäufer
> verschuldeten Unfall, bei dem ein Kotflügel beschädigt wird. In diesem Fall verletzt der
> Verkäufer schuldhaft die ihm aus dem Kaufvertrag obliegende (nachwirkende) Pflicht,
> sorgsam mit der Kaufsache umzugehen und sie dem Käufer unversehrt zurückzugeben,
> und haftet deshalb nach § 280 I für den von ihm verursachten Schaden.[28]

In vielen Fällen, insbesondere bei Geschäften des täglichen Lebens, werden kaum 805
ausdrückliche Beschaffenheitsvereinbarungen getroffen. Erwirbt beispielsweise jemand in einem Fachgeschäft einen Elektrobohrer, so wird er mit Selbstverständlichkeit davon ausgehen, dass sich dieser Bohrer für die üblichen Arbeiten eignet, die mit
einem derartigen Werkzeug vorgenommen werden. Ob dann der „nach dem Vertrag
vorausgesetzten Verwendung" iSv § 434 I 2 Nr. 1 Bedeutung zukommt oder ob es um
die Eignung „für die gewöhnliche Verwendung" und um die „übliche Beschaffenheit
von Sachen der gleichen Art" iSv § 434 I 2 Nr. 2 geht oder ob eine Beschaffenheits-

---

[26] BGH NJW 2001, 66; vgl. dazu *Schöpflin* JA 2001, 267.
[27] Dagegen will *Klinck* ZGS 2008, 217, §§ 434 ff. analog auf solche Mängel anwenden, die in einer vom Verkäufer zu vertretenden Weise zwischen dem Gefahrübergang und der Übergabe eintreten.
[28] Vgl. auch OLG Saarbrücken NJW 2007, 3503 = JuS 2008, 179 *(Faust)*: Anwendung des allgemeinen Leistungsstörungsrechts bei Beschädigung der Kaufsache durch den Verkäufer im Rahmen der Nacherfüllung.

vereinbarung nach § 434 I 1 anzunehmen ist, hängt von den jeweiligen Modalitäten des Kaufs ab. Lässt sich der Käufer vom Fachhändler beraten und erklärt er diesem, wofür er den Bohrer benötigt, so wird es sich regelmäßig um einen Fall handeln, in dem es auf die Eignung für die nach dem Vertrag vorausgesetzte Verwendung ankommt, wenn nicht sogar stillschweigend eine entsprechende Beschaffenheit vereinbart (→ Rn. 799) und möglicherweise sogar garantiert worden ist. Wurde dagegen über die geplante Verwendung nicht gesprochen, so kann der Käufer erwarten, dass der Bohrer die Eigenschaften aufweist, die ihn zu einer gewöhnlichen Verwendung geeignet machen.

806 Darüber hinaus darf der Käufer davon ausgehen, dass der Bohrer auch alle die Eigenschaften besitzt, die in der Werbung für den Bohrer oder in der Etikettierung auf seiner Verpackung genannt werden (§ 434 I 3). **Werbeaussagen** und andere öffentliche Äußerungen des Verkäufers (beispielsweise das in ein Internetportal eingestellte Exposé über ein zum Verkauf stehendes Grundstück[29]), des Herstellers oder seines Gehilfen sind unerheblich, wenn sie die Kaufentscheidung nicht beeinflussen können, wie zum Beispiel in dem Fall, dass es sich um Eigenschaften handelt, auf die der Käufer keinen Wert legt. Die Formulierung des Gesetzes („es sei denn") legt einen entsprechenden Beweis dem Verkäufer auf: Er muss im Streitfall beweisen, dass die Ausnahme zutrifft. Dies gilt auch, wenn sich der Verkäufer darauf beruft, dass er Werbeaussagen und andere öffentliche Äußerungen des Herstellers oder seines Gehilfen weder kannte noch kennen musste, dh dass seine Unkenntnis nicht auf Fahrlässigkeit beruht oder dass sie im Zeitpunkt des Vertragsschlusses in gleichwertiger Weise, wie sie veröffentlicht wurden, berichtigt worden sind. Selbstverständlich kann ein Verkäufer Werbeaussagen korrigieren und durch eigene Angaben ersetzen. In einem solchen Fall gilt dann nicht die Werbeaussage, sondern die Erklärung des Verkäufers.[30]

807 Übernimmt es der Verkäufer vertraglich, die verkaufte Sache zu montieren,[31] so bedeutet es einen Sachmangel, wenn diese **Montage unsachgemäß** durchgeführt wird (§ 434 II 1). Für diese Bewertung ist es nicht entscheidend, ob die fehlerhafte Montage auch zu einer Qualitätsminderung an der Sache selbst führt.

> **Beispiel:** Baut der Verkäufer eine von ihm verkaufte Küche unsachgemäß ein, sodass einzelne Hängeschränke in unterschiedlicher Höhe an der Wand angebracht sind, so liegt darin auch dann ein Sachmangel, wenn die Schränke als solche ohne Weiteres benutzt werden können und die unsachgemäße Montage zu keinerlei Schäden geführt hat.

808 Ist vorgesehen, dass der gekaufte Gegenstand vom Käufer oder einem Dritten montiert wird, so hängt der Erfolg einer solchen Montage häufig von der richtigen **Montageanleitung** ab. Enthält die Montageanleitung Fehler und wird deshalb die Montage fehlerhaft durchgeführt, führt dies nach § 434 II 2 ebenfalls zu einem Sachmangel. Dass die Sache trotz der Fehler in der Montageanleitung richtig montiert worden ist, hat im Streitfall der Verkäufer zu beweisen.

---

[29] Vgl. BGH NJW 2017, 150.
[30] *Tröger* JuS 2005, 503 (508).
[31] Eine lediglich aus Kulanz, also nicht vertraglich vereinbarte Montage kann nicht zu einem Sachmangel führen, da § 434 II 1 eine Vereinbarung voraussetzt, *Tröger* JuS 2005, 503 (510).

II. Kauf

Die nach früherem Recht bestandenen Abgrenzungsschwierigkeiten zwischen einer mangelhaften Leistung und einer Falschlieferung werden durch § 434 III dadurch behoben, dass die **Falschlieferung als Schlechtlieferung** gilt und deshalb von einem Sachmangel ausgegangen werden muss. Allerdings schafft diese Regelung beim **Stückkauf** neue Probleme. Nach altem Recht wurde es als ein untauglicher Erfüllungsversuch angesehen, wenn der Verkäufer anstelle der gekauften Sache eine andere lieferte. Dies scheint nach der neuen Regelung anders zu sein. Führt die Falschlieferung zu einem Sachmangel, so ist es dem Käufer überlassen, ob er deshalb Ansprüche erhebt. Hier soll auf diese sehr umstrittene Frage lediglich hingewiesen werden (zu Einzelheiten vgl. *Musielak/Hau* EK BGB Rn. 108 f.).[32]

809

> **Beispiel:** Der Gebrauchtwagenhändler liefert in Folge eines Fehlers in seiner Organisation statt des verkauften VW Golf einen BMW 318i. Der Käufer freut sich über das gelieferte Fahrzeug und denkt nicht daran, Gewährleistungsrechte geltend zu machen.

Liefert der Verkäufer zu wenig, so liegt in der **zu geringen Menge (sog. Mankoleistung)** nach § 434 III ebenfalls ein Sachmangel. Da der Käufer wegen des Mangels grundsätzlich zunächst Nacherfüllung verlangen muss (→ Rn. 815), unterscheidet sich der aufgrund von § 434 III ergebende Gewährleistungsanspruch seinem Inhalt nach nicht von dem primären Erfüllungsanspruch, sodass es regelmäßig nur darum gehen kann, dem Käufer die noch ausstehende Teilmenge zu übergeben und zu übereignen. Nur wenn durch eine solche Nachlieferung ein vertragsmäßiger Zustand nicht zu erreichen ist, kann der Käufer eine erneute Gesamtlieferung als mangelfreie Sache fordern.

810

> **Beispiel:** K kauft von dem Fabrikanten F zehn Ballen eines bestimmten Stoffes. Es werden ihm zunächst nur acht Ballen geliefert. Bei den daraufhin gelieferten zwei restlichen Ballen ergeben sich Farbabweichungen gegenüber den bereits erhaltenen acht Ballen. Diese Farbabweichung hat ihren Grund darin, dass bei verschiedenen Färbevorgängen unterschiedliche Farbnuancen unvermeidbar sind. Deshalb kann K die Lieferung von zehn Stoffballen aus einem einheitlichen Färbevorgang von F beanspruchen, wenn es für ihn auf eine einheitliche Einfärbung ankommt und eine entsprechende Beschaffenheit des Stoffes vereinbart worden ist, weil nur auf diese Weise der Verkäufer seine Pflicht erfüllt, eine mangelfreie Sache dem Käufer zu übergeben.

Ein Anspruch des Käufers wegen eines Mangels wird nicht deshalb ausgeschlossen, weil dadurch nur eine **unerhebliche Minderung des Wertes oder der Tauglichkeit der Kaufsache** verursacht wird (→ Rn. 796 ff.).[33] Allerdings sind die Rechte des Käufers bei einem unerheblichen Mangel im Wesentlichen auf das Recht begrenzt, den Kaufpreis zu mindern (vgl. § 441 I 2); hingegen sind ein Anspruch auf Schadensersatz statt der Leistung gem. §§ 437 Nr. 3, 280 I, III, 281 I 3 (→ Rn. 452) und der Rücktritt vom Vertrag gem. § 323 V 2 iVm § 437 Nr. 2 (→ Rn. 636 f.) ausgeschlossen.[34]

811

---

[32] Zu dem insoweit geführten Meinungsstreit vgl. *Dauner-Lieb/Arnold* JuS 2002, 1175; *Musielak* NJW 2003, 89; *Reinicke/Tiedtke* KaufR Rn. 368 ff.; *Wiese* AcP 206 (2006), 902.
[33] Vgl. BGH NJW-RR 2009, 777: geringfügige, kaum erkennbare Farbabweichung bei Dachziegeln.
[34] BGH NJW 2007, 2111 (2112); OLG Frankfurt a.M. NJW 2005, 2235 (2236); LG Ravensburg NJW 2007, 2127 (2128).

Bevor der Käufer den Kaufpreis mindern darf, muss er zunächst den Verkäufer auffordern, den (unerheblichen) Mangel innerhalb einer angemessenen Frist zu beseitigen, sofern eine Fristsetzung nicht entbehrlich ist (→ Rn. 457). Außerdem ist der Käufer bei behebbaren Mängeln selbst dann, wenn sie geringfügig sind, grundsätzlich dazu berechtigt, gem. § 320 I die Zahlung des (vollständigen) Kaufpreises und gem. § 273 I die Abnahme der gekauften Sache bis zur Beseitigung des Mangels zu verweigern, soweit dies nicht wegen besonderer Umständen mit § 242 unvereinbar wäre.[35]

c) Rechtsmängelhaftung

812 Nach § 433 I 2 ist der Verkäufer verpflichtet, dem Käufer die Kaufsache frei von Rechtsmängeln zu verschaffen. Der Inhalt dieser Pflicht wird durch § 435 präzisiert. Danach ist die Sache frei von Rechtsmängeln, wenn Dritte in Bezug auf die Sache keine oder nur die im Kaufvertrag übernommenen Rechte gegen den Käufer geltend machen können. In erster Linie kommen **dingliche Rechte Dritter** in Betracht, die an der Kaufsache bestehen, wie zB Pfandrechte an beweglichen Sachen und an Rechten (§§ 1204 ff.), Grundpfandrechte (§§ 1113 ff.), Anwartschaftsrechte (→ Rn. 899) und Nießbrauch (§§ 1030 ff.). Um einen Rechtsmangel handelt es sich auch, wenn im Grundbuch ein Recht eingetragen ist, das nicht besteht (§ 435 S. 2). **Obligatorische Rechte,** also Ansprüche, die sich aus einem Schuldverhältnis ergeben, können dann einen Rechtsmangel darstellen, wenn sie einem Dritten berechtigten Besitz verschaffen, der dem Käufer entgegengehalten werden kann und ihn in der Nutzung des Kaufgegenstandes beeinträchtigt. Dies gilt beispielsweise für Miet- und Pachtverhältnisse an der Kaufsache, weil die Rechte des Mieters oder Pächters gegenüber dem Käufer geltend gemacht werden können (→ Rn. 788). Streitig ist, ob die Nichterfüllung der Pflicht des Verkäufers, dem Käufer das Eigentum an der Kaufsache zu verschaffen, zu einem Rechtsmangel führt. Die hM verneint dies mit der Begründung, die Eigentumsverschaffungspflicht werde ausdrücklich in § 433 I 1 genannt und werde deshalb nicht von § 433 I 2 und § 435 erfasst. Von diesem Standpunkt aus müssen die Rechtsfolgen der Nichterfüllung unmittelbar dem allgemeinen Leistungsstörungsrecht entnommen werden (zu diesem Meinungsstreit vgl. *Musielak/Hau* EK BGB Rn. 160 ff.).[36]

813 Rechte Dritter in Bezug auf die Sache können sich auch aus dem öffentlichen Recht ergeben, wenn sie dazu führen, die rechtlichen Befugnisse des Käufers als Eigentümer der Kaufsache einzuschränken. Dies gilt beispielsweise für die Sozialbindung von Wohnungen, die die rechtlichen Befugnisse des Eigentümers erheblich einschränkt.[37] Dagegen sind solche **öffentlich-rechtlichen Beschränkungen**, die aus Gründen des Gemeinwohls bestehen und vom Verkäufer nicht beseitigt werden können (insbesondere aus dem öffentlichen Baurecht folgende Baubeschränkungen), keine Rechts-, sondern Sachmängel;[38] denn Dritte können hieraus keine Rechte ge-

---

[35] Lehrreich BGH NJW 2017, 1100 = JuS 2017, 463 (*Riehm*).
[36] OLG Schleswig NJW-RR 2011, 1233 (1234).
[37] BGH NJW 2000, 1256.
[38] BGH NJW 2013, 2182 Rn. 9; Palandt/*Weidenkaff* § 434 Rn. 61, § 435 Rn. 13; PWW/*Schmidt* § 435 Rn. 15.

II. Kauf

gen den Käufer geltend machen.³⁹ Für öffentliche Lasten von Grundstücken trifft § 436 eine spezielle Regelung.

Rechts- und Sachmängel werden hinsichtlich der sich ergebenden **Rechtsfolgen** gleich behandelt. Der Käufer kann folglich Nacherfüllung, Minderung des Kaufpreises und Schadensersatz verlangen sowie vom Kaufvertrag zurücktreten, wenn ein Rechtsmangel besteht und die sonstigen Voraussetzungen für die genannten Rechte erfüllt werden. Auf Einzelheiten wird im Folgenden eingegangen. 814

4. Einzelfragen des Gewährleistungsrechts

a) Anspruch auf Nacherfüllung

Liefert der Verkäufer eine mangelhafte Sache, so erfüllt er nicht die ihm nach § 433 I 2 obliegende Pflicht, die Kaufsache dem Käufer frei von Sach- und Rechtsmängeln zu verschaffen. Der Käufer kann folglich weiterhin vom Verkäufer fordern, dass dieser seiner vertraglichen Pflicht nachkommt. Entdeckt der Käufer den Mangel bereits vor der Übergabe, so ist er berechtigt, die Abnahme der Sache zu verweigern und Lieferung einer mangelfreien Sache zu fordern (str., vgl. *Musielak/Hau* EK BGB Rn. 107). Dieses Recht ergibt sich aus dem vertraglichen Anspruch des Käufers nach § 433 I. Die kaufrechtlichen Regelungen, insbesondere auch die sich daraus ergebenden Einschränkungen (→ Rn. 858 ff.), gelten erst ab dem Zeitpunkt, in dem die Gegenleistungsgefahr auf den Käufer übergeht (→ Rn. 804).⁴⁰ Ist dies geschehen, hat der Käufer regelmäßig Nacherfüllung zu verlangen (→ Rn. 790 ff.). Das Erfordernis eines Nacherfüllungsverlangens stellt sich als eine Obliegenheit des Käufers dar, die nicht nur eine mündliche oder schriftliche Aufforderung zum Inhalt hat, sondern auch die Bereitschaft des Käufers umfasst, dem Verkäufer die Kaufsache zur Prüfung der gerügten Mängel für eine entsprechende Untersuchung zur Verfügung zu stellen,⁴¹ und zwar am Erfüllungsort der Nacherfüllung (→ Rn. 825).⁴² 815

Der Anspruch auf Nacherfüllung wird durch § 439 näher ausgestaltet (zu Einzelheiten vgl. *Musielak/Hau* EK BGB Rn. 111 ff.). Nach Abs. 1 kann der Käufer grundsätzlich zwischen der **Nachbesserung** und einer **Ersatzlieferung** wählen. Dieses **Wahlrecht** wird jedoch wesentlich durch die Art des Kaufgegenstandes eingeschränkt. Bei einem Gattungskauf wird in erster Linie die Lieferung einer anderen mangelfreien Sache statt der Beseitigung des Mangels in Betracht kommen. Allerdings kann im Einzelfall auch bei Gattungssachen die Beseitigung von Mängeln durchaus Sinn machen und deshalb vom Käufer verlangt werden. Hat der Käufer seine Wahl getroffen, muss er dem Verkäufer eine angemessene Frist zur Erbringung der geforderten 816

---

[39] BGH NJW 1992, 1384 (1385).
[40] Vgl. *P. Huber* NJW 2002, 1004 (1005); Bamberger/Roth/*Faust* § 434 Rn. 34 ff. AA *Reinicke/Tiedtke* KaufR Rn. 401 (kaufrechtliche Regelungen gelten erst, wenn der Käufer die angebotene Sache als Erfüllung angenommen hat).
[41] BGH NJW 2010, 1448 Rn. 12 = JuS 2011, 67 (*Faust*); 2013, 1074 Rn. 24 = JZ 2013, 419 mAnm *Gsell* = JuS 2013, 931 (*Schwab*).
[42] BGH NJW 2013, 1074 Rn. 24 = JZ 2013, 419 mAnm *Gsell* = JuS 2013, 931 (*Schwab*). Vgl. auch *Cziupka* NJW 2013, 1043.

Leistung einräumen und darf nicht vor Ablauf dieser Frist eine andere Art der Nacherfüllung verlangen.⁴³ Wie ausgeführt (→ Rn. 790 ff.), ergibt sich das Erfordernis der Fristsetzung aus den in § 437 im Einzelnen aufgeführten Vorschriften, durch die die Rechte des Käufers geregelt werden. Diesen Vorschriften ist auch zu entnehmen, in welchen Fällen eine Fristsetzung als entbehrlich entfällt (→ Rn. 457, 640, 829 ff.).⁴⁴

817 Ist die Beseitigung des Mangels oder die Lieferung einer mangelfreien Sache zwar möglich, aber **unverhältnismäßig teuer,** kann der Verkäufer die geforderte Leistung gem. § 439 IV 1 verweigern. § 439 IV 2 gibt Hinweise für die Entscheidung der Frage, wann ein solches Leistungsverweigerungsrecht begründet ist (zu den Einschränkungen, die sich beim Verbrauchsgüterkauf ergeben, Einzelheiten später). Dabei spielt auch eine Rolle, ob bereits die dem Verkäufer günstigere Art der Nacherfüllung zu einem vertragsgemäßen Zustand führt.

> **Beispiel:** In der Gesetzesbegründung⁴⁵ wird der Fall angeführt, dass der Mangel bei einer Waschmaschine durch einfaches Auswechseln einer Schraube behoben werden kann. In diesem Fall kann der Verkäufer die Forderung nach Lieferung einer neuen Waschmaschine wegen der damit verbundenen unverhältnismäßigen Aufwendungen verweigern.

818 Treffen die Voraussetzungen für ein Leistungsverweigerungsrecht des Verkäufers auf beide Arten der Nacherfüllung zu, so kommen nur eine Minderung des Kaufpreises, ein Rücktritt vom Vertrag und ein Anspruch auf Schadensersatz oder auf Ersatz vergeblicher Aufwendungen in Betracht.

819 Weist bei einem **Stückkauf,** bei dem der Kaufgegenstand durch individuelle Merkmale konkret bestimmt wird, die Sache einen Mangel auf, ist die Lieferung einer anderen mangelfreien Sache grundsätzlich ausgeschlossen, sodass nur die Beseitigung des Mangels bleibt.

> **Beispiel:** Verkauft V dem K ein bestimmtes Bild des Malers M und wird bei der Übergabe des Bildes eine Beschädigung festgestellt, kann K von V nicht etwa ein anderes Bild (desselben oder eines anderen Malers) verlangen. Gegenstand des Vertrages ist nur das bestimmte Bild. K kann deshalb von V nur fordern, dass die Beschädigung dieses Bildes behoben wird.

820 Streitig ist, ob dies ausnahmslos für jeden Stückkauf gilt oder ob der Austausch des mangelhaften Stücks gegen eine mangelfreie in solchen Fällen möglich ist, in denen an die Stelle der verkauften Sache eine andere treten kann, die ihr wirtschaftlich entspricht und die deshalb auch dem Leistungsinteresse des Käufers genügt.⁴⁶ Zur Erläuterung des Problems dient folgender

---

⁴³ OLG Celle NJW 2013, 2203 (2204). Das OLG Saarbrücken (NJW 2008, 369 [371]) weist zu Recht darauf hin, dass ein Käufer, der sich nicht an die von ihm getroffene Wahl halten will, dem Verbot des widersprüchlichen Verhaltens zuwiderhandelt und sich rechtsmissbräuchlich verhält.
⁴⁴ *Skamel* JuS 2010, 671 (672 f.); *Martis* MDR 2010, 1293.
⁴⁵ Amtl. Begr. BT-Drs. 14/6040, 232 (r. Sp.).
⁴⁶ Vgl. die Nachw. bei PWW/*Schmidt* § 439 Rn. 26 und *Musielak* NJW 2008, 2801.

II. Kauf

Beispielsfall: Gebrauchtwagenhändler G verkauft dem K einen bestimmten Gebrauchtwagen nach Besichtigung. K stellt fest, dass das Fahrzeug die vertraglich zugesicherte Sonderausstattung nicht aufweist. Da also die Ist-Beschaffenheit des Fahrzeugs von der vereinbarten Beschaffenheit nachteilig abweicht, ist es mangelhaft (§ 434 I 1). Am Markt sind durchaus Fahrzeuge mit der vertraglich geschuldeten Beschaffenheit erhältlich. Es stellt sich deshalb die Frage, ob G verpflichtet ist, sich auf Verlangen des K ein entsprechendes Fahrzeug zu beschaffen und es dem K zu liefern.

Bildet den Gegenstand eines Kaufvertrages eine bestimmte von den Parteien ausgewählte Sache, dann ist nur diese erfüllungstauglich. Ist sie mangelhaft, kommt im Rahmen der Nacherfüllung deshalb nur die Beseitigung des Mangels in Betracht. Ist dies nicht möglich, wie dies zB bei einem Unfallwagen der Fall ist, der als unfallfreies Fahrzeug verkauft wird, so entfällt der Anspruch auf Nacherfüllung (§ 275 I) und der Käufer kann ohne Weiteres die ihm wegen des Mangels zustehenden Rechte geltend machen.[47] Der Verkäufer ist in einem solchen Fall weder berechtigt noch verpflichtet, sich am Markt ein vergleichbares Fahrzeug zu beschaffen und es dem Käufer als geschuldete Leistung anzubieten. Es ist jedoch stets sorgfältig zu prüfen, ob es sich bei der Sache, auf die sich die Verkaufsverhandlungen der Vertragsparteien beziehen, auch tatsächlich um den geschuldeten Gegenstand handelt oder ob sie nicht lediglich die Funktion eines Musters aufweist, sodass sie durch eine andere gleichwertige ersetzt werden kann. 821

Der BGH hat die Möglichkeit einer **Ersatzlieferung bei einem mangelhaften Gebrauchtwagen** mit der Erwägung ausgeschlossen, dass bei einem solchen Kauf erst der bei einer persönlichen Besichtigung gewonnene Gesamteindruck von den technischen Eigenschaften, der Funktionsfähigkeit und dem äußeren Erscheinungsbild des individuellen Fahrzeugs ausschlaggebend für den Entschluss des Käufers sei, das konkrete Fahrzeug zu kaufen, das in der Gesamtheit seiner Eigenschaften dann nicht gegen ein anderes austauschbar sein könne.[48] Anders ist allerdings zu entscheiden, wenn das besichtigte und ausgewählte Fahrzeug lediglich als Muster dient, es also dem Käufer nur darauf ankommt, ein Auto zu erwerben, das nach Alter, äußerer Erscheinung und technischer Ausstattung dem besichtigten Fahrzeug entspricht. Dies ist zB der Fall, wenn im Kraftfahrzeughandel Pkw mit einer sog. Tageszulassung angeboten werden, die ohne Weiteres gegen ein gleiches Fahrzeug ausgetauscht werden können.[49] Der Unterschied zu einem Kauf, bei dem der zu erwerbende Pkw nach der Liste ausgewählt wird und bei dem es sich zweifelsfrei um einen Gattungskauf handelt, besteht dann lediglich darin, dass der Kunde in der Wahl der Ausstattung des Fahrzeugs auf die vom Händler angebotenen Autos beschränkt ist. Wenn sich also der Käufer für ein solches Fahrzeug entscheidet, ist sein Anspruch auf einen Pkw gerichtet, der in seinen Merkmalen dem entspricht, den er besichtigt und ausgewählt hat. Hier ergibt sich also ohne Weiteres eine Austauschbarkeit, wenn das gelieferte Fahrzeug mangelhaft sein sollte. Regelmäßig dürfte es sich deshalb um eine Gattungsschuld handeln, die auf den Bestand an Fahrzeugen des jeweiligen Händlers beschränkt ist (also: **Vorratsschuld**; → Rn. 462). 822

Entgegen abweichender Auffassungen muss daran festgehalten werden, dass im Rahmen eines Stückkaufs der Austausch der von den Vertragsparteien ausgewählten Sache durch eine andere zur Erfüllung des Nacherfüllungsanspruchs ausgeschlos- 823

---

[47] OLG Nürnberg NJW 2005, 2019 (2020) (zum Verkauf eines Gebrauchtwagens, der nicht aus dem vertraglich vereinbarten Modelljahr stammt).
[48] BGH NJW 2006, 2838 Rn. 24.
[49] So in dem vom OLG Braunschweig NJW 2003, 1053 entschiedenen Fall.

sen ist. Ein solcher Austausch ist unvereinbar mit dem Leistungsversprechen des Schuldners, das sich beim Stückkauf auf eine individuell bestimmte Sache bezieht, die allein nur den Leistungsgegenstand bildet.[50] Ist jedoch den Parteivereinbarungen zu entnehmen, dass ein Austausch der vom Verkäufer gelieferten Sache gegen eine wirtschaftlich gleichwertige möglich ist, dann dürfte es sich regelmäßig nicht um einen Stückkauf, sondern um einen Gattungskauf handeln.[51] Von einer **sorgfältigen Abgrenzung des Gattungskaufs vom Stückkauf** hängt also die Beantwortung der Frage ab, ob der Käufer im Rahmen seines Anspruchs auf Nacherfüllung eine Ersatzlieferung fordern kann. Die eingehende Beschäftigung mit diesem Problem ist dem Fortgeschrittenen vorbehalten; vgl. dazu *Musielak/Hau* EK BGB Rn. 130 ff.

824 Verlangt der Käufer die **Mängelbeseitigung** oder ist sie wie beim Stückkauf die einzige Möglichkeit der Nacherfüllung, kann sie – wie bereits bemerkt – der Verkäufer unter den in § 439 IV genannten Voraussetzungen verweigern. Dieses Recht steht ihm zu, wenn mit der von ihm verlangten Nachbesserung **unverhältnismäßige Kosten** verbunden sind. Bei der Frage nach der Verhältnismäßigkeit der Mängelbeseitigungskosten bieten der Wert der Sache im mangelfreien Zustand,[52] die Bedeutung des Mangels und beim Gattungskauf die Möglichkeit einer Ersatzlieferung die maßgebenden Kriterien (§ 439 IV 2).[53] Bei einem **unbedeutenden Mangel,** der ohne erhebliche Nachteile für den Käufer durch Nachbesserung behoben werden kann, ist der Verkäufer berechtigt, die vom Käufer geforderte Ersatzlieferung zu verweigern (→ Rn. 817). Schließlich kann der Verkäufer die Beseitigung des Mangels verweigern, wenn es sich insoweit um einen Fall faktischer Unmöglichkeit handelt (§ 275 II, → Rn. 518 ff.) oder wenn ihm bei einer persönlich zu erbringenden Leistung die Überwindung eines entgegenstehenden Leistungshindernisses nicht zugemutet werden kann (§ 275 III, → Rn. 528).

825 An welchem **Ort** der Verkäufer die von ihm zu leistende Nacherfüllung zu erbringen hat, richtet sich in erster Linie nach den entsprechenden Vereinbarungen der Vertragsparteien. Fehlt eine solche Vereinbarung, kommt als Nacherfüllungsort entweder der ursprüngliche Erfüllungsort oder der sog. Belegenheitsort (dh der Ort, an dem sich die Sache gemäß ihrer Zweckbestimmung befindet) in Betracht. Für beide Varianten finden sich Befürworter.[54] Begreift man mit der hM den Nacherfüllungsanspruch als Fortsetzung des ursprünglichen Erfüllungsanspruchs, der darauf gerichtet ist, in gleicher Weise wie der Erfüllungsanspruch einen vertragsmäßigen Zustand herbeizuführen,[55] so spricht dies dafür, die **Nacherfüllung am ursprünglichen**

---

[50] Vgl. OLG Hamm NJW-RR 2005, 1220 (1221).
[51] Vgl. dazu *Dieckmann* ZGS 2009, 9; *Musielak* NJW 2008, 2801.
[52] OLG Braunschweig NJW 2003, 1053 (1054). Das Gericht weist zu Recht darauf hin, dass Bezugspunkt nicht der Kaufpreis sein könne, weil sich dies in Fällen, in denen der Kaufpreis weit unter dem Wert der Sache liegt (sog. Schnäppchen), zu einem ungerechtfertigten Nachteil für den Käufer auswirken würde.
[53] BGH NJW-RR 2009, 777 (779).
[54] Eingehend Nachw. zu den vertretenen Auffassungen finden sich in der Entscheidung des BGH NJW 2011, 2278 = JuS 2011, 748 *(Faust);* vgl. auch *Augenhofer/Appenzeller/Holm* JuS 2011, 680; *Gsell* JZ 2011, 988; *Picker/Nemeczek* ZGS 2011, 447; *Nemeczek* NJW 2016, 2375; *Brors* NJW 2013, 3329.
[55] Vgl. BGH NJW 2008, 2837 Rn. 18 ff.; *Musielak* NJW 2008, 2801 (2802) mwN.

II. Kauf

Erfüllungsort vorzunehmen,[56] sofern nicht Besonderheiten des Einzelfalls (zB eine abweichende Branchenüblichkeit) eine gegenteilige Entscheidung indizieren. Muss deshalb die Kaufsache vom Käufer zum Zwecke der Nacherfüllung vom Belegenheitsort zum ursprünglichen Erfüllungsort transportiert werden, so hat der Verkäufer die dadurch entstehenden Kosten zu tragen (§ 439 II),[57] wobei er die Übernahme unverhältnismäßig hoher Kosten nach § 439 IV verweigern kann.

Erhält der Käufer vom Verkäufer zum Zwecke der Nacherfüllung anstelle der mangelhaften Sache eine mangelfreie, hat er die mangelhafte Sache zurückzugeben. Die bei dieser Rückgewähr zu beachtenden Regeln sind, wie § 439 V ausdrücklich klarstellt, §§ 346–348 zu entnehmen (→ Rn. 689 ff.). Die Frage, ob der Käufer verpflichtet ist, **Ersatz für die Nutzung der mangelhaften Sache zu leisten,** ist für den Verbrauchsgüterkauf iSv §§ 474 ff. (→ Rn. 901 ff.) gesetzlich entschieden:[58] § 475 III schließt eine solche Verpflichtung aus.[59] Außerhalb des Verbrauchsgüterkaufs ist der Käufer hingegen zu einem solchen Wertersatz verpflichtet. Dies folgt aus § 346 I, II 1 Nr. 1. Nicht allein der Wortlaut dieser Vorschriften, sondern auch die dafür gegebene amtliche Begründung[60] belegen einen entsprechenden Willen des Gesetzgebers.[61]

826

Bereits die vom Verkäufer vorzunehmende Prüfung, ob der Anspruch des Käufers auf Nacherfüllung wegen eines Mangels der Kaufsache berechtigt ist, kann erhebliche Kosten verursachen. Stellt sich heraus, dass die Kaufsache keinen Mangel aufweist und deshalb eine Nacherfüllung nicht geschuldet wird, fragt sich, ob der Verkäufer Ersatz dieser Kosten vom Käufer fordern kann. Nach Auffassung des BGH[62] stellt ein **unberechtigtes Mangelbeseitigungsverlangen** eine zum Schadensersatz verpflichtende schuldhafte Vertragsverletzung dar, wenn der Käufer erkannt oder fahrlässig nicht erkannt hat, dass ein Mangel nicht besteht, die Ursache für die beanstandete Erscheinung vielmehr in seinem eigenen Verantwortungsbereich liegt. Als Anspruchsgrundlage kommt dann § 280 I in Betracht.[63] Dabei darf jedoch nicht

827

---

[56] So auch BGH NJW 2013, 1074 Rn. 24 = JZ 2013, 419 mAnm *Gsell* = JuS 2013, 931 *(Schwab)*; NJW 2011, 2278; OLG München NJW 2007, 3214 = JuS 2008, 84 *(Faust)*; OLG Koblenz ZGS 2010, 570 (571); OLG Saarbrücken NJOZ 2012, 483 (485); *Muthorst* ZGS 2007, 370; *Reinking* NJW 2008, 3608 (3610 ff.); *Skamel* ZGS 2006, 227; *Unberath/Cziupka* JZ 2008, 867 (872 ff.); *Katzenstein* ZGS 2008, 450 (452 f.). AA *Jaensch* NJW 2012, 1025 (1029 f.).

[57] *Nemeczek* NJW 2016, 2375.

[58] Diese erst im Jahre 2008 getroffene gesetzliche Regelung geht auf eine Entscheidung des EuGH (NJW 2008, 1433) zurück.

[59] Dadurch kann sich eine beträchtliche Belastung für den Verkäufer ergeben. Man denke nur an Fälle, in denen der Käufer die mangelhafte Sache längere Zeit nutzt und dadurch erheblich in ihrem Wert mindert. Erwägenswert erscheint, solche vermögensmäßigen Nachteile bei der Frage zu berücksichtigen, ob der Verkäufer wegen Unverhältnismäßigkeit der ihn treffenden Kosten die Nacherfüllung gem. § 439 III 1 verweigern kann; so *Kaeding* NJW 2010, 1031 (1033 f.).

[60] BT-Drs. 14/6040, 232. So auch BGH NJW 2006, 3200 Rn. 12 ff.

[61] So auch BGH NJW 2006, 3200 Rn. 12 ff.; 2009, 427 Rn. 20 = JuS 2009, 274 *(Faust)*. AA *Gsell* JZ 2009, 522 (526).

[62] NJW 2008, 1147 Rn. 12 = JuS 2008, 746 *(Faust)*; vgl. dazu *Haertlein* MDR 2009, 1.

[63] Zur Anspruchsgrundlage und ihren Voraussetzungen im Einzelnen vgl. *Lange/Widmann* ZGS 2008, 329.

unberücksichtigt bleiben, dass dem Käufer aufgegeben ist, vom Verkäufer die Mangelbeseitigung zu verlangen und ihm Gelegenheit zu geben, die Kaufsache zu untersuchen, bevor er weitere Rechte geltend machen darf (→ Rn. 816). Muss der Käufer befürchten, dass er sich bei einer Fehleinschätzung in Bezug auf die Ursachen eines Defektes der Kaufsache schadensersatzpflichtig macht, so könnte ihn dies in der Ausübung seiner Rechte erheblich einschränken. Der BGH hat dies bedacht und darauf hingewiesen, dass der Käufer keineswegs verpflichtet sei, vorab zu klären und festzustellen, ob die von ihm beanstandete Erscheinung Symptom eines Sachmangels ist. Vielmehr müsse er lediglich im Rahmen seiner Möglichkeiten sorgfältig prüfen, ob sie auf eine Ursache zurückzuführen ist, die nicht dem Verantwortungsbereich des Verkäufers zugeordnet werden kann.[64] Die dabei zu stellenden Anforderungen an die Überprüfungspflicht des Käufers dürfen nicht überspannt werden. Zeigen sich Symptome, die einen Sachmangel nahelegen, so muss der Käufer die Ursache dafür nicht ermitteln, sondern kann dies dem Verkäufer überlassen.[65] Nur wenn für den Käufer erkennbar ist, dass ein aufgetretener Defekt nicht durch einen Mangel der Kaufsache verursacht worden ist, muss er ein Mangelbeseitigungsverlangen unterlassen.

828 Nicht selten beauftragt der Käufer einen **Sachverständigen**, um die Ursache eines Mangels der Kaufsache feststellen zu lassen und um auf diese Weise die Verantwortlichkeit des Verkäufers für den Mangel zu klären. Dann kann der Käufer nach Auffassung des BGH vom Verkäufer Ersatz der dafür aufgewendeten Kosten verlangen, wenn sich herausstellt, dass der Verkäufer für den Mangel einzustehen hat. Als Anspruchsgrundlage hierfür nennt der BGH § 439 II.[66] Entscheidet sich der Käufer dafür, den Kaufpreis zu mindern, soll dies an einem solchen Ersatzanspruch nichts ändern, weil auch dann die Sachverständigenkosten zuvor „zum Zwecke der Nacherfüllung" aufgewendet worden seien.[67] Anders ist allerdings zu entscheiden, wenn die Kosten in einem Zeitpunkt aufgewendet werden, in dem der Käufer nicht mehr an seinem Anspruch auf Nacherfüllung festhält, sondern schon Schadensersatz statt der Leistung fordert.[68]

b) Rücktritt

829 Das Recht zum Rücktritt ist grundsätzlich davon abhängig, dass der Käufer dem Verkäufer zuvor eine **angemessene Frist zur Nacherfüllung** gesetzt hat und diese Frist erfolglos abgelaufen ist (→ Rn. 792). Der Verkäufer muss also zunächst die Chance erhalten, den vertragswidrigen Zustand zu korrigieren und eine vertragsgemäße Leistung zu erbringen, bevor der Käufer vom Vertrag zurücktreten (und gegebenenfalls Schadensersatz fordern oder den Kaufpreis mindern) kann.

---

[64] BGH NJW 2008, 1147 Rn. 13; vgl auch BGH NJW 2009, 1262 Rn. 20.
[65] *Kaiser* NJW 2008, 1709 (1712).
[66] BGH NJW 2008, 2837 Rn. 9; 2011, 2278 Rn. 37; 2014, 2351 Rn. 10 ff. mwN. AA *Hellwege* AcP 206 (2006) 136; MüKoBGB/*Westermann* § 439 Rn. 17: Aufwendungen, die der Käufer für die Feststellung des Mangels und seiner Ursachen gehabt hat, hängen nicht mit der Behebung des Mangels zusammen und sind deshalb nur auf der Grundlage des § 280 I ersatzfähig.
[67] BGH NJW 2014, 2351 = JuS 2015, 361 (*Schwab*); krit. *Lorenz* NJW 2014, 2319.
[68] BGH NJW 2008, 2837 Rn. 9 f.

II. Kauf 319

Nur in Ausnahmefällen bedarf es keiner Fristsetzung. Die Aufzählung dieser Fälle 830
in § 323 II (→ Rn. 641)[69] wird durch § 440 ergänzt. Danach ist eine Fristsetzung nicht
erforderlich, wenn beide Arten der Nacherfüllung unverhältnismäßig sind und sie
deshalb vom Verkäufer nach § 439 IV oder nach § 275 II oder III verweigert werden oder wenn die dem Käufer zustehende Art der Nacherfüllung fehlgeschlagen
ist oder ihm nicht zugemutet werden kann. Für die Regelung in § 440 sprechen folgende Erwägungen:

- Verweigert der Verkäufer aufgrund von § 439 IV die Nacherfüllung, ließe sich bereits aus § 323 II Nr. 1 ableiten, dass eine Fristsetzung entfällt. Zweifel, die sich insoweit ergeben könnten, weil der Verkäufer – wenn auch mangelhaft – geleistet hat, werden durch die ausdrückliche Regelung in § 440 S. 1 Var. 1 beseitigt.
- Ist die dem Käufer zustehende Art der **Nacherfüllung fehlgeschlagen,** kann dem Käufer kein weiteres Warten auf die Erbringung einer vertragsmäßigen Leistung zugemutet werden. Ihm ist deshalb ein Rücktrittsrecht ohne weitere Frist einzuräumen (§ 440 S. 1 Var. 2). Von einem „Fehlschlagen" ist auszugehen, wenn der Mangel nach Ablauf einer angemessenen Frist nicht beseitigt ist oder wenn erfolglose Versuche des Verkäufers eine Beseitigung nicht erwarten lassen.[70] Dabei sind dem Verkäufer nach der gesetzlichen Regelung regelmäßig zwei Versuche einzuräumen. Dies schließt jedoch nicht aus, dass aufgrund der Umstände des Einzelfalls bereits ein einmaliger erfolgloser Versuch als endgültiger Fehlschlag anzusehen ist.[71] Andererseits kann der Verkäufer mehr als zwei **Nachbesserungsversuche** verlangen, wenn es sich bei besonderer technischer Komplexität der Sache um einen schwer behebbaren Mangel handelt oder ungewöhnlich widrige Umstände bei den vorangegangenen Nachbesserungsversuchen bestanden haben.[72] Erscheint zwar eine Nachbesserung technisch durchführbar, erfordert sie jedoch eine Zeit, die abzuwarten dem Kunden nach den Umständen des Falles nicht zugemutet werden kann, so kann der Käufer ohne Setzung einer Nachfrist seine Rechte geltend machen.[73] Die Nacherfüllung in Form der **Ersatzlieferung** ist fehlgeschlagen, wenn erneut eine mangelhafte Sache geliefert wird und deshalb weitere Erfüllungsversuche des Verkäufers für den Käufer unzumutbar erscheinen.[74]
- Einen besonderen Umstand, der schon gem. § 323 II Nr. 3 unter Abwägung der beiderseitigen Interessen den sofortigen Rücktritt oder die Minderung des Kaufpreises ohne ein vorheriges Nacherfüllungsverlangen rechtfertigt, schafft der Fall, dass der Verkäufer beim Abschluss des Kaufvertrages einen ihm bekannten Mangel der Kaufsache verschweigt. Eine solche **Täuschungshandlung**, womöglich aber auch schon erhebliche Unzuverlässigkeit oder Inkompetenz,[75] lässt für den

---

[69] Es handelt sich auch dann um einen Fall des § 323 II Nr. 1, wenn der Verkäufer zwar die Kaufsache übergeben will, sich jedoch weigert, zuvor die Mängel der Sache zu beseitigen; vgl. OLG Naumburg NJW 2004, 2022; Amtl. Begr. BT-Drs. 14/6040, 223 (r. Sp.).
[70] PWW/*Schmidt* § 440 Rn. 12.
[71] OLG Saarbrücken NJW-RR 2013, 1388 (1390) = JuS 2014, 358 (*Schwab*); MüKoBGB/*Westermann* § 440 Rn. 10.
[72] BGH NJW 2007, 504 Rn. 15.
[73] Bamberger/Roth/*Faust* § 440 Rn. 32.
[74] Erman/*Grunewald* § 440 Rn. 6.
[75] Dazu BGH NJW 2015, 1669 (1670) = JuS 2016, 65 (*Gutzeit*) = JA 2016, 228 (*Looschelders*), dort zum Verkauf eines nicht verkehrssicheren Gebrauchtwagens.

Käufer die Vertrauensgrundlage für eine weitere Zusammenarbeit mit dem Verkäufer und damit auch für die Nacherfüllung entfallen.[76] Hat allerdings der Käufer dem Verkäufer dennoch eine Frist zur Mängelbeseitigung gesetzt und wird innerhalb der Frist dem Verlangen entsprochen und der Mangel behoben, so scheidet der Rücktritt aus, weil die verkaufte Sache nunmehr vertragsgerecht ist.[77]

- **Unzumutbar** iSv § 440 S. 1 Var. 3 ist dem Käufer eine Fristsetzung, wenn ein Fehler der Kaufsache zwar nur sporadisch auftritt, aber sicherheitsrelevant ist, wie beispielsweise bei einem gelegentlichen Hängenbleiben des Kupplungspedals im verkauften Fahrzeug.[78]

831 Mit der Rücktrittserklärung wird ein **Gestaltungsrecht** ausgeübt (→ Rn. 273, 686 ff.). Nach Abgabe dieser Erklärung kann der Rücktritt vom Käufer nicht mehr zurückgenommen werden.[79] Diese Bindung schließt es aus, dass der Käufer den Kaufvertrag doch noch als gültig behandelt, die Kaufsache behält und die Minderung des Kaufpreises erklärt.[80] Verlangt der Käufer Schadensersatz, so hat er die mangelhafte Sache dem Verkäufer zurückzugeben und seinen Schaden aufgrund der vom Verkäufer dann nicht erbrachten Leistung zu berechnen (sog. **großer Schadensersatz**; → Rn. 851), wobei als Rechnungsposten der in diesem Fall von ihm nicht zu zahlende Kaufpreis berücksichtigt werden muss; dies entspricht der Differenzberechnung (→ Rn. 656 f.).[81] Nicht zu folgen ist der Auffassung,[82] der Verkäufer, der nach einem vom Käufer erklärten Rücktritt die Rückabwicklung verweigert, verliere das Recht, den Käufer an dem von ihm erklärten Rücktritt festzuhalten, und müsse es hinnehmen, dass der Käufer den Kaufpreis mindere. Regelmäßig wird die Weigerung, den Vertrag rückabzuwickeln, ihren Grund darin finden, dass der Verkäufer die Erfüllung der Voraussetzungen des Rücktrittsrechts, insbesondere den Mangel der Kaufsache, bestreitet. Erweist sich diese Meinung möglicherweise erst aufgrund eines gerichtlichen Verfahrens als falsch, so ändert dies nichts an der vom Käufer abgegebenen Rücktrittserklärung. Dem Verkäufer kann kein widersprüchliches Verhalten vorgeworfen werden, das gegen das Gebot von Treu und Glauben verstößt, wenn er zunächst einen anderen Rechtsstandpunkt vertreten hat.

c) Minderung

832 Das Recht des Käufers, den vereinbarten Kaufpreis zu mindern, hängt von der Erfüllung derselben Voraussetzungen ab, wie sie für sein Rücktrittsrecht wegen eines Mangels der Kaufsache gelten. Dies ergibt sich aus der Formulierung des Gesetzes: „Statt zurückzutreten, kann der Käufer ... mindern" (§ 441 I 1). Folglich muss der

---

[76] BGH NJW 2007, 835 Rn. 12 ff. = JA 2007, 646 (*Looschelders*); BGH NJW 2007, 1534 Rn. 19 ff.) mwN; BGH NJW 2008, 1371 Rn. 19 ff. = JuS 2008, 557 (*Faust*) = JA 2008, 301 (*Looschelders*); BGH NJW 2010, 1805 Rn. 8; OLG Schleswig BeckRS 2008, 25343; *Kulke* ZGS 2008, 169; krit. *Gutzeit* NJW 2008, 1359.
[77] BGH NJW 2010, 1805 Rn. 10.
[78] BGH NJW 2017, 153.
[79] OLG Naumburg NJW 2016, 1102 Rn. 21 = JuS 2016, 839 (*Riehm*).
[80] *Reinicke/Tiedtke* KaufR Rn. 591; Bamberger/Roth/*Faust* § 437 Rn. 171; *Jacoby/v. Hinden* § 437 Rn. 5; Palandt/*Weidenkaff* § 437 Rn. 27.
[81] Bamberger/Roth/*Faust* § 437 Rn. 172.
[82] *Wertenbruch* JZ 2002, 862 (864 ff.).

II. Kauf

Käufer, soweit eine **Fristsetzung** nicht nach § 323 II, § 326 V und § 440 entbehrlich ist, vom Verkäufer innerhalb einer angemessenen Frist Nacherfüllung verlangen und darf erst nach erfolglosem Ablauf dieser Frist mindern. Nur der Ausschluss des Rücktrittsrechts nach § 323 V 2 in Fällen einer **unerheblichen Pflichtverletzung** gilt nicht für die Minderung. Dies bedeutet, dass der Käufer auch bei einem Mangel, der den Wert und die Tauglichkeit der Kaufsache nur unerheblich herabsetzt, mindern darf, wenn der Verkäufer den unerheblichen Mangel nicht innerhalb angemessener Frist behebt oder die Beseitigung wegen unverhältnismäßiger Aufwendungen berechtigt ablehnt.

Die Minderung ist in gleicher Weise wie der Rücktritt ein Gestaltungsrecht (→ Rn. 273). Entscheidet sich der Käufer für die Minderung, besteht der Kaufvertrag mit dem geminderten Kaufpreis fort. Diese Rechtslage schließt es aus, dass der Käufer zusätzlich noch Schadensersatz statt der Leistung fordert.[83] Dagegen kann durchaus ein Anspruch auf Schadensersatz neben der Leistung in Betracht kommen, um Schäden auszugleichen, die infolge des Mangels an anderen Rechtsgütern des Käufers verursacht worden sind (sog. **Mangelfolgeschäden** oder Begleitschäden).[84]

833

Zu fragen ist, ob der Käufer an die von ihm einmal getroffene Wahl gebunden ist oder ob er sich von der zunächst erklärten Minderung wieder lösen und ein anderes ihm wegen des Mangels zustehendes Recht geltend machen kann. Einen **Übergang von der Minderung zum Schadensersatz statt der Leistung** lässt die hM zu,[85] während dies im Verhältnis zu einem Rücktritt vom Vertrag ausgeschlossen wird.[86] Dieser Unterschied wird damit erklärt, dass das Gesetz Minderung und Rücktritt als Alternativen ausweist (vgl. § 437 Nr. 2: „... zurücktreten oder ... mindern."), während die Wahl des Schadensersatzes statt der Leistung nach erklärter Minderung analog § 325 zugelassen werden könnte. Diese Begründung erscheint recht formal und zudem zweifelhaft hinsichtlich der für eine Analogie erforderlichen Lücke in der gesetzlichen Regelung (→ Rn. 1180).[87] Die Rechtsnatur der Minderung als Gestaltungsrecht spricht eher dafür, den Käufer an der von ihm getroffenen Wahl festzuhalten. Zumindest muss eine Grenze dann gezogen werden, wenn sich der Verkäufer mit der Minderung einverstanden erklärt und im Vertrauen auf die Erklärung des Käufers Vermögensdispositionen getroffen hat, die er nicht mehr ohne Nachteil ändern kann.[88]

834

Die **Berechnung des Betrages**, um den der Kaufpreis vom Käufer herabgesetzt werden darf, ist anhand der in § 441 III genannten Regeln vorzunehmen. Danach verhält sich der neu zu bildende Preis (Pn) zu dem vereinbarten Preis (Pv) wie der Wert der

835

---

[83] OLG Nauenburg NJW 2016, 1102 Rn. 21 = JuS 2016, 839 (*Riehm*); *Lögering* MDR 2009, 664 (665 ff.); Bamberger/Roth/*Faust* § 437 Rn. 173.
[84] MüKoBGB/*Westermann* § 441 Rn. 3.
[85] OLG Stuttgart ZGS 2008, 479 (480); *Derleder* NJW 2003, 998 (1002); *Berscheid* ZGS 2009, 17 (18 f.); MüKoBGB/*Westermann* § 437 Rn. 51a. Der BGH NJW 2011, 1217 (1219 Rn. 34 f.), hat die Frage, ob ein Übergang von der Minderung zu einem Schadensersatzanspruch zulässig ist, für den Fall bejaht, dass die Minderung fehlschlägt, weil der Betrag der Minderung in Anwendung der in § 441 III 1 bestimmten Berechnungsmethode nicht ermittelt werden kann.
[86] *Reinicke/Tiedtke* KaufR Rn. 591; *Derleder* NJW 2003, 998 (1002); MüKoBGB/*Westermann* § 437 Rn. 51a.
[87] Bedenken äußern auch *Reinicke/Tiedtke* KaufR Rn. 596.
[88] *Derleder* NJW 2003, 998 (1003); *Reinicke/Tiedtke* KaufR Rn. 597.

Sache in mangelhaftem Zustand (Wm) zu dem Wert der mangelfreien Sache (Wf). Dies ergibt dann folgende **Minderungsformel**:

$$Pn = \frac{Pv \times Wm}{Wf}$$

Beispiel: Beträgt der vereinbarte Kaufpreis 80 EUR, der Wert der Sache im mangelhaften Zustand 50 EUR und im mangelfreien Zustand 100 EUR, so berechnet sich der geminderte Kaufpreis wie folgt:

$$Pn = \frac{80 \times 50}{100}$$

Der neue (geminderte) Preis beträgt also 40 EUR.

836 Hat der Käufer den vereinbarten Kaufpreis bereits gezahlt, steht ihm nach der Minderung ein Anspruch auf **Rückzahlung des geleisteten Mehrbetrages** zu. Die Anspruchsgrundlage bildet § 441 IV 1. Ergänzend wird auf die Rücktrittsvorschriften des § 346 I und des § 347 I verwiesen, die entsprechend anzuwenden sind.

837 Diese Verweisung hat Bedeutung vor allem für die Pflicht des Verkäufers, gezogene **Nutzungen** herauszugeben oder den Wert schuldhaft nicht gezogener Nutzungen zu ersetzen. Die Nutzung von Geld besteht in den erlangten Zinsen oder in der Ersparnis von Schuldzinsen.[89] Hat der Verkäufer den empfangenen und zurückzugewährenden Teil des Kaufpreises nicht zinsbringend angelegt, kann er dennoch zur Verzinsung verpflichtet sein, wenn ihm dies möglich gewesen wäre und dieses Unterlassen den Vorwurf eines Sorgfaltsverstoßes begründet.

d) Schadensersatz

838 Liefert der Verkäufer eine mangelhafte Sache, verletzt er die vertragliche Pflicht, dem Käufer die Sache mangelfrei zu verschaffen (§ 433 I 2). Führt diese Pflichtverletzung zu einem Schaden des Käufers, dann ist der Verkäufer verpflichtet, diesen Schaden zu ersetzen, wenn ihn insoweit ein Schuldvorwurf trifft. Denn stets hängt der Anspruch des Käufers auf Schadensersatz davon ab, dass der **Verkäufer den Mangel zu vertreten hat** (§ 280 I 2). Soweit den Verkäufer nicht ausnahmsweise kraft einer speziellen Vorschrift eine verschuldensabhängige Haftung trifft,[90] muss er im Regelfall zumindest fahrlässig gehandelt haben, als er die mangelhafte Sache lieferte (§ 276 I). Weil der Verkäufer zwar die Lieferung einer mangelfreien Sache schuldet, nicht hingegen die Herstellung einer solchen, ist dem Verkäufer ein Verschulden des Herstellers nicht mittels § 278 zuzurechnen (Einzelheiten zu dieser Vorschrift später).[91]

839 Nach der gesetzlichen Regelung ist danach zu differenzieren, ob es sich um einen Schaden handelt, dessen **Ersatz statt der Leistung** auf der Grundlage der §§ 437 Nr. 3, 280 I, III, 281–283 bzw. §§ 437 Nr. 3, 311a II 1 verlangt wird, oder ob es um

---

[89] BGHZ 138, 160 (164 ff.) = NJW 1998, 2354.
[90] Vgl. BGH NJW 2015, 544, dort zur verschuldensunabhängigen Haftung von Futtermittelverkäufern bei Kontaminationsverdacht.
[91] BGH NJW 2014, 2183 Rn. 29 ff. = JA 2015, 68 (*Looschelders*).

II. Kauf

einen Schaden geht, der aufgrund §§ 437 Nr. 3, 280 I **neben der Leistung** (also neben der Nacherfüllung) zu ersetzen ist.[92] Der neben dem Anspruch auf Nacherfüllung geltend gemachte Schadensersatzanspruch erfasst all die Schäden, die auf der Lieferung einer mangelhaften Sache beruhen und auch dann nicht vermieden worden wären, wenn der Verkäufer im spätest möglichen Zeitpunkt nacherfüllt hätte.[93] Schäden, die durch Nacherfüllung noch behoben oder abgewendet werden können, sind grundsätzlich erst nach Ablauf einer Nachfrist (§§ 280 I, III, 281 I 1) ersatzfähig.[94]

> **Beispiel:** Der Verkäufer liefert verunreinigtes Benzin. Dadurch entsteht ein Schaden am Motor des betankten Fahrzeugs. Ein solcher Schaden kann durch Nacherfüllung nicht vermieden werden.

Soll ein **Anspruch auf Schadensersatz statt der Leistung** erhoben werden, kommt es darauf an, ob es sich um einen behebbaren oder nicht behebbaren Mangel handelt, und im zweiten Fall, ob das Leistungshindernis bereits bei Vertragsschluss bestanden hat oder erst danach entstanden ist. Danach können sich folgende **drei Varianten** ergeben: 840

(1) Der Käufer verlangt Schadensersatz statt der Leistung, weil der Verkäufer eine mangelhafte Kaufsache geliefert und den (behebbaren) Mangel nicht durch Nacherfüllung behoben hat (§§ 437 Nr. 3, 280 I, III, 281 I 1).
(2) Der Käufer verlangt Schadensersatz statt der Leistung, weil der Verkäufer eine Kaufsache geliefert hat, die einen nicht behebbaren Mangel aufweist, der bereits im Zeitpunkt des Vertragsschlusses vorhanden war (§§ 437 Nr. 3, 311a II).
(3) Der Käufer verlangt Schadensersatz statt der Leistung, weil der Verkäufer eine Kaufsache geliefert hat, die einen Mangel aufweist, der nach Vertragsschluss unbehebbar geworden ist (§§ 437 Nr. 3, 280 I, III, 283).

Der Schadensersatzanspruch setzt stets voraus, dass dem Verkäufer eine von ihm zu vertretende **Pflichtverletzung** vorzuwerfen ist (vgl. § 280 I). Umstritten ist, worin die Pflichtverletzung des Verkäufers in Fällen der **ersten Variante** besteht. Während manche meinen, es sei auf die Pflicht des Verkäufers abzustellen, dem Käufer eine Sache frei von Sach- und Rechtsmängeln zu liefern,[95] sehen andere den Pflichtverstoß darin, dass der Verkäufer nicht ordnungsgemäß nacherfüllt hat.[96] Indes kann nicht nur eine dieser Pflichten allein für maßgebend gehalten werden; vielmehr hängen beide eng zusammen. Hat der Verkäufer eine mangelhafte Sache geliefert, verletzt er damit die sich aus dem Vertrag ergebende Pflicht, eine vertragsgemäße Leistung zu erbringen. Gleichzeitig entsteht dadurch die Pflicht, den Mangel durch Nacherfüllung zu beheben. Folglich kann er auch nicht von einer Haftung frei werden, wenn er die Verletzung nur der einen oder anderen Pflicht nicht zu vertre- 841

---

[92] Beachte zur Ermittlung der jeweils einschlägigen Anspruchsgrundlage auch *Czerny* JURA 2015, 1024 und 1157 sowie die Grundfälle bei *Fervers* JURA 2015, 11.
[93] OLG Saarbrücken ZGS 2008, 77 (79); *Reinicke/Tiedtke* KaufR Rn. 516.
[94] *Faust* JuS 2010, 724; *Bredemeyer* ZGS 2010, 71 f.
[95] *Huber/Faust* Schuldrechtsmodernisierung § 13 Rn. 11; *Brox/Walker* SchuldR BT § 4 Rn. 80.
[96] *Lorenz* NJW 2002, 2497 (2502 f.); *Schur* ZGS 2002, 243.

ten hat, also wenn er zB die Nacherfüllung nach § 439 III verweigern kann[97] oder wenn sie aus einem von ihm nicht zu vertretenden Umstand unmöglich wird.[98] Hinsichtlich des Erfordernisses einer Fristsetzung kann auf die Ausführungen in → Rn. 453 ff. verwiesen werden.

842 Zum Merkmal des Vertretenmüssens ist bereits Stellung genommen worden (→ Rn. 458 f.). Ergänzend ist noch auf Folgendes hinzuweisen: Im Kaufrecht kann sich die Frage stellen, ob dem Verkäufer ein Schuldvorwurf deshalb zu machen ist, weil er die **Kaufsache nicht vor der Lieferung untersucht** hat, um einen Mangel festzustellen und zu beseitigen.[99] Bei der Antwort auf diese Frage ist zu differenzieren: Einen Händler trifft grundsätzlich nicht die Pflicht, von ihm erworbene und weiterveräußerte Waren auf Mängel zu untersuchen. Eine Einschränkung ist allerdings bei fehleranfälligen und gefährlichen Sachen zu machen, wenn der Verkäufer eine besondere Sachkunde besitzt, auf die sich der Käufer verlassen kann. So wird der Gebrauchtwagenhändler, der über eine eigene Werkstatt verfügt, für verpflichtet gehalten, vor dem Verkauf das Kfz auf Fehler eingehend zu untersuchen. Unterhält der Händler keine eigene Werkstatt, kann er sich auf die Feststellung leicht erkennbarer Mängel beschränken. Der Hersteller von Waren hat vor ihrem Verkauf regelmäßig stichprobenhafte Kontrollen vorzunehmen, die desto intensiver ausfallen müssen, je hochwertiger, fehleranfälliger und gefährlicher die Produkte sind.[100]

843 Die **zweite Variante** betrifft regelmäßig den Stückkauf. Bei einem Gattungskauf kommt sie nur in Betracht, wenn alle Gattungssachen bereits bei Vertragsschluss einen nicht zu behebenden Mangel aufweisen, was wohl nur bei einer beschränkten Gattungsschuld (→ Rn. 462) vorstellbar ist. Stets müssen beide Varianten einer Nacherfüllung von Anfang an ausgeschlossen sein. Die Frage, ob sich die Kenntnis bzw. die zu vertretende Unkenntnis des Verkäufers nur auf das Vorhandensein des Mangels oder auch auf seine Unbehebbarkeit beziehen muss, hat nur theoretische Bedeutung; denn derjenige, der eine Sache in Kenntnis ihrer Mangelhaftigkeit verkauft, hat jedenfalls für die Beseitigung des Mangels einzustehen.[101]

844 Für die **dritte Variante** ist unerheblich, ob der (zunächst behebbare) Mangel bereits vor oder erst nach Vertragsschluss eingetreten ist. Ebenso ist unerheblich, ob sich die (im Unterschied zur zweiten Variante nach Vertragsschluss eingetretene) Unbehebbarkeit des Mangels vor oder nach der Lieferung ergibt. Anders als bei § 281 I wird für §§ 437 Nr. 3, 280 I, III, 283 überwiegend verlangt, dass sich das Vertretenmüssen des Verkäufers auf die Umstände zu beziehen hat, die ihn von der Pflicht zur Nacherfüllung befreien, und es soll nicht ausreichen, dass sich sein Vertretenmüssen auf die Lieferung einer mangelhaften Sache bezieht.[102] Begründet wird dieser Unterschied zu § 281 damit, dass bei dieser Vorschrift die qualitative Abweichung der Leistung

---

[97] *Ehmann/Sutschet* JZ 2004, 62 (65); iErg ebenso *Ludes/Lube* ZGS 2009, 259.
[98] *Reinicke/Tiedtke* KaufR Rn. 537 ff. (mit ausführlicher Darstellung des Meinungsstreites); Bamberger/Roth/*Faust* § 437 Rn. 73; *U. Huber*, FS Schlechtriem, 2003, 521 (530); *Looschelders* JA 2007, 673 (676); *Tetenberg* JA 2009, 1 (4).
[99] Vgl. dazu *Stoppel* ZGS 2006, 49.
[100] Amtl. Begr. BT-Drs. 14/6040, 210 (l. Sp.); Bamberger/Roth/*Faust* § 437 Rn. 88 mwN; vgl. dazu BGH NJW 2004, 1032.
[101] *Reinicke/Tiedtke* KaufR Rn. 527.
[102] *Hirsch* JURA 2003, 289 (296); *Reinicke/Tiedtke* KaufR Rn. 532 ff.; *Lorenz* NJW 2002, 2497 (2501). AA Bamberger/Roth/*Faust* § 437 Rn. 115.

II. Kauf

("nicht wie geschuldet erbringt") vom Schuldner zu vertreten sei, während sich § 283 nicht auf die mangelhafte Leistung, sondern auf die Umstände beziehe, die zur Unmöglichkeit der Nacherfüllung geführt hätten.

Verursacht der Mangel der Kaufsache Schäden an anderen Rechtsgütern des Käufers, wie dies im Beispiel der Lieferung verunreinigten Benzins geschieht, das zu einem Motorschaden führt, so handelte es sich um einen sog. **Mangelfolgeschaden oder Begleitschaden** (→ Rn. 549). Solche Schäden können, wie bereits ausgeführt, nicht durch eine Nachbesserung oder Ersatzlieferung beseitigt werden. Die Rechtsgrundlage für den Schadensersatzanspruch bildet deshalb allein §§ 437 Nr. 3, 280 I (→ Rn. 838). 845

Dem Käufer kann ein Schaden aber auch dadurch entstehen, dass er die Kaufsache wegen des Mangels nicht nutzen kann. 846

Beispiele:

(1) Im Betrieb des Käufers kommt es zu einem Produktionsausfall, weil die vom Verkäufer gelieferte Maschine wegen des Mangels nicht einsetzbar ist.

(2) Bei dem verkauften Pkw funktionieren die Bremsen nicht einwandfrei. Der Käufer kann deshalb das Fahrzeug zunächst nicht benutzen und muss ein anderes mieten.

Dass es sich bei der Einbuße in Folge des Produktionsausfalls und bei den Kosten für die Miete des Kfz um ersatzfähige Schäden handelt, ist unstreitig. Umstritten ist hingegen, wie solche Schäden in das gesetzliche System der Schadensersatzansprüche einzuordnen sind. Für alle in Betracht kommenden Möglichkeiten finden sich Befürworter.[103] Insbesondere wird die Auffassung vertreten, es handele sich um einen Verzögerungsschaden, weil der Schuldner die mangelfreie Leistung nicht rechtzeitig erbringe; deshalb komme es für den Ersatz dieses Schadens auf die Voraussetzungen von §§ 280 I, II, 286 an.[104] Gegen diese Meinung spricht jedoch, dass für diesen Fall der Gesetzgeber die Anwendung des Verzugsrechts ausschließen wollte[105] und dass dieser Wille auch im Wortlaut des Gesetzes zum Ausdruck kommt; denn in § 437 Nr. 3 wird § 286 nicht genannt. Zudem macht es durchaus einen Unterschied, ob der Schuldner untätig bleibt oder ob er zwar leistet, die Leistung aber fehlerhaft erbringt. Im ersten Fall kann sich der Gläubiger dadurch vor den Folgen einer Säumnis schützen, dass er den Schuldner bei Fälligkeit mahnt. Diese Möglichkeit besteht bei einer mangelhaften Lieferung regelmäßig nicht, sodass sich ein mangelbedingter Nutzungsausfall häufig nicht mehr abwenden lässt.[106] Außerdem würde auf der Grundlage des Verzugsrechts die Ersatzfähigkeit von Nutzungsausfallschäden erheblich eingeschränkt werden, weil sie erst mit dem Eintritt des Verzuges, regelmäßig also erst nach einer Mahnung, ersatzfähig würden. Deshalb lehnt es die hM zu Recht 847

---

103 Vgl. die Darstellung des Meinungsstreits durch *Reinicke/Tiedtke* KaufR Rn. 518 ff.
104 *Schur* ZGS 2002, 243 (244); *Bredemeyer* ZGS 2010, 71 (76); NK-BGB/*Dauner-Lieb* § 280 Rn. 58 ff.; PWW/*Schmidt* § 437 Rn. 36; NK-BGB/*Büdenbender* § 437 Rn. 74 ff.; Jauernig/*Berger* § 437 Rn. 17.
105 Amtl. Begr. BT-Drs. 14/6040, 225 (l. Sp.).
106 Auf diesen Unterschied in der Interessenlage verweist BGH NJW 2009, 2674 Rn. 17 = JuS 2009, 863 *(Faust)* mwN zu beiden Auffassungen.

ab, auf solche Schäden das Verzugsrecht anzuwenden.[107] Entsprechend der vorzunehmenden Abgrenzung zwischen Schadensersatzansprüchen statt der Leistung und neben der Leistung (→ Rn. 839) kommt es vielmehr darauf an, ob der Schaden entstanden ist, obwohl die geschuldete Nacherfüllung rechtzeitig erbracht worden ist oder ein Anspruch auf Nacherfüllung weiterhin besteht. Ist dies der Fall, wie in den Beispielen der nicht einsetzbaren Maschine und des nicht betriebssicheren Pkw, bei denen es sich nur um einen vorübergehenden Nutzungsausfall handelt, so bilden §§ 437 Nr. 3, 280 I die Anspruchsgrundlage.[108] Anders ist dagegen zu entscheiden, wenn der Käufer wegen des Mangels vom Kaufvertrag zurücktritt.

> **Beispiel:** K kauft von V einen gebrauchten Pkw. Nach Lieferung des Fahrzeuges stellt sich heraus, dass der Pkw einen Unfallschaden aufweist, der dazu geführt hat, dass das Fahrzeug nicht betriebs- und verkehrssicher ist. K tritt deshalb vom Vertrag zurück und verlangt neben Rückzahlung des Kaufpreises Ersatz seines Schadens, der dadurch entstanden ist, dass er das Fahrzeug nicht nutzen konnte.

848 Der Rücktritt vom Vertrag lässt den Anspruch des Käufers auf Ersatz eines mangelbedingten Nutzungsausfallschadens nicht entfallen.[109] Vielmehr stellt § 325 klar, dass **Rücktritt und Schadensersatz** einander nicht ausschließen. Der Käufer soll auch nach Erlöschen der Erfüllungsansprüche aufgrund des Rücktritts vermögensmäßig so gestellt werden, wie er bei ordnungsgemäßer Erfüllung durch den Verkäufer stünde. Soweit die Vorschriften über den Rücktritt einem solchen Ergebnis entgegenstehen, wie dies durch die in § 346 getroffene Anordnung der Fall ist, die vom Käufer gezogenen Nutzungen herauszugeben, werden sie durch die vorrangige Schadensersatzpflicht des Verkäufers verdrängt. Deshalb kann der Käufer Ersatz des Schadens fordern, der ihm entstanden ist, weil er die mangelhafte Kaufsache nicht nutzen konnte. Dieser Anspruch ist auf §§ 437 Nr. 3, 280 I, III, 281 I zu stützen. Der in diesem Fall geltend gemachte Schaden entsteht – anders als in den zuvor gebrachten Beispielsfällen (→ Rn. 846) – nicht trotz des Festhaltens am Vertrag, sondern beruht darauf, dass aufgrund des Rücktritts die Leistungspflicht des Verkäufers entfällt und die Leistung deshalb endgültig ausbleibt.[110] Es handelt sich dann nicht um einen Schaden, der trotz der Leistung (also neben ihr), entstanden ist, sondern der infolge des endgültigen Ausbleibens der Leistung eintritt.[111]

849 Von den Nutzungsausfallschäden sind Schäden zu unterscheiden, die sich für den Käufer aus der **Verzögerung der Nacherfüllung** ergeben. Als Beispiel können die Kosten dienen, die der Käufer aufwenden muss, um gerichtlich seine Ansprüche wegen des Mangels durchzusetzen. Hierbei handelt es sich um einen Verzugsschaden, der gem. §§ 280 I, II, 286 zu ersetzen ist.

---

[107] BGH NJW 2009, 2674 Rn. 10 ff.; *U. Huber*, FS Schlechtriem, 2003, 521 (525); *Schulze/Ebers* JuS 2004, 462 (465 f.); *Reinicke/Tiedtke* KaufR Rn. 520; MüKoBGB/*Ernst* § 280 Rn. 58 ff.; Palandt/*Grüneberg* § 280 Rn. 18, 20; *Lorenz/Riehm* SchuldR Rn. 546; HK-BGB/*Saenger* § 437 Rn. 13; Erman/*Grunewald*, Vor § 437 Rn. 10, § 437 Rn. 13.
[108] *Reinicke/Tiedtke* KaufR Rn. 520, 522.
[109] BGH NJW 2008, 911 mAnm *Gsell* = JZ 2008, 469 mAnm *Faust* = JA 2008, 476 (*Looschelders*); BGH NJW 2010, 2426 Rn. 13 ff. = JuS 2010, 724 (*Faust*).
[110] BGH NJW 2010, 2427 Rn. 13 = JuS 2010, 724 (*Faust*); KG NJW-RR 2011, 556 (557).
[111] *Reinicke/Tiedtke* KaufR Rn. 523.

II. Kauf

850 Bei der Abgrenzung der verschiedenen Schadensarten voneinander ist davon auszugehen, dass **Mangelschäden** (Schäden, die dem Käufer dadurch entstehen, dass die Sache wegen ihres Mangels einen minderen Wert besitzt, → Rn. 550) stets mit einem Anspruch auf **Schadensersatz statt der Leistung** geltend gemacht werden müssen.[112] Der **Minderwert** der mangelhaften Sache wird allerdings regelmäßig durch Minderung des Kaufpreises auszugleichen sein. Jedoch kann dem Käufer allein durch den Mangel noch ein **weiterer Schaden** entstehen, der sich durch die Herabsetzung des Kaufpreises nicht beseitigen lässt. Hat der Käufer zB die mangelhafte Sache an einen Dritten weiterveräußert, der wegen des Mangels vom Kaufvertrag zurücktritt, und entgeht deshalb dem Käufer ein Gewinn, so kann er diesen vom Verkäufer ersetzt verlangen. Bevor jedoch der Käufer einen Anspruch auf Schadensersatz statt der Leistung geltend machen darf, muss er dem Verkäufer die Möglichkeit zur Nacherfüllung einräumen (§§ 437 Nr. 3, 280 I, III, 281 I 1), sofern es sich nicht um einen Fall handelt, in dem eine Fristsetzung nicht erforderlich ist (vgl. § 281 II, § 311a, § 440). Daraus folgt, dass der **Käufer, der den Mangel selbst beseitigen** und die dafür erforderlichen Kosten vom Verkäufer fordern will, dem Verkäufer regelmäßig (von den genannten Ausnahmen abgesehen) zuvor eine angemessene Frist zur Nacherfüllung setzen muss, weil er dann, wie ausgeführt, einen Anspruch auf Schadensersatz statt der vertraglich geschuldeten Leistung geltend macht (und zwar den sog. kleinen Schadensersatz, bei dem er die Kaufsache behält und sich die ihm durch den Mangel entstandenen Mangelbeseitigungskosten ersetzen lässt; zur Schadensberechnung → Rn. 851). Beseitigt der Käufer eigenmächtig den Mangel selbst, ohne dem Verkäufer zuvor die Gelegenheit zur Nacherfüllung zu geben, so verliert er das Recht, vom Kaufvertrag zurückzutreten, den Kaufpreis zu mindern oder Schadensersatz statt der Leistung zu fordern.[113]

851 Bei der **Berechnung des Schadens** im Rahmen eines Anspruchs auf Schadensersatz statt der Leistung hat der Käufer **zwei Möglichkeiten**:

- Er behält die mangelhafte Sache und macht den Schaden geltend, den er aufgrund des Mangels als vermögensmäßige Einbuße erlitten hat; dies sind entweder der mangelbedingte Minderwert der Kaufsache oder die Kosten der Mangelbeseitigung (sog. **kleiner Schadensersatz**).[114] Obwohl in diesem Fall der Käufer die Kaufsache behält und nur den Ausgleich eines durch den Mangel bewirkten Schadens fordert, handelt es sich um einen Schadensersatzanspruch auf der Grundlage des § 280 I, III iVm § 281. Dass der wenig präzise Begriff „Schadensersatz statt der Leistung" nicht recht passt, darf nicht zu dem Missverständnis führen, § 281 sei nicht anzuwenden.

- Der Käufer gibt die Kaufsache zurück und verlangt Ersatz des Schadens, der ihm infolge der Nichtdurchführung des Vertrages entstanden ist (sog. **großer Schadensersatz**). Das Gesetz bezeichnet diesen Fall in § 281 als „Schadensersatz statt der ganzen Leistung" und macht den darauf gerichteten Anspruch davon abhängig, dass es sich um einen erheblichen Mangel der Kaufsache handelt (§ 281 I 3;

---

[112] Amtl. Begr. BT-Drs. 14/6040, 225 (l. Sp.).
[113] Die Frage, ob dem Käufer Ersatzansprüche aus einem anderen Rechtsgrund zustehen, wenn er eigenmächtig den Mangel beseitigt, gehört zu den umstrittensten Problemen des Kaufrechts; vgl. dazu *Musielak/Hau* EK BGB Rn. 139 ff.
[114] MüKoBGB/*Ernst* § 325 Rn. 25.

→ Rn. 637). **Bei unerheblichen Mängeln** kommt deshalb nur ein Schadensausgleich auf der Grundlage des kleinen Schadensersatzes in Betracht.

852 Das Recht des Käufers, als kleinen Schadensersatz die Kosten der Mängelbeseitigung zu fordern, setzt entsprechend der Wertung von § 251 II 1 voraus, dass diese Kosten nicht unverhältnismäßig sind. Im Falle **unverhältnismäßiger Kosten** kann der Käufer nur den mangelbedingten Minderwert der Sache geltend machen. Ob die Kosten der Mängelbeseitigung als unverhältnismäßig anzusehen sind, muss aufgrund einer umfassenden Würdigung der Umstände des Einzelfalls unter Berücksichtigung der in § 439 III genannten Kriterien festgestellt werden.

> **Beispiel:** Laut BGH[115] kann bei Grundstückskaufverträgen als erster Anhaltspunkt von Unverhältnismäßigkeit ausgegangen werden, wenn die Kosten entweder den Verkehrswert des Grundstücks in mangelfreiem Zustand oder 200% des mangelbedingten Minderwerts übersteigen. Dabei soll es für die Beurteilung der Unverhältnismäßigkeit grundsätzlich auf den Beginn der Mängelbeseitigung durch den Käufer ankommen. Zeigt sich erst während der Mängelbeseitigung, dass die Kosten höher als erwartet sind, stehe dies einer Ersatzpflicht nur dann entgegen, wenn ein wirtschaftlich denkender Käufer die Arbeiten auch unter Berücksichtigung der bereits angefallenen Kosten nicht fortführen würde.

853 Unabhängig von der Berechnungsart (kleiner oder großer Schadensersatz) ist der Verkäufer zusätzlich verpflichtet, alle **weiteren Schäden** auszugleichen, die als Folge der schuldhaften Verletzung der Pflicht entstehen, dem Käufer die Kaufsache frei von Mängeln zu übergeben. Insoweit kann sich jedoch die Notwendigkeit einer Abgrenzung zu Leistungen ergeben, die der Verkäufer im Rahmen der geschuldeten Nacherfüllung zu erbringen hat.

> **Beispiel:** Der Verkäufer liefert mangelhafte Fliesen. Erst nach dem Einbau entdeckt der Käufer den Mangel. Dann stellt sich die Frage, wer die Kosten zu tragen hat, die durch die Entfernung der mangelhaften Fliesen und durch den Einbau der im Wege der Nacherfüllung vom Verkäufer gelieferten neuen Fliesen entstehen.

Nachdem lange Zeit streitig gewesen war, ob der Verkäufer verschuldensunabhängig dazu verpflichtet ist, die Kosten des Ein- und Ausbaus einer mangelhaften Kaufsache zu tragen, hat der EuGH diese Frage für den Verbrauchsgüterkauf bejaht.[116] Dies ergab für das deutsche Recht eine gespaltene Lösung, weil sich die hM außerhalb des Verbrauchsgüterkaufs gegen eine Kostentragungspflicht des Verkäufers aussprach.[117] Inzwischen hat der deutsche Gesetzgeber die Rechtslage aber wieder vereinheitlicht: Nunmehr bestimmt § 439 III für jeden Kauf, dass der Verkäufer im Rahmen der Nacherfüllung verpflichtet ist, die erforderlichen Aufwendungen für das Entfernen der mangelhaften und den Einbau oder das Anbringen der nachgebesserten oder gelieferten mangelfreien Sache dem Käufer zu ersetzen.[118]

---

[115] BGH NJW 2015, 468 (471 ff.) = JuS 2014, 833 (*Riehm*) = JA 2015, 230 (*Looschelders*); vgl. dazu auch *Gutzeit* NJW 2015, 445.
[116] NJW 2011, 2269.
[117] BGH NJW 2013, 220; 2014, 2183 f. = JA 2015, 68; *Mörsdorf* JZ 2013, 191 (195 f.); *Lorenz* NJW 2013, 207 (208).
[118] Eingefügt durch Gesetz v. 28.4.2017 zur Reform des Bauvertragsrechts (BGBl. 2017 I 969). Beachte dazu BT-Drs. 18/8486, 38 ff. und BT-Drs. 18/11437, 46.

II. Kauf

Die Kosten, die dem Verkäufer bei Erfüllung der ihm durch § 439 III auferlegten Pflicht entstehen, können erheblich sein und ihn empfindlich treffen. Daher erscheint es im Falle einer **Lieferkette** folgerichtig, dem Verkäufer die Möglichkeit eines Rückgriffrechts einzuräumen, wenn es sich um Mängel an der verkauften Sache handelt, die schon durch Fehler bei der Herstellung oder durch unsachgemäße Behandlung durch seinen Zwischenhändler verursacht wurden. Daher hat der Gesetzgeber § 445a neu eingefügt,[119] und zwar nach dem Vorbild des bisher nur für den Verbrauchsgüterkauf geltenden **Händlerregresses** (§ 478 aF). Gemäß § 445a kann der Letztverkäufer oder Zwischenhändler die Aufwendungen, die ihm durch Nacherfüllungspflichten entstanden sind, auf der Grundlage des § 437 gegen den in der Lieferkette vor ihm Stehenden geltend machen. Dabei ist zu beachten, dass die sonst für Rücktritt, Minderung oder Schadensersatz erforderliche Fristsetzung entfällt, wenn der Verkäufer die verkaufte Sache als Folge ihrer Mangelhaftigkeit zurücknehmen musste oder der Käufer den Kaufpreis gemindert hat (§ 445a II). Auf diese Weise lässt sich die Ersatzpflicht weiterreichen und durch eine Fortsetzung des Regresses in einer Lieferkette letztlich der Verursacher des Mangels in Anspruch nehmen. Die Verjährung der Rückgriffsansprüche bestimmt sich nach § 445b.

853a

Schließt der **Käufer**, um die nicht vertragsgerechte Leistung des Verkäufers zu ersetzen (sog. **Deckungskauf**), einen weiteren Kaufvertrag mit einem anderen Anbieter, so stellt sich die Frage, auf welcher Rechtsgrundlage er Mehrkosten des Deckungskaufs – insbesondere also die Preisdifferenz – geltend machen kann. Dies ist streitig.[120] Im Schrifttum wird die Auffassung vertreten, die Kosten eines Deckungskaufs seien als Verzögerungsschaden (§§ 280 I, II, 286) anzusehen, wenn der Käufer das Deckungsgeschäft vor dem Erlöschen des Erfüllungsanspruchs tätigt.[121] Die hM, der sich auch der BGH angeschlossen hat, vertritt hingegen die Ansicht, dass die Mehrkosten eines Deckungsgeschäfts grundsätzlich nur unter den Voraussetzungen der §§ 280 I, III, 281 als ein Schaden statt der Leistung zu ersetzen sind.[122]

854

Besteht ein **Rechtsmangel** in dem Recht eines Dritten, vom Käufer die Herausgabe der Sache zu fordern, ist der Schadensersatzanspruch des Käufers nicht davon abhängig, dass der Dritte sein Recht geltend macht und der Käufer den Besitz an der Kaufsache verliert. Jedoch ergibt sich in einem solchen Fall der Anspruch des Verkäufers nach § 281 V iVm § 346 I auf Herausgabe der Sache, wenn er den Käufer wegen des Rechtsmangels entschädigt, und zwar Zug um Zug (§ 348 iVm § 281 V). Kann der Käufer die Kaufsache dem Verkäufer nicht oder nur in einem verschlechterten Zustand herausgeben, hat er nach Maßgabe von § 346 II und III Wertersatz zu leisten (→ Rn. 690 ff.).

855

---

[119] Ebenfalls eingefügt durch das Reformgesetz v. 28.4.2017. Beachte dazu BT-Drs. 18/8486, 41 f.
[120] Vgl. *Nietsch* NJW 2014, 2385; *Hellgardt* JuS 2016, 1057, jeweils mwN zum Meinungsstreit.
[121] *Faust* FS Huber, 2006, 239 (254); *Lorenz*, FS Leenen, 2012, 147 (153); *Klöhn* JZ 2010, 46 (47).
[122] BGH NJW 2013, 2959 Rn. 24b f., 27 mAnm *Hilbig-Lugani* = JuS 2014, 167 (*Schwab*); *Grigoleit/Riehm* AcP 203 (2003), 727 (737); *Ady* ZGS 2003, 13 (15); *Haberzettl* NJW 2007, 1328 (1329 ff.); *Ostendorf* NJW 2010, 2833 (2838); MüKoBGB/*Ernst* § 286 Rn. 121; Bamberger/Roth/*Lorenz* § 286 Rn. 69; Palandt/*Grüneberg* § 286 Rn. 41.

e) Ersatz vergeblicher Aufwendungen

856 Anstelle des Schadensersatzes – also bei Erfüllung der dafür erforderlichen Voraussetzungen – kann der Käufer auch den Ersatz vergeblicher Aufwendungen vom Verkäufer verlangen (§ 437 Nr. 3 iVm § 284 bzw. § 311a II). Es geht hierbei um **Aufwendungen,** dh um freiwillig erbrachte Vermögensopfer, die der Käufer im Vertrauen auf den Erhalt der Leistung gemacht hat und auch billigerweise machen durfte (→ Rn. 475 f.), zB wenn der Käufer einen Stall anmietet, um das gekaufte Pferd dort unterzustellen, er dann aber wegen eines Mangels des Pferdes vom Kaufvertrag zurücktritt. Ebenso sind als vergebliche Aufwendungen die **Kosten eines Vertrages** (zB Notargebühren) anzusetzen. Ein Ersatz vergeblicher Aufwendungen ist jedoch nach § 284 ausgeschlossen, wenn der damit verfolgte Zweck auch ohne die Pflichtverletzung des Schuldners nicht erreicht worden wäre (in dem Beispielsfall des Pferdekaufs erwirbt der Käufer einen Sulky, obwohl das Pferd auch bei Mangelfreiheit für den Trabrennsport völlig ungeeignet wäre). Der Anspruch aus §§ 437 Nr. 3, 284 steht selbstständig neben der Regelung des § 347 II und wird durch sie nicht beschränkt. Dies bedeutet, dass der Käufer, der wegen des Mangels der Kaufsache vom Kaufvertrag zurückgetreten ist, auch Ersatz solcher vergeblichen Aufwendungen verlangen kann, die sich nicht als notwendig erweisen oder durch die der Verkäufer nicht bereichert wird.[123]

f) Zusammenfassung

857 Zusammenfassend ist zu den Rechten des Käufers bei Lieferung einer mangelhaften Sache durch den Verkäufer festzuhalten:

- Erkennt der Käufer den Mangel bereits bei der Lieferung, kann er die Abnahme verweigern und weiterhin auf Erfüllung des Anspruchs aus § 433 I bestehen.
- Nimmt der Käufer die mangelhafte Sache ab, steht ihm das Recht zu, entweder die Lieferung einer mangelfreien Sache (soweit dies wie bei Gattungssachen möglich ist) oder Beseitigung des Mangels zu fordern (§ 439 I).
- Erfüllt der Verkäufer diesen Anspruch nicht, hat ihm der Käufer eine angemessene Frist zur Nacherfüllung zu setzen, sofern nicht eine solche Fristsetzung nach § 281 II, § 323 II oder § 440 entbehrlich ist. Nach Fristablauf kann der Käufer entweder den Kaufpreis mindern (§ 441) oder vom Vertrag zurücktreten (§ 437 Nr. 2) und ggf. Schadensersatz oder Ersatz vergeblicher Aufwendungen verlangen (§ 437 Nr. 3).
- Haftet der verkauften Sache bereits im Zeitpunkt des Vertragsschlusses ein nicht behebbaren Mangel an, kann der Käufer gem. § 311a II 1 nach seiner Wahl Schadensersatz statt der Leistung oder Ersatz seiner Aufwendungen in dem in § 284 bestimmten Umfang verlangen.

g) Ausschluss der Rechte des Käufers und Verjährung

858 Das Preis-Leistungs-Verhältnis ist regelmäßig gestört, wenn bei Vereinbarung des Kaufpreises der Käufer davon ausgeht, dass er eine mangelfreie Sache erwirbt und er bei Lieferung feststellen muss, dass diese Erwartung nicht zutrifft. Die dem Käufer

---

[123] BGH NJW 2005, 2848 (2849).

II. Kauf

wegen eines Mangels der Sache zustehenden Rechte bezwecken, das Missverhältnis in den Leistungen der Vertragsparteien zu korrigieren. Kennt aber der Käufer bei Vertragsschluss bereits den Mangel der Kaufsache, kann er sich insbesondere bei der Preisvereinbarung darauf einstellen. Es erscheint deshalb folgerichtig, die sonst dem Käufer wegen eines Mangels zustehenden Rechte in diesem Fall auszuschließen (§ 442 I 1). **Kenntnis von einem Mangel bedeutet positives Wissen** um den Mangel in seiner Erheblichkeit; ein dringender Verdacht reicht insoweit nicht aus.[124] Es kommt nach dem Sinn der Regelung darauf an, dass die Kenntnis vom Mangel im Zeitpunkt des Vertragsschlusses besteht. Erfährt der Käufer danach von dem Mangel, ist dies selbst dann für seine Rechte unerheblich, wenn er in Kenntnis des Mangels ohne Vorbehalt die Kaufsache annimmt[125] oder die Wirksamkeit eines zunächst unwirksamen Vertrages durch Eintragung im Grundbuch gem. § 311b I 2 herbeiführt.[126]

Rechte des Käufers wegen eines Mangels der Kaufsache sind auch dann ausgeschlossen, wenn seine **Unkenntnis auf grober Fahrlässigkeit beruht** (zum Begriff → Rn. 472). Es geht hier in erster Linie um die Fälle, in denen der Mangel so offensichtlich ist, dass ihn der Käufer hätte entdecken müssen, wenn er nur das beachtet hätte, was jedem unter den gegebenen Umständen hätte einleuchten müssen. Dies ist beispielsweise anzunehmen, wenn es eindeutige Anhaltspunkte für den Mangel gibt, sodass es unverständlich erscheint, warum sich der Käufer keine Gewissheit verschaffte. In solchen Fällen kann sich der Käufer nicht darauf berufen, dass er in seiner berechtigten Erwartung hinsichtlich des Zustandes der Kaufsache enttäuscht worden sei. Nur wenn der Verkäufer den Mangel arglistig verschweigt oder die fragliche Beschaffenheit der Kaufsache im Zeitpunkt des Gefahrübergangs garantiert (→ Rn. 881), muss er trotz der groben Fahrlässigkeit des Käufers für den Mangel einstehen (§ 442 I 2). 859

Arglistig handelt der Verkäufer bei Vorsatz (→ Rn. 421) oder wenn er einen Mangel zwar nicht kennt, aber zumindest für möglich hält und zugleich weiß oder doch damit rechnet und billigend in Kauf nimmt, dass der Käufer den Mangel nicht kennt und bei Offenbarung den Vertrag nicht oder zumindest nicht mit dem vereinbarten Inhalt geschlossen hätte.[127] Leichtfertige oder grob fahrlässige Unkenntnis schadet dem Verkäufer hingegen nicht.[128] Hat der Verkäufer eines Hausgrundstücks ein Fachunternehmen mit der Beseitigung eines Mangels (dem Befall des Hauses mit Ungeziefer) beauftragt, so muss er sich grundsätzlich nicht Kenntnis vom Erfolg der Sanierungsarbeiten verschaffen; er handelt aber arglistig, wenn er dem Käufer den Mangel verschweigt, obwohl er konkrete Umstände kennt, die den Verdacht begründen, dass die Mangelbeseitigung keinen Erfolg hatte.[129] 860

Einen Rechtsmangel stellt es dar, wenn im Grundbuch für das verkaufte Grundstück Rechte eingetragen sind, die der Käufer nach dem Kaufvertrag nicht übernommen hat oder die in Wirklichkeit nicht bestehen (→ Rn. 812). Für solche Rechte bestimmt § 442 II, dass der Verkäufer auch dann zur Beseitigung dieses Rechtsmangels verpflichtet bleibt, wenn der Käufer 861

---

[124] Palandt/*Weidenkaff* § 442 Rn. 7.
[125] *Wendtlandt* ZGS 2004, 88; aA OLG Celle ZGS 2004, 476.
[126] BGH NJW 2011, 2953 (2954 Rn. 12 f.).
[127] BGH JZ 2004, 40 (41) mAnm *Martinek*.
[128] Klarstellend etwa BGH NJW 2017, 150 Rn. 21.
[129] BGH NJW 2016, 2315.

die Eintragung kennt. Diese Kenntnis wird dem Käufer bei Grundstückskaufverträgen durch den Notar vermittelt (§ 21 I BeurkG).

862 Die dem Käufer wegen eines Mangels der Kaufsache zustehenden Rechte können ausweislich § 444 **durch Vertrag ausgeschlossen oder beschränkt** werden. Ein solcher Ausschluss kann auch konkludent erfolgen, so beispielsweise, wenn die Auslegung der Vereinbarung „verkauft wie besichtigt" im Einzelfall ergibt, dass keine Gewährleistung für sichtbare Mängel geschuldet sein soll.[130] Soweit der Verkäufer den Mangel arglistig verschwiegen (→ Rn. 860) oder eine Garantie für das Vorhandensein einer Eigenschaft übernommen hat (→ Rn. 881), steht § 444 dem vertraglichen Ausschluss entgegen.[131] Der BGH schließt es zudem aus, dass sich ein Gewährleistungsausschluss auf eine von den Parteien geschlossene Beschaffenheitsvereinbarung erstreckt.[132] Für den **Verbrauchsgüterkauf** (§ 474) schränkt § 476 I die Möglichkeit einer zum Nachteil des Käufers getroffenen Vereinbarung über einen Ausschluss der Haftung wegen eines Mangels weitgehend ein (→ Rn. 907). Wird der Haftungsausschluss durch AGB des Verkäufers vorgenommen, so ist § 309 zu beachten.[133] Wenn einer von mehreren Verkäufern einen Mangel arglistig verschweigt, können sich nach Ansicht des BGH gem. § 444 Var. 1 auch die anderen Verkäufer nicht auf den vereinbarten Haftungsausschluss berufen.[134]

863 Für die **Verjährung von Ansprüchen des Käufers wegen eines Mangels** der Kaufsache enthält § 438 eine Sonderregelung, durch die abweichend von §§ 194 ff. sowohl die Dauer der Verjährungsfrist als auch ihr Beginn bestimmt werden. Im Einzelnen gilt Folgendes:

- Für Ansprüche nach § 437 Nr. 1 und 3, also für Ansprüche auf Nacherfüllung,[135] Schadensersatz und Ersatz vergeblicher Aufwendungen, beträgt die **Verjährungsfrist im Regelfall zwei Jahre** (§ 438 I Nr. 3).
- Bei einem **Bauwerk** (§ 438 I Nr. 2a) und einer Sache, die entsprechend ihrer üblichen Verwendungsweise für ein Bauwerk verwendet worden ist und dessen Mangelhaftigkeit verursacht hat (§ 438 I Nr. 2b), gilt eine **fünfjährige Verjährungsfrist**. Ein Bauwerk ist eine unbewegliche, durch Verwendung von Arbeit und Material in Verbindung mit dem Erdboden hergestellte Sache. Es muss sich nicht um Gebäude handeln, sondern als Bauwerk gelten alle Produkte des Hoch- und Tiefbaus.[136] Erfasst werden nicht nur Neuerrichtungen, sondern auch Erneuerungs- und Umbauarbeiten an einem bereits errichteten Bauwerk, wenn sie für Konstruktion, Bestand, Erhaltung oder Benutzbarkeit des Gebäudes von wesentlicher Bedeutung sind und wenn die eingebauten Teile mit dem Gebäude fest verbunden werden.[137] Hieraus

---

[130] Vgl. BGH NJW 2016, 2495 = JA 2016, 628 (*Looschelders*).
[131] Eingehend zu dieser Vorschrift *Faust* ZGS 2002, 271.
[132] BGH NJW 2013, 1074 Rn. 19 = JuS 2013, 931 (*Schwab*); BGH NJW 2017, 150 Rn. 14. AA *Gsell* JZ 2013, 423.
[133] Vgl. dazu etwa BGH NJW-RR 2015, 738 = JuS 2015, 1036 (*Riehm*).
[134] BGH ZIP 2016, 1386 = JA 2016, 787 (*Looschelders*).
[135] Str. ist, ob bei einer Nachlieferung eine neue Verjährungsfrist beginnt, vgl. dazu *Menges* JuS 2008, 395.
[136] Bamberger/Roth/*Faust* § 438 Rn. 21.
[137] MüKoBGB/*Westermann* § 438 Rn. 17.

II. Kauf

folgt, dass beispielsweise der bloße Austausch einer Badezimmerarmatur keine Verwendung „für ein Bauwerk" bedeutet und es insoweit bei § 438 I Nr. 3 bleibt.[138]

- Bei einem **Rechtsmangel**, der darin besteht, dass ein Dritter aufgrund eines dinglichen Rechts die Herausgabe der Kaufsache vom Käufer verlangen kann (§ 438 I Nr. 1a), läuft eine **30-jährige Verjährungsfrist**. Das Gleiche gilt, wenn der Mangel in einem sonstigen Recht besteht, das im Grundbuch eingetragen ist (§ 438 I Nr. 1b). Nach § 197 I Nr. 2 verjähren Herausgabeansprüche aus Eigentum und anderen **dinglichen Rechten** erst in 30 Jahren. Solange Dritte aufgrund solcher Rechte die Herausgabe der Kaufsache vom Käufer verlangen können, muss dieser berechtigt sein, den Verkäufer deswegen haftbar zu machen. Die darauf bezogenen Ansprüche des Käufers gegen den Verkäufer dürfen deshalb nicht in einer kürzeren Zeit verjähren als der Herausgabeanspruch des Dritten. Dies erklärt die Vorschrift des § 438 I Nr. 1.

Nach § 438 II **beginnt die Verjährung** bei Grundstücken mit der Übergabe, im Übrigen mit der Ablieferung der Sache. Übergabe bedeutet die einverständliche Besitzübertragung. Unter Ablieferung versteht man die einseitige Handlung des Verkäufers, durch die dieser die Kaufsache in Erfüllung des Kaufvertrages aus seiner Verfügungsmacht entlässt, also seinen Besitz an ihr aufgibt, und dadurch die Verfügungsmöglichkeit des Käufers derart begründet, dass dieser sich ebenfalls durch einseitige Handlung jederzeit den Besitz an der Kaufsache verschaffen kann und damit die Möglichkeit der Untersuchung der Sache erhält.[139] Es genügt also nicht die Verschaffung mittelbaren Besitzes (→ Rn. 718).[140] Bei einem Versendungskauf (→ Rn. 624) wird die Kaufsache in dem Zeitpunkt abgeliefert, in dem nach ihrem Eintreffen am Bestimmungsort die Sache dem Käufer in vertragsmäßiger Weise zur Verfügung steht, sodass er sie in Besitz nehmen kann.[141] Hat der Käufer bei einer Holschuld die Kaufsache bei einem Dritten (zB bei einem Lagerhalter) abzuholen, gilt das Gleiche wie bei einem Versendungskauf.[142]

864

Verschweigt der Verkäufer den Mangel arglistig (→ Rn. 860), gilt nach § 438 III 1 abweichend von Abs. 1 Nr. 2 und 3 und Abs. 2 dieser Vorschrift sowohl für die Dauer als auch für den Beginn der Verjährung die regelmäßige Verjährungsfrist, die drei Jahre beträgt (§ 195) und die nach § 199 I Nr. 2 erst beginnt, wenn der Gläubiger von den den Anspruch begründenden Umständen und der Person des Schuldners Kenntnis erlangt oder ohne grobe Fahrlässigkeit erlangen müsste. Selbstverständlich darf der Käufer bei Arglist des Verkäufers nicht schlechter stehen als nach § 438. In Bezug auf § 438 I Nr. 2 wird dies durch § 438 III 2 entsprechend sichergestellt.

865

Bei dem **Rücktrittsrecht** und bei dem **Recht auf Minderung des Kaufpreises** handelt es sich um Gestaltungsrechte, die nicht der Verjährung unterliegen, weil nach § 194 I nur Ansprüche verjähren. Deshalb muss sich die entsprechende Verjährungs-

866

---

138 Amtl. Begr. BT-Drs. 14/6040, 227 f.
139 Bamberger/Roth/*Faust* § 438 Rn. 30; *Reinicke/Tiedtke* KaufR Rn. 675, jew. mN.
140 BGH NJW 1996, 586 (587).
141 BGH NJW 1988, 2608; 1995, 3381 (3382).
142 BGH NJW 1995, 3381 (3382); *Grunewald* JZ 1996, 258 (259). Einschränkend *Saenger* NJW 1997, 1945 (1949): nur wenn der Dritte vom Verkäufer angewiesen wurde, die Kaufsache ohne jede Vorleistung dem Käufer auf dessen Anfordern herauszugeben.

regelung nach dem Leistungsanspruch des Käufers richten. Ist dieser Anspruch oder der Nacherfüllungsanspruch verjährt, kann weder der Rücktritt noch die Minderung wirksam erklärt werden, wenn sich der Verkäufer auf die Verjährung beruft. Dies ergibt sich aus § 218, auf den für das Rücktrittsrecht in § 438 IV 1 und für das Minderungsrecht in § 438 V verwiesen wird (zum Recht des Käufers in diesem Fall, die noch nicht geleistete Zahlung des Kaufpreises zu verweigern → Rn. 868).

867 In manchen Fällen schafft die in § 438 getroffene Regelung der Verjährung für den Verkäufer, der auch für verborgene Mängel haftet, einen nur schwer zu ertragenden Zustand länger andauernder Unsicherheit. Er kann jedoch regelmäßig mit dem Käufer eine **kürzere Gewährleistungsfrist vereinbaren**, weil außerhalb des Verbrauchsgüterkaufs eine Verkürzung durch Rechtsgeschäft grundsätzlich gestattet ist. Dies ergibt sich aus einem Rückschluss aus § 202 I, der eine vertragliche Vereinbarung über die Verjährung nur für den Fall einer Haftung wegen Vorsatzes ausschließt. Bei einem Verbrauchsgüterkauf (vgl. dazu § 474 und → Rn. 901 ff.) kann die Verjährungsfrist bei gebrauchten Sachen nach § 476 II durch Rechtsgeschäft auf ein Jahr verkürzt werden. Für Verjährungsregelungen in AGB ist § 309 Nr. 8b ff. zu berücksichtigen (Untergrenze für neue Sachen außerhalb des Verbrauchsgüterkaufs ist eine Frist von einem Jahr).

868 Solange der Verkäufer einen behebbaren Mangel nicht beseitigt, hat er die ihm nach dem Kaufvertrag obliegende Leistung (§ 433 I 2, § 439) nicht erbracht; folglich steht dem Käufer die **Einrede des nicht erfüllten Vertrages** nach § 320 zu.[143] Diese Einrede kann der Käufer gem. **§ 215 auch nach Verjährung** seiner mangelbezogenen Ansprüche aus § 437 geltend machen. Unabhängig von diesem Recht ist der Käufer nach § 438 IV 2, V auch nach Ablauf der Verjährungsfrist berechtigt, die Kaufpreiszahlungen insoweit zu verweigern, als er aufgrund des Rücktritts oder der Minderung dazu befugt sein würde. Verweigert der Käufer die Zahlung des ausstehenden Kaufpreises, so erhebt er die **Rücktrittseinrede nach § 438 IV 2**. Dadurch erhält der Verkäufer das Recht, vom Vertrag zurückzutreten (§ 438 IV 3). Erklärt der Verkäufer den Rücktritt vom Vertrag, sind die Vertragsparteien verpflichtet, die empfangenen Leistungen zurückzugewähren und die gezogenen Nutzungen zu erstatten (§ 346 I). Folglich hat der Käufer die Kaufsache zurückzugeben und gegebenenfalls gezogene Nutzungen zu ersetzen, während der Verkäufer den Teil des Kaufpreises zurückzahlen muss, den er bereits erhalten hat. Verweigert der Käufer den Kaufpreis nur in Höhe des Minderungsbetrages, macht er die **Minderungseinrede** geltend (§ 438 V iVm IV 2). In diesem Fall hat der Käufer den (von ihm noch nicht gezahlten) Kaufpreis abzüglich des Minderungsbetrages zu zahlen, darf allerdings auch die Kaufsache behalten.[144]

h) Verhältnis der Rechte wegen eines Mangels zu anderen Rechten des Käufers

869 Wegen eines Mangels der Kaufsache können sich nicht nur Ansprüche des Käufers aus §§ 437 ff. ergeben, sondern zugleich auch Ansprüche und Rechte aufgrund anderer Vorschriften. Deshalb soll im Folgenden erörtert werden, ob §§ 437 ff. insoweit andere Vorschriften verdrängen oder mit diesen konkurrieren.

---

[143] Palandt/*Grüneberg* § 320 Rn. 2, 9; PWW/*Stürner* § 320 Rn. 18; Jauernig/*Stadler* § 320 Rn. 4. AA HK-BGB/*Saenger* § 437 Rn. 23 (nicht mehr nach Gefahrübergang).
[144] Vgl. *Reinicke/Tiedtke* KaufR Rn. 705 ff.

aa) Anfechtung

Ein Konkurrenzproblem zur Irrtumsanfechtung ergibt sich immer nur dann, wenn sich der Irrtum des Käufers auf eine Eigenschaft der Sache bezieht, wegen der dem Käufer Rechte nach § 437 zustehen können. Die Anfechtung wegen eines Inhalts- oder Erklärungsirrtums nach § 119 I ist deshalb ebenso wenig ausgeschlossen wie eine **Anfechtung nach § 119 II**, wenn es sich bei der verkehrswesentlichen Eigenschaft nicht um einen Mangel iSv §§ 434, 435 handelt.[145] Die ganz überwiegend vertretene Auffassung[146] verneint dagegen die Zulässigkeit einer Irrtumsanfechtung nach § 119 II in Fällen, in denen die Eigenschaft, hinsichtlich derer der Käufer irrte, Ansprüche wegen des Sachmangels nach §§ 437 ff. auslösen kann. 870

Der **Vorrang der §§ 437 ff.** wird damit begründet, dass es einem Käufer regelmäßig verwehrt sei, Rechte wegen eines Mangels geltend zu machen, wenn er bei Vertragsschluss den Mangel infolge grober Fahrlässigkeit nicht erkannte (§ 442 I 2), er wohl aber durch Anfechtung nach § 119 II ein weitgehend gleiches Ergebnis wie bei einem Rücktritt erreichen könnte, weil die Irrtumsanfechtung bei grob fahrlässigem Verhalten nicht ausgeschlossen ist. Außerdem müsse berücksichtigt werden, dass der Käufer vor einem Rückgängigmachen des Vertrages wegen eines Mangels der Kaufsache dem Verkäufer regelmäßig eine Frist zur Nacherfüllung zu setzen habe und somit dem Verkäufer die Gelegenheit eingeräumt werde, einen vertragsmäßigen Zustand herbeizuführen, während die Anfechtung die sofortige Beendigung des Vertragsverhältnisses bewirke. Auch wird auf die unterschiedlichen Verjährungsfristen hingewiesen. Auf der Grundlage der hM ist es dann konsequent, auch dem Verkäufer, der sich über das Vorhandensein eines Mangels geirrt hat, das Recht zur Anfechtung nach § 119 II zu versagen, damit er sich nicht auf diese Weise der Mängelhaftung entziehen kann.[147] Dagegen kann der Verkäufer nach § 119 II seine Willenserklärung anfechten, wenn er sich über wertbildende Faktoren irrt, die sich zugunsten des Käufers auswirken und keine Sachmängelhaftung begründen. 871

Beispiel: Der Verkäufer verkauft ein Bild, das er irrtümlich für eine Kopie hält, obwohl es sich um das wesentlich wertvollere Original handelt. In einem solchen Fall ist der Verkäufer zur Anfechtung berechtigt.[148]

Eine **Anfechtung wegen arglistiger Täuschung nach § 123 I Var. 1** ist beim Kauf ohne Einschränkung durch die Gewährleistungsvorschriften zuzulassen;[149] denn ein Ausschluss dieses Anfechtungsrechts würde dazu führen, dem betrügerischen Verkäufer zu ermöglichen, aus einer ihm günstigen Regelung des Kaufrechts Vorteile zu ziehen. 872

---

[145] BGHZ 78, 216 (218) = NJW 1981, 224 = JuS 1981, 459; BGH NJW 1988, 2597 (2598); ZIP 2005, 531 (532) (stRspr).
[146] *Wertenbruch* NJW 2004, 1977 (1979); *Reinicke/Tiedtke* KaufR Rn. 792 f.; *Lorenz/Riehm* SchuldR Rn. 573; *Brox/Walker* SchuldR BT § 4 Rn. 135 f.; Palandt/*Weidenkaff* § 437 Rn. 53; NK-BGB/*Büdenbender* § 437 Rn. 108 f.; MüKoBGB/*Westermann* § 437 Rn. 53; Jauernig/*Berger* § 437 Rn. 32; PWW/*Schmidt* § 437 Rn. 74. AA mit beachtlichen Gründen Bamberger/Roth/*Faust* § 437 Rn. 182; abl. auch *Krampe* JuS 2005, 773 (778).
[147] Vgl. *Reinicke/Tiedtke* KaufR Rn. 809; Staudinger/*Matusche-Beckmann*, 2004, § 437 Rn. 31 ff.; *Brox/Walker* SchuldR BT § 4 Rn. 137.
[148] BGH NJW 1988, 2597. Fortgeschrittenenklausur bei *Lindacher/Hau* Fälle BGB AT Nr. 5.
[149] Ganz hM, vgl. nur PWW/*Schmidt* § 437 Rn. 74.

bb) Störung der Geschäftsgrundlage

873 Die Vorschriften der Sachmängelhaftung haben Vorrang vor § 313, um nicht die den §§ 437 ff. zugrundeliegende Risikoverteilung zu verändern. Dies gilt selbst dann, wenn die Voraussetzungen einer Haftung für Sachmängel im Einzelfall etwa aufgrund eines wirksamen Haftungsausschlusses nicht erfüllt sind.[150]

cc) Ansprüche wegen Verletzung von Verhaltenspflichten des Verkäufers

874 Den Verkäufer treffen neben der in § 433 I beschriebenen Leistungspflicht auch Verhaltenspflichten, deren Verletzung ihn schadensersatzpflichtig machen können (→ Rn. 563 ff.). Stehen diese Verhaltenspflichten im Zusammenhang mit einem Mangel der Kaufsache, ist zu klären, inwieweit die §§ 437 ff. eine abschließende Regelung treffen. Macht beispielsweise der Verkäufer bei den Vertragsverhandlungen falsche Angaben über Eigenschaften der Kaufsache, die nicht in einer Beschaffenheitsvereinbarung iSd § 434 I 1 aufgehen, oder unterlässt er gebotene Hinweise auf eine bestimmte Eigenschaft der Kaufsache, so stellt sich die Frage nach dem Ersatz des Schadens, den der Käufer durch solche Informationsfehler erleidet. Die hM[151] sieht in §§ 437 ff. eine abschließende Regelung, die eine Haftung aus **culpa in contrahendo** ausschließt, wenn der Verkäufer fahrlässig falsche Angaben über die Beschaffenheit der Kaufsache macht. Nur wenn der Verkäufer arglistig handelt, soll etwas anderes gelten.[152] Vor allem will man durch die Anwendung des Kaufrechts dem Verkäufer bei fahrlässig erfolgten Informationsfehlern das Recht zur Nachbesserung erhalten. Auch wird auf den Ausschluss der Rechte des Käufers nach § 442 I verwiesen, den es bei einer Haftung nach § 280 I iVm §§ 241 II, 311 II wegen culpa in contrahendo nicht gibt. Schließlich werden die unterschiedlichen Verjährungsfristen als Grund genannt. Beschränkt sich die Erklärung des Verkäufers jedoch nicht auf die Unterrichtung des Käufers über die Eigenschaften der Kaufsache, sondern lässt sich der Käufer, der nicht ausreichend sachkundig ist, von dem Verkäufer als Fachmann beraten, so nimmt der Verkäufer die Stellung einer Vertrauensperson ein. Dies hat zur Folge, dass ihn die Verpflichtung zur sachgemäßen und umfassenden Aufklärung über die besonderen Eigenschaften des von ihm verkauften Produkts trifft. Hierbei kann es sich um eine unselbständige kaufvertragliche Nebenverpflichtung handeln.[153] Die **Beratung** kann jedoch auch zu einer selbstständigen Hauptpflicht des Verkäufers aus einem **eigenständigen Beratungsvertrag** werden.[154] Ein solcher ist aber nur anzunehmen, wenn die Beratung des Verkäufers deutlich über das hinaus-

---

[150] BGH NJW 2012, 373 Rn. 12 mwN; MüKoBGB/*Finkenauer* § 313 Rn. 166.
[151] BGH NJW 2004, 2301 (2302); 2009, 2120 Rn. 11 ff. = JuS 2009, 757 *(Faust)*; NJW 2011, 2128 Rn. 20; *Schulze/Ebers* JuS 2004, 462 (463); *Weiler* ZGS 2002, 249 (255 f.); *Reinicke/Tiedtke* KaufR Rn. 860 f.; Jauernig/*Berger* § 437 Rn. 34; MüKoBGB/*Westermann* § 437 Rn. 57 ff., allerdings zweifelnd, ob im Fall eines arglistigen Verhaltens eine Ausnahme zuzulassen ist. Für eine Konkurrenz der §§ 437 ff. mit der c. i. c. *Häublein* NJW 2003, 388 (391 ff.); *Reischl* JuS 2003, 1076 (1079 f.); Bamberger/Roth/*Faust* § 437 Rn. 190.
[152] BGH NJW 2009, 2122 Rn. 19 = JuS 2009, 757 *(Faust)*; zu weiteren Ausnahmen *Fischinger/Lettmaier* NJW 2009, 2496 (2497 f.). Für den Vorrang der §§ 434 ff. auch bei arglistigem Handeln des Verkäufers Staudinger/*Matusche-Beckmann*, 2004, § 437 Rn. 67.
[153] BGH NJW 2004, 2301 (2302); PWW/*Schmidt* § 437 Rn. 78.
[154] BGH MDR 2007, 823.

geht, was im Allgemeinen seitens des Verkäufers für die sachgemäße Anwendung oder den Einsatz des Kaufgegenstandes in beratender oder empfehlender Weise geleistet wird.[155]

Soweit falsche Informationen oder unterlassene Hinweise nicht geeignet sind, Ansprüche nach § 437 auszulösen, können Einschränkungen durch das Kaufrecht nicht gelten. So kann der Verkäufer verpflichtet sein, auf bestimmte Eigenschaften der Kaufsache hinzuweisen, die zwar keine Mängel der Kaufsache begründen, deren Kenntnis jedoch für den Kaufentschluss des Käufers von Bedeutung ist. Verletzt der Verkäufer diese Informationspflicht, kommt seine Haftung wegen culpa in contrahendo in Betracht. 875

> **Beispiel:** V, Inhaber eines Möbelhauses, verkauft K eine helle Polstergarnitur mit einer Fleckschutzimprägnierung. Er unterlässt es, bei den Kaufverhandlungen darauf hinzuweisen, dass sich trotz der Imprägnierung ein Abfärben durch nicht farbechte Textilien, die im Bekleidungshandel häufig angeboten werden, nicht vermeiden lasse. Bei der Benutzung der Garnitur werden dunkle Flecken verursacht, die auf den Farbabrieb durch derartige Textilien zurückzuführen sind. K verlangt Rückabwicklung des Vertrages.
>
> Ein entsprechender Anspruch ist gem. § 280 I iVm §§ 241 II, 311 II begründet, da V es schuldhaft unterlassen hat, auf den ihm als Fachmann bekannten Umstand hinzuweisen, dass bei bestimmungsgemäßem Gebrauch Verunreinigungen der Garnitur unvermeidbar sind. Der deshalb begründete Schadensersatzanspruch ist darauf gerichtet, den Käufer so zu stellen, wie er stünde, wenn er entsprechend informiert worden wäre. In diesem Fall hätte K von dem Kauf Abstand genommen. Die von ihm verlangte Rückabwicklung des Vertrages stellt diesen Rechtszustand her (Grundsatz der Naturalrestitution).[156]

Nach gleichen Erwägungen wie in Bezug auf eine Haftung wegen culpa in contrahendo wird auch die Abgrenzung zwischen dem kaufrechtlichen Sachmängelrecht und einer Haftung aus § 280 I iVm § 241 II wegen **Verletzung vertraglicher Nebenpflichten** vorgenommen.[157] 876

> **Beispiel:** Händler H verkauft K einen elektrischen Rasenmäher. Eine Woche nach dem Verkauf erhält er von dem Hersteller des Rasenmähers die Mitteilung, dass aufgrund eines Produktionsfehlers die Rasenmäher aus der Serie, aus der auch der an K verkaufte Rasenmäher stammt, einen Mangel aufweisen, der bei ihrer Benutzung zu Stromschlägen führen kann. H unterlässt es, K über diese Gefahr zu informieren. Bei Gebrauch des Rasenmähers erleidet K einen Stromschlag und muss deshalb ärztliche Hilfe in Anspruch nehmen. H war aufgrund des Kaufvertrages verpflichtet, K über den Mangel des Rasenmähers zu informieren. Diese Nebenpflicht hat er schuldhaft verletzt, sodass er nach § 280 I den K hierdurch entstandenen Schaden, insbesondere die Arztkosten, zu ersetzen hat. Da hier die Haftung mittelbar an einen Sachmangel anknüpft, wird sie über § 437 Nr. 3 hergeleitet und unterliegt damit den Beschränkungen des Gewährleistungsrechts, insbesondere den kürzeren Verjährungsfristen des § 438.
>
> Bezieht sich dagegen die Nebenpflichtverletzung nicht, auch nicht mittelbar, auf einen Mangel, so greift das kaufrechtliche Gewährleistungsrecht nicht ein, so beispielsweise

---

[155] BGH NJW 1997, 3227 (3229); vgl. auch PWW/*Schmidt* § 437 Rn. 79.
[156] So OLG Köln NJW 2005, 1666, dessen Entscheidung der Beispielsfall nachgebildet ist.
[157] *Reinicke/Tiedtke* KaufR Rn. 829 ff.; Bamberger/Roth/*Faust* § 437 Rn. 191 ff.; Staudinger/*Matusche-Beckmann*, 2004, § 437 Rn. 49.

in dem Fall, dass H bei Lieferung des mangelfreien Rasenmähers diesen vorführt und dabei aus Unachtsamkeit K körperlich verletzt.

dd) Ansprüche wegen unerlaubter Handlung

877 Ansprüche des Käufers aus unerlaubter Handlung (§§ 823 ff.), die sich ergeben, weil er **durch die mangelhafte Kaufsache** an Gesundheit, Eigentum oder einem sonstigen (geschützten) Rechtsgut verletzt worden ist, bestehen unabhängig von den Gewährleistungsansprüchen.[158] Insbesondere ist die Verjährungsregelung des § 438 auf derartige deliktische Ansprüche nicht anzuwenden.[159] Nach Auffassung des BGH erfasst ein deliktischer Anspruch auch den Schaden an der gelieferten Sache, der dadurch entsteht, dass ein Mangel der Kaufsache, der zunächst nur ein Teilstück betrifft, nach der Eigentumsübertragung auf die gesamte Sache übergreift und sie beschädigt oder zerstört (sog. **„weiterfressender Mangel"**). Als Beispiel können die folgenden vom BGH entschiedenen Fälle dienen:

(1) Schwimmerschalterfall.[160] Eine Reinigungs- und Entfettungsanlage gerät in Brand, weil ein Schwimmerschalter, der eine automatische Stromabschaltung in Fällen der Überhitzung bewirken soll, von Anfang an defekt ist.

(2) Reifenfall.[161] Der Käufer eines gebrauchten Sportwagens verunglückt mit dem Fahrzeug, weil es mit nicht zugelassenen Reifen ausgestattet ist. Der Verkäufer, ein Gebrauchtwagenhändler, hatte einwandfreien technischen Zustand zugesichert.

(3) Gaszugfall.[162] Der Käufer eines Pkw verursacht mit dem Fahrzeug wiederholt Unfälle. Als Grund wird ein defekter Gaszug ermittelt, der dazu führt, dass der Pkw auch dann beschleunigt, wenn das Gaspedal nicht betätigt wird. Der Käufer verlangt vom Hersteller Ersatz der Unfallschäden.

(4) Kompressorfall.[163] Der Dieselmotor eines Kompressors wird erheblich beschädigt, weil der Motor einige Zeit ohne Schmierung läuft. Die Ursache dafür liegt in einem Bruch des Ölablaufrohres, zu dem es nach einiger Zeit der Benutzung des Kompressors kommt, weil das Rohr mangelhaft befestigt worden ist.

878 Dass der Verkäufer nach dem Kaufrecht für den konkreten Mangel der Sache einzustehen hat, ist nicht zweifelhaft. Die entscheidende Frage lautet vielmehr, auf welcher Rechtsgrundlage der Verkäufer für den weiteren Schaden haftet, der durch das „Weiterfressen" des Mangels entsteht. Bei Beantwortung dieser Frage unterscheidet der BGH[164] zwischen einerseits dem **„Nutzungs- und Äquivalenzinteresse"**, also dem Interesse des Käufers, eine mangelfreie Sache zu bekommen und zu nutzen, und

---

[158] MüKoBGB/*Westermann* § 437 Rn. 61; Bamberger/Roth/*Faust* § 437 Rn. 197; Palandt/*Weidenkaff* § 437 Rn. 56. AA *Singer* JURA 2003, 196 (199); *Grigoleit* ZGS 2002, 78 (80).
[159] *Brox/Walker* SchuldR BT § 4 Rn. 141; *Huber/Faust* Schuldrechtsmodernisierung Kap. 14 Rn. 31; *Reinicke/Tiedtke* KaufR Rn. 863 f. AA *Mansel* NJW 2002, 89 (95).
[160] BGHZ 67, 359 = NJW 1977, 379 = JuS 1977, 471.
[161] BGH NJW 1978, 2241 (2242 f.) = JuS 1979, 214; ähnlich BGH NJW 2004, 1032 (überalterte Reifen).
[162] BGHZ 86, 256 = NJW 1983, 810 = JuS 1983, 466.
[163] BGH NJW 1985, 2420.
[164] BGHZ 86, 256 = NJW 1983, 810 = JuS 1983, 466; BGH NJW 1985, 2420; BGHZ 117, 183 (187 f.) = NJW 1992, 1225; BGH NJW 1992, 1678; 1998, 1942.

II. Kauf   339

anderseits dem „**Integritätsinteresse**", dem Interesse des Eigentümers an der Erhaltung der Sache. Das Integritätsinteresse werde durch das Deliktsrecht geschützt, während das Nutzungs- und Äquivalenzinteresse durch die Vorschriften über die Sachmängelhaftung ausgeglichen würden. Die Abgrenzung zwischen beiden will der BGH danach vornehmen, ob der später eintretende Schaden sich mit dem Unwert der Sache aufgrund des im Zeitpunkt des Eigentumsübergangs vorhandenen Mangels deckt, mit ihm „stoffgleich" ist. Der Mangelunwert und damit der Schaden, der durch die Verletzung des Äquivalenzinteresses entsteht, sollen noch nach den Grundsätzen bewertet werden, die für die Berechnung des Kaufpreises bei der Minderung maßgebend sind. Ein darüber hinausgehender Schaden, der zwar durch den Mangel verursacht wird, sich aber davon unterscheidet, weil sich der Mangel zunächst auf Teile der Sache beschränkt, später dann weiterfrisst und zur Zerstörung oder Beschädigung anderer zunächst unversehrter Teile führt, ist nach Ansicht des BGH nicht „**stoffgleich**" mit dem Mangelunwert und betreffe deshalb das Integritätsinteresse des Eigentümers. Der BGH meint, das Interesse des Eigentümers an der Bewahrung der Sache vor einer Zerstörung durch Konstruktions- und Herstellungsmängel sei nicht weniger schutzwürdig als sein Interesse, dass derartige Mängel nicht andere ihm gehörende Gegenstände schädigen. Auf der Grundlage der dargestellten Auffassung hat der BGH in den oben genannten Fällen dem Käufer einen Anspruch nach § 823 I auf Ersatz seines Schadens zuerkannt. Diese Rechtsprechung des BGH ist im Schrifttum umstritten.[165]

Im Schrifttum wollen dagegen viele die Schäden, die durch weiterfressende Mängel **879** verursacht werden, auf einer vertragsrechtlichen Grundlage abwickeln. Dabei muss zunächst entschieden werden, ob es sich bei einem solchen Schaden um einen **Mangelschaden** oder um einen **Mangelfolgeschaden** (→ Rn. 550) handelt.[166] Orientiert man sich bei der Abgrenzung beider Schadensarten an den durch die Rechtsprechung des BGH vorgegebenen Kriterien des Äquivalenzinteresses und des Integritätsinteresses, so kann man die durch weiterfressende Mängel verursachten Schäden durchaus als Mangelfolgeschäden begreifen. Denn das Integritätsinteresse, das nach Auffassung des BGH durch den weiterfressenden Mangel betroffen ist, lässt sich nicht mit dem Minderwert gleichsetzen, den die Kaufsache in Folge des Mangels aufweist. Lehnt man es also ab, dass der „Weiterfresserschaden" unmittelbar durch die mangelhafte Leistung verursacht wird, sondern wertet man ihn als weitere Folge des Mangels, so darf man in ihm folgerichtig keinen Mangelschaden sehen, sondern muss ihn zu den Mangelfolgeschäden zählen. Diese Unterscheidung hat keinesfalls nur theoretische Bedeutung. Denn der Ersatz des Mangelschadens fällt unter den Begriff des Schadensersatzes statt der Leistung und ist deshalb nur unter den Voraussetzungen auszugleichen, die sich aus § 280 I, III iVm § 281 oder § 283 ergeben, während ein Mangelfolgeschaden allein auf der Grundlage des § 280 I zu ersetzen ist. Andererseits kann man durchaus in Zweifel ziehen, ob die vom BGH vollzogene Abgrenzung zutrifft. Denn aufgrund der Erwägung, der weiterfressende Mangel führe nur zu einem Schaden an der Kaufsache selbst und nicht an anderen Rechtsgütern

---

[165] Vgl. *Larenz* SchuldR II 1 § 41 IIe (S. 71 ff.); *Reinicke/Tiedtke* KaufR Rn. 950 ff.; *Katzenmeier* NJW 1997, 486; *Foerste*, FS v. Westphalen, 2010, 161, jew. mwN. Die hM stimmt ihr jedoch zu; eingehend dazu Bamberger/Roth/*Spindler* § 823 Rn. 60 ff.; PWW/*Schaub* § 823 Rn. 41 ff.
[166] Vgl. dazu *Heßeler/Kleinhenz* JuS 2007, 706 (708 f.).

des Käufers, gelangt man zu einem entgegengesetzten Ergebnis, nämlich dass es um die Verletzung des Äquivalenzinteresses und damit um einen Mangelschaden geht. Mit dieser Abgrenzungsfrage wird ein Meinungsstreit angesprochen, der bereits seit der ersten Entscheidung des BGH zum Ersatz weiterfressender Mängel geführt wird und der nach wie vor unentschieden ist. Wer „Weiterfresserschäden" im Wege eines Schadensersatzes statt der Leistung ausgleichen will, muss dann allerdings das Erfordernis der Fristsetzung gem. § 281 I beachten, und zwar im Rahmen eines Nacherfüllungsverlangens nach § 439.[167]

i) Garantie

880 Übernimmt eine Vertragspartei die Garantie für einen bestimmten Erfolg, so verspricht sie damit, verschuldensunabhängig (vgl. § 276 I 1 aE) für den Eintritt dieses Erfolges einzustehen. Im Rahmen der Vertragsfreiheit (→ Rn. 128) lässt sich der Inhalt einer entsprechenden Garantieerklärung beliebig ausgestalten. Die Garantie kann im Rahmen eines Vertrages für einzelne Punkte, zB für das Nichtauftreten von Mängeln während einer bestimmten Zeit, übernommen werden; man spricht dann von einer **unselbstständigen Garantie.** Eine **selbstständige Garantie** wird dagegen als eigenständige Verpflichtung durch Vertrag begründet und steht selbst dann eigenständig neben dem Kaufvertrag, wenn sich die Garantie auf Gegenstände des Mängelrechts bezieht.[168] Das BGB regelt speziell die kaufrechtlichen Beschaffenheits- und Haltbarkeitsgarantien in § 443 und § 479 (bislang: § 477 aF). § 443 wurde in Umsetzung der Verbraucherrechte-RL 2011/83/EU[169] neu gefasst.[170]

881 Die **Beschaffenheitsgarantie** hat die Zusage des Verkäufers zum Inhalt, dass die Kaufsache bestimmte Eigenschaften zB die Mangelfreiheit aufweist.[171] Bei Übernahme einer solchen Garantie kann sich der Verkäufer nicht auf einen von ihm mit dem Käufer vereinbarten Haftungsausschluss berufen (§ 444). Die Haftung des Verkäufers für Mängel der Kaufsache bezieht sich regelmäßig auf einen bestimmten Zeitpunkt, in dem er für die Mängelfreiheit der Kaufsache einzustehen hat. Bei Sachmängeln ist dies der Zeitpunkt des Gefahrübergangs (§ 434 I 1), der nach § 446 S. 1 mit der Übergabe der verkauften Sache an den Käufer und beim Versendungskauf nach § 447 mit der Übergabe der Sache an die Transportperson eintritt.

882 Im Falle eines Sachmangels, der erst nach Gefahrübergang auftritt, verletzt der Verkäufer nicht seine ihm gem. § 433 I 2 obliegende Pflicht. Der Käufer hat jedoch häufig ein Interesse daran, dass die Sache dauerhaft frei von Sachmängeln bleibt. Diesem Interesse kann der Verkäufer dadurch entsprechen, dass er vertraglich seine Haftung für Sachmängel zeitlich ausdehnt und dem Käufer verspricht, auch noch für einen bestimmten Zeitraum nach der Übergabe dafür zu haften, dass keine Sachmängel

---

[167] *Tettinger* JZ 2006, 641 (649); *Looschelders* SchuldR BT Rn. 185.
[168] PWW/*Schmidt* § 443 Rn. 7; gegen diese Unterscheidung Bamberger/Roth/*Faust* § 443 Rn. 17.
[169] RL 2011/83/EU des Europäischen Parlaments und des Rates über die Rechte der Verbraucher v. 25.10.2011, ABl. 2011 L 304, 64.
[170] Gesetz v. 20.9.2013 (BGBl. 2013 I 3642). Zu den Neuerungen hinsichtlich Garantien vgl. *Picht* NJW 2014, 2609.
[171] Vgl. BGH NJW 2011, 2653 Rn. 32; *Braunschmidt/Vesper* JuS 2011, 393 (394).

II. Kauf

auftreten (sog. **Haltbarkeitsgarantie** iSv § 443 II, Beispiel: Funktionsfähigkeit eines Elektrogerätes während eines bestimmten Zeitraums). Beschaffenheits- und Haltbarkeitsgarantie können auch miteinander verbunden werden, indem der Verkäufer verspricht, dafür einzustehen, dass die Kaufsache sowohl im Zeitpunkt des Gefahrübergangs als auch danach über bestimmte Eigenschaften verfügt.[172]

Eine besondere Bedeutung kommt im heutigen Wirtschaftsleben der **Herstellergarantie** zu, bei der der Hersteller eines Produktes die einwandfreie Funktion seines Erzeugnisses garantiert. **883**

> **Beispiel:** V verkauft K ein Fernsehgerät des Herstellers H. H garantiert dafür, dass der Fernseher während eines Zeitraums von sechs Monaten einwandfrei funktioniert. Als nach vier Monaten Bildstörungen auftreten, fragt K, an wen er sich wegen dieses Mangels halten könne.

§ 443 I stellt klar, dass **Garantiegeber** (bzw. Garant) nicht zwingend der Verkäufer sein muss, sondern die Garantie auch vom Hersteller oder einem sonstigen Dritten übernommen werden kann. In diesem Fall soll der Käufer unbeschadet der gesetzlichen Ansprüche (also zB der Ansprüche wegen des Mangels, die ihm möglicherweise gegen den Verkäufer zustehen)[173] Rechte aus der Garantie gegen den Garanten geltend machen können. Allerdings ergibt sich insoweit ein konstruktives Problem, da das Garantieversprechen eine vertragliche Vereinbarung zwischen dem Garantienehmer und dem Garanten voraussetzt.[174] Liegt der Ware eine **schriftliche Garantieerklärung (Garantiekarte) des Herstellers** bei, ist darin eine auf den Abschluss eines Garantievertrages gerichtete Willenserklärung zu sehen, die der Käufer annimmt, ohne dass die Annahmeerklärung dem Hersteller zugehen muss (§ 151 S. 1).[175] Ein solcher Vertrag kann auch dadurch zustande kommen, dass der Händler (im Beispielsfall V) als Vertreter oder Bote (dazu Einzelheiten später) die Offerte des Herstellers (im Beispielsfall H) zum Abschluss eines Garantievertrages dem Käufer (im Beispielsfall K) übermittelt und der Käufer dann diese Offerte stillschweigend annimmt.[176] Auch kann je nach Fallgestaltung ein Vertrag zugunsten Dritter angenommen werden, der zwischen Hersteller und Händler zugunsten des Käufers geschlossen wird (zum Vertrag zugunsten Dritter Einzelheiten ebenfalls später).[177] **884**

Die **Übernahme einer Garantie** wird nicht zwingend ausdrücklich erklärt (vgl. aber auch § 479 und dazu → Rn. 915). Vielmehr kann sich eine entsprechende Verpflichtung des Verkäufers aus seinen Erklärungen im Rahmen der Vertragsverhandlungen ergeben. Hierfür spricht insbesondere, wenn der Käufer auf eine bestimmte Einstandspflicht des Verkäufers besonderen Wert legt und das Zustandekommen des Vertrages davon abhängt. Jedoch darf nicht vorschnell in jeder Erklärung des **885**

---

[172] Erman/*Grunewald* § 443 Rn. 4.
[173] Vgl. *Hammen* NJW 2003, 2588.
[174] Nach Auffassung des OLG Frankfurt a.M. NJOZ 2009, 2153, kann eine Garantieverpflichtung auch allein durch eine Werbeaussage für ein Produkt entstehen.
[175] Bamberger/Roth/*Faust* § 443 Rn. 19; Staudinger/*Matusche-Beckmann*, 2004, § 443 Rn. 7.
[176] BGHZ 104, 82 (85 f.) = NJW 1988, 1726 mwN; *Bader* NJW 1976, 209 (211); *Fahl/Giedinghagen* ZGS 2004, 344 (345).
[177] BGHZ 75, 75 (77 f.) = NJW 1979, 2036.

Verkäufers über die Beschaffenheit der Kaufsache ein garantiemäßiges Versprechen gefunden werde. Vielmehr ist mit Rücksicht auf die weitreichenden Folgen eines Garantieversprechens Zurückhaltung geboten und es sind eindeutige Hinweise zu verlangen, dass der Erklärende das Risiko übernehmen will, für den Eintritt oder Nichteintritt des garantierten Erfolges zu haften und dafür gegebenenfalls schadensersatzpflichtig zu werden, ohne dass es auf ein Verschulden ankommt.[178] Die Umstände des Einzelfalles spielen insoweit eine besondere Rolle. So unterscheidet die Rechtsprechung beim Gebrauchtwagenkauf zwischen Angaben von Händlern und privaten Verkäufern. Regelmäßig verlässt sich der Käufer auf die Richtigkeit der Angaben eines Händlers über technische Details wegen dessen Sachkunde, während beim Kauf von einem privaten Verkäufer ein solches Vertrauen als nicht gerechtfertigt erscheint. Dies spricht dafür, in den Erklärungen des Händlers eine Beschaffenheitsgarantie zu erblicken. Folglich ist von ihm zu erwarten, dass er es hinreichend deutlich macht, wenn er eine solche Garantie nicht abgeben will.[179]

886 Welche **Rechte der Käufer durch die Garantie** erwirbt, ergibt sich in erster Linie aus dem Wortlaut der Garantieerklärung selbst. § 443 I nennt beispielhaft die Verpflichtung, den Kaufpreis zu erstatten, die Sache auszutauschen, nachzubessern oder in ihrem Zusammenhang Dienstleistungen zu erbringen. Ausgelöst wird die Garantie dadurch, dass die Sache nicht diejenige Beschaffenheit aufweist oder andere als die Mängelfreiheit betreffende Anforderungen nicht erfüllt, die in der Erklärung oder einschlägigen Werbung beschrieben sind. Streiten Käufer und Garant darüber, ob ein solcher **Garantiefall** gegeben ist, so muss der Käufer zunächst einmal beweisen, dass überhaupt eine Garantievereinbarung getroffen worden ist und dass der aufgetretene Mangel von ihr erfasst wird. Hierzu gehört auch, dass der Mangel während der Garantiefrist aufgetreten ist. Wenn dies allerdings feststeht, greift bei einer Haltbarkeitsgarantie (→ Rn. 882) die in § 443 II aufgestellte Vermutung ein, dass der Garant für diesen Mangel einstehen muss. Sinn dieser Vermutung ist es, dem Käufer den Beweis dafür abzunehmen, dass der aufgetretene Mangel nicht etwa auf ein Verhalten des Käufers zurückzuführen ist.[180]

5. Sonderformen des Kaufes

a) Überblick

887 Das BGB enthält eine Reihe von Sonderregeln für bestimmte Ausgestaltungen von Kaufverträgen. Hat sich der Verkäufer etwa das Recht vorbehalten, den verkauften Gegenstand später wieder zurückzukaufen (sog. Wiederkauf), so sind §§ 456–462 zu beachten. Ist jemandem ein **Vorkaufsrecht** eingeräumt worden, kann er dieses Vorkaufsrecht ausüben, sobald der Verpflichtete mit einem Dritten einen Kaufvertrag über den Gegenstand geschlossen hat (§ 463), wobei mit der Ausübung des Vorkaufsrechts der Kauf zwischen dem Berechtigten und dem Verpflichteten unter den Bestimmungen zustande kommt, die der Verpflichtete mit dem Dritten vereinbart hat (§ 464 II). Bei einem **Kauf auf Probe** steht die Billigung des gekauften Gegenstandes

---

[178] BGH NJW 2007, 1346 Rn. 20 mN = JuS 2007, 586 (*Faust*) = JA 2007, 544 (*Looschelders*).
[179] OLG Rostock NJW 2007, 3290; zurückhaltender BGH NJW 2007, 1346 Rn. 24.
[180] Zur Funktion der Vermutung im Zivilprozess vgl. *Musielak/Voit* GK ZPO Rn. 862 ff.

II. Kauf

im Belieben des Käufers. Der Kauf ist im Zweifel unter der aufschiebenden Bedingung der Billigung geschlossen (§ 454 I). Zu beachten ist noch, dass §§ 373–381 HGB Sonderregeln über den **Handelskauf** enthalten.

Im Folgenden sollen zwei gleichermaßen praxis- wie prüfungsrelevante Arten des Kaufs eingehender behandelt werden: der **Kauf unter Eigentumsvorbehalt** sowie der **Verbrauchsgüterkauf**. Klargestellt sei, dass beide Gestaltungen in der Praxis häufig zusammentreffen, nämlich dann, wenn ein Verbraucher etwas auf Abzahlung kauft und sich der Unternehmer das Eigentum an der Ware bis zur Zahlung der letzten Kaufpreisrate vorbehält. 888

b) Kauf unter Eigentumsvorbehalt

aa) Rechtliche Ausgestaltung

Jeder Vertragspartner ist im Regelfall gem. § 320 I nur verpflichtet, die von ihm geschuldete **Leistung Zug um Zug** gegen Erbringung der Gegenleistung zu bewirken. Dementsprechend kann der Verkäufer die Übergabe und Übereignung der Kaufsache so lange verweigern, bis der Käufer den Kaufpreis zahlt. Auf diese Weise wird der Verkäufer hinsichtlich seiner Forderung auf Zahlung des Kaufpreises ausreichend gesichert. Nur erhält bekanntlich der Käufer in vielen Fällen die Kaufsache bereits vor Zahlung des Kaufpreises. Hierfür gibt es unterschiedliche Gründe. So macht der Käufer den Abschluss des Kaufvertrages nicht selten davon abhängig, dass er die Kaufsache sofort nutzen kann, ist aber nicht in der Lage, den Kaufpreis auch sofort zu zahlen. Wenn der Verkäufer in einem solchen Fall die Kaufsache mit der Übergabe dem Käufer übereignet, kann es passieren, dass er den geschuldeten Kaufpreis nicht erhält. Zwar kann dann der Verkäufer wegen des Zahlungsverzuges Rechte nach §§ 280 I, II, 286, 288 geltend machen, aber es ist fraglich, ob sich diese (schuldrechtlichen) Ansprüche realisieren lassen. Ein Recht an der Kaufsache selbst steht dem Verkäufer nach Übereignung nicht mehr zu; insbesondere kann er nicht verhindern, dass Gläubiger des Käufers die Kaufsache pfänden und versteigern lassen. 889

Um sich bei Übergabe der Kaufsache vor Zahlung des Kaufpreises zu sichern, wird der Verkäufer in vielen Fällen Wert darauf legen, bis zur Erfüllung der Kaufpreisforderung Eigentümer der Kaufsache zu bleiben, weil er dann bei Nichtzahlung sein Eigentum zurückfordern kann und Zugriffe von Gläubigern des Käufers auf die Kaufsache abzuwehren vermag.[181] Diesem Zweck dient bei beweglichen Sachen die **Vereinbarung eines Eigentumsvorbehalts**. Bei einem solchen muss zwischen den schuldrechtlichen und den dinglichen Wirkungen unterschieden werden: 890

- Die **schuldrechtlichen Vereinbarungen** sind dadurch gekennzeichnet, dass zwar sogleich (und unbedingt) der Kaufvertrag geschlossen wird, dem Käufer aber die Zahlung des Kaufpreises im Regelfall ganz oder teilweise gestundet (→ Rn. 489) und die Verpflichtung des Verkäufers, dem Käufer das Eigentum an der Kaufsache zu verschaffen, modifiziert wird. Der Verkäufer hat das seinerseits Erforderliche zu tun, damit der Käufer mit Zahlung des Kaufpreises automatisch Eigentümer der Kaufsache wird, und hat alles zu unterlassen, was diesen Erfolg verhindern könnte. Zahlt der Käufer den Kaufpreis bei Fälligkeit nicht, kann ihm

---

[181] Vgl. *Musielak/Voit* GK ZPO Rn. 1334.

der Verkäufer eine angemessene Frist zur Zahlung setzen (es sei denn, eine Fristsetzung ist nach § 323 II entbehrlich) und nach erfolglosem Ablauf der Frist vom Kaufvertrag zurücktreten (§ 323 I) sowie ggf. Ersatz des ihm entstandenen Schadens fordern (§§ 280 I, II 286, § 325). Der Rücktritt kann auch noch nach Verjährung des Kaufpreisanspruchs erfolgen (§ 216 II 2). Mit Ausübung des Rücktrittsrechts endet das dem Käufer zustehende Recht zum Besitz der Kaufsache; er muss sie deshalb gem. § 985 an den Verkäufer zurückgeben (vgl. § 449 II).

- **Sachenrechtlich** wird der Eigentumsvorbehalt dadurch bewirkt, dass der Verkäufer dem Käufer die Kaufsache sogleich übergibt, jedoch die Einigung nach § 929 S. 1 (→ Rn. 745) unter die aufschiebende Bedingung der vollständigen Zahlung des Kaufpreises gestellt wird (vgl. die Auslegungsregel des § 449 I).

Einschub: Bedingung

891 Die **aufschiebende Bedingung** iSv § 158 I (auch **Suspensivbedingung** genannt) macht den Eintritt von Rechtswirkungen (beim Eigentumsvorbehalt: den Eigentumsübergang) von einem künftigen, ungewissen Ereignis (beim Eigentumsvorbehalt: von der Zahlung des Kaufpreises) abhängig. Bis zum Eintritt der aufschiebenden Bedingung befindet sich das (bedingte) Rechtsgeschäft in einem Schwebezustand. Im Gegensatz dazu steht die **auflösende Bedingung iSv § 158 II** (auch **Resolutivbedingung** genannt), bei deren Eintritt die Wirkungen des Rechtsgeschäfts enden.

892 Ob eine aufschiebende oder auflösende Bedingung gewollt ist, muss im Zweifelsfall durch Auslegung ermittelt werden. Nach der **Auslegungsregel in § 449 I** ist beim Kauf unter Eigentumsvorbehalt von einer Übertragung des Eigentums unter der **aufschiebenden Bedingung** vollständiger Zahlung des Kaufpreises auszugehen, wenn sich nicht aus den Absprachen der Parteien etwas anderes ergibt. Die Parteien können allerdings von dieser interessengerechten gesetzlichen Regelgestaltung abweichen: Übereignet der Verkäufer dem Käufer die Kaufsache sogleich mit der Absprache, dass das Eigentum automatisch auf ihn (den Verkäufer) zurückfallen soll, wenn der Käufer nicht zu dem vereinbarten Termin den Kaufpreis zahlt, so ist die Übereignung unter eine auflösende Bedingung gestellt. Erhält der Verkäufer zu dem vereinbarten Termin nicht den Kaufpreis, tritt also die Bedingung ein, so endet damit die Wirkung des bedingten Rechtsgeschäfts, also die Übereignung auf den Käufer, und der Verkäufer ist wieder Eigentümer der Kaufsache.

893 Als **Bedingung kann nur ein zukünftiges ungewisses Ereignis** gewählt werden. Wird der Eintritt der Rechtswirkungen hingegen von einem mit Sicherheit eintretenden künftigen Ereignis abhängig gemacht, so handelt es sich um eine **Befristung.**

> **Beispiel:** Beim Tode des Ehemannes sollen die Ehefrau oder ihre Erben eine bestimmte Geldsumme erhalten. Da der Tod des Ehemannes gewiss, nur der Zeitpunkt, in dem er stattfindet, ungewiss ist, handelt es sich nicht um eine Bedingung, sondern um eine Zeitbestimmung.

894 Das zukünftige Ereignis muss in den Fällen von §§ 158 ff. **objektiv ungewiss** sein; die Unkenntnis der Parteien, ob ein bestimmtes Ereignis, das bereits geschehen ist, tatsächlich eingetreten ist, reicht nicht aus (Beispiel: das Versprechen, eine bestimmte

Geldsumme an die Ehefrau zu zahlen, wird davon abhängig gemacht, dass ihr verschollener Ehemann nicht mehr lebt; sog. uneigentliche Bedingung). Wegen der Ähnlichkeit der Interessenlage (zumindest bei Sachverhalten nach Art dieses Beispielsfalls) ist aber eine analoge Anwendung von §§ 158 ff. zu erwägen.[182] Keine Bedingung iSv §§ 158 ff. ist die **Rechtsbedingung**; bei ihr wird der Eintritt der Rechtswirkung von Umständen abhängig gemacht, die bereits nach dem Gesetz eine Voraussetzung für die betreffende Rechtswirkung bilden.

> **Beispiel:** A soll Erbe des B sein, wenn er B überlebt; vgl. § 1923 I.

Grundsätzlich können alle Rechtsgeschäfte mit einer Bedingung versehen werden. In einer Reihe von Fällen ist die Bedingtheit eines Rechtsgeschäfts allerdings gesetzlich ausgeschlossen. In diesem Sinne **bedingungsfeindlich** sind zB die Aufrechnung (§ 388 S. 2), die Anerkennung der Vaterschaft (§ 1594 III), die Annahme und Ausschlagung einer Erbschaft oder eines Vermächtnisses (§§ 1947, 2180 II) sowie die Eheschließung (§ 1311 S. 2). Weil auch die Auflassung (→ Rn. 775) bedingungsfeindlich ist (vgl. § 925 II), kann beim Verkauf eines Grundstücks kein Eigentumsvorbehalt vereinbart werden.[183] 895

Die genannten Vorschriften lassen sich verallgemeinern: Auch ohne gesetzliche Spezialanordnung kann ein Rechtsgeschäft bedingungsfeindlich sein, und zwar vor allem im Interesse des Erklärungsempfängers, der wissen soll, woran er ist. Diese Überlegung erweist sich als bedeutsam für **einseitige Rechtsgeschäfte**. So kann die Erklärung des Rücktritts, der Kündigung oder der Anfechtung nicht unter eine Bedingung gestellt werden. Dies gilt nur dann nicht, wenn der Eintritt der Bedingung allein von einem auf dem freien Willen des Erklärungsempfängers beruhenden Verhalten abhängt (sog. **Potestativbedingung**); in diesem Fall wird für den Erklärungsempfänger keine für ihn unzumutbare Ungewissheit geschaffen. 896

> **Beispiel:** Kündigung eines Arbeitnehmers unter der Bedingung, dass er eine erforderliche ärztliche Untersuchung ablehnt.

bb) Rechtsstellung des Vorbehaltskäufers

Obwohl der Verkäufer bei der aufschiebend bedingten Übereignung bis zum Eintritt der Bedingung Eigentümer der Kaufsache bleibt, erhält der Käufer bereits eine **geschützte Rechtsposition**: Übereignet der Verkäufer die Kaufsache einem anderen, wird diese weitere Verfügung des Verkäufers mit Eintritt der Bedingung, also mit Zahlung des Kaufpreises, nach § 161 I 1 unwirksam. Dies gilt nur dann nicht, wenn der (zweite) Erwerber die bedingte Übereignung weder kannte noch seine Unkenntnis auf grober Fahrlässigkeit beruhte (§ 932 II iVm § 161 III) und die übrigen Voraussetzungen der §§ 932 ff. erfüllt sind (→ Rn. 757 ff.). 897

> **Beispiel:** V verkauft K einen gebrauchten Baukran unter Eigentumsvorbehalt. K leistet eine Anzahlung auf den Kaufpreis und lässt den Kran auf seinen Bauhof bringen. Der Rest des Kaufpreises soll in sechs Monaten gezahlt werden. Als V kurze Zeit nach dem

---

182 So *Brox/Walker* BGB AT Rn. 481; *Köhler* BGB AT § 14 Rn. 16.
183 Vgl. *Martens* JuS 2010, 578.

Verkauf in Geldschwierigkeiten gerät, bietet er den Baukran D an, der ihn häufig bei V gesehen hat und deshalb auch der Behauptung des V glaubt, der Kran sei nur vorübergehend bei K abgestellt und könne dort von D abgeholt werden. Da der Kaufpreis sehr günstig erscheint, nimmt D das Angebot an und zahlt den geforderten Betrag. Als danach D den Baukran bei K abholen will, erfährt er von diesem die wahre Sachlage. D möchte wissen, ob er Eigentum an dem Kran erworben hat.

Das Eigentum könnte nach §§ 929 S. 1, 931 auf D übergegangen sein. Aufgrund der schuldrechtlichen Absprachen im Rahmen des Kaufvertrages, die dem Eigentumsvorbehalt zugrundeliegen, besteht zwischen V und K ein Besitzmittlungsverhältnis (→ Rn. 718);[184] danach ist K unmittelbarer Fremdbesitzer und V mittelbarer Eigenbesitzer des Krans. Außerdem hat V gegen K einen Herausgabeanspruch, den er nach § 931 an D abtreten kann. Da dies (zumindest konkludent) geschehen ist und V auch das Eigentum an dem Kran zusteht, sind die Voraussetzungen für den Eigentumsübergang auf D nach §§ 929 S. 1, 931 erfüllt. Weil V jedoch die Kaufsache unter einer aufschiebenden Bedingung K übereignet hat, ist die Übereignung auf D nach § 161 I nur bedingt wirksam und wird mit Zahlung des Restkaufpreises durch K unwirksam, es sei denn, dass zugunsten des D die Gutglaubensvorschriften der §§ 932 ff. eingreifen (§ 161 III).

D wusste von der bedingten Übereignung nichts; seine Unkenntnis beruhte auch nicht auf grober Fahrlässigkeit. Er war folglich gutgläubig. Da V auch mittelbarer Besitzer des Baukranes im Zeitpunkt der Veräußerung gewesen ist, trifft § 934 Var. 1 zu, wonach der gutgläubige Erwerber mit der Abtretung des Herausgabeanspruchs Eigentum erwirbt. Diese Vorschrift gilt aufgrund der in § 161 III ausgesprochenen Verweisung hier entsprechend: Zwar ist V im Zeitpunkt der Übereignung an D noch Eigentümer, jedoch ist er zu einer weiteren Verfügung, nämlich zu dieser Übereignung, nicht berechtigt (§ 161 I). Nach § 934 Var. 1 in entsprechender Anwendung scheint D also endgültiges, nicht nur auflösend bedingtes Eigentum an dem Kran erworben zu haben.

Hier muss aber die **Regelung des § 936 III** beachtet werden. Danach bleiben Rechte des unmittelbaren Besitzers an der Sache auch gegenüber dem gutgläubigen Erwerber bestehen, der nach §§ 929 S. 1, 931, 934 Eigentum erworben hat. Diese Vorschrift ist (zumindest entsprechend) auf das Recht des Vorbehaltskäufers an der Kaufsache anzuwenden, bei dem es sich um ein sog. Anwartschaftsrecht handelt (Einzelheiten dazu sogleich). Die Anwartschaft des K auf Erwerb des Eigentums bleibt also trotz der Gutgläubigkeit des D erhalten und wandelt sich mit dem Bedingungseintritt zum Vollrecht. Daraus folgt: zahlt K den Kaufpreisrest, so wird er Eigentümer des Baukrans, weil D nur mit dem Anwartschaftsrecht des K belastetes Eigentum erwerben konnte.[185]

Allerdings steht § 936 einem gutgläubigen Erwerb unbelasteten Eigentums nicht entgegen, wenn sich der Vorbehaltsverkäufer in unmittelbarem Besitz der Kaufsache befindet und diese nach §§ 929 S. 1, 932, § 161 III an einen Gutgläubigen veräußert (vgl. § 936 I, II). Hätte also K dem V in dem Beispielsfall den Kran zur Durchführung einer Reparatur zurückgegeben, so hätte D unbelastetes Eigentum daran erworben, wenn V den Kran nach § 929 S. 1 übereignet hätte. In diesem Fall stünde K nur ein Schadensersatzanspruch nach § 160 I gegen V zu.

---

[184] MüKoBGB/*Joost* § 868 Rn. 59.
[185] *Wilhelm* SachenR Rn. 1015; *Petersen* JURA 2011, 275 (277). Bei Anwendung des § 934 ergeben sich schwirige, dem Fortgeschrittenen vorzubehaltende Fragen; dazu *Musielak/Hau* EK BGB Rn. 521 ff.

II. Kauf

Die dem Käufer bei einem Kauf unter Eigentumsvorbehalt vor Bedingungseintritt 898
zustehende Rechtsposition ist dadurch gekennzeichnet, dass er automatisch bei Bedingungseintritt Eigentum erwirbt, dass dieser Eigentumserwerb nicht durch Verfügungen des Vorbehaltseigentümers verhindert werden kann (vgl. § 161), dass sich der Vorbehaltseigentümer nach § 160 schadensersatzpflichtig macht, wenn er den Eigentumserwerb des Käufers vereitelt oder beeinträchtigt, und dass nach § 162 I die Suspensivbedingung als eingetreten gilt, wenn ihr Eintritt vom Vorbehaltseigentümer wider Treu und Glauben verhindert wird.

> **Beispiel:** Der Verkäufer weigert sich grundlos, den Kaufpreis entgegenzunehmen, und verhindert auf diese Weise, dass die Bedingung für den Eigentumsübergang eintritt.

Diese Regelungen gewähren dem Vorbehaltskäufer einen so umfassenden Schutz, 899
dass sein Rechtserwerb ausreichend gesichert ist. Eine derartig gesicherte Rechtsposition wird als **Anwartschaftsrecht** bezeichnet.[186] Nach einer häufig verwendeten Definition besteht ein Anwartschaftsrecht, wenn von einem mehraktigen Entstehungstatbestand eines Rechts schon so viele Erfordernisse erfüllt sind, dass der Veräußerer die Rechtsposition des Erwerbers nicht mehr durch einseitige Erklärung zerstören kann. Ist dieser Grad der Sicherung noch nicht erreicht, wird von einer bloßen **Anwartschaft** gesprochen, bei der es nur tatsächliche Aussichten auf einen künftigen Rechtserwerb gibt.[187] Das Anwartschaftsrecht wird in vielerlei Hinsicht wie das Vollrecht behandelt. So kann der Vorbehaltskäufer über sein Anwartschaftsrecht verfügen und es nach §§ 929 ff. übertragen. Verkauft der Vorbehaltskäufer die Kaufsache weiter und überträgt er in Erfüllung des Kaufvertrages sein Anwartschaftsrecht auf den zweiten Käufer, wird dieser automatisch und unmittelbar mit Bedingungseintritt (Zahlung des Kaufpreises an den Verkäufer des ersten Kaufvertrages) Eigentümer der Kaufsache.

Der Eigentumsvorbehalt sichert den Verkäufer nur unzureichend, wenn die Kaufsache zur 900
Weiterveräußerung durch den Käufer bestimmt ist oder wenn der Käufer sie verarbeitet und umbildet. Deshalb sind Sonderformen des Eigentumsvorbehalts entwickelt worden, auf die jedoch hier nicht näher eingegangen werden soll (vgl. dazu *Musielak/Hau* EK BGB Rn. 736 ff.).

c) Verbrauchsgüterkauf

Ein Verbrauchsgüterkauf ist gem. § 474 I ein Kaufvertrag, bei dem ein Unternehmer 901
(§ 14) einem Verbraucher (§ 13) eine bewegliche Sache verkauft. Diese Begriffsbeschreibung orientiert sich an der Verbrauchsgüterkauf-RL 1999/44/EG,[188] die durch §§ 433 ff. und die ergänzenden Regelungen in §§ 474 ff. in das deutsche Recht umgesetzt wurde.[189] In Umsetzung der Verbraucherrechte-RL 2011/83/EU[190] stellt

---

[186] Zum Anwartschaftsrecht des Vorbehaltskäufer vgl. *Armgardt* JuS 2010, 486; *Wilhelm* SachenR Rn. 2337 ff. Allgemeiner zu dieser Rechtsfigur etwa *Hoffmann* JuS 2016, 289; vgl. auch die Grundfälle bei *Runge-Rannow* JA 2016, 487 und 568.
[187] Vgl. dazu *Medicus/Petersen* BürgerlR Rn. 456 ff.; *Haas/Beiner* JA 1998, 115 ff.
[188] RL 1999/44/EG des Europäischen Parlaments und des Rates zu bestimmten Aspekten des Verbrauchsgüterkaufs und der Garantien für Verbrauchsgüter v. 25.5.1999, ABl. 1999 L 171, 12.
[189] Einführend etwa *Lorenz* JuS 2016, 398.
[190] RL 2011/83/EU des Europäischen Parlaments und des Rates über die Rechte der Verbraucher v. 25.10.2011, ABl. 2011 L 304, 64.

§ 474 I 2 klar, dass es auch dann bei der Einordnung als Kaufvertrag bleibt, wenn der Unternehmer sich zusätzlich zur Erbringung einer Dienstleistung (etwa der Montage der Kaufsache) verpflichtet.[191]

902 Die in § 474 I gegebene Beschreibung des Verbrauchsgüterkaufs **in persönlicher Hinsicht** ergibt, dass §§ 474 ff. keine Anwendung auf Kaufverträge zwischen Unternehmern oder zwischen Verbrauchern finden;[192] ebenso sind die Vorschriften nicht anwendbar, wenn ein Verbraucher eine bewegliche Sache einem Unternehmer verkauft. Der Unternehmer muss den Verkauf im Rahmen seiner gewerblichen oder selbstständigen beruflichen Tätigkeit vornehmen.[193] Die gewerbliche Tätigkeit iSd § 14 und damit die Unternehmerstellung des Verkäufers hängen jedoch nicht davon ab, dass dieser mit seiner Geschäftstätigkeit die Absicht verfolgt, Gewinn zu erzielen.[194] Es ist auch nicht erforderlich, dass sich die unternehmerische Tätigkeit im Kern auf die verkaufte Sache bezieht.[195] Vielmehr wird gem. § 344 I HGB vermutet, dass der Verkauf einer beweglichen Sache, den ein Kaufmann tätig, zu seinem Handelsgewerbe gehört. Nur wenn sich eindeutige Hinweise dafür ergeben, dass der Kaufmann bei dem Verkauf der Sache nicht im Rahmen seines Handelsgewerbes tätig wird, gilt etwas anderes, so zB, wenn er privat genutzte Sachen veräußert. Wird eine Sache verkauft, die der Verkäufer sowohl privat als auch in seinem gewerblichen Unternehmen genutzt hat, so ist für die Einordnung als Verbrauchsgüterkauf entscheidend, welche Benutzung überwiegt.[196] Täuscht der Käufer, bei dem es sich in Wirklichkeit um einen Verbraucher iSd § 13 handelt, einen gewerblichen Verwendungszweck der Kaufsache vor (zB um einen Rabatt zu erhalten), so ist ihm die Berufung auf die Vorschriften über den Verbrauchsgüterkauf verwehrt.[197] Schließlich sind die Vorschriften über den Verbrauchsgüterkauf nicht anzuwenden, wenn ein Verbraucher in einer öffentlichen Versteigerung (zum Begriff vgl. § 383 III 1), an der er persönlich teilnehmen kann, eine gebrauchte Sache erwirbt (§ 474 II 2).

903 Aus der Beschränkung des Verbrauchsgüterkaufrechts auf **bewegliche Sachen** folgt, dass Kaufverträge über Grundstücke und nicht körperliche Gegenstände (vgl. § 90) ausgenommen sind. Zu den nicht körperlichen Gegenständen gehört zB elektrische Energie. Dagegen ist nicht erforderlich, dass es sich um eine Materie in fester Form handelt. Körperliche Gegenstände sind vielmehr auch flüssige und gasförmige, sofern sie nur technisch beherrschbar sind.[198] Demgemäß handelt es sich bei leitungsgebundenem Wasser und Gas um Sachen, die Gegenstand eines Verbrauchsgüterkaufs werden können.[199] Computerdaten und Computerprogramme sind nur dann körperliche Gegenstände, wenn sie in Datenträgern verkörpert

---

[191] Gesetz v. 20.9.2013 (BGBl. 2013 I 3642).
[192] Anders verhält es sich, wenn ein Unternehmer zur Vermeidung der Anwendung der Vorschriften über den Verbrauchsgüterkauf einen Verbraucher als Verkäufer nur vorschiebt. Vgl. dazu BGH NJW 2007, 759 mAnm *Bruns*; BGH NJW-RR 2013, 687. Vgl. nunmehr auch EuGH NJW 2017, 874.
[193] Vgl. BGH NJW 2013, 2107 Rn. 18.
[194] BGH NJW 2006, 2250 (2251).
[195] BGH NJW 2011, 3435 Rn. 18 f. = JuS 2011, 1121 *(Faust)*.
[196] OLG Celle NJW-RR 2004, 1645 (1646). Zum Streitstand vgl. *Schroeter* JuS 2006, 682 (684).
[197] BGH NJW 2005, 1045; *Schroeter* JuS 2006, 682 (683).
[198] MüKoBGB/*Stresemann* § 90 Rn. 5.
[199] Gegenäußerung der Bundesregierung zur Stellungnahme des Bundesrates (BT-Drs. 14/6857, 62, zu Nr. 103).

II. Kauf

sind.[200] Da nach § 90a auf Tiere die für Sachen geltenden Vorschriften entsprechend anzuwenden sind, ist der **Verkauf eines Tieres** durch einen Unternehmer an einen Verbraucher als Verbrauchsgüterkauf zu werten.

Auf den Verbrauchsgüterkauf sind §§ 474 ff. nur „ergänzend" anzuwenden (§ 474 II 1). Sofern sich dort keine speziellere Vorschrift findet, bleibt es bei §§ 433 ff. sowie den Regeln des allgemeinen Schuldrechts. Eine in Umsetzung der Verbraucherrechte-Richtlinie 2011/83/EU[201] in das BGB eingefügte Sonderregelung enthält § 475 I 1:[202] Haben die Parteien eines Verbrauchsgüterkaufs den **Zeitpunkt der Fälligkeit** der nach § 433 zu erbringenden Leistungen nicht bestimmt und ergibt sich dieser Zeitpunkt auch nicht aus den Umständen des konkreten Falles, so sind die Leistungen gem. § 475 I 1 – abweichend von § 271 I (→ Rn. 488) – nicht etwa „sofort", sondern „unverzüglich" zu erbringen, also ohne schuldhaftes Zögern (vgl. § 121 I 1; → Rn. 408). Gemäß § 475 I 2 muss der Unternehmer die Kaufsache aber spätestens 30 Tage nach Vertragsschluss übergeben. Hinsichtlich der **Erfüllbarkeit** gilt § 475 I 3, wonach jede Partei – insoweit übereinstimmend mit § 271 I – ihre Leistungen sofort bewirken kann. **904**

Besonderheiten sind auch im Falle eines **Versendungskaufs** zu beachten: Wiederum in Umsetzung der Verbraucherrechte-RL 2011/83/EU[203] gilt der in § 447 I vorgesehene frühe Übergang der Preisgefahr (→ Rn. 624) laut § 475 II bei einem Verbrauchsgüterkauf nur dann, wenn der Käufer die Transportperson mit der Ausführung beauftragt und der Unternehmer die Transportperson nicht zuvor dem Käufer benannt hat.[204] Unter diesen Voraussetzungen mag man allerdings ohnehin daran zweifeln, ob es sich überhaupt um einen Versendungskauf (also eine Schickschuld) handelt oder eher um eine Holschuld. Greift § 447 I gem. § 475 II nicht ein, weil der Unternehmer die Transportperson eingeschaltet hat, bleibt es bei § 446: Die Preisgefahr geht erst in dem Zeitpunkt auf den Käufer über, in dem er Besitz an der Sache erlangt. **905**

Beispiel: Verbraucher V kauft im Fachgeschäft des Händlers H einen Computer. Da H das Gerät nicht im Geschäft verfügbar hat, wird vereinbart, dass V am nächsten Tag den inzwischen von H besorgten Computer abholen soll. Da jedoch V infolge eines unvorhergesehenen Termins verhindert ist, bittet er telefonisch den H, ihm den Computer zu seiner Wohnung zu bringen. H beauftragt seinen Angestellten A mit der Ausführung des Transportes. Unterwegs kommt es zu einem von A nicht verschuldeten Unfall, bei dem das Gerät zerstört wird.

Aufgrund der Umstände des Falles ist davon auszugehen, dass es sich bei dem vorliegenden Gattungskauf nicht um eine Bringschuld, sondern um eine Schickschuld

---

[200] BGHZ 109, 97 (100 f.) = NJW 1990, 320; Palandt/*Ellenberger* § 90 Rn. 2. AA Bamberger/Roth/*Fritzsche* § 90 Rn. 25; zu Einzelheiten ferner Bamberger/Roth/*Faust* § 474 Rn. 14.
[201] RL 2011/83/EU des Europäischen Parlaments und des Rates über die Rechte der Verbraucher v. 25.10.2011, ABl. 2011 L 304, 64.
[202] Gesetz v. 20.9.2013 (BGBl. 2013 I 3642). Zu § 474 III vgl. BT-Drs. 17/12637, 69 sowie die Kritik bei *Kohler* NJW 2014, 2817.
[203] RL 2011/83/EU des Europäischen Parlaments und des Rates über die Rechte der Verbraucher v. 25.10.2011, ABl. 2011 L 304, 64.
[204] Neufassung des früheren § 474 II 2 durch Gesetz v. 20.9.2013 (BGBl. 2013 I 3642). Vgl. dazu BT-Drs. 17/12637, 70 sowie die Kritik bei *Schermaul* JuS 2014, 781.

des Verkäufers handelt (→ Rn. 219). Deshalb hat H das seinerseits Erforderliche mit der Übergabe des Computers an A getan, sodass die Konkretisierung eingetreten ist (§ 243 II; → Rn. 213 f., 221). Da das geschuldete Gerät zerstört wurde, ist H die Erfüllung seiner Schuld, die Übereignung und Übergabe der Kaufsache, unmöglich geworden, und der Anspruch des V nach § 433 I 1 ist somit ausgeschlossen (§ 275 I). In diesem Fall entfällt nach § 326 I 1 auch der Anspruch auf die Gegenleistung. Die Gegenleistungsgefahr trägt H, weil § 447 I, der bei einem Versendungskauf grundsätzlich dem Käufer die Gegenleistungsgefahr auferlegt, keine Anwendung findet: Zwischen H als Unternehmer (§ 14) und dem Verbraucher V (§ 13) ist ein Verbrauchsgüterkauf geschlossen und es fehlt an den Voraussetzungen, unter denen § 475 II auf § 447 I verweist.

906 Bemerkenswert ist auch § 475 III 1: Während der Käufer im Falle der Ersatzlieferung gem. § 439 V iVm § 346 I grundsätzlich **Nutzungen der mangelhaften Sache** herauszugeben oder nach § 346 II 1 Nr. 1 ihren Wert zu ersetzen hat (→ Rn. 826), wird dies für den Verbrauchsgüterkauf ausdrücklich ausgeschlossen. Ferner sind § 445 und § 447 II unanwendbar (§ 475 III 2).

907 Da die Regeln über den Kauf, wie sie in §§ 433 ff. enthalten sind, dispositives Recht darstellen und somit abbedungen werden können (→ Rn. 781), ist es grundsätzlich möglich, **vertragliche Absprachen** zu treffen, die zum Nachteil des Käufers von den gesetzlichen Vorschriften abweichen. Dies wird für den Verbrauchsgüterkauf durch § 476 I 1 für die darin genannten Vorschriften ausgeschlossen. Vereinbarungen, die zu einer **„Erleichterung" der Verjährung** führen, lässt § 476 II nur eingeschränkt zu. Als „Erleichterungen" gelten die Verkürzung der Verjährungsfrist, aber auch die Vorverlegung des Verjährungsbeginns auf einen Zeitpunkt, der vor Ablieferung der Sache liegt (§ 438 II). Der durch diese Bestimmungen bewirkte zwingende Charakter der gesetzlichen Regelung gilt jedoch nicht, soweit sich aus den aufgeführten Vorschriften ein Anspruch des Käufers auf **Schadensersatz** ergibt: Ein solcher Anspruch kann vertraglich ausgeschlossen oder beschränkt werden (§ 476 III); dies erklärt sich dadurch, dass die Verbrauchsgüterkauf-Richtlinie keine besonderen Vorgaben für die Schadensersatzhaftung des Unternehmers macht. Wird eine den Schadensersatzanspruch des Käufers betreffende Regelung in allgemeinen Geschäftsbedingungen getroffen, sind §§ 307–309 zu beachten. Die durch § 476 getroffenen Einschränkungen für abweichende Vereinbarungen gelten jedoch stets nur für die Zeit „vor Mitteilung eines Mangels an den Unternehmer". Ab der Mängelanzeige muss sich der Käufer also vor ihm nachteiligen Abreden mit dem Verkäufer hüten; denn geschützt wird er dann nur noch nach Maßgabe der allgemeinen Regeln (wie § 123 und §§ 134, 138).

908 Nach § 439 IV 1 kann der Verkäufer die vom Käufer gewählte Art der Nacherfüllung verweigern, wenn sie nur mit unverhältnismäßigen Kosten vom Verkäufer erbracht werden kann. Die **Unverhältnismäßigkeit** kann sich in zwei Formen ausdrücken, als relative und als absolute. Wird die gewählte Art mit der anderen möglichen Art der Nacherfüllung verglichen, fällt diese Betrachtungsweise relativ aus.

> **Beispiel:** Der von Händler H verkaufte Neuwagen hat einen Schaden am Kotflügel, der durch einen Austausch des Kotflügels behoben werden kann. Käufer K verlangt jedoch Lieferung eines anderen Neuwagens. Der Vergleich der Kosten zwischen diesen beiden Arten der Nacherfüllung bildet die Grundlage für die Feststellung einer relativen Unverhältnismäßigkeit.

II. Kauf

Werden hingegen die Kosten der vom Käufer gewählten Nacherfüllung mit dessen Interesse an der Nacherfüllung verglichen, stellt dies eine absolute Bewertung dar.[205] Wenn diese Kosten in einem groben Missverhältnis zum Wert der Sache in mangelfreiem Zustand stehen, kann der Verkäufer nach § 439 IV 3 Hs. 2 wegen **absoluter Unverhältnismäßigkeit** die Leistung verweigern (zu Einzelheiten vgl. *Musielak/Hau* EK BGB Rn. 117). Nach Auffassung des EuGH[206] ist im Rahmen der Verbrauchsgüterkauf-Richtlinie der Begriff der Unverhältnismäßigkeit ausschließlich in Beziehung zu Fällen der **relativen Unverhältnismäßigkeit** zu setzen, und folglich darf der Verkäufer die einzige Abhilfe, durch die sich der vertragsmäßige Zustand des Verbrauchsguts herstellen ließe, nicht wegen Unverhältnismäßigkeit der Kosten verweigern. Diese Interpretation der Verbrauchsgüterkauf-Richtlinie ist auch für das deutsche Recht maßgebend. Deshalb ist eine entsprechende Regelung nunmehr in § 475 IV getroffen worden.[207] Eine Ausnahme gilt aber für den Fall, dass die einzig mögliche Art der Nacherfüllung aufgrund anfallender Ein- und Ausbaukosten zu unverhältnismäßigen Kosten führen würde: Dann gibt § 475 IV 2 dem Verkäufer ein als Einrede ausgestaltetes Leistungsverweigerungsrecht, das alle zum Zweck der Nacherfüllung erforderlichen Aufwendungen einschließlich der Transport-, Wege-, Arbeits- und Materialkosten umfasst.

909

Macht der Käufer wegen eines Sachmangels Rechte gegen den Verkäufer gerichtlich geltend, so kommt es darauf an, ob im Zeitpunkt des Gefahrübergangs der Sachmangel vorhanden war (§ 434 I 1). Misslingt eine entsprechende Feststellung, geht dies regelmäßig zulasten des Käufers, da er sich auf diesen Sachmangel beruft und daraus Rechte ableitet, sodass er folglich die Voraussetzungen für das von ihm geltend gemachte Recht zu beweisen hat.[208] Beim Verbrauchsgüterkauf wird durch § 477 (bislang: § 476 aF) zugunsten des Käufers von dieser Beweislastregel abgewichen und bei nicht klärbaren Zweifeln angenommen, dass die Kaufsache im Zeitpunkt des Gefahrübergangs mangelhaft war, wenn sich der Sachmangel innerhalb von sechs Monaten seit Gefahrübergang (vgl. §§ 446, 447) zeigt. Der BGH[209] hatte sich in einer Reihe von Entscheidungen mit dieser Vorschrift auseinanderzusetzen und dabei seinen Standpunkt zunächst wie folgt präzisiert: Der Käufer müsse stets darlegen und ggf. beweisen, dass ein innerhalb der Sechsmonatsfrist auftretender Defekt auf einen Sachmangel (den sog. Grundmangel) zurückzuführen sei. Insoweit helfe ihm die verbrauchergünstige Beweislastregel nicht. Denn diese begründe nur in zeitlicher Hinsicht die Vermutung, dass der Sachmangel bereits im Zeitpunkt des Gefahrübergangs bestanden habe. Mit dieser Argumentation lehnte das Gericht eine im Schrifttum vertretene Auffassung ab, wonach die Vermutung auch darauf erstreckt werden soll, ob ein innerhalb der Sechsmonatsfrist auftretender Defekt an der Kaufsache durch

910

---

[205] MüKoBGB/*Westermann* § 439 Rn 23.
[206] EuGH NJW 2011, 2269 Rn. 68 ff. = JuS 2011, 744 *(Faust)*.
[207] Eingefügt durch das Gesetz v. 28.4.2017 zur Reform des Bauvertragsrechts (BGBl. 2017 I 969).
[208] Zu den Regeln über die Verteilung der Beweislast vgl. *Musielak/Voit* GK ZPO Rn. 472 ff.
[209] BGH NJW 2004, 2299; 2004, 3020; 2005, 3490; 2006, 434; 2006, 1195; 2007, 2619; 2007, 2621; 2009, 580 Rn. 13; 2014, 1086 Rn. 20 = JuS 2014, 71 *(Schwab)*. Vgl. zu dieser Rechtsprechung *Gsell* JZ 2008, 29; *Martis* MDR 2010, 841.

den Grundmangel(also nicht etwa durch normalen Verschleiß oder einen Fehlgebrauch seitens des Käufers) verursacht worden ist.[210]

Beispiel: A kauft im Fachgeschäft des H einen Toaster, der schon sechs Wochen später nicht mehr funktioniert. Den Grund dafür kann A nicht feststellen. Legt man die ursprüngliche Auffassung des BGH zugrunde, muss der Käufer nachweisen, aus welchem Grund es zum Ausfall des anfänglich funktionierenden Gerätes gekommen ist. Nur wenn sich die festgestellte Ursache als ein Sachmangel darstellt, wird zugunsten des A vermutet, dass dieser Mangel bereits im Zeitpunkt des Gefahrübergangs vorhanden war. Die Gegenauffassung verhält sich dagegen wesentlich verbraucherfreundlicher und begnügt sich mit der Feststellung, dass das Gerät innerhalb der Sechsmonatsfrist nicht mehr funktionsfähig ist.

Inzwischen hat der BGH seine beschriebene Rechtsprechung aufgegeben,[211] nachdem der EuGH[212] zu Art. 5 III Verbrauchsgüterkauf-Richtlinie, der Vorbild für § 477 ist, eine deutlich verbraucherfreundlichere Auslegung vorgenommen hat. Weil § 477 im Sinne der vom EuGH vorgenommenen Interpretation der Verbrauchsgüterkauf-Richtlinie auszulegen ist, muss der Verbraucher nunmehr nur noch angeben und beweisen, dass innerhalb der Sechsmonatsfrist ein mangelhafter Zustand der Kaufsache eingetreten ist. Gelingt ihm dies, so ist gem. § 477 davon auszugehen, dass dieser Mangel bereits im Zeitpunkt des Gefahrübergangs vorhanden gewesen ist, es sei denn, dem Verkäufer gelingt der Beweis des Gegenteils.[213]

911 Die Vermutung des § 477 ist nicht nur anzuwenden, wenn der Käufer kaufrechtliche Gewährleistungsansprüche gegen den Verkäufer geltend macht, sondern immer dann, wenn es für eine Entscheidung darauf ankommt, ob eine verkaufte Sache im Zeitpunkt des Gefahrübergangs mangelhaft gewesen ist. So ist die Regelung heranzuziehen, wenn über einen Rückzahlungsanspruch des Käufers zu befinden ist, der damit begründet wird, dass der Verkäufer die Kosten einer durchgeführten Reparatur als kostenfreie Nachbesserung zu tragen habe,[214] oder wenn der Käufer einen auf den Mangel gestützten Schadensersatzanspruch geltend macht.[215] Die durch § 477 aufgestellte Vermutung gilt nicht, wenn sie **„mit der Art der Sache oder des Mangels unvereinbar"** ist. Mit der „Art" der Sache lässt sich die Vermutung eines Mangels im Zeitpunkt des Gefahrübergangs nicht vereinbaren, wenn es sich um leicht verderbliche Sachen handelt. Bei solchen Sachen kann nicht auf einen Mangel geschlossen werden, wenn sie in dem Zeitraum von sechs Monaten verderben. Zu Recht lehnt die hM[216] die Auffassung ab, die eine Anwendung des § 477 auf **gebrauchte Sachen** als stets mit der „Art der Sache" unvereinbar ausschließen will.[217] Mit der „Art des Mangels" ist die Vermutung aber unvereinbar bei solchen Mängeln, die als Verschleiß-

---

[210] *Lorenz* NJW 2004, 3020; *Saenger/Veltmann* ZGS 2005, 450 (451); *Reinicke/Tiedtke* KaufR Rn. 737; Bamberger/Roth/*Faust* § 476 Rn. 8 ff.; MüKoBGB/*Lorenz* § 476 Rn. 4.
[211] BGH NJW 2017, 1093 Rn. 14, 20 = JuS 2017, 357 (*Gutzeit*). Dazu *Koch* NJW 2017, 1068.
[212] EuGH NJW 2015, 2237 Rn. 53 ff. mAnm *Hübner* = JuS 2016, 459 (*Gutzeit*).
[213] Vgl. BGH NJW 2017, 1093 Rn. 55, 59 f. = JuS 2017, 357 (*Gutzeit*).
[214] BGH NJW 2009, 580 Rn. 15; vgl. dazu *Fischinger* NJW 2009, 563.
[215] BGH NJW 2017, 1093 Rn. 53 = JuS 2017, 357 (*Gutzeit*).
[216] BGH NJW 2005, 3490 (3492); OLG Köln ZGS 2004, 40; OLG Celle NJW 2004, 3566; KG ZGS 2005, 76; *Lorenz* NJW 2004, 3020 (3021); *Grohmann/Gruschinske* ZGS 2005, 452 (453).
[217] So Amtl. Begr. BT-Drs. 14/6040, 245 (r. Sp.).

erscheinungen in Folge des Gebrauchs der Sache auftreten.[218] Entsprechendes gilt für äußerliche Beschädigungen der Sache, die auch dem fachlich nicht versierten Käufer hätten auffallen müssen, wenn sie schon bei Gefahrübergang vorgelegen hätten.[219] Auf Tierkrankheiten lässt sich die Vermutung des § 477 grundsätzlich anwenden.[220] Allerdings müssen hierbei die Besonderheiten berücksichtigt werden, die sich aus der Natur des Tieres als Lebewesen ergeben und die sich dadurch erklären, dass ein Tier während seiner gesamten Lebenszeit einer ständigen Entwicklung und Veränderung seiner körperlichen und gesundheitlichen Verfassung unterliegt, die nicht nur von den natürlichen Gegebenheiten des Tieres wie Anlagen und Alter, sondern auch von seiner Ernährung, Pflege und Belastung beeinflusst werden.[221] Deshalb muss stets ein besonderes Augenmerk auf die Art und den Zeitpunkt des Ausbruchs der Erkrankung gerichtet werden.[222]

Die zugunsten des Verbrauchers wirkenden Regelungen bezwecken, seine Rechtsstellung gegenüber dem Unternehmer beim Verbrauchsgüterkauf zu verbessern. Deshalb muss sichergestellt werden, dass sich ein Unternehmer nicht durch eine für ihn günstige Gestaltung des Vertrages oder auf andere Weise den Regelungen des Verbrauchsgüterkaufs entziehen kann. Zu diesem Zweck stellt § 476 I 2 ein **Umgehungsverbot** auf. Von einer Umgehung des Käuferschutzes ist auszugehen, wenn eine vom Gesetz verbotene Regelung bei gleicher Interessenlage durch eine andere rechtliche Gestaltung erreicht werden soll, die objektiv nur den Sinn haben kann, das gesetzliche Verbot zu unterlaufen. In Bezug auf § 476 gilt dies insbesondere dann, wenn die Haftung des Verkäufers ohne wirtschaftlichen Grund verringert oder ausgeschlossen wird. Eine Umgehungsabsicht ist dabei nicht erforderlich.[223] Ein Umgehungsgeschäft stellt es zB dar, wenn der Unternehmer zum Verkauf einer Sache bewusst einen Verbraucher als Strohmann einschaltet, um damit den Regelungen der §§ 474 ff. zu entgehen.[224]

912

> **Beispiel:** Gebrauchtwagenhändler H will einen Pkw nur unter Ausschluss einer Mängelhaftung veräußern. Er bittet deshalb seinen Schwager S, als Privatmann das Fahrzeug im eigenen Namen für ihn zum Kauf anzubieten. S verkauft daraufhin den Pkw dem Facharbeiter K und schließt dabei entsprechend dem Wunsch des H die Haftung für Sachmängel aus. Wie ist die Rechtslage, wenn das verkaufte Fahrzeug bei Übergabe an den Käufer einen Sachmangel aufweist?
>
> Der Kaufvertrag ist nicht als Scheingeschäft nichtig (§ 117 I), denn das Rechtsgeschäft und die damit verbundenen Rechtsfolgen sind von den Vertragsparteien gewollt.[225] Un-

---

[218] KG ZGS 2005, 76; OLG Stuttgart ZGS 2005, 156 (157); *Grohmann/Gruschinske* ZGS 2005, 452 (454); HK-BGB/*Saenger* § 476 Rn. 4.
[219] BGH NJW 2005, 3490 (3492); zust. *Witt* NJW 2005, 3468 (3469); *Grohmann/Gruschinske* ZGS 2005, 452 (454).
[220] BGH NJW 2006, 2250 (2252f.); 2007, 2619; *Reinicke/Tiedtke* KaufR Rn. 739; grds. abl. dagegen Amtl. Begr. BT-Drs. 14/6040, 245 (r. Sp.).
[221] BGH NJW 2006, 2250 Rn. 27; beachte hierzu die Fortgeschrittenenklausur bei *Lindacher/Hau* Fälle BGB AT Nr. 14.
[222] Palandt/*Weidenkaff* § 476 Rn. 11; HK-BGB/*Saenger* § 476 Rn. 4.
[223] OLG Celle ZGS 2007, 79 mN.
[224] Vgl. dazu BGH NJW 2007, 759 mAnm *Bruns*; BGH NJW-RR 2013, 687. Vgl. nunmehr auch EuGH NJW 2017, 874.
[225] BGH NJW-RR 2013, 687 Rn. 14.

wirksam ist nur die Vereinbarung über den Ausschluss einer Haftung für Sachmängel, wenn es sich bei dem Verkauf des Pkw durch S um einen Verbrauchsgüterkauf handelt. Die Unwirksamkeit ergibt sich dann aus § 476 I 1, weil der Haftungsausschluss dazu führt, dass die Rechte des K als Käufer verkürzt werden. Obwohl S kein Unternehmer ist, könnte man daran denken, ihn als solchen zu behandeln, weil S ganz offensichtlich nur deshalb als Verkäufer auftritt, um eine Haftung des H zu vermeiden. Eine solche Lösung hätte zur Folge, dass der Haftungsausschluss unwirksam wäre und K Ansprüche wegen des Mangels gegen S geltend machen könnte.[226] Diese Lösung wird jedoch vom BGH verworfen, der es ausschließt, dass ein Umgehungsgeschäft dazu führt, einen Verbraucher als Unternehmer zu behandeln. Vielmehr will das Gericht in einem solchen Fall den Hintermann, hier also H, als eigentlichen Verkäufer ansehen, sodass K Rechte wegen des Mangels gegen H geltend machen kann.[227]

913 Weitere in der Praxis vorkommende Arten einer Umgehung sind der Missbrauch von **Agenturverträgen** und sachwidrige Beschaffenheitsvereinbarungen. Im ersten Fall gibt ein Händler vor, das Geschäft nicht selbst zu schließen, sondern lediglich als Vermittler für einen Verbraucher zu handeln. Vor allem im Kraftfahrzeughandel kommen Agenturverträge häufig vor und werden keinesfalls stets zur Umgehung kaufrechtlicher Regelungen geschlossen. Ein Agenturgeschäft wird nur dann zur Umgehung missbraucht, wenn dadurch ein Eigengeschäft des Unternehmers verschleiert werden soll. Als Abgrenzungskriterium ist das geschäftliche Risiko zu wählen.[228]

> **Beispiel:** Händler H verkauft E einen Neuwagen und nimmt den bisher von E gefahrenen Pkw in Zahlung. Für das gebrauchte Fahrzeug setzt er einen genauen Betrag fest, den er auf den Kaufpreis des neuen Fahrzeugs anrechnet. In diesem Fall trägt H das Risiko, dass er den für den Gebrauchtwagen des E angesetzten Betrag bei der Weiterveräußerung erlöst. Würde in diesem Fall H „im Kundenauftrag" das in Zahlung genommene Fahrzeug veräußern, könnte die von ihm gewählte Form des Agenturgeschäfts keine Anerkennung finden, denn bei wirtschaftlicher Betrachtung hat H das gebrauchte Fahrzeug des E angekauft und verkauft es nunmehr weiter. H ist deshalb als Verkäufer anzusehen und seine Eigenschaft als Unternehmer führt folglich dazu, dass die Vorschriften über den Verbrauchsgüterkauf anzuwenden sind.[229]

914 Auch bei **Beschaffenheitsvereinbarungen** kann nur dann von einer Umgehung ausgegangen werden, wenn sie dazu dienen sollen, die Haftung des Verkäufers in unzulässiger Weise einzuschränken oder auszuschließen. Wird ein Gebrauchtwagen als „Bastlerfahrzeug" verkauft, obwohl es nach den Vorstellungen der Vertragsparteien nicht zum Ausschlachten bestimmt ist, sondern normalen Zwecken dienen soll,[230] so kann sich der Verkäufer auf diese Weise nicht einer Haftung für Sachmängel entzie-

---

[226] So MüKoBGB/*Lorenz* § 475 Rn. 36.
[227] BGH NJW-RR 2013, 687 Rn. 15; NJW 2007, 759 Rn. 15 = JuS 2007, 588 *(Faust);* ebenso OLG Celle ZGS 2007, 79.
[228] BGH NJW 2005, 1039 (1040) = JuS 2005, 561 *(Emmerich);* OLG Stuttgart NJW 2004, 2169 (2170); *Faust* JuS 2007, 588 (589); *Brox/Walker* SchuldR BT § 7 Rn. 7.
[229] So die der Auffassung des BGH NJW 2007, 759 (760) entsprechende Lösung; zu anderen Lösungsvorschlägen vgl. *Katzenmeier* NJW 2004, 2632 (2633).
[230] So in dem vom OLG Oldenburg ZGS 2004, 75 entschiedenen Fall; vgl. dazu *Looschelders* SchuldR BT Rn. 266.

II. Kauf

hen. Es kommt in diesen Fällen darauf an, ob die Beschaffenheitsvereinbarung von dem wirklichen Zustand der Kaufsache in erheblichem Umfang negativ abweicht, um auf diese Weise das Risiko von Sachmängeln auf den Käufer abzuwälzen.[231] Ist dies der Fall, wird eine Beschaffenheit geschuldet, wie sie für einen entsprechenden Kaufgegenstand üblich ist.

Für **Garantien** (→ Rn. 880 ff.), die im Rahmen eines Verbrauchsgüterkaufs vom Unternehmer abgegeben werden, stellt § 479 Sonderbestimmungen auf, die dem Schutz des Verbrauchers dienen. So muss die Garantieerklärung einfach und verständlich abgefasst werden. Dazu gehört vor allem, dass sie sich einer dem Verbraucher verständlichen Sprache bedient (keine Fremdsprache oder „Fachchinesisch"). Durch das Erfordernis eines Hinweises auf die gesetzlichen Rechte des Verbrauchers und einer Erklärung, dass diese Rechte nicht durch die Garantie eingeschränkt werden, soll dem Verbraucher die Erkenntnis vermittelt werden, dass die Garantie ein zusätzliches Leistungsversprechen erfüllt und dass daneben die gesetzlichen Rechte dem Verbraucher ungeschmälert zustehen. Außerdem muss dem Verbraucher durch die Garantieerklärung dargelegt werden, welche Rechte er durch die Garantie erwirbt. Auf Verlangen des Verbrauchers ist die Garantieerklärung nach § 479 II in Textform (vgl. § 126b; → Rn. 66) mitzuteilen. Die Verletzung der in § 479 I und II aufgestellten Bestimmungen führt nicht etwa zur Unwirksamkeit der Garantieverpflichtung; weil eine solche Rechtsfolge für den Verbraucher ungünstig wäre, wird sie durch § 479 III ausgeschlossen. Da jedoch durch Nichtbeachtung der Regelung des § 479 der Unternehmer eine Pflichtverletzung begeht, kann er sich nach § 280 I schadensersatzpflichtig machen. 915

Der durch § 445a geschaffenen **Rückgriffsmöglichkeit des Verkäufers** bei neu hergestellten Sachen (→ Rn. 853a) kommt beim Verbrauchsgüterkauf besondere Bedeutung zu. Denn häufig wird der Unternehmer, der wegen eines Mangels der Kaufsache in Anspruch genommen wird, seinerseits die Sache in einer **Lieferkette** von einem anderen Händler oder dem Hersteller erworben haben. Dann kann er auf der Grundlage des § 445a von demjenigen, der ihm die Sache verkauft hat, Ersatz der Aufwendungen verlangen, die er im Verhältnis zum Käufer nach § 439 II und III sowie § 475 IV und VI zu tragen hatte. Ist der letzte Vertrag in der Lieferkette ein Verbrauchsgüterkauf, dann gilt gem. § 478 I[232] die für das Geltendmachen eines Mangels zu beachtende Beweisregelung des § 477 (→ Rn. 910 f.) zu Gunsten des Unternehmers. Zu weiteren Besonderheiten für den Unternehmer beim Verbrauchsgüterkauf vgl. § 478 II und III. 916

Die Regelung der Rückgriffsrechte nach § 478 iVm § 445a findet auch Anwendung auf Kaufverträge, die innerhalb einer **Lieferkette** vom Lieferanten des Unternehmers oder von **weiteren Vor-Verkäufern** geschlossen worden sind, soweit der in Anspruch genommene Verkäufer Unternehmer ist (§ 478 III). Die Kaufverträge zwischen dem Unternehmer und seinem Lieferanten stellen in gleicher Weise wie die zwischen anderen Gliedern der Lieferkette geschlossenen Verträge **Handelskäufe** dar und unterliegen daher den dafür geltenden Vorschriften des HGB. In § 445a IV wird dies aus- 917

---

[231] *Reinicke/Tiedtke* KaufR Rn. 753.
[232] Neugefasst durch Gesetz v. 28.4.2017 zur Reform des Bauvertragsrechts (BGBl. 2017 I 969).

III. Darlehensvertrag

1. Überblick

918 Nach der gesetzlichen Regelung ist zu unterscheiden zwischen dem **Darlehensvertrag** (geregelt in §§ 488–505) und dem **Sachdarlehensvertrag** (geregelt in §§ 607–609). Während der Darlehensvertrag die Verpflichtung des Darlehensgebers begründet, dem Darlehensnehmer einen Geldbetrag in der vereinbarten Höhe zur Verfügung zu stellen (§ 488 I 1), ist der Sachdarlehensvertrag darauf gerichtet, dem Darlehensnehmer eine vereinbarte vertretbare Sache zu überlassen (§ 607 I 1). Innerhalb des Darlehensrechts gelten Sonderregeln für den **Verbraucherdarlehensvertrag** (zum Begriff vgl. § 491 I).[234] Einzelne Vorschriften des Verbraucherdarlehensrechts sind auch auf den **Zahlungsaufschub und sonstige Finanzierungshilfen** (§ 506 I), auf **Finanzierungsleasingverträge** (§ 506 II) und auf **Teilzahlungsgeschäfte** (§ 507) anzuwenden (dazu *Musielak/Hau* EK BGB Rn. 210 ff.). Für **Darlehensvermittlungsverträge** zwischen einem Unternehmer und einem Verbraucher sind §§ 655a–655e zu beachten.

2. Pflichten beim Darlehensvertrag

919 § 488 I benennt die sich aus dem Darlehensvertrag ergebenden Hauptleistungspflichten. Danach besteht die **Pflicht des Darlehensgebers** darin, dem Darlehensnehmer einen Geldbetrag in der vereinbarten Höhe zur Verfügung zu stellen. Der Begriff „Geldbetrag" bringt zum Ausdruck, dass der Darlehensgeber nicht etwa zur Überlassung bestimmter Geldwertzeichen (Geldscheine oder -münzen), sondern lediglich zur wertmäßigen Verschaffung des Geldbetrages verpflichtet ist.[235] Wie diese Pflicht erfüllt wird, richtet sich nach den vertraglichen Vereinbarungen und den Besonderheiten des Einzelfalles. So kann ein Darlehen nicht nur durch Überweisung des entsprechenden Geldbetrages auf das Konto des Darlehensnehmers oder durch Übergabe von Bargeld zur Verfügung gestellt werden, sondern zB auch durch Einräumung eines Überziehungskredits durch eine Bank (vgl. §§ 504, 505). Die **Pflichten des Darlehensnehmers** bestehen darin, einen vereinbarten Zins zu zahlen und bei Fälligkeit das Darlehen, dh einen Geldbetrag in der gewährten Höhe, zurückzuerstatten.

---

[233] Beachte zur Untersuchungs- und Rügepflicht etwa BGH NJW 2016, 2645.
[234] Zu Einzelheiten vgl. *Musielak/Hau* EK BGB Rn. 206 ff. sowie die Grundfälle bei *Janal/Marschner* JURA 2017, 367.
[235] Amtl. Begr. BT-Drs. 14/6040, 253 (l. Sp.).

III. Darlehensvertrag

Ist der Darlehensnehmer nach dem Darlehensvertrag, wie regelmäßig, dazu verpflichtet, **Zinsen** zu zahlen, so handelt es sich um einen **synallagmatischen Vertrag**. Wird das Darlehen hingegen unentgeltlich gewährt, liegt ein unvollkommen zweiseitig verpflichtender Vertrag vor (→ Rn. 119 ff.). **920**

Die Fälligkeit eines verzinslichen Darlehens, für dessen Rückerstattung kein Termin bestimmt ist, hängt gem. § 488 III 1 von der **Kündigung** ab. Die Kündigungsfrist beträgt nach § 488 III 2 drei Monate; diese Frist kann allerdings vertraglich geändert werden. In Fällen, in denen die Kündigung nicht ausdrücklich erklärt worden ist, kann sie dem Rückzahlungsbegehren durch Auslegung zu entnehmen sein. Zinslose Darlehen können vom Schuldner auch ohne Kündigung rückerstattet werden (§ 488 III 3). Hingegen kann der Darlehensgeber das zinslose Darlehen erst bei Fälligkeit zurückfordern; insoweit besteht kein Unterschied für ihn zwischen verzinstem und zinslosem Darlehen. **921**

Ist für ein Darlehen ein fester Zinssatz für einen bestimmten Zeitraum vereinbart worden (sog. **festverzinsliches Darlehen**), kann der Darlehensnehmer bei Erfüllung der in § 489 I genannten Voraussetzungen ganz oder teilweise kündigen. In diesem Fall muss jedoch der Darlehensnehmer den geschuldeten Betrag binnen zwei Wochen nach Wirksamwerden der Kündigung zurückzahlen, weil anderenfalls die Kündigung als nicht erfolgt gilt (§ 489 III). Das Kündigungsrecht des Darlehensnehmers ist nach § 489 IV 1 unabdingbar. In § 490 I ist ein **außerordentliches Kündigungsrecht** des Darlehensgebers für den Fall der Vermögensverschlechterung oder Wertminderung einer für das Darlehen gestellten Sicherheit und in § 490 II ein außerordentliches Kündigungsrecht des Darlehensnehmers bei Darlehen geregelt, die durch ein Grundpfandrecht (Hypothek, Grundschuld oder Rentenschuld) oder durch ein Schiffspfandrecht gesichert sind, wenn seine berechtigten Interessen dies gebieten. Ordentliche Kündigungsrechte bleiben daneben bestehen. **922**

3. Sachdarlehensvertrag

Gegenstand des in §§ 607–609 geregelten Sachdarlehensvertrages sind vertretbare Sachen iSv § 91. Der Darlehensgeber wird verpflichtet, dem Darlehensnehmer die vertraglich bestimmten Sachen zu überlassen, während der Darlehensnehmer verpflichtet ist, bei Fälligkeit Sachen gleicher Art, Güte und Menge zurückzuerstatten und bei einem entgeltlichen Sachdarlehen das Darlehensentgelt zu zahlen (§ 607 I). Entsprechend dem auf Geld gerichteten Darlehensvertrag (→ Rn. 920) ist der entgeltliche Sachdarlehensvertrag ein synallagmatischer Vertrag, der unentgeltliche hingegen ein unvollkommen zweiseitig verpflichtender Vertrag. **923**

Von der **Miete** iSv § 535 unterscheidet sich der entgeltliche Sachdarlehensvertrag dadurch, dass bei ihm der Vertragsgegenstand durch Übereignung endgültig in das Vermögen des Darlehensnehmers übergeht und die Rückerstattungspflicht sich nicht auf den übergebenen Gegenstand, sondern auf Sachen gleicher Art, Güte und Menge bezieht. Demgegenüber bleibt bei der Miete der Vermieter Eigentümer der Mietsache, die er dem Mieter lediglich zum Gebrauch überlässt und die dieser nach Ablauf der Mietzeit zurückzugeben verpflichtet ist. Entsprechendes gilt für die Abgrenzung des unentgeltlichen Sachdarlehensvertrages von der **Leihe iSv § 598**, die sich von der Miete dadurch unterscheidet, dass bei ihr die Gebrauchsüberlassung unentgeltlich erfolgt. **924**

Beispiel: „Leiht" sich ein Student von seinem Wohnheimnachbar zum Kuchenbacken drei Eier sowie ein Handrührgerät, so wird hinsichtlich der Eier ein (unentgeltlicher) Sachdarlehensvertrag und hinsichtlich des Handrührgeräts ein Leihvertrag geschlossen; denn nach Gebrauch soll gerade das überlassene Handrührgerät wieder zurückgegeben werden (vgl. § 604 I), während der „Entleiher" die Eier verbrauchen und sich später mit der Leistung von drei anderen Eiern gleicher Art und Güte „revanchieren" soll.

IV. Mietvertrag

1. Überblick

925 Durch den Mietvertrag verpflichtet sich der Vermieter, dem Mieter den Gebrauch einer Sache auf Zeit zu gewähren (§ 535 I), während sich der Mieter verpflichtet, dem Vermieter die vereinbarte Miete zu zahlen (§ 535 II).[236] Die Leistungen beider Parteien stehen in einem Abhängigkeitsverhältnis zueinander; es handelt sich also bei der Miete um einen synallagmatischen Vertrag. **Gegenstand eines Mietvertrages** kann sowohl eine bewegliche Sache (Beispiel: Miete eines Kraftfahrzeuges) wie auch eine unbewegliche Sache sein (Beispiel: Miete eines bebauten oder unbebauten Grundstücks, einer Wohnung oder eines Gewerberaums). Dagegen können Rechte nicht vermietet, wohl aber verpachtet werden (vgl. § 581). Das **Entgelt für die Gebrauchsüberlassung** besteht regelmäßig in einer Geldleistung (sog. Mietzins bzw. Miete). Als Miete kann aber auch eine bestimmte Menge vertretbarer Sachen iSv § 91 vereinbart werden. Die unentgeltliche Gebrauchsüberlassung heißt **Leihe** (vgl. § 598).

926 Regelungssystematisch untergliedert sich das Mietrecht des BGB in die für sämtliche Mietverträge geltenden allgemeinen Vorschriften (§§ 535–548), sodann in eingehende Regelungen zum Wohnraummietrecht (§§ 549–577a) und schließlich in recht knappe Vorschriften für alle sonstigen beweglichen oder unbeweglichen Mietobjekte (§§ 578–580a), wobei die wohnraummietrechtlichen Vorschriften teils für entsprechend anwendbar erklärt, teils modifiziert werden. Besondere volkswirtschaftliche Bedeutung hat das **Wohnraummietrecht**. Dass es sich dabei um ein Sondergebiet des Verbraucherschutzrechts handelt, zeigt sich schon daran, dass die einschlägigen Vorschriften zugunsten des Mieters zwingend ausgestaltet sind (vgl. etwa §§ 536 IV, 551 IV).

927 Der Mietvertrag kann **grundsätzlich formfrei** geschlossen werden. Nur Mietverträge über Wohnraum (§ 550), über Räume, die keine Wohnräume sind (§ 578 II) und über Grundstücke (§ 578 I), die für längere Zeit als ein Jahr geschlossen werden, bedürfen der schriftlichen **Form**. Die Schriftform ist nur gewahrt, wenn sich die Einigung über alle wesentlichen vertraglichen Punkte, insbesondere über den Mietgegenstand, den Mietzins und die Dauer des Mietverhältnisses, aus einer von beiden

---

[236] Einführend etwa *Löhnig/Gietl* JuS 2011, 107 und 202.

IV. Mietvertrag

Parteien unterzeichneten Urkunde ergibt.²³⁷ Wird die Form nicht beachtet, so ist der Vertrag, abweichend von § 125, nicht etwa nichtig, sondern gilt als für unbestimmte Zeit geschlossen (vgl. § 550 S. 1) und ist damit ordentlich kündbar (vgl. § 542). Das Schriftformgebot dient insbesondere der Beweisbarkeit langfristiger Abreden.²³⁸

2. Pflichten der Vertragsparteien

Die **Hauptleistungspflicht des Vermieters** besteht darin, dem Mieter den Gebrauch der vermieteten Sache während der Mietzeit zu gewähren (§ 535 I 1). In dieser Hauptleistungspflicht ist eingeschlossen, dass der Vermieter die vermietete Sache dem Mieter in einem zu dem vertragsmäßigen Gebrauch geeigneten Zustand zu überlassen und sie während der Mietzeit in diesem Zustand zu erhalten hat (§ 535 I 2). Neben der Gebrauchsüberlassungs- und Gebrauchserhaltungspflicht als Hauptleistungspflichten treffen den Vermieter noch eine Reihe von Nebenpflichten, die teils ausdrücklich im Gesetz aufgeführt werden (vgl. zB § 539), teils dem Vertrag zu entnehmen sind, wie leistungssichernde Nebenpflichten und Schutzpflichten (→ Rn. 233 f., 563 ff.). 928

Die **Hauptleistungspflicht des Mieters** besteht darin, dem Vermieter die vereinbarte Miete zu entrichten (§ 535 II). Die Miete kann als einmalige Leistung oder nach Ablauf einzelner Zeitabschnitte zu erbringen sein. Bei Mietverhältnissen über Wohnraum ist die Miete zu Beginn, spätestens bis zum dritten Werktag der einzelnen Zeitabschnitte zu entrichten, nach denen sie bemessen ist (§ 556b I iVm § 549 I). Wird die Miete überwiesen, soll hierfür nicht maßgeblich sein, dass sie bereits am dritten Werktag auf dem Konto des Vermieters eingegangen ist; vielmehr soll es genügen, dass der Mieter seinem Zahlungsdienstleister den Zahlungsauftrag (§ 675f III 2, § 675n I) für die Überweisung bis zum dritten Werktag des Monats erteilt und sein Konto ausreichend gedeckt ist.²³⁹ Für Mietverhältnisse über andere Räume gilt § 556b I entsprechend (§ 579 II). Die Miete für ein Grundstück und für bewegliche Sachen ist nach § 579 I am Ende der Mietzeit oder nach Ablauf der einzelnen Zeitabschnitte zu zahlen. In der Praxis ist es aber üblich, diese Vorschrift abzubedingen und eine Vorleistungspflicht des Mieters vorzusehen. Auch dem Mieter obliegen eine Reihe von Nebenpflichten. So hat er sich in den Grenzen des vertragsgemäßen Gebrauchs der Mietsache zu halten, muss bei ihrem Gebrauch sorgsam und schonend mit ihr verfahren und darf ohne Erlaubnis des Vermieters die Mietsache nicht Dritten zum Gebrauch überlassen. Diese Pflichten ergeben sich teils ausdrücklich, teils durch Rückschluss aus der gesetzlichen Regelung (vgl. §§ 538, 540, 543 II Nr. 2). Entsteht im Rahmen eines Mietverhältnisses über Wohnraum für den Mieter nach Abschluss des Mietvertrages ein berechtigtes Interesse, einen Teil des Wohnraums einem Dritten zum Gebrauch zu überlassen, so kann er von dem Vermieter die Erlaubnis hierzu verlangen, es sei denn, in der Person des Dritten findet sich ein wichtiger Grund gegen die Gebrauchsüberlassung, der Wohnraum ist übermäßig belegt oder dem Vermieter ist die Überlassung aus sonstigen Gründen nicht zuzumuten 929

---

237 BGH NJW 2008, 2181 Rn. 24.
238 Vgl. BGH NJW 2008, 2178 auch zu weiteren Zwecken des Schriftformgebots.
239 BGH NZM 2017, 120 (121 f.) = JuS 2017, 466 (*Emmerich*).

(§ 553 I).²⁴⁰ Durch eine Untervermietung ohne Erlaubnis des Vermieters begeht der Mieter auch dann eine Vertragsverletzung, wenn er einen Anspruch auf Erteilung der Erlaubnis hat.²⁴¹

930 Erfüllt der Vermieter seine Pflicht zur Überlassung und zur Erhaltung der Mietsache nicht oder nur schlecht, ist hinsichtlich der sich ergebenden Rechtsfolgen zu unterscheiden: Ergibt sich die Pflichtverletzung aus einem **Sach- oder Rechtsmangel** der Mietsache, stehen dem Mieter die Rechte nach §§ 536 ff. zu.²⁴² Soweit diese Vorschriften eingreifen, gehen sie den allgemeinen Vorschriften über Leistungsstörungen vor.

931 Dem Mangel iSd § 536 I 1 wird durch § 536 II das Fehlen oder der Wegfall einer **zugesicherten Eigenschaft** gleichgestellt.²⁴³ Eine Eigenschaft ist als zugesichert anzusehen, wenn der Vermieter vertraglich die Gewähr für das Vorhandensein der Eigenschaft übernimmt und damit verspricht, verschuldensunabhängig für alle Folgen einzustehen, die bei Fehlen der Eigenschaft eintreten. Wegen der haftungsrechtlichen Folgen für den Vermieter sind bei der Entscheidung darüber, ob in einer Erklärung eine Zusicherung zu sehen ist, strenge Anforderungen zu stellen.²⁴⁴ Der Begriff der Eigenschaft ist im gleichen Sinn zu verstehen wie im Rahmen der Beschaffenheitsvereinbarung im Kaufrecht (→ Rn. 799 ff.). Dem Mieter steht unter den in § 536a II genannten Voraussetzungen das Recht zu, den **Mangel selbst zu beseitigen** und Ersatz der dafür erforderlichen Aufwendungen zu verlangen. Beseitigt der Mieter jedoch den Mangel eigenmächtig, ohne dass die Voraussetzungen des § 536a II erfüllt sind, so kann er die Aufwendungen zur Mangelbeseitigung weder nach § 539 I noch als Schadensersatz nach § 536a I vom Vermieter ersetzt verlangen.²⁴⁵

932 Wenn bereits ein Mangel im Zeitpunkt des Vertragsschlusses vorhanden war, haftet der Vermieter dafür verschuldensunabhängig (§ 536a I Var. 1). Der Vermieter übernimmt also eine **Garantie für den mangelfreien Zustand der Mietsache im Zeitpunkt des Vertragsschlusses**.²⁴⁶ Der Mieter soll dadurch in seinem Vertrauen geschützt werden, dass er bei vertragsmäßigem Gebrauch der Mietsache keinen Schaden erleidet. Allerdings ist § 536a I (auch formularmäßig) abdingbar (vgl. aber § 536d).²⁴⁷ Der Schadensersatzanspruch nach § 536a umfasst auch Mangelfolgeschäden, also die durch den Mangel an den Rechtsgütern des Mieters verursachten Schäden.

> **Beispiel:** V vermietet M eine Neubauwohnung. Als A, der in der Familie lebende Großvater des M, ein großes Fenster öffnen will, fällt es ihm entgegen. Dabei wird A erheblich verletzt und eine wertvolle Vase des M zerstört. Es stellt sich heraus, dass der Unfall auf einen Materialfehler des Fensters zurückzuführen ist, den weder V noch der

---

²⁴⁰ BGH NJW 2014, 2717 = JuS 2015, 171 (*Emmerich*).
²⁴¹ BGH NJW 2011, 1065 Rn. 20.
²⁴² Einführend *Lorenz/Eichhorn* JuS 2014, 783.
²⁴³ Diese aus dem früheren Recht übernommene Regelung harmoniert nicht mit der Schuldrechtsmodernisierung; dazu *Hau* JuS 2003, 130 (133).
²⁴⁴ Bamberger/Roth/*Ehlert* § 536 Rn. 70.
²⁴⁵ BGH NJW 2008, 1216 = JuS 2008, 462 (*Faust*).
²⁴⁶ Näher etwa *Hau* JuS 2003, 130 (132 f.).
²⁴⁷ BGH NJW-RR 1991, 74; NJW 2002, 3232.

IV. Mietvertrag

das Fenster montierende Handwerker erkennen konnte. A und M verlangen Ersatz ihrer Schäden. Als Grundlage für den Schadensersatzanspruch des M kommt § 536a I Var. 1 in Betracht. Das schadhafte Fenster stellt einen Mangel der Mietwohnung dar, der die Tauglichkeit zu dem vertragsgemäßen Gebrauch nicht unerheblich mindert (vgl. § 536 I). Der Mangel war auch schon bei Abschluss des Mietvertrages vorhanden. Bei dem von M geltend gemachten Schaden handelt es sich um einen solchen, der infolge des Mangels an einem Rechtsgut des Mieters eingetreten ist, nämlich am Eigentum an der Vase. Wie ausgeführt, umfasst der Schadensersatzanspruch nach § 536a I auch derartige Mangelfolgeschäden, sodass es nicht darauf ankommt, ob M den Mangel hat erkennen können.[248]

A ist nicht Vertragspartner des V. Dennoch kann er seinen Schadensersatz auf § 536a I stützen. Denn der Schutz, der durch diese Vorschrift gewährt wird, gilt auch zugunsten solcher Personen, die die Leistung des Vermieters (für diesen erkennbar) in gleicher Weise in Anspruch nehmen wie der Gläubiger.[249] Dies sind insbesondere bei einem Mietvertrag über eine Wohnung die in der Familie des Mieters lebenden Angehörigen und die bei ihm Beschäftigten.[250] Grundlage für die Ausdehnung dieses sich aus § 536a I ergebenden Schutzes ist die Lehre von den vertraglichen Schutzwirkungen zugunsten Dritter (dazu Einzelheiten später).

§§ 536, 536a I betreffen auch falsche Angaben oder unterlassene Informationen des Vermieters über Eigenschaften der Mietsache und **gehen** insoweit **Schadensersatzansprüchen aus c. i. c.** vor.[251] Der Ausschluss der c. i. c. durch die mietrechtliche Mängelhaftungsregelung gilt jedoch nur, wenn es zur Überlassung der Mietsache gekommen ist. Denn die §§ 536, 536a sind erst anwendbar, wenn die Mietsache übergeben worden ist. Außerdem wird der Ausschluss von Ansprüchen wegen c. i. c. auf Fälle beschränkt, in denen der Vermieter bei den Vertragsverhandlungen fahrlässig unrichtige Angaben über die Beschaffenheit der Mietsache gemacht hat. Handelt der Vermieter hingegen arglistig, weiß er also, dass seine Informationen falsch sind (→ Rn. 421), so kann der Mieter neben den Ansprüchen aus dem Mietrecht auch Schadensersatzansprüche aus c. i. c. geltend machen.[252] 933

Der Vermieter von Wohnraum (§ 549 I), anderen Räumen (§ 578 II iVm I) und Grundstücken (§ 578 I) hat nach § 562 I für seine Forderungen aus dem Mietverhältnis ein **Pfandrecht an den eingebrachten Sachen des Mieters,** soweit diese der Pfändung unterliegen (vgl. §§ 811 ff. ZPO[253]). Eingebracht sind alle dem Mieter gehörenden Sachen, die mit seinem Willen nicht nur vorübergehend in die gemieteten Räume gebracht worden sind. Das Einbringen ist eine rein tatsächliche Handlung, die keine Geschäftsfähigkeit voraussetzt.[254] Stehen die Sachen nur im Miteigentum des Mieters, erfasst das Vermieterpfandrecht den Miteigentumsanteil.[255] Hat der Mieter eine Sache unter Eigentumsvorbehalt erworben und den Kaufpreis noch nicht 934

---

[248] BGH NJW-RR 1991, 74; NJW 2002, 3232.
[249] OLG Rostock NJW-RR 2007, 1092.
[250] BGH NJW 2010, 3152 Rn. 19 = JuS 2011, 550 (*Faust*) = JA 2011, 146 (*Looschelders*).
[251] OLG Rostock NJW-RR 2007, 1092 (1093); Bamberger/Roth/*Ehlert* § 536a Rn. 7. AA MüKoBGB/*Häublein* Vor § 536 Rn. 23: Anspruchskonkurrenz.
[252] BGH NJW 1997, 2813 (2814).
[253] Dazu *Musielak/Voit* GK ZPO Rn. 1164 ff.
[254] *Brox/Walker* SchuldR BT § 11 Rn. 47.
[255] MüKoBGB/*Artz* § 562 Rn. 15.

vollständig gezahlt, sodass das Eigentum noch dem Verkäufer zusteht (→ Rn. 889 f.), so unterliegt das dem Mieter zustehende Anwartschaftsrecht (→ Rn. 899) dem Vermieterpfandrecht. Dieses setzt sich nach vollständiger Zahlung des Kaufpreises an der Sache fort.[256] Das Vermieterpfandrecht erlischt gem. § 562a mit der Entfernung der Sachen vom Grundstück des Vermieters, wenn dies mit Wissen und ohne Widerspruch des Vermieters geschieht.[257] Der Vermieter kann nicht widersprechen, wenn die Entfernung den gewöhnlichen Lebensverhältnissen entspricht und die zurückbleibenden Sachen zur Sicherung des Vermieters offenbar ausreichen. Ist der Vermieter berechtigt, der Entfernung der Sachen zu widersprechen, so steht ihm unter den Voraussetzungen des § 562b ein Selbsthilferecht und ein Herausgabeanspruch zu. Dem Mieter ist es gestattet, durch Sicherheitsleistung die Geltendmachung des Pfandrechts des Vermieters abzuwenden (§ 562c). Das Vermieterpfandrecht erlischt ferner, wenn die eingebrachte Sache einem Dritten übereignet wird und dieser das Vermieterpfandrecht weder kennt noch seine Unkenntnis auf grober Fahrlässigkeit beruht (§ 936).[258]

3. Beendigung des Mietverhältnisses

935 Kommt der Mieter mit der Zahlung des von ihm zu entrichtenden Mietzinses in Verzug, kann der Vermieter unter den in § 543 I iVm II 1 Nr. 3 aufgeführten Voraussetzungen den Vertrag ohne Einhaltung einer Kündigungsfrist **kündigen** (vgl. aber auch § 569 III iVm § 549 II).[259] Diese Regelung schließt ein Rücktrittsrecht nach § 323 aus. Wenn der Mieter durch Vernachlässigung der ihm obliegenden Sorgfalt die Mietsache erheblich gefährdet oder sie unbefugt einem Dritten überlässt, kann der Vermieter das Mietverhältnis fristlos kündigen, sofern die in § 543 III genannten Voraussetzungen erfüllt sind. Daneben kommen ein Anspruch nach § 280 sowie ein Unterlassungsanspruch nach § 541 in Betracht. Die Ausübung des Kündigungsrechts ist nicht befristet, sodass der Vermieter auch mehrere Monate nach Kenntnis des Kündigungsgrundes kündigen kann. § 314 III, der die Kündigung von Dauerschuldverhältnissen aus wichtigem Grund auf eine angemessene Frist begrenzt, gilt nicht für die fristlose Kündigung eines Mietverhältnisses gem. §§ 543, 569.[260] Eine gegenteilige Auffassung würde dazu führen, ein für den Mieter günstiges Zuwarten auszuschließen und dazu zwingen, zur Vermeidung eigener Nachteile frühestmöglich eine fristlose Kündigung auszusprechen. Ist im Mietvertrag eine bestimmte Mietzeit vereinbart worden, endet das Mietverhältnis regelmäßig mit Ablauf dieser Zeit (vgl. § 542 II). Ist dagegen die Mietzeit nicht festgelegt worden, kann jeder Vertragspartner das **Mietverhältnis nach den gesetzlichen Vorschriften kündigen** (§ 542 I). Es gibt drei verschiedene Arten von Kündigungen (→ Rn. 700 ff.):

---

[256] *Looschelders* SchuldR BT Rn. 473.
[257] *Alexander* JuS 2014, 1 (5).
[258] Zu weiteren Erlöschenstatbeständen vgl. MüKoBGB/*Artz* § 562a Rn. 1 ff.
[259] Näher zur Zahlungsverzugskündigung *Harke* NZM 2016, 449.
[260] BGH NJW 2016, 3720 Rn. 13 ff. = JuS 2017, 69 (*Emmerich*).

IV. Mietvertrag

- die ordentliche,
- die außerordentliche befristete und
- die außerordentliche fristlose Kündigung.

Für die ordentliche Kündigung bei Mietverhältnissen über Grundstücke, über Räume, die keine Wohnräume sind, und über bewegliche Sachen sind die Kündigungsfristen des § 580a zu berücksichtigen. Die außerordentliche befristete Kündigung gibt einem Vertragspartner das Recht, ein Mietverhältnis, das für eine längere Zeit eingegangen wurde oder bei dem längere Kündigungsfristen vereinbart worden sind, unter Einhaltung der gesetzlichen Kündigungsfristen zu beenden (vgl. §§ 544, 561, 563 IV, 564, 575a, 580). Durch die außerordentliche fristlose Kündigung wird das Mietverhältnis sofort beendet (vgl. §§ 543, 569). **936**

Für die **Wohnraummiete** ist das Recht des Vermieters zur Kündigung stark eingeschränkt (vgl. §§ 568 ff. iVm § 549). Bei einem Mietverhältnis, das auf unbestimmte Zeit eingegangen ist, steht dem Vermieter gem. § 573 ein ordentliches Kündigungsrecht nur zu, wenn er ein berechtigtes Interesse an der Beendigung des Mietverhältnisses hat. In § 573 II werden beispielhaft Gründe genannt, aus denen ein berechtigtes Interesse anzuerkennen ist. Insbesondere die nicht unerhebliche schuldhafte Verletzung vertraglicher Pflichten durch den Mieter begründet ein solches Interesse. Das Verschulden eines Erfüllungsgehilfen ist dem Mieter nach § 278 zuzurechnen.[261] **937**

Nach Beendigung des Mietverhältnisses muss der Mieter die Mietsache zurückgeben (§ 546 I). Bemerkenswert ist, dass das Gesetz einen entsprechenden **Herausgabeanspruch** unter den Voraussetzungen von § 546 II gegen Dritte vorsieht, die nicht Vertragspartei sind (ebenso § 604 IV für die Leihe). Das Herausgabeverlangen kann auch auf sonstige Vorschriften gestützt werden, so auf § 985, wenn der Vermieter Eigentümer der Mietsache ist. Gibt der Mieter die gemietete Sache entgegen § 546 nicht zurück, kann der Vermieter nach § 546a für die Dauer der Vorenthaltung eine **Entschädigung** in Höhe entweder des vereinbarten oder des ortsüblichen Mietzinses verlangen. **938**

Einschub: Leasing

Im Zusammenhang mit der Miete soll kurz auf das **Leasing** eingegangen werden. Der Leasingvertrag ist ein nach amerikanischen Vorbildern entwickelter Vertragstyp.[262] Hierbei können trotz der Mannigfaltigkeit vertraglicher Ausgestaltungen in der Praxis zwei wesentliche Arten unterschieden werden: Beim sog. **Operating-Leasing** wird dem Leasingnehmer vom Leasinggeber eine Sache gegen Entgelt zum Gebrauch überlassen. Der Leasingnehmer ist berechtigt, den Vertrag kurzfristig zu kündigen, wenn vertraglich keine Mindestlaufzeit festgelegt worden ist, die jedoch regelmäßig kürzer ist als die gewöhnliche Nutzungsdauer der Leasingsache. Tritt der Produzent als Leasinggeber auf, spricht man vom **Produzentenleasing.** Das Operating-Leasing **939**

---

[261] BGH NJW 2007, 428 = JuS 2007, 487 (Faust), dort zur fehlerhaften Beratung durch einen Mieterschutzverein, der als Erfüllungsgehilfe des Mieters anzusehen ist.
[262] Einführend etwa Löhnig/Gietl JuS 2009, 491.

ist weitgehend der Miete angenähert, sodass die Vorschriften über den Mietvertrag anzuwenden sind, sofern die Parteien keine abweichenden Regelungen vereinbaren.

940 Dem Leasingnehmer kann vertraglich das Recht eingeräumt werden, den Leasinggegenstand nach einer bestimmten Zeit unter Anrechnung des bisher gezahlten Entgelts käuflich zu erwerben; man spricht dann von einem **Mietkauf**. Kauft der Leasingnehmer den Leasinggegenstand, finden die Vorschriften über den Kauf Anwendung.

941 Beim sog. **Finanzierungsleasing** sind wie bei einem finanzierten Kauf regelmäßig drei Personen beteiligt: Der Leasinggeber erwirbt vom Produzenten oder Händler die Sache und überlässt diese dem Leasingnehmer gegen Entgelt zur Benutzung.[263] Der Leasingvertrag wird für eine bestimmte Zeit abgeschlossen, die sich an der gewöhnlichen Nutzungsdauer des Leasinggegenstandes orientiert. Während dieser Zeit ist der Vertrag für den Leasingnehmer unkündbar. Der Leasinggeber ist regelmäßig von der Mängelhaftung freigestellt. Der Leasingnehmer hat die Kosten der Wartung und Instandhaltung der Sache zu tragen; ihn trifft auch die Gefahr des Untergangs oder der Beschädigung des Leasinggegenstandes. Der Leasinggeber trägt lediglich das Risiko der Zahlungsunfähigkeit des Leasingnehmers. Er finanziert die Nutzungsmöglichkeit des Leasinggegenstandes durch den Leasingnehmer, der selbst die dafür erforderlichen Finanzierungsmittel nicht aufbringen kann oder will. Wird der Finanzierungsleasingvertrag zwischen einem Unternehmer und einem Verbraucher geschlossen, sind die in § 506 II, I genannten Vorschriften zu beachten. Über die Zuordnung des Finanzierungsleasings zu einem gesetzlichen Vertragstyp wird gestritten. Manche sehen darin nur eine besonders ausgestaltete Miete, andere einen typengemischten Vertrag oder einen Vertrag eigener Art.[264]

V. Dienstvertrag

942 Durch den Dienstvertrag verpflichtet sich ein Vertragspartner (der Dienstverpflichtete) zu einer Dienstleistung, der andere Vertragspartner (der Dienstberechtigte) zur Zahlung der vereinbarten Vergütung (§ 611 I). Der Dienstvertrag ist also auf einen **Austausch von Dienstleistungen gegen Entgelt** gerichtet; es handelt sich um einen gegenseitigen (synallagmatischen) Vertrag (→ Rn. 121 ff.). **Gegenstand** des Dienstvertrages können Dienste jeder Art sein (§ 611 II), die entweder einmalig zu erbringen sind (Beispiel: sog. Seminarvertrag[265]) oder auf Dauer gerichtet sein können.

943 Innerhalb des Dienstvertragsrechts muss zwischen dem sog. **freien Dienstvertrag** und dem **Arbeitsvertrag** unterschieden werden. Der **freie Dienstvertrag** ist dadurch gekennzeichnet, dass der Dienstverpflichtete seine Tätigkeit eigenverantwortlich ausführt und nicht in einer persönlichen Abhängigkeit vom Dienstberechtigten steht (Beispiele: Tätigkeit sog. Freiberufler wie Rechtsanwälte oder Steuerberater;

---

[263] Vgl. *Greiner* NJW 2012, 961. Zu den Rechtsfolgen eines Rücktritts des Leasingnehmers vom Kaufvertrag für den Leasingvertrag vgl. OLG Düsseldorf NJOZ 2008, 3407.
[264] Zu diesen und anderen Auffassungen vgl. Palandt/*Weidenkaff* Einf. v. § 535 Rn. 38 mN.
[265] Dazu *Mäsch* JuS 2014, 650.

V. Dienstvertrag

für den ärztlichen Behandlungsvertrag gelten nunmehr §§ 630a ff., wobei § 630b auf das Dienstvertragsrecht verweist). Anders verhält es sich bei einem **Arbeitsvertrag:** Dieser wird, wie der 2017 neu in das BGB eingefügte § 611a[266] hervorhebt, dadurch charakterisiert, dass der Arbeitnehmer im Dienste eines anderen (des Arbeitgebers) zur Leistung weisungsgebundener, fremdbestimmter Arbeit in persönlicher Abhängigkeit verpflichtet ist (vgl. § 611a I 1 und dort die weiteren Erläuterungen zum Weisungsrecht, zur Weisungsgebundenheit und zur persönlichen Abhängigkeit). An sich selbstverständlich erscheint die Klarstellung in § 611a I 5, dass eine etwaige Fehlbezeichnung des Vertragstyps unerheblich ist (falsa demonstratio non nocet, → Rn. 177).

Grundsätzlich gelten §§ 611 ff. auch für Arbeitsverträge. Hinzu kommt jedoch eine Vielzahl **arbeitsrechtlicher Sonderregelungen** außerhalb des BGB. Das Arbeitsrecht hat sich längst zu einem eigenständigen Bereich des Zivilrechts entwickelt.[267] Besonderheiten gelten insbesondere für die Haftung des Arbeitnehmers im Arbeitsverhältnis. So greift im Verhältnis zum Arbeitgeber eine Haftungsmilderung für Tätigkeiten, die durch den Betrieb veranlasst sind und aufgrund des Arbeitsverhältnisses geleistet werden. **944**

Der **Dienstverpflichtete** muss die von ihm geschuldete Tätigkeit grundsätzlich persönlich ausführen (vgl. § 613 S. 1). Hierbei hat er die im Verkehr erforderliche Sorgfalt zu beachten, wobei den Maßstab die Fähigkeiten und Kenntnisse eines gewissenhaften Vertreters der Berufsgruppe bilden, zu der der Dienstverpflichtete gehört (→ Rn. 467). Es kommt also auf die berufsübliche Sorgfalt etwa eines Buchhalters, Berufskraftfahrers oder Rechtsanwalts an. Ein Verstoß gegen diese Pflicht kann nach § 280 I bzw. §§ 280 I, III, 281 ff. schadensersatzpflichtig machen. **945**

Aufgrund des meist recht starken persönlichen Einschlags der Vertragsbeziehungen (gerade, aber nicht nur bei Arbeitsverträgen) sind beide Partner zu besonderer gegenseitiger **Rücksichtnahme und Treue** verpflichtet. Der Dienstverpflichtete hat das Mögliche und Zumutbare zu tun, um die Interessen des Dienstberechtigten zu wahren, und alles zu unterlassen, was dessen Interessen zuwiderläuft. Dem Dienstberechtigten obliegt eine Fürsorgepflicht gegenüber dem Dienstverpflichteten. Insbesondere hat er entsprechend der inhaltlichen Gestaltung des jeweiligen Vertrages für das Wohl des Dienstverpflichteten zu sorgen (vgl. §§ 617, 618). Die Hauptleistungspflicht des Dienstberechtigten ist – wie ausgeführt – auf Zahlung der vereinbarten **Vergütung** gerichtet. Wird im Vertrag nicht geregelt, ob und in welcher Höhe eine Vergütung zu gewähren ist, so gilt nach § 612 II die taxmäßige, in Ermangelung einer Taxe (= durch staatliche Verwaltung festgesetzter Vergütungssatz) die übliche Vergütung als vereinbart. **946**

Erfüllen die Vertragspartner die ihnen nach dem Vertrag obliegenden Pflichten nicht, sind die sich ergebenden **Rechtsfolgen** grundsätzlich den allgemeinen Vorschriften zu entnehmen.[268] Allerdings ergeben sich im Dienstvertragsrecht Modifizierungen (vgl. §§ 615, 616). Das Recht zum Rücktritt nach §§ 323, 324 wird durch § 626 I aus- **947**

---

[266] Gesetz v. 21.2.2017 (BGBl. 2017 I 258).
[267] Einführend *Junker*, Grundkurs Arbeitsrecht, 16. Aufl. 2017.
[268] Einführend anhand von Grundfällen zu den Leistungsstörungsregeln im Dienstvertragsrecht *Alexander* JA 2015, 321.

geschlossen und durch ein Recht zur fristlosen Kündigung ersetzt. Ein auf Zeit eingegangenes Dienstverhältnis endet mit Zeitablauf (§ 620 I); ist die Dauer des Dienstverhältnisses nicht bestimmt, kann jeder Vertragspartner das Dienstverhältnis nach Maßgabe von §§ 621–624 kündigen (§ 620 II). Daneben gibt es ein außerordentliches Kündigungsrecht, das in § 626 und § 627 geregelt ist. Für Arbeitsverhältnisse ist das Recht zur Kündigung durch spezialgesetzliche Regelungen eingeschränkt.

948 Das gesetzliche Erfordernis eines **Nacherfüllungsverlangens** vor der Geltendmachung eines Schadensersatzanspruchs (§ 281 I) kann ausnahmsweise entfallen, wenn dem Gläubiger weitere Erfüllungsversuche des Schuldners nicht zumutbar sind. So wird aufgrund der Eigenart des Arzt-Patienten-Verhältnisses angenommen, dass der Patient nach einer fehlerhaften Behandlung Schadensersatz fordern kann, ohne dem Arzt zuvor Gelegenheit zur Nacherfüllung zu geben (§ 281 II).

VI. Werkvertrag

1. Überblick

949 Durch den Werkvertrag, einen **gegenseitigen (synallagmatischen) Vertrag**, wird der eine Vertragspartner (Unternehmer) zur Herstellung des versprochenen Werkes, der andere Vertragspartner (Besteller) zur Entrichtung der vereinbarten Vergütung verpflichtet (§ 631 I). **Gegenstand des Werkvertrages** (im Gesetz als das „Werk" bezeichnet) kann sowohl die Herstellung oder Veränderung einer Sache als auch ein anderer durch Arbeit oder Dienstleistung herbeizuführender Erfolg sein (§ 631 II). Die zwischen **Dienst- und Werkvertrag vorzunehmende Abgrenzung** kann Schwierigkeiten bereiten. Diese ergeben sich nicht bei der theoretischen Unterscheidung, die schlicht danach vorzunehmen ist, ob nach dem Vertrag ein bestimmtes Arbeitsergebnis bzw. ein bestimmter Arbeitserfolg zu erbringen ist (dann Werkvertrag) oder ob Dienstleistungen bzw. das Tätigwerden als solches geschuldet werden (dann Dienstvertrag).[269] Da jedoch auch bei Tätigkeiten, die im Rahmen von Dienstverträgen ausgeführt werden, bestimmte Erfolge angestrebt werden,[270] ist die Entscheidung zwischen beiden Vertragstypen im Einzelfall häufig nicht leicht.[271]

950 Als Beispiel zur Illustration der Abgrenzungsschwierigkeiten wurde früher häufig der **Architektenvertrag behandelt**, der sämtliche Architektenleistungen im Rahmen eines Bauwerks von der Planung über die Vergabe der Aufträge an die Bauhandwerker und die örtliche Bauaufsicht bis hin zur Überwachung der Beseitigung von Mängeln umfasst. Inzwischen hat der Gesetzgeber den Architekten- und Ingenieurvertrag in §§ 650o ff. eigenständig geregelt, ebenso wie die Besonderheiten weiterer für die Bauwirtschaft wichtiger Vertragstypen (§§ 650a ff.: Bauvertrag; §§ 650i ff.: Verbraucherbauvertrag; §§ 650u f.: Bauträgervertrag).[272] Diese Regelungen gehören nicht zum Programm eines Grundkurses.

---

[269] BGH NJW 2002, 1571 = JuS 2002, 923; NJW 2002, 3323.
[270] Vgl. OLG Düsseldorf MDR 2012, 16 = BeckRS 2011, 27018.
[271] Vgl. *Peters* JuS 1992, 1022 (1023); Bamberger/Roth/*Voit* § 631 Rn. 4.
[272] Eingefügt durch Gesetz v. 28.4.2017 zur Reform des Bauvertragsrechts (BGBl. 2017 I 969).

VI. Werkvertrag

In Zweifelsfällen muss aufgrund aller Umstände des konkreten Sachverhalts eine Zuordnung vorgenommen werden. Dabei kommt es insbesondere darauf an, ob das vereinbarte Entgelt nach dem Willen der Parteien von einem bestimmten Erfolg abhängig sein soll oder selbst dann zu zahlen ist, wenn der Erfolg nicht eintritt.[273] Beim Werkvertrag hat der Unternehmer das Risiko für die **Erreichung des Arbeitsergebnisses** zu tragen, beim Dienstvertrag hingegen nicht. 951

> **Beispiel:** Ein Mechaniker arbeitet 10 Stunden an einer Maschine, um einen Defekt zu beheben. Dies gelingt nicht. Wird er aufgrund eines Werkvertrages tätig, hat er keinen Anspruch auf ein Entgelt, denn er hat die geschuldete Leistung gerade nicht erbracht. Arbeitet er hingegen im Rahmen eines Dienstvertrages, so kommt es für seinen Anspruch auf Entlohnung nicht auf die Erfolglosigkeit seiner Bemühungen an.

Bei der bisweilen ebenfalls schwierigen Abgrenzung zwischen dem Werkvertrag und dem Kaufvertrag ist vor allem § 651 zu beachten (vgl. zu Einzelheiten *Musielak/Hau* EK BGB Rn. 219 ff.).[274] Beachte für den Verbrauchsgüterkauf zudem die Klarstellung in § 474 I 2. 952

2. Pflichten der Vertragsparteien

Die **Hauptpflicht des Unternehmers** besteht darin, das versprochene **Werk** herzustellen, und zwar frei von Sach- und Rechtsmängeln (§ 633 I). Der Besteller ist zur Entrichtung der vereinbarten **Vergütung** verpflichtet. Die Höhe der Vergütung richtet sich nach den vertraglichen Vereinbarungen; fehlen solche, greift § 632 ein (der § 612 beim Dienstvertrag entspricht; → Rn. 946). Da die Vergütung des Unternehmers erst bei Abnahme des Werks fällig wird (§ 641 I 1), ergibt sich für ihn die Notwendigkeit einer Vorfinanzierung. Der daraus entstehende finanzielle Nachteil soll dadurch ausgeglichen werden, dass dem Unternehmer gem. § 632a I gestattet wird, eine **Abschlagszahlung** in Höhe des Wertes der von ihm erbrachten und nach dem Vertrag geschuldeten Leistung zu fordern.[275] 953

Da die Fälligkeit der Vergütung grundsätzlich von der **Abnahme** abhängt, ist der Besteller zur Abnahme des vertragsmäßig hergestellten Werkes verpflichtet (§ 640 I 1). Kommt der Besteller seiner Verpflichtung nicht innerhalb einer vom Unternehmer bestimmten angemessenen Frist nach, wird die Abnahme gem. § 640 II 1 fingiert (zum Begriff der Fiktion → Rn. 313). Daher ist es von eher geringer Bedeutung, dass der Besteller mit der Abnahme in Schuldnerverzug geraten und der Unternehmer Rechte gegen ihn nach §§ 280 II, 286 oder nach §§ 323, 325 geltend machen kann (→ Rn. 500, 504).[276] Ist der Besteller ein Verbraucher (§ 13), muss er von dem Unternehmer in Textform (→ Rn. 66) auf die Rechtsfolgen einer Verweigerung der Abnahme hingewiesen werden (§ 640 II 2). Die Abnahme besteht nicht lediglich in der körperlichen Entgegennahme des Werkes, sondern schließt auch eine zumindest stillschweigend abgegebene Erklärung des Bestellers ein, dass er das Werk als 954

---

[273] BGH NJW 2002, 3323 (3324).
[274] Vgl. etwa BGH NJW 2014, 2183 ff. = JA 2015, 68 (*Looschelders*).
[275] Geändert durch Gesetz v. 28.4.2017 zur Reform des Bauvertragsrechts (BGBl. 2017 I 969).
[276] *Looschelders* SchuldR BT Rn. 650.

in der Hauptsache vertragsgemäß anerkennt.[277] Die Einschränkung „in der Hauptsache" bedeutet, dass der Besteller mit der Abnahme nicht zugleich die Mangelfreiheit des Werkes feststellt oder auf Mängelansprüche verzichtet. Der Rechtsnatur nach stellt die Abnahme nicht lediglich einen rein tatsächlichen Vorgang (Realakt) dar, sondern wegen ihrer rechtlichen Bedeutung eine rechtsgeschäftsähnliche Handlung (→ Rn. 239).[278] Bei nicht abnahmefähigen Werken (zB Beförderungsleistungen) tritt an die Stelle der Abnahme die Vollendung des Werkes (§ 646). Nimmt der Besteller das Werk in Kenntnis des Mangels ab, ohne sich seine Rechte vorzubehalten, so verliert er die in § 634 Nr. 1–3 bezeichneten Rechte (§ 640 III). Streitig ist, ob dem Besteller ohne einen solchen Vorbehalt ein Anspruch auf Schadensersatz wegen der Mängelbeseitigungskosten nach § 634 Nr. 4 iVm §§ 280 I, 281 I zusteht.[279]

955 Ist bei der Herstellung des Werkes eine **Handlung des Bestellers erforderlich**, gerät er in Annahmeverzug, wenn er die erforderliche Mitwirkung unterlässt. Ein Verschulden des Bestellers ist hierfür nicht erforderlich. Der Unternehmer ist jedoch nicht nur auf einen Anspruch nach § 304 (→ Rn. 612) angewiesen, sondern er kann eine angemessene Entschädigung nach § 642 I verlangen, deren Höhe sich nach Abs. 2 dieser Vorschrift beurteilt. Außerdem kann der Unternehmer unter den Voraussetzungen des § 643 den Vertrag kündigen und einen der geleisteten Arbeit entsprechenden Teil der Vergütung sowie Ersatz der darin nicht enthaltenen Auslagen fordern (§ 645 I 2 iVm S. 1). Ansprüche wegen Schuldnerverzuges können dagegen vom Unternehmer regelmäßig nicht geltend gemacht werden, weil es sich bei der Mitwirkung zur Herstellung des Werkes nicht um eine Verpflichtung, sondern um eine Gläubigerobliegenheit handelt (→ Rn. 629). Etwas anderes gilt nur dann, wenn sich der Besteller im Werkvertrag zur Mitwirkung verpflichtet hat. In diesem Fall gerät der Besteller bei ordnungsgemäßer Mahnung und schuldhaftem Verhalten in Schuldnerverzug, sodass der Unternehmer aus §§ 280 I, II, 286 Ansprüche ableiten kann; unter den Voraussetzungen des § 323 kann der Unternehmer auch vom Vertrag zurücktreten.

956 Die vom Besteller unterlassene Mitwirkung kann jedoch auch zu einer **Unmöglichkeit der Leistung** des Unternehmers führen, wenn dieser wegen des Verhaltens des Bestellers gehindert ist, das Werk herzustellen. Steht nicht fest, ob der Besteller später bereit sein wird, seine Mitwirkungshandlung vorzunehmen, kann die Unmöglichkeit zwar nur vorübergehend sein, aber sie ist der dauernden Unmöglichkeit gleichzustellen, wenn dem Unternehmer ein weiteres Warten nicht zugemutet werden kann (→ Rn. 592 f.). Der Unternehmer ist dann berechtigt, den vollen Werklohn abzüglich seiner Ersparnis zu fordern (§ 326 II 1 Var. 2).

957 Stellt der Unternehmer das **Werk mangelhaft** her, kann der Besteller die Abnahme ablehnen, ohne dadurch in Annahmeverzug zu geraten (vgl. § 640 und → Rn. 591, 594), und auf Erfüllung des Vertrages bestehen, dh auf Herstellung eines vertragsgerechten Werkes.[280] Handelt es sich allerdings um einen unwesentlichen Mangel, darf der Besteller die Abnahme nicht verweigern (§ 640 I 2).

---

[277] Brox/Walker SchuldR BT § 26 Rn. 11.
[278] Bamberger/Roth/Voit § 640 Rn. 5.
[279] Verneint von OLG Schleswig NJW 2016, 1744 = JuS 2016, 1126 (Schwab) mN auch zur Gegenauffassung.
[280] Coester-Waltjen JURA 1993, 200 (201).

VI. Werkvertrag

958 Nach der Rechtsprechung des BGH[281] kann der Werklohn trotz berechtigter Abnahmeverweigerung fällig sein, wenn der Besteller nicht mehr Erfüllung, sondern wegen der mangelhaften Leistung nur noch Schadensersatz oder Minderung verlangt. Es findet dann eine Verrechnung der beiden Ansprüche statt, wobei der Anspruch des Unternehmers wegen der von ihm erbrachten Leistung dem Gewährleistungsanspruch des Bestellers gegenübergestellt wird. Ein zugunsten des Unternehmers verbleibender Rest ist fällig.

959 Nach § 648 S. 1 ist der **Besteller bis zur Vollendung des Werkes berechtigt, den Vertrag jederzeit zu kündigen.**[282] Er bleibt aber zur Entrichtung der vereinbarten Vergütung verpflichtet, abzüglich des Betrages, der sich für den Unternehmer aufgrund der Ersparnis von Aufwendungen oder anderweitiger Verwendung seiner Arbeitskraft ergibt. Dabei wird eine böswillig unterlassene Verwendung der Arbeitskraft so behandelt, als habe sie der Werkunternehmer eingesetzt (§ 648 S. 2 Hs. 2). Außerdem ist jede Vertragspartei berechtigt, den Vertrag aus wichtigem Grund ohne Einhaltung einer Kündigungsfrist gem. § 648a zu kündigen (zu den Rechtsfolgen vgl. § 648a IV–VI).

960 Der Unternehmer hat für seine Forderung aus dem Werkvertrag ein **Pfandrecht** an den von ihm hergestellten oder ausgebesserten beweglichen Sachen des Bestellers, wenn sie bei der Herstellung oder zum Zweck der Ausbesserung in seinen Besitz gelangt sind (§ 647).[283] Bei einem Bauvertrag (§ 650a) hat der Unternehmer einen Anspruch auf Einräumung einer **Sicherungshypothek** (§ 650e) und anderer Sicherheiten (vgl. § 650f).

961 Wird das begonnene oder fertig gestellte Werk vor Abnahme durch Zufall zerstört, bleibt der Unternehmer weiterhin zur Herstellung verpflichtet; grundsätzlich obliegt ihm also die **Leistungs- bzw. Sachgefahr**.[284] Der Anspruch des Bestellers auf Leistung ist aber ausgeschlossen, wenn die Herstellung iSv § 275 I unmöglich wird oder § 275 II oder III eingreifen. Gemäß § 644 I 1 und 2 trägt der Unternehmer auch die **Gegenleistungs- bzw. Preisgefahr**, bis der Besteller das Werk abnimmt oder damit in Verzug gerät. Dieses Risiko wird durch § 645 I dahingehend eingeschränkt, dass der Unternehmer einen der geleisteten Arbeit entsprechenden Teil der Vergütung und Ersatz der in der Vergütung nicht inbegriffenen Auslagen verlangen kann, wenn das Werk vor der Abnahme infolge eines Mangels des von dem Besteller gelieferten Stoffes oder in Folge einer von dem Besteller für die Ausführung erteilten Anweisung untergegangen, verschlechtert oder unausführbar geworden ist, ohne dass ein Umstand mitgewirkt hat, den der Unternehmer zu vertreten hat. Bei Versendung des Werkes gilt § 447 aufgrund der Verweisung des § 644 II entsprechend (→ Rn. 624). In diesem Zusammenhang sei auch darauf hingewiesen, dass für Werkverträge im Baubereich regelmäßig die Geltung der Regeln der **Verdingungsordnung für Bauleistungen (VOB)** vereinbart wird, die vom Werkvertragsrecht des BGB abweichende Bestimmungen enthalten.[285]

---

[281] BGH NJW 2003, 288.
[282] Vgl. dazu *Bitter/Rauhut* JZ 2007, 964.
[283] *Alexander* JuS 2014, 1 (5 ff.).
[284] *Huber*, FS Schlechtriem, 2003, 521 (554).
[285] Vgl. *Huber* JuS 2009, 23 (27).

3. Sach- und Rechtsmängel

962 Die Haftung des Unternehmers für Sach- und Rechtsmängel entspricht im Wesentlichen der entsprechenden Regelung im Kaufrecht, wie ein Vergleich des § 634 mit § 437 zeigt. Auch der Begriff des Sachmangels, wie er in § 633 II beschrieben wird, stimmt inhaltlich weitgehend mit dem des Kaufrechts überein. Danach ist in erster Linie maßgebend, ob das Werk die vereinbarte Beschaffenheit aufweist. Die Mangelfreiheit des Werkes setzt voraus, dass es die vereinbarte oder nach dem Vertrag vorausgesetzte **Funktionsfähigkeit** erreicht.[286]

> **Beispiel:** In einem vom BGH[287] entschiedenen Fall hatte der Unternehmer eine Heizungsanlage fachgerecht eingebaut, die jedoch das zu heizende Haus nicht ausreichend erwärmte. Diese fehlende Funktionstauglichkeit wertet der BGH als einen Mangel der Anlage, obwohl die Ursache dafür in einem Blockheizwerk zu finden war, das ein anderer Unternehmer errichtet hatte. Das Gericht weist darauf hin, dass der vertraglich geschuldete Erfolg sich nicht allein nach der zu seiner Erreichung vereinbarten Leistung oder Ausführungsart bestimmt, sondern auch danach, welche Funktion das Werk nach den Willen der Parteien erfüllen soll. Die Haftung für den in der fehlenden Funktionstauglichkeit liegenden Mangel soll nach Meinung des BGH nur dann entfallen, wenn der Unternehmer die ihm obliegende Prüfungs- und Erkundigungspflicht erfüllt hat, die darauf gerichtet ist zu klären, ob durch die Vorarbeiten des anderen Unternehmers der Erfolg seiner Arbeit infrage gestellt werden kann.

963 Ist eine **bestimmte Beschaffenheit** vertraglich nicht festgelegt worden, kommt es auf die Eignung für den nach dem Vertrag vorausgesetzten Gebrauch oder – wenn eine solche Voraussetzung fehlt – auf die Eignung für die gewöhnliche Verwendung des Werkes an. Dabei muss das Werk eine Beschaffenheit aufweisen, die bei Werken der gleichen Art üblich ist und die der Besteller nach der Art des Werkes erwarten kann. Eine § 434 I 3 entsprechende Regelung fehlt, denn Werbeaussagen des Werkunternehmers richten sich an den Besteller und werden deshalb Teil einer vertraglichen Beschaffenheitsvereinbarung. Von diesem Unterschied abgesehen, sind die Ausführungen zum Begriff des Sachmangels im Kaufrecht (→ Rn. 793 ff.) auf das Werkvertragsrecht zu übertragen. Dies gilt auch für die durch § 633 II 3 vorgenommene Gleichstellung der Falschherstellung und der Herstellung in einer zu geringen Menge mit einem Sachmangel. Auch der in § 633 III beschriebene **Rechtsmangel** beim Werkvertrag entspricht dem im Kaufrecht (vgl. § 435 S. 1).

964 Ebenso wie im Kaufrecht kann der Besteller **Nacherfüllung** verlangen, wenn der Werkunternehmer nicht seiner vertraglichen Pflicht nachkommt, das vereinbarte Werk mangelfrei herzustellen. In der Frage, wem das Wahlrecht zwischen den verschiedenen Arten der Nacherfüllung zustehen soll, weicht § 635 I von der kaufrechtlichen Lösung des § 439 I ab: Nicht dem Besteller, sondern dem Unternehmer ist die **Wahl zwischen Mangelbeseitigung und Herstellung eines neuen Werkes** eingeräumt. Ist jedoch die Nacherfüllung nur auf eine bestimmte Weise möglich, so ist der Unternehmer dazu verpflichtet, diese vorzunehmen, und der Besteller kann

---

[286] BGH NJW 2008, 511 (512 f.) = JuS 2008, 464 *(Faust)* = JA 2008, 385 *(Looschelders);* NJW 2011, 3780 f. Rn. 11.
[287] NJW 2008, 511.

VI. Werkvertrag

ein dieser Verpflichtung nicht entsprechendes und somit untaugliches Angebot von vornherein zurückweisen.[288] Der Unternehmer darf – ähnlich wie im Kaufrecht (vgl. § 439 IV) – die Nacherfüllung verweigern, wenn sie nur mit unverhältnismäßigen Kosten durchführbar ist. Daneben ist – wie im Kaufrecht – § 275 anwendbar, sodass der Werkunternehmer die Nacherfüllung verweigern kann, soweit sie faktisch unmöglich ist (Abs. 2) oder bei persönlich zu erbringender Leistung für ihn nicht zumutbar erscheint (Abs. 3).

Kommt der Werkunternehmer dem Nacherfüllungsbegehren des Bestellers nicht innerhalb einer ihm vom Besteller gesetzten angemessenen Frist nach, obwohl er zur Nacherfüllung verpflichtet ist (diese Pflicht also nicht nach § 275 oder § 635 III entfällt), so hat der Besteller verschiedene Möglichkeiten: **965**

- Er kann nach § 637 I den Mangel selbst beseitigen und Ersatz der dafür erforderlichen Aufwendungen vom Unternehmer verlangen, wobei ihm nach § 637 III auch das Recht zusteht, einen Vorschuss für die zur Beseitigung des Mangels erforderlichen Aufwendungen zu fordern.
- Er kann nach § 323 I iVm § 634 Nr. 3 vom Vertrag zurücktreten und Schadensersatz statt der Leistung beanspruchen (§§ 280 I, III, 281 I, 634 Nr. 4, 325). Verlangt der Besteller wegen des Mangels eines Bauwerks den sog. großen Schadensersatz wegen Nichterfüllung in der Weise, dass er unter Anrechnung des nicht bezahlten Werklohns Mehrkosten für die Errichtung eines neuen Bauwerks geltend macht, ist in entsprechender Anwendung des § 251 II 1 zu prüfen, ob die Aufwendungen dafür unverhältnismäßig sind.[289] Die für die Beurteilung der Unverhältnismäßigkeit dieses Aufwands maßgeblichen Kriterien entsprechen denen, die bei der gem. § 635 III gebotenen Prüfung des unverhältnismäßigen Nacherfüllungsaufwands heranzuziehen sind.[290]
- Er kann nach § 638 I iVm § 634 Nr. 3 die Vergütung mindern.
- Unter den Voraussetzungen des § 284 kann er Ersatz der Aufwendungen verlangen, die er im Vertrauen auf den Erhalt der Leistung gemacht hat (§ 634 Nr. 4).

Im Regelfall sind alle diese Rechte davon abhängig, dass eine vom Besteller dem Werkunternehmer gesetzte **angemessene Frist zur Nacherfüllung** erfolglos abgelaufen ist. Die Notwendigkeit einer Fristsetzung ergibt sich für die Selbstvornahme aus § 637 I, für das Recht zum Rücktritt aus § 323 I und für die Minderung aus § 638 I 1 iVm § 323 I; denn wegen der Bezugnahme auf das Rücktrittsrecht („statt zurückzutreten") sind die für dieses Recht geltenden Voraussetzungen zu erfüllen. Für den Anspruch auf Schadensersatz folgt das Erfordernis einer Fristsetzung aus § 281 I 1 und für den Anspruch auf Ersatz vergeblicher Aufwendungen aus § 284 iVm § 281 I 1, wobei auch hier durch die Bezugnahme auf das Recht zum Schadensersatz („anstelle des Schadensersatzes") dessen Voraussetzungen für anwendbar erklärt werden. **966**

In einer Reihe von Fällen ist jedoch eine **Fristsetzung entbehrlich**. So kann der Besteller jedes der genannten Rechte sofort, also ohne Setzung einer Frist, geltend machen, wenn die Nacherfüllung fehlgeschlagen oder ihm unzumutbar ist (vgl. §§ 636, 637 II 2). Bei Rücktritt und Schadensersatz bedarf es nach § 636 keiner Frist- **967**

---

[288] BGH NJW 2011, 1872 Rn. 17 mwN.
[289] BGH NJW 2006, 2912 (2913).
[290] BGH NJW 2013, 370.

setzung, wenn der Unternehmer die Nacherfüllung gem. § 635 III verweigert.[291] Darüber hinaus ist die Fristsetzung in den in § 323 II aufgeführten Fällen für die Selbstvornahme und für das Recht zum Rücktritt und zur Minderung entbehrlich. Ohne Fristsetzung kann der Besteller Schadensersatz statt der Leistung oder Ersatz vergeblicher Aufwendungen verlangen, wenn der Schuldner die Leistung ernsthaft und endgültig verweigert oder wenn besondere Umstände bestehen, die unter Abwägung der beiderseitigen Interessen die sofortige Geltendmachung dieser Ansprüche rechtfertigen (§ 281 II). Schließlich kommt eine Fristsetzung bei Unmöglichkeit der Leistung nicht in Betracht (vgl. §§ 283, 311a II, 326 V).

Beispiel: Der Werkunternehmer haftet gem. §§ 634 Nr. 4, 311a II auf Schadensersatz, wenn er sich zur Errichtung einer uneingeschränkt bruchsicheren Glasfassade verpflichtet hat und sich dies aus technischen Gründen als ausgeschlossen erweist.[292]

968 Hat der Werkunternehmer eine bewegliche Sache aus einem Stoff herzustellen, den ihm der Besteller geliefert hat, werden Rechte des Bestellers wegen eines Mangels des Werkes ausgeschlossen, wenn der Mangel auf den **vom Besteller gelieferten Stoff** zurückzuführen ist. Das ergibt sich aus § 651 S. 2, der die Anwendung des § 442 I 1 auf die Fälle einer Verursachung von Mängeln der herzustellenden Sache durch vom Besteller gelieferte Stoffe ausdehnt. Dies gilt nach dem Wortlaut der Vorschriften selbst dann, wenn der Unternehmer den Mangel vor der Verarbeitung bemerkt hat oder hätte bemerken müssen. Weil hierin ein Wertungswiderspruch zu § 645 zu sehen ist, bei dem auf die Mitverantwortung des Unternehmers abgestellt wird („ohne dass ein Umstand mitgewirkt hat, den der Unternehmer zu vertreten hat"), wird im Schrifttum vorgeschlagen, im Wege teleologischer Reduktion (→ Rn. 1169) eine entsprechende Einschränkung der Regelung vorzunehmen.[293] Es dürfte jedoch vorzuziehen sein, den Unternehmer aufgrund einer sich aus dem Vertrag ergebenden leistungssichernden Nebenpflicht für verpflichtet zu halten, den ihm gelieferten Stoff auf seine Eignung zur Verarbeitung zu untersuchen, soweit dies keinen unangemessenen und unzumutbaren Aufwand verlangt. Dies führt in gleicher Weise wie im Rahmen des § 645 zur Berücksichtigung einer Mitverantwortung des Unternehmers.

969 Die **Verjährung** der Ansprüche des Bestellers bei Mängeln des Werkes ist in § 634a geregelt. Hat der Werkunternehmer den Mangel arglistig verschwiegen, so verjähren die Ansprüche wie im Kaufrecht (→ Rn. 865) in der „regelmäßigen Verjährungsfrist" (§ 634a III). Dies bedeutet, dass die Verjährungsfrist drei Jahre beträgt (§ 195) und nach § 199 I Nr. 2 erst in dem Zeitpunkt beginnt, in dem der Besteller von dem Mangel Kenntnis erlangt oder ohne grobe Fahrlässigkeit erlangen müsste, wobei im Fall des Abs. 1 Nr. 2 die Verjährung nicht vor Ablauf der Fünfjahresfrist eintritt. Wie im Kaufrecht (→ Rn. 866) kann der Besteller trotz einer sich aus § 218 I ergebenden Unwirksamkeit eines Rücktritts oder einer Minderung die Zahlung der Vergütung insoweit verweigern, als er aufgrund des Rücktritts oder einer Minderung dazu berechtigt sein würde (§ 634a IV 2, V).

---

[291] BGH NJW 2013, 370 Rn. 8; *Jaensch* NJW 2013, 1121.
[292] Lesenswert BGH NJW 2014, 3365 mAnm Ott = JuS 2015, 266 (*Riehm*).
[293] Bamberger/Roth/*Voit* § 651 Rn. 16.

VII. Auftrag 373

Die sich aufgrund von §§ 631 ff. ergebenden Rechte und Pflichten der Vertragsparteien lassen sich in folgender **Übersicht** darstellen. 970

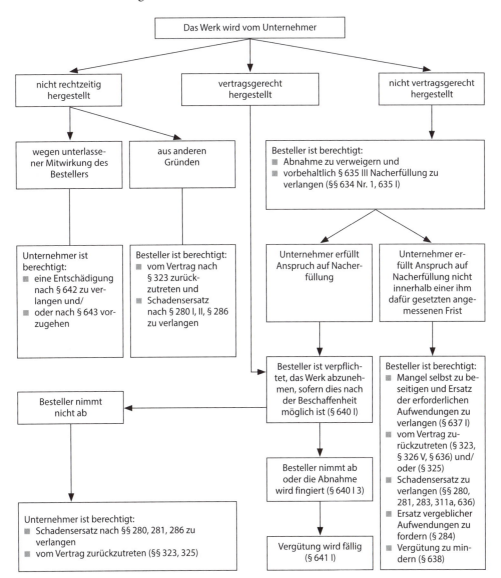

VII. Auftrag

Ein Vertrag, durch den sich jemand (der Beauftragte) verpflichtet, für den anderen Vertragspartner (den Auftraggeber) **unentgeltlich** Geschäfte zu besorgen, wird im BGB als Auftrag bezeichnet (vgl. § 662). Dabei handelt es sich nicht um einen gegen- 971 seitigen (synallagmatischen), sondern um einen **unvollkommen zweiseitigen Vertrag** (→ Rn. 121 ff.). Im Sprachgebrauch des täglichen Lebens wird der Begriff des Auftrags häufig in einem anderen Sinn verwendet.

> **Beispiel:** Wird einem Handwerker der „Auftrag" erteilt, Reparaturarbeiten an einem Haus durchzuführen, so kann damit entweder der Antrag auf Abschluss eines Werkvertrages oder auch erst die Annahme einer entsprechenden Offerte des Handwerkers gemeint sein.

972 Die **Hauptleistungspflicht des Beauftragten** besteht darin, das ihm übertragene Geschäft auszuführen. In der rechtlichen Bindung, die der Beauftragte eingeht, besteht der Unterschied zur bloßen Gefälligkeit, bei der es keinen Anspruch auf Einhaltung der gegebenen Zusage gibt (→ Rn. 53 ff.). Grundsätzlich hat der Beauftragte den Auftrag persönlich zu erledigen, kann sich dabei aber von Gehilfen unterstützen lassen (vgl. § 664 I). Er hat die Weisungen des Auftraggebers zu beachten (vgl. § 665), die erforderlichen Nachrichten zu geben, auf Verlangen des Auftraggebers über den Stand der Geschäftsbesorgung Auskunft zu erteilen und nach Ausführung des Auftrags Rechnung zu legen (§ 666). Was der Beauftragte zur Ausführung des Auftrages erhält und nicht dafür verbraucht sowie alles, was er aus der Geschäftsbesorgung erlangt, muss er dem Auftraggeber herausgeben (§ 667). Erlangt aus der Geschäftsbesorgung ist dabei jeder Vorteil, der in einem inneren Zusammenhang mit dem geführten Geschäft steht.[294]

973 **Erfüllt der Beauftragte die ihm obliegenden Pflichten nicht oder schlecht,** haftet er nach allgemeinen Vorschriften und kann nach Maßgabe von §§ 280 ff. zum Schadensersatz verpflichtet sein. Besonderheiten gelten nach § 664 I bei der **Übertragung der Geschäftsbesorgung auf einen Dritten.** Ist diese Übertragung vom Auftraggeber gestattet, hat der Beauftragte nur ein ihm bei der Übertragung zur Last fallendes Verschulden zu vertreten. Im Falle einer unerlaubten Übertragung begeht der Beauftragte hingegen einen Pflichtverstoß, für dessen Folgen er einzustehen hat; er muss folglich jeden Schaden ersetzen, der auf die unzulässige Übertragung auf den Dritten zurückzuführen ist, ohne dass es auf dessen Verschulden ankommt.

974 Der Auftraggeber hat dem Beauftragten die **Aufwendungen** zu ersetzen, die dieser zum Zwecke der Ausführung des Auftrages macht und die er den Umständen nach für erforderlich halten darf (§ 670). Als Aufwendungen gelten freiwillige Vermögensopfer. Hierzu gehören beispielsweise Fahrtkosten, Telefongebühren und Auslagen für die Tilgung von Verbindlichkeiten des Auftraggebers. Für den Ersatz solcher Aufwendungen kommt es nicht darauf an, ob sie objektiv erforderlich sind, sondern nur, ob sie der Beauftragte für erforderlich halten durfte. Entscheidend ist die Situation des Beauftragten in dem Zeitpunkt, in dem er die Aufwendungen machte. Ist danach bei vernünftiger Beurteilung die Erforderlichkeit der Aufwendungen zu bejahen, so ist der Auftraggeber zum Ersatz verpflichtet.

975 Ist **dem Beauftragten ein Schaden entstanden,** weil der Auftraggeber schuldhaft eine ihn treffende Pflicht (zB zur Information über bestimmte Umstände, die dem Beauftragten zur eigenen Sicherheit bekannt sein müssen) verletzt hat, so haftet die-

---

[294] BGH NJW 1994, 3346 (3347).

VII. Auftrag

ser nach § 280 I. Anders stellt sich die Rechtslage dar, wenn es sich um einen **Zufallsschaden** handelt, den also weder der Auftraggeber noch der Beauftragte verschuldet hat. Aufgrund der gesetzlichen Regelung kann es zweifelhaft sein, ob der Beauftragte den Ersatz von solchen Schäden, die er bei Durchführung des Auftrages erleidet, verlangen kann. Die Zweifel ergeben sich deshalb, weil Aufwendungen freiwillige Opfer des Beauftragten sind, während Schäden regelmäßig unfreiwillige Nachteile darstellen. Ganz überwiegend wird dem Beauftragten ein Anspruch auf Ersatz von Zufallsschäden zugebilligt, die auf einer für den Auftrag eigentümlichen erhöhten Gefahr beruhen; hingegen soll der Beauftragte solche Schäden selbst tragen, bei denen sich nur das allgemeine Lebensrisiko realisiert hat.[295]

> **Beispiel:** A erkrankt und kann deshalb eine Akte, die er aus dem Büro mit nach Hause genommen hatte, um sie dort zu bearbeiten, nicht termingerecht zurückbringen. Die Akte wird im Büro dringend benötigt, um einen wichtigen Geschäftsabschluss vorzubereiten. A bittet deshalb seinen Freund F, die Akte ins Büro zu bringen. F sagt dies zu. Er benutzt für die Fahrt sein eigenes Auto, obwohl er auch mit einem öffentlichen Verkehrsmittel fahren könnte. Auf dieser Fahrt kommt es zu einem von F nicht verschuldeten Unfall, bei dem er verletzt wird.
>
> In diesem Fall handelt es sich um einen Schaden, der nicht auf ein auftragsspezifisches Risiko zurückzuführen ist, sondern auf das allgemeine Risiko, das jeder Verkehrsteilnehmer zu tragen hat. Deshalb ist M nicht für den Schaden aus dem Autounfall ersatzpflichtig. Anders wäre zu entscheiden, wenn M seinen Freund gebeten hätte, eine schwere, sperrige Kiste zu transportieren. In diesem Fall wäre der Einsatz eines Kraftfahrzeuges für die Durchführung des Auftrags erforderlich, und es würde dementsprechend dadurch auch ein auftragsspezifisches Risiko geschaffen werden.

Soweit sich dem Vertrag nicht bereits im Wege der Auslegung entnehmen lässt, dass der Auftraggeber die Gefahr eines auftragsspezifischen Zufallsschadens übernehmen wollte,[296] fallen die Begründungen für den Ersatzanspruch unterschiedlich aus: **976**

- Nach wohl überwiegender Ansicht soll § 670 die Grundlage für einen entsprechenden Ersatzanspruch bilden, wobei man entweder den Begriff der Aufwendungen extensiv auslegt oder die Vorschrift analog anwendet (zur Analogie → Rn. 1180).
- Nach anderer Auffassung soll der in § 110 HGB enthaltene Rechtsgedanke herangezogen werden. Danach kann der Gesellschafter einer offenen Handelsgesellschaft (vgl. §§ 105 ff. HGB) den Ersatz solcher Schäden von der Gesellschaft verlangen, die er bei seiner Geschäftsführung oder aus einer Gefahr erleidet, die mit ihr untrennbar verbunden ist.

Der Auftrag kann von dem Auftraggeber jederzeit widerrufen, von dem Beauftragten jederzeit gekündigt werden (§ 671 I). Wenn der Beauftragte jedoch ohne wichtigen Grund zur Unzeit kündigt, hat er dem Auftraggeber den daraus entstehenden Schaden zu ersetzen (§ 671 II). Die Frage, ob der Tod und die Geschäftsunfähigkeit eines Vertragspartners den Auftrag beenden, ist aufgrund der vertraglichen Vereinbarungen zu ermitteln. Das Gesetz enthält Auslegungsregeln in §§ 672, 673. **977**

---

[295] Vgl. BGH NJW 1993, 2234 (2235); OLG Stuttgart NJW-RR 2011, 606 (608); Bamberger/Roth/*Fischer* § 670 Rn. 15 ff.
[296] Dazu *Brox/Walker* SchuldR BT § 29 Rn. 31.

3. Übungsklausur

Viktor (V) hat antike Möbel geerbt, darunter einen Biedermeier-Sekretär, den er für echt hält. Er gibt folgende Anzeige in einer Tageszeitung auf: „Original Biedermeier-Sekretär (ca. 180 Jahre alt) für 4.000 EUR zu verkaufen". Es meldet sich daraufhin als Interessent Konrad (K), dem das Möbel auf den ersten Blick so gut gefällt, dass er, ohne lange zu verhandeln, den geforderten Preis zahlt und den Sekretär sofort mitnimmt. Kurze Zeit danach kommen jedoch K wegen der Echtheit Bedenken, und er lässt den Sekretär von einem Sachverständigen untersuchen. Dieser stellt fest, dass es sich um ein Stilmöbel handelt, das ca. 1960 hergestellt wurde. Daraufhin verlangt K von V Rückzahlung des Kaufpreises gegen Herausgabe des Sekretärs. Außerdem fordert er 1.000 EUR Schadensersatz, weil inzwischen die Preise für echte Biedermeier-Möbel um ca. 25% gestiegen sind und für ein gleiches echtes Möbel mindestens 5.000 EUR gezahlt werden müssen. Schließlich will K auch die Kosten für das Sachverständigengutachten iHv 300 EUR ersetzt haben.

1. Stehen K diese Ansprüche zu?
2. Wie wäre zu entscheiden, wenn die Unechtheit des Sekretärs erst drei Jahre nach Abschluss des Kaufvertrages entdeckt worden wäre? Käme es hierfür darauf an, ob V die Unechtheit des Sekretärs kannte?

Bearbeitungszeit: Nicht mehr als 150 Minuten.

Hinweis: Ansprüche aus dem Deliktsrecht sind nicht zu prüfen.

Fälle und Fragen

1. Was ist ein Stückkauf (Spezieskauf), was ein Gattungskauf (Genuskauf)?
2. Nennen Sie bitte die vertragstypischen Pflichten der Vertragsparteien bei einem Sachkauf!
3. Was kann Gegenstand eines Kaufvertrages sein?
4. Muss der Käufer einer mangelhaften Sache stets Nacherfüllung vom Verkäufer verlangen, bevor er weitere Rechte wegen des Mangels geltend machen darf?
5. Ist bei einem Stückkauf der Anspruch des Käufers auf Nacherfüllung stets auf die Beseitigung des Mangels beschränkt?
6. Muss der Verkäufer einer Forderung für die Existenz der Forderung und für ihre Einbringlichkeit haften?
7. K kauft in dem Elektromarkt des V einen Fernsehapparat. Als ihm das Gerät geliefert wird, muss er feststellen, dass immer wieder Bildstörungen auftreten. Daraufhin verlangt er von V die Lieferung eines neuen Apparates gegen Rückgabe des alten. V will jedoch nur einen Teil austauschen, um auf diese Weise die Bildstörung zu beheben. Kann K auf Lieferung eines neuen Gerätes bestehen?
8. Wann geht beim Kauf die Leistungsgefahr über und welche rechtliche Bedeutung hat der Gefahrübergang?
9. K kauft bei V 100 Flaschen Chablis, Originalabfüllung des Winzers X. V liefert nur 70 Flaschen. Trotz mehrfacher Mahnungen und einer angemessenen Fristsetzung für die Restlieferung erhält K die ausstehenden 30 Flaschen Wein nicht. Welche Rechte hat K?
10. Welche Rechte hat der Käufer, wenn die gekaufte Sache einen Sach- oder Rechtsmangel aufweist?
11. In einer Werbeschrift des Herstellers, der Firma Panscher, heißt es: „Glatzex ist ein Haartonikum von höchster Qualität und Wirksamkeit. Schon nach wenigen Tagen der Benutzung werden Ihnen die Haare zu Berge stehen – selbstverständlich neue, die durch Glatzex

VII. Auftrag

zum Wachsen gebracht wurden." S kauft daraufhin im Einzelhandelsgeschäft des H unter Hinweis auf seine durch die Werbung angeregten Erwartungen eine große Flasche Glatzex zum Preis von 35 EUR. Trotz intensiver und genau die Gebrauchsanweisung beachtender Verwendung des Mittels zeigt sich nicht der geringste Erfolg. Kann S von H Rückzahlung des Kaufpreises fordern?

12. L verkauft S die Gaststätte „Zum feuchten Eck". Wesentlich für den Kaufentschluss des S ist die Erklärung des L, S könne mit Sicherheit davon ausgehen, dass sich der Umsatz im Monat mindestens auf 10.000 EUR steigern ließe. S muss jedoch feststellen, dass nicht mehr als 6.000 EUR umgesetzt werden. Welche Rechte hat er?

13. V verkauft K seinen gebrauchten Pkw. Nach kurzer Zeit muss K feststellen, dass der Motor defekt ist. Dieser Mangel war bereits bei Übergabe des Kfz vorhanden. Als K den V auffordert, den Defekt am Motor zu beheben, erklärt dieser, dies werde er nicht tun, weil er nicht dazu verpflichtet sei. Darauf schreibt K dem V, dieser solle ihm einen (genau bezifferten angemessenen) Teil des Kaufpreises als Ausgleich für den defekten Motor zurückzahlen. V antwortet nicht. Danach überlegt sich K die Sache anders und teilt V mit, dass er ihm den Wagen zur Verfügung stelle und den gesamten Kaufpreis zurückhaben möchte. Als V wiederum nicht antwortet, erhebt K Klage auf Rückzahlung des Kaufpreises Zug um Zug gegen Rückgabe des Pkw. Wie wird das Gericht entscheiden?

14. S verkauft W einen gebrauchten Pkw und übergibt ihm das Fahrzeug. Beide gehen davon aus, dass das Kfz unfallfrei ist. Nach einigen Wochen kommt es ohne Verschulden des W zu einem Unfall, bei dem das Auto erheblich beschädigt wird. Nunmehr wird festgestellt, dass das Fahrzeug bereits zuvor einen Unfall gehabt hat und dabei bleibende Schäden davontrug. W verlangt daraufhin gegen Rückgabe des Autos Erstattung des Kaufpreises. Mit Recht?

15. E sucht einen Schlagbohrer, mit dem er auch Löcher in Beton bohren kann, und wendet sich deshalb an den Eisenwarenhändler H. H empfiehlt den Bohrer XY, der für diesen Zweck bestens geeignet sei. Als E den Bohrer benutzt, muss er feststellen, dass das Gerät für Bohrungen in Beton viel zu schwach ist. Darüber regt sich E so sehr auf, dass er einen Herzanfall bekommt. Die Kosten der ärztlichen Hilfe will er von H ersetzt verlangen. H weist darauf hin, dass er auf entsprechende Mitteilungen des Produzenten vertraut habe. Wie ist die Rechtslage?

16. V ist Alleinerbe des R. Im Nachlass findet er eine antike Uhr, die er K verkauft und übergibt. Danach erfährt V, dass die Uhr E gehört und diesem gestohlen worden ist. Wie sie in den Besitz des R gelangte, lässt sich nicht mehr klären. E ist nicht bereit, die Uhr V zu verkaufen und fordert sie von K zurück. Wie ist die Rechtslage?

17. Hobbygärtner G bestellt bei H Anfang Oktober Tulpenzwiebeln. Die ihm einige Tage danach von H übersandten Zwiebeln pflanzt G in seinem Garten ein. Im Frühjahr muss G feststellen, dass nicht Tulpen, sondern Narzissen wachsen. Er schreibt daraufhin H einen Brief, in dem er sein Geld zurückverlangt. Dies lehnt H ab. Wie ist die Rechtslage?

18. V liefert K aufgrund eines entsprechenden Kaufvertrages Orangen. Da die Orangen zT verfault sind, weist K die Lieferung zurück und verlangt einwandfreie Ware, die V jedoch erst 14 Tage später liefert. Inzwischen sind die Marktpreise für Orangen gefallen, und K kann deshalb beim Weiterverkauf nur einen geringeren Preis erzielen als ihm dies 14 Tage früher möglich gewesen wäre. Kann K von V Ersatz dieses Schadens verlangen?

19. In welchem Verhältnis stehen die Vorschriften über die Haftung wegen eines Sachmangels der Kaufsache zu den Regelungen über die Anfechtung von Willenserklärungen gem. § 119, § 120 und § 123?

20. Welche Rechte haben die Vertragsparteien beim Kauf unter (einfachem) Eigentumsvorbehalt?

21. Erklären Sie bitte den Unterschied zwischen einer aufschiebenden und einer auflösenden Bedingung!

22. B erklärt, er rechne mit einer Gegenforderung gegen die Hauptforderung des R für den Fall auf, dass ihm R keine Stundung gewährt. Zulässig?

23. Was versteht man unter einem Anwartschaftsrecht?
24. V verkauft seinen Pkw dem K. Der Kaufpreis iHv 20.000 EUR soll in zehn Monatsraten gezahlt werden, wobei sich V bis zur Zahlung der letzten Rate das Eigentum an dem Pkw vorbehält. Nachdem K sieben Monatsraten entrichtet hat, verkauft K das Fahrzeug dem D. D zahlt den mit K vereinbarten Kaufpreis bis auf einen Betrag von 6.000 EUR, den er als Ausgleich für die noch offenen drei Raten aus dem Kaufvertrag zwischen K und V an diesen zahlen soll. Den noch bei V befindlichen „Kraftfahrzeugbrief" (gemeint ist die Zulassungsbescheinigung Teil II) soll sich D von V aushändigen lassen. Als D dem V die 6.000 EUR anbietet und Herausgabe des Kraftfahrzeugbriefs verlangt, erklärt V, sein Vertragspartner sei K und er habe mit D nichts zu schaffen. Dabei bleibt er auch nach Bitten des K, das Geld anzunehmen und den Kraftfahrzeugbrief D auszuhändigen. Wie ist die Rechtslage?
25. Verbraucher A ist Stammkunde des Weinhändlers H, der sein Geschäft in einer Nachbarstadt unterhält. Bei Bedarf fährt A mit dem Auto zu H und holt den benötigten Wein. Da er jedoch an einer Fahrt verhindert ist, bittet er H um Lieferung per Post von 24 Flaschen Blauburgunder, Jahrgang 2012, zum Preis von 8,75 EUR die Flasche. H führt die Bestellung sorgfältig aus. Der Wein trifft jedoch nicht bei A ein. Der Verbleib des Weines lässt sich nicht aufklären. A verlangt weiterhin Lieferung des Weines, während H den Kaufpreis fordert. Wie ist die Rechtslage?
26. N leiht sich von ihrer Nachbarin F ein Kilo Mehl zum Backen eines Kuchens. Welchen Vertrag schließen die beiden?
27. Handelt es sich bei einem Darlehensvertrag um einen gegenseitigen (synallagmatischen) Vertrag, auf den §§ 320 ff. anwendbar sind?
28. Ist ein Mietvertrag formbedürftig?
29. Welche Rechte hat der Mieter bei Mängeln der vermieteten Sache?
30. M mietet von V eine Neubauwohnung. Infolge eines für V nicht erkennbaren Fehlers an der Stromleitung kommt es kurz nach dem Einzug zu einem Brand, bei dem einige Möbel des M und ein Mantel seiner Ehefrau zerstört werden. Herr und Frau M verlangen von V Ersatz ihrer Schäden. Mit Recht?
31. Haftet der Vermieter aus c. i. c. wegen falscher Angaben oder unterlassener Informationen über Eigenschaften der Mietsache?
32. Wann endet ein Mietverhältnis?
33. Was ist Leasing?
34. Kommt der Unterscheidung zwischen freiem Dienstvertrag und Arbeitsvertrag praktische Bedeutung zu?
35. Wodurch unterscheiden sich der Dienstvertrag und der Werkvertrag voneinander?
36. Was bedeutet „Abnahme" beim Werkvertrag?
37. Welche Rechte hat der Besteller bei mangelhafter Herstellung des Werks durch den Unternehmer?
38. Kann der Beauftragte für Schäden, die er bei der Durchführung des Auftrages erleidet, vom Auftraggeber Ersatz verlangen?

§ 9. Einzelne gesetzliche Schuldverhältnisse

I. Vorbemerkung

Im Anschluss an die Erörterung einzelner vertraglicher Schuldverhältnisse sollen die wichtigsten gesetzlichen Schuldverhältnisse behandelt werden, und zwar solche, die bei einer Geschäftsführung ohne Auftrag, bei einer ungerechtfertigten Bereicherung und bei einer unerlaubten Handlung entstehen. Die Darstellung ist wiederum nur auf die Vermittlung von Grundwissen gerichtet; eher für Fortgeschrittene geeignete Problembereiche bleiben ausgeklammert (dazu *Musielak/Hau* EK BGB §§ 3–5).

II. Geschäftsführung ohne Auftrag

1. Überblick

Wenn jemand für einen anderen dessen Geschäfte besorgt, sind Regeln erforderlich, um die Interessen der Beteiligten gegeneinander abzugrenzen und um entscheiden zu können, wem die Vor- und Nachteile zufallen sollen, die sich aus der Geschäftsführung ergeben. Wird die Besorgung des fremden Geschäfts – wie im Normalfall – vom Geschäftsführer vorher mit dem Geschäftsherrn verabredet, so werden beide entsprechende Vereinbarungen treffen. Soweit dies nicht geschieht, greifen ergänzend gesetzliche Vorschriften ein, wie zB bei der unentgeltlichen Geschäftsbesorgung die Bestimmungen über den Auftrag (vgl. §§ 662 ff.), bei der entgeltlichen Geschäftsbesorgung neben einzelnen Auftragsregeln und dem Dienst- oder Werkvertragsrecht (vgl. § 675 I) häufig noch Sondervorschriften, beispielsweise die Bestimmungen über den Zahlungsdienstevertrag (§§ 675f ff.), sowie die im HGB getroffenen Regelungen für Kommissionäre (vgl. §§ 383 ff. HGB), Spediteure (vgl. §§ 453 ff. HGB) und Handelsmakler (vgl. §§ 93 ff. HGB). Das Gesetz muss aber auch Bestimmungen für Fälle enthalten, in denen jemand fremde Angelegenheiten besorgt, ohne dazu von dem Geschäftsherrn beauftragt zu sein oder die Befugnis dazu aus einem anderen Rechtsgrund ableiten zu können. Die entsprechende Regelung findet sich in §§ 677 ff.[1]

Daraus ergibt sich, dass zwischen verschiedenen Fällen eines Tätigwerdens in fremden Angelegenheiten ohne Auftrag oder sonstige Berechtigung unterschieden werden muss:

- **Geschäftsführung ohne Auftrag (GoA)**, bei der das Bewusstsein, ein fremdes Geschäft zu führen, und der Wille, dies zu tun, beim Geschäftsführer vorhanden sind. Die GoA ist in §§ 677–686 geregelt.

---

[1] Beachte den Überblick bei *Lorenz* JuS 2016, 6.

- **Irrtümliche Eigengeschäftsführung**, bei der das Bewusstsein und demzufolge auch der Wille, ein fremdes Geschäft zu führen, nicht vorhanden sind. § 687 I nimmt den Fall, dass jemand ein fremdes Geschäft in der Meinung besorgt, dass es sein eigenes sei, ausdrücklich von den Vorschriften über die GoA aus. Ein Ausgleich unter den Beteiligten ist aufgrund der allgemeinen Regeln zu finden, insbesondere nach §§ 812 ff. und §§ 823 ff.

- **Angemaßte Eigengeschäftsführung** (kurz: Geschäftsanmaßung), bei der zwar das Bewusstsein vorhanden ist, ein fremdes Geschäft zu führen, dieses aber wie ein eigenes behandelt wird. Bei der Geschäftsanmaßung werden häufig Ansprüche des Geschäftsherrn wegen unerlaubter Handlung bestehen. Außerdem gibt § 687 II 1 dem Geschäftsherrn das Recht, Ansprüche gegen den Geschäftsführer aufgrund einzelner Vorschriften über die GoA geltend zu machen; dann wird er allerdings verpflichtet, dem Geschäftsführer alles, was er durch die Geschäftsführung erlangt, nach den Vorschriften über die ungerechtfertigte Bereicherung herauszugeben (§ 687 II 2 iVm § 684 S. 1).

981 Die beiden zuletzt genannten Fälle werden **unechte Geschäftsführung** genannt (vgl. die Überschrift in § 687).

982 Die § 677 zu entnehmende Beschreibung der „Geschäftsführung ohne Auftrag" (als Besorgung des Geschäfts eines anderen ohne Auftrag oder sonstige Berechtigung) ist also noch um **subjektive Merkmale** zu ergänzen, die sich aus § 687 ergeben (Bewusstsein der Fremdheit und Wille, das Geschäft als fremdes zu führen). Aber hierbei kann bei einer Begriffsbestimmung der GoA nicht stehen geblieben werden. Vielmehr muss auch berücksichtigt werden, ob der Geschäftsführer **ohne begründeten Anlass** in einen fremden Rechtskreis eindringt

> **Beispiel:** G ärgert sich schon lange darüber, dass sein Nachbar N nicht allzu viel Zeit in die Pflege seines Vorgartens investiert. Als N in den Urlaub fährt, nutzt dies G, um in dem Garten des N „richtig Ordnung zu schaffen".

oder ob die Geschäftsbesorgung dem Interesse und dem **wirklichen oder mutmaßlichen Willen des anderen** entspricht.

> **Beispiel:** G entdeckt während einer längeren Abwesenheit seines Nachbarn N, dass der Sturm in dessen Haus ein Fenster zerbrochen hat. Um zu verhindern, dass es hineinregnet, dichtet er das Fenster ab.

983 Nach der gesetzlichen Systematik scheint der Gesichtspunkt der Nützlichkeit der GoA in gleicher Weise wie die Frage nach dem Willen des Geschäftsherrn nur für die Rechtsfolgen, die sich aus ihr ergeben, bedeutsam zu sein; denn § 683 lässt davon den Anspruch auf Ersatz von Aufwendungen abhängig sein. Aber dies ist zu wenig, weil dann auch Fälle einer interessenwidrigen „Zwangsbeglückung" des Geschäftsherrn unter die Regelung der §§ 677 ff. zu fassen wären. Mit Recht macht deshalb die hM[2] einen entscheidenden Unterschied zwischen der **berechtigten GoA,** bei der die Geschäftsführung dem Interesse und dem wirklichen oder mutmaßlichen Willen des Geschäftsherrn entspricht, und der **unberechtigten GoA,** bei der diese Vorausset-

---

[2] Vgl. *Wandt* Gesetzl. Schuldverhältnisse § 2 Rn. 10 f.; *Fikentscher/Heinemann* SchuldR Rn. 1267; *Looschelders* SchuldR BT Rn. 836.

zungen nicht erfüllt werden. Nur bei einer berechtigten (im Sinne von rechtmäßigen) GoA greift der Geschäftsführer gegenüber dem Geschäftsherrn mit Rechtsgrund in dessen Geschäftskreis ein, verhält sich dabei also rechtmäßig. Dagegen handelt der Geschäftsführer bei der unberechtigten (im Sinne von unrechtmäßigen) GoA objektiv rechtswidrig, wenn er sich einer Angelegenheit aus der Rechtssphäre des Geschäftsherrn annimmt. Auftragsähnliche Rechtsbeziehungen wie bei der berechtigten GoA entstehen dann folglich nicht zwischen ihm und dem Geschäftsherrn.

2. Voraussetzungen der berechtigten Geschäftsführung ohne Auftrag

Als Voraussetzungen der berechtigten GoA sind hiernach zu nennen: **984**

(1) Geschäftsbesorgung,
(2) Fremdheit des besorgten Geschäfts für den Geschäftsführer (wobei durch die Frage, um wessen Geschäft es sich handelt, die Person des Geschäftsherrn ermittelt wird, vgl. § 686),
(3) Fremdgeschäftsführungswille,
(4) Fehlen eines besonderen Geschäftsbesorgungsverhältnisses aufgrund eines Auftrags oder einer sonstigen Berechtigung (vgl. § 677),
(5) Berechtigung zur GoA.

Der Begriff der „**Geschäftsbesorgung**" ist im weitesten Sinn zu verstehen. Hierunter **985** sind Tätigkeiten aller Art zu fassen, also Rechtsgeschäfte in gleicher Weise wie tatsächliche Handlungen (etwa Pflegen eines Gartens oder das Abdichten eines Fensters).³

Die Frage, ob es sich um ein „**fremdes Geschäft**" handelt, bereitet keine Schwierig- **986** keiten, wenn die Rechtsordnung oder die tatsächlichen Verhältnisse das Geschäft eindeutig einem anderen zuweisen.

> **Beispiele:** G nimmt ein Paket für seinen abwesenden Nachbarn N entgegen und zahlt die Zustellgebühr. Oder: G vertreibt einen Einbrecher, der gerade in das Haus des N einsteigen will.

In diesen Fällen steht es unzweifelhaft fest, dass das Geschäft, das der Geschäftsfüh- **987** rer besorgt, einem fremden Rechtskreis zuzuordnen ist. Es gibt jedoch Fälle, in denen dies nicht ohne Weiteres klar ist.

> **Beispiel:** G entdeckt auf einer Versteigerung eine Briefmarke, die sein Freund F schon seit langem sucht. Um F eine Freude zu machen, ersteigert G die Marke und bringt sie ihm.

Äußerlich ist nicht erkennbar, dass in diesem Beispielsfall ein fremdes Geschäft be- **988** sorgt wird. Erst die subjektive Einstellung des Geschäftsführers lässt es zu einem fremden werden; man spricht deshalb von einem **subjektiv fremden bzw. objektiv neutralen Geschäft** im Gegensatz zum objektiv fremden, bei dem die Fremd-

---

[3] BGH NJW 2012, 3366 Rn. 12.

heit äußerlich ohne Weiteres erkennbar ist. Die Schwierigkeiten, die sich hierbei ergeben, beziehen sich auf den Beweis des Fremdgeschäftsführungswillens, den im Streitfall (zB wenn er Ersatz seiner Aufwendungen fordert) der Geschäftsführer zu führen hat (→ Rn. 991).

989 Die Fremdheit des Geschäfts wird nicht dadurch ausgeschlossen, dass der Geschäftsführer mit der Geschäftsbesorgung eigene Interessen verbindet (sog. **„Auch-fremdes-Geschäft"**).

> **Beispiel:** U, der Untermieter des M, löscht in dessen Räumen einen Brand, der auch sein Zimmer bedroht. In diesem Fall führt U sowohl ein fremdes als auch ein eigenes Geschäft. Um eine GoA handelt es sich allerdings nur, wenn U den Willen hatte, auch für M tätig zu werden (Fremdgeschäftsführungswille).

990 Dagegen ist die Frage nicht einfach zu beantworten, ob auch dann ein fremdes Geschäft angenommen werden kann, wenn der Geschäftsführer zu der von ihm ausgeführten Tätigkeit verpflichtet ist, wie dies beispielsweise für einen Polizisten oder Feuerwehrmann zutrifft, der im Rahmen seiner Dienstpflichten für einen anderen tätig wird (sog. **pflichtgebundener Geschäftsführer;** näher zu den damit angesprochenen Fragen *Musielak/Hau* EK BGB Rn. 233 ff.). Hier sei nur darauf hingewiesen, dass die Entscheidung im Wesentlichen davon abhängt, ob die gesetzliche Regelung, aus der sich die Pflicht zum Tätigwerden ergibt, eine abschließende Regelung darstellt, die insbesondere auch die Frage nach dem Ersatz für getätigte Aufwendungen beantwortet.

991 Der Wille, das Geschäft für einen anderen und nicht für sich selbst zu besorgen, der sog. **Fremdgeschäftsführungswille,** ist als ein innerer Vorgang im Streitfall nur schwer festzustellen. Derjenige, der von einem anderen Ersatz seiner Aufwendungen mit der Begründung verlangt, er habe für ihn ein Geschäft besorgt, wird regelmäßig eine entsprechende Behauptung aufstellen. Um in dieser Frage zu einer Lösung zu gelangen, wird man zu unterscheiden haben:

- Bei objektiv fremden Geschäften, also bei Geschäften, bei denen die Fremdheit äußerlich ohne Weiteres erkennbar ist, ist von einem Fremdgeschäftsführungswillen auszugehen, wenn sich keine triftigen Anhaltspunkte dafür ergeben, dass diese subjektive Einstellung fehlt.
- Der BGH[4] nimmt an, dass dies auch bei dem sog. „Auch-fremden-Geschäft" (→ Rn. 989) gilt, wobei genüge, dass das Geschäft seiner äußeren Erscheinung nach nicht nur dem Besorger, sondern auch einem Dritten zugute kommt.
- Bei objektiv eigenen und neutralen Geschäften muss der Wille, ein solches Geschäft für einen anderen zu führen, äußerlich erkennbar in Erscheinung treten.[5]

992 Daraus folgt, dass bei einem objektiv eigenen oder neutralen Geschäft eine GoA auszuscheiden hat, wenn der Fremdgeschäftsführungswille fehlt oder nicht feststellbar ist. Fehlt bei einem objektiv fremden Geschäft der Fremdgeschäftsführungswille, so kommt es darauf an, ob der Geschäftsführer das Bewusstsein der Fremdheit des Ge-

---

[4] BGH NJW 2000, 72 f.; 2000, 422 (423); NJW-RR 2004, 81 (82); 2005, 639 (641). Krit. *Falk* JuS 2003, 833 (835 f.); vgl. dazu auch *Thole* NJW 2010, 1243 (1244).
[5] BGHZ 82, 323 (330 f.) = NJW 1982, 875; BGHZ 114, 248 (250) = NJW 1991, 2638; BGH NJW 2000, 72 f.; 2009, 1879 Rn. 22; NJW-RR 2004, 81 (82).

II. Geschäftsführung ohne Auftrag

schäfts hat; ist dies zu bejahen, gilt § 687 II; fehlt dieses Bewusstsein, greift § 687 I ein (→ Rn. 980).

Die weitere Voraussetzung der GoA ist eine negative: Der Geschäftsführer darf nicht vom Geschäftsherrn **beauftragt oder ihm gegenüber sonst zur Geschäftsführung** (aufgrund eines Vertrages oder aufgrund einer gesetzlichen Bestimmung, zB nach § 1626 oder § 1793) **berechtigt** sein. Fraglich ist, ob die Vorschriften über die GoA Anwendung finden, wenn der Vertrag, der den Geschäftsführer gegenüber dem Geschäftsherrn zum Tätigwerden berechtigt und verpflichtet, nichtig ist. 993

> **Beispiel:** Kaufmann K gerät in wirtschaftliche Schwierigkeiten, woraufhin er Wirtschaftsberater W damit betraut, eine Schuldensanierung durchzuführen. W verhandelt demgemäß mit den Gläubigern des K und erreicht einen bedeutenden Nachlass der Schulden. K und W wissen nicht, dass ihr Vertrag wegen Verstoßes gegen das Rechtsdienstleistungsgesetz nichtig ist.

Der BGH[6] hat sich in solchen Fällen auf den Standpunkt gestellt, dass bei **Nichtigkeit eines Auftrages** oder eines sonst in Betracht kommenden Vertrages unbeschränkt auf die Regeln der **§§ 677 ff.** zurückgegriffen werden könnte. Das Gericht meint, der Umstand, dass sich der Geschäftsführer zur Leistung verpflichtet hat oder für verpflichtet hält, hindere nicht einen Rückgriff auf die Vorschriften der GoA.[7] Im Schrifttum werden Bedenken geäußert: Für die Rückabwicklung rechtsgrundloser Leistungen seien die Vorschriften über die ungerechtfertigte Bereicherung heranzuziehen. Die dort vorgenommenen Einschränkungen würden umgangen, wenn man der Ansicht des BGH folgte. Diese Bedenken sind berechtigt; §§ 812 ff. haben bei Rückabwicklung fehlgeschlagener Leistungen aufgrund nichtiger Rechtsgeschäfte Vorrang vor §§ 677 ff.[8] 994

Eine Geschäftsführung ist nur **berechtigt,** wenn sie 995

- dem Interesse und dem wirklichen oder mutmaßlichen Willen des Geschäftsherrn entspricht (§ 683 S. 1) oder
- ein entgegenstehender Wille nach § 679 unbeachtlich ist (§ 683 S. 2) oder
- der Geschäftsherr die unberechtigte Geschäftsführung genehmigt und dadurch zu einer berechtigten macht (§ 684 S. 2).

Eine Geschäftsführung entspricht dem **Interesse des Geschäftsherrn,** wenn sie ihm objektiv nützlich ist. Bei dieser nach objektiven Gesichtspunkten vorzunehmenden Bewertung muss aber die persönliche Situation des Geschäftsherrn beachtet werden. Hat der Geschäftsherr nicht die notwendigen finanziellen Mittel zur Verfügung, so kann zB der Kauf einer Sache auch weit unter Preis seinem Interesse zuwiderlaufen. Umgekehrt kann der Verkauf einer Sache unter Preis durchaus seinen Interessen entsprechen, wenn er dringend Geld benötigt und der Verkauf zu den ungünstigen Konditionen aufgrund der konkreten Sachlage geboten erscheint. 996

---

[6] BGHZ 37, 258 (262 ff.) = NJW 1962, 2010; ebenso BGHZ 101, 393 (399) = NJW 1988, 132; BGH NJW 1997, 47 (48).
[7] BGH NJW-RR 2005, 639 (641); NJW 2015, 1020 (Aufwendungsersatzanspruch eines Schlüsselnotdienstes gegen eine betreute Person).
[8] *Lorenz* NJW 1996, 883; *Einsele* JuS 1998, 401 (403); *Pfeifer* JA 2008, 17; MüKoBGB/*Seiler* § 677 Rn. 48 mwN.

997 Nach der gesetzlichen Regelung (vgl. § 683 S. 1) scheinen Interesse und **Wille des Geschäftsherrn** gleichrangige Voraussetzungen für eine berechtigte GoA zu sein. Ob diese Annahme zutrifft, ist jedoch zweifelhaft und streitig. Folgendes muss bei dieser Frage berücksichtigt werden:

- Hat der Geschäftsherr seinen „**wirklichen Willen**" ausdrücklich oder konkludent **erklärt**, so kommt es allein auf diesen Willen an. Eine seinem Willen widersprechende Geschäftsbesorgung ist stets unberechtigt, es sei denn, dass die Ausnahmeregelung des § 679 eingreift. Dies gilt auch, wenn der wirkliche Wille des Geschäftsherrn aus objektiver Sicht nicht als vernünftig anzusehen ist.[9] Die GoA darf nicht zu einem Instrument der Zwangsbeglückung gemacht werden, bei der unkluge Entscheidungen des Geschäftsherrn korrigiert werden können.

  Beispiel: A, der in bescheidenen Vermögensverhältnissen lebt, ist ein leidenschaftlicher Fußballfan. Als die deutsche Nationalmannschaft in München spielt, versucht er vergeblich, eine Eintrittskarte zum Spiel zu erwerben. Daraufhin erklärt er in einer Gastwirtschaft, wenn er eine Karte bekommen würde, zahlte er auch 300 EUR dafür. Als B eine Eintrittskarte, die regulär 25 EUR kostet, für 250 EUR angeboten wird, erinnert er sich an die Bemerkung des A, die er zufällig gehört hatte, und kauft für diesen die Karte. In diesem Fall entspricht der Kartenkauf nicht dem Interesse, wohl aber dem Willen des A. Es handelt sich folglich um eine berechtigte GoA.

- Der **wirkliche Wille muss erkennbar geworden sein,** sonst entscheidet der mutmaßliche Wille. Allerdings ist nicht wesentlich, ob der Geschäftsführer den wirklichen Willen des Geschäftsherrn erkannte oder auch nur erkennen konnte. Die Rechtmäßigkeit einer GoA ist vielmehr auch dann zu verneinen, wenn der Geschäftsführer überhaupt nicht die Möglichkeit hatte, von dem (irgendwie erklärten) entgegengesetzten Willen des Geschäftsherrn Kenntnis zu erlangen.

998 Ist der wirkliche Wille des Geschäftsherrn nicht erkennbar, dh für niemand festzustellen, so ist der **mutmaßliche Wille** maßgeblich. Es muss dann eine Hypothese darüber aufgestellt werden, welchen Willen der Geschäftsherr haben würde, wenn ihm die Übernahme der Geschäftsführung bekannt wäre. Der Begriff des mutmaßlichen Willens ist im objektiven Sinn zu verstehen, und es ist danach zu fragen, ob ein vernünftiger Geschäftsherr bei Berücksichtigung aller Umstände und seiner besonderen Lage die Geschäftsführung gewollt hätte. Objektives Interesse und mutmaßlicher Wille werden in der Regel übereinstimmen.

  Beispiel: Wird ein Fahrzeug, das unbefugt auf einem Privatgrundstück in verbotener Eigenmacht abgestellt wird, im Wege der berechtigten Selbsthilfe entfernt, so soll dies nach Ansicht des BGH iSv § 677 sowohl dem objektiven Interesse als auch dem mutmaßlichen Willen des Fahrzeughalters entsprechen.[10] Dies hätte zur Folge, dass der Halter zum Ersatz der für die Entfernung erforderlichen Aufwendungen verpflichtet ist (§ 683 S. 1 iVm § 670; dazu sogleich).

999 Ist der **Geschäftsherr geschäftsunfähig oder beschränkt geschäftsfähig,** entscheidet nicht sein Wille, sondern der seines gesetzlichen Vertreters. Streitig ist, welche

---

[9] So auch *Martinek/Theobald* JuS 1997, 612 (614); *Wandt* Gesetzl. Schuldverhältnisse § 5 Rn. 17.
[10] BGH NJW 2016, 2407 (2408).

II. Geschäftsführung ohne Auftrag

Rechtsfolgen es hat, wenn der **Geschäftsführer nicht geschäftsfähig** ist. Manche sehen in der GoA eine geschäftsähnliche Handlung, auf die die Vorschriften über Rechtsgeschäfte analog anzuwenden sind (→ Rn. 239 ff.). Nach dieser Auffassung wird ein beschränkt Geschäftsfähiger aus der Geschäftsführung nach den Regeln der §§ 677 ff. nur dann berechtigt und verpflichtet, wenn sein gesetzlicher Vertreter in die Übernahme der Geschäftsführung einwilligt oder sie genehmigt. Die hM will dagegen auch dem nicht geschäftsfähigen Geschäftsführer die Rechte aus der GoA geben, wenn ihre Voraussetzungen erfüllt sind. Sie verweist darauf, dass die GoA nur in einem tatsächlichen Tun bestehen könne (→ Rn. 985), bei dem jede Bezugnahme auf Rechtliches fehle; § 682 schütze die Interessen des nicht geschäftsfähigen Geschäftsführers ausreichend.[11]

3. Rechtsfolgen einer berechtigten Geschäftsführung ohne Auftrag

Durch eine berechtigte GoA entsteht zwischen Geschäftsherrn und Geschäftsführer ein **gesetzliches Schuldverhältnis**, das inhaltlich weitgehend dem Auftrag entspricht. Dieses Rechtsverhältnis schafft einen Rechtfertigungsgrund für Eingriffe, die der Geschäftsführer im Rahmen seiner Geschäftsbesorgung in Rechtsgüter des Geschäftsherrn vornimmt, sodass deliktsrechtliche Ansprüche gegen den Geschäftsführer insoweit ausgeschlossen sind. Gleichzeitig ergibt sich aus der berechtigten GoA ein Rechtsgrund im Sinne des Bereicherungsrechts (→ Rn. 1017, 1021) für Vermögensverschiebungen, die zwischen Geschäftsherrn und Geschäftsführer bei der GoA vollzogen werden, sodass bereicherungsrechtliche Ansprüche insoweit ausscheiden. 1000

Hieraus folgt für den Aufbau eines Rechtsgutachtens, dass vor einer Erörterung des Delikts- oder Bereicherungsrechts die Frage nach einer berechtigten GoA zu behandeln ist (soweit der Fall dazu Anlass gibt), weil bei einer positiven Antwort auf diese Frage deliktische und bereicherungsrechtliche Ansprüche gegen den Geschäftsführer entfallen. 1001

Das gesetzliche Schuldverhältnis der berechtigten GoA erzeugt für Geschäftsführer und Geschäftsherrn **Rechte und Pflichten**. Nach § 677 hat der Geschäftsführer das Geschäft so zu führen, „wie das Interesse des Geschäftsherrn mit Rücksicht auf dessen wirklichen oder mutmaßlichen Willen es erfordert". Verletzt er diese Pflicht schuldhaft, hat er den dadurch verursachten Schaden zu ersetzen (§ 280 I; → Rn. 547 ff.). **Interesse und Wille des Geschäftsherrn sind also in zweifacher Hinsicht bedeutsam:** 1002

- Sie bestimmen bei der Übernahme der Geschäftsführung, ob es sich um eine berechtigte GoA handelt.
- Sie stecken für den Geschäftsführer den Rahmen ab, innerhalb dessen er das Geschäft zu besorgen hat.

§ 681 statuiert **Nebenpflichten des Geschäftsführers** durch Verweisung auf das Auftragsrecht. Besonders bedeutsam ist die Pflicht, dem Geschäftsherrn das aus der Geschäftsbesorgung Erlangte herauszugeben (§ 681 S. 2 iVm § 667). Das gilt auch für einen Gewinn, der bei der Geschäftsführung erzielt wird. Eine wichtige Einschrän- 1003

---

[11] Zu diesem Meinungsstreit vgl. MüKoBGB/*Seiler* § 682 Rn. 2 ff.

kung ergibt sich aus § 682 für den geschäftsunfähigen oder beschränkt geschäftsfähigen Geschäftsführer: Dieser ist nur nach den Vorschriften über die ungerechtfertigte Bereicherung herausgabepflichtig. Da es sich bei § 682 nach hM um eine Rechtsgrundverweisung handelt (→ Rn. 693), müssen die Voraussetzungen eines bereicherungsrechtlichen Anspruchs erfüllt sein, damit eine Herausgabepflicht eintritt.

1004 Bei der berechtigten GoA besteht die wichtigste Pflicht des Geschäftsherrn darin, die **Aufwendungen des Geschäftsführers** zu ersetzen, und zwar im gleichen Umfang wie sie ein Beauftragter zu beanspruchen hat (§ 683 S. 1 iVm § 670; → Rn. 974). In gleicher Weise wie ein Beauftragter kann der Geschäftsführer bei der GoA Ersatz solcher **Zufallsschäden** fordern, die auf einer für das besorgte Geschäft eigentümlichen erhöhten Gefahr, aber nicht auf dem allgemeinen Lebensrisiko beruhen (→ Rn. 975 f.).

1005 Verliert der Geschäftsführer bei der Geschäftsbesorgung sein Leben, wendet die hM § 844 II entsprechend an; demnach hat der Ersatzpflichtige im Falle der Tötung eines Menschen denjenigen Schadensersatz zu leisten, die einen Unterhaltsanspruch gegen den Getöteten hatten. Die entsprechende Anwendung des § 844 II wird damit begründet, dass dies eine notwendige und folgerichtige Weiterentwicklung der Grundsätze darstelle, die für den Ersatzanspruch des Geschäftsführers aufgestellt worden seien. Denn anderenfalls trete das sinnwidrige Ergebnis ein, dass der Geschäftsführer zwar in leichteren Fällen, in denen er nur seine Gesundheit aufopfere, Ersatz verlangen könne, dass aber seine Angehörigen leer ausgingen, wenn er dabei sein Leben ließe.

1005a Fraglich erscheint, ob § 670 vermittelt durch § 683 S. 1 auch dann anwendbar sein kann, wenn eine direkte Anwendung von § 670 deshalb ausscheidet, weil jemand nicht aufgrund eines Auftrags, sondern nur aufgrund einer bloßen Gefälligkeit tätig geworden ist und dabei geschädigt wurde. Der BGH will diese Frage verneinen: Um Wertungswidersprüche zwischen Vertrags- und GoA-Regeln zu vermeiden, lehnt er die Möglichkeit einer anspruchsbegründenden „**Gefälligkeit ohne Auftrag**" ab.[12] Dieser Auffassung ist zuzustimmen. Denn wer lediglich eine Gefälligkeit erbringt, führt kein (rechtlich relevantes → Rn. 52 ff.) Geschäft für einen anderen.

1006 Nach hM[13] kann der Geschäftsführer eine **Vergütung** für die von ihm aufgewendete Arbeitskraft verlangen, wenn die ausgeführte Tätigkeit zu seinem Gewerbe oder Beruf gehört. Der Unterschied zum Auftrag wird damit begründet, dass bei der GoA eine Vereinbarung über die Unentgeltlichkeit der ausgeübten Tätigkeit fehlt.

> **Beispiel:** Arzt A wird zufällig Zeuge eines Verkehrsunfalls. Er hilft bei der Bergung der Verletzten und leistet ihnen Erste Hilfe. In diesem Fall kann A ein Entgelt für seine ärztliche Tätigkeit nach der ärztlichen Gebührenordnung fordern. Überwiegend wird dieses Ergebnis auf den Rechtsgedanken des § 1835 III gestützt. In dieser Vorschrift wird ausdrücklich festgestellt, dass die Aufwendungen des Vormundes oder des Gegenvormundes auch Dienste umfassen, die zu seinem Gewerbe oder zu seinem Beruf gehören. Der Anspruch auf Aufwendungsersatz des Geschäftsführers ohne Auftrag geht also weiter als der des Beauftragten, der keine Vergütung für geleistete Arbeit fordern kann, weil dies die Unentgeltlichkeit des Auftrages ausschließt.

---

[12] BGH NJW 2015, 2880 = JuS 2016, 70 (*Mäsch*); aA *Staake* JURA 2016, 651.
[13] BGH NJW 1971, 609 (612) (insoweit in BGHZ 55, 128 ff., nicht abgedruckt); BGHZ 65, 384 (390) = NJW 1976, 748 = JuS 1976, 602; BGH NJW-RR 2005, 639 (641); *Larenz* SchuldR II 1 § 57 Ib (S. 355); Palandt/*Sprau* § 683 Rn. 8.

II. Geschäftsführung ohne Auftrag

Manche wollen dem Geschäftsführer stets (also nicht nur, wenn die verrichtete Tätigkeit zu seinem Gewerbe oder Beruf zu rechnen ist) eine angemessene Vergütung zubilligen und stützen diese Auffassung auf die Entstehungsgeschichte des § 683[14] oder die Erwägung, die Arbeitskraft des Einzelnen sei als wichtigste Erwerbsgrundlage ein Vermögensbestandteil und ihr Ersatz sei als „freiwilliges" Vermögensopfer, also als Aufwendung, anzusehen.[15] Schließlich wird vorgeschlagen, eine Lösung auf der Grundlage des hypothetischen Parteiwillens (→ Rn. 300) zu suchen; es soll danach gefragt werden, ob die Parteien durch Vertrag ein Entgelt vereinbart hätten, wenn ein Vertragsschluss möglich gewesen wäre.[16] 1007

Nach § 685 I steht dem Geschäftsführer **kein Anspruch auf Aufwendungsersatz** zu, wenn er im Zeitpunkt der Übernahme der Geschäftsführung nicht die Absicht hatte, von dem Geschäftsherrn Ersatz zu verlangen. Bei dieser Regelung handelt es sich um eine Ausnahmebestimmung, bei der es darauf ankommt, dass ein Verzichtswille des Geschäftsführers in irgendeiner Weise nach außen erkennbar geworden ist. § 685 I findet keine Anwendung, wenn der Geschäftsführer im Zeitpunkt der Übernahme der Geschäftsführung keinerlei Vorstellung über die Geltendmachung späterer Ersatzansprüche hatte. 1008

4. Unberechtigte Geschäftsführung ohne Auftrag

Die **unberechtigte GoA unterscheidet sich von der berechtigten** allein darin, dass die Geschäftsbesorgung nicht dem Interesse und dem wirklichen oder mutmaßlichen Willen des Geschäftsherrn entspricht, während alle anderen Voraussetzungen der berechtigten GoA erfüllt werden (→ Rn. 984). Der in diesem Fall fehlende Berechtigungsgrund für die Geschäftsbesorgung kann jedoch durch die Regelung des § 679, die einen entgegenstehenden Willen des Geschäftsherrn für unbeachtlich erklärt, oder mittels Genehmigung der Geschäftsführung durch den Geschäftsherrn (§ 684 S. 2) ersetzt werden. 1009

Der streitigen Frage, ob auch durch eine **unberechtigte GoA** zwischen dem Geschäftsherrn und dem Geschäftsführer ein **gesetzliches Schuldverhältnis** entsteht,[17] kommt nur praktische Bedeutung zu, wenn man davon die Anwendung der § 677 und § 681 auf den unberechtigten Geschäftsführer abhängig machen will.[18] Überwiegend wird die Anwendung dieser Vorschriften mit der Erwägung gerechtfertigt, der unberechtigte Geschäftsführer dürfe nicht besser stehen als der berechtigte.[19] Für die Anwendung spricht zudem, dass die Vorschriften selbst bei der Geschäftsanmaßung gelten (§ 687 II 1). 1010

---

[14] MüKoBGB/*Seiler* § 683 Rn. 25.
[15] *Esser/Weyers* SchuldR II/2 § 46 II 4c (S. 22).
[16] *Köhler* JZ 1985, 359 (361 ff.).
[17] Abl. Jauernig/*Mansel* Vor § 677 Rn. 5.
[18] So *Brox/Walker* SchuldR BT § 37 Rn. 2.
[19] Bamberger/Roth/*Gehrlein* § 677 Rn. 7; *Brox/Walker* SchuldR BT § 37 Rn. 2; Palandt/*Sprau*, Vor § 677 Rn. 5. AA *Fikentscher/Heinemann* SchuldR Rn. 1281.

1011 Ist die Geschäftsführung unberechtigt, dann muss sie unterbleiben. Greift der Geschäftsführer dennoch in den fremden Rechtskreis ein, so handelt er rechtswidrig und hat einen dadurch verursachten **Schaden nach § 678 zu ersetzen,** wenn er wusste oder fahrlässig nicht erkannte, dass er sich durch sein Verhalten in Widerspruch zum (wirklichen oder mutmaßlichen) Willen des Geschäftsherrn setzte. Der Geschäftsherr ist so zu stellen, wie er ohne die Übernahme des Geschäfts durch den Geschäftsführer stünde. Auf ein Verschulden des Geschäftsführers bei der Ausführung kommt es nicht an. Die Haftung beruht vielmehr auf einem Übernahmeverschulden und umfasst auch Zufallsschäden bei der Ausführung.[20] Daneben kann sich der (unberechtigte) Geschäftsführer nach §§ 823 ff. schadensersatzpflichtig machen. Da durch eine unberechtigte GoA ein Rechtsgrund für Vermögensverschiebungen zwischen Geschäftsherrn und Geschäftsführer nicht geschaffen wird, sind beide verpflichtet, einander nach den Vorschriften über die Herausgabe einer ungerechtfertigten Bereicherung herauszugeben, was sie aus der Geschäftsführung erlangt haben. Der Anspruch des Geschäftsführers gegen den Geschäftsherrn ergibt sich aus § 684 S. 1, der eine Rechtsfolgenverweisung (→ Rn. 693) enthält. Der umgekehrte Anspruch des Geschäftsherrn gegen den Geschäftsführer richtet sich unmittelbar nach §§ 812 ff.

1012 Bezweckt die Geschäftsführung die Abwendung einer dem Geschäftsherrn – seiner Person oder seinem Vermögen, nach hM auch seinen nächsten Angehörigen – drohenden **dringenden Gefahr,** dann wird zugunsten des Geschäftsführers der Haftungsmaßstab auf Vorsatz und grobe Fahrlässigkeit beschränkt (§ 680). Dadurch soll der Nothelfer privilegiert und zur Hilfeleistung in Notsituationen ermutigt werden. Dieser Gesetzeszweck trifft auch zu, wenn die Gefahr vom Geschäftsführer nur irrtümlich angenommen worden ist, in Wirklichkeit also überhaupt nicht bestand. Die Privilegierung des Nothelfers führt dazu, dass bei **irrtümlich angenommener Notlage** der Geschäftsführer für die zur vermeintlichen Gefahrenabwehr unternommene (unberechtigte) Geschäftsführung sowohl nach § 678 als auch nach §§ 823 ff. nur haftet, wenn ihn der Vorwurf grober Fahrlässigkeit trifft (str.).[21]

> **Beispiel:** H hört in der Nachbarwohnung jämmerliche Schreie. Als ihm trotz Klingelns und Klopfens nicht geöffnet wird, tritt er die Wohnungstür ein und findet seinen Nachbarn vor dem Fernseher, der zu laut eingestellt ist, und aus dem die Schreie kamen. Eine Haftung des H für den von ihm angerichteten Schaden ist zu verneinen, weil er nicht grob fahrlässig handelte.

1013 Streitig ist die Frage, ob die Haftungsprivilegierung des § 680 auch zugunsten **professioneller Nothelfer** wie Notärzten, Rettungssanitätern und Feuerwehrleuten anzuwenden ist. Mit der Begründung, solche Personen stellten sich bewusst und gewollt für Hilfeleistungen in Notfällen zur Verfügung und würden dafür bezahlt, wird diese Frage verneint.[22] Überzeugender erscheint es indes, § 680 zwar auch auf pro-

---

[20] HK-BGB/*Schulze* § 678 Rn. 4.
[21] HM: Palandt/*Sprau* § 680 Rn. 2; Erman/*Ehmann* § 680 Rn. 4; Jauernig/*Mansel* § 680 Rn. 2; Bamberger/Roth/*Gehrlein* § 680 Rn. 1 ff. AA MüKoBGB/*Seiler* § 680 Rn. 5.
[22] OLG München NJW 2006, 1883 (1885); ebenso Palandt/*Sprau* § 680 Rn. 1; Jauernig/*Mansel* § 680 Rn. 1.

fessionelle Nothelfer anzuwenden, jedoch bei dem dann anzulegenden Fahrlässigkeitsmaßstab die höheren Fähigkeiten und besseren Kenntnisse des beruflichen Nothelfers zu berücksichtigen.[23]

5. Unechte Geschäftsführung

Der Unterschied zwischen den beiden in § 687 geregelten Fällen besteht darin, dass einmal der Geschäftsführer irrtümlich meint, er besorge ein eigenes Geschäft (Abs. 1), während der Geschäftsführer bei der in Abs. 2 geregelten Geschäftsanmaßung das Geschäft in Kenntnis der Fremdheit als eigenes behandelt. Da in beiden Fällen der Fremdgeschäftsführungswille fehlt, handelt es sich nicht um eine (echte) GoA. Die **Rechtsbeziehungen zwischen Geschäftsherrn und Geschäftsführer** richten sich bei der irrtümlichen Geschäftsführung nach den allgemeinen Vorschriften. Dagegen verbessert § 687 II (eine Rechtsfolgenverweisung, → Rn. 693) die Rechtsstellung des Geschäftsherrn gegenüber den allgemeinen Regeln. Dies erweist sich als angemessene Reaktion auf einen vorsätzlich vorgenommenen Eingriff in eine fremde Rechtsposition. 1014

Die **Ansprüche des Geschäftsherrn bei der Geschäftsanmaßung** sind aufgrund der Verweisung in § 687 II zum einen auf Schadensersatz gem. § 678 (→ Rn. 1011) und zum anderen gem. § 681 iVm § 667 auf Herausgabe dessen gerichtet, was aus der Geschäftsführung erlangt wurde, und zwar – wie bei § 285 (→ Rn. 538) oder § 816 I 1 (dazu *Musielak/Hau* EK BGB Rn. 296 ff.) – einschließlich eines erzielten Gewinns. Es kommt dabei nicht darauf an, ob der Geschäftsherr einen entsprechenden Erwerb selbst getätigt hätte (was zB bei Schmiergeldern zu verneinen wäre). Der Anspruch reicht somit weiter als entsprechende Ansprüche aus dem Delikts- oder Bereicherungsrecht.[24] Hinzu kommen Ansprüche des Geschäftsherrn auf Auskunft und Rechenschaftslegung (§ 681 iVm § 666). 1015

Macht der Geschäftsherr die Ansprüche aus § 687 II 1 geltend, verweist § 687 II 2 auf § 684 S. 1. Nähme man diese Verweisung wörtlich, so ergäbe sich ein widersinniges Ergebnis: Der Geschäftsführer ist bei angemaßter Eigengeschäftsführung einerseits dem Geschäftsherrn nach § 687 II 1 iVm §§ 681 S. 2, 667 zur Herausgabe des durch die Geschäftsführung Erlangten verpflichtet (→ Rn. 1003); andererseits scheint § 687 II 2 durch seine Verweisung auf § 684 S. 1 dem Geschäftsherrn aufzugeben, alles, was er durch die Geschäftsführung erlangt, nach den Vorschriften über die Herausgabe einer ungerechtfertigten Bereicherung an den Geschäftsführer abzuführen. Will man den Widerspruch auflösen, muss man die in § 687 II 2 ausgesprochene Verweisung auf die Aufwendungen des Geschäftsführers beziehen. Dies bedeutet, dass der Geschäftsherr Aufwendungsersatz nach Bereicherungsgrundsätzen zu leisten hat. Nicht zu erstatten braucht er folglich Aufwendungen des Geschäftsführers, die erfolglos waren oder den Gewinn übersteigen, die der Geschäftsherr aus der Geschäftsführung gezogen hat.[25] 1016

---

[23] So MüKoBGB/*Seiler* § 680 Rn. 6; Bamberger/Roth/*Gehrlein* § 680 Rn. 2.
[24] MüKoBGB/*Seiler* § 687 Rn. 25.
[25] MüKoBGB/*Seiler* § 687 Rn. 15.

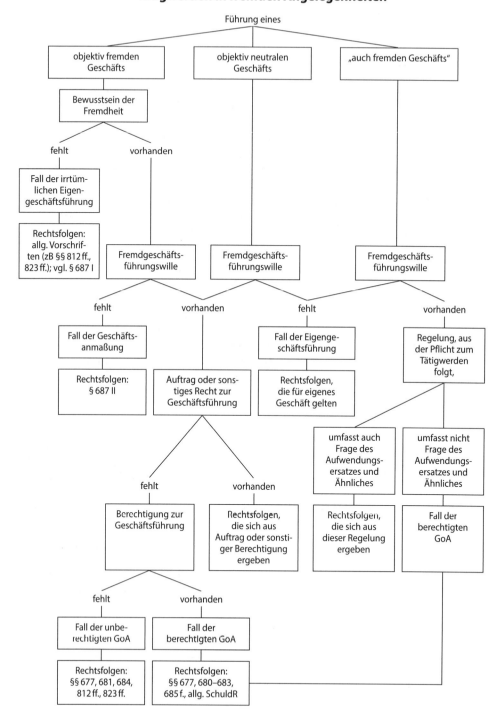

III. Ungerechtfertigte Bereicherung

1. Überblick

Das Bereicherungsrecht, geregelt in §§ 812 ff., dient dazu, einen materiell nicht gerechtfertigten Zuwachs an Vermögenswerten rückgängig zu machen: Der Schuldner soll verpflichtet werden, dasjenige wieder herauszugeben, was er ohne Rechtsgrund erlangt hat. Für diese Verpflichtung kommt es darauf an, ob die ungerechtfertigte Vermögensvermehrung durch die Leistung eines anderen (sog. Leistungskondiktion) oder in sonstiger Weise (sog. Nichtleistungskondiktion) eingetreten ist. Die einzelnen Ansprüche aus ungerechtfertigter Bereicherung werden entsprechend römisch-rechtlichen Vorbildern als „Kondiktionen" bezeichnet. Die **Unterscheidung zwischen Leistungskondiktion und Nichtleistungskondiktion** entspricht der hM und findet ihre Grundlage auch im Gesetzestext des § 812 I 1, in dem die Bereicherung durch „Leistung" derjenigen „in sonstiger Weise" gegenübergestellt ist.

1017

2. Leistungskondiktion

Die Leistungskondiktion setzt voraus, dass die durch sie auszugleichende Vermögensvermehrung durch Leistung des Bereicherungsgläubigers vorgenommen worden ist. Damit wird der Begriff der Leistung zu dem entscheidenden Merkmal dieser Kondiktion, von dem auch die Abgrenzung von der Nichtleistungskondiktion abhängt. Nach hM ist **Leistung jede bewusste und zweckgerichtete Mehrung fremden Vermögens.** Mithin scheidet eine Leistungskondiktion zum einen aus, wenn dem Leistenden das Bewusstsein fehlt, das Empfängervermögen zu mehren.

1018

> **Beispiel:** Hausmeister H streicht einen Holzzaun, der den Hof des von ihm zu betreuenden Hauses umschließt. Dabei verwendet er einen Eimer mit Farbe, von dem er annimmt, dass er ihn zu diesem Zweck vom Hauseigentümer E erhalten habe; in Wirklichkeit handelt es sich jedoch um eigene Farbe des H. In diesem Fall „leistet" H nicht, weil er nicht bewusst das Vermögen des E durch Verwendung der eigenen Farbe vermehrt.

Zum anderen muss der Leistende mit seiner Leistung einen **bestimmten Zweck verfolgen,** indem er beispielsweise leistet, um eine Verpflichtung zu erfüllen oder um den Empfänger zu beschenken. Das Merkmal des Leistungszwecks ist insbesondere in Fällen bedeutsam, in denen drei Personen beteiligt sind.

1019

> **Beispiel:** Schuldner S weist seine Bank B an, seinem Gläubiger G 2.000 EUR auszuzahlen, die G von S aus einem Kaufvertrag zustehen. Entspricht B dieser Weisung, so vermehrt sie zwar bewusst das Vermögen des G, verfolgt aber im Verhältnis zu diesem keinen Leistungszweck. Deshalb ist in dem Zahlungsvorgang B–G keine Leistung im Sinne des Bereicherungsrechts zu sehen. Vielmehr leistet B an S, da sie mit der Auszahlung des Geldes an G eine vertragliche Verpflichtung gegenüber ihrem Kunden S erfüllt und dies auch bewusst und zweckgerichtet tut, wie anderseits auch im Verhältnis zwi-

schen G und S geleistet wird, weil S seine Verpflichtung aus dem Kaufvertrag erfüllen will. Dass er dies mithilfe seiner Bank tut, lässt kein Leistungsverhältnis zwischen B und G entstehen; hier handelt es sich lediglich um einen technischen Zahlungsvorgang, der im Verhältnis zu G dem S zuzurechnen ist. Für das Bereicherungsrecht wird diese Unterscheidung bedeutsam, wenn eines der Vertragsverhältnisse oder beide nichtig sind und sich deshalb die Frage nach der Rückabwicklung stellt.

1020 Wenn beim Leistungsbegriff auf die **Mehrung fremden Vermögens** Bezug genommen wird, liegt an sich darin eine selbstverständliche Voraussetzung: Der Anspruch wegen „ungerechtfertigter Bereicherung" wird geltend gemacht, weil der Bereicherungsschuldner einen Vermögensvorteil erlangt hat, um dessen Ausgleich es geht (und insoweit besteht kein Unterschied zwischen Leistungskondiktion und Nichtleistungskondiktion). Ein Vermögensvorteil ist stets anzunehmen, wenn sich die Vermögenslage des Schuldners verbessert hat. Dies kann auf unterschiedliche Weise geschehen. Dem Vermögen des Schuldners können Aktivposten zugeführt werden, indem er Rechte erwirbt, zB Eigentum oder Forderungen, oder den Besitz an einer Sache erlangt. Die Vermögenslage des Schuldners kann auch dadurch verbessert werden, dass Passivposten wegfallen, zB eine Schuld wird erlassen oder eine gegen den Schuldner gerichtete Forderung wird vom Bereicherungsgläubiger erfüllt. Schließlich kann der Schuldner dadurch bereichert werden, dass ihm eigene Ausgaben erspart bleiben, zB dem Schuldner werden Gegenstände zugewendet, die er sonst mit eigenem Geld erwerben müsste.

1021 Weiteres Merkmal der Leistungskondiktion (wie im Übrigen auch der Nichtleistungskondiktion) ist das **Fehlen eines rechtlichen Grundes für das Behaltendürfen des Empfangenen**. In diesem Tatbestandsmerkmal gibt es Unterschiede zwischen den **verschiedenen Fällen der Leistungskondiktion**. Im Einzelnen handelt es sich dabei um folgende Fälle:

- **Condictio indebiti** (§ 812 I 1 Var. 1): Diese wichtigste Leistungskondiktion betrifft den Fall, dass der Rechtsgrund für die Leistung von Anfang an gefehlt hat. Der Bereicherungsgläubiger hat also geleistet, obwohl keine Verbindlichkeit bestand.

    Beispiel: V übereignet in Erfüllung eines mit K geschlossenen Kaufvertrages seinen Pkw. Der Kaufvertrag ist, was V nicht weiß, nichtig. V leistet also, obwohl er nichts schuldet. Er kann mit der condictio indebiti Rückübereignung des Pkw von K fordern.

- § 813 erweitert den Tatbestand der condictio indebiti auf Fälle, in denen die Schuld zwar besteht, aber mit einer dauernden **Einrede** (→ Rn. 265 f.) behaftet ist. Eine Ausnahme, auf die § 813 I 2 eigens verweist, gilt nach § 214 II für die Einrede der Verjährung.

- **Condictio ob causam finitam** (§ 812 I 2 Var. 1): Diese unterscheidet sich von der condictio indebiti dadurch, dass der Rechtsgrund für die Leistung zwar im Augenblick, in dem geleistet wird, besteht, dass er aber später weggefallen ist.

    Beispiel: E hat seinen Pkw bei der S-Versicherung gegen Diebstahl versichert. Als das Auto gestohlen wird, zahlt S an E. Kurze Zeit danach wird das Fahrzeug von der Polizei gefunden. Den Rückzahlungsanspruch gegen E kann S auf § 812 I 2 Var. 1 stützen (sofern keine vertraglichen Absprachen zwischen beiden vorgehen).

III. Ungerechtfertigte Bereicherung

- Die hM wendet diese Leistungskondiktion auch in Fällen einer Anfechtung (zB wegen Irrtums oder arglistiger Täuschung) an, stellt also auf die Ausübung des Anfechtungsrechts ab. Da durch die Anfechtung das Rechtsgeschäft rückwirkend vernichtet wird (§ 142 I), könnte man erwägen, eher die condictio indebiti als die richtige Kondiktionsart anzusehen (was sich im Ergebnis freilich nicht auswirkt).
- **Condictio ob rem** – auch **condictio causa data causa non secuta** genannt – (§ 812 I 2 Var. 2): Hier bildet den Kondiktionsgrund der Umstand, dass der „mit einer Leistung nach dem Inhalt des Rechtsgeschäfts bezweckte Erfolg nicht eintritt". Allerdings genügt nicht etwa irgendeine einseitige Erwartung des Leistenden, die dieser mit seiner Leistung verbindet. Vielmehr ist erforderlich, dass der Empfänger die Erwartung des Leistenden kennt und durch die Annahme der Leistung zumindest stillschweigend zu verstehen gibt, dass er die Zweckbestimmung billigt.[26]

Beispiel: A will unbedingt eine bestimmte Sportveranstaltung besuchen. Dazu ist es aber erforderlich, dass sein Arbeitskollege B bereit ist, mit ihm die Schicht zu tauschen. A versucht B dadurch in gute Stimmung zu bringen, dass er ihm eine Flasche Wein schenkt. Er sagt aber zunächst nichts von seiner Absicht, den B zu einem Tausch der Arbeitszeiten zu bewegen. Als dann A später seine Bitte äußert, lehnt B ab. In diesem Fall kann A nicht mittels einer Leistungskondiktion wegen Zweckverfehlung Herausgabe der Flasche Wein fordern.

Um die recht schwierige condictio ob rem richtig zu verstehen, müssen die **Zwecke** betrachtet werden, die typischerweise mit einer Leistung verfolgt werden; sie lassen sich im Wesentlichen in vier Kategorien einordnen:
- Der Leistende bezweckt mit der Vermögensverschiebung die Erfüllung einer bestehenden oder vermeintlich bestehenden gesetzlich oder rechtsgeschäftlich begründeten Verpflichtung. Die Leistung erfolgt **solvendi causa** (= um zu erfüllen). Beispielsweise übergibt und übereignet der Verkäufer den Kaufgegenstand dem Käufer, um seine vertragliche Verpflichtung aus dem Kaufvertrag zu erfüllen.
- Die Leistung wird **donandi causa** (= um zu schenken) erbracht. Bei der Handschenkung (vgl. § 516 I) wird nicht zunächst eine formbedürftige Verpflichtung (vgl. § 518 I) zur Schenkung begründet, sondern zugleich mit der dinglichen Zuwendung die schuldrechtliche Vereinbarung des Rechtsgrundes verbunden.
- Es wird **obligandi causa** (= um zu verpflichten, dh um ein Schuldverhältnis zu begründen) geleistet. Allerdings muss die Begründung eines Schuldverhältnisses nicht das Motiv des Leistenden bilden. So kommt bei der (berechtigten) Geschäftsführung ohne Auftrag durch die Geschäftsführung als solche, die die Leistung des Geschäftsführers darstellt, das gesetzliche Schuldverhältnis der GoA zustande und wird dadurch der Rechtsgrund für die Leistung geschaffen (→ Rn. 1000).
- Die Leistung wird erbracht, um den Empfänger zu einem bestimmten Verhalten zu bewegen, auf das der Leistende keinen Anspruch hat. Die Leistung erfolgt **ob rem**. Die condictio ob rem iSv § 812 I 2 Var. 2 bezieht sich aus-

---

[26] BGH NJW-RR 2009, 1142 Rn. 15; NJW 2013, 2025 Rn. 26.

schließlich auf die Fälle dieser letztgenannten Kategorie. Denn bei der solvendi causa erbrachten Leistung besteht der bezweckte Erfolg in der Erfüllung. Tritt dieser Erfolg nicht ein, weil zB ein Anspruch, der erfüllt werden kann, überhaupt nicht besteht, so kann das Geleistete aufgrund der condictio indebiti iSv § 812 I 1 Var. 1 zurückgefordert werden. Das Gleiche gilt, wenn zum Zweck des Schenkens oder zum Zweck der Begründung einer Verpflichtung geleistet werden soll und dieser Zweck nicht erreicht wird. Es geht also bei der condictio ob rem um Fälle, in denen die Leistung dazu dienen soll, den Empfänger zu einem nicht geschuldeten Tun oder Unterlassen zu bestimmen; zB wird eine „Anzahlung" in der dem Empfänger bekannten Absicht geleistet, diesen zum Abschluss eines bestimmten Vertrages zu veranlassen. Kommt der Vertrag später nicht zustande, kann die Anzahlung mit der condictio ob rem zurückgefordert werden.

- **Condictio ob turpem vel iniustam causam** (§ 817 S. 1): Diese betrifft den Fall, dass der Empfänger mit der Leistungsannahme gegen ein gesetzliches Verbot oder die guten Sitten verstößt. Ihre praktische Bedeutung ist allerdings gering, weil im Fall eines Gesetzes- oder Sittenverstoßes meist das Verpflichtungsgeschäft nach § 134 oder § 138 nichtig sein wird, sodass schon die condictio indebiti eingreift.

1022 Die Leistungskondiktion wird ausgeschlossen, wenn einer der in §§ 814, 815 oder 817 S. 2 aufgeführten **Ausschlusstatbestände** verwirklicht ist.

1023 **§ 814 betrifft die condictio indebiti.** Danach kann das zum Zwecke der Erfüllung einer Verbindlichkeit Geleistete nicht zurückgefordert werden, „wenn der Leistende gewusst hat, dass er zur Leistung nicht verpflichtet war". Die Kenntnis des Leistenden von seiner Nichtschuld beseitigt also seine Schutzwürdigkeit.[27] Aus dieser Zweckrichtung der Vorschrift ergibt sich, dass nur positive Kenntnis der Nichtschuld im Zeitpunkt der Leistung der Rückforderung entgegensteht. Die Kenntnis der Tatumstände, aus denen sich die Rechtsgrundlosigkeit der Leistung ergibt, schließt die Kondiktion nicht aus,[28] wenn sich der Leistende trotzdem aus einem Rechtsirrtum für verpflichtet hielt. Hierfür ist es unerheblich, ob dieser Irrtum auf (grober) Fahrlässigkeit beruht.

1024 Nach § 142 II wird die Kenntnis von der Anfechtbarkeit eines Rechtsgeschäfts der Kenntnis seiner Nichtigkeit gleichgestellt. Dies bedeutet, dass § 814 einer Rückforderung der Leistung entgegensteht, wenn eine Leistung trotz der erkannten Möglichkeit einer Anfechtung erbracht wird. Dies gilt allerdings nicht in dem Fall, dass nur dem Empfänger der Leistung (und nicht auch dem Leistenden) ein Anfechtungsrecht zusteht, weil dann für den Leistenden vor der von ihm nicht zu beeinflussenden Anfechtung eine Leistungspflicht besteht.[29]

1025 Nach § 814 ist die condictio indebiti auch dann nicht gegeben, wenn der Leistende irrtümlich von einer rechtlichen Verpflichtung zur Leistung ausging, die Leistung in

---

[27] Die Rechtsprechung macht jedoch eine Einschränkung in Fällen, in denen der Empfänger der Leistung nicht darauf vertrauen darf, das Empfangene behalten zu dürfen, vgl. BGH NJW 1979, 760 (762); OLG München NJW 2011, 80 (82).
[28] BGH NJW-RR 2014, 1133 Rn. 109 = JuS 2015, 168 (*Schwab*).
[29] BGH NJW 2008, 1878.

III. Ungerechtfertigte Bereicherung   395

Wirklichkeit aber nur „einer sittlichen Pflicht oder einer auf den Anstand zu nehmenden Rücksicht entsprach". Hierher gehört etwa die auf falschen Vorstellungen beruhende Unterstützung von Verwandten oder Verschwägerten, denen gegenüber keine gesetzliche Unterhaltspflicht besteht (vgl. §§ 1601, 1589). Die hM wendet § 814 auch auf die Fälle des § 813 entsprechend an; daher ist die Kondiktion ausgeschlossen, wenn trotz Kenntnis des Bestehens einer dauernden Einrede geleistet wurde (→ Rn. 265 f.). Zu beachten ist, dass § 814 für die Nichtleistungskondiktion nicht gilt.[30]

Den Ausschlusstatbestand für die condictio ob rem bildet § 815. Diese Vorschrift enthält zwei Varianten: **1026**

- Nach der ersten ist die Rückforderung des Geleisteten ausgeschlossen, wenn der Eintritt des nach dem Inhalt des Rechtsgeschäfts bezweckten Erfolgs von vornherein unmöglich war und der Leistende dies gewusst hat. Dieser Fall ähnelt dem in § 814 geregelten, in dem der Leistende Kenntnis davon gehabt hat, dass er zur Leistung nicht verpflichtet war.
- Die zweite Variante des § 815 beruht auf dem gleichen Rechtsgedanken wie § 162 I: Wird vom Leistenden der Eintritt des Erfolgs wider Treu und Glauben verhindert, soll ihm dies nicht zum Vorteil gereichen.

Der **Ausschlusstatbestand des § 817 S. 2** gilt für alle Fälle der Leistungskondiktion. Daher kann beispielsweise der Besteller eines Werks, wenn der Vertrag wegen Verstoßes gegen das Schwarzarbeitsbekämpfungsgesetz[31] nichtig ist, vom Unternehmer nicht die Rückzahlung des Werklohns fordern.[32] Für § 817 S. 2 genügt es, entgegen dem Wortlaut der Vorschrift („gleichfalls"), aber auch, dass nur dem Leistenden ein Gesetzes- oder Sittenverstoß zur Last fällt. Diese von der ganz hM befürwortete Ausdehnung ist durch folgende Erwägung zu begründen: Wollte man die Vorschrift nur auf Fälle des § 817 S. 1 beschränken, würde sich das widersinnige Ergebnis ergeben, dass der selbst sittenwidrig handelnde Empfänger einer Leistung besser gestellt wäre als derjenige, der durch die Annahme nicht gegen ein gesetzliches Verbot oder gegen die guten Sitten verstößt. Denn der sittenwidrig handelnde Empfänger, gegen den ein Anspruch nach § 817 S. 1 besteht, könnte die Leistung aufgrund des Ausschlusstatbestandes des § 817 S. 2 behalten, während der „anständige" Empfänger aufgrund einer condictio indebiti oder condictio ob rem das Geleistete herausgeben müsste, wenn für diese Fälle § 817 S. 2 nicht gelten sollte.   **1027**

Eine **Einschränkung des aus § 817 S. 2 folgenden Konditionsausschlusses** kann sich aus dem Schutzzweck der durch § 138 I bestimmten Nichtigkeitssanktion ergeben. Der BGH[33] hatte folgenden Fall zu entscheiden: **1028**

> A beteiligt sich an einem sog. Schenkkreis, der nach einem Schneeballsystem organisiert ist. Danach erhalten die an der Spitze stehenden Mitglieder des Empfängerkreises von ihnen nachgeordneten Geberkreisen bestimmte Geldbeträge schenkweise zugewendet. Die Beschenkten scheiden aus und an ihre Stelle treten dann die Teilneh-

---
30 BGH NJW 2005, 3213 (3215).
31 BGBl. 2004 I 1842.
32 BGH NJW 2015, 2406.
33 NJW 2006, 45; vgl. dazu *Möller* NJW 2006, 268; *Armgardt* NJW 2006, 2070; *Müller/Eckel* JuS 2013, 966.

mer der nachgeordneten Ebene, die ihrerseits die Empfängerposition einnehmen. Es kommt dann darauf an, die Teilnehmer für den neu zu bildenden Geberkreis zu finden, die bereit sind, den festgelegten Betrag an den Empfängerkreis zu zahlen. Die Anwerbung ist Aufgabe der auf der untersten Ebene stehenden Mitglieder, die bei Erfolg auf die nächsthöhere Ebene aufrücken. A zahlt in Kenntnis des Systems an die B, die dem Empfängerkreis angehört, 1.250 EUR. Als A feststellen muss, dass sich seine Erwartung, selbst in den Empfängerkreis aufzurücken, nicht erfüllt, weil die erforderliche Zahl von Gebern nicht gewonnen werden können, verlangt er von B Rückzahlung des geleisteten Betrages.

Zu Recht hat der BGH ein solches System als sittenwidrig angesehen: Weil auf jeden der Beschenkten mehrere Geber kommen müssen, damit der festgelegte Geldbetrag erreicht wird, muss zwangsläufig dieses System zusammenbrechen, weil es unmöglich ist, die immer größer werdende Zahl von Gebern zu finden. Dies hat zur Folge, dass nur wenige von dem System profitieren und die meisten leer ausgehen. Die Nichtigkeit der von den Mitgliedern des Schenkkreises getroffenen Vereinbarung führt dazu, dass der Mitspieler den von ihm geleisteten Geldbetrag dem Empfänger ohne Rechtsgrund zugewendet hat und ihm deshalb ein Anspruch gem. § 812 I 1 Var. 1 (condictio indebiti) zusteht. Dieser Anspruch kann jedoch nach § 817 S. 2 ausgeschlossen sein, weil dem Leistenden ebenfalls der Vorwurf einer sittenwidrigen Handlung zu machen ist. Der BGH hält ein solches Ergebnis für nicht akzeptabel. Er weist zur Begründung darauf hin, dass der Schenkkreis allein darauf abziele, zugunsten einiger weniger Mitspieler leichtgläubige und unerfahrene Personen auszunutzen und sie zur Zahlung des Einsatzes zu bewegen. Einem solchen sittenwidrigen Verhalten steuere § 138 I entgegen, indem er für entsprechende Vereinbarungen Nichtigkeit anordne. Diese gesetzliche Entscheidung würde jedoch im Ergebnis konterkariert und die Initiatoren solcher Systeme würden zum Weitermachen geradezu eingeladen, wenn sie die mit sittenwidrigen Methoden erlangten Gelder ungeachtet der Nichtigkeit der das Spiel tragenden Abreden behalten dürften.[34] Bereits in einer früheren Entscheidung hat der BGH[35] entschieden, dass Grundsätze von Treu und Glauben der Kondiktionssperre des § 817 S. 2 entgegenstehen können. Für den Rückforderungsanspruch kommt es entscheidend darauf an, ob der Empfänger das Geld behalten soll oder ob er es an einen Dritten weiterzugeben hat; im zweiten Fall ist er nicht der Bereicherungsschuldner.[36]

1029 Streitig ist, ob § 817 S. 2 als allgemeine Rechtsschutzversagung aufzufassen ist und analog auch auf andere Ansprüche außerhalb des Bereicherungsrechts zB auf Ansprüche aus dem Deliktsrecht anzuwenden ist.[37]

1030 Die Frage, ob für § 817 eine objektive Gesetzes- oder Sittenwidrigkeit genügt oder ob auch **subjektive Anforderungen** zu stellen sind, wird unterschiedlich beantwortet, wobei überwiegend zwischen Satz 1 und Satz 2 unterschieden wird:

- Die hM hält für § 817 S. 1 einen Gesetzes- oder Sittenverstoß für ausreichend und lehnt es ab, zusätzliche subjektive Voraussetzungen aufzustellen.

---

[34] Ebenso BGH NJW 2008, 1942 = JZ 2008, 1942 mAnm *Martinek*; NJW 2009, 984 mwN; 2012, 3366 (3367 Rn. 19); vgl. auch *Adrian-Recla* JZ 2008, 60; *Möller* MDR 2010, 297; MüKo-BGB/*Schwab* § 817 Rn. 25. Einschränkend OLG Brandenburg NJW-RR 2013, 173 (175): Anwendung des § 817 S. 2 auf Organisatoren eines Schenkkreises.
[35] BGHZ 111, 308 (312f.) = NJW 1990, 2542.
[36] OLG Nürnberg MDR 2009, 856.
[37] Vgl. dazu MüKoBGB/*Schwab* § 817 Rn. 15 ff.

III. Ungerechtfertigte Bereicherung

- Bei § 817 S. 2 wird demgegenüber ganz überwiegend verlangt, dass die Rechts- oder Sittenordnung vorsätzlich verletzt worden ist, dass sich also der Leistende bewusst außerhalb der Rechtsordnung gestellt hat.[38] Einem vorsätzlichen Handeln gleichgestellt wird eine subjektive Einstellung, bei der sich der Gläubiger des Bereicherungsanspruchs leichtfertig der Einsicht seines sittenwidrigen Verhaltens entzieht.[39]

Diese Differenzierung wird damit begründet, dass die Kondiktion nach § 817 S. 1 darauf gerichtet sei, die materiell-rechtliche Güterordnung wiederherzustellen; dies stelle ein objektives Anliegen dar. Dagegen ziele § 817 S. 2 als Sanktion auf die Versagung an sich gerechtfertigter Ausgleichsansprüche. Dies ließe sich nur rechtfertigen, wenn der Leistende bewusst einen Verstoß gegen Gesetze oder gute Sitten begeht.[40]

Will man aus dieser Darstellung der verschiedenen Tatbestände der Leistungskondiktion ein **Fazit** ziehen, so lässt sich Folgendes zusammenfassend feststellen:

Die verschiedenen Fälle der Leistungskondiktion unterscheiden sich untereinander durch das Tatbestandsmerkmal, das den Mangel eines rechtlichen Grundes zum Behaltendürfen der Leistung bezeichnet. Je nachdem, ob

- der rechtliche Grund niemals bestanden hat (wie bei der condictio indebiti),
- der rechtliche Grund später weggefallen ist (wie bei der condictio ob causam finitam),
- der mit der Leistung bezweckte Erfolg nicht eintritt (wie bei der condictio ob rem) oder
- die Leistung vom Empfänger deshalb nicht behalten werden darf, weil er mit der Annahme der Leistung gegen ein gesetzliches Verbot oder die guten Sitten verstoßen hat (wie bei der condictio ob turpem vel iniustam causam),

ist der Anspruch des Bereicherungsgläubigers auf einen der genannten Tatbestände zu stützen.

Alle Tatbestände der Leistungskondiktion stimmen darin überein, dass der **Bereicherungsschuldner „etwas erlangt"** haben muss, und zwar durch die Leistung des Bereicherungsgläubigers, und dass für diese Vermögensvermehrung kein rechtlicher Grund besteht.

Die heute hM misst dem Merkmal **„auf dessen Kosten"** in § 812 I 1 für die Leistungskondiktion keine Bedeutung zu. Die früher hM, die auch in Fällen der Leistungskondiktion dieses Merkmal für bedeutsam erklärt und es im Sinne einer Unmittelbarkeit der Vermögensverschiebung zwischen Bereicherungsgläubiger und Bereicherungsschuldner verstanden hatte, ist weitgehend aufgegeben worden. Man ist jetzt überwiegend der Meinung, dass das mit dem Unmittelbarkeitsmerkmal verfolgte Ziel, Gläubiger und Schuldner des gesetzlichen Schuldverhältnisses der ungerechtfertigten Bereicherung zu bestimmen, besser und sicherer durch den Leistungsbegriff der hM erreicht werden könne. Die sich in diesem Zusammenhang ergebenden Probleme stellen sich in erster Linie in Fällen, in denen mehrere Personen beteiligt sind

---

[38] OLG Köln NJW 2005, 3290 (3291).
[39] BGH NJW 1992, 310 (312); 1997, 2314 (2315); OLG Köln NJW 2005, 3290 (3291).
[40] Vgl. MüKoBGB/*Schwab* § 817 Rn. 82 ff.

(vgl. dazu das Beispiel der Banküberweisung → Rn. 1019). Die Beschäftigung mit den bereicherungsrechtlichen Fragen, die sich in Mehrpersonenverhältnissen stellen, eignet sich eher für Fortgeschrittene (vgl. dazu *Musielak/Hau* EK BGB Rn. 244 ff.).

1036

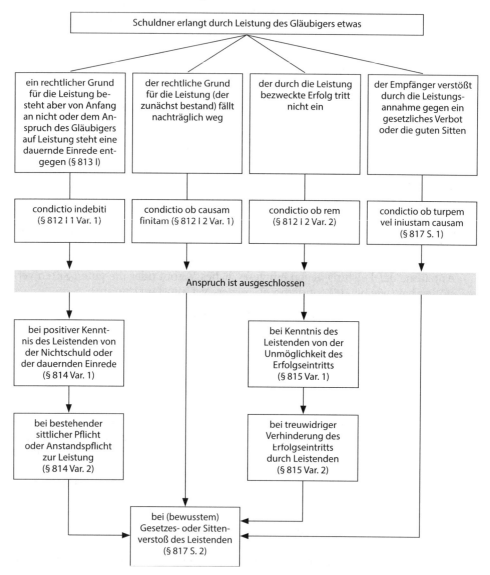

III. Ungerechtfertigte Bereicherung

3. Nichtleistungskondiktion

Innerhalb der Nichtleistungskondiktion, bei der die Bereicherung „in sonstiger Weise" herbeigeführt wird (§ 812 I 1 Var. 2), ist eine **Unterscheidung nach verschiedenen Fallgruppen** vorzunehmen. Den wichtigsten Unterfall bildet die **Eingriffskondiktion**. Bei ihr verschafft sich der Bereicherungsschuldner den Vermögensvorteil durch eine eigene Handlung. Er greift in eine fremde Rechtsposition ein und löst damit den Bereicherungsanspruch aus, weil der dadurch erlangte Vorteil nach dem Recht der Güterzuordnung nicht ihm, sondern dem Bereicherungsgläubiger gebührt. 1037

> **Beispiele:**
>
> (1) B erhält eine Kiste Sekt. Er glaubt, sie sei ein Geschenk eines Freundes, und verbraucht den Sekt nach und nach. Der Sekt war jedoch von dem Nachbarn N bestellt und nur aufgrund eines Versehens eines Angestellten des Lieferanten bei B abgegeben worden.
>
> (2) Augenoptiker B veröffentlicht in einer Zeitungswerbung ein Foto des bekannten Fernsehmoderators T, das zeigt, wie dieser eine Brille probiert. Das Foto hatte B von seiner Einkaufsgenossenschaft mit dem Hinweis erhalten, dass der Abdruck honorarfrei sei. T hatte jedoch die Veröffentlichung zu Werbezwecken nicht genehmigt. Da B in das Recht des T, das eigene Bild werbemäßig zu verwerten, eingreift, kommt hier ein Bereicherungsanspruch in Betracht.[41]

Ein weiterer Unterfall der Nichtleistungskondiktion ist die **Verwendungskondiktion** (auch Aufwendungskondiktion genannt). Hierbei handelt es sich um Sachverhalte, in denen jemand eigene Vermögenswerte auf fremdes Gut verwendet, ohne jedoch dem Eigentümer dadurch eine Leistung zu erbringen. 1038

> **Beispiel:** Man denke wiederum an den Fall des Hausmeisters, der irrtümlich eigene Farbe verwendet, um den Zaun des von ihm betreuten Hauses zu streichen (→ Rn. 1018).

Eine dritte Fallgruppe der Nichtleistungskondiktion wird als **Rückgriffskondiktion** bezeichnet. Sie bezieht sich auf Fälle, in denen der Bereicherungsgläubiger auf fremde Schuld zahlt, ohne dadurch eine Leistung zu erbringen. 1039

> **Beispiel:** Gläubiger G lässt bei Schuldner S einen Computer pfänden. Diesen hat S bei D gekauft, aber nicht voll bezahlt. Deshalb hat sich D das Eigentum an dem Computer vorbehalten (→ Rn. 889 ff.). D kann aufgrund seines Eigentums der Pfändung widersprechen (vgl. § 771 I ZPO).[42] Um dieser Möglichkeit zu begegnen, zahlt G an D den Kaufpreisrest (→ Rn. 243), sodass das Eigentum am Computer auf S übergeht. G verlangt Erstattung des gezahlten Kaufpreisrestes von S. Mit Recht?
>
> Zu erwägen ist, den Anspruch des G gegen S auf § 670 iVm § 683 S. 1 zu stützen. Aber dies scheitert daran, dass die Zahlung nicht dem Interesse und dem (wirklichen oder mutmaßlichen) Willen des S entspricht, weil dadurch erst die Voraussetzungen für eine Zwangsvollstreckung in den Computer geschaffen werden. Die deshalb in Betracht zu

---

[41] Der Beispielsfall ist der Entscheidung BGH NJW 1992, 2084, nachgebildet (→ Rn. 1043).
[42] Dazu *Musielak/Voit* GK ZPO Rn. 1230.

ziehende unberechtigte GoA und der dann bestehende Anspruch nach §§ 812 ff. iVm § 684 S. 1 müssen aber ausscheiden, wenn G mit der Zahlung nicht ein Geschäft des S, sondern ein eigenes führen wollte. In diesem Fall kommt es darauf an, ob G durch seine Zahlung eine Leistung an S erbrachte (Mehrung dessen Vermögens durch Erfüllung der Forderung gegen ihn; → Rn. 1020). Wird dies deshalb abgelehnt, weil G nicht das Vermögen des S, sondern das des D mehren wollte,[43] so bleibt nur eine Nichtleistungskondiktion in der Form der Rückgriffskondiktion.

1040 Die recht schwierige Darstellung eines Sachverhalts, auf den diese Kondiktionsart zutrifft, und der dafür erforderlichen Voraussetzungen zeigt bereits, dass der Rückgriffskondiktion nur ein recht schmaler Anwendungsbereich zukommt.

1041 Schließlich kann eine weitere Fallgruppe der Nichtleistungskondiktion unter der Bezeichnung **„Bereicherung infolge von Naturvorgängen"** gebildet werden.

Beispiel: Die landwirtschaftlich genutzten Grundstücke des A und des B liegen nebeneinander. Infolge starker Regenfälle werden Düngemittel, die auf dem Grundstück des A lagern, auf das Grundstück des B geschwemmt, dem das hochwillkommen ist, weil er sich deshalb das Düngen seines Landes sparen kann.

1042 Zu der wichtigsten Fallgruppe, der **Eingriffskondiktion,** ist noch Folgendes zu bemerken: Allein die Tatsache, dass sich der Bereicherte selbst einen Vermögensvorteil verschafft, kann noch keine Kondiktion begründen. Vielmehr muss vorausgesetzt werden, dass die Bereicherung auf Kosten eines anderen erlangt wurde und dass ein Rechtsgrund dafür nicht besteht. Der vom Bereicherungsschuldner vorgenommene „Eingriff" muss unberechtigt sein. Im Schrifttum gehen die Auffassungen darüber auseinander, nach welchen Kriterien das **Unberechtigte des Eingriffs** zu beurteilen ist:[44]

- Nach der sog. **Widerrechtlichkeitstheorie** ist jede Bereicherung ungerechtfertigt, die durch eine widerrechtliche Handlung des Bereicherten erlangt ist. Rechtsgrundlosigkeit im Sinne der Nichtleistungskondiktion bedeutet nach dieser Meinung also Rechtswidrigkeit des Eingriffs.
- Nach der heute herrschenden **Zuweisungstheorie** ist der kondiktionsauslösende Eingriff durch seinen Widerspruch zur rechtlichen Güterzuordnung charakterisiert. Eine Bereicherung ist ungerechtfertigt und herauszugeben, wenn sie gegen den Zuweisungsgehalt des verletzten Rechts verstößt.[45] Nach dieser Theorie ist nicht entscheidend, ob ein Eingriff rechtswidrig ist; maßgeblich ist vielmehr, ob und in welchem Umfang das beeinträchtigte Recht einen Zuweisungsgehalt besitzt, wonach ein erlangter Vermögensvorteil nicht dem Bereicherungsschuldner, sondern einem anderen (dem Bereicherungsgläubiger) gebührt.

1043 Keine Schwierigkeiten bereitet die Frage nach dem **Zuweisungsgehalt** einer Rechtsposition **bei absoluten** (dh gegenüber jedem wirkenden und von jedem zu beachtenden) **Rechten** mit einem eindeutig definierten Inhalt. So stehen der Gebrauch und

---

[43] *Loewenheim* BereicherungsR 29 ff.; MüKoBGB/*Schwab* § 812 Rn. 374.
[44] Vgl. dazu *Medicus/Petersen* BürgerlR Rn. 704 ff.; *Loewenheim* BereicherungsR 79 ff. (auch zu weiteren Auffassungen).
[45] Vgl. *Fikentscher/Heinemann* SchuldR Rn. 1467.

III. Ungerechtfertigte Bereicherung

Verbrauch einer Sache dem Eigentümer oder einem dinglich oder obligatorisch Nutzungsberechtigten zu. Allerdings ist die Bestimmung des Zuweisungsgehalts eines Rechts nicht immer so einfach. Dies zeigt folgendes

> **Beispiel:** Die langjährige Assistentin A der berühmten Schauspielerin S berichtet in einer Zeitschrift über Familienleben, Gewohnheiten und Krankheiten der S, wobei sie auch intimste Dinge detailliert schildert, die ihr aufgrund ihrer besonderen Vertrauensstellung bekannt geworden sind.
>
> Unzweifelhaft hat hier A rechtswidrig in die Intimsphäre der S und damit in deren Persönlichkeitsrecht eingegriffen, und sie hat sich durch diesen Eingriff vermögensrechtlich bereichert, da sie ein Honorar für ihren Bericht erhielt, der möglicherweise nur wegen seiner Indiskretion von der Redaktion angenommen wurde. Dies würde für die Widerrechtlichkeitstheorie genügen, während die Zuweisungstheorie danach fragen muss, ob die hier verletzte Intimsphäre (als Teil des allgemeinen Persönlichkeitsrechts) einen vermögensrechtlichen Zuweisungsgehalt hat. Nur wenn diese Frage bejaht werden kann, ist nach ihr ein Ausgleich mithilfe der Eingriffskondiktion vorzunehmen. Die Zweifel, die insoweit entstehen können, haben ihren Grund jedoch nicht im Bereicherungsrecht, sondern in den Unsicherheiten hinsichtlich der Beurteilung des Persönlichkeitsrechts und seines Inhalts. Allerdings ergeben sich nicht in jedem Fall einer Verletzung des Persönlichkeitsrechts derartige Zweifel. So ist allgemein anerkannt, dass die Befugnis zur werbemäßigen Verwertung des eigenen Bildes ein vermögenswertes Ausschließlichkeitsrecht darstellt, dessen Verletzung Ansprüche aus ungerechtfertigter Bereicherung auslösen kann. Wer durch Eingriff in dieses Persönlichkeitsrecht einen rechtsgrundlosen Vermögenszuwachs erhält, hat ihn im Rahmen einer Nichtleistungskondiktion (Eingriffskondiktion) auszugleichen.[46]

Will man die von der Zuweisungstheorie gegebene Erklärung eines nicht gerechtfertigten Eingriffs in die Vermögensposition eines anderen auf den gesetzlichen Tatbestand des § 812 I 1 Var. 2 zurückführen, so lässt sich Folgendes feststellen: Erwirbt der Bereicherungsschuldner „etwas", das nach seinem vermögensrechtlichen Zuweisungsgehalt einem anderen (dem Bereicherungsgläubiger) gebührt, so geschieht dieser Erwerb **„auf dessen Kosten"**. Ein solcher im Widerspruch zur rechtlichen Güterzuordnung stehender Erwerb ist regelmäßig auch **„ohne rechtlichen Grund"** geschehen, wenn nicht (ausnahmsweise) ein Recht besteht, das den Eingriff gestattet, zB aufgrund der Pressefreiheit oder eines Vertrages, der den Berechtigten zur Duldung verpflichtet. Als weiteres Merkmal der Eingriffskondiktion kommt noch hinzu, dass der Erwerb nicht durch Leistung des Bereicherungsgläubigers, sondern „in sonstiger Weise" herbeigeführt wird. Dieses Merkmal ist allen Fällen der Nichtleistungskondiktion gemeinsam. Somit ist bei einer **klausurmäßigen Bearbeitung** die Prüfung der Merkmale einer Eingriffskondiktion in folgenden Schritten durchzuführen:

1044

- Der Bereicherungsschuldner hat etwas erlangt, und zwar
- nicht durch Leistung des Bereicherungsgläubigers, sondern durch unberechtigten (= im Widerspruch zur rechtlichen Güterzuordnung stehenden) Eingriff in eine Rechtsposition des Bereicherungsgläubigers, und
- ohne rechtlichen Grund.

---

[46] BGH NJW 1992, 2084 (2085).

1045 Sind an einem Bereicherungsvorgang nur zwei Personen beteiligt, Bereicherungsschuldner und Bereicherungsgläubiger, dann ist die Entscheidung, ob die Bereicherung durch Leistung oder in sonstiger Weise vollzogen worden ist, nicht schwierig zu treffen; anders kann dies jedoch sein, wenn mehrere Personen in den Vorgang verwickelt sind. Hierbei ist es möglich, dass durch die Leistung einer Person in die Rechtssphäre einer anderen eingegriffen wird, sodass Leistungskondiktion und Nichtleistungskondiktion miteinander konkurrieren können.

> **Beispiel:** E vereinbart mit dem Bauunternehmer B, dass dieser auf dem Grundstück des E ein Einfamilienhaus schlüsselfertig erstellt. B bezieht verschiedene für den Bau erforderliche Baumaterialien von Baustoffhändler H. Dieser liefert die Materialien unter Eigentumsvorbehalt. B errichtet mit den Materialien das Haus. Nunmehr stellt sich heraus, dass die Verträge sowohl mit E als auch mit H nichtig sind (beispielsweise wegen Geisteskrankheit des B). Kommen in diesem Fall nur Leistungskondiktionen im Verhältnis H zu B einerseits und B zu E andererseits in Betracht, oder ist eine Nichtleistungskondiktion des H unmittelbar gegenüber E möglich, weil H durch den Einbau seiner Baumaterialien in das Haus des E sein Eigentum verloren hat (vgl. § 946 iVm §§ 93, 94 und § 951 I)? Hier sollen die sich ergebenden Fragen nur angedeutet werden (zu Einzelheiten vgl. *Musielak/Hau* EK BGB Rn. 577 ff.).

1046 Im Gegensatz zur Leistungskondiktion sind die oben dargestellten einzelnen Unterfälle der Nichtleistungskondiktion im Gesetz nicht ausdrücklich ausgewiesen. Eine Ausnahme bildet nur **§ 816, ein Sondertatbestand der Eingriffskondiktion**.[47] Denn das Charakteristikum der Eingriffskondiktion, das darin besteht, dass der Bereicherungsschuldner durch eigenes Verhalten die Bereicherung herbeiführt, trifft auf die Fälle des § 816 zu. Diese Vorschrift, die als spezielle Regelung § 812 I 1 Var. 2 vorgeht, enthält **drei zu unterscheidende Tatbestände:**

- Ein Nichtberechtigter verfügt wirksam über einen Gegenstand, und zwar entgeltlich (§ 816 I 1).
- Ein Nichtberechtigter verfügt wirksam unentgeltlich (§ 816 I 2).
- Ein Nichtberechtigter nimmt eine Leistung wirksam an (§ 816 II).

1047 Nach **§ 816 I 1** ist Voraussetzung, dass ein Nichtberechtigter über einen Gegenstand entgeltlich eine Verfügung trifft. Der Begriff „Gegenstand" umfasst nach der üblichen Terminologie sowohl Sachen (körperliche Gegenstände) als auch Rechte sowie Forderungen (unkörperliche Gegenstände). Die Frage, wer hinsichtlich des Gegenstandes Berechtigter ist, ergibt sich insbesondere aus dem Sachenrecht. Unter Verfügung ist ein Rechtsgeschäft zu verstehen, durch das ein Recht unmittelbar aufgehoben, übertragen, belastet oder seinem Inhalt nach verändert wird, wie zB die Übereignung (→ Rn. 277 f.). Hieraus folgt, dass Rechtsgeschäfte, die lediglich die schuldrechtliche Verpflichtung zu einer Rechtsübertragung zum Inhalt haben (wie zB ein Kaufvertrag), nicht unter die Vorschrift des § 816 I 1 fallen. Die Verfügung muss gegenüber dem Berechtigten wirksam sein.

1048 Eine Wirksamkeit der Verfügung kann sich insbesondere aufgrund der Gutglaubensvorschriften ergeben, wenn ein Nichtberechtigter Eigentum auf einen Gutgläubigen überträgt. Der Gutglaubenserwerb ist kondiktionsfest; der Nichtberechtigte muss jedoch das durch die Ver-

---

[47] Einführend *Röthel* JURA 2015, 1046.

III. Ungerechtfertigte Bereicherung

fügung Erlangte nach § 816 I 1 an den verlierenden Eigentümer herausgeben. Hierdurch wird der Verlust des Eigentums zumindest gemildert. Die Wirksamkeit der Verfügung kann nach hM auch dadurch bewirkt werden, dass der Berechtigte die Verfügung des Nichtberechtigten gem. § 185 genehmigt und sich auf diese Weise die Möglichkeit eines Anspruchs nach § 816 I 1 verschafft (zu Einzelheiten vgl. *Musielak/Hau* EK BGB Rn. 297).

Wie bei § 285 (→ Rn. 538) sowie §§ 687 II, 681, 667 (→ Rn. 1015) kann die Kondiktion gem. § 816 I 1 auch einen vom Bereicherungsschuldner im Zusammenhang mit der Verfügung **erzielten Gewinn** umfassen, ist also nicht durch den objektiven Wert des Verfügungsgegenstands beschränkt (dazu *Musielak/Hau* EK BGB Rn. 299 ff.). **1049**

§ 816 I 2 unterscheidet sich in den Anspruchsvoraussetzungen von § 816 I 1 dadurch, dass der **Nichtberechtigte unentgeltlich** verfügt, dass er also keine sein Vermögen vermehrende Gegenleistung erhalten oder einen Anspruch darauf erworben hat. In der Rechtsfolge besteht der Unterschied darin, dass nicht – wie bei § 816 I 1 – der Nichtberechtigte, sondern der Erwerber die Herausgabe schuldet. Diese Regelung wird einmal dadurch gerechtfertigt, dass der Nichtberechtigte wegen der Unentgeltlichkeit seiner Verfügung nichts erlangt hat, was er an den Berechtigten herausgeben könnte, zum anderen dadurch, dass der Erwerber nicht schutzwürdig erscheint, da er für den Erwerb des Gegenstandes nichts aufgewendet hat. Der Begriff der Unentgeltlichkeit ist nach allgemeinen Grundsätzen danach zu bestimmen, ob der Erwerber eine Gegenleistung erbracht hat oder erbringen soll. **1050**

§ 816 II gibt dem Berechtigten einen Bereicherungsanspruch, wenn sein Schuldner wirksam an einen Nichtberechtigten geleistet hat. Voraussetzung ist also, dass die Leistung des Schuldners an den Nichtberechtigten schuldbefreiend wirkt. Im Gesetz gibt es eine Reihe von Fällen, in denen der Schuldner, der gutgläubig den Nichtberechtigten für seinen Gläubiger hält, frei wird. **1051**

So muss nach § 407 I im Falle der Abtretung einer Forderung der neue Gläubiger eine Leistung an den bisherigen Gläubiger gegen sich gelten lassen, wenn der Schuldner die Abtretung der Forderung nicht kannte. Hat also beispielsweise A aus einem Kaufvertrag mit S gegen diesen einen Anspruch auf Zahlung von 500 EUR und tritt er diesen Anspruch an B ab, so wirkt die Zahlung des S an A gegenüber dem neuen Gläubiger B schuldbefreiend, wenn S die Abtretung nicht bekannt gewesen ist. Nach § 816 II kann dann B von A Zahlung von 500 EUR fordern. Auf die in § 407 getroffene Regelung wird in einer Reihe von anderen Vorschriften verwiesen (zB in §§ 412, 720). **1052**

1053 **Überblick über die Tatbestände der Nichtleistungskondiktion**

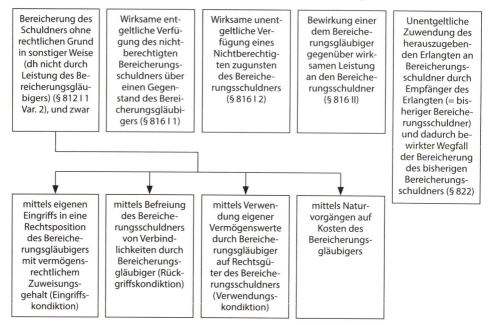

4. Umfang des Bereicherungsanspruchs

1054 Die Pflicht des Kondiktionsschuldners zur Herausgabe wird in erster Linie durch die einzelnen Tatbestände des Bereicherungsrechts bestimmt, die in §§ 812, 816, 817 und 822 enthalten sind.[48] Danach richtet sich der Bereicherungsanspruch auf das „Erlangte". Geschuldet wird also die Herausgabe des Gegenstandes in Natur, den der Schuldner durch den Bereicherungsvorgang erworben hat, zB die Rückgabe des Eigentums, das er erwarb, des Besitzes, den er erhielt, der Forderung, die auf ihn überging.

1055 Hat der Schuldner eine Forderung eingezogen oder auf andere Weise (unberechtigt) Geld erhalten, so hat er den entsprechenden Geldwert erlangt und muss diesen herausgeben; dies gilt unabhängig davon, ob der Schuldner Buchgeld (→ Rn. 256) oder Bargeld bekommen hat. Bei einer streng formalen Betrachtungsweise könnte man allerdings meinen, der Schuldner habe bei Barzahlung das Eigentum und den unmittelbaren Besitz an den Geldzeichen (Scheinen und Münzen) erlangt und schulde primär deren Übereignung und Besitzübertragung und nur nach § 818 II Wertersatz, wenn ihm dies nicht möglich ist. Aber bei einer wirtschaftlichen Sicht, die nach dem Gesetzeszweck bei §§ 812 ff. geboten ist, stellt der Geldwert (nicht das Geldzeichen) das Erlangte und Herauszugebende dar.

1056 Diese Herausgabepflicht wird durch § 818 ergänzt und modifiziert:
- Neben dem Bereicherungsgegenstand selbst sind auch die aus ihm gezogenen **Nutzungen herauszugeben** (§ 818 I).

---

[48] Dazu *Musielak* JA 2017, 1; *Röthel* JURA 2016, 260, 613 und 922.

III. Ungerechtfertigte Bereicherung

Nutzungen sind die Früchte einer Sache oder eines Rechts sowie die Vorteile, die der Gebrauch der Sache oder des Rechts gewährt (§ 100). Früchte (vgl. § 99) einer Sache sind beispielsweise Tier- und Bodenprodukte. Hat der Bereicherungsschuldner rechtsgrundlos Hühner erlangt, sind neben den Tieren auch die gelegten Eier herauszugeben. Neben der geschuldeten Herausgabe eines Grundstücks sind die daraus erzielten Miet- und Pachtzinsen an den Bereicherungsgläubiger abzuführen.[49]

- Die Herausgabepflicht ist jedoch auf die noch **vorhandene Bereicherung beschränkt** (§ 818 III).
- Kann das Erlangte nicht in Natur herausgegeben werden, wie es beispielsweise bei der unbefugten Nutzung fremder Rechtspositionen oder der Erbringung von Dienst- oder Arbeitsleistungen des Bereicherungsgläubigers der Fall ist, so wird **Ersatz des Werts** geschuldet (§ 818 II).

Auch diese Wertersatzpflicht steht grundsätzlich unter dem Vorbehalt, dass der Bereicherungsschuldner noch bereichert ist (§ 818 III). Dementsprechend kann auch die Wertersatzpflicht des § 818 II gemindert werden oder gänzlich wegfallen. 1057

Wird die Pflicht zur **Herausgabe des Erlangten** durch ein späteres Ereignis dem Bereicherungsschuldner **unmöglich** gemacht (Beispiel: der herauszugebende Pkw wird bei einem Unfall völlig zerstört), so muss unterschieden werden: 1058

- Wenn dem Bereicherungsschuldner Ersatzansprüche für die Zerstörung, Beschädigung oder Entziehung des Gegenstandes entstanden sind, hat er diese Ansprüche oder das, was er zu ihrer Erfüllung erhalten hat (sog. Surrogate des Bereicherungsgegenstandes), nach § 818 I an den Bereicherungsgläubiger herauszugeben.

    Beispiel: Versicherungsleistung für den zerstörten Pkw, dessen Herausgabe geschuldet wurde.

- Hat der Schuldner kein Surrogat erlangt, ist zu entscheiden, ob der Schuldner nach § 818 II (der selbst keine einschränkenden Voraussetzungen enthält) **Wertersatz zu leisten** hat oder ob sich der **Wegfall der Bereicherung** nach § 818 III auch auf die **Pflicht** nach § 818 II auswirkt. Wie bereits bemerkt, ist auch im Rahmen des § 818 II die in § 818 III getroffene Regelung zu beachten. Dies bedeutet, dass grundsätzlich in Fällen, in denen der Wegfall des Erlangten auch zum Wegfall der Bereicherung geführt hat, eine Wertersatzpflicht des Schuldners entfällt. Bei § 818 III ist jedoch eine wirtschaftliche Betrachtungsweise angezeigt: Es kommt darauf an, ob aufgrund des bereicherungsrechtlich auszugleichenden Vorgangs das Vermögen des Bereicherungsschuldners noch irgendeinen Überschuss aufweist. Ist dies zu bejahen, steht dem Bereicherungsgläubiger in Höhe des Überschusses ein entsprechender Wertersatzanspruch zu. Hat beispielsweise der Bereicherungsschuldner durch den Verbrauch des rechtsgrundlos Erlangten eigene Ausgaben gespart, ist er insoweit noch bereichert und ausgleichspflichtig.

---

[49] MüKoBGB/*Schwab* § 818 Rn. 12 ff. AA *Larenz/Canaris* SchuldR II 2 § 72 II 3 b (S. 271): nur wenn das herauszugebende Grundstück in einem vermieteten Zustand erlangt wurde; sonst handele es sich bei dem Mietzins um ein commodum ex negotiatione, das nach § 818 I nicht herauszugeben sei. Vgl. zum Meinungsstreit über die Pflicht des Bereicherungsschuldners zur Herausgabe des commodum ex negotiatione Musielak JA 2017, 1 (2).

Beispiel: Die herauszugebenden Lebensmittel werden im Haushalt des Schuldners verbraucht; deshalb ist es überflüssig, entsprechende Waren zu kaufen, die sonst benötigt worden wären.

1059 Der in § 818 III normierte Grundsatz verlangt auch, dass zugunsten des Bereicherungsschuldners bestimmte **vermögensmäßige Einbußen** berücksichtigt werden, die im Zusammenhang mit dem Erwerb des Bereicherungsgegenstandes stehen. Streitig ist hier jedoch die Frage, ob eine Ursächlichkeit zwischen Erwerb und Vermögenseinbuße genügt. Nach zutreffender Auffassung ist neben der Ursächlichkeit noch zu verlangen, dass es sich um Nachteile handelt, die der Bereicherungsschuldner gerade im Zusammenhang damit erlitten hat, dass er auf die Beständigkeit seines Rechtserwerbs vertraute.[50] Nicht abzugsfähig sind dementsprechend Schäden, die der Bereicherungsschuldner nicht verhindern konnte.

Beispiel: Der herauszugebende elektrische Heizofen verursacht infolge eines Defekts einen Zimmerbrand.

1060 Dagegen kann der Bereicherungsschuldner Aufwendungen abziehen, die er zur Erhaltung und ordnungsgemäßen Nutzung des Bereicherungsgegenstandes tätigte.

Beispiel: Kosten einer Reparatur des herauszugebenden Pkw, dessen Wert zu ersetzen ist.

1061 Die streitige Frage, welcher bereicherungsrechtliche Ausgleich in Fällen vorzunehmen ist, in denen der Bereicherungsschuldner für das von ihm Erlangte eine Gegenleistung an den Bereicherungsgläubiger erbracht hat, die bei dem Bereicherungsgläubiger nicht mehr vorhanden ist, wirft eine Reihe nicht einfacher, im Grundkurs aber noch nicht relevanter Probleme auf (dazu *Musielak/Hau* EK BGB Rn. 352 ff.).

1062 Das durch § 818 III gewährte Privileg, sich auf den **Wegfall der Bereicherung** berufen zu dürfen, ist nur einem Bereicherungsschuldner zuzubilligen, der auf die Rechtmäßigkeit seines Erwerbs vertrauen kann. Wer jedoch die Rechtsgrundlosigkeit seines Erwerbs kennt oder wer aufgrund einer wegen dieses Erwerbs gegen ihn erhobenen Klage, also vom Eintritt der Rechtshängigkeit an (vgl. § 261 I ZPO[51]), damit rechnen muss, dass er das von ihm Erlangte oder einen Wertersatz herauszugeben hat, kann einen solchen Vertrauensschutz nicht beanspruchen. Er haftet deshalb gem. § 818 IV, § 819 verschärft.

1063 Der Bereicherungsschuldner muss nach § 819 I den Mangel des rechtlichen Grundes beim Erwerb kennen oder ihn später erfahren. Im zweiten Fall tritt die verschärfte Haftung entsprechend der sie begründenden Wertung erst ab Kenntniserlangung ein. Nach ganz hM ist die **Kenntnis vom Fehlen des rechtlichen Grundes** selbst erforderlich. Die Kenntnis der Tatsachen, auf denen dieses Fehlen beruht, reicht für sich allein nicht aus. Den Mangel des Rechtsgrunds kennt auch, wer sich bewusst der Einsicht verschließt, dass das Verpflichtungsgeschäft nichtig ist, um sich die Vorteile

---

[50] *Loewenheim* BereicherungsR 143 ff.; *Jacoby/v. Hinden* § 818 Rn. 8. Str.; vgl. zum Meinungsstreit etwa MüKoBGB/*Schwab* § 818 Rn. 136 ff.
[51] Dazu *Musielak/Voit* GK ZPO Rn. 256.

III. Ungerechtfertigte Bereicherung

aus dem Geschäft zu sichern. Der sittenwidrig handelnde Bereicherungsschuldner, der die Tatsachen kennt, aufgrund derer sich der Schluss auf die Rechtsgrundlosigkeit seines Erwerbs aufdrängt, verdient keinen Schutz.[52] Die Kenntnis der Anfechtbarkeit eines Rechtsgeschäfts steht nach § 142 II der Kenntnis des durch die Anfechtung bewirkten Wegfalls des Rechtsgrundes gleich. Man wird hier allerdings verlangen müssen, dass der Bereicherungsschuldner aus dieser Kenntnis den zutreffenden Schluss auf die Rechtslage, dh auf die rechtliche Möglichkeit der Anfechtung, gezogen hat.

Ist der Bereicherungsschuldner **geschäftsunfähig**, kommt es auf die Kenntnis seines gesetzlichen Vertreters an (Rechtsgedanke des § 166 I). Bei einem **minderjährigen Bereicherungsschuldner** wird darüber gestritten, ob seine Kenntnis oder die Kenntnis seines gesetzlichen Vertreters für die verschärfte Haftung nach § 819 I maßgebend sein soll. Manche wollen in diesem Fall §§ 828, 829 analog heranziehen; manche wollen dies nur tun, wenn es sich um eine Eingriffskondiktion handelt oder wenn der Minderjährige zugleich mit der den Bereicherungsanspruch auslösenden Handlung ein Delikt begangen hat. In den anderen Fällen soll die Kenntnis des gesetzlichen Vertreters entscheiden. Wieder andere wollen stets auf die Kenntnis des gesetzlichen Vertreters abstellen. Der letzten Auffassung dürfte der Vorzug zu geben sein, weil es bei § 819 I anders als bei den §§ 828, 829 nicht um den Ausgleich von Schäden geht. Vgl. zu diesem Meinungsstreit *Musielak/Hau* EK BGB Rn. 349 ff. **1064**

Wer sich bei der Abgabe von Willenserklärungen eines Vertreters bedient, muss es im schutzwürdigen Interesse des Adressaten hinnehmen, dass ihm die Kenntnis des Vertreters als eigene zugerechnet wird. Aus der dahingehenden Regelung in § 166 I ist der allgemeine Rechtsgedanke abzuleiten, dass sich derjenige, der einen anderen mit der Erledigung bestimmter Angelegenheiten in eigener Verantwortung betraut, das in diesem Rahmen erlangte Wissen des anderen zurechnen lassen muss.[53] Dies gilt auch für einen Besitzdiener des Bereicherungsschuldners, wobei jedoch im Hinblick auf die Regelung des § 166 einschränkend zu verlangen ist, dass der **Besitzdiener** eine der Stellvertretung ähnliche Stellung innehaben muss (zur Stellvertretung und den damit zusammenhängenden Fragen Einzelheiten später). [54] **1065**

Noch in weiteren Fällen wird der Bereicherungsschuldner einer **verschärften Haftung** ausgesetzt: **1066**

- Auf § 818 III soll sich auch derjenige nicht berufen dürfen, der durch die Annahme der Leistung gegen ein gesetzliches Verbot oder die guten Sitten verstoßen hat. Die diese Anordnung treffende Vorschrift des **§ 819 II** steht in einem Zusammenhang mit § 817 S. 1 und „verlängert" die sich daraus ergebende Kondiktion über den Wegfall der Bereicherung hinaus.
- War der mit der Leistung bezweckte Erfolg nach dem Inhalt des Rechtsgeschäfts als ungewiss anzusehen und wird eine Herausgabe geschuldet, weil der Erfolg ausblieb, so kann sich der Bereicherungsschuldner nicht darauf berufen, dass er auf den Bestand seines Erwerbs vertraut hat, denn er musste mit einer Erfolgslosigkeit rechnen. **§ 820 I 1** zieht deshalb zu Recht eine entsprechende Konsequenz für die condictio ob rem.

---

[52] BGH NJW 2014, 2790 Rn. 27 mwN.
[53] BGH NJW 2014, 1294 Rn. 11 mwN = JuS 2014, 1032 (*Schwab*); MüKoBGB/*Schubert* § 166 Rn. 18 ff.
[54] MüKoBGB/*Schwab* § 819 Rn. 7.

- Ebenfalls kommt eine verschärfte Haftung in Betracht, wenn die Leistung zwar mit Rechtsgrund vorgenommen worden ist, der Wegfall des Rechtsgrunds aber nach dem Inhalt des Rechtsgeschäfts als möglich angesehen wurde (§ 820 I 2). Dieser Tatbestand gilt für die condictio ob causam finitam und für ihn sprechen gleiche Gründe wie für die Regelung des § 820 I 1.

1067 Hinsichtlich der **Rechtsfolgen** verweisen §§ 819, 820 auf § 818 IV. Danach soll der Empfänger nach den „allgemeinen Vorschriften" haften. Dazu zählen §§ 291, 292, was bedeutet:

- Betrifft der Herausgabeanspruch eine Sache, so haftet der Bereicherungsschuldner auf Schadensersatz, wenn er die Sache infolge seines Verschuldens nicht oder nicht unbeschädigt herausgeben kann (§§ 292 I, 989). Er wird also nicht mehr durch einen Wegfall seiner Bereicherung – anders als dies sonst § 818 III vorschreibt – entlastet.
- Der Bereicherungsschuldner hat nicht nur für die tatsächlich gezogenen, sondern auch für die schuldhaft von ihm nicht gezogenen Nutzungen zu haften (§§ 292 II, 987 II).
- Die Möglichkeit, sich auf bereicherungsmindernde Aufwendungen zu berufen, ist für den Bereicherungsschuldner in bedeutsamem Umfang eingeschränkt. Er kann nur noch Ersatz notwendiger Verwendungen nach den Vorschriften über die GoA vom Bereicherungsgläubiger fordern (§§ 292 II, 994 II, 995).
- Schließlich hat der verschärft haftende Bereicherungsschuldner stets für seine finanzielle Leistungsfähigkeit einzustehen (→ Rn. 463).

1068 Streitig ist, ob darüber hinaus alle **Vorschriften des allgemeinen Leistungsstörungsrechts** (also §§ 275 ff.) anzuwenden sind. Die hM bejaht dies.[55] Danach haftet der Bereicherungsschuldner, der sich in Verzug befindet, auch für einen zufälligen Untergang des Erlangten (§ 287 S. 2). Bei Verzug hat der Bereicherungsschuldner für die Vorenthaltung der Sache Schadensersatz zu leisten (§ 280 II iVm § 286). Der verschärft haftende Bereicherungsschuldner ist auch gem. § 285 zur Herausgabe des stellvertretenden commodum verpflichtet. Dies ist insbesondere deshalb bedeutsam, weil es die hM[56] ablehnt, als ein nach § 818 I herauszugebendes Surrogat den rechtsgeschäftlichen Gegenwert anzusehen, den der Bereicherungsschuldner durch Veräußerung einer rechtsgrundlos erlangten Sache erzielt. Das auf diesem Wege zu erzielende Ergebnis, dass die Herausgabepflicht hinsichtlich des Veräußerungserlöses nur den verschärft haftenden Bereicherungsschuldner trifft, entspricht der gesetzgeberischen Entscheidung, einem solchen Schuldner die Privilegierung durch § 818 I vorzuenthalten.[57]

1069 Die Bereicherung des Bereicherungsschuldners kann dadurch wegfallen, dass er das Erlangte unentgeltlich einem Dritten zuwendet. In diesem Fall greift die Vorschrift

---

[55] Vgl. BGHZ 83, 293 (298 ff.) = NJW 1982, 1585 = JuS 1982, 775 mwN; vgl. auch BGHZ 75, 203 (205 ff.) = NJW 1980, 178 = JuS 1980, 376. Zu diesem Meinungsstreit eingehend *Medicus* JuS 1993, 705.

[56] BGHZ 24, 106 (110 f.) = NJW 1957, 1026; BGHZ 75, 203 (206) = NJW 1980, 178; BGH NJW 1983, 868 (870); 2004, 1314 (1315); *Larenz/Canaris* SchuldR II 2 § 72 I 1c (S. 266 f.); Bamberger/Roth/*Wendehorst* § 818 Rn. 9.

[57] *Larenz/Canaris* SchuldR II 2 § 73 II 3b (S. 315).

III. Ungerechtfertigte Bereicherung

des **§ 822** ein, die dem Bereicherungsgläubiger gegen den Dritten einen unmittelbaren Anspruch gibt. Auch in diesem Fall wird also wie bei § 816 I 2 wegen der Unentgeltlichkeit des Erwerbs der (zweite) Empfänger zur Herausgabe verpflichtet.

> **Beispiel:** A schenkt und übereignet dem B einen Ring. B schenkt den Ring seiner Freundin F. Später stellt sich heraus, dass der Schenkungsvertrag zwischen B und A nichtig ist. Hätte B den Ring noch, könnte A Herausgabe und Rückübereignung mit der condictio indebiti verlangen (§ 812 I 1 Var. 1). Da der (gutgläubige) B den Ring jedoch verschenkt hat, ist er nicht mehr bereichert und dementsprechend seine Verpflichtung zum Wertersatz weggefallen (§ 818 III). Hier greift aber § 822 ein und gibt A einen unmittelbaren Anspruch gegen F.

Die in § 822 getroffene Regelung stimmt mit § 816 I 2 darin überein, dass sich der Bereicherungsanspruch gegen einen Dritten richtet, der durch eine Leistung etwas unentgeltlich erhalten hat, wobei der Rechtsgrund für die Leistung an den Dritten auf einem gültigen Kausalgeschäft beruht. Dass der Dritte trotz seines auf einen Rechtsgrund gestützten Erwerbs den Gegenstand an den Bereicherungsgläubiger herausgeben muss, findet seinen Grund in der Unentgeltlichkeit des Erwerbs durch den Dritten. Der entscheidende Unterschied zwischen beiden Regelungen besteht darin, dass sich § 822 auf die (unentgeltliche) Verfügung eines Berechtigten bezieht, während im Fall des § 816 I 2 die (unentgeltliche) Verfügung von einem Nichtberechtigten vorgenommen worden ist. 1070

Voraussetzung für § 822 ist in jedem Fall, dass der Empfänger bis zur Weitergabe des Bereicherungsgegenstandes an den Dritten einem Bereicherungsanspruch des Bereicherungsgläubigers ausgesetzt gewesen war. Um welche Art von Bereicherungsanspruch es sich dabei handelt, ist gleichgültig. Der Rechtserwerb des Dritten muss auf einer rechtsgeschäftlichen, unentgeltlichen Zuwendung beruhen. In erster Linie kommen Schenkungen in Betracht. Nach ganz hM ist § 822 auch anzuwenden, wenn **Surrogate des Bereicherungsgegenstandes oder Nutzungen unentgeltlich an einen Dritten weitergegeben werden.** Wenn der Empfänger mit dem Bereicherungsgegenstand eine andere Sache erwirbt und diese einem Dritten schenkt (Beispiel: E wendet dem Z rechtsgrundlos 20.000 EUR zu; davon erwirbt Z einen Pkw und schenkt diesen D), ist der Dritte zum Wertersatz verpflichtet, weil eine solche Verpflichtung auch für den Empfänger des Bereicherungsgegenstandes (hier: Z) bestünde, wenn er die erworbene Sache nicht verschenkt hätte. Denn die Gegenleistung aus einem Austauschgeschäft ist kein Surrogat. Der BGH[58] gestattet dem Dritten jedoch, anstelle des Wertersatzes die ihm zugewendete Sache herauszugeben. 1071

§ 822 gewährt auch dann einen Anspruch, wenn der Schuldner eines Anspruchs aus dieser Vorschrift das Erlangte unentgeltlich einer weiteren Person zuwendet. 1072

> So verhält es sich im Beispiel (→ Rn. 1069), wenn F den von B erhaltenen Ring an ihre Schwester weiterschenkt.

Abschließend ist noch darauf hinzuweisen, dass sich aus dem **Bereicherungsrecht** auch eine **Bereicherungseinrede** ergibt, die derjenige, der ohne rechtlichen Grund 1073

---

[58] BGH NJW 2004, 1314.

eine Verbindlichkeit eingegangen ist, erheben kann, wenn Erfüllung der Verbindlichkeit von ihm verlangt wird (§ 821). Diese Einrede bleibt auch bestehen, wenn der Bereicherungsanspruch auf Befreiung von der Verbindlichkeit bereits verjährt ist.

1074 **Überblick über Inhalt und Umfang des Bereicherungsanspruchs**

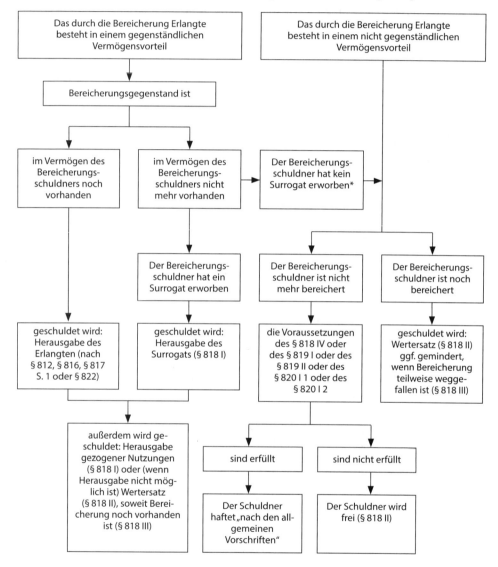

* Hat der Bereicherungsschuldner Nutzungen aus dem (nicht mehr vorhandenen) Bereicherungsgegenstand gezogen, muss er sie herausgeben (§ 818 I) oder (bei Unmöglichkeit der Herausgabe und bestehender Bereicherung – sonst § 818 III) ihren Wert ersetzen (§ 818 II).

IV. Unerlaubte Handlungen

1. Überblick

Das Recht der unerlaubten Handlungen – auch **Deliktsrecht** genannt (von lat. delictum = Verfehlung) – ist im BGB in §§ 823–853 geregelt. Die einzelnen Deliktstatbestände beschreiben, welche Handlungen unerlaubt sind und zu einer Schadensersatzverpflichtung führen können. Der Gesetzgeber ist dabei von dem Grundsatz ausgegangen, dass nur eine rechtswidrige und schuldhafte Verletzung der im Gesetz näher bezeichneten Rechte und Rechtsgüter eine Haftung begründen kann. Nur ausnahmsweise hat der Gesetzgeber im BGB dieses sog. **Verschuldensprinzip** aufgegeben und unter den in § 833 genannten Voraussetzungen eine **Gefährdungshaftung** des Tierhalters geschaffen. Außerhalb des BGB finden sich in Spezialgesetzen weitere Fälle der Gefährdungshaftung, so beispielsweise im Produkthaftungsgesetz (ProdHaftG), das eine Haftung des Herstellers für Schäden regelt, die durch den Fehler eines Produkts verursacht worden sind, und im Straßenverkehrsgesetz (StVG), das Ansprüche wegen Schäden gewährt, die beim Betrieb eines Kraftfahrzeuges verursacht worden sind.

1075

Als Gefährdungshaftung bezeichnet man eine verschuldensunabhängige Einstandspflicht für Schäden, die durch eine abstrakt gefährliche Betätigung oder Anlage verursacht werden. Die Gründe, die den Gesetzgeber bestimmten, eine (verschuldensunabhängige) Gefährdungshaftung einzuführen, sind unterschiedlich und lassen sich nicht auf ein einheitliches Prinzip zurückführen. Eine wesentliche Rolle spielt dabei die Erwägung, dass zwar nicht jedes gefährliche Tun verboten werden kann, dass jedoch derjenige, dem ein gefährliches Verhalten gestattet wird, zum Ausgleich dafür verpflichtet sein muss, unabhängig von einem Verschulden alle die Schäden zu ersetzen, die durch die von ihm herbeigeführte Gefahrenlage verursacht werden. Dementsprechend muss derjenige, der zu seinem Vergnügen ein Tier hält, der mit einem Kraftfahrzeug am öffentlichen Straßenverkehr teilnimmt, der Gefahrenquellen durch den Betrieb eines Luftfahrzeuges oder einer Eisenbahn schafft oder der Kernenergie erzeugt, die auf diese Tätigkeiten zurückzuführenden Schäden ausgleichen, auch wenn er sie trotz aller Sorgfalt nicht zu vermeiden vermag.[59]

1076

Das **ProdHaftG** trägt der Tatsache Rechnung, dass der Nachweis eines Verschuldens in Fällen einer Schädigung von Personen und Sachen durch fehlerhafte Produkte (zu den Begriffen Produkt und Fehler im Sinne dieses Gesetzes vgl. §§ 2, 3 ProdHaftG) die Klärung von Vorgängen erforderlich machte, die dem Geschädigten weitgehend verborgen sind, und deshalb dieser Beweis häufig misslingen müsste. Will man dies vermeiden, so bleibt nur, entweder dem Hersteller den Beweis seiner Schuldlosigkeit an dem Produktfehler aufzuerlegen (so die Lösung vor Inkrafttreten des Produkthaftungsgesetzes, die nach hM auch noch weiterhin für Bereiche gilt, die nicht von dem Gesetz erfasst werden) oder die Haftung allein davon abhängig zu machen, dass der Hersteller (zum Begriff vgl. § 4 ProdHaftG) ein fehlerhaftes Produkt in den Verkehr gebracht hat, das den zu ersetzenden Schaden verursachte. Von der zweiten Alterna-

1077

---

[59] Zu den einzelnen Fällen der Gefährdungshaftung vgl. *Esser/Weyers* SchuldR II/2 § 64 (S. 281 ff.); *Deutsch/Ahrens* DeliktsR Rn. 7, 511 ff.

tive geht das ProdHaftG aus, wobei allerdings Einschränkungen einer Ersatzpflicht durch das Gesetz angeordnet werden. Zu nennen sind zB die Selbstbeteiligung des Geschädigten bei Sachbeschädigung iHv 500 EUR (§ 11 ProdHaftG) und der in § 10 ProdHaftG bestimmte Haftungshöchstbetrag. Zu beachten ist, dass die Ersatzpflicht des Herstellers nach § 1 II Nr. 5 ProdHaftG ausgeschlossen ist, wenn der Fehler des Produktes nach dem Stand der Wissenschaft und Technik in dem Zeitpunkt, in dem der Hersteller das Produkt in den Verkehr brachte, nicht erkannt werden konnte. Diese Haftungseinschränkung spricht gegen eine reine Gefährdungshaftung.[60]

1078 Im Deliktsrecht des BGB stehen neben den **Grundtatbeständen des § 823 I und II** sowie des **§ 826** eine Reihe von **Sondertatbeständen** in §§ 824, 825, 831–834, 836–839. Die folgenden Ausführungen werden sich auf die Grundtatbestände beschränken. Auf Fragen der Haftung für Gehilfen nach § 831 wird noch später in anderem Zusammenhang eingegangen (→ Rn. 1239 ff.).

2. § 823 I

1079 Entsprechend dem Aufbau des § 823 I (wie auch anderer Delikttatbestände) ist bei der Prüfung der **Haftungsvoraussetzungen** zwischen dem objektiven Tatbestand, der Rechtswidrigkeit und dem Verschulden zu unterscheiden.[61] Der objektive Tatbestand ist verwirklicht, wenn eine menschliche Handlung (Tun oder Unterlassen) für die Verletzung eines durch diese Vorschrift geschützten Rechts oder Rechtsguts ursächlich ist (haftungsbegründende Kausalität; → Rn. 556) und wenn durch eine derartige Verletzung ein Schaden verursacht wird (haftungsausfüllende Kausalität; → Rn. 556), der vom Schutzbereich des § 823 I umfasst wird (→ Rn. 558 f.). Formalisiert sieht also der objektive Tatbestand des § 823 I wie folgt aus:

a) Handlung

1080 Voraussetzung für eine Haftung nach § 823 I ist zunächst, dass der in Anspruch Genommene „gehandelt" hat. Als Handlung ist ein **menschliches Verhalten** anzusehen, **das der Bewusstseinskontrolle und Willenslenkung unterliegt und somit beherrschbar ist**.[62] Danach sind nur solche Verhaltensweisen von dem Handlungsbegriff auszunehmen, bei denen es sich um nicht kontrollierbare Vorgänge handelt, wie zB Bewegungen eines Schlafenden, eines Bewusstlosen oder eines durch unwiderstehliche Gewalt Gezwungenen.

---

[60] *Spickhoff* JuS 2016, 865 (866). Zu weiteren Einzelheiten der Produkthaftung sei auf die Kommentierung dieses Gesetzes verwiesen, die sich in vielen Kommentaren zum BGB findet.
[61] Instruktiv zum Schichtaufbau der deliktischen Verschuldenshaftung *Spickhoff* JuS 2016, 865.
[62] Vgl. BGHZ 39, 103 (106) = NJW 1963, 952; OLG Köln NJW-RR 1994, 1052; *Fikentscher/Heinemann* SchuldR Rn. 1541.

IV. Unerlaubte Handlungen

Beispiel: In einem Kaufhaus wird ein Kunde ohnmächtig und reißt im Fallen einen Verkaufstisch mit Porzellan um. Ein Anspruch aus § 823 I gegen ihn scheidet schon deshalb aus, weil er nicht im Sinne dieser Vorschrift „gehandelt" hat. Eine Ersatzpflicht kann nur aus Billigkeitserwägungen in Betracht gezogen werden (§ 829 iVm § 827).

Der juristische Handlungsbegriff umfasst auch das **Unterlassen**. Für die Tatbestandsmäßigkeit eines Verhaltens ist es gleichgültig, ob die Verletzung einer geschützten Rechtsposition durch ein positives Tun im Sinne eines nach außen erkennbaren Tätigwerdens oder durch das Unterlassen einer Handlung herbeigeführt wird. **1081**

Beispiel: Ein Krankenhauspatient erhält von Krankenpfleger K versehentlich ein falsches Medikament, das einen Kreislaufkollaps verursacht. Das Gleiche passiert einem anderen Patienten, weil K vergisst, ihm die vorgeschriebene Medizin zu geben. In beiden Fällen ist das Verhalten des K für die eingetretenen Verletzungen ursächlich: einmal in der Form des Tuns, einmal in der Form des Unterlassens.

Allerdings kann ein Unterlassen nur dann eine Haftung begründen, wenn eine Pflicht zum Tätigwerden besteht (→ Rn. 1129 ff.; näher *Musielak/Hau* EK BGB Rn. 366 ff.). **1082**

b) Geschützte Rechtsgüter und Rechte

Nur die Verletzung eines durch § 823 I geschützten Rechtsgutes oder Rechts lässt eine Schadensersatzpflicht nach dieser Vorschrift eintreten. Im Gesetz werden die Rechtsgüter **Leben, Körper, Gesundheit und Freiheit** genannt. **1083**

- Mit der **Verletzung des Lebens** ist die Tötung eines Menschen gemeint. Schadensersatzberechtigt sind in diesem Fall bestimmte Dritte (vgl. §§ 844, 845).
- Als **Verletzung des Körpers** ist jede Beeinträchtigung der körperlichen Unversehrtheit anzusehen, während die **Verletzung der Gesundheit** eine Störung innerer (physischer oder psychischer) Lebensvorgänge bedeutet.[63] Eine Abgrenzung der Verletzung beider Rechtsgüter wird häufig kaum möglich sein und ist auch ohne praktische Bedeutung.
- Die **Verletzung der Freiheit** ist bei einer Verletzung der körperlichen Bewegungsfreiheit zu bejahen. Erfasst werden also Fälle, in denen der objektive Tatbestand einer Freiheitsberaubung iSv § 239 StGB erfüllt ist. Die Hinderung eines anderen, seinen Aufenthaltsort zu verlassen, kann auch mittelbar dadurch verursacht werden, dass durch eine (falsche) Strafanzeige seine Verhaftung bewirkt wird.

Neben den genannten Rechtsgütern schützt § 823 I das **Eigentum**. Dieses wird verletzt, indem in die **Sachsubstanz eingegriffen**, also die Sache zerstört oder beschädigt wird. Eine Eigentumsverletzung kann auch durch **Entziehung oder Beeinträchtigung** des Eigentumsrechts begangen werden, so etwa, wenn der Schädiger die dem Eigentümer gehörende Sache wirksam an einen Gutgläubigen veräußert (→ Rn. 757 ff., 778) oder sie zugunsten eines Gutgläubigen mit einem Pfandrecht belastet (vgl. §§ 892, 1138, 1207). Wird eine Sache ihrem Eigentümer vorenthalten oder dieser auf andere Weise von dem Gebrauch abgehalten, so kann darin ebenfalls eine **1084**

---

[63] Zur Einstufung psychischer Beeinträchtigungen (sog. Schockschäden) als Gesundheitsverletzung vgl. BGH NJW 2015, 1451 = JuS 2015, 747 (*Mäsch*).

Eigentumsverletzung liegen, weil der Eigentümer auch ohne Substanzverletzung gehindert wird, mit der Sache nach seinem Belieben zu verfahren (vgl. § 903).[64]

Beispiel: Ein Schiffseigner fährt mit seinem Motorschiff zu einer an einem Fleet (= Seitenkanal) liegenden Mühle, um dort Waren zu entladen. Danach stürzt infolge einer unerlaubten Handlung die Uferböschung ein und das Fleet wird unpassierbar. Mehrere Monate kann deshalb das Motorschiff nicht mehr aus dem Fleet fahren und muss bei der Mühle liegen bleiben. Der BGH[65] hat zu Recht eine Eigentumsverletzung bejaht, die er darin gesehen hat, dass das Schiff als Transportmittel praktisch ausgeschaltet und dementsprechend seinem bestimmungsgemäßen Gebrauch entzogen wurde. Durch eine derartige „Einsperrung" sind die Eigentümerbefugnisse des Schiffseigners beeinträchtigt worden. Dagegen hat es der BGH abgelehnt, auch in der Hinderung anderer außerhalb des Fleets befindlicher Schiffe, die Mühle auf dem Wasserweg zu erreichen und zu beliefern, eine Eigentumsverletzung zu erblicken, weil diese Schiffe nicht in ihrer Eigenschaft als Transportmittel betroffen seien. Nach Auffassung des BGH kommt es also darauf an, dass die Gebrauchsfähigkeit völlig aufgehoben wird und nicht nur in bestimmter Hinsicht eingeschränkt ist. Gegenüber dieser Unterscheidung sind im Schrifttum allerdings Bedenken erhoben worden.[66] Streitig ist auch, ob kurzfristige Beeinträchtigungen ausreichen (zB zweistündiges Zuparken einer Garagenausfahrt) oder ob sie von gewisser Dauer (welcher?) sein müssen.[67]

1085 In den Schutzbereich des § 823 I fällt auch ein „**sonstiges Recht**". Bei der Interpretation dieses Begriffs muss man sich an den ausdrücklich in dieser Vorschrift genannten Rechtsgütern und dem Eigentum orientieren. Wie diese muss auch das „sonstige Recht" einen absoluten, dh gegenüber jedem wirkenden und von jedem zu beachtenden Inhalt haben.

1086 Sonstige Rechte sind danach alle **beschränkten dinglichen Rechte** (Hypotheken, Grundschulden, Rentenschulden, Erbbaurechte, Pfandrechte an beweglichen Sachen und Rechten), Anwartschaftsrechte, insbesondere das Anwartschaftsrecht des Vorbehaltskäufers (→ Rn. 898 ff.), und alle **ausschließlichen Aneignungsrechte** (Jagdrechte, Fischereirechte, Bergrechte). Zu den sonstigen Rechten zählen auch **Patent-, Urheber-, und Markenrechte**. Dagegen sind Forderungen nicht als sonstiges Recht iSd § 823 I aufzufassen.[68]

1087 Das **Vermögen als solches**, dh die Summe aller geldwerten Güter und Rechte einer Person, wird durch § 823 I **nicht geschützt**. Eine schuldhafte Schädigung des Vermögens verpflichtet deshalb nach § 823 I nur dann zum Ersatz, wenn ein durch diese Vorschrift geschütztes Rechtsgut oder Recht verletzt wird. Dann ist aber der Ersatzanspruch auf den Ausgleich der gesamten Schäden einschließlich vermögensmäßiger Einbußen gerichtet, soweit sie vom Schutzbereich der Vorschrift umfasst werden.

---

[64] BGH NJW 1994, 517 (518); 1998, 1942 (1943); NJW 2015, 1174 Rn. 18. Zu den verschiedenen Fallgruppen einer Eigentumsverletzung vgl. *Mylich* JuS 2014, 298 und 398.
[65] BGHZ 55, 153 (159 f.) = NJW 1971, 886. Beachte auch die interessante Frage nach der Haftung für Einnahmeausfälle einer Autobahnrastanlage infolge einer unfallbedingten Sperrung der Autobahn bei BGH NJW 2015, 1174; vgl. dazu *Wagner* JZ 2015, 682, und *Picker* NJW 2015, 2304.
[66] *Medicus/Lorenz* SchuldR II Rn. 1290; vgl. auch BGHZ 86, 152 = NJW 1983, 2313.
[67] Vgl. *Kötz/Wagner* DeliktsR Rn. 145.
[68] Eingehend zu den sonstigen Rechten iSd § 823 I *Musielak/Hau* EK BGB Rn. 383 ff.

IV. Unerlaubte Handlungen

Verletzt jemand einen anderen (geschütztes Rechtsgut: Körper), so ist er bei einem rechtswidrigen und schuldhaften Verhalten auch verpflichtet, den Verlust zu ersetzen, den der Verletzte deshalb erleidet, weil er nicht arbeiten oder einen Geschäftsabschluss tätigen kann. Es handelt sich dabei um Schadensfolgen, die mit der Verletzung verbunden sind und die der Schädiger auch aufgrund des § 823 I ersetzen muss. Der zuweilen zu hörende Satz „Vermögensschäden werden nach § 823 I nicht ersetzt" ist also falsch.

1088 Die hM wertet den **Besitz,** und zwar sowohl den unmittelbaren als auch den mittelbaren (→ Rn. 717ff.), als sonstiges Recht, wenn der Besitzer die Sache ähnlich einem Eigentümer nutzen darf und ihm Abwehrrechte wie einem Eigentümer zustehen (vgl. §§ 861, 862). Eine solche eigentümerähnliche Position kommt vornehmlich dem Besitzer zu, der ein Recht zum Besitz hat, zB als Mieter, Pächter, Verwahrer oder Nießbraucher.[69] Streitig ist, ob auch ein unrechtmäßiger Besitzer, der den Besitz gegen Entgelt erlangt und hinsichtlich seines Besitzrechts gutgläubig ist, beim Entzug seines Besitzes Ansprüche nach § 823 I geltend machen kann. Mit der Begründung, dass dieser Besitzer die Sache nutzen dürfte und sogar gegenüber dem Eigentümer berechtigt sei, die Nutzungen zu behalten (§ 993 I), wird diese Frage bejaht.[70] Die Ausdehnung des durch § 823 I gewährten Schutzes auf den mittelbaren Besitzer ist dadurch gerechtfertigt, dass diesem ebenfalls Abwehrrechte zustehen (vgl. § 869); allerdings gilt dies nicht im Verhältnis zwischen mittelbarem und unmittelbarem Besitzer, weil der mittelbare Besitzer gegen den unmittelbaren keine Besitzschutzansprüche geltend machen kann.

1089 Als sonstiges, vom Schutzbereich des § 823 I umfasstes Recht wird ferner das sog. **Recht am eingerichteten und ausgeübten Gewerbebetrieb** anerkannt.[71] Dieses Recht umfasst nicht nur den Bestand des gewerblichen Unternehmens, sondern die gesamte unternehmerische Tätigkeit in allen Erscheinungsformen.

> **Beispiele:** Als Eingriffe in den eingerichteten und ausgeübten Gewerbebetrieb sind von der Rechtsprechung angesehen worden die Aufforderung zur Einstellung einer bestimmten Gewerbetätigkeit mit der unwahren Behauptung, der Unternehmer verletze ein gewerbliches Schutzrecht (unberechtigte Schutzrechtsverwarnung; dazu *Musielak/ Hau* EK BGB Rn. 418); Boykottaufrufe an Verbraucher, bestimmte Waren eines Gewerbebetriebes nicht zu kaufen oder bestimmte gewerbliche Leistungen nicht in Anspruch zu nehmen; rechtswidrige Streiks; geschäftsschädigende herabsetzende Werturteile.[72]

1090 Da es kaum möglich ist, das Recht am eingerichteten und ausgeübten Gewerbebetrieb genau abzugrenzen, hat die Rechtsprechung durch die Aufstellung verschiedener (einschränkender) Voraussetzungen versucht, einer zu weiten Ausdehnung des deliktischen Schutzes unternehmerischer Tätigkeiten entgegenzuwirken. Folgende Voraussetzungen müssen danach erfüllt sein:

---

[69] Vgl. BGH NJW 2015, 1174 Rn. 17 f.; *Larenz/Canaris* SchuldR II 2 § 76 II 4 f.; *Fikentscher/ Heinemann* SchuldR Rn. 1568; *Deutsch/Ahrens* DeliktsR Rn. 251.
[70] *Medicus/Petersen* BürgerlR Rn. 607.
[71] Beachte dazu die Grundfälle bei *Staake/v. Bressensdorf* JuS 2016, 297.
[72] Ein Überblick über die umfangreiche Rechtsprechung findet sich bei MüKoBGB/*Wagner* § 823 Rn. 328 ff.; vgl. auch *Deutsch/Ahrens* DeliktsR Rn. 258 ff.

- Die Verletzungshandlung muss **betriebsbezogen** sein und einen unmittelbaren Eingriff in den betrieblichen Tätigkeitskreis darstellen. Um einen betriebsbezogenen, unmittelbaren Eingriff handelt es sich nur dann, wenn er gegen den Betrieb als solchen gerichtet ist und nicht irgendwelche vom Betrieb ohne Weiteres ablösbare Rechte oder Rechtsgüter betrifft. Der BGH[73] spricht davon, dass sich der Eingriff „nach seiner objektiven Stoßrichtung gegen den betrieblichen Organismus oder die unternehmerische Entscheidungsfreiheit" richten müsse.

  Beispiele: Wird ein Arbeitnehmer des Gewerbebetriebes verletzt oder ein betriebseigenes Kraftfahrzeug bei einem Verkehrsunfall beschädigt, ist die Betriebsbezogenheit der Verletzungshandlungen zu verneinen. Das gleiche gilt, wenn durch Unachtsamkeit eines Bauarbeiters ein Stromkabel beschädigt wird, das den Betrieb mit Strom versorgt, und deshalb die Produktion zum Stillstand kommt. Allerdings kann in diesem Fall unter dem Gesichtspunkt der Eigentumsverletzung eine Schadensersatzpflicht begründet sein, wenn infolge des Stromausfalls einzelne Sachen im Betrieb beschädigt oder zerstört werden (zB: Die Kühlanlage einer Fleischwarenfabrik funktioniert nicht mehr und deshalb verderben die eingelagerten Bestände).

- Schutzobjekt kann nur eine auf **Dauer angelegte** und auf Gewinnerzielung gerichtete Tätigkeit sein. Der übliche Begriff „eingerichteter und ausgeübter Gewerbebetrieb" darf nicht zu dem Fehlschluss führen, dass eine **freiberufliche Tätigkeit** (etwa als Arzt, Rechtsanwalt oder Steuerberater) ungeschützt bliebe. Vielmehr ist die Tätigkeit eines Freiberuflers als eingerichteter und ausgeübter Gewerbebetrieb im Sinne des Deliktsrechts anzusehen, obwohl kein Gewerbebetrieb im Sinne des Gewerberechts unterhalten wird.[74]

- Es darf **keine Haftung nach anderen gesetzlichen Vorschriften** in Betracht kommen. Dies bedeutet, dass ein Schadensersatzanspruch wegen Eingriffs in den eingerichteten und ausgeübten Gewerbebetrieb nur subsidiären Charakter hat. Wird durch einen solchen Eingriff die Haftung nach anderen gesetzlichen Vorschriften, zB nach § 823 I unter dem Gesichtspunkt der Eigentumsverletzung, begründet, so ist eine Haftung wegen Verletzung des Rechts am eingerichteten und ausgeübten Gewerbebetrieb ausgeschlossen. Insbesondere gehen wettbewerbsrechtliche Sondervorschriften (wie das UWG) vor,[75] was auch beim Aufbau eines Rechtsgutachtens, zB in einer Klausur, beachtet werden muss.

1091 Als sonstiges Recht iSv § 823 I wird auch das **allgemeine Persönlichkeitsrecht** angesehen.[76] Die Aufnahme dieses Rechts in den Schutzbereich des § 823 I ist aufgrund der im Grundgesetz getroffenen Entscheidung (vgl. Art. 1 und 2 GG) geboten, weil die sonstigen Rechtsvorschriften des BGB und anderer Gesetze, die die Persönlichkeit des Einzelnen schützen, hierfür nicht ausreichen. Den Gegenstand dieses Rechts bildet der Anspruch des Einzelnen auf Achtung seiner individuellen Persönlichkeit.

---

[73] NJW 2001, 3115 (3117) mwN. Vgl. auch BGH NJW 2015, 1174 Rn. 20.
[74] BGH NJW 2012, 2579 Rn. 19; MüKoBGB/*Wagner* § 823 Rn. 321 mN. AA *Larenz/Canaris* SchuldR II 2 § 81 I 1c (S. 540).
[75] BGHZ 36, 252 (256 f.) = NJW 1962, 1103; MüKoBGB/*Wagner* § 823 Rn. 326 mwN.
[76] Einführend etwa *Glasmacher/Pache* JuS 2015, 303; beachte auch die Grundfälle bei *Staake/v. Bressendorf* JuS 2015, 683 und 777.

IV. Unerlaubte Handlungen 417

Das allgemeine Persönlichkeitsrecht hat keinen klar abgrenzbaren Inhalt, sondern umfasst eine Summe schutzwürdiger Rechtspositionen, die von Fall zu Fall aufgrund einer Interessen- und Güterabwägung zu konkretisieren sind (zu den sich daraus für die Entscheidung über die Rechtswidrigkeit ergebenden Folgerungen → Rn. 1128). Eine Interessen- und Güterabwägung ist geboten, weil der Mensch in der Gemeinschaft lebt und deshalb seinem Persönlichkeitsrecht durch die Rechte anderer notwendigerweise Schranken gesetzt sein müssen (vgl. Art. 2 I GG).

Die Rechtsprechung hat durch eine Reihe von Entscheidungen dazu beigetragen, den generalklauselartigen Tatbestand der Verletzung des Persönlichkeitsrechts zu strukturieren und inhaltlich zu bestimmen. Diese Entscheidungen lassen sich in **Fallgruppen** zusammenfassen, um auf diese Weise die Übersichtlichkeit zu erhöhen. Beispielsweise kann man zwischen Sachverhalten unterscheiden, in denen die Ehre einer Person durch beleidigende Äußerungen oder Verbreitung ehrenrühriger Tatsachen herabgesetzt wird oder in denen die Privat- und Intimsphäre zB durch heimliches Fotografieren oder durch eine heimliche Aufnahme von Gesprächen auf Tonträger verletzt wird. Als Verletzung des allgemeinen Persönlichkeitsrechts ist auch die unbefugte Nutzung von Bildern und Namen zu wirtschaftlichen Zwecken zu werten.[77] Zu Einzelheiten und weiteren Fallgruppen vgl. *Musielak/Hau* EK BGB Rn. 391 ff. 1092

c) Vom Schutzbereich umfasster Schaden

Nach § 823 I hat der Schädiger den Schaden zu ersetzen, den er dem Geschädigten zugefügt hat, wobei noch die (ungeschriebene) Einschränkung zu machen ist, dass der entstandene Schaden in den Schutzbereich des § 823 I fallen muss (→ Rn. 558 f.). 1093

> **Beispiel:** Rennradfahrer R gerät infolge überhöhter Geschwindigkeit in einer Kurve auf den Bürgersteig und verletzt Fußgänger F schwer. Bei der deshalb erforderlichen ärztlichen Untersuchung wird festgestellt, dass F an einer Arterienverkalkung leidet. Deshalb wird er als Beamter frühzeitig pensioniert. F verlangt von R auch den Differenzbetrag zwischen Pension und Gehalt bei einer Weiterbeschäftigung für die Zeit bis zur regulären Pensionsgrenze. Ob man in diesem Fall eine (haftungsausfüllende) Kausalität der Körperverletzung für den eingetretenen Vermögensschaden bejaht, hängt davon ab, mit welchem Inhalt man die Adäquanztheorie anwendet (→ Rn. 554). Unabhängig davon muss es aber abgelehnt werden, den wegen der frühzeitigen Pensionierung dem F entstandenen Schaden unter den Schutzbereich des § 823 I zu fassen. Das Verbot, den Körper eines anderen zu verletzen, soll nicht davor schützen, dass verborgene Krankheiten des Verletzten entdeckt werden.[78]

Der Begriff des Schadens ist bisher nicht näher erläutert worden; er wurde vielmehr als von der Umgangssprache ausreichend bestimmt behandelt. Dass jedoch für den rechtlichen Begriff des Schadens zusätzliche Erläuterungen und Präzisierungen erforderlich sind, werden die folgenden Ausführungen zeigen. 1094

---

[77] Siehe dazu nur BGH NJW 2012, 1728 = JuS 2012, 646.
[78] BGH NJW 1968, 2287.

Einschub: Begriff des Schadens

1095 Wenn der Jurist den Begriff des Schadens als eine unfreiwillige Einbuße an rechtlich geschützten Gütern definiert, stimmt diese Beschreibung durchaus noch mit der Umgangssprache überein. Von einem **Vermögensschaden** (= materieller Schaden) spricht man, wenn der Geschädigte eine in Geld messbare Einbuße erlitten hat. Die Verletzung von Leben, Körper, Gesundheit und Freiheit, die damit verbundenen Schmerzen und Aufregungen, bewirken einen **Nichtvermögensschaden** (= immaterieller Schaden); zugleich können dadurch auch materielle Schäden als weitere Folgen verursacht werden (zB Arztkosten, Verdienstausfall).

1096 Die Unterscheidung zwischen materiellem und immateriellem Schaden ist deshalb von besonderer Bedeutung, weil wegen eines Schadens, der nicht Vermögensschaden ist, Entschädigung in Geld nur in den durch das Gesetz bestimmten Fällen gefordert werden kann (§ 253 I). Zu nennen ist hier insbesondere § 253 II, wonach dem Verletzten in den erfassten Fällen eine Entschädigung für Nichtvermögensschäden zusteht (sog. **Schmerzensgeldanspruch**). Obwohl die Verletzung des allgemeinen Persönlichkeitsrechts (→ Rn. 1091 f.) in § 253 II nicht erwähnt wird, ist aufgrund der durch das BVerfG bestätigten Rechtsprechung des BGH auch in diesem Fall dem Verletzten ein Anspruch auf Ersatz des immateriellen Schadens zuzubilligen. Die Rechtsprechung hat diesen Anspruch zunächst auf eine analoge Anwendung des (inzwischen aufgehobenen) § 847[79] gestützt, später jedoch das Recht, bei Verletzung des allgemeinen Persönlichkeitsrechts, Geldentschädigung zu fordern, aus § 823 I iVm Art. 1 und 2 I GG abgeleitet.[80] Allerdings wird ein solcher Anspruch davon abhängig gemacht, dass eine rechtswidrige und schuldhafte Verletzung des Persönlichkeitsrechts zu einer schwerwiegenden Beeinträchtigung führt.[81] Als schwerwiegend gilt eine Verletzung, bei der entweder den Schädiger ein schwerer Schuldvorwurf trifft oder durch die das Persönlichkeitsrecht in einem besonderen Maße verletzt wird. Hinzu muss noch kommen, dass der Geschädigte auf andere Weise keine ausreichende Genugtuung erlangen kann.[82] Auf diese Weise ist ein angemessenes Mittel geschaffen worden, um einer hemmungslosen Vermarktung der Persönlichkeitsrechte anderer entgegenzuwirken.

1097 Soweit für einen Nichtvermögensschaden eine Geldentschädigung nicht verlangt werden kann, bleibt nur die sog. **Naturalrestitution**, dh die Herstellung des Zustandes, der bestehen würde, wenn der zum Ersatz verpflichtende Umstand nicht eingetreten wäre (§ 249 I). Die Naturalrestitution wird dabei in vielen Fällen des immateriellen Schadens unmöglich sein; beispielsweise kann eine Freiheitsberaubung nachträglich nicht ungeschehen gemacht werden.

---

[79] Eine § 847 aF entsprechende Regelung findet sich jetzt in § 253 II. Allerdings ist § 253 II gegenüber dem früheren Recht nicht mehr auf deliktische Ansprüche beschränkt, sondern erfasst auch vertragliche Pflichtverletzungen und Ansprüche aus Gefährdungshaftung; vgl. MüKoBGB/*Oetker* § 253 Rn. 17 ff.
[80] BVerfG NJW 2000, 2187; BGH NJW 2000, 2195 (2197). Näher etwa *Glasmacher/Pache* JuS 2015, 303.
[81] Vgl. BGH NJW 2005, 215 (217).
[82] Vgl. *Brox/Walker* SchuldR BT § 45 Rn. 18; *Larenz/Canaris* SchuldR II 2 § 80 I 4b.

IV. Unerlaubte Handlungen

Eine weitere **Differenzierung** innerhalb des Schadensbegriffs lässt sich danach vornehmen, ob der Schaden unmittelbar durch die Verletzungshandlung herbeigeführt wird (sog. **Verletzungsschaden**, zB der beim Verkehrsunfall erlittene Beinbruch) oder ob es sich dabei um einen Schaden handelt, der erst als weitere Folge eintritt (sog. **Folgeschaden**, zB die Kosten der Heilung des Bruches).[83] Da sich das Verschulden des Schädigers nur auf die Verletzungshandlung, nicht auch auf den dadurch verursachten Schaden beziehen muss, kommt es nicht darauf an, ob die eingetretenen Folgeschäden voraussehbar sind (zur Ersatzpflicht für Folgeschäden im Rahmen des § 823 I → Rn. 1087).

1098

Den Ausgangspunkt für die Ermittlung eines Vermögensschadens bildet eine **Differenzhypothese.** Es wird das Vermögen in seinem Zustand nach dem schädigenden Ereignis mit der (hypothetischen) Vermögenslage verglichen, wie sie bestanden hätte, wenn das die Schadensersatzpflicht begründende Ereignis nicht eingetreten wäre. Die Differenz zwischen diesen beiden Vermögenslagen ergibt den zu ersetzenden Schaden.[84] Allerdings stellt die Differenzhypothese nur einen theoretischen Ansatz für die Schadensberechnung dar. Niemand wird auf den Gedanken kommen, das Vermögen des Geschädigten insgesamt zu ermitteln und zu vergleichen, wenn es darum geht, einen konkret feststehenden Schaden, zB den Verlust eines Buches, zu ersetzen. Vielmehr wird die Differenzhypothese regelmäßig auf den einzelnen Schadensposten (zB auf den Wert des verlorenen Buches) bezogen.[85]

1099

Bei der Differenzhypothese kann jedoch nicht in jedem Fall stehen geblieben werden; dies zeigen die folgenden

1100

Beispielsfälle:

(1) Bei einer Schlägerei verletzt S1 den G1, sodass dieser einen Arzt aufsuchen muss. Die Arztkosten werden von der gesetzlichen Krankenversicherung getragen, deren Mitglied G1 ist.

(2) S2, der als Zuschauer ein Radrennen besucht, beschädigt durch Unvorsichtigkeit das Rennrad des G2. Als dies bekannt wird, sammeln die Freunde des G2 unter sich und übergeben den gesammelten Geldbetrag dem G2. Der Erlös der Sammlung übersteigt um 20 EUR die Reparaturkosten.

(3) Durch Unachtsamkeit des S3 wird der Fahrschulwagen des G3 beschädigt. Während der Reparaturzeit fallen 20 Fahrstunden aus. G3 holt diese Fahrstunden außerhalb der üblichen Unterrichtszeit am späten Abend nach.[86]

In allen drei Fällen würde die Anwendung der Differenzhypothese zu dem Ergebnis führen, dass ein Vermögensschaden zu verneinen wäre und der Schädiger deshalb keinen Ersatz zu leisten bräuchte. Dieses Ergebnis ist nicht gerecht. Im ersten Fall wird es dadurch vermieden, dass nach §§ 116, 117 Sozialgesetzbuch X (= 10. Buch) die Ansprüche des G1 auf den Versicherungsträger übergehen und dieser von S1 Ersatz der erbrachten Leistungen verlangen kann. Im zweiten Fall fehlt eine entsprechende gesetzliche Regelung. Es besteht aber Einvernehmen darüber, dass der Schädiger nicht

---

[83] Bamberger/Roth/*Schubert* § 249 Rn. 45.
[84] BGH NJW 2011, 1962 Rn. 8; 2012, 601 Rn. 9.
[85] *Honsell/Harrer* JuS 1991, 441 (442).
[86] Fall nach BGHZ 55, 329 ff. = NJW 1971, 836.

durch freiwillige Leistungen Dritter entlastet wird, die aus Anlass des Schadensereignisses dem Geschädigten erbracht werden.[87] Nur wenn der Dritte für den Schädiger die Leistung bewirkt (§ 267 I), gilt etwas anderes. Die Freunde des G2 wollen aber nicht S2 entlasten, sondern dem G2 etwas schenken. Auch im dritten Fall ist der Verdienst, der aufgrund der Überstunden von G3 erzielt worden ist, bei der Schadensberechnung nicht zu berücksichtigen. Anzurechnen sind solche Vorteile, die sich aus Maßnahmen ergeben, zu denen der Geschädigte nach § 254 II 1 zur Abwendung oder Minderung des Schadens verpflichtet ist. Bei den von G3 geleisteten Überstunden handelt es sich aber um sog. „überpflichtmäßige" Anstrengungen, die dem Schädiger nicht zugute kommen sollen.

1101 Trotz dieser Einschränkungen gilt bei der Berechnung eines Vermögensschadens der Grundsatz, dass sich der Geschädigte wirtschaftliche Vorteile, die sich für ihn aus dem schädigenden Ereignis ergeben, anrechnen lassen muss (sog. **Vorteilsausgleichung**). Allerdings bereitet die Frage Schwierigkeiten, von welchen Voraussetzungen eine solche Vorteilsausgleichung abhängig ist. Mit dem Hinweis, dass eine Vorteilsausgleichung nur in Betracht kommen kann, wenn der Vorteil in einem adäquat-kausalen Zurechnungszusammenhang zum schädigenden Ereignis steht, ist nicht viel gewonnen, weil stets noch verlangt wird, dass eine Anrechnung der Billigkeit entsprechen muss.[88] Eine allgemeine, stets zutreffende Antwort lässt sich deshalb kaum finden. Eine Orientierung an typischen Einzelfällen ist folglich geboten.

1102 Geht man von dem Grundsatz aus, dass der Geschädigte nicht besser gestellt sein darf, als er ohne das schädigende Ereignis stehen würde, so kann nicht zweifelhaft sein, dass die vom Geschädigten ersparten Aufwendungen zugunsten des Schädigers in die Schadensberechnung aufzunehmen sind. Dies gilt beispielsweise für die ersparten häuslichen Verpflegungskosten, wenn sich der Geschädigte zur Ausheilung einer Verletzung im Krankenhaus befindet oder wenn er Fahrtkosten spart, die er ohne die Schädigung hätte aufwenden müssen.[89]

1103 Ein ähnliches Problem wie bei der Vorteilsausgleichung ergibt sich, wenn entschieden werden soll, ob sich der Geschädigte Abzüge gefallen lassen muss, wenn er anstelle der zerstörten gebrauchten Sache eine neue erhält oder wenn die im Rahmen des Schadensersatzes geleistete Reparatur die beschädigte Sache wertvoller macht.

> **Beispiel:** Durch einen von A verschuldeten Brand wird das Haus des B zerstört. Der Neubau des Hauses kostet 250.000 EUR, die B von A als Schadensersatz fordert. B will nur 180.000 EUR zahlen, weil das zerstörte Haus 20 Jahre alt gewesen und der Neubau 70.000 EUR wertvoller sei.

1104 Bei diesem unter dem **Stichwort „neu für alt"** erörterten Problem ist von dem Grundsatz auszugehen, dass sich der Geschädigte Vorteile anrechnen lassen muss, die ihm zufallen, wenn die Schadensersatzleistung die beschädigte Sache verbessert oder er für die gebrauchte eine neue Sache erhält.[90] Allerdings sind Einschränkungen geboten, weil die Wertverbesserung für den Geschädigten keinesfalls immer will-

---

[87] BGH NJW 2002, 292 (293 mwN).
[88] BGH NJW 2008, 3359 Rn. 20 mN; *Metzger* JZ 2008, 498 (499).
[89] Vgl. Bamberger/Roth/*Schubert* § 249 Rn. 137 f. m. weiteren Beispielen.
[90] BGH NJW 1996, 584 (585); 1997, 2879 (2880); 2004, 2526 (2528); MüKoBGB/*Oetker* § 249 Rn. 348 ff.

IV. Unerlaubte Handlungen

kommen sein muss und sie ihm gleichsam aufgedrängt wird. Deshalb ist ein auszugleichender Vorteil nur zu bejahen, wenn die Verbesserung für den Geschädigten nach seiner individuellen Situation einen messbaren **Wertzuwachs** bedeutet und ihm eine **Ausgleichungspflicht** zugemutet werden kann.[91] Die Frage der Zumutbarkeit stellt sich insbesondere dann, wenn der Geschädigte nicht über ausreichende Eigenmittel verfügt, um sich eine verbesserte oder neue Sache zu beschaffen.[92]

1105 Die vorstehenden Ausführungen zeigen, dass ein Schadensbegriff, der allein auf der Differenzhypothese beruht (man kann ihn als **natürlichen Schadensbegriff** bezeichnen), einer Korrektur bedarf, um nicht zu unbilligen Ergebnissen zu führen. Man stellt deshalb dem natürlichen Schadensbegriff einen normativen gegenüber, um zum Ausdruck zu bringen, dass auch dann ein Vermögensschaden aufgrund wertender Betrachtung bejaht werden kann, wenn rein rechnerisch ein vermögensmäßiger Nachteil nicht feststellbar ist.[93] Die Lehre vom **normativen Schaden** ist jedoch umstritten; auf die Einzelheiten kann hier nicht eingegangen werden.[94]

1106 Schwierigkeiten kann auch die Frage bereiten, ob bestimmte Verletzungsfolgen überhaupt einen Vermögenswert besitzen. Diese Frage spielt insbesondere eine Rolle, wenn es um die **Entschädigung für entgangene Gebrauchsvorteile** geht.

> **Beispiel:** A beschädigt schuldhaft das Kfz des B. Die erforderliche Reparatur dauert eine Woche. Während dieser Zeit benutzt B sein Fahrrad. Kann er eine Entschädigung von A dafür verlangen, dass er während der Reparaturzeit kein Auto zur Verfügung hat?
>
> Man ist zunächst geneigt, diese Frage mit der Begründung zu verneinen, dass es sich um einen Nichtvermögensschaden handelt, der hier geltend gemacht wird und dessen Ersatzfähigkeit gesetzlich nicht vorgesehen ist (§ 253 I; → Rn. 1096). Denn es geht doch um einen Ausgleich für die Unbequemlichkeit, die B auf sich nahm. Andererseits ist zu berücksichtigen, dass die bloße Nutzungsmöglichkeit eines Pkw einen Vermögenswert aufweist, wie insbesondere die Autovermietung zeigt. Hinzu kommt, dass es wenig gerecht erscheint, den Verzicht des Geschädigten auf Anmietung eines Ersatzfahrzeuges (deren Kosten grundsätzlich einen ersatzfähigen Schaden darstellen) allein dem Schädiger zugute kommen zu lassen.

1107 Der BGH hat in ständiger Rechtsprechung die **Nutzungsmöglichkeit eines Kfz** als ein vermögenswertes Gut angesehen, dessen Beeinträchtigung zu einem Vermögensschaden führt.[95] Dementsprechend kann B in dem Beispielsfall eine angemessene Entschädigung für den Nutzungsausfall fordern. Die dogmatische Begründung für diese Auffassung ist im Schrifttum sehr umstritten,[96] zumal in anderen Fällen die Kommerzialisierung von Nutzungsmöglichkeiten und eine Entschädigungspflicht auch vom BGH verneint werden.

---

[91] *Armbrüster* JuS 2007, 411 (418); *Fikentscher/Heinemann* SchuldR Rn. 677; *Medicus/Lorenz* SchuldR I Rn. 690.
[92] MüKoBGB/*Oetker* § 249 Rn. 348.
[93] Vgl. *Brox/Walker* SchuldR AT § 29 Rn. 7.
[94] Vgl. hierzu *Medicus* JuS 1979, 233.
[95] Vgl. zB BGHZ 40, 345 = NJW 1964, 542; BGHZ 56, 214 = NJW 1971, 1692; BGHZ 85, 11 = NJW 1982, 2304; BGH NJW 2008, 915 Rn. 6.
[96] Vgl. *Kötz/Wagner* DeliktsR Rn. 678 ff.; *Benecke/Pils* JA 2007, 241; *Armbrüster* JuS 2007, 411 (414 f.).

Beispiele: So ist die Frage, ob auch die **Nutzungsmöglichkeit eines Hauses** einen Vermögenswert besitzt, vom BGH zunächst unterschiedlich beurteilt worden; sie wurde vom Großen Senat (vgl. § 132 GVG[97]) schließlich bejaht.[98] Für unbegründet wurde ein Geldersatzanspruch wegen des Ausfalls der Nutzung eines Motorsportbootes[99] sowie eines privaten Schwimmbades angesehen.[100] Der zeitweise Verlust der Gebrauchsmöglichkeit eines reinen Freizeitzwecken dienenden Wohnmobils begründet nach Auffassung des BGH keinen ersetzbaren Vermögensschaden.[101] Ebenfalls hat es der BGH abgelehnt, dem Käufer eines Pelzmantels im Rahmen eines Schadensersatzanspruchs auch Ersatz für die entgangenen Gebrauchsvorteile zuzusprechen.[102] Seine ablehnende Auffassung hat das Gericht damit begründet, dass nach der Verkehrsauffassung die Benutzbarkeit eines Pelzmantels (anders als die eines Kfz) keinen selbstständigen vom Substanzwert zu trennenden Vermögenswert bilde. In einer neuen Entscheidung[103] wertet der BGH den **Ausfall des Internetzugangs** als ersatzfähigen Vermögensschaden. Dass für nutzlos aufgewendete Urlaubszeit bei einem Reisevertrag (vgl. § 651a) eine angemessene Entschädigung in Geld gefordert werden kann, ist gesetzlich bestimmt (§ 651f II).[104]

1108 Will man versuchen, diese Kasuistik zu ordnen, dann lassen sich in der einschlägigen Rechtsprechung folgende Orientierungspunkte finden: Dem betroffenen Eigentümer wird eine Entschädigung nur zuerkannt, wenn er während der Ausfallzeit die Sache nutzen will und dazu auch in der Lage wäre. Ist dies wegen einer Erkrankung oder Abwesenheit nicht der Fall, so muss ein Nutzungsschaden verneint werden.[105] Der Nutzungsentzug muss für den Betroffenen „fühlbar" sein, weil der Geschädigte die Sache mangels Nutzungsalternativen wirklich braucht. Steht hingegen zB dem Eigentümer eines beschädigten Kfz ein gleichwertiges Fahrzeug zur Verfügung, das er ohne Einschränkung gebrauchen kann, so fehlt es an einem fühlbaren wirtschaftlichen Nachteil.[106] Denn der Ersatz für den Verlust der Möglichkeit zum Gebrauch der Sache muss grundsätzlich Fällen vorbehalten bleiben, in denen die Funktionsstörung sich typischerweise als solche auf die materielle Grundlage der Lebenshaltung signifikant auswirkt, weil andernfalls die Gefahr besteht, die Ersatzpflicht auf Nichtvermögensschäden auszudehnen.[107]

1109 Die Frage, **in welcher Form der Schaden zu ersetzen** ist, wird anhand von §§ 249–251 entschieden.[108] In Betracht kommt entweder die Herstellung des Zustandes, der be-

---

[97] Dazu *Musielak/Voit* GK ZPO Rn. 1000.
[98] BGHZ 98, 212 = NJW 1987, 50. Vgl. aber auch BGH NJW 1992, 1500: Der vorübergehende Entzug der Nutzungsmöglichkeit einer Wohnung stellt nur dann einen Vermögensschaden dar, wenn die Räume für die Lebensführung des Berechtigten eine zentrale Bedeutung aufweisen. Vgl. sodann BGH NJW 2014, 1374 = JuS 2014, 938 (*Schwab*).
[99] BGHZ 89, 60 ff. = NJW 1984, 724.
[100] BGHZ 76, 179 = NJW 1980, 1386.
[101] BGH NJW-RR 2008, 1198.
[102] BGHZ 63, 393 = NJW 1975, 733.
[103] BGH NJW 2013, 1072; vgl. dazu *Zwirlein* JuS 2013, 487; *Jaeger* NJW 2013, 1031. Krit. *Exner* JuS 2015, 680.
[104] Dazu etwa *Staudinger/Röben* JA 2015, 241 (246).
[105] BGH NJW-RR 2008, 1198 Rn. 7.
[106] BGH NJW 2008, 913 Rn. 10.
[107] BGH NJW-RR 2008, 1198 Rn. 7; NJW 2013, 1072 Rn. 9.
[108] Vgl. *Spancken/Schneidenbach* JuS 2012, 298.

IV. Unerlaubte Handlungen

stehen würde, wenn der zum Ersatz verpflichtende Umstand nicht eingetreten wäre (**Naturalrestitution**), oder **Entschädigung in Geld**. In erster Linie wird Naturalrestitution geschuldet (§ 249 I), während für einen Anspruch auf Geldersatz bestimmte im Gesetz genannte Voraussetzungen erfüllt sein müssen.

Beispiele für eine Naturalrestitution sind bei der Beschädigung einer Sache ihre Reparatur durch den Schädiger oder durch einen von ihm Beauftragten, bei Beschädigung oder Verlust einer vertretbaren Sache (§ 91) die Lieferung einer gleichwertigen Sache, bei ehrverletzenden Behauptungen der Widerruf, sofern nicht ein weiterer auszugleichender Schaden besteht.

Soweit Naturalrestitution möglich ist, kann der Gläubiger sie fordern. Eine Ausnahme gilt allerdings, wenn die **Herstellung nur mit unverhältnismäßigen Aufwendungen möglich** ist (§ 251 II). In diesem Fall eines sog. **wirtschaftlichen Totalschadens** kann der Schädiger den Gläubiger in Geld entschädigen. Die Frage, ob die zur Herstellung erforderlichen Aufwendungen unverhältnismäßig sind, beantwortet sich nach dem Wert des beeinträchtigten Rechtsguts, wobei die Kosten diesen Wert durchaus in einem angemessenen Rahmen übersteigen können. Sind die Voraussetzungen des § 251 II erfüllt, steht dem Schädiger eine Ersetzungsbefugnis zu (→ Rn. 224). Besonderheiten gelten gem. § 251 II 2 für die Kosten der Heilbehandlung eines verletzten Tieres.[109]

1110

Geldersatz kann der Geschädigte vom Schädiger verlangen, wenn

1111

- Schadensersatz wegen **Verletzung einer Person** oder wegen **Beschädigung einer Sache** zu leisten ist (§ 249 II),
- die vom Gläubiger dem Ersatzpflichtigen zur Naturalrestitution gesetzte angemessene **Frist**, die mit der Erklärung verbunden war, dass die Naturalrestitution nach Ablauf dieser Frist abgelehnt werde, ergebnislos **verstrichen** ist (§ 250),
- die **Naturalrestitution nicht möglich** ist oder zur Entschädigung des Gläubigers **nicht genügt** (§ 251 I). Aus dem Wort „soweit" in § 251 I ergibt sich, dass in Fällen, in denen die Naturalrestitution teilweise möglich ist, diese geschuldet wird und nur im Übrigen Ersatz in Geld zu leisten ist.

Beispiel: E gibt seinen Pkw zur Wartung in die Werkstatt des W. Dessen Geselle, der den Wagen in die Werkstatthalle fahren will, stößt infolge Unachtsamkeit mit einem anderen Fahrzeug zusammen. W kann in diesem Fall Naturalrestitution – also Reparatur des Fahrzeuges – leisten (vgl. aber § 249 II). Allerdings ergibt sich dadurch eine zusätzliche Werteinbuße des E, dass das Fahrzeug trotz ordnungsgemäßer Reparatur als Unfallwagen weniger wert ist als ein entsprechendes unfallfreies Fahrzeug und deshalb bei einem Verkauf ein geringerer Erlös erzielt werden kann. Hinsichtlich dieses sog. **merkantilen Minderwertes**[110] scheidet eine Naturalrestitution aus und es kommt stattdessen nur eine Entschädigung in Geld in Betracht.

- der Geschädigte, der bei **Verlust einer vertretbaren Sache** Naturalrestitution beanspruchen kann, selbst eine Ersatzbeschaffung vornimmt.[111]

---

[109] Dazu BGH NJW 2016, 1589 = JuS 2016, 650 (*Mäsch*).
[110] Vgl. dazu *Vuia* NJW 2012, 3057.
[111] BGH NJW 2008, 2430 = JuS 2008, 1028 (*Faust*).

> **Beispiel:** A verkauft unberechtigt dem B gehörende Aktien. Wenn B daraufhin gleiche Aktien zum Marktpreis erwirbt, kann er den dafür von ihm gezahlten Preis als Schadensersatz von A fordern.

1112 Wird Geld als Schadensersatz geschuldet, muss der zu zahlende Betrag so bemessen sein, dass dadurch der entstandene Schaden in vollem Umfang ausgeglichen wird. Stets kann der Geschädigte Ersatz des sog. **gemeinen Wertes**, dh des Wertes verlangen, den der Gegenstand objektiv, also für jedermann, hat. Zu berücksichtigen ist aber auch der **subjektive Wert**, also der Wert, den der Gegenstand nur für den Geschädigten besitzt, wenn er den gemeinen Wert übersteigt. In diesem Fall kann der Geschädigte verlangen, dass der Schadensberechnung der subjektive Wert (nicht zu verwechseln mit dem bloßen **Gefühls- oder Liebhaberwert**, Affektionswert oder Affektionsinteresse) zugrunde gelegt wird, weil nach §§ 249 ff. der Geschädigte stets so zu stellen ist, wie er stünde, wenn das Schadensereignis nicht eingetreten wäre.

> **Beispiel:** Durch Unachtsamkeit des S entsteht ein Brand in dem Haus des E, bei dem ein seit vielen Jahren unbeachtet auf dem Dachboden stehendes Gemälde, eine seit mehreren Generationen in der Familie befindliche, hochgeschätzte Bibel und ein Teil einer kompletten Sammlung von Inflationsgeld vernichtet werden. Bei dem für das verbrannte Gemälde zu leistenden Schadensersatz ist der gemeine Wert des Bildes maßgebend. Es kommt nicht darauf an, dass E das Gemälde gering achtete und es für ihn persönlich ohne Wert war. Andererseits bleibt der reine Gefühlswert, den die Familienbibel für E hatte, bei der Schadensberechnung außer Ansatz. Diesem „Affektionsinteresse" kommt kein Vermögenswert zu, sodass eine Entschädigung insoweit nicht gefordert werden kann (§ 253 I). S ist also nur verpflichtet, den gemeinen Wert der Bibel zu ersetzen. Bei der Berechnung des Schadens, der durch die Vernichtung des Inflationsgeldes entstanden ist, muss dagegen beachtet werden, dass es sich hierbei um Teile einer Sammlung gehandelt hat. Auszugleichen ist also nicht allein der gemeine Wert der vernichteten Banknoten, sondern auch der Minderwert, der sich für die gesamte Sammlung dadurch ergibt, dass sie in einem erheblichen Umfang unvollständig geworden ist; denn nur dann wird der entstandene Schaden, dh der Schaden des Ersatzberechtigten, voll ausgeglichen. Insoweit wirken sich also individuelle Besonderheiten bei der Schadensberechnung aus.

1113 Der zu ersetzende Schaden umfasst auch den **entgangenen Gewinn** (§ 252 S. 1). Gemeint sind damit Vermögensvorteile, die der Geschädigte gehabt hätte, wenn das Schadensereignis nicht eingetreten wäre.

> **Beispiele** für einen entgangenen Gewinn: der höhere Preis, der bei Verkauf von Waren zu erzielen ist; die Einkünfte, die der Geschädigte gehabt hätte, wenn er seinem Gewerbe hätte nachgehen können.

1114 Da der Richter bei der Feststellung, ob und welcher Gewinn dem Geschädigten entgangen ist, eine noch in der Zukunft liegende und deshalb unsichere Entwicklung bewerten muss, können sich insoweit für den Geschädigten Beweisschwierigkeiten ergeben. § 252 S. 2 mindert deshalb die Beweisanforderungen und lässt es genügen, dass ein Gewinn „mit Wahrscheinlichkeit erwartet werden konnte".

1115 Eine Besonderheit ergibt sich, wenn der **Schaden durch eine arglistige Täuschung** herbeigeführt wurde. Dann führt die Anwendung der Differenzhypothese dazu, dass der Geschädigte verlangen kann, so gestellt zu werden, wie er stünde, wenn die Täu-

IV. Unerlaubte Handlungen

schung unterblieben wäre. Kann der Getäuschte nachweisen, dass er ohne die für den Abschluss des Vertrages ursächliche Täuschungshandlung einen anderen günstigeren Vertrag eingegangen wäre, so berechnet sich sein Schaden nach der Vermögenslage, die für ihn bei Abschluss dieses günstigeren Vertrages entstanden wäre. Im Ergebnis kann er also den Ersatz des Erfüllungsinteresses (→ Rn. 413) fordern, was sonst bei deliktischen Ansprüche nicht in Betracht kommt.[112]

Es entspricht dem Grundsatz von Treu und Glauben, eine **Mitwirkung des Geschädigten an der Verursachung des Schadens** zu berücksichtigen. § 254 I schreibt daher vor, eine Schadensersatzpflicht vom Verschulden des Geschädigten abhängig zu machen. Je nach dem Maß der Mitverursachung und dem Grad des mitwirkenden Verschuldens kann entweder die Schadensersatzpflicht völlig entfallen oder der zu ersetzende Schaden in seinem Umfang gemindert werden. **1116**

§ 254 bezieht sich sowohl auf die **haftungsbegründende Kausalität** (Abs. 1) als auch auf die **haftungsausfüllende Kausalität** (Abs. 2 S. 1). Gemeint ist jeweils ein Verschulden des Geschädigten „gegen sich selbst" im Sinne einer Obliegenheitsverletzung (→ Rn. 629). Hat der Geschädigte die im Verkehr erforderliche Sorgfalt außer Acht gelassen und dadurch den entstandenen Schaden vergrößert oder dessen Entstehung überhaupt erst möglich gemacht, so verletzt er dadurch keine Rechtspflicht, die ihm gegenüber anderen obliegt, sondern handelt eigenen Interessen zuwider, weil dies nach § 254 zu seinem Nachteil bei der Schadensersatzpflicht berücksichtigt wird. **1117**

> **Beispiel:** Diskutiert wird, inwieweit der Schadensersatzanspruch eines Radfahrers, der im Straßenverkehr bei einem Verkehrsunfall Kopfverletzungen erlitten hat, die durch das Tragen eines Schutzhelms zwar nicht verhindert, wohl aber hätten gemildert werden können, zu mindern ist. Diese Frage hat der BGH jedenfalls für Unfallereignisse bis zum Jahr 2011 grundsätzlich verneint.[113]

Der Geschädigte muss sich nach § 254 II 2 auch ein **Verschulden gesetzlicher Vertreter oder von Erfüllungsgehilfen** zurechnen lassen, wobei die in dieser Vorschrift ausgesprochene Verweisung auf § 278 nicht nur – worauf die systematische Stellung hindeuten könnte – auf die in Abs. 2 getroffene Regelung, sondern auch auf die in Abs. 1 enthaltene Bestimmung zu beziehen ist. Abs. 2 S. 2 ist also so zu verstehen, als stünde diese Regelung in einem selbstständigen Abs. 3. Streitig ist, ob § 254 II 2 als **Rechtsgrund- oder als Rechtsfolgenverweisung** (zu diesen Begriffen → Rn. 693) aufzufassen ist. Handelte es sich bei dieser Bestimmung um eine Rechtsgrundverweisung, so müssten die Voraussetzungen erfüllt sein, von denen § 278 die Zurechnung des Verhaltens von Dritten abhängig macht. Da § 278 nur im Rahmen einer schuldrechtlichen oder schuldrechtsähnlichen Beziehung Anwendung findet, müsste sich der Geschädigte das Mitverschulden eines Dritten nur innerhalb eines zwischen ihm und dem Schädiger schon bestehenden Schuldverhältnisses zurechnen lassen. Anders wäre hingegen zu entscheiden, wenn Abs. 2 S. 2 eine Rechtsfolgenverweisung darstellte, sodass sich der Geschädigte auch dann das Verschulden eines Dritten zurechnen lassen müsste, wenn im Zeitpunkt der Schadensentstehung kein solches Schuldverhältnis existiert hat. **1118**

---

[112] BGH NJW 2011, 1962 Rn. 8 ff.; 2012, 601 Rn. 9 f.
[113] BGH NJW 2014, 2493 mAnm *Kettler* = JuS 2015, 455 (*Mäsch*).

Beispiel: Eine Mutter begibt sich mit ihrem dreijährigen Sohn S zum Einkaufen. Vor einem Geschäft trifft sie eine Bekannte und beginnt ein Gespräch, über das sie S aus den Augen verliert. S, der sich zunächst in der Nähe seiner Mutter aufgehalten hat, sieht plötzlich auf der anderen Straßenseite einen Hund und rennt, ohne auf den Verkehr zu achten, auf die Fahrbahn. Dort wird er von Radfahrer R erfasst. S müsste sich nach § 254 II 2 iVm § 278 die Sorglosigkeit seiner Mutter anrechnen lassen, wenn es hierfür nicht auf das Bestehen eines Schuldverhältnisses zu R im Zeitpunkt des Unfalls ankäme. Insbesondere die Rechtsprechung verlangt indes eine entsprechende Sonderverbindung, sieht also in § 254 II 2 eine Rechtsgrundverweisung,[114] was im Beispielsfall den deliktsrechtlichen Schutz des S (zulasten des R) erhöht.

1119 In Fällen der **Gefährdungshaftung** (→ Rn. 1075) ist die Vorschrift des § 254 auch ohne Verschulden des Geschädigten anzuwenden.

Beispiel: S überholt mit seinem Fahrrad eine sich im Stau im Schritttempo vorwärts bewegende Pkw-Kolonne und beschädigt dabei durch Unachtsamkeit das Kfz des E. Dieser muss sich hier nach § 254 auf seinen Schadensersatzanspruch nach § 823 I gegen S die sog. Betriebsgefahr seines Pkw anrechnen lassen, denn nach § 7 I StVG hat er für diese Betriebsgefahr einzustehen. Nur soweit der Unfall auf höhere Gewalt (→ Rn. 507) zurückzuführen ist, hat die Anrechnung der Betriebsgefahr nach § 7 II StVG zu unterbleiben.[115]

1120 Bei Anwendung von § 254 ist folgendes **Prüfungsschema** hilfreich:

> - Hat der Geschädigte die im Verkehr erforderliche Sorgfalt beachtet (Sorgfaltsverstoß) oder muss er sich (verschuldensunabhängig) eine Betriebsgefahr zurechnen lassen?
> - Ist der Geschädigte zurechnungsfähig (§§ 827, 828 in entsprechender Anwendung)? Sofern nicht für eine Betriebsgefahr einzustehen ist und es also auf ein Verschulden ankommt, muss auch eine Verschuldensfähigkeit des Geschädigten bejaht werden können.
> - Hat der Sorgfaltsverstoß oder die Betriebsgefahr adäquat kausal den Schaden (mit)verursacht?
> - Welcher Anteil an der Schadensverursachung ist dem Geschädigten zuzurechnen?
> - Wie groß ist das Verschulden des Geschädigten insbesondere im Vergleich zur Schuld des Schädigers?

1121 Die Antworten auf die beiden letzten Fragen bestimmen den Umfang des dem Geschädigten zustehenden Ersatzanspruchs, wobei in erster Linie das Maß seiner Mitverursachung entscheidet.

---

[114] Vgl. BGHZ 103, 338 (342 f.) = NJW 1988, 2667; MüKoBGB/*Oetker* § 254 Rn. 127 ff.; *Jacoby/v. Hinden* § 254 Rn. 5 f.
[115] Vgl. *Brox/Walker* SchuldR AT § 31 Rn. 42; *Brox/Walker* SchuldR BT § 54 Rn. 11.

d) Rechtswidrigkeit

Ein Verhalten, das den objektiven Tatbestand des § 823 I verwirklicht, löst nur dann eine Verpflichtung zum Schadensersatz aus, wenn es rechtswidrig ist. Dies wird in § 823 I ausdrücklich durch das Wort „widerrechtlich" hervorgehoben. „**Rechtswidrig**" (oder „**widerrechtlich**") **ist das, was dem Recht zuwiderläuft, also verboten ist.** Das Verbot kann sich aus dem Gesetz oder aus einem Rechtsgeschäft ergeben. Rechtswidrig verhält sich also auch, wer einer vertraglich übernommenen Pflicht zuwiderhandelt.[116]

1122

Im Rahmen des Deliktsrechts kann man sich auf den Standpunkt stellen, dass der Gesetzgeber bereits durch Beschreibung der unerlaubten Handlung in den einzelnen Tatbeständen der §§ 823 ff. geklärt hat, welche Handlungen grundsätzlich verboten sind, sodass die Rechtswidrigkeit eines Verhaltens (zumindest bei einer positiven Handlung) ohne Weiteres feststeht, wenn der Tatbestand einer Deliktsnorm verwirklicht wird. Bei dieser Betrachtungsweise ist also allein aufgrund der bloßen Verletzung einer geschützten Rechtsposition das Urteil über die Rechtswidrigkeit eines Verhaltens zu fällen. Weil es danach nur auf den „Erfolg" des Verhaltens (im Sinne der Herbeiführung der Verletzung) ankommt, wird die Meinung, die auf diese Weise die Rechtswidrigkeit bestimmen will, die **Lehre vom Erfolgsunrecht** genannt;[117] sie lässt sich in der Kurzformel zusammenfassen: **Die Tatbestandsmäßigkeit (im Sinne einer Deliktsnorm) indiziert die Rechtswidrigkeit.**

1123

Das Indiz wird widerlegt, wenn sich der Schädiger ausnahmsweise auf einen **Rechtfertigungsgrund** berufen kann, der die Verletzung fremder Rechte oder Rechtsgüter erlaubt. Einen Rechtfertigungsgrund bilden u.a. die Notwehr (§ 227), der Verteidigungsnotstand (§ 228), das Selbsthilferecht (§ 229), der Angriffsnotstand (§ 904), der früher sog. übergesetzliche Notstand, der jetzt in § 34 StGB (rechtfertigender Notstand) geregelt ist, die berechtigte GoA (→ Rn. 984) und die Einwilligung des Verletzten.

1124

Auf diese Rechtfertigungsgründe ist hier nicht näher einzugehen.[118] Es soll lediglich darauf hingewiesen werden, dass die Einwilligung kein Rechtsgeschäft darstellt und dass deshalb auch ein Minderjähriger wirksam einwilligen kann, wenn er nach seiner geistigen und sittlichen Reife die Bedeutung des Eingriffs und seiner Gestattung zu ermessen vermag.[119]

1125

Der Lehre vom Erfolgsunrecht steht die **Lehre vom Handlungsunrecht**[120] gegenüber. Beide Auffassungen stimmen zunächst in der Bewertung eines vorsätzlichen Verhaltens überein: Wer mit Wissen und Wollen (→ Rn. 466) in eine Rechtsposition

1126

---

[116] *Hübner* BGB AT Rn. 458; Jauernig/*Stadler* § 276 Rn. 13; HK-BGB/*Schulze* § 276 Rn. 4. AA PWW/*Schmidt-Kessel* § 276 Rn. 4.
[117] BGHZ 24, 21 (27 f.) = NJW 1957, 785; BGHZ 39, 103 (108) = NJW 1963, 953; BGHZ 74, 9 (14) = NJW 1979, 1351; BGHZ 118, 201 (206 f.) = NJW 1992, 2014; BGH NJW 1996, 3205 (3207); Palandt/*Sprau* § 823 Rn. 24; Jauernig/*Teichmann* § 823 Rn. 48.
[118] Vgl. dazu *Wandt* Gesetzl. Schuldverhältnisse § 16 Rn. 164 ff.; Wolf/Neuner BGB AT § 21 Rn. 41 ff.; MüKoBGB/*Wagner* § 823 Rn. 74 ff.; Duchstein JuS 2015, 105.
[119] BGHZ 29, 33 (36 ff.) = NJW 1959, 811; Medicus/Lorenz SchuldR II Rn. 1258.
[120] Esser/Weyers SchuldR II/2 § 55 II 3 (S. 170 f.); Soergel/*Zeuner* § 823 Rn. 4. Zu diesem Meinungsstreit vgl. *Spickhoff* JuS 2016, 865 (867 ff.).

eines anderen eingreift, die in §§ 823 ff. ausdrücklich genannt wird, handelt rechtswidrig, wenn er sich nicht ausnahmsweise auf einen Rechtfertigungsgrund berufen kann. Hingegen lehnt es die Lehre vom Handlungsunrecht bei **nichtvorsätzlichem Verhalten** ab, ohne Weiteres aufgrund des Verletzungserfolges über die Rechtswidrigkeit eines Verhaltens zu entscheiden. Vielmehr soll es dann für das Rechtswidrigkeitsurteil darauf ankommen, ob der Handelnde gegen die ihm obliegende Sorgfaltspflicht verstoßen, also spezielle Verhaltensregeln oder die im Verkehr gebotene Sorgfalt (§ 276 II) missachtet hat. Die Rechtswidrigkeit wird demgemäß nicht erfolgs-, sondern handlungsbezogen gedacht.

1127 Nach der Lehre vom Handlungsunrecht deckt sich also der in § 276 II genannte (objektive) Fahrlässigkeitsmaßstab mit dem Rechtswidrigkeitsbegriff. Für die Frage nach der Schuld bleibt dann nur, die individuelle Vorwerfbarkeit eines Verhaltens zu prüfen (→ Rn. 467); denn über die objektive Fahrlässigkeit ist bereits im Rahmen der zuvor anzustellenden Untersuchung der Rechtswidrigkeit zu befinden. Es liegt auf der Hand, dass auf diese Weise die Unterscheidung zwischen Rechtswidrigkeit und Schuld zumindest teilweise aufgehoben wird. Diese Konsequenz bildet den Hauptangriffspunkt gegen die Lehre vom Handlungsunrecht.

1128 Die von der (herrschenden) Lehre vom Erfolgsunrecht vorgenommene Bestimmung der Rechtswidrigkeit lässt sich allerdings nur dann uneingeschränkt durchführen, wenn der objektive Tatbestand, dessen Verwirklichung die Rechtswidrigkeit indizieren soll, genau genug konkretisiert ist. Soweit dies nicht der Fall ist, spricht man von sog. **offenen Verletzungstatbeständen,** wie zB bei einem Eingriff in den eingerichteten und ausgeübten Gewerbebetrieb und bei Verletzung des allgemeinen Persönlichkeitsrechts, bei denen eine Abwägung einander gegenüberstehender Interessen geboten ist (→ Rn. 1089 ff.). In diesen Fällen lässt sich ein Rechtswidrigkeitsurteil erst nach Abwägung dieser Interessen und nach Entscheidung der Frage fällen, ob der Inanspruchgenommene hätte anders handeln müssen.[121] Dies läuft darauf hinaus, eine entsprechende Verhaltenspflicht festzustellen. Insoweit besteht also kein Unterschied zur Lehre vom Handlungsunrecht.

1129 Die Lehre vom Erfolgsunrecht muss sich auch mit der Frage auseinandersetzen, wie sich ein Rechtswidrigkeitsurteil bilden lässt, wenn ein Verletzungserfolg durch Unterlassen herbeigeführt wird. Hierbei ist zu berücksichtigen, dass auf der Grundlage des Deliktsrechts der Vorwurf, der Inanspruchgenommene habe die Abwendung des eingetretenen Verletzungserfolges unterlassen, nur dann erhoben werden kann, wenn er verpflichtet gewesen ist, tätig zu werden und den Verletzungserfolg abzuwenden.[122] Er muss also einer Gefahrabwendungspflicht zuwiderhandeln.[123] Diese bezeichnet man üblicherweise als **Verkehrs(sicherungs)pflicht,** deren Inhalt verallgemeinernd als Gebot beschrieben werden kann, sich so zu verhalten, dass nicht Rechte anderer vermeidbar gefährdet werden.[124]

---

[121] BGH NJW-RR 2006, 832 (833); *Medicus/Lorenz* SchuldR II Rn. 1308; *Brox/Walker* SchuldR BT § 45 Rn. 52 ff.
[122] Abgelehnt von BGH NJW 2013, 48 = JuS 2013, 258 für einen Waldbesitzer, der nicht für Schäden haftet, die einem Spaziergänger durch einen herabfallenden Ast entstehen.
[123] *Raab* JuS 2002, 1041 (1046); Palandt/*Sprau* § 823 Rn. 26.
[124] *Raab* JuS 2002, 1041 (1043 f.).

IV. Unerlaubte Handlungen

Beispiele:

(1) S1, der sein Geld mit einer Schiffschaukel verdient, verwendet nicht die vorgeschriebene Sicherheitsschraube, sondern eine schwächere. Diese hält der Belastung nicht stand und bricht nach mehrstündiger Benutzung der Schaukel. Deshalb kommt es zu einem Unfall, bei dem G1 verletzt wird.

(2) S2 lädt scharfkantige Blechabfälle auf seinem eingezäunten Lagerplatz ab und vergisst, die Tür des Platzes zu schließen. Deshalb können Kinder den Platz betreten und dort spielen. Eines der Kinder wird durch die Blechabfälle erheblich verletzt.[125]

Prüft man in beiden Fällen, ob der Verantwortliche den Tatbestand des § 823 I durch ein Unterlassen verwirklicht hat, so kommt es darauf an, eine entsprechende Verkehrspflicht festzustellen, der zuwider gehandelt worden ist. Nur so lässt sich ein deliktisch relevantes Verhalten bejahen. Dass S1 und S2 zur Gefahrenabwendung verpflichtet sind, ist schon deshalb nicht zweifelhaft, weil sie durch ihre Unternehmen eine von ihnen beherrschbare Gefahrenquelle eröffneten. Sie waren deshalb gehalten, das ihnen Zumutbare zu tun, um Schäden anderer durch die von ihnen verursachte Gefahr zu vermeiden. Dass nicht das bloße Unterlassen als solches für ein deliktisches Verhalten spricht, lässt sich an der einfachen Überlegung zeigen, dass ein Passant, der im Lagerplatzfall durchaus in der Lage gewesen wäre, die Tür zu schließen (vorausgesetzt, dass die Tür zum Lagerplatz mit einem Schnappschloss versehen wäre, das beim bloßen Zuziehen einrastete), sich nicht dem Vorwurf einer unerlaubten Handlung aussetzt, wenn er dies unterlässt, obwohl er die Gefahr für die spielenden Kinder erkannt hat. Rechtlich relevantes Unterlassen kann also nur in einem pflichtwidrigen Nichtstun bestehen.[126]

Streitig ist, wie sich die **Verkehrspflichten in den Aufbau des § 823 I einordnen** lassen. Die Prüfung kann entweder bereits in den objektiven Tatbestand aufgenommen werden oder erst im Rahmen der Entscheidung über die Rechtswidrigkeit eines Verhaltens erfolgen (vgl. *Musielak/Hau* EK BGB Rn. 368 ff.). Entscheidet man sich mit der hM dafür, schon die Verwirklichung des objektiven Tatbestandes von der Verletzung einer Verkehrspflicht abhängig zu machen, so steht das Rechtswidrigkeitsurteil (wie bei Verletzungshandlungen durch positives Tun) mit der Feststellung der Tatbestandsmäßigkeit eines Unterlassens fest.

1130

Allerdings ist der in beiden Beispielsfällen gewählte Ausgangspunkt, dass die Verwirklichung des Tatbestandes in Form des Unterlassens geschehen ist, keinesfalls so zweifelsfrei, wie dies zunächst den Anschein haben könnte. Bezieht man den Vorwurf im Schiffschaukelfall auf die Verwendung einer nicht geeigneten Schraube und im Lagerplatzfall auf das Abladen gefährlicher Bleche, so handelt es sich jeweils nicht um ein Unterlassen, sondern um aktives Handeln. Beide Fälle zeigen also, dass es letztlich von der Betrachtungsweise abhängt, ob ein **Unterlassen oder Tun** angenommen wird. Es erscheint aber nicht akzeptabel, an eine solche austauschbare Alternative rechtliche Konsequenzen knüpfen zu wollen. Die Besonderheit beider Fälle besteht vielmehr darin, dass es sich bei ihnen um mittelbare Verletzungen handelt, bei denen der Verletzungserfolg nicht unmittelbar durch eine Handlung des Verantwortlichen herbeigeführt wird, sondern dass weitere Umstände hinzutreten müs-

1131

---

[125] Beispiel von *Medicus/Petersen* BürgerlR Rn. 644.
[126] *Wandt* Gesetzl. Schuldverhältnisse § 16 Rn. 109 f.

sen, durch die eine zunächst nur latente Gefahr verwirklicht wird und die Verletzung bewirkt.

1132 Von einer **unmittelbaren Verletzung** spricht man, wenn die Verletzung eines in § 823 I genannten Rechtsguts oder Rechts durch einen „unmittelbaren" (direkten) Eingriff geschieht, dh, der Verletzungserfolg derart im Rahmen eines Handlungsablaufs eintritt, dass die Zurechnung zu der handelnden Person eindeutig ist (Beispiel: A fährt mit seinem Kfz auf den Pkw des B auf und beschädigt ihn). Dagegen wird bei mittelbaren Verletzungen der Verletzungserfolg erst durch das Dazwischentreten weiterer Ursachen herbeigeführt (Beispiel: A parkt sein Kfz unbeleuchtet am Straßenrand; auf das Fahrzeug fährt B mit seinem Pkw in der Dunkelheit auf und wird erheblich verletzt).

1133 Auch bei **mittelbaren Verletzungen** lässt sich nicht einfach aus dem Verletzungserfolg auf die Tatbestandsmäßigkeit eines Verhaltens schließen, sondern es muss – wie bei Unterlassungen – darauf abgestellt werden, ob der Verantwortliche verpflichtet gewesen ist, sich anders zu verhalten.[127] Die Gleichstellung von mittelbaren Verletzungshandlungen und Unterlassungen führt zu angemessenen Ergebnissen, weil dadurch vermieden wird, allein aufgrund austauschbarer Betrachtungsweisen zu unterschiedlichen Bewertungen zu gelangen. In beiden Beispielsfällen lässt sich die Tatbestandsmäßigkeit nur bejahen, wenn festgestellt wird, dass eine Verkehrspflicht verletzt worden ist. Denn allein im Aufstellen einer Schiffschaukel oder im Abladen von Blechen kann kein deliktisches Verhalten gefunden werden, auch wenn aufgrund weiterer hinzutretender Umstände ein Mensch verletzt wird.

1134 **Zusammenfassend** ist festzuhalten, dass Einvernehmen insoweit besteht, als es sich um einen vorsätzlichen Eingriff in eine durch §§ 823 ff. geschützte Rechtsposition handelt. Alle Auffassungen stimmen darin überein, dass ein solcher Eingriff als rechtswidrig zu qualifizieren ist. Meinungsverschiedenheiten bestehen nur hinsichtlich der Rechtswidrigkeit nichtvorsätzlichen Verhaltens. Insoweit ist im Grundsatz an der Lehre vom Erfolgsunrecht festzuhalten, jedoch müssen Modifizierungen vorgenommen werden, um angemessene Ergebnisse zu erzielen. Im Einzelnen bedeutet dies:

- Bei der unmittelbaren Verletzung der „klassischen", dh der ausdrücklich in § 823 I genannten Rechtsgüter und des Eigentums durch ein positives Tun ist ohne weitere Prüfung von der Rechtswidrigkeit auszugehen, sofern nicht ausnahmsweise ein Rechtfertigungsgrund eingreift.
- Das Gleiche gilt bei Unterlassungen und mittelbaren Verletzungshandlungen, wenn man bei ihnen die Tatbestandsmäßigkeit eines Verhaltens von der Verletzung einer Verkehrspflicht abhängig macht.
- Bei offenen Verletzungstatbeständen (zB bei Eingriffen in den eingerichteten und ausgeübten Gewerbebetrieb und bei Verletzung des allgemeinen Persönlichkeitsrechts) hängt das Rechtswidrigkeitsurteil davon ab, dass der Inanspruchgenommene einer ihm obliegenden Verhaltenspflicht zuwider gehandelt hat.

1135 Trotz der dargestellten Unterschiede bei der Beurteilung der Rechtswidrigkeit, darf nicht übersehen werden, dass in der Beurteilung der Rechtsfolgen weitgehend Einvernehmen besteht. Verneint oder bejaht die Lehre vom Handlungsunrecht den

---

[127] *Raab* JuS 2002, 1041 (1046); *Larenz/Canaris* SchuldR II 2 § 75 II 3b, 365; *Brox/Walker* SchuldR BT § 45 Rn. 51; Bamberger/Roth/*Spindler* § 823 Rn. 10.

IV. Unerlaubte Handlungen

Verstoß gegen das allgemeine Sorgfaltsgebot bereits im Rahmen der Rechtswidrigkeitsuntersuchung, dann gelangt die Lehre vom Erfolgsunrecht, wenn sie die Rechtswidrigkeit annimmt, zum gleichen Ergebnis bei Erörterung des Verschuldens. Es stellt sich deshalb die Frage, ob der theoretische Aufwand für diesen Meinungsstreit überhaupt lohnt.

e) Verschulden und Billigkeitshaftung

Die Verpflichtung zum Schadensersatz ist im Deliktsrecht wie auch bei Leistungsstörungen grundsätzlich davon abhängig, dass ein Verschuldensfähiger schuldhaft gehandelt hat (→ Rn. 1075) und dass Entschuldigungsgründe nicht eingreifen. Verschuldensfähig (deliktsfähig) ist jeder, dessen Verantwortlichkeit nicht nach §§ 827, 828 ausgeschlossen ist. Verschulden bedeutet regelmäßig Vorsatz und Fahrlässigkeit (zu diesen Begriffen → Rn. 464 ff.). Ein Entschuldigungsgrund ist zB ein nicht auf Fahrlässigkeit beruhender Irrtum über ein Verbot. Weitere Entschuldigungsgründe lassen sich dem Strafrecht entnehmen.[128]

1136

Während ein Kind, das das 7. Lebensjahr noch nicht vollendet hat, verschuldensunfähig ist (§ 828 I), hängt die **Verschuldensfähigkeit von Kindern und Jugendlichen** zwischen dem 7. und dem 18. Lebensjahr nach § 828 III grundsätzlich davon ab, ob sie bei Begehung der schädigenden Handlung die zur Erkenntnis der Verantwortlichkeit erforderliche Einsicht besitzen. Es kommt auf die intellektuelle Fähigkeit an, das Gefährliche eines Verhaltens zu erkennen und sich der Verantwortung für die Folgen dieses Verhaltens bewusst zu sein, dagegen nicht auf die individuelle Fähigkeit, dieser Einsicht gemäß zu handeln.[129] Die Schwelle der individuell für den Handelnden festzustellenden Einsichtsfähigkeit wird recht niedrig angesetzt. Es genügt das allgemeine Verständnis dafür, dass das Verhalten in irgendeiner Weise Verantwortung begründen kann.[130] Eine Einschränkung dieser Haftungsregelung wird durch § 828 II für Kinder vorgenommen, die das 7., aber noch nicht das 10. Lebensjahr vollendet haben. Sie sind für fahrlässig verursachte Schäden nicht verantwortlich, die bei einem Unfall mit einem Kfz, einer Schienen- oder Schwebebahn einem anderen zugefügt werden.[131]

1137

Die einem Minderjährigen nach § 828 III auferlegte Haftung kann dazu führen, dass seine wirtschaftliche Existenz in der Zukunft erheblich bedroht, wenn nicht sogar vernichtet wird. Vor diesem Hintergrund hat das BVerfG wichtige Hinweise für eine verfassungskonforme Auslegung der Norm gegeben.[132] Danach erscheint es geboten, eine Beschränkung der Haftung nach § 828 III aus Billigkeitsgründen gem. § 242 zu erwägen, um unbillige Härten zu vermeiden.[133] Allerdings kommt eine solche Einschränkung erst in Betracht, wenn nicht auf anderem Wege eine für den Minderjährigen zumutbare Lösung gefunden werden kann. Zu denken ist an eine Übernahme

1138

---

[128] Vgl. dazu MüKoBGB/*Grundmann* § 276 Rn. 167 ff.
[129] BGH NJW 1984, 1958.
[130] OLG Köln NJW-RR 1993, 1499; Jauernig/*Teichmann* § 828 Rn. 3.
[131] Zur Reichweite dieser Haftungsprivilegierung vgl. BGH NJW 2005, 354; 2005, 356; *Emmerich* JuS 2005, 374.
[132] BVerfG NJW 1998, 3557; vgl. dazu auch *Moritz* JA 1999, 355.
[133] Abl. MüKoBGB/*Wagner* § 828 Rn. 16 ff.

der Haftung durch einen öffentlich-rechtlichen Träger und an die Möglichkeiten, die nach der Insolvenzordnung das Verbraucherinsolvenzverfahren bietet (§§ 286 ff. InsO, was aber bei vorsätzlichen Delikten des Minderjährigen wegen § 302 Nr. 1 InsO ausgeschlossen ist).

1139 Auch wer nach §§ 827, 828 für einen von ihm verursachten Schaden nicht verantwortlich ist, kann gleichwohl **nach § 829 schadensersatzpflichtig** sein. Diese Schadensersatzpflicht ist von folgenden **Voraussetzungen** abhängig:

- Der Ersatzpflichtige muss den objektiven Tatbestand einer unerlaubten Handlung verwirklicht und dabei rechtswidrig gehandelt haben. Soweit nicht der Schaden gerade durch den die Unzurechnungsfähigkeit herbeiführenden Zustand des Schädigers verursacht wird (Beispiel: plötzlicher Ohnmachtsanfall und dadurch Verursachung eines Schadens; → Rn. 1080), ist zu verlangen, dass der Ersatzpflichtige in subjektiver Hinsicht so gehandelt hat, dass beim Zurechnungsfähigen Vorsatz oder Fahrlässigkeit (je nach der im konkreten Tatbestand geforderten Verschuldensform) zu bejahen wäre.

- Da der objektive Tatbestand der deliktischen Haftungsnormen stets eine Handlung des Ersatzpflichtigen voraussetzt, aber derjenige, der im Zustand fehlender Bewusstseinskontrolle und Willenslenkung einen Schaden verursacht, nicht handelt (→ Rn. 1080), scheint § 829 in solchen Fällen nicht anwendbar zu sein. Der BGH will dennoch diese Vorschrift auch dann heranziehen, wenn jede willensmäßige Steuerung des körperlichen Verhaltens ausgeschlossen ist, und hat dementsprechend einen Autofahrer, der am Steuer seines Wagens einen Gehirnschlag erlitt und im Zustand tiefer Bewusstlosigkeit einen Unfall verursachte, aufgrund des § 829 für ersatzpflichtig erklärt.[134] Dieser Entscheidung ist im Ergebnis zuzustimmen, jedoch ist bei derartigen Sachverhalten zu unterscheiden: Ist die Verletzungs-„Handlung" auf eine bewusste und gewollte Aktivität zurückzuführen, wie in dem vom BGH entschiedenen Fall die Inbetriebnahme eines Kfz, so ist nach Sinn und Zweck des § 829 eine Haftung zu bejahen; denn hierbei wird der Verletzungserfolg gleichsam in Fortführung dieser Aktivität verursacht. Anders ist dagegen zu entscheiden, wenn der Verletzungserfolg unabhängig von einer willentlich begonnenen Aktivität eintritt (Beispiel: der nach einem Verkehrsunfall in Narkose befindliche Patient schlägt um sich und verletzt den behandelnden Arzt). Bei Sachverhalten der zweiten Fallgruppe ist die Anwendung des § 829 abzulehnen.[135]

- Ein Schadensersatz darf nicht von einem aufsichtspflichtigen Dritten (vgl. § 832) zu erlangen sein. Dabei ist es unerheblich, ob die Realisierung eines Schadensersatzanspruchs gegen den Aufsichtspflichtigen aus rechtlichen oder tatsächlichen Gründen (zB wegen Vermögenslosigkeit) scheitert.

- Die Billigkeit muss nach den Umständen, insbesondere nach den Vermögens- und sonstigen Lebensverhältnissen der Beteiligten, aber auch nach Art und Weise der Verletzung, eine Schadloshaltung fordern, und dem Ersatzpflichtigen dürfen durch die von ihm zu leistende Entschädigung nicht die Mittel entzogen werden, die er zum angemessenen Unterhalt und zur Erfüllung seiner gesetzlichen Unterhaltspflichten benötigt.

---

[134] BGHZ 23, 90 = NJW 1957, 674; vgl. auch BGHZ 98, 135 (137 ff.) = NJW 1987, 121; krit. *Esser/Weyers* SchuldR II 1 § 55 III 2 Fn. 162 (S. 176).
[135] Bamberger/Roth/*Spindler* § 829 Rn. 3.

IV. Unerlaubte Handlungen

3. § 823 II

§ 823 II verpflichtet denjenigen zum Schadensersatz, der einen anderen rechtswidrig und schuldhaft durch Verstoß „gegen ein den Schutz eines anderen bezweckendes Gesetz" schädigt. Dabei ist „Gesetz" nicht im formellen Sinn zu verstehen, sondern meint jede Rechtsnorm (Art. 2 EGBGB), also auch Rechtsverordnungen und Satzungen. Bei der Frage, ob eine Regelung den **Charakter eines Schutzgesetzes** iSv § 823 II besitzt, muss einmal geprüft werden, ob die in Betracht zu ziehende Vorschrift überhaupt den Schutz von Individualinteressen bezweckt oder nur allgemeinen (öffentlichen) Interessen dient.[136] Nur wenn sich feststellen lässt, dass zumindest neben allgemeinen Belangen das Interesse Einzelner ebenfalls geschützt werden soll, handelt es sich um ein Schutzgesetz. Dann schließt sich die weitere Frage an, ob das Schutzgesetz den Betroffenen gerade vor solchen Nachteilen schützen soll, wie sie im konkreten Fall eingetreten sind.[137]

1140

Diese Haftungsbegrenzung nach dem Schutzzweck der verletzten Norm ist (wie ausgeführt, → Rn. 558) bei jeder haftungsbegründenden Norm vorzunehmen. § 823 II und die im Rahmen dieser Vorschrift durchzuführende Ermittlung des Zwecks eines verletzten Schutzgesetzes waren hierfür Vorbild.

1141

Soweit ein verletztes Schutzgesetz Rechtspositionen schützt, die auch von der Vorschrift des § 823 I umfasst werden, können die Ansprüche nach Abs. 1 und Abs. 2 miteinander konkurrieren. Allerdings gehen bei Verletzung von Gesetzen zum Schutz des eingerichteten und ausgeübten Gewerbebetriebs die sich dann ergebenden Ansprüche aus § 823 II solchen aus Abs. 1 vor (→ Rn. 1089 ff.). **Besondere Bedeutung** erlangt die Vorschrift des § 823 II in Fällen, in denen das verletzte Schutzgesetz **Rechtspositionen betrifft, die nicht von § 823 I geschützt werden**. Hier ist insbesondere das **Vermögen** zu nennen; dessen Schutz dienen beispielsweise die Strafbestimmungen gegen Betrug und Untreue (§§ 263 ff. StGB), die Schutzgesetze iSd § 823 II darstellen.

1142

Ein Schadensersatzanspruch nach § 823 II ist nur dann begründet, wenn das in Betracht kommende Schutzgesetz in objektiver und subjektiver Hinsicht verwirklicht ist. Soweit ein vorsätzliches Handeln hierfür erforderlich ist, muss auch dies bejaht werden können.

1143

> **Beispiel:** S speist im Gasthaus des G und stößt dabei versehentlich eine Vase vom Tisch. Ein Anspruch des G gegen S ist nach § 823 I begründet, weil S rechtswidrig und schuldhaft (fahrlässig) das Eigentum des G an der Vase verletzt hat. Hingegen scheidet ein Anspruch gem. § 823 II iVm § 303 StGB aus: Zwar schützt § 303 StGB das Eigentum gegen Beschädigungen und Zerstörung, aber eben nicht im Falle nur fahrlässiger Verletzungshandlungen.

Nach § 823 II 2 ist im Übrigen auch dann mindestens Fahrlässigkeit des Schädigers erforderlich, wenn das Schutzgesetz ohne Verschulden verwirklicht werden kann.

1144

---

[136] Vgl. dazu Bamberger/Roth/*Spindler* § 823 Rn. 155 ff. mwN.
[137] BGH NJW 2004, 356 (357); 2015, 1174 Rn. 10; OLG Düsseldorf NJW 2004, 3640 (zum Schutzgesetzcharakter des § 323c StGB); vgl. auch *Musielak/Hau* EK BGB Rn. 448 ff.

4. § 826

1145 § 826 verpflichtet denjenigen, der einen anderen „in einer gegen die guten Sitten verstoßenden Weise" vorsätzlich schädigt, zum Ersatz des Schadens. Auf die Art des verletzten Rechts kommt es dabei nicht an. Besondere Bedeutung gewinnt § 826 deshalb bei Schäden, die verursacht werden, ohne dass der objektive Tatbestand des § 823 I oder der eines Schutzgesetzes iSv § 823 II verwirklicht wird. Die Frage, was den „guten Sitten" widerspricht, ist im gleichen Sinn zu beantworten wie bei § 138 I (→ Rn. 207). Wie bereits im Rahmen der Erörterung dieser Vorschrift ausgeführt worden ist, helfen die Vorschläge, die zur Auslegung und Präzisierung des Tatbestandes der Sittenwidrigkeit von Rechtsprechung und Schrifttum gemacht werden, oft gerade in Zweifelsfällen nicht viel weiter. Einer Orientierung an Fallgruppen kommt dann besondere Bedeutung zu, wobei allerdings darauf zu achten ist, inwieweit die Entscheidung durch die Umstände des Einzelfalles beeinflusst wird.

1146 Lediglich **beispielhaft** seien folgende **Fallgruppen** genannt:[138]

- Wird durch eine **arglistige Täuschung** ein anderer zum Abschluss eines Vertrages veranlasst, kann der Getäuschte nach § 826 iVm § 249 I einen Anspruch auf Befreiung von der sich aus dem Vertrag ergebenden Verbindlichkeit geltend machen. Dieser Anspruch besteht unabhängig von einem Anfechtungsrecht nach § 123, was insbesondere bei Versäumung der Anfechtungsfrist (vgl. § 124) bedeutsam ist. Darüber hinaus kann der Getäuschte nach § 826 auch den Ersatz eines Schadens verlangen, der ihm zB dadurch entstanden ist, dass er ein günstiges Angebot ausgeschlagen hat. Konkurrieren kann ein derartiger Anspruch mit einem solchen aus § 823 II iVm § 263 StGB.

- Wer einen anderen bewusst dadurch schädigt, dass er ihn **wissentlich falsch informiert**, handelt sittenwidrig.

- Wird eine **Vertrauensstellung zu eigenen Gunsten missbraucht**, kann sich daraus eine Schadensersatzpflicht nach § 826 ergeben. Ein gleicher Anspruch kann gegen denjenigen bestehen, der in Kenntnis des Vertrauensbruchs mit dem Schädiger zum eigenen Vorteil zusammenwirkt (sog. **Kollusion**). Wird beispielsweise beim Vertragsschluss ein Vertragspartner dadurch geschädigt, dass dessen Vertreter und der andere Geschäftspartner ihn gemeinsam bewusst benachteiligen, dann kann der Geschädigte einen Anspruch nach § 826 gegen beide geltend machen.

- Zahlung von **Schmiergeldern**, etwa Zuwendungen an Vertreter oder Organe des Vertragspartners, um eine Bevorzugung beim Abschluss eines Vertrages zu erreichen, stellen einen Sittenverstoß dar.

- Sittenwidrig kann handeln, wer andere unter **Missbrauch eines Monopols** oder einer monopolartigen Stellung schädigt. Verlangt zB ein Energieversorgungsunternehmen von Kunden, die von einer Belieferung abhängig sind, überhöhte Preise oder versucht es, umstrittene Forderungen durch eine Belieferungssperre durchzusetzen, so macht es sich nach § 826 schadensersatzpflichtig. Aber auch die Ausnutzung von Machtstellungen außerhalb der Wirtschaft (etwa durch Sportverbände, die eine monopolartige Stellung haben) kann Ansprüche nach § 826 auslösen.

---

[138] Zu weiteren Fallgruppen vgl. *Musielak/Hau* EK BGB Rn. 451.

IV. Unerlaubte Handlungen

- Wer im Rahmen eines staatlichen, gesetzlich eingerichteten und geregelten Verfahrens zB in einem **Zivilprozess** durch die Wahrnehmung der ihm durch die Verfahrensordnung gewährten Rechte einen anderen schädigt, handelt nicht schon dann sittenwidrig, wenn er die Unrichtigkeit seines Prozessbegehrens kennt, sondern nur dann, wenn er das staatliche Verfahren zur Schädigung der Gegenpartei oder Dritter in besonders verwerflicher Weise etwa durch **Prozessbetrug** oder Erschleichen gerichtlicher Handlungen missbraucht.[139]

Eine sittenwidrige Schadenszufügung ist stets rechtswidrig. Deshalb erübrigt es sich, im Rahmen des § 826 die **Rechtswidrigkeit** gesondert neben der Sittenwidrigkeit eines Verhaltens zu prüfen. **1147**

Ein Anspruch nach § 826 ist nur gegeben, wenn der Schädiger vorsätzlich gehandelt hat, wobei allerdings bedingter **Vorsatz** genügt (dolus eventualis; → Rn. 421). Der Vorsatz muss sich auf die Schadenszufügung richten. Zwar ist nicht erforderlich, dass der Schädiger genau weiß, wen er schädigt, er muss aber die Richtung kennen, in der sich sein Verhalten zum Schaden auswirkt, sowie die Art des möglicherweise eintretenden Schadens voraussehen und in seinen Willen aufnehmen oder doch zumindest billigen. Die hM verlangt auch, dass der Täter die Tatumstände kennt, aus denen sich die Sittenwidrigkeit ergibt oder dass er sich der Erlangung einer solchen Kenntnis bewusst verschließt.[140] Dagegen ist nicht erforderlich, dass er den richtigen Schluss aus den ihm bekannten Tatumständen zieht und erkennt, dass sich sein Verhalten als sittenwidrig darstellt. Wollte man diese Schlussfolgerung verlangen, würde man gerade den mit einem „weiten" Gewissen ausgestatteten Täter begünstigen; hinzu kämen noch Beweisschwierigkeiten. Da es sich beim Vorsatz um eine innere Tatsache handelt, deren Feststellung häufig Schwierigkeiten bereitet, neigt die Rechtsprechung dazu, von einem Schädigungsvorsatz auszugehen, wenn der Kläger in gewissenloser und grob leichtfertiger Weise handelt.[141] **1148**

5. Hinweise für die klausurmäßige Bearbeitung

Obwohl § 823 I und II sowie § 826 in ihren Tatbeständen gut gegliedert sind und deshalb ihre klausurmäßige Bearbeitung im Aufbau keine Schwierigkeiten bereiten sollte, werden insoweit immer wieder selbst in Examensklausuren erhebliche Fehler gemacht. Deshalb sollen einige Hinweise gegeben werden, in welcher Reihenfolge sich die Prüfung der einzelnen Merkmale empfiehlt: **1149**

Zunächst ist der objektive Tatbestand des **§ 823 I** (→ Rn. 1079) in Bezug auf folgende Merkmale zu erörtern:

- Handlung des Schädigers, also Tun oder Unterlassen (→ Rn. 1080 f.),
- Verletzung eines durch § 823 I geschützten Rechtsguts oder Rechts (→ Rn. 1083 ff.),

---

[139] BGH NJW 2003, 1934 (1935); 2004, 446 (447). Zur sittenwidrigen Urteilserschleichung und Urteilsausnutzung s. *Musielak/Voit* GK ZPO Rn. 601 ff.
[140] BGH NJW 1994, 2289; 2005, 2992; vgl. dazu *Sack* NJW 2006, 945 (948 f.).
[141] Vgl. dazu die Darstellung von *Sack* NJW 2006, 945 (948), und Bamberger/Roth/*Spindler* § 826 Rn. 12; jew. mN.

- haftungsbegründende Kausalität (→ Rn. 556),
- Schaden[142] (→ Rn. 1095 ff.),
- haftungsausfüllende Kausalität (→ Rn. 556),
- Schutzzwecklehre: Frage, ob der eingetretene Schaden nach dem Zweck des § 823 I durch diese Vorschrift abgewendet werden soll (→ Rn. 558 ff.).

Dann schließt sich die Prüfung der Rechtswidrigkeit (→ Rn. 1122 ff.) und des Verschuldens (→ Rn. 1136) an.

Der objektive Tatbestand des § 823 II umfasst folgende zu prüfende Merkmale:

- Verletzung eines Gesetzes durch den Schädiger (→ Rn. 1140) in objektiver und subjektiver Hinsicht (→ Rn. 1143),
- Schutzzweck des verletzten Gesetzes umfasst (auch) die verletzte Rechtsposition (→ Rn. 1140),
- Schaden,
- haftungsausfüllende Kausalität.
- Die Frage der Rechtswidrigkeit ist hier unproblematisch, weil sich bereits aus dem Verstoß gegen das Schutzgesetz ohne Weiteres die Rechtswidrigkeit des Verhaltens ergibt, sodass ein Eingehen darauf nur erforderlich wird, wenn Rechtfertigungsgründe eingreifen können.
- Das Schutzgesetz muss auch in subjektiver Hinsicht verwirklicht werden. Verlangt das Schutzgesetz kein Verschulden, muss nach § 823 II 2 mindestens Fahrlässigkeit des Schädigers bejaht werden können (→ Rn. 1143 f.).

Zum objektiven Tatbestand des § 826 gehören folgende Merkmale:

- Sittenverstoß des Schädigers, also ein Verhalten, das die guten Sitten verletzt (→ Rn. 1145),
- Schaden,
- haftungsausfüllende Kausalität,
- Normzweck (auch bei § 826 muss darauf gesehen werden, ob die vom Schädiger verletzte Pflicht den eingetretenen Schaden abwenden sollte).
- Eine Prüfung der Rechtswidrigkeit erübrigt sich (→ Rn. 1147), und es ist neben dem objektiven Tatbestand lediglich das Verschulden (→ Rn. 1148) zu erörtern.

1150 Selbstverständlich ist bei einer klausurmäßigen Bearbeitung nur dann auf die einzelnen aufgeführten Merkmale genauer einzugehen, wenn sich insoweit klärungsbedürftige Zweifel ergeben. Sonst genügt ein kurzer Hinweis (der auch mehrere Merkmale zusammenfassen kann).

---

[142] Aufgrund des Wortlauts des § 823 I lässt sich allerdings daran zweifeln, ob das Merkmal „Schaden" überhaupt zum objektiven Tatbestand der Vorschrift zu rechnen ist. Denn die Verpflichtung zum Ersatz des Schadens wird in § 823 I als Rechtsfolge ausgewiesen, und Rechtsfolgeanordnungen sind vom objektiven Tatbestand zu trennen. Dementsprechend wird in einigen Anleitungsbüchern empfohlen, die Frage nach dem Eintritt und Umfang des Schadens erst nach der Rechtswidrigkeit und Schuld zu prüfen. Da es jedoch im Deliktsrecht um das Einstehen für verursachte Schäden geht, erscheint es dort wenig überzeugend, das Schadensmerkmal aus dem objektiven Tatbestand herauszunehmen. Deshalb ist dem Eintritt eines Schadens auch Bedeutung für die Verwirklichung des objektiven Tatbestands des § 823 I (ebenso wie bei § 823 II, § 826) beizumessen. Allerdings genügt für den objektiven Tatbestand die Feststellung, dass überhaupt ein Schaden entstanden ist (so auch BGH NJW 2002, 1806); der genaue Umfang des Schadens interessiert nur bei Ermittlung der Rechtsfolgen.

IV. Unerlaubte Handlungen 437

4. Übungsklausur

Der Kirchenrechtler Professor S bringt von einem Korea-Aufenthalt seinem Freund, **1151**
dem Pharmakologen Professor P, eine Ginseng-Wurzel mit. P erwähnt diese Tatsache
in einem wissenschaftlichen Aufsatz und dankt auch dort dem S. Dies führt dazu,
dass in einem populärwissenschaftlichen Aufsatz S neben P als einer der bekanntesten Ginseng-Forscher Europas bezeichnet wird. F, der ein Kräftigungsmittel herstellt
und vertreibt, das Ginseng enthält, wirbt durch Inserate für sein Produkt, in denen
es unter anderem heißt:

„Auch die westliche Wissenschaft erkennt den hohen Wert von Ginseng an. Nach Ansicht bedeutender Wissenschaftler wie Professor S und Professor P wirkt Ginseng als reines Naturprodukt auf den gesunden Organismus erneuernd, kreislaufförderend, aufbauend bei Drüsen- und
Potenzschwäche und körperlicher Zerschlagenheit. Als Heilpflanze ist Ginseng in ganz Asien
bekannt. Besonders schätzt man sie als Kräftigungsmittel. Sie ist Hauptbestandteil asiatischer
Liebestränke und soll von den Frauen allabendlich eingenommen werden."

S verlangt von F 10.000 EUR als Genugtuung für die erlittene Kränkung. Er weist darauf hin, dass er durch die Inserate in Kollegenkreisen und bei den Studenten lächerlich gemacht worden sei. Wie ist die Rechtslage?

Bearbeitungszeit: höchstens 120 Minuten

Fälle und Fragen

1. Welche Fälle eines Tätigwerdens in fremden Angelegenheiten ohne Auftrag oder sonstige Berechtigung sind nach dem Gesetz zu unterscheiden und welches sind die wesentlichen Unterscheidungsmerkmale?
2. Bei einem Unfall stellt G Decken und Verbandszeug zur Verfügung, damit dem verletzten W Erste Hilfe geleistet werden kann. Ist W verpflichtet, G die Kosten für die Reinigung der Decken und für das verbrauchte Verbandszeug zu ersetzen?
3. A verunglückt unverschuldet mit seinem Lkw, der mit Schrott beladen ist. Große Teile der Ladung fallen in den Vorgarten des E. E beseitigt die Schrottteile und verlangt von A Ersatz der entstandenen Kosten. Mit Recht?
4. A und B schließen einen Vertrag, der B zu bestimmten Dienstleistungen verpflichtet. Der Vertrag ist nichtig, was beide nicht wissen. Als die Nichtigkeit festgestellt wird, verlangt B aufgrund von § 683 Ersatz seiner Aufwendungen, die er im Vertrauen auf die Gültigkeit des Vertrages getätigt hat. Mit Recht?
5. Von welchen Voraussetzungen hängt es ab, ob eine GoA als berechtigt anzusehen ist, und welche Rechtsfolgen ergeben sich hieraus?
6. Der 14-jährige Schüler S leistet seinem 13-jährigen Freund M Erste Hilfe, als dieser mit seinem Fahrrad stürzt und sich erheblich verletzt. Kann S von M oder von dessen Eltern Ersatz der Kosten verlangen, die er für die Reinigung seiner bei der Hilfeleistung verschmutzten Kleider aufwenden musste?
7. Arzt H und Schreinermeister E, die zufällig Zeugen eines Verkehrsunfalls werden, leisten dem verunglückten A Hilfe. H versorgt ihn ärztlich, bis ein Rettungswagen eintrifft. E kümmert sich um das beschädigte Kraftfahrzeug. H verlangt von A die übliche Vergütung für seine ärztliche Tätigkeit; E fordert für zwei Stunden Hilfeleistung 100 EUR mit dem Hinweis, dies entspreche seinem üblichen Stundensatz. Muss A diese Forderungen erfüllen?
8. Bei einem Verkehrsunfall wird W erheblich verletzt. Der zufällig vorbeikommende H legt W in sein Kfz, um ihn schnell ins Krankenhaus zu bringen. Unterwegs streift H infolge

leichter Fahrlässigkeit einen Baum. Kann er von W Ersatz der Kosten verlangen, die durch die Reparatur des Fahrzeugs entstehen?
9. A geht auf eine Weltreise. Er gibt seinem Nachbarn B den Schlüssel für sein Haus und bittet ihn, nach dem Rechten zu sehen. Als A abgereist ist, annonciert B in mehreren Tageszeitungen, dass er ein möbliertes Haus zu vermieten habe. Es meldet sich das Ehepaar C, das das Haus für 10 Monate zu einem Mietpreis von 1.000 EUR monatlich mietet. Als A zurückkehrt, erfährt er zufällig durch einen anderen Nachbarn von der Vermietung seines Hauses und verlangt von B den von diesem kassierten Mietzins iHv 10.000 EUR. B entgegnet, er sei allenfalls bereit, 5.000 EUR zu zahlen, weil der marktübliche Mietpreis höchstens 500 EUR pro Monat betrage. Außerdem wolle er 100 EUR abziehen, die er für die Inserate ausgegeben habe. Welche Ansprüche haben A und B gegeneinander?
10. G übereignet in Erfüllung eines mit S geschlossenen Kaufvertrages einen Pkw. Außerdem gibt er ihm als „Anzahlung" 500 EUR, um S auf diese Weise zu veranlassen, ihm ein Bild zu verkaufen, das G schon lange erwerben möchte, dessen Verkauf S aber bisher stets abgelehnt hat. Welche Ansprüche hat G gegen S, wenn a) der Kaufvertrag nichtig ist, b) S bei seiner Weigerung bleibt und das Bild nicht verkauft?
11. Wie ist der Begriff der Leistung im Rahmen einer Leistungskondiktion zu verstehen und welcher Zweck wird mit dieser Begriffsbildung verfolgt?
12. Welche tatbestandsmäßigen Voraussetzungen müssen erfüllt werden, damit ein Anspruch wegen Eingriffskondiktion bejaht werden kann?
13. Wonach beurteilt sich bei der Eingriffskondiktion, ob ein Eingriff unberechtigt ist?
14. E leiht seinen Fotoapparat K. Dieser veräußert den Apparat an D. Als E von K Herausgabe des Kaufpreises verlangt, weigert sich dieser und erklärt, E solle sich den Fotoapparat von D geben lassen, denn D habe genau gewusst, dass der Apparat E gehöre. Dies wird von D nachdrücklich bestritten. E möchte lieber das Geld als den Apparat haben. Was ist ihm zu raten?
15. V verkauft und übereignet K ein mit einem Mietshaus bebautes Grundstück. Als sich herausstellt, dass der Kaufvertrag nichtig ist, verlangt V neben Herausgabe des Grundstücks auch Zahlung der eingezogenen Mieten. K erwidert, dass er das Geld längst ausgegeben habe. Wie ist die Rechtslage?
16. Ein Unbekannter stiehlt einen wertvollen Zuchthengst des A und veräußert ihn an den gutgläubigen G. G verkauft den Hengst weiter und erhält als Kaufpreis 15.000 EUR. Durch Zufall erfährt A von diesem Verkauf und fordert G auf, an ihn 15.000 EUR zu zahlen. G erwidert, von diesem Betrag sei einmal der von ihm aufgewendete Kaufpreis iHv 8.000 EUR abzuziehen. Außerdem sei zu berücksichtigen, dass das Tier bei ihm schwer erkrankt sei und er deshalb für Tierarzt und Arzneimittel 2.000 EUR habe zahlen müssen. Hinzu kämen die Futterkosten von 500 EUR. Schließlich habe der Hengst die Box, in der er gestanden habe, stark beschädigt. Für die Reparatur habe er, G, nochmals 500 EUR ausgeben müssen. Er sei deshalb nur bereit, A 4.000 EUR zu zahlen. Halten Sie das Vorbringen des G rechtlich für zutreffend?
17. Was bedeutet im Rahmen von Schadensersatzansprüchen das Verschuldensprinzip, was Gefährdungshaftung?
18. Beschreiben Sie bitte den objektiven Tatbestand einer unerlaubten Handlung!
19. Beschreiben Sie bitte den zivilrechtlichen Begriff der „Handlung"!
20. Durch Verschulden des Bauunternehmers S bricht die Stützmauer eines Kanals. Dies hat zur Folge, dass der Kanal längere Zeit nicht befahrbar ist und deshalb der nur über den Kanal erreichbare Hafen der Gemeinde Kleindorf nicht benutzt werden kann. Der Gemeinde entgeht deshalb ein Gewinn von 100.000 EUR. Sie verlangt Ersatz dieses Schadens von S. Mit Recht?
21. Ist der Besitz durch § 823 I geschützt?
22. Bauunternehmer F beschädigt mit seinem Bagger bei Bauarbeiten ein Stromkabel, das unter anderem die Hühnerfarm des G mit Strom versorgt. Infolge der Beschädigung fällt

IV. Unerlaubte Handlungen 439

zwei Tage bei G der Strom aus. Er muss deshalb in dieser Zeit seinen Betrieb einstellen. Außerdem verderben alle in den Brutapparaten befindlichen Eier. G verlangt von F als Schadensersatz 500 EUR Gewinneinbuße für die Zeit der Betriebseinstellung und weitere 300 EUR für die in den Brutapparaten verdorbenen Eier. Mit Recht?
23. Was bedeutet im juristischen Sinn „Schaden", welche Unterscheidungen und Präzisierungen sind dabei erforderlich?
24. Bei Abbrucharbeiten wird die Standfestigkeit des angrenzenden Hauses, das H gehört, gefährdet. Das Haus muss daraufhin für 14 Tage geräumt werden. H zieht mit seiner Familie zu seinen Schwiegereltern, die ihm kostenlos ein Zimmer zur Verfügung stellen. Er verlangt von dem für die Abbrucharbeiten verantwortlichen S einen Schadensersatz iHv 300 EUR, weil er 14 Tage lang sein Haus (monatlicher Mietwert 600 EUR) nicht bewohnen konnte. Mit Recht?
25. Kann der Geschädigte vom Schädiger stets den Ausgleich seines Schadens durch Geld fordern?
26. F gerät mit seinem Sportwagen infolge überhöhter Geschwindigkeit ins Schleudern und kommt erst im Vorgarten eines Hauses zum Stehen. Dabei verletzt er tödlich den Kater der D, der sich im Vordergarten gesonnt hatte. F besorgt sich sofort einen gleichwertigen Kater und bringt ihn der D. Diese lehnt entrüstet die Annahme des Tieres ab und fordert 20.000 EUR Schadensersatz, weil der getötete Kater ihr Ein und Alles gewesen sei und sie ihn höher als ihr gesamtes (nicht unbeträchtliches) Vermögen geschätzt habe. Wie ist die Rechtslage?
27. Von welchen Voraussetzungen hängt es ab, ob ein Verhalten als rechtswidrig zu bewerten ist?
28. Die sechsjährige E fährt wie mehrere andere Kinder auch mit ihrem Schlitten einen Berg hinunter. Als sie sich gerade in voller Fahrt befindet, kreuzt für sie unerwartet der gleichaltrige K ihre Bahn und wird von ihrem Schlitten erfasst. K erleidet dabei Verletzungen, die eine ärztliche Behandlung erforderlich werden lassen. Ist E verpflichtet, die Arztkosten zu ersetzen?
29. Wird durch § 823 das Vermögen geschützt?
30. L ist Eigentümer eines alten unsignierten Ölgemäldes. Er möchte das Bild verkaufen. Er wendet sich deshalb an den Kunstsachverständigen T und bittet ihn um eine Expertise. T erklärt L, dass das Bild Anfang des 19. Jahrhunderts gemalt sei und sein Wert allenfalls 3.000 EUR betrage. Er sei aber bereit, L ein Gutachten zu erstatten, in dem er das Bild als Arbeit eines holländischen Meisters des 17. Jahrhunderts bezeichne und die Vermutung äußere, es könne von Aert van der Neer stammen. L müsste ihm dafür aber 5.000 EUR zahlen. So geschieht es. L verkauft das Bild an K, der sich auf die Richtigkeit der Expertise des T verlässt und deshalb den geforderten Preis von 25.000 EUR zahlt. Als nach zwei Jahren von einem anderen Sachverständigen die Unrichtigkeit der Expertise festgestellt wird, verlangt K von T Ersatz seines Schadens. Mit Recht?

§ 10. Dritte in Schuldverhältnissen

I. Überblick

Dritte, dh hier Personen, die weder Gläubiger noch Schuldner sind, können an Schuldverhältnissen in mannigfaltiger Weise beteiligt sein. Sie können beispielsweise als **Vertreter** eines anderen Willenserklärungen abgeben oder empfangen und den Vertretenen dadurch rechtsgeschäftlich binden (vgl. § 164 I und III); sie können als **Bote** Erklärungen für einen anderen überbringen oder entgegennehmen (→ Rn. 100); sie können bei Erfüllung einer Verbindlichkeit tätig werden (vgl. § 278); im Rahmen des Deliktsrechts muss für die widerrechtliche Schadenszufügung durch Verrichtungsgehilfen unter den Voraussetzungen des § 831 I gehaftet werden. Dritte können eigene vertragliche Ansprüche durch Vertrag zugunsten Dritter erwerben oder von den vertraglichen Schutzwirkungen mit umfasst sein; sie können an die Stelle von Gläubiger und Schuldner treten und sogar die Position eines Vertragspartners insgesamt mit allen damit verbundenen Rechten und Pflichten übernehmen. Die sich durch eine derartige Einbeziehung Dritter in Schuldverhältnisse ergebenden Rechtsfragen, von denen einzelne Aspekte hin und wieder bereits angesprochen worden sind, sollen nunmehr im Einzelnen erörtert werden. 1152

II. Stellvertretung

1. Begriff und Voraussetzungen

In manchen Fällen ist es unumgänglich, dass Dritte auftreten und rechtsgeschäftliche Erklärungen für andere abgeben, weil diese selbst nicht handeln können. So müssen sich **juristische Personen** (→ Rn. 315) vertreten lassen, zB der eingetragene Verein (§ 26 I 2) und die Aktiengesellschaft (§ 78 I AktG) durch den Vorstand, die Gesellschaft mit beschränkter Haftung durch einen Geschäftsführer (§ 35 I GmbHG). Willenserklärungen für einen **Geschäftsunfähigen** müssen durch dessen gesetzlichen Vertreter abgegeben werden (→ Rn. 319 f.). 1153

Aber nicht nur aus solchen in der Natur der Sache liegenden Gründen, sondern auch zur **Erleichterung des Rechtsverkehrs** ist es geboten, die rechtliche Möglichkeit zu eröffnen, dass jemand einen anderen für sich rechtsgeschäftlich handeln lassen kann. In vielen Fällen besteht aus praktischen Gründen ein unabweisbares Bedürfnis, den Handlungsspielraum des Einzelnen durch eine rechtsgeschäftlich begründete – sog. gewillkürte – Stellvertretung zu vergrößern. Man denke nur an den Inhaber eines größeren Handelsunternehmens, dem es unmöglich ist, alle Rechtsgeschäfte selbst zu tätigen. Das besondere Interesse an einer Stellvertretung (kurz: Vertretung) im 1154 geschäftlichen Bereich kommt auch dadurch zum Ausdruck, dass im HGB besondere Regelungen über die rechtsgeschäftliche Vertretungsmacht getroffen sind (vgl. §§ 48 ff. HGB zur Prokura, §§ 54 ff. HGB zur Handlungsvollmacht).

1155 Das **Wesen der Stellvertretung** besteht darin, dass eine andere Person (der Vertreter) ein Rechtsgeschäft für den Vertretenen vornimmt und diesen dadurch unmittelbar berechtigt und verpflichtet. Es ist offensichtlich, dass ein solches „fremdwirkendes rechtsgeschäftliches Verhalten"[1] von der Erfüllung bestimmter Voraussetzungen abhängig sein muss; diese Voraussetzungen finden sich in § 164.

> **Voraussetzungen der (an sich zulässigen) Stellvertretung:**
>
> (1) Es muss eine Willenserklärung abgegeben (sog. aktive Stellvertretung; § 164 I 1) oder empfangen werden (sog. passive Stellvertretung; § 164 III).
> (2) Der Vertreter muss im Namen des Vertretenen, also in fremdem Namen handeln (sog. Offenheits- oder Offenkundigkeitsprinzip).
> (3) Der Vertreter muss „innerhalb der ihm zustehenden Vertretungsmacht" (§ 164 I 1) tätig werden.

1156 Im Grundsatz ist eine Vertretung bei allen Rechtsgeschäften zugelassen. Es gibt jedoch eine Reihe von Fällen, in denen das Gesetz eine Abgabe von Willenserklärungen durch einen Vertreter ausschließt. Beispielsweise sind die Errichtung eines Testaments (§ 2064), der Abschluss eines Erbvertrages (§ 2274) sowie die Eheschließung (§ 1311 S. 1) **höchstpersönliche Rechtsgeschäfte,** bei denen es eine Vertretung nicht geben kann.[2]

a) Abgabe oder Empfang einer Willenserklärung

1157 Gemäß § 164 I ist die Stellvertretung auf **Willenserklärungen** bezogen; jedoch ist grundsätzlich auch eine Vertretung bei **geschäftsähnlichen Handlungen** (→ Rn. 239) möglich, wie beispielsweise bei der Mahnung, bei der Aufforderung zur Genehmigung nach § 108 II und der Fristsetzung nach § 281 I 1 oder § 323 I 1. Dagegen ist eine Vertretung bei **Realakten** ausgeschlossen.

1158 Als Realakt wird ein Vorgang bezeichnet, der auf einen rein tatsächlichen Erfolg gerichtet ist und mit dem das Gesetz bestimmte Rechtsfolgen verbunden hat. Derartige Vorgänge sind zB die Begründung des unmittelbaren Besitzes durch Erlangung der tatsächlichen Gewalt (§ 854 I), die Verarbeitung einer Sache und der dadurch eingetretene Eigentumserwerb (vgl. § 950 I) oder das Finden einer verlorenen Sache (vgl. §§ 965 ff.). Da die hieran geknüpften Rechtsfolgen kraft Gesetzes eintreten, sind die Vorschriften über Rechtsgeschäfte nicht anwendbar. Weder kann es – wie bemerkt – eine Vertretung bei Vornahme des Realakts geben, noch kommt es darauf an, ob der Handelnde geschäftsfähig ist.[3]

---

[1] *Gernhuber,* Bürgerliches Recht, 3. Aufl. 1991, 37.
[2] Zu weiteren Fällen, in denen eine Vertretung ausgeschlossen ist, vgl. MüKoBGB/*Schubert* § 164 Rn. 98 ff.
[3] Vgl. *Rüthers/Stadler* BGB AT § 16 Rn. 30 ff.

II. Stellvertretung

Der Stellvertreter gibt eine **eigene Willenserklärung** ab, nicht eine fremde. Dies unterscheidet ihn vom **(Erklärungs-)Boten**, der lediglich die Willenserklärung eines anderen weiterträgt.

1159

> **Beispiel:** Der achtjährige F betritt den Zeitschriftenladen des Z und erklärt: „Mein Vater schickt mich, ich soll für ihn seine Sportzeitung holen, Sie wüssten schon Bescheid." Z erwidert: „Hier ist die Zeitung. Hat Dir Dein Vater Geld mitgegeben?" Dies bejaht F, bezahlt den geforderten Preis und verlässt den Laden.
>
> Dass F beschränkt geschäftsfähig ist (§ 106 iVm § 2), steht einer wirksamen Vertretung nicht entgegen (vgl. § 165). Ob hier F als Vertreter oder als Bote anzusehen ist, richtet sich allein nach seinem äußeren Auftreten gegenüber dem Vertragspartner.[4] Das Innenverhältnis, die Absprache mit dem Auftraggeber, ist hierfür nicht maßgebend. Auch derjenige, der als Bote eine Willenserklärung überbringen soll, aber entgegen dieser Vereinbarung als Vertreter auftritt, ist als Vertreter zu behandeln. Im Beispielsfall spricht der Hinweis des F, dass ihn sein Vater schicke, um eine Sportzeitung zu kaufen, für seine Botenstellung.

Jedoch kann auch ein Vertreter nach heute hM gemäß ihm genau vorgegebener Direktiven handeln. Zwar wird im Allgemeinen dem Vertreter zumindest ein gewisses Maß von Entscheidungsfreiheit eingeräumt werden, begriffsnotwendig ist dies jedoch nicht.[5] So hat ein Verkäufer im Warenhaus kaum eigene Entscheidungsbefugnis, sondern ist hinsichtlich der Preise und der Konditionen an die Anweisungen der Geschäftsleitung gebunden und darf regelmäßig auch nicht den von einem Kunden gewünschten Vertrag ablehnen. Maßgebend für seine Einordnung als Vertreter ist es jedoch, dass die Geschäftsleitung für den einzelnen Vertragsabschluss keinen Willen bilden kann, sondern dies dem Verkäufer überlassen muss.

1160

> Im Beispielsfall ist deshalb nicht die fehlende Entscheidungsfreiheit des F maßgebend. Vielmehr ist für die Wertung, dass er eine fremde Erklärung überbringt, also als Bote anzusehen ist, letztlich entscheidend, dass er selbst überhaupt nicht weiß, was Gegenstand des Kaufvertrages sein soll, denn er spricht von der „Sportzeitung des Vaters", die zwar Z, aber nicht er selbst kennt.

Die Unterscheidung zwischen einem **passiven Stellvertreter** (§ 164 III) und einem **Empfangsboten** (→ Rn. 100) kann schwierig sein, weil in beiden Fällen eine an den Geschäftsherrn gerichtete Willenserklärung passiv entgegengenommen wird. Der Abgrenzung zwischen beiden kommt jedoch keine allzu große praktische Bedeutung zu. In beiden Fällen geht es um den Zugang von Willenserklärungen, also um ihr Wirksamwerden (→ Rn. 93 ff.). Wird im Machtbereich des Adressaten einer (dazu bestellten oder geeigneten) Hilfsperson eine schriftliche Willenserklärung übergeben oder eine mündliche zugesprochen, so ist sie zugegangen, und zwar unabhängig davon, ob es sich bei der Hilfsperson um einen Vertreter oder um einen Empfangsboten handelt. Der Unterscheidung kommt hingegen Relevanz zu, wenn die Hilfsperson außerhalb der Wohnung oder der Geschäftsräume des Empfängers die Willenserklärung entgegennimmt: Während die Erklärung beim passiven Vertreter

1161

---

[4] Vgl. *Wolf/Neuner* BGB AT § 49 Rn. 13 ff.
[5] *Wolf/Neuner* BGB AT § 49 Rn. 18.

sofort wirksam wird, geschieht dies beim Einschalten eines Empfangsboten erst in dem Zeitpunkt, in dem nach dem regelmäßigen Lauf der Dinge die Kenntnisnahme durch den Geschäftsherrn erwartet werden kann (→ Rn. 101).[6] Ein Unterschied ergibt sich auch für die Auslegung: Wird die Erklärung einem (passiven) Stellvertreter zugesprochen, kommt es darauf an, wie sie der Vertreter verstehen konnte. Wird die Erklärung durch einen Boten empfangen, ist entscheidend, was der Geschäftsherr aus der Erklärung, die ihm der Bote (richtig) übermittelt[7] (zur falschen Übermittlung → Rn. 104 f.), entnehmen kann und muss.

b) Handeln im fremden Namen

1162 Der Vertreter hat die Willenserklärung im Namen des Vertretenen abzugeben (§ 164 I 1).[8] Diese Regelung ist Ausdruck des **Offenheitsprinzips** (auch: Offenkundigkeitsprinzips).[9] Dabei ist es allerdings nicht erforderlich, dass der Vertreter ausdrücklich erklärt, im Namen des Vertretenen handeln zu wollen. Vielmehr genügt es, wenn sich dies aus den Umständen des Einzelfalles ergibt (§ 164 I 2). Typische Anwendungsfälle sind die sog. **unternehmensbezogenen Geschäfte**.[10]

> **Beispiele:**
>
> Ein im Supermarkt angestellter Kassierer will Kaufverträge mit Kunden ersichtlich nicht im eigenen Namen, sondern für den Geschäftsinhaber abschließen.
>
> Der Auszubildende eines Schlossereibetriebs erwirbt, bekleidet mit einem Overall mit dem Logo seines Arbeitgebers, in einem Eisenwarengeschäft eine größere Menge Schrauben. Dieses Geschäft tätigt er im Zweifel nicht für sich, sondern für seinen Arbeitnehmer.

1163 Ist nicht zu erkennen, dass der Vertreter nicht für sich selbst, sondern für einen anderen auftritt, so wird er selbst verpflichtet (sog. **Eigengeschäft**). Er kann sich dann nicht darauf berufen, dass er nicht im eigenen Namen handeln wollte. Dieser Einwand ist ihm abgeschnitten und ihm ist insoweit auch das Recht zur Anfechtung gem. § 119 genommen. Das soll die – leider schwer verständliche – Formulierung des § 164 II klarstellen. Es soll also gewährleistet sein, dass dem Vertragspartner darüber Aufschluss gegeben wird, mit wem er in rechtliche Beziehung tritt; denn auf diese Kenntnis wird er in aller Regel Wert legen. Soll also das Offenheitsprinzip den Geschäftspartner des Vertretenen schützen, so kann es auch durchbrochen werden, wenn es dem Geschäftspartner ausnahmsweise gleichgültig ist, mit wem er abschließt. Er wird dann regelmäßig damit einverstanden sein, das Geschäft mit demjenigen zustande kommen zu lassen, den es angeht.

---

[6] BGH JZ 1989, 502; NJW 1994, 2613 (2614); 2002, 1565 (1567); MüKoBGB/*Schubert* § 164 Rn. 82, 244.
[7] *Hübner* BGB AT Rn. 1210.
[8] Der Vertreter kann jedoch eine Erklärung zugleich auch im eigenen Namen abgeben, sodass dann die Erklärung sowohl als eigene als auch als die des Vertretenen gilt; BGH NJW 2009, 3506 Rn. 12.
[9] Vgl. *Paulus* JuS 2017, 301 (304 f.).
[10] Näher *Paulus* JuS 2017, 399.

II. Stellvertretung

Beispiel: Die Haushälterin H des R kauft im Kaufhaus eine Tischdecke für den von ihr geführten Haushalt ein. Nach hM handelt H als Vertreter des R, weil es dem Vertragspartner, dem Inhaber des Kaufhauses, nicht darauf ankommen wird zu wissen, mit wem er kontrahiert hat: Er ist bereit, das Geschäft als „Geschäft für den, den es angeht" zu schließen.

Je nachdem, ob der Vertreter dem Geschäftspartner zu erkennen gibt, dass er nicht 1164 für sich handelt, ohne jedoch zu offenbaren, wer der Vertretene ist, oder ob er seine Stellung als Vertreter vollkommen verschweigt, kann man von einem offenen oder einem verdeckten Geschäft für den, den es angeht, sprechen.

- Die Zulässigkeit eines **offenen Geschäfts für den, den es angeht,** kann nicht zweifelhaft sein. In diesen Fällen ist das Offenheitsprinzip allenfalls eingeschränkt, aber nicht verletzt, weil klargestellt ist, dass der Vertreter nicht für sich selbst handeln will. Möchte der Geschäftspartner die Ungewissheit über die Person des Vertretenen nicht hinnehmen, so muss er von dem Geschäft Abstand nehmen.
- Anders verhält es sich dagegen bei dem **verdeckten Geschäft für denjenigen, den es angeht,** wie dies auch in dem obigen Beispiel des Einkaufs der Haushälterin der Fall ist. Hier wird das Offenheitsprinzip durchbrochen; deshalb ist die Zulässigkeit einer solchen Vertretung auch umstritten. Die hM lässt solche Geschäfte zu, wenn dies mit der Schutzfunktion des Offenheitsprinzips vereinbar ist, wenn also – wie bereits bemerkt – der Geschäftspartner auf diesen Schutz keinen Wert legt. Dies wird überwiegend bei beiderseits sofort erfüllten Barkäufen des täglichen Lebens bejaht, wobei die Zulässigkeit des verdeckten Geschäfts sowohl für den schuldrechtlichen Vertrag (Kauf) als auch für den dinglichen (Übereignung) bejaht wird.[11]

Im Beispielsfall geht das Eigentum an der Tischdecke auf R auf der Grundlage der Lehre von dem Geschäft für den, den es angeht, wie folgt über: Die Einigung iSv § 929 S. 1 wird von H als Vertreterin des R vorgenommen, und zwar unter (von der hM zugelassener) Durchbrechung des Offenheitsgrundsatzes. R erwirbt unmittelbaren Besitz an der Tischdecke, weil H seine Besitzdienerin ist (vgl. § 855; → Rn. 723).

Sind die Voraussetzungen des (verdeckten) Geschäfts für den, den es angeht, nicht 1165 erfüllt, bleibt es bei dem Offenheitsprinzip. Deshalb handelt es sich nicht etwa um einen Fall der Stellvertretung, wenn jemand im eigenen Namen, aber in fremdem Interesse und für fremde Rechnung tätig wird (sog. **mittelbare oder indirekte Stellvertretung**), wie dies beispielsweise bei einem Kommissionär (vgl. § 383 I HGB) oder beim Spediteur (vgl. § 454 III HGB iVm § 457 HGB) der Fall ist (vgl. *Musielak/Hau* EK BGB Rn. 48 ff.).

Das Handeln in fremdem Namen ist vom **Handeln unter fremdem Namen** zu un- 1166 terscheiden. Beim Handeln unter fremdem Namen gibt der Handelnde vor, eine andere Person zu sein, als er in Wirklichkeit ist. Hierbei muss differenziert werden:

---

[11] Vgl. BGH NJW 1991, 2283 (2284 f.); 2016, 1887 Rn. 19 = JuS 2016, 938 (*K. Schmidt*). Hinsichtlich des (verdeckten) Geschäfts für den, den es angeht, bestehen nicht unerhebliche Meinungsverschiedenheiten, auf die hier im Einzelnen nicht eingegangen werden kann; dazu *Wolf/Neuner* BGB AT § 49 Rn. 50 f.; *K. Schmidt* JuS 1987, 425 (428 ff.). Beachte die Fortgeschrittenenklausur bei *Lindacher/Hau* Fälle BGB AT Nr. 3.

- Will der Handelnde für sich selbst das Geschäft abschließen und verwendet er beispielsweise den fremden Namen nur, um inkognito zu bleiben, und will auch der Geschäftspartner das Geschäft mit dem Handelnden eingehen, ohne dass es ihm darauf ankommt, welchen Namen der andere in Wirklichkeit trägt, so treffen die Rechtsfolgen ausschließlich den unter falschem Namen Handelnden. Ein typisches Beispiel für diese Fallgruppe, die zur besseren Unterscheidung als **„Handeln unter falscher Namensangabe"**[12] bezeichnet werden sollte, ist der Fall, dass ein Gast in einem Hotel ein Zimmer bestellt, dabei aber, weil er unbekannt bleiben will, einen erfundenen Namen nennt.
- Verbindet der Geschäftspartner erkennbar mit der Person des wahren Namensträgers bestimmte Vorstellungen und will er mit dem wahren Namensträger in Rechtsbeziehungen treten, weil es auf dessen Person für das Geschäft ankommt, so sind die Vorschriften über die Stellvertretung analog anzuwenden. Dies bedeutet, dass der wahre Namensträger berechtigt und verpflichtet wird, wenn der unter fremdem Namen Handelnde zu dessen Vertretung berechtigt ist, und dass bei fehlender Vertretungsmacht §§ 177 ff. gelten (dazu später).[13]

Beispiel: A will unbedingt eine seit Wochen ausverkaufte Theatervorstellung besuchen. Er ruft bei der Theaterdirektion an und gibt sich als der prominente Großindustrielle R aus, der zufällig in der Stadt sei und gerne das Theaterstück sehen wolle. Die Theaterdirektion, die stets einige Karten für besondere Fälle reserviert, erklärt A, eine Karte werde für R an der Theaterkasse hinterlegt werden. Hier will offensichtlich die Theaterdirektion nicht einen Vertrag mit einer beliebigen, ihr nicht bekannten Person schließen, sondern nur mit R, weil es sich bei ihm um einen Prominenten handelt, der nicht zuletzt auch aus Reklamegründen eine bevorzugte Behandlung erhalten soll. Wird der Schwindel des A noch rechtzeitig entdeckt, wird sich die Theaterdirektion zu Recht weigern, ihm die Karte auszuhändigen, weil vertragliche Beziehungen zu A nicht zustande gekommen sind. Die Theaterdirektion ist jedoch auch in analoger Anwendung des § 179 (→ Rn. 1215) berechtigt, die Abnahme und Bezahlung der Karte zu fordern, wenn ihr daran liegt.

c) Vertretungsmacht

aa) Rechtsgrundlagen

1167 Mit Vertretungsmacht bezeichnet man die Befugnis, einen anderen wirksam zu vertreten und für ihn mit verbindlicher Wirkung Willenserklärungen abzugeben oder entgegenzunehmen. Sie beruht entweder auf einer Rechtsvorschrift (sog. **gesetzliche Stellvertretung**; → Rn. 1153)[14] oder auf einem Rechtsgeschäft (sog. **gewillkürte Stell-**

---

[12] So *Medicus/Petersen* BürgerlR Rn. 83; MüKoBGB/*Schubert* § 164 Rn. 138.
[13] BGHZ 45, 193 = NJW 1966, 1069 = JuS 1966, 414; NJW-RR 2006, 701 Rn. 11; NJW 2013, 1946 Rn. 7 = JuS 2014, 265 (*Schwab*); *Hauck* JuS 2011, 967; *Medicus/Petersen* BGB AT Rn. 908. Vgl. zum Handeln unter fremdem Namen bei einer Internet-Auktion BGH NJW 2011, 2421 Rn. 12 = JuS 2011, 1027 *(Faust)*; LG Bonn NJW-RR 2012, 1008; *Borges* NJW 2011, 2400. Allgemeiner zum Handeln unter fremdem Namen im Internet *Heyers* JR 2014, 227.
[14] Die Vertretung juristischer Personen durch ihre Organe (→ Rn. 1153) wird als eine dritte eigenständige Vertretung anerkannt, die der gesetzlichen Vertretung nahe steht; vgl. MüKoBGB/*Schubert* § 164 Rn. 11.

II. Stellvertretung

vertretung; → Rn. 1154). Die durch Rechtsgeschäft erteilte Vertretungsmacht wird **Vollmacht** genannt (vgl. § 166 II 1).

bb) Erteilung und Umfang einer Vollmacht

Die Vollmacht wird durch eine empfangsbedürftige Willenserklärung (→ Rn. 47) erteilt, die regelmäßig keiner **Form** bedarf, insbesondere nicht der Form des Rechtsgeschäfts, auf das sich die Vollmacht bezieht (§ 167 II). **1168**

- In manchen Fällen schreibt das Gesetz in **Ausnahme vom Prinzip der Formfreiheit** vor, dass die Vollmachtserteilung in einer bestimmten Form vorzunehmen ist. So müssen zB nach § 492 IV bei einer Vollmacht, die zum Abschluss eines Verbraucherdarlehensvertrages (vgl. § 491 I) erteilt wird, die Anforderungen beachtet werden, die sich aus § 492 I und II ergeben.
- Der in § 167 II ausgesprochene Grundsatz, dass die auf ein **formbedürftiges Rechtsgeschäft** bezogene Vollmacht formlos gültig ist, muss in Fällen eingeschränkt werden, in denen die formlose Bevollmächtigung mit dem **Zweck der Formvorschrift** unvereinbar ist. Dies ist anzunehmen, wenn durch eine formlose Bevollmächtigung gerade der Rechtszustand eintritt, der durch die Formvorschrift verhindert werden soll: Ist der Formzwang geschaffen worden, um den Erklärenden auf die rechtliche Bedeutung seines Verhaltens hinzuweisen und vor Übereilung zu warnen (→ Rn. 59), so darf nicht zugelassen werden, dass über den Weg einer Bevollmächtigung eine Bindung des Erklärenden durch formfreies Rechtsgeschäft eintritt. Im Schrifttum wird dementsprechend vorgeschlagen, stets die für das Vertretungsgeschäft geltende Formvorschrift auf die Vollmachtserteilung auszudehnen, wenn der Formvorschrift Warnfunktion zukommt.[15] Die hM, insbesondere die Rechtsprechung, will demgegenüber die Entscheidung aufgrund einer differenzierenden Beurteilung der Einzelfälle suchen. So wird zB aus § 311b I 1 die Formbedürftigkeit der Vollmacht abgeleitet, die unwiderruflich zum Verkauf eines Grundstücks erteilt wird, auch wenn die Unwiderruflichkeit zeitlich befristet ist; das gleiche soll gelten, wenn der Vollmachtgeber beim Widerruf Nachteilen ausgesetzt ist (zB wenn er dann zur Zahlung einer Vertragsstrafe verpflichtet ist).[16]

Die Zulässigkeit dieser den eindeutigen Wortlaut des § 167 II missachtenden Auffassung ergibt sich aus folgenden Erwägungen: Die in § 167 II aufgestellte Regel ist – wie dargelegt – mit Sinn und Zweck anderer Regelungen, nämlich der hier anzuwendenden Formvorschriften, unvereinbar. Deshalb muss die (nach ihrem Wortlaut zu weit geratene) Vorschrift des § 167 II so eingeschränkt werden, dass ihr Anwendungsbereich mit dem Regelungszweck der Formvorschriften übereinstimmt. Eine derartige Einschränkung einer nach dem Wortsinn entgegen der Regelungsabsicht des Gesetzgebers zu weit gefassten Vorschrift wird **teleologische Reduktion**[17] genannt. **1169**

---

[15] So *Flume* BGB AT 864 f.; *Schwerdtner* JURA 1979, 163.
[16] Vgl. BGH NJW 1979, 2306; *Rösler* NJW 1999, 1150; MüKoBGB/*Schubert* § 167 Rn. 17 ff., jew. mwN, auch zu weiteren Fällen einer Formbedürftigkeit der Vollmacht.
[17] Teleologisch leitet sich ab von telos (griech.: Ziel, Zweck), Reduktion von reductio (lat.: Zurückführung); vgl. dazu *Rüthers/Fischer/Birk* Rechtstheorie Rn. 902 ff.

1170 Wird die Vollmacht gegenüber dem Bevollmächtigten erteilt (X sagt zu Y: „Ich bevollmächtige Sie, für mich ein Auto zu kaufen"; § 167 I Var. 1), so spricht man von einer **Innenvollmacht**. Wird die Bevollmächtigung gegenüber dem Dritten, mit dem das Vertretungsgeschäft geschlossen werden soll, vorgenommen (X sagt zu Z: „Ich bevollmächtige Y, für mich mit Ihnen einen Kaufvertrag über ein Auto zu schließen"; § 167 I Var. 2), so handelt es sich um eine sog. **Außenvollmacht**. Keine besondere Art der Vollmachtserteilung behandeln §§ 171, 172. Diese Vorschriften enthalten Regelungen, die im Interesse des Verkehrsschutzes getroffen worden sind und die sich auf eine Innenvollmacht beziehen, die durch besondere Mitteilung an einen Dritten oder durch öffentliche Bekanntmachung (§ 171 I) oder durch Vorlage einer Vollmachtsurkunde, die der Vertreter vom Vollmachtgeber erhalten hat (§ 172 I), bekannt gemacht wird (zB: „Herr X ist von mir bevollmächtigt worden").

1171 Der Begriff **Innenvollmacht** darf nicht etwa dahingehend missverstanden werden, als werde dadurch (auch) das Innenverhältnis zwischen Vollmachtgeber und Bevollmächtigtem geregelt. Die Vollmacht hat stets (nur) Außenwirkung, denn durch sie wird dem Bevollmächtigten Rechtsmacht zur Vertretung des Bevollmächtigenden gegenüber Dritten verliehen. Diese Rechtsmacht ist unabhängig von den zwischen Vollmachtgeber und Bevollmächtigtem bestehenden Rechtsbeziehungen (zB Auftrag oder Dienstvertrag), die den Grund für die Bevollmächtigung bilden und die Rechte und Pflichten beider in ihrem Verhältnis zueinander regeln. Die Vollmacht ist in ihrer Gültigkeit von dem Innenverhältnis gelöst; sie ist davon abstrahiert (**Abstraktionsprinzip**).[18]

1172 Die Abstraktheit der Vollmacht bewirkt also, dass es ohne Einfluss auf die Wirksamkeit des Vertretungsgeschäfts bleibt, wenn der das Innenverhältnis regelnde Vertrag nichtig ist oder wenn der Bevollmächtigte internen Weisungen zuwiderhandelt (zB kein Geschäft über 10.000 EUR ohne Rücksprache mit dem Vollmachtgeber zu schließen). Kennt der Geschäftspartner die **internen Bindungen des Vertreters** und wirkt er zum Nachteil des Vollmachtgebers mit dem Stellvertreter zusammen, so ist allerdings das geschlossene Geschäft als sittenwidrig anzusehen und deshalb nach § 138 I nichtig (→ Rn. 207).

1173 Von solchen (im Grundsatz für Dritte nicht wirksamen) internen Bindungen ist aber die **Beschränkung der Vollmacht** selbst zu unterscheiden. Durch solche Beschränkungen wird die Vertretungsmacht begrenzt. Wer beispielsweise nur zum Verkauf von Ware bevollmächtigt ist, hat keine Vollmacht dazu, Ware zu vermieten oder anzukaufen. Man muss also danach differenzieren, ob der Stellvertreter die Vertretungsmacht besitzt und sie (lediglich) missbraucht, weil er von ihr zB weisungswidrig Gebrauch macht (dies wirkt sich grundsätzlich nur im Innenverhältnis aus; dazu Einzelheiten später), oder ob er die Grenzen seiner Vertretungsmacht überschreitet (dann handelt er als vollmachtloser Vertreter).

1174 Allerdings kann abweichend von dem Grundsatz, dass die Unwirksamkeit des Innenverhältnisses zwischen Vollmachtgeber und Bevollmächtigtem die Gültigkeit der Vollmacht unberührt lässt, aufgrund des § 139 ausnahmsweise etwas anderes gelten, wenn Innenverhältnis und Vollmacht als ein einheitliches Rechtsgeschäft im Sinne dieser Vorschrift (→ Rn. 301) an-

---

[18] Dazu *Lieder* JuS 2014, 393 (Grundlagen) sowie 681 (Durchbrechung des Abstraktionsprinzips); *Himmen* JURA 2016, 1345.

II. Stellvertretung

zusehen sind. Bei einer solchen Wertung ist jedoch größte Zurückhaltung zu üben, weil sonst über § 139 das Prinzip der Trennung von Vollmacht und zugrundeliegendem Rechtsverhältnis aufgehoben und die Abstraktheit der Vollmacht ignoriert wird.[19]

Nach dem Umfang der Vollmacht unterscheidet man zwischen einer **Spezialvollmacht** (die nur für ein bestimmtes Geschäft gilt), einer **Gattungsvollmacht** (die eine Gattung von Geschäften betrifft) und einer **Generalvollmacht** (die zu Vertretungen aller Art befugt). In einigen Fällen legt das Gesetz den Umfang der Vollmacht im Interesse des Rechtsverkehrs zwingend fest (zB durch §§ 49, 50 HGB für die Prokura, eine besondere handelsrechtliche Vollmacht). Die Vollmacht kann auch in der Weise beschränkt werden, dass der Bevollmächtigte nicht allein zur Vertretung befugt sein soll, sondern nur mit einem oder mehreren anderen (sog. **Gesamtvollmacht** im Unterschied zur Einzelvollmacht). Bei der Gesamtvollmacht müssen die Bevollmächtigten nicht notwendigerweise gemeinsam handeln; vielmehr genügt es, dass einer das Rechtsgeschäft im Namen des Vertretenen vornimmt und der andere oder die anderen intern diesem Geschäft zustimmen. Eine Gesamtvertretung, zu der eine Gesamtvollmacht berechtigt, kommt nicht nur im Rahmen der gewillkürten Stellvertretung vor, sondern auch bei der gesetzlichen. So vertreten Eltern das Kind gemeinschaftlich (§ 1629 I 2). Erteilt der Bevollmächtigte einem Dritten Vollmacht, den Vollmachtgeber (also die Person, die ihn bevollmächtigt hat) zu vertreten, so spricht man von einer **Untervollmacht** (dazu *Musielak/Hau* EK BGB Rn. 56 ff.).

1175

Nimmt ein Bevollmächtigter ein **einseitiges Rechtsgeschäft** (→ Rn. 46 f.) gegenüber einem anderen vor (Beispiel: Kündigung eines Vertrages), so ist dieses Rechtsgeschäft unwirksam, wenn der Bevollmächtigte eine Vollmachtsurkunde nicht vorlegt und der andere das Rechtsgeschäft aus diesem Grunde unverzüglich zurückweist, es sei denn, dass der Vollmachtgeber den anderen von der Bevollmächtigung in Kenntnis gesetzt hatte (§ 174).[20] Die **Zurückweisung** muss nicht ausdrücklich erfolgen. Erforderlich ist nur, dass sie sich aus der dafür gegebenen Begründung oder aus sonstigen Umständen eindeutig und für den Bevollmächtigten zweifelsfrei erkennbar ergibt.[21] § 174 korrespondiert mit § 180 S. 1, wonach ein ohne Vertretungsmacht vorgenommenes einseitiges Rechtsgeschäft nichtig ist (→ Rn. 1214). Derjenige, dem gegenüber ein einseitiges Rechtsgeschäft durch einen Vertreter vorgenommen wird, hat ein berechtigtes Interesse daran zu wissen, ob der Vertreter die für das Rechtsgeschäft erforderliche Vertretungsmacht besitzt oder ob dies verneint werden muss und deshalb das Rechtsgeschäft für ihn keine Wirkung hat. § 174 schützt dieses Interesse. Nach allgemeiner Meinung muss der Bevollmächtigte das Original der Vollmachtsurkunde vorlegen. Eine Kopie oder ein Telefax der Vollmachtsurkunde genügt nicht.[22]

1176

cc) Konkludent erteilte Vollmacht und Duldungsvollmacht

Die **Erteilung der Vollmacht** muss nicht ausdrücklich, sondern kann auch **konkludent** vorgenommen werden, soweit nicht gesetzliche Vorschriften etwas anderes

1177

---

[19] Zu diesem Problem vgl. *Knoche* JA 1991, 281 (283 f.); *Hartmann* ZGS 2005, 62, jew. mN. Der Nichtigkeitsgrund kann sich jedoch auch auf die Vollmacht erstrecken; vgl. BGH NJW 2002, 2325 (2326).
[20] Ausführlich *Preis/Lukes* JA 2015, 900.
[21] BGH NJW 2011, 2120 Rn. 13; 2013, 297 Rn. 9 = JuS 2013, 839 (*Schwab*).
[22] OLG Hamm NJW 1991, 1185.

bestimmen (vgl. § 48 I HGB, wonach die Prokura nur mittels ausdrücklicher Erklärung erteilt werden darf). In dem Gewährenlassen von Vertretungsgeschäften kann eine stillschweigende Bevollmächtigung liegen. Hierfür ist jedoch Voraussetzung, dass der Stellvertreter dem Verhalten des Vertretenen den objektiven Erklärungswert einer Vollmacht beilegen kann. Weiß der als Stellvertreter Auftretende, dass ihm der Vertretene keine Vollmacht erteilen will und nur aus Schwäche oder Gleichgültigkeit nicht eingreift, so verbietet sich die Annahme einer konkludent erteilten Vollmacht.

Beispiel: Klein und Groß sammeln Briefmarken, und zwar Klein nur deutsche, Groß nur solche aus Übersee. Groß, der über mehr Zeit als Klein verfügt, sieht die ihm von Händlern geschickten Angebote stets sehr sorgfältig durch und ordert dann die Marken, die nach Preis und Art interessant sind. Im Laufe der Zeit hat es sich eingespielt, dass Groß auch Marken im Namen des Klein bestellt. Klein und Groß haben zwar niemals darüber gesprochen, dass Groß dies tun soll, aber Klein hat stets anstandslos die ihm zugesandten Marken bezahlt. Eines Tages bekommen beide Streit, in dessen Verlauf Klein erklärt, er verbitte sich nachdrücklich die weitere Bevormundung durch Groß; er wolle selbst entscheiden, welche Marken er erwerbe. Groß solle sich unterstehen, noch einmal eine Bestellung für ihn aufzugeben. Groß erwidert, Klein habe doch überhaupt keine Ahnung von Briefmarken; wenn er – Groß – ihn im Stich ließe, würde er doch großen Schaden erleiden. Deshalb werde er auch weiterhin Klein den Freundschaftsdienst leisten, auch wenn dieser sich undankbar zeige. Dabei bleibt Groß trotz weiterer Proteste des Klein und bestellt erneut einige Marken im Namen von Klein. Als die Marken dem Klein zugesandt werden, zahlt er auch diese „um des lieben Friedens willen". Damit hatte Groß, der die nachgiebige Art des Klein kannte, von vornherein gerechnet.

Bei der ersten Bestellung für Klein handelte Groß ohne Vertretungsmacht. Als Klein den geforderten Preis dem Händler zahlte, genehmigte er damit konkludent den Kaufvertrag (§ 177 I). Bei der folgenden Bestellung kann man noch zweifeln, ob bereits in dem Verhalten des Klein eine schlüssig erklärte Bevollmächtigung des Groß zu sehen ist. Als jedoch in der folgenden Zeit Klein stets die Verträge akzeptierte, die Groß für ihn schloss, konnte Groß mit Recht davon ausgehen, dass er auch in Zukunft für Klein in dem bisherigen Rahmen handeln durfte. Demgemäß war das Verhalten des Klein nach dem objektiven Erklärungswert als konkludentes Erteilen einer Innenvollmacht zu werten. Als Klein aber ausdrücklich die Bevollmächtigung des Groß widerrief (vgl. § 168), handelte dieser von diesem Zeitpunkt an als vollmachtloser Vertreter des Klein. Auch wenn Klein die erneute Bestellung abnahm und bezahlte (Genehmigung nach § 177 I), kann Groß das Verhalten des Klein in Zukunft nicht mehr als stillschweigende Bevollmächtigung auffassen.

1178 Allerdings stellt sich in solchen Fällen die Frage, ob Dritte – im Beispielsfall die Händler – darauf vertrauen können, dass der (in Wirklichkeit ohne Vollmacht) Handelnde die erforderliche Vertretungsmacht besitzt, um den Vertretenen zu verpflichten. Anders gefragt: Muss sich derjenige, der ein vollmachtloses Handeln kennt und nichts dagegen unternimmt, so behandeln lassen, als habe er die (in Wirklichkeit nicht erteilte) Bevollmächtigung vorgenommen? Die hM bejaht diese Frage, wenn die Voraussetzungen einer sog. **Duldungsvollmacht** erfüllt sind:[23]

---

[23] BGH NJW 2011, 2421 Rn. 15; MüKoBGB/*Schubert* § 167 Rn. 90 ff. Vgl. auch BGH NJW 1997, 312 (314); 2002, 2325 (2327); 2003, 2091 (2092); 2004, 2745 (2746 f.); 2007, 987 Rn. 19 = JuS 2007, 779 (*K. Schmidt*).

II. Stellvertretung

> Eine Duldungsvollmacht wird bejaht, wenn
> - ein zum Handeln nicht Berechtigter während einer gewissen Dauer und wiederholt für den Geschäftsherrn als Vertreter auftritt,
> - der Geschäftsherr Kenntnis von diesem vollmachtlosen Handeln hat und dagegen nicht einschreitet, obwohl ihm dies möglich ist,
> - der Geschäftspartner des Geschäftsherrn das Verhalten des Vertreters und dessen Duldung durch den Geschäftsherrn kennt und daraus nach Treu und Glauben mit Rücksicht auf die Verkehrssitte den Schluss ziehen kann, dass der Vertreter Vollmacht besitzt.

Die Fälle der „Duldungsvollmacht" werden also dadurch gekennzeichnet, dass der Geschäftsherr **durch Duldung** des vollmachtlosen Auftretens eines Nichtberechtigten den **Rechtsschein einer Vertretungsmacht** entstehen lässt, auf den Dritte vertrauen. Insoweit ergibt sich eine Parallele zu Sachverhalten, in denen der Geschäftsherr öffentlich eine (in Wirklichkeit nicht bestehende) Bevollmächtigung bekannt gibt. Nach § 171 I muss er sich dann so behandeln lassen, als habe er eine Vollmacht dem Vertreter wirksam erteilt. Deshalb wird die von der hM befürwortete Anerkennung der Duldungsvollmacht bisweilen auf eine **analoge Anwendung des § 171 I** gestützt.[24] 1179

Von einer **Analogie** wird gesprochen, wenn die für einen Tatbestand im Gesetz getroffene Regelung (hier: § 171 I) auf einen gesetzlich nicht geregelten ähnlichen Tatbestand (hier: Duldungsvollmacht) angewendet wird. Kann die auf den ungeregelten Tatbestand zu übertragende Rechtsfolge – wie hier – aus einem einzigen Rechtssatz gewonnen werden, so bezeichnet man dies als Gesetzesanalogie; wird hingegen die anzuwendende Regelung aus mehreren Rechtssätzen oder aus dem Gesamtsystem des Gesetzes abgeleitet, so handelt es sich um eine sog. Rechtsanalogie. Erste Voraussetzung für eine Analogie ist also ein „ungeregelter" Tatbestand. Das Gesetz muss insoweit eine **„Lücke"** aufweisen, die es zu schließen gilt. Das Schweigen des Gesetzes darf nicht etwa darauf zurückzuführen sein, dass der Gesetzgeber bewusst von einer Regelung absah; denn ein solches „bewusstes Schweigen" darf nicht nachträglich vom Rechtsanwender korrigiert werden. Vielmehr muss das Schweigen des Gesetzes unbeabsichtigt sein, gleichsam im Widerspruch zu dem gesetzgeberischen Vorhaben stehen. Eine „Lücke" ist folglich eine vom Standpunkt des Gesetzgebers aus betrachtete, von der dem Gesetz zugrundeliegenden Regelungsabsicht her gesehene **„Planwidrigkeit"**. Diese ist durch Analogie zu beseitigen, wenn der ungeregelte Tatbestand dem geregelten so ähnlich ist, dass es die Gerechtigkeit gebietet, beide gleich zu behandeln.[25] 1180

Die analoge Anwendung eines Rechtssatzes vollzieht sich mithin in folgenden Schritten: 1181

- Feststellung einer Lücke (= Planwidrigkeit),
- Feststellung der Ähnlichkeit zwischen geregeltem und ungeregeltem Tatbestand,

---

[24] *Wolf/Neuner* BGB AT § 50 Rn. 84 ff. AA MüKoBGB/*Schubert* § 167 Rn. 91 ff.
[25] Vgl. BGH NJW 2010, 1065 Rn. 21; *Rüthers/Fischer/Birk* Rechtstheorie Rn. 889 ff.

- Übertragung der Rechtsfolge aus dem geregelten auf den ungeregelten Tatbestand.

1182 Werden diese Voraussetzungen erfüllt, ist ein Analogieschluss gerechtfertigt. Zumindest schief ist die Behauptung, sog. Ausnahmevorschriften seien nicht analogiefähig.[26] Diese Behauptung setzt nämlich voraus, was es zu klären gilt; denn die entscheidende Frage betrifft nicht den Charakter einer Regelung als Ausnahmevorschrift, sondern richtet sich auf die Voraussetzungen der Analogie. Regelt eine Vorschrift einen derartig einzigartigen Fall, dass eine Ähnlichkeit zu anderen Fällen ausgeschlossen werden muss, so fehlt ihr allerdings die Analogiefähigkeit. Eine solche Regelung kann man als Ausnahmevorschrift bezeichnen.[27] Dies zeigt jedoch, dass diese Qualifikation am Schluss und nicht am Anfang der Prüfung einer analogen Anwendung steht.

dd) Anscheinsvollmacht

1183 Es bleiben noch Fälle zu erörtern, in denen der Geschäftsherr von dem vollmachtlosen Auftreten des Vertreters keine Kenntnis hat, bei Beachtung der pflichtgemäßen Sorgfalt aber durchaus hätte erkennen und verhindern können, dass der Vertreter in seinem Namen Rechtsgeschäfte schließt.

> **Beispiel:**[28] A ist als Angestellter für Unternehmer U tätig. Nachdem er wiederholt weisungsgemäß Schadensfälle der Versicherungsgesellschaft V gemeldet hatte, bei der U versichert ist, kündigte A auf einem Geschäftsbriefbogen des U mit eigener Unterschrift den Versicherungsvertrag, den er für übersteuert hält. Auf eine schriftliche Anfrage von V nach dem Grund der Kündigung antwortet A wiederum auf einem Geschäftsbriefbogen des U und mit eigener Unterschrift. Bis zum Kündigungstermin werden die fälligen Versicherungsprämien pünktlich gezahlt, danach nicht mehr. Als bei U ein neuer Schadensfall auftritt, weigert sich V unter Hinweis auf die Kündigung, Versicherungsschutz zu gewähren. Erst jetzt erfährt U von der durch A vorgenommenen Kündigung. U meint, er brauche diese Kündigung nicht gelten zu lassen, weil A keine Vollmacht gehabt und er von der Kündigung nichts gewusst habe. Ist diese Auffassung des U zutreffend?

1184 Nach der hM, insbesondere der Rechtsprechung, kann sich der Vertretene auf den Mangel der Vollmacht seines angeblichen Vertreters dann nicht berufen, wenn er dessen Verhalten zwar nicht kannte, es aber bei pflichtgemäßer Sorgfalt hätte kennen und verhindern können und wenn der Geschäftspartner das Verhalten des Vertreters nach Treu und Glauben und mit Rücksicht auf die Verkehrssitte dahin auffassen durfte, dass es dem Vertretenen bei verkehrsmäßiger Sorgfalt nicht habe verborgen bleiben können, dieser es also duldete.[29] Im Allgemeinen wird noch hinzukommen, dass das Verhalten des angeblichen Vertreters von einer gewissen Häufigkeit oder

---

[26] Vgl. dazu *Würdinger* JuS 2008, 949; *Schneider* JA 2008, 174.
[27] *Wolf/Neuner* BGB AT § 6 Rn. 12.
[28] Fall nach BGH NJW 1956, 1673.
[29] BGH NJW 1956, 1673 (1674); 2005, 2985 (2987); 2007, 987 Rn. 25 = JuS 2007, 779 (*K. Schmidt*), jew. mwN.

II. Stellvertretung

Dauer ist, um einen Vertrauenstatbestand zu rechtfertigen.[30] Sind diese Voraussetzungen erfüllt, besteht nach hM eine sog. Anscheinsvollmacht, die den Vertretenen in gleicher Weise verpflichtet, als habe er wirksam eine rechtsgeschäftliche Vollmacht erteilt.[31]

> **Voraussetzungen einer Anscheinsvollmacht:**
>
> (1) Ein zur Vertretung nicht Berechtigter tritt während einer gewissen Dauer und wiederholt als Vertreter auf.
> Allerdings kann sich unter besonderen Umständen ein hinreichender Rechtsschein bereits aufgrund kurzfristiger Verhaltensweisen ergeben.
> (2) Der Geschäftsherr hat keine Kenntnis von dem vollmachtlosen Handeln, hätte diese Kenntnis aber bei pflichtmäßiger Sorgfalt haben müssen.
> (3) Der Geschäftspartner kann das Verhalten des angeblichen Vertreters nach Treu und Glauben mit Rücksicht auf die Verkehrssitte dahin auffassen, dass dieses Verhalten dem Vertretenen bei Beachtung der verkehrsmäßigen Sorgfalt nicht verborgen bleiben kann und es folglich von ihm zugelassen wird.

Der Lehre von der Anscheinsvollmacht wird im Schrifttum entgegengehalten, nach dem BGB könne die Nichtbeachtung pflichtmäßiger Sorgfalt nicht das Zustandekommen eines Rechtsgeschäfts bewirken, sondern nur schadensersatzpflichtig machen.[32] Auch wenn man diesen Bedenken die dogmatische Berechtigung nicht absprechen kann, wird man doch davon auszugehen haben, dass die ständige Rechtsprechung den Grundsätzen von der Anscheinsvollmacht die verbindliche Kraft des Richterrechts gegeben hat.[33]

1185

Die Gerichte sind nicht nur zur Rechtsanwendung berufen, sondern auch zur Fortentwicklung des Rechts; dies ist heute allgemein – auch vom Gesetzgeber (vgl. § 132 IV GVG) – anerkannt.[34] Die **richterliche Rechtsfortbildung** vollzieht sich gleichsam in konzentrischen Kreisen, in deren gemeinsamen Mittelpunkt das Gesetz steht.[35] Bereits bei der (einfachen) Auslegung und Anwendung des Gesetzes kann dieses Recht fortgebildet werden, zB wenn das Gericht eine gesetzliche Vorschrift in einem neuen, von dem bisherigen Verständnis abweichenden Sinn interpretiert. Die Grenze für diese den innersten Kreis bildende Rechtsfortbildung wird durch den möglichen Wortsinn der einzelnen Vorschrift gezogen. Jenseits dieser Grenze – innerhalb des zweiten Kreises – beginnt die Ausfüllung von Gesetzeslücken (zum Begriff → Rn. 1180), und zwar vornehmlich durch **Analogie** (Rechtssatz 1 wird über

1186

---

[30] BGH NJW 1981, 1727 (1728); 1998, 3342 (3343); 2011, 2421 Rn. 16; MüKoBGB/*Schubert* § 167 Rn. 110. Für einen Verzicht auf ein Zeitmoment in Ausnahmefällen auch OLG Koblenz MDR 2010, 16.
[31] Zu Besonderheiten, die sich für die Haftung des Anschlussinhabers ergeben, wenn jemand unbefugt dessen Telefonanschluss benutzt, vgl. BGH NJW 2006, 1971; *Kless* MDR 2007, 185.
[32] So insbesondere *Flume* BGB AT 832 ff.; *Medicus/Petersen* BGB AT Rn. 970 f.
[33] A.A. MüKoBGB/*Schubert* § 167 Rn. 92.
[34] BVerfG JZ 2009, 675 Rn. 57, vgl. aber auch Rn. 96 ff.; NJW 2012, 669 Rn. 56 f. Einführend *Meier/Jocham* JuS 2016, 392.
[35] Vgl. dazu *Rüthers/Fischer/Birk* Rechtstheorie Rn. 796 ff.

seinen eigentlichen Anwendungsbereich hinaus analog herangezogen; → Rn. 1180), bisweilen aber auch durch **teleologische Reduktion** (Rechtssatz 2, der die Nichtanwendung von Rechtssatz 1 anordnet, bleibt schutzzweckorientiert unangewendet; allgemein zur teleologischen Reduktion → Rn. 1169).[36] Am weitesten vom Mittelpunkt des Gesetzes entfernt verläuft der dritte Kreis, der die **gesetzeserweiternde und gesetzesübersteigende Rechtsfortbildung** umschließt. Hierbei dient die Rechtsfortbildung nicht zur Ausfüllung planwidriger Unvollständigkeiten innerhalb des Gesetzes selbst, die entsprechend der im Gesetz niedergelegten Normvorstellungen und Prinzipien, also in gesetzesimmanenter Weise, zu beseitigen sind; vielmehr bewegt sie sich über den Plan des Gesetzes hinaus und entwickelt ihn fort, insbesondere um dadurch dringenden Bedürfnissen des Rechtsverkehrs zu entsprechen. Als Beispiel hierfür kann das Sicherungseigentum genannt werden, das im praktischen Ergebnis die Funktion eines (von Gesetzes wegen unzulässigen) besitzlosen Pfandrechts einnimmt (vgl. *Musielak/Hau* EK BGB Rn. 747 f.). Mag auch heute dieses Rechtsinstitut gewohnheitsrechtlich verfestigt sein, die Grundlagen dazu sind durch die Rechtsprechung gelegt worden.

1187 Zwischen **Richterrecht und Gewohnheitsrecht** muss unterschieden werden.[37] Übereinstimmung besteht zwischen beiden darin, dass sie als ungeschriebenes Recht dem Gesetzesrecht gegenüberstehen. Gewohnheitsrecht verlangt aber für seine Geltung, dass es längere Zeit hindurch als Recht anerkannt und befolgt wird, also von einer allgemeinen Rechtsüberzeugung getragen wird.[38] Im Gegensatz zum Gewohnheitsrecht ist es für die Geltung des Richterrechts nicht Voraussetzung, dass sich der einzelne Rechtssatz auf eine allgemeine Rechtsüberzeugung stützen kann. Unterschiedlich ist auch die Bindungswirkung: Während sich die Rechtsprechung kraft besserer Einsicht wieder vom Richterrecht distanzieren kann, steht das Gewohnheitsrecht nur zur Disposition des Gesetzgebers. In dem hier behandelten Fall der Anscheinsvollmacht verbietet sich deshalb die Annahme des Gewohnheitsrechts, weil stets die Rechtsprechung zu diesem Fragenkomplex der Kritik ausgesetzt gewesen ist.

1188 Es ist offensichtlich, dass besonders die gesetzesübersteigende Rechtsfortbildung des Richters die Frage aufwirft, welche Grenzen hierfür zu beachten sind und welche Kompetenzen dem Richter, welche nur dem Gesetzgeber zustehen. Dass der Richter bei der Fortbildung des Rechts nicht so frei entscheiden darf wie der Gesetzgeber, ist selbstverständliche Folge des Prinzips der Gewaltenteilung sowie des Grundsatzes der **Rechts- und Gesetzesbindung der Rechtsprechung** (vgl. Art. 20 II und III GG). Welche Grenzen für die richterliche Rechtsfortbildung bestehen, wird im Schrifttum eingehend und zum Teil kontrovers diskutiert.[39] Auf diese Diskussion kann hier nicht im Einzelnen eingegangen werden. Es muss der allgemeine Hinweis genügen, dass der Richter an das bestehende System der Rechtsordnung gebunden ist und sich an den Grundwerten zu orientieren hat, die ihm vom Gesetzgeber vorgegeben sind.[40]

1189 Der Unterschied zwischen der herrschenden Lehre von der Anscheinsvollmacht und der Gegenmeinung zeigt sich darin, dass Erfüllungsansprüche des Geschäftspartners gegen den Vertretenen nur in Betracht kommen, wenn ein Vertragsschluss bejaht werden kann (wie das die hM vertritt), sonst können nur Schadensersatzansprüche gegen den Vertretenen auf der Grundlage der c. i. c. bestehen, die in aller Regel das

---

[36] Näher zur Anwendung solcher Techniken in der zivilrechtlichen Falllösung *Kuhn* JuS 2016, 104.
[37] *Krebs/Becker* JuS 2013, 97.
[38] BVerfG JZ 2009, 675 Rn. 62.
[39] Vgl. nur *Wenzel* NJW 2008, 345; *Hillgruber* JZ 2008, 745; *Rüthers* NJW 2011, 1856, jew. mwN.
[40] Vgl. BVerfG NJW 2006, 3409; 2011, 836 Rn. 53 f.; MüKoBGB/*Säcker* Einl. (vor § 1) Rn. 75 ff.

II. Stellvertretung

Erfüllungsinteresse nicht ausgleichen werden (→ Rn. 589).[41] Daneben können Ansprüche gegen den vollmachtlos handelnden Vertreter nach § 179 gegeben sein, die im Falle einer Anscheinsvollmacht nach hM nicht bestehen, da sich dann die Rechtslage im Verhältnis zum Geschäftspartner so darstellt, als sei eine wirksame Vollmacht erteilt worden.[42]

ee) Erlöschen der Vollmacht

Ausweislich § 168 S. 2 ist eine Vollmacht grundsätzlich frei widerruflich, und zwar mit Wirkung für die Zukunft (also nur ex nunc). Der **Widerruf** kann, wie die Vorschrift klarstellt, ausgeschlossen werden (zu den Konsequenzen für die Formbedürftigkeit der Vollmachterteilung vgl. → Rn. 1168). Ein Widerruf aus wichtigem Grund soll allerdings stets möglich bleiben. In Betracht kommt grundsätzlich auch eine **Anfechtung der Vollmachterteilung** nach den allgemeinen Regeln (§§ 119 ff.). Schwierigkeiten bereitet die Frage, ob eine schon ausgeübte Innenvollmacht noch angefochten werden kann; die Beschäftigung damit eignet sich aber eher für Fortgeschrittene.[43]

1190

Unter welchen Voraussetzungen die Vollmacht (außer bei Widerruf und Anfechtung) erlischt, bestimmt sich gem. § 168 S. 1 nach dem ihrer Erteilung **zugrundeliegenden Rechtsverhältnis**. Diese (abdingbare) Vorschrift schafft trotz der Abstraktheit der Vollmacht (→ Rn. 1171) eine eigenartige Verbindung zwischen ihr und dem ihr zugrundeliegenden Rechtsverhältnis. Hat der Bevollmächtigte das ihm übertragene Geschäft erledigt, zu dessen Durchführung er die Vollmacht erhalten hat, so ist sie verbraucht und erlischt folglich. Das gleiche gilt, wenn die dem Bevollmächtigten übertragene Aufgabe undurchführbar wird (zB ein bestimmter Gegenstand, den der Bevollmächtigte für den Geschäftsherrn erwerben soll, zerstört wird). Wenn die Vollmacht, was zulässig ist, befristet oder (auflösend) bedingt erteilt wird (→ Rn. 891 f.), endet sie durch Zeitablauf oder durch Eintritt der auflösenden Bedingung.

1190a

Stirbt der Vollmachtgeber oder wird er geschäftsunfähig, hat dies nicht notwendigerweise das Erlöschen der Vollmacht zur Folge. Bleibt das der Vollmacht zugrundeliegende Rechtsverhältnis trotz Tod oder Geschäftsunfähigkeit des Vollmachtgebers bestehen (zum Auftrag → Rn. 977), so gilt dies nach § 168 S. 1 auch für die Vollmacht. Erlischt beim Tod des Vollmachtgebers das Rechtsgeschäft, das den Grund für die Bevollmächtigung geschaffen hat, gilt es in einer Reihe von Fällen zugunsten des Bevollmächtigten fort, bis er vom Erlöschen Kenntnis erlangt hat oder erlangen konnte. So verhält es sich zB bei einem Auftrag (vgl. § 674) und bei einem auf eine Geschäftsbesorgung gerichteten Dienst- oder Werkvertrag (§ 675 I iVm § 674); eine ähnliche Regelung enthält § 729 zugunsten eines zur Geschäftsführung befugten Gesellschafters. In diesen Fällen bleibt also auch die Vollmacht bestehen (§ 168 S. 1). Ob beim **Tod des Bevollmächtigten** die Vollmacht erlischt oder auf den Erben übergeht, richtet sich ebenfalls nach dem der Vollmacht zugrundeliegenden Rechtsverhältnis.

1191

---

[41] Vgl. die Fortgeschrittenenklausur bei *Lindacher/Hau* Fälle BGB AT Nr. 17.
[42] BGHZ 86, 273 = NJW 1983, 1308.
[43] Näher *Musielak/Hau* EK BGB Rn. 60 ff.; *Riehm*, Examinatorium BGB Allgemeiner Teil, 2015, Rn. 587 f.; *Barth* JA 2016, 12.

1192 Mit dem **Erlöschen der Vollmacht** verliert der Bevollmächtigte seine Vertretungsmacht und kann nicht mehr den Vollmachtgeber verpflichten und berechtigen. Von diesem Grundsatz werden im Interesse eines gutgläubigen Dritten (vgl. § 173) durch §§ 170–172 **Ausnahmen** gemacht:

- Eine Vollmacht, die gegenüber einem Dritten erteilt worden ist (Außenvollmacht, → Rn. 1170), bleibt diesem gegenüber in Kraft, bis ihm das Erlöschen der Vollmacht angezeigt wird (§ 170) oder bis er vom Erlöschen auf andere Weise erfahren hat oder erfahren konnte (§ 173).
- Wird eine Innenvollmacht (→ Rn. 1170) durch besondere Mitteilung an einen Dritten oder durch öffentliche Bekanntmachung zur Kenntnis gebracht, so bleibt sie zugunsten eines Gutgläubigen bestehen, bis die Kundgabe in derselben Weise widerrufen wird (§§ 171 II, 173).
- Hat der Vollmachtgeber dem Vertreter eine Vollmachtsurkunde ausgehändigt, gilt die Vertretungsmacht zugunsten eines gutgläubigen Dritten, dem die Urkunde vorgelegt wird, als fortbestehend. Erst wenn der Vollmachtgeber die Urkunde zurückerhält, worauf er nach § 175 gegen den Bevollmächtigten einen Anspruch hat, oder wenn die Urkunde für kraftlos erklärt wird (vgl. § 176), entfällt die Grundlage für einen Vertrauensschutz (§§ 172 II, 173).

ff) Einschränkung der Vertretungsmacht durch § 181

1193 Eine gesetzliche Einschränkung der Vertretungsmacht ergibt sich aus § 181 für **Insichgeschäfte**; bei einem solchen steht dieselbe Person auf jeder Seite der am Rechtsgeschäft Beteiligten. § 181 unterscheidet zwischen zwei Arten:

- Ein Vertreter schließt im Namen des Vertretenen mit sich selbst im eigenen Namen ein Rechtsgeschäft (Beispiel: V bevollmächtigt X, für ihn Getreide zu verkaufen. X kauft selbst dieses Getreide).
- Jemand fungiert als Vertreter beider ein Rechtsgeschäft Vornehmender (Beispiel: V bevollmächtigt X, für ihn Getreide zu verkaufen, K bevollmächtigt X, für ihn Getreide zu kaufen. X schließt sowohl als Vertreter des V als auch als Vertreter des K einen Kaufvertrag über das Getreide).

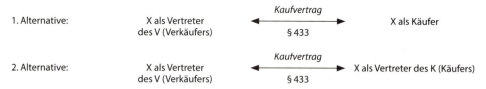

1194 Die **Gefahr einer Interessenkollision** ist bei einem Insichgeschäft offensichtlich. Deshalb wird es grundsätzlich für unzulässig erklärt. Allerdings bewirkt diese Unzulässigkeit nur den Wegfall der Vertretungsmacht, sodass ein Insichgeschäft die gleichen Rechtswirkungen entfaltet wie sonst Rechtsgeschäfte, die von einem vollmachtlosen Vertreter vorgenommen worden sind (→ Rn. 1212 ff.). Handelt es sich um einen **Vertrag,** ist er entsprechend § 177 **schwebend unwirksam** und sein weiteres Schicksal hängt davon ab, ob der Vertretene ihn genehmigt.[44] Bezieht

---

[44] Vgl. *Kern* JA 1990, 281 (282).

II. Stellvertretung

sich das Insichgeschäft auf ein einseitiges Rechtsgeschäft, ist § 180 anzuwenden (→ Rn. 1214).[45]

§ 181 nennt zwei Ausnahmen, in denen das **Insichgeschäft zulässig** ist: **1195**
- die Gestattung und
- die Erfüllung einer Verbindlichkeit.

Die Gestattung kann auf Gesetz (vgl. zB § 125 II 2 HGB) oder auf Rechtsgeschäft beruhen. Die rechtsgeschäftliche Gestattung bedarf keiner Form und kann auch konkludent erteilt werden. Der zweite Fall einer gesetzlichen Ausnahme, die Erfüllung einer Verbindlichkeit, ist gegeben, wenn das Rechtsgeschäft darin besteht, die geschuldete Leistung an den Gläubiger zu bewirken (Beispiel: Der Vertreter übereignet sich selbst eine dem Vertretenen gehörende Sache, um eine entsprechende Verpflichtung des Vertretenen ihm gegenüber zu erfüllen). Der Erfüllung steht die Aufrechnung gleich. **1196**

Von der hM wird noch eine **weitere Ausnahme** zugelassen, und zwar **für Insichgeschäfte, die dem Vertretenen lediglich einen rechtlichen Vorteil bringen** (zu diesem Begriff → Rn. 327 ff.). In diesem Fall kann es einen Interessenkonflikt zwischen Vertreter und Vertretenem, dem in erster Linie die Vorschrift des § 181 entgegenwirken will, nicht geben. **1197**

Die hM kann sich hier auf Richterrecht (→ Rn. 1186 ff.) stützen, durch das eine in § 181 enthaltene „Lücke" geschlossen worden ist. Denn eine „Lücke" (→ Rn. 1180) besteht nicht nur dann, wenn das Gesetz für eine bestimmte Fallgruppe keine Regelung enthält, obwohl nach dem Zweck und dem Plan des Gesetzes eine solche Regelung erwartet werden müsste (sog. **offene Lücke**), sondern auch in Fällen, in denen das Gesetz zwar nach seinem Wortlaut auf bestimmte Sachverhalte anwendbar ist, aber darauf nicht passt, weil Besonderheiten, die diese Sachverhalte aufweisen, entgegenstehen. Man spricht dann von einer **„verdeckten Lücke"**. **1198**

Um eine solche verdeckte Lücke handelt es sich bei § 181. Dies zeigt sich, wenn man den Gesetzeszweck betrachtet, der – wie ausgeführt – die Gefahr eines Widerspruchs der Interessen zwischen dem Vertreter und dem Vertretenen verhindern soll. Allerdings darf nicht verkannt werden, dass der Gesetzgeber auch dem Gesichtspunkt der Rechtssicherheit und der Rechtsklarheit besondere Bedeutung beigemessen hat; denn er hat deshalb davon abgesehen, die Zulässigkeit eines Insichgeschäfts davon abhängig zu machen, dass die Vornahme des Rechtsgeschäfts der dem Vertreter obliegenden Fürsorge für den Vollmachtgeber entspricht.[46] Aus diesem Grunde ist auch zunächst von der hM, insbesondere auch von der älteren Rechtsprechung des BGH, die formale Ordnungsfunktion des § 181 betont und lediglich auf die Art des Zustandekommens eines Rechtsgeschäfts gesehen worden, ohne dabei die Interessen der Beteiligten zu berücksichtigen. Dies führte zu lebensfremden Ergebnissen, zB dazu, dass Eltern ihren geschäftsunfähigen Kindern außerhalb der Unterhaltspflicht keine Geschenke machen konnten, sondern dass dafür ein Pfleger (§ 1909 I) bestellt werden musste.[47] Der BGH hat deshalb zu Recht diese Auffassung **1199**

---

[45] MüKoBGB/*Schubert* § 181 Rn. 56.
[46] Vgl. *Säcker/Klinghammer* JuS 1975, 626 (627).
[47] Näher zum Verbot des Selbstkontrahierens im Minderjährigenrecht *Lipp* JURA 2015, 477, sowie die Fortgeschrittenenklausur bei *Lindacher/Hau* Fälle BGB AT Nr. 3.

korrigiert⁴⁸ und im Wege der teleologischen Reduktion (→ Rn. 1169) das Verbot des § 181 eingeschränkt.⁴⁹

1200 § 181 erfasst (zumindest nach seinem Wortlaut) nicht Fälle, in denen ein Vertreter eine Untervollmacht (→ Rn. 1175) erteilt, um mit dem Unterbevollmächtigten ein Rechtsgeschäft zu schließen.

> **Beispiel:** X, der Generalbevollmächtigter des Y ist, erteilt dem Z eine Untervollmacht und schließt daraufhin in eigenem Namen mit Z als Vertreter des Y einen Kaufvertrag über ein dem Y gehörendes Grundstück.

1201 In diesem Fall besteht die gleiche Gefahr einer Interessenkollision, wie sie § 181 gerade verhindern will. Deshalb ist § 181 auf diese Fälle nach dem Normzweck analog anzuwenden.⁵⁰ Das Gleiche gilt, wenn der Vertreter mit einem vollmachtlos im Namen des Vertretenen Handelnden einen Vertrag schließt und anschließend das Rechtsgeschäft gem. § 177 I genehmigt.⁵¹

2. Wirkungen einer Vertretung

1202 Nimmt der Vertreter im Namen des Vertretenen innerhalb der ihm zustehenden Vertretungsmacht ein Rechtsgeschäft oder eine geschäftsähnliche Handlung (→ Rn. 239) vor, so entsteht die gleiche Rechtslage, als habe der Vertretene selbst gehandelt. Dies bedeutet, dass nur der Vertretene berechtigt und verpflichtet wird und dass sich Rechtsfolgen für den Vertreter nicht ergeben. Dem entspricht es, dass regelmäßig der Vertretene und nicht der Vertreter haftet, wenn der Vertreter eine Verhaltenspflicht verletzt, die zur Haftung für culpa in contrahendo (→ Rn. 572 ff.) führt; § 278 ist anwendbar (Einzelheiten dazu später). Ausnahmsweise kann jedoch auch eine Eigenhaftung des Vertreters in Betracht kommen (→ Rn. 587).

1203 Nach § 166 I ist für die Frage, ob die Wirksamkeit einer vom Vertreter im Rahmen der Vertretung abgegebenen Willenserklärung durch **Willensmängel** beeinflusst wird (§§ 116 ff.), seine Person, also nicht etwa die des Vertretenen maßgebend; denn der Vertreter gibt eine eigene Willenserklärung ab (→ Rn. 1159). Folglich ist der Vertretene (oder der Vertreter selbst, wenn er entsprechende Vertretungsmacht besitzt) zur Anfechtung einer vom Vertreter abgegebenen Willenserklärung nach § 119 I nur berechtigt, wenn sich der Vertreter geirrt hat.

1204 Kommt es für die rechtlichen Folgen einer Willenserklärung auf die **Kenntnis oder das Kennenmüssen** gewisser Umstände an, entscheidet ebenfalls die Person des Vertreters (§ 166 I). So ist beispielsweise die Kenntnis des Vertreters von dem geheimen

---

⁴⁸ BGHZ 59, 236 (240 f.) = NJW 1972, 2262; BGH WM 1975, 595; BGHZ 94, 232 (235 f.) = NJW 1985, 2407. Ebenso KG NJOZ 2011, 539 (540) mwN.
⁴⁹ Beachte *Kuhn* JuS 2016, 104 (105 f.).
⁵⁰ Staudinger/*Schilken*, 2009, § 181 Rn. 35 f.; MüKoBGB/*Schubert* § 181 Rn. 4 f., 24 ff.; BGHZ 64, 72 = NJW 1975, 1117, äußert Bedenken gegen die Zulässigkeit, lässt jedoch die Frage unentschieden; BGH NJW 1991, 691 (692), betont aber die Bedeutung der Gefahr eines Interessenkonflikts für die Anwendung des § 181. Vgl. auch *Kern* JA 1990, 281 (284 f.)
⁵¹ Bamberger/Roth/*Valenthin* § 181 Rn. 22 mN.

II. Stellvertretung

Vorbehalt (§ 116 S. 2) oder sein Einverständnis mit dem Scheingeschäft (§ 117 I) maßgebend für die Nichtigkeit der Willenserklärung.

Eine Besonderheit ist in Fällen zu beachten, in denen ein Vertreter zur Täuschung des Vertretenen in Kollusion mit dem anderen Geschäftspartner ein **Scheingeschäft** abschließt. Wollte man unter Hinweis darauf, dass es auf die subjektive Einstellung des Vertreters und nicht auf die des Vertretenen ankommt, von der Nichtigkeit des Rechtsgeschäfts gem. § 117 ausgehen, würde dies zu einem interessenwidrigen Ergebnis führen. Dabei würde unberücksichtigt bleiben, dass der andere Vertragspartner dem Vertretenen das Vorhandensein eines rechtsgeschäftlichen Willens in gleicher Weise vorspiegelt wie in dem Fall, in dem er unmittelbar, also nicht über einen Vertreter, mit ihm verhandelt hätte. Es ist deshalb sachgerecht, bei der Kollusion zwischen Vertreter und Geschäftspartner die Abrede des Scheingeschäfts als einen unbeachtlichen geheimen Vorbehalt iSv § 116 S. 1 zu werten und deshalb von der Wirksamkeit des Vertretungsgeschäfts auszugehen.[52]

1205

Die **Tatbestände des gutgläubigen Erwerbs des Eigentums** (zB §§ 892, 932 ff.) gehören zu den wichtigsten Anwendungsfällen des § 166 I.

1206

> **Beispiel:** A, der alte Jagdwaffen sammelt, beauftragt B, eine Flinte eines bestimmten Systems zu erwerben, und erteilt ihm dazu Vollmacht. Daraufhin kauft B von T eine entsprechende Flinte im Namen des A, bezahlt sie und nimmt sie sofort mit. Als er die Waffe dem A bringt, erkennt dieser die Waffe sofort als Eigentum des C, der die Flinte dem T lediglich zur Reparatur gegeben hatte.
>
> Für die Frage, ob A gutgläubig Eigentum vom nichtberechtigten T erworben hat, ist nach § 166 I der gute Glaube des B entscheidend. Denn dieser hat als Vertreter des A die Einigung nach § 929 S. 1 erklärt. Da B nicht wusste, dass die Waffe dem C gehörte und diese Unkenntnis auch nicht auf grober Fahrlässigkeit beruhte (vgl. § 932 II), ist sein guter Glaube iSv § 932 I 1 zu bejahen. § 166 I führt also dazu, dass A Eigentümer der Flinte geworden ist, da er durch die Übergabe an B bereits unmittelbaren (wenn B sein Besitzdiener ist) oder mittelbaren Besitz (wenn B ihm den Besitz mittelt) erlangt hat (→ Rn. 718, 723 ff.).

Es ist offensichtlich, dass die Regelung des § 166 I leicht dadurch missbraucht werden könnte, dass ein **Bösgläubiger** einen Gutgläubigen als seinen Vertreter vorschickt, um sich dessen guten Glauben nutzbar zu machen. Deshalb wird folgerichtig die Regelung des § 166 I durch II ergänzt: **Handelt der Vertreter nach bestimmten Weisungen des Vollmachtgebers,** kann sich dieser nicht zu seinem Vorteil auf den guten Glauben des Vertreters berufen. Der Begriff der „Weisung" ist im Rahmen des § 166 II im weiten Sinn zu verstehen. Es muss sich dabei nicht um eine konkrete Anordnung handeln, die auf einen Einzelfall bezogen ist, vielmehr genügt es, wenn der Vertreter von dem Vertretenen bewusst in eine bestimmte Richtung gelenkt wird, die zum Abschluss des betreffenden Geschäfts führt. Auch wenn der Vollmachtgeber im Zeitpunkt der Weisung arglos ist und erst danach die Kenntnis erlangt, die eine Mangelhaftigkeit des vom Vertreter vorzunehmenden Rechtsakts begründet, ist § 166 II anzuwenden, wenn der Vollmachtgeber nach Kenntniserlangung noch eingreifen könnte, um das Geschäft zu verhindern, dies jedoch nicht tut.[53]

1207

---

[52] BGH NJW 1999, 2882 f. mwN.
[53] BGHZ 50, 364 (368) = NJW 1969, 37; *Köhler* BGB AT § 11 Rn. 50.

In dem obigen Beispielsfall (→ Rn. 1206) wird A nicht Eigentümer der Waffe, wenn er vor der Übereignung erfährt, dass es sich bei der zu erwerbenden Flinte um die des C handelt, und er B dennoch gewähren lässt.

1208 Die hM wendet **§ 166 II analog auf Willensmängel des Vertretenen** an.[54] Dies bedeutet, dass in Fällen, in denen der Vertreter nach bestimmten Weisungen des Vertretenen handelte und diese Weisungen durch die Willensmängel des Vertretenen beeinflusst worden sind, der Vertretene zB wegen Irrtums oder Täuschung anfechten kann, obwohl sich der Vertreter nicht irrte.

> **Beispiel:**[55] A wird von B verdächtigt, 300.000 EUR unterschlagen zu haben. A bestreitet den Vorwurf. Später schließen beide einen Vergleich, wonach A 125.000 EUR an B zur Abgeltung aller Ansprüche zahlen soll. Der Vergleich wird vom Rechtsanwalt des A nach eingehender Rücksprache mit diesem und aufgrund einer entsprechenden Weisung, die A erteilt, geschlossen. Später ficht A seine zum Abschluss des Vergleichs abgegebene Willenserklärung nach § 123 I Var. 1 an, weil B vorgetäuscht habe, dass der Vergleich unwirksam werde, wenn der Verdacht der Unterschlagung ausgeräumt werden könnte. B weist demgegenüber darauf hin, dass sich der den Vergleich schließende Rechtsanwalt des A nicht getäuscht habe.

1209 Der BGH hat die Anfechtung für zulässig erklärt: Allen in § 166 I und II geregelten Fällen sei der Grundgedanke gemeinsam, dass es jeweils auf die Person und die Bewusstseinslage bei der Willensbildung desjenigen ankomme, auf dessen Interessenbewertung und Entschließung ein Geschäftsabschluss beruhe. Das ist der Vertreter, wenn er selbstständig handelt. Hingegen ist es der Vollmachtgeber, wenn er dem Vertreter besondere Weisungen erteilt und damit sein Wille Abgabe und Inhalt der Vertretererklärung entscheidend bestimmt. Aus diesem Grunde kann der Vollmachtgeber dem Geschäftspartner entgegenhalten, dieser habe den selbstständig handelnden Vertreter getäuscht (§ 166 I Var. 1). Umgekehrt muss er daher die Kenntnis des selbstständig handelnden Vertreters von rechtserheblichen Umständen gegen sich gelten lassen (§ 166 I Var. 2), und soll er sich auch nicht hinter der Gutgläubigkeit seines nach Weisung tätig werdenden Vertreters verstecken dürfen, wenn er die wahre Sachlage kennt (§ 166 II). Folgerichtig sei es dann aber auch, dass der Vollmachtgeber eine ihm gegenüber begangene arglistige Täuschung nicht wehrlos hinzunehmen brauche, wenn der Geschäftspartner hierdurch die dem Vertreter erteilte Weisung beeinflusst. Der Gedanke, es komme auf die Person dessen an, auf dessen Willen die vom Vertreter abgegebene Erklärung tatsächlich beruht, müsse sich auch hier, und zwar zugunsten eines Anfechtungsrechts des Vollmachtgebers durchsetzen. Ein anderes Ergebnis sei unerträglich.

1210 Der § 166 I zugrundeliegende Rechtsgedanke, dass es grundsätzlich bei der Vertretung für das Kennen oder Kennenmüssen bestimmter Tatsachen auf die Person des Vertreters ankommt und sich der Vertretene dessen Wissen zurechnen lassen

---

[54] BGHZ 51, 141 = NJW 1969, 925; *Petersen* JURA 2008, 914 (915); MüKoBGB/*Schubert* § 166 Rn. 92; Palandt/*Ellenberger* § 166 Rn. 12. AA Staudinger/*Schilken*, 2009, § 166 Rn. 17 (nur wenn Vertretener durch arglistige Täuschung oder widerrechtliche Drohung zur Weisung bestimmt wurde).

[55] Fall von BGHZ 51, 141 = NJW 1969, 925.

II. Stellvertretung

muss, wird von der hM über die Fälle der Vertretung hinaus immer dann angewendet, wenn jemand einen anderen mit der Erledigung bestimmter Angelegenheiten in eigener Verantwortung betraut; man spricht hier von einem **„Wissensvertreter"**. Diesen charakterisiert der BGH[56] als eine Person, die nach der Arbeitsorganisation des Geschäftsherrn dazu berufen ist, im Rechtsverkehr als dessen Repräsentant bestimmte Aufgaben in eigener Verantwortung zu erledigen und die dabei angefallenen Informationen zur Kenntnis zu nehmen sowie gegebenenfalls weiterzuleiten.[57] Der Geschäftsherr muss sich des „Wissensvertreters" im rechtsgeschäftlichen Verkehr wie eines Vertreters bedienen, jedoch ist nicht erforderlich, dass dieser zum rechtsgeschäftlichen Vertreter oder zum „Wissensvertreter" ausdrücklich bestellt wurde. Bei einer nur intern gebliebenen Beratung des Geschäftsherrn durch den „Wissensvertreter" kommt dagegen eine entsprechende Anwendung des § 166 I nicht in Betracht.

Beispiele: So hat der BGH[58] in einem Fall, in dem es um die Rückzahlung rechtsgrundlos vorgenommener Überweisungen auf ein Bankkonto ging, die haftungsverschärfende Kenntnis iSv § 819 I (→ Rn. 1062 ff.) der Ehefrau des Bereicherungsschuldners diesem in entsprechender Anwendung des § 166 I zugerechnet, weil der Bereicherungsschuldner seiner Ehefrau nicht nur Kontovollmacht eingeräumt hatte, sondern ihr sämtliche Geldgeschäfte überließ, ohne sich darum zu kümmern. Auch im Rahmen des § 990 bei einem Besitzerwerb durch Besitzdiener wird der Rechtsgedanke des § 166 I herangezogen, wenn der Besitzdiener im Rechtsverkehr vollkommen selbstständig für den Geschäftsherrn zu handeln berechtigt ist.[59]

Schließt der Geschäftsherr den Vertrag, kommt in Fällen des § 117 eine Wissenszurechnung des Verhandlungsgehilfen nicht in Betracht. Denn § 117 verlangt eine Willensübereinstimmung der am Rechtsgeschäft Beteiligten, dass Rechtswirkungen nicht eintreten sollen (→ Rn. 359). Diese notwendige Willensübereinstimmung kann nicht durch eine Wissenszurechnung ersetzt werden.[60] **1211**

3. Vertretung ohne Vertretungsmacht

Handelt jemand als Vertreter eines anderen, ohne dazu befugt zu sein (sei es, dass er niemals Vertretungsmacht gehabt hat oder dass diese im Zeitpunkt der Vertretung erloschen ist, sei es, dass er die Grenzen seiner Vertretungsmacht überschreitet; → Rn. 1173), so können sich dadurch grundsätzlich keine unmittelbaren Wirkungen für den Vertretenen ergeben. Welche **Rechtsfolgen** das Handeln eines Vertreters ohne Vertretungsmacht (sog. **falsus procurator**) hat, ist in §§ 177 ff. geregelt, wobei zwischen Verträgen (§§ 177 f.) und einseitigen Rechtsgeschäften (§ 180) unterschieden wird: **1212**

---

[56] BGHZ 117, 104 (106 f.) = NJW 1992, 1099; vgl. dazu *Waltermann* NJW 1993, 889 (891 ff.).
[57] Vgl. die Fortgeschrittenenklausur bei *Lindacher/Hau* Fälle BGB AT Nr. 20.
[58] BGHZ 83, 293 = NJW 1982, 1585.
[59] So die hM; vgl. BGHZ 32, 53 = NJW 1960, 860; MüKoBGB/*Schubert* § 166 Rn. 88; Bamberger/Roth/*Fritzsche* § 990 Rn. 29. AA *Schwerdtner* JURA 1979, 164 (entsprechende Anwendung des § 831); vgl. auch *Kiefner* JA 1984, 189 (192 f.).
[60] BGH NJW 2000, 3127 (3128); Staudinger/*Schilken*, 2009, § 166 Rn. 12.

1213 Bei einem **Vertrag** tritt zunächst schwebende Unwirksamkeit ein; der Vertretene kann jedoch durch seine Genehmigung den Vertrag rückwirkend (§ 184 I) wirksam werden lassen (§ 177 I). Diese Genehmigung bedarf nicht der Form, die für den Vertrag vorgeschrieben ist (§ 182 II).[61] Bei der Regelung des § 177 I ist berücksichtigt worden, dass der Geschäftspartner des Vertretenen mit diesem abschließen wollte und der Vertreter ebenfalls erklärte, es solle ein Vertrag mit dem Vertretenen zustande kommen; bei dieser Sachlage ist es nur folgerichtig, es dem Vertretenen zu überlassen, ob der Vertrag wirksam werden soll. Verweigert der Vertretene die Genehmigung, haftet der falsus procurator nach § 179 (→ Rn. 1215 ff.). Die für die Erklärung der Genehmigung geltenden Regeln in § 177 II ähneln den Vorschriften, die in § 108 II für das Minderjährigenrecht enthalten sind (→ Rn. 341 ff.). Nach § 178 hat der Vertragspartner des Vertretenen ein Widerrufsrecht, wenn er den Mangel der Vertretungsmacht beim Abschluss des Vertrages nicht gekannt hat; diese Vorschrift entspricht § 109 (→ Rn. 342).

1214 **Einseitige Rechtsgeschäfte** (→ Rn. 46 ff.), die von einem Vertreter ohne Vertretungsmacht vorgenommen werden, sind grundsätzlich nichtig. § 180 S. 1, der eine Vertretung ohne Vertretungsmacht bei einseitigen Rechtsgeschäften für unzulässig erklärt, berücksichtigt das Interesse des Geschäftspartners an klaren Rechtsverhältnissen (→ Rn. 1176). Von diesem Grundsatz sind jedoch in § 180 S. 2 und 3 Ausnahmen gemacht, in denen die Vorschriften über Verträge entsprechend anzuwenden sind, also die schwebende Unwirksamkeit und damit die Genehmigungsfähigkeit vorgesehen wird. Hierbei handelt es sich um folgende Fälle:

- Derjenige, dem gegenüber das einseitige Rechtsgeschäft vorzunehmen ist, beanstandet die von dem Vertreter behauptete Vertretungsmacht nicht, dh er nimmt das vom Vertreter vorgenommene Rechtsgeschäft hin und weist es nicht wegen der fehlenden Vertretungsmacht zurück.
- Er ist damit einverstanden, dass der Vertreter ohne Vertretungsmacht handelt.
- Das einseitige Rechtsgeschäft wird gegenüber dem Vertreter ohne Vertretungsmacht mit dessen Einverständnis vorgenommen (Fall der Passivvertretung ohne Vertretungsmacht).

1215 Wird ein Vertrag wegen **Verweigerung der Genehmigung** (nicht etwa aus anderen Gründen) endgültig unwirksam, so kann sich der Geschäftspartner an den falsus procurator halten und nach seiner Wahl (vgl. §§ 263 ff.) Erfüllung des Vertrages oder Schadensersatz fordern (§ 179 I). Im Einzelnen gilt Folgendes:

- **Wählt der Geschäftspartner die Erfüllung,** kommt dadurch nicht etwa ein Vertrag zwischen ihm und dem Vertreter ohne Vertretungsmacht zustande, sondern er erwirbt (nur) einen Anspruch kraft Gesetzes mit dem Inhalt des Erfüllungsanspruches, den er bei einer gültigen Vertretung gegen den Vertretenen erworben hätte. Dem falsus procurator stehen dann weitgehend die gleichen Rechte wie einer Vertragspartei zu, so die Rechte aus §§ 320 ff. oder beim Kauf die Ansprüche nach §§ 437 ff., wenn die Kaufsache mangelhaft ist.[62] Er kann auch zur Abwehr von Schadensersatzansprüchen insbesondere aus § 179

---

[61] BGH NJW 1994, 1344 (1345 f.), auch zur Gegenauffassung.
[62] Vgl. MüKoBGB/*Schubert* § 179 Rn. 38; *Prölss* JuS 1986, 169 (171).

III. Erfüllungs- und Verrichtungsgehilfe 463

(zB wegen arglistiger Täuschung seitens des Vertragspartners) seine Willenserklärung anfechten.[63]
- **Fordert der Vertragspartner Schadensersatz** nach § 179 I, ist er vermögensmäßig so zu stellen, als hätte der Vertretene ordnungsgemäß den Vertrag erfüllt (Ersatz des sog. positiven Interesses bzw. Erfüllungsinteresses; → Rn. 413).
- Bei **einseitigen Rechtsgeschäften,** die nach § 180 S. 2 und 3 schwebend unwirksam sind, gelten aufgrund der in diesen Vorschriften ausgesprochenen Verweisung die Regelungen der §§ 177–179 entsprechend. Ist das einseitige Rechtsgeschäft gem. § 180 S. 1 nichtig, kommt eine Haftung des vollmachtlosen Vertreters nur nach allgemeinen Grundsätzen, insbesondere nach dem Deliktsrecht, gegebenenfalls auch aus c. i. c., nicht jedoch nach § 179 in Betracht.

Die in § 179 getroffene Regelung über die Haftung des Vertreters ohne Vertretungsmacht ist entsprechend anzuwenden, wenn jemand **im Namen eines nicht vorhandenen Rechtsträgers** vertragliche Vereinbarungen trifft, der angeblich Vertretene also nicht existiert und folglich auch keine Vertretungsmacht bestehen kann.[64] 1216

Ansprüche aus § 179 I sind ausgeschlossen, wenn der Vertreter den Mangel der Vertretungsmacht nicht gekannt hat. In diesem Fall hat der Vertreter **nach § 179 II nur das negative Interesse** bzw. Vertrauensinteresse (→ Rn. 411) zu ersetzen, wobei das Erfüllungsinteresse in jedem Fall die Obergrenze bildet.[65] Der Vertreter haftet überhaupt nicht, wenn der Geschäftspartner den Mangel der Vertretungsmacht kannte oder kennen musste oder wenn der Vertreter in der Geschäftsfähigkeit beschränkt war und er nicht mit Zustimmung seines gesetzlichen Vertreters gehandelt hat (§ 179 III). Nach hM soll die Haftung des Vertreters auch ausgeschlossen sein, wenn der Geschäftspartner wegen **Vermögenslosigkeit des Vertretenen** von diesem weder Erfüllung noch Schadensersatz hätte erlangen können. Zur Begründung wird darauf verwiesen, dass der Anspruch gegen den Vertreter auf das begrenzt sein muss, was der Geschäftspartner bei Wirksamkeit des vom falsus procurator geschlossenen Geschäfts von dem Vertretenen hätte bekommen können.[66] 1217

III. Erfüllungs- und Verrichtungsgehilfe

1. Überblick

Regelmäßig ist es dem Schuldner gestattet, bei Erfüllung der ihm obliegenden Verbindlichkeiten Hilfspersonen einzusetzen. Bei gewerblichen Leistungen ist es heute eine häufige Erscheinung, dass sie nicht vom Schuldner selbst, sondern von dessen Mitarbeitern erbracht werden. Diese übliche und oft auch notwendige Arbeitsteilung darf jedoch nicht dazu führen, dass die Rechtsstellung des Gläubigers verschlechtert 1218

---

[63] BGH NJW 2002, 1867 (1868).
[64] BGH NJW 2009, 215 Rn. 10 mwN.
[65] Näher *Willems* JuS 2015, 586.
[66] OLG Hamm MDR 1993, 515; *Flume* BGB AT 806 f.; Bamberger/Roth/*Valenthin* § 179 Rn. 15. AA *Hilger* NJW 1986, 2237 (2238 f.).

wird. Dies wäre jedoch der Fall, wenn der Schuldner nur dafür dem Gläubiger haften würde, dass er die von ihm eingesetzten Helfer sorgfältig auswählt und überwacht.

> **Beispiel:** T, der ein Taxiunternehmen betreibt, lässt seine Taxis durch angestellte Chauffeure fahren. Einer von ihnen ist C, der fahrlässig einen Unfall verursacht, bei dem Fahrgast F verletzt wird. T kann darauf verweisen, dass C seit über 20 Jahren unfallfrei ein Taxi lenkt und dass wiederholte Stichproben dessen Zuverlässigkeit ergeben haben. Wäre dies ein ausreichender Grund, um die Haftung des T zu verneinen, so müsste sich F an C halten und könnte keine Ansprüche gegen den (im Regelfall vermögensmäßig besser gestellten) Unternehmer geltend machen.

1219 § 278 schließt eine derartige Schlechterstellung des Gläubigers aus; vielmehr hat der Schuldner ein Verschulden seines Erfüllungsgehilfen in gleicher Weise zu vertreten wie eigenes. Es kommt also nicht darauf an, ob der Schuldner in der Lage ist, für ein korrektes Verhalten seines Erfüllungsgehilfen zu sorgen. Wenn er Gehilfen einsetzt, muss er dafür einstehen, wenn sie schuldhaft Pflichten verletzen, die ihm, dem Schuldner, aufgrund des zwischen ihm und dem Gläubiger bestehenden Schuldverhältnisses obliegen; dem Schuldner fällt also insoweit eine Garantiepflicht zu (→ Rn. 460), die ihn für fremdes Verschulden ohne eigenes haften lässt.

1220 Diese weitreichende Pflicht des Schuldners wird nicht zuletzt durch die **Sonderverbindung** gerechtfertigt, in der Schuldner und Gläubiger zueinander stehen. In anderen Fällen, in denen eine solche Sonderverbindung nicht existiert und die Beteiligten (nur) verpflichtet sind, die (insbesondere durch das Deliktsrecht) geschützten Rechtspositionen des anderen nicht zu verletzen, kann die Einstandspflicht des Geschäftsherrn für ein Fehlverhalten seiner Helfer eingeschränkt und ihm lediglich aufgegeben werden, seine Helfer sorgfältig auszuwählen und zu überwachen. Nur wenn er dieser Pflicht zuwiderhandelt, muss er den Schaden ersetzen, den sein Helfer einem Dritten widerrechtlich zugefügt hat. Dies bestimmt § 831, der auf dem Verschuldensprinzip beruht (schuldhafte Verletzung der Pflicht zur sorgfältigen Auswahl, Ausrüstung und Leitung des Helfers).

> Wird bei dem von C schuldhaft verursachten Verkehrsunfall (→ Rn. 1218) auch noch ein anderer Verkehrsteilnehmer verletzt, haftet T – zumindest nach den Vorschriften des BGB[67] – nicht, weil ihm hinsichtlich der Auswahl und Überwachung seines Fahrers kein Schuldvorwurf zu machen ist (vgl. § 831 I 2).

1221 Das Beispiel zeigt, dass ein und dasselbe Fehlverhalten eines Helfers dem Schuldner bald ohne jede Entlastungsmöglichkeit zugerechnet wird (§ 278) und ihn haften lässt, bald eine Haftung nicht begründet, weil den Geschäftsherrn kein Schuldvorwurf trifft (§ 831). Es kommt jeweils darauf an, ob die verletzte **Pflicht aus einer Sonderverbindung (Schuldverhältnis)** erwächst oder ob es sich um eine allgemeine, nur deliktsrechtlich relevante Pflicht handelt. Pflichten aus Schuldverhältnissen können mit allgemeinen Pflichten konkurrieren, sodass der Schuldner dem Geschädigten sowohl nach Vertragsgrundsätzen als auch nach dem Deliktsrecht haften kann.

---

[67] Die Frage nach der verschuldensunabhängigen Haftung als Halter eines Kfz nach dem StVG soll hier nicht erörtert werden.

III. Erfüllungs- und Verrichtungsgehilfe

Beispiel: T hat seinen Fahrer C nicht sorgfältig ausgewählt und haftet deshalb dem verletzten Fahrgast F nicht nur aus Vertrag (§ 280 I, → Rn. 549, 564), sondern zusätzlich auch aus Delikt (§ 831 I 1).

Während **§ 831 I 1 eine selbstständige Anspruchsgrundlage** darstellt, ordnet **§ 278 die Zurechnung fremden Verschuldens** an und ist deshalb stets im Zusammenhang mit anderen Regelungen zu sehen, aus denen sich eine Haftung des Schuldners für schuldhaftes Verhalten ableitet. 1222

Beispiel: Der Schuldner hat nicht rechtzeitig geleistet, und dem Gläubiger ist dadurch ein Schaden entstanden. Die Verzögerung beruht auf dem schuldhaften Verhalten eines Erfüllungsgehilfen. Für einen Anspruch nach §§ 280 I, II, 286 kommt es darauf an, ob sich der Schuldner in Verzug befindet. Hierfür ist es erheblich, ob die Leistung infolge eines Umstandes unterblieben ist, den der Schuldner zu vertreten hat (vgl. § 286 IV). Der Schuldner hat nach § 278 das Verschulden seines Erfüllungsgehilfen zu vertreten, sodass – die anderen Voraussetzungen für den Eintritt des Verzuges unterstellt – ein Anspruch gem. §§ 280 I, II, 286, 278 auf Schadensersatz wegen Verzögerung der Leistung bejaht werden muss.

2. Zurechnung nach § 278

a) Erfüllungsgehilfen

Erfüllungsgehilfen des Schuldners sind die „Personen, deren er sich zur Erfüllung seiner Verbindlichkeit bedient" (§ 278 S. 1). Aus dieser Beschreibung folgt, dass nur derjenige **Erfüllungsgehilfe ist, den der Schuldner bei Erfüllung seiner Verbindlichkeit einsetzt,** der also mit seinem Willen dabei tätig wird, weil sich nur dann der Schuldner der Hilfsperson „bedient". Stets ist zu klären, welche Verpflichtung des Schuldners in Rede steht und ob er sich diesbezüglich eines Dritten bedient hat. 1223

Gegenbeispiel: Weil der Verkäufer gem. § 433 I zwar die Lieferung einer mangelfreien Sache schuldet, nicht hingegen die Herstellung einer solchen, ist dem Verkäufer im Hinblick auf § 437 Nr. 3 nicht mittels § 278 ein Verschulden des Herstellers haftungsbegründend zuzurechnen.[68]

Der Schuldner kann auch nachträglich dem Handeln eines ohne seinen Willen tätigen Helfers zustimmen und ihn damit zu seinem Erfüllungsgehilfen werden lassen. Setzt der Erfüllungsgehilfe seinerseits Helfer ein, sind diese **„Untergehilfen"** ebenfalls Erfüllungsgehilfen des Schuldners, wenn ihre Zuziehung mit dessen Einverständnis geschieht. Von einem stillschweigenden Einverständnis ist auszugehen, wenn das Tätigwerden weiterer Helfer im Allgemeinen üblich ist und der Schuldner wissen muss, dass „Untergehilfen" regelmäßig eingesetzt werden (Beispiel: bei Beauftragung eines Handwerkers der Einsatz von Gesellen). Setzt der Erfüllungsgehilfe unbefugt weitere Helfer ein, kann deren Verschulden nicht nach § 278 dem Schuldner zugerechnet werden. Wohl aber kann in dem unberechtigten Hinzuziehen der 1224

---

[68] BGH NJW 2014, 2183 Rn. 29 ff. = JA 2015, 68 (*Looschelders*).

weiteren Helfer ein Verschulden des Erfüllungsgehilfen liegen, das der Schuldner nach § 278 zu vertreten hat.

1225 Auf die **Rechtsbeziehungen zwischen Schuldner und Erfüllungsgehilfen** kommt es für § 278 nicht an. Insbesondere braucht der Helfer nicht sozial abhängig vom Schuldner zu sein; auch ein selbstständiger Unternehmer ist Erfüllungsgehilfe, wenn er vom Schuldner entsprechend eingesetzt wird. Allein ausschlaggebend ist, dass der Helfer faktisch in Erfüllung einer Verbindlichkeit des Schuldners handelt und dies dem Willen des Schuldners entspricht.

> **Beispiel:**[69] V verkauft eine in seiner Wohnung befindliche Maschine an K, der sich vertraglich zum Abtransport verpflichtet. Beim Abtransport beschädigt K infolge von Unachtsamkeit das Treppenhaus. Der Vermieter verlangt Schadensersatz von V. Dieser Anspruch ist begründet; denn K ist als Erfüllungsgehilfen des Mieters V anzusehen (Erfüllung der Vertragspflicht zur sorgsamen und schonenden Behandlung der Mieträume und ihrer Zugänge).

1226 Entsprechend der Zweckrichtung des § 278 (→ Rn. 1219 f.) ist der Begriff der Verbindlichkeit, bei deren Erfüllung der Helfer eingesetzt wird, im weitesten Sinn zu verstehen. Hierunter sind alle Pflichten zu fassen, die sich aus einem Schuldverhältnis ergeben, also nicht nur Leistungspflichten, sondern auch alle Verhaltenspflichten, mithin leistungssichernde Nebenpflichten ebenso wie Schutzpflichten[70] (→ Rn. 229 ff.).

1227 Gestattet derjenige, dem der Besitz und Gebrauch einer Sache überlassen worden ist (zB Entleiher), einem anderen befugterweise den Mitgebrauch, so muss er dessen Verschulden nach hM gem. § 278 vertreten.[71] Für die Miete wird diese Rechtsfolge ausdrücklich in § 540 II klargestellt. Man spricht in diesen Fällen auch vom **„Bewahrungsgehilfen"**.

> **Beispiel:** Der in der Familie des Wohnungsmieters lebende Onkel beschädigt schuldhaft die Mietwohnung. Hierfür hat der Mieter zu haften und muss sich das Verschulden seines Verwandten wie eigenes zurechnen lassen, weil dieser (im weitesten Sinn gesehen) zur Erfüllung der Pflicht eingesetzt worden ist, die Mietsache schonend und sorgsam zu behandeln.

b) Handeln bei Erfüllung

1228 Umstritten ist, ob sich der Schuldner nur ein Fehlverhalten des Erfüllungsgehilfen zurechnen lassen muss, das „bei Erfüllung" auftritt, dh in einem unmittelbaren inneren Zusammenhang damit steht[72] oder ob er auch für ein schuldhaftes Verhalten

---

[69] RGZ 106, 133 f.; vgl. dazu *Kupisch* JuS 1983, 820 f.
[70] Vgl. etwa LAG Frankfurt a.M. DB 1991, 552: Überträgt der Arbeitgeber einem Arbeitnehmer Vorgesetztenfunktionen und schädigt dieser durch Betrug einen ihm unterstellten Arbeitskollegen, so haftet der Arbeitgeber, weil der Betrug im Rahmen der Erfüllung der dem Arbeitgeber obliegenden Fürsorgepflicht begangen wird.
[71] *Larenz* SchuldR I § 20 VIII (S. 300 f.).
[72] BGH NJW 1991, 3208 (3210 mwN).

III. Erfüllungs- und Verrichtungsgehilfe

des Helfers **„bei Gelegenheit"** der Erfüllung einzustehen hat. Den Streitpunkt verdeutlicht der folgende

> **Beispielsfall:** E beauftragt Handwerksmeister H mit verschiedenen Elektroarbeiten in seinem Haus. H schickt seinen Gesellen G, der die Arbeiten ausführt. Obwohl H den G ausdrücklich angewiesen hat, vor jeder Arbeit am Stromnetz die Hauptsicherung auszuschalten, setzt sich G darüber hinweg, weil es ihm zu lästig ist, bei Stromprüfungen die Hauptsicherung wieder einzuschalten. Infolge des weisungswidrigen Verhaltens des G kommt es zu einem Kurzschluss und zu einem Zimmerbrand, bei dem ein wertvoller Teppich des E beschädigt wird. Außerdem raucht G bei der Arbeit und legt die Zigarette unachtsam auf einer Kommode ab, die dadurch Brandflecken erhält. Schließlich stiehlt G eine silberne Dose, die auf der Kommode steht. Muss H für die durch G dem E zugefügten Schäden haften?
>
> Die Verursachung des Zimmerbrandes geschah ohne Zweifel „bei Erfüllung"; ob das gleiche vom Rauchen zu sagen ist, erscheint zweifelhaft. Wiederum zweifelsfrei ist hingegen, dass der Diebstahl nicht „bei Erfüllung", sondern nur „bei Gelegenheit" dieser Erfüllung vorgenommen worden ist. Sind diese Unterschiede maßgebend für die Ersatzpflicht des Schuldners?

Die Meinungsverschiedenheiten, die sich in diesen Fragen ergeben, betreffen letztlich den Umfang der dem Schuldner obliegenden Verhaltenspflichten. Soweit solche Verhaltenspflichten bestehen, die bei eigener Verletzung durch den Schuldner ihn schadensersatzpflichtig machen, muss dies auch gelten, wenn die Pflichtverletzung von einem Erfüllungsgehilfen begangen wird, denn er muss sich dessen schuldhaftes Verhalten so zurechnen lassen, als habe er selbst gehandelt (→ Rn. 1219). 1229

> Auf der Grundlage der hier vertretenen Auffassung wird man in dem obigen Beispielsfall den Handwerksmeister für verpflichtet ansehen, den Schaden am Teppich und an der Kommode zu ersetzen.[73] Denn ihn trifft die Pflicht, mit Sachen des Bestellers, mit denen er bei Durchführung des Werkvertrages in Berührung kommt, schonend und sorgsam umzugehen.

Fraglich ist dagegen, ob auch eine (vertragliche) **Verhaltenspflicht zu bejahen ist, Straftaten** (im Beispiel: einen Diebstahl) **zu unterlassen**. Dies wird mit der Begründung verneint, bei der Pflicht, nicht zu stehlen, handle es sich nicht um eine vertragsspezifische, sondern um eine allgemeine, jeden treffende Rechtspflicht.[74] Diesem Argument wird zu Recht entgegengehalten, dass eine allgemeine Rechtspflicht eine vertragliche Schutzpflicht gleichen Inhalts nicht ausschließt[75] und dass es auch zu den vertraglichen Nebenpflichten gehören kann, die Rechtsgüter des Gläubigers nicht durch Straftaten zu schädigen.[76] Es ist deshalb die Haftung des Schuldners für 1230

---

[73] Hinsichtlich von Schäden, die durch Rauchen des Erfüllungsgehilfen verursacht werden, wird dieses Ergebnis für zweifelhaft gehalten, so *Köhler/Lorenz* PdW SchuldR I Fall 97, die allerdings zur Bejahung neigen, abl. dagegen RGZ 87, 276; zu einer Bejahung aufgrund einer nach der Verkehrsanschauung vorzunehmenden Risikoverteilung gelangt *Kupisch* JuS 1983, 824.
[74] *Larenz* SchuldR I § 20 VIII (S. 302); abl. auch *Kupisch* JuS 1983, 824.
[75] *Medicus/Lorenz* SchuldR I Rn. 381 f.
[76] *Brox/Walker* SchuldR AT § 20 Rn. 31.

Diebstähle seines Erfüllungsgehilfen zu bejahen, wenn es die nach dem Vertrag geschuldete Leistung mit sich bringt, dass das Eigentum des Gläubigers dem Zugriff des Schuldners oder seiner Gehilfen in besonderer Weise ausgesetzt ist und deshalb die erhöhte Gefährdung durch entsprechende Verhaltenspflichten des Schuldners kompensiert wird.[77] Dagegen haftet der Schuldner nicht, wenn der Erfüllungsgehilfe durch die ihm übertragene Aufgabe lediglich zu einer späteren Straftat angeregt wird.

> **Beispiel:** Der Geselle G erkennt bei Arbeiten im Haus des E, dass sich ein Einbruch lohnt und leicht auszuführen ist. Er bricht drei Tage danach in das Haus des E ein und stiehlt wertvollen Schmuck. Eine gewissermaßen nachsorgende Verhaltenspflicht des Handwerksmeisters H, die verhindern soll, dass die Rechtsgüter des E auf diese Weise nicht geschädigt werden, ist nicht ersichtlich. H hat deshalb nicht nach § 278 für dieses Fehlverhalten des G einzustehen.

1231 Im Ergebnis stimmt die hier vertretene Auffassung mit dem Vorschlag überein, darauf abzustellen, ob der Gläubiger dem Gehilfen im Hinblick auf die rechtsgeschäftliche Beziehung mit dem Schuldner eine gesteigerte Möglichkeit zur Einwirkung auf seine Rechtsgüter und Interessen gewährt.[78] Jedoch erscheint es vorzugswürdig, die vertraglichen Beziehungen und die sich daraus ergebenden Rechte und Pflichten zum maßgebenden Kriterium zu wählen und nicht die sich daraus lediglich ableitende tatsächliche Gelegenheit als entscheidend anzusehen.

1232 **Zusammenfassend** ist festzuhalten, dass der Auffassung zu folgen ist, die eine Unterscheidung danach verwirft, ob ein Fehlverhalten der Hilfsperson „bei Erfüllung" oder „bei Gelegenheit" der Erfüllung geschieht, sondern die darauf sieht, ob der Schuldner eine vertragliche Pflicht verletzte, wenn er sich so verhielte wie der Erfüllungsgehilfe. Es kommt deshalb immer darauf an, aufgrund des jeweiligen Schuldverhältnisses die den Schuldner treffenden Vertragspflichten (Leistungs- und Verhaltenspflichten) zu ermitteln. Wird eine solche Pflicht von einer mit Willen des Schuldners zur Erfüllung seiner Verbindlichkeit tätig werdenden Person schuldhaft verletzt, haftet der Schuldner und hat den entstandenen Schaden zu ersetzen.

c) Verschulden

1233 Nach § 278 hat der Schuldner – wie bereits ausgeführt – ein Verschulden seines Erfüllungsgehilfen „in gleichem Umfang zu vertreten wie eigenes Verschulden". Entsprechend der Zweckrichtung der Vorschrift (nämlich zu verhindern, dass sich für den Gläubiger Nachteile durch den Einsatz von Erfüllungsgehilfen auf Seiten des Schuldners ergeben) ist das Verhalten des Erfüllungsgehilfen auf die Person des Schuldners zu beziehen; folglich ist **für den Fahrlässigkeitsmaßstab die Person des Schuldners maßgebend,** nicht etwa die des Erfüllungsgehilfen. Es kommt mithin auf die Fähigkeiten an, die ein gewissenhafter Vertreter der Gruppe besitzen muss,

---

[77] MüKoBGB/*Grundmann* § 278 Rn. 48; Bamberger/Roth/*Lorenz* § 278 Rn. 44; *Brox/Walker* SchuldR AT § 20 Rn. 33. Problematisch OLG München NJW-RR 2016, 472: der Betreiber einer Rehabilitationseinrichtung hafte nicht für sexuelle Übergriffe eines angestellten Physiotherapeuten gegenüber Patienten.

[78] *Looschelders* SchuldR AT Rn. 506; ähnlich auch *Medicus/Lorenz* SchuldR I Rn. 391.

III. Erfüllungs- und Verrichtungsgehilfe

zu der der Schuldner gehört (→ Rn. 467). Zu Recht hat deshalb der BGH[79] den Einwand eines Handwerksmeisters zurückgewiesen, der von ihm eingesetzte Lehrling, der durch einen Fehler einen Brand verursachte, sei unerfahren gewesen und hätte sich nach seinem Ausbildungsstand nicht richtig verhalten können.

Streitig ist die Frage, ob der **Erfüllungsgehilfe schuldfähig** (→ Rn. 1136 f.) sein muss. Dies wird von einer im Schrifttum vertretenen Auffassung unter Hinweis darauf bejaht, dass nicht einzusehen ist, warum der Schuldner dafür einstehen sollte, wenn sein Gehilfe zB bei der Erfüllungshandlung einen Herzinfarkt erleide und bewusstlos dem Gläubiger einen Schaden zufüge; in diesem Fall erscheine die Anwendung des § 829 angemessener.[80] Dem ist nicht zuzustimmen: Auch hinsichtlich der Verschuldensfähigkeit muss auf die Person des Schuldners, nicht auf die des Erfüllungsgehilfen abgestellt werden.[81]

Da also der Schuldner das Verschulden seines Erfüllungsgehilfen wie eigenes zu vertreten hat, kommt es darauf an, für was der Schuldner haftet, ob – außer für Vorsatz – für die im Verkehr erforderliche Sorgfalt schlechthin (vgl. § 276 I 2), für die Sorgfalt, die er in eigenen Angelegenheiten anzuwenden pflegt (vgl. zB §§ 346 III 1 Nr. 3, 690 iVm § 277) oder für grobe Fahrlässigkeit (vgl. zB § 300 I, § 521, § 599). Der Schuldner kann auch durch Vereinbarung mit dem Gläubiger seine Haftung ausschließen und dies – anders als für eigenes Verschulden (vgl. § 276 III) – sogar für Vorsatz seines Erfüllungsgehilfen (vgl. § 278 S. 2).

d) Haftung für gesetzliche Vertreter

§ 278 stellt dem Erfüllungsgehilfen des Schuldners dessen gesetzliche Vertreter gleich. Bei **natürlichen Personen** sind dies die Eltern (§§ 1626 ff.), der Vormund (§§ 1793 ff.), der Betreuer (§§ 1896 ff.) und der Pfleger (§§ 1909 ff.). Diesen Personen werden Testamentsvollstrecker, Insolvenzverwalter, Nachlasspfleger und Nachlassverwalter gleichgestellt, weil sie wie diese Rechte und Pflichten für andere Personen unmittelbar begründen können, auch wenn sie keine gesetzlichen Vertreter sind.

Der Verein ist nach § 31 „für den Schaden verantwortlich, den der Vorstand, ein Mitglied des Vorstandes oder ein anderer verfassungsmäßig berufener Vertreter durch eine in Ausführung der ihm zustehenden Verrichtungen begangene, zum Schadensersatz verpflichtende Handlung einem Dritten zufügt". Diese Vorschrift gilt nach hM für sämtliche **juristischen Personen** des Privatrechts und des öffentlichen Rechts (§ 89), ferner in entsprechender Anwendung für Offene Handelsgesellschaften und Kommanditgesellschaften sowie für die Gesellschaft bürgerlichen Rechts.[82]

---

[79] BGHZ 31, 358 (366 f.) = NJW 1960, 669.
[80] OLG Düsseldorf NJW-RR 1995, 1165 (1166); Jauernig/*Stadler* § 278 Rn. 13; Bamberger/Roth/*Lorenz* § 278 Rn. 48.
[81] So auch *Kupisch* JuS 1983, 821; *Larenz* SchuldR I § 20 VIII (S. 303 f.); MüKoBGB/*Grundmann* § 278 Rn. 50.
[82] BGH NJW 2003, 1445 (1446); 2003, 2984 (2985); *Piper* JuS 2011, 490 (491); Palandt/*Ellenberger* § 31 Rn. 3 mwN.

1238 Ist der **Schuldner verschuldensunfähig,** muss ihm die Verschuldensfähigkeit seines gesetzlichen Vertreters zugerechnet werden, weil § 278 sonst bei der (gesetzlichen) Vertretung Schuldunfähiger ins Leere ginge.

> **Beispiel:** E hat das fünfjährige Kind K zum Alleinerben eingesetzt und zugleich dem G ein bestimmtes Gemälde vermacht. Daher schuldet K dem G gem. § 2174 die Übereignung des Gemäldes. Weil V, der gesetzliche Vertreter des K, trotz Mahnung erst verspätet leistet, verlangt G von K Ersatz seines Verzugsschadens (§§ 280 I, II, 286). Nur wenn dem K auch die Verschuldensfähigkeit seines gesetzlichen Vertreters zugerechnet werden kann, ist hier Schuldnerverzug zu bejahen (vgl. § 286 IV).[83]

3. Haftung nach § 831

a) Grund und Voraussetzungen der Haftung

1239 Wenn jemand „einen anderen zu einer Verrichtung bestellt"(er wird im Gesetz als Geschäftsherr bezeichnet), dann muss er nach § 831 I 1 für Schäden haften, die der andere „in Ausführung der Verrichtung einem Dritten widerrechtlich zufügt". Grund für diese Haftung des **Geschäftsherrn** ist die Verletzung der Pflicht, die im Verkehr erforderliche Sorgfalt bei der Auswahl des **Verrichtungsgehilfen,** bei der Beschaffung von Vorrichtungen oder Gerätschaften und bei der Leitung des Gehilfen zu beobachten. Deshalb entfällt nach § 831 I 2 die Haftung, wenn festgestellt wird, dass der Geschäftsherr diese Sorgfaltspflicht beachtet hat (sog. Exkulpation), oder wenn die Pflichtverletzung nicht ursächlich für die Schädigung des Dritten gewesen ist, also wenn der Schaden auch bei einem sorgfaltsgemäßen Verhalten des Geschäftsherrn eingetreten wäre. Im Gegensatz zu § 278 handelt es sich bei § 831 um eine selbstständige **Anspruchsgrundlage.**

b) Verrichtungsgehilfe

1240 Verrichtungsgehilfe ist derjenige, dem vom Geschäftsherrn eine nach dessen Weisungen auszuführende Tätigkeit übertragen worden ist. Auf die Art der Tätigkeit kommt es nicht an; sie kann tatsächlicher Natur (zB handwerkliche Verrichtungen) oder rechtlicher Natur (Führung eines Rechtsstreits), entgeltlich oder unentgeltlich, auf Dauer gerichtet oder nur vorübergehend (einmalige Erledigung eines Auftrages) sein.[84] Jedoch muss die Tätigkeit dem Einfluss des Geschäftsherrn unterliegen, und zwar in der Weise, dass dieser die Tätigkeit des Gehilfen jederzeit beschränken, untersagen oder nach Zeit und Umfang bestimmen kann.[85] Mangels **Weisungsgebundenheit** ist der gesetzliche Vertreter kein Verrichtungsgehilfe des Vertretenen. Ebenso ist ein selbstständiger Unternehmer, zB ein Handwerksmeister, der für einen anderen tätig wird, nicht dessen Verrichtungsgehilfe, weil der Unternehmer auch dann eigenbestimmt und in eigener Verantwortung seine

---

[83] Dafür *Medicus/Petersen* BürgerlR Rn. 807, die auch das oben angeführte Beispiel bringen.
[84] Vgl. Bamberger/Roth/*Spindler* § 831 Rn. 10 ff.
[85] BGHZ 45, 311 (313) = NJW 1966, 1807; BGH NJW 2013, 1002 Rn. 15; MüKoBGB/*Wagner* § 831 Rn. 14.

III. Erfüllungs- und Verrichtungsgehilfe

Arbeiten ausführt, wenn ihm dafür genaue Direktiven von seinem Auftraggeber erteilt werden.[86]

c) Widerrechtliche Schädigung eines Dritten

Nach § 831 I 1 ist ein Schaden zu ersetzen, den der Verrichtungsgehilfe einem Dritten widerrechtlich zugefügt hat. Aus dem systematischen Standort der Vorschrift im Deliktsrecht folgt, dass der Verrichtungsgehilfe den Schaden dadurch herbeigeführt haben muss, dass er den **objektiven Tatbestand einer unerlaubten Handlung** iSv §§ 823 ff. verwirklicht hat. Wie in § 831 I 1 ausdrücklich festgelegt ist, muss der Gehilfe dabei widerrechtlich handeln. Nach der Lehre vom Erfolgsunrecht, nach der bei einem positiven Tun die **Rechtswidrigkeit** durch die Tatbestandsmäßigkeit eines Verhaltens im Sinne einer Deliktsnorm indiziert wird und dieses Indiz nur widerlegt ist, wenn sich der Schädiger auf einen Rechtfertigungsgrund zu berufen vermag (→ Rn. 1124), ergibt sich hierdurch regelmäßig keine zusätzliche Voraussetzung, die gesondert geprüft werden müsste. Hingegen ist es nach der Lehre vom Handlungsunrecht erforderlich festzustellen, ob der Verrichtungsgehilfe durch sein Verhalten gegen die ihm obliegende Sorgfaltspflicht verstoßen hat (→ Rn. 1126).[87] Das Gleiche gilt in Fällen, in denen der Verletzungserfolg nicht durch einen unmittelbaren Eingriff herbeigeführt worden ist (→ Rn. 1131) oder in denen es sich um offene Verletzungstatbestände (→ Rn. 1128) oder Unterlassungen (→ Rn. 1129) handelt. 1241

Nach dem Wortlaut des Gesetzes gehört ein **Verschulden des Verrichtungsgehilfen** nicht zu den Haftungsvoraussetzungen. Jedoch ist anerkannt, dass der Geschäftsherr nicht nach § 831 haftet, wenn der Gehilfe die gebotene Sorgfalt beachtet hat. Bei der Begründung dieses Ergebnisses wirken sich die unterschiedlichen Auffassungen zwischen den Lehren vom Erfolgsunrecht und vom Handlungsunrecht aus. Handelt der Gehilfe sorgfaltsgerecht, verneint die Lehre vom Handlungsunrecht die Rechtswidrigkeit der Schädigung, sodass schon aus diesem Grunde die Haftung des Geschäftsherrn entfällt. Die Lehre vom Erfolgsunrecht will nach dem Schutzzweck der Norm solche Schadensfälle ausscheiden, bei denen feststeht, dass sich der Gehilfe so verhalten hat wie jede mit Sorgfalt ausgewählte und überwachte Person.[88] Das RG[89] hat insoweit die Faustregel aufgestellt, dass der Geschäftsherr dann nicht haften müsste, wenn ihn in dem Fall, dass er selbst an der Stelle des Verrichtungsgehilfen gestanden und sich wie dieser verhalten hätte, keine Ersatzpflicht treffen würde. Im Übrigen dürfte bei einem sorgfaltsgemäßen Verhalten des Gehilfen regelmäßig die Haftung des Geschäftsherrn schon deshalb nicht infrage kommen, weil dann sein Sorgfaltsverstoß bei Auswahl, Beschaffung von Gerätschaften oder bei der Leitung für den Eintritt des Schadens nicht ursächlich gewesen war (→ Rn. 1239). 1242

d) Handeln in Ausführung der Verrichtung

Der Geschäftsherr hat nur für solche widerrechtlichen Schädigungen des Verrichtungsgehilfen zu haften, die dieser „in Ausführung der Verrichtung" begeht (beachte 1243

---

[86] BGH NJW 1994, 2756 (2757); MüKoBGB/*Wagner* § 831 Rn. 16.
[87] Vgl. *Kötz/Wagner* DeliktsR Rn. 288.
[88] BGH NJW 1996, 3205 (3207).
[89] JW 1936, 2394 (2396).

die abweichende Formulierung von § 278 und → Rn. 1228 ff. zur Parallelproblematik). Hierfür ist nicht erforderlich, dass die den Schaden verursachende Handlung dem Verrichtungsgehilfen übertragen worden ist; vielmehr genügt ein innerer Zusammenhang zwischen dem schädigenden Verhalten und dem Aufgabenbereich, der dem Verrichtungsgehilfen zugewiesen worden ist. Ein lediglich „bei Gelegenheit" der Verrichtung verursachter Schaden fällt nicht unter die Vorschrift des § 831.

1244 Straftaten und vorsätzliche unerlaubte Handlungen des Verrichtungsgehilfen werden nach hM nur dann „in Ausführung der Verrichtung" verübt, wenn der Gehilfe dadurch speziellen Pflichten zuwiderhandelt, die ihm gerade zur Erfüllung übertragen worden sind (Beispiel: Diebstahl oder Unterschlagung der dem Verrichtungsgehilfen zur Bewachung übertragenen Gegenstände). Bietet dagegen die dem Gehilfen übertragene Verrichtung lediglich Anreiz und Gelegenheit zu einer Straftat (Beispiel: der Handwerksgeselle, der auftragsgemäß in der Wohnung eines Kunden Reparaturen durchführt, stiehlt einen dort befindlichen Gegenstand), so geschieht dieses Verhalten nicht in Ausführung der Verrichtung, sondern nur bei ihrer Gelegenheit.[90]

e) Ausschluss einer Ersatzpflicht

1245 Sind die Voraussetzungen erfüllt, die § 831 I 1 nennt, kommt es für die Haftung des Geschäftsherrn wegen S. 2 dieser Vorschrift darauf an, ob ihn ein Sorgfaltsverstoß bei Auswahl, Ausrüstung oder Leitung des Verrichtungsgehilfen trifft. Wird vom Geschädigten Klage auf Schadensersatz gegen den Geschäftsherrn erhoben, hat der Geschäftsherr Tatsachen vorzutragen und – sofern Zweifel bestehen – zu beweisen, dass er die gebotene Sorgfalt beachtet hat. Streiten also in einem Zivilprozess die Parteien darüber, ob die Voraussetzungen für eine Haftung nach § 831 erfüllt sind, so muss der geschädigte Dritte die Verwirklichung der in § 831 I 1 genannten Voraussetzungen beweisen, also dass derjenige, der ihn in Ausführung einer Verrichtung „widerrechtlich" (→ Rn. 1241) geschädigt hat, von dem Geschäftsherrn zu dieser Verrichtung bestellt worden ist. Dagegen obliegt dem Geschäftsherrn der Beweis, dass er die iSv § 831 I 2 erforderliche Sorgfalt bei Auswahl, Überwachung, Gerätebeschaffung und Leitung beobachtet hat oder dass ein Sorgfaltsverstoß für die Schädigung nicht ursächlich gewesen ist (→ Rn. 1239). Kann dieser Beweis nicht geführt werden, wird die Verletzung einer entsprechenden Sorgfaltspflicht, die den Schaden verursacht hat, vermutet. Dass von dem Geschäftsherrn also ein „Entlastungsbeweis" (bzw. eine sog. Exkulpation) erwartet wird, erklärt sich dadurch, dass im Allgemeinen der Geschädigte nicht in der Lage sein wird, die Vorgänge aufzuklären, aus denen sich ein Sorgfaltsverstoß ergibt, und dass es sich dabei um ein eigenes Verhalten des Geschäftsherrn handelt, das dieser genau kennt und über das er billigerweise auch Rechenschaft ablegen muss.

1246 Was von einem sorgfältig handelnden Geschäftsherrn nach Maßgabe von § 831 I 2 bei der **Auswahl, Überwachung, Ausrüstung und Leitung von Verrichtungsgehilfen** zu verlangen ist, richtet sich weitgehend nach den konkreten Umständen des Einzelfalles. Allgemein lässt sich sagen, dass ein Geschäftsherr bei der Auswahl eines Verrichtungsgehilfen festzustellen hat, ob dieser die erforderliche Qualifikation und Zuverlässigkeit besitzt, um die übertragene Aufgabe gefahrlos für andere durchzu-

---

[90] Bamberger/Roth/*Spindler* § 831 Rn. 22; Jauernig/*Teichmann* § 831 Rn. 8.

führen, wobei es von der Art und Gefährlichkeit der zu erledigenden Tätigkeit abhängt, welche Anforderungen im Einzelnen an den Gehilfen zu stellen sind.[91] Der Geschäftsherr ist verpflichtet, laufend die ordnungsgemäße Durchführung der Verrichtungen zu überwachen. Auch wenn sich die Zuverlässigkeit des Gehilfen aufgrund längerer Tätigkeit ergeben hat, wird diese Überwachungspflicht zwar eingeschränkt, aber nicht gänzlich beseitigt.

Der Vorwurf eines Sorgfaltsverstoßes bei Beschaffung von Vorrichtungen oder Gerätschaften kann dem Geschäftsherrn nur dann gemacht werden, wenn die dem Gehilfen übertragene Verrichtung eine solche Beschaffung erforderlich sein lässt. Das Gleiche gilt für die Anleitung des Gehilfen. Auch hier muss die Notwendigkeit der Leitung zunächst festgestellt werden, ehe der Frage nachgegangen werden kann, ob der Geschäftsherr hierbei die gebotene Sorgfalt beachtet hat.

1247

In gleicher Weise wie der Geschäftsherr sind nach § 831 II diejenigen verantwortlich, die aufgrund entsprechender vertraglicher Vereinbarung die den Geschäftsherrn nach Abs. 1 S. 2 treffenden Pflichten zur Erfüllung übernommen haben. Die **mit Leitungsfunktionen betrauten Mitarbeiter** des Geschäftsherrn (die Abteilungsleiter, Meister) haften somit selbst, wenn ihnen ein Sorgfaltsverstoß bei Auswahl, Leitung und Überwachung der ihnen unterstellten Personen vorzuwerfen ist. Ergibt sich eine Haftung sowohl nach Abs. 1 als auch nach Abs. 2 des § 831, sind die Verantwortlichen Gesamtschuldner (§ 840 I; vgl. §§ 421, 426).

1248

IV. Vertrag zugunsten Dritter

1. Überblick

Die Parteien eines Vertrages können vereinbaren, dass die vertraglich geschuldete Leistung nicht an den Gläubiger, sondern an einen bestimmten Dritten erbracht werden soll.[92]

1249

> **Beispiel:** Jemand lässt Blumen auf seine Kosten durch ein Blumengeschäft an Bekannte schicken.

Bei einer solchen vertraglichen Vereinbarung ist danach zu unterscheiden, ob der Dritte unmittelbar das Recht erwirbt, die nach dem Vertrag geschuldete Leistung zu fordern (sog. **echter oder berechtigender Vertrag zugunsten Dritter;** vgl. § 328 I), oder ob nur der Gläubiger, nicht aber der Dritte die Leistung vom Schuldner verlangen kann (sog. **unechter oder ermächtigender Vertrag zugunsten Dritter**).

1250

Von dem (echten und unechten) Vertrag zugunsten Dritter, bei dem der Schuldner verpflichtet ist, die Leistung an den Dritten zu erbringen, ist der Fall zu unterscheiden, in dem der

1251

---

[91] BGH NJW 2003, 288 (290).
[92] Ausführlich zum Vertrag zugunsten Dritter anhand von Grundfällen *Hornberger* JA 2015, 7 und 93.

Schuldner zwar nicht die Pflicht, wohl aber das Recht hat, mit befreiender Wirkung gegenüber dem Gläubiger an einen Dritten zu leisten. Dies ist der Fall, wenn der Gläubiger den Dritten ermächtigt hat, die Leistung im eigenen Namen in Empfang zu nehmen (vgl. § 362 II iVm § 185 I; → Rn. 241); der Schuldner kann dann nach seiner Wahl entweder an den Gläubiger oder an den Dritten leisten.

1252 Ob dem Dritten ein **eigenes Forderungsrecht** zustehen soll, muss – soweit ausdrückliche Absprachen nicht getroffen worden sind – den Umständen des Einzelfalles, insbesondere dem Zweck des Vertrages entnommen werden (§ 328 II). So ist in dem obigen Beispiel des Blumengeschenks nicht davon auszugehen, dass der Beschenkte vom Blumenhändler die Blumen verlangen kann. Anders ist hingegen zu entscheiden, wenn jemand zugunsten seines Ehegatten einen Lebensversicherungsvertrag schließt, wonach der Ehegatte im Falle des Todes des Vertragschließenden einen bestimmten Geldbetrag erhalten soll; hier wird dem Begünstigten regelmäßig ein eigenes Forderungsrecht eingeräumt (vgl. die Auslegungsregeln der §§ 330, 331).

1253 Eine weitere Auslegungsregel enthält § 329 für die **Erfüllungsübernahme.** Durch eine solche verpflichtet sich der Übernehmende gegenüber dem Schuldner, dessen Gläubiger zu befriedigen. Da eine Erfüllungsübernahme im Allgemeinen nur im Interesse des Schuldners vorgenommen wird, erwirbt nur dieser, nicht auch der Gläubiger daraus Rechte. Die Erfüllungsübernahme, die nur zulässig ist, wenn der Schuldner nicht in eigener Person zu leisten hat (→ Rn. 243), stellt somit einen unechten Vertrag zugunsten Dritter dar.[93]

2. Die Beteiligten und ihre Rechtsbeziehungen

1254 Das Besondere eines Vertrages zugunsten Dritter besteht also darin, dass zu der für ein Schuldverhältnis typischen Zweierbeziehung „Gläubiger-Schuldner" eine weitere Person hinzutritt, an die der Schuldner die vertraglich geschuldete Leistung zu erbringen hat. Da diese Besonderheit bei fast allen Vertragstypen, zB bei der Miete, dem Dienstvertrag und dem Werkvertrag genauso wie beim Kauf, vorkommen kann, ist der **Vertrag zugunsten Dritter kein eigener Vertragstypus**, sondern als Modifikation innerhalb des jeweiligen Vertragstypus anzusehen. In der Überschrift des 3. Titels „Versprechen der Leistung an einen Dritten" kommt dies besser als in dem Begriff „Vertrag zugunsten Dritter" zum Ausdruck. Deshalb ist es selbstverständlich, dass neben den besonderen Regeln, die für den Vertrag zugunsten Dritter gelten, die für den jeweiligen Vertragstypus anzuwendenden Vorschriften zu beachten sind.

1255 Aus der systematischen Stellung der §§ 328 ff. und aus ihrem Wortlaut ergibt sich, dass diese Vorschriften nur auf schuldrechtliche Verträge anzuwenden sind, aus denen sich eine Verpflichtung ergibt. Die Möglichkeit einer analogen Anwendung auf Verfügungen wird überwiegend verneint (beachte aber noch → Rn. 1311).[94]

---

[93] Vgl. MüKoBGB/*Gottwald* § 329 Rn. 1.
[94] Vgl. *Rahbar* ZGS 2010, 172 (174 ff.); *Looschelders* SchuldR AT Rn. 1154 ff.; Palandt/*Grüneberg* Einf v. §§ 328 Rn. 8 f.

IV. Vertrag zugunsten Dritter

Bei einem Vertrag zugunsten Dritter wird der **Schuldner als „Versprechender"** und der **Gläubiger als „Versprechensempfänger"** bezeichnet: Der eine verspricht, die Leistung an den Dritten zu bewirken, der andere lässt sich dieses Versprechen geben, empfängt es also. Das Rechtsverhältnis zwischen Versprechendem und Versprechensempfänger wird als **Deckungsverhältnis** bezeichnet, und zwar deshalb, weil der Versprechende aus diesem Verhältnis für seine Leistung an den Dritten die „Deckung" erhält, also darin der Grund zu finden ist, warum der Versprechende die Leistung zusagt. Handelt es sich bei dem Deckungsverhältnis um einen synallagmatischen Vertrag, so wird die Leistung im Hinblick auf die Gegenleistung versprochen (der Blumenhändler liefert die Blumen an den Dritten, weil er von dem Versprechensempfänger dafür den Kaufpreis erhält). Das Deckungsverhältnis kann jedoch auch in einem unentgeltlichen Vertrag bestehen (der Vater verspricht seinem Sohn, dessen Sportverein aus Anlass eines Jubiläums einen Geldbetrag zuzuwenden; vgl. hierzu § 518).

1256

Das Rechtsverhältnis zwischen dem Versprechensempfänger und dem Dritten trägt die Bezeichnung **Valuta- bzw. Zuwendungsverhältnis**. Aus ihm ist zu entnehmen, aus welchem Grund der Versprechensempfänger dem Dritten etwas zuwendet. Dies kann eine Schenkung sein (wie in dem Beispiel der Übersendung von Blumen an Bekannte durch ein Blumengeschäft), aber auch ein entgeltlicher Vertrag (der Versprechensempfänger hat dem Dritten aufgrund eines mit ihm abgeschlossenen Kaufvertrages eine bestimmte Ware zu liefern, die er seinerseits beim Versprechenden kauft und an den Dritten liefern lässt). Das Deckungsverhältnis und das Valutaverhältnis sind voneinander unabhängig. Aus welchem Grund der Versprechensempfänger dem Dritten eine Leistung zuwendet, ist für den Versprechenden und für seine Beziehung zum Versprechensempfänger ohne Bedeutung. Der Versprechende bleibt auch dann verpflichtet, die Leistung an den Dritten zu erbringen, wenn kein Valutaverhältnis wirksam zustande gekommen ist. Einwendungen aus dem Valutaverhältnis kann der Versprechende dem Dritten nicht entgegenhalten. Hat der Dritte eine Leistung aufgrund des Vertrages zu seinen Gunsten vom Versprechenden erhalten, ohne dass sich dafür aus dem Verhältnis zwischen Drittem und Versprechensempfänger ein Rechtsgrund ergibt, so hat der (bereicherungsrechtliche) Ausgleich zwischen dem Versprechensempfänger und dem Dritten stattzufinden (zur bereicherungsrechtlichen Rückabwicklung von Verträgen zugunsten Dritter vgl. *Musielak/Hau* EK BGB Rn. 279 ff.).

1257

Die Beziehung zwischen dem Versprechenden und dem Dritten kann man als **Drittverhältnis oder Vollzugsverhältnis** bezeichnen; häufig wird diese Beziehung nicht besonders benannt, weil sie vom Deckungsverhältnis mitbestimmt wird. Beim unechten Vertrag zugunsten Dritter fehlt eine Rechtsbeziehung zwischen Versprechendem und Drittem. Beim echten Vertrag zugunsten Dritter begründet der Leistungsanspruch des Dritten gegen den Versprechenden ein vertragsähnliches Verhältnis zwischen ihm und dem Schuldner, das dem Dritten unter anderem die Pflicht auferlegt, den Schuldner bei dessen Erfüllung nicht zu schädigen. Handelt der Dritte dieser Pflicht zuwider, haftet er nach § 280 I.[95]

1258

---

[95] MüKoBGB/*Gottwald* § 328 Rn. 31.

1259 Die Beziehungen der Beteiligten lassen sich danach in folgender Skizze wiedergeben:

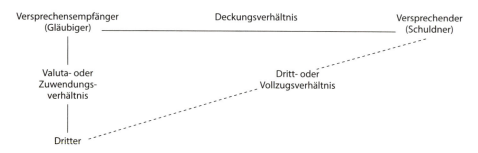

1260 Die Bezeichnungen „Gläubiger" und „Schuldner" werden vom Deckungsverhältnis her bestimmt. Im Valutaverhältnis kann wiederum der „Dritte" Gläubiger und der „Versprechensempfänger" Schuldner der danach zu erbringenden Leistung sein.

3. Rechtsstellung des Dritten

1261 Nur bei einem echten Vertrag zugunsten Dritter erwirbt der Dritte das Recht, vom Versprechenden die Leistung an sich zu fordern (§ 328 I). Dem Dritten steht dann ohne sein Zutun und auch unabhängig von seiner Geschäftsfähigkeit der Anspruch zu. Jedoch ist er nicht verpflichtet, das Recht entgegenzunehmen; er kann es vielmehr zurückweisen. Dies hat zur Folge, dass das Recht des Dritten rückwirkend als nicht erworben gilt (vgl. § 333). Die Frage, welche Folgen sich aus einer solchen **Zurückweisung** für die Rechtsbeziehungen zwischen Versprechendem und Versprechensempfänger, also für das Deckungsverhältnis, ergeben, ist im Gesetz nicht ausdrücklich geregelt. Zur Erläuterung des sich dabei stellenden Problems dient der folgende

> **Beispielsfall:** Tante T will, dass ihr Neffe N nach bestandenem Abitur in ihrer Heimatstadt studiert, und mietet für ihn für die Dauer von drei Jahren ein Appartement. N will aber in einer anderen Stadt studieren und lehnt es ab, das Appartement zu beziehen. Daraufhin erklärt T dem Vermieter V, dass sie das Appartement nicht gebrauchen könne. Kann V gleichwohl die Zahlung des Mietzinses verlangen?
>
> Soweit sich nicht aus dem Vertrag (auch nicht mithilfe der Auslegung) ergibt, dass die vertragliche Leistung im Falle der Ablehnung durch den Dritten an einen anderen (den Versprechensempfänger oder an einen von ihm neu zu bestimmenden Dritten) erbracht werden soll, wird die Leistung infolge der Ablehnung durch den Dritten unmöglich (§ 275 I). Die Frage, ob der Versprechensempfänger die von ihm geschuldete Gegenleistung erbringen muss, richtet sich nach § 326. Dementsprechend wird man darauf abstellen, ob der Versprechensempfänger damit rechnen musste, dass der Dritte das Recht zurückweisen werde. Kannte T die Absicht von N, woanders zu studieren, oder kannte sie sie fahrlässig nicht, so ist sie zur Zahlung des Mietzinses verpflichtet (§ 326 II 1 Var. 1).[96]

---

[96] Vgl. MüKoBGB/*Gottwald* § 333 Rn. 8. Auf die Frage, ob nach dem Mietrecht eine Kündigung zulässig ist, soll hier nicht eingegangen werden.

IV. Vertrag zugunsten Dritter

Die Absprache der Vertragschließenden ist in erster Linie auch dafür maßgebend, ob beim echten Vertrag zugunsten Dritter das Recht des Dritten auf Leistung sofort, bedingt oder befristet entstehen soll und ob den Vertragschließenden, dem Versprechensempfänger und dem Versprechenden die Befugnis vorbehalten bleibt, gemeinsam das Recht des Dritten ohne dessen Zustimmung aufzuheben oder zu ändern. Fehlt eine ausdrückliche Abrede, entscheiden darüber nach § 328 II die Umstände des Einzelfalles, insbesondere der Zweck des Vertrages; in diesem Zusammenhang ist die Auslegungsregel des § 331 zu beachten. Schließlich ist noch darauf hinzuweisen, dass der Versprechensempfänger berechtigt ist, die Leistung an den Dritten zu fordern, selbst wenn der Dritte ein eigenes Forderungsrecht besitzt; allerdings kann das Forderungsrecht des Versprechensempfängers im Vertrag mit dem Versprechenden abbedungen werden (vgl. § 335).

1262

Da sich die Rechtsstellung des Versprechenden nicht dadurch verschlechtern darf, dass er die vertragliche Leistung nicht an den Gläubiger, sondern an einen Dritten zu erbringen hat, kann er dem Dritten alle **Einwendungen aus dem Deckungsverhältnis** entgegenhalten, die ihm gegenüber dem Versprechensempfänger zustehen (§ 334).

1263

> **Beispiel:** Tante T will ihrem Neffen N zum Einzug in eine neue Wohnung einen Teppich schenken. Sie begibt sich zum Teppichhändler H, sucht dort einen Teppich aus, zahlt die Hälfte des Kaufpreises und vereinbart mit H, dass N das Recht haben solle, zu einem ihm genehmen Termin die Lieferung des Teppichs zu verlangen. Als N drei Tage später Lieferung fordert, weist H darauf hin, dass der Teppich noch nicht von T voll bezahlt sei und dass er erst liefere, wenn er den gesamten Kaufpreis erhalten habe. N meint, das ginge ihn nichts an, H solle sich an T halten, er jedenfalls wolle jetzt den Teppich haben.
>
> Zwar ist aus dem Kaufvertrag allein T zur Zahlung des Kaufpreises verpflichtet, jedoch kann H dem N die Einrede des nichterfüllten Vertrages aus § 320 entgegenhalten (§ 334).

Bei der Frage nach den **Auswirkungen von Leistungsstörungen** auf die Rechtsstellung des Dritten muss danach unterschieden werden, welche Leistung gestört ist und wer die Störung zu vertreten hat. Ergeben sich danach Ansprüche des Versprechenden gegen den Versprechensempfänger, so kann er sie auch dem Dritten entgegenhalten (§ 334). Bei einer Störung der Leistung des Versprechenden können sich jedoch nicht nur Rechte des Versprechensempfängers, sondern auch solche des Dritten ergeben. Dazu folgender

1264

> **Beispielsfall:** Tochter T schenkt ihrer Mutter M zum Geburtstag einen Heizofen, den sie vorher im Laden des H ausgesucht und bezahlt hat. Das Gerät soll nach entsprechender Aufforderung durch M geliefert werden (echter Vertrag zugunsten Dritter). So geschieht es auch. Infolge eines von H als Fachmann erkennbaren Defekts am Gerät kommt es bei Gebrauch des Heizofens zu einem Zimmerbrand, bei dem ein wertvoller Teppich der M beschädigt wird. Wie ist die Rechtslage?
>
> Wegen Verletzung einer Pflicht aus dem Schuldverhältnis (→ Rn. 549, 564) ist H nach § 280 I zum Ersatz des Schadens verpflichtet, denn dem Versprechenden obliegen auch Schutzpflichten gegenüber dem Leistungsempfänger (Dritten). Den Schadensersatzanspruch kann sowohl M als auch T als Versprechensempfängerin geltend machen, wobei T jedoch Leistung an M fordern müsste.[97]

---

[97] *Brox/Walker* SchuldR AT § 32 Rn. 16.

1265 Zweifelhaft ist hingegen, ob der Dritte auch solche Rechte wegen Leistungsstörungen ausüben kann, die den **Bestand des Deckungsverhältnisses** betreffen. Die hM[98] verneint dies und gibt dem Dritten nicht das Recht, wegen einer Leistungsstörung oder eines Mangels vom Vertrag zurückzutreten. Dieser Auffassung ist zuzustimmen, weil dem Versprechensempfänger als Vertragspartner die Entscheidung über den Bestand des Vertrages vorbehalten bleiben muss. Dementsprechend kann der Dritte bei einer Pflichtverletzung Schadensersatz nach § 280 fordern. Folgerichtig muss ihm jedoch versagt sein, die Leistung zurückzuweisen und Schadensersatz statt der Leistung nach § 281 geltend zu machen, weil dies im Ergebnis der Ausübung eines Rücktrittsrechts gleichkommt.[99] Die Vertragsparteien können allerdings dem Dritten vertraglich entsprechende Rechte einräumen.

V. Vertrag mit Schutzwirkungen für Dritte

1. Begriff und Voraussetzungen

1266 Verletzt der Schuldner eine sich aus dem Schuldverhältnis ergebende Verhaltenspflicht, kann er sich nach § 280 I schadensersatzpflichtig machen (→ Rn. 564). Eine solche Pflicht kann dem Schuldner auch aufgeben, die Interessen bestimmter anderer Personen neben dem Vertragsgläubiger zu beachten. Diese Personen sind dann in den **Schutzbereich des Vertrages** mit einbezogen.

> **Beispiele:**
>
> (1) Bauunternehmer B vereinbart mit Transportunternehmer T, dass dieser die bei B beschäftigten Arbeitnehmer mit Kleinbussen nach Weisung des B zu verschiedenen Arbeitsstellen transportiert. Unterwegs verursacht der bei T angestellte Fahrer schuldhaft einen Unfall, bei dem ein Arbeitnehmer des B verletzt wird.
>
> (2) E lässt in seinem Eigenheim von Handwerksmeister H Reparaturarbeiten durchführen. Dabei kommt es infolge des Verschuldens eines Mitarbeiters des H zur Explosion einer Gasflasche, durch die der 12-jährige Sohn des E Verbrennungen erleidet.

1267 Wollte man in solchen Fällen die Geschädigten auf das Deliktsrecht verweisen, könnte eine Schadensersatzpflicht des Busunternehmers und des Handwerksmeisters als Geschäftsherren nach § 831 I 2 zu verneinen sein (→ Rn. 1245). Hinzu kommt, dass bei einer schuldhaften Schädigung des Vermögens eine Ersatzpflicht aufgrund des Deliktsrechts nur unter bestimmten (eingeschränkten) Voraussetzungen besteht (→ Rn. 1083 ff., 1140, 1145). Diese „Nachteile" des deutschen Deliktsrechts haben dazu geführt, dass insbesondere die Rechtsprechung den Bereich der vertraglichen Schutzwirkungen für Dritte immer mehr ausgedehnt und dem geschützten Dritten einen eigenen Schadensersatzanspruch eingeräumt hat. Die hM im Schrifttum führt zu Recht die vertraglichen Schutzwirkungen zugunsten Dritter auf eine lückenausfüllende

---

[98] Bamberger/Roth/*Janoschek* § 328 Rn. 20 mN.
[99] Str., wie hier Palandt/*Grüneberg* § 328 Rn. 5. AA MüKoBGB/*Gottwald* § 335 Rn. 19.

V. Vertrag mit Schutzwirkungen für Dritte

Rechtsfortbildung (→ Rn. 1186 ff.) zurück, die dieses Rechtsinstitut zu einem festen Bestandteil unserer Zivilrechtsordnung gemacht hat, das unabhängig vom Willen der Beteiligten seine Wirkungen entfaltet.[100] Die Auffassung, vertragliche Schutzwirkungen zugunsten Dritter seien im Wege der (erläuternden oder ergänzenden) Vertragsauslegung zu ermitteln, sodass im Einzelfall ein rechtsgeschäftlicher Wille zur Einbeziehung feststellbar sein muss,[101] erscheint zu eng und ist daher abzulehnen.

An dieser Rechtslage hat auch das SchuldRModG nichts Wesentliches geändert. Zwar wird überwiegend die Auffassung vertreten, § 311 III 1 schaffe eine gesetzliche Grundlage für das Rechtsinstitut vertraglicher Schutzwirkungen zugunsten Dritter.[102] Dem widerspricht aber die in der Gesetzesbegründung ausgesprochene Absicht des Gesetzgebers, durch diese Vorschrift die Eigenhaftung des Vertreters oder Verhandlungsgehilfen im Bereich der c.i.c. zu regeln (→ Rn. 587).[103] Nur wer die besondere Nähe des vertraglichen Drittschutzes zur c.i.c. annimmt, kann deshalb § 311 III eine solche Bedeutung zusprechen. Jedoch wird man auch dann aus der gesetzlichen Regelung kaum praktische Folgerungen ableiten können, weil sich die gesetzliche Anerkennung allenfalls auf das Prinzip des vertraglichen Drittschutzes beschränkt, dessen Ausgestaltung weiterhin Rechtsprechung und Rechtslehre überlassen bleibt.[104]

1268

Es ist offensichtlich, dass eine sorgfältige **Abgrenzung** der Tatbestände, in denen sich aus Verträgen Schutzwirkungen für Dritte ergeben, dringend geboten ist, weil sonst befürchtet werden müsste, dass die Trennung zwischen vertraglichem und deliktischem Schadensersatzrecht beseitigt werden könnte. Hier stellt sich eine schwierige Aufgabe, die bisher nicht befriedigend gelöst werden konnte. Über die genauen Voraussetzungen und Grenzen des Vertrages mit Schutzwirkungen für Dritte gibt es keine einheitliche Auffassung. Während die hM vertragliche Schutzwirkungen ursprünglich auf solche Personen beschränken wollte, für deren „Wohl und Wehe" der Vertragsgläubiger verantwortlich ist, weil er ihnen Schutz und Fürsorge schuldet,[105] sieht sie hierin in neuerer Zeit kein unverzichtbares Merkmal mehr; vielmehr orientiert sie sich an dem Verhältnis, das der Dritte zur vertraglich geschuldeten Leistung einnimmt, und fragt danach, ob er nach dem Inhalt des Vertrages bestimmungsgemäß mit dieser Leistung in Berührung kommt (Kriterium der Leistungsnähe).[106]

1269

Diese Neuorientierung verdient Zustimmung. Dabei ist als „Leistung" in dem hier gemeinten Sinn nicht nur die Hauptleistung zu verstehen, sondern der gesamte Pflichtenkatalog des Schuldners, sodass auch alle Nebenpflichten (→ Rn. 563 ff.) er-

1270

---

[100] BGH NJW 1996, 2927 (2928); *Saar* JuS 2000, 220 (223); *Zenner* NJW 2009, 1030 (1033 f.); MüKoBGB/*Gottwald* § 328 Rn. 164 ff. mwN.
[101] So BGH NJW 2014, 2345 Rn. 9.
[102] *Schwab* JuS 2002, 872 (873); *Eckebrecht* MDR 2002, 425 (427); *Brox/Walker* SchuldR AT § 33 Rn. 6. AA Palandt/*Grüneberg* § 328 Rn. 14; NK-BGB/*Krebs* § 311 Rn. 139 ff.
[103] Amtl. Begr. BT-Drs. 14/6040, 163. Vgl. dazu MüKoBGB/*Emmerich* § 311 Rn. 172 ff.
[104] Ähnlich auch *Zenner* NJW 2009, 1030 (1033).
[105] Diesem Gesichtspunkt wird vom BGH auch noch in neuen Entscheidungen durchaus Bedeutung beigemessen; vgl. BGH NJW 2002, 3625 (3626); 2010, 3152 Rn. 19 = JuS 2011, 550 (*Faust*), jew. mwN aus der Rechtsprechung.
[106] BGH NJW 1995, 392 (393 f.); 1996, 2927 (2928 f.); 2004, 3630 (3632); 2012, 3165 Rn. 18; 2013, 1002 Rn. 9; NJW-RR 2013, 983 Rn. 25; OLG Hamm NJW-RR 2013, 1522 = JuS 2013, 935 (*Mäsch*); Palandt/*Grüneberg* § 328 Rn. 17; *Köhler/Lorenz* PdW SchuldR I Fall 89; MüKoBGB/*Gottwald* § 328 Rn. 181 mwN.

fasst werden.¹⁰⁷ Allerdings kann nicht allein für ausreichend gehalten werden, dass der zu schützende Dritte nach dem Vertrag mit der vom Schuldner zu erbringenden Leistung in Berührung kommt. Vielmehr ist zu verlangen, dass er nach dem Inhalt des Vertrages bestimmungsgemäß in einem Verhältnis zur geschuldeten Leistung steht wie sonst bei vergleichbaren Schuldverhältnissen regelmäßig nur der Gläubiger und er deshalb den Leistungsgefahren ausgesetzt ist wie sonst dieser.¹⁰⁸

1271 Dabei ist nicht entscheidend, ob im konkreten Fall nach der Anlage des Schuldverhältnisses der Gläubiger überhaupt gefährdet ist oder ob bei der Vertragsabwicklung lediglich der Dritte geschädigt werden kann. Es kommt nur auf den **typischen Inhalt entsprechender Schuldverhältnisse** an.

> So ist in dem Beispielsfall der Beförderung von Arbeitnehmern des Vertragsgläubigers (→ Rn. 1266) allein maßgebend, dass bei Beförderungsverträgen typischerweise der Gläubiger selbst befördert wird und den damit verbundenen Gefahren ausgesetzt ist, nicht aber, dass nur die beim Gläubiger Beschäftigten transportiert werden.
>
> Auch im Beispielsfall der explodierenden Gasflasche (→ Rn. 1266) ist davon auszugehen, dass der Sohn zu der vom Handwerksmeister zu erbringenden Leistung in einem gläubigerähnlichen Verhältnis steht. Die dafür erforderliche Drittbezogenheit der vertraglichen Leistung ergibt sich für die im Hause wohnenden Personen daraus, dass jeder von ihnen aus der durchzuführenden Reparatur einen unmittelbaren Nutzen zieht, von ihr also direkt betroffen ist. Deshalb hat sich der Schuldner ihnen gegenüber in gleicher Weise wie gegenüber dem Gläubiger vertragsgerecht zu verhalten, insbesondere seine Leistung so zu erbringen, dass diese Personen nicht geschädigt werden. Diese unmittelbare Beziehung zu der nach dem Vertrag geschuldeten Leistung bildet das Unterscheidungsmerkmal zwischen den im Hause wohnenden Personen und zufällig dort anwesenden Besuchern.

1272 Als zweite Voraussetzung muss hinzukommen, dass dem Schuldner die **Drittbezogenheit erkennbar** ist und dass er damit rechnen muss, durch die Abwicklung des Vertragsverhältnisses nicht nur Rechtsgüter des Gläubigers, sondern auch Dritter zu schädigen. Denn der Schuldner muss das Haftungsrisiko, das er mit dem Abschluss des Vertrages eingeht, überschauen und kalkulieren können.¹⁰⁹

1273 Schließlich muss der in den **vertraglichen Schutzbereich einzubeziehende Dritte schutzbedürftig** sein, insbesondere darf ihm nicht aus einem anderen Rechtsgrund ein eigener vertraglicher Anspruch gegen den Schuldner zustehen.¹¹⁰ Hingegen ist nicht zu verlangen, dass der Gläubiger ein schutzwürdiges Interesse an der Einbeziehung des Dritten in den Schutzbereich des Vertrages haben müsse.¹¹¹

---

¹⁰⁷ *Schwab* JuS 2002, 872 (873 ff.).
¹⁰⁸ Bamberger/Roth/*Janoschek* § 328 Rn. 51.
¹⁰⁹ HM; vgl. nur BGH NJW 2013, 1002 Rn. 9; BGH NZM 2017, 299 (301); OLG Hamm NJW-RR 2015, 891 (892); MüKoBGB/*Gottwald* § 328 Rn. 187; Bamberger/Roth/*Janoschek* § 328 Rn. 53, jew. mwN.
¹¹⁰ BGHZ 70, 327 (329 f.) = NJW 1978, 883; BGH NJW-RR 2011, 462 (463 Rn. 11) = JuS 2011, 457 (*Faust*); MüKoBGB/*Gottwald* § 328 Rn. 188 mwN.
¹¹¹ So aber etwa BGH NJW 2013, 1002 Rn. 9; 2016, 3432 (3435 f.); BGH NZM 2017, 299 (301). BGH NJW 2002, 3625 (3626) sieht in diesem Kriterium offenbar nur ein mögliches, jedoch kein unverzichtbares Merkmal.

V. Vertrag mit Schutzwirkungen für Dritte

Eine solche Voraussetzung stünde im Widerspruch zu der zutreffenden Auffassung, dass **gegenläufige Interessen des Gläubigers und des Dritten** kein Hinderungsgrund für dessen Einbeziehung in den Schutzbereich des Vertrages bilden.[112] Solche gegenläufigen Interessen sind häufig in Fällen festzustellen, in denen sich der Gläubiger von einem Sachverständigen ein Gutachten über den Wert von Sachen erstatten lässt, um dieses Gutachten bei Kreditverhandlungen oder bei der Vereinbarung eines Kaufpreises zu verwenden. Bei einem Gläubiger, der regelmäßig daran interessiert sein wird, ein möglichst für ihn günstiges Gutachten zu erhalten, lässt sich schwerlich ein Interesse feststellen, die Schutzwirkungen des mit dem Gutachter geschlossenen Vertrages auf Dritte auszudehnen, die er möglicherweise im Zeitpunkt des Vertragsschlusses überhaupt nicht kennt. Dennoch wird in solchen Fällen die Erstreckung der vertraglichen Schutzwirkungen auf Dritte bejaht.[113] Die Forderung, der Gläubiger müsse ein schutzwürdiges Interesse an der Einbeziehung des Dritten in den vertraglichen Schutzbereich besitzen, erscheint lediglich als eine Nachwirkung der inzwischen überholten Meinung, die Rechtsgrundlage für die Einbeziehung des Dritten bilde eine ergänzende Vertragsauslegung, die sich an den Interessen der Vertragspartner zu orientieren habe. Aus dem gleichen Grund ist es abzulehnen, bei Ermittlung vertraglicher Schutzwirkungen auf den Willen der Parteien abzustellen und danach zu fragen, ob sie (stillschweigend) bestimmte Dritte in den vertraglichen Schutzbereich einbeziehen wollen.[114] Allerdings ist es den Vertragsparteien unbenommen, Absprachen über die Einbeziehung Dritter in den vertraglichen Schutzbereich zu treffen; geschieht dies, so stellen sich insoweit die behandelten Abgrenzungsfragen selbstverständlich nicht.

1274

Als **Voraussetzungen für die Einbeziehung Dritter in den vertraglichen Schutzbereich** sind somit zusammenfassend zu nennen:

1275

- Eine sich aus dem Inhalt des Vertrages ergebende gläubigerähnliche Beziehung des Dritten zu der vom Schuldner zu erbringenden Leistung, die dazu führt, dass der Dritte den Leistungsgefahren ausgesetzt ist wie üblicherweise sonst der Gläubiger. Als „Leistung" in diesem Sinn gilt das „Geschuldete" in seiner Gesamtheit (sowohl Haupt- als auch Nebenpflichten des Schuldners).
- Eine für den Schuldner gegebene Erkennbarkeit dieser Beziehung und der daraus folgenden Gefährdung des Dritten bei Durchführung des Vertrages.
- Eine Schutzbedürftigkeit des Dritten wegen Fehlens eigener direkter gleichwertiger Ansprüche gegen den Schuldner.

Auch das gesetzliche Schuldverhältnis der **culpa in contrahendo** (→ Rn. 577) kann drittbezogene Verhaltenspflichten aufweisen, bei deren Verletzung der Schädiger

1276

---

[112] BGHZ 127, 378 (380) = NJW 1995, 392; BGH NJW 1998, 1059 (1060); 1998, 1948 (1949); 2001, 3115 (3116).
[113] Die Rechtsprechung befürwortet diese Erstreckung von Schutzpflichten auf Dritte in erster Linie in Fällen, in denen es um die Haftung von Sachverständigen geht, die über eine besondere vom Staat anerkannte Sachkunde verfügen (zB öffentlich bestellte Sachverständige, Steuerberater, Wirtschaftsprüfer). Vgl. *Zugehör* NJW 2008, 1105 (1107). Im Schrifttum werden allerdings unterschiedliche Auffassungen zu den Rechtsgrundlagen einer solchen „Expertenhaftung" vertreten; abl. gegenüber vertraglichen Schutzwirkungen *Schinkels* JZ 2008, 272 (275ff.); *Köhler/Lorenz* PdW SchuldR I Fall 93.
[114] So aber BGH NJW 2001, 3115 (3116); 2004, 3035 (3036), dort allerdings mit der Einschränkung, dass ein entgegenstehender Wille der Vertragsparteien treuwidrig und deshalb unbeachtlich sei, wenn dieser Wille das Ziel einer Täuschung des Dritten verfolge.

dem Dritten nach c. i. c.-Grundsätzen schadensersatzpflichtig ist. Der BGH[115] hatte folgenden Fall zu entscheiden:

> **Beispiel:** Ein Kind begleitet seine Mutter zum Einkaufen in einen Selbstbedienungsladen. Nachdem die Mutter die zu kaufenden Waren ausgewählt hat, stellt sie sich an der Kasse an. Das Kind geht um die Kasse herum zur Packablage, um seiner Mutter beim Einpacken behilflich zu sein. Dabei rutscht es auf einem am Boden liegenden Salatblatt aus und verletzt sich erheblich. Das Gericht bejaht eine Haftung des Inhabers des Selbstbedienungsladens mit der Begründung, dass das Kind in den Schutzbereich eines zustande gekommenen Kaufvertrages mit einbezogen worden wäre. Das Gleiche müsse für das gesetzliche Schuldverhältnis der c. i. c. gelten, denn es fehle jeder Rechtfertigungsgrund, die vertragliche Haftung vom reinen Zufall abhängig zu machen, ob die Vertragsverhandlungen im Zeitpunkt der Schädigung schon zum endgültigen Vertragsabschluss geführt hätten. Durch § 311 III 1 wird die Richtigkeit dieser Auffassung nunmehr gesetzlich bestätigt.

2. Abgrenzung von der Drittschadensliquidation

1277 Es gibt Fälle, in denen bei der Störung vertraglicher Leistungen der Schaden aufgrund besonderer Konstellationen nicht wie im Regelfall beim Anspruchsberechtigten eintritt, sondern bei einem Dritten (sog. **zufällige Schadensverlagerung**). Zur Erläuterung dieser Feststellung folgendes

> **Beispiel:** A kauft für Unternehmer U bestimmte Rohstoffe auf, die im Unternehmen des U verarbeitet werden. Die Käufe tätigt er auf Rechnung des U, jedoch im eigenen Namen (mittelbare Stellvertretung; → Rn. 1165). Da B, mit dem A einen Kaufvertrag geschlossen hat, nicht termingerecht liefert, können von U verschiedene Aufträge nicht ausgeführt werden. U entsteht deshalb ein Schaden.
>
> Kaufvertragliche Beziehungen bestehen nur zwischen A und B. Infolge der nicht termingerechten Lieferung ist B in Verzug geraten (die Voraussetzungen werden hier unterstellt). Dementsprechend könnte A einen Verzugsschaden nach §§ 280 I, II, 286 von B ersetzt verlangen. Der Schaden ist jedoch nicht bei ihm, sondern bei U eingetreten, der allerdings keinen Ersatzanspruch besitzt. Wollte man bei diesem Ergebnis stehen bleiben, müsste U seinen Schaden selbst tragen und B wäre von jeder Schadensersatzpflicht freigestellt.

1278 Nach hM[116] ist dieses Ergebnis dadurch zu korrigieren, dass bei **mittelbarer Stellvertretung** der Anspruchsberechtigte den Drittschaden geltend macht: Der mittelbare Stellvertreter kann Leistung des Schadensersatzes an den Geschädigten (im Beispielsfall U) verlangen, diesen Schaden also „liquidieren". In der Praxis erfolgt die Abwicklung allerdings eher selten im wörtlichen Sinne einer solchen **Drittschadensliquidation**. Vielmehr tritt der Anspruchsberechtigte seinen Anspruch an den Geschädigten ab, wozu er unter den Voraussetzungen des § 285 verpflichtet ist (→ Rn. 534), oder er ermächtigt ihn, den Schadensersatzanspruch im eigenen Namen

---

[115] BGHZ 66, 51 = NJW 1976, 712.
[116] Vgl. BGH NJW 1998, 1864 (1865 mwN).

V. Vertrag mit Schutzwirkungen für Dritte

geltend zu machen[117] (sog. Einziehungsermächtigung; → Rn. 1308). Unabhängig von der gewählten Vorgehensweise ist der Schaden nach hM in dem Umfang zu ersetzen, wie er beim Dritten entstanden ist.[118]

Eine Schadensliquidation im Drittinteresse wird auch in sog. **Obhutsfällen** in Betracht gezogen. Es handelt sich um folgende Sachverhalte: Jemand mietet oder leiht sich eine fremde Sache und gibt sie einem anderen zur Reparatur oder Verwahrung. Dort wird sie infolge Verschuldens des Vertragspartners oder dessen Erfüllungsgehilfen beschädigt. Der Mieter oder Entleiher ist nur insoweit geschädigt, als er die Sache nicht mehr für sich nutzen kann; den Schaden an der Substanz der Sache hat der Eigentümer. Eine Drittschadensliquidation ist in diesen Fällen insbesondere dann für den Geschädigten von Bedeutung, wenn ein deliktischer Schadensersatzanspruch gegen den Vertragspartner des Mieters oder Entleihers durch § 831 I 2 ausgeschlossen ist. 1279

Die Drittschadensliquidation wird im Wesentlichen auf die genannten Fallgruppen beschränkt,[119] gleichwohl auch bei vergleichbaren Interessenlagen für zulässig gehalten.[120] So hat der BGH[121] eine Schadensliquidation im Drittinteresse im folgenden Fall bejaht: In einem Pachtvertrag war vereinbart worden, dass der Pächter Instandhaltungsmaßnahmen am Pachtobjekt auf seine Kosten vorzunehmen habe. Der Verpächter beauftragte einen Architekten mit Baumaßnahmen am Pachtobjekt. Da diese mangelhaft ausgeführt wurden, besserte der Pächter diese Mängel auf eigene Kosten aus. Laut BGH entstand dem Verpächter wegen der Vereinbarungen im Pachtvertrag über die Kostentragung für Instandhaltungsmaßnahmen kein eigener Schaden. Nach den Grundsätzen der Drittschadensliquidation könnte aber der Verpächter den Schaden des Pächters geltend machen. Stets muss indes sorgfältig geprüft werden, ob die Interessenlage im Einzelfall wirklich die Durchbrechung des schadensrechtlichen Grundsatzes gebietet, dass der Schädiger nur den Schaden ersetzen muss, der dem Inhaber des verletzten Rechts entstanden ist. 1280

Die früher ebenfalls mithilfe einer Schadensliquidation im Drittinteresse gelösten Fälle der sog. **obligatorischen Gefahrentlastung** fallen seit der Änderung des § 421 HGB im Jahr 1998 nicht mehr in den Anwendungsbereich dieses Rechtsinstituts. Diese Fälle betreffen den Versendungskauf, bei dem aufgrund des § 447 die Gegenleistungsgefahr mit der Übergabe der Kaufsache an den Transporteur auf den Käufer übergeht (→ Rn. 624). Da nunmehr dem Käufer nach § 421 I 2 HGB wegen der Schäden, die beim Transport der Kaufsache vom Trans- 1281

---

[117] *Köhler/Lorenz* PdW SchuldR I Fall 203.
[118] Näher zum Streitstand *Weiss* JuS 2015, 8 (13).
[119] Allerdings zählen manche Autoren die Treuhandverhältnisse nicht zu den Fällen mittelbarer Stellvertretung, sondern sehen sie als eigenständige Fallgruppe an (so MüKoBGB/ *Oetker* § 249 Rn. 306 mwN). Darauf kann hier nicht näher eingegangen werden (vgl. zu Treuhandgeschäften *Köhler* BGB AT § 5 Rn. 18 f.). Zu den Treuhandfällen ist auch die Sicherungszession (→ Rn. 1306) zu rechnen, bei der vom BGH (NJW 1995, 1282 [1283]; NJW-RR 1997, 663 [664]) der Ersatz eines dem Sicherungsgeber entstandenen Verzugsschadens nach den Grundsätzen der Drittschadensliquidation zuerkannt worden ist.
[120] *Weiss* JuS 2015, 8 (10, 12); MüKoBGB/*Oetker* § 249 Rn. 290.
[121] BGH NJW 2016, 1089 mAnm *Weiss* = JuS 2016, 462 (*Riehm*) = JA 2016, 948 (*Looschelders*).

porteur und seinen Erfüllungsgehilfen zugefügt werden, ein eigener Anspruch zusteht, ist der Weg über die Drittschadensliquidation überflüssig geworden.[122]

1282 In Fällen, in denen eine Drittschadensliquidation in Betracht kommt, werden regelmäßig die Voraussetzungen für vertragliche Schutzwirkungen zugunsten Dritter nicht gegeben sein. Deshalb wird sich die Frage nach dem Verhältnis beider Rechtsinstitute zueinander eher selten stellen. Sind aber einmal sowohl die Voraussetzungen vertraglicher Schutzwirkungen zugunsten Dritter als auch der Drittschadensliquidation gegeben, so gebührt den vertraglichen Schutzwirkungen der Vorrang, weil sie dem geschädigten Dritten einen eigenen, vom Gläubiger unabhängigen Ersatzanspruch eröffnen.[123]

VI. Übergang von Rechten und Pflichten auf Dritte

1. Überblick

1283 Gläubiger und Schuldner können grundsätzlich ausgewechselt werden. Eine **Rechtsnachfolge in Forderungen** kann durch rechtsgeschäftliche Übertragung der Forderung (sog. Abtretung) vollzogen werden (→ Rn. 1284 ff.). Außerdem kann die **Auswechslung des Gläubigers** in nicht rechtsgeschäftlicher Form geschehen, und zwar durch einen gesetzlich angeordneten Forderungsübergang (→ Rn. 1310) oder durch Forderungsübertragung kraft staatlichen Hoheitsaktes (zB Überweisung einer gepfändeten Geldforderung durch das Vollstreckungsgericht an den pfändenden Gläubiger an Zahlungs statt; vgl. § 835 ZPO).[124] Die rechtsgeschäftliche **Rechtsnachfolge in eine Schuld** geschieht durch einen Übernahmevertrag, der entweder zwischen Übernehmer und Gläubiger (vgl. § 414) oder zwischen Übernehmer und bisherigem Schuldner mit Genehmigung des Gläubigers (vgl. § 415) geschlossen wird (→ Rn. 1311). Daneben ist auch ein **Schuldbeitritt** möglich, bei dem ein Dritter als weiterer Schuldner neben den bisherigen tritt, ihn also nicht ersetzt (→ Rn. 1316). Die Übertragung der umfassenden Position eines Vertragspartners mit allen Rechten und Pflichten ist Gegenstand einer **Vertragsübernahme** (→ Rn. 1319).

2. Forderungsabtretung

a) Begriff und Voraussetzungen

1284 Was unter einer **Abtretung (= Zession)** zu verstehen ist, erläutert § 398: Die durch Vertrag vorgenommene Übertragung einer Forderung von dem **bisherigen Gläubiger (Zedenten)** auf einen **neuen Gläubiger (Zessionar)**. Durch diesen Vertrag, an dem der Schuldner nicht beteiligt ist, wird der Gläubigerwechsel unmittelbar vollzogen. Die Abtretung ist also kein Verpflichtungs-, sondern ein **Verfügungsgeschäft**

---

[122] Zu Einzelheiten *Oetker* JuS 2001, 833.
[123] *Weiss* JuS 2015, 8 (10); MüKoBGB/*Gottwald* § 328 Rn. 191 mwN.
[124] Dazu *Musielak/Voit* GK ZPO Rn. 1208.

VI. Übergang von Rechten und Pflichten auf Dritte

(zum Begriff → Rn. 278). Als solches ist die Abtretung abstrakt: Ihre Gültigkeit ist unabhängig von einem ihr zugrundeliegenden Kausalgeschäft (zB einem Forderungskauf; → Rn. 787). Ist die Abtretung wirksam, das Kausalgeschäft hingegen unwirksam, kann der Zedent die Rückabtretung vom Zessionar nach Bereicherungsrecht verlangen, denn der Zessionar ist dann rechtsgrundlos um die Forderung bereichert. Denkbar sind Fälle der sog. Fehleridentität, in denen das Kausal- und das Verfügungsgeschäft an demselben Fehler kranken (→ Rn. 442).

Der wirksame Übergang einer Forderung vom Zedenten auf den Zessionar ist von folgenden **Voraussetzungen** abhängig: **1285**

(1) Abtretungsvertrag
(2) Bestehen der Forderung
(3) Bestimmtheit der Forderung
(4) Übertragbarkeit der Forderung.

Der **Abtretungsvertrag** kann regelmäßig formfrei geschlossen werden. Dies gilt auch dann, wenn die Begründung der Forderung von einem formbedürftigen Rechtsgeschäft abhängig ist (Beispiel: Kaufpreisforderung aus einem Grundstückskaufvertrag; vgl. § 311b I). Nur ausnahmsweise ist für die Abtretung der Forderung eine Form vorgeschrieben (vgl. zB § 1154 für die Abtretung einer hypothekarisch gesicherten Forderung). **1286**

Die Forderung, die abgetreten werden soll, muss als **Forderung des Zedenten** bestehen. Einen Erwerb vom Nichtberechtigten kraft guten Glaubens, wie er beim Eigentumserwerb an beweglichen Sachen (§§ 932 ff.) und Grundstücken (§ 892) möglich ist, gibt es bei der Forderungsabtretung nicht (von Besonderheiten aufgrund des öffentlichen Glaubens eines Erbscheins, § 2366, und im Wertpapierrecht abgesehen, auf die hier nicht einzugehen ist). **1287**

> **Beispiel:** T, der in argen Geldverlegenheiten ist, erzählt dem R unter Vorlage eines gefälschten schriftlichen Darlehensvertrages, dass er dem A 10.000 EUR als Darlehen gewährt habe; da das Darlehen erst in einem Jahr rückzahlbar sei, er aber Geld brauche, sei er bereit, die Forderung dem R für 7.000 EUR zu überlassen. R ist damit einverstanden und zahlt den gewünschten Preis. In Wirklichkeit hatte T keine Forderung gegen A.
>
> In diesem Fall erwirbt R die ihm verkaufte Forderung nicht, denn § 398 S. 1 setzt eine dem Zedenten (hier: T) zustehende Forderung voraus. Sein guter Glaube kann dem Zessionar (hier: R) nicht helfen. Der Grund für den Ausschluss eines gutgläubigen Forderungserwerbs besteht darin, dass es an einem Kennzeichen fehlt, das – wie bei Sachen der Besitz oder die Eintragung im Grundbuch (→ Rn. 778) – auf die Berechtigung des Verfügenden hinweist und damit einen Rechtsschein schafft, auf den der Gutgläubige vertrauen darf.[125] Die vorgelegte Vertragsurkunde erzeugt zwar einen solchen Rechtsschein. Sie ist aber gefälscht und kann deshalb nicht dazu führen, dass auf Kosten eines Unbeteiligten ein Recht erworben wird.

In Fällen, in denen der Schuldner eine **Urkunde über die Schuld** ausstellt, also ein Schriftstück weggibt, das die Existenz der Forderung verlautbart und damit eine Legitimation des Zedenten schafft, berücksichtigt das Gesetz in einem eingeschränk- **1288**

---

[125] Vgl. *Thomale* JuS 2010, 857.

ten Umfang, dass hier der Schuldner einen (unrichtigen) Rechtsschein durch sein Verhalten gesetzt hat. Nach § 405 kann sich dann der Schuldner nicht darauf berufen, dass die Eingehung oder Anerkennung des Schuldverhältnisses nur zum Schein erfolgt und deshalb nach § 117 I nichtig sei oder dass die Abtretung durch Vereinbarung mit dem ursprünglichen Gläubiger ausgeschlossen wäre (→ Rn. 1290). Der Zessionar erwirbt dann die Forderung, wenn er den wahren Sachverhalt nicht kannte und auch nicht kennen musste, dh seine Unkenntnis nicht auf Fahrlässigkeit beruhte (vgl. § 122 II).

1289 Die abzutretende **Forderung** muss so **genau bestimmt** sein, dass Klarheit darüber besteht, welche Forderung vom Zedenten auf den Zessionar übergeht. Aus dem Inhalt der getroffenen Vereinbarung haben sich also Schuldner, Inhalt und Höhe der zedierten Forderungen zu ergeben. Jedoch muss diesen Erfordernissen erst in dem Zeitpunkt genügt sein, in dem die Forderung auf den Zessionar übergehen soll. Deshalb ist es zulässig, erst künftig entstehende Forderungen bereits im Voraus abzutreten.

1290 Schließlich ist die Wirksamkeit einer Abtretung davon abhängig, dass die **Forderung übertragbar** ist. Der Grundsatz, dass jede Forderung übertragen werden kann, wird durch eine Reihe von Abtretungsverboten eingeschränkt:

- Das BGB erklärt ausdrücklich eine Reihe von Forderungen für nicht oder nur unter eingeschränkten Voraussetzungen übertragbar, so zB Forderungen aus Vorkaufsrechten (§ 473) und aus Gesellschaftsverhältnissen (vgl. § 717). Hierbei handelt es sich um Forderungen, die besonders eng an die Person des Gläubigers gebunden sind.
- Nach § 399 kann eine Forderung nicht abgetreten werden, „wenn die Leistung an einen anderen als den ursprünglichen Gläubiger nicht ohne Veränderung ihres Inhalts erfolgen kann oder wenn die Abtretung durch Vereinbarung mit dem Schuldner ausgeschlossen ist."
- Unter § 399 Var. 1 fallen beispielsweise Forderungen aus **höchstpersönlichen Berechtigungen**, wie sie im Zweifel bei Dienstleistungen (vgl. § 613 S. 2) und bei der Ausführung von Aufträgen (§ 664 II) anzunehmen sind. Auch bei Ansprüchen aus Vorverträgen und Gebrauchsüberlassungsansprüchen (zB aus Mietverträgen) wird es regelmäßig auf die Person des Gläubigers ankommen und eine Abtretung auszuschließen sein.
- Hat sich der Gläubiger dem Schuldner gegenüber dazu verpflichtet, die Forderung nicht abzutreten (sog. **pactum de non cedendo**), so nimmt diese Vereinbarung gem. § 399 Var. 2 der Forderung die Abtretbarkeit, sodass eine abredewidrig vorgenommene Zession unwirksam ist.[126] Ein Gutglaubensschutz findet nur in den engen Grenzen des § 405 statt. Genehmigt der Schuldner die entgegen eines vereinbarten Abtretungsausschlusses vorgenommene Zession, sieht die hM hierin das Angebot zum Abschluss eines Änderungsvertrages, sodass die Abtretung erst wirksam wird, wenn der Gläubiger der vertraglichen Aufhebung des Abtretungsausschlusses zustimmt, und zwar ohne Rückwirkung auf den Zeitpunkt der Abtretung.[127]

---

[126] BGHZ 108, 172 (176) = NJW 1990, 109; vgl. auch *Lüke* JuS 1992, 114.
[127] BGH NJW 1990, 109 (110); 2006, 1800 Rn. 31; MüKoBGB/*Roth/Kieninger* § 399 Rn. 41; Palandt/*Grüneberg* § 399 Rn. 12.

VI. Übergang von Rechten und Pflichten auf Dritte

- Unpfändbare Forderungen können nicht abgetreten werden (§ 400). Pfändungsverbote ergeben sich aus §§ 850 ff. ZPO. Durch diese Vorschriften, die einen Pfändungsschutz für Teile des Arbeitseinkommens schaffen, wird bezweckt, dem Schuldner das zum Leben Notwendige zu erhalten.[128] Er kann auf diesen Schutz nicht wirksam verzichten und deshalb die unpfändbare Forderung auch nicht abtreten. Nach allgemeiner Auffassung können unpfändbare Forderungen aber abgetreten werden, wenn dieser Schutzzweck nicht vereitelt wird. Dies ist beispielsweise der Fall, wenn dem Abtretenden wirtschaftlich gleichwertige Leistungen für die Zession gewährt werden.

b) Wirkungen

Mit dem Abschluss des Abtretungsvertrages tritt der neue Gläubiger an die Stelle des bisherigen (§ 398 S. 2). Dementsprechend kann der Altgläubiger über die Forderung nicht mehr verfügen; eine von ihm vorgenommene zweite Zession ist folglich unwirksam. Für die Zession gilt also der **Grundsatz der Priorität**. 1291

> **Beispiel:** Gläubiger G tritt seine Forderung am 1.2. an X und am 2.2. an Y ab. Nur X erwirbt die Forderung, während Y auf Schadensersatzansprüche gegen G aus dem Kausalverhältnis angewiesen ist, das der Abtretung zugrunde liegt (→ Rn. 1284).

Die Forderung geht auf den neuen Gläubiger in dem Rechtszustand über, den sie beim Zedenten gehabt hat. Deshalb bleiben alle **Einwendungen und Einreden** bestehen, „die zur Zeit der Abtretung der Forderung gegen den bisherigen Gläubiger begründet waren" (§ 404). Wenn in § 404 darauf abgestellt wird, dass Gegenrechte bereits zur Zeit der Abtretung begründet waren, dann bedeutet dies nicht, dass sie zu diesem Zeitpunkt schon voll wirksam sein müssen. Entscheidend ist vielmehr, dass bei der Zession der Grund dafür bereits bestanden hat. Deshalb muss sich der Zessionar eine nach der Abtretung vom Schuldner vorgenommene Anfechtung ebenso entgegenhalten lassen wie den Rücktritt vom Vertrag. Da durch die Zession nur die Gläubigerrechte, nicht auch seine Pflichten übertragen werden, bleibt Adressat einer entsprechenden Erklärung des Schuldners der Zedent. 1292

Nach § 401 gehen auch die **für die Forderung bestellten Sicherheiten** mit über. Ausdrücklich nennt diese Vorschrift Hypotheken, Pfandrechte sowie Rechte aus einer Bürgschaft. Die in § 401 I genannten Rechte sind akzessorisch. **Akzessorietät** (von lat. accessio = Nebensache, Nebenverpflichtung) bedeutet, dass Rechte in der Weise miteinander verbunden sind, dass das eine das leitende, das andere das begleitende ist. Das begleitende Recht kann ohne das leitende nicht bestehen, ist also davon abhängig. Beispielsweise ist bei der Bürgschaft die Forderung des Gläubigers gegen den Schuldner die Leitforderung; nach ihr richtet sich das sichernde Recht in seinem Bestand und Inhalt (vgl. § 767 I 1). Erlischt die Leitforderung, geschieht dasselbe auch mit der Bürgschaft (Einzelheiten dazu später). 1293

§ 401 I ist entsprechend auf andere in dieser Vorschrift nicht ausdrücklich genannte akzessorische Rechte anzuwenden, beispielsweise auf Rechte aus einer Vormerkung (§§ 883 ff.). Der Zessionar erwirbt auch Rechte aus einem sichernden Schuldbeitritt 1294

---

[128] Vgl. *Musielak/Voit* GK ZPO Rn. 1191.

(→ Rn. 1316 f.).[129] Hingegen gehen andere (nichtakzessorische) Sicherungsrechte wie das Sicherungseigentum (vgl. *Musielak/Hau* EK BGB Rn. 747 ff.) und der Eigentumsvorbehalt (→ Rn. 889 f.) nicht automatisch auf den Zessionar über. Allerdings kann sich der Zedent vertraglich verpflichten, solche Rechte auf den Zessionar zu übertragen.

c) Schuldnerschutz

1295 Da der Schuldner an der Abtretung nicht beteiligt ist und häufig auch nicht über sie unterrichtet wird (sog. stille Zession), darf seine rechtliche Stellung durch die Zession nicht verschlechtert werden. Dies wird einmal dadurch vermieden, dass gem. § 404 – wie erwähnt – alle **Einwendungen und Einreden gegen die Forderung** erhalten bleiben und der Schuldner diese Rechte gegenüber dem neuen Gläubiger geltend machen kann (→ Rn. 1292).

1296 Zum anderen muss der Gefahr begegnet werden, dass der Schuldner in Unkenntnis der Abtretung an den bisherigen Gläubiger leistet und dadurch Nachteile erleidet. Dies wird insbesondere durch § 407 verhindert. Danach muss der Zessionar eine **Leistung**, die der Schuldner nach Abtretung an den Zedenten erbringt, gegen sich gelten lassen, wenn der Schuldner die Abtretung im Zeitpunkt der Leistung nicht gekannt hat (nur positive Kenntnis schadet, nicht hingegen fahrlässige Unkenntnis). Die abgetretene Forderung erlischt dann, und der Zessionar muss einen Ausgleich beim Zedenten suchen: Er hat einen Schadensersatzanspruch wegen Verletzung einer leistungssichernden Nebenpflicht (→ Rn. 563 f.), die sich aus dem Kausalverhältnis ergibt, das der Zession zugrunde liegt, und die darauf gerichtet ist, alles zu unterlassen, was den Vertragszweck und den Leistungserfolg gefährden könnte (sog. Leistungstreuepflicht). Der Zessionar kann auch Ansprüche aus § 816 II und aus § 687 II geltend machen. Vom Einzelfall hängt es ab, ob sogar ein Anspruch aus § 826 gegeben ist.

1297 § 407 I gilt auch für ein ohne Kenntnis der Abtretung getätigtes „Rechtsgeschäft, das nach der Abtretung zwischen dem Schuldner und dem bisherigen Gläubiger in Ansehung der Forderung vorgenommen wird". Wirksam sind also zB eine Stundung, ein Erlass, eine vom Schuldner gegenüber dem bisherigen Gläubiger ausgesprochene Kündigung oder Aufrechnung (zur Aufrechnung gegenüber dem Gläubiger sogleich). Hingegen kann der Zedent nach der Abtretung Maßnahmen zum Nachteil des Schuldners nicht mehr vornehmen; mithin bleiben eine Kündigung oder Mahnungen des bisherigen Gläubigers ohne Wirkung, denn § 407 greift insoweit nicht ein.

1298 Ob sich der Schuldner auf die zu seinem Schutz getroffene Regelung des § 407 berufen will, ist ihm überlassen. Er kann auch auf diesen Schutz verzichten, wenn ihm dies günstig ist.[130] Dazu folgender

Beispielsfall: Gläubiger G hat gegen Schuldner S eine Kaufpreisforderung iHv 2.000 EUR. Er tritt diese Forderung an A ab, gegen den S eine fällige Darlehensforde-

---

[129] BGH NJW 2000, 575.
[130] BGHZ 52, 150 (154) = NJW 1969, 1479; BGHZ 102, 68 (71) = NJW 1988, 700; *Ahcin/Armbrüster* JuS 2000, 658 (661). AA OLG Dresden MDR 1995, 559.

rung iHv 3.000 EUR hat. In Unkenntnis der Abtretung zahlt S die Kaufpreisforderung an G. Danach erfährt er von der Zession. Da sich A in wirtschaftlichen Schwierigkeiten befindet und S deshalb befürchtet, dass A nicht in der Lage ist, das Darlehen zurückzuzahlen, möchte S mit seiner Forderung gegen die Kaufpreisforderung aufrechnen. Diese Möglichkeit scheint ihm durch § 407 I verschlossen zu sein, weil aufgrund dieser Vorschrift mit der Zahlung an G die Kaufpreisforderung erlischt. Jedoch kann S davon absehen, sich auf § 407 I zu berufen; er kann also mit seiner Darlehensforderung gegen die Kaufpreisforderung aufrechnen und Rückzahlung der an G erbrachten Leistung nach § 812 I 1 Var. 1 (condictio indebiti) verlangen.

§ 408 I erweitert die Regelung des § 407 auf den Fall einer mehrfachen Abtretung. Zur Erläuterung folgender 1299

> **Beispielsfall:** Gläubiger G tritt seine Forderung gegen Schuldner S an E, dann an Z ab. Z verlangt von S unter Vorlage einer schriftlichen Abtretungserklärung des G Zahlung. Nachdem S diesem Verlangen nachgekommen ist, macht auch E seine Forderung geltend. Mit Recht?

Nur die erste Abtretung ist wirksam; Z konnte nach der früheren Zession keine Forderung mehr erwerben (→ Rn. 1291). Nach § 408 wird aber der Schuldner bei Unkenntnis der wirksamen (ersten) Abtretung geschützt. Er kann sich auf den entsprechend anzuwendenden § 407 berufen, sodass E die Zahlung an Z gegen sich gelten lassen muss. Gleiches gilt für Rechtsgeschäfte, die der Schuldner mit dem „Zweitzessionar" in Unkenntnis der wirksamen (ersten) Abtretung vornimmt. Hat S im Beispielsfall mit Z eine Stundung vereinbart, kann er sich darauf auch gegenüber E berufen. 1300

Selbstverständlich kann der Schuldner gegenüber dem Zessionar aufrechnen, wenn er über eine Gegenforderung gegen diesen verfügt. § 406 betrifft hingegen die Frage, ob der Schuldner mit einer Gegenforderung, die ihm gegen den bisherigen Gläubiger zusteht, auch nach Abtretung der Hauptforderung durch den bisherigen Gläubiger und damit nach Wegfall der Gegenseitigkeit (→ Rn. 261 f.) **zur Aufrechnung gegenüber dem Zessionar** berechtigt sein kann. Hierbei sind verschiedene Fallvariationen zu unterscheiden: 1301

(1) Im Zeitpunkt der Abtretung hat der Schuldner eine **fällige Gegenforderung** gegen den Zedenten, mit der er aufrechnen kann, und er erfährt nichts von der Abtretung. In diesem Fall kann er gegenüber dem Zedenten aufrechnen, da die Aufrechnung ein gegenüber dem Zessionar nach § 407 I wirksames Rechtsgeschäft darstellt. Erlangt der Schuldner dagegen Kenntnis von der Abtretung, so erhält § 406 ihm die Aufrechnungsmöglichkeit, wobei er die Erklärung der Aufrechnung (§ 388 S. 1) gegenüber dem neuen Gläubiger abzugeben hat. Insoweit entspricht § 406 dem Rechtsgedanken des § 404: Durch die Abtretung soll die Rechtsstellung des Schuldners nicht verschlechtert werden.

(2) Im Zeitpunkt der Abtretung steht dem Schuldner eine noch **nicht fällige Gegenforderung** gegen den Zedenten zu. In diesem Fall muss weiter unterschieden werden:

- Auch die abgetretene Forderung ist noch nicht fällig und wird nicht vor der Gegenforderung des Schuldners gegen den Zedenten fällig. In diesem Fall kann der Schuldner ab dem Zeitpunkt der Fälligkeit seiner Gegenforderung nach § 406 gegenüber dem Zessionar aufrechnen, auch wenn er vor der Fälligkeit von der Abtretung erfährt. Da der Schuldner damit rechnen konnte, dass er ab Fälligkeit (ohne die Abtretung) mit seiner Forderung gegen die (abgetretene) Hauptforderung hätte aufrechnen können, soll er in dieser Aussicht geschützt werden.

- Die Hauptforderung ist (oder wird vor der Gegenforderung) fällig, wobei der Schuldner im Zeitpunkt der Fälligkeit der Gegenforderung keine Kenntnis von der Abtretung hat. Auch in diesem Fall kann er aufrechnen, und zwar gegenüber dem Zessionar, wenn er nach der Fälligkeit der Gegenforderung von der Abtretung erfährt, oder gegenüber dem Zedenten, wenn er keine Kenntnis von der Abtretung erlangt (§ 407 I).
- Die Hauptforderung ist (oder wird vor der Gegenforderung) fällig und der Schuldner erlangt Kenntnis von der Abtretung vor Fälligkeit der Gegenforderung. In diesem Fall ist eine Aufrechnung ausgeschlossen. Im Unterschied zu den beiden zuvor genannten Fallvarianten konnte der Schuldner nicht damit rechnen, dass er aufrechnen konnte, weil die Hauptforderung vor der Gegenforderung fällig wurde (anders als in der ersten Fallvariante), und weil er bei Fälligkeit der Gegenforderung die fehlende Gegenseitigkeit kannte (anders als in der zweiten Fallvariante).

(3) Der Schuldner **erwirbt die Gegenforderung erst nach der Abtretung der Hauptforderung,** hat im Zeitpunkt des Forderungserwerbs aber keine Kenntnis von der Zession. Ist die Gegenforderung im Zeitpunkt des Erwerbs durch den Schuldner fällig, kann er gegenüber dem Zessionar aufrechnen, wenn er später von der Abtretung erfährt (sonst § 407 I). Sein guter Glaube an die Aufrechnungslage wird also durch § 406 geschützt. Ist hingegen die Gegenforderung in diesem Zeitpunkt noch nicht fällig, gilt hinsichtlich der Aufrechnungsmöglichkeit das gleiche wie bei den unter (2) dargestellten Fallvarianten.

1302 Die vorstehende Darstellung der verschiedenen von der Vorschrift des § 406 erfassten Fallkonstellationen zeigt, dass durch diese Regelung zum einen bezweckt ist, eine Verschlechterung der Rechtsposition des Schuldners durch die Abtretung zu vermeiden, zum anderen aber auch das Vertrauen des Schuldners darauf geschützt werden soll, dass der Zedent Gläubiger der gegen ihn bestehenden Forderung ist. In § 406 sind also Rechtsgedanken des § 404 und § 407 miteinander verbunden.

VI. Übergang von Rechten und Pflichten auf Dritte

Überblick über die Möglichkeiten des Schuldners zur Aufrechnung gegen die zedierte Forderung: 1303

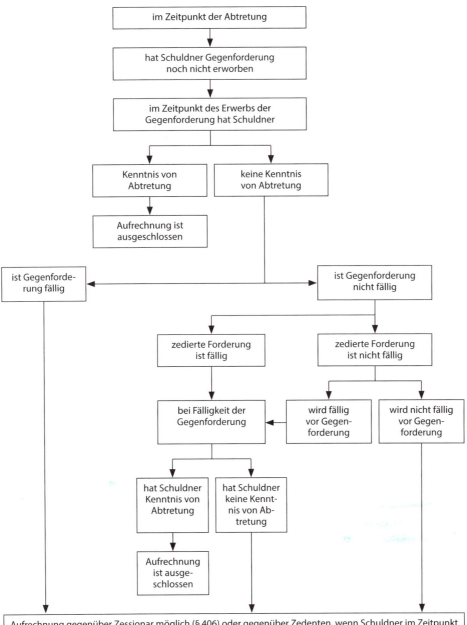

1304 Zeigt der Zedent dem Schuldner an, dass er seine Forderung gegen ihn abgetreten hat, kann sich der Schuldner auf die Richtigkeit dieser **Abtretungsanzeige** verlassen. Auch wenn die Abtretung in Wirklichkeit nicht wirksam vorgenommen worden ist, kann der Schuldner sie als wirksam behandeln und zB an den angeblichen (neuen) Gläubiger leisten (§ 409 I 1). Nach hM soll dies selbst dann gelten, wenn der Schuldner die Unrichtigkeit der Anzeige kennt.[131] Begründet wird dieser weitgehende Schuldnerschutz mit der Erwägung, dass vermieden werden müsste, den Schuldner in die Lage zu bringen, in einem Rechtsstreit mit dem angeblichen neuen Gläubiger die Unrichtigkeit der Anzeige beweisen zu müssen. Die Abtretungsanzeige kann nur mit Zustimmung desjenigen zurückgenommen werden, der als der neue Gläubiger in ihr bezeichnet worden ist (§ 409 II). Der Abtretungsanzeige steht es nach § 409 I 2 gleich, wenn der Gläubiger eine **Urkunde über die Abtretung** demjenigen ausgestellt hat, der in der Urkunde als Zessionar bezeichnet ist, und dieser dann die Urkunde dem Schuldner vorlegt. Zu berücksichtigen ist aber, dass sowohl die Abtretungsanzeige als auch die Abtretungsurkunde von dem Gläubiger der Forderung ausgestellt sein muss. Hat der bisherige Gläubiger die Forderung wirksam an einen Dritten abgetreten und zeigt er eine (unwirksame) Zweitabtretung dem Schuldner an, so wird der Schuldner nach Maßgabe des § 408 I, nicht nach § 409 geschützt. In diesem Fall entfällt also der Schutz, wenn er die Unrichtigkeit der Anzeige kennt. Schließlich gibt § 410 I dem Schuldner das Recht, die Leistung zu verweigern und eine Kündigung oder Mahnung des neuen Gläubigers zurückzuweisen, wenn dieser ihm nicht eine vom bisherigen Gläubiger ausgestellte Abtretungsurkunde vorlegt und sie Zug um Zug gegen die Leistung des Schuldners aushändigt. Diese Vorschrift gilt nur dann nicht, wenn der bisherige Gläubiger dem Schuldner die Abtretung schriftlich angezeigt hat (§ 410 II).

1305 Mahnt der neue Gläubiger den Schuldner ohne gleichzeitige Vorlage der Abtretungsurkunde, muss der Schuldner die Vorlage der Abtretungsurkunde fordern und, falls dies nicht erfolgt, die Mahnung unverzüglich unter Hinweis auf die fehlende Vorlage zurückweisen; tut er dies nicht, wird er durch die Mahnung in Verzug gesetzt, wenn die übrigen Voraussetzungen des Verzuges erfüllt sind.[132]

d) Sonderformen

1306 Große wirtschaftliche Bedeutung hat die sog. **Sicherungsabtretung** (vgl. dazu *Musielak/Hau* EK BGB Rn. 757 f.). Ihr Zweck besteht darin, den Zessionar durch die Abtretung der Forderung wegen einer anderen, ihm gegen den Zedenten zustehenden Forderung zu sichern, nicht ihn zum (endgültigen) Gläubiger der abgetretenen Forderung zu machen. Da sehr häufig der Sicherungsgeber (= Zedent) kein Interesse hat, die Sicherungszession zu offenbaren, wird dem Schuldner regelmäßig die Abtretung nicht mitgeteilt; man spricht dann von einer „**stillen Zession**".

---

[131] So BGHZ 29, 76 (82); BGH BB 1956, 639; RGZ 126, 183 (185); *Larenz* SchuldR I § 34 IV (S. 593) mwN; *Medicus/Lorenz* SchuldR I Rn. 825 (mit der Einschränkung, dass dies nicht gelten solle, wenn der Schuldner Beweisschwierigkeiten nicht zu fürchten habe); MüKoBGB/*Roth/Kieninger* § 409 Rn. 12 (mit der Einschränkung, dass hierfür eine mündliche Anzeige des Gläubigers nicht ausreiche). AA *Brox/Walker* SchuldR AT § 34 Rn. 31; *Karollus* JZ 1992, 557.
[132] BGH NJW 2007, 1269 Rn. 26.

VI. Übergang von Rechten und Pflichten auf Dritte

Bei der **Inkassozession** wird die Forderung dem Zessionar abgetreten, damit dieser im Interesse und für Rechnung des Zedenten die Forderung einzieht und das Erlangte an den Zedenten abführt. Die Inkassozession dient also dem Zweck, den Zedenten der Mühe des Forderungseinzugs zu entheben; ihr liegt häufig ein entgeltlicher Geschäftsbesorgungsvertrag (§ 675 I) zugrunde. 1307

Ein ähnlicher Zweck wie durch die Inkassozession kann durch die sog. **Einziehungsermächtigung** verfolgt werden. Bei ihr wird die Forderung nicht von dem Gläubiger an den Dritten abgetreten, sondern dieser nur dazu ermächtigt, die Forderung im eigenen Namen (nicht als Vertreter des Gläubigers) einzuziehen. Die Zulässigkeit der Einziehungsermächtigung wird heute überwiegend bejaht; die Frage nach ihrer Rechtsgrundlage ist indes nach wie vor umstritten.[133] 1308

Für die **Übertragung anderer Rechte als Forderungen** gelten nach § 413 die §§ 398 ff. entsprechend, „soweit nicht das Gesetz ein anderes vorschreibt". Da dies jedoch häufig der Fall ist (vgl. zB die Regeln für die Übertragung von Sachenrechten im Dritten Buch des BGB), ist der Anwendungsbereich des § 413 stark eingeschränkt. 1309

Einzelne Vorschriften über die Übertragung von Forderungen gelten nach § 412 auch für die **Übertragung einer Forderung kraft Gesetzes**. Insoweit kommt insbesondere den Schuldnerschutzvorschriften erhebliche Bedeutung zu. Der gesetzliche Forderungsübergang, die sog. Legalzession (cessio legis), ist in zahlreichen Einzelfällen angeordnet, so zB bei der Gesamtschuld in § 426 II und bei der Bürgschaft in § 774 (→ Rn. 1334 ff.). 1310

3. Schuldübernahme

a) Begriff und Zustandekommen

Durch die **befreiende (privative) Schuldübernahme,** die in §§ 414 ff. geregelt ist, wird ein Schuldnerwechsel vollzogen. An die Stelle des bisherigen Schuldners (Altschuldners) tritt der Neuschuldner (Übernehmer). Die befreiende Schuldübernahme ist also das Gegenstück zur Abtretung, bei der ein Gläubigerwechsel vorgenommen wird. Während es dem Schuldner bei der Abtretung regelmäßig gleichgültig sein kann, wer sein Gläubiger ist, hat der Gläubiger ein besonderes Interesse an der Person des Schuldners, weil von dessen Bonität der Wert der Forderung abhängt. Deshalb ist für die befreiende Schuldübernahme die **Mitwirkung des Gläubigers** vorgesehen. Sie kann in **zwei Formen** geschehen. 1311

(1) Der **Gläubiger schließt mit dem Neuschuldner einen Schuldübernahmevertrag** (§ 414). Dieser weist einen doppelten Charakter auf: Der Übernehmer verpflichtet sich dadurch gegenüber dem Gläubiger, die Forderung des Gläubigers zu erfüllen; hierin liegt ein Verpflichtungsgeschäft. Zugleich entlässt der Gläubiger den Altschuldner aus der bisherigen Bindung und willigt darin ein, dass an dessen Stelle der Übernehmer tritt. Dies bewirkt einen Wechsel in der „Richtung" der Forderung und folglich eine Rechtsänderung, wenn auch die

---

[133] Vgl. BGH NJW 1999, 2110 (2111); *Ahcin/Armbrüster* JuS 2000, 965 (970 f.); *Fikentscher/Heinemann* SchuldR Rn. 745; MüKoBGB/*Roth/Kieninger* § 398 Rn. 47.

Forderung ihrem Inhalt nach nicht verändert wird, sondern dieselbe wie bisher bleibt (dazu sogleich). Da also der Gläubiger durch den „Richtungswechsel" eine Rechtsänderung vornimmt, verfügt er über eine Forderung (→ Rn. 278), und zwar zugleich zugunsten eines unmittelbar nicht beteiligten Dritten, des Altschuldners. Es handelt sich deshalb insoweit um eine Verfügung zugunsten Dritter,[134] deren Zulässigkeit sonst sehr umstritten ist (→ Rn. 1255). Der Schuldübernahmevertrag ist grundsätzlich formfrei. Etwas anderes gilt nur, wenn der Inhalt der übernommenen Verpflichtung die Einhaltung einer Form verlangt (zB Verpflichtung zur Übereignung eines Grundstücks, vgl. § 311b I). Die Zustimmung des bisherigen Schuldners zum wirksamen Zustandekommen des Vertrages ist nicht erforderlich. Streitig ist jedoch, ob der Altschuldner berechtigt ist, in entsprechender Anwendung des § 333 die Schuldbefreiung zurückzuweisen.[135]

(2) Der **Schuldübernahmevertrag wird zwischen Schuldner und Übernehmer** geschlossen. Zu seiner Wirksamkeit muss jedoch noch die **Genehmigung des Gläubigers** hinzutreten (§ 415 I 1): Denn zu der im Schuldübernahmevertrag liegenden Verfügung sind Altschuldner und Übernehmer nicht berechtigt, sodass diese Verfügung erst nach § 185 II 1 rückwirkend (§ 184 I) wirksam wird, wenn der Gläubiger genehmigt (so die Verfügungstheorie der hM gegen die sog. Angebots- oder Vertragstheorie).[136] Der Gläubiger kann erst genehmigen, wenn der Schuldner oder der Übernehmer dem Gläubiger die Schuldübernahme mitgeteilt hat (§ 415 I 2). Verweigert der Gläubiger die Genehmigung, gilt die Schuldübernahme als nicht erfolgt (§ 415 II 1); der Schuldnerwechsel ist damit endgültig gescheitert. Im Verhältnis zwischen Schuldner und Übernehmer ist dann aber nach § 415 III im Zweifel eine Erfüllungsübernahme gem. § 329 anzunehmen (→ Rn. 1253). Das gleiche gilt, solange der Gläubiger die Genehmigung nach § 415 I noch nicht erteilt hat.

b) Rechtsstellung der Beteiligten

1312 Die befreiende Schuldübernahme lässt den Inhalt der Forderung des Gläubigers unverändert. Deshalb kann der Übernehmer dem Gläubiger die Einwendungen entgegensetzen, die „sich aus dem Rechtsverhältnisse zwischen dem Gläubiger und dem bisherigen Schuldner ergeben" (§ 417 I 1). Da jedoch bei der befreienden Schuldübernahme – anders als bei der Vertragsübernahme (→ Rn. 1319) – der bisherige Schuldner Vertragspartei bleibt, stehen ihm weiterhin die **Gestaltungsrechte** zu, die mit dieser Rechtsstellung verbunden sind, zB das Recht auf Rücktritt oder auf Anfechtung. Erst wenn der Altschuldner ein solches Gestaltungsrecht ausübt, wirkt die dann eintretende Rechtslage auch zugunsten des Übernehmers. Aus dem der Schuldübernahme zugrundeliegenden Rechtsverhältnis zwischen Altschuldner und Übernehmer kann sich jedoch ein Anspruch des Übernehmers gegen den Altschuldner auf Ausübung des Gestaltungsrechts ergeben.

---

[134] MüKoBGB/*Bydlinski* § 414 Rn. 2.
[135] Vgl. *Fikentscher/Heinemann* SchuldR Rn. 755 (für entsprechende Anwendung des § 333). AA MüKoBGB/*Bydlinski* § 414 Rn. 6.
[136] Vgl. MüKoBGB/*Bydlinski* § 415 Rn. 1 f.

VI. Übergang von Rechten und Pflichten auf Dritte

Der Übernehmer kann sich gegenüber dem Gläubiger darauf berufen, dass der Übernahmevertrag zB wegen Sittenwidrigkeit (§ 138) **nichtig** ist. Streitig ist die Frage, ob bei einer Übernahme nach § 415 der Übernehmer wegen arglistiger Täuschung des Altschuldners anfechten kann, wenn der Gläubiger die Täuschung nicht kannte. Während der BGH dies bejaht,[137] lehnt die hM im Schrifttum diese Möglichkeit insbesondere deshalb ab, weil der Gläubiger durch die Schuldübernahme eine Rechtsposition erlangt hatte, die ihm nicht mehr wegen eines Grundes aus den Rechtsbeziehungen zwischen Altschuldner und Übernehmer entzogen werden dürfte (Rechtsgedanke des § 417 II).[138]

1313

Der **Übernahmevertrag** ist als Verfügungsgeschäft **abstrakt** (→ Rn. 282); dementsprechend stellt § 417 II klar, dass aus dem der Schuldübernahme zugrundeliegenden Verpflichtungsgeschäft zwischen dem Übernehmer und dem Altgläubiger keine Einwendungen hergeleitet werden können. Ist die Schuldübernahme wirksam, aber das Grundverhältnis zwischen Altschuldner und Übernehmer nichtig, steht dem Übernehmer gegen den Altschuldner ein Anspruch wegen ungerechtfertigter Bereicherung zu. Denkbar sind Fälle der sog. Fehleridentität, in denen das Kausal- und das Verfügungsgeschäft an demselben Fehler kranken (→ Rn. 442).

1314

Der Identität des Schuldinhalts bei der befreienden Schuldübernahme würde es entsprechen, dass **akzessorische Sicherungsrechte** (→ Rn. 1293) weiter bestehen blieben. Dagegen spricht jedoch, dass für den Sicherungsgeber der Person des Schuldners entscheidende Bedeutung zukommt. Der Fortbestand von Sicherungsrechten beim Schuldnerwechsel würde deshalb gegen schutzwürdige Interessen des Sicherungsgebers verstoßen. Diese Erwägungen erklären, weshalb in § 418 I der Fortfall der Sicherungsrechte bei der befreienden Schuldübernahme bestimmt ist. Nur wenn der Sicherungsgeber in die Schuldübernahme einwilligt, gilt etwas anderes (§ 418 I 3).

1315

c) Abgrenzung zu anderen Rechtsinstituten

aa) Schuldbeitritt

Beim **Schuldbeitritt** (synonym: Schuldmitübernahme, kumulative oder bestärkende Schuldübernahme) tritt der Übernehmer als neuer Schuldner hinzu, ohne dass dadurch die Verpflichtung des bisherigen Schuldners aufgehoben wird. Auf diese Weise erhält der Gläubiger einen weiteren Schuldner, und es steht in seinem Belieben, an wen von beiden er sich halten will. Beide Schuldner, der bisherige und der neue, sind Gesamtschuldner (§ 421). Der Schuldbeitritt kann gesetzlich angeordnet sein, aber auch durch Vertrag begründet werden. Fälle des gesetzlichen Schuldbeitritts gibt es im Mietrecht (vgl. § 546 II) und im Erbrecht (§ 2382).[139]

1316

Der **rechtsgeschäftlich begründete Schuldbeitritt** ist im Gesetz nicht ausdrücklich geregelt; seine Zulässigkeit folgt aus dem Grundsatz der Vertragsfreiheit. Der Schuldbeitritt wird entweder durch Vertrag zwischen bisherigem Schuldner und Beitreten-

1317

---

[137] BGHZ 31, 321 = NJW 1960, 621.
[138] *Flume* BGB AT 547; zu anderen Begründungen vgl. MüKoBGB/*Bydlinski* § 417 Rn. 15 ff.
[139] Zu weiteren Fällen vgl. *Fikentscher/Heinemann* SchuldR Rn. 753.

dem oder durch Vertrag zwischen Gläubiger und Beitretendem herbeigeführt. Im ersten Fall bedarf der Vertrag – anders als bei der befreienden Schuldübernahme – nicht der Zustimmung des Gläubigers, denn es handelt sich dann um einen Vertrag zugunsten Dritter, durch den die Rechtsstellung des Gläubigers lediglich verbessert wird. Für die Frage, ob ein vertraglich vereinbarter Schuldbeitritt sittenwidrig und deshalb nach § 138 I nichtig ist, sind gleiche Erwägungen beachtlich, wie sie hinsichtlich der Sittenwidrigkeit einer Bürgschaftsverpflichtung angestellt werden (vgl. dazu *Musielak/Hau* EK BGB Rn. 725 ff.).[140]

1318 Die hM wendet das **Verbraucherdarlehensrecht** auf den Schuldbeitritt entsprechend an.[141] Daraus folgt, dass insbesondere der von einem Verbraucher (vgl. § 13) vereinbarte Schuldbeitritt zu einem Verbraucherdarlehensvertrag iSd § 491 I der Schriftform des § 492 I bedarf, dass der Verbraucher vor Begründung der Mithaftung aufgrund des Schuldbeitritts über alle wesentlichen Kreditkonditionen iSv § 492 II informiert werden muss[142] und dass der Beitretende nach Maßgabe des § 495 iVm §§ 355, 357 (→ Rn. 708 ff.) seine Verpflichtungserklärung widerrufen kann.[143] Dass das Darlehen, auf das sich der Schuldbeitritt bezieht, einer Person gewährt wird, der die Verbrauchereigenschaft fehlt, steht der entsprechenden Anwendung des Verbraucherdarlehensrechts nicht entgegen.[144]

bb) Vertragsübernahme

1319 Bei der Vertragsübernahme wird eine Vertragspartei ausgewechselt; sie scheidet aus der Rechtsposition aus, die ihr nach dem Vertrag zukommt, und an ihre Stelle tritt ein Dritter. Dieser wird Vertragspartei und setzt das Vertragsverhältnis mit allen Rechten und Pflichten, die bisher der ausscheidenden Partei zugekommen sind, unverändert fort. Es ist wiederum zwischen der im Gesetz bestimmten (vgl. zB §§ 566 I, 613a I) und der rechtsgeschäftlich vereinbarten Vertragsübernahme zu unterscheiden. Die Zulässigkeit einer rechtsgeschäftlichen Vereinbarung, die die Auswechslung eines Vertragspartners zum Inhalt hat (zB Nachmieterstellung) folgt aus dem Grundsatz der Vertragsfreiheit. An der Vertragsübernahme müssen alle Beteiligten mitwirken. Dies kann dadurch geschehen, dass die beiden bisherigen Vertragsparteien und der Übernehmer einen Übernahmevertrag schließen oder dass der Ausscheidende und der Übernehmende eine entsprechende Vereinbarung treffen und der andere (verbleibende) Vertragspartner dies genehmigt.[145] Die Vertragsübernahme enthält eine Verfügung über das Schuldverhältnis als Ganzes und muss von dem ihr zugrundeliegenden Kausalgeschäft unterschieden werden.[146]

---

[140] BGH NJW 1999, 135; 2001, 815; OLG Oldenburg FamRZ 1999, 89.
[141] BGH NJW 2006, 431 Rn. 12; NJW-RR 2007, 1673 Rn. 12 mwN (beide Entscheidungen noch zum VerbrKrG, dessen Regelungen weitgehend unverändert in das BGB übernommen worden sind); NZA 2009, 273 Rn. 9, 11 f.; Palandt/*Weidenkaff* § 491 Rn. 10. AA MüKoBGB/*Schürnbrand* § 491 Rn. 57.
[142] BGH NJW 2000, 3496 (3497).
[143] BGHZ 133, 220 (222 ff.) = NJW 1996, 2865.
[144] BGH NJW 1997, 1442 (1443).
[145] Vgl. BGH JZ 1985, 1093 (1094), mzustAnm *Nörr*.
[146] Zur Anwendung des Verbraucherdarlehensrechts auf die Vertragsübernahme vgl. BGH NJW 1999, 2664; dazu *Emmerich* JuS 2000, 89.

VII. Anhang: Bürgschaft

1. Bürgschaftsvertrag

Die in §§ 765 ff. geregelte, hier nur in den Grundzügen darzustellende Bürgschaft ist ein Vertrag, durch den sich der Bürge gegenüber dem Gläubiger eines Dritten verpflichtet, für die Erfüllung der Verbindlichkeit des Dritten einzustehen (§ 765 I).[147] Sie dient dazu, die Forderung des Gläubigers gegen den Dritten zu sichern, und wird regelmäßig übernommen, um den Gläubiger zu bewegen, dem Dritten Kredit zu gewähren.

1320

> **Beispiel:** H will einen Handwerksbetrieb eröffnen und benötigt dafür Geld. Die B-Bank ist bereit, ihm ein Darlehen zu gewähren, verlangt dafür aber Sicherheiten. Da H keine Wertgegenstände hat, um sie zu verpfänden oder zur Sicherheit zu übereignen, erklärt sich die B-Bank damit einverstanden, dass das Darlehen durch eine Bürgschaft gesichert wird. H bittet seinen vermögenden Vater V, für ihn zu bürgen. V willigt ein und schließt mit der B-Bank einen entsprechenden Bürgschaftsvertrag.

Bei der Bürgschaft muss zwischen folgenden Rechtsbeziehungen, die zwischen den Beteiligten[148] bestehen, unterschieden werden:

1321

- Das **Rechtsverhältnis zwischen Gläubiger und Bürgen** wird durch den Bürgschaftsvertrag bestimmt; in ihm verpflichtet sich der Bürge, für die Erfüllung der Schuld des Dritten (Hauptschuldner genannt) einzustehen. Allerdings kann der Bürgschaftsvertrag auch zwischen dem Hauptschuldner und dem Bürgen zugunsten des Gläubigers vereinbart werden.[149]
- Aus dem **Rechtsverhältnis zwischen Gläubiger und Hauptschuldner** ergibt sich die Verbindlichkeit, für deren Erfüllung der Bürge einzustehen verspricht (sog. Hauptverbindlichkeit oder Hauptforderung). Im Beispielsfall ist dies der Darlehensvertrag.
- Das **Rechtsverhältnis zwischen Bürgen und Hauptschuldner** besteht meist in einem (unentgeltlichen) Auftrag (wie im Beispielsfall) oder in einer (entgeltlichen) Geschäftsbesorgung. Die Gültigkeit der Bürgschaft ist nicht von einer wirksamen Vereinbarung zwischen Bürgen und Hauptschuldner abhängig; vielmehr kann die Bürgschaft auch ohne Wissen und Wollen des Hauptschuldners vom Bürgen übernommen werden.

Diese Rechtsbeziehungen sind im folgenden Schaubild dargestellt:

---

[147] Ausführlicher *Musielak* JA 2015, 161.
[148] Vgl. dazu *Lorenz* JuS 1999, 1145 (1147 ff.).
[149] BGH NJW 2001, 3327 mN.

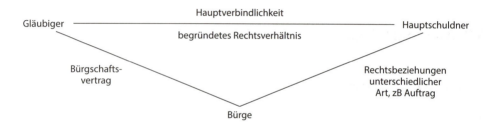

1322 In der Praxis kommen ganz überwiegend Bürgschaften für Geldforderungen vor. Allerdings kann eine Bürgschaft grundsätzlich für jede vermögensrechtliche Verbindlichkeit vereinbart werden, also auch für solche, die unvertretbare und höchstpersönliche Leistungen zum Inhalt haben; dann haftet der Bürge auf das Erfüllungsinteresse des Gläubigers (→ Rn. 413).

1323 Nach § 766 S. 1 bedarf die **Bürgschaftserklärung** (also die Erklärung des Bürgen, den Bürgschaftsvertrag mit einem bestimmten Inhalt schließen zu wollen) der Schriftform, nicht hingegen die Annahme dieser Erklärung durch den Gläubiger. Die Erteilung der Bürgschaftserklärung in elektronischer Form (§ 126a) schließt § 766 S. 2 aus. Das Gesetz schreibt „die schriftliche Erteilung der Bürgschaftserklärung" vor; gemeint ist, dass die diese Erklärung enthaltende Urkunde dem Gläubiger zugehen muss.[150] Zweck der Formvorschrift ist es, dem Bürgen die Bedeutung und Gefährlichkeit seiner Erklärung bewusst zu machen (Warnfunktion; → Rn. 59).[151] Dementsprechend müssen alle für die Bürgschaft wesentlichen Punkte von der Bürgschaftserklärung umfasst sein; dies sind:

- der Wille, sich verbürgen zu wollen;
- die Bezeichnung der Person des Gläubigers und des Hauptschuldners;
- die Bezeichnung der Schuld, für die gebürgt werden soll, in einer individuell zumindest bestimmbaren Weise.[152]

1324 Wird die durch § 766 S. 1 vorgeschriebene Form nicht beachtet, ist die Bürgschaftserklärung nichtig (§ 125 S. 1). Jedoch wird der Formmangel geheilt, wenn der Bürge erfüllt (§ 766 S. 3). Ist der Bürge Kaufmann (vgl. §§ 1 ff. HGB), und gehört die Bürgschaft zum Betriebe seines Handelsgewerbes (vgl. § 343 HGB), so ist die im Formerfordernis liegende Warnung überflüssig; dementsprechend bestimmt § 350 HGB, dass eine solche Bürgschaftserklärung nicht der Form des § 766 S. 1 bedarf.

1325 Mit der Warnfunktion der Schriftform ist es unvereinbar, dass der Bürge eine **Blankounterschrift** leistet und einen anderen mündlich ermächtigt, die Urkunde

---

[150] Der BGH (NJW 1991, 2154; 1993, 1126) lässt eine Telefax-Übermittlung der Bürgschaftserklärung nicht genügen. Vgl. die Fortgeschrittenenklausur bei *Lindacher/Hau* Fälle BGB AT Nr. 8.
[151] Krit. gegenüber der Eignung dieses Formerfordernisses, die Warnfunktion zu erfüllen, *Zöllner* WM 2000, 1 (3); *Medicus* JuS 1999, 833 f.
[152] BGH NJW 1995, 959 und 1995, 1886 (1887); *Schmolke* JuS 2009, 585. Vgl. auch BGH NJW 1998, 3708 (3709): Eine formularmäßige Ausdehnung der Bürgschaft auf alle bestehenden und künftigen Verbindlichkeiten des Hauptschuldners widerspreche § 9 AGBG (jetzt § 307 BGB) und sei deshalb nichtig.

VII. Anhang: Bürgschaft

zu ergänzen. Vielmehr ist es erforderlich, wenn ein Dritter in Vertretung des Bürgen die Bürgschaftserklärung abgeben soll, die Bevollmächtigung schriftlich zu erklären. Der in § 167 II ausgesprochene Grundsatz der Formfreiheit der Vollmacht ist entsprechend dem Formzweck des § 766 S. 1 einzuschränken (→ Rn. 1168 f.).[153] Leistet allerdings der Bürge eine Blankounterschrift und lässt er es zu, dass ein nicht wirksam bevollmächtigter Dritter das Blankett durch Ausfüllen zu einer Bürgschaftserklärung werden lässt, so muss er einem Gutgläubigen gegenüber für den von ihm gesetzten Rechtsschein einstehen. Der BGH stützt diese Auffassung auf eine entsprechende Anwendung des § 172 II.[154]

2. Bürgenverpflichtung und Hauptverbindlichkeit

Die Verpflichtung des Bürgen ist von der Hauptverbindlichkeit abhängig; die **Bürgschaft ist akzessorisch** (→ Rn. 1293 f.). Maßgebend ist der jeweilige Bestand der Hauptverbindlichkeit (vgl. § 767 I 1). Erlischt die Hauptschuld, erlischt auch die Bürgenverpflichtung; mindert sich die Hauptverbindlichkeit, zB infolge teilweiser Erfüllung, mindert sich auch die Bürgenschuld entsprechend. Umgekehrt kann sich die Bürgenverpflichtung erweitern, da sie sich auch auf sekundäre Leistungspflichten erstreckt (vgl. § 767 I 2). 1326

> **Beispiel:** K ist aus einem Kaufvertrag mit V zur Zahlung eines Kaufpreises verpflichtet, B hat dafür die Bürgschaft übernommen. Da K nicht rechtzeitig zahlt, entsteht dem V ein Schaden, dessen Ersatz V von K nach §§ 280 I, II, 286 fordert. B muss auch für die Erfüllung dieses Schadensersatzanspruchs einstehen.

Will sich der Bürge von derartigen für ihn im Voraus nicht abschätzbaren Erweiterungen seiner Verpflichtungen schützen, muss er die dispositive Regelung des § 767 I 2 abbedingen und seine Bürgenschuld der Höhe nach begrenzen (sog. **Höchstbetragsbürgschaft**).[155] 1327

Erlischt die Hauptverbindlichkeit infolge einer Anfechtung, die zur Nichtigkeit des der Hauptverbindlichkeit zugrundeliegenden Rechtsverhältnisses führt, so fällt auch die Bürgenverpflichtung fort, wenn der Bürge nicht die Haftung für die dann dem Gläubiger zustehenden Herausgabe-, Bereicherungs- oder Schadensersatzansprüche übernommen hat; dies ist durch Auslegung des Bürgschaftsvertrages zu ermitteln.[156] Bezieht sich die Bürgschaft auf eine künftige oder bedingte Verbindlichkeit (§ 765 II), ist die Verpflichtung des Bürgen solange aufschiebend bedingt, bis die Hauptverbindlichkeit entstanden ist. Kann die Hauptverbindlichkeit nicht mehr entstehen, wird die Bürgschaft endgültig unwirksam. Anders als bei einer Erweiterung der Hauptschuld, die auf gesetzlichen Regelungen beruht (→ Rn. 1326), können Gläubiger und Hauptschuldner nicht über den Kopf des Bürgen hinweg eine Erwei- 1328

---

[153] BGH NJW 1996, 1467 (1468 f.); vgl. dazu auch *Keim* NJW 1996, 2774; *Medicus* JuS 1999, 833 (834); *Riehm* JuS 2000, 343 (347 f.).
[154] BGH NJW 1996, 1467 (1469).
[155] Vgl BGH NJW 2002, 3167 (3169); *Schmolke* JuS 2009, 679.
[156] Vgl. dazu OLG Frankfurt a.M. NJW 1980, 2201 = JuS 1981, 224.

terung der Hauptverbindlichkeit vereinbaren (§ 767 I 3). Erklärt der Bürge zu einer **rechtsgeschäftlichen Erweiterung** der Hauptschuld sein Einverständnis, so muss dies in der Form des § 766 S. 1 geschehen. Ein **Gläubigerwechsel** berührt den Bestand der Bürgschaft nicht. Wird die gesicherte Forderung abgetreten, geht auch die Forderung gegen den Bürgen auf den neuen Gläubiger über (§ 401 I; → Rn. 1293). Tritt infolge einer befreienden Schuldübernahme an die Stelle des bisherigen Hauptschuldners ein anderer, erlischt die Bürgschaft (§ 418 I; → Rn. 1315). Dagegen bleibt die Bürgschaft bestehen, wenn lediglich eine Vertragsänderung vorgenommen wird, die das ursprüngliche Schuldverhältnis (anders als bei einer Novation; → Rn. 289) unverändert lässt.[157]

3. Rechte des Bürgen

a) Einreden

1329 Da sich die Verpflichtung des Bürgen nach der Hauptverbindlichkeit richtet, müssen ihm **Einreden, die dem Hauptschuldner gegenüber dem Gläubiger zustehen**, zugute kommen. Der Bürge ist jedoch nicht darauf angewiesen, dass der Hauptschuldner diese Einreden erhebt, er kann vielmehr nach § 768 I 1 selbst Einreden des Hauptschuldners geltend machen. Ist also zB die Hauptverbindlichkeit verjährt, kann der in Anspruch genommene Bürge die Leistung verweigern (§ 214 I). § 216 I, der dem Gläubiger trotz Verjährung des Anspruchs den Zugriff auf eine Hypothek oder ein Pfandrecht, das zur Sicherung der Forderung bestellt worden ist, offen hält, ist nach ganz hM auf die Bürgschaft nicht (entsprechend) anzuwenden. Weitere Einreden aus dem Rechtsverhältnis zwischen Hauptschuldner und Gläubiger, die vom Bürgen erhoben werden können, sind zB die des Zurückbehaltungsrechts nach § 273, des nichterfüllten Vertrages nach § 320 oder der ungerechtfertigten Bereicherung nach § 821. Selbst wenn der Hauptschuldner auf die Einrede verzichtet hat, nimmt dies dem Bürgen nicht das Recht, sich auf die Einrede zu berufen (§ 768 II). Dem Verzicht auf eine Einrede steht es nicht gleich, wenn der Hauptschuldner in einem wegen der Hauptforderung geführten Rechtsstreit den Verlust des Prozesses durch eine nachlässige Prozessführung herbeiführt. Etwas anderes kann jedoch gelten, wenn der Hauptschuldner bewusst den für die Durchsetzung des von ihm geltend gemachten Rechts erforderlichen Sachvortrag unterlässt.[158]

1330 Die **Ausübung von Gestaltungsrechten**, die – wie die Anfechtung – zur Aufhebung der Hauptverbindlichkeit führen, muss dem Hauptschuldner vorbehalten bleiben. § 770 gibt jedoch dem Bürgen das Recht, die Befriedigung des Gläubigers so lange zu verweigern, wie dem Hauptschuldner das Recht zur Anfechtung zusteht oder sich der Gläubiger durch Aufrechnung gegen eine fällige Forderung des Hauptschuldners befriedigen kann. Nach hM ist § 770 I auf andere Gestaltungsrechte des Hauptschuldners, wie zB auf das Widerrufsrecht nach § 355 (→ Rn. 708 ff.), entsprechend anzuwenden.[159] Streit besteht darüber, ob § 770 II entgegen dem Wortlaut auch (entspre-

---

[157] BGH NJW 1999, 3709.
[158] BGH NJW 2016, 3158 Rn. 37 = JuS 2017, 166 (*Riehm*).
[159] Bamberger/Roth/*Rohe* § 770 Rn. 5 mwN.

VII. Anhang: Bürgschaft

chend) anwendbar ist, wenn nur der Schuldner zur Aufrechnung befugt ist.[160] Wird dies verneint, gelangt man zu einem gleichen Ergebnis, wenn dem Bürgen in analoger Anwendung des § 770 I ein Leistungsverweigerungsrecht zugebilligt wird.[161]

1331 Die Bürgschaft soll – wie bereits wiederholt dargelegt – den Gläubiger vor einem Ausfall mit seiner Forderung wegen Zahlungsunfähigkeit des Hauptschuldners schützen. Dieser Zweckrichtung entspricht es, den Gläubiger, dem ein Pfandrecht oder ein Zurückbehaltungsrecht an einer beweglichen Sache des Hauptschuldners zusteht, zu verpflichten, zunächst aus dieser Sache Befriedigung zu suchen (§ 772 II). Aus gleicher Erwägung ist nach § 771 dem Bürgen das Recht eingeräumt, die Befriedigung des Gläubigers zu verweigern, solange nicht der Gläubiger eine Zwangsvollstreckung gegen den Hauptschuldner (vgl. § 772 I) ohne Erfolg versucht hat (**Einrede der Vorausklage;** diese Bezeichnung erklärt sich dadurch, dass regelmäßig erst durch Klage gegen den Schuldner die Voraussetzung für eine Zwangsvollstreckung geschaffen werden muss).[162] Die Einrede der Vorausklage ist in den in § 773 I genannten Fällen ausgeschlossen. In der Praxis spielt insbesondere der Verzicht auf diese Einrede (§ 773 I Nr. 1) eine große Rolle (sog. **selbstschuldnerische Bürgschaft**). Die Einrede der Vorausklage steht dem Bürgen nach § 349 HGB nicht zu, wenn er Kaufmann ist und für ihn die Bürgschaft ein Handelsgeschäft darstellt.

1332 Bei einer selbstschuldnerischen Bürgschaft wird die Forderung gegen den Bürgen grundsätzlich mit der Fälligkeit der Hauptschuld fällig; einer Leistungsaufforderung des Gläubigers bedarf es hierfür nicht. Mit der Mahnung des Gläubigers tritt Verzug ein (§ 286 I), es sei denn, die Leistung unterbleibt aufgrund eines Umstandes, den der Bürge nicht zu vertreten hat (§ 286 IV). Ein solcher Umstand kann insbesondere die vom Bürgen nicht zu vertretende Ungewissheit über das Bestehen und den Umfang der gesicherten Forderung sein. Jedoch ist der Bürge verpflichtet, ihm zumutbare Anstrengungen zu unternehmen, die erforderlichen Informationen zu erlangen.[163]

1333 Es ist selbstverständlich, dass der Bürge dem Gläubiger alle **Einwendungen** und Einreden entgegenhalten kann, die sich **aus dem Bürgschaftsvertrag** ergeben. Ist der Bürge vom Hauptschuldner über dessen Vermögensverhältnisse getäuscht worden, gibt ihm dies jedoch nur dann das Recht, seine Bürgschaftserklärung anzufechten, wenn der Gläubiger die Täuschung kannte oder kennen musste (§ 123 II; → Rn. 425 f.). Ein Irrtum über die Kreditwürdigkeit des Hauptschuldners berechtigt den Bürgen nicht zur Anfechtung nach § 119 II, denn die Zahlungsunfähigkeit des Schuldners stellt das typische Risiko dar, das durch die Bürgschaft übernommen wird.[164]

b) Rückgriff und Befreiungsanspruch

1334 Leistet der Bürge entsprechend seiner Bürgenverpflichtung an den Gläubiger, geht nach § 774 I die Forderung des Gläubigers gegen den Hauptschuldner auf den Bürgen über. Es handelt sich um eine **Legalzession,** auf die nach § 412 die Vorschriften über die rechtsgeschäftliche Forderungsabtretung weitgehend Anwendung finden

---

160 Vgl. Jauernig/*Stadler* § 770 Rn. 7.
161 Vgl. *Schmolke* JuS 2009, 679 (682 mN).
162 Vgl. *Musielak/Voit* GK ZPO Rn. 21, 1102 f.
163 BGH NJW 2011, 2120 Rn. 15 ff.; *Vogel/Schmitz* NJW 2011, 2096.
164 MüKoBGB/*Habersack* § 765 Rn. 37 mN.

(→ Rn. 1310). Bedeutsam ist diese Regelung insbesondere für den Übergang von Sicherungsrechten (§ 401) und für den Schuldnerschutz (§ 404). Ist die kraft Gesetzes auf den Bürgen übergegangene Forderung inzwischen verjährt, kann dies der Hauptschuldner dem Bürgen entgegenhalten. Jedoch kann dem Bürgen in einem solchen Fall ein weiterer Rückgriffsanspruch helfen, der sich aus dem Rechtsverhältnis zum Hauptschuldner ergibt. Handelt es sich bei diesem Rechtsverhältnis um einen Auftrag oder um einen Geschäftsbesorgungsvertrag (→ Rn. 1320), so kann der Bürge vom Hauptschuldner nach § 670 Ersatz seiner Aufwendungen fordern, die er den Umständen nach für erforderlich halten durfte. Konnte der Bürge die gegen die Hauptverbindlichkeit bestehende Einrede nicht kennen, ist diese Voraussetzung erfüllt (→ Rn. 974) und der Schuldner ist verpflichtet, den vom Bürgen gezahlten Betrag zu erstatten.[165]

1335 Es ist bereits darauf hingewiesen worden, dass mit der Forderung des Gläubigers bei Erfüllung der Bürgenschuld durch den Bürgen auch die Sicherungsrechte, die für diese Forderung bestellt worden sind, auf ihn übergehen (§ 774 I 1 iVm §§ 412, 401 I). Der Bürge kann deshalb auf diese Sicherungsrechte zurückgreifen und sich daraus befriedigen (→ Rn. 1337ff.), was insbesondere dann einen besonderen Vorteil bedeutet, wenn der Hauptschuldner zahlungsunfähig ist. Gibt der Gläubiger für die Forderung bestellte Sicherungsrechte auf, verschlechtert sich dadurch die Rechtslage für den Bürgen, da ihm dann die Möglichkeit genommen wird, aus dem aufgegebenen Sicherungsrecht Ersatz zu verlangen. Deshalb ist es konsequent, dass § 776 I 1 in diesem Fall den Bürgen insoweit von seiner Bürgenverpflichtung freistellt, als er aus dem aufgegebenen Recht Ersatz verlangen könnte. Dies gilt nach § 776 I 2 selbst dann, wenn das aufgegebene Recht erst nach Übernahme der Bürgschaft entstanden ist, der Bürge also nicht im Vertrauen die Bürgschaft übernommen hat, auf das aufgegebene Recht zurückgreifen zu können. Der Sinn dieser Regelung besteht darin, dem Bürgen, wenn er in Anspruch genommen wird und eine fremde Schuld tilgt, die gleiche Rechtsstellung zu verschaffen, die zuvor der Gläubiger gegenüber dem Hauptschuldner innehatte, und zu vermeiden, dass er insoweit Verschlechterungen hinnehmen muss.[166] Ein Einverständnis des Bürgen mit der Aufgabe der Sicherheit bedarf der Form des § 766.[167] Da die Aufgabe der Sicherheit das Erlöschen der Bürgschaft zur Folge hat, entfällt diese Rechtsfolge nicht dadurch, dass der Gläubiger die aufgegebene Sicherheit danach zurückerwirbt oder neu begründet.[168]

1336 Für dieselbe Hauptverbindlichkeit können sich **mehrere Bürgen** verbürgen (sog. **Mitbürgschaft),** sei es gemeinschaftlich, zB in einem Vertrag, sei es unabhängig und ohne Wissen voneinander. Mitbürgen haften grundsätzlich als Gesamtschuldner (§ 769).[169] Dies bedeutet im Verhältnis zum Gläubiger, dass es diesem überlassen bleibt, welchen Bürgen er für den gesamten Betrag in Anspruch nehmen will (§ 421). Zahlt ein Mitbürge, geht nach § 774 I 1 die Hauptforderung einschließlich der Rechte aus der (Mit-)Bürgschaft (§§ 412, 401) auf ihn über. Jedoch sind die Mitbürgen im Innenverhältnis nur zu gleichen Anteilen ausgleichspflichtig, soweit nicht zwischen ihnen etwas anderes vereinbart worden ist (§ 426 I, auf den § 774 II ausdrücklich verweist). Das Ausgleichsverhältnis zwischen den Mitbürgen entsteht im Zeitpunkt der Begründung der Mitbürgschaft und tritt als selbstständiges Schuldverhältnis neben

---

[165] Vgl. *Schlinker* JURA 2009, 404 (405).
[166] MüKoBGB/*Habersack* § 774 Rn. 3.
[167] BGH NJW 2013, 2508 Rn. 24.
[168] BGH NJW 2013, 2508 Rn. 16.
[169] BGH NJW 2012, 1946 Rn. 20; vgl. dazu *Palzer* JURA 2013, 129.

VII. Anhang: Bürgschaft

die Bürgschaftsverpflichtung. Eine Vereinbarung, die der Gläubiger mit einem Mitbürgen schließt, hat keinen Einfluss auf das Ausgleichsverhältnis. Deshalb bleibt die Ausgleichspflicht eines Mitbürgen bestehen, der nachträglich vom Gläubiger von seiner Bürgenverpflichtung befreit wird.[170]

Streitig ist die Frage, welcher **Ausgleichsanspruch** besteht, wenn die auf den (zahlenden) Bürgen übergehende Forderung **durch Pfandrechte oder Hypotheken gesichert** ist. 1337

> **Beispiel:** B hat sich für eine Kaufpreisforderung des V gegen K iHv 10.000 EUR verbürgt und P hat dafür ein wertvolles Ölgemälde verpfändet. Als K nicht fristgerecht die Kaufpreisforderung begleicht, verlangt V von B Zahlung. Dieser erfüllt die Forderung und lässt sich das Ölgemälde übergeben. Er fordert nunmehr P auf, 10.000 EUR an ihn zu zahlen, und erklärt, dass er andernfalls auf das Pfand zurückgreifen werde. P meint, er sei nur zur Zahlung von 5.000 EUR verpflichtet.

Eine eindeutige Regelung im Gesetz fehlt. Die gesetzlichen Vorschriften (jeweils für das entsprechende Sicherungsrecht isoliert betrachtet) führen dazu, dass derjenige Sicherungsgeber, der als erster zahlt, Rückgriff – und zwar in vollem Umfang – bei den anderen Sicherungsgebern nehmen kann; denn eine mit § 774 I übereinstimmende Regelung findet sich auch für Hypotheken (§ 1143 I) und für Pfandrechte (§ 1225). Bei einer solchen zu einem „Wettlauf der Sicherungsgeber" führenden Lösung kann aber nicht stehen geblieben werden.[171] In der Diskussion dieses Problems werden überwiegend **zwei Auffassungen** vertreten: 1338

- **Der Bürge könne einen vollen Ausgleich von anderen Sicherungsgebern fordern;** denn § 776 zeige, dass der Bürge eine bevorzugte Stellung beanspruchen könne. Danach erlösche die Bürgschaft, wenn der Gläubiger ein anderes Sicherungsrecht aufgebe; umgekehrt gelte dies jedoch nicht, weil eine entsprechende Bestimmung im Hypotheken- und Pfandrecht fehle.
- **Die verschiedenen Sicherungsrechte seien gleichwertig,** wie sich daraus ergebe, dass in §§ 1143, 1225 gleichermaßen auf § 774 verwiesen und damit auch ein Regressanspruch mit einbezogen werde. Deshalb sei die für Mitbürgen geltende Regelung entsprechend anzuwenden und analog §§ 774 II, 426 I (vorbehaltlich einer abweichenden Absprache) ein Ausgleich zwischen den verschiedenen Sicherungsgebern vorzunehmen, der zu einer gleichmäßigen Belastung führe.

In diesem Meinungsstreit kann keine Auffassung für sich in Anspruch nehmen, eine völlig überzeugende Lösung anzubieten. Vom Ergebnis her verdient die zweite Auffassung den Vorzug, weil sie zu einer anteiligen Belastung der Sicherungsgeber führt.[172] Zu berücksichtigen ist, dass sich die Streitfrage nicht stellt, wenn der Schuldner selbst die zusätzliche Sicherung neben der Bürgschaft gewährt hat. Verpfändet also der Schuldner zur Sicherung der Forderung, für die sich ein Dritter verbürgt hat, 1339

---

[170] BGH NJW 2000, 1034.
[171] Für eine solche auf das Prioritätsprinzip gestützte Lösung *Mertens/Schröder* JURA 1992, 305 (308 ff.).
[172] So auch BGHZ 108, 179 (183 ff.) = NJW 1989, 2530; BGH NJW 1992, 3228 (3229); 2001, 2327 (2330); 2009, 437 Rn. 13.

eine ihm gehörige Sache, ist es nicht zweifelhaft, dass der Bürge, wenn er den Gläubiger befriedigt (vgl. aber § 772 II), die Forderung nebst der Sicherung erwirbt und hieraus Befriedigung suchen kann.

1340 Nach § 775 hat der Bürge unter den in dieser Vorschrift genannten Voraussetzungen einen **Anspruch** gegen den Hauptschuldner **auf Befreiung** von der Bürgschaft. Ist die Hauptverbindlichkeit noch nicht fällig, kann der Hauptschuldner dem Bürgen statt der Befreiung Sicherheit leisten (§ 775 II). In der Praxis werden sich diese Ansprüche wegen der Vermögensverhältnisse des Hauptschuldners häufig nicht durchsetzen lassen.

4. Abgrenzung zu anderen Rechtsinstituten

1341 Der Frage, ob es sich im Einzelfall um eine Bürgschaft oder um ein anderes Rechtsinstitut handelt, zB um einen Schuldbeitritt (→ Rn. 1316) oder um einen Garantievertrag (→ Rn. 880 ff.), kommt deshalb besondere praktische Bedeutung zu, weil nach hM[173] nur die Bürgschaftserklärung formbedürftig ist (zur Anwendung des § 492 und dem darin ausgesprochenen Gebot der Schriftform auf den Schuldbeitritt, der zwischen einem Verbraucher und einem Unternehmer vereinbart wird, → Rn. 1318). Dies ist allerdings nicht unstreitig. Nach anderer Auffassung[174] soll aus §§ 766 S. 1, 780, 781 (iVm § 518 I) der Rechtssatz abgeleitet werden, dass bei einseitig verpflichtenden Verträgen die Willenserklärung des Schuldners der Schriftform bedürfe. Da der Garantievertrag wie auch andere eine Mithaftung begründende Verträge regelmäßig einseitig verpflichtende Verträge darstellen, gilt nach dieser Auffassung für sie das Erfordernis der Schriftform.[175] Nur wenn zugleich durch den Vertrag eine Verpflichtung des Vertragspartners begründet wird, sollen die Erklärungen formfrei wirksam sein.

1342 In der theoretischen Betrachtung bereitet die **Unterscheidung zwischen der Bürgschaft und** anderen in Betracht zu ziehenden Verträgen meist keine Schwierigkeit. Der Bürge verpflichtet sich, für eine fremde Schuld einzustehen, und seine Verpflichtung richtet sich nach dem jeweiligen Bestand der Hauptverbindlichkeit. Dagegen übernimmt beim Schuldbeitritt der Beitretende eine eigene Verpflichtung, die selbstständig neben die des Schuldners tritt. Auch die Erfolgshaftung, die durch den Garantievertrag übernommen wird und die sich darauf beziehen kann, dass eine geschuldete Leistung vom Schuldner erbracht wird, stellt eine selbstständige Verpflichtung des Garanten dar, die anders als die Bürgschaft nicht akzessorisch ist; insbesondere ist nach hM § 774 I nicht auf die Garantie anwendbar.[176] Ob nun im Einzelfall eine Bürgschaft, ein Schuldbeitritt oder ein Garantievertrag gewollt ist, muss im Zweifel durch Auslegung der entsprechenden Erklärung ermittelt werden. Dabei können die von den Parteien gewählten Begriffe nicht allein maßgebend sein.

---

[173] BGH NJW 1993, 584 mwN; *Medicus/Lorenz* SchuldR II Rn. 1010; *Köhler/Lorenz* PdW SchuldR II Fall 177.
[174] Für analoge Anwendung des § 766 MüKoBGB/*Habersack* Vor § 765 Rn. 15.
[175] So auch *Larenz/Canaris* SchuldR II 2 § 64 III 3b mwN.
[176] Jauernig/*Stadler* § 774 Rn. 3; MüKoBGB/*Habersack* Vor § 765 Rn. 19. AA *Castellvi* WM 1995, 868.

VII. Anhang: Bürgschaft

Häufig wird im allgemeinen Sprachgebrauch von „garantieren" oder „verbürgen" gesprochen, wenn rechtlich etwas anderes gewollt ist. Für die Annahme eines (formfrei gültigen) Schuldbeitritts oder Garantievertrags müssen sich überzeugende Gründe anführen lassen; es geht nicht an, ohne Weiteres eine formnichtige Bürgschaftserklärung in ein Garantieversprechen oder einen Schuldbeitritt umzudeuten. Die hM verlangt für den Schuldbeitritt und für den Garantievertrag **ein eigenes unmittelbares wirtschaftliches Interesse an der Erfüllung der Schuld.**[177] Ein bloß persönliches Interesse (zB aus Freundschaft) wird nicht für ausreichend angesehen. Allerdings ist nicht zu verkennen, dass ein solches wirtschaftliches Interesse auch bei einem Bürgen vorhanden sein kann. Lassen sich bestehende Zweifel nicht klären, so ist zum Schutz des Betroffenen von einer formungültigen Bürgschaftserklärung, nicht von einem Schuldbeitritt oder einem Garantieversprechen auszugehen.[178]

5. Übungsklausur

Baustoffhändler D hat eine Forderung von 5.000 EUR gegen Maurermeister N. Als N einige Tage verreist ist, wendet sich D an dessen Ehefrau und verlangt nachdrücklich unter Androhung gerichtlicher Schritte sofortige Zahlung. Da sich Frau N nicht anders zu helfen weiß, bietet sie eine Werklohnforderung iHv 7.000 EUR, die N gegen H hat, R für 6.000 EUR an; dabei erklärt sie wahrheitswidrig, ihr Ehemann habe sie geschickt. R ist einverstanden und zahlt die verlangte Summe. Frau N gibt davon 5.000 EUR dem D, den Rest verbraucht sie für sich. Als N nach seiner Rückkehr von den Vorgängen unterrichtet wird, billigt er das Verhalten seiner Ehefrau. Kurze Zeit danach erscheint H bei N, den er nach wie vor für seinen Gläubiger hält, um den Werklohn zu zahlen. N, der sich in erheblichen finanziellen Schwierigkeiten befindet, nimmt das Geld. Er zahlt davon die dringendsten Schulden; mit dem Rest iHv 300 EUR macht er sich einen „fröhlichen Abend" in verschiedenen Lokalen, um wenigstens für einige Stunden seine finanziellen Sorgen zu vergessen. Als R von H Zahlung der 7.000 EUR unter Vorlage einer schriftlichen Abtretungserklärung fordert, die Frau N im Namen ihres Mannes ausgestellt hatte, weigert sich H, nochmals zu zahlen, und erklärt, R solle sich gefälligst mit N auseinander setzen, für ihn – H – sei die Angelegenheit erledigt. Wie ist die Rechtslage?

1343

Bearbeitungszeit: höchstens 120 Minuten

Fälle und Fragen

1. Was versteht man unter gesetzlicher, was unter gewillkürter Stellvertretung?
2. Von welchen Voraussetzungen ist eine wirksame Stellvertretung abhängig?
3. Was bedeutet aktive, was passive Stellvertretung?
4. Was unterscheidet den Stellvertreter vom Boten?
5. N fragt ihre Nachbarin, H, ob sie ihr beim Einkaufen etwas besorgen solle. H bittet daraufhin N, ihr aus dem Kaufhaus Hülle & Fülle einen bestimmten Fön mitzubringen, den

---

[177] BGH NJW 1981, 47; 1986, 580; Musielak JA 2015, 161 (168 mN).
[178] BGH NJW 1986, 580; OLG Hamm NJW 1993, 2625. Zur Umdeutung eines nichtigen Schuldbeitritts in einen Bürgschaftsvertrag vgl. BGH NJW 2008, 1070 Rn. 24 f.

sie dort gesehen habe, und gibt ihr einen Geldbetrag in Höhe des Kaufpreises. N kauft den Fön und gibt ihn dann ihrer Nachbarin. Wer ist Käufer des Föns und wie erwirbt H Eigentum daran?

6. A und B verehren beide Frau X. A weiß, dass X eine besondere Abneigung gegen Lilien hat. Um seinem Rivalen B zu schaden, bestellt er telefonisch unter dessen Namen beim Blumenladen Flora 50 Lilien und lässt sie der X bringen. Durch Zufall wird festgestellt, dass A die Bestellung aufgegeben hat. Flora verlangt Bezahlung der Blumen von A. Mit Recht?

7. K möchte an Internet-Auktionen teilnehmen. Da sie über keinen Internet-Anschluss verfügt, lässt sie sich von ihrer Freundin F bei eBay mit dem Benutzernamen A anmelden. In der Folgezeit nimmt sie wiederholt über den Internet-Anschluss der F unter diesem Benutzernamen an den Auktionen teil und wickelt kleinere Geschäfte ab. Ohne Wissen der K ersteigt F unter dem Benutzernamen A einen Pkw Porsche Carrera 4 S Coupé zum Preis von 75.000 EUR, den V angeboten hat. Als V von K den Kaufpreis fordert, weigert sie sich zu zahlen und weist darauf hin, dass sie kein Angebot zum Kauf abgegeben habe. Obwohl V erfährt, dass F unter dem Benutzernamen der K aufgetreten war, verlangt er den Kaufpreis von K, weil F vermögenslos ist. Mit Recht?

8. A, der erhebliche Geldsorgen hat, will möglichst rasch ein ihm gehörendes Baugrundstück verkaufen. Er ruft deshalb den Makler M an und bittet ihn, den Kauf zu vermitteln. Damit es schneller geht, bevollmächtigt er M bei dem Telefongespräch, den Kaufvertrag für ihn zu schließen. Nachdem M im Namen des A einen notariellen Kaufvertrag mit B über das Grundstück geschlossen hat, bereut A den Verkauf. Er fragt, ob er durch den Vertrag gebunden sei.

9. Erläutern Sie bitte die Begriffe „Innenvollmacht", „Außenvollmacht", „Spezialvollmacht", „Gattungsvollmacht", „Gesamtvollmacht" und „Generalvollmacht"!

10. Was versteht man unter einer Duldungsvollmacht und wodurch unterscheidet sie sich von der konkludent erteilten Vollmacht und der Anscheinsvollmacht?

11. Was verstehen Sie unter „Richterrecht"?

12. Was ist eine „Analogie" und von welchen Voraussetzungen ist sie abhängig?

13. Was ist unter einer „teleologischen Reduktion" zu verstehen?

14. Herr und Frau G schenken ihrer dreijährigen Tochter zu Weihnachten eine Puppe. Wie wird das Kind Eigentümer des Geschenks?

15. W ist an dem Sportwagen des S sehr interessiert, obwohl ihm bekannt ist, dass das Fahrzeug bei einem Unfall beschädigt worden ist. Da er dringend verreisen muss, bittet er den G, der von dem Unfall nichts weiß, in seinem Namen mit S zu verhandeln und nach Möglichkeit das Kfz zu erwerben. Dies gelingt G auch. Später reut W der Kauf und er verlangt Rückgängigmachung unter Hinweis darauf, dass S bei den Kaufverhandlungen den Unfall des Fahrzeuges verschwiegen hätte. Wie ist die Rechtslage?

16. A begibt sich in das Kaufhaus des W, um ein Oberhemd zu kaufen. Auf dem Weg zur Hemdenabteilung rutscht er über Abfälle aus, die B, ein Angestellter des W, zusammengefegt, aber nicht entfernt hat. A verlangt von W Ersatz der Arztkosten, die ihm entstanden sind, weil er sich beim Sturz verletzte und ärztliche Hilfe in Anspruch nehmen musste. W beruft sich darauf, dass es sich um ein einmaliges Fehlverhalten des B gehandelt habe, der sonst stets zuverlässig gewesen sei. Muss W haften?

17. Kann jemand gleichzeitig Erfüllungsgehilfe und Verrichtungsgehilfe sein?

18. G stellt K als Lkw-Fahrer ein, ohne sich dessen Führerschein vorlegen zu lassen. Bei einer auf Weisung des G ausgeführten Fahrt kommt es zu einem Unfall, an dem K völlig schuldlos ist. Nun stellt sich heraus, dass K überhaupt keinen Führerschein für Lkw besitzt. Muss G für die Folgen des Unfalls nach dem BGB haften?

19. Vater will seinem Sohn zum bestandenen Referendarexamen ein Auto schenken und begibt sich zu dem Gebrauchtwagenhändler H. Dieser bietet ihm einen Golf, Baujahr 2010 garantiert unfallfrei, zum Preis von 7.000 EUR an. Vater nimmt das Angebot an, bezahlt

VII. Anhang: Bürgschaft 507

den Kaufpreis und vereinbart mit H, dass sein Sohn das Fahrzeug in den nächsten Tagen abholt und dann auch die auf dessen Namen überschriebenen Fahrzeugpapiere erhält. Als der Sohn zu H kommt, erkennt er an Farbnuancen im Lack, dass das Fahrzeug offenbar teilweise nachlackiert worden ist. Auf Befragen gibt H zu, dass der Pkw in einen Unfall verwickelt worden war und deshalb Blechschäden ausgebessert werden mussten. Daraufhin erklärt der Sohn, er wolle einen Unfallwagen nicht haben und verlange die Rückzahlung des Kaufpreises. Mit dem Geld werde er sich ein anderes Fahrzeug suchen. H weigert sich, an den Sohn zu zahlen. Mit Recht?

20. H beauftragt den Handwerksmeister E, in seinem Eigenheim die Kellerschächte mit einbruchsicheren Rosten aus Flachstahl zu sichern. E überträgt die Arbeit dem bei ihm seit langer Zeit beschäftigten, stets zuverlässigen Gesellen G. Zwei Tage nach Durchführung der Arbeiten stürzt S, der 8-jährige Sohn des H, mit einem Rost in den Kellerschacht und verletzt sich dabei schwer. Es stellt sich heraus, dass G versehentlich den Rost nicht befestigt hatte. Ist E zum Ersatz des Schadens verpflichtet, den S erlitten hat?

21. In welchen Fällen kann es eine Schadensliquidation im Drittinteresse geben?

22. V liefert aufgrund eines Kaufvertrages mit K diesem Waren und tritt seinen Kaufpreisanspruch an G ab. Als G von K Zahlung fordert, weigert sich dieser und beruft sich
    a) auf eine Vereinbarung mit V, wonach eine Abtretung der Forderung ausgeschlossen sein sollte
    b) auf den nach Abtretung der Forderung dem V gegenüber erklärten Rücktritt wegen Mängel der Waren.
    Wie ist die Rechtslage?

23. G hat eine fällige Forderung gegen S, die er am 1.7. an A abtritt. S hat seinerseits eine Forderung gegen G. Kann S am 15.7. aufrechnen, wenn
    a) seine Forderung erst am 5.7. fällig wird und er am 6.7. von der Abtretung an A erfährt?
    b) er – bei sonst unverändertem Sachverhalt – die Forderung erst am 5.7. erworben hat?
    c) Ist eine Aufrechnung mit der am 5.7. erworbenen und fällig gewordenen Gegenforderung möglich, wenn die an A abgetretene Forderung erst am 10.7. fällig wird, S aber bereits am 6.7. von der Abtretung erfahren hat?

24. Was ist eine Sicherungszession, was eine Inkassozession?

25. Die A-GmbH benötigt für den Betrieb eine bestimmte Maschine. Sie vereinbart mit der B-GmbH, dass diese die Maschine anschafft und ihr gegen Entgelt, das in monatlichen Raten gezahlt werden soll, für die Dauer von fünf Jahren zum Gebrauch überlässt. Nach Ablauf dieser Zeit soll die Maschine von der A-GmbH zu einem vertraglich festgesetzten Betrag erworben werden. F, die Ehefrau des geschäftsführenden Gesellschafters der A-GmbH, erklärt mündlich, dass sie die gesamtschuldnerische Mithaftung für die Verbindlichkeiten aus dem Vertrag übernehme. Als nach zehn Monaten fällige Raten von der A-GmbH nicht gezahlt werden, verlangt die B-GmbH von F Zahlung. F fragt, ob sie zur Zahlung verpflichtet ist. Geben sie bitte Auskunft.

26. K will von V eine Maschine kaufen; der Kaufpreis iHv 10.000 EUR soll in drei Monaten gezahlt werden. V verlangt von K Sicherheiten. Deshalb bittet K seinen Freund B, sich für die Kaufpreisforderung zu verbürgen. Dies tut B und schließt schriftlich einen Bürgschaftsvertrag mit V, in dem er auf die Einrede der Vorausklage verzichtet. Vier Monate nach Abschluss des Kaufvertrages fordert V von B Zahlung des Kaufpreises. Dieser erfüllt die Forderung und verlangt von K Erstattung der gezahlten Summe. K erklärt daraufhin, die ihm von V gelieferte Maschine sei defekt, er werde jetzt den Rücktritt erklären und sei dementsprechend nicht zur Zahlung des Kaufpreises verpflichtet. B meint, das ginge ihn nichts an, K müsste ihm den Betrag ersetzen, den er an V überwiesen habe und könnte dann einen Ausgleich bei V suchen. Ist diese Ansicht zutreffend?

27. L hat erhebliche Schulden; unter anderem hat er die Miete für sein möbliertes Zimmer schon seit drei Monaten nicht bezahlt. Als der Vermieter V mit der Kündigung droht, wendet sich L an seinen Onkel G und bittet ihn um Hilfe. G besucht V, bezahlt den rück-

ständigen Mietzins und ersucht ihn, L doch weiter wohnen zu lassen. Als V Bedenken äußert, ob L in Zukunft seine Miete pünktlich zahlen werde, erklärt G: „Dafür mache ich mich stark. Seien Sie unbesorgt." Nach einem halben Jahr wendet sich V an G und fordert unter Hinweis auf die damalige Erklärung des G von diesem Zahlung von 1.000 EUR an rückständigen Mieten. Mit Recht?

Lösungshinweise

I. Fälle und Fragen

Zu § 2 (nach Rn. 109)

(1) Ein Rechtsgeschäft ist ein Rechtsakt, der eine gewollte Rechtsfolge hervorbringt (→ Rn. 44). Man unterscheidet zwischen einseitigen und mehrseitigen Rechtsgeschäften (→ Rn. 46) und innerhalb der einseitigen Rechtsgeschäfte zwischen empfangsbedürftigen und nicht empfangsbedürftigen (→ Rn. 47 f.).

(2) „Rechtsgeschäft" ist ein Oberbegriff, der sich mit dem der Willenserklärung inhaltlich deckt, wenn es sich um ein einseitiges Rechtsgeschäft handelt, bei mehrseitigen Rechtsgeschäften aber darüber hinausreicht (→ Rn. 45 f.).

(3) Eine Willenserklärung besteht aus dem objektiven Tatbestand (Erklärungstatbestand), also dem äußeren Akt der Kundgabe des Willens, und dem subjektiven Tatbestand, also dem Willen des Erklärenden (→ Rn. 50 ff.). Der äußere Tatbestand besteht in einem Verhalten, das sich in objektiver Sicht als Äußerung eines rechtlich relevanten Willens darstellt (→ Rn. 51). Der subjektive Tatbestand setzt sich (regelmäßig) aus einem Handlungswillen, einem Erklärungswillen und einem Geschäftswillen zusammen (→ Rn. 68). Der objektive und der subjektive Tatbestand stimmen bei einer fehlerfreien Willenserklärung in der Weise überein, dass der Erklärende das will, was er (objektiv gewertet) erklärt.

(4) Da die Willenserklärung eine rechtlich erhebliche Willensäußerung darstellt, muss sie auf die Herbeiführung einer Rechtsfolge gerichtet sein. Erklärungen, die im unverbindlichen Bereich gesellschaftlicher Gefälligkeiten bleiben, sind dementsprechend keine Willenserklärungen, da sie keine rechtlichen Bindungen schaffen. Für die Abgrenzung sind objektive Merkmale maßgebend, insbesondere die Interessenlagen der Beteiligten (→ Rn. 52 ff.).

(5) Im BGB gilt der Grundsatz der Formfreiheit. Deshalb kann eine Willenserklärung in beliebiger Form abgegeben werden, soweit nicht das Gesetz (ausnahmsweise) eine bestimmte Form vorschreibt (→ Rn. 57) oder die Beteiligten eine Form vereinbart haben (→ Rn. 64).

(6) Kommt es bei einer Willenserklärung darauf an, dass ein anderer von ihrem Inhalt Kenntnis erhält, und muss sie deshalb einer anderen Person gegenüber abgegeben werden, so handelt es sich um eine sog. empfangsbedürftige Willenserklärung (→ Rn. 47, 84). Beispiele sind die Kündigung und die auf einen Vertragsschluss abzielenden Erklärungen (Antrag und Annahme). Im Gegensatz dazu hängt der rechtliche Erfolg einer nicht empfangsbedürftigen Willenserklärung nicht von ihrer Mitteilung an andere Personen ab; Beispiel: Testament (→ Rn. 86).

(7) Eine nicht empfangsbedürftige Willenserklärung ist mit ihrer Vollendung abgegeben und wird damit wirksam (→ Rn. 87). Eine empfangsbedürftige Willenserklärung wird in dem Zeitpunkt wirksam, in dem sie demjenigen zugeht, dem gegenüber sie abgegeben wird (§ 130 I 1; → Rn. 93).

(8) Es handelt sich um das zwar einigermaßen lebensfremde, aber lehrreiche Lehrbuchbeispiel der „Trierer Weinversteigerung". Ein Kaufvertrag über das fragliche Fass Wein ist zustande gekommen, wenn A ein Vertragsangebot abgab, das der Auktionator sodann mit dem Zuschlag annahm (§ 156 S. 1). Das Winken mit der Hand ist der äußere Tatbestand einer Willenser-

klärung, die auf den Abschluss eines entsprechenden Kaufvertrages gerichtet ist (→ Rn. 51). Ebenso ist ein Handlungswille des A zu bejahen; es fehlt jedoch der Erklärungswille, denn A wollte mit seinem Winken keinerlei Geschäft tätigen (→ Rn. 77). Nach der objektiven Theorie ist eine gültige Willenserklärung gegeben (mit der Möglichkeit der Anfechtung nach § 119 I), nicht hingegen ausgehend von der subjektiven Theorie. Nach der vermittelnden Meinung kommt es darauf an, ob nach den näheren Umständen des Einzelfalls eine sog. Erklärungsfahrlässigkeit anzunehmen ist (→ Rn. 80).

(9) A weiß, dass er rechtlich relevante Erklärungen abgibt und will dies auch (Erklärungswille). Er will jedoch den Antrag der Firma B ablehnen, nicht annehmen. Es handelt sich also um einen Fall fehlenden Geschäftswillens. Folglich hat A eine wirksame, aber anfechtbare Willenserklärung abgegeben (→ Rn. 75).

(10) Nach hM hat A keine wirksame Willenserklärung abgegeben (Fall einer sog. abhanden gekommenen Willenserklärung; → Rn. 88 f.). Davon ausgehend wäre die Bestellung nicht wirksam.

(11) Die Bestellung ist der auf Abschluss eines Kaufvertrags mit V gerichtete Antrag des K, also eine empfangsbedürftige Willenserklärung. Diese wird in dem Zeitpunkt des Zugangs wirksam (§ 130 I 1). Wird eine mündliche Erklärung einem Empfangsboten des Erklärungsempfängers zugesprochen, so ist sie zugegangen, denn sie ist so in dessen Machtbereich gelangt, dass er Kenntnis nehmen kann. P ist jedoch nicht als Empfangsbote des V anzusehen (denn er ist zwar – wie sein umsichtiges Verhalten zeigt – zur Entgegennahme von Bestellungen nach Geschäftsschluss geeignet, aber er kann nach der Verkehrsanschauung nicht als ermächtigt gelten), sondern als Erklärungsbote des K (→ Rn. 100, 103). Daher geht die Bestellung erst mit Entgegennahme durch S als eine dafür geeignete und ermächtigte Person (Empfangsbotin des V) zu. Also ist der Zeitpunkt des Zugangs 8.00 Uhr am nächsten Morgen.

(12) Ein Kaufvertrag über ein Fass Weißbier ist zustande gekommen, wenn B den darauf gerichteten Antrag des A angenommen hat. Dazu ist erforderlich, dass der Antrag als empfangsbedürftige Willenserklärung dem B zuging. Eine mündliche (nicht verkörperte) Willenserklärung unter Anwesenden, wozu auch eine telefonisch übermittelte zählt (§ 147 I; → Rn. 102), geht zu, wenn der Adressat sie vernimmt, dh wenn er sie akustisch richtig auffasst (Vernehmungstheorie). Nach hM ist jedoch eine Einschränkung zu machen, wenn für den Erklärenden nicht erkennbare Wahrnehmungshindernisse bestehen (→ Rn. 102). Diese Einschränkung führt dazu, dass der Antrag des A dem B zugegangen ist, wenn A von dessen Schwerhörigkeit nichts wusste. Durch die daraufhin abgegebene Erklärung, die bestellte Ware zu liefern, hat B den Antrag angenommen und sich dadurch vertraglich gebunden, ein Fass Weißbier zu liefern. Anders ist zu entscheiden, wenn A die Schwerhörigkeit des B bekannt gewesen ist; in diesem Fall wäre der Zugang eines auf den Verkauf von Weißbier abzielenden Antrags zu verneinen.

(13) A hat seinen Antrag, eine empfangsbedürftige Willenserklärung unter Abwesenden, noch vor Zugang mündlich widerrufen; damit ist die Erklärung nach § 130 I 2 nicht wirksam geworden (→ Rn. 108). Insbesondere ist zu beachten, dass der Widerruf nicht in derselben Form wie die zu widerrufende Erklärung erfolgen muss.

(14) Nach hM ist der Widerruf verspätet und damit wirkungslos, während eine Gegenauffassung die Widerruflichkeit bis zur Kenntnisnahme durch den Erklärungsempfänger bejaht (→ Rn. 108 f.).

Zu § 3 (nach Rn. 185)

(1) Der Vertrag ist die von den Vertragspartnern einverständlich getroffene Regelung eines Rechtsverhältnisses. Die Vertragschließenden stimmen in ihrem Willen zur Herbeiführung eines von ihnen gemeinsam gewollten rechtlichen Erfolges überein (→ Rn. 111).

I. Fälle und Fragen 511

(2) Nein, denn B hat den Antrag des A nicht angenommen, sondern abgelehnt und seinerseits einen (neuen) Antrag zum Abschluss eines Vertrages (Kaufpreis 200 EUR) an A gerichtet (§ 150 II). Da A diesen Antrag nicht angenommen hat, ist ein Vertrag nicht zustande gekommen (→ Rn. 114).

(3) Durch einen einseitig verpflichtenden Vertrag wird nur einer Vertragspartei die Verpflichtung zu einer Leistung auferlegt (Beispiel: Schenkung). Dagegen begründen zweiseitig verpflichtende Verträge für beide Vertragspartner Pflichten. Sind diese Pflichten einander gleichwertig und stehen sie in einem Abhängigkeitsverhältnis zueinander, so spricht man von vollkommen zweiseitigen oder gegenseitigen oder synallagmatischen Verträgen (Beispiel: Kauf). Sind dagegen die vertraglichen Pflichten ungleichmäßig verteilt und treffen die den eigentlichen Inhalt des Vertrags bestimmenden Pflichten nur eine Partei, dann handelt es sich um einen unvollkommen zweiseitigen Vertrag (Beispiel: Leihe). Die Unterscheidung zwischen diesen verschiedenen Vertragsarten ist insbesondere deshalb wichtig, weil §§ 320–326 nur für gegenseitige (synallagmatische) Verträge gelten (→ Rn. 119 ff.).

(4) Der Grundsatz der Vertragsfreiheit bedeutet, dass jeder frei bestimmen kann, ob und mit wem er einen Vertrag schließen will (Abschlussfreiheit), ferner, dass den Vertragschließenden das Recht eingeräumt ist, frei darüber zu befinden, welchen Inhalt sie ihrer vertraglichen Vereinbarung geben wollen (Gestaltungsfreiheit). Nur soweit Missbräuche verhindert und höherrangige Interessen geschützt werden müssen, wird der Grundsatz der Vertragsfreiheit durch das BGB eingeschränkt (→ Rn. 128 ff.).

(5) Auf der Grundlage von §§ 133, 157 ist bei empfangsbedürftigen Willenserklärungen aufgrund der konkreten Umstände des Einzelfalles, die der Adressat der Erklärung kennt oder kennen muss (Empfängerhorizont), nach Treu und Glauben und unter Berücksichtigung der Verkehrssitte der objektive Erklärungswert zu erforschen. Entscheidend ist, wie der Empfänger die Erklärung zu verstehen hat, wenn er alle diese Kriterien sorgfältig berücksichtigt (→ Rn. 136 f.).

(6) Im Grundsatz hat Schweigen überhaupt keinen Erklärungswert. Von diesem Grundsatz gibt es jedoch Ausnahmen. In manchen Fällen bestimmt das Gesetz ausdrücklich, dass dem Schweigen ein bestimmter Erklärungswert zukommt (sog. normiertes Schweigen). Die Beteiligten können auch vereinbaren, dass das Schweigen einer Person in einem bestimmten Sinn aufzufassen ist. Gibt es eine solche ausdrückliche Vereinbarung nicht, so kann sich aufgrund der Besonderheiten des Einzelfalles ergeben, dass das Schweigen einen bestimmten Erklärungswert hat. Außerdem kann ein Schweigen als Zustimmung gewertet werden, wenn nach dem Grundsatz von Treu und Glauben ein Widerspruch des Erklärungsempfängers erforderlich ist (→ Rn. 138 ff.).

(7) Eine Zeitungsanzeige ist lediglich als Einladung zur Abgabe von Offerten (invitatio ad offerendum) aufzufassen (→ Rn. 145). Bei dem Schreiben des B handelt es sich also nicht um die Annahme eines Antrags (wie B meint), sondern erst um einen Antrag, den A noch annehmen muss. Wenn dies nicht geschieht, kommt kein Vertrag zwischen beiden zustande.

(8) Nein, es kann auch ein Antrag zum Abschluss eines Vertrages an einen unbestimmten Personenkreis gerichtet sein; Beispiel: Aufstellen eines Warenautomaten (→ Rn. 146).

(9) Eine Vertragsofferte erlischt und damit auch die Bindung des Antragenden, wenn sie abgelehnt oder wenn sie nicht rechtzeitig angenommen wird (§ 146). Innerhalb welcher Frist der Antrag anzunehmen ist, bestimmen §§ 147–149. Hiernach ist zwischen Anträgen zu unterscheiden, die an Anwesende und die an Abwesende gerichtet werden (zu den Einzelheiten → Rn. 148 ff.).

(10) Dieser Inhalt besteht in einem uneingeschränkten Ja zum Vertragsangebot; der Annehmende erklärt damit, dass er den Vertrag so zu schließen bereit ist, wie er ihm angetragen worden ist (→ Rn. 158).

(11) B hat einen Anspruch auf Zahlung des Kaufpreises nach § 433 II, wenn zwischen ihm und A ein Kaufvertrag über das Buch geschlossen worden ist. In der Überlassung des Buches durch B ist der Antrag zu einem entsprechenden Vertrag zu sehen. Durch die Eintragung von Randbemerkungen erklärt A konkludent, dass er diese Offerte annehmen will. Dies braucht nicht gegenüber B zu geschehen, da dieser (stillschweigend) auf eine solche Erklärung verzichtet hat (§ 151 S. 1). Denn ein stillschweigender Verzicht des Antragenden auf die Übermittlung einer Annahmeerklärung kann regelmäßig angenommen werden, wenn in der Überlassung des Kaufgegenstandes eine Offerte zum Abschluss eines Kaufvertrages liegt (→ Rn. 160). Der Vertrag ist daher zustande gekommen, und A muss den Kaufpreis zahlen.

(12) Dass der Antrag zum Abschluss eines Vertrages auch noch angenommen werden kann, wenn der Antragende nach Absendung und vor Zugang der Offerte stirbt, ergibt sich aus § 153 (→ Rn. 164). Dagegen ist nicht geregelt, wie zu entscheiden ist, wenn der Antragsempfänger vor Zugang der Offerte stirbt. Für die Beantwortung dieser Frage ist es von Bedeutung, ob es dem Antragenden erkennbar darauf ankommt, gerade mit dem (eigentlichen) Adressaten der Erklärung einen Vertrag zu schließen. Nur wenn dies zu verneinen ist, erlischt nicht mit dem Tod des Adressaten die Offerte und kann noch von dem Erben angenommen werden (→ Rn. 165).

(13) Ein Vertrag kommt regelmäßig erst zustande, wenn sich die Beteiligten über alle wesentlichen Punkte des Vertrages geeinigt haben oder zumindest eine Regelung treffen, wie die offen gelassenen (wesentlichen) Punkte geschlossen werden sollen (Ausfüllung durch einen Vertragspartner oder durch einen Dritten). Da die Frage des Preises bei einem Kaufvertrag einen wesentlichen Punkt betrifft und eine Einigung hierüber nicht erzielt werden konnte, ist (noch) kein Kaufvertrag zwischen V und K zustande gekommen (→ Rn. 166).

(14) In §§ 154, 155 wird nicht ausdrücklich zwischen essentialia und accidentalia negotii unterschieden. Die Auslegungsregel des § 154 I betrifft Haupt- und Nebenpunkte; auch wenn der noch offene Punkt für das Gesamtgeschäft unbedeutend ist, kommt der Vertrag nicht zustande, wenn eine Partei erkennbar hierüber eine Einigung wünscht, die noch nicht getroffen worden ist. Bezieht sich der offene Dissens auf einen Hauptpunkt, kann der Vertrag auch dann nicht wirksam werden, wenn dies die Parteien wünschen, es sei denn, dass nachträglich der offen gebliebene Punkt ausgefüllt werden kann (zB dadurch, dass die Parteien die Schließung der Lücke einer von ihnen oder einem Dritten übertragen haben, §§ 315 ff.). Das Gleiche gilt für den versteckten Einigungsmangel. Die nach § 155 vorgesehene Aufrechterhaltung des Vertrages kommt im Allgemeinen nur in Betracht, wenn sich der versteckte Dissens auf einen Nebenpunkt bezieht; bei einem Hauptpunkt werden die Parteien in aller Regel eine vertragliche Bindung ohne eine Einigung darüber nicht wollen (→ Rn. 170 f., 176).

(15) Es ist ein Kaufvertrag über zwei Flaschen deutschen Kornbranntwein zustande gekommen, weil beide Vertragspartner einen entsprechenden Vertrag schließen wollten. Die objektiv falsche Bezeichnung des Kaufgegenstandes ändert hieran nichts (→ Rn. 177).

(16) Ein Zahlungsanspruch besteht, wenn ein „Bewachungsvertrag" zustande gekommen ist. Die Schilder „bewachter Parkplatz" weisen darauf hin, dass der Betreiber des Parkplatzes mit demjenigen, der dort sein Kfz abstellt, einen Vertrag über das Zurverfügungstellen von Parkraum und das Bewachen des Fahrzeuges schließen will, der zur Zahlung eines Entgelts verpflichtet. Wenn A dort seinen Pkw parkt, kommt diesem Verhalten nach Treu und Glauben mit Rücksicht auf die Verkehrssitte objektiv der Erklärungswert zu, dass er von diesem Angebot Gebrauch machen und einen entsprechenden Vertrag schließen will. A fehlt jedoch das Erklärungsbewusstsein, weil er nicht weiß, dass seinem Verhalten (Parken des Fahrzeuges auf dem betreffenden Platz) rechtliche Bedeutung zukommt (→ Rn. 68). Nach der subjektiven Theorie ist folglich die Annahme der Offerte des Parkplatzbetreibers durch A zu verneinen, nach der objektiven Theorie ist sie zu bejahen, während nach der vermittelnden Auffassung zu der Frage Stellung genommen werden muss, ob A bei seinem Verhalten die im Verkehr gebotene Sorgfalt außer Acht gelassen und nur deshalb nicht die rechtliche Erheb-

I. Fälle und Fragen

lichkeit dieses Verhaltens erkannt hat (→ Rn. 80). Die Lehre vom sozialtypischen Verhalten verwirft eine solche (rechtsgeschäftliche) Lösung und ist der Auffassung, dass allein durch das Zurverfügungstellen und die tatsächliche Inanspruchnahme der Leistung im modernen Massenverkehr ein Vertrag zustande kommt. Das soll auch gelten, wenn der die Leistung in Anspruch Nehmende ausdrücklich erklärt, er wolle sich nicht vertraglich binden. Nach dieser Lehre ist also A in beiden Fallalternativen zur Zahlung verpflichtet. Wer sich nicht der Lehre vom sozialtypischen Verhalten anschließt, muss bei der Fallalternative zu der Frage Stellung nehmen, ob die Verwahrung gegen einen Vertragsschluss in diesem Fall erheblich ist. Diese Frage ist streitig. Ein Zahlungsanspruch auch in dieser Fallalternative ist zu bejahen, wenn man das Gesamtverhalten des A trotz seines verbalen Protestes als Annahme des Angebotes wertet (→ Rn. 182 ff.).

Zu § 4 (nach Rn. 295)

(1) Der Begriff „Schuldverhältnis" wird einmal im engeren Sinn verwendet und damit die Forderungsbeziehung zwischen Gläubiger und Schuldner bezeichnet; im weiteren Sinn umfasst der Begriff das gesamte Rechtsverhältnis, aufgrund dessen die einzelnen Forderungsbeziehungen zwischen den Beteiligten entstehen (→ Rn. 187).

(2) Schuldverhältnisse entstehen durch Rechtsgeschäfte oder kraft Gesetzes (→ Rn. 190).

(3) Ein Dauerlieferungsvertrag, auch Bezugsvertrag genannt, ist ein auf unbestimmte oder zumindest auf längere Zeit eingegangenes Dauerschuldverhältnis, bei dem die Leistungsmenge im Zeitpunkt des Vertragsschlusses nicht feststeht, sondern sich nach dem Bedarf des Abnehmers richtet (→ Rn. 195).

(4) Als primäre Leistungspflicht wird die Pflicht des Schuldners bezeichnet, die den Gegenstand seiner Forderungsbeziehung zum Gläubiger bildet und die mit dieser Forderungsbeziehung entsteht. Die sekundäre Leistungspflicht tritt als Folge der Verletzung der primären Leistungspflicht ein (→ Rn. 200).

(5) Der Begriff der „guten Sitten" ist ein unbestimmter Rechtsbegriff, der konkretisiert werden muss. Zur Konkretisierung eignen sich Definitionen kaum, weil sie entweder zu eng oder zu unbestimmt ausfallen. Orientierungshilfe für eine Konkretisierung bieten Fallgruppen von sittenwidrigen Geschäften, aus denen sich verallgemeinerungsfähige Merkmale ableiten und bei Entscheidung des konkreten Falles verwenden lassen (→ Rn. 207).

(6) Bei einer Stückschuld ist der Gegenstand der Leistung durch individuelle Merkmale bestimmt; es wird ein konkreter Gegenstand (zB das Gemälde „Abendfrieden" des Malers Farbenreich) geschuldet. Die Gattungsschuld bezieht sich dagegen nur auf einen nach gattungsmäßigen Merkmalen bestimmten Gegenstand (zB eine bestimmte Menge Kartoffeln; → Rn. 209 f.).

(7) Als Konkretisierung (Konzentration) wird im Schuldrecht der Vorgang bezeichnet, der die Umwandlung einer Gattungsschuld in eine Stückschuld bewirkt (→ Rn. 213). Hierfür ist notwendig, dass der Schuldner das zur Leistung der geschuldeten Sache seinerseits Erforderliche tut (§ 243 II). Was dies im Einzelnen ist, richtet sich nach der Art der Schuld (→ Rn. 214 ff.). Nach der Konkretisierung werden nur noch die dadurch individuell bestimmten Gegenstände geschuldet (→ Rn. 221).

(8) Bei der Holschuld (→ Rn. 215) hat der Schuldner den zu leistenden Gegenstand auszusondern und für den Gläubiger bereitzustellen sowie – soweit erforderlich – ihn von der Bereitstellung zu informieren. Bei der Bringschuld muss der Schuldner die Ware nicht nur aussondern, sondern sie dem Gläubiger an dessen Wohnort oder dessen gewerblicher Niederlassung vertragsgerecht (dh zur rechten Zeit und in der richtigen Menge und Beschaffenheit) anbieten. Bei der Schickschuld muss der Schuldner die ausgesonderten Stücke ordnungsgemäß versenden (→ Rn. 220 ff.).

(9) Bei der Wahlschuld besteht eine Forderung mit alternativem Inhalt. Die Ungewissheit, welchen Inhalt die Forderung des Gläubigers aufweist, wird durch die Wahl der wahlberechtigten Partei beendet (→ Rn. 223). Dagegen ist der Inhalt der Forderung bei der Ersetzungsbefugnis von vornherein festgelegt (→ Rn. 224). Der Ersetzungsbefugte hat jedoch das Recht, anstelle der geschuldeten Leistung eine andere zu erbringen (bei Ersetzungsbefugnis des Schuldners) oder eine andere zu verlangen (bei Ersetzungsbefugnis des Gläubigers).

(10) Es handelt sich um „Verhaltenspflichten", bei denen zwischen leistungssichernden (Neben-)Pflichten und Schutzpflichten zu unterscheiden ist. Die leistungssichernden Pflichten geben den Vertragspartnern auf, sich so zu verhalten, dass der Vertragszweck erreicht und nicht nachträglich gefährdet oder beeinträchtigt wird. Die Schutzpflichten haben zum Ziel zu verhindern, dass der Vertragspartner bei der Durchführung des Schuldverhältnisses an seinen Rechtsgütern verletzt wird (vgl. § 241 II; → Rn. 231 ff.).

(11) Die Frage ist zu bejahen, wenn M durch die Zahlung an L noch nicht wirksam erfüllt und damit die Forderung nach § 535 II gegen ihn zum Erlöschen gebracht hat (§ 362 I). Wenn für das „Bewirken" der Leistung ein Vertrag zwischen Gläubiger und Schuldner geschlossen werden muss, scheitert die wirksame Erfüllung an der Minderjährigkeit des L, denn die dafür erforderliche Willenserklärung bringt L nicht lediglich einen rechtlichen Vorteil, weil er durch die Erfüllung seine Forderung verliert. Folglich wäre nach § 107 die Einwilligung des gesetzlichen Vertreters erforderlich. Ob für die Erfüllung lediglich die tatsächliche Bewirkung der Leistung genügt oder ob noch ein Rechtsgeschäft hinzutreten muss, ist streitig (→ Rn. 239). Während die Vertragstheorie neben dem tatsächlichen Bewirken der Leistung eine vertragliche Einigung fordert und die modifizierte Vertragstheorie dies in Fällen verlangt, in denen für die Herbeiführung des Leistungserfolgs (zB die Übereignung) ein Rechtsgeschäft geschlossen werden muss, will die hM (Theorie der realen Leistungsbewirkung) das tatsächliche Erbringen der Leistung genügen lassen. Allerdings verneint auch die hM die Wirksamkeit einer Erfüllung an Minderjährige, weil ihnen die „Empfangszuständigkeit" fehle und diese dem gesetzlichen Vertreter zustehe (→ Rn. 240). Einen ähnlichen Standpunkt vertritt die Theorie der finalen Leistungsbewirkung, nach der neben dem tatsächlichen Akt der Leistungserbringung noch eine (rechtsgeschäftsähnliche) Leistungszweckbestimmung durch den Leistenden hinzukommen muss. Somit ist die gestellte Frage nach allen Theorien zu bejahen (Gegenansprüche, mit denen M möglicherweise aufrechnen könnte, sollen hier nicht erörtert werden).

(12) Nach § 362 II iVm § 185 hat die Leistung an einen Dritten befreiende Wirkung, wenn der Gläubiger vorher oder nachher der Leistung an den Dritten zustimmt. E hat K zur Entgegennahme der Zahlung nicht ermächtigt; es kann auch ausgeschlossen werden, dass er dies nachträglich tun wird. Die weiteren in § 185 II 1 genannten Fälle kommen hier offensichtlich nicht in Betracht. Hier hilft R aber § 370, wonach zum Empfang der Leistung als ermächtigt gilt, wer eine (echte) Quittung des Gläubigers überbringt. Nur wenn der Leistende Umstände kennt, die der Annahme einer Ermächtigung entgegenstehen, wird er nicht geschützt. Da R nicht bösgläubig gewesen ist, hat er mit befreiender Wirkung an K geleistet und muss deshalb nicht nochmals an E zahlen (→ Rn. 242).

(13) In der ersten Fallalternative nimmt R die Uhr an Erfüllungs statt an; die Darlehensforderung erlischt damit (§ 364 I) (→ Rn. 251). In der zweiten Fallalternative, in der sich R bereit erklärt, die Uhr für A zu verkaufen und auf diesem Weg Befriedigung wegen seiner Darlehensforderung zu suchen, handelt es sich um eine Leistung des A erfüllungshalber. Die Darlehensforderung erlischt erst, wenn und soweit R die geschuldete Leistung, dh 1.000 EUR, aus dem erfüllungshalber hingegebenen Gegenstand erhält (→ Rn. 252 f.).

(14) Bei der Hingabe eines Wechsels handelt es sich entsprechend der Auslegungsregel des § 364 II im Zweifel nicht um eine Leistung an Erfüllungs statt, sondern erfüllungshalber (→ Rn. 253). Die Frage ist also zu verneinen.

I. Fälle und Fragen

(15) Der leistungswillige Schuldner kann an der Erfüllung durch Gründe gehindert werden, die mit der Person des Gläubigers zusammenhängen. Schuldet er eine hinterlegungsfähige Sache (§ 372), so kann er sie hinterlegen und die Rücknahme ausschließen; dadurch wird der Schuldner in gleicher Weise befreit, wie wenn er zurzeit der Hinterlegung an den Gläubiger geleistet hätte (§ 378). Bei nicht hinterlegungsfähigen Sachen kann er sie unter den Voraussetzungen des § 383 oder § 385 öffentlich versteigern lassen oder freihändig verkaufen. Die Forderung des Gläubigers richtet sich dann auf den Erlös; diesen kann der Schuldner hinterlegen (→ Rn. 257 f.).

(16) Die Gegenforderung, mit der aufgerechnet wird, und die Hauptforderung, gegen die aufgerechnet wird, müssen gegenseitig und gleichartig sein. Die Gegenforderung muss fällig und durchsetzbar, die Hauptforderung erfüllbar sein. Ein Aufrechnungsverbot darf nicht bestehen (→ Rn. 261).

(17) Durch Spiel wird eine Verbindlichkeit nicht begründet (§ 762 I 1). Zahlt jedoch der Verlierer freiwillig seine Spielschuld, so kann er das Geleistete nicht deshalb zurückfordern, weil eine Verbindlichkeit nicht bestanden hat (§ 762 I 2). In gleicher Weise wie A freiwillig den verlorenen Betrag an B zahlen kann, kann er auch aufrechnen. Umgekehrt ist dies jedoch nicht möglich, da die Spielschuld – wie ausgeführt – nicht durchsetzbar ist und deshalb mit ihr auch nicht aufgerechnet werden kann (→ Rn. 264).

(18) Eine dilatorische (oder aufschiebende) Einrede ist ein Gegenrecht, das die Durchsetzung eines Anspruchs zeitweilig ausschließt, während eine peremptorische (oder dauernde) Einrede der Durchsetzung des Anspruchs dauernd entgegensteht (→ Rn. 265 f.).

(19) Statt durch eine einseitige Erklärung kann die Aufrechnung auch im Wege eines Vertrages vorgenommen werden. Einen derartigen Vertrag bezeichnet man als Aufrechnungsvertrag. Sein Vorteil besteht darin, dass bei ihm nicht die verzichtbaren Voraussetzungen der (einseitigen) Aufrechnung erfüllt sein müssen und dass zwischen beliebig vielen Personen eine Verrechnung von Forderungen vorgenommen werden kann, die noch nicht fällig sind und bei denen die Gleichartigkeit fehlt (→ Rn. 275).

(20) Durch Verpflichtungsgeschäfte werden Forderungsbeziehungen begründet, nach denen ein Vertragspartner, der Gläubiger, von dem anderen, dem Schuldner, eine bestimmte Leistung fordern kann und der Schuldner zur Erbringung dieser Leistung verpflichtet ist. Dagegen bewirkt eine Verfügung eine unmittelbare Rechtsänderung; durch Verfügungsgeschäfte wird ein Recht unmittelbar übertragen, verändert, belastet oder aufgehoben (→ Rn. 277 f.).

(21) Unter welchen Voraussetzungen die Verfügung eines Nichtberechtigten wirksam wird, regelt § 185 (→ Rn. 281), nämlich: Einwilligung des Berechtigten (I), Genehmigung des Berechtigten (II 1 Var. 1), Erwerb des Gegenstandes, über den verfügt worden ist, durch den Nichtberechtigten (II 1 Var. 2) oder Beerbung des Nichtberechtigten durch den Berechtigten und dessen unbeschränkte Haftung für Nachlassverbindlichkeiten (II 1 Var. 3). Ob in den beiden letzten Fällen noch hinzukommen muss, dass der (bisherige) Nichtberechtigte weiterhin zur Verfügung nach dem zugrundeliegenden Kausalverhältnis verpflichtet ist, wird unterschiedlich beurteilt. Fragen des gutgläubigen Erwerbs vom Nichtberechtigten sollen hier (noch) nicht behandelt werden.

(22) Nein, denn die Übereignung als Verfügungsgeschäft ist in ihrer Wirksamkeit nicht von dem zugrundeliegenden Verpflichtungsgeschäft abhängig (Abstraktionsprinzip). Verpflichtungs- und Verfügungsgeschäft sind rechtlich voneinander getrennt (Trennungsprinzip) (→ Rn. 282).

(23) Das negative Schuldanerkenntnis kann man als Erlass in negativer Form kennzeichnen. Der Gläubiger erkennt durch Vertrag mit dem Schuldner an, dass das Schuldverhältnis nicht besteht (§ 397 II). Es handelt sich dabei um eine Verfügung über die (bestehende und erlassene) Schuld (→ Rn. 287).

(24) Als Novation wird die vertragliche Aufhebung eines Schuldverhältnisses und Ersetzung durch ein neues bezeichnet (→ Rn. 289). Vereinigen sich Forderung und Schuld in einer Person, so spricht man von Konfusion (→ Rn. 290).

(25) Die Definition des Fernabsatzvertrages findet sich in § 312c I, ergänzt durch die Vorschrift des Abs. 2. Dem Verbraucher steht bei einem solchen Vertrag ein Widerrufs- oder Rückgaberecht nach Maßgabe des § 312g zu. Durch § 312d BGB iVm Art. 246a bzw. b EGBGB werden dem Unternehmer Informationspflichten auferlegt.

Zu § 5 (nach Rn. 444)

(1) Die Nichtigkeit ist der stärkste Grad der Unwirksamkeit eines Rechtsgeschäfts. Sie tritt unabhängig vom Willen der Beteiligten ein. Die Gründe, die zur Nichtigkeit führen, sind im Gesetz geregelt (→ Rn. 298).

(2) Grundsätzlich nicht, auch die Bestätigung eines nichtigen Rechtsgeschäfts ist nach § 141 I als erneute Vornahme zu beurteilen. Handelt es sich bei dem nichtigen Rechtsgeschäft um einen Vertrag, so sind die Parteien bei einer Bestätigung nach § 141 II im Zweifel verpflichtet, einander das zu gewähren, was sie haben würden, wenn der Vertrag von Anfang an gültig gewesen wäre (→ Rn. 299). Es gibt allerdings (im Gesetz ausdrücklich geregelte) Fälle einer nachträglichen „Heilung" nichtiger Rechtsgeschäfte (vgl. zB § 311b I 2).

(3) Der Pachtvertrag ist nach § 581 II iVm § 550 oder – sofern es sich um einen Landpachtvertrag handelt – nach § 585a in der gebotenen Form geschlossen worden. Dagegen wurde bei der vertraglichen Regelung über den Verkauf des Grundstücks die in § 311b I 1 bestimmte Form der notariellen Beurkundung nicht beachtet. Deshalb ist die entsprechende Vereinbarung wegen Formmangels nichtig (§ 125 S. 1). Es stellt sich die Frage, ob diese Nichtigkeit auch die vertragliche Vereinbarung über die Pacht erfasst. Dies beurteilt sich nach § 139. Die Verpachtung und der Verkauf des Grundstücks sind als einheitliches Rechtsgeschäft iSv § 139 anzusehen. Dafür spricht nicht nur ihre Zusammenfassung in einer Vertragsurkunde (was für sich allein betrachtet noch nicht ausschlaggebend sein kann), sondern auch, dass beide gemeinsam eine sinnvolle Gesamtregelung bilden. Pacht und anschließender Verkauf des Grundstücks sind aufeinander bezogen, und der wirtschaftliche Zusammenhang spricht für den Einheitlichkeitswillen der Parteien (→ Rn. 301). Da im Vertrag für den Fall der Teilnichtigkeit keine Regelung über die Gültigkeit anderer Teile getroffen wurde, ist nach dem mutmaßlichen Parteiwillen zu entscheiden, ob die Nichtigkeit auch die Pachtvereinbarung umfassen soll. Es ist danach zu fragen, was die Vertragspartner in diesem Fall vereinbart hätten, wenn sie die Möglichkeit einer Teilnichtigkeit bedacht hätten. Da eindeutige Anhaltspunkte fehlen, muss davon ausgegangen werden, dass die Parteien diese Entscheidung in vernünftiger Abwägung der in Betracht zu ziehenden Umstände getroffen hätten (→ Rn. 300). Nun ist es durchaus sinnvoll, das Grundstück auch ohne Vereinbarung über den Kauf zu verpachten, und es gibt hier keinen Hinweis darauf, dass ein Vertragspartner die Pacht nur gewollt hätte, wenn auch eine Vereinbarung über den Kauf des Grundstücks getroffen wird. Deshalb ist von der Gültigkeit der Pachtregelung auszugehen.

(4) Die Umdeutung (Konversion) ist die Ersetzung eines gewollten, aber nichtigen Rechtsgeschäfts durch ein anderes, dessen Erfordernisse dem nichtigen Rechtsgeschäft entsprechen (§ 140). Eine derartige Umdeutung kommt nur in Betracht, wenn angenommen werden kann, dass die Parteien sie wollten, wobei das Ersatzgeschäft in seinen rechtlichen Wirkungen nicht weiter reichen darf als das nichtige. Fehlen konkrete Anhaltspunkte, muss die Frage nach dem (mutmaßlichen) Parteiwillen aufgrund der Umstände des Einzelfalles entschieden werden; hierbei ist davon auszugehen, dass sich die Parteien von vernünftigen Erwägungen hätten leiten lassen (→ Rn. 303).

I. Fälle und Fragen

(5) Von einer schwebenden Unwirksamkeit spricht man, wenn es sich zunächst um eine vorläufige handelt und die Frage noch nicht entschieden ist, ob ein Berechtigter durch seine Zustimmung die Unwirksamkeit in eine Wirksamkeit verwandelt oder durch Verweigerung seiner Zustimmung die endgültige Unwirksamkeit herbeiführt (→ Rn. 304). Bei einer relativen Unwirksamkeit eines Rechtsgeschäfts ergibt sich die Unwirksamkeit nur in Bezug auf bestimmte Personen, während im Verhältnis zu allen anderen das Rechtsgeschäft wirksam ist (→ Rn. 306).

(6) Rechtsfähigkeit ist die Fähigkeit, Träger von Rechten und Pflichten zu sein (→ Rn. 312).

(7) Die Fiktion ist eine rechtliche Gleichstellung verschiedener Tatbestände, die der Gesetzgeber in Kenntnis ihrer Ungleichheit vornimmt. Dadurch wird erreicht, dass eine gesetzliche Regelung, die für einen bestimmten Tatbestand gilt, auch auf den durch die Fiktion gleich gestellten übertragen wird.

(8) Juristische Personen sind Personenvereinigungen und Zweckvermögen, denen die Rechtsordnung die Fähigkeit zuerkennt, Träger von Rechten und Pflichten zu sein (→ Rn. 315).

(9) a) Da A in einem lichten Augenblick den Mietvertrag mit C geschlossen hat, ist er gültig. Dies wäre nur anders, wenn bereits im Zeitpunkt des Vertragsschlusses die Betreuung und der Einwilligungsvorbehalt angeordnet worden wären (§ 105 I iVm § 104 Nr. 2; → Rn. 323).

b) Obwohl die von A zum Abschluss des Mietvertrages abgegebene Willenserklärung nach § 105 II nichtig ist, könnte der Vertrag partiell (→ Rn. 326) wirksam sein, wenn er auf ein „Geschäft des täglichen Lebens" iSd § 105a gerichtet ist, das mit geringwertigen Mitteln bewirkt werden kann. Diese letzte Voraussetzung ist aufgrund des Preisniveaus für Wohnungsmieten und insbesondere auch wegen der dauernden Verpflichtung zur Mietzahlung nicht erfüllt. Der Mietvertrag ist folglich (vollständig) unwirksam (→ Rn. 325).

(10) Ein Anspruch des B auf Bezahlung kann sich aus § 433 II ergeben, wenn zwischen ihm und F ein Kaufvertrag entsprechenden Inhalts geschlossen worden ist. Die telefonische Bestellung des F wäre als Offerte zum Abschluss eines solchen Vertrages zu werten, wenn es sich bei ihr um eine gültige Willenserklärung handelte. Dies ist jedoch zu verneinen. F befand sich infolge des Konsums von Rauschgift im Zustand einer vorübergehenden Störung der Geistestätigkeit, der eine freie Willensbestimmung ausschloss. Deshalb ist seine Willenserklärung nach § 105 II nichtig (→ Rn. 323).

(11) Die Fähigkeit, Rechtsgeschäfte wirksam vornehmen zu können, ist bei der beschränkten Geschäftsfähigkeit nach Maßgabe von §§ 107–113 eingeschränkt, bei der Geschäftsunfähigkeit (abgesehen von § 105a) völlig aufgehoben. Ein Geschäftsunfähiger kann keine wirksamen Willenserklärungen abgeben; für ihn muss sein gesetzlicher Vertreter handeln (→ Rn. 319). Der beschränkt Geschäftsfähige kann selbstständig nur rechtlich vorteilhafte (und neutrale) Rechtsgeschäfte schließen (§ 107); sonst ist er auf die Zustimmung seines gesetzlichen Vertreters angewiesen (→ Rn. 327).

(12) Wenn J die Offerte zum Abschluss eines Kaufvertrages annimmt, die R wirksam – da als solche für J nur rechtlich vorteilhaft (vgl. § 131 II 2) – an ihn gerichtet hat, ergibt sich für diesen die Verpflichtung zur Zahlung des Kaufpreises (§ 433 II). Deshalb sind der Kaufvertrag und die dafür erforderliche Willenserklärung für J nicht lediglich rechtlich vorteilhaft. Der wirtschaftliche Vorteil, den J aus einem solchen Vertrag ziehen würde, ist unbeachtlich. Diesen Vorteil wird der gesetzliche Vertreter berücksichtigen, wenn er die Frage zu entscheiden hat, ob er den Vertragsschluss des J nach § 108 I genehmigen soll. Bis zur Genehmigung ist der Kaufvertrag schwebend unwirksam (→ Rn. 328, 338). Dagegen ist die Übereignung der Goldmünze wirksam, da es sich für J dabei um ein lediglich rechtlich vorteilhaftes Geschäft handelt. Die schwebende Unwirksamkeit des Verpflichtungsgeschäfts ist entsprechend dem Abstraktionsprinzip (→ Rn. 282) ohne Einfluss auf die Wirksamkeit der Übereignung. Die zur Übertragung des Eigentums an dem von J als Kaufpreis gezahlten Geld erforderliche Eini-

gung (§ 929 S. 1) ist dagegen wiederum als ein für J rechtlich nachteiliges Geschäft (Verlust des Eigentums) schwebend unwirksam.

(13) Durch die Schenkung als das schuldrechtliche Verpflichtungsgeschäft erwirbt F einen Anspruch auf die unentgeltliche Übertragung des Eigentums an dem Grundstück, ohne selbst Verpflichtungen einzugehen; dieses Rechtsgeschäft ist also lediglich rechtlich vorteilhaft für sie, sodass sie es ohne Einwilligung ihres gesetzlichen Vertreters schließen kann (§ 107, → Rn. 328). Auch die Übereignung des Grundstücks wird von der hM als ein rechtlich vorteilhaftes Geschäft angesehen. Dass mit dem Grundstückseigentum öffentlich-rechtliche Pflichten verbunden sind, wertet die hM nicht als ein rechtlich nachteiliges Geschäft, weil diese Pflichten jeden Grundstückseigentümer treffen und deshalb als eine inhaltliche Begrenzung des Eigentums angesehen werden, durch die das sonstige Vermögen des Minderjährigen nicht beeinträchtigt wird. Das gleiche soll für eine Belastung des Grundstücks mit einer Hypothek gelten, durch die lediglich der Wert des unentgeltlich Zugewendeten gemindert und nicht eine selbstständige Verpflichtung des Eigentümers geschaffen werde, soweit er nicht persönlich haften müsse. Anders würde die hM nur entscheiden, wenn sich für F rechtliche Verpflichtungen und damit rechtliche Nachteile aus einem Miet- oder Pachtverhältnis ergeben, die durch die Übereignung auf F übergehen (§§ 566, 581). Dass solche Verpflichtungen mit dem Grundstückserwerb verbunden sind, lässt sich dem Sachverhalt nicht entnehmen. Von einer im Schrifttum vertretenen Gegenauffassung wird jedoch die hM abgelehnt und darauf verwiesen, dass nach dem Normzweck des Minderjährigenrechts so bedeutsame Rechtsgeschäfte wie der Erwerb eines Grundstücks nicht ohne Beteiligung des gesetzlichen Vertreters abgewickelt werden sollten (→ Rn. 330 ff.).

(14) Nach dem Wortlaut des § 107, der auf einen „rechtlichen Vorteil" abstellt, müsste die Frage verneint werden. § 107 ist aber entsprechend dem von ihm verfolgten Zweck, den Minderjährigen vor nachteiligen Folgen eines rechtsgeschäftlichen Handelns zu schützen, dahingehend auszulegen, dass rechtlich neutrale Geschäfte zustimmungsfrei bleiben (→ Rn. 336).

(15) Der Kaufvertrag zwischen J und H ist wirksam zustande gekommen. Die Minderjährigkeit des J steht dem nicht entgegen, da es sich um einen Fall des § 110 handelt. Dass die Eltern des J auf die schriftliche Frage nach ihrem Einverständnis mit dem Vertrag nicht antworten, ändert an diesem Ergebnis nichts. Die Vorschrift des § 108 II findet auf einen mit Einwilligung des gesetzlichen Vertreters geschlossenen Vertrag keine Anwendung (→ Rn. 348). Die in § 110 getroffene Regelung stellt eine besondere Form der konkludent erteilten Einwilligung des gesetzlichen Vertreters dar (→ Rn. 350).

(16) Der Kaufvertrag über das Los ist nach § 110 wirksam. Bei Gegenständen, die ein Minderjähriger mit den ihm zur freien Verfügung überlassenen Mitteln erworben hat, muss jeweils geprüft werden, ob der gesetzliche Vertreter damit einverstanden ist, dass der Minderjährige über sie ebenfalls frei verfügt. Bei dem Wert, den das gewonnene Auto darstellt, muss ausgeschlossen werden, dass die Eltern des J damit einverstanden sind, dass er es veräußert und den Kaufpreis nach freiem Belieben verwendet. Deshalb sind die von J geschlossenen Kaufverträge über das Auto und die Briefmarkensammlung nach §§ 107, 108 I schwebend unwirksam (→ Rn. 353).

(17) Die Frage ist aufgrund des § 433 I 1 zu bejahen, wenn zwischen B und S ein Kaufvertrag über eine Buttercremetorte zum Preis von 1 EUR zustande gekommen ist. B hat seine auf den Abschluss dieses Vertrages gerichtete Erklärung zwar nicht ernstlich gemeint, jedoch erkannt, dass sie von S ernst genommen wird. Es handelt sich somit nicht um einen Fall des § 118. Bei dem sog. „bösen Scherz" wird die nicht ernst gemeinte Willenserklärung mit der Absicht abgegeben, den Erklärungsempfänger über die Ernstlichkeit zu täuschen und sich später auf die Nichternstlichkeit zu berufen. Auf diesen Fall ist § 116 S. 1 anzuwenden (→ Rn. 362). Dies hat zur Folge, dass B wirksam die Offerte des S zum Abschluss eines entsprechenden Kaufvertrages angenommen hat und zur Lieferung der Torte verpflichtet ist.

I. Fälle und Fragen 519

(18) Es handelt sich um einen Fall des Erklärungsirrtums, weil die Erklärung des V aufgrund einer „technischen Panne" verfälscht wurde und er deshalb etwas erklärte (Kaufpreis 7.000 EUR), was er nicht erklären wollte (er wollte als Kaufpreis 8.000 EUR angeben). Ein solcher Irrtum berechtigt grundsätzlich nach § 119 I Var. 2 zur Anfechtung. Diese Anfechtung soll dem Erklärenden die Möglichkeit eröffnen, sich von der Erklärung, die nicht seinem Willen entspricht, zu lösen. Ein schutzwürdiges Interesse an einer Anfechtung ist jedoch nicht anzuerkennen, wenn sich der Anfechtungsgegner bereit erklärt, die Willenserklärung so gelten zu lassen, wie der Irrende sie tatsächlich gewollt hat. Wenn also hier K damit einverstanden ist, den gewünschten Kaufpreis zu zahlen, entfällt das Anfechtungsrecht des V (→ Rn. 374).

(19) Bei der Frage nach der Anfechtbarkeit automatisierter Willenserklärungen kommt es darauf an, ob insoweit gleiche Regeln gelten wie für „normale", also nicht im Wege der elektronischen Datenverarbeitung abgegebene Willenserklärungen. Dazu findet sich die Auffassung, dass sich Programmfehler und Fehler, die bei der Eingabe von Daten entstehen, innerhalb der Willensbildung und nicht bei Abgabe der Willenserklärung ereignen und deshalb als unbeachtliche Motivirrtümer angesehen werden müssten. Die hM behandelt dagegen solche Fehler als Fälle eines Erklärungsirrtums. Folgt man dem, so ergibt sich folgende Lösung: Die Einstellung des Notebooks in das Internet mit Preisangabe ist in gleicher Weise wie eine entsprechende Anzeige in einer Zeitschrift als Aufforderung zur Abgabe von Angeboten aufzufassen. Die Bestellung durch K ist folglich eine Offerte zum Abschluss eines Kaufvertrages zu den Bedingungen der Angaben im Internet. Diese Offerte ist von H durch die Bestätigung der Bestellung angenommen worden. Die Verfälschung des gewollten und auch zunächst erklärten Kaufpreises in Höhe von 1.200 EUR geschah beim Datentransfer und beruht somit in gleicher Weise auf einer technischen Panne wie bei einem Versprechen oder Verschreiben (→ Rn. 375). Erwägenswert erscheint auch, Fehler beim Datentransfer als Übermittlungsfehler iSd § 120 zu werten, weil die Erklärung durch die zur Übermittlung verwendete Einrichtung verfälscht worden ist. Das Ergebnis ist in beiden Fällen gleich. H kann seine Willenserklärung wegen Irrtums gem. § 119 I Var. 2 ggf. iVm § 120 anfechten, wobei davon auszugehen ist, dass der Fehler, der bei Abgabe der invitatio ad offerendum H unterlaufen ist, im Zeitpunkt seiner auf den Vertragsschluss gerichteten Annahmeerklärung fortwirkte (so auch BGH NJW 2005, 976, dessen Entscheidung der Fall nachgebildet worden ist).

(20) Ein Identitätsirrtum ist ein Inhaltsirrtum, bei dem die Erklärung Angaben enthält, die sich auf eine bestimmte Person oder einen bestimmten Gegenstand beziehen, dieser Bezug aber nach dem objektiven Erklärungswert anders zu verstehen ist, als ihn der Erklärende meint. Ein solcher Irrtum berechtigt zur Anfechtung nach § 119 I Var. 1 (→ Rn. 377).

(21) Eine Anfechtung wegen Irrtums kommt nur in Betracht, wenn das Versehen beim Aufsetzen der Urkunde dazu geführt hat, dass die Haftung für Sachmängel nicht ausgeschlossen worden ist. Dies ist jedoch nicht der Fall. S und P hatten vereinbart, dass S für Mängel des Fahrzeugs nicht haften sollte. Eine solche vertragliche Absprache, die Rechte aus § 437 ausschließt, ist zulässig (arg. e § 444). Sie ist auch Gegenstand ihres Vertrages geworden, weil sie den Haftungsausschluss mündlich vereinbart hatten. Daran ändert nichts, dass beim Aufsetzen der Urkunde diese Vereinbarung versehentlich nicht aufgenommen wurde. Der übereinstimmende Wille der Parteien hat insoweit Vorrang. Dem steht auch nicht die Schriftformklausel entgegen, denn dadurch soll nur bewirkt werden, dass die von den Vertragsparteien ausgehandelten Vereinbarungen, von denen sie annehmen, dass sie in der Urkunde richtig wiedergegeben worden sind, Bestand und Geltung haben. Dass P das Versehen bemerkt hatte, ist unbeachtlich. Sein Vorbehalt, sich auf eine Gewährleistung zu berufen, ist nach § 116 S. 1 ohne rechtliche Bedeutung (→ Rn. 381).

(22) Ein Anspruch des V auf Nachzahlung ist nach § 433 II nur begründet, wenn ein Kaufvertrag zum tatsächlichen Aktienkurs zustande gekommen ist. Die Vertragsparteien wollten ihrer Preisberechnung den tatsächlichen Aktienkurs zugrunde legen. Eine entsprechende Vereinbarung ist somit getroffen worden. Jedoch kann dies nicht dazu führen, dass deshalb

K verpflichtet ist, den höheren Preis zu zahlen. Anders als im Rubelfall (→ Rn. 384) kann nämlich hier nicht davon ausgegangen werden, dass K auch zum höheren Preis die Aktien gekauft hätte (vielleicht hätte er überhaupt nicht die entsprechenden Mittel gehabt). Aus diesem Grunde muss K das Recht zugestanden werden, sich von der vertraglichen Bindung (Zahlung des höheren Preises) durch Rücktritt vom Vertrag zu lösen. Dieses Recht steht ihm nach § 313 II, III zu, da der beiderseitige Motivirrtum, in dem sich die Vertragspartner befunden haben, die Geschäftsgrundlage betrifft (→ Rn. 675) und durch Vertragsanpassung nicht korrigierbar ist (→ Rn. 678 f.). Tritt K jedoch nicht zurück, muss er den höheren Preis zahlen.

(23) Da A nicht einen „halven Hahn" (= Brötchen mit Käse), sondern einen halben Hahn (= die Hälfte eines Hähnchens) bestellt hat, der Kellner aber „halven Hahn" verstanden hat und eine solche Bestellung bestätigte, ist weder ein Vertrag über ein Käsebrötchen noch über einen halben Hahn zustande gekommen. Denn die Offerte zum Abschluss eines Vertrages über einen halben Hahn ist vom Kellner (als Vertreter des Gastwirts) nicht angenommen worden. A ist also weder zur Annahme der ihm angebotenen Speise noch zu deren Bezahlung verpflichtet. Anders wäre zu entscheiden, wenn A nach der Karte ausdrücklich einen „halven Hahn" in der Meinung bestellt hätte, es handle sich dabei um Geflügel. Dann käme seiner Bestellung in einem Kölner Lokal der objektive Erklärungswert zu, er wolle ein Käsebrötchen haben. A hätte dann das Recht der Anfechtung wegen Inhaltsirrtums, wäre aber zum Ersatz des Vertrauensschadens (§ 122 I) verpflichtet.

(24) Zu erwägen ist eine Anfechtung nach § 119 I iVm II wegen Irrtums über eine verkehrswesentliche Eigenschaft des A. Ob Vorstrafen einer Person überhaupt als Eigenschaft angesehen werden können, ist zweifelhaft; jedenfalls lassen sie einen Rückschluss auf Eigenschaften iSv § 119 II zu (Unehrlichkeit, Unzuverlässigkeit, → Rn. 392). Es kommt somit darauf an, ob diese Eigenschaften als verkehrswesentlich angesehen werden können. Auch wenn man den Begriff der Verkehrswesentlichkeit im engen Sinn auffasst und ihn mit der Vertragswesentlichkeit gleichsetzt (→ Rn. 399), sind hier die Voraussetzungen für ein Anfechtungsrecht des H zu bejahen. Bei dem Vertrag geht es um die Besetzung einer Stelle, bei der es auf die Ehrlichkeit und Zuverlässigkeit des Stelleninhabers besonders ankommt. Ein wiederholt wegen Eigentumsdelikten Vorbestrafter kann für eine solche Stelle nicht für geeignet gehalten werden.

(25) Der Anspruch auf Rückgabe kann auf § 812 I 2 Var. 1 gestützt werden, wenn der rechtliche Grund für die Übertragung des Eigentums und des Besitzes an dem Becher durch Anfechtung der auf den Abschluss des Kaufvertrages gerichteten Willenserklärung des E weggefallen ist. Bei dem Alter des Bechers handelt es sich um eine Eigenschaft iSv § 119 II, die bei einem Vertrag der geschlossenen Art auch als „verkehrswesentlich" aufgefasst werden muss. Denn E verkaufte eine Antiquität, deren Preis ganz wesentlich von dem Alter des Kaufgegenstandes bestimmt wird. Deshalb kann E nach § 119 I iVm II seine Willenserklärung zum Abschluss des Kaufvertrages anfechten und Rückgabe und Rückübereignung des Bechers von A fordern.

(26) A muss den verlangten Preis nach § 433 II bezahlen, wenn er sich nicht durch Anfechtung von dem Vertrag lösen kann. Die von ihm abgegebene Offerte zum Abschluss eines Kaufvertrages war für die Firma in X-Stadt bestimmt. Durch einen Übermittlungsfehler gelangte sie zu dem falschen Adressaten, der die Offerte als an ihn gerichtet ansehen musste und sie annahm. § 120 kommt auch dann infrage, wenn der Erklärungsbote (hier die Post) die Willenserklärung einem falschen Empfänger übermittelt. Da die Voraussetzungen dieser Vorschrift hier erfüllt sind, kann A seine Erklärung nach § 120 iVm § 119 I mit der Folge anfechten, dass rückwirkend (§ 142 I) seine Willenserklärung und damit auch der Kaufvertrag unwirksam werden (→ Rn. 402); er ist aber zum Ersatz des Vertrauensschadens (zB der Versandkosten) nach § 122 I verpflichtet.

(27) Vertrauensschaden (negatives Interesse) ist der Schaden, der jemandem deshalb entstanden ist, weil er fälschlicherweise auf die Gültigkeit eines Rechtsgeschäfts vertraut hat. Muss er ersetzt werden, dann ist der Geschädigte wirtschaftlich so zu stellen, als habe er nicht auf

I. Fälle und Fragen

die Gültigkeit des Rechtsgeschäfts vertraut. Mit anderen Worten: er ist so zu stellen, als hätte er niemals etwas von dem angefochtenen Rechtsgeschäft gehört. Soweit ein entgangener Gewinn eine Position im Rahmen des Vertrauensschadens bildet, ist auch dieser zu ersetzen. Als Erfüllungsinteresse (positives Interesse) wird das Interesse an der Erfüllung eines Rechtsgeschäfts bezeichnet. Beim Ersatz des Erfüllungsinteresses ist der Ersatzberechtigte so zu stellen, als wäre das betreffende Rechtsgeschäft ordnungsgemäß erfüllt worden (→ Rn. 411 ff.).

(28) Ein Recht des S zur Anfechtung des Kaufvertrages (genauer: seiner auf den Abschluss gerichteten Willenserklärung) nach § 123 I Var. 1 ist zu bejahen, wenn K ihn durch arglistige Täuschung zur Abgabe dieser Erklärung veranlasst hat. Eine Täuschung kann auch durch Unterlassen, durch Verschweigen von Tatsachen, vorgenommen werden, wenn den Täuschenden eine Aufklärungspflicht trifft. Der Verkäufer eines gebrauchten Pkw ist verpflichtet, dem Käufer ungefragt auch Blechschäden mitzuteilen, die ohne bleibende Folgen repariert worden sind. Denn die Kenntnis solcher Schäden ist für den Kaufentschluss bedeutsam (→ Rn. 417 ff.). Da K den Unfall kannte und als Gebrauchtwagenhändler auch wusste, dass die Kenntnis eines Unfalls für den Kaufentschluss bedeutsam ist, hat er arglistig, dh vorsätzlich, getäuscht (→ Rn. 421). S hätte, wie sein späteres Verhalten deutlich macht, ohne die Täuschung des K den Kaufvertrag nicht geschlossen. Damit sind die Voraussetzungen für eine Anfechtung wegen arglistiger Täuschung erfüllt.

In der Fallalternative könnte es fraglich sein, ob K arglistig gehandelt hat. Behauptet ein Kfz-Händler ohne entsprechende Untersuchung und Erkundigung gleichsam ins Blaue hinein, ein Fahrzeug sei unfallfrei, obwohl er damit rechnen muss, dass diese Angaben nicht richtig sind, dann handelt er zumindest mit bedingtem Vorsatz; dies genügt, um eine Arglist zu bejahen (→ Rn. 421).

(29) Die von seinem Angestellten verübte arglistige Täuschung muss sich K zurechnen lassen, ohne dass es auf seine Kenntnis von der Täuschungshandlung ankommt, weil der Angestellte nicht „Dritter" iSv § 123 II ist (→ Rn. 425).

(30) Die Auskunft, die A über die Unfallfreiheit des Pkw gegeben hat, war falsch. Eine Anfechtung wegen arglistiger Täuschung seitens des K hängt davon ab, ob die Fehlinformation vorsätzlich abgegeben worden ist. Da sich A offenbar auf die ihm zur Verfügung stehenden Unterlagen verlassen hat und wohl auch verlassen konnte, handelte er nicht vorsätzlich. Dies wäre anders, wenn er damit rechnen musste, dass die verfügbaren Unterlagen lückenhaft sind und er deshalb seine Erklärung unfundiert und damit ins Blaue hinein abgegeben hätte. Dann hätte er zumindest mit bedingtem Vorsatz gehandelt. Da aufgrund der Sachverhaltsangaben von dieser Möglichkeit nicht ausgegangen werden kann, ist entscheidend, ob die Kenntnis von der fehlenden Unfallfreiheit, die in der anderen Filiale des Verkäufers vorhanden war, dem die Verkaufsgespräche führenden A zuzurechnen sind. Dies ist zu bejahen, weil sich sonst Mängel in der Organisation arbeitsteilig arbeitender Unternehmen zum Nachteil des Vertragspartners auswirken würden. Es ist deshalb von der Pflicht auszugehen, speicherwürdige Tatsachen zumindest eine gewisse Zeit verfügbar zu halten, oder als Folge dieser Pflicht, die Berufung auf ein Nichtwissen hinsichtlich solcher Tatsachen für einzelne Repräsentanten des Unternehmens auszuschließen. Folglich ist die Kenntnis, dass der verkaufte Pkw ein Unfallwagen ist, dem A zuzurechnen, sodass K seine zum Abschluss des Kaufvertrages abgegebene Willenserklärung wegen arglistiger Täuschung anfechten kann (→ Rn. 422 f.).

(31) Es stellt sich hier die Frage, ob überhaupt von K eine wirksame Willenserklärung abgegeben worden ist. Denn ist diese Frage zu verneinen, kommt eine Anfechtung nicht in Betracht. Hier befindet sich K in einer sein Leben unmittelbar bedrohenden Situation, der er sich nicht entziehen kann und bei der kein Raum für einen eigenen Willensentschluss bleibt. Deshalb ist hier ein Handlungswille und damit eine wirksame Willenserklärung zu verneinen (→ Rn. 429).

(32) Die durch Anfechtung bewirkte Nichtigkeit des Verpflichtungsgeschäfts (§ 142 I) bewirkt nicht ohne weiteres, dass auch das entsprechende Erfüllungsgeschäft unwirksam wird

(Abstraktionsprinzip). Wenn aber der Anfechtungsgrund auch für das Erfüllungsgeschäft gilt (Fehleridentität), kann das Erfüllungsgeschäft ebenfalls angefochten werden. Bei einer arglistigen Täuschung wird sich der Irrtum häufiger auf das Erfüllungsgeschäft auswirken als in anderen Irrtumsfällen (→ Rn. 441 ff.).

Zu § 6 (nach Rn. 714)

(1) Aufgrund des mit G geschlossenen Kaufvertrages hat H einen Anspruch auf Lieferung von 100 Zentnern Kartoffeln erworben (§ 433 I 1). Der Gegenstand der Leistung ist nur der Gattung nach bestimmt (Kartoffeln), folglich handelt es sich um eine Gattungsschuld (→ Rn. 210). Da sich G am Markt Kartoffeln besorgen kann, um seine Vertragspflicht zu erfüllen, scheint die Forderung des H berechtigt zu sein. Allerdings ist hier die Besonderheit zu beachten, dass ein Landwirt Kartoffeln regelmäßig nur aus der eigenen Ernte veräußern will (produktionsbezogener Gattungskauf). Es ist deshalb davon auszugehen, dass von den Vertragsparteien stillschweigend eine Beschränkung auf eigene Erzeugnisse des G vorgenommen worden ist (→ Rn. 462). Sind bei einer beschränkten Gattungsschuld sämtliche Gegenstände aus der beschränkten Gattung untergegangen, so ist eine Leistung aus dieser „Gattung" nicht mehr möglich. Der Anspruch auf Leistung des H ist folglich nach § 275 I ausgeschlossen. G ist somit nicht verpflichtet, sich anderweitig Kartoffeln zu besorgen, um sie H zu liefern.

(2) F schuldete nach dem Kaufvertrag, den er mit G geschlossen hat, 10 Ballen Baumwollstoff (§ 433 I 1). Da die Leistung nur nach Gattungsmerkmalen bestimmt ist, handelt es sich um eine Gattungsschuld und – da hier von einer stillschweigenden Beschränkung auf die eigene Produktion auszugehen ist – um eine beschränkte Gattungsschuld (produktionsbezogener Gattungskauf). Mit Auswahl der 10 Ballen aus den Lagerbeständen, ihrer Verpackung und Bereitstellung durch den Lagerverwalter des F ist bei einer Holschuld, um die es sich hier handelt, vom Schuldner alles getan worden, was von seiner Seite zur Erfüllung notwendig ist (→ Rn. 215, 220). Deshalb beschränkt sich nach § 243 II das Schuldverhältnis auf die ausgewählten Stoffballen (→ Rn. 214). Da also die Gattungsschuld zu einer Stückschuld geworden ist (durch Konkretisierung), gilt § 275 I, sodass F von seiner primären Leistungspflicht frei wird. Die in der Nichterfüllung seiner Vertragspflicht liegende Pflichtverletzung (→ Rn. 530 ff.) hat F nicht zu vertreten, da ihm oder seinen Mitarbeitern kein Sorgfaltsverstoß vorzuwerfen ist (§§ 276, 278), der den Einbruch ermöglichte. G kann deshalb auch keinen Schadensersatz nach §§ 280 I, III, 283 S. 1 beanspruchen.

(3) Schuldhaft ist das Verhalten eines Verschuldensfähigen (→ Rn. 474), der vorsätzlich oder fahrlässig einer ihm obliegenden Pflicht zuwiderhandelt (→ Rn. 464), wenn ein Entschuldigungsgrund nicht eingreift (→ Rn. 474).

(4) Vorsatz ist das Wissen und Wollen der nach dem gesetzlichen Tatbestand maßgeblichen Umstände. Der Täter muss wissen, dass er entgegen einer ihn treffenden gesetzlichen oder vertraglichen Pflicht handelt, und dies dennoch bewusst tun (→ Rn. 466). Fahrlässigkeit ist gem. § 276 II das Außerachtlassen der im Verkehr erforderlichen Sorgfalt (→ Rn. 467). Mit bedingtem Vorsatz handelt der Täter, wenn er den Eintritt des pflichtwidrigen Erfolgs zwar nicht erstrebt, ihn aber sieht und billigend in Kauf nimmt. Die Möglichkeit des Erfolgseintritts vor Augen sagt sich der Täter: „Na wenn schon!". Bei der bewussten Fahrlässigkeit rechnet der Täter zwar auch mit der Möglichkeit einer Pflichtverletzung, vertraut aber in sorgfaltswidriger Weise darauf, dass sie sich vermeiden lässt. Der Täter handelt, weil er glaubt, dass alles schon gut gehen werde. Wüsste er genau, dass der pflichtwidrige Erfolg eintritt, würde er – anders als bei einem bedingten Vorsatz – nicht handeln (→ Rn. 472).

(5) Grundsätzlich ist diese Frage zu verneinen; denn der Fahrlässigkeitsmaßstab des Zivilrechts ist objektiviert und typisiert: Es wird auf die Fähigkeiten abgestellt, die ein gewissenhafter Vertreter der Gruppe besitzt, zu der derjenige gehört, dessen Verhalten beurteilt werden soll (→ Rn. 467). Wer jedoch über höhere Fähigkeiten als der „normale" Gruppenvertreter

I. Fälle und Fragen

verfügt, zB über Spezialkenntnisse, muss sie auch einsetzen, um dem Vorwurf eines Sorgfaltsverstoßes zu entgehen. Insoweit kann es zu einer Korrektur der typischen Anforderungen aufgrund individueller Fähigkeiten kommen (→ Rn. 471).

(6) Bei einem absoluten Fixgeschäft kann nach Inhalt und Zweck des Vertrages die Leistung nur zu einem bestimmten Zeitpunkt erbracht werden; sie ist später nicht nachholbar. Deshalb tritt Unmöglichkeit ein, wenn die Leistung zum vereinbarten Zeitpunkt vom Schuldner nicht bewirkt wird (→ Rn. 483). Beim relativen Fixgeschäft ist der Zeitpunkt der Leistung für den Gläubiger so wesentlich, dass mit seiner Einhaltung das Geschäft stehen und fallen soll, wenn auch – anders als beim absoluten Fixgeschäft – die Leistung später noch nachholbar ist. Im Fall des relativen Fixgeschäftes ist der Gläubiger nach § 323 I, II Nr. 2 zum Rücktritt vom Vertrag berechtigt, wenn die Leistung nicht fristgerecht erbracht wird (→ Rn. 484).

(7) Die Mahnung ist die vom Gläubiger an den Schuldner gerichtete (empfangsbedürftige) Aufforderung, die geschuldete Leistung zu erbringen. Aus ihr muss sich klar und eindeutig ergeben, dass der Gläubiger die geschuldete Leistung verlangt und dass die Nichtbeachtung dieser Aufforderung rechtliche Folgen haben kann (→ Rn. 491).

(8) Bei der Mahnung handelt es sich um eine geschäftsähnliche Handlung, auf die die Vorschriften über Willenserklärungen entsprechende Anwendung finden. Daraus folgt, dass ein beschränkt Geschäftsfähiger zwar mahnen kann, da ihm die Mahnung nur rechtliche Vorteile bringt (§ 107 analog), aber nicht gemahnt werden kann. Die Mahnung muss vielmehr analog § 131 II seinem gesetzlichen Vertreter zugehen (→ Rn. 492).

(9) Gerät der Schuldner mit seiner Leistung in Verzug, kann der Gläubiger neben seinem Anspruch auf Erbringung der vertraglichen Leistung seinen Verzögerungsschaden nach §§ 280 I, II, 286 geltend machen (→ Rn. 500). Wird Geld geschuldet, kann der Gläubiger nach § 288 I und II iVm § 247 in jedem Fall (ohne Nachweis eines Schadens) die Verzinsung der Geldschuld in Höhe von 5 bzw. 8% über dem Basiszinssatz für das Jahr verlangen (→ Rn. 503). Außerdem kann der Gläubiger vom (synallagmatischen) Vertrag zurücktreten, wenn er erfolglos dem Schuldner eine angemessene Frist zur Leistung bestimmt hat (§ 323 I) oder wenn die Fristsetzung nach § 323 II entbehrlich ist (→ Rn. 640 ff.). Ausweislich § 325 kann der Gläubiger bei einem Rücktritt gem. §§ 280 I, III, 281 I 1 auch Ersatz des ihm durch die Nichterfüllung entstandenen Schadens fordern (→ Rn. 635).

(10) Infolge der Unmöglichkeit der von V nach dem Kaufvertrag geschuldeten Leistung steht K ein Schadensersatzanspruch statt der Leistung gem. §§ 280 I, III, 283 S. 1 zu, weil V die Zerstörung des Kfz verschuldet hat und deshalb die in der Nichtleistung liegende Pflichtverletzung vertreten muss (§ 276 I). Da es nicht möglich ist, den Zustand herzustellen, der bestehen würde, wenn der zum Ersatz verpflichtende Umstand nicht eingetreten wäre (§ 249 S. 1), kommt nur eine Entschädigung in Geld in Betracht (§ 251 I). Die Entschädigung muss so bemessen werden, dass davon K ein gleichwertiges Fahrzeug erwerben kann. Wenn der Marktpreis gleichwertiger Pkw um 500 EUR höher als der mit V vereinbarte Kaufpreis liegt, kann K diesen Betrag als Schadensersatz beanspruchen. Bei der ebenfalls geltend gemachten Garagenmiete scheint es sich um „vergebliche Aufwendungen" zu handeln, deren Ersatz nach § 284 infrage kommt (→ Rn. 856). Dabei muss jedoch beachtet werden, dass K die gemietete Garage benutzt hätte und die dafür vereinbarte Miete auch dann hätte aufwenden müssen, wenn sich V vertragsgemäß verhalten hätte. Verlangt K einerseits vermögensmäßig so gestellt zu werden, wie er bei Erfüllung des Vertrages stände, kann er nicht andererseits den Ausgleich von Vermögenseinbußen fordern, die er bei Erfüllung des Vertrags hätte selbst tragen müssen. Beide Ansprüche schließen einander aus. Dies kommt im Gesetz dadurch zum Ausdruck, dass Ersatz vergeblicher Aufwendungen nur „anstelle" des Schadensersatzes statt der Leistung verlangt werden kann. Ob K auch eine Entschädigung vermögensmäßiger Nachteile (zB Taxikosten, Kosten für ein Mietfahrzeug) fordern könnte, die ihm entstanden, weil er das gekaufte Fahrzeug nicht erhielt, ist nicht zu entscheiden, weil eine entsprechende Forderung von K nicht geltend gemacht wird.

(11) Da der zweite Käufer unbekannt ist und A deshalb keine Möglichkeit hat, sich das Gemälde wieder zu beschaffen, handelt es sich um eine (subjektive) Unmöglichkeit, die nach § 275 I einen Anspruch des K auf Leistung ausschließt. Für diese Rechtsfolge ist es unerheblich, dass sich A vorsätzlich die Erfüllung seiner Vertragspflicht unmöglich machte (→ Rn. 510). Dieser Umstand ist nur von Bedeutung für einen Schadensersatzanspruch nach §§ 280 I, III, 283 S. 1 (§ 275 IV). Jedoch ist K kein ersatzfähiger Schaden entstanden, wenn das Bild den Kaufpreis wert war, denn er hat nunmehr diesen Preis nicht mehr zu zahlen. Dennoch kann K den von A erzielten Mehrbetrag beanspruchen, weil es sich dabei um den Ersatz handelt, den A infolge des Verkaufs an den Unbekannten, also infolge des Umstandes erhielt, aufgrund dessen er die Leistung nach § 275 I nicht zu erbringen braucht und den K nach § 285 I verlangen kann. Als Ersatz iSd § 285 I gilt nämlich auch das sog. commodum ex negotiatione, also der Veräußerungserlös (→ Rn. 534 ff.).

(12) Im Zeitpunkt des Vertragsschusses war das Segelboot bereits zerstört. Es handelt sich somit um einen Fall anfänglicher objektiver Unmöglichkeit, dessen Rechtsfolgen in § 311a geregelt sind. Der Gläubiger kann danach nur Schadensersatz vom Schuldner fordern, wenn dieser das Leistungshindernis bei Vertragsschluss entweder kannte oder zumindest hätte kennen können. In dem zu entscheidenden Fall kann es nur darauf ankommen, ob A seine Unkenntnis vom Leistungshindernis zu vertreten hat. Abzulehnen ist die Auffassung, dass der Schuldner stets für seine Leistungsfähigkeit einzustehen habe und sich deshalb vor Vertragsschluss vergewissern müsse, ob er die geschuldete Leistung auch erbringen könne. Eine solche auf eine Garantiehaftung hinaus laufende Einstandspflicht des Schuldners lässt sich § 311a II nicht entnehmen. Auch eine entsprechende Anwendung des § 122, wonach dem Schuldner die Pflicht zum Ersatz des Vertrauensschadens des Gläubigers aufzuerlegen ist, erscheint mit der gesetzlichen Regelung unvereinbar. Es ist somit A nicht als sorgfaltswidriges Verhalten vorzuwerfen, dass er nicht noch einmal vor Vertragsschluss die Existenz des Bootes festgestellt hat, nachdem er einen Tag zuvor gemeinsam mit B das Segelboot besichtigt hatte. Da A seine Unkenntnis vom Leistungshindernis nicht zu vertreten hat, ist die Schadensersatzforderung des B nicht begründet (→ Rn. 545).

(13) A kann nach § 326 V iVm § 323 I vom Vertrag zurücktreten und sich bei einem anderen Händler eine Stereoanlage kaufen, wenn die von H nach dem mit A abgeschlossenen Kaufvertrag zu erbringende Leistung unmöglich geworden ist. Gegenstand des Vertrages war eine Stereoanlage bestimmten Typs. Hierbei handelt es sich um eine Gattungsschuld, bei der die Konkretisierung noch nicht eingetreten ist, weil H das zur Leistung seinerseits Erforderliche noch nicht getan hat (§ 243 II). Nach dem Vertrag war H verpflichtet, die Anlage A in dessen Diskothek anzubieten (wenn man einmal von der zusätzlichen Verpflichtung der Installation der Anlage absieht). H ist jedoch vorübergehend nicht in der Lage zu liefern. Die geschuldete Leistung ist also vorübergehend unmöglich. Die vorübergehende Unmöglichkeit ist der dauernden dann gleichzustellen, wenn durch eine Leistung nach Behebung des vorübergehenden Hindernisses der Vertragszweck nicht mehr erreicht werden kann und deshalb dem Gläubiger ein weiteres Abwarten nicht zuzumuten ist. Vertragszweck war hier nicht nur, A eine Stereoanlage irgendwann zu verschaffen, sondern rechtzeitig zur Eröffnung der Diskothek. Dieser Vertragszweck kann 14 Tage später nicht mehr erreicht werden. Angesichts der Nachteile, die sich hier für A bei einer verspäteten Eröffnung seiner Diskothek ergeben (insbesondere Einnahmeausfall), kann ihm nicht zugemutet werden, so lange zu warten, bis H liefern kann (→ Rn. 480). Erwogen werden kann auch, ob es sich hier um ein (relatives) Fixgeschäft handelt (→ Rn. 484). Da jedoch dann das Ergebnis aufgrund des § 323 I iVm II Nr. 2 gleich wäre, kann eine Entscheidung offen bleiben.

(14) Nach der Äquivalenztheorie ist jeder Umstand für den Eintritt eines bestimmten Ereignisses ursächlich, der nicht hinweg gedacht werden kann, ohne dass dann das Ereignis entfällt (→ Rn. 553). Die Adäquanztheorie bejaht einen Ursachenzusammenhang zwischen einem

I. Fälle und Fragen

Verhalten und einem Ereignis nur dann, wenn die Herbeiführung dieses Ereignisses durch das Verhalten nicht außerhalb jeder Wahrscheinlichkeit liegt (→ Rn. 554).

(15) Mit der Adäquanztheorie wird das Ziel verfolgt, eine Einschränkung und Präzisierung der dem Ersatzpflichtigen zuzurechnenden Schadensfolgen vorzunehmen (→ Rn. 554). Da jedoch eine angemessene Begrenzung dieser Schadensfolgen auf der Grundlage der Adäquanztheorie nicht gelingt, wird eine Orientierung am Normzweck empfohlen. Es sollen dem Ersatzpflichtigen nur solche Schäden zugerechnet werden, die vom Schutzbereich der anspruchsbegründenden Norm umfasst werden (→ Rn. 558).

(16) Ein Schadensersatzanspruch kann H gegen E aus § 280 I zustehen. Dann müsste E eine von ihm zu vertretende Pflichtverletzung begangen haben. Aus dem zwischen E und H geschlossenen Werkvertrag hat sich für E die Pflicht ergeben, bei Durchführung des Vertrages Rücksicht auf die Rechtsgüter des Vertragspartners zu nehmen und ihre Schädigung zu vermeiden. Diese Schutzpflicht (vgl. § 241 II) ist durch die Gehilfen des E verletzt worden. Dadurch ist (adäquat kausal) dem H ein Schaden entstanden, zu dessen Vermeidung E durch die genannte Schutzpflicht gerade verpflichtet gewesen ist (Schutzzweck der Norm). Nach § 278 hat E das Verschulden seiner Gehilfen zu vertreten (→ Rn. 586). Ob daneben H noch gegen E und dessen Gehilfen deliktische Ansprüche zustehen, soll hier offen bleiben.

(17) Die Rechtsgrundlage für die Schadensersatzforderung des G kann §§ 280 I, III, 282 bilden. L müsste dann eine ihm nach § 241 II obliegende Pflicht schuldhaft verletzt haben. Nach dieser Vorschrift ist jeder an einem Schuldverhältnis Beteiligte zu Rücksicht auf Rechte, Rechtsgüter und Interessen eines anderen Beteiligten verpflichtet. Ob durch das Rauchen des L die Gesundheit des G gefährdet wird, ist angesichts der Gefährlichkeit des Passivrauchens zwar nicht auszuschließen, erscheint aber wegen der nicht sehr langen Zeit der Anwesenheit des L im Hause des G zumindest fraglich. Jedoch wird man G die Entscheidungsfreiheit darüber zugestehen müssen, ob in seinem Haus geraucht wird. Diese Entscheidungsfreiheit ist als ein durch § 241 II geschütztes Interesse aufzufassen, auf das L Rücksicht zu nehmen hat. Dies tat er trotz wiederholter Abmahnung nicht. Könnten noch Zweifel bestehen, ob durch dieses Verhalten bereits die Grenze der Unzumutbarkeit weiterer Beschäftigung des L überschritten wurde, ist dies aufgrund der Feststellung zu bejahen, dass infolge des Rauchens Möbel beschädigt worden sind. G ist also berechtigt, nach § 324 vom Vertrag mit L zurückzutreten und nach §§ 280 I, III, 282 Schadensersatz statt der Leistung zu fordern (§ 325). Dies bedeutet, dass er die Erbringung der Leistung durch L ablehnen und verlangen kann, vermögensmäßig so gestellt zu werden, wie er stände, wenn sich L vertragsgemäß verhalten hätte. Da G einen höheren Werklohn für die gleiche Leistung zahlen muss, kann er die Differenz zu dem mit L vereinbarten Werklohn als Schadensersatz auf der Grundlage von §§ 280 I, III, 282 fordern (→ Rn. 567).

(18) K kann aus § 280 I ein Anspruch auf Schadensersatz gegen R wegen c. i. c. (§ 241 II iVm § 311 II) zustehen. Durch das Betreten des Kaufhauses in der Absicht, ein Geschenk für ihre Freundin käuflich zu erwerben, entsteht zwischen ihr und R ein gesetzliches Schuldverhältnis, aus dem sich Schutz- und Fürsorgepflichten des R für die Unversehrtheit von Körper und Gesundheit der K ergeben (§ 311 II Nr. 2). Diese Pflicht hat R dadurch verletzt, dass er den am Boden liegenden Obstrest nicht beseitigte und es deshalb zu dem Unfall und der Verletzung der K gekommen ist. Bei der gegebenen Sachlage ist auch davon auszugehen, dass R oder seine Mitarbeiter, die für den verkehrssicheren Zustand der Verkaufsräume Sorge zu tragen haben, fahrlässig handelten. R ist deshalb verpflichtet, K Ersatz der Arztkosten zu leisten (→ Rn. 575 ff., 582). Dagegen besteht kein Anspruch aus c. i. c., wenn feststeht, dass sich K ohne jede Kaufabsicht nur deshalb im Kaufhaus aufgehalten hat, um die Zeit bis zur Abfahrt ihres Zuges dort zu verbringen. Denn dann hat sich zwischen R und ihr kein unmittelbarer geschäftlicher Kontakt ergeben, der nach hM zur Entstehung des gesetzlichen Schuldverhältnisses der c. i. c. erforderlich ist (→ Rn. 577 f.).

(19) Auch in diesem Fall stellt sich die Frage, ob eine Haftung des K aus c. i. c. zu bejahen ist. K und F haben Vertragsverhandlungen aufgenommen, die ein gesetzliches Schuldverhältnis entstehen ließen, aus dem sich die Pflicht des K ergibt, als Rechtskundiger F darauf hinzuweisen, dass der „Kaufanwärtervertrag" nach § 311b I 1 der notariellen Beurkundung bedarf (→ Rn. 583). Der deshalb F zustehende Anspruch auf Schadensersatz kann jedoch nicht dazu führen, dass K den F so stellt, als sei ein formgültiger Vertrag zustande gekommen. Dies würde dem Zweck des § 311b I 1 widersprechen. F kann deshalb von K nur fordern, zB durch Ausgleich inzwischen eingetretener Preissteigerungen, finanziell so gestellt zu werden, dass er ein gleichwertiges Objekt erwerben kann (→ Rn. 588 f.).

(20) In Betracht kommt ein Schadensersatzanspruch wegen c. i. c. Wer Vertragsverhandlungen führt, ist grundsätzlich nach § 311 II Nr. 1 iVm § 241 II verpflichtet, Schäden des Verhandlungspartners zu vermeiden, die diesem infolge des Abbruchs der Vertragsverhandlungen entstehen können. Hier ist aber zu beachten, dass der Kaufvertrag über ein Grundstück nach § 311b I 1 der notariellen Beurkundung bedarf und dass diese Formvorschrift bezweckt die Vertragschließenden vor übereiltem Handeln zu schützen und ihnen eine sachkundige Beratung durch einen Notar zu sichern. Deshalb darf nicht entgegen diesem Warn- und Schutzzweck ein indirekter Zwang durch die Verpflichtung zum Schadensersatz ausgeübt werden. Nur wenn es nach den gesamten Umständen mit dem Grundsatz von Treu und Glauben schlechthin nicht zu vereinbaren ist, eine Schadensersatzpflicht wegen des Abbruchs der Vertragsverhandlungen zu verneinen, muss der Normzweck der Formvorschrift zurücktreten (so BGH NJW 1996, 1884 [1885]). Das wäre der Fall, wenn der Ausschluss einer Schadensersatzpflicht zu einer existentiellen Gefährdung des Verhandlungspartners führt. Diese Voraussetzung ist in dem zu entscheidenden Fall offensichtlich nicht erfüllt. Deshalb ist ein Schadensersatzanspruch gegen H allein wegen des Abbruchs der Vertragsverhandlungen nicht begründet (→ Rn. 585). Allerdings könnte H gegen die Pflicht verstoßen haben, dadurch vermeidbare Schäden des K zu verhindern, dass er es versäumte, ihn vor Antritt der Fahrt nach München über seinen Sinneswandel zu unterrichten. Es kommt also für die Entscheidung darauf an, warum sich H anders entschied und ob er dann noch rechtzeitig K hätte informieren können.

(21) Der Gläubiger kommt in Verzug, wenn er die mögliche Leistung, die ihm der leistungsberechtigte Schuldner zur rechten Zeit, am rechten Ort sowie in der richtigen Menge und Beschaffenheit anbietet, nicht annimmt (→ Rn. 591).

(22) L kann seinen Anspruch auf Zahlung des vereinbarten Kaufpreises auf § 433 II stützen. Ein gültiger Kaufvertrag ist zwischen ihm und H geschlossen worden. Es fragt sich aber, welche Rechtsfolgen es hat, dass L die ihm nach dem Vertrag obliegende Leistung nicht erbracht hat. Grundsätzlich ist der Käufer nur verpflichtet, den Kaufpreis Zug um Zug gegen den ihm anzubietenden Kaufgegenstand zu zahlen (§ 320 I); Gegenstand des Kaufvertrages ist eine (beschränkte) Gattungsschuld. In dem Zeitpunkt, in dem die bereitgestellten Gurken gestohlen wurden, ist die Konkretisierung der Gattungsschuld noch nicht eingetreten, weil bei einer Bringschuld, um die es sich hier handelt, L das seinerseits iSv § 243 II Erforderliche erst getan hat, wenn er sie im Geschäft des H diesem angeboten hat (→ Rn. 598). Im Zeitpunkt des Diebstahls hat sich jedoch H im Annahmeverzug befunden, da das wörtliche Angebot am Telefon aufgrund der Erklärung des H, er werde die Leistung nicht annehmen, genügte (§ 295). Nach § 300 II geht die Gefahr des zufälligen Untergangs der geschuldeten Leistung bei einer Gattungsschuld auf den Gläubiger über, wenn er in Annahmeverzug gerät und der Leistungsgegenstand ausgesondert wird und damit genügend bestimmt ist (→ Rn. 608 f.). Folglich wird L von seiner Pflicht zur Lieferung der Gurken nach § 275 I frei. Er behält aber nach § 326 II 1 Var. 2 seinen Anspruch auf Zahlung des Kaufpreises (→ Rn. 607). Folglich hat H die Gurken zu bezahlen.

(23) Da G die ihm vertragsgerecht angebotene Leistung nicht angenommen hat, gerät er in Gläubigerverzug (→ Rn. 604). Deshalb kann S nach § 304 Ersatz seiner Mehraufwendungen verlangen, die ihm durch die Aufbewahrung der Waren entstanden sind (→ Rn. 612). G ist

I. Fälle und Fragen

folglich zum Ersatz der Mietkosten verpflichtet. Gleichzeitig ist jedoch G auch Schuldner der Abnahme, denn der Käufer ist nach § 433 II verpflichtet, die gekaufte Sache abzunehmen. Soweit die Voraussetzungen der Schuldnerverzuges erfüllt werden (→ Rn. 478), kann S die Mietkosten auch als Verzögerungsschaden nach §§ 280 I, II, 286 ersetzt verlangen.

(24) Beim Kaufvertrag trägt die Leistungsgefahr nach § 275 beim Spezieskauf der Käufer, beim Gattungskauf wegen Übernahme des Beschaffungsrisikos (→ Rn. 460 f.) bis zur Konkretisierung der Verkäufer. Die Preisgefahr fällt nach § 326 I grundsätzlich dem Verkäufer zu (→ Rn. 615). Jedoch gibt es wichtige Ausnahmen, in denen die Gegenleistungsgefahr entgegen der in § 326 getroffenen Regelung nicht dem Schuldner (Verkäufer), sondern dem Gläubiger (Käufer) zufällt.

(25) Beim Annahmeverzug (§ 326 II 1 Var. 2) und beim Versendungskauf (§ 447 I), wegen § 475 II aber nur eingeschränkt beim Verbrauchsgüterkauf (→ Rn. 620).

(26) Die Pflicht des V, den Lkw K zu übergeben und zu übereignen (§ 433 I 1), ist hinsichtlich des zerstörten Kfz nach § 275 I erloschen (→ Rn. 617). Sein Anspruch auf Zahlung des vereinbarten Kaufpreises mindert sich im Verhältnis des Wertes beider Lkw zum Wert des noch lieferbaren (§ 326 I 1 Hs. 2 iVm § 441 III). Dies bedeutet, dass also K gegen Lieferung des noch vorhandenen Lkw 25.000 EUR zu zahlen hat. Wenn K bereits den Kaufpreis in voller Höhe entrichtet hatte, kann er Rückzahlung von 25.000 EUR gem. § 346 I iVm § 326 IV (→ Rn. 619) fordern.

(27) Nach § 446 S. 1 geht die Gefahr des zufälligen Untergangs mit der Übergabe der Kaufsache auf den Käufer über. Folglich behält V auch nach Zerstörung des Kfz seinen Anspruch nach § 433 II (→ Rn. 621).

(28) Eine Obliegenheit ist ein Gebot, dessen Befolgung zwar nicht erzwungen werden kann, dessen Beachtung aber im Interesse des dadurch Belasteten liegt, weil ihm sonst Rechtsnachteile drohen (→ Rn. 629).

(29) Der Gläubiger hat es zu verantworten, wenn die Leistung infolge einer schuldhaften Verletzung der ihm nach dem Vertrag zufallenden Pflichten und Obliegenheiten unmöglich wird (→ Rn. 627 f.).

(30) Das Recht zum Rücktritt vom Kaufvertrag mit H kann sich für A aus § 323 I ergeben. Die von H noch zu erbringende Leistung war fällig, da umgehende Lieferung von ihm zugesagt war und inzwischen zwei Wochen verstrichen sind. A hat ihm für die Restlieferung eine Frist gesetzt. Bei Berücksichtigung der bisherigen Verzögerung war eine Frist von 10 Tagen angemessen. Nach ergebnislosem Ablauf der Frist konnte A gem. § 323 V 1 vom ganzen Vertrag zurücktreten, weil er an der Teilleistungen kein Interesse hatte (→ Rn. 645). Nach § 346 I hat A die ihm erbrachte Teilleistung an H herauszugeben. Dies ist infolge des Diebstahls nicht möglich. Da es sich hier um ein gesetzliches Rücktrittsrecht handelt, ist A zum Wertersatz nach § 346 II 1 Nr. 3 nur verpflichtet, wenn er den Diebstahl dadurch ermöglicht hätte, dass er nicht die in eigenen Angelegenheiten angewendete Sorgfalt beachtet hätte (§ 346 III 1 Nr. 3). Dass ihm ein solcher Vorwurf zu machen ist, kann nach der Sachverhaltsschilderung nicht angenommen werden.

(31) Der Schuldner kommt nach hM nicht in Verzug, wenn ihm die Einrede nach § 320 zusteht. In diesem Fall tritt der Schuldnerverzug erst ein, wenn der Gläubiger seine Gegenleistung anbietet und der Schuldner daraufhin selbst nicht leistet (→ Rn. 650). Dagegen muss das Zurückbehaltungsrecht des § 273 vom Schuldner geltend gemacht werden, wenn der Eintritt des Verzuges verhindert werden soll. Befindet sich der Schuldner bereits in Verzug, dann genügt nicht allein die Berufung auf das Zurückbehaltungsrecht, sondern der Schuldner muss dann auch noch seine Leistung dem Gläubiger anbieten, damit die Wirkungen des Verzugs entfallen (→ Rn. 652 ff.).

(32) Der Anspruch des H kann sich aus §§ 280 I, III, 283 ergeben. Da R die ihm nach dem Tauschvertrag geschuldete Leistung, die Übergabe und Übereignung seiner Maschine (§ 433 I

iVm § 480), nicht zu erbringen vermag und er den Umstand, der zur Unmöglichkeit seiner Leistung führte, verschuldete, es sich also um eine von ihm zu vertretende Pflichtverletzung handelt, ist er zum Schadensersatz statt der Leistung verpflichtet. H berechnet seinen Schaden, indem er den Wert seines Motorrades vom Wert der zerstörten Maschine abzieht (Differenzberechnung). Das ergibt den von ihm geforderten Betrag, den er folglich beanspruchen kann (→ Rn. 655 ff.).

(33) Die ergänzende Vertragsauslegung dient dem Ziel, eine lückenhafte Vertragsregelung durchführbar zu machen. Bei ihr sind auf der Grundlage von Treu und Glauben und der Verkehrssitte die von den Parteien im Vertrag zugrunde gelegten Wertungen fortzuführen und zu Ende zu denken, um die von den Parteien offen gelassene Frage zu beantworten (→ Rn. 666 ff.).

(34) Dispositives Recht ist nachgiebig und kann von den Parteien durch abweichende Regelungen ausgeschlossen und ersetzt werden (→ Rn. 666).

(35) In erster Linie ist nach § 313 I zu versuchen, die vertraglichen Vereinbarungen der veränderten Geschäftsgrundlage anzupassen. Nur wenn eine Anpassung aus rechtlichen oder tatsächlichen Gründen nicht möglich ist oder nicht zu einer interessengerechten Lösung führt, ist dem Benachteiligten gem. § 313 III das Recht zum Rücktritt, bei Dauerschuldverhältnissen das Recht zur Kündigung zuzugestehen (→ Rn. 678 f.).

(36) G ist weiterhin zur Lieferung der Fernwärme und des Warmwassers zu den Preisen der Stadtwerke verpflichtet, wenn er nicht wegen einer nachträglichen Äquivalenzstörung eine Änderung seiner vertraglichen Verpflichtung zu erreichen vermag. Die Parteien haben im Vertrag keine ausdrückliche Regelung der Frage getroffen, was geschehen soll, wenn sich Gas- und Heizölpreise auseinander bewegen. Ob deshalb von einer Lücke im Vertrag zu sprechen ist, die im Wege einer ergänzenden Vertragsauslegung geschlossen werden könnte (→ Rn. 666 ff.), ist sehr zweifelhaft. Es mag sein, dass sie an diese Frage nicht gedacht haben, aber es lässt sich auch nicht ausschließen, dass K auf jeden Fall die Bindung an die Preise der Stadtwerke wünschte, um vor überhöhten Preisforderungen des G gesichert zu sein, also eine anders lautende Regelung nicht akzeptiert hätte. Aber selbst wenn von einer Lücke im Vertrag ausgegangen werden müsste, gibt der im Vertrag zum Ausdruck kommende Wille der Parteien nicht genug her, um eine Regelung des offenen Punktes finden zu können (→ Rn. 669). Denn es geht hier nicht um ein Kündigungsrecht aus wichtigem Grund nach § 314 I, sondern um eine Neufestsetzung von Energiepreisen, die G wünscht. Es fragt sich deshalb, ob das von G gewollte Ziel einer Vertragsänderung wegen Störung der Geschäftsgrundlage gem. § 313 I zu erreichen ist. Auch insoweit bestehen Zweifel, ob sich K redlicherweise auf die Berücksichtigung einer unterschiedlichen Entwicklung der Öl- und Gaspreise im Vertrag hätte einlassen müssen, wenn dies von G gewünscht worden wäre (→ Rn. 673 ff.). Entscheidend ist aber, dass selbst dann, wenn dieser Umstand als Geschäftsgrundlage anzusehen wäre, das unveränderte Festhalten an der bisherigen vertraglichen Verpflichtung des G bei Berücksichtigung aller Umstände des Falles, insbesondere der vertraglichen Risikoverteilung, nicht unzumutbar erscheint. Allein der Umstand, dass eine Vertragspartei eine künftige Entwicklung falsch einschätzt und Preisvereinbarungen ihr deshalb Verluste zufügen, ist nicht ausreichend, den Grundsatz der Vertragstreue zu durchbrechen. Eine solche Fehlkalkulation fällt grundsätzlich in ihren Risikobereich. Nur wenn für sie schlechthin untragbare Ergebnisse eintreten, die ein Festhalten am Vertrag unzumutbar erscheinen lassen, gilt etwas anderes. Diese Voraussetzungen sind hier insbesondere bei Berücksichtigung der Interessen des K, dessen Vertrauen auf den Bestand der vertraglichen Vereinbarungen Schutz verdient, nicht erfüllt. G muss also seinen vertraglichen Verpflichtungen unverändert nachkommen (Fall BGH NJW 1977, 2262).

(37) a) Der Verlust des Fernsehgeräts lässt das Recht des A zum Rücktritt unberührt. Da er jedoch nicht in der Lage ist, den Fernsehapparat wieder zurückzugeben, ergibt sich für ihn die Pflicht zur Leistung von Wertersatz (§ 346 II 1 Nr. 3; der Begriff „untergegangen" iSd

I. Fälle und Fragen

Vorschrift ist in einem weiten Sinn auszulegen, der jeden Fall der Unmöglichkeit zur Rückgabe umfasst (→ Rn. 690). Bei der Berechnung des Wertersatzes ist der Kaufpreis zugrunde zu legen (§ 346 II 2).

b) In diesem Fall handelt es sich um ein gesetzliches Rücktrittsrecht (§ 437 Nr. 2 iVm § 326 V), bei dem eine Wertersatzpflicht nach § 346 III 1 Nr. 3 entfällt, weil A den Diebstahl nicht sorgfaltswidrig ermöglicht hat (verschlossene Wohnung; → Rn. 690).

(38) Nutzungen sind Früchte und Gebrauchsvorteile einer Sache oder eines Rechts (§ 100). Aufwendungen sind freiwillige Vermögensopfer. Als Verwendung wird eine Aufwendung angesehen, die zur Wiederherstellung, Erhaltung oder Verbesserung einer Sache getätigt wird. Als notwendige Verwendungen werden solche Aufwendungen bezeichnet, die erforderlich sind, um den Untergang oder die Verschlechterung der Sache zu verhindern oder ihre Gebrauchsfähigkeit zu erhalten (→ Rn. 695 ff.).

(39) Bei einer Rechtsgrundverweisung muss nicht nur der Tatbestand der verweisenden Norm, sondern auch noch der Tatbestand der Bezugsnorm erfüllt sein, während bei einer Rechtsfolgenverweisung die in Bezug genommene Rechtsfolge eintritt, wenn nur der Tatbestand der verweisenden Vorschrift verwirklicht ist (→ Rn. 693).

(40) Der Bierlieferungsvertrag, der zwischen H und M geschlossen worden ist, stellt einen Dauerlieferungsvertrag dar (→ Rn. 659). Ein solcher Vertrag kann nach § 314 fristlos gekündigt werden, wenn ein wichtiger Grund dafür besteht. Als ein solcher Grund wird in § 314 I 2 genannt, dass dem kündigenden Teil unter Berücksichtigung aller Umstände des Einzelfalles und unter Abwägung beiderseitiger Interessen die Fortsetzung des Vertragsverhältnisses bis zur vereinbarten Beendigung nicht zugemutet werden kann. Wird durch das Verhalten eines Vertragspartners das Erreichen des Vertragszwecks ernsthaft gefährdet, dann wird man regelmäßig davon auszugehen haben, dass deshalb dem anderen die Fortsetzung des Vertrages nicht zugemutet werden kann. Der Vertragszweck besteht hier darin, den in der Gastwirtschaft des H auftretenden Bedarf an Bier vom Fass ausreichend zu decken. Dieser Vertragszweck wird durch das Verhalten der Brauerei M ernsthaft gefährdet. Grundsätzlich ist jedoch in Fällen, in denen der wichtige Grund durch eine Vertragspflichtverletzung begründet wird, zunächst eine Abmahnung an den Schuldner zu richten (§ 314 II 1). Dies gilt nur dann nicht, wenn durch das Verhalten der Brauerei die Vertrauensgrundlage des Vertrages so nachhaltig erschüttert worden ist, dass ein Festhalten an dem Vertrag H nicht zugemutet werden kann oder wenn die Voraussetzungen erfüllt werden, die § 323 II nennt, auf den in § 314 II 2 verwiesen wird. Ob hier eine sofortige Kündigung dementsprechend gerechtfertigt ist, erscheint fraglich und ist nur aufgrund aller Einzelheiten des konkreten Falles zu entscheiden. H ist deshalb zu raten, zunächst die vertragsgerechte Lieferung anzumahnen und eine Kündigung anzudrohen, wenn wiederum die Lieferungen ausbleiben (→ Rn. 707).

(41) Das Widerrufsrecht ist ein bei bestimmten Verbraucherverträgen dem Verbraucher eingeräumtes Gestaltungsrecht, das ihm gestattet, seine Bindung an den mit dem Unternehmer geschlossenen Vertrag durch eine einseitige Erklärung wieder zu beseitigen (→ Rn. 708). Dieses Gestaltungsrecht ist durch Erklärung des Verbrauchers gegenüber dem Unternehmer auszuüben. Aus dieser Erklärung muss sich nur der Entschluss des Verbrauchers zum Widerruf des Vertrages eindeutig ergeben (§ 355 I 3). Eine bestimmte Form oder eine Begründung sind nicht vorgeschrieben (→ Rn. 710). Da der Widerruf die vertragliche Bindung beseitigt, sind die Beteiligten so zu stellen, als sei der Vertrag nicht zu Stande gekommen. Dies bedeutet, dass Leistungen, die von den Vertragspartnern ausgetauscht wurden, zurückzugewähren sind (§ 355 III), wobei sich die Modalitäten nach der Art des Verbrauchervertrags bestimmen (→ Rn. 713).

Zu § 7 (nach Rn. 780)

(1) Beim Eigenbesitz besitzt eine Person eine Sache als ihr gehörend (§ 872), während beim Fremdbesitz dies gerade mit der subjektiven Einstellung geschieht, dass die Sache nicht im Eigentum des Besitzers selbst, sondern eines anderen steht (→ Rn. 717).

(2) Ein Besitzmittlungsverhältnis (= Besitzkonstitut) wird durch folgende Merkmale charakterisiert: unmittelbarer Fremdbesitz einer Person, Ableitung des Besitzrechts vom mittelbaren Besitzer, zeitliche Begrenzung der Stellung des unmittelbaren Besitzers und Rückgabeanspruch des mittelbaren Besitzers gegen den unmittelbaren (→ Rn. 718).

(3) Max und Moritz sind aufgrund der Leihe durch ein Besitzmittlungsverhältnis verbunden, wonach Max mittelbarer Besitzer, Moritz unmittelbarer Besitzer und Besitzmittler des Max ist (→ Rn. 718).

(4) Da jeder Mieter unabhängig von den anderen den Fahrradkeller betreten und benutzen kann, sind alle Mieter schlichte Mitbesitzer des Raumes (→ Rn. 720).

(5) Der entscheidende Unterschied besteht in der Weisungsabhängigkeit des Besitzdieners. Zwar muss sich auch der mittelbare Besitzer bei der Nutzung der Sache im Rahmen der vertraglichen Absprachen halten, jedoch wird dadurch lediglich der Nutzungsrahmen bestimmt und kein Direktionsrecht geschaffen, wie es gegenüber einem Besitzdiener besteht (→ Rn. 723).

(6) Diese Frage ist streitig, doch kommt dem Meinungsstreit keine besondere praktische Bedeutung zu. Denn die Auffassung, die einen Besitzdienerwillen verlangt, geht davon aus, dass er so lange vorhanden ist, wie sich der Besitzdiener im Rahmen seines Funktionsbereiches bewegt. Wenn jedoch der Besitzdiener die Sache aus seinem Aufgabengebiet entfernt, so bringt er damit nach außen zum Ausdruck, dass er selbst den unmittelbaren Besitz erwerben will und damit die Besitzdienerschaft beendet (→ Rn. 725).

(7) Der unmittelbare Besitz wird durch Erlangung der tatsächlichen Gewalt erworben, dh durch die erkennbare Herstellung einer räumlichen Beziehung zu einer Sache, die eine unmittelbare physische Einwirkung auf die Sache ermöglicht. Nach hM muss noch ein Besitzbegründungswillen hinzukommen, wobei jedoch für ausreichend gehalten wird, dass ein genereller Sachbeherrschungswille besteht, der sich auf alle Sachen bezieht, die sich innerhalb eines abgegrenzten Bereichs befinden. Neben dieser § 854 I entsprechenden Erwerbsart schafft § 854 II die Möglichkeit, durch eine (nach hM rechtsgeschäftliche) Einigung den Besitz zu erwerben, wenn der Erwerber in der Lage ist, die Gewalt über die Sache auszuüben (→ Rn. 733 f.). Neuer mittelbarer Besitz entsteht durch Begründung eines Besitzmittlungsverhältnisses, während ein bestehender mittelbarer Besitz nach § 870 durch Zession erworben werden kann (→ Rn. 735). Der unmittelbare Besitz geht verloren, wenn die tatsächliche Sachherrschaft nicht nur vorübergehend endet (→ Rn. 738). Der Verlust des mittelbaren Besitzes tritt ein, wenn eines der wesentlichen Merkmale eines Besitzmittlungsverhältnisses entfällt (→ Rn. 738).

(8) F war so lange Besitzer des Balles, bis dieser in den Garten des G fiel. Denn F übte die tatsächliche Sachherrschaft über den Ball aus und besaß auch einen natürlichen Besitzwillen, wenn man einen solchen nicht nur für den Erwerb, sondern entgegen der hM auch für die Aufrechterhaltung des Besitzes für erforderlich hält. Der Besitz des F könnte jedoch verloren gegangen sein, als der Ball auf das Grundstück des G gelangte. Wenn man in dem Garten einen Organisationsbereich sieht und einen Besitzerwerb an Sachen, die in diesen Bereich eingefügt werden, kraft eines generellen Besitzbegründungswillens bejaht, so wurde G Besitzer des Balles. Dagegen spricht jedoch § 867, woraus ersichtlich wird, dass der Besitz nicht allein dadurch verloren geht, dass eine Sache auf das Grundstück eines anderen gelangt. Außerdem wird der Besitz nicht allein durch eine vorübergehende Verhinderung in der Ausübung der tatsächlichen Gewalt beendet (§ 856 II). Allerdings ist auch zu berücksichtigen, dass sich F entfernte, als er zu seiner Mutter lief, und dadurch seine Einwirkungsmöglichkeiten auf den Ball noch weiter

I. Fälle und Fragen

gemindert worden sind. Dieser Fall zeigt, dass es selbst bei alltäglichen Sachverhalten schwierig sein kann, eine Entscheidung über bestehende Besitzverhältnisse zu treffen.

(9) B bleibt Besitzer der Krawatte: Wer mit der hM die streitige Frage bejaht, ob die tatsächliche Sachherrschaft eine gewisse Dauer verlangt, wird den Besitz des F bereits deshalb verneinen, weil er nur ganz vorübergehend die Krawatte an sich nahm. Wer die Dauer der Sachherrschaft für unerheblich hält, wird entweder auf § 856 II oder auf die Verkehrsanschauung verweisen, um zu demselben Ergebnis zu gelangen.

(10) Steht das Eigentum einer einzelnen Person zu, spricht man vom Alleineigentum. Bei einer Mehrheit von Eigentümern handelt es sich um Miteigentum, das entweder als Bruchteilseigentum oder als Gesamthandseigentum vorkommt (→ Rn. 740 ff.).

(11) Eigentum an beweglichen Sachen wird rechtsgeschäftlich durch Einigung zwischen dem Eigentümer und dem Erwerber über den Eigentumsübergang und Übergabe der Sache übertragen (§ 929 S. 1). Ist der Erwerber bereits im Besitz der zu übereignenden Sache, so genügt gem. § 929 S. 2 die bloße Einigung über den Eigentumsübergang. An die Stelle der Übergabe nach § 929 S. 1 können Übergabesurrogate treten, und zwar die Vereinbarung eines Besitzmittlungsverhältnisses iSv § 930 oder gem. § 931 die Abtretung des Herausgabeanspruchs an den Erwerber, der dem Eigentümer gegen den Besitzer zusteht (→ Rn. 745 ff., 751).

(12) Übergabe iSv § 929 S. 1 bedeutet völlige Aufgabe des Besitzes durch den Eigentümer und Erlangung des Besitzes durch den Erwerber auf Veranlassung des Eigentümers (→ Rn. 747). Die Übergabe dient dem Zweck, den Übereignungsvorgang auch Dritten gegenüber erkennbar werden zu lassen (Publizitätsprinzip; → Rn. 747).

(13) E wird in dem Zeitpunkt Eigentümer der Nägel, in dem sein Geselle G die Nägel von H erhält. Bei der Einigung über den Eigentumsübergang vertritt G den E (§ 164 I). Die Übergabe an E vollzieht sich dadurch, dass die Nägel von H oder einem seiner Angestellten G ausgehändigt werden, da dieser als Besitzdiener (§ 855) die tatsächliche Gewalt für seinen Arbeitgeber ausübt (→ Rn. 748).

(14) Dies ist rechtlich möglich, wenn der Veräußerer bereits zuvor den Besitz auf den Erwerber übertragen hat, sodass eine Eigentumsübertragung gem. § 929 S. 2 vorgenommen werden kann (→ Rn. 751). Eine weitere Möglichkeit ergibt sich bei einem Geheißerwerb, bei dem der Veräußerer ebenfalls keinen Besitz innehat (→ Rn. 749).

(15) E ist durch den Erbfall nicht Eigentümer des Buches geworden; sein guter Glaube an das Eigentum des Erblassers hilft ihm dabei nicht. Nur bei einem rechtsgeschäftlichen Eigentumserwerb kann es einen gutgläubigen Erwerb nach §§ 932 ff. geben. E hat also als Nichtberechtigter über das Eigentum des C verfügt, als er das Buch an B veräußerte. B hat jedoch E für den Eigentümer des Buches gehalten, ohne dass ihm deshalb der Vorwurf grober Fahrlässigkeit gemacht werden kann (vgl. § 932 II). Er hat folglich nach §§ 929 S. 1, 932 I 1 Eigentum erworben, wenn das Buch C nicht abhandengekommen ist (§ 935 I 1). Da C das Buch A geliehen hatte, hat er freiwillig den unmittelbaren Besitz daran verloren. In die Besitzposition des A ist sein Erbe E eingetreten (§ 857). Als E das Buch B übergab, verlor C nicht den unmittelbaren Besitz, weil er diesen bereits vorher (freiwillig) aufgegeben hatte. Folglich steht § 935 I dem Eigentumserwerb des B nicht entgegen (→ Rn. 767 ff.).

(16) Die Voraussetzungen, die erfüllt werden müssen, damit von einem Nichtberechtigten Eigentum an einer beweglichen Sache erworben werden kann, sind in §§ 932–934 genannt. Diese Vorschriften beziehen sich jeweils auf einen bestimmten Erwerbstatbestand der §§ 929–931, wobei die in §§ 932 ff. getroffenen Regelungen nur das fehlende Eigentum des Veräußerers ersetzen. Im Übrigen müssen alle Voraussetzungen eines Erwerbstatbestandes erfüllt sein, also insbesondere auch die Einigung gem. § 929 S. 1 mit dem Nichtberechtigten. Der Erwerber muss gutgläubig sein. Was unter diesem Begriff zu verstehen ist, wird in § 932 II beschrieben. Ein gutgläubiger Erwerb ist ausgeschlossen, wenn die Sache dem Eigentümer abhandengekommen ist (§ 935 I 1; → Rn. 767 ff.).

(17) Eigentum an Grundstücken wird gem. §§ 873, 925 durch Einigung des Eigentümers mit dem Erwerber über den Eigentumsübergang (Auflassung) und Eintragung des Erwerbers als neuer Eigentümer im Grundbuch erworben (→ Rn. 772 ff.).

Zu § 8 (nach Rn. 977)

(1) Bei einem Stückkauf wird der Kaufgegenstand durch individuelle Merkmale konkret bestimmt, beim Gattungskauf ist der Gegenstand nur der Gattung nach bezeichnet (→ Rn. 784).

(2) Bei einem Sachkauf trifft den Verkäufer die Pflicht, die Kaufsache dem Käufer zu übergeben und das Eigentum an ihr zu verschaffen (§ 433 I 1), und zwar hat der Verkäufer dem Käufer die Sache frei von Sach- und Rechtsmängeln zu verschaffen (§ 433 I 2). Der Käufer ist seinerseits gem. § 433 II verpflichtet, den vereinbarten Kaufpreis zu zahlen und die gekaufte Sache abzunehmen (→ Rn. 789).

(3) Gegenstand eines Kaufvertrages können neben Sachen iSv § 90 und Rechten (§§ 433, 453) alle verkehrsfähigen Güter sein (→ Rn. 783).

(4) Grundsätzlich muss der Käufer durch sein Verlangen nach Nacherfüllung (vgl. § 439 I) dem Verkäufer Gelegenheit geben, einen vertragsgemäßen Zustand seiner Leistung herbeizuführen (→ Rn. 815 ff.). Jedoch braucht der Käufer in einer Reihe von Fällen dem Verkäufer nicht die vorherige Möglichkeit zur Nacherfüllung einzuräumen, bevor er wegen des Mangels der Sache Rechte geltend macht. So kann er sofort zurücktreten, wenn eine vorherige Fristsetzung nach § 323 II, § 326 V oder § 440 entbehrlich ist (→ Rn. 829 ff.). In diesen Fällen ist ihm auch eine Minderung des Kaufpreises nach § 441 ohne vorherige Fristsetzung gestattet (→ Rn. 832 ff.). Schadensersatz kann der Käufer ohne vorherige Fristsetzung fordern, wenn neben § 280 I, III die Voraussetzungen der § 281 II oder § 283 S. 1 oder § 311a II erfüllt sind (→ Rn. 838). Ebenso ist er dann berechtigt, anstelle des Schadensersatzes statt der Leistung Ersatz vergeblicher Aufwendungen nach § 284 zu beanspruchen (→ Rn. 856).

(5) Diese Frage ist sehr streitig. Mit der Begründung, der Gesetzgeber habe bei einem Sachmangel dem Käufer grundsätzlich das Recht eingeräumt, nach seiner Wahl Mangelbeseitigung oder Lieferung einer anderen mangelfreien Sache zu fordern und dieses Recht sei nicht auf den Gattungskauf beschränkt, wird die Auffassung vertreten, auch beim Stückkauf könne der Käufer die Lieferung einer anderen Sache verlangen, wenn an die Stelle der gekauften eine andere treten könne, die ihr wirtschaftlich entspreche und deshalb dem Leistungsinteresse des Käufers genüge. Dies sei vor allem bei vertretbaren Sachen (§ 91) der Fall. Dem wird entgegengehalten, es dürfe nicht der von den Parteien bestimmte Gegenstand ausgewechselt werden, weil dadurch in unzulässiger Weise in die Vertragsfreiheit der Parteien eingegriffen werde. Die richtige Lösung dürfte darin bestehen, sorgfältig darauf zu achten, ob überhaupt eine individuell bestimmte Sache verkauft worden ist oder ob nicht die ausgesuchte lediglich eine Art „Muster" darstellt und sie deshalb auch durch eine gleichwertige andere ersetzt werden kann. Ist dies zu bejahen, handelt es sich nicht um einen Stückkauf, sondern um einen Gattungskauf und die Forderung des Käufers auf Lieferung einer anderen mangelfreien Sache ist berechtigt. Bei einem (echten) Stückkauf ist dagegen daran festzuhalten, dass die Austauschbarkeit der durch individuelle Merkmale konkretisierten Kaufsache nicht in Betracht kommen kann (→ Rn. 820 ff.).

(6) Nach § 453 I 1 iVm § 433 I 1 ist der Verkäufer verpflichtet, dem Käufer das verkaufte Recht zu verschaffen. Der Verkäufer muss also dafür einstehen, dass die verkaufte Forderung besteht. Dagegen haftet der Verkäufer für die Einbringlichkeit (also die Bonität des Schuldners der verkauften Forderung) nur, wenn er vertraglich eine solche Haftung übernimmt.

(7) Ein Fernsehapparat mit Bildstörungen ist mangelhaft, da er sich nicht für die gewöhnliche Verwendung eignet (§ 434 I 2 Nr. 2). K kann folglich nach § 439 Nacherfüllung verlangen (§ 437 Nr. 1). Der Anspruch auf Lieferung eines anderen mangelfreien Gerätes scheint

I. Fälle und Fragen

K folglich zuzustehen. Indes hat der Verkäufer das Recht, die vom Käufer gewählte Art der Nacherfüllung zu verweigern, wenn sie nur mit unverhältnismäßigen Kosten möglich ist (§ 439 IV 1). Welche Kriterien bei Entscheidung der Frage nach der Unverhältnismäßigkeit der Kosten maßgebend sind, wird durch § 439 IV 2 bestimmt. Es kommt unter anderem darauf an, ob auf die andere Art der Nacherfüllung, also hier auf die Mängelbeseitigung, ohne erhebliche Nachteile für den Käufer zurückgegriffen werden kann. Kann durch Austausch eines Einzelteiles der Mangel des Fernsehapparates behoben werden, so kann K auf die für V wesentlich teurere Alternative, auf die Lieferung eines neuen Gerätes, nicht bestehen. V weigert sich dann mit Recht, dem Wunsch des K nachzukommen, und kann gem. § 439 IV 3 als Nacherfüllung die Beseitigung des Mangels durch Austausch des defekten Teils wählen (→ Rn. 824).

(8) Die Leistungsgefahr geht beim Kauf nach § 446 S. 1 mit der Übergabe, beim Versendungskauf nach § 447 I mit der Übergabe an die Transportperson auf den Käufer über, es sei denn, es handelt sich bei dem Versendungskauf um einen Verbrauchsgüterkauf, bei dem es in der Regel bei der Regelung des § 446 S. 1 bleibt (§ 475 II). Wer die Leistungsgefahr trägt, dem fällt das Risiko zu, dass die Kaufsache aus Gründen verschlechtert wird oder untergeht, die keine der Vertragsparteien zu vertreten hat. Insbesondere folgt daraus, dass der Käufer dann verpflichtet bleibt, den Kaufpreis zu zahlen (→ Rn. 620). Für die Haftung wegen Sachmängeln kommt es darauf an, ob die Kaufsache die vertraglich geschuldete Beschaffenheit im Zeitpunkt des Gefahrübergangs aufweist (→ Rn. 804).

(9) In Betracht kommen eine Minderung des Kaufpreises, Rücktritt vom Vertrag und ein Anspruch auf Schadensersatz. Die Lieferung einer zu geringen Menge wird nach § 434 III als ein Sachmangel gewertet, sodass an dem Recht zur Minderung (§ 441) keine Zweifel bestehen können. Die dafür zu erfüllenden Voraussetzungen, insbesondere der erfolglose Ablauf einer angemessenen Frist (→ Rn. 832), sind gegeben. Hinsichtlich des Rechtes zum Rücktritt – und die gleiche Frage stellt sich auch hinsichtlich des Anspruchs auf Schadensersatz – bedarf es jedoch der Klärung, ob sich diese Rechte auf den gesamten Vertrag, also auch auf die bereits gelieferten 70 Flaschen, oder nur auf die Restlieferung beziehen. V hat seine Leistung nicht vertragsgemäß erbracht, da sie mangelhaft ist. Dies spricht dafür, K die Berechtigung einzuräumen, nach § 323 I vom gesamten Vertrag zurückzutreten und nach §§ 280 I, III, 281 I 1 Schadensersatz statt der ganzen Leistung zu verlangen. Andererseits steht dem Gläubiger bei einer Teilleistung das Recht zum Rücktritt vom Vertrag und ein Anspruch auf Schadensersatz statt der Leistung nur zu, wenn er an der Teilleistung, die er erhielt, kein Interesse hat (§ 281 I 2, 323 V 1). Ein solcher Interessenwegfall ist wohl kaum hinsichtlich des gelieferten Weines zu bejahen. Es kommt folglich darauf an, ob man wegen der Gleichstellung der „Zuwenig-Lieferung" mit einem Sachmangel die Leistung des Verkäufers als nicht vertragsgerecht iSd § 323 I 1 oder als eine „nicht wie geschuldet" bewirkte Leistung iSd § 281 I 1 ansieht oder als eine Teilleistung wertet. Nach der gesetzlichen Regelung scheinen beide Auffassungen vertretbar. Eine Beschränkung der Mängelhaftung auf die Teilleistung entspricht jedoch der Absicht des Gesetzgebers, diese Haftung gleichen Regeln zu unterstellen, wie sie für das allgemeine Leistungsstörungsrecht gelten (vgl. Amtl. Begr. BT-Drs. 14/6040, 94). Eine solche Lösung erscheint auch interessengerecht. Deshalb kann K nicht vom ganzen Vertrag zurücktreten und Schadensersatz nur hinsichtlich der ausgebliebenen Teilleistung fordern, wenn er sich nicht auf die Minderung des Kaufpreises beschränkt.

(10) Der Käufer ist berechtigt, Nacherfüllung zu verlangen (§ 437 Nr. 1), und zwar kann er grundsätzlich nach seiner Wahl die Beseitigung des Mangels oder die Lieferung einer mangelfreien Sache fordern (§ 439 I), sofern nicht die eine oder andere Art der Nacherfüllung unmöglich ist oder der Verkäufer nach § 275 II oder III oder § 439 IV berechtigt ist, die vom Käufer gewählte Art der Nacherfüllung zu verweigern. Der Käufer kann unter den Voraussetzungen der §§ 323, 326 V, 440 vom Vertrag zurücktreten oder nach § 441 den Kaufpreis mindern (§ 437 Nr. 2). Schließlich kann der Käufer gegebenenfalls neben dem Rücktritt auch

Schadensersatz beanspruchen (§ 325), wenn die Voraussetzungen der §§ 280, 281, 283, 311a oder 440 erfüllt werden, oder er kann nach § 284 Ersatz vergeblicher Aufwendungen verlangen (§ 437 Nr. 3).

(11) Ein Anspruch auf Rückzahlung des Kaufpreises kann sich nach § 346 I iVm §§ 323 I, 437 Nr. 2 ergeben, wenn das Haartonikum mangelhaft ist. Als Sachmangel gilt auch das Fehlen einer Beschaffenheit der gekauften Sache, die nach öffentlichen Äußerungen des Herstellers insbesondere in der Werbung der Käufer erwarten kann (§ 434 I 3 iVm S. 2 Nr. 2). Die in dieser Vorschrift gemachte Ausnahme („es sei denn…") greift vorliegend nicht, da S die Aussage des Herstellers kannte und sie auch seine Kaufentscheidung beeinflusste. Eine vorherige Fristsetzung ist nicht erforderlich, weil keine Aussicht besteht, dass die Firma Panscher in der Lage ist, eine Ware zu liefern, die den in der Werbung in Aussicht gestellten Erfolg erzielen kann. Deshalb ist eine Fristsetzung unter Abwägung der beiderseitigen Interessen entbehrlich (§ 323 II Nr. 3). Es erscheint durchaus erwägenswert, von einer objektiv unmöglichen Leistung auszugehen und deshalb ein Rücktrittsrecht des K auf § 326 V zu stützen. K kann also den Rücktritt vom Kaufvertrag erklären und Rückzahlung des von ihm bezahlten Kaufpreises verlangen.

(12) Mängel der Kaufsache können sich nur aus Eigenschaften ergeben, die im Zeitpunkt der Übergabe vorhanden sind. Deshalb können Erklärungen über künftige Entwicklungen und Verhältnisse nicht Gegenstand einer Beschaffenheitsvereinbarung sein. Folglich kann S keine Ansprüche wegen eines Mangels der Kaufsache gegen L geltend machen. Zu prüfen ist jedoch, ob L im Rahmen einer Garantie die Verpflichtung übernommen hat, dafür einzustehen, dass die genannten Umsatzzahlen erreicht werden (→ Rn. 880). Das besondere Interesse, das der Käufer einer Gaststätte an einem bestimmten Umsatz hat, und die nachdrückliche Versicherung des L, S könne „mit Sicherheit" davon ausgehen, dass der Umsatz im Monat mindestens 10.000 EUR erreiche, sprechen dafür, dass es sich nicht lediglich um eine unverbindliche Anpreisung des Kaufobjektes, sondern um die Vereinbarung einer entsprechenden Garantie des L gehandelt hat. Ob dies auch L wollte, ist angesichts des objektiven Erklärungswerts seines Verhaltens unerheblich (§ 116 S. 1). S kann deshalb nach § 323 I vom Vertrag zurücktreten und zudem (§ 325) Schadensersatz nach §§ 280 I, III, 281 I 1 statt der Leistung fordern, wobei die „besonderen Umstände" eine vorherige Fristsetzung entbehrlich erscheinen lassen (§ 281 II Var. 2, § 323 II Nr. 3).

(13) Das Gericht wird V entsprechend dem Antrag des K verurteilen, wenn dieser wirksam vom Kaufvertrag zurückgetreten ist. Da der defekte Motor einen Sachmangel darstellt, kann K die in § 437 genannten Rechte geltend machen. V verweigerte die im konkreten Fall allein in Betracht kommende Art der Nacherfüllung, die Beseitigung des Mangels (→ Rn. 819). Deshalb braucht K ihm keine Frist zu setzen, bevor er Rechte wegen des Sachmangels geltend macht (§ 440 S. 1). K hat zunächst den Kaufpreis gemindert, bevor er den Rücktritt vom Vertrag erklärte. Es fragt sich deshalb, ob K an die zunächst gewählte Minderung gebunden ist. Dies ist zu bejahen, denn die Minderung ist ein Gestaltungsrecht (→ Rn. 833). Zwar lässt die hM den Übergang von der Minderung zum Schadensersatz zu, nicht jedoch zum Rücktritt. Deshalb kann K nicht mehr vom Vertrag zurücktreten, sondern hat (nur) einen Anspruch auf Rückzahlung des geleisteten Mehrbetrags nach § 346 I iVm § 441 IV. K wird also mit seiner Klage keinen Erfolg haben. Welche prozessualen Möglichkeiten ihm zur Verfügung stehen, um wenigstens den von ihm zu beanspruchenden Teil des Kaufpreises zu erhalten, muss hier offen bleiben.

(14) Der gekaufte Pkw wies als unfallgeschädigtes Fahrzeug mit bleibenden Schäden nicht die vertraglich vereinbarte Beschaffenheit (unfallfreies Kfz) auf und ist deshalb nicht frei von einem Sachmangel (§ 434 I 1). W kann deshalb vom Vertrag zurücktreten (§ 437 Nr. 2 iVm § 326 V), weil die dem S nach dem Vertrag obliegende Pflicht, das verkaufte Fahrzeug dem W frei von Sachmängeln zu verschaffen, objektiv unmöglich ist und folglich der darauf gerichtete Anspruch des W nach § 275 I ausgeschlossen ist. Es muss allerdings geklärt werden, welche Rechtsfolgen sich daraus ergeben, dass W den Pkw bei einem Unfall erheblich beschä-

I. Fälle und Fragen

digte. Grundsätzlich hat derjenige, der im Falle des Rücktritts die von ihm zurückzugewährende Sache nur in einem verschlechterten Zustand zurückgeben kann, Wertersatz zu leisten (§ 346 II 1 Nr. 3). Jedoch gilt dies im Fall eines gesetzlichen Rücktrittsrechts nicht, wenn die Verschlechterung eingetreten ist, obwohl der Rückgewährschuldner die Sorgfalt beobachtet hat, die er in eigenen Angelegenheiten anzuwenden pflegt (§ 346 III 1 Nr. 3). Da W den Unfall nicht verschuldete, ist ihm auch kein Sorgfaltsverstoß vorzuwerfen. Er hat deshalb nur den Pkw in dem Zustand an S herauszugeben, in dem sich das Fahrzeug nach dem Unfall befindet (§ 346 III 2), und zwar Zug um Zug gegen Rückzahlung des Kaufpreises (§§ 346 I, 348). Außerdem ist er zum Ersatz der Nutzungen verpflichtet, die er durch den Gebrauch des Pkw gezogen hat (§ 346 I).

(15) Ein Anspruch gegen H auf Erstattung der Arztkosten des E könnte sich aus § 280 I iVm § 437 Nr. 3 ergeben. Da der Bohrer nicht die vertraglich vereinbarte Beschaffenheit – seine Eignung zum Bohren in Beton – aufweist, ist er mangelhaft (§ 434 I 1), sodass H seine Pflicht, dem Käufer eine mangelfreie Sache zu verschaffen (§ 433 I 2), nicht erfüllt hat. Ob H die Pflichtverletzung zu vertreten hat (was zumindest dann zu bejahen wäre, wenn er die gewünschte Beschaffenheit des Bohrers garantiert hätte), kann jedoch dahinstehen, wenn ein Schadensersatzanspruch des E aus anderen Gründen zu verneinen wäre. Nach § 280 I hat der Schuldner nur solche Schäden zu ersetzen, die durch die Pflichtverletzung entstehen, das heißt solche, die ihm aufgrund der Pflichtverletzung zuzurechnen sind. Zurechenbare Schäden sind solche, die durch die Pflichtverletzung adäquat-kausal verursacht wurden und zudem in den Schutzbereich der verletzten Pflicht fallen (→ Rn. 554, 558). Vom Schutzbereich der Pflicht, eine mangelfreie Sache (hier: ein zum Bohren in Beton geeignetes Werkzeug) zu liefern, werden allemal solche Schäden umfasst, die eintreten, weil diese Eignung fehlte. Hierzu zählen nicht nur Schäden, die am Bohrer selbst entstehen, sondern auch solche, die an anderen Rechtsgütern verursacht werden. Wäre E beispielsweise beim Bohren ausgerutscht und hätte sich verletzt, so müsste H für diesen Schaden einstehen, wenn dafür der Mangel des Bohrers ursächlich gewesen wäre. Dagegen sollen durch die Pflicht, eine mangelfreie Sache dem Käufer zu verschaffen, nicht auch solche Schäden abgewendet werden, die dadurch hervorgerufen werden, dass sich der Käufer übermäßig über den Mangel erregt. Derartige Risiken liegen bei wertender Betrachtung nicht mehr im Schutzbereich der vertraglichen Pflicht des Verkäufers, sondern gehören zum allgemeinen Lebensrisiko des Käufers. Folglich kann E den Ersatz der Arztkosten nicht von H verlangen.

(16) Da E sein Eigentum durch den Diebstahl nicht verloren hat und er nicht bereit ist, sein Eigentum aufzugeben, ist V außer Stande, entsprechend seiner Verpflichtung als Verkäufer das Eigentum an der Uhr auf K zu übertragen. Es ist streitig, ob die Nichterfüllung der Pflicht des Verkäufers, dem Käufer das Eigentum an der Kaufsache zu verschaffen, zu einem Rechtsmangel führt. Die hM verneint dies mit der Begründung, die Eigentumsverschaffungspflicht werde ausdrücklich in § 433 I 1 genannt und sei deshalb nicht von § 433 I 2 und § 435 erfasst (→ Rn. 812). Von diesem Standpunkt aus müssen die Rechtsfolgen der Nichterfüllung unmittelbar dem allgemeinen Leistungsstörungsrecht entnommen werden. Dies bedeutet, dass K vom Vertrag zurücktreten (§§ 323, 326 V) und ggf. Schadensersatz nach §§ 311a II, 325 fordern kann. Macht K diese Rechte geltend, ist er zur Rückgabe der Uhr an V verpflichtet (§ 346 I), der seinerseits die Uhr E herauszugeben hat. Allerdings kann E auch unmittelbar an K herantreten und Herausgabe der Uhr von diesem verlangen (§ 985). Die Ansprüche des K gegen V ändern sich dadurch nicht; nur entfällt dann dessen Rückgabepflicht bezüglich der Uhr.

(17) Auf der Grundlage des § 346 I kann G Rückzahlung des Kaufpreises verlangen, wenn er wirksam vom Kaufvertrag zurückgetreten ist. In der Rückforderung des Geldes liegt die konkludente Erklärung des Rücktritts (§ 349). Ein Rücktrittsrecht kann sich hier aus § 323 I iVm II Nr. 3, § 437 Nr. 2 ergeben. Die Lieferung eines aliud wird durch § 434 III als Sachmangel gewertet. Eine vorherige Fristsetzung zur Nacherfüllung kommt hier nicht in Betracht, weil durch Lieferung von Tulpenzwiebeln im Frühjahr nicht mehr der Vertragszweck erreicht wer-

den kann und deshalb unter Abwägung der beiderseitigen Interessen der sofortige Rücktritt gerechtfertigt ist. Dass G nicht in der Lage ist, die ihm gelieferten Narzissenzwiebeln zurückzugeben, führt nicht dazu, dass er insoweit nach § 346 II 1 Nr. 3 Wertersatz leisten muss; denn ihm kann kein Sorgfaltsverstoß vorgeworfen werden (§ 346 III 1 Nr. 3).

(18) Als Anspruchsgrundlage ist §§ 280 I, II, 286 I in Betracht zu ziehen. Hierfür kommt es darauf an, ob sich V mit der von ihm geschuldeten Leistung in Verzug befunden hat. Von den Voraussetzungen des Verzuges (Möglichkeit und Fälligkeit der Leistung, Durchsetzbarkeit der Forderung, Mahnung und Vertretenmüssen der Verspätung, → Rn. 478) kann allenfalls fraglich sein, ob V gemahnt wurde. Dies ist zu bejahen, denn in dem Nachlieferungsverlangen (§ 439 I iVm §§ 434 I, 437 Nr. 1) liegt die unmissverständliche Aufforderung an den Schuldner, die geschuldete Leistung zu erbringen, also eine Mahnung. Die Gewinneinbuße des K stellt auch einen Vermögensnachteil dar, der durch die verspätete Lieferung verursacht wurde und nach § 286 I vom Schuldner ersetzt werden muss.

(19) Die Möglichkeit der Anfechtung wegen eines Inhalts- oder Erklärungsirrtums nach § 119 I, wegen eines Übermittlungsirrtums nach § 120 und wegen arglistiger Täuschung oder widerrechtlicher Drohung nach § 123 ist ohne jede Einschränkung neben der kaufrechtlichen Regelung über die Haftung für Sachmängel zulässig. Ein Konkurrenzproblem kann sich nur insoweit ergeben, als sich ein Eigenschaftsirrtum iSd § 119 II auf die Beschaffenheit der Kaufsache bezieht, für die der Verkäufer nach dem Kaufvertrag einzustehen hat. Die hM schließt eine Irrtumsanfechtung nach § 119 II aus, wenn der Irrtum einen Mangel der Kaufsache betrifft. Sie begründet dies damit, dass die Zulassung einer Irrtumsanfechtung in diesen Fällen dazu führte, dem Verkäufer das ihm zustehende Recht zur Mangelbeseitigung zu nehmen und den Käufer gegenüber der Sachmängelhaftung besser zu stellen. Denn ein Käufer könne auf der Grundlage des § 442 I 2 keine Rechte geltend machen, wohl aber wegen Irrtums anfechten. Solche Unterschiede zur Sachmängelhaftung sollen nicht zugelassen werden (→ Rn. 870 ff.).

(20) Beim Kauf unter Eigentumsvorbehalt erwirbt der Käufer mit der aufschiebend bedingten Übereignung der Kaufsache ein Anwartschaftsrecht auf das Eigentum. Außerdem ist er zum Besitz an der Kaufsache berechtigt. Der Verkäufer hat einen Anspruch auf Zahlung des Kaufpreises, der jedoch entsprechend der regelmäßig getroffenen Stundungsabrede zumindest im Ganzen noch nicht fällig ist. Zahlt der Käufer bei Fälligkeit den Kaufpreis nicht, so ist der Verkäufer zum Rücktritt vom Kaufvertrag berechtigt, wenn eine von ihm dem Käufer gesetzte angemessene Frist für die Zahlung erfolglos abgelaufen ist (§ 323 I). Nach Ausübung des Rücktrittsrechts kann er die Rückgabe der Kaufsache vom Käufer fordern (§ 346 I, § 449 II). Der Verkäufer kann auch auf die sonst im Falle des Zahlungsverzugs des Käufers bestehenden Rechte zurückgreifen und nach Maßgabe von §§ 280 I, II, 286 Schadensersatz fordern (→ Rn. 889 f., 897 ff.).

(21) Bei einer aufschiebenden Bedingung ist der Eintritt der Rechtswirkungen von einem künftigen ungewissen Ereignis abhängig (§ 158 I). Bis zum Eintritt der Bedingung befindet sich das Rechtsgeschäft in einem Schwebezustand. Dagegen enden die Wirkungen des Rechtsgeschäfts bei einer auflösenden Bedingung gem. § 158 II mit ihrem Eintritt (→ Rn. 891).

(22) Nach § 388 S. 2 ist es unzulässig, die Aufrechnung unter einer Bedingung zu erklären. Diese Regelung bezweckt, den Erklärungsempfänger vor einer unzumutbaren Ungewissheit zu schützen, die sonst eintreten würde. Dieser Gesichtspunkt trifft jedoch nicht zu, wenn der Eintritt der Bedingung allein vom Erklärungsempfänger abhängt (sog. Potestativbedingung). Eine solche Bedingung ist nach dem Normzweck mit § 388 S. 2 vereinbar und deshalb zulässig (→ Rn. 896). Die gestellte Frage ist folglich zu bejahen.

(23) Nach gängigem Begriffsverständnis steht dem Erwerber ein Anwartschaftsrecht zu, wenn von einem mehraktigen Entstehungstatbestand eines Rechts schon so viele Erfordernisse erfüllt sind, dass der Veräußerer die Rechtsposition des Erwerbers nicht mehr einseitig zerstören kann (→ Rn. 899).

I. Fälle und Fragen

(24) In Erfüllung des zwischen K und D geschlossenen Kaufvertrags hat K sein Anwartschaftsrecht, das er aufgrund des Rechtsgeschäfts mit V erworben hat, dem D übertragen. Für die Übertragung des Anwartschaftsrechts gelten die gleichen Regeln wie für das Vollrecht (hier § 929 S. 1). Damit ist D in die Rechtsposition des Anwartschaftsberechtigten eingetreten, wie sie zuvor K innehatte. Dies bedeutet, dass D mit Bedingungseintritt, dh mit völliger Tilgung der Schuld aus dem Kaufvertrag zwischen V und K, Eigentümer des Pkw wird (→ Rn. 899). Die Vereinbarung zwischen K und D, dass dieser dem V die 6.000 EUR zahlen soll, die K dem V schuldet, ändert allerdings nichts daran, dass weiterhin Schuldner des V der K bleibt, weil für einen Schuldneraustausch (Schuldübernahme) gem. § 415 I die Genehmigung des Gläubigers erforderlich ist, die hier von V verweigert wird. Jedoch ist V verpflichtet, die von D angebotene Zahlung des Restkaufpreises anzunehmen. Denn gem. § 267 II darf er die Leistung nur dann ablehnen, wenn der Schuldner (hier: K) dieser Zahlung widerspricht. Dies tat K nicht, sondern hat im Gegenteil den V darum gebeten, die Zahlung von G anzunehmen. Da V durch seine Weigerung den Eintritt der Bedingung für den Eigentumsübergang auf D grundlos verhinderte, gilt diese Bedingung gem. § 162 I als eingetreten (→ Rn. 898). D ist somit Eigentümer des Pkw geworden. Das Eigentum an dem Kfz-Brief steht in entsprechender Anwendung von § 952 dem D ebenfalls zu. V ist deshalb zur Herausgabe des Briefes verpflichtet.

(25) Der geschlossene Kaufvertrag verpflichtet H zur Lieferung des bestellten Weines und A zur Zahlung des Kaufpreises (§ 433). Der Anspruch des A kann jedoch nach § 275 I ausgeschlossen sein, wenn die von H geschuldete Leistung unmöglich geworden ist. Bei dem gekauften Wein handelt es sich um eine Gattungsschuld. Bei der Gattungsschuld trifft den Verkäufer in der Regel die Beschaffungspflicht. Unmöglichkeit tritt nur dann ein, wenn die gesamte Gattung bzw. bei einer auf den Vorrat beschränkten Gattungsschuld der Vorrat untergeht oder sich die Schuld des Verkäufers infolge Konkretisierung nach § 243 II auf bestimmte Stücke der Gattung beschränkt. Wann der Schuldner das zu einer Konkretisierung seinerseits Erforderliche getan hat, richtet sich nach der Art der Schuld. Im vorliegenden Fall ist nicht von einer Bringschuld auszugehen, da sich H nur ausnahmsweise auf Wunsch des A dazu bereit erklärt hat, den Wein zu versenden, und nicht angenommen werden kann, dass er damit auch das Risiko des zufälligen Untergangs des Weins auf dem Transport übernehmen wollte, (vgl. auch § 269 III). Es handelt sich also um eine Schickschuld. Durch die Übergabe der Weinflaschen an die Transportperson hat H das seinerseits Erforderliche zur Erfüllung seiner Schickschuld getan und damit die Konkretisierung bewirkt (§ 243 II). Da die geschuldeten Weinflaschen nicht mehr auffindbar sind, wurde H die Leistung unmöglich und er ist deshalb von seiner Verpflichtung zur Lieferung des Weines frei geworden. Fraglich ist, was das für den Kaufpreiszahlungsanspruch des H bedeutet. Mit Untergang der Leistung geht gem. § 326 I 1 Hs. 1 bei gegenseitigen Verträgen grundsätzlich auch der Anspruch auf die Gegenleistung unter. Eine Ausnahme hierzu bildet § 447 I, wonach die Gegenleistungsgefahr beim Versendungskauf mit der Übergabe der Kaufsache an die Transportperson auf den Käufer übergeht, er also zur Gegenleistung verpflichtet bleibt, obgleich er keine Leistung erhält (→ Rn. 624). § 447 I findet jedoch bei einem Verbrauchsgüterkauf regelmäßig, so auch hier, keine Anwendung (§ 475 II). H als Unternehmer (§ 14) und A als Verbraucher (§ 13) haben einen solchen Kauf vereinbart (§ 474 I). Deshalb trägt H weiterhin die Gegenleistungsgefahr, und es bleibt bei § 326 I 1 Hs. 1: Sein Anspruch auf den Kaufpreis entfällt (→ Rn. 905). Es sei noch darauf hingewiesen, dass die Vorschriften über Fernabsatzverträge hier keine Anwendung finden, weil dies nach § 312c I voraussetzt, dass der Vertragsschluss im Rahmen eines für den Fernabsatz organisierten Vertriebs- oder Dienstleistungssystems erfolgt und gelegentliche telefonische Vertragsschlüsse nicht darunter fallen.

(26) Es handelt sich um einen Sachdarlehensvertrag nach § 607, nicht um eine Leihe, weil N das „geliehene" Mehl verbraucht, es also nicht mehr zurückgeben kann (vgl. § 604 I und § 607 I 2; → Rn. 923 f.).

(27) Die Frage ist für ein Darlehen zu bejahen, für das Zinsen geschuldet werden, zu verneinen bei einem zinslosen Darlehen (→ Rn. 920).

(28) Grundsätzlich können Mietverträge formfrei geschlossen werden. Nur für Mietverträge über Wohnraum (§ 550), über Räume, die keine Wohnräume sind (§ 578 II) und über Grundstücke (§ 578 I) ist die Schriftform einzuhalten, wenn der Vertrag für eine längere Zeit als ein Jahr geschlossen wird (→ Rn. 927).

(29) Der Mieter kann Beseitigung des Mangels fordern (§ 535 I 2) oder unter den Voraussetzungen des § 536a II den Mangel selbst beseitigen und Ersatz der erforderlichen Aufwendungen vom Vermieter beanspruchen. Ist durch den Mangel die Tauglichkeit der Mietsache zum vertragsmäßigen Gebrauch aufgehoben, so ist der Mieter, solange dieser Zustand dauert, von der Pflicht zur Entrichtung des Mietzinses befreit, für die Zeit, während der die Tauglichkeit gemindert ist, nur zur Entrichtung eines geminderten Mietzinses verpflichtet (§ 536 I). Der Mieter kann auch unter den Voraussetzungen des § 536a I Schadensersatz verlangen. Schließlich steht dem Mieter wegen des Mangels auch das Recht zu, den Mietvertrag fristlos zu kündigen, wenn die Voraussetzungen des § 543 oder des § 569 erfüllt werden.

(30) Als Rechtsgrundlage für die geltend gemachten Schadensersatzansprüche kommt § 536a I Var. 1 in Betracht. Der Fehler der Stromleitung mindert die Tauglichkeit der gemieteten Wohnung erheblich. Es handelt sich folglich dabei um einen Mangel iSd § 536 I. Nach der Sachverhaltsschilderung ist auch davon auszugehen, dass dieser Mangel bereits im Zeitpunkt des Abschlusses des Vertrages vorhanden war. Bei den entstandenen Schäden handelt es sich um sog. Mangelfolgeschäden. § 536a I Var. 1 ist nach seinem Normzweck auch auf derartige Mangelfolgeschäden auszudehnen. M kann folglich Schadensersatz für die beim Brand zerstörten Möbel fordern. Frau M ist nicht Vertragspartner des V. Dennoch kann auch sie nach § 536a I Var. 1 Ersatz ihres Schadens verlangen. Denn der Schutz, der durch diese Vorschrift gewährt wird, gilt auch zugunsten solcher Personen, die die Leistungen des Vermieters erkennbar in gleicher Weise in Anspruch nehmen wie der Mieter (→ Rn. 931 f.).

(31) Soweit sich wegen fehlerhafter Informationen über Eigenschaften der Mietsache Ansprüche aus § 536 oder § 536a ergeben, kommt eine Haftung aus c. i. c. grundsätzlich nicht in Betracht. Eine Ausnahme gilt nur, wenn der Vermieter vorsätzlich falsche Angaben macht. Da §§ 536, 536a erst anwendbar sind, wenn die Mietsache übergeben worden ist, haftet der Vermieter vor der Übergabe für falsche Informationen nach den Regeln der c. i. c. (→ Rn. 933).

(32) Ist ein Mietverhältnis für einen bestimmten Zeitraum geschlossen worden, so endet es regelmäßig mit Ablauf dieser Zeit (§ 542 II). Ist eine Mietzeit nicht bestimmt, kann jede Vertragspartei das Mietverhältnis nach den gesetzlichen Vorschriften kündigen (§ 542 I) und damit beenden. Nach der gesetzlichen Regelung ist zwischen einer ordentlichen, einer außerordentlichen befristeten und einer außerordentlichen fristlosen Kündigung zu unterscheiden. Außerordentliche Kündigungen verlangen regelmäßig einen Kündigungsgrund (vgl. § 543). Zu beachten ist, dass für die Wohnraummiete das Recht des Vermieters zur Kündigung durch §§ 568 ff. iVm § 549 erheblich eingeschränkt ist (→ Rn. 935 ff.).

(33) Beim Leasing sind zwei Grundtypen zu unterscheiden: Das Operating-Leasing, bei dem der Leasinggeber dem Leasingnehmer eine Sache zum Gebrauch überlässt und der Leasingnehmer dafür ein Entgelt zahlt (weitgehend dem Mietvertrag angenähert), und das Finanzierungsleasing, bei dem regelmäßig drei Personen beteiligt sind: Der Leasinggeber erwirbt den Leasinggegenstand vom Produzenten oder Händler und überlässt ihn dem Leasingnehmer gegen Entgelt zur Nutzung. Der Vertrag wird beim Finanzierungsleasing meist für eine bestimmte Zeit geschlossen, die sich an der gewöhnlichen Nutzungsdauer des Leasinggegenstandes orientiert (→ Rn. 939 ff.).

(34) Diese Unterscheidung hat erhebliche praktische Bedeutung: Zwar gelten §§ 611 ff. auch für Arbeitsverträge; sie werden jedoch durch eine Vielzahl arbeitsrechtlicher Sonderregelungen modifiziert und ergänzt, die dazu geführt haben, dass sich das Arbeitsrecht zu einem

I. Fälle und Fragen

eigenständigen Bereich des Zivilrechts entwickelt hat. Beispielsweise gelten in Arbeitsverhältnissen für Dienstverpflichtete (Arbeitnehmer genannt) gewisse Haftungsmilderungen, die im Rahmen freier Dienstverträge keine Anwendung finden (→ Rn. 944).

(35) Dienstvertrag und Werkvertrag unterscheiden sich in der theoretischen Betrachtung darin, dass beim Werkvertrag ein bestimmter Erfolg geschuldet wird und der Unternehmer das vereinbarte Entgelt zu fordern nur berechtigt ist, wenn er diesen Erfolg erbringt, während beim Dienstvertrag Dienste geschuldet werden und das Entgelt unabhängig davon gewährt werden muss, ob die Tätigkeit erfolgreich ist (→ Rn. 949).

(36) Beim Werkvertrag bedeutet Abnahme eines Werkes sowohl die körperliche Entgegennahme als auch eine damit verbundene (auch konkludent abzugebende) Erklärung des Bestellers, dass er das Werk als eine in der Hauptsache vertragsgerecht erbrachte Leistung anerkenne (→ Rn. 954).

(37) Der Besteller ist berechtigt, die Nacherfüllung zu fordern (§ 634 Nr. 1 iVm § 635). Der Besteller kann den Mangel selbst beseitigen und Ersatz der dafür erforderlichen Aufwendungen verlangen, wenn er dem Unternehmer erfolglos eine angemessene Frist zur Nacherfüllung gesetzt hat und dieser nicht berechtigt ist, die Nacherfüllung zu verweigern (§ 637). Unter den Voraussetzungen der §§ 323, 326 V oder 636 kann der Besteller wegen des Mangels vom Vertrag zurücktreten oder nach § 638 die Vergütung mindern. Nach §§ 280, 281, 283, 311a, 636 steht ihm auch ein Schadensersatzanspruch zu. Der Besteller kann gem. § 320, § 641 I die Zahlung der vereinbarten Vergütung verweigern, bis der Unternehmer ein mangelfreies Werk hergestellt hat (→ Rn. 962 f.).

(38) Erleidet der Beauftragte bei der Durchführung des Auftrages einen Schaden, so haftet der Auftraggeber nach § 280 I, wenn der Schaden von ihm durch eine schuldhafte Vertragsverletzung herbeigeführt worden ist. Handelt es sich um einen Zufallsschaden, ist eine Ersatzpflicht zu bejahen, wenn der Schaden auf einer für den Auftrag eigentümlichen erhöhten Gefahr und nicht auf dem allgemeinen Lebensrisiko beruht (→ Rn. 975 f.).

Zu § 9 (nach Rn. 1151)

(1) Die GoA ist zu unterscheiden von der irrtümlichen Eigengeschäftsführung, bei der das Bewusstsein und demzufolge auch der Wille, ein fremdes Geschäft zu führen, fehlen (§ 687 I), und der Geschäftsanmaßung, bei der zwar das Bewusstsein vorhanden ist, ein fremdes Geschäft zu führen, jedoch nicht der dahingehende Wille (→ Rn. 980). Innerhalb der GoA kommt es darauf an, ob die Geschäftsbesorgung dem Interesse und dem wirklichen oder mutmaßlichen Willen des Geschäftsherrn entspricht (dann berechtigte GoA) oder nicht (dann unberechtigte GoA; → Rn. 982 f.).

(2) Ein Anspruch des G auf Ersatz der ihm entstandenen Kosten kann auf § 683 S. 1 iVm § 670 gestützt werden, wenn die Voraussetzungen einer berechtigten GoA erfüllt sind. Der Begriff der Geschäftsbesorgung ist im weitesten Sinn zu verstehen. Auch das Zurverfügungstellen von Decken und Verbandszeug genügt hierfür (→ Rn. 985). Da es sich um ein Geschäft des W handelt, also um ein für G fremdes Geschäft, er ohne ein besonderes Geschäftsbesorgungsverhältnis oder aufgrund einer sonstigen Berechtigung tätig wird, ein Fremdgeschäftsführungswille anzunehmen ist und die Geschäftsführung auch dem Interesse und zumindest dem mutmaßlichen Willen des W entspricht, steht G ein entsprechender Ersatzanspruch zu.

(3) Ein Anspruch auf Schadensersatz aus § 823 I scheitert am fehlenden Verschulden des A. Eine verschuldensunabhängige Haftung kann sich aus § 7 I StVG ergeben, wenn der Unfall nicht durch höhere Gewalt verursacht worden ist (§ 7 II StVG). Auf diesen Haftungsgrund soll jedoch nicht näher eingegangen werden, weil die damit zusammenhängenden Fragen im Grundkurs nicht behandelt werden. In Betracht kommt ein Anspruch aus § 670 iVm § 683 S. 1. Dann müsste es sich bei der Entfernung der Schrottteile um die Besorgung eines Ge-

schäftes des A gehandelt haben, das E mit Fremdgeschäftsführungswillen geführt hat, wobei diese Geschäftsführung dem Interesse und Willen des A entsprochen haben muss (→ Rn. 984, 995). Die Entfernung von Schrottteilen aus dem eigenen Garten ist sicherlich eine Aufgabe des Eigentümers. Jedoch wird die Fremdheit des Geschäfts nicht dadurch ausgeschlossen, dass der Geschäftsführer mit der Geschäftsbesorgung eigene Interessen verbindet (→ Rn. 989). Die Schrottteile im Vorgarten des E führten zu einer Beeinträchtigung seines Eigentums, zu deren Beseitigung A verpflichtet gewesen ist (vgl. § 1004 I). Deshalb erledigte E zugleich auch ein Geschäft des A, wobei nach den Umständen des Falles davon auszugehen ist, dass er dies auch wollte. Da A durch das Tätigwerden des E von einer eigenen Verpflichtung befreit worden ist, entspricht die Geschäftsführung auch seinem Interesse, weil sie für ihn objektiv nützlich ist (→ Rn. 996). Da A seinen Willen nicht geäußert hat, kommt es auf seinen mutmaßlichen Willen an, der im objektiven Sinn zu verstehen ist und der regelmäßig mit dem Interesse des Geschäftsherrn übereinstimmt (→ Rn. 998). Somit sind alle Voraussetzungen für eine berechtigte GoA erfüllt, sodass E wie ein Beauftragter Ersatz seiner Aufwendungen verlangen kann, die ihm durch die Beseitigung der Schrottteile entstanden sind.

(4) Hier kommt es auf die Frage an, ob auf die Regeln der GoA auch dann zurückgegriffen werden kann, wenn der Geschäftsführer aufgrund eines mit dem Geschäftsherrn geschlossenen Vertrages tätig werden will, dessen Nichtigkeit den Vertragspartnern nicht bekannt ist. Diese Frage wird unterschiedlich beantwortet. Der BGH bejaht die Anwendbarkeit der §§ 677 ff. in diesen Fällen, weil auch hier ein Auftrag fehle. Im Schrifttum wird dagegen darauf hingewiesen, dass bei der Rückabwicklung fehlgeschlagener Leistungen aufgrund nichtiger Rechtsgeschäfte die Einschränkungen der §§ 812 ff. nicht umgangen werden dürften, und daher den §§ 812 ff. der Vorrang vor den Vorschriften über die GoA einzuräumen ist (→ Rn. 994).

(5) Eine Geschäftsführung ist berechtigt, wenn sie dem wirklichen Willen des Geschäftsherrn entspricht. Nur in den Fällen des § 679 ist ein entgegenstehender Wille des Geschäftsherrn unbeachtlich. Ist der wirkliche Wille des Geschäftsherrn nicht geäußert worden, kommt es auf den mutmaßlichen Willen an. Es ist danach zu fragen, ob ein vernünftiger Geschäftsherr bei Berücksichtigung aller Umstände und seiner besonderen Lage die Geschäftsführung gewollt hätte. Im Regelfall stimmt der mutmaßliche Wille mit dem objektiven Interesse des Geschäftsherrn überein (→ Rn. 995 ff.). Bei einer berechtigten GoA entsteht zwischen Geschäftsherrn und Geschäftsführer ein gesetzliches Schuldverhältnis im Sinne einer auftragsähnlichen Rechtsbeziehung, die einen Rechtfertigungsgrund für Eingriffe in Rechtsgüter des Geschäftsherrn und einen Rechtsgrund für Vermögensverschiebungen schafft, die ferner dem Geschäftsführer Pflichten nach § 677 und § 681 auferlegt und ihm einen Anspruch nach § 683 auf Ersatz seiner Aufwendungen in gleicher Weise wie einem Beauftragten gibt (→ Rn. 1000 ff.).

(6) Bei einer berechtigten GoA besteht ein entsprechender Anspruch aufgrund §§ 670, 683 S. 1 (→ Rn. 1004). Hier stellt sich die Frage, welche Rechtsfolgen es hat, dass sowohl Geschäftsführer als auch Geschäftsherr minderjährig sind. Ist der Geschäftsherr beschränkt geschäftsfähig, entscheidet über die Berechtigung der GoA nicht sein Wille, sondern der seines gesetzlichen Vertreters. Insoweit ergeben sich keine Zweifel, dass die von S geleistete Hilfe auch mit dem mutmaßlichen Willen der Eltern des M übereinstimmt. Streitig ist, ob der minderjährige Geschäftsführer nach den Regeln der §§ 677 ff. nur dann berechtigt und verpflichtet ist, wenn sein gesetzlicher Vertreter zustimmt. Sieht man in der GoA eine geschäftsähnliche Handlung, muss diese Frage bejaht werden. Die Gegenauffassung weist darauf hin, dass die GoA auch nur in einem tatsächlichen Tun bestehen könne, bei dem jede Bezugnahme auf Rechtliches fehle; dementsprechend hält sie für das Zustandekommen des auftragsähnlichen Rechtsverhältnisses der GoA eine Zustimmung des gesetzlichen Vertreters nicht für erforderlich (→ Rn. 999). Schließt man sich dieser Ansicht an, steht S ein Anspruch auf Kostenersatz auch ohne Zustimmung seiner Eltern zur GoA zu.

I. Fälle und Fragen   541

(7) Nach § 683 S. 1 kann ein Geschäftsführer im Rahmen einer berechtigten GoA, deren Voraussetzungen hier erfüllt sind, Ersatz seiner Aufwendungen „wie ein Beauftragter" verlangen. Ein Beauftragter kann jedoch keine Vergütung für seine Tätigkeit fordern. Dies spricht dafür, dass das Gleiche auch im Rahmen der GoA gilt. Die hM macht jedoch aufgrund des Rechtsgedankens des § 1835 III eine Ausnahme, wenn die ausgeführte Tätigkeit zum Gewerbe oder Beruf des Geschäftsführers gehört. Dementsprechend könnte H als Arzt, jedoch nicht E, der eine berufsfremde Tätigkeit mit der Hilfeleistung erbracht hat, eine Vergütung beanspruchen. Zu demselben Ergebnis gelangt man, wenn man auf der Grundlage des hypothetischen Parteiwillens eine Lösung sucht und fragt, ob die Parteien ein Entgelt vereinbart hätten, wenn ihnen eine vertragliche Verabredung möglich gewesen wäre. Da üblicherweise ärztliche Leistungen der erbrachten Art vergütet werden, hingegen andere Hilfeleistungen bei Verkehrsunfällen nicht, ist auch davon auszugehen, dass bei vernünftiger Überlegung die Beteiligten eine entsprechende Vereinbarung getroffen hätten. Die Entscheidung fiele aber anders aus, wenn man im Rahmen der GoA dem Geschäftsführer stets eine angemessene Vergütung für die Geschäftsbesorgung zubilligen wollte. Diese Auffassung wird im Schrifttum vertreten und teilweise mit der Entstehungsgeschichte des § 683, teilweise mit der Erwägung begründet, die Arbeitskraft des Einzelnen sei seine wichtigste Erwerbsgrundlage und deshalb sei ihr Einsatz ein freiwilliges Vermögensopfer, das als Aufwendung zu werten sei (→ Rn. 1007 f.).

(8) Nach hM hat der Geschäftsherr Zufallsschäden des Geschäftsführers nach § 683 S. 1 iVm § 670 zu ersetzen, die auf einer für das besorgte Geschäft eigentümlichen erhöhten Gefahr und nicht auf dem allgemeinen Lebensrisiko beruhen (→ Rn. 1004). Zufallsschäden sind solche Vermögenseinbußen, die weder vom Geschäftsherrn noch vom Geschäftsführer zu vertreten sind. H hat den Unfall infolge leichter Fahrlässigkeit verursacht. Da jedoch die Geschäftsführung die Abwendung einer W drohenden dringenden Gefahr bezweckte, hat H nach § 680 nur Vorsatz und grobe Fahrlässigkeit zu vertreten (→ Rn. 1012). Weil die Geschäftsführung auch die Benutzung eines Pkw erforderlich sein ließ, handelt es sich bei dem Unfall nicht um die Realisierung des allgemeinen Lebensrisikos, sondern um die einer spezifischen Gefahr der Geschäftsbesorgung. W ist deshalb verpflichtet, die Reparaturkosten H zu ersetzen.

(9) Der Anspruch des A auf Zahlung der als Miete eingenommenen 10.000 EUR kann sich auf § 667 iVm §§ 687 II 1, 681 S. 2 stützen. B hat mit der Vermietung des Hauses des A ein fremdes Geschäft als eigenes behandelt, obwohl er wusste, dass er dazu nicht berechtigt gewesen ist. Folglich ist B verpflichtet, alles herauszugeben, was er aus der Geschäftsbesorgung erlangt hat. Dies sind 10.000 EUR. Unerheblich ist, ob dieser Betrag der marktüblichen Miete entspricht. Da A Herausgabe des aus der Geschäftsbesorgung Erlangten fordert, ist er seinerseits verpflichtet, dem Geschäftsführer die Aufwendungen nach den Regeln des Bereicherungsrechts zu ersetzen, die dieser im Rahmen der Geschäftsbesorgung getätigt hat. Diese Pflicht ergibt sich aus der Verweisung in § 687 II 2 auf § 684 S. 1. Aufwendungen sind freiwillige Vermögensopfer (→ Rn. 974), also auch die Kosten, die B durch die Inserate entstanden sind. Sie kann er von A ersetzt verlangen, sodass er nur zur Zahlung von 9.900 EUR verpflichtet ist (→ Rn. 1015).

(10) a) G kann die Rückgabe und Rückübereignung des Pkw mit der condictio indebiti (§ 812 I 1 Var. 1) von S fordern.

b) Der mit der Leistung bezweckte Erfolg, S zum Abschluss eines Kaufvertrages über das Bild zu veranlassen, ist nicht erreicht worden. Die geleistete „Anzahlung" geschah in der S bekannten Absicht, den Vertrag zustande zu bringen. Er hat diesen Zweck durch die Annahme des Geldes gebilligt. Deshalb sind die Voraussetzungen der condictio ob rem (§ 812 I 2 Var. 2) erfüllt (→ Rn. 1021).

(11) Nach hM ist als Leistung die bewusste und zweckgerichtete Mehrung fremden Vermögens anzusehen (→ Rn. 1018). Durch eine begriffliche Abgrenzung soll erreicht werden, Gläubiger und Schuldner im gesetzlichen Schuldverhältnis der ungerechtfertigten Bereicherung zu

bestimmen; denn der dabei durchzuführende Ausgleich ist nach hM innerhalb der jeweiligen Leistungsbeziehungen vorzunehmen.

(12) Der Bereicherungsschuldner muss sich durch eine eigene Handlung (und nicht durch Leistung des Bereicherungsgläubigers) einen Vermögensvorteil verschafft haben, der nach dem Recht der Güterzuordnung nicht ihm, sondern dem Bereicherungsgläubiger gebührt (→ Rn. 1037).

(13) Nach der herrschenden Zuweisungstheorie ist der Eingriff unberechtigt, wenn die dadurch bewirkte Vermögensvermehrung im Widerspruch zum Zuweisungsgehalt des Rechts steht, in das eingegriffen wird (→ Rn. 1042 ff.).

(14) War D gutgläubig, hat er Eigentum erworben (§§ 929 S. 1, 932). Der gutgläubige Erwerb ist kondiktionsfest, sodass E die Herausgabe des Apparates von D nicht fordern kann. Klagt er auf Herausgabe des Fotoapparates gegen D, so muss er dessen Bösgläubigkeit beweisen; misslingt ihm das, verliert er den Prozess. Abgesehen von diesem Prozessrisiko will sich E ohnehin lieber an K halten. Auch bei einem Prozess gegen K scheint es auf den Beweis der Bösgläubigkeit des D anzukommen, weil die in Betracht kommende Anspruchsgrundlage des § 816 I 1 voraussetzt, dass die Verfügung des Nichtberechtigten wirksam ist. Jedoch kann sich E die Darstellung des K zu eigen machen (also von der Bösgläubigkeit des D ausgehen) und dann die Verfügung des K über sein Eigentum nach § 185 II 1 Var. 1 genehmigen. Durch diese Genehmigung wird die Verfügung des K wirksam, ohne dass deshalb (trotz der rückwirkenden Kraft der Genehmigung, § 184 I) K zum Berechtigten wird. Damit werden die Voraussetzungen des § 816 I 1 auch für den Fall verwirklicht, dass die Sachdarstellung des K wahr ist (→ Rn. 1047 f.).

(15) Neben der Rückübereignung des Hausgrundstückes, die K nach § 812 I 1 Var. 1 schuldet, hat er nach § 818 I auch die gezogenen Nutzungen herauszugeben. Hierzu gehören die Mieten (§ 100 iVm § 99). Auf den Wegfall der Bereicherung kann sich K nach § 818 III nur berufen, wenn er das Geld in einer Weise ausgegeben hat, dass dadurch kein Vorteil mehr in seinem Vermögen geblieben ist, der ihn bereicherte. Hierbei kommt es auf eine wirtschaftliche Betrachtungsweise an. Hat er durch die Ausgabe der Mieten eigenes Geld erspart, so ist er um diese Ersparnis bereichert und muss sie bereicherungsrechtlich ausgleichen (→ Rn. 1056 ff.).

(16) Nach § 816 I 1 kann A von G den Verkaufserlös verlangen, wenn er die zunächst unwirksame Verfügung über sein Eigentum (§ 935) nach § 185 II 1 Var. 1 genehmigt und damit rückwirkend (§ 184 I) wirksam werden lässt. Es fragt sich allerdings, inwieweit sich G auf den Wegfall seiner Bereicherung (§ 818 III) berufen kann. Grundsätzlich sind alle vermögensmäßigen Einbußen bei der Feststellung der Bereicherung zu berücksichtigen, die im Zusammenhang mit dem Erwerb des Bereicherungsgegenstandes stehen. Streitig ist, ob der Bereicherungsschuldner von dem Erlös den Betrag abziehen kann, den er aufgewendet hat, um den Gegenstand zu erhalten. Die hM verneint diese Frage mit der Begründung, dass der gutgläubige Besitzer, der die Sache nicht veräußert, sondern behalten hat, auch nicht berechtigt sei, die Zahlung des von ihm aufgewendeten Kaufpreises zu fordern, wenn der Eigentümer Herausgabe der Sache nach § 985 verlange. Der Besitzer (und in gleicher Weise auch der Bereicherungsschuldner) müsste sich eben an denjenigen halten, von dem er den Gegenstand erworben hat. Bei anderen Vermögenseinbußen wird darüber gestritten, ob die Ursächlichkeit zwischen Erwerb und Vermögenseinbuße ausreicht. Nach zutreffender Auffassung ist neben der Ursächlichkeit noch zu verlangen, dass es sich um Nachteile handelt, die der Bereicherungsschuldner gerade im Zusammenhang damit erlitten hat, dass er auf die Beständigkeit seines Rechtserwerbs vertraute (→ Rn. 1059). Auf der Grundlage dieser Auffassung kann G die Kosten für Tierarzt, Arzneimittel und für Futter, nicht aber für die Instandsetzung der Box von dem Verkaufserlös abziehen. Demgemäß kann A die Zahlung von 12.500 EUR von G verlangen.

(17) Das Verschuldensprinzip besagt, dass die Verpflichtung zum Schadensersatz Verschulden voraussetzt. Es handelt sich dabei um eine Grundregel, die das deutsche Zivilrecht beherrscht.

I. Fälle und Fragen 543

Eine Haftung ohne Verschulden, also ein Einstehenmüssen für einen Erfolg (Erfolgshaftung), bildet die Ausnahme. Der wichtigste Fall einer Erfolgshaftung ist die Gefährdungshaftung. Als Ausgleich für die Zulassung eines gefährlichen Verhaltens besteht die Pflicht, Schäden, die durch das gefährliche Verhalten auch ohne Verschulden verursacht werden, zu ersetzen (→ Rn. 1075).

(18) Der objektive Tatbestand einer unerlaubten Handlung setzt sich aus folgenden Elementen zusammen: Eine menschliche Handlung verursacht (haftungsbegründende Kausalität) die Verletzung einer geschützten Rechtsposition, durch die (haftungsausfüllende Kausalität) ein vom Schutzbereich der Haftungsnorm umfasster Schaden herbeigeführt wird (→ Rn. 1079).

(19) Als Handlung im zivilrechtlichen Sinn ist ein menschliches Verhalten anzusehen, das der Bewusstseinskontrolle und der Willenslenkung unterliegt, also beherrschbar ist (→ Rn. 1080). Der juristische Handlungsbegriff umfasst nicht nur ein (aktives) Tun, sondern auch ein Unterlassen (→ Rn. 1081).

(20) Der geltend gemachte Schadensersatzanspruch kann auf die Vorschrift des § 823 I gestützt werden. Hierfür kommt es darauf an, ob S das Eigentum der Gemeinde Kleindorf verletzt hat. Eine Eigentumsverletzung kann auch dadurch herbeigeführt werden, dass der Eigentümer gehindert wird, seine Sache bestimmungsgemäß zu gebrauchen. Allerdings muss nach hM die Gebrauchsfähigkeit der Sache völlig aufgehoben sein. Dies ist hier zu bejahen. Denn der Hafen mit seinen Anlagen ist nur über den unbrauchbar gewordenen Kanal zu erreichen. Da die Unbrauchbarkeit der Hafenanlage längere Zeit andauert, ist eine Eigentumsverletzung auch dann zu bejahen, wenn man sich der Ansicht anschließt, dass kurzfristige Beeinträchtigungen hierfür nicht ausreichen (→ Rn. 1084). Da S rechtswidrig und schuldhaft gehandelt hat, hat er den aus der Eigentumsverletzung der Gemeinde entstandenen Schaden zu ersetzen. Dazu gehört auch der entgangene Gewinn (§ 252 S. 1).

(21) Nach hM ist der Besitz als „sonstiges Recht" iSv § 823 I anzusehen, wenn der Besitzer die Sache ähnlich einem Eigentümer nutzen darf und ihm Abwehrrechte zustehen, die denen eines Eigentümers entsprechen (→ Rn. 1088).

(22) Ein Schadensersatzanspruch wegen der in den Brutapparaten verdorbenen Eier kann sich auf § 823 I stützen, wenn F das Eigentum des G an diesen Eiern verletzt hat. F hat nicht unmittelbar in die Sachsubstanz eingegriffen. Vielmehr ist die Verletzungshandlung nur mittelbar dadurch herbeigeführt worden, dass F das Stromkabel, das den Elektrizitätswerken gehört, beschädigte und dadurch die Stromzufuhr zu den Brutapparaten unterbrochen hat. Jedoch hat auch derjenige, der eine solche Ursachenkette in Gang setzt, die zu einer Schädigung einer geschützten Rechtsposition führt, dafür einzustehen. Es kommt für § 823 I nicht darauf an, ob der Verletzungserfolg durch einen unmittelbaren Eingriff des Schädigers oder erst durch eine vom Schädiger verursachte „Kettenreaktion" herbeigeführt wird. Da die in den Brutapparaten befindlichen Eier verderben mussten, wenn der Strom ausfällt, ist die Eigentumsverletzung auf das Verhalten des F zurückzuführen; er hat folglich nach § 823 I dafür zu haften. Der weitere von G geltend gemachte Schaden, die Gewinneinbuße, könnte sich als Folge einer Verletzung des Eigentums an den Brutapparaten darstellen. Zwar sind die Brutapparate ohne Strom nicht benutzbar und können folglich auch nicht bestimmungsgemäß gebraucht werden, jedoch ist ihre Gebrauchsfähigkeit nicht völlig aufgehoben; sie könnten – ihre Transportfähigkeit vorausgesetzt – an einem anderen Ort, der mit Strom versorgt ist, ohne Weiteres verwendet werden. Deshalb ist eine Eigentumsverletzung hinsichtlich der Brutapparate zu verneinen (→ Rn. 1084). In Betracht zu ziehen ist lediglich eine Verletzung des Rechts am eingerichteten und ausgeübten Gewerbebetrieb. Die Verletzungshandlung muss aber betriebsbezogen sein und einen unmittelbaren Eingriff in den gewerblichen Tätigkeitsbereich darstellen. Diese Voraussetzung ist nach hM zu verneinen. Insbesondere der BGH hat bei Entscheidung verschiedener sog. Stromkabelfälle den Standpunkt eingenommen, dass es sich dabei nicht um einen Eingriff handle, der gegen den Gewerbebetrieb als solchen gerichtet sei (→ Rn. 1090).

(23) Als Schaden ist die unfreiwillige Einbuße an rechtlich geschützten Gütern zu bezeichnen. Innerhalb des juristischen Schadensbegriffs ist zwischen dem Vermögensschaden (materiellem Schaden) und dem Nichtvermögensschaden (immateriellem Schaden) zu unterscheiden. Diese Unterscheidung ist von Bedeutung, weil wegen eines Schadens, der nicht Vermögensschaden ist, Entschädigung in Geld nur in den durch das Gesetz bestimmten Fällen gefordert werden kann (§ 253 I). Eine weitere Differenzierung lässt sich danach vornehmen, ob der Schaden unmittelbar durch die Verletzungshandlung (Verletzungsschaden) oder erst als weitere Folge (Folgeschaden) herbeigeführt worden ist (→ Rn. 1095 ff.).

(24) In Betracht kommt ein Schadensersatzanspruch auf der Grundlage des § 823 I wegen einer Eigentumsverletzung. Dadurch, dass S die Standfestigkeit des Hauses von H gefährdete, hat er in dessen Eigentum eingegriffen. Es fragt sich allerdings, ob S für den von H geltend gemachten Schaden ersatzpflichtig ist. H begehrt für die entgangene Nutzungsmöglichkeit seines Hauses Schadensersatz. Hierfür kommt es darauf an, ob es sich um einen materiellen Schaden (Vermögensschaden) handelt, weil nur dann eine Ersatzpflicht des S bejaht werden kann (vgl. § 253 I). Streitig ist, ob die Nutzungsmöglichkeit eines Hauses einen Vermögenswert besitzt. Überträgt man die Grundsätze, die die hM hinsichtlich des Entzugs der Nutzungsmöglichkeit eines Kfz entwickelt hat, auch auf ein Haus, so kann es nicht zweifelhaft sein, dass auch in diesem Fall ein Vermögensschaden zu bejahen ist. Sieht man allein auf die Kommerzialisierung von Nutzungsmöglichkeiten, dann besteht kein Unterschied zwischen einem Kfz und einem Haus; die Nutzungsmöglichkeit beider muss am Markt „erkauft" werden (→ Rn. 1106 ff.).

(25) Im Grundsatz kann der Geschädigte nur Naturalrestitution fordern (§ 249 S. 1). In Ausnahme von diesem Grundsatz kann der Geschädigte vom Schädiger Geldersatz verlangen, wenn die Voraussetzungen des § 249 S. 2, des § 250 oder des § 251 I erfüllt sind (→ Rn. 1109 ff.).

(26) F kann den von ihm verursachten Schaden nicht dadurch wieder gutmachen, dass er anstelle des getöteten Katers einen gleichwertigen der D gibt. Denn dadurch wird nicht der Zustand hergestellt, der bestehen würde, wenn der zum Ersatz verpflichtende Umstand nicht eingetreten wäre (§ 249 S. 1). Denn dieser Zustand könnte wegen der emotionalen Bindung der D an den Kater nur erreicht werden, wenn der Kater wieder lebendig gemacht werden könnte. Es handelt sich deshalb um einen Fall des § 251 I. D kann danach von F Entschädigung in Geld fordern. Bei der Frage, wie hoch der zu zahlende Betrag zu bemessen ist, müssen grundsätzlich auch die individuellen Besonderheiten auf Seiten des Geschädigten berücksichtigt werden. Dies bedeutet jedoch nicht, dass der bloße Gefühlswert ebenfalls entschädigt werden muss. Denn das Affektionsinteresse des Geschädigten weist keinen Vermögenswert auf. Die Forderung der D ist also in der Höhe nicht gerechtfertigt. Vielmehr kann sie nur den Geldbetrag verlangen, der zur Anschaffung eines gleichwertigen Tieres erforderlich ist (→ Rn. 1112).

(27) Diese Frage ist streitig. Nach der Lehre vom Erfolgsunrecht wird durch die Verletzung der ausdrücklich in § 823 I genannten Rechtsgüter und Rechte die Rechtswidrigkeit indiziert, während dies nach der Lehre vom Verhaltensunrecht nur für vorsätzliche Eingriffe gilt; in anderen Fällen soll es nach dieser Lehre darauf ankommen, ob der Handelnde gegen ihn treffende Verhaltenspflichten oder gegen die ihm obliegende Sorgfaltspflicht verstoßen hat. Bei Unterlassungen, mittelbaren Verletzungen und offenen Verletzungstatbeständen muss auch die Lehre vom Erfolgsunrecht Einschränkungen vornehmen und das Rechtswidrigkeitsurteil von der Verletzung einer Verhaltenspflicht abhängig machen (→ Rn. 1123 ff., 1134).

(28) Da eine 6-jährige nach § 828 I für den Schaden nicht verantwortlich ist, den sie einem anderen zufügt, kommt nur eine Billigkeitshaftung nach § 829 in Betracht. Hierfür ist Voraussetzung, dass der objektive Tatbestand einer unerlaubten Handlung verwirklicht und dabei rechtswidrig gehandelt wird. E hat den K körperlich verletzt. Dadurch wird der objektive Tatbestand des § 823 I erfüllt. Nach der Lehre vom Erfolgsunrecht steht damit auch die Rechtswidrigkeit des Verhaltens fest, da ein Rechtfertigungsgrund nicht eingreift. Nach der Lehre

vom Handlungsunrecht ist dagegen die Rechtswidrigkeit zu verneinen, weil nach dem Sachverhalt nichts dafür spricht, dass E dem allgemeinen Sorgfaltsgebot zuwidergehandelt hat. Aber auch auf der Grundlage der Lehre vom Erfolgsunrecht scheidet eine Ersatzpflicht der E aus, weil nach § 829 zu verlangen ist, dass der Ersatzpflichtige in subjektiver Hinsicht so gehandelt hat, dass beim Zurechnungsfähigen ein Verschulden zu bejahen ist. Bei Bejahung der Rechtswidrigkeit führt also das Fehlen eines Sorgfaltsverstoßes dazu, dass eine Haftung von E aus subjektiven Gründen auszuscheiden hat (→ Rn. 1139).

(29) Diese Frage muss noch weiter präzisiert werden. Das Vermögen gehört nicht zu den durch § 823 I geschützten Rechtspositionen. Ein mittelbarer Schutz des Vermögens durch diese Vorschrift wird aber dadurch erreicht, dass bei Verletzung eines der durch diese Vorschrift geschützten Rechtsgüter und Rechte der Schädiger verpflichtet ist, sämtliche sich daraus ergebenden vermögensmäßigen Einbußen des Geschädigten zu ersetzen, sofern sie noch vom Schutzbereich der Norm umfasst werden (→ Rn. 1093). Ein Vermögensschutz wird durch § 823 II dadurch vorgenommen, dass die Verletzung von Schutzgesetzen, die reinen Vermögensinteressen des Einzelnen dienen, nach dieser Vorschrift schadensersatzpflichtig macht (→ Rn. 1142).

(30) Der Schadensersatzanspruch des K kann auf § 826 gestützt werden. Wer wissentlich ein falsches Gutachten erstattet, um einen anderen zu täuschen, handelt sittenwidrig (→ Rn. 1146). Die sittenwidrige Schädigung des T hat einen Schaden des K verursacht, denn dieser hätte das Bild ohne die falsche Expertise nicht zu dem geforderten Preis gekauft. T hat vorsätzlich gehandelt. Er wusste, dass das Gutachten dazu dienen sollte, einen Käufer des Bildes zu täuschen. Er hat zu diesem Zweck das Gutachten erstattet. Er hat deshalb gewusst und gewollt, dass einem Käufer des Bildes ein Vermögensschaden zugefügt wird. Da T auch alle Umstände kannte, aus denen sich die Sittenwidrigkeit ergibt, sind die subjektiven Anforderungen des § 826 erfüllt (→ Rn. 1148). Folglich ist T verpflichtet, den Schaden des K zu ersetzen.

Zu § 10 (nach Rn. 1443)

(1) Bei der gesetzlichen Stellvertretung ergibt sich die Vertretungsmacht für den Vertreter aus einer gesetzlichen Vorschrift, während bei einer gewillkürten Stellvertretung die Vertretungsmacht durch Rechtsgeschäft erteilt wird (→ Rn. 1153, 1167).

(2) Der Vertreter muss innerhalb der ihm zustehenden Vertretungsmacht im Namen des Vertretenen eine Willenserklärung abgeben oder für diesen empfangen, und die Stellvertretung muss zulässig sein (→ Rn. 1155).

(3) Bei einer aktiven Stellvertretung gibt der Vertreter eine Willenserklärung ab, bei einer passiven Stellvertretung wird eine an den Vertretenen gerichtete Willenserklärung gegenüber dem Vertreter abgegeben (→ Rn. 1155).

(4) Der Stellvertreter gibt eine eigene Willenserklärung ab, nicht eine fremde; dies unterscheidet ihn vom Erklärungsboten, der lediglich die Willenserklärung eines anderen weiterträgt. Die Unterscheidung zwischen einem passiven Stellvertreter und einem Empfangsboten ist deshalb recht schwierig, weil in beiden Fällen eine an den Geschäftsherrn gerichtete Willenserklärung passiv entgegengenommen wird. Man wird die Unterscheidung danach vorzunehmen haben, ob der Empfänger der Erklärung Vertretungsmacht besitzt und die Erklärung in den Kreis der Geschäfte fällt, die von seiner Vertretungsmacht gedeckt sind (→ Rn. 1161).

(5) Nach dem Sachverhalt ist anzunehmen, dass N für H den Kauf tätigen will. Es fragt sich jedoch, ob sie dies auch als Vertreter der H tut. Dass sie innerhalb einer ihr erteilten Vertretungsmacht eine Willenserklärung abgibt, kann nicht fraglich sein. Nach den Angaben im Sachverhalt ist jedoch davon auszugehen, dass N nicht ausdrücklich beim Kauf erklärt hat, dass sie für H den Fön erwerben wolle; sie tritt also nicht im Namen der Vertretenen auf. Da es sich jedoch um einen Barkauf des täglichen Lebens handelt, kann es dem Inhaber des Kauf-

hauses und seinen Vertretern gleichgültig sein, ob N selbst oder ein anderer Käufer des Föns ist. Deshalb ist nach den Grundsätzen, die für das (verdeckte) Geschäft für den, den es angeht, von der hM entwickelt worden sind, hier eine Durchbrechung des Offenheitsprinzips zuzulassen (→ Rn. 1163 f.). Dementsprechend ist also ein Kaufvertrag mit H zustande gekommen. Auch die Einigung iSv § 929 S. 1 wird nach diesen Grundsätzen von N für H vollzogen. Für den Eigentumsübergang auf H ist jedoch erforderlich, dass diese auch den Besitz an dem Fön erwirbt. Hier kann daran gedacht werden, dass bereits im Zeitpunkt des Kaufs ein Besitzmittlungsverhältnis zwischen H und N zustande gekommen ist. Als Nebenpflicht aus dem Auftrag obliegt N auch die sorgfältige Verwahrung des Föns. In Erfüllung dieser Pflicht kann N im Wege des Selbstkontrahierens (§ 181 letzter Hs.) ein Besitzmittlungsverhältnis iSv § 868 geschlossen haben; als andere Möglichkeit kommt in Betracht, dass H und N bereits vorher (antizipiert) ein entsprechendes Besitzkonstitut stillschweigend vereinbart haben, das voll wirksam wird, sobald N den Fön erwirbt (§ 158 I). Bei beiden Lösungen wird H in dem Zeitpunkt Eigentümerin nach § 929 S. 1, in dem N den Fön im Kaufhaus Hülle & Fülle entgegennimmt.

(6) A hat sich hier als B ausgegeben, weil er wollte, dass dieser als Vertragspartner auch von Flora angesehen wird (denn nach seinem Plan wollte er unerkannt bleiben). Es handelt sich deshalb nicht um eine Bestellung für sich selbst nur unter falscher Namensangabe, sondern um ein Handeln unter fremdem Namen. Ob Flora B kannte und mit dessen Person bestimmte Vorstellungen verbunden hat, ergibt sich aus dem Sachverhalt nicht ausdrücklich. Flora lieferte die Blumen bereits, bevor sie den Kaufpreis erhalten hat; sie wollte sich also offenbar an den wahren Namensträger wegen des Kaufpreises halten. Dies spricht dafür, dass sie mit B den Kaufvertrag schließen wollte. In diesem Fall ist § 179 I analog anzuwenden, sodass Flora berechtigt ist, Erfüllung des Kaufvertrages von A, also Bezahlung des Kaufpreises (§ 433 II), zu verlangen (→ Rn. 1166).

(7) Einen Anspruch auf Zahlung des Kaufpreises hat V gegen K nur, wenn zwischen beiden ein wirksamer Kaufvertrag über den Porsche zustande gekommen ist. Da in dem Einstellen des Porsche in die Verkaufsplattform von eBay eine Aufforderung zur Abgabe von Offerten zu erblicken ist, liegt in dem Gebot der F die Offerte zum Abschluss des Vertrages, die von V angenommen worden ist. Jedoch kann auf diese Weise ein Vertrag zwischen K und V nur dann zustande gekommen sein, wenn F ihre Freundin durch ihre Erklärung verpflichten konnte. Dies ist jedoch nicht der Fall, da sie dazu keine Vertretungsmacht besaß. Vielmehr handelte F durch die Verwendung des Benutzernamens der K unter fremdem Namen. Ein Kaufpreisanspruch gegen K besteht somit nicht (vgl. OLG Köln NJW 2006, 1676).

(8) Eine Bindung des A ist eingetreten, wenn ein gültiger Kaufvertrag über das Grundstück zustande gekommen ist. Hierfür kommt es darauf an, ob M wirksam zur Vertretung des A bevollmächtigt worden ist. Die Wirksamkeit der Bevollmächtigung wäre zu verneinen, wenn dafür eine Form beachtet werden muss. Nach § 167 II bedarf die Bevollmächtigung nicht der Form, die für das Rechtsgeschäft vorgeschrieben ist, auf das sich die Vollmacht bezieht. Aufgrund einer teleologischen Reduktion dieser Vorschrift verlangt die hM in bestimmten Fällen aber die Beachtung der für das Vertretungsgeschäft geltenden Formvorschrift auch für die Vollmachtserteilung, wenn durch eine formlose Bevollmächtigung dem Sinn und Zweck der Formvorschrift widersprochen würde. In Fällen der Bevollmächtigung zum Verkauf eines Grundstücks fordert die hM die Beachtung der in § 311b I 1 für das Vertretungsgeschäft vorgeschriebenen Form, wenn die Vollmacht unwiderruflich erteilt wird oder wenn der Vollmachtgeber beim Widerruf Nachteilen ausgesetzt ist. Hingegen soll eine widerruflich erteilte Vollmacht zum Verkauf eines Grundstücks im Regelfall formlos gültig sein. Eine Mindermeinung im Schrifttum verlangt dagegen stets eine notarielle Beurkundung der Vollmachtserteilung, um eine Umgehung des § 311b I 1 zu verhindern. Folgt man hier der hM, ist A durch den von M abgeschlossenen Kaufvertrag gebunden (→ Rn. 1168 f.).

(9) Bei einer Innenvollmacht wird die Bevollmächtigung gegenüber dem Bevollmächtigten vorgenommen (§ 167 I Var. 1), die Außenvollmacht wird gegenüber dem Dritten erteilt, mit

I. Fälle und Fragen

dem das Vertretungsgeschäft geschlossen werden soll (§ 167 I Var. 2; → Rn. 1170). Die Spezialvollmacht gilt nur für ein bestimmtes Geschäft, die Gattungsvollmacht für eine bestimmte Gattung von Geschäften, während die Generalvollmacht zur Vertretung aller Art befugt. Bei der Gesamtvollmacht (Gegensatz: Einzelvollmacht) ist der Bevollmächtigte nicht allein, sondern nur gemeinsam mit anderen zur Vertretung befugt (→ Rn. 1175).

(10) Von einer „Duldungsvollmacht" spricht man, wenn der Vertretene sich so behandeln lassen muss, als habe er eine in Wirklichkeit nicht erteilte Bevollmächtigung vorgenommen. Die hM nimmt eine Duldungsvollmacht an, wenn ein zur Vertretung nicht Berechtigter während eines gewissen Zeitraums wiederholt für den Geschäftsherrn als Vertreter auftritt, der Geschäftsherr davon Kenntnis hat und eine ihm mögliche Intervention unterlässt, sodass der Geschäftspartner des Geschäftsherrn nach Treu und Glauben mit Rücksicht auf die Verkehrssitte aus dem Verhalten des Geschäftsherrn und des Vertreters den Schluss ziehen kann, dass der Vertreter zur Vertretung berechtigt ist (→ Rn. 1178 f.). Von der konkludent erteilten Vollmacht unterscheidet sich die Duldungsvollmacht dadurch, dass bei ihr gerade nicht durch schlüssiges Verhalten eine Vollmacht erteilt worden ist (→ Rn. 1177). Bei der Anscheinsvollmacht kennt der Geschäftsherr – anders als bei der Duldungsvollmacht – das vollmachtlose Handeln des Vertreters nicht, er hätte jedoch bei pflichtgemäßer Sorgfalt davon Kenntnis erhalten müssen und dieses Handeln verhindern können (→ Rn. 1183 ff.).

(11) Richterrecht ist das vom Richter durch Rechtsfortbildung geschaffene Recht. Bereits durch die Auslegung kann der Richter das Recht fortbilden, zB wenn er durch Neuinterpretation einem Rechtssatz eine andere Deutung als bisher gibt. Wesentlich weiter als die Auslegung des Rechts geht die Ausfüllung von Gesetzeslücken durch den Richter. Aber auch hierbei bleibt der Richter innerhalb des gesetzgeberischen Planes, da er die Lücke, die planwidrige Unvollständigkeit innerhalb des Gesetzes, nach den im Gesetz niedergelegten Normvorstellungen und Prinzipien, also in gesetzesimmanenter Weise, auszufüllen hat. Über den Plan des Gesetzes hinaus führt die gesetzeserweiternde und gesetzesübersteigende Rechtsfortbildung. Hierbei führt der Richter den gesetzgeberischen Plan weiter, insbesondere um dadurch dringenden Bedürfnissen des Rechtsverkehrs zu entsprechen (→ Rn. 1186 ff.).

(12) Bei einer Analogie überträgt man eine im Gesetz getroffene Regelung auf einen gesetzlich nicht geregelten Tatbestand. Kann die auf den ungeregelten Tatbestand anzuwendende Rechtsfolge aus einem einzigen Rechtssatz gewonnen werden, bezeichnet man dies als Gesetzesanalogie. Wird hingegen die anzuwendende Regelung aus mehreren Rechtssätzen oder aus dem Gesamtsystem des Gesetzes abgeleitet, so handelt es sich um eine sog. Rechtsanalogie. Die Analogie ist von folgenden Voraussetzungen abhängig: Das Gesetz muss eine Lücke, dh eine planwidrige Unvollständigkeit, aufweisen. Diese Planwidrigkeit ist durch Analogie zu beseitigen, wenn der ungeregelte Tatbestand dem geregelten so ähnlich ist, dass es die Gerechtigkeit gebietet, beide gleich zu behandeln (→ Rn. 1180 f.).

(13) Bei einer „teleologischen Reduktion" wird eine nach ihrem Wortlaut zu weit geratene Vorschrift so eingeschränkt, dass ihr Anwendungsbereich mit dem Regelungszweck der Vorschrift selbst oder anderer Regelungen im Gesetz übereinstimmt. Auch für die teleologische Reduktion ist Voraussetzung eine Lücke im Gesetz, wobei es sich dabei um eine „verdeckte Lücke" handelt, weil aufgrund des bloßen Wortlautes des Gesetzes eine planwidrige Unvollständigkeit nicht festzustellen ist, sondern sich erst aufgrund einer am Regelungszweck und Sinnzusammenhang des Gesetzes orientierten Auslegung ergibt (→ Rn. 1169, 1199).

(14) Da die Tochter geschäftsunfähig ist (§ 104 Nr. 1), kann sie auch ein ihr rechtlich vorteilhaftes Geschäft nicht selbst schließen. Ihre Eltern müssen deshalb die Schenkung und die Übereignung nach § 929 S. 1 sowohl im eigenen Namen als auch als gesetzliche Vertreter ihrer Tochter (§ 1629 I) vornehmen. § 181 steht nicht entgegen. Auf Insichgeschäfte, die dem Vertretenen lediglich einen rechtlichen Vorteil bringen, ist § 181 nach ganz hM nicht anzuwenden (→ Rn. 1197 ff.). Zu den hier nicht interessierenden besitzrechtlichen Aspekten der Übereignung vgl. die Fortgeschrittenenklausur bei *Lindacher/Hau* Fälle BGB AT Nr. 3.

(15) In Betracht kommt eine Anfechtung wegen arglistiger Täuschung nach § 123 I Var. 1. Der Verkäufer eines gebrauchten Pkw ist verpflichtet, dem Käufer grundsätzlich ungefragt mitzuteilen, dass ein gebrauchter Pkw einen Unfall gehabt hat (→ Rn. 418). Jedoch ist eine Täuschung zu verneinen, wenn der Erklärungsempfänger den wahren Sachverhalt kennt (→ Rn. 420). W wusste, dass das Fahrzeug einen Unfall gehabt hat; hingegen war dies G unbekannt. Es kommt folglich darauf an, auf wessen Bewusstseinslage abzustellen ist. Grundsätzlich kommt es auf die Person des Vertreters an (§ 166 I). Hier hat aber G nach konkreten Weisungen des W gehandelt, sodass § 166 II eingreift. Folglich kann W die Willenserklärung, die G zum Abschluss des Kaufvertrages abgegeben hat, nicht anfechten, da er sich nicht auf die Unkenntnis des G berufen kann (→ Rn. 1207).

(16) In Betracht kommt ein Schadensersatzanspruch des A gegen W aus § 280 I wegen c. i. c. (§ 241 II iVm § 311 II). Von den Haftungsvoraussetzungen (Entstehung eines Schuldverhältnisses durch unmittelbaren geschäftlichen Kontakt gem. § 311 II Nr. 2 oder 3, Verletzung einer sich daraus ergebenden Schutzpflicht durch den Haftpflichtigen, Verursachung eines Schadens und Verschulden des Haftpflichtigen) kann nur zweifelhaft sein, ob sich W das Verschulden seines Angestellten B zurechnen lassen muss. Dies ist nach § 278 zu bejahen, wenn sich W des B „zur Erfüllung seiner Verbindlichkeit" gegenüber A bedient hat. W obliegen Schutz- und Fürsorgepflichten für das Leben und die Gesundheit seiner Kunden (→ Rn. 581 f.), die hier dahingehend konkretisiert sind, dass die Räume des Warenhauses in einem ordnungsmäßigen, gefahrlosen Zustand gehalten werden müssen. Zur Erfüllung dieser Pflichten hat W den B eingesetzt. Dementsprechend hat er nach § 278 dessen Fehlverhalten wie eigenes zu vertreten. W muss folglich den Unfallschaden des A ersetzen (→ Rn. 1226).

(17) Dies ist immer dann der Fall, wenn der Geschäftsherr einem Erfüllungsgehilfen eine nach Weisungen auszuführende Tätigkeit überträgt (→ Rn. 1223, 1240).

(18) Eine Haftung des G nach dem BGB kann sich aus § 831 I 1 ergeben. G hat K eine nach Weisung auszuführende Tätigkeit übertragen; somit ist K der Verrichtungsgehilfe des G (→ Rn. 1240). Weitere Voraussetzung ist, dass der Verrichtungsgehilfe einen Dritten widerrechtlich geschädigt hat. Dies ist der Fall, wenn der Verrichtungsgehilfe eine unerlaubte Handlung iSv §§ 823 ff. rechtswidrig verwirklicht hat. Die Rechtswidrigkeit ist nach der Lehre vom Verhaltensunrecht hier zu verneinen, weil K nicht gegen die allgemeine Sorgfaltspflicht verstoßen hat. Nach der Lehre vom Erfolgsunrecht ist bei einer unmittelbaren Verletzung der § 823 I genannten Rechtsgüter und des Eigentums die Rechtswidrigkeit nur dann nicht anzunehmen, wenn ein Rechtfertigungsgrund eingreift. Nur wenn man den Rechtfertigungsgrund des verkehrsgemäßen Verhaltens anerkennt, der vom BGH in einer älteren Entscheidung (BGHZ 24, 21 [26]) demjenigen zugebilligt worden ist, der den Regeln des Straßen- und Eisenbahnverkehrs voll Rechnung trägt, kann die Rechtswidrigkeit hier ausgeschlossen werden. Aber auch dann, wenn man das Verhalten des K für rechtswidrig hält, ist eine Haftung des G abzulehnen, weil eine Haftung nach § 831 I zu verneinen ist, wenn feststeht, dass sich der Gehilfe so verhalten hat, wie jede mit Sorgfalt ausgewählte und überwachte Person; denn dann ist sein Sorgfaltsverstoß bei der Auswahl des K nicht für den Eintritt des Schadens ursächlich gewesen (→ Rn. 1239, 1241).

(19) Der vom Sohn geltend gemachte Anspruch könnte sich auf § 346 S. 1 iVm § 434 I 1, § 437 Nr. 2, § 326 V (§ 275 I), § 323 I stützen. Hierfür kommt es darauf an, ob man bereits im Zeitpunkt vor Gefahrübergang für die in diesem Zeitpunkt erkannten und nicht behebbaren Mängel dem Käufer einen Anspruch auf Rücktritt zubilligt. Unabhängig von dieser nach § 323 IV zu bejahenden Frage ist es entscheidend, ob der Sohn überhaupt einen solchen Anspruch, der den Bestand des Deckungsverhältnisses betrifft, geltend machen kann. Die hM verweigert bei einem echten Vertrag zugunsten Dritter dem Dritten das Recht, ohne Zustimmung des Versprechensempfängers vom Vertrag zurückzutreten, weil die Entscheidung über den Bestand des Vertrages dem Versprechensempfänger vorbehalten bleiben muss (→ Rn. 1265). Denn sonst könnte der Dritte entgegen der Absicht des Versprechensempfängers den Leis-

I. Fälle und Fragen

tungsgegenstand austauschen und anstelle der zugewendeten Sache ihren Geldwert fordern. H kann es also nach dieser Auffassung ablehnen, an den Sohn zu zahlen, wenn der Vater dieser Forderung nicht zustimmt.

(20) In Betracht kommt ein Schadensersatzanspruch nach § 280 I wegen Verletzung einer Verhaltenspflicht, wenn S in den Schutzbereich des zwischen seinem Vater und E geschlossenen Werkvertrages einbezogen worden ist. Die Frage, wann im Einzelfall ein Dritter von den Schutzwirkungen eines Vertrages erfasst ist, wird nicht einheitlich beantwortet. Nach einer auch heute noch häufig vertretenen Auffassung soll es darauf ankommen, ob der Vertragsgläubiger ein schutzwürdiges Interesse an der Einbeziehung des Dritten hat, und ein solches Interesse soll bejaht werden, wenn er für das Wohl und Wehe des Dritten zu sorgen verpflichtet ist. Vorzuziehen ist, auf die Beziehung des Dritten zur vertraglichen Leistung zu sehen und eine Einbeziehung in den vertraglichen Schutzbereich zu bejahen, wenn der Dritte insoweit eine gläubigerähnliche Stellung einnimmt. S und die anderen Familienmitglieder, die im Haus des H wohnen, werden von der vertraglichen Leistung in gleicher Weise betroffen wie H selbst. Es hängt lediglich vom Zufall ab, dass S und nicht sein Vater auf den Rost getreten und in den Keller gestürzt ist. S nimmt folglich aufgrund seines Verhältnisses zu dem Werk, das E nach dem Vertrag herzustellen hatte, eine gläubigerähnliche Position ein. Zum gleichen Ergebnis gelangt man, wenn das schutzwürdige Interesse des Gläubigers an der Einbeziehung des Dritten für maßgebend gehalten wird; an einem solchen Interesse des H bestehen nicht die geringsten Zweifel. Hinzu kommen muss dann noch, dass der Schuldner die Umstände zu erkennen vermag, aus denen sich seine Pflicht ergibt, für Schäden eines Dritten einzustehen, sowie eine Schutzbedürftigkeit des Dritten, die zu bejahen ist, wenn ihm keine eigenen Ansprüche gegen den Schuldner zustehen (→ Rn. 1273). Diese Voraussetzungen sind hier erfüllt. Deshalb war E in gleicher Weise wie gegenüber seinem Gläubiger auch gegenüber S verpflichtet, die vertragliche Leistung so zu erbringen, dass dessen Rechtsgüter nicht verletzt werden (§ 241 II). Zur Erfüllung dieser Pflicht hat er seinen Gesellen G eingesetzt, dessen Verschulden er nach § 278 S. 1 wie eigenes zu vertreten hat. Das Versehen des G bedeutet eine grobe Sorgfaltsverletzung. E ist folglich verpflichtet, den durch den Sorgfaltsverstoß verursachten Schaden des S zu ersetzen (→ Rn. 1266 ff.).

(21) Eine Schadensliquidation im Drittinteresse wird in Fällen mittelbarer Stellvertretung und in den sog. Obhutsfällen vorgenommen. Allerdings ist es nicht ausgeschlossen, dieses Rechtsinstitut auch in anderen Fällen anzuwenden, wenn eine vergleichbare Interessenslage besteht (→ Rn. 1277 ff.).

(22) a) Hat sich der Gläubiger dem Schuldner gegenüber verpflichtet, die Forderung nicht abzutreten, so ist eine abredewidrig vorgenommene Zession unwirksam (→ Rn. 1290).

b) K kann sich auf den gegenüber V erklärten Rücktritt berufen, da nach § 404 zugunsten des Schuldners alle Einwendungen und Einreden bestehen bleiben, die zurzeit der Abtretung der Forderung gegen den bisherigen Gläubiger begründet waren. Hierbei ist nicht erforderlich, dass bereits vor Abtretung K den Rücktritt gegenüber V erklärt hat; es kommt nur darauf an, dass der Grund für die geltend gemachte Einwendung oder Einrede im Zeitpunkt der Abtretung vorhanden war (→ Rn. 1292).

(23) a) Die Aufrechnung ist zulässig, da S im Zeitpunkt der Fälligkeit seiner Forderung gegen den Zedenten von der Abtretung keine Kenntnis hatte; er kann folglich nach § 406 gegenüber A aufrechnen (→ Rn. 1300 ff.).

b) Das Ergebnis bleibt unverändert, da S im Zeitpunkt des Erwerbs der Gegenforderung keine Kenntnis von der Abtretung besaß und die Gegenforderung in diesem Zeitpunkt fällig wurde (§ 406; → Rn. 1300 ff.).

c) Auch in diesem Fall kann S gegenüber A nach § 406 aufrechnen, da die zedierte Forderung später als die Gegenforderung fällig geworden ist und S beim Erwerb der Gegenforderung keine Kenntnis von der Abtretung hatte (→ Rn. 1300 ff.).

(24) Bei der Sicherungsabtretung soll die zedierte Forderung dem Zessionar zur Sicherung einer anderen ihm gegen den Zedenten zustehenden Forderung dienen (→ Rn. 1306). Bei der Inkassozession wird die Forderung dem Zessionar abgetreten, damit dieser im Interesse und für Rechnung des Zedenten die Forderung einzieht und das Erlangte an den Zedenten abführt (→ Rn. 1307).

(25) F wäre zur Zahlung der fälligen Raten verpflichtet, wenn sie wirksam die gesamtschuldnerische Mithaftung für die Verbindlichkeiten aus dem Vertrag zwischen den beiden GmbHs übernommen hätte. Die Erklärung der F ist auf den Abschluss eines Vertrages über einen Schuldbeitritt gerichtet. Es kommt darauf an, ob der vertragliche Schuldbeitritt in schriftlicher Form vorgenommen werden muss. Dies wäre nach § 492 I 1 zu bejahen, wenn auf den Schuldbeitritt diese Vorschrift anzuwenden ist. Bei dem Schuldbeitritt handelt es sich nicht um eine entgeltliche Finanzierungshilfe iSv § 506, weil dem Beitretenden selbst kein Kredit gewährt wird, er vielmehr nur eine Kreditsicherheit schafft. Allerdings ist der Beitretende zumindest ebenso schutzwürdig wie der Hauptschuldner, sodass nach dem Zweck der Regelung über Verbraucherdarlehen und entgeltliche Finanzierungshilfen die dafür einschlägigen Vorschriften in analoger Anwendung auf den Schuldbeitritt anzuwenden sind, wenn der Beitritt zu einem Vertrag erklärt wird, der in ihren Anwendungsbereich fällt (→ Rn. 1318). Bei dem zwischen den beiden GmbHs geschlossenen Vertrag handelt es sich um einen Finanzierungsleasingvertrag (→ Rn. 941), auf den nach § 506 II Nr. 1 iVm I, § 492 I 1 anzuwenden ist. Dass der A-GmbH die Verbrauchereigenschaft fehlt (vgl. § 13), steht der entsprechenden Anwendung dieses Gesetzes auf den Schuldbeitritt der F nicht entgegen. Entscheidend ist vielmehr, dass F als Verbraucherin anzusehen ist. Da der Schuldbeitritt lediglich mündlich erklärt wurde, ist er nach § 125 S. 1 nichtig. F ist folglich nicht zur Zahlung von Leasingraten verpflichtet (so auch BGH NJW 1997, 3169, dessen Entscheidung der Fall nachgebildet worden ist).

(26) B kann einmal seinen Anspruch auf § 433 II stützen, da bei Befriedigung des V dessen Anspruch nach § 774 I 1 auf B übergegangen ist. Diesem Anspruch kann jedoch K alle Einwendungen entgegensetzen, die ihm zur Zeit des Forderungsübergangs gegen V zugestanden haben (§ 404 iVm § 412), also auch das ihm wegen der Mangelhaftigkeit der Maschine zustehende Recht auf Rücktritt. Aus dem Rechtsverhältnis zu K, einem Auftrag zur Übernahme der Bürgschaft, hat jedoch B auch einen Anspruch nach § 670 auf Ersatz der Aufwendungen, die er zur Ausführung des Auftrages machte und die er den Umständen nach für erforderlich halten durfte. Es kommt darauf an, ob B ohne Rücksprache mit K die Forderung des V befriedigen durfte; denn hätte er von dem Rücktrittsrecht des K gewusst, hätte er die Befriedigung des V in analoger Anwendung von § 770 I verweigern können (→ Rn. 1330). Für die Frage, welche Aufwendungen der Auftraggeber dem Beauftragten zu ersetzen hat, ist nicht die objektive Erforderlichkeit entscheidend, sondern nur, ob bei vernünftiger Beurteilung aller Umstände, die dem Beauftragten bekannt sind, die Erforderlichkeit bejaht werden kann (→ Rn. 974, 1334). B konnte erwarten, dass ihn K benachrichtigte, wenn er einen Grund hatte, die Zahlung des Kaufpreises zu verweigern. Es ist deshalb B nicht anzulasten, wenn er davon ausging, dass ein solcher Grund nicht bestanden hat. Dementsprechend kann er von K Zahlung der 10.000 EUR fordern und es K überlassen, sich mit V wegen des Mangels an der Maschine auseinanderzusetzen.

(27) Ein Anspruch auf Zahlung der rückständigen Miete steht V gegen G nur zu, wenn dessen Erklärung als Offerte zum Abschluss eines Vertrages über einen Schuldbeitritt oder eines Garantievertrages angesehen werden kann, die V konkludent angenommen hat. Hierfür kommt es darauf an, ob G lediglich erklärte, für die Erfüllung der Schuld durch L Sorge zu tragen oder ob er eine eigene Verpflichtung gegenüber V eingehen wollte. Nach hM ist sowohl für den Schuldbeitritt als auch für den Garantievertrag ein eigenes unmittelbares wirtschaftliches Interesse an der Erfüllung der Schuld erforderlich. Ein solches Interesse des G besteht hier nicht. Die Erklärung des G kann deshalb nur dahingehend gewertet werden, dass er für die Schuld des L einzustehen versprach. Dann handelt es sich hier um ein formungültiges Bürgschaftsversprechen (§ 125 S. 1 iVm § 766 S. 1), das G nicht verpflichtet (→ Rn. 1323 f.).

II. Übungsklausuren

Studentische Lösung der 1. Übungsklausur (→ Rn. 444)

Die Klausur wurde von Herrn Assessor Volker Heinze entworfen und im Grundkurs Bürgerliches Recht an der Universität Passau gestellt. Die folgende Bearbeitung wurde mit gut (15 Punkte) bewertet. Sie stammt von Herrn stud. iur. Olaf Eul, der seinerzeit gerade das 2. Semester begonnen hatte. Die Anmerkungen in den Fußnoten sind Hinweise des Korrekturassistenten.

Fallvariante 1

H könnte gegen R aus § 433 II einen Anspruch auf Zahlung des Kaufpreises für einen Dia-Projektor der Marke Leitz Typ 1080 haben, wenn ein Kaufvertrag über den Kauf eines Dia-Projektors dieses Typs zwischen H und R wirksam geschlossen wurde und wirksam blieb.

1. Ein Vertrag kommt durch zwei übereinstimmende und aufeinander bezogene Willenserklärungen zustande. Aus den §§ 145 ff. ist zu schließen, dass hierbei zwischen einem Angebot und einer Annahme zum Vertrag zu unterscheiden ist.

   a) Das Angebot zum Vertrag müsste alle grundlegenden Bestandteile des Vertragsinhaltes enthalten, wie die Höhe des Kaufpreises und die Bezeichnung des Kaufgegenstandes, sodass der Annehmende nur noch mit „ja" zu antworten braucht, um das Angebot anzunehmen. Zudem müsste ein Rechtsbindungswille in dem Angebot erkennbar sein.[1] Das Angebot in diesem Fall könnte in dem von R diktierten Brief liegen. In diesem legte er Stückzahl und Kaufgegenstand fest. Der Kaufpreis hingegen wurde nicht von ihm erwähnt. R bestellt jedoch üblicherweise seinen Bürobedarf bei dem von ihm gewünschten Adressaten des Briefes, sodass davon auszugehen ist, dass R zu den in dem Geschäft des A üblichen Preisen des von ihm gewünschten Gegenstandes kaufen möchte.

   Der Brief wurde zu dem Fotohändler H geschickt. Dieser konnte nach der Auslegung aufgrund des objektiven Empfängerhorizonts, die von einem Empfänger ausgeht, der nach Treu und Glauben und unter Berücksichtigung der Verkehrssitte die Willenserklärung des Erklärenden versteht, davon ausgehen, dass R einen Dia-Projektor mit der gleichen Bezeichnung, wie der im Brief angegebenen, von ihm kaufen möchte. R gab keinen Kaufpreis an, sodass er von dem in seinem Geschäft üblichen Kaufpreis ausgehen musste. Aus dem Brief war weiterhin für H klar erkennbar, dass R sich zu dem von ihm angebotenen Vertrag rechtlich binden wollte. Somit konnte H auf ein Angebot zu einem „Kaufvertrag" über den Dia-Projektor schließen.

   aa) Fraglich ist, wie es sich auswirkt, dass die Sekretärin den Brief schrieb. Es könnte sich um ihre Willenserklärung handeln anstelle der des R. R diktierte ihr den Brief und unterschrieb diesen auch, sodass es seine Willenserklärung als Angebot zum Vertrag ist und die Sekretärin lediglich seinen Willen ausführt, indem sie den von ihm diktierten Brief schreibt und abschickt. Sie ist mithin ein Erklärungsbote[2] des R.

---

[1] Weshalb stellen Sie dies fest? Gibt es denn insoweit (klärungsbedürftige) Zweifel?
[2] Die Sekretärin leistet lediglich technische Hilfe bei der schriftlichen Erfassung der Willenserklärung des R. Sie überbringt keine Willenserklärung, ist also kein Erklärungsbote.

bb) Das Angebot wurde von R abgegeben.

b) Die Annahme des Angebotes könnte in dem Verhalten des H liegen. Auch hier ist nach dem objektiven Empfängerhorizont auszulegen. Die Annahme könnte konkludent erfolgt sein durch das Handeln des H und ohne zuvorige Erklärung von ihm, wenn eine solche Annahmeerklärung nach der Verkehrssitte nicht zu erwarten war oder der Antragende auf sie verzichtet hat gem. § 151 S. 1. R als Antragender hat in seinem Brief um eine rasche Lieferung gebeten. Dies konnte von H als Empfänger nur so aufgefasst werden, dass R möglichst schnell in den Besitz des von ihm bezeichneten Kaufgegenstandes gelangen wollte und dass er, wenn der Gegenstand rasch geliefert würde, auf die Verzögerung der Lieferung durch eine vorher zu erklärende Annahme gerne verzichten würde. H handelte sofort und brachte den Dia-Projektor zu R. Durch dieses entschlossene, rasche Handeln des H, welches für R zum Zeitpunkt des Erscheinens bei ihm erkennbar wurde, nahm er das Angebot des R uneingeschränkt an.[3] R konnte so nur auf die Annahme seines Angebotes schließen, namentlich durch die schnelle Lieferung des Gegenstandes, welche gem. § 151 S. 1 Var. 2 die Erklärung zur Annahme ersetzt, statt dessen konkludent durch Handeln ausdrückt. Somit liegt eine Annahme des von R erklärten Angebotes durch H vor.

2. Ein Vertrag zwischen H und R kam durch Angebot und Annahme über einen Dia-Projektor Leitz Typ 1080 wirksam zustande.

3. Es ist jedoch fraglich, ob der Kaufvertrag auch wirksam geblieben ist. Er könnte nichtig geworden sein, wenn R seine Willenserklärung als notwendigen Bestandteil des Vertrages angefochten hat mit der Rechtsfolge einer Nichtigkeit ex tunc gem. § 142 I. Dann wäre der Vertrag als von Anfang an nichtig anzusehen. Dieser Wortlaut lässt darauf schließen, dass es sich bei der Rechtsfolge um eine Fiktion handelt, um eine gedachte Nichtigkeit von Anfang an, welche jedoch den wirksamen Vertragsschluss als solchen nicht nichtig machen kann – er ist ja tatsächlich geschehen. Die Nichtigkeit träte aber faktisch erst nach Wirksamwerden des Vertrages ein.

a) Zunächst müsste ein Anfechtungsgrund vorliegen. Nach § 119 I Var. 2 irrt derjenige und kann anfechten, der eine Erklärung dieses Inhaltes überhaupt nicht abgeben wollte. R wollte aber einen Gegenstand mit der von ihm verwendeten Bezeichnung bestellen, sodass er genau das erklärte, was er auch erklären wollte. Dieser Anfechtungsgrund ist also auszuschließen.

b) Nach § 119 I Var. 1 kann derjenige seine Willenserklärung anfechten, der über den Inhalt derselben im Irrtum war.[4] R wollte einen Aktenordner bestellen bei A, gab jedoch die Bestellung über seinen Erklärungsboten[5] ab gegenüber H. Somit irrte er sich über die Person, der sein Angebot wirksam zuging, sodass ein „Error in persona" vorliegt, der einen Inhaltsirrtum gem. § 119 I Var. 1 darstellt. Dies ist offensichtlich in diesem Fall, in dem ja von dem Zugang zum gewünschten Empfänger der zu verstehende Inhalt des Angebotes abhängt. Somit liegt ein Anfechtungsgrund gem. § 119 I Var. 1 vor.[6]

---

[3] Ungenau. Die (konkludent erklärte) Annahme ist aufgrund der Bestellung des Projektors beim Großhändler nach außen erkennbar geworden. Unerheblich ist, ob auch R dies erkennen konnte.

[4] Die Beschreibung des Inhaltsirrtums ist zumindest missverständlich. Der Inhaltsirrtum wird dadurch gekennzeichnet, dass der Erklärende subjektiv seiner Erklärung einen anderen Sinn beimisst, als ihr objektiv zukommt.

[5] Vgl. oben (Anm. 2).

[6] Allein der Irrtum reicht für eine Anfechtung nicht aus. Weitere Voraussetzung: Ursächlichkeit des Irrtums für die anzufechtende Willenserklärung (vgl. § 119 I).

II. Übungsklausuren

c) R weigert sich, den Projektor dem H abzunehmen und zu bezahlen. Darin konkludent enthalten ist die Anfechtungserklärung des R, die nicht den Begriff Anfechtungserklärung enthalten muss, sondern nur ein offensichtliches Ablehnen des Rechtsgeschäftes erkennbar werden lassen muss. Sie liegt somit vor gem. § 143 I.

d) Sie wurde von R gegenüber dem H erklärt, also gegenüber dem anderen Vertragsteil und Anfechtungsgegner gem. § 143 II.

e) R erklärte sie sofort durch die Weigerung der Abnahme, sodass ein schuldhaftes Zögern auszuschließen ist und er sie unverzüglich gem. § 121 I erklärte.

f) Die Ausschlussgründe des Gesetzes in Gestalt der §§ 121 II und 144 I liegen nicht vor.[7]

4. Durch die erfolgte Anfechtung ist die Willenserklärung des R zum Vertrag und somit der Kaufvertrag unwirksam in Form der Nichtigkeit geworden.

5. H hat keinen Anspruch auf Zahlung des Kaufpreises für den Dia-Projektor gegen R gem. § 433 II.

Fallvariante 2

H könnte gegen R einen Anspruch auf Zahlung des Kaufpreises für den Dia-Projektor gem. § 433 II haben.

1. Ein entsprechender Kaufvertrag müsste zunächst wirksam geschlossen worden sein (s. oben A I 1).

   a) Das Angebot könnte auch in diesem Fall in dem Brief des R liegen. In diesem Fall ist für den Empfänger jedoch klar darauf zu schließen, dass sich das Angebot an jemanden richtet, der in regelmäßigem Geschäftskontakt mit dem Antragenden stehen muss. Er muss also verstehen, dass er selbst damit nicht gemeint sein kann und muss folglich darauf schließen, dass dem Antragenden der nötige rechtliche Bindungswille zu einem Rechtsgeschäft mit ihm fehlt.[8] Somit kann er nicht von einem Angebot zu einem Vertrag des R an ihn ausgehen.

   b) Ein wirksames Angebot ist somit auszuschließen.

2. Ein entsprechender Vertrag zwischen H und R kam nicht zustande.

3. H hat keinen Anspruch gegen R auf Zahlung des Kaufpreises für den Dia-Projektor gem. § 433 II.

2. Übungsklausur (→ Rn. 714)

Der Fall wurde im Sommersemester 2014 als Teil einer Klausur im Grundkurs Bürgerliches Recht an der Universität Passau gestellt. Im Folgenden werden zunächst die Lösungshinweise abgedruckt, die den Korrekturen zugrunde gelegt wurden, und sodann die Lösung von Frau stud. iur. Carolin Scheuer, die damals im zweiten Semester studierte und die beste, mit „sehr gut" bewertete Klausur verfasst hatte.

---

[7] Überflüssige Feststellung, da nach dem Sachverhalt selbstverständlich.

[8] Warum so umständlich formuliert? Für H ist dadurch erkennbar, dass er nicht der Adressat der Erklärung sein kann.

I. Lösungshinweise für die Korrektoren

Fallvariante 1:

1. Anspruch des K gegen W auf Übergabe und Übereignung gem. § 433 I 1

   a) Wirksamer Kaufvertrag

   (1) Antrag: Mangels Rechtsbindungswille ist die Online-Präsentation des Sortiments noch kein verbindlicher Antrag des W. Auch die Email-Anfrage des K ist noch kein Antrag (weil es eben nur eine „Anfrage" ist bzw. weil Menge und Preis noch nicht feststehen). Demnach stellt erst der Anruf des W bei K einen verbindlichen Antrag des W dar, und zwar mit dem Inhalt, dem K 12 Flaschen des „1993er Trierer Herrenberg trocken" für insgesamt 240 EUR zu verkaufen.

   (2) Annahme: K hat den Antrag des W sofort am Telefon angenommen (vgl. § 147 I), sodass der Anspruch des K gegen W auf Übergabe und Übereignung gem. § 433 I 1 entstanden ist.

   b) Erlöschen, § 275 I

   Der Anspruch könnte im Hinblick auf die 11 zerstörten Flaschen gem. § 275 I erloschen sein. Handelt es sich bei dem Kaufgegenstand um eine Gattungsschuld, so schuldet W an sich nur Sachen mittlerer Art und Güte (§ 243 I). Eine Beschaffungspflicht trifft den Verkäufer einer Gattungssache aber dann nicht, wenn es sich um eine Vorratsschuld (iS einer beschränkten Gattungsschuld) handelt. Ob dies der Fall ist, muss durch Auslegung ermittelt werden.

   W hat darauf hingewiesen, dass er von dem gewünschten Wein nur noch einen „Restbestand" von 12 Flaschen habe, dass er diesen Wein für die Zukunft aus seinem Sortiment nehme, und dass er dem K „die noch vorhandenen Flaschen" zum Kauf anbiete. Dies spricht dafür, dass W keine Leistungspflicht übernehmen wollte, die über seinen noch vorhandenen Bestand hinausgeht, er also nicht das Risiko eines Verlustes durch eine Pflicht zur Beschaffung von Ersatz auf dem Markt übernehmen wollte.[9]

   Ausgehend von einer Vorratsschuld gilt: Da der Vorrat des W an „1993er Trierer Herrenberg trocken" bis auf eine Flasche untergegangen ist, ist ihm die Leistung insoweit (!) gem. § 275 I unmöglich und er dementsprechend von seiner Leistungspflicht frei geworden. Im Hinblick auf die verbleibende Flasche bleibt der Anspruch des K gegen W auf Übergabe und Übereignung hingegen bestehen.

2. Anspruch des W gegen K auf Kaufpreiszahlung gem. § 433 II

   Wirksamer Kaufvertrag (+)

---

[9] AA bei entsprechender Argumentation vertretbar, wenn das Problem erkannt und für die Lösung darauf abgestellt wird, dass es sich bei W um einen Weinhändler (nicht etwas einen direktvermarktenden Winzer) handelt. In diesem Fall ist eine konsequente weitere Lösung gleichwertig zu berücksichtigen. Eine Konkretisierung i.S.v. § 243 II zur Stückschuld liegt nicht vor, da W für eine Bringschuld noch nicht das seinerseits Erforderliche getan hat, nämlich den Wein zur rechten Zeit, und am richtigen Ort anzubieten. Damit ist auch im Hinblick auf die 11 Flaschen keine Unmöglichkeit eingetreten. K kann von W vielmehr Übergabe und Übereignung von 12 Flaschen des gekauften Weines verlangen, da auch eine Einrede nach § 320 wegen der Vorleistungspflicht des W ausscheidet. Beim Schadensersatzanspruch gem. §§ 280 I, III, 281 ergäbe sich dann das Problem, dass noch keine Frist zur Leistung gesetzt wurde und diese mangels besonderer Umstände wohl auch nicht entbehrlich ist.

II. Übungsklausuren

Soweit W seinerseits gem. § 275 I von seiner Leistungspflicht befreit ist, ist auch K gem. § 326 I 1 von der Gegenleistungspflicht befreit, d.h. im Hinblick auf die 11 untergegangenen Flaschen. W kann von K nur die Zahlung von 20 EUR für die verbliebene Flasche verlangen. Da W zur Vorleistung verpflichtet ist, kann sich K auf die Einrede gem. § 320 berufen.

3. Anspruch des K gegen W auf Schadensersatz statt der Leistung gem. §§ 275 IV, 280 I, III, 283

a) Schuldverhältnis = Kaufvertrag

b) Pflichtverletzung = Nichtleistung wegen Unmöglichkeit

c) Vertretenmüssen

Im Grundsatz wird das Vertretenmüssen der Pflichtverletzung gem. § 280 I 2 vermutet. Fraglich ist jedoch, ob W sich hier exkulpieren kann, weil er den Eintritt der Unmöglichkeit nicht zu vertreten hat. Er selbst hat den Untergang nicht verschuldet (§ 276). Möglicherweise muss er sich jedoch ein Verschulden der M über § 278 zurechnen lassen. M ist zwar nicht mehr gesetzliche Vertreterin des erwachsenen W, allerdings wurde sie hier als Erfüllungsgehilfin tätig, da W sie in seinem Pflichtenkreis (Lieferung) eingesetzt hat. M selbst trifft aber ebenfalls kein Verschulden an dem Unfall, da sie einen „unvorhersehbaren" (!) Schwächeanfall erlitten hat.

Allerdings würde W hier gem. § 287 sogar verschuldensunabhängig haften, wenn der Unfall in einem Zeitpunkt geschehen ist, als er sich im Schuldnerverzug iSv § 286 befand:

(1) Fällige, durchsetzbare Leistungspflicht des W (+)

(2) Mahnung: Nicht erfolgt, aber entbehrlich gem. § 286 II Nr. 1, da eine Leistungszeit nach dem Kalender bestimmt (d.h. vereinbart) war.

(3) Nichtleistung (+)

(4) Verschulden, § 286 IV (+), da W fahrlässig vergessen hatte, die Flaschen mitzunehmen (§ 276 II). Daher muss W gem. § 287 S. 2 auch für Zufall, d.h. verschuldensunabhängig haften, zumal der Schaden bei rechtzeitiger Leistung (also Transport durch W) nicht eingetreten wäre.

d) Schaden: K kann verlangen, von W so gestellt zu werden, wie er ohne das schädigende Ereignis stünde, § 249 I. Dann hätte er 12 Flaschen des gekauften Weines für 240 EUR bekommen. Nunmehr muss er sich auf dem Markt im Hinblick auf 11 Flaschen anderweitig eindecken und dafür 10 EUR pro Flasche mehr zahlen. Sein Schaden beträgt daher 110 EUR. [Von der Zahlung des Kaufpreises ist K nach § 326 I 1 befreit, s.o.]

e) Schadensersatz statt der ganzen Leistung:[10] Schadensersatz hinsichtlich aller 12 Flaschen könnte K gem. §§ 283 S. 2, 281 I 2 bei einer Teilleistung nur verlangen, wenn er an dieser kein Interesse hat. Dies wird man hier eher nicht annehmen können: Da laut SV auf dem Markt noch Flaschen dieses Weines erhältlich sind, spricht nichts dafür, dass K berechtigterweise kein Interesse mehr an der einen Flasche hat (aA bei entsprechender Argumentation vertretbar).[11]

---

[10] Ausweislich der auf Ansprüche beschränkten Fragestellung ist auf Rücktrittsrechte des K (hier: §§ 275 IV, 326 V, 323 I: Rücktritt vom ganzen Vertrag) nicht einzugehen.

[11] § 266 muss nicht angesprochen werden. Falls doch, wäre aber darzulegen, dass die Vorschrift nicht passt: dort geht es um die Frage, inwieweit der Schuldner ohne dahingehende Absprache seiner Pflicht in Raten nachkommen kann; hier geht es hingegen darum, dass das Gesetz im Falle teilweiser Unmöglichkeit die bestehenden vertraglichen Verpflichtungen im Grundsatz eben nur teilweise beseitigt und im Übrigen aufrecht erhält.

Fallvariante 2:

1. Anspruch des K gem. § 433 I 1? Ausgehend von einer Vorratsschuld, steht dem K im Hinblick auf die zerstörten Flaschen kein Anspruch mehr zu, § 275 I.

2. Anspruch des W gegen K auf Kaufpreiszahlung gem. § 433 II?

   a) Wirksamer Kaufvertrag? Zwischen W und K kam ein wirksamer Kaufvertrag über die 12 Flaschen Wein „1993er Trierer Herrenberg trocken" zustande (s.o.). Diesen Vertrag konnte K durch seine Ablehnungserklärung bei Anlieferung nicht beseitigen; denn auch dann, wenn man die Erklärung als Rücktritt deutet, fehlt es an einem Rücktrittsrecht. Ein Rücktritt könnte sich aus § 323 I ergeben, scheidet aber aus, weil das Leistungsangebot durch M angesichts der Vereinbarung („gegen Mittag") um 12:30 Uhr noch nicht pflichtwidrig verspätet war. § 313 III 1 scheidet schon deshalb aus, weil das Stattfinden der Hochzeit nicht zur Geschäftsgrundlage des Weinkaufs geworden ist. Eine Anfechtung nach § 119 läge ohnehin fern.

   b) Erlöschen des Anspruchs gem. § 326 I 1? Der Erfüllungsanspruch des K ist gem. § 275 I untergegangen (wie oben). Umgekehrt könnte dann W seinerseits gem. § 326 I 1 von seiner Hauptleistungspflicht (§ 433 I 1) befreit sein.

   c) Bestehenbleiben nach § 326 II 1? Der Anspruch auf Kaufpreiszahlung bleibt aber ausnahmsweise in vollem Umfang bestehen, wenn sich K im Zeitpunkt der Zerstörung im Gläubigerverzug befand und W den Untergang nicht zu vertreten hat.

   (1) Gläubigerverzug des K, §§ 293 ff.

   (a) Möglichkeit der Leistung, § 297 (+)

   (b) Erfüllbarkeit/Fälligkeit der Leistung (+)

   (c) Tatsächliches Angebot, § 294 (+)

   (d) Nichtannahme durch K (+)

   (2) Vom Schuldner zu vertreten? W hat den Unfall zwar nicht selbst verschuldet (§ 276), aber seine Erfüllungsgehilfin M handelte fahrlässig, als sie weiterfuhr, obwohl sie schon einen leichten Schwächeanfall hatte, §§ 278, 276 II. Allerdings hat W gem. § 300 I während des Gläubigerverzugs nur Vorsatz und grobe Fahrlässigkeit zu vertreten. Grobe Fahrlässigkeit der M wird man aus dem SV nicht ableiten können (a.A. vertretbar). Auch § 287 greift nicht ein, denn W war bei einer Lieferung, die „gegen Mittag" erfolgen soll, um 12:30 Uhr noch nicht im Schuldnerverzug.

   d) Ergebnis: Der Kaufpreiszahlungsanspruch des W gegen K bleibt bestehen.[12]

3. Anspruch des K gegen W auf Schadensersatz statt der Leistung gem. §§ 275 IV, 280 I, III, 283? K steht kein Anspruch zu, weil W den Untergang der Flaschen nicht zu vertreten hat.

---

[12] Das Ergebnis kann ebenso mit § 446 S. 3 begründet werden, der ebenfalls Annahmeverzug des Käufers voraussetzt und durchaus als kaufrechtliche lex specialis zu § 326 II 1 gedeutet werden kann.

II. Originallösung von stud. iur. Carolin Scheuer

Fallvariante 1

Anspruch des K gegen W auf Übergabe und Übereignung der 12 Flaschen Wein aus § 433 I 1.

K könnte einen Anspruch gegen W auf Übergabe und Übereignung der 12 Flaschen Wein aus § 433 I 1 haben. K und W müssten einen wirksamen Kaufvertrag geschlossen haben. Das Online-Angebot des W und die Anfrage des K sind als invitatio ad offerendum zu sehen, der Vertragsschluss erfolgte telefonisch, §§ 145, 147 I 2. Der Anspruch auf 12 Flaschen Wein besteht also. Er ist aber nach § 275 I ausgeschlossen, wenn die Leistung für den Schuldner (§ 275 I Var. 1, subjektive Unmöglichkeit) oder für jedermann (§ 275 I Var. 2, objektive Unmöglichkeit) unmöglich ist. Entscheidend für die Beurteilung dieser Frage ist, ob eine Stück-, Gattungs- oder Vorratsschuld vorliegt. Dies ergibt sich durch Vertragsauslegung, §§ 133, 157. Dem K kommt es auf eine bestimmte Weinsorte an, allerdings nicht auf näher bestimmte Flaschen dieses Weins. Dem W liegt daran, die Schuld auf seinen Restbestand von 12 Flaschen zu begrenzen, und dies ist auch Inhalt des Vertrages geworden. Die Gattungsschuld ist somit auf den Vorrat des W begrenzt, mithin liegt eine Vorratsschuld vor, wobei alle Flaschen des Vorrats geschuldet sind. Bei dem Unfall gehen 11 Flaschen kaputt und da der W keinen Vorrat mehr hat, aber Vorratsschuld vereinbart ist, ist die Leistung insoweit unmöglich. Auf eine mögliche Konzentration der Vorratsschuld zur Stückschuld (§ 243 II) kommt es daher nicht an. K hat daher gegen W nur noch einen Anspruch auf Übergabe und Übereignung einer Flasche Wein aus § 433 I 1 GBG.

Anspruch des K gegen W auf Schadensersatz statt der Leistung aus §§ 275 IV, 275 I, 280 I, 280 III, 283. (11 Flaschen)

K könnte gegen W einen Anspruch auf Schadensersatz statt der Leistung aus §§ 275 IV, 275 I, 280 I, 280 III, 283 haben. Ein vertragliches Schuldverhältnis, der Kaufvertrag (§ 433) besteht zwischen K und W, § 280 I 1.

W müsste eine Pflicht aus dem Schuldverhältnis verletzt haben, § 280 I 1. W hat die Pflicht verletzt, elf der Flaschen an K zu übergeben und zu übereignen.

Gemäß § 283 I müsste eine der Voraussetzungen des § 275 I-III vorliegen. Vorliegend ist die Leistung unmöglich nach § 275 I Var. 2. W müsste die Pflichtverletzung zu vertreten haben, § 280 I 2. Grundsätzlich hat der Schuldner Vorsatz und Fahrlässigkeit zu vertreten, § 276 I. Eine strengere Haftung könnte sich aber aus § 287 ergeben. Dazu müsste sich W im Schuldnerverzug befinden, § 286. Dazu müsste Fälligkeit der Leistung eingetreten sein, § 286 I 1. Nach § 271 I kann der Gläubiger die Leistung im Zweifel sofort verlangen. K und W haben aber eine Leistungszeit, 10. Juli mittags, vereinbart, sodass auf die Auslegungsregel nicht zurückgegriffen werden muss. W hat am 10. Juli nicht geleistet, Fälligkeit ist zu diesem Zeitpunkt aber eingetreten. K müsste nach § 286 I 1 den W gemahnt haben. Die Mahnung ist die Aufforderung des Gläubigers an den Schuldner, die Leistung zu erbringen. Für eine Mahnung durch K gibt es im Sachverhalt keine Anhaltspunkte. Die Mahnung könnte aber nach § 286 I 2 Nr. 1 entbehrlich sein. Dazu müsste eine Zeit nach dem Kalender für die Leistung bestimmt sein. K und W haben für die Leistung den 10. Juli, eine Zeit nach dem Kalender bestimmt. Die Mahnung ist somit entbehrlich. W befindet sich im Schuldnerverzug und muss folglich nach § 287 auch für Fahrlässigkeit und grundsätzlich Zufall haften. W hat hier nicht selbst gehandelt. Vielmehr hat seine Mutter M den Unfall aufgrund eines unvorhersehbaren Schwächeanfalls verursacht. Aufgrund der Unvorhersehbarkeit handelt es sich hier nicht um Fahrlässigkeit, sondern um Zufall. M hat den Unfall also nicht zu vertreten, des Rückgriffs auf § 278 bedarf es daher nicht. Der Unfall ist folglich zufällig, d.h. von keiner der Vertragsparteien zu vertreten, eingetreten. Aufgrund des Schuldnerverzugs ist W dafür nach § 287 S. 2 verantwortlich. Er kann sich somit nicht nach § 280 I 2 exkulpieren.

Folglich ist er dem K nach §§ 249 ff. schadensersatzpflichtig. Eine Naturalrestitution nach § 249 I ist, da die elf Flaschen zerstört sind, nicht möglich. Nach § 251 I hat W den K daher in Geld zu entschädigen. Der Schadensersatz berechnet sich nach der Differenzhypothese, d.h. der W hat den K vermögensmäßig so zu stellen, wie er stünde, wenn das schädigende Ereignis nicht eingetreten wäre. Der Wein kostet bei W 20 EUR pro Flasche, bei anderen Händlern 30 EUR pro Flasche. Für 11 Flaschen Wein muss K als bei anderen Händlern insgesamt 110 EUR mehr zahlen. Diesen Betrag hat der W dem K gem. § 251 I zu ersetzen.

Anspruch des K gegen W auf Schadensersatz statt der ganzen Leistung (12 Flaschen) aus §§ 275 IV, 275 I, 280 I, 280 III, 283, 281 I 2.

K könnte gegen W einen Anspruch auf Schadensersatz statt der ganzen Leistung aus §§ 275 IV, 275 I, 280 I, 280 III, 283, 281 I 2 haben

Schuldverhältnis, Pflichtverletzung, Unmöglichkeit der Leistung nach § 283 und das Vertretenmüssen liegen wie gezeigt vor (s.o.). Fraglich ist, ob K wegen der Unmöglichkeit der Leistung von 11 Flaschen vom gesamten Vertrag zurücktreten kann. Insoweit verweist § 283 S. 2 auf § 281 I 2. Demnach kann der Gläubiger bei einer Teilleistung nur Schadensersatz statt der ganzen Leistung verlangen, wenn er an der Teilleistung kein Interesse hat. Dies wiederum ist durch Auslegung des Parteiwillens nach §§ 133, 157 zu bestimmen. Dafür könnte sogar sprechen, dass von den 12 Flaschen Wein nur noch eine Flasche Wein übrig ist, sich die Teilleistung also auf eine ganz geringe Menge beläuft. Darüber hinaus gibt es aber keine Anhaltspunkte, dass K an der Teilleistung kein Interesse hat. Überdies ist der Wein auch bei anderen Händlern noch verfügbar.

Demnach besteht kein Anspruch des K gegen W auf Schadensersatz statt der ganzen Leistung.

Anspruch des W gegen K auf Zahlung des Kaufpreises aus § 433 II.

W und K haben einen wirksamen Kaufvertrag geschlossen (s.o.), der Anspruch besteht also (§ 433 II).

Der Anspruch könnte aber nach § 326 I 1 entfallen sein. Nach § 275 I Var. 2 ist der Anspruch auf 11 Flaschen Wein ausgeschlossen. Insoweit ist der Anspruch auf Kaufpreiszahlung ausgeschlossen. Aufgrund der Teilleistung ist nach § 326 I 1 Hs. 2 § 441 III zu beachten. Der Kaufpreis bleibt demnach in Höhe von 20 EUR, des Preises für eine Flasche, bestehen.

Fallvariante 2:

Anspruch des K gegen W auf Übergabe und Übereignung der 12 Flaschen aus § 433 I 1.

K könnte einen Anspruch gegen W auf Übergabe und Übereignung der 12 Flaschen Wein aus § 433 I 1 haben.

K und W haben einen wirksamen Kaufvertrag geschlossen, der Anspruch besteht.

Die 12 Flaschen sind aber zu Bruch gegangen. Aufgrund der Vorratsschuld ist daher Unmöglichkeit eingetreten (für alle 12 Flaschen, abgesehen davon s.o.), § 275 I Var. 2. Der Anspruch ist daher ausgeschlossen.

Anspruch des K gegen W auf Zahlung von Schadensersatz aus §§ 280 I, 280 III, 283, 275 IV, 275 I.

K könnte gegen W einen Anspruch auf Schadensersatz statt der Leistung aus §§ 280 I, 280 III, 283, 275 IV, 275 I haben. Ein Schuldverhältnis nach § 280 I 1 besteht in Form des Kaufvertrags.

II. Übungsklausuren

Durch die Nichtleistung der Flaschen hat W eine Pflicht aus § 433 I 1 verletzt. Die Leistung ist auch nach §§ 283, 275 I Var. 2 unmöglich.

W müsste die Pflichtverletzung zu vertreten haben, § 280 I 2. Grundsätzlich hat er nach § 276 I Vorsatz und Fahrlässigkeit zu vertreten. Eine mildere Haftung könnte sich aus § 300 I ergeben. K müsste dazu im Gläubigerverzug sein. Nach § 293 ist er das, wenn er die ihm angebotene Leistung nicht annimmt. Dazu müsste W dem K die Leistung nach § 294 so, wie sie zu bewirken ist, angeboten haben, mithin zur richtigen Zeit, am richtigen Ort, in der richtigen Menge. Nach Vertragsauslegung, §§ 133, 157, war eine Bringschuld vereinbart. Entgegen der Auslegungsregel des § 269 I war also als Leistungsort der Wohnort des K vereinbart.

W war die Leistung möglich, er war dazu auch bereit und imstande, § 294. Dem steht nicht entgegen, dass er sich für die Leistung der M als Erfüllungsgehilfin bedient hat. Für die Leistungszeit war der 10. Juli mittags bestimmt. 10. Juli, 12:30 Uhr, ist als mittags anzusehen. Das Angebot ist somit auch zur rechten Zeit erfolgt.

K hat die Entgegennahme des Weins verweigert. Nach § 293 ist er somit in Verzug geraten.

Nach § 300 I hat W somit nur Vorsatz und Fahrlässigkeit zu vertreten. W hat hier nicht selbst gehandelt. Womöglich muss er sich aber ein mögliches Verschulden der M nach § 278 S. 1 zurechnen lassen. M ist durch die Lieferung der Flaschen aufgrund der Tatsache, dass eine Bringschuld vereinbart war, im Pflichtkreis des W tätig geworden, mithin Erfüllungsgehilfin. Ein etwaiges Mitverschulden wäre dem W also nach § 278 S. 1 zurechenbar. M könnte fahrlässig gehandelt haben. Fahrlässigkeit ist das Außerachtlassen der im Verkehr erforderlichen Sorgfalt, § 276 II. M hatte bereits einen leichten Schwächeanfall, setzte ihre Fahrt dennoch fort und verursachte durch den folgenden Zusammenbruch den Unfall, bei dem die 12 Flaschen zu Bruch gingen. Sie handelte fahrlässig. Ausschlaggebend ist nach § 300 I aber, ob sie auch grob fahrlässig gehandelt hat. Dazu müsste sie die im Verkehr erforderliche Sorgfalt in besonders hohem Maße unbeachtet gelassen haben und mithin das unbeachtet gelassen haben, was jedem unter den gegebenen Umständen hätte einleuchten müssen. Für eine grobe Fahrlässigkeit spricht, dass M schon mit einer Pflichtverletzung (bzw. einem Unfall) rechnet, aber darauf vertraut, dass alles gut gehen wird. Dies allein begründet allemal eine bewusste, nicht aber schon eine grobe Fahrlässigkeit. Nach einem lediglich leichten Schwächeanfall weiterhin Auto zu fahren ist nach dieser Definition nicht grob sorgfaltswidrig, mithin nicht grob fahrlässig. W hat die Pflichtverletzung also nach §§ 300 I, 278 S. 1 nicht zu vertreten, er kann sich also nach § 280 I 2 exkulpieren. Mithin besteht kein Anspruch des K gegen W auf Schadensersatz.

Anspruch des W gegen K auf Zahlung des Kaufpreises aus § 433 II.

W könnte gegen K einen Anspruch auf Kaufpreiszahlung aus § 433 II haben. W und K haben einen wirksamen Kaufvertrag geschlossen, folglich besteht der Anspruch.

Er könnte aber nach § 326 I 1 ausgeschlossen sein. W braucht nach § 275 I Var. 2 nicht zu leisten. Dadurch entfällt grundsätzlich der Anspruch auf die Gegenleistung. Möglicherweise bleibt der Anspruch aber nach § 326 II 1 Var. 2 bestehen. Dazu müsste K im Verzug der Annahme sein. Dies ist der Fall (s.o.). Auch hat W die Pflichtverletzung nicht zu vertreten (s.o.).

Der Anspruch auf Kaufpreiszahlung bleibt somit nach § 326 II 1 Var. 2 bestehen.

Lösungsskizze zur 3. Übungsklausur[13] (→ nach Rn. 977)

Ausgangsfall (Frage 1)

I. Ansprüche auf Rückzahlung des Kaufpreises

1. Anspruchsgrundlage: § 346 I iVm §§ 437 Nr. 2, 326 V

   a) Gültiger Kaufvertrag V-K zustande gekommen.

   b) Mangel der Kaufsache? Zu bejahen, wenn die Sache nicht die vereinbarte Beschaffenheit aufweist (§ 434 I 1; → Rn. 793). Gegenstand des Vertrages: echter Biedermeier-Sekretär (hier nach Umständen des Falles, also Inserat mit entsprechender Beschaffenheitsangabe, stillschweigend vereinbart), übergebener Schrank: bloßes Stilmöbel.

   c) Mangel im Zeitpunkt des Gefahrübergangs (vgl. § 446 S. 1) vorhanden, bei Abschluss des Vertrages K nicht bekannt, Unkenntnis beruhte nicht auf grober Fahrlässigkeit (§ 442 I).

   d) Geschuldete Leistung, die Lieferung des verkauften Sekretärs mit der vereinbarten Beschaffenheit (also als echtes Biedermeier-Möbel), ist objektiv unmöglich. Deshalb ist Anspruch auf Leistung ausgeschlossen (§ 275 I) und K kann nach § 326 V vom Kaufvertrag ohne Fristsetzung zurücktreten. Rücktritt ist von K (konkludent) erklärt (§ 349), indem er Kaufpreis-Rückzahlung gegen Rückgabe des Sekretärs verlangt.

   e) Rechtsfolge: Anspruch auf Rückzahlung des Kaufpreises Zug um Zug gegen Rückgabe des Sekretärs (§§ 346 I, 348).

2. Anspruchsgrundlage: § 812 I 2 Var. 1[14]

   a) Wegfall des rechtlichen Grundes (Kaufvertrag) für Zahlung des Kaufpreises durch Anfechtung herbeizuführen?

   b) Anfechtung wegen Inhaltsirrtums (§ 119 I Var. 1)?

      aa) Irrte K? Ja, er wollte echten Sekretär kaufen.

      bb) Inhaltsirrtum? Nein, er erklärte, er wolle den angebotenen Schrank kaufen. Es handelt sich um einen Eigenschaftsirrtum (er hielt subjektiv den Sekretär für echt; → Rn. 388 ff.).

   c) Anfechtung nach § 119 II?

      aa) Frage nach Zulässigkeit einer solchen Anfechtung neben dem Kaufrecht ist streitig. Wird von der hM verneint. Weil jedoch eine gegenteilige Auffassung vertretbar erscheint, soll hier ein Anfechtungsrecht geprüft werden.[15]

      bb) K irrte (s.o.).

---

[13] Es handelt sich hier um eine (recht ausführlich gehaltene) Lösungsskizze, wie sie vor der Ausformulierung der Falllösung anzufertigen ist (→ Rn. 13, 21, 32).

[14] Da bisher das Bereicherungsrecht nicht behandelt worden ist, kann es nicht als Mangel angesehen werden, wenn entsprechende Ausführungen fehlen.

[15] Bei einer klausurmäßigen Fallbearbeitung muss die Frage nach der Zulässigkeit einer Anfechtung eingehend erörtert und entschieden werden.

II. Übungsklausuren

cc) Eigenschaftsirrtum? Eigenschaft ist Merkmal, aus dem sich die natürliche Beschaffenheit ergibt (→ Rn. 392). Biedermeier-Echtheit als wertbildender Faktor, der nach allen vertretenen Auffassungen als „verkehrswesentlich" angesehen wird (→ Rn. 400 ff.).

dd) Irrtum war auch ursächlich für anzufechtende Erklärung des K (→ Rn. 372).

d) Ergebnis: Anfechtungsrecht. Wird es ausgeübt: Anspruch nach § 812 I 2 Var. 1. Jedoch entfällt dann rückwirkend (§ 142 I) infolge Nichtigkeit der von K zum Abschluss des Kaufvertrages abgegebenen Willenserklärung die Wirksamkeit des Kaufvertrages, sodass ein Rücktrittsrecht nach § 326 V (§ 437 Nr. 2) nicht (mehr) in Betracht kommen kann. Das Gleiche würde für vertragliche Schadensersatzansprüche gelten.

II. Anspruch auf Schadensersatz

1. Anspruchsgrundlage: § 311a II iVm § 437 Nr. 3.

   a) V braucht nach § 275 I nicht zu leisten (s.o.). Deshalb Schadensersatz statt der Leistung, wenn V entweder die (anfängliche) Unmöglichkeit kannte oder seine Unkenntnis zu vertreten hat (§ 311a II 2).

   b) V ging von Echtheit aus, kannte also Leistungshindernis nicht. Unkenntnis beruhte auch nicht auf Fahrlässigkeit, da er Möbel geerbt hatte und Unechtheit auch nicht erkennen konnte. Vertretenmüssen jedoch bei Übernahme einer Garantie (§ 276 I 1). Vertragsschluss unter erkennbarem Bezug auf Inserat. Hier eindeutige Angaben (180 Jahre alt, Original Biedermeier). Preis ebenfalls wie für echtes Möbel. K wollte offensichtlich nur einen echten Biedermeier Sekretär kaufen. V war auch von der Echtheit überzeugt. Dies alles spricht dafür, dass V Einstandspflicht für Echtheit übernommen hat, also die Echtheit garantierte (→ Rn. 880).

   c) Rechtsfolge: Anspruch auf Schadensersatz statt der Leistung.

      aa) Großer oder kleiner Schatzersatzanspruch? K will Sekretär nicht behalten, also großer Schadensersatzanspruch. Käufer hat Wahlrecht (→ Rn. 851).

      bb) Da H so zu stellen ist, wie er stünde, wenn ordnungsgemäß erfüllt worden wäre, kann er 5.000 EUR Zug um Zug gegen Rückgabe des Sekretärs sowie die Kosten des Gutachtens fordern.

2. Anspruchsgrundlage: § 280 I wegen c. i. c. (§ 241 II iVm § 311 II).

Die falschen Angaben, die V bei den Vertragsverhandlungen machte, bezogen sich auf die Beschaffenheit der Kaufsache und werden durch die Vereinbarung iSd § 434 I 1 erfasst. Hierfür haftet der Verkäufer nur auf der Grundlage des § 437. Ansprüche wegen c. i. c. kommen daneben nicht in Betracht (→ Rn. 874).

Fallabwandlung (Frage 2)

I. V kennt Unechtheit des Sekretärs nicht.

1. Der Rücktritt kann nicht wirksam erklärt werden, wenn der Anspruch auf Nacherfüllung verjährt wäre und der Schuldner, also V, sich darauf beruft (§ 218 I iVm § 438 IV 1). Zwar besteht bei einer objektiv unmöglichen Leistung kein Nacherfüllungsanspruch, jedoch wird durch § 218 I 2 verjährungsrechtlich der Fall des § 275 I so behandelt, als gebe es den bei einer möglichen Leistung nach § 439 I geltend zu machenden Nacherfüllungsanspruch (→ Rn. 866). Dieser Anspruch wäre nach § 438 I Nr. 3 verjährt und folglich kann K nicht mehr vom Vertrag zurücktreten, wenn sich V – wovon auszugehen ist – auf die Verjährung beruft.

2. Ein Anspruch auf Schadensersatz statt der Leistung gem. § 311a II (s. A II.1.) wäre ebenfalls nach § 438 I Nr. 3 verjährt.

3. Anspruchsgrundlage: § 812 I 2 Var. 1

   wie oben.

II. V kennt Unechtheit des Sekretärs

1. Anspruch nach § 346 I bei wirksamem Rücktritt. Der Anspruch auf Nacherfüllung (s.o.) verjährt in der regelmäßigen Verjährungsfrist, da V den Mangel arglistig (= vorsätzlich) verschwiegen hat (§ 438 III 1). Die regelmäßige Verjährungsfrist beträgt drei Jahre (§ 195) und beginnt nach § 199 I mit dem Schluss des Jahres, in dem der Anspruch entstanden ist und der Gläubiger von den anspruchsbegründenden Umständen und der Person des Schuldners Kenntnis erlangte oder ohne grobe Fahrlässigkeit erlangen musste. Da die Unechtheit erst drei Jahren nach Abschluss des Kaufvertrages von K entdeckt wurde, ist der (fiktive) Anspruch auf Nacherfüllung noch nicht verjährt, sodass K den Rücktritt wirksam erklären kann (§ 218 I iVm § 438 IV 1). Somit ergibt sich dann als Rechtsfolge die Verpflichtung des V zur Rückzahlung des Kaufpreises nach § 346 I Zug um Zug gegen Rückgabe des Sekretärs (§ 348).

2. Ebenso steht K ein Schadensersatzanspruch gem. § 311a II iVm § 437 Nr. 3 zu (s.o.).

3. Anspruchsgrundlage: § 812 I 2 Var. 1

   a) wie oben.

   b) Anfechtung wegen arglistiger Täuschung durch V (§ 123 I Var. 1). Voraussetzungen erfüllt (Täuschung durch Veranlassung einer Willenserklärung des getäuschten K, Arglist des V; → Rn. 416).

   c) Rechtsfolge: Herausgabe des Erlangten, dh des Kaufpreises. V hat dann auf gleicher Rechtsgrundlage Anspruch auf Rückgabe des Sekretärs. Nach Anfechtung fällt die auf Abschluss des Kaufvertrages gerichtete Willenserklärung des K und damit der gesamte Vertrag rückwirkend weg (§ 142 I). Rechte nach § 346 I oder nach § 311a II iVm § 437 Nr. 3 stehen K dann nicht zu.

Lösungsskizze zur 4. Übungsklausur[16] (→ Rn. 1151)

I. Anspruchsgrundlage:[17] § 678 iVm § 687 II

1. Führung eines fremden Geschäfts (nämlich des S) durch F? Zu bejahen. Das Recht auf Führung und Benutzung des Namens steht ausschließlich dem Träger zu (vgl. auch § 12).

2. Bewusstsein der Fremdheit? F benutzte bewusst den Namen des S zu Werbezwecken. Dass er hierfür die Einwilligung des Namensträgers benötigt, muss F als einer im Geschäftsleben stehenden Person bekannt sein. Es ist deshalb davon auszugehen, dass er sich nicht irrtümlich für befugt hielt, den Namen des S zu gebrauchen, und deshalb

---

[16] Der Sachverhalt wurde in Anlehnung an den Ginsengwurzelfall des BGH (BGHZ 35, 363) formuliert. Die Lösungsskizze ist wesentlich ausführlicher gehalten, als dies schon aus Zeitgründen bei einer Klausurarbeit regelmäßig möglich sein wird.

[17] Die allgemein gehaltene Fallfrage nach der Rechtslage wird durch das Begehren des S nach Zahlung von 10.000 EUR als Genugtuung hinreichend konkretisiert (→ Rn. 17).

II. Übungsklausuren

meinte, ein eigenes Geschäft zu führen. Somit war F die Fremdheit bewusst, und er kannte auch seine fehlende Berechtigung zur Geschäftsführung.

3. Folglich ist F zum Ersatz des aus der Geschäftsführung entstehenden Schadens verpflichtet. S ist jedoch kein materieller Schaden entstanden; er verlangt vielmehr Entschädigung in Geld für einen immateriellen Schaden. Dies ist nur in den vom Gesetz bestimmten Fällen zulässig (§ 253 I). § 678 bestimmt dies jedoch nicht.

II. Anspruchsgrundlage: § 812 I 1 Var. 2 (Eingriffskondiktion)

Eine nähere Prüfung erübrigt sich. S verlangt nicht Herausgabe eines Vermögensvorteils, den F ohne Rechtsgrund erlangt hat (→ Rn. 1042 ff.).

III. Anspruchsgrundlage: § 823 I iVm Art. 1, 2 GG

1. Verletzung des allgemeinen Persönlichkeitsrechts des S (als „sonstiges Recht" iSv § 823 I) durch F? Die namentliche Erwähnung des S und der Hinweis auf seine wissenschaftliche Autorität in einer Werbung für ein Stärkungsmittel sind geeignet, ihn lächerlich zu machen und in seinem Ansehen als Wissenschaftler zu beeinträchtigen. Bei der zur Ermittlung des Inhalts und der Grenzen des allgemeinen Persönlichkeitsrechts gebotenen Interessen- und Güterabwägung (→ Rn. 1091) gebührt dem grundgesetzlich fundierten Anspruch des S auf Achtung seiner individuellen Persönlichkeit (vgl. Art. 1 I, Art. 2 I GG) der Vorrang vor den gewerblichen Interessen des F. Folglich hat F den Anspruch des S auf Achtung seiner individuellen Persönlichkeit missachtet und dessen allgemeines Persönlichkeitsrecht verletzt.

2. Ersatzfähiger Schaden des S? S verlangt Geldersatz für immateriellen Schaden (I 3). In § 253 II ist Verletzung des allgemeinen Persönlichkeitsrechts nicht erwähnt. Durch Richterrecht ist jedoch in verfassungsrechtlich zulässiger Weise[18] bei schweren Verletzungen des allgemeinen Persönlichkeitsrechts ein Anspruch auf Geldersatz für immaterielle Schäden geschaffen worden. Folgende Voraussetzungen müssen erfüllt sein:

a) Rechtswidrige und schuldhafte Verletzung des allgemeinen Persönlichkeitsrechts.

b) Schwerwiegende Beeinträchtigung dieses Rechts.

c) Keine Möglichkeit für Geschädigten, auf andere Weise ausreichende Genugtuung zu erlangen (→ Rn. 1096).

zu 1: Die Verletzung des allgemeinen Persönlichkeitsrechts des S (III a) ist rechtswidrig, da F verpflichtet ist, dieses Recht zu achten, und er sich insbesondere nicht auf ein eigenes Recht berufen kann, das es rechtfertigt, unbefugt den Namen des S zu gewerblichen Zwecken zu nutzen (→ Rn. 1091 f., 1128). F handelte leichtfertig, wenn er sich auf die Angaben in dem populär-wissenschaftlichen Aufsatz verlassen haben sollte. Er konnte insbesondere nicht annehmen, dass ihn dies berechtigte, die im Aufsatz gemachten Angaben in einer Werbeanzeige, noch dazu in entstellender Weise, zu verwenden, ohne sich dem Vorwurf eines grob fahrlässigen Verhaltens auszusetzen.

zu 2: Als schwerwiegend gilt insbesondere eine gravierende Verletzung des Persönlichkeitsrechts (→ Rn. 1091). Diese Voraussetzung ist hier erfüllt. Für diese Wertung sind die Art der Werbung und der Beruf des S (Kirchenrechtler) von besonderer Bedeutung.

zu 3: Eine Richtigstellung des F ist keine ausreichende Genugtuung für die erlittenen Unannehmlichkeiten, die dadurch nicht ungeschehen gemacht werden können.

---

[18] Dies ist vom BVerfG ausdrücklich anerkannt worden (BVerfGE 34, 269).

3. Angemessenheit der Entschädigung? Bei Bemessung der Geldentschädigung sind Ausmaß und Schwere der Rechtsverletzung, aber auch der wirtschaftliche Vorteil, den F aus dieser Rechtsverletzung zog, zu beachten. Der geforderte Betrag erscheint danach in seiner Höhe als angemessen.

IV. Anspruchsgrundlage: § 823 II iVm § 186 StGB

Eine nähere Prüfung erübrigt sich, denn es kann nicht angenommen werden, dass F vorsätzlich – wie dies bei § 186 StGB erforderlich ist – (unwahre) Tatsachen über S verbreitet hat, die S „verächtlich zu machen oder in der öffentlichen Meinung herabzuwürdigen geeignet" sind. Wenn auch die in der Werbeanzeige gemachten Angaben objektiv durchaus diese Eignung besitzen, glaubt doch F offenbar, dass sich S wissenschaftlich mit Ginsengwurzeln befasst hätte; deshalb wusste und wollte er nicht, dass F durch die Anzeigen lächerlich gemacht wurde.

V. Anspruchsgrundlage: § 824

Voraussetzung für einen Schadensersatzanspruch aufgrund dieser Vorschrift ist, dass eine unwahre Tatsache verbreitet wird, die geeignet ist, wirtschaftliche Interessen, insbesondere das Fortkommen des Betroffenen, seine wirtschaftlichen Zukunftsaussichten, zu beeinträchtigen. Dass derartige Interessen des S durch F verletzt worden sind, ergibt sich nicht aus dem Sachverhalt.

Lösungsskizze zur 5. Übungsklausur (→ Rn. 1343)

A. Ansprüche des R gegen H

I. Anspruchsgrundlage: § 631 I iVm § 398

1. Wirksame Abtretung der Werklohnforderung des N an R? Frau N handelte als Vertreterin ihres Mannes in dessen Namen. Ihr fehlte aber die Vertretungsmacht. Deshalb ist die Abtretung zunächst schwebend unwirksam, wird aber mit Genehmigung des N voll wirksam (§ 177 I iVm § 182 I). R wurde folglich Inhaber der Forderung.

2. Forderung durch Erfüllung erloschen (§ 362 I)? H zahlte an N, der nicht mehr Gläubiger der Forderung gewesen ist. Jedoch hilft dem H hier § 407 I. Der neue Gläubiger muss die Leistung des gutgläubigen Schuldners an den bisherigen Gläubiger gegen sich gelten lassen. Da H die Abtretung nicht kannte und sich auf diese Schuldnerschutzregelung beruft, ist er so zu stellen, als habe er an den wirklichen Gläubiger gezahlt.

II. Ergebnis: Keine Ansprüche des R gegen H

B. Ansprüche des R gegen N

I. Anspruchsgrundlage: § 280 I

1. Aus dem der Abtretung zugrundeliegenden Kaufvertrag, den Frau N für ihren Mann mit R schloss und der mit Genehmigung durch N wirksam wurde (§ 177 I; vgl. o. A I 1), ergab sich für N die leistungssichernde Nebenpflicht, alles zu unterlassen, was den Zweck des Vertrages (R die Forderung zu verschaffen [§ 453 I iVm § 433 I 1], damit dieser sie einziehen kann), nachträglich gefährdet oder sogar vereitelt (→ Rn. 563 ff., 1296). Dieser Pflicht hat N schuldhaft (§ 280 I 2) zuwidergehandelt, als er die Zahlung von H annahm.

2. Den durch diese Pflichtverletzung dem R entstandenen Schaden muss N gem. § 280 I 1 ersetzen, also 7.000 EUR an ihn zahlen.

II. Übungsklausuren

II. Anspruchsgrundlage: § 285

1. Leistung aus Kaufvertrag unmöglich? N hatte allerdings bereits geleistet, nämlich die Forderung abgetreten, und erst durch sein späteres Verhalten den Leistungserfolg unmöglich gemacht (§ 275 I). Nach dem Rechtsgedanken des § 285, Ausgleich eines dem Schuldner nicht zustehenden Vorteils vorzunehmen, ist diese Vorschrift aber entsprechend anzuwenden.
2. N erhielt 7.000 EUR von H. Diesen Betrag, der wirtschaftlich an die Stelle der Forderung des R gegen H trat, hat N dem R herauszugeben.

III. Anspruchsgrundlage: § 667 iVm § 681 S. 2, § 687 II 1

1. Durch Annahme des Forderungsbetrages führte N ein Geschäft des R. Er kannte die Fremdheit des Geschäfts und behandelte es als eigenes, ohne dazu berechtigt zu sein.
2. Er ist deshalb zur Herausgabe des aus der Geschäftsführung Erlangten, also der eingezogenen 7.000 EUR nebst 4% Zinsen (§ 687 II 1, § 681 S. 2, § 668, § 246) verpflichtet.

IV. Anspruchsgrundlage: § 816 II

1. Leistung des H an nichtberechtigten N ist gegenüber Berechtigtem (R) aufgrund des § 407 I wirksam.
2. Verpflichtung zur Herausgabe des Geleisteten? Die Verpflichtung bezieht sich nicht auf die erlangten Geldscheine, sondern auf ihren Wert, also 7.000 EUR. Hinsichtlich der 6.700 EUR, die N zur Schuldentilgung verwandte, ist er bereichert; aber Wegfall der Bereicherung in Höhe von 300 EUR wegen der Ausgaben für den „fröhlichen Abend"? Insoweit ist N nicht mehr bereichert, weil er diese Ausgaben nicht getätigt hätte, wenn er die 7.000 EUR nicht erhalten hätte (§ 818 III). N kannte allerdings seine Nichtberechtigung; er kann sich deshalb nicht auf Wegfall seiner Bereicherung berufen, sondern haftet nach §§ 819 I, 818 IV in gleicher Weise, wie wenn der Anspruch rechtshängig wäre. Dementsprechend hat er 7.000 EUR nebst 8% Zinsen über dem Basiszins (§§ 291, 288 II, 247 I) an R zu zahlen (→ Rn. 503). Da es hier um den Ausgleich einer Bereicherung im Verhältnis R gegen N geht und beide insoweit nicht als Verbraucher (vgl. § 13) anzusehen sind, ist die entsprechende Anwendung des § 288 II geboten.

V. Anspruchsgrundlage: § 823 I

Die Forderung ist kein „sonstiges Recht" iSv § 823 I, denn dabei handelt es sich nicht um ein Recht mit einem jedem gegenüber wirkenden (absoluten) Inhalt (→ Rn. 1085). Abzulehnen ist die Auffassung, dass die Zuständigkeit des Gläubigers für die Forderung (sog. Empfangszuständigkeit) eine absolute Rechtsposition darstelle, die durch § 823 I geschützt sei.

VI. Anspruchsgrundlage: § 823 II iVm § 263 StGB

1. § 263 StGB ist eine gesetzliche Regelung, durch die das Vermögen des einzelnen geschützt werden soll, die also individuellen Interessen dient (→ Rn. 1140 f.).
2. Ein Schadensersatzanspruch des R ergibt sich auf dieser Grundlage nur, wenn § 263 StGB in objektiver und subjektiver Hinsicht verwirklicht ist (→ Rn. 1143), wenn also N durch Täuschung einen Irrtum erregte, der zu einer Vermögensverfügung und dadurch zu einem Vermögensschaden führte, und dies auch vorsätzlich und in der Absicht tat, sich einen rechtswidrigen Vermögensvorteil zu verschaffen. Diese Voraussetzungen sind hier erfüllt.[19]

---

[19] Diese Feststellung lässt verschiedene strafrechtliche Fragen offen, die sich wegen der Schuldnerschutzvorschrift des § 407 I stellen und insbesondere die Unmittelbarkeit der Vermögensminderung betreffen. Hierauf ist im Rahmen eines Grundkurses im BGB nicht

3. R kann deshalb auf dieser Rechtsgrundlage Ersatz seines Schadens, also Zahlung von 7.000 EUR verlangen.

VII. Anspruchsgrundlage: § 826

1. Handelte N sittenwidrig, als er die R zustehende Forderung einzog? Nicht jede Verletzung einer Vertragspflicht ist als sittenwidrig anzusehen. Es müssen noch erschwerende Umstände hinzutreten, die das Anstandsgefühl grob verletzen (→ Rn. 207). Eine solche Erschwerung ist darin zu erblicken, dass die Vertragspflichtverletzung den Betrugstatbestand verwirklicht (B VI).

2. Durch dieses sittenwidrige Verhalten ist R ein Schaden zugefügt worden.

3. N handelte auch vorsätzlich, da er wusste, dass er R durch die Annahme der 7.000 EUR schädigte, und dies auch zumindest billigend in Kauf nahm. N kannte zudem alle Umstände, aus denen sich die Sittenwidrigkeit seines Verhaltens ergibt (→ Rn. 1148).

4. Folglich kann R auch auf § 826 seinen Schadensersatzanspruch stützen und Zahlung von 7.000 EUR fordern.

VIII. Ergebnis: R kann von N Zahlung von 7.000 EUR nebst Verzugszinsen fordern.

---

einzugehen. Ein Fortgeschrittener muss bei einer Klausurarbeit jedoch auch diesen Fragen Aufmerksamkeit widmen.

Normenverzeichnis

Die angegebenen Fundstellen beziehen sich auf die Randnummern.

AktG
§ 10: 767
§ 78: 1153

BeurkG
§ 21: 861
§ 45: 99 Fn. 65
§ 47: 99 Fn. 65
§ 49: 99 Fn. 65

BGB
§ 1: 312
§ 2: 24, 40, 317, 327, 1159
§ 13: 108 Fn. 75, 162, 179, 196, 293, 493 f., 579, 708, 901 f., 905, 954, 1318
§ 14: 162, 179, 196, 293, 579, 708, 901 f., 905
§§ 21 ff.: 316
§ 26: 1153
§ 27: 112
§ 31: 1237
§ 32: 112
§ 33: 45
§ 40: 112
§§ 80 ff.: 316
§ 89: 1237
§ 90: 8 Fn. 6, 28, 401, 783, 903
§ 90a: 313, 783, 903
§ 91: 785, 923, 925, 1109
§ 93: 8 Fn. 5, 721, 743, 1045
§ 97: 379
§ 99: 689, 695, 1056
§ 100: 689, 695, 1056
§§ 104 ff.: 574
§ 104: 317 f., 320, 322 ff.
§ 105: 74, 298, 319, 322 f., 326, 492
§ 105a: 319, 325 f., 492
§§ 106 ff.: 354
§ 106: 16, 24, 40, 317 f., 1159
§ 107: 16, 24, 40, 238 f., 304, 317, 327, 330 Fn. 192, 332, 335 f., 340, 351 f., 438, 492
§§ 108 ff.: 321
§ 108: 16, 40, 141, 304, 327, 334, 339 ff., 438, 357, 1157, 1213
§ 109: 342 ff., 357, 1213
§ 110: 16, 40, 351 ff.
§ 111: 339 f., 357
§ 112: 349, 356 f.
§ 113: 356 f.
§§ 116 ff.: 363, 1203

§ 116: 296, 358 f., 361 ff., 381, 1204 f.
§ 117: 296, 359 ff., 363, 912, 1204 f., 1211, 1288
§ 118: 296, 361, 363
§§ 119 ff.: 1190
§ 119: 76, 80, 83, 178, 296, 308, 313, 364, 367 ff., 372, 375, 379, 383, 385, 388, 391 f., 395 f., 399 ff., 406 f., 437, 443, 543, 663, 670, 682 f., 803, 870 f., 1163, 1203, 1333
§ 120: 296, 364, 371, 402 ff.
§ 121: 152, 374, 408, 410, 488, 904
§ 122: 76, 78, 80, 83, 297, 361, 364, 411 ff., 425, 437, 440 f., 543, 546, 585, 663, 682, 1288
§ 123: 296, 365, 416, 418, 421, 424 ff., 436 f., 442, 584, 638, 766, 872, 907, 1146, 1208, 1333
§ 124: 436, 584, 1146
§ 125: 62 ff., 360, 927, 1324
§ 126: 58, 64 ff.
§ 126a: 58, 65 f., 1323
§ 126b: 58, 66, 915
§ 127: 64
§ 127a: 58
§ 128: 58
§ 129: 58
§ 130: 91 ff., 108 f., 113, 158, 164, 344, 406, 492, 603, 755
§ 131: 319, 327, 492
§ 133: 137, 171, 710
§ 134: 128, 206, 298, 432, 512, 683, 907, 1021
§ 135: 306
§ 136: 306
§ 138: 128, 207 f., 432, 439, 765, 1021, 1028, 1145, 1172, 1313, 1317
§ 139: 62, 300 f., 303, 1174
§ 140: 302 f.
§ 141: 299
§ 142: 291, 296, 303, 309, 374, 409, 438, 766, 1021, 1024, 1063
§ 143: 309, 408, 410
§ 144: 310
§§ 145 ff.: 113, 123
§ 145: 109, 147
§ 146: 148 f., 163, 276
§§ 147 ff.: 149
§ 147: 102, 153 ff., 163
§ 148: 149, 153, 157
§ 149: 152, 157
§ 150: 114, 137, 152, 157 f.
§ 151: 159 ff., 182, 884
§ 153: 164, 755

§ 154: 170 ff., 176
§ 155: 174 f.
§ 157: 137, 171, 669, 710
§§ 158 ff.: 894
§ 158: 664, 891
§ 160: 897 f.
§ 161: 897 f.
§ 162: 898, 1026
§ 164: 403, 426, 1152, 1155, 1157, 1161 ff.
§ 165: 1159
§ 166: 780, 1064 f., 1167, 1203 f., 1206 ff.
§ 167: 1168 ff., 1325
§ 168: 1177, 1190 ff.
§§ 170 ff.: 1192
§ 170: 1192
§ 171: 1170, 1179 f., 1192
§ 172: 381, 1170, 1192, 1325
§ 173: 381, 1192
§ 174: 1176
§ 175: 1192
§ 176: 1192
§§ 177 ff.: 1166, 1212, 1215
§ 177: 141, 304, 1177, 1194, 1201, 1212 f.
§ 178: 1213
§ 179: 189, 1166, 1189, 1213, 1215 ff.
§ 180: 1176, 1194, 1212, 1214 f.
§ 181: 1193 ff.
§ 182: 40, 338, 341, 343, 357, 1213
§ 183: 40 Fn. 20, 281, 338
§ 184: 40 Fn. 20, 281, 339, 1213, 1311
§ 185: 241, 281, 757, 759, 1048, 1251, 1311
§§ 194 ff.: 863
§ 194: 23 Fn. 16, 119, 186, 866
§ 195: 584, 865, 969
§ 197: 864
§ 198: 652
§ 199: 865, 969
§ 202: 867
§ 212: 245
§ 214: 204, 265 f., 1021, 1329
§ 215: 266, 868
§ 216: 890, 1329
§ 218: 866, 969
§ 227: 419, 1124
§ 228: 1124
§ 229: 202, 1124
§§ 232 ff.: 651
§§ 241 ff.: 188
§ 241: 119, 187, 232, 385, 567, 575, 581, 583, 647, 874 ff.
§ 241a: 161 f., 579
§ 242: 63, 96, 158 Fn. 98, 229, 271, 346, 671, 648, 811, 1138
§ 243: 210, 213 f., 220 f., 460, 599, 609, 905
§ 247: 503
§§ 249 ff.: 9 Fn. 10, 1109, 1112
§ 249: 225, 271, 411, 500, 584, 588, 1097, 1109, 1111, 1146

§ 250: 1111
§ 251: 225, 500, 852, 965, 1110 f.
§ 252: 414, 501, 1113 f.
§ 253: 1096, 1106, 1112, 1096 Fn. 1061
§ 254: 415, 629, 1100, 1116 ff.
§§ 262 ff.: 223
§§ 263 ff.: 1215
§ 266: 599, 617
§ 267: 243, 1100
§ 268: 262
§ 269: 217, 598
§ 270: 217, 610 f.
§ 271: 264, 488, 595, 904
§ 271a: 490
§ 273: 487, 648, 651 ff., 811, 1329
§§ 275 ff.: 1068
§ 275: 382, 446, 448, 462, 479, 481, 507, 509 ff., 514 ff., 518 Fn. 371, 522 ff., 522 Fn. 380, 525 Fn. 382, 534, 536 ff., 542, 593, 607 ff., 613 ff., 617, 619, 627, 633, 680 Fn. 555, 687, 690, 821, 824, 830, 905, 961, 964 f., 1261
§§ 276 ff.: 9, 459, 544
§ 276: 9, 42, 459 f., 464 ff., 473 f., 497, 499, 515, 628, 692, 838, 880, 1126 f., 1235
§ 277: 459, 692, 1235
§ 278: 481, 497, 586, 610 f., 625 Fn. 487, 628, 795, 838, 937, 1118, 1152, 1202, 1219, 1221 ff., 1230, 1233, 1235 f., 1238 f., 1243
§§ 280 ff.: 658, 660 f., 973
§ 280: 9, 53, 199 f., 446, 449, 451 f., 458, 481 f., 500, 503 ff., 507, 510, 514, 530, 533, 538 f., 541, 544, 550 f., 563 ff., 575, 584, 588, 606 ff., 612, 625 Fn. 487, 635, 638, 655, 658 ff., 659 Fn. 530, 692, 694, 755, 789, 804, 827, 828 Fn. 61, 838 ff., 844 ff., 847 ff., 854, 874 ff., 879, 889 f., 915, , 945, 954 f., 965, 970, 975, 1002, 1068, 1221 f., 1238, 1258, 1264 ff., 1277, 1326
§ 281: 53, 200, 446, 449, 451 ff., 453 Fn. 297, 491, 504 f., 514, 530, 533, 539, 544, 548, 550, 565, 567 ff., 570 Fn. 429, 633, 635, 637 f., 641 f., 644 f., 648, 655, 660, 694, 755, 789, 792, 811, 839 f., 844, 848, 850 f., 854 f., 857, 879, 945, 948, 954, 965 ff., 970, 1157, 1265
§ 282: 446, 451, 566 ff., 571 Fn. 431, 588, 647, 655
§ 283: 446, 451, 479, 481 f., 507, 510, 514, 530, 533, 538, 541, 544, 550, 567, 633, 655, 659, 839 f., 844, 879, 967, 970
§ 284: 446, 449, 475 ff., 510, 531, 544, 792, 856 f., 965 f., 970
§ 285: 446, 479, 510, 534 ff., 616, 690 Fn. 564, 1015, 1049, 1068, 1278
§ 286: 9, 199, 446, 478, 481, 490, 492 ff., 499, 503 ff., 612, 658, 659 Fn. 530, 694, 847, 849, 854, 889 f., 954 f., 970, 1068, 1222, 1238, 1277, 1326, 1332
§ 287: 506 f., 608, 1068
§ 288: 9, 503, 889

Normenverzeichnis

§ 291: 1067
§ 292: 1067
§ 293: 446, 591, 610
§ 294: 594, 600 f.
§ 295: 598, 601 f., 609
§ 296: 603
§ 297: 592
§ 298: 605
§ 299: 596 f.
§§ 300 ff.: 446
§ 300: 472, 607 ff., 1235
§§ 301 ff.: 612
§§ 304: 612, 955
§§ 307 ff.: 907
§ 307: 1323 Fn. 1277
§ 309: 269, 473, 862, 867
§ 311: 190, 192, 289, 572 ff., 577, 580 f., 584, 587, 1268, 1276
§ 311a: 446, 482, 530, 542 ff., 792, 850, 856 f.
§ 311b: 57, 60, 62 f., 205, 338, 360, 775, 783, 799, 858, 1168, 1286, 1311
§§ 312 ff.: 292, 295
§ 312: 292 f.
§ 312a: 130, 205, 292 f.
§§ 312b ff.: 292, 294
§ 312b: 108 Fn. 75, 294, 708
§ 312c: 179, 294, 708
§§ 312d ff.: 294
§ 312d: 108 Fn. 75, 418
§ 312e: 418
§ 312g: 294, 708
§ 312h: 294
§ 312i: 97, 179 ff., 292, 418
§ 312j: 179, 181, 292
§ 312k: 292
§ 313: 287, 446, 461, 512, 515, 519 f., 527, 543 Fn. 398, 671 ff., 678 ff., 680 Fn. 555, 684, 687, 692, 707, 873
§ 314: 659 f., 670, 679, 705 ff., 935
§§ 315 ff.: 167, 785
§ 316: 173
§ 317: 337
§§ 320 ff.: 123, 613, 1215
§ 320: 31, 266, 605, 613, 648 ff., 698, 811, 868, 889, 1263, 1329
§ 321: 613, 649 f.
§ 323: 446, 449, 452, 481, 484, 508, 548, 613, 617 f., 633 ff., 657, 662, 687, 689, 755, 789, 792, 811, 830, 832, 857, 890, 935, 947, 954 f., 965 ff., 970, 1157
§ 324: 446, 613, 633, 638 Fn. 500, 647, 687, 947
§ 325: 446, 481, 613, 635, 644, 658, 755, 834, 848, 890, 954, 965, 970
§ 326: 123, 446, 479, 481, 510, 531, 535, 607 f., 613 ff., 627 f., 630 ff., 641, 645 f., 657, 687, 792, 832, 905, 956, 967, 970, 1261
§§ 328 ff.: 1255
§ 328: 427, 1250 ff., 1261 f.

§ 329: 1253, 1311
§ 330: 427, 1252
§ 331: 1252, 1262
§ 333: 1261, 1311
§ 334: 1263 f.
§ 335: 1262
§§ 346 ff.: 619, 688, 826
§ 346: 459, 506, 619, 659, 686, 688 ff., 826, 836, 848, 855, 868, 906, 1235
§ 347: 690, 695 ff., 836, 856
§ 348: 698, 855
§ 349: 686
§ 350: 699
§§ 355 ff.: 709
§ 355: 196, 372, 710 ff., 1318, 1330
§ 356: 372, 711
§§ 357 ff.: 713
§ 357: 713, 1318
§ 362: 31, 226, 236, 238, 241, 243, 446, 1251
§ 364: 251, 253, 255 f.
§ 365: 251
§ 366: 247 ff.
§ 367: 247
§ 368: 242
§ 370: 242
§ 372: 257 f.
§ 376: 257
§ 378: 257
§ 383: 258, 767, 902
§ 384: 258
§ 385: 258
§§ 387 ff.: 259
§ 387: 261
§ 388: 272, 895, 1301
§ 389: 266, 274
§ 390: 264 f., 267, 487
§ 393: 269 f.
§ 394: 271
§ 397: 276, 287
§§ 398 ff.: 279, 737, 1309
§ 398: 262, 787, 1284, 1287, 1291
§ 399: 1290
§ 400: 1290
§ 401: 1293 f., 1328, 1334 ff., 1336
§ 404: 1292, 1295, 1301 f., 1334
§ 405: 1288, 1290
§ 406: 262, 1301 ff.
§ 407: 1052, 1296 ff.
§ 408: 1299 f., 1304
§ 409: 1304
§ 410: 1304
§ 412: 1310, 1334 ff.
§ 413: 1309
§§ 414 ff.: 1311
§ 414: 1283, 1311
§ 415: 141, 1283, 1311, 1313
§ 417: 1312 ff.
§ 418: 1315, 1328

§ 421: 1248, 1316, 1336
§ 426: 1248, 1310, 1336, 1338
§§ 433 ff.: 131, 188, 901, 904, 907
§ 433: 16, 24 ff., 31, 40, 43, 119, 194, 198, 237, 261, 285, 323, 378, 448, 507, 511, 516, 526, 534, 606, 621 f., 625, 749, 782 f., 786, 788 ff., 790, 812, 815, 838, 857, 868, 874, 882, 904 f., 1193, 1223
§§ 434 ff.: 804 Fn. 692, 874 Fn. 827
§ 434: 251, 584, 636, 786, 793 ff., 804 ff., 820, 870, 874, 881, 910, 963
§ 435: 251, 786 ff., 812, 870, 963
§ 436: 813
§§ 437 ff.: 584, 869 ff., 1215
§ 437: 326, 548, 636, 687, 689, 790 ff., 811, 816, 834, 839 f., 844 f., 847 ff., 853a, 856 f., 863, 868, 870, 875 f., 916, 962, 1223
§ 438: 863 ff., 876 f., 907
§ 439: 791, 816 f., 824 ff., 841, 852 ff., 857, 868, 879, 906, 908 f., 916, 964
§ 440: 792, 830, 832, 850, 857
§ 441: 616 f., 691, 790, 792, 811, 832 ff., 857
§ 442: 858 ff., 871, 874, 968
§ 443: 880 ff.
§ 444: 169, 862, 881
§ 445a: 853a, 916 f.
§ 446: 620 ff., 804, 881, 905, 910
§ 447: 216, 624 ff., 804, 881, 905 f., 910, 961, 1281
§ 449: 890, 892
§ 453: 783, 787
§ 454: 887
§§ 456 ff.: 887
§ 456: 273
§ 463: 887
§ 464: 887
§ 473: 1290
§§ 474 ff.: 295, 826, 901 f., 904, 912
§ 474: 862, 867, 901 ff., 952
§ 475: 626, 826, 904 ff., 909, 916
§ 476: 862, 910 f., 910 Fn. 204, 916
§ 477: 910 f., 916
§ 477 aF: 880
§ 478: 916 f.
§ 478 aF: 853a
§ 479: 880, 885, 915
§ 480: 28, 334, 785
§§ 481 ff.: 708
§ 485: 708
§§ 488 ff.: 131, 226 Fn. 139, 918
§ 488: 227, 261, 268, 488, 595, 610, 918 ff.
§§ 489 f.: 702
§ 489: 703, 922
§ 490: 703 f., 922
§§ 491 ff.: 295
§ 491: 295, 918, 1168, 1318
§ 492: 1168, 1318, 1341
§ 495: 708, 1318
§ 503: 687

§ 506: 708, 918, 941
§ 507: 918
§ 510: 196, 708
§§ 516 ff.: 131
§ 516: 141, 328, 1021
§ 518: 57, 63, 119, 1021, 1256, 1341
§ 519: 266
§ 521: 472, 506, 1235
§ 528: 329
§ 530: 329
§§ 535 ff.: 131, 926
§ 535: 45, 122, 226 Fn. 139, 376, 540, 924 f., 928 f.
§§ 536 ff.: 548, 926, 930
§ 536: 670, 926, 931 ff.
§ 536a: 931 ff.
§ 536d: 932
§ 538: 929
§ 539: 928, 931
§ 540: 929, 1227
§ 541: 935
§§ 542 ff.: 702
§ 542: 45, 927, 935
§ 543: 704, 929, 935 f.
§ 544: 936
§ 546: 701, 753, 938, 1316
§ 546a: 938
§§ 549 ff.: 926
§ 549: 45, 62, 929, 934 f., 937
§ 550: 62, 927
§ 553: 929
§ 556b: 488, 649, 929
§ 561: 702, 936
§ 562: 934
§ 562a: 934
§ 562b: 934
§ 562c: 934
§ 563: 936
§ 563a: 702
§ 564: 936
§ 566: 332, 788, 1319
§§ 568 ff.: 937
§ 568: 45, 102, 702
§ 569: 702, 704, 935 f.
§§ 573 ff.: 702
§ 573: 937
§ 573c: 45
§§ 575a ff.: 702
§ 575a: 936
§ 577a: 702
§§ 578 ff.: 926
§ 578: 102, 332, 788, 927, 934
§ 578a: 788
§ 579: 488, 649, 929
§ 580: 702, 936
§ 580a: 702, 936
§§ 581 ff.: 131
§ 581: 332, 702, 788, 925
§ 584: 702 f.

Normenverzeichnis

§ 584a: 702
§§ 594a ff.: 702
§§ 598 ff.: 131, 752
§ 598: 120, 289, 924 f.
§ 599: 120, 472, 506, 1235
§ 600: 120
§ 601: 120
§ 603: 120
§ 604: 120, 226 Fn. 139, 488, 924, 938
§ 605: 702, 704
§§ 607 ff.: 918, 923
§ 607: 918, 923
§ 608: 702
§§ 611 ff.: 131, 944
§ 611: 942
§ 611a: 943
§ 612: 168, 173, 946, 953
§ 613: 244, 528, 945, 1290
§ 613a: 1319
§ 614: 488, 649
§ 615: 607, 620, 947
§ 616: 947
§ 617: 946
§ 618: 946
§ 620: 702, 947
§§ 621 ff.: 702, 947
§§ 626 ff.: 702
§ 626: 302, 947
§ 627: 947
§§ 631 ff.: 131, 970
§ 631: 236, 949
§ 632: 168, 173, 953
§ 632a: 953
§ 633: 796 Fn. 675, 953, 962 f.
§ 634: 548, 687, 954, 962, 965, 967, 970
§ 634a: 969
§ 635: 964 f., 967, 970
§ 636: 967, 970
§ 637: 965 ff., 970
§ 638: 965 f., 970
§ 640: 954, 957, 970
§ 641: 488, 649, 953, 970
§ 642: 955, 970
§ 643: 702, 955, 970
§ 644: 620, 961,
§ 645: 955, 961, 968
§ 646: 954
§ 647: 960
§ 648: 959
§ 648a: 959
§ 649: 630, 702, 959
§ 650: 702
§§ 650a ff.: 950
§ 650a: 960
§ 650d: 960
§ 650e: 960
§§ 650i ff.: 950
§ 650i: 66

§ 650o: 950
§§ 650u f.: 950
§ 651: 952, 968
§ 651a: 1107
§ 651e: 702
§ 651f: 1107
§§ 655a ff.: 918
§ 657: 190, 192
§§ 662 ff.: 979
§ 662: 54, 971
§ 664: 972 f., 1290
§ 665: 972
§ 666: 972, 1015
§ 667: 972, 1003, 1015 f., 1049
§ 670: 697, 974 , 976, 998, 1004, 1005a, 1039, 1334
§ 671: 702, 977
§ 672: 977
§ 673: 977
§ 674: 1191
§ 675: 979, 1191, 1307
§ 675a: 418
§§ 675f ff.: 979
§ 675f: 929
§ 675n: 929
§§ 677 ff.: 192, 979 f., 983, 994, 999
§ 677: 982, 984, 998, 1002, 1010, 1016
§ 678: 1011 f., 1015
§ 679: 995, 997, 1009
§§ 680 ff.: 1016
§ 680: 472, 1012 f., 1016
§ 681: 1003, 1010, 1015 f., 1049
§ 682: 999, 1003
§ 683: 983, 995, 997 f., 1004, 1005a, 1007, 1016, 1039
§ 684: 980, 995, 1009, 1011, 1016, 1039
§ 685: 1008, 1016
§ 686: 984
§ 687: 980 ff., 992, 1010, 1014 ff., 1049, 1296
§§ 688 ff.: 56
§ 690: 459, 506, 1235
§ 697: 598
§ 701: 459
§ 708: 459, 506
§ 717: 1290
§ 720: 1052
§§ 723 ff.: 702
§ 723: 704
§ 729: 1191
§ 762: 204
§§ 765 ff.: 1320
§ 765: 246, 1320, 1328
§ 766: 63, 1323 ff., 1328, 1335, 1341
§ 767: 1293, 1326 ff.
§ 768: 1329
§ 769: 1336
§ 770: 266, 1330
§ 771: 266, 1331

§ 772: 1331, 1339
§ 773: 1331
§ 774: 1310, 1334 ff., 1338, 1342
§ 775: 1340
§ 776: 1335, 1338
§ 779: 683
§ 780: 1341
§ 781: 1341
§§ 793 ff.: 767
§ 811: 598
§§ 812 ff.: 192, 693, 980, 994, 1011, 1016 f., 1039, 1055
§ 812: 245, 284 f., 287, 322, 412, 1017, 1021, 1028, 1035 ff., 1044, 1046, 1053 f., 1069, 1074, 1298
§ 813: 204, 1021, 1025, 1036
§ 814: 245, 1022 ff., 1036
§ 815: 1022, 1026, 1036
§ 816: 1015, 1046 ff., 1069 f., 1074, 1296
§ 817: 1021 f., 1027 ff., 1036, 1054, 1066, 1074
§ 818: 322, 412, 693, 1055 ff., 1062, 1066 ff., 1074
§ 819: 1062 ff., 1066 f., 1074, 1210
§ 820: 1066 f., 1074
§ 821: 266, 1073, 1329
§ 822: 1053 f., 1069 ff., 1074
§§ 823 ff.: 192, 322, 877, 980, 1011 f., 1016, 1075, 1123, 1126, 1134, 1241
§ 823: 42, 191, 269, 271, 551, 878, 1078 ff., 1096, 1098, 1119, 1122, 1129 f., 1132, 1134, 1140 ff., 1149
§ 824: 1078
§ 825: 1078
§ 826: 1078, 1145 ff., 1296
§ 827: 474, 1080, 1120, 1136, 1139
§ 828: 474, 1064, 1120, 1136 ff.
§ 829: 1064, 1080, 1139, 1234
§ 831: 1078, 1152, 1220 ff., 1239 ff., 1248, 1267, 1279
§§ 831 ff.: 1078
§ 832: 203, 1139
§ 833: 203, 1075
§§ 836 ff.: 1078
§ 840: 1248
§ 844: 312, 1005, 1083
§ 845: 1083
§ 847: 1096
§ 847 aF: 1096 Fn. 1061
§ 853: 266
§ 854: 715, 728 f., 733 f., 738, 786, 1158
§ 855: 723, 725, 1164
§ 861: 1088
§ 862: 1088
§ 868: 718, 752
§ 869: 1088
§ 872: 717
§ 873: 125, 279, 755, 773 ff.
§§ 883 ff.: 1294
§ 892: 779 f., 1084, 1206, 1287

§ 903: 715, 1084
§ 904: 1124
§ 925: 279, 360, 775 f., 777 Fn. 661, 778, 895
§§ 929 ff.: 279, 757 f., 899
§ 929: 45, 125, 239, 281, 285, 335, 438, 733, 736, 745, 747, 749 ff., 756 ff., 890, 897, 1164, 1206
§ 930: 736, 747, 752 ff., 756, 758
§ 931: 747, 753 f., 756, 758, 897
§§ 932 ff.: 757 ff., 767, 897, 1206, 1287
§ 932: 281, 335, 438 f., 758, 761, 763, 765 f., 897, 1206
§ 933: 758
§ 934: 758, 897
§ 935: 28, 335, 738, 767 ff.
§ 936: 897, 934
§§ 937 ff.: 743
§ 946: 743, 1045
§ 947: 743
§ 948: 743
§ 950: 743, 1158
§ 951: 1045
§§ 953 ff.: 743
§§ 958 f.: 743
§ 959: 278
§§ 965 ff.: 189, 1158
§ 968: 506
§ 973: 732, 743
§ 974: 743
§ 985: 281, 336, 737, 890, 938
§ 987: 1067
§ 989: 1067
§ 990: 1210
§ 993: 1088
§ 994: 1067
§ 995: 1067
§§ 1030 ff.: 774, 812
§§ 1113 ff.: 279, 774, 812
§ 1113: 333
§ 1138: 1084
§ 1143: 1338
§ 1147: 333
§ 1154: 1286
§§ 1191 ff.: 279, 774
§ 1194: 598
§§ 1199 ff.: 279
§§ 1204 ff.: 279, 812
§ 1207: 1084
§ 1225: 1338
§ 1297: 125
§ 1311: 895, 1156
§ 1382: 489
§ 1594: 895
§§ 1626 ff.: 1236
§ 1626: 16, 40, 993
§ 1629: 16, 40, 319, 1175
§ 1629a: 349
§ 1643: 349

§§ 1773 f.: 319
§§ 1793 ff.: 1236
§ 1793: 319, 993
§ 1821: 349
§ 1822: 349
§ 1835: 1006
§§ 1896 ff.: 1236
§ 1896: 165, 320
§ 1902: 165, 321
§ 1903: 165, 320 f.
§§ 1909 ff.: 1236
§ 1909: 1199
§ 1922: 290, 743
§ 1923: 312 f., 894
§ 1942: 743
§ 1947: 895
§ 2064: 1156
§ 2180: 895
§ 2231: 57
§ 2247: 47
§§ 2274 ff.: 125
§ 2274: 1156
§ 2331a: 489
§ 2346: 125
§ 2366: 1287
§ 2382: 1316

EGBGB
Art. 2: 1140
Art. 3: 176 Fn. 112
Art. 246: 293
Art. 246a: 294, 711

GBO
§ 13: 780
§ 17: 777
§ 126: 772 Fn. 657

GG
Art. 1: 1091, 1096
Art. 2: 1091, 1096
Art. 14: 715 Fn. 599
Art. 20: 1188

GmbHG
§ 35: 1153

GVG
§ 132: 1107, 1186

HGB
§§ 1 ff.: 1324
§§ 48 ff.: 1154
§ 48: 1177
§ 49: 1175
§ 50: 1175
§§ 54 ff.: 1154
§§ 93 ff.: 979

§§ 105 ff.: 976
§ 110: 976
§ 125: 1196
§ 343: 1324
§ 344: 902
§ 346: 136 Fn. 83
§ 349: 1331
§ 350: 1324
§ 362: 139
§ 366: 281, 759
§§ 373 ff.: 887
§ 377: 917
§§ 383 ff.: 979
§ 383: 1165
§ 421: 1281
§§ 453 ff.: 979
§ 454: 1165
§ 457: 1165

ProdHaftG
§ 1: 1077
§ 2: 1077
§ 3: 1077
§ 4: 1077
§ 10: 1077
§ 11: 1077

Sozialgesetzbuch X
§§ 116 f.: 1100

StGB
§ 34: 1124
§ 239: 1083
§§ 263 ff.: 1142
§ 263: 1146
§ 303: 1143
§ 323c: 1140 Fn. 1119

StVG
§ 7: 1119

StVO
§ 21: 558

ZPO
§ 261: 1062
§§ 688 ff.: 492
§ 771: 1039
§§ 811 ff.: 934
§ 835: 1283
§§ 850 ff.: 271, 1290
§ 850: 271
§ 850c: 271
§ 850d: 271

ZVG
§ 57a: 262

Europarecht
Verbrauchsgüterkauf-Richtlinie 1999/44/EG
v. 25.5.1999: 901, 907, 909 f.
E-Commerce-Richtlinie 2000/31/EG
v. 8.6.2000: 179
Richtlinie zur Bekämpfung von Zahlungsverzug im Geschäftsverkehr 2011/7/EU
v. 16.2.2011: 490, 503

Verbraucherrechte-Richtlinie 2011/83/EU
vom 25.10.2011: 179, 181, 292 f., 641, 709, 880, 901 f., 904 f.

Stichwortverzeichnis

Die Zahlen verweisen auf die Randnummern.

Abhandenkommen 335, 538, 767 ff., siehe auch Willenserklärung
Abschlussfreiheit, -verbot, -zwang 128 f., 585 Fn. 423
Abstraktionsprinzip 282 f., 285 f., 441, 746, 1171
Abtretung, Zession 1284 ff.
– Anzeige 1304
– Aufrechnung 1297 f., 1301, 1303
– Ausschluss 1290
– Form 1286
– Leistung an bisherigen Gläubiger 1052, 1296 f.
– Rechtsnatur 1284
– Schuldnerschutz 1290, 1295 ff.
– Urkunde 1288, 1304 f.
– Wirkung 1291 ff.
Accidentalia negotii 172
Adäquanztheorie 554 ff., 586, 1093
Affektionsinteresse, -wert 1112
Agenturgeschäft 913
Aktiengesellschaft (AG) 316, 1153
Akzessorietät 1293 f., 1315, 1326, 1342
Aliud-Lieferung (Falschlieferung) 809
Allgemeine Geschäftsbedingungen (AGB) 187, 269, 295, 473, 862, 867
Analogie 74, 834, 1180 ff., 1186
Änderungsvertrag 289, 1290
Aneignungsrecht 1086
Anfechtung (der Willenserklärung) 364 ff.
– Berechtigung, 296, 307, 310, 366 f., 382 f., 388, 391, 406, 428, 442 f., 499
– Kenntnis der Anfechtbarkeit 438, 766, 1024, 1063
– nach § 119: 364 ff., 407
– nach § 119 I: 76, 80, 83, 178, 308, 367 ff., 372, 375 ff., 385, 402, 443
– nach § 119 II: 313, 370, 388 ff., 443, 543, 663, 670, 682, 870 f., 1333
– nach § 120: 367, 371, 402 ff.
– nach § 123: 296, 308, 365, 416 ff., 442, 584, 638, 872, 1208
– nichtiger Willenserklärungen 438
– Rechtsfolge 291, 296 f., 303, 309, 408 ff., 436 ff., 1021
– Vertretung 402 ff., 425 f., 1163, 1202 ff.
– Vorrang der Auslegung 372, 381 ff.
Anfechtungserklärung 307 ff., 408, 436
Anfechtungsfrist 408, 436, 584, 1146
Anfechtungsgegner 309 f., 408, 410, 413, 415

Annahme
– erfüllungshalber 253
– an Erfüllungs statt 251 f.
Annahme des Vertragsantrags, -angebots 113 f., 118, 134 ff., 147 f., 158 ff.
Annahmeverzug s. Gläubigerverzug
Anscheinsvollmacht 1183 ff.
Anspruch 23 Fn. 12, 119, 186, 204
Anspruchsgrundlage 23 f., 30 ff.
Anspruchsverhältnis 19 f.
Antrag zum Abschluss eines Vertrages 144 ff.
– Erlöschen 137 ff., 148 ff.
– Frist für Annahme 149 ff.
– Gebundenheit an 147 ff.
– per E-Mail 155
– per Telefon 154
– rechtzeitige Annahme 156
Anwartschaft (-srecht) 812, 897, 899, 934, 1086
Äquivalenzinteresse 878 f.
Äquivalenzstörung 677
Äquivalenztheorie 553, 557
Arbeitsvertrag 71, 723, 943
Architektenvertrag 950
Arglistige Täuschung (Anfechtung) 296, 308, 365, 416 ff., 1115, 1146, 1209
– Angaben „ins Blaue hinein" 421
– Arglist 421
– Dritter 425 f.
– Gebrauchtwagenkauf 418, 885
– in guter Absicht 424
– Rechtsfolge 436 ff.
– Täuschung 416 ff., 584, 872, 1115, 1146, 1208 f., 1313
– unzulässige Fragen des Getäuschten 419
– Ursächlichkeit 420
– Vorsatz 421
– Widerrechtlichkeit 419
Aufgabe (juristische) 1 ff., 12 ff., 33, 42
Aufhebungsvertrag 288
Aufklärungs-(Offenbarungs-)pflicht 233, 293, 385, 418, 583, 860, 874
Auflassung 360, 775 ff., 895
Aufrechnung 259 ff.
– Abtretung 1297 ff.
– Aufrechnungslage 261 ff., 1301
– Ausschluss 261, 264 ff., 269 ff., 487
– Erklärung 272 ff., 1301
– Gegenforderung 261 ff., 266 ff., 1301, 1303

– Gegenseitigkeit der Forderungen 261 f., 269, 275, 1301
– Gleichartigkeit der Forderungen 261, 263, 269
– Hauptforderung 261 f., 267 ff., 1301
– Wirkung 274
Aufrechnungsvertrag 275
Auftrag 971 ff.
– Kündigung 700 ff., 977
– Pflichten 971 ff.
– Rechtsnatur 54, 971
– Unentgeltlichkeit 54, 971, 1006
– Widerruf 977
Aufwendung
– Begriff 696 ff., 974 ff., 1004
– Erforderlichkeit 974
– Ersatz 475 ff., 856, 974, 982 f., 998, 1006 ff.
– Schaden 975, 1004
– vergebliche 449 f., 475 f., 531, 544, 792, 818, 856 f., 863, 966 f.
Ausfertigung (einer Urkunde) 99
Auskunftserteilung (bewusst falsche) 1146
Auslegung 134 ff.
– Empfängerhorizont 136, 377, 710
– Mittel 51 ff.
– Verkehrssitte 51, 55, 78, 82, 136, 144, 159 f., 669, 1178, 1184
Auslegungsregel 170 ff., 253, 300 f., 595, 890, 892, 977, 1252 f., 1262
Auslobung 190, 425
Außenvollmacht 1170, 1192

Basiszinssatz 503
Bauvertrag 950
Bauträgervertrag 950
Bedingung 891 ff.
– auflösende (Resolutiv-) 891 f., 1190
– aufschiebende (Suspensiv-) 585, 887, 890, 891 f., 897, 1328
– Potestativbedingung 896
– Rechtsbedingung 894
Bedingungsfeindlichkeit 710, 895 f.
Beförderungsvertrag 53, 1271
Befristung 776, 893, 1190
Beglaubigung (öffentliche) 58
Begleitschaden 549, 845
Bereicherungsanspruch
– Ausschluss 1022 ff.
– Beschränkung 1056 ff., 1074
– ersparte Aufwendung, Ausgabe 1020, 1102
– fehlende Geschäftsfähigkeit des Bereicherungsschuldners 1064
– Herausgabe des Erlangten in Natur 1054, 1056, 1074
– Herausgabepflicht Dritter 1069 ff.
– Umfang 1054 ff.
– unentgeltliche Weitergabe des Erlangten 1069 ff.
– Unmöglichkeit der Herausgabe 1058 ff.

– verschärfte Haftung 1062 ff., 1074, 1210
– Wegfall der Bereicherung 1058 ff., 1062, 1066
– Wertersatz 1056 ff., 1074
Bereicherungsrecht
– Erlangtes 1034, 1044, 1137 ff.
– Funktion: 286 f., 408, 1017
– Mehrpersonenverhältnis 1019, 1035
– wirtschaftliche Betrachtungsweise 1058
Bereitstellungsschuld 220
Beschaffungsrisiko 460 f., 463, 497, 609, 673
Beschaffungsschuld 460 f., 610
Beschränkte Geschäftsfähigkeit 24, 40, 240, 296, 304, 317 f., 327 ff.
– Begriff 327
– einseitig verpflichtendes Geschäft 328 f.
– einseitiges Rechtsgeschäft 339
– Einwilligung des gesetzlichen Vertreters 338 f., 348, 350 ff.
– Einwilligung in Verletzung 1125
– Erfüllung an einen beschränkt Geschäftsfähigen 238 ff.
– Genehmigung 339 ff.
– Geschäft über Surrogat 353
– Grundstücksgeschäfte 327, 330 ff.
– Mahnung 492
– Prüfung im Gutachten 357
– Ratengeschäft 355
– rechtlich nachteiliges Geschäft 327 ff., 338
– rechtlich neutrales Geschäft 335 ff.
– rechtlich vorteilhaftes Geschäft 327 ff., 331 f., 335, 337 f.
– selbstständiger Betrieb eines Erwerbsgeschäfts 356
– Übereignung 330 ff., 335 f.
– unerlaubte Handlung 1137 ff.
– unvollkommen zweiseitiger Vertrag 334
– Verfügungen zugunsten 335
– Widerrufsrecht des Vertragspartners 342 ff.
– wirtschaftlich vorteilhaftes Geschäft 328, 332
– zustimmungsbedürftiges Geschäft 304, 327 ff., 332 ff.
– zustimmungsfreies Geschäft 327, 333, 336 f.
Besitz 717 ff.
– Begriff 8, 717
– bewegliche Sache 717 ff.
– Eigenbesitz 717
– Fremdbesitz 717
– mittelbarer 718 f., 722 ff., 724, 727, 725 ff.
– sonstiges Recht iSd § 823 I: 1088
– Übertragung 737, 745 ff.
– unmittelbarer 718 f., 722 f., 728 ff., 748 ff., 753
– Verlust 738
Besitzdiener(schaft) 723 ff., 748, 1065, 1164, 1206, 1210
Besitzmittler, Besitzmittlungsverhältnis, -konstitut 718 f., 724, 735 f., 738, 748, 752
Besitzrecht 718, 1088

Stichwortverzeichnis

Bestätigung
- eines nichtigen Rechtsgeschäfts 299
- eines anfechtbaren Rechtsgeschäfts 310

Betreuung (Betreuer) 165, 320 f., 755, 1236
Betreuungsgericht 320 f.
Bestellung nach Katalog/Preisliste 145, 160, 372
Betriebsgefahr 1119 f.
Beurkundung (notarielle) 57 ff., 66, 775, 777
Bewahrungsgehilfe 1227
Bewusstlosigkeit 74, 323, 474, 1080, 1139, 1234
Bezugsvertrag 195 f., 659
Bierlieferungsvertrag 195
Bildbenutzung (unbefugte) 1092
Billigkeit 309, 436, 649, 1080, 1101, 1136 ff.
Billigkeitshaftung 322, 1136 ff.
Blankettformular (abredewidrig ausgefülltes) 381
Blankounterschrift (bei Bürgschaft) 1325
Bonität (Einbringlichkeit) 1311
Böser Scherz 362
Bote 88, 100 f., 103 f., 144, 241, 371, 402, 404 f., 407, 884, 1152, 1159 ff.
Boykottaufruf 1089
Bringschuld 218 ff., 232, 598, 624 f., 905
Bürgschaft 1293, 1320 ff.
- Akzessorietät 1293, 1326 ff.
- Ausgleichs-, Befreiungs-, Rückgriffsanspruch 1334 ff., 1340
- Blankounterschrift 1325
- Bürgschaftserklärung 1323 ff.
- Bürgschaftsvertrag 1320 ff.
- Form 1323 f., 1341
- Hauptverbindlichkeit 1320 f., 1326 ff.
- Kaufmann 1324, 1331

Casum sentit dominus 622
Causa 285, 1021, 1033, 1036, 1066
Cessio legis (Legalzession) 1310, 1334
Commodum (stellvertretendes) 534 ff., 538, 616, 1068
Condicio sine qua non 420, 553
Condictio causa data causa non secuta s. condictio ob rem
Condictio indebiti 1021, 1023, 1025, 1027 f., 1033, 1036, 1069, 1298
Condictio ob causam finitam 1021, 1033, 1066
Condictio ob rem 1021, 1026 f., 1033, 1036, 1066
Condictio ob turpem vel iniustam causam 1021, 1033, 1036
Culpa in contrahendo (c.i.c.) 572 ff.
- Abbruch von Vertragsverhandlungen 585
- Anbahnung von Vertragsbeziehungen 573, 575, 580, 583
- Eigenhaftung des Vertreters, (Verhandlungsgehilfen, Sachwalters) 587, 1202, 1268
- Fallgruppen 581 ff.
- Geschäftlicher Kontakt 192, 578 f.
- Geschäftsfähigkeit (fehlende) 574
- Haftung des Vertretenen 1202

- Kalkulationsirrtum 385 f.
- Kausalität 586
- Rechtsfolge 588 f.
- sozialer Kontakt 577
- Verhaltenspflicht (Verletzung) 572 f., 579, 581, 586, 588, 1202, 1276
- Voraussetzungen 575 ff., 587

Culpa lata 472

Darlehen 918 ff.
- Darlehensvermittlungsvertrag 918
- Darlehensvertrag 131, 226 Fn. 14, 227, 381, 488, 702, 918 ff., 923 f., 1168, 1318, 1320
- Sachdarlehensvertrag 702, 918, 923 f.

Dauerlieferungsvertrag 196 Fn. 2, 659 ff.
Dauerschuldverhältnis 193 ff., 436, 660, 679, 684, 690, 700 ff., 705, 707
Deckungsverhältnis 1256 ff., 1263, 1265
Dienstvertrag 131 f., 236, 244, 488, 702, 781, 942 ff., 1171, 1254
- Abgrenzung zum Werkvertrag 949
- Gegenleistungsgefahr 607
- Gegenstand 942
- Gläubigerverzug 607, 620
- Haftungsmilderung 944
- Kündigung 700 ff., 947
- Pflichten der Parteien 942 ff., 1290
- Rechtsnatur 277, 942
- Vergütung 942, 946

Differenzhypothese 1099 f., 1105, 1115
Differenzberechnung 656 f., 831
Dissens (Einigungslücke, -mangel) 169, 172, 174, 176, 282
Do ut des 122
Dolus eventualis 421, 472, 1148
Doppelwirkung im Recht 439
Dritt-, Vollzugsverhältnis 1258 f.
Drittschadensliquidation 1277 ff.
Duldungsvollmacht 1177 ff.

Ehrenschuld 204
Ehrverletzung 1092
Eigengeschäftsführung 980, 1016
Eigenschaft (verkehrswesentliche) 395 ff., 407, 663, 670, 682, 870
Eigenschaft (zugesicherte)
- Kauf (Garantie) 859 ff., 880 ff.
- Mietvertrag 931
Eigenschaftsirrtum (Anfechtung) 388 ff., 870 f.
- Eigenschaftsbegriff 392 ff.
- Lehre vom geschäftlichen Eigenschaftsirrtum 399
- Verkehrswesentlichkeit (der Eigenschaft) 395 ff.
- Vertragswesentlichkeit (der Eigenschaft) 399 f.

Eigentum 715, 740 ff., 1084
Eigentümer 8, 740 ff.

Eigentumserwerb
- bewegliche Sache 745 ff.
- Grundstück 772 ff.
- gutgläubiger 28, 281, 437 ff., 738, 757 ff., 778 ff., 897, 1047 f., 1084, 1206 ff., 1287
- lastenfreier 788
- nicht rechtsgeschäftlicher 743 f., 1158
- rechtsgeschäftlicher s. Übereignung
- Vertretung 755, 757, 775, 1164, 1206

Eigentumsvorbehalt s. Kauf unter Eigentumsvorbehalt

Eingriffskondiktion 1037, 1042 ff., 1064
Einheitlichkeitswille 301
Einigung bei Besitzübertragung 734
Einigung bei Übereignung 745 f., 751, 754 f., 758, 773 ff., 778, 780

Einrede
- Abtretung (Übergang auf Dritte) 1292, 1295
- Aufrechnung, bei der 264, 267
- Begriff 265 f., 487
- Bereicherungseinrede 266, 1073, 1329
- Bürgeneinrede 266, 1329 ff.
- culpa in contrahendo 588
- Dilatorische (aufschiebende) 266
- Minderungseinrede 868
- nichterfüllter Vertrag 266, 648 ff., 653, 811, 868, 1263, 1329
- Notbedarfseinrede des Schenkers 266
- peremptorische (dauernde) 266, 1021, 1025, 1036
- Rücktrittseinrede 868
- Schuldnerverzug 487, 489
- Stundungseinrede 266, 489
- unerlaubte Handlung 266
- Verjährungseinrede 265 f., 868, 1021, 1329
- Vertrag zugunsten Dritter 1263
- Unmöglichkeit 516, 518, 525 ff., 537, 539
- Unsicherheitseinrede 649 f.
- Vorausklage 1331
- Wirkung 265 f., 487, 489
- Zurückbehaltungsrecht 651 ff., 1329

Einsichtsfähigkeit 298, 474, 770, 1137
Einwilligung 24, 40, 238, 281, 320 f., 323, 327, 338 f., 348, 350 ff., 759, 1124 f.
Einwilligungsvorbehalt 321, 323
Einzelvollmacht 1175
Einziehungsermächtigung 1278, 1308
Elektrizität 182, 783
Elektronischer Geschäftsverkehr 97, 179, 292
Elektronische Form s. Form
Elektronische Willenserklärung s. Willenserklärung (elektronische)
Eltern 12, 18, 40, 238, 319, 327 f., 335 f., 342 ff., 349, 353, 438, 1175, 1199, 1236
E-Mail s. Willenserklärung (elektronische)
Empfangsbote s. Bote
Empfangszuständigkeit 240 ff.
Entgangener Gewinn s. Gewinn

Entlastungs-(Exkulpations-)beweis 1221, 1245
Entschuldigungsgrund 474, 1136
Erbfähigkeit 312
Erfolgsort 215 ff.
Erfolgsunrecht (Lehre vom) 1123, 1126, 1128 f., 1134 f., 1241 f.
Erfüllbarkeit s. Forderung, Leistung
Erfüllung 236 ff.
- Erlöschen des Anspruchs 226, 236 ff., 276 ff.
- mehrere Forderungen 246
- Minderjähriger 238 ff.
- Rechtsnatur 238 ff., 246
- unter Vorbehalt 245
Erfüllungsgehilfe 497, 795, 937, 1118, 1219, 1222 ff., 1228 ff., 1279, 1281
- Begriff 1223 ff.
- Haftungsausschluss 1325
- Handeln bei Erfüllung 1228 ff.
- Verbindlichkeit 1223
- Verschulden 1233 ff.
Erfüllungsgeschäft s. Verfügungsgeschäft
Erfüllungsinteresse (-schaden, positives Interesse) 413 f., 543, 589, 1115, 1189, 1215, 1217, 1322
- Begrenzung 413, 1217
- Begriff 414
Erfüllungsort 216, 624 ff., 815, 825
Erfüllungssurrogat 257, 259
Erfüllungsübernahme 1253, 1311
Erfüllungsvertrag 238 f., 248
Erfüllungsverweigerung (Vertragsaufsage) 457, 495, 643 f.
Ergänzende Vertragsauslegung 173, 522 Fn. 88, 537, 666 ff., 671, 679, 681 f., 684, 1267, 1274
Erklärungsbewusstsein, -wille 68 ff., 77, 89 ff., 89, 180, 364
Erklärungsbote s. Bote
Erklärungsfahrlässigkeit 82 f.
Erklärungsirrtum (Irrung) 367 f., 371 ff., 375 ff., 407, 410, 870
Erlassvertrag 276 ff., 286 f.
Error in obiecto 377
Error in persona 377
Ersetzungsbefugnis 222, 224 f., 250, 1110
Essentialia negotii 166, 172, 176
Ex-ante-Betrachtung 5
Ex-nunc-Wirkung 309
Ex-post-Betrachtung 5
Ex-tunc-Wirkung 309, 436

Factoring(vertrag) 787
Fahrlässigkeit 9, 42, 82 f., 120, 191, 271, 281, 335, 361, 425, 459, 464 f., 466, 470, 472 f., 497, 506, 579, 584, 586, 607, 610, 674, 692, 694, 763, 766, 779, 806, 827, 838, 859 f., 865, 871, 874, 897, 933 f., 969, 1011 ff., 1023, 1127, 1136 ff., 1143 f., 1149, 1206, 1233, 1235, 1288, 1296
Fälligkeit s. Forderung, Leistung

Stichwortverzeichnis

Falsa demonstratio (Falschbezeichnung) 177, 372, 381
Falschlieferung 809
Falschübermittlung (der Willenserklärung) 402 ff.
Falsus procurator (Vertreter ohne Vertretungsmacht) 1212 ff.
Familiengericht 349
Fax s. Willenserklärung (elektronische)
Fehler
- Kauf 793 ff.
- Miete 531 f.
- Werkvertrag 957, 962 ff.
Fehleridentität (Verpflichtungs-, Verfügungsgeschäft) 442, 1284, 1314
Fernabsatzvertrag 108 Fn. 52, 294 f., 708, 711, 713
Fernkommunikationsmittel 179, 294
Fiktion 313 f., 326, 954
Fixgeschäft
- absolutes 483 f., 593
- relatives 484 f., 641
Fleetfall 1084
Folgeschaden 549 f., 845, 879, 1089
Forderung
- als sonstiges Recht iSd § 823 Abs. 1: 1086
- Bestimmtheit 1285, 1289
- Durchsetzbarkeit 261, 264, 269, 478, 486 f., 652
- Erfüllbarkeit 261, 268 f., 488, 904
- Erlöschen 204, 226 ff., 236 ff., 276 ff., 484, 615, 657, 685 f., 848, 854
- Fälligkeit 261, 269, 478, 483, 488 f., 493 ff., 635, 640, 643 f., 847, 890, 904, 919, 921, 923, 954, 1301, 1332
- gutgläubiger Erwerb 1287
- künftige 1289, 1323 Fn. 144, 1328
- mit alternativem Inhalt 223
- Übergang 1283, 1284 ff.
- Übertragbarkeit 1290
- unpfändbare 271, 1290
Forderungskauf 787, 1284
Forderungsrecht 198, 1252, 1262
Form
- elektronische 58, 65 f., 1323
- Rechtsgeschäft 57 ff., 338, 360, 583, 1168 f., 1286, 1311, 1318
- Willenserklärung 57 ff., 1168, 1323
- Zweck 59 f., 62, 1168 f.
Formfreiheit 57, 310, 927, 1168, 1286, 1311, 1325, 1341 f.
Formmangel 63, 360, 589, 927, 1324
Formzwang 59, 62, 64, 796, 1168
Fotografieren (heimliches) 1092
Freibleibend 147
Freiheitsverletzung 1083, 1095
Früchte 689, 695, 1056
Fürsorgepflicht 582, 946, 1199, 1226 Fn. 63, 1296

Garagenausfahrt (Zuparken) 1084
Garantie 460, 497, 545 f., 800, 805, 859 ff., 880 ff., 915, 932, 1219, 1341 f.
Gattungskauf (Genuskauf) 460, 462, 515, 784, 816, 822 ff., 843, 905
Gattungsschuld (Genusschuld) 209 ff., 221, 261, 461 f., 515, 599, 608 ff., 822, 843
- beschränkte 212, 462
- Konkretisierung (Konzentration) 213 ff., 220 f., 609, 905
- Leistungsgefahr 608
- unbeschränkte 460
- Vertretenmüssen 460, 497
Gattungsvollmacht 1175
Gebrauchsüberlassung 376, 379, 924 f., 928 f., 1290
Gebrauchsvorteil 501, 689, 695, 1106 f.
Gefahr 608 f., 615, 620, 804, 881 f., 910 f., 941, 961
Gefährdungshaftung 1075 ff., 1119
Gefahrentlastung (obligatorische) 1281
Gefahrübergang 609, 793, 804, 859 f., 881 f., 910 f., 916
Gefälligkeitsverhältnis 53 ff., 723, 730, 972
Gegenleistung(-spflicht) 122, 445, 449, 494, 519 ff., 531, 535, 605, 607 f., 613 ff., 618 ff., 632, 648 ff., 655 ff., 661, 691, 889, 1256
Gegenleistungsgefahr (Preis-, Vergütungsgefahr) 608, 615, 620, 624 f., 815, 905, 961, 1281
Gegenrechte 30 ff., 1292
Gegenseitiger (synallagmatischer, vollkommen zweiseitiger) Vertrag
- Begriff 121 ff., 613 ff.
- Beispiele 121 f., 334, 782, 925, 942, 949
- Bereicherungsanspruch 1054 ff., 1074
- Gegenleistungsgefahr siehe dort
Gegenstand 1047
Geheimer Vorbehalt 296, 358 ff., 361, 1205
Geheißerwerb 749
Gehilfe s. Erfüllungsgehilfe, Verrichtungsgehilfe
Geisteskranker, Geisteskrankheit 317, 320, 322, 1045
Geld, Geldschuld 217, 254, 503, 610
- Bargeld 254 ff., 919, 1055
- Buch-, Giralgeld 256, 1055
- Erfüllung 254 ff., 1019
- Gläubigerverzug 590 ff.
- gutgläubiger Erwerb 767
Genehmigung 40 Fn. 16, 141, 281, 304, 327, 339 ff., 438, 583, 1009, 1157, 1177, 1213 ff., 1311
Generaleinwilligung 350 ff.
Generalklausel 207, 577, 1092
Generalvollmacht 1175
Gesamtschuld 1248, 1310, 1316, 1336
Gesamtvertretung, -vollmacht 1175
Geschäft für den, den es angeht 1163 ff.
Geschäftsähnliche Handlung 239, 344, 492, 494, 603, 954, 999, 1157, 1202

Geschäftsanmaßung 980, 1010, 1014
Geschäftsbesorgung 509, 972 f., 982 ff., 989, 997, 1000 ff., 1191, 1307, 1320, 1334
Geschäftsbewusstsein, -wille 68 ff., 75, 364, 381
Geschäftsfähigkeit 239, 296, 317 ff., 574, 755, 760, 934, 1159, 1217, 1261
Geschäftsführung ohne Auftrag (GoA) 979 ff.
- auch fremdes Geschäft 989, 991
- berechtigte 984 ff., 1000 ff.
- Eigengeschäftsführung 980, 1016
- fehlende Geschäftsfähigkeit des Geschäftsführers, -herrn 999, 1003
- fehlendes besonderes Geschäftsbesorgungsverhältnis 979, 984, 993
- fremdes Geschäft 980, 984, 986 ff.
- Fremdgeschäftsführungswille 984, 988 ff., 1014
- Gefahrenabwehr 1012 f.
- Genehmigung der Geschäftsführung 995
- Haupt(leistungs)pflicht des Geschäftsführers 1002
- Herausgabepflicht des Geschäftsherrn 980, 1003, 1015 ff.
- Interesse des Geschäftsführers 989
- Interesse des Geschäftsherrn 983, 995 ff., 1002
- Neben(leistungs)pflicht des Geschäftsführers 1003
- Nützlichkeit 983, 996
- objektiv neutrales Geschäft 988, 991
- Pflichten des Geschäftsherrn 1004
- pflichtgebundener Geschäftsführer 990
- Rechtswidrigkeit 983, 1000, 1009, 1011
- Schadensersatzpflicht des Geschäftsführers 1011
- unberechtigte 983, 1011
- unechte 1014 ff.
- Vergütung des Geschäftsführers 1006 f.
- Wille des Geschäftsherrn 982 f., 997 ff., 1002
- Zufallsschaden des Geschäftsführers 1004
Geschäftsgrundlage (Anpassung, Fehlen, Störungen, Wegfall der; Lehre von der) 287, 387, 447, 461, 519, 663 ff., 671 ff., 687, 707, 796, 873
- Rechtsfolgen (bei Fehlen oder Wegfall) 678 ff.
Geschäftsunfähigkeit, Geschäftsunfähiger 164 f., 240, 298, 317, 319 ff., 492, 574, 731, 755, 770, 977, 999, 1003, 1064, 1153, 1191, 1199
- Geschäfte des täglichen Lebens 254, 325
- Kenntnis 322
- krankhafte Störung der Geistestätigkeit ohne Entmündigung 323
- partielle 324
- relative 324
- unerlaubte Handlung 322, 1139
- Willenserklärung 164 f., 297, 319 ff.
Gesellschaft mit beschränkter Haftung (GmbH) 316, 1153
Gesellschaft(svertrag) 112, 230, 309, 316, 459, 506, 702, 742, 758, 1153, 1191, 1237, 1290
Gesetzessammlung 8 Fn. 2

Gestaltungs- (Inhalts-)freiheit 127, 128 f.
Gestaltungsrecht 272 ff., 310, 408, 657, 685 ff., 701, 710, 831 ff., 866, 1312, 1330
Gestattung (zur Vornahme eines Insichgeschäfts) 1195 f.
Gesundheitsverletzung 465, 549, 556, 877, 1083, 1095
Gewährleistung s. Sachmängelhaftung beim Kauf, Miete, Werkvertrag
Gewährleistungsausschluss (in AGB) 862, 867, 907
Gewalt 73, 429, 1080
Gewerbebetrieb s. Recht am eingerichteten und ausgeübten Gewerbebetrieb
Gewinn (entgangener) 414, 477, 501, 612, 658, 1106 f., 1113 f.
Gewohnheitsrecht 1186 f.
Gläubigerverzug (Annahmeverzug) 447, 453, 590 ff.
- Angebot der Gegenleistung 605
- Angebot der Leistung 591, 594 ff.
- Annahmebereitschaft des Gläubigers 596
- Gegenleistungsgefahr 608, 620
- Haftungsminderung 607
- Leistungsberechtigung des Schuldners 591, 595 ff.
- Leistungsbereitschaft des Schuldners 594
- Mehraufwendungen des Schuldners 612
- Möglichkeit der Leistung 592 ff.
- Nichtannahme der Leistung 604 f.
- Rechtsfolge 606 ff.
- Voraussetzungen 591
- vorübergehende Annahmeverhinderung 596
Gläubigerwechsel 1284, 1311, 1328
Grundbuch 360, 772 f., 776 ff., 788, 812, 858, 861, 863, 1287
Grundpfandrecht 279, 774, 788, 812, 922, 1086
Grundsatzentscheidung 54 Fn. 7
Grundschuld 279, 333, 774, 788, 812, 922, 1086
Grundstück (Erwerb) 772 ff.
Gute Sitten s. Sittenwidrigkeit
Gutgläubiger Erwerb s. Eigentumserwerb

Haakjöringsködfall 174, 178
Haftung 202 ff.
Halterhaftung 1075 ff.
Hamburger Parkplatzfall 182 ff.
Handeln im fremden Namen 1162 f.
Handeln unter falscher Namensangabe 1166
Handeln unter fremdem Namen 1166
Handelsgeschäft 1331
Handelskauf 887, 917
Handelsmakler 979
Händlerregress 853a, 916 f.
Handlung 1080 ff.
Handlungsbewusstsein, -wille 68, 70 ff., 323, 429
Handlungspflicht 990
Handlungsunrecht (Lehre vom) 1126 ff., 1241 f.

Handlungsvollmacht 1154
Hauptpflicht, -leistungspflicht 120 ff., 226 ff., 235, 289, 547 ff., 786 ff., 919, 928 f., 946 ff., 953 ff., 972
Haustürgeschäft 294
Hinterlegung 257 f.
Hinweispflicht 583 f.
Höchstbetragsbürgschaft 1327
Höhere Gewalt 507, 1119
Holschuld 215 ff., 598, 601, 604, 864, 905
Hotelzimmerbestellung 159
Hypothek 279, 333, 774, 788, 922, 961, 1086, 1286, 1293, 1329, 1337 f.
Hypothetischer (mutmaßlicher) Parteiwille 175, 300, 303, 671, 1007

Identitätsirrtum 377, 390, 407
Informationen
– Pflicht zu 180, 293 f., 423, 545, 563, 565, 570, 583 f., 587, 874 f., 933, 975, 1210, 1332
– Weiterleitung an Mitarbeiter 423
Ingenieurvertrag 950
Inhaberaktie, -papier, -schuldverschreibung 767
Inhalts- (Gestaltungs-)freiheit 127, 128 f.
Inhaltsirrtum (Anfechtung) 367, 369, 375 ff., 381 f., 388 ff., 404, 407, 410
Inkassozession 1307 f.
Innenvollmacht 1170 f., 1192
Insichgeschäft (Selbstkontrahieren) 1193 ff.
Internet 57, 88, 94, 97, 105 f., 155, 181, 292, 1107
s. a. Willenserklärung (elektronische)
Intimsphärenverletzung 1043, 1092
Invitatio ad offerendum 144 f.
Irrtum 364 ff.
– Auslegung (der Willenserklärung) 178, 372
– Begriff 372
– Beweggrund 366, 379
– Erheblichkeit (Ursächlichkeit) 372
– Kenntnis des Erklärungsempfängers vom Irrtum 372, 381
– Unterschreiben einer Urkunde 381
– Veranlassung durch Anfechtungsgegner 415
– Willensbildung 366, 379
– Wirksamkeit der Willenserklärung 364
Irrung s. Erklärungsirrtum

Jurist 1 ff.

Kalkulationsirrtum 382 ff.
Kauf 782 ff.
– Eigentumsverschaffung 743 ff., 786, 812
– Gegenleistungsgefahr 815, 859, 904, 1281
– Gewährleistung s. Sachmängelhaftung beim Kauf
– Haupt(leistungs)pflicht des Käufers 789
– Haupt(leistungs)pflicht des Verkäufers 786 ff.
– Neben(leistungs)pflicht des Käufers 789
– Nichterfüllung der Verkäuferpflichten 790, 815

– Rechtsmangel 251, 786 ff., 790, 812 ff., 841, 855, 861, 863
– Rechtsnatur 782
– Sachmängelhaftung s. dort
– Übergabe 728 ff., 786
– Verbrauchsgüterkauf 626, 713, 817, 826, 853, 862, 867, 901 ff., 952
Kauf auf Probe 887
Kauf unter Eigentumsvorbehalt 621, 764, 889 ff., 934, 1045
– Anwartschaftsrecht des Käufers 812, 897, 899, 934, 1086
– Rechtsposition des Käufers 897 ff.
– sachenrechtliche Wirkung 890
– schuldrechtliche Vereinbarung 890
– Sicherungsrecht (nichtakzessorisches) 1294
Kausalgeschäft 277, 286, 1070, 1284, 1319
Kausalität 416, 420, 428, 538, 552 ff., 1079, 1093, 1117, 1149
– Adäquanztheorie 554 ff., 586, 1093
– Äquivalenztheorie 553, 557
– haftungsausfüllende 556 f., 1079, 1093, 1117, 1149
– haftungsbegründende 556 ff., 1079, 1117, 1149
Klausurtechnik 11 ff.
Kollusion 1146, 1205
Kommanditgesellschaft (KG) 1237
Kommissionsgeschäft, Kommissionär 979, 1165
Kondiktion 1017 ff.
Konfusion 290
Konkludentes Verhalten 51, 57, 185, 310
Konkretisierung (Konzentration) 213 ff., 220 f., 609, 905
Konkurrenzverbot 228, 563
Konnexität iSd § 273 651
Konsens (Willensübereinstimmung) 112, 166 ff., 1211
Kontrahierungszwang 128
Kontrollfunktion 59
Konversion (Umdeutung) 302 ff.
Körperverletzung 431, 556, 1083, 1093
Kraftfahrzeughalterhaftung 1075, 1119
Kündigung 47, 72, 85, 231, 302 f., 432, 495, 660, 662, 670, 679, 690, 700 ff., 896, 921 f., 935 ff., 947, 959, 1176, 1297, 1304

Landpacht 683, 702
Leasing 918, 939
Lebenssachverhalt 2 ff., 29, 42
Lebensverletzung 1083, 1095
Lebensversicherungsvertrag 427, 1252
Legaldefinition 23 Fn. 12, 152
Legalzession (cessio legis) 1310, 1334
Leibesfrucht 312 f.
Leihe 120 f., 131, 226 Fn. 14, 289, 334, 376, 379 f., 488, 702, 717, 752, 924 f., 938, 1227, 1279
Leistung
– an Erfüllungs statt 250 ff., 255

- Bereicherungsrecht 1017 ff.
- Bewirken 226, 230 f., 241, 261, 352, 488, 594 f., 600, 889, 904, 1196, 1256
- Erfüllbarkeit 261, 268, 488, 904
- erfüllungshalber 253
- Fälligkeit 9, 261, 269, 478, 483, 488 f., 493 ff., 635, 640, 643 f., 847, 890, 904, 919 ff., 954, 1301, 1332
- Gegenstand 205 ff., 209 ff., 222 ff.
- geschuldete 205 ff.
- höchstpersönliche 528, 1156, 1290, 1322
- Inanspruchnahme im Massenverkehr 182 ff.
- Nichtberechtigter 336, 757, 1046 ff.
- persönliche 241, 243 f., 1253
- Zweck 239, 641, 1018 ff.
Leistungsbestimmung 166 ff., 173, 248, 784
Leistungserfolg 237 ff., 255, 527, 569, 571, 603, 1298
Leistungsfähigkeit (finanzielle) 460 f., 463, 498, 514, 545 f., 613, 640, 649, 1067
Leistungsgefahr 608 f., 615, 623, 961, 1270, 1275
Leistungshandlung 216, 220, 237, 239, 624
Leistungskondiktion 1017 ff.
Leistungsort 216, 219, 598, 624 f.
Leistungspflicht 193 f., 198 ff., 228 f., 232 ff., 289, 326, 445, 448 f., 453, 462, 484, 491, 500, 507, 510, 522, 527 ff., 534, 536 ff., 542, 547, 549, 563, 566, 571, 581, 593, 605, 607 f., 613 ff., 619, 623, 647, 648 f., 660, 680, 687, 701, 789, 848, 874, 919, 928 f., 946, 972, 1024, 1226, 1326
- höchstpersönliche 528, 1290
- primäre 200 f., 500, 528, 542, 581, 614
- sekundäre 200 f., 326, 455, 491, 500, 510, 542, 1326
- weitere 229 ff.
- s. a. Haupt(leistungs)pflicht, Verhaltenspflicht
Leistungsstörung
- Arten 445 ff.
- Überblick 445
- Verschulden 464 ff.
Leistungstreuepflicht 1296
Leistungsverweigerung(srecht) 479, 509, 515 f., 528, 613, 648 f., 690, 817 f., 1330
Leistungszeit s. Erfüllbarkeit, Fälligkeit
Lichter Augenblick (lucidum intervallum) 323
Liegenschaftsrecht 774
Lücke (planwidrige Unvollständigkeit) 166, 172 ff., 546, 666 ff., 681, 684, 834, 1180 f., 1186, 1198, 1267

Mahnbescheid 492
Mahnung 9, 269, 478, 487, 491 ff., 502, 504, 507, 539, 847, 955, 1157, 1238, 1297, 1304 f., 1332
Mangel s. Rechts-, Sachmangel
Mangel der Ernstlichkeit 296, 361 f.
Mangelfolgeschaden 549 ff.
- Kauf 833, 845, 879
- Miete 932

Mangelschaden 550 f.
- Kauf 850, 879
Markenrechte 1086
Mentalreservation 296, 358 f.
Merkantiler Minderwert 1111
Miete 925 ff.
- Besitzrecht des Mieters 1088
- Form 927
- Gegenstand 925
- Gewährleistung 930 ff.
- Haupt(leistungs)pflichten 194, 929
- Kündigung 700 ff., 935 ff.
- Mietzins 122, 194, 607, 631, 670, 695, 925, 927, 935, 938, 1261
- Pfandrecht des Vermieters 934
- Rechtsnatur 122, 194, 700 f.
- Rückgabe der Mietsache 701, 934, 938
- Verhaltenspflichten 928 f., 933
- Wohnraummietverhältnisse 62, 133, 703, 926 f., 929, 934, 937
Mietvorvertrag 62
Minderjähriger s. Beschränkte Geschäftsfähigkeit
Minderung
- Kauf 617, 792, 807, 811, 814, 818, 830 f., 832 ff., 850, 866, 868, 878
- Werkvertrag 958, 966 f., 969
Mitbürgschaft 1336
Mitverschulden
- Begriff 1116 ff.
- Erfüllungsgehilfe 629, 1118
- Gesetzlicher Vertreter 1118
- Mitverursachung 1116 ff.
- Prüfungsschema 1120
- Schadensminderung(spflicht) 629, 1100
Mitwirkungspflicht, -obliegenheit 233, 590, 592 f., 602 f., 606, 678, 955, 1311
Monopolmissbrauch 208, 1146
Motive zum BGB 44, 208
Motivirrtum (Irrtum im Beweggrund)
- beiderseitiger 675, 677
- einseitiger 366, 379, 382, 391, 417, 443, 499, 664

Nachbesserung
- beim Kauf 816, 824, 830, 845, 853a, 874, 911
- beim Werkvertrag 964 f.
- Ort 825
Nacherfüllung
- beim Kauf 791 f., 815 ff., 908 f.
- beim Werkvertrag 946 ff.
- Ort 825
Nachfrist
- vor Anspruch auf Schadensersatz 453 ff.
- vor Rücktritt 635 ff.
Namensverletzung 1092
Nasciturus 312 f.
Naturalrestitution, -herstellung 584, 875, 1097, 1109 ff.

Natürliche Verbindlichkeit (Naturalobligation) 204, 264, 520
Neben(leistungs)pflicht (leistungssichernde) 232 ff., 385, 563 ff., 647, 692, 789, 876, 928 f., 968, 1003, 1226, 1230, 1270, 1275, 1296
Negatives Interesse s. Vertrauensschaden
Negatives Schuldanerkenntnis 287
Neu für alt 1104
Nichterfüllung 448 ff., 532, 542, 592, 633 ff., 653 f., 812, 965
– stellvertretendes commodum 534 ff.
– vergebliche Aufwendungen 475 ff.
– Wahlrecht des Gläubigers 455
– wegen anfänglicher Unmöglichkeit 542 ff.
– wegen Teilunmöglichkeit 532 f.
Nichtigkeit 63, 181, 206, 297 ff., 303, 322 f., 359 f., 432, 436, 439, 441, 712, 766, 994, 1024, 1028, 1204 f., 1328
Nichtleistungskondiktion 1017 f., 1037 ff.
Nießbrauch 774, 788, 812, 1088
Normzweck (Lehre vom) s. Schutzzweck (Lehre vom)
Notstand 1124
Notwehr 419, 1124
Novation (Schuldersetzung, -umwandlung) 289, 1328
Nutzungen 688 ff., 695, 837, 848, 868, 906, 1056, 1067, 1071, 1074, 1088
Nutzungsausfallschaden 658, 848

Obhutspflicht 233, 580, 1279
Objektiver Betrachter 51, 51 Fn. 4
Objektiver Erklärungswert 135 ff., 176 ff., 182, 184, 276, 377, 388, 391, 1177
Obliegenheit 628 ff., 815, 955, 1117
Offenbarungs- (Aufklärungs-)pflicht 293, 385, 418, 420
Offene Handelsgesellschaft (OHG) 1237
Offenheits-, Offenkundigkeitsprinzip (bei Vertretung) 1155, 1162 ff.
Öffentliches Recht 5, 11 Fn. 8
Ohne obligo 147
Organismus, betrieblicher 1090

Pacht 131, 230, 262, 332, 683, 695, 702, 788, 812, 925, 1056
Pacta sunt servanda 664, 708
Pactum de non cedendo 1290
Pactum de non petendo 489
Parteiwille (mutmaßlicher, hypothetischer) 175, 300, 303, 671, 1007
Passiv- (Haupt-)forderung s. Aufrechnung
Perplexität 386
Person (juristische) 315 f., 1153, 1237
Persönlichkeitsrecht 1043, 1091 f., 1096, 1128, 1134
Pfandrecht 279, 788, 812, 922, 934, 960, 1084, 1086, 1186, 1293, 1329, 1331, 1337 f.

Pflichtverletzung 447, 452, 458, 472, 477, 481, 507, 548, 551, 566 ff., 584, 586 ff., 608, 635 ff., 642, 647, 658, 687, 755, 789, 791, 832, 838, 841, 856, 876, 915, 930, 1229, 1239, 1265
Pflichtwidrigkeit 466, 1129
Platzgeschäft (Platzkauf) 625
Positives Interesse s. Erfüllungsinteresse
Preisgefahr s. Gegenleistungsgefahr
Primärpflicht s. Leistungspflicht
Priorität (Grundsatz der) 280, 777, 1291, 1338 Fn. 162
Privatrecht 5, 11 Fn. 8
Privatsphärenverletzung 1092
Produkthaftung 794, 1075, 1077 Fn. 52
Prokura 1154, 1175, 1177
Protestatio facto contraria 184
Protokolle zum BGB 44 Fn. 1
Publizitätsprinzip 726, 747

Querulantenwahn 324
Quittung 242

Rat (bewusst falscher) 1146
Ratenlieferungsvertrag 196, 659 ff., 708
Rauschgiftsucht 323
Realakt 954, 1157 f.
Rechnung (Schuldnerverzug) 493 ff.
Recht
– absolutes 1043, 1085 ff.
– beschränkt dingliches 1086
– dingliches 125, 788, 812, 863, 1086
– dispositives (nachgiebiges) 133, 666 f., 907, 1327
– obligatorisches 788, 812
– sonstiges Recht iSd § 823 Abs. 1 1085 ff.
– zwingendes 71, 133, 667, 781, 907, 926
Recht am eingerichteten und ausgeübten Gewerbebetrieb 1089 ff., 1128, 1134, 1142
Rechtfertigungsgrund 1000, 1124, 1126, 1134, 1241, 1276
Rechtsbindungswille 55, 69
Rechtsfähigkeit 296, 312 ff.
Rechtsfolge 2, 5, 22, 25, 27, 42 ff.
Rechtsfolgeirrtum 378 ff.
Rechtsfolgenverweisung 693, 1011, 1014, 1118
Rechtsfolgewille 69
Rechtsfortbildung (richterliche) 1186 ff., 1267
Rechtsgeschäft
– abstraktes 285 ff., 1284, 1314
– Begriff 44 ff.
– dingliches 279, 332
– einheitliches 301, 1174
– einseitiges 46 ff., 50, 190, 278, 300, 339 f., 357, 896, 1176, 1212, 1214 f.
– Einteilung 49, 285
– empfangsbedürftiges 47
– kausales 285, 1070, 1284, 1291, 1296, 1314, 1319

- mehrseitiges 46 ff., 110, 112
- nicht empfangsbedürftiges 47, 86 f., 161, 190, 310, 425
- relativ unwirksames 306
- schuldrechtliches 119, 186, 782
- schwebend unwirksames 304 f., 334, 339, 342 f., 345, 353, 355, 438, 1194, 1215
- unwirksames 297, 309, 339
- zweiseitiges 48

Rechtsgeschäftsähnliche Handlung 239, 344, 492, 494, 603, 954, 999, 1157, 1202
Rechtsgrundlosigkeit 994, 1023, 1042 f., 1058, 1062 f., 1068, 1071, 1284
Rechtsgrundverweisung 693, 1003, 1118
Rechtshängigkeit 1062
Rechtsirrtum 499, 1023
Rechtskauf 787
- Gegenstand 787
- Gewährleistung 812 ff.
- Haupt(leistungs)pflicht des Verkäufers 787 f.

Rechtsmangel, Rechtsmängelhaftung
- Kauf 251, 526, 786 ff., 812 ff., 855, 861, 863
- Miete 930
- Werkvertrag 963

Rechtsnachfolge 1283
Rechtsnorm 25 ff., 42, 1140
Rechtssatz 10, 25 ff., 42, 133, 1180 f.
Rechtsschein 89, 381, 726, 764, 779, 1179, 1184, 1287 f., 1325
Rechtsverordnung 1140
Rechtswidrig(keit) 42, 435, 557, 1042, 1079, 1091, 1122 ff., 1147, 1149, 1241 f.
Rechtswidrigkeitszusammenhang 561
s. a. Schutzzweck (Lehre vom)
Reisevertrag 702, 1107
Richterrecht 1185, 1187, 1198
Rubelfall 384, 387, 666
Rückforderung des Geleisteten 245, 326, 408, 412, 600, 1018 ff.
Rückgaberecht (bei Verbraucherverträgen) 713
Rückgewährschuldverhältnis s. Rücktritt
Rückgriffskondiktion 1039 f.
Rücksichtspflicht 573
Rücktritt 686 ff.
- Ausschluss 858 ff.
- Erklärung 617, 637, 657, 686, 694, 831
- Fixgeschäft 641
- Haftung des anderen Teils 690 ff.
- Haftung des Rücktrittsberechtigten 690 ff.
- Kauf 633 ff., 687, 790 ff., 829 ff., 868
- Leistungsverzögerung 633 ff.
- Rechtsfolgen 688 ff.
- Rückgewährschuldverhältnis 686 ff.
- Schlechterfüllung 633 ff.
- Unmöglichkeit der Rückgewähr 690 ff., 855

Rücktrittsrecht
- gesetzliches 633 ff., 687 ff.
- vertragliches 687 ff.

Sachdarlehensvertrag 702, 918, 923 f.
Sache
- Begriff 8 Fn. 3, 401
- vertretbare 785, 918, 923, 925, 1109, 1111

Sachmangel, Sachmängelhaftung
- Kauf s. Sachmängelhaftung beim Kauf
- Miete 930 f.
- Werkvertrag 962 ff.

Sachmängelhaftung beim Kauf
- Ablieferung der Kaufsache 864, 907
- Anfechtung 870 ff.
- Ausschluss 858 ff.
- culpa in contrahendo 874 ff.
- fehlende zugesicherte Eigenschaft 796 ff., 805
- Fehler 793 ff.
- Gefahrübergang 608, 622, 793, 804, 910
- Lieferung eines aliud 809
- Ist-Beschaffenheit 793 ff.
- Mangelbeseitigungskosten 850, 853, 909
- Minderung 792, 832 ff.
- Nichterfüllung 790 ff., 838 ff.
- Rücktritt 829 ff.
- Sachmangel 793 ff.
- Schadensersatz 838 ff.
- Soll- (Normal-)Beschaffenheit 584, 636, 793, 796, 798
- Tauglichkeitsminderung 811, 832
- unerlaubte Handlung 877 ff.
- Untergang, Verschlechterung der Kaufsache 690 ff., 855
- Unzumutbarkeit des Nacherfüllung 830
- vergebliche Aufwendungen 856
- Vertragskosten 856
- weiterfressender Mangel 877 ff.
- Wertminderung 689 f.
- Zusicherung s. fehlende zugesicherte Eigenschaft

Sachverhalt 2 ff.; s. a. Lebenssachverhalt
Sachwalter 587
Satzung 45, 1140
Schaden
- Begriff 1095 ff.
- Berechnung 1099
- freiwillige Leistung Dritter 1100
- Heilbehandlung von Tieren 1110
- immaterieller (Nichtvermögensschaden) 1096 f., 1112
- Kosten der Rechtsverfolgung 502
- materieller (Vermögensschaden) 1096 f., 1099 ff.
- natürlicher 1105
- normativer 1105
- wirtschaftlicher Totalschaden 1110

Schadensersatz
- neu für alt 1104
- Form 1109 ff.
- Fristsetzung 1111
- Geldzahlung 224, 500, 1110

Stichwortverzeichnis

- großer 533, 831, 851 f.
- kleiner 533, 851 f.
- statt der Leistung 451 ff.
Schadensminderung(spflicht) s. Mitverschulden
Schadenszurechnung 552 ff.
Schaufenster 144
Scheingeschäft 359 f., 1205
Schenkkreis 1028
Schenkung 119, 131, 141, 282, 286, 328 ff., 332 f., 1021, 1069, 1071, 1257
Schickschuld 219 f., 598, 609 f., 624, 905
Schlechterfüllung 547 ff., 633 ff.
Schlechtleistung 547 ff., 618, 641
Schlüssiges Verhalten 51, 57, 159, 170, 182, 310, 1177
Schmerzensgeld 1096
Schmiergeldzahlung 208, 1015, 1146
Schneeballsystem 1028
Schriftform 58 ff., 927, 1318, 1323, 1325, 1341
Schuld und Haftung 199 ff.
Schuldbeitritt 1283, 1294, 1316 ff., 1341 f.
Schuldersetzung (-umwandlung, Novation) 289
Schuldmitübernahme 1283, 1316 f., 1320, 1328, 1341
Schuldnerverzug 478 ff., 506, 590, 604, 606, 608, 615, 789, 954 f.
- Durchsetzbarkeit der Forderung 486 f.
- einredebehaftete Forderung 487, 489, 654
- Fälligkeit der Leistung 488
- gegenseitiger Vertrag 653
- Haftungsverschärfung 506, 1067
- Haupt(leistungs)pflicht 789
- Mahnung 491 ff., 507
- Nachfristsetzung 504
- Nachholbarkeit der Leistung 480 ff.
- Neben(leistungs)pflicht 789
- Rechtsfolge 500 ff.
- Rücktritt vom Vertrag 633 ff., 686
- Schadensersatz statt der Leistung 504
- Teilleistung 645
- Unmöglichkeit 479 ff.
- Vertretenmüssen 496 ff.
- Voraussetzungen 478 ff.
- Zuvielforderung 491
Schuldnerwechsel 1311, 1315
Schuldrecht 186 ff., 781
Schuldübernahme, -vertrag 1283, 1311 ff., 1328
Schuldumwandlung (-ersetzung, Novation) 289
Schuldverhältnis
- Arten 119 Fn. 1, 190, 193
- Begriff 186 f.
- Beispiele 188 ff.
- Beseitigung 276 ff., 288 ff.
- einfaches 193
- Entstehungsgründe 42, 119 Fn. 1, 190 ff., 193 f.
- Erlöschen 226 ff., 236 ff., 257 f., 259 ff., 276 ff.
- gesetzliches 190 ff., 577 ff., 978 ff.
- im engeren Sinn 187, 226 f., 235, 276, 685

- im weiteren Sinn 187, 226, 235
- Inhalt 198 ff., 445
- rechtsgeschäftliches 190, 202, 222, 474, 445, 781 ff.
- vertragliches 110, 119, 190, 205 ff., 548, 781 ff.
Schutzgesetzverletzung 1140 ff.
Schutzpflicht 231 ff.
Schutzrechtsverwarnung (unberechtigte) 1089
Schutzzweck (Lehre vom) 558 ff., 586, 1141, 1149
Schwarzkauf 360
Schweigen 51, 138 ff., 161, 675
Schwimmerschalterfall 877
Sekundärpflicht s. Leistungspflicht
Selbsthilfe 202
Selbsthilferecht 934, 998, 1124
Selbsthilfeverkauf 258
Selbstkontrahieren 1193 ff.
Sicherungsabtretung 1306
Sicherungseigentum 1186, 1294
Sicherungshypothek (des Bauunternehmers) 960
Sittenwidrige Schädigung 1145 ff.
Sittenwidrigkeit
- Begriff 208, 1145
- Bereicherungsrecht 1021, 1027 ff., 1063
- Rechtsgeschäft 128, 208, 298, 432, 439, 1021, 1027 ff., 1172, 1313, 1317
Sofort (Begriff) 488
Sorgfalt
- äußere 469
- innere 469
- in eigenen Angelegenheiten 459, 506, 694 f., 1235
Sorgfaltspflicht 233, 468, 584, 692, 694, 1126, 1239 f., 1245
Sozialtypisches Verhalten 51, 182 ff.
Speditionsgeschäft, Spediteur 624, 979, 1165
Spezialvollmacht 1175
Spielschuld 204
Stellvertretendes commodum 534 ff., 616, 1068
Stiftung 316
Stille Zession 1295
Störung der Geistestätigkeit 323 f.
Strafrecht 5, 11 Fn. 8
Stromkabelfall 1090
Stückkauf (Spezieskauf) 515, 526, 784, 809, 819 f., 823 f., 843
Stückschuld (Speziesschuld) 209 ff., 609
Stundung 266, 489, 1297, 1300
Subsumtion 29 ff.
Sukzessivlieferungsvertrag 196 Fn. 2
Surrogat 257, 259, 353, 745, 754, 1058, 1068, 1071, 1074
Surrogationstheorie 656 ff.
Synallagma s. Gegenseitiger Vertrag

Taschengeld(-paragraph) 40, 351 ff.
Tatbestand 22, 27 f., 51
Tauschvertrag 334

Taxe 946
Teilleistung 532 f., 617 f., 645
Teilnichtigkeit 300
Teilzeit-Wohnrechtvertrag 708
Teleologische Reduktion 336, 692, 909, 968, 1169, 1186, 1199
Testament 47, 57, 68, 86, 1156, 1236
Textform 58, 66, 196, 915, 954
Theorie der finalen Leistungsbewirkung 239 f.
Theorie der realen Leistungsbewirkung 239 f.
Tierhalterhaftung 203, 1075
Tilgungsbestimmung 247 f.
Tod 164 f., 743, 755, 893, 977, 1191, 1252
Tonbandaufzeichnung (heimliche) 1092
Transportgefahr 611, 904
Trennungsprinzip 282 f., 332, 441, 443, 746
Treu und Glauben 55, 63, 82, 96, 136, 141 f., 229, 271, 346 f., 362, 418, 433, 455, 509, 518, 521, 523, 527, 583, 597, 648, 669, 680, 811, 831, 898, 1026, 1028, 1116, 1178, 1184
Treuepflicht 228, 946, 1296
Typus (Denkform) 51 Fn. 4, 373 Fn. 50

Übereignung beweglicher Sachen 125, 279, 745 ff.
- Abtretung des Herausgabeanspruchs 753, 756, 758, 897
- Ausschluss des gutgläubigen Erwerbs 767 ff.
- Begriff 745
- Gutgläubiger Erwerb 757
- Vertretung 748, 1164, 1206 ff.
Übereignung von Grundstücken 125, 279, 772 ff.
Übergabe 728 ff., 745, 747 ff., 786
Übermittlungsirrtum (Anfechtung) 371 f., 402 ff.
Übernahmeverschulden 470, 1011
Überpflichtmäßige Anstrengung 1100
Überweisung 246, 249, 254 ff., 611, 919, 1035, 1283
Umdeutung (Konversion) 302 ff.
Unabwendbares Ereignis s. höhere Gewalt
Unentgeltlichkeit 54, 122, 1006, 1050, 1069 f.
Unerlaubte Handlung 1075 ff.
- geschütztes Recht(sgut) 1083 ff.
- Handlung 1080, 1123
- mittelbare Verletzung 1133 f.
- objektiver Tatbestand 1079 ff., 1140 ff., 1145 ff.
- offener Verletzungstatbestand 1128, 1134
- Unterlassen 1079, 1081 f., 1129 ff.
- Verschulden 1075 ff., 1116 ff., 1136 f., 1144, 1148
Ungerechtfertigte Bereicherung s. Bereicherungsanspruch
Unmöglichkeit 509 ff.
- anfängliche (ursprüngliche) 542 ff.
- Arten 509 ff.
- dauernde 479, 592 f.
- endgültige 513, s. a. dauernde
- faktische 512, 515 ff., 518 ff.
- Freiwerden von Leistungspflicht 448, 530 ff.
- Gegenleistungsgefahr 608, 615, 620
- gegenseitiger Vertrag 608, 613 ff.
- juristische 512, 514
- nachträgliche 511 ff.
- naturgesetzliche 512, 514
- objektive 511, 514 ff.
- physische 512
- praktische 512
- psychische (sittliche) 512
- subjektive 511, 514 ff.
- teilweise 532 f., 617
- vom Gläubiger zu verantwortende 627 ff.
- von keinem Teil zu vertretende 614
- vorübergehende 479 ff., 513, 592
- wirtschaftliche 512, 518 ff.
Untergang
- verschuldeter 690 ff.
- zufälliger 507, 608, 615, 621 f., 690 ff., 941, 1068
Untergehilfe 1224
Unterhaltspflicht (elterliche) 1025, 1139, 1199
Unterlassen 119, 186, 198, 228, 386, 418, 429, 456, 763, 837, 890, 946, 956, 959, 1021, 1079, 1081 f., 1129 ff., 1296
Unterlassungsanspruch (des Vermieters) 935
Unternehmer 162, 179 ff., 196, 236, 293 ff., 579, 708 ff., 888, 901 ff., 941, 949 ff., 1225
Unternehmerpfandrecht 960
Untersuchung
- Pflicht des Verkäufers 421
- Pflicht des Käufers 864, 917
Untervollmacht 1175, 1200
Unverbindlich 53 ff., 147
Unvermögen (subjektive Unmöglichkeit) 514 ff.
- anfängliches 542 f.
- bei Gattungsschuld 460, 610
- dauerndes 479, 592 f.
- nachträgliches 511 ff.
Unverzüglich 152, 374, 408, 488, 904, 1176, 1305
Unwirksamkeit 77, 175, 181, 283, 297 ff., 327 ff., 364 f., 416 ff., 1174, 1213 ff.
Urheberrecht 1086
Urkunde (notarielle) 99
Urlaubsbeeinträchtigung 1107
Ursachenzusammenhang s. Kausalität

Valuta-, Zuwendungsverhältnis 1257, 1260
Venire contra factum proprium 375 f.
Verbindlichkeit 53 ff., 175, 204, 253, 349, 974, 1021, 1023, 1073, 1146, 1152, 1195 f., 1218, 1223, 1225 f., 1232, 1320 ff., 1326 ff.
Verbot (gesetzliches)
- Beispiele 128 f., 206, 300, 432, 543, 912, 1021, 1027, 1033, 1036, 1066, 1122
- Bereicherungsrecht 1021, 1027 ff., 1033
- Verstoß 206, 297 ff., 1122 ff.

Stichwortverzeichnis

Verbraucher 162, 181, 196, 292 f., 493 f., 579, 708, 710 ff., 853, 888, 901 ff., 918, 941, 954, 1318, 1341
Verbraucherbauvertrag 950
Verbraucherdarlehensvertrag 708, 918, 1168, 1318
Verbrauchervertrag 293, 708 ff., 901 ff.
– Widerrufsrecht 196, 294, 305, 708 ff.
Verbrauchsgüterkauf 295, 626, 713, 826, 853, 862, 867, 888, 901 ff.
Verdingungsordnung für Bauleistungen (VOB) 961
Verein 112, 316, 1153, 1237
Verfügung(sgeschäft)
– Befugnis 280 f., 759, 777
– Begriff 278 f.
– Beispiele 278 f., 745, 787, 1284, 1311
– Beschränkt Geschäftsfähiger 330, 335, 352
– einseitige 276
– Nichtberechtigter 281, 336, 757 ff., 1046 ff.
– Prioritätsgrundsatz 280
– unentgeltliche 1050, 1069
– Verpflichtungsgeschäft 278 ff., 441 ff., 746, 782, 1023, 1284, 1314
– zugunsten Dritter 1311
Verfügungsverbot 306
Vergleich 683, 775, 1208
Vergütungsgefahr s. Gegenleistungsgefahr
Verhaltenspflicht 233 ff., 445, 507, 563 f., 572 ff., 581 ff., 701, 874, 1128, 1134, 1202, 1226, 1229 ff., 1266, 1276
Verität (Bestand des Rechts) 777
Verjährung
– Gewährleistung beim Kauf 863 ff., 871, 874, 877, 890, 907
– Gewährleistung beim Werkvertrag 969
– Leistungsverweigerungsrecht 204, 265 f., 652, 1329
– Rückforderung des Geleisteten 204, 1021
Verkäufer(in) (im Warenhaus) 1160
Verkehrs(sicherungs)pflicht 468, 582, 1129 ff.
Verkehrsanschauung 53, 100, 104, 395, 488, 730, 796, 801
Verkehrssitte 51, 55, 78, 82, 136, 141, 144, 159 f., 669, 1178, 1184
Verkehrswesentlichkeit 395 ff., 407
Verlautbarungsirrtum 376, 379, 407
Verletzungsschaden 1098
Verlöbnis 125
Vermieterpfandrecht 934
Vermögen 202 f., 325, 329 ff., 693, 743, 783, 1018 ff., 1087, 1099, 1142
Vermögensopfer s. Aufwendung
Vermögensvorteil 689, 697, 1020, 1037, 1042, 1074, 1113
Vernehmungstheorie 102
Verpflichtungsgeschäft 278 ff., 441 ff., 746, 782, 1023, 1284, 1314

Verrichtungsgehilfe 1152, 1218 ff., 1240 ff.
Verschulden
– Begriff 458 ff., 464 ff., 1136 ff., 1233 ff.
– iSd § 346: 690 ff.
– iSd § 347: 695, 836 f.
Verschulden bei Vertragsverhandlungen
s. culpa in contrahendo
Verschuldensfähigkeit 474, 1120, 1137, 1234, 1238
Verschuldensprinzip 1075, 1136, 1220
Verschwiegenheitspflicht 230, 563, 571, 701
Versendungskauf 624, 804, 864, 881, 905, 1281
Versteigerung 51, 151, 208, 258, 323, 767, 902, 987
Vertrag
– abstrakter 287
– Arten 119 ff., 126
– Begriff 48, 110 ff.
– dinglicher 125 f., 332, 775
– einseitig verpflichtender 120 f., 126, 328, 334, 1341
– erbrechtlicher 125 f.
– faktischer 182 ff.
– familienrechtlicher 125 f.
– gegenseitiger (synallagmatischer) s. dort
– Inhalt 134 ff., 166
– Nichtigkeit 128, 297 ff., 408 ff., 542
– schuldrechtlicher 119, 125 f., 187
– schwebend unwirksamer 304, 334, 339, 342 ff., 353, 355, 438, 1194, 1215
– Typen 130
– typengemischter 785, 941
– unvollkommen zweiseitiger 121, 123, 334, 920, 923, 971
– vollkommen zweiseitiger 121 ff., 126
– zweiseitig verpflichtender 120 ff., 126
Vertrag mit Schutzwirkungen für Dritte 1152, 1266 ff.
Vertrag zugunsten Dritter 427, 884, 932, 1152, 1249 ff., 1317
Vertragsantrag, -angebot 113, 144 ff.
– Ablehnung 137, 148
– an Abwesende 156
– an Anwesende 153 ff.
– an unbestimmte Personen (ad incertas personas) 146
– Annahme 113, 116, 134 ff., 149 ff., 158 ff.
– empfangsbedürftige Willenserklärung 84 f., 113, 149
– Erlöschen 148 ff., 156, 165
– fernmündlicher 154
– Gebundenheit 147, 163, 181, 708 ff.
Vertragsauslegung 666 ff., 671, 681 f.
Vertragsaufsage 457, 495, 643 f.
Vertragsfreiheit 61, 128 ff., 184, 288 f., 667, 781, 880, 1317, 1319
Vertragsschluss 110 ff., 134 ff.
Vertragstypus 130, 781, 1254

Vertragsübernahme 1283, 1312, 1319 ff.
Vertragsverhandlungen 61, 117, 422 f., 574 ff., 583, 585 ff., 874, 885, 933, 1276
Vertragswidrigkeit 197, 640, 704, 707, 829, 853
Vertragszweck 227, 229, 233, 480 ff., 569 f., 583, 593, 659, 661, 1296
Vertrauensbruch 1146
Vertrauenshaftung (verschuldensunabhängige) 585
Vertrauensschaden (negatives Interesse)
- Anfechtung der Willenserklärung 78, 364, 411 ff., 436 f., 543
- Ausschluss 361, 415
- Begrenzung durch Erfüllungsinteresse 413 f., 1217
- Begriff 411 ff.
- Ersatz des Gewinns 414
Vertretenmüssen (s. a. Verschulden) 458 f., 478, 496, 499, 524, 842, 844, 1222
Vertreter
- gesetzlicher 24, 40, 164, 239 f., 304, 319 ff., 327 f., 332, 337 f., 342 ff., 356, 492, 497, 574, 755, 999, 1064, 1118, 1153, 1217, 1236 ff.
- gewillkürter 1153 ff.
- Haftung für gesetzlichen Vertreter 1236 ff.
- Haftung des Vertreters aus c.i.c. 587
Vertretung 1153 ff.
- aktive 1155, 1159
- Anfechtung 402 ff., 425, 1163
- Begriff 1155
- bei Bürgschaftserklärung 1325
- Eigenhaftung des Sachwalters, Verhandlungsgehilfen, Vertreters aus c. i. c. 587, 1202, 1268
- Geschäftsfähigkeit des Vertreters 1159, 1217
- gesetzliche 1153, 1167, 1175
- gewillkürte 1154, 1167, 1175
- Haftung des Vertretenen aus c.i.c. 1202
- Innenverhältnis 1159, 1171 ff.
- mittelbare (indirekte) 1165, 1278
- passive 100, 104, 1155, 1161, 1214
- Voraussetzungen 1155 ff.
- weisungsgebundenes Handeln des Vertreters 1160, 1207
- Wesen 1155
- Willensmängel 1163, 1203, 1208
- Wirkungen 1152, 1202 ff.
Vertretung ohne Vertretungsmacht 189, 304, 775, 1176, 1212 ff.
Vertretungsmacht 1167 ff.
Verwahrung gegen entgegengesetztes Verhalten 184
Verwendung 696 f., 1038, 1067
Verwendungskondiktion 1038
Verwirkung 347
Verzicht 159 ff., 170 ff., 182, 257, 276, 310, 416, 449, 477, 495, 523, 570, 954, 1008, 1106, 1290, 1298, 1329, 1331
Verzögerungsgefahr 611

Verzögerungsschaden 501 ff., 612, 658, 847, 854
Verzug s. Gläubiger-, Schuldnerverzug
Verzugszinsen 9, 503
Volljährigkeit 317, 320, 325, 343, 349, 438
Vollmacht
- Abstraktheit 1171 f., 1174
- Anfechtung 1190
- Außenwirkung 1171
- bedingte (befristete) 1190
- Begriff 1167
- Bekanntmachung (öffentliche) 1170, 1179, 1192
- Beschränkung 1172 f., 1175
- Erlöschen 1190 ff.
- Erteilung 1168 ff.
- Form 1168
- Geschäftsfähigkeit des Vollmachtgebers 1191
- konkludent erteilte 1177 ff.
- Mitteilung (besondere) an Dritten 1170, 1179, 1192
- Umfang 1175
- unwiderrufliche 1168
- Urkunde 381, 1170, 1176, 1288
- Vertrauen auf Bestehen der Vollmacht 381, 1192
- Widerruf 1190
Vollzugs-, Drittverhältnis 1258 f.
Vorausabtretung 1289
Vorkaufsrecht 887, 1290
Vormund 319, 349, 1006, 1236
Vorratskauf 462
Vorratsschuld 462, 822
Vorsatz 9, 120, 421, 459, 464 ff., 472 ff., 506, 585, 860, 867, 1012, 1136, 1139, 1148, 1235
Vorteil
- rechtlicher 24, 40, 160, 238 f., 327 ff., 492, 1179
- Gebrauchs- 501, 689, 695, 1056, 1106 f.
- Vermögens- 689, 697, 1020, 1037, 1042, 1074, 1113
Vorteilsausgleichung 1101
Vorvertrag 61 f., 572 ff., 577, 585, 638

Wahlschuld 222 f.
Ware (unbestellt zugesandte) 162
Warenautomat 146
Warnfunktion 59, 62, 66, 585, 1168, 1323, 1325
Weiterfressender Mangel 877 ff.
Werbeaussage 794, 799, 806, 963
Werkvertrag 131, 168, 236, 488, 548, 620, 630, 702, 781, 949 ff., 979, 1191, 1229, 1254
- Abgrenzung vom Dienstvertrag 236, 949
- Abnahme des Werks 953 f., 957 f., 961, 970
- Abschlagszahlung 953
- Annahmeverzug des Bestellers 620, 955, 957
- Erfolgsbezogenheit 236, 949
- Gegenleistungsgefahr 961
- Gegenstand 949
- Gewährleistung 962 ff.

Stichwortverzeichnis

- Haupt(leistungs)pflicht des Bestellers 954
- Haupt(leistungs)pflicht des Unternehmers 953
- Kündigung 630, 700 ff., 959
- Leistungsgefahr 961
- Mangel des Werkes 962 f.
- Mitwirkung des Bestellers 955
- Nacherfüllung 964 ff.
- Rechtsnatur 949
- Rücktrittsrecht 966
- Schuldnerverzug 955
- Vergütung 630, 949, 953 ff., 959, 961, 965, 969, 1027
- Vollendung des Werkes 959

Wert (Preis)
- gemeiner 1112
- Irrtum(sanfechtung) 393 ff., 803, 871
- objektiver 1112
- subjektiver 1112

Wertbeschaffungsschuld 610
Wettschuld 204
Widerrechtlich(keit) 42, 296, 308, 419, 428 ff., 1042 f., 1122, 1152, 1220, 1239, 1241, 1243, 1245
Widerrechtliche Drohung (Anfechtung) 308, 428 ff.
Widerrechtlichkeitstheorie 1042 f.
Widerruf s. Willenserklärung
Widerrufsrecht 196, 294, 305, 342, 345, 372, 708 ff., 1213, 1330
Widersprüchliches Verhalten 346 f., 831
Wiederkauf 273, 887
Willensäußerung 52, 86, 239, 375, 379, 383
Willensbekundung 53
Willenserklärung
- Abgabe 84 ff.
- abhanden gekommene 88 f., 579
- an Abwesende 93
- an Anwesende 93, 102
- äußerer Tatbestand 51 ff.
- Auslegung 51, 134 ff., 372, 1161
- Begriff 45, 50
- elektronische 58, 65 f., 88, 94, 97, 106, 179
- empfangsbedürftige 47 f., 78, 84 ff., 89, 92, 93, 99, 105, 107, 113, 136, 150, 158, 161, 190, 247, 272, 309 f., 319, 359, 425, 491, 701, 1168
- Erklärungstatbestand 51, 80
- innerer Tatbestand 67 ff.
- mangelhafte 296
- mündliche 57, 93, 102 f.
- nicht empfangsbedürftige 47, 49, 87 f., 161, 190, 310, 425
- (nicht) verkörperte 88 f, 94
- nichtige 296, 297 ff., 307 ff., 312, 358 ff.
- perplexe (widersprüchliche) 386
- schriftliche 57, 87 ff., 93 ff.
- Telefax 98, 159, 1176
- telefonische 92, 102
- Unwiderruflichkeit 109
- unwirksame 296 ff.
- Vernichtung (rückwirkende) 296
- Vertretung 1153 ff., 1202 ff.
- Vorbehalt, das Erklärte nicht zu wollen 296, 358, 361, 363, 1204 f.
- Widerruf 92, 108 f., 147, 406, 755
- Willensänderung nach Abgabe, vor Zugang 91, 406
- Wirksamkeitsvoraussetzungen 70, 296
- Wirksamwerden 93 ff.
- Zugang 93 ff.
- Zurechnung 82

Willensübereinstimmung (Konsens) 112, 166 ff.
Wirksamkeit („schwebende") 305
Wissen (und Wollen) 421, 466, 1064, 1126, 1320
Wissensvertreter 1210

Zahlungsaufstellung 494
Zahlungsdienstevertrag 979
Zedent 1284 ff.
Zeitbestimmung 484, 893
Zeitungsinserat 145, 190
Zession s. Abtretung
Zessionar 1284 ff.
Zinsen 268, 475, 503, 595, 695, 837, 920, 1056
Zitiermethode
- Entscheidungen 54 Fn. 7
- gesetzliche Vorschriften 9 Fn. 6 f.
Zivilrecht 11 Fn. 8
Zufall 507, 608, 610, 622 ff., 961, 975 f., 979, 1004, 1011, 1276
Zufallshaftung 507
Zufallsschäden 975 f., 1004, 1011
Zugang s. Willenserklärung
Zurückbehaltungsrecht 487, 651 ff., 1329, 1331
Zustimmung 40, 51, 138, 141 f., 239, 241, 281, 304, 327 ff., 332 ff., 349 f., 353 f., 357, 1217, 1262, 1270, 1304, 1311, 1317
s. a. Einwilligung, Genehmigung
Zusicherung
- Kauf s. Sachmängelhaftung beim Kauf
- Miete 931
Zuweisungsgehalt (des Rechts) 1042 ff.
Zuweisungstheorie 1042 ff.
Zuwendungs-, Valutaverhältnis 1257 ff.
Zwangsversteigerung 262
Zwangsvollstreckung 202, 245, 247, 262, 333, 1039, 1331
Zweckvereinbarung 239
Zweckvereitelung 677
Zweckverfehlung 1021

Der Examenstrainer fürs Zivilrecht.

Die ideale Ergänzung zum Grundkurs BGB

Das Werk

vermittelt das fundierte Examenswissen unter Einbeziehung der systematischen Zusammenhänge des BGB. Auf dem Grundkurs BGB aufbauend erhält der Benutzer ein umfassendes Kompendium des Bürgerlichen Rechts, das den maßgeblichen materiellrechtlichen Examensstoff komplett abdeckt. So werden im Examenskurs auch die im Grundkurs nicht erfassten Gebiete des Sachen-, Erb- und Familienrechts behandelt. Ferner werden einzelne Rechtsgebiete, wie z.B. das Bereicherungsrecht gegenüber dem Grundkurs vertieft dargestellt.

Musielak/Hau
Examenskurs BGB
3. Auflage. 2014 XXIII, 564 Seiten.
Kartoniert € 25,90
ISBN 978-3-406-66679-7

Mehr Informationen:
www.beck-shop.de/bdwwbn

Der Inhalt

Vertragliche Schuldverhältnisse
- Vertragsfreiheit
- Kaufrecht

Gesetzliche Schuldverhältnisse
- Bereicherungsrecht mit Mehrpersonenverhältnissen
- Deliktsrecht

Besitz, Eigentum, Sicherungsrechte
- Besitz
- Eigentum
- Kreditsicherungsrecht

Familien- und Erbrecht
- Eherecht
- Erbrecht

Verlag C.H.BECK oHG · 80791 München | bestellung@beck.de | Preise inkl. MwSt.

Die Zusammenhänge der ZPO verstehen.

Das Werk

vermittelt das Grundlagenwissen im Zivilprozessrecht und behandelt dabei sowohl das Erkenntnis- sowie das Zwangsvollstreckungsverfahren. **Zahlreiche Fälle,** Fragen zur Lern- und Verständniskontrolle sowie **Übungsklausuren** erleichtern den Zugang zur ZPO sowohl für Studierende als auch für Rechtsreferendare.

Inhalt

- Beginn eines Zivilprozesses
- Gestaltung und Ablauf des Verfahrens
- Parteiverhalten im Prozess
- Tatsachenvortrag und Beweis
- Die gerichtliche Entscheidung
- Zwangsvollstreckung

Vorteile auf einen Blick

- behandelt auch das Zwangsvollstreckungsrecht
- mehr als 140 Fragen mit Antworten
- Übungsklausuren mit Lösungen

Musielak/Voit
Grundkurs ZPO
13. Auflage. 2016. XXIV, 561 Seiten.
Kartoniert € 26,90
ISBN 978-3-406-69551-3

Mehr Informationen:
www.beck-shop.de/bjzfaa

Verlag C.H.BECK oHG · 80791 München | bestellung@beck.de | Preise inkl. MwSt.